刑案出罪百论

中国刑法司法适用疑难问题研究丛书

总主编 陈兴良 周光权

袁彬 著

中国人民大学出版社

·北京·

总　序

我国刑法理论的发展存在两个面向：第一是体系化和学术化，第二是专业化和技术化。所谓体系化和学术化，是指我国刑法理论应当进一步提升自身的学术水平，建构与我国刑法相融洽的刑法教义学体系。而所谓专业化和技术化，是指我国刑法理论应当面向司法实践，将刑法理论资源转化为解决司法实践中疑难问题的专业技术，实现刑法教义学的实践理性。如果说，前者是我国刑法理论的"上天"，那么，后者就是我国刑法理论的"入地"。只有同时从这两个面向推进我国刑法理论向前发展，才能使我国刑法理论不辱使命，成为法学中的显学。

应该说，刑法理论的体系化和学术化与专业化和技术化这两个面向并不是互相抵牾而是相互促进的关系。刑法教义学的研究成果处在刑法理论的尖端，对于刑法理论的发展具有引导功能。近年来，随着德日刑法教义学原理的引入和推行，我国刑法理论得到了长足的进步。当然，德日刑法教义学如何与我国刑法相契合，仍然存在需要进一步完善的地方。每个国家的刑法理论都和其刑法的立法与司法密切相关，具有这个国家的气质与禀赋。因此，我国不可照抄照搬德日刑法教义学的原理。当然，刑法理论本身具有跨越国境的性质，尤其是刑法的一般原理，它是从哲学、历史和伦理的深处生长出来的，反射人类精神生活，因而是值得学习和借鉴的。我国切不可闭关锁国，隔断与人类文明的精神通道。另外，刑法教义学的本土化是较为重要的，刑法理论只有植根于我国的司法实践才具有生命力。这就需要将刑法理论与刑法司法紧密地结合起来，充分发挥刑法教义学所具有的应用价值。因此，中国刑法学者应当立足于我国的刑法立法与司法现实基础，从中汲取学术养分，并将刑法理论作用于司法实践，解决刑法适用中的疑难复杂问题。

"中国刑法司法适用疑难问题研究丛书"是中国人民大学出版社邀请我和周光权教授共同主编的一套面向司法实践的大型理论著作丛书。这套丛书的编辑宗旨是将近些年来已经在我国司法实践中采用和采纳的刑法教义学进一步推向司法实践，为司法工作人员提供刑法教义学的方法和工具，从而进一步提升我国司法工作人员解决刑法适用疑难问题的能力。收入本丛书的作品需具有较高的刑法理论水准，同时又能够解决刑法各个领域所经常遇到的疑难问题，因而是推进我国刑法司法实务能力的知识更新与理论变革之作。

本丛书以司法实践中的疑难问题为主要研究对象，除我和周光权教授主编的《案例刑法研究（总论）》（上下卷）涉及刑法总论全部内容以外，其他作品都是专题性研究著作，对存在于刑法各个领域的疑难问题进行了深入和细致的刑法教义学研究。这也是本丛书与以往出版的刑法作品的主要区别之所在。因此，面向司法现实是本丛书的基本特色，解决刑法的司法适用问题是本丛书的根本使命。

作为刑法学者，我们当然要有对刑法理论的钻研精神，同时要有直面现实的正确态度。司法实践中每时每刻发生的各种疑难问题，都等待着我们去解决。因此，刑法司法实践才是刑法教义学理论的源泉。离开了司法实践，刑法理论就会成为无源之水、无本之木。具体来说，刑法司法适用过程中，会出现大量疑难案例，这些疑难案例正是刑法司法实务中疑难问题的载体。如何解决这些疑难案例，就成为检验刑法教义学理论的试金石。以下，我以骗取更名案为例进行说明。

甲是某公司房产销售人员，乙通过甲购买了该公司一处房产，交付全部购房款 34 万元。后甲欺骗乙签订了更名申请承认书，将该房产以 35 万元出卖给丙，并为丙办理了房产证，而且丙实际占有了房屋。

骗取更名案的案情非常简单，只有短短几行字，基本上就能把案情说清楚。然而，对骗取更名案的分析却并不容易，涉及十分复杂的理论问题。在骗取更名案中，被害人是谁？对此其说不一：有的人认为被害人是乙，有的人认为被害人是丙。此外，在骗取更名案中，财产损失人是乙还是丙？诈骗数额是 34 万元还是 35 万元？对这些问题都存在不同意见。我们以行为分析法进行分析，就会发现骗取更名案中存在两个行为：第一个行为是甲欺骗乙签订更名申请承认书，第二个行为是甲利用更名申请承认书将房屋出卖给丙。这两个行为前后发生，并互为因果。甲在骗取乙的更名申请承认书以后，才能根据该承认书办理更名手续，将购房人由乙变更为丙，并为丙办理了房产登记。下面，我对这两个行为进行法教义学的分析。

第一个行为是甲骗取乙签署更名申请承认书，这是一种欺骗行为。从后果上看，正是这份材料使乙丧失了已经购买的房产。那么，能否据此将本案涉及的罪名认定为诈骗罪呢？诈骗行为是指虚构事实，导致他人产生认识错误，基于认识错误而交付财物。但在本案中，甲虽然实施了欺骗行为，但欺骗行为并没有使甲直接获得房产，乙也没有交付房产的意思和行为，因而，并不符合诈骗罪的直接性原则，不能将甲的行为认定为诈骗罪。那么，这份更名申请的性质是什么呢？从民法角度来说，更名申请的性质属于债权转让。

在更名之前，乙和开发商之间签订房屋买卖合同，并交付购房款 34 万元，由此形成乙对开发商的债权。因此，更名的性质不是退房，退房属于解除房屋买卖合同。更名是在购房合同有效的前提下，改变买受人，因而属于债权转让。

第二个行为是甲利用骗取的更名申请承认书将乙的债权转让给丙，并取得 35 万元购房款。在更名以后，甲将乙对开发商的债权转让给了丙。丙并不是无对价取得债权，而是向甲交付了 35 万元。在这一债权转让过程中，开发商是无过错第三人。甲的更名虽然以乙签名的更名申请承认书为依据，但该承认书是甲骗取的，其内容并没有得到乙的许可。因此，甲是在乙不知情的情况下，处分乙的债权。在盗窃罪的客体包括债权或者其他财产性利益的情况下，这一行为具有盗窃的性质。

通过以上分析可以看出，在司法实践中对于那些多种行为交织、纠缠在一起的复杂案件，应当逐个对行为的法律性质加以判断，最后才能完成定罪的过程。而且，在对财产犯罪进行定罪的时候，还应当结合民法的知识。例如，在骗取更名案中，涉及物权与债权的区分。从上述对案情的描述来看，司法工作人员就没有区分物权和债权，例如，将乙与开发商签订房屋购买合同描述为乙购买了房产，又把甲对房屋购买合同的更名说成是将乙的房产卖给丙。这些描述，从日常生活理解来看并没有错误。然而，从法律的角度来说，乙虽然与开发商签订了房屋购买合同，但合同并未最终履行，因而乙向开发商交付 34 万元，只是获得了以开发商交付房产为内容的债权。而甲也只是将乙的债权转让给丙，此后通过开发商履行债权，丙才获得了房产。由此可见，以房产交付为内容的债权和物质化的房产之间是存在区别的，不可混为一谈。这一从物权与债权的区分中所得出的结论，对于分析骗取更名案具有一定的参考价值。

物权包括所有权、用益物权、担保物权等，《民法典》对此都作了规定。值得注意的是，《民法典》没有规定债编，取而代之的是合同编，合同是具体之债。在民法学中，债是按照合同的约定或依照法律规定，在当事人之间产生的特定的权利和义务关系。《民法典》规定了各种典型合同，其中包括借款合同，债权与债务关系一般出现在借款合同之中。这个意义上的债比较符合生活中的债的含义。然而，《民法典》中的债，除了生活中的债，还包括其他合同所产生的债。例如，《民法典》规定的买卖合同，也是债的关系。债的关系中，享有权利的人称为债权人，履行义务的人称为债务人。刑法关于财产犯罪的规定，不仅保护物权而且保护债权。然而，我国刑法在关于财产犯罪的具体规定中，只涉及财物的概念，并没有涉及债权的概念。因此，我国刑法关于财产犯罪的规定是否保护债权，在刑法教义学中是存在争议的，这种争议主要表现为：财产性利益是否属于财产犯罪的保护法益？这里的财产性利益就是指民法中的债权。

现在我国较为通行的观点是肯定说，认为刑法中的财物不仅包括物权，而且扩大解释为包括债权。在上述案件中，在对甲的行为进行分析的时候，如果采用债权债务的概念，分析乙与开发商之间的法律关系，以及更名所带来的这种法律关系的变更，是更容易让人接受的。例如，甲的第一阶段行为，仅骗取乙的更名申请承认书，并没有实际骗取房产，而且房产尚未交付与登记，客观上也不存在骗取房产的可能性。只有第二阶段的行为实际处分了乙的债权，侵害了乙的债权，因而具有法益侵害性。因此，该行为才是构成要件行为，应当根据该行为对甲的行为进行定性。这种未经他人同意处分他人债权的行为，与盗窃罪的性质最相接近，因此，将甲的行为认定为盗窃罪是合适的。

骗取更名案比较复杂，我们可以用一个简化版的案例来说明：甲以非法占有为目的，欺骗乙，让乙把手机借给甲使用。甲拿到手机以后，假装打电话，乘乙不备，拿着手机潜逃，将乙的手机据为己有。这就是骗打手机案，在司法实践中多有发生。在此，存在两个行为：第一个是骗取手机，第二个是占有手机。在分析这个案件的时候，容易发生的错误是根据骗取手机的行为将甲的行为认定为诈骗罪。但这里的骗取手机行为之所以不能被认定为诈骗罪，就是因为不存在交付行为，占有没有发生转移。乙将手机交给甲，只是让甲在乙的监视下使用手机，因此，手机仍然处在乙的占有之下，占有转移没有发生。只有第二个行为，才导致乙丧失对手机的占有，而该行为具有秘密窃取的性质，构成盗窃罪。我们将骗打手机案和上述骗取更名案相比较，可以发现，在骗打手机案中犯罪的对象是手机，属于物的范畴，侵害的是物权，而骗取更名案中犯罪的对象是债权。另外，骗打手机案中只有甲与乙两人，而在骗取更名案中还存在第三人，即开发商。因此，骗取更名案是更为复杂的，但这两个案件的原理基本上是相同的。

骗取更名案，可以说是一个疑难案件。对于该案仅仅凭借生活常识，是很难得出正确结论的。反之，从刑法教义学出发得出的结论，则往往是与公众常识相抵牾的。对于骗取更名案，基于生活常识容易得出诈骗罪的定罪结论。然而，生活中的欺骗不能等同于刑法中的诈骗。刑法中的诈骗罪，不仅要有欺骗行为，而且要求该欺骗行为造成他人产生认识错误，并且基于认识错误而交付或者处分财物。在骗取更名案中，虽然存在欺骗行为，但甲的欺骗行为与乙的债权灭失之间并不存在直接关联。而欺骗行为与财产损失之间存在直接关联，是构成诈骗罪的必要条件。同时，将骗取更名案认定为盗窃罪，社会公众也是不容易接受的，因为它与典型的盗窃行为之间还是存在一定差异的。然而，对于盗窃罪不能仅仅根据其表面特征，而是还要把握其本质特征，这就是未经他人同意或者许可，私下将他人财物据为己有。骗取更名案中，甲的行为符合盗窃罪的本质特征。虽然从表面来看，甲直接将房屋买卖合同的买方从乙变更为丙，从而完成了债权的转让。然而，在此过程中甲利用更名申请承认书控制了乙的债权，这是甲处分乙的债权的逻辑前提。在此基础上，才又可能发生将债权确定在丙的名下的事实。因此，甲利用骗取的更名申请承认书为其窃取乙的债权制造了条件，只有将债权转移到丙的名下，盗窃行为才最终完成。至于债权能否成为盗窃罪的保护法益，也是该案中可能会涉及的问题，而这个问题又可以转换成财产性利益是否可以成为盗窃罪的对象的问题。在日本刑法中，财产性利益被明确规定为诈骗罪的对象，在盗窃罪的对象不包括财产性利益的情况下，可以合理地推论，财产性利益不能成为日本刑法中盗窃罪的对象。那么，我国刑法又如何看待这个问题呢？我国刑法将财产犯罪的对象都规定为财物，没有涉及财产性利益。然而，在我国司法实践中，一般都认定刑法关于财产犯罪的规定不仅保护物权，而且也保护债权。例如，盗窃借据可以被认定为盗窃罪，使用暴力迫使他人出具借据的行为可以被认定为抢劫罪。此外，关于受贿罪，刑法规定的犯罪对象是财物，但司法解释将财产性利益解释为财物。例如，2016年4月18日最高人民法院、最高人民检察院《关于办理贪污贿赂刑事案件适用法律若干问题的解释》第12条明确规定：贿赂犯罪中的"财物"包括货币、物品和财产性利益。财产性利益包括可以折算为货币的物质利益如房屋装修、债务免除等，以及需要支付货币的其他利益如会员服务、旅游等。由此可见，我国刑法中的财物在一定意义上包括财产性利益。在这种情况下，将债权解释为财物应当没有法律上的障碍。

司法适用中的疑难问题，并不是刑法学者的主观臆想，而是从活生生的案例中呈现出来或者提炼出来的。面对疑难问题，找出解决之道，这就是刑法教义学方法。不得不指出，在相当长的一个时期里，有相当一些人还是凭经验和感觉处理刑法司法适用中的疑难问题。这里涉及司法经验和刑法理论之间的关系。刑法不仅是一门学问，而且是一门技艺。因此，司法经验的积累和应用是十分重要的。然而，某些司法适用中的疑难问题是超越经验的，换言之，按照日常经验是难以解决的。在这种情况下，就需要借助于刑法教义学的原理，因为只有这些原理才能回应司法实践的需要。而且，刑法理论本身也要面向司法实践，以问题为导向，解决实际问题。

"中国刑法司法适用疑难问题研究丛书"立足于理论，面向司法实践，因而不仅具有理论价值，而且具有现实意义。值得一提的是，参加本丛书写作的作者都是我国中青年一代刑法学者，这些青年才俊不仅具有年龄优势，而且具有知识优势。其中，有些作者除了在国内接受法学教育，还有出国留学深造的经历，有的青年学者还获得了国外的博士学位。因此，这些作者同时具有中国的问题意识和世界的学术视野，是我国刑法学界的新兴力量。他们将来对我国刑法理论发展的学术贡献是值得期待的。

　　值此"中国刑法司法适用疑难问题研究丛书"即将出版之际，聊缀以上数语，是为序。

陈兴良

谨识于昆明滨江俊园寓所

2020 年 8 月 20 日

前言：探究刑事案件的出罪法理

刑事案件是刑法理论的活化石。理论可能"老去"，但案件一旦发生就永远存在。近年来，在积极刑法主义之理论与立法的双重影响下，我国本就具有扩张冲动与惯性的刑事司法，呈现出更加明显的扩张态势。一些扩大解释甚至扭曲了一些法律概念的基本内涵，也偏离了公众的朴素正义观念。但刑法是其他法律的保障法，也是处罚最为严厉的法律。这类似于战争中的重磅炸弹甚至核弹，一旦使用，常常是"尸横遍野"，不仅可能毁灭掉"敌人"，而且很容易伤及无辜，甚至误伤自己。对刑罚权保持高度警惕，是现代法治国家的普遍共识。

刑法上的入罪与出罪往往是动态的，会随着刑事立法、刑事政策的调整，而不断变化。如何合理出罪，是当前我国刑事司法中需要审慎考虑的问题。对于刑事辩护而言，出罪具有更加重要的价值。这不仅体现在一旦出罪，当事人就不会受刑事追究，进而能够实现刑事辩护的最佳效果，而且体现在通过出罪辩护，推动入罪与出罪的动态平衡，实现犯罪圈的合理化。

刑事司法的出罪主要可分为实体出罪和程序出罪。程序出罪是指因案件存在程序问题（包括证据问题）不能作有罪判决，进而对犯罪嫌疑人、被告人出罪。实体出罪则是指因案件存在刑法的适用问题而不能作有罪判决，进而对犯罪嫌疑人、被告人出罪。大多数案件的出罪是实体与程序问题并存的，如在案证据无法证明犯罪构成要件，进而无法证明犯罪嫌疑人、被告人的行为构成犯罪，从实体和程序的角度要求对犯罪嫌疑人、被告人出罪。但在这两种出罪路径中，实体出罪常常发挥指引功能，具有提纲挈领的作用。例如，在重大责任事故案件中，确定行业主管部门的负责人是否应当对事故承担刑事责任的前提是，行业主管部门的负责人对事故担责要具备哪些条件，即先要解决刑事实体法问题，才能根据该条件结合证据、程序判断其行为是否构成重大责任事故罪。

综合我国刑法基本理论和当前司法实践中的普遍做法，实体出罪的情形主要有五种：

一是前置法出罪。刑法中法定犯的大量设置增强了民法、行政法等前置法在定罪中的作用。前置法出罪具体包括两个方面：一方面是因缺乏前置法而出罪。我国刑法上大量存在"违反国家规定""违反法律、行政法规规定""违反规定""违法"等表述。这要求在定罪上必须明确前置法，即行为人的行为违反了民法、行政法等前置法的哪些规定。但实践中的一些行为，如涉嫌非法经营的买卖虚拟货币行为，可能因缺乏前置法的规定而不构成犯罪。同时，一些犯罪的前置法存在内容上的限制，如非法转让土地使用权罪的前置法是"土地管理法规"（我国《刑法》第 228 条），不包含其他法律法规。这对相关行为的入罪会产生极大的限制作用，进而会产生出罪效果。另一方面是因前置法与刑法冲突而出罪。基于不同的立法目的，民法、行政法等前置法与刑法在一些问题的处理上可能存在差异甚至冲突。例如，我国《保险法》规定保险合同满两年具有强制生效的效力，而不论合同订立时是否存在欺诈。但我国《刑法》又规定了虚构保险标的等行为可构成保险诈骗罪。这样可能导致出现采取欺骗方式订立的保险合同期满两年后在保险法上有效，但刑法仍然认为相关行为构成保险诈骗罪的情况。对此，应当以保险法规定的保险合同有效为由，对保险诈骗行为出罪。

二是构成要件出罪。犯罪构成要件是犯罪认定的基本规格。在刑事司法实践中，一般明显不具备犯罪构成要件的行为不会进入司法机关的视野，不入罪也就不存在出罪的问题。涉及出罪的犯罪构成要件，往往在司法实践中不太常见，边界模糊，同时在刑法理论上也引发一定的争议。例如，在组织、领导传销活动罪中，"骗取财物"的成立是否要求行为人主观上具有非法占有的目的，即"骗取财物"是欺诈型行为还是诈骗型行为？对此，司法实践中和刑法理论上都存在较大的争议。但从团队计酬型传销（也称经营型传销）与骗取入门费、"拉人头"等诈骗型传销相区分的角度看，将"骗取财物"解释为诈骗行为，显然更为合理。一些检察机关已经起诉但法院尚未判决的非诈骗型传销行为就存在出罪问题。构成要件出罪通常包括两个方面：一方面是构成要件的形式出罪，即在对构成要件的理解不存在争议的情况下，因证据原因（包括原有证据不足和出现新的证据），犯罪的构成要件不齐备而需要对行为人进行出罪处理。另一方面是构成要件的实质出罪，即在对构成要件的理解存在争议的情况下，需要对构成要件进行说理和解释，并主张对行为人作出罪处理。例如，对于串通投标罪中的串通投标行为，实践中存在较大争议。如果行为人未参与投标，但跟所有的投标人商量好，中标后将项目交给行为人承建，并且行为人在投标阶段给予各个投标人好处费（比在中标后给予的好处费要少），那么对于该行为是否属于串通投标行为，需要结合串通投标罪的法理进行实质判断，明确串通投标行为是否包含该行为，才能判断行为人的行为是否符合犯罪构成要件的要求，进而作出应否作出罪处理的结论。

　　三是法益出罪。法益受侵害是判断犯罪成立的实质标准。我国刑法对具体犯罪侵害的法益基本未作明确规定，但关于具体犯罪侵害的法益除了可以依行为本身进行推断，还可以从刑法典分则的章节名称进行推导。例如，虚开增值税专用发票、用于骗取出口退税、抵扣税款发票罪被规定在我国《刑法》分则第三章"破坏社会主义市场经济秩序罪"第六节"危害税收征管罪"之下，因而一般认为该罪侵害的法益是国家税收征管秩序。但对该罪侵害的法益仅作这一推导显然是不够的，因为章节之下的犯罪还存在行为及其对象等方面的差异，会对其他法益产生影响。也正因为如此，我们看到，对于该罪侵害的法益，我国最高司法机关的认识已经发生了改变，即已经从国家税收征管秩序发展到国家税收利益。对此可从我国最高司法机关发布的多个司法文件和权威案例进行查证。按照对该罪侵害法益的这一理解，不以骗取国家税款为目的或者未实际造成国家税款损失的，即便行为侵害了国家税收征管秩序，也因受侵害法益不符合而应当对行为人的虚开增值税专用发票、用于骗取出口退税、抵扣税款发票的行为进行出罪处理。法益出罪需要我们从立法文本、司法文件及权威案例中探寻具体犯罪侵害的法益，然后以探寻出的法益为标准，对行为人的行为作出罪处理。这就要求辩护律师同时具有较高的刑法理论水平和实务水平。

　　四是正当化事由出罪。我国刑法规定的正当化事由只有正当防卫和紧急避险。但在司法实践中，能够起到出罪效果的正当化事由远不止这两种类型，其中比较常见的有被害人知情或者同意。这常出现在诈骗型犯罪（包括以欺骗方式实施的职务犯罪）当中，并具有否认诈骗犯罪构成要件成立的功能，因为我国刑法理论上和司法实践中都要求被害人必须被骗，如有证据证明被害人没有被骗，则可以对行为人的诈骗行为作出罪处理。此类情形常见的包括骗取贷款犯罪案件中有证据可以认定或者推定放贷的金融机构没有被骗，诈骗犯罪案件中有证据可以推定被害人识破了骗局，职务犯罪案件中被害单位进行了集体研究或者主要领导知情，等等。对这些情形都有必要作出罪处理。

　　五是情理出罪。刑法上的情理并不限于情有可原的悲悯情怀而只影响量刑，它完全可以贯穿在犯罪认定的方方面面，因为情理本身可以反映社会的一般认识，而社会的一般认识具有客观性，不仅会影响行为人的能力（如过失犯罪的预见能力、不作为犯罪的作为能力等）判断，也会影响对犯罪构成要件事实的推论，进而可以直接影响入罪和出罪。情理出罪主要体现在两个方面：一方面，情理通过影响对事实的判断，影响犯罪构成要件和正当化事由的认定，进而出罪。例如，在骗取贷款犯罪案件中，对于行为人提供的单位财务报表，金融机构没有作任何实质审查，且金融机构的放贷人员在之前的业务活动中对行为人的状况有一定的了解。在此情况下能否认定金融机构没有被骗，就涉及情理问题。按照一般情理，基于金融机构的行为表现可认为其知道或者不在乎申请贷款人的财务状况，在金融机构未履行实质审查义务的情况下，不能以单位的财务报表不真实认定金融机构被骗。另一方面，情理通过影响对行为的处理，影响入罪和出罪。在刑法理论上，情理与期待可能性存在密切联系，同时也与被害人的过错等量刑情节密切相关。这些都会对判断行为人的主观恶性和行为的客观危害性产生影响。例如，在被害人严重辱骂的情况下，行为人一怒之下打伤了被害人。从一般情理的角度看，对行为人不具有追究刑事责任的必要，特别是当被害人伤势不重（如仅为轻伤）时。此外，情理又常常与刑事政策有着紧密联系，并因当前我国施行的宽严相济刑事政策而影响对刑事责任的判断。

除了以上五个主要方面，在刑事司法实践中，已过追诉时效也是出罪的常见事由，会直接影响对行为人的入罪。

本书精选了一百个具有出罪路径和空间的案件。这些案件都是真实案例，部分案件还是本人亲自代理的，本次引用时只是对案件信息作了技术处理，基本案情主要是公、检、法三机关指控或者认定的内容，并不完全代表案件事实。部分案件因各种原因没有被判无罪，但本人认为其仍有出罪的空间和必要，因而也将其收录在书中。从出罪方式上看，这一百个案件大体上可分为三种类型：

一是法律出罪案件。对这类案件的事实和证据，控辩双方基本上都不存在争议，但对这类案件的法律适用存在巨大意见分歧，且按照罪刑法定原则，也应当出罪。例如：郑某某内幕交易案涉及上市公司资产重组酝酿阶段的信息能否被认定为内幕信息，这涉及证券法和刑法上的内幕信息的法律认定；C公司虚开增值税专用发票但行为方式为更改品名，目的是不缴消费税，其行为是否构成虚开增值税专用发票罪，涉及虚开增值税专用发票罪的适用范围问题。这些都是纯粹的法律适用问题，对法律的不同理解会直接影响入罪和出罪。本书认为，对这些案件中的行为人都应当作出罪处理。

二是证据出罪案件。对这类案件，或者因为证据不能证明入罪事实，或者因为证据不能排除出罪事由，而应当作出罪处理。其中，对出罪事由的证明，在我国刑事司法实践中引发了一定的争议，部分做法有违基本的法律原则。例如，唐某某行贿案中，对于唐某某是否被索贿（被受贿人勒索），唐某某称是由受贿人索要，受贿人则称是唐某某主动给予，双方的言词证据不能相互印证。对此情况，应否从排除合理怀疑的证明标准出发，以指控唐某某主动行贿的证据不足，认定唐某某是被索贿，进而对唐某某作出罪处理，常常面临实践争议和困难，但从刑事法理和证据证明的标准上看，显然应当出罪。

三是情理出罪案件。这主要涉及对犯罪构成要件的认定应当借助情理进行，且通常体现为对犯罪构成要件存有一定争议。例如，在 A 公司走私普通货物案中，A 公司为节省运费，用同一批次的棉纱反复申报出口，并按照"一日游"的政策再依法进口销售。其行为与将所有棉纱都运至海关指定地点申报出口在缴纳关税的种类和金额上无任何区别，A 公司没有偷逃关税。对 A 公司之行为的处理不仅涉及刑事犯罪与行政违法的法律界限，而且涉及基本情理。这是因为，从情理上看，A 公司的行为与正常申报出口，然后"一日游"进口相比，没有差别，不应当作不同的处理，更不应该在是否构成走私犯罪问题上作不同处理。对 A 公司涉嫌的走私普通货物行为，从情理上也应当作出罪处理。

在具体案件的处理上，不同的出罪理由在不同案件中的出罪力度会有所差别，最终的处理结果也可能会有所不同。从罪刑法定原则的角度看，出罪处理反映了一个国家的法治发展水平。充分考虑行为出罪的合理事由，依据法律、证据和情理对行为人作出罪处理，是现代法治国家的基本要求。因此，本书的撰写和编排，更多的是想展示具体案件的出罪路径与方式，以期能为具体犯罪的出罪研究和刑事案件律师的出罪辩护，提供实践和理论资料。

本书的撰写历时较久，前后也经历了刑法立法和相关司法解释的变化，对此都作了相应处理。本人指导的博士张馨文、薛力铭，博士研究生丁培，硕士卢天鸿、李凌智、袁佳一，硕士研究生许宁芝、郭泳沁，参与了对本书案例的信息处理、文字校对等工作，在此深表谢意。

最后，衷心感谢中国人民大学出版社领导对本书出版的大力支持和责任编辑在本书出版过程中的辛苦付出。愿本书的出版能够助力我国刑事出罪与刑事法治的理论和实践发展。

袁　彬

2024 年 10 月于北京寓所

目　录

张某某重大责任事故案

——应如何认定单位负责人的行为与事故之间的因果关系

一、基本案情

某文化公司于 2016 年 11 月 9 日注册成立，张某某自 2019 年 1 月起担任该公司法定代表人。某文化公司于 2018 年 10 月 18 日取得中国汽车摩托车运动联合会（简称中汽摩联）单位会员资格，在入会时间少于 12 个月的情况下，分别于 2019 年 6 月 27 日、7 月 18—19 日、8 月 17—18 日举办了 3 期摩托车场地 B 级车手培训班。

2020 年 8 月，经赵某、王某等人研究决定，并向张某某汇报征得其同意后，某文化公司于 2020 年 8 月 27 日向中汽摩联提出申请，拟于 2020 年 9 月 12—13 日举办一期由李某某担任主教练、钟某担任助理教练的摩托车场地 B 级车手培训班。中汽摩联于 2020 年 9 月 4 日作出同意其申请的批复。某文化公司因故未能如期举办，后王某通过微信向中汽摩联申请延期至 2020 年 10 月 16—17 日举办，中汽摩联未予书面批复。

2020 年 10 月 16 日，某文化公司对 15 名学员进行理论培训。同年 10 月 17 日上午，某文化公司在租用的某赛车场，使用外借的摩托车组织场地培训。在培训中，王某作为现场直接负责人，未经中汽摩联批准更换助理教练，助理教练人数不符合规定且无教练员资格，未制定相应的安全预案和急救就医预案，未配备充足的急救用品，未配备场地工作车辆及相应的医务人员及救援设备，所办保险不符合规定的险种以及最低保额要求；李某某作为培训班主教练，未实际驾驶车辆进行指导和演示，未核实助理教练资格及数量，未尽到安全保障义务；培训学员被害人张某于 11 时 30 分许，在摩托车骑行练习中摔伤，后经医院抢救无效于当日死亡。

张某某作为某文化公司的法定代表人、赵某作为该公司总经理及培训班的主管领导，未建立安全生产责任制度，未制定安全生产规章制度和相关操作规程，未对公司内部人员进行安全生产教育和培训，未履行监管职责。

事故调查报告认定：该事故是一起一般生产安全责任事故。在此次事故中，张某某作为主要负责人，对事故的发生负有主要责任；赵某作为总经理及培训班的主管领导，对事故的发生负有重要责任；王某、李某某分别作为培训班的直接负责人、主教练，对事故的发生负有直接责任。

二、主要问题

本案争议的关键在于能否认定张某某的行为符合重大责任事故罪的成立条件，进而认定张某某的行为构成重大责任事故罪。对此在案件处理过程中主要有两种不同的观点：

一种观点主张构罪，认为张某某所在的某文化公司在摩托车驾驶培训过程中有明显的违反有关安全规定的情形，发生了安全事故，且导致了一人死亡。被害人的死亡与张某某所在的某文化公司存在的安全管理违规行为存在整体上的因果关系，其行为构成重大责任事故罪。

另一种观点主张不构罪，认为张某某所在的某文化公司违反安全管理规定的情形与被害人死亡之间是否存在因果关系，要结合当时的具体情况进行判定，其中最关键的是如何认定被害人的死因。本案证据不能证明被害人的死亡与某文化公司的摩托车驾驶培训过程中的违反安全管理规定行为之间存在因果关系，不能认定张某某的行为成立重大责任事故罪。

三、出罪法理

关于重大责任事故罪，我国《刑法》第 134 条第 1 款规定："在生产、作业中违反有关安全管理的规定，因而发生重大伤亡事故或者造成其他严重后果的，处三年以下有期徒刑或者拘役；情节特别恶劣的，处三年以上七年以下有期徒刑。"据此，重大责任事故罪的成立在客观上必须同时具备以下三个基本条件：一是行为条件，即行为人在生产、作业中存在违反有关安全管理规定的行为；二是结果条件，即发生了重大伤亡事故或者造成了其他严重后果；三是因果关系条件，即行为人的行为与结果发生之间存在刑法上的因果关系。本案中，主张构罪的观点认为，张某某等人在生产、作业中违反有关安全管理的规定，因而发生安全事故，造成一人死亡，应当以重大责任事故罪追究其刑事责任。笔者主张不构罪，认为本案不能证明张某某的行为符合重大责任事故罪的成立条件。这主要体现在以下几方面。

（一）在事实层面，本案不能证明张某某的行为与张某的死亡结果之间存在刑法上的因果关系

因果关系是行为与结果之间引起与被引起的关系。与一般意义上的因果关系不同，刑法上的因果关系要求危害行为与危害结果之间的引起与被引起

的关系必须达到相当的程度。但本案中，某文化公司虽然存在不符合安全管理规定的情况，但无论是其在事故发生前的行为，还是在事故发生中、事故发生后的行为，都不能证明其与张某的死亡结果之间存在刑法上的因果关系。这具体体现在以下两方面。

1. 总体上看，被害人张某的死因不明，本案证据无法证明某文化公司的行为与张某的死亡结果之间存在刑法上的因果关系

本案中，张某的死亡结果发生在摩托车骑行练习过程中。从行为发生的过程看，事故调查报告显示，当日 11 时 30 分，第三轮自由练习开始，张某为第一组学员。发车后，张某驾驶第一辆红色两轮摩托车，通过 2 号弯道，进入直行车道，在即将进入 3 号弯道的位置连车带人摔倒。这表明，事故发生时并没有直接的外力作用于张某的驾驶行为，导致事故发生的原因可能众多，不排除是张某自身原因（如突发疾病、操作失误等）导致事故发生的可能。在不能排除张某自身原因导致事故发生的情况下，本案证据无法证明某文化公司的行为与张某的死亡结果之间存在刑法上的因果关系。

2. 具体地看，本案不能证明某文化公司在事故发生之前、之中和之后的行为与张某的死亡结果之间存在刑法上的因果关系

本案中，事故调查报告认定某文化公司作为培训的组织者，在经营资格、培训车辆选用、培训教练配备、实操安全培训、安全保障措施、培训场地选用等方面存在严重违反安全生产管理规定的行为。这涉及某文化公司在事故发生之前、之中、之后的多种行为。但本案证据不能证明某文化公司在事故发生之前、之中、之后的行为与张某的死亡结果之间存在刑法上的因果关系。

第一，本案不能证明某文化公司在事故发生之前和之中的行为与张某的死亡结果之间具有刑法上的因果关系。事故调查报告显示，某文化公司在事故发生之前和之中存在违反安全生产管理规定的行为主要包括：（1）某文化公司未按《中国汽车摩托车运动联合会车手培训班管理办法》投保人身意外伤害保险；（2）某文化公司无培训突发情况处置预案，培训期间未配备满足救护需要的救护车辆和急救用品及专业的医务人员；（3）某文化公司没有自己的培训用车，而是使用外借车辆开展培训，对车辆状况不掌握，也没有专业的车辆安全检测人员；（4）某文化公司教练未实际驾驶车辆进行指导和演示，未核实助理教练资格及数量；（5）某文化公司以微信形式提交变更日期的申请，不符合《中国汽车摩托车运动联合会车手培训班管理办法》的要求，变更培训时间未获得中汽摩联书面批复；（6）某文化公司聘用的助理教练数量少于 2 人，且无资质。

针对某文化公司的上述行为，本案证据不能证明某文化公司在事故发生之前和之中的行为与张某的死亡结果之间具有刑法上的因果关系：（1）上述

第一、五项情形与事故发生明显不具有刑法上的因果关系，其中上述第一项涉及投保、第五项涉及活动举办的申请方式，都不存在导致事故发生的问题。（2）上述第三项情形经证明与事故发生不具有刑法上的因果关系。上述第三项涉及摩托车的用车问题。对此，事故调查报告显示事故车辆鉴定结果为"摩托车制动系工作状态正常，摩托车转向系工作状态正常，无法计算摩托车事发时车速"，表明摩托车与事故的发生之间不具有因果关系。（3）本案证据不能证明上述第二、四、六项情形与事故发生具有刑法上的因果关系。对于这三项的情形，本案没有证据证明其与张某驾驶摩托车摔倒及其死亡结果之间具有联系，更无法证明它们之间具有刑法上的因果关系。（4）本案证据显示，张某是专业车手，参加过多项赛事，具有较高的摩托车驾驶水平，对驾驶摩托车过程中的突发情况有较强的处理能力。在此情况下，即便某文化公司存在一些安全管理上的不足，也不一定会对张某的驾驶行为产生影响。因此，本案证据不能证明某文化公司在事故发生之前和之中的行为与张某的死亡结果之间具有刑法上的因果关系。

第二，本案不能证明某文化公司在事故发生之后的行为与张某的死亡结果之间具有刑法上的因果关系。本案中，张某在摩托车骑行练习中摔伤，后经医院抢救无效于当日死亡。事故调查报告认定，在学员受伤后，某文化公司现场人员只是帮助其摘掉头盔和手套，没有在现场进行专业性的急救工作，某文化公司的培训安全保障义务缺位。

不过，本案证据不能证明某文化公司在事故发生之后的行为与张某的死亡结果之间具有刑法上的因果关系。这是因为：（1）法医学审查意见书显示，张某从发生意外到呼吸心跳停止是在 1 小时内，虽然未进行尸体解剖检查，但从影像学检查见心包积液，提示有心脏大血管的直接损伤；肝实质回声不均提示有肝脏的破裂乃至挫碎；这种损伤属法医学上的绝对致命伤，没有救治的机会和可能。（2）本案没有证据证明事故发生后及时救治能够避免死亡结果的发生。在此基础上，本案证据不能证明某文化公司在事故发生之后的行为与张某的死亡结果之间具有刑法上的因果关系。

（二）在归责层面上，本案证据不能要求张某某对张某的死亡结果负刑法上的责任

本案中，事故调查报告认定，张某某作为某文化公司的主要负责人，未履行安全生产管理职责，对事故的发生负有主要责任。但本案现有证据不能要求张某某对张某的死亡结果负刑法上的责任。这具体体现在以下几个方面。

第一，在归责依据上，刑事责任不同于行政责任，不能以行政责任认定代替刑事责任认定。行政责任遵循的是过错原则，即只要在管理中存在过错就可追责，而且在过错行为与危害后果之间的关系上，行政责任的归责不要求行为与结果之间的联系达到相当的程度，只要两者之间存在一定的关联即可，而且为了促进行政责任的落实，可以通过行政法律法规确立主要责任人。但刑事责任必须遵循主客观相统一原则，要求行为人存在故意或者过失，且客观上的行为导致了危害结果的发生。从这个意义上看，行政责任与刑事责任的归责原则并不相同，不能以行政责任的认定代替刑事责任的认定。本案中，事故调查报告认定张某某是主要责任人，但这只是行政责任的认定，不能代替其刑事责任的认定。而如前所述，本案不能证明某文化公司的行为与张某死亡结果之间的联系达到了刑法上所要求的相当程度，不具备刑事归责的客观要求。

第二，在责任联系上，张某某不负责培训的具体管理工作，其行为与张某的死亡结果之间不具有直接联系。本案中，张某是在骑摩托车练习过程中发生意外死亡的，而根据事故调查报告的认定，赵某是某文化公司总经理及培训班的主管领导，王某是培训班的直接负责人，李某某是培训班的主教练。据此，即便都是未遵循安全生产、作业的有关规定，张某某承担的也只是监督、管理责任，是一种间接责任，与事故的发生之间不具有直接联系，进而难以认定张某某的行为与事故的致人死亡后果之间具有刑法上的因果关系。

第三，在免责事项上，本案证据表明张某签订了"安全承诺书"，愿意自担风险。其中"安全承诺书"称："本人自愿参加赛车手培训班，同意遵守培训班安全注意事项和服从教练员指导，训练中如果发生意外伤害事故，由本人自己承担损失，不向组织者或有关部门及个人追究任何责任，就此承诺。"摩托车培训和比赛本身带有一定的风险，对于这种风险，车手都有明确的认知，并通过签署"安全承诺书"表明自愿承担风险。在此基础上，除非证明某文化公司的行为直接导致了事故的发生，否则，在相应的规则之下，对应的风险应当由车手自己承担。

综合归责依据、责任联系和免责事项，在归责层面上，本案不能证明张某某对张某的死亡结果负有刑法上的责任，张某某的行为不构成重大责任事故罪。

王某某重大责任事故案

——间接损失及社会影响能否作为重大责任事故罪的认定依据

一、基本案情

2021年4月18日下午，某野生动物园动物管理部饲养员张某某违反操作规定，未落实"双人双岗"要求，独自对猛兽区繁育场外运动场进行保洁工作，离开时未将从东向西第4间笼舍（以下简称4#笼舍）外的运动场铁门关闭、上锁。次日上午，动物管理部饲养员韩某、王某对该区域圈养豹子的笼舍进行保洁工作时，违反操作规定，未先行检查笼舍铁门落锁情况，便将3只亚成体豹子从4#笼舍内运动场放至外运动场，导致该3只豹子从外运动场铁门离开后翻越繁育场东侧围墙出逃。事件发生后，王某某作为公司主要负责人，经与马某、张某等公司管理层商议，为避免公司遭受经济及声誉损失，决定向政府主管部门及社会公众隐瞒事件，并自行组织力量搜寻、诱捕。

2021年4月21日晚，某野生动物园根据群众提供的线索，自行捕获1只出逃豹子。王某某在明知出逃豹子已进入群众生产、生活区域，危及周边居民人身安全的情况下，仍多次召集马某、张某等人商议，决定采用公司内部消息管控、向知情村民给付"封口费"等方式继续隐瞒事件。其间，出逃豹子又先后出现在某茶园、小区，被群众发现。2021年5月7日晚，公安、林业等相关部门接群众报警后，进行调查处置，某野生动物园才承认豹子出逃情况，引发社会公众广泛关注，周边地区居民产生恐慌情绪，生产、生活秩序受到严重影响。

为维护人民群众生命财产安全和正常社会秩序，当地政府立即组织开展搜捕、巡防工作。据统计，政府累计投入集中搜索力量2.3万余人次，出动无人机7 000余架次、搜救犬1 400余次，新增安装视频监控点2 200余个，开展巡逻巡防数万人次。

经相关部门认定，王某某未落实安全生产管理职责，未及时检查并消除园内安全隐患，存在事故隐瞒行为，对事故发生负有领导责任。

二、主要问题

本案涉及的主要问题是王某某的行为是否符合重大责任事故罪的成立条件，其行为是否构成重大责任事故罪。对此，主要存在两种不同观点：

一种观点主张构罪，认为王某某在事故发生前未落实安全生产管理职责，未及时检查并消除园内安全隐患，在事故发生后存在事故隐瞒行为，造成严重后果，其行为构成重大责任事故罪。

另一种观点主张不构罪，认为本案不能证明王某某在事故发生前的行为符合司法解释关于重大责任事故罪的成立条件，同时王某某的事故隐瞒行为不符合重大责任事故罪的成立条件，其行为不构成重大责任事故罪。

三、出罪法理

关于重大责任事故罪，我国《刑法》第 134 条第 1 款规定："在生产、作业中违反有关安全管理的规定，因而发生重大伤亡事故或者造成其他严重后果的，处三年以下有期徒刑或者拘役；情节特别恶劣的，处三年以上七年以下有期徒刑。"据此，重大责任事故罪的成立在客观上必须同时具备以下三个基本条件：一是行为条件，即行为人在生产、作业中存在违反有关安全管理规定的行为；二是结果条件，即发生了重大伤亡事故或者造成了其他严重后果；三是因果关系条件，即行为人的行为与结果发生之间存在刑法上的因果关系。本案中，王某某存在两个行为：一是事故发生前的行为，即未落实安全生产管理职责、未及时检查并消除园内安全隐患；二是事故发生后的行为，即存在事故隐瞒行为。主张构罪的观点认为，王某某的行为构成重大责任事故罪。但笔者认为本案不能认定王某某这两个行为符合重大责任事故罪的成立条件。这主要体现在以下几个方面。

（一）王某某的事故隐瞒行为不符合重大责任事故罪的成立条件，不构成重大责任事故罪

如前所述，重大责任事故罪在客观上表现为"在生产、作业中违反有关安全管理的规定，因而发生重大伤亡事故或者造成其他严重后果的"行为。本案中，王某某存在的事故隐瞒行为不符合重大责任事故罪的客观要求，不构成重大责任事故罪。这集中体现在王某某的事故隐瞒行为不符合重大责任事故罪的行为条件要求。

重大责任事故罪的行为条件是行为人具有"在生产、作业中违反有关安全管理的规定"的行为。它又可细化为两个更具体的条件：一是时空条件，即行为必须发生在生产、作业中；二是违规条件，即行为必须违反有关安全管理的规定。

本案中，王某某在事故发生后与公司管理层商议，为避免公司遭受经济和声誉损失，决定向政府主管部门及社会公众隐瞒事件，并在捕获 1 只出逃豹子后仍决定采用公司内部消息管控、向知情村民给付"封口费"等方式继续隐瞒事件。显然，王某某对发生的事故隐瞒不报，违反我国《安全生产法》第 83 条第 2 款的规定，具有违法性。

但是，在行为发生的时空性上，王某某的事故隐瞒行为发生在安全事故发生之后，而非发生"在生产、作业中"。其行为发生的时空条件不符合我国《刑法》第 134 条第 1 款关于重大责任事故罪的规定，其行为不属于重大责任事故罪的"在生产、作业中"违反有关安全管理的规定的行为，因此王某某的事故隐瞒行为不构成重大责任事故罪。

（二）本案不能证明王某某在事故发生前的行为符合司法解释关于重大责任事故罪的成立条件，其行为不构成重大责任事故罪

本案中，王某某在事故发生前的行为包括两个：未落实安全生产管理职责和未及时检查并消除园内安全隐患。本案证据不能证明王某某的这两个行为符合重大责任事故罪的成立条件，其行为不构成重大责任事故罪。这具体体现在以下几点。

1. 本案不能证明王某某的行为符合重大责任事故罪的结果条件要求

重大责任事故罪的结果条件是"发生重大伤亡事故或者造成其他严重后果"。对此，2015 年最高人民法院、最高人民检察院《关于办理危害生产安全刑事案件适用法律若干问题的解释》第 6 条第 1 款规定："实施刑法第一百三十二条、第一百三十四条第一款、第一百三十五条、第一百三十五条之一、第一百三十六条、第一百三十九条规定的行为，因而发生安全事故，具有下列情形之一的，应当认定为'造成严重后果'或者'发生重大伤亡事故或者造成其他严重后果'，对相关责任人员，处三年以下有期徒刑或者拘役：（一）造成死亡一人以上，或者重伤三人以上的；（二）造成直接经济损失一百万元以上的；（三）其他造成严重后果或者重大安全事故的情形。"但本案难以认定王某某的事故隐瞒行为符合重大责任事故罪的结果条件要求。其中，王某某的行为未造成任何人员伤亡，其行为结果显然不具有上述解释规定的"造成死亡一人以上，或者重伤三人以上的"情形。同时，本案证据也不能证明王某某的行为符合上述司法解释规定的另外两种情形。这体现在：

第一，本案不能证明王某某的行为结果具有"造成直接经济损失一百万元以上的"情形。关于直接经济损失与间接经济损失，2006 年最高人民检察院《关于渎职侵权犯罪案件立案标准的规定》"附则"中作了明确规定。按照该规定，直接经济损失是指与行为有直接因果关系而造成的财产损毁、减少的实际价值；间接经济损失是指由直接经济损失引起和牵连的其他损失，包括失去的在正常情况下可以获得的利益和为恢复正常的管理活动或者挽回所造成的损失所支付的各种开支、费用等。据此，直接经济损失是指与行为存在直接因果关系的财产损毁、减少的实际价值。本案中，为了搜救豹子，政府投入了巨大成本：累计投入集中搜索力量2.3万余人次，出动无人机7 000余架次、搜救犬1 400余次，新增安装视频监控点2 200余个，开展巡逻巡防数万人次。但这明显不属于与行为存在直接因果关系的财产损毁、减少的实际价值，而应当属于"为恢复正常的管理活动或者挽回所造成的损失所支付的各种开支、费用"，应当认定为间接经济损失，而非直接经济损失。在此基础上，本案不能认定王某某的行为结果具有"造成直接经济损失一百万元以上的"情形，不符合2015年最高人民法院、最高人民检察院《关于办理危害生产安全刑事案件适用法律若干问题的解释》第6条第1款第2项的规定。

第二，本案不能认定王某某的行为结果具有"其他造成严重后果或者重大安全事故的情形"。2015年最高人民法院、最高人民检察院《关于办理危害生产安全刑事案件适用法律若干问题的解释》第6条第1款第3项将"其他造成严重后果或者重大安全事故的情形"纳入《刑法》第134条第1款的"其他严重后果"范围，但并未作进一步的解释或者明示。本案不能认定王某某的行为结果具有"其他造成严重后果或者重大安全事故的情形"。这体现在以下两个方面：

一是事故"引发社会公众广泛关注，周边地区居民产生恐慌情绪，生产、生活秩序受到严重影响"情形，不应纳入重大责任事故罪的"其他造成严重后果或者重大安全事故的情形"范围。这是因为：（1）在法益上，这是一种"社会影响"，不属于公共安全的法益范围。重大责任事故罪属于危害公共安全罪一章，其法益是公共安全，即不特定多数人的生命、健康和财产安全。"社会影响"属于"社会秩序"范围，不涉及不特定多数人的生命、健康和财产安全问题，不属于公共安全的范畴，不符合重大责任事故罪的公共安全法益要求。（2）在类型上，国务院《生产安全事故报告和调查处理条例》第3条明确规定只根据"造成的人员伤亡或者直接经济损失"确定安全生产事故的程度，即采取直接损失原则，间接损失不是认定安全生产事故程度的依据，社会影响则属于更为间接的情形（社会影响只有作用于人们的生产、生活才能间接表现出具体的损失），不宜也不能作为事故"严重后果"的认定依据。（3）在类比上，2006年最高人民检察院《关于渎职侵权犯罪案件立案标准的规定》和2012年最高人民法院、最高人民检察院《关于办理渎职刑事案件适用法律若干问题的解释（一）》都将"造成恶劣社会影响"作为"致使公共财产、国家和人民利益遭受重大损失"的情形，但2015年最高人民法院、最高人民检察院出台的《关于办理危害生产安全刑事案件适用法律若干问题的解释》并没有明确将"造成恶劣的社会影响"纳入重大责任事故罪的"其他造成严重后果或者重大安全事故的情形"范围内，我国最高司法机关显然是考虑了重大责任事故罪的公共安全法益与渎职罪保护法益之间的差异。据此，"造成恶劣的社会影响"不应被纳入重大责任事故罪的"其他造成严重后果或者重大安全事故的情形"范围。

二是重大责任事故罪的严重后果必须是指向他人的生命、健康或者财产损失。如果行为人的行为虽然造成了一定的财产损失，但这种损失完全都是他自己的财产损失，那么该财产损失就不宜也不能被纳入重大责任事故罪的"公共安全"法益范围，更不能被认定为重大责任事故罪的"严重后果"，因为对自身财产法益的自损行为不应构成犯罪。从这个角度看，本案虽然存在一只豹子的损失，但该豹子是王某某所在单位自己繁育的，在财产归属上属于其单位自己的财产，不属于"公共安全"的范畴，而且王某某的涉案行为又是某野生动物园的单位行为，因而不能以此认定该情形属于重大责任事故罪的"其他造成严重后果或者重大安全事故的情形"。

2. 本案不能认定王某某的行为符合刑法关于重大责任事故罪的因果关系条件要求

重大责任事故罪的因果关系条件是行为人"在生产、作业中违反有关安全管理的规定"的行为与"发生重大伤亡事故或者造成其他严重后果"的结果之间存在刑法上的因果关系。本案不能认定王某某的行为符合重大责任事故罪的因果关系条件要求。这具体体现在：

第一，王某某的行为与结果之间的关系必须达到相当程度才能成立刑法上的因果关系。我国刑法理论上和刑事司法实践中对刑法上因果关系的判断采取的都是相当因果关系标准，即行为人的行为与结果发生之间的关联关系必须达到相当的程度才能进行刑事追责。在重大责任事故案件中，责任事故的发生通常都是多因一果，因而并非所有的因都能成为刑法上追责的因，只有关联关系达到相当程度的因才能被追究刑事责任。对于王某某而言，其行为与结果之间的关系必须达到相当程度才能成立刑法上的因果关系。

第二，本案不能认定王某某的行为与结果之间的关联性达到了相当的程度。这表现为：（1）刑事责任不同于行政责任，不能以行政责任认定代替刑事责任认定。行政责任遵循的是过错原则，即只要在管理中存在过错就可追责，而且在过错行为与危害后果之间的关系上，行政责任的归责不要求行为与结果之间的联系达到相当的程度，只要两者之间存在一定的关联即可，而且为了促进行政责任的落实，可以通过行政法律法规确定主要责任人。但刑事责任必须遵循主客观相统一原则，要求行为人存在故意或者过失，且行为与危害结果的发生之间的关联达到相当的程度。从这个意义上看，行政责任与刑事责任的归责原则并不相同，不能以行政责任的认定代替刑事责任的认定。本案亦如此。（2）王某某的行为本身表明其对结果的发生难以达到相当的程度。王某某在事故发生前的行为是"未落实安全生产管理职责，未及时检查并消除园内安全隐患"。这是一种监督行为，且在本案中这种监督行为主要不是由王某某实施，而应当是由某野生动物园分管领导和动管部领导主要负责。王某某的行为对危害结果的发生只起防范作用，危害程度较低。（3）事故调查报告认定王某某的行为只是事故发生的间接原因。在本案中，事故调查报告表明，豹子逃逸事故的直接原因是饲养员张某某、韩某、王某3人的违规行为，间接原因是野生动物园对饲养员存在的违章操作行为未及时制止等领导和管理行为。王某某的行为是事故发生的间接原因，与事故发生的关联程度较低。

可见，本案不能认定王某某的行为符合重大责任事故罪的因果关系条件要求。需要特别指出的是，我国对危害安全生产行为惩治的重点是矿山、井下作业等安全生产的高危行业。本案不是发生在矿山等安全生产的高危行业，对安全事故及刑事责任的追究不能完全按照传统的安全生产事故进行，而应当考虑案件的具体情况审慎处理。

刘某某生产、销售伪劣产品案

——如何认定正常生产、销售电缆单位负责人具有犯罪的明知

一、基本案情

刘某某系 A 公司（电缆销售公司）、B 公司（电缆制造公司）经理。

2012 年 9 月 3 日，C 公司经理陈某某以 B 公司委托代理人的身份，与某物资供应站法定代表人黄某某签订 5 种型号电缆的订货合同，价款为人民币 3 112 079.70 元。2012 年 11 月 4 日，刘某某与 C 公司法定代表人南某某签订产品销售合同，价款为人民币 2 724 360.94 元。2012 年 11 月 5—6 日，刘某某与某线缆公司签订"订货协议书"，在 D 公司不知情的情况下，擅自授权某线缆公司总经理张某生产指定规格的 D 公司拥有商标权的某品牌电缆。2012 年 11 月 14 日，某物资供应站接收电缆，用于某小区电力安装。2014 年 4 月 28 日，施工末期，市工商行政管理局发现有不合格电缆，并现场扣封两盘电缆，总长度达 2 436 米，购价为人民币 690 852.80 元。经某质量监督检验院检验，该两盘电缆为不合格产品。2014 年 5 月 22 日，C 公司以人民币 647 632 元价格购买与被扣押相同规格的合格电缆给某物资供应站。

二、主要问题

本案涉及的主要问题是刘某某的行为是否符合生产、销售伪劣产品罪的构成要件，特别是其主观上是否具有犯罪的明知，其行为是否构成生产、销售伪劣产品罪。对此，在案件处理过程中主要有两种不同的观点：

一种观点主张构罪，认为刘某某违反国家产品质量监督管理法规，在生产、销售电缆过程中，以不合格产品冒充合格产品，侵害了社会主义市场经济秩序和消费者合法权益，其行为构成生产、销售伪劣产品罪。

另一种观点主张不构罪，认为刘某某主观上对涉案电缆系伪劣产品的事实并不明知，不具有生产、销售伪劣产品的故意，客观上也未实施以不合格产品冒充合格产品的行为，不符合生产、销售伪劣产品罪的成立条件，不构成生产、销售伪劣产品罪。

三、出罪法理

关于生产、销售伪劣产品罪，我国《刑法》第 140 条规定："生产者、销售者在产品中掺杂、掺假，以假充真，以次充好或者以不合格产品冒充合格产品，销售金额五万元以上不满二十万元的，处二年以下有期徒刑或者拘役，并处或者单处销售金额百分之五十以上二倍以下罚金；销售金额二十万元以上不满五十万元的，处二年以上七年以下有期徒刑，并处销售金额百分之五十以上二倍以下罚金；销售金额五十万元以上不满二百万元的，处七年以上有期徒刑，并处销售金额百分之五十以上二倍以下罚金；销售金额二百万元以上的，处十五年有期徒刑或者无期徒刑，并处销售金额百分之五十以上二倍以下罚金或者没收财产。"据此，生产、销售伪劣产品罪是生产者、销售者在产品中掺杂、掺假，以假充真，以次充好或者以不合格产品冒充合格产品，销售金额在 5 万元以上的行为。生产、销售伪劣产品罪的成立至少必须同时具备以下两个基本条件：一是主观条件，即行为人主观上必须具有生产、销售伪劣产品的故意；二是客观条件，即行为人客观上必须实施了在产品中掺杂、掺假，以假充真，以次充好或者以不合格产品冒充合格产品，销售金额在 5 万元以上的行为。在本案中，主张构罪的观点认为，刘某某违反国家产品质量监督管理法规，在生产、销售电缆过程中，以不合格产品冒充合格产品，应当以生产、销售伪劣产品罪追究其刑事责任。但从本案的事实和证据来看，刘某某主观上不具有生产、销售伪劣产品的故意，客观上也不能证明其具体实施了以不合格产品冒充合格产品的行为，不符合生产、销售伪劣产品罪的成立条件，不构成生产、销售伪劣产品罪。这主要体现在以下几点。

（一）刘某某主观上不具有生产、销售伪劣电缆的故意，不符合生产、销售伪劣产品罪的主观条件

根据我国《刑法》第 14 条和第 140 条的规定，生产、销售伪劣产品罪的主观方面必须是故意，其故意的内容是生产者、销售者明知生产、销售的产品系伪劣产品仍予以生产、销售。在本案中，要证明刘某某主观上具有生产、销售伪劣电缆的故意，就必须证明刘某某明知涉案的电缆属于伪劣电缆，但是本案不仅不能证明刘某某主观上具有生产、销售伪劣电缆的故意，相反可以证明刘某某主观上不具有生产、销售伪劣电缆的故意。

在刑法上，明知是知道或者可能知道。其中，可能知道必须是现实的可能知道（知道的概率很高），而不能是抽象的可能知道（知道的概率很低）。本案中，细化的行为包括：一是 A 公司在与 C 公司签订产品销售合同后向某线缆公司订货，某线缆公司按照订货合同向某物资供应站提供电缆的行为；二是市工商行政管理局发现不合格电缆后，A 公司将不合格电缆退回某线缆公司，某线缆公司重新生产、提供电缆的行为。其中，前一行为是常规经营行为（A公司委托生产的常规操作），后一行为是退换货行为（A公司发现电缆不合格后要求厂家退换电缆的行为）。而无论是从常规经营行为看还是从退换货行为看，本案均不能证明刘某某主观上具有生产、销售伪劣电缆的故意。这具体体现在以下几点。

1. A公司的常规经营行为不能证明刘某某主观上具有生产、销售伪劣电缆的故意

本案中，电缆的整个营销过程包括：一是B公司（委托C公司）与某物资供应站签订电缆订货合同，二是该电缆订货合同在签订后被转给了A公司（由C公司与A公司签订产品销售合同），三是A公司再将该订货电缆委托给某线缆公司生产（由A公司与某线缆公司签订订货合同），四是电缆由某线缆公司生产后直接交给某物资供应站。可见，电缆是由生产者直接交付购买者的，A公司只是中间商（三家中间商之一）。据此，要证明作为A公司经理的刘某某具有生产、销售伪劣电缆的故意，就要求其在某线缆公司向某物资供应站提供电缆之前，明知电缆属于伪劣产品。但本案不能认定刘某某具备该明知内容，刘某某主观上不具有生产、销售伪劣电缆的故意。

第一，从经营模式看，A公司的经营模式可以证明刘某某主观上不具有生产、销售伪劣电缆的故意。本案中，A公司只销售电线电缆，而不生产电线电缆。其取得订单后都要向生产厂家订货，且主要有两种方式：一是直接向D公司订某品牌电缆，二是委托其他厂家生产电缆并贴某品牌（A公司与D公司属于同一个家族企业，D公司出具"授权书"授权A公司使用某品牌商标）。由于A公司与D公司的关系恶化（但D公司没有收回对A公司使用某品牌商标的授权）等原因，A公司取得订单后主要都是委托其他厂家生产电缆并贴某品牌。长期以来，A公司都是按照这一经营模式运作的（包括本案案发后A公司仍按该模式经营，D公司既未提出异议也未收回授权），不存在生产、销售伪劣产品的故意和行为问题。本案中，电缆的生产、销售完全是按照A公司的这一经营模式进行的，难以证明刘某某主观上针对涉案电缆具有生产、销售伪劣电缆的故意。

第二，从合作对象看，某线缆公司具有合法资质证明刘某某主观上不具有生产、销售伪劣电缆的故意。本案中，某线缆公司是具有国家颁发的合法资质的正规企业。该公司2002年9月13日取得"中国国家强制性产品认证证书"，2013年4月9日取得"全国工业产品生产许可证"，拥有省某驰名商标品牌电线电缆，该公司的营业执照显示其经营范围是"制造销售电线电缆；拔丝加工；电线电缆用材料加工销售（需经有关部门审批、未获批准前不得经营）"。可见，某线缆公司是取得国家合法资质的正规线缆生产企业。A公

司将电缆交由该工厂生产，是正常的订货行为，完全不能证明刘某某主观上具有生产、销售伪劣产品的故意。

第三，从订货规格看，电缆必须达到国家标准的订货要求证明刘某某主观上不具有生产、销售伪劣电缆的故意。本案中，Ａ公司向某线缆公司订货时明确要求电缆必须达到国家标准。这包括：（1）2012年11月5日Ａ公司与某线缆公司签订的"订货协议书"明确约定："产品执行标准：执行国家相关标准，保质期一年，如电缆出现质量问题，生产方负责退换，并承担相关经济损失。"（2）2014年4月6日Ａ公司与某线缆公司签订的"订货协议书"明确约定："产品执行标准：执行国家相关标准，保质期一年，如电缆出现质量问题，生产方负责退换，并承担相关经济损失。"（3）某线缆公司负责人张某的笔录明确称，刘某某要求其按照国家有关线缆的标准GB/T 12706—2008生产。（4）本案中，因线缆质量不合格，Ａ公司一直没有与某线缆公司结算，这表明Ａ公司订货的要求是产品必须质量合格。这些证据均可证明Ａ公司订购的是合格电缆，刘某某主观上没有生产、销售伪劣电缆的故意。

第四，从合作过程看，本案证据不能证明刘某某主观上具有生产、销售伪劣电缆的故意。针对合作过程，主张构罪的观点认为，根据刘某某的七份供述可以认定刘某某的行为构成生产、销售伪劣产品罪。但一方面，刘某某的庭前笔录与庭审供述存在明显冲突，另一方面阮某某的笔录内容部分因缺乏其他证据印证而属于孤证，部分则与在案其他证据矛盾，均不能作为定案的根据。因此，依据刘某某的庭前供述认定其构罪的观点是错误的。

第五，从质量原因看，本案证据不能证明刘某某主观上具有生产、销售伪劣电缆的故意。本案仅认定涉案电缆属于不合格电缆，但没有认定导致电缆不合格的原因。张某在笔录中称不知道是什么原因导致这两次电缆不合格，称其在公司中主管质量，公司在生产电缆的每个环节都有严格的质量监督，都严格执行有关国家质量标准，否认公司生产这两批电缆存在偷工减料的行为。即便涉案的电缆属于不合格电缆，本案没有查明导致电缆不合格的原因，意味着在电缆销售给某物资供应站之前，没有人知道生产中出了什么问题，更没有人知道电缆不符合国家质量标准。更为重要的是，刘某某并未参与涉案电缆的生产，不可能知道涉案电缆系不合格电缆，其主观上不可能具有生产、销售伪劣电缆的故意。

第六，从质量责任看，本案证据不能证明刘某某主观上具有生产、销售伪劣电缆的故意。这是因为，Ａ公司、刘某某没有义务对电缆进行质量检验，某线缆公司应对电缆的质量不合格承担全部法律责任。本案中，Ａ公司是中间商，只负责销售，并不进行生产，且根据Ｄ公司的授权有权贴某品牌，并为此向某线缆公司订货。而值得特别强调的是，涉案电缆不合格是不符合国家的标准，而不是不符合某品牌电缆的专用标准（实际上也没有该标准）。而电缆符合国家标准是所有电缆生产企业的责任，自然也是本案中某线缆公司必须要承担的责任，A 公司没有介入这一过程，不应对这一过程中出现的电缆不合格承担法律责任（该法律责任最终应由某线缆公司承担）。刘某某有理由相信涉案的电缆是合格电缆，其主观上不具有生产、销售伪劣电缆的故意。

2. A 公司的退换电缆行为进一步证明刘某某主观上不具有生产、销售伪劣电缆的故意

本案中发生电缆退换问题，质量不合格的电缆是 A 公司在被告知电缆不合格之后要求某线缆公司重新生产、提供的。张某的笔录称，刘某某于 2013 年电话告知其电缆出现质量问题，2014 年要求其退换；刘某某把不合格电缆返还后，后又把授权书和该批电缆的订货单返还；张某于三四天后把重新做好的电缆发货给刘某某。可见，本案中不合格的电缆是退换后重新生产的电缆。对此，刘某某对该电缆不可能明知其是伪劣电缆而提供。这具体体现在：

第一，按照社会一般人标准，在已因电缆不合格而被查处的情况下，刘某某不可能会再让或者放任某线缆公司提供不合格电缆。我国刑法上对明知的推定，采取的是社会一般人标准，即在社会一般人看来，行为人主观上对危害社会结果的发生是否明知。本案中，在电缆已经被市工商行政管理部门发现不合格的情况下，新提供的电缆肯定也要被检查。在此前提下，按照一个正常人的思维，肯定会提供质量完全达标、合格的电缆进行更换，否则再次检查被发现质量不合格，不仅要承担民事赔偿责任，还要受到严厉的处罚。因此，按照社会一般人的标准，在已因电缆不合格被查处的情况下，刘某某不可能会再让或者放任某线缆公司提供不合格的电缆，其主观上不可能具有生产、销售伪劣电缆的故意。

第二，针对退换货签订的"订货协议书"再次明确要求电缆质量执行国家相关标准。如前所述，A 公司与某线缆公司签订的"订货协议书"明确规定："产品执行标准：执行国家相关标准，保质期一年，如电缆出现质量问题，生产方负责退换，并承担相关经济损失。"这是对退换电缆必须达到国家标准的再次明确要求，可见，刘某某主观上没有生产、销售伪劣电缆的故意。

第三，刘某某的笔录等证据证明，刘某某就退换货要求某线缆公司提供的电缆必须是合格电缆。刘某某在笔录中明确称其对更换的电缆提出了质量要求和检验验收标准，即口头提出了一定要做合格产品，达到国家标准的要求。对此，张某的笔录能予以印证。这也可证明刘某某主观上不具有生产、销售伪劣电缆的故意。

第四，某线缆公司对退换货的生产记录、检验记录完整。本案证据显示，某线缆公司对退换生产的电缆有鉴定书、原始的产品跟踪检验记录与产品检验原始记录、出库单。这些记录能够充分反映某线缆公司的正常生产过程。而某线缆公司是正规线缆生产企业，拥有某省电线电缆某驰名商标。A 公司、刘某某完全有理由相信其电缆是合格产品，其主观上不具有生产、销售伪劣电缆的故意。

第五，A 公司、刘某某已对退换的电缆尽到了审慎审查义务。如前所述，A 公司只是中间商、销售商，不负责电缆的生产。电缆的生产者是某线缆公司，其对生产的电缆质量负责。本案中，某线缆公司对退换电缆有生产记录、检验记录、鉴定书、出库单。虽然没有合格证，但根据合格证的出具流程可知其也是由某线缆公司自己出具的，仅是一个形式审查，在拥有完整生产、检验记录、出库单、鉴定书的情况下，合格证不具有保证产品质量的作用。在此基础上，A 公司、刘某某已对退换的电缆尽到了审慎审查义务，刘某某主观上不可能具有生产、销售伪劣电缆的故意。

可见，考虑到 A 公司一直以来的经营模式和本案涉案电缆系退换电缆这一特定物品，且 A 公司、刘某某对涉案电缆的质量已尽到审慎的督促、审查义务，刘某某主观上不可能具有生产、销售伪劣电缆的故意，其不构成生产、销售伪劣产品罪。

（二）本案证据不能证明刘某某实施了生产、销售伪劣电缆的行为，不符合生产、销售伪劣产品罪的客观要求

根据我国《刑法》第 140 条的规定，生产、销售伪劣产品罪的客观行为是在产品中掺杂、掺假，以假充真，以次充好或者以不合格产品冒充合格产品。这具体包括四种行为：一是在产品中掺杂、掺假，二是以假充真，三是以次充好，四是以不合格产品冒充合格产品。本案中，A 公司、刘某某完全不存在"在产品中掺杂、掺假""以假充真"的行为，且其有 D 公司的"授权书"，即便某品牌电缆更优，也不存在"以次充好"的问题。主张构罪的观点认为，刘某某违反国家产品质量监督管理法规，在生产、销售电缆过程中，以不合格产品冒充合格产品，其行为构成生产、销售伪劣产品罪。但本案不能证明刘某某实施了生产、销售伪劣电缆的具体行为。

1. 本案不能认定涉案的电缆属于不合格电缆

关于不合格产品，2001 年最高人民法院、最高人民检察院《关于办理生产、销售伪劣商品刑事案件具体应用法律若干问题的解释》第 1 条第 4 款规定："刑法第一百四十条规定的'不合格产品'，是指不符合《中华人民共和国产品质量法》第二十六条第二款规定的质量要求的产品。"2000 年《产品质量法》第 26 条第 2 款规定："产品质量应当符合下列要求：（一）不存在危及人身、财产安全的不合理的危险，有保障人体健康和人身、财产安全的国家标准、行业标准的，应当符合该标准；（二）具备产品应当具备的使用性能，但是，对产品存在使用性能的瑕疵作出说明的除外；（三）符合在产品或者其包装上注明采用的产品标准，符合以产品说明、实物样品等方式表明的质量状况。"本案中，主张构罪的观点认为根据鉴定结论、证人证言、相关物证、书证等证据足以认定刘某某销售的电缆是不合格产品，属伪劣产品。其中的关键证据是某产品质量监督检验院出具的检测报告（结论是送检的电力电缆不合格），但该检测报告不具有证明力，不能作为定案的根据。这是因为：

第一，检验样品取样数量不符合抽样规范要求，检测结论的准确性与有效性存疑。国家质量监督检验检疫总局发布的《产品质量监督抽查实施规范》（CCGF507.1—2010，系质量监督部门实施监督抽查的工作规范）针对电力电缆抽样明确规定："抽样数量：不少于30米（含备样），其中20米作为检验用样品，剩余样品作为备用样品。"该规范的2015年版即《产品质量监督抽查实施规范》（CCGF708.1—2015）将抽样的数量进一步提高至40米，规定"抽样数量为一整段样品不少于40m，其中20m作为检验用样品，剩余样品不少于20m作为备用样品"。本案的抽样方法是"抽取2根，每根2米，一根送检，一根备样"，严重不符合上述规范的抽样数量要求。以此为基础所做的检测报告无法保证其结论的准确性和有效性。

第二，检测报告没有检测人员的签名，不符合鉴定意见的规范要求。鉴定意见必须要有鉴定人的签名，2021年最高人民法院《关于适用〈中华人民共和国刑事诉讼法〉的解释》第98条规定："鉴定意见具有下列情形之一的，不得作为定案的根据：（一）鉴定机构不具备法定资质，或者鉴定事项超出该鉴定机构业务范围、技术条件的；（二）鉴定人不具备法定资质，不具有相关专业技术或者职称，或者违反回避规定的；（三）送检材料、样本来源不明，或者因污染不具备鉴定条件的；（四）鉴定对象与送检材料、样本不一致的；（五）鉴定程序违反规定的；（六）鉴定过程和方法不符合相关专业的规范要求的；（七）鉴定文书缺少签名、盖章的；（八）鉴定意见与案件事实没有关联的；（九）违反有关规定的其他情形。"根据该规定，鉴定文书缺少签名或者缺少盖章的，都不得作为定案的根据。本案中，某产品质量监督检验院出具的检测报告只有单位盖章，没有检测人员的签名，不得作为定案的根据。

第三，检测报告是受市工商行政管理局在行政执法过程中申请作出的，且属于意见性证据，不得作为定案的根据。这包括：一是检测报告属于意见性证据，行政执法过程中取得的该证据不得作为定案的根据。2021年最高人民法院《关于适用〈中华人民共和国刑事诉讼法〉的解释》第75条第1款规定："行政机关在行政执法和查办案件过程中收集的物证、书证、视听资料、电子数据等证据材料，经法庭查证属实，且收集程序符合有关法律、行政法规规定的，可以作为定案的根据。"该款所列证据不包括鉴定意见。市工商行政管理局在行政执法和查办案件中取得的该证据不能作为定案的根据。二是检测鉴定应由公诉机关申请。2001年最高人民法院《关于审理生产、销售伪劣商品刑事案件有关鉴定问题的通知》第1条规定："对于提起公诉的生产、销售伪劣产品、假冒商标、非法经营等严重破坏社会主义市场经济秩序的犯罪案件，所涉生产、销售的产品是否属于'以假充真'、'以次充好'、'以不合格产品冒充合格产品'难以确定的，应当根据《解释》第一条第五款的规定，由公诉机关委托法律、行政法规规定的产品质量检验机构进行鉴定。"据此，对于本案存在明显争议的电缆，应由有关机关委托符合规定的产品质量检验机构进行鉴定。本案的检测报告鉴定申请主体不符合规定，该报告不得作为定案的根据。

2. 本案涉案行为明显属于单位行为，且不能认定作为定案依据的涉案行为由刘某某具体实施

本案中，主张构罪的观点认为案件系刘某某的个人犯罪。但本案的涉案行为明显属于单位行为，且不能认定涉案行为由刘某某具体实施。这具体体现在：

第一，本案涉案行为明显属于A公司的单位行为。关于单位犯罪，2001年最高人民法院印发的《全国法院审理金融犯罪案件工作座谈会纪要》明确规定，根据刑法和最高人民法院《关于审理单位犯罪案件具体应用法律有关问题的解释》的规定，以单位名义实施犯罪，违法所得归单位所有的，是单位犯罪。本案中，涉案电缆是由A公司与某线缆公司签订"订货协议书"委托某线缆公司生产的，销售也是以A公司名义进行的，货款是由A公司收取的，委托加工的货款也已在A公司财务下账，退赔货款也是由A公司退赔的。根据最高人民法院的前述规定，本案涉案行为明显属于A公司的单位行为，不能认定为刘某某的个人行为。

第二，本案不能认定作为定案依据的涉案行为由刘某某实施。本案中，作为定罪依据的涉案行为包括两个：销售行为和擅自授权行为。但本案不能认定上述两行为系由刘某某具体实施。这包括：（1）刘某某并未擅自授权某线缆公司生产指定规格的某品牌电缆。如前所述，涉案行为是A公司的单位行为，该单位作为徐某某名下的公司按照D公司出具的"授权书"有权授权某线缆公司生产某品牌电缆。本案根本不存在刘某某擅自授权的问题。同时A公司的大股东、实际控制人是徐某某，而且委托工厂生产某品牌电缆的经营模式是由徐某某决定的，并一直都是采取该模式（包括本案案发后仍是以该模式经营）。（2）本案证据不能证明涉案的销售行为（与C公司签订产品销售合同的行为）系刘某某具体实施。本案中，陈某某的笔录明确称其推销的某品牌电缆产品相关资料是B公司销售中心副经理赵某某提供的；同时说明

了 C 公司在 A 公司与某供电公司签订的合同中的关系，即陈某某的配偶南某某以 C 公司的名义与 A 公司赵某某签订订货合同，其将购得的电缆加价以 A 公司的名义与某供电公司签订订货合同，把电缆卖给某物资供应站。据此，本案涉及的销售行为不是由刘某某具体实施。

可见，本案不能认定涉案的电缆属于不合格电缆，同时涉案行为明显属于单位行为，且不能认定作为定案依据的涉案行为系由刘某某具体实施。刘某某的行为不符合生产、销售伪劣产品罪的客观要求，不构成生产、销售伪劣产品罪。

杨某某等生产、销售假药案

——将境外保健品模糊翻译成药品后夸大宣传是否属于生产、销售假药

一、基本案情

2016 年 10 月至 2017 年 9 月，杨某某在经营 A 公司期间，与李某某共谋后，由杨某某出资并经李某某担任翻译、介绍，委托印度公司为 A 公司生产"某油"，先后 3 次合计生产"某油"20 余万瓶，杨某某曾要求印度公司在"某油"外包装上印制"OTC"标识。李某某以普通货物形式将"某油"从印度发货到香港后，杨某某、李某某通过刘某在无任何审批的情况下，采取"水客"零星背货的形式将其从香港运至深圳，重新包装后运输到 A 公司所在地。在 A 公司的员工于"某油"外包装上贴上 A 公司的防伪标后，"某油"流入市场。

杨某某与庞某某等共谋，利用庞某某的微商团队大肆宣传 A 公司生产的"某油"具有治疗男性疾病的功效，并通过微信在全国销售该产品。杨某某聘请商某某负责 A 公司"某油"等产品销售的订单审核、通知发货等业务，聘请成某某负责 A 公司"某油"等产品的物流业务。庞某某等明知"某油"是假药仍通过微信帮助销售。2017 年 1—9 月，A 公司合计销售"某油"197 610 瓶，每瓶 75 元，销售金额合计人民币 14 820 750 元。经某市食品药品监督管理局认定，"某油"应按假药论处。

二、主要问题

本案涉及的主要问题是：

（1）本案能否认定涉案的"某油"属于假药，杨某某的行为是否构成生产、销售假药罪。对此，在案件办理过程中主要有两种不同的观点：一种观点主张构罪，认为涉案的"某油"在说明书及宣传材料中体现了主治功能、功效、适应症等内容，符合药品的定义，应被视为药品，且无药品批准文号，属于假药，杨某某的行为构成生产、销售假药罪。另一种观点主张不构罪，认为本案不能证明"某油"符合药品的基本特征，也不能证明"某油"会让

人误认为其是药品，杨某某的行为不构成生产、销售假药罪。

（2）杨某某是否属于自动投案，能否成立自首。对此，一种观点认为杨某某在办案机关立案后到案，不属于自动投案，不能成立自首；另一种观点认为杨某某以证人的身份到案，可以认定为自动投案，从而成立自首。

三、出罪法理

本案定罪的关键在于将境外保健品模糊翻译成药品后夸大宣传是否属于生产销售假药。对此，笔者认为，根据我国《刑法》的规定，杨某某的行为不构成生产、销售假药罪；同时杨某某以证人身份到案，其行为应认定为自首。这主要体现在以下几方面。

（一）本案证据不能认定涉案的"某油"属于药品，更不能认定其为假药，杨某某的行为不构成生产、销售假药罪

根据我国《刑法》第 141 条的规定，生产、销售假药罪的对象是"假药"，即只有生产、销售的是"假药"，才能构成生产、销售假药罪。对于假药，《刑法修正案（十一）》修正前的《刑法》第 141 条第 2 款规定："本条所称假药，是指依照《中华人民共和国药品管理法》的规定属于假药和按假药处理的药品、非药品。"本案中，主张构罪的观点认为，"某油"在说明书及宣传材料中体现了主治功能、功效、适应症等内容，符合药品的定义，应被视为药品；且无药品批准文号，应按假药论处。具体来说，认定"某油"属于假药的依据包括三个方面：一是"某油"产品包装及说明书、"某油"的宣传材料；二是杨某某在经营 A 公司期间委托印度公司生产"某油"时曾要求在外包装上印制"OTC"标识；三是某县、某市两级食品药品监督管理局的行政认定意见。其中的基本逻辑是 A 公司以药品的方式对外销售"某油"却未取得药品批准文号，是一种冒充合法药品销售的行为。该行为的成立必须具备两个基本条件：一是 A 公司系以药品的方式对外销售"某油"；二是 A 公司的行为会让一般人产生"某油"是药品的错误认识。但本案中既不能证明 A 公司销售的"某油"符合药品的基本特征，也不能证明 A 公司销售的"某油"会被人误认为是药品。

1. "某油"产品包装、说明书、宣传材料不能证明涉案的"某油"是药品，它们也不会让一般人误认为"某油"是药品

本案中，某县食品药品监督管理局和某市食品药品监督管理局认定"某油"为药品的依据是"某油"产品包装、说明书、宣传材料中关于"某油"成分、适应症、用法、用量等的说明。但"某油"的产品包装及说明书、宣传材料不能证明涉案的"某油"是药品，也不会让一般人误认为"某油"是药品。这是因为：

第一，根据"某油"产品包装及说明书不能认定涉案的"某油"是药品。理由包括：一是"某油"的产品包装、说明书主要均为英文，中文介绍很少，一般不会让民众误认为"某油"是药品。由于英文并不是我国的通用语言，我国大多数人不能认识且更难理解英文的产品包装、说明书，因此该以英文为主的产品包装、说明书本身不足以让民众误认为"某油"是药品。二是"某油"的英文产品包装、说明书未称"某油"是药品。本案中，"某油"产品包装、说明书是由某翻译公司翻译的。但从翻译的内容上看，该翻译存在多处错误。例如，将"某油"说明书中的 G. M. P. 翻译为"药品生产质量管理规范"字样，但实际上，世界卫生组织将 G. M. P. 定义为"指导食物、药品、医疗产品生产和质量管理的规范"。在市场上有很多的商品，比如牙膏、香皂、电子零件等，均适用这一认证体系。某翻译公司的翻译误导了办案机关对"某油"的认定。实际上，"某油"的英文产品包装等均未称"某油"是药品。三是根据"某油"的产品包装、说明书难以认定"某油"是药品。根据《药品管理法》的规定，药品是指用于预防、治疗、诊断人的疾病，有目的地调节人的生理机能并规定有适应症或者功能主治、用法和用量的物质，包括中药、化学药和生物制品等。其中，"用于预防、治疗、诊断人的疾病"是药品的根本特征。本案中，"某油"产品包装、说明书虽然提到了"某油"的成分、作用、用法和用量等，但并没有表明其能"用于预防、治疗、诊断人的疾病"，而只表明其可以"增加性快感"。因此，根据"某油"的产品包装、说明书的内容亦不能认定"某油"是药品。四是"某油"的产品包装、说明书完全不会让人们误认为"某油"是药品。"某油"的产品包装、说明书对"某油"功能的关键描述是"定期使用某油可以刺激阴茎腺体，增加血液供给。提升力量、耐力和器官尺寸，从而增加性快感"。在内容上，其描述"某油"的核心功能是"增加性快感"。从这个角度看，"某油"的产品包装、说明书也不会让人们误认为"某油"是药品。

第二，根据"某油"宣传材料不能认定涉案的"某油"是药品。理由包括：一是"某油"宣传材料的来源存疑。本案中，"某油"的宣传材料是从电脑上提取出来的，并非实际应用在涉案产品"某油"包装宣传等用途上，不能证明"某油"的宣传材料是为了销售涉案的"某油"而用，进而不能证明涉案的"某油"宣传材料是 A 公司、杨某某等针对"某油"制作的材料，更不能以此认定涉案的"某油"是药品。二是"某油"的宣传材料不能用于证明"某油"的药品性质。客观地看，"某油"的宣传材料与"某油"是否属于药品本身是两个不同的概念。宣传材料可以提高人们对"某油"的关注和了解，但"某油"的使用取决于"某油"的产品包装和说明书。宣传材料与产品的实际情况是否相符以及符合的程度，只能表明宣传的真实程度，不能反过来以此改变对"某油"的属性认定。事实上，我国市场上存在大量夸大宣传的情况，如将保健品宣传为具有治疗功能的产品、将药酒宣传为具有治疗功能的药物，但我国司法机关都没有按照宣传内容将相关物品认定为药品。

2. 本案不能认定杨某某曾要求印度公司在"某油"的外包装上印制"OTC"标识，更不能以此证明涉案的"某油"是假药

本案中，杨某某在经营 A 公司期间委托印度公司生产"某油"时是否曾要求其在外包装上印制"OTC"标识，对案件定性具有一定影响。但本案证据不能证明杨某某曾要求印度公司在"某油"的外包装上印制"OTC"标识，更不能以此证明涉案的"某油"是假药。这具体体现在：

第一，本案不能证明杨某某曾要求印度公司在"某油"的外包装上印制"OTC"标识。本案中，杨某某从印度获得的第一批"某油"产品外包装上印制了"OTC"标识。对于该"OTC"标识的印制，杨某某的笔录称是印度公司在最初生产时本来就有的；李某某的笔录则称该"OTC"标识是杨某某要求印度公司在生产"某油"时印制上去的。从证据上看，本案不能确实、充分地证明杨某某曾要求印度公司在"某油"的外包装上印制"OTC"标识。

第二，即便杨某某曾要求印度公司在"某油"的外包装上印制"OTC"标识，也不能用于证明涉案的"某油"是药品。理由包括：一是涉案的"某油"均没有"OTC"标识。本案案发后，侦查机关扣押了 A 公司销售的"某油"16 700 瓶，这些被扣押的"某油"均没有"OTC"标识。因此，涉案的"某油"是否属于药品，与杨某某是否曾要求印度公司在"某油"的外包装上印制"OTC"标识无关。二是涉案的"某油"没有标注"OTC"标识的原因在于经国内检验认为"某油"不是药品，不能标注"OTC"标识。对此，杨某某、李某某等人的笔录以及产品检验报告可以证明，涉案的"某油"没有标注"OTC"标识是因为杨某某在国内对"某油"进行了检验，证明"某油"属于化妆品，而非药品。

3. 某县及某市两级食品药品监督管理局的行政认定意见不能证明涉案的"某油"是假药

本案中，某县及某市两级食品药品监督管理局出具的认定文件是赞同涉案"某油"是假药这一观点的重要依据。但综合全案情况，某县及某市两级食品药品监督管理局的行政认定意见不能作为认定涉案"某油"是假药的依据。这是因为：

第一，某县及某市两级食品药品监督管理局的认定属于行政认定意见，只能作为司法认定的参考而不能取代司法认定。这包括：一是该认定的性质决定了其只能作为司法认定的参考，而不能取代司法认定。本案中，某县食品药品监督管理局、某市食品药品监督管理局都属于行政机关，其对涉案

"某油"的认定不属于专业的司法技术鉴定，在证据类型上是一种意见证据，对于司法裁判而言只具有参考作用。事实上，从权力属性上看，某县食品药品监督管理局、某市食品药品监督管理局作为行政机关，其作出的认定体现的是行政权，而司法机关对假药的认定体现的是司法权。这两种权力的性质不同。因此，某县食品药品监督管理局、某市食品药品监督管理局对涉案"某油"的行政认定意见不能代替司法认定。二是相关司法解释表明，行政认定意见只具有参考作用。本案当时适用的 2014 年最高人民法院、最高人民检察院《关于办理危害药品安全刑事案件适用法律若干问题的解释》第 14 条规定："是否属于刑法第一百四十一条、第一百四十二条规定的'假药'、'劣药'难以确定的，司法机关可以根据地市级以上药品监督管理部门出具的认定意见等相关材料进行认定。必要时，可以委托省级以上药品监督管理部门设置或者确定的药品检验机构进行检验。"该规定对行政机关的认定意见作了严格限制，即必须在是否属于"假药""劣药"难以认定时才能将行政认定意见作为证据使用，且只是"可以"根据而非"应当"根据。据此，某县食品药品监督管理局、某市食品药品监督管理局对"某油"的认定不能直接作为定案的根据。

第二，某县食品药品监督管理局、某市食品药品监督管理局的认定存在明显错误。这包括：一是该认定仅是形式认定，且作为认定依据的材料存在明显问题。对于药品的认定既可以从形式上进行审查，如是否注明是药品、是否有药品批准文号等；也可以从实质上进行审查，如是否具有预防、治疗、诊断疾病的功能。在认定效力上，形式认定的效力明显要低于实质认定。本案中，某县食品药品监督管理局、某市食品药品监督管理局认定涉案的"某油"属于药品，仅是从形式上进行审查，依据的是"某油"的产品包装、说明书和宣传材料。这种形式认定的效力要低于实质认定，而且更为重要的是，如前所述，作为认定依据的"某油"包装、说明书和宣传材料在材料来源、材料代表性、内容理解等方面都存在明显问题。某县食品药品监督管理局、某市食品药品监督管理局依据这些存在问题的材料进行认定，其认定结论的正确性明显值得怀疑。二是该认定针对的"某油"存疑。本案证据显示，某县食品药品监督管理局、某市食品药品监督管理局认定的对象是某县公安局查扣的"某油"。某县公安局的"鉴定意见通知书"载明：该局委托专家"对先期查处的同批次及 2017 年 9 月 7 日在某仓库内扣押的同批次'某油'，进行了产品性能鉴定"。但"鉴定意见通知书"中函复的日期为 2017 年 3 月 10日，此时公安机关尚未对 A 公司、杨某某立案，也未扣押 A 公司的"某油"。据此，某县公安局鉴定及某县食品药品监督管理局、某市食品药品监督管理局认定的"某油"是否属于 A 公司的"某油"，明显存疑。

第三，本案有证据表明涉案的"某油"不是药品。这包括：一是国家食品药品监督管理总局将"某油"同类产品列为化妆品。本案中，"某油"属于从植物中提炼出来的芳香类物质，在类别上属于精油。精油被国家食品药品监督管理总局归为化妆品的范畴，与食品、药品、医疗器械相并列。因此，从归类上看，国家食品药品监督管理总局实际上是认为包括"某油"在内的精油属于化妆品而非药品。二是产品检验报告将"某油"列为化妆品。该检验报告按照《化妆品卫生规范》（2007 年版）对 A 公司的"某油"进行了检验，结论是"所检项目符合《化妆品卫生规范》（2007 年版）要求"。这表明，产品检验报告认为"某油"是化妆品，进而才按照化妆品的标准对其进行检验。三是杨某某、李某某等人的笔录证明，无论是在印度还是在我国，"某油"都应属于化妆品，而非药品。例如，杨某某的笔录明确称"某油"是精油，属于化妆品；李某某的笔录也明确称"某油"在印度属于化妆品，是以"草本精油"报关进口，而其能以"草本精油"报关进口，说明印度和我国都认可"某油"属于"草本精油"而非"药品"。同时，A 公司多名员工的笔录，都明确称公司经营的"某油"不是药品。以上三个方面的情况表明，本案的证据能够证明涉案的"某油"不是药品，更非假药。在此情况下，根据上述司法解释，司法机关可以直接认定涉案的"某油"为非药品、非假药，而无须参考某县、某市两级食品药品监督管理局的行政认定意见。

可见，本案不能认定涉案的"某油"是假药，相反，本案有证据证明涉案的"某油"不是假药。认为涉案的"某油"是假药，应以生产、销售假药罪追究杨某某的刑事责任的观点是错误的。

（二）杨某某的行为属于自动投案，且如实供述了涉案事实，应当认定为自首

根据我国《刑法》第 67 条的规定，自首是犯罪以后自动投案，如实供述自己罪行的行为。本案中，某县公安局出具的立案决定书证实，该局于 2017 年 9 月 7 日对杨某某等人生产、销售假药案立案侦查，杨某某于 2017 年 9 月 7 日到案，其到案后如实供述犯罪事实。据此，杨某某的行为应当被认定为自首。这是因为：

第一，立案与否不影响对"自动投案"的认定。根据我国《刑法》第 67 条的规定，"自动投案"是成立自首的基本条件。对于自动投案的时间，我国《刑法》第 67 条规定的是"犯罪以后"。至于犯罪以后办案机关是否对行为人立案，并不影响"自动投案"的认定，即行为人在犯罪以后、刑事立案之前投案的属于自动投案，行为人在犯罪且刑事立案之后投案的也应当认定为自动投案。

第二，本案应当认定杨某某为"自动投案"。本案中，杨某某是否属于

"自动投案"，关键在于如何认定其归案的原因和方式。如果杨某某是被抓捕归案的，那么他显然不能成立"自动投案"。但本案中，某县公安局出具的"询问通知书"证明，某县公安局是在办理魏某某等人生产、销售假药案时，通知杨某某在 2017 年 9 月 7 日 20 时到某派出所接受询问的。杨某某的询问笔录和第一次讯问笔录表明，对杨某某做询问笔录的时间是 2017 年 9 月 8 日 9 时 49 分至 11 时 30 分，而做第一次讯问笔录的时间是 2017 年 9 月 8 日 20 时 10 分至 21 时 24 分。这也清楚地表明，杨某某是以证人的身份到案的，之后才被认定为犯罪嫌疑人。

最高人民法院《关于处理自首和立功具体应用法律若干问题的解释》（法释〔1998〕8 号）第 1 条中规定："自动投案，是指犯罪事实或者犯罪嫌疑人未被司法机关发觉，或者虽被发觉，但犯罪嫌疑人尚未受到讯问、未被采取强制措施时，主动、直接向公安机关、人民检察院或者人民法院投案。"本案中，杨某某是在尚未受到讯问、未被采取强制措施时到案的，应当认定为"自动投案"，并应结合其主动交代案件事实的情节，认定其成立自首。

邹某某走私武器、弹药案

——在不知情的情况下被人帮忙跨境邮寄武器弹药
是否构成走私武器弹药罪

一、基本案情

2011 年 4 月 26 日，邹某某从北京乘坐航班前往美国，5 月 19 日从美国返回北京。2011 年 5 月 10 日至 17 日，美国加利福尼亚州波莫纳市分别向我国某市邮寄国际邮件，收件人分别为柳某等，申报物品为渔具、衣服等，其中夹藏了枪支、弹药。

2011 年 5 月 21 日，某市公安局接到某市国家安全局移交的线索，在柳某父亲的住处查获了邹某某寄给柳某的国际邮件，在邮件内查获了 1 支 BENJA-MIN \ BP2563 气枪，经鉴定系以气体为动力的枪支。当日，某市公安局对邹某某以涉嫌非法持有枪支、弹药罪立案侦查。当日，柳某将气枪被查获的情况告知了邹某某；次日，邹某某从上海乘坐航班出境，出境前，邹某某指使金某代收藏匿有枪支、弹药的其余国际邮件。

2011 年 5 月 24 日，金某帮助邹某某代收首批国际邮件，并送至邹某某使用的车库内存放。5 月 25 日，金某打开邮件发现内有枪支、弹药。当日，某市公安局从邹某某使用的车库内查获了 14 支枪支、14 648 发子弹。某市公安局认定其中 10 支枪为仿真枪，14 000 发子弹为 BB 弹，均已销毁；另外的 4 支枪经鉴定均为枪支，4 支枪分别是 BENJAMIN 牌 BP2220 型号气枪、AIR-FORCE 牌 R0401 型号气枪、枪体标记 "HFV118" 字样的格洛克手枪、枪体标记 "CAA command arms accessories" 的 AR15 步枪。

2011 年 5 月 24 日，海关驻邮局办事处截获邹某某自美国邮寄藏匿有子弹的邮件 10 件。2011 年 5 月 26 日，金某在某市公安局民警陪同前来取件时被海关缉私局抓获。2011 年 5 月 30 日，海关缉私局又截获了邹某某邮寄的 2 件国际邮件。海关缉私局自上述 12 件国际邮件中查获子弹 6 980 发、疑似枪支散件 22 件。经鉴定，6 980 发子弹均为弹药。

二、主要问题

本案涉及的主要问题是能否认定邹某某的行为构成走私武器、弹药罪。对此，在案件办理过程中主要有两种不同的观点：

一种观点主张构罪，认为邹某某违反海关法规，逃避海关监管，从美国邮寄枪支、弹药回国，其行为构成走私武器、弹药罪。

另一种观点主张不构罪，认为本案既不能证明邹某某实施了邮寄行为，也不能证明邹某某主观上具有走私枪支、弹药的故意，其行为不构成走私武器、弹药罪。

三、出罪法理

关于走私武器、弹药罪，经 2011 年《刑法修正案（八）》修正的《刑法》第 151 条第 1 款规定："走私武器、弹药、核材料或者伪造货币的，处七年以上有期徒刑，并处罚金或者没收财产；情节特别严重的，处无期徒刑或者死刑，并处没收财产；情节较轻的，处三年以上七年以下有期徒刑，并处罚金。"而关于走私，我国《海关法》第 82 条第 1 款规定："违反本法及有关法律、行政法规，逃避海关监管，偷逃应纳税款、逃避国家有关进出境的禁止性或者限制性管理，有下列情形之一的，是走私行为：（一）运输、携带、邮寄国家禁止或者限制进出境货物、物品或者依法应当缴纳税款的货物、物品进出境的；（二）未经海关许可并且未缴纳应纳税款、交验有关许可证件，擅自将保税货物、特定减免税货物以及其他海关监管货物、物品、进境的境外运输工具，在境内销售的；（三）有逃避海关监管，构成走私的其他行为的。"据此，走私武器、弹药罪是违反海关法规，逃避海关监管，运输、携带、邮寄武器、弹药进出境的行为。其成立至少要同时具备以下三个基本条件：一是行为条件，即行为人必须实施了逃避海关监管，运输、携带、邮寄武器、弹药进出境的行为；二是对象条件，即行为人的行为对象必须是武器、弹药；三是主观条件，即行为人必须明知是武器、弹药，仍违反海关法规，逃避海关监管，将其运输、携带、邮寄进出境。本案中，主张构罪的观点认为邹某某从美国邮寄枪支、弹药回国，构成走私武器、弹药罪。但本案既不能证明邮寄行为是邹某某实施的，也不能证明涉案的枪支、弹药是从美国邮寄回来的枪支、弹药，又不能证明邹某某主观上具有走私枪支、弹药的故意，因此，其行为不构成走私武器、弹药罪。

（一）本案不能证明邹某某实施了涉案的走私行为，其不符合走私武器、弹药罪的行为条件

如前所述，走私武器、弹药罪首先要求行为人必须实施了违反海关法规，逃避海关监管，运输、携带、邮寄武器、弹药进出境的行为。本案中，主张构罪的观点认为邹某某采取邮寄的方式走私武器、弹药，但这一观点缺乏证据支持，且本案有证据证明邮寄行为既不是邹某某实施的，也不是邹某某指使他人实施的，因此本案不符合走私武器、弹药罪的行为条件。

1. 本案不足以证明邹某某以邮寄的方式走私武器、弹药

本案中，认定邮寄枪支、弹药的行为系由邹某某实施的依据主要包括三个方面：一是邮寄期间（2011 年 5 月 10 日至 17 日）邹某某在美国；二是收件人为邹某某的密切关系人，手机号系邹某某所有；三是邹某某曾在美国打过包装、使用过枪支等情况。但这些方面均不能直接证明涉案的邮寄枪支、弹药行为是由邹某某实施的，亦不能排除不是邹某某实施的合理怀疑，径直认定邹某某犯罪系过度推定。这是因为：

第一，邮寄期间邹某某在美国的事实不能作为认定邹某某邮寄涉案枪支、弹药的依据。理由包括：一是邮寄期间邹某某在美国与邹某某从美国邮寄涉案枪支、弹药之间不具有直接关联性。二是本案有邹某某被指控于邮局邮寄涉案枪支、弹药的不在场证明。本案证据包括一份无法确认来源和真实性的美国邮寄记录（显示 22 个邮包信息），以此证实邹某某在邮局（美国加利福尼亚州波莫纳市）邮寄了装有涉案枪支、弹药的包裹。然而，邹某某在中国某银行的消费记录证明，与涉案邮包在美国邮局寄出的时间同步的时间段内，只有三笔联邦快递的邮寄消费：一笔的地点在拉斯维加斯（距邮单寄件地址400 余千米），两笔的地点在克莱蒙特市、蒙特克莱尔市，没有任何一笔与前述涉案邮包的邮寄记录时间、地点相吻合。这两份证据的矛盾恰恰能够证明涉案的邮包均不是邹某某邮寄的。

第二，收件人信息（包括收件人姓名、收件地址、收件人联系方式）与邹某某的关联性不能作为认定邹某某邮寄涉案枪支、弹药的依据。理由包括：一是收件人信息可以通过其他方式获得，而不是只能由邹某某提供。邹某某曾经从美国给本案相关的收件人邮寄过东西，这些收件人的信息（包括记载收件人姓名、地址、联系方式等的邮寄面单）在邹某某位于美国的住所内存在。二是本案证据不能证明涉案邮包的收件人信息是由邹某某主动提供的。

第三，邹某某曾在美国打过包装、使用过枪支等情况不能作为认定邹某某邮寄涉案枪支、子弹的依据。理由包括：一是本案不能证明邹某某曾在美国打过包装的物品是涉案物品，相反，邹某某的笔录等证据显示，邹某某在美国打包物品的地点与邮寄地（房东所称房屋地址附近）不一致。二是本案不能证实邹某某在美国购买过枪支、子弹，也不能证实邹某某在美国从他人处获得过涉案枪支、子弹。一方面，美国国土安全调查局的调查报告不符合域外证据的认定要求，不能作为定案的根据：首先，取证程序不合法，未依

照我国《国际刑事司法协助法》、《中美关于刑事司法协助的协定》和《刑事诉讼法》的要求进行（如程序的进行不是发生在中美两国司法部之间而是通过个人邮箱传递等）；其次，证据形式不合格，调查报告缺乏美国国土安全调查局负责人及调查人员的签字，不符合法定证据形式；最后，证据内容不真实，报告内容存在涂黑、增加文字、时间戳不一致等问题，难以证明调查报告的真实性、准确性和合法性。同样，美国邮局的邮寄记录、美国枪支管理机构的枪支登记记录、熊某某的证明除违反上述规定外，均没有调查机构盖章、调查人、被调查人签名，且证明事项与客观事实存在矛盾（如枪支管理机构称邹某某出生于美国等），不具有真实性、准确性、合法性。另一方面，购买枪支、弹药在美国是合法行为且本案证据不能证明美国国土安全调查局调查报告中所称枪支在本案涉案的枪支范围。

2. 本案有证据证明涉案枪支、弹药是邹某某在美国的房东误寄

本案不能证明涉案枪支、弹药是邹某某邮寄的。相反，本案证据表明涉案枪支、弹药是邹某某在美国的房东误寄的，与邹某某无关。理由如下：

第一，美国房东的证言称是其误寄，与邹某某无关。本案中，邹某某的美国房东出具证言证实：其将邹某某租住房屋内所有不属于自己的物品都打包邮寄给邹某某，并未注意是否有真的枪支、弹药。并且，邹某某并未授意其邮寄枪支、弹药，也不知道其邮寄的物品中会有枪支、弹药。美国房东的这一证言经过公证认证，符合 2012 年最高人民法院《关于适用〈中华人民共和国刑事诉讼法〉的解释》第 403 条要求的"经所在国公证机关证明，所在国中央外交主管机关或者其授权机关认证，并经我国驻该国使、领馆认证"的规定，取证程序合法。

第二，美国房东的证言可以和其他在案证据互相印证。这包括：一是本案证据表明，邹某某租住美国房东的房屋到期，双方约定不再续租，房东需要对房屋内的物品进行处理；二是本案证据表明，邹某某租住美国房东房屋期间曾向本案涉及的三位收件人邮寄过东西，房屋内留有给三位收件人邮寄物品的面单；三是在案邮寄物品的面单上没有邹某某的签字；四是邮寄物品内除了涉案的枪支、弹药，还有其他许多杂乱物品，与房东处理房内杂物的情形吻合。

综上，本案不能证明邹某某实施了涉案的走私行为，邹某某的涉案行为不符合走私武器、弹药罪的行为要求。

（二）本案不能证明涉案枪支、弹药是由美国寄到国内的跨境枪支、弹药，不符合走私武器、弹药罪的对象条件

走私武器、弹药罪的行为对象必须是武器、弹药，且必须进出境。但本案中，作为关键物证的枪支、弹药的取证程序和鉴定程序都存在重大违法情

节，不能证明涉案枪支、弹药是由美国邮寄至国内的进出境枪支、弹药，同一性无法被证明。具体体现在以下几点。

1. 涉案枪支、弹药的取证、扣押、移交程序等存在重大违法情节，不能证明涉案枪支、弹药是由美国邮寄至国内的进出境枪支、弹药

要证明涉案枪支、弹药来自美国，至少需要证明三个方面：一是邮包信息（包括邮件面单和包装等）显示邮寄物品来自美国；二是枪支、弹药的提取手续完整，能证明是从来自美国的邮包中提取的；三是枪支、弹药的保管、移送手续完整，能够排除枪支、弹药被调包或者与其他枪支、弹药发生混淆等情况。但本案中，涉案枪支、弹药的取证、保管、移交存在重大违法情节，不能证明涉案枪支、弹药是由美国邮寄至国内的进出境物品。理由如下：

第一，某市人民检察院"纠正违法通知书"清楚地表明涉案枪支、弹药的提取、扣押、移送等存在重大违法之处。该"纠正违法通知书"明确列明了三项违法："1. 案卷中，对相关物证（枪支、子弹）的扣押没有记载扣押的过程和日期，没有形成笔录以及相关人员的签字。2. 扣缴物证过程中，没有相关涉案人员及见证人、侦查人员的指认。3. 案卷中查扣 33 件枪支零件，但送检材料并未对其进行鉴定，案卷中没有对其处理情况的说明。"

第二，本案涉案枪支、弹药的提取、扣押、移交等程序存在重大违法情节。首先，清点涉案 6980 发子弹过程中，没有全程同步录音录像，没有出具扣押决定书，没有当场制作扣押清单（部分扣押清单系事后不明日期补做），没有见证人在场见证，没有制作任何保管、移交文件。其次，没有 1 号枪的勘验、检查、搜查、提取、扣押笔录，甚至没有扣押清单。再次，没有对 4 号枪进行现场勘验，没有勘验、检查、搜查、提取、扣押笔录，扣押清单非当场制作且没有原件，未拍摄现场照片。最后，4 号枪的扣押清单显示的枪支编号为"QFU118"，但鉴定报告显示的枪支编号为"HFV118"，加之在案证据中没有保管、移交手续，不能证实枪支的同一性。

2. 涉案枪支、弹药的鉴定存在重大违法，不能证明涉案枪支、弹药是由美国邮寄至国内的枪支、弹药

我国《刑事诉讼法》对鉴定作了严格的规定，不符合法定条件的鉴定意见不能作为定案的根据。2012 年最高人民法院《关于适用〈中华人民共和国刑事诉讼法〉的解释》第 85 条规定："鉴定意见具有下列情形之一的，不得作为定案的根据：（一）鉴定机构不具备法定资质，或者鉴定事项超出该鉴定机构业务范围、技术条件的；（二）鉴定人不具备法定资质，不具有相关专业技术或者职称，或者违反回避规定的；（三）送检材料、样本来源不明，或者因污染不具备鉴定条件的；（四）鉴定对象与送检材料、样本不一致的；（五）鉴定程序违反规定的；（六）鉴定过程和方法不符合相关专业的规范要

求的；（七）鉴定文书缺少签名、盖章的；（八）鉴定意见与案件待证事实没有关联的；（九）违反有关规定的其他情形。"本案中，涉案枪支、弹药的鉴定存在重大违法，相关枪支、弹药的鉴定意见不能作为定案的根据。理由如下：

第一，送检材料来源不明。如前所述，本案涉案枪支、弹药的取证、扣押、移交等程序明显违法，不能证明涉案枪支、弹药是由美国邮寄至国内的。而本案鉴定机构所鉴定的对象恰恰是通过违法方式提取、扣押、保管的枪支、弹药，检材明显存在重大问题。在此基础上，无论鉴定意见的结论如何，根据2012年最高人民法院《关于适用〈中华人民共和国刑事诉讼法〉的解释》第85条的规定，都不能作为定案的根据。

第二，鉴定程序违法。鉴定程序由委托鉴定、组织鉴定、形成鉴定结论等过程组成。本案中，鉴定机构对涉案枪支、弹药的鉴定程序明显违法。首先，涉案6 980发子弹的鉴定中没有委托手续和委托内容，鉴定书只有一名鉴定人签字，且没有鉴定机构和鉴定人资质证明、没有对鉴定的方法和过程进行说明、鉴定意见在开庭前未送达邹某某。其次，在对1号枪的鉴定中，作出2011年"枪支鉴定书"的某市公安司法鉴定中心和鉴定人王某某在当时没有鉴定资质。2020年"枪支鉴定书"未提供鉴定机构的资质证明，且未按规定进行比动能试验检测。最后，对4号枪的鉴定中，同样存在着鉴定机构、鉴定人在当时没有资质，鉴定过程和方法不符合规定等严重问题。

（三）本案不能证明邹某某主观上具有走私枪支、弹药的故意，不符合走私武器、弹药罪的主观条件

走私武器、弹药罪的成立还要求行为人主观上必须具有走私武器、弹药的故意，即行为人主观上明知是武器、弹药仍逃避海关监管走私武器、弹药进出境。本案不能证明邹某某主观上具有走私枪支、弹药的动机、故意；相反，本案证据证明邹某某主观上没有走私涉案枪支、弹药的故意。

1. 本案中没有任何证据证明邹某某具有走私枪支、弹药的犯罪动机

邹某某不具有以枪支、弹药牟利，暴力使用，兴趣爱好等犯罪动机。具体来说：在案证据无法证实邹某某有贩卖枪支、弹药牟利的客观需求，也无法证实其有使用枪支、弹药进行暴力控制的需求。主张构罪的观点认为邹某某以枪支、弹药为爱好是其犯罪动机。但邹某某家庭的经济实力可以保证其随时飞往美国使用，在国内亦可至合法靶场射击，无须邮寄数量如此巨大的枪支、弹药进境。况且，本案中疑似枪支、弹药之间的口径均不能匹配，无法正常使用。因此，将爱好解释为邹某某走私犯罪的动机是不成立的。相反，邹某某在得知金某已经收到装有疑似武器、弹药的部分包裹，还没有被警方发现时，没有让其藏匿、转移，而是要求金某主动上交并配合侦查机关查获

全部疑似枪支、弹药，这更加证实邹某某没有犯罪的动机。

2. 本案不能证明邹某某主观上具有走私武器、弹药的故意

走私武器、弹药的故意既可以由直接证据予以证明，也可以由客观行为进行推定。但本案既没有直接证据证明邹某某主观上具有走私武器、弹药的故意，也没有客观行为可以推定其主观上具有走私武器、弹药的故意。这是因为：

第一，本案没有任何直接证据证明邹某某主观上具有走私武器、弹药的故意。本案中，邹某某本人自始至终向法庭作无罪供述，从未承认其邮寄了涉案枪支、弹药，更不存在其承认知道涉案枪支、弹药的供述。而与本案直接相关的美国房东证言也未涉及邹某某知道涉案枪支、弹药的事项。同时，本案也没有其他证据证明邹某某主观上具有走私武器、弹药的故意。

第二，本案不能由邹某某的客观行为推定其主观上具有走私武器、弹药的故意。这不但可以从前文关于邹某某行为的阐述看出，而且，在案发时，邹某某曾去美国核实情况以取得自己无罪的证据，更进一步证明犯罪主观条件的缺失。主张构罪的观点认为，邹某某 2011 年 5 月 22 日从上海乘坐航班前往美国系案发后潜逃出境。但本案诸多方面的情况表明，邹某某 2011 年 5 月 22 日去美国是为了查明事情的缘由，向美国房东核实情况。认定邹某某"逃亡"美国缺乏依据，更不能以此认定邹某某主观上具有走私武器、弹药的故意。

3. 本案有证据表明邹某某主观上不具有走私武器、弹药的故意

这集中体现在邹某某在得知包裹中有枪支、弹药时，立即要求签收人报警并如数上缴枪支、弹药，没有任何藏匿、隐瞒、转移枪支、弹药的行为和意思表示，还要求签收人明确告知侦查机关尚有其他包裹未签收。签收人按照邹某某的要求配合侦查人员行动，最终在侦查人员控制下查获其他包裹中的子弹。因此，邹某某种种事后行为表明，其主观上不具有走私武器、弹药的故意。

可见，本案不能证明邹某某主观上具有走私枪支、弹药的动机、故意；相反，本案有证据表明邹某某主观上没有走私涉案枪支、弹药的故意，其不符合走私武器、弹药罪的主观要求。

A公司走私普通货物案

——为节省运费反复以同批次物品申报出口是否属于走私

一、基本案情

2009年至2014年，A公司多次向国家发展改革委申请加工贸易关税配额，并根据国家发展改革委批准的额度向某市海关申领加工贸易手册，持加工贸易手册免税进口棉花，制成加工贸易棉纱。自2010年下半年开始，A公司采用以一定数量的一般贸易棉纱代替加工贸易棉纱反复申报复出口的方式核销加工贸易手册。具体操作方式是：A公司先将一定数量的加工贸易棉纱运至某跨境工业区某园区，向海关申报复出口卖给香港某公司，再向香港某公司买回并以一般贸易方式申报进口；该批棉纱进口后并不立即运回A公司仓库或销售，而是放置在某跨境工业区附近。之后，A公司将该批棉纱以加工贸易复出口的名义向海关申报出口，然后再向香港某公司买回并以一般贸易方式申报进口，如此反复申报，直至向海关申请核销加工贸易手册。

通过上述操作方式，A公司持加工贸易手册申报进口的棉花制成的其余部分棉纱则未经海关批准直接在国内销售。

经某海关缉私局统计，2010年10月至2013年11月期间，A公司以上述方式核销加工贸易棉纱共计8 777.35吨，折合保税料件棉花11 569.653 44吨；2014年7月至8月，A公司以上述方式核销加工贸易棉纱共计440吨，折合保税料件棉花575.916 23吨。经某海关关税处按照一般贸易棉花进口的税率核定，A公司免税进口料件棉花共计12 145.56 967吨，偷逃应缴税款共计人民币7 839.532 45万元。A公司在走私过程中反复利用一部分加工贸易棉纱申报出口，同时以一般贸易方式反复进口同批棉纱并缴纳关税和增值税。

经统计，2010年9月至2014年8月，A公司对涉案棉纱以一般贸易方式进口并向海关缴纳税款人民币4 033.431 10万元，造成国家税款流失数额为人民币3 806.101 35万元。

二、主要问题

本案涉及的主要问题是，A公司以同批次一般贸易完税进口棉纱替代保税棉纱复出口再完税进口的行为是否构成走私普通货物罪。对此，在案件办理过程中主要存在两种不同观点：

一种观点主张构罪，认为 A 公司以复出口再完税进口的方式核销加工贸易手册并将货物进境销售，系以假出口的方式骗取海关核销加工贸易手册，该行为违法，实质上是将配额内的加工贸易料件棉花擅自在国内销售，偷逃了棉花在进口环节应当补缴的税款，构成走私普通货物罪。

另一种观点主张不构罪，认为 A 公司采取复出口再完税进口的方式将保税棉纱转变为一般贸易物品在境内销售，这一做法经过海关许可，且通过复出口再进口的方式补缴了应缴税款，未造成国家税款损失，不构成走私普通货物罪。

三、出罪法理

我国《刑法》第 154 条规定："下列走私行为，根据本节规定构成犯罪的，依照本法第一百五十三条的规定定罪处罚：（一）未经海关许可并且未补缴应缴税额，擅自将批准进口的来料加工、来件装配、补偿贸易的原材料、零件、制成品、设备等保税货物，在境内销售牟利的；（二）未经海关许可并且未补缴应缴税额，擅自将特定减税、免税进口的货物、物品，在境内销售牟利的。"据此，将保税物品在境内销售牟利的行为要成立走私罪，必须同时具备两个条件："未经海关许可"和"未补缴应缴税额"。本案中，A 公司采取复出口再完税进口的方式将保税棉纱转变为一般贸易物品在境内销售，不属于"未经海关许可并且未补缴应缴税额"，不构成走私普通货物罪。具体理由如下。

（一）A 公司没有通过假出口的方式骗取海关核销加工贸易手册，不属于"未经海关许可"的走私行为

本案中，A 公司是否通过假出口的方式骗取海关核销加工贸易手册，是认定其是否存在走私行为的关键。综合而言，A 公司没有以假出口的方式骗取海关核销加工贸易手册，不属于"未经海关许可"的走私行为。这是因为：

第一，A 公司将货物运至某跨境工业区某园区即视同出口，不存在假出口的问题。我国对保税区（包括保税港区等综合保税区）实行特殊的优惠政策。2007 年我国《海关保税港区管理暂行办法》第 38 条第 1 款规定："海关对于保税港区与其他海关特殊监管区域或者保税监管场所之间往来的货物，实行保税监管，不予签发用于办理出口退税的出口货物报关单证明联。但货物从未实行国内货物入区（仓）环节出口退税制度的海关特殊监管区域或者保税监管场所转入保税港区的，视同货物实际离境，由转出地海关签发用于办理出口退税的出口货物报关单证明联。"保税区的物流园区亦享有这一政策。国务院办公厅《关于同意扩大保税区与港区联动试点的复函》（国办函〔2004〕58 号）第 3 条明确规定，"园区享受保税区相关政策，在进出口税收方面，比照实行出口加工区的相关政策，即国内货物进入园区视同出口，办理报关手续，实行退税"。本案中，某跨境工业区某园区同时实行"保税区＋出口加工区出口退税政策＋24 小时通关专用口岸"优惠政策。A 公司将棉纱运至某跨境工业区某园区，即视同货物实际离境，已经出口，不存在假出口的问题。

第二，A 公司以棉纱复出口再完税进口方式核销加工贸易手册的行为得到了海关的审核同意。本案中，A 公司采取的是将棉纱运至某跨境工业区某园区申报复出口再申报进口的方式核销加工贸易手册。对于 A 公司申报复出口的报关单证及申报进口的报关单证，海关同时进行了审核（"两单一审"），并均予放行。这表明，无论是 A 公司的复出口行为还是再进口行为，都经过了海关的审查和同意。A 公司以这种方式核销加工贸易手册的行为得到了海关的确认，不存在以假出口的方式骗取海关核销加工贸易手册的问题。

第三，A 公司以一般贸易进口棉纱替代保税棉纱复出口再完税进口的行为存在一定的违规情节，但不属于"假出口"的行为。主张构罪的观点认为，报关进口棉纱仅仅是 A 公司实施犯罪的一种手段行为，其伪报贸易性质假出口棉纱的行为才是其构成走私犯罪的核心行为，骗取核销加工贸易手册是其犯罪目的所在。A 公司以一般贸易进口棉纱替代保税棉纱复出口再完税进口的行为存在一定的海关监管程序违规问题，但结合本案的具体情况，A 公司的这一行为仅是一个程序违规问题，并不属于"假出口"行为。这是因为：（1）出口的真假是一种事实状态，应进行事实判断。而如前所述，根据我国保税区的政策规定，进入保税区（包括保税港区等综合保税区）的物品视同实际离境。A 公司将申报复出口的棉纱运至某跨境工业区某园区，其货物即视同已经实际离境，形成已出口的事实，因而不存在假出口的问题。（2）对是否属于假冒出口问题必须作实质性判断。从实质上看，A 公司用于替代保税棉纱的一般贸易进口棉纱与保税棉纱属于 A 公司加工的同一批次的棉纱，它们的数量、规格、品质、价格等相同。涉案棉纱的这一特性决定了 A 公司以一般贸易完税进口棉纱替代保税棉纱对海关稽查只具有程序性影响，对国家税费计征没有任何影响。其结果与 A 公司将所有保税棉纱都运至某跨境工业区某园区是相同的，没有实质的不同。（3）海关总署明确将 A 公司涉案的行为类型排除出了走私的范围。关于棉花加工贸易涉及的走私问题，海关总署稽查司《关于对棉花加工贸易行业开展专项稽查行为的通知》第 2 条第 2 项规定的走私行为仅限于棉花进口后直接卖掉和加工纺成棉纱后不办理出口核销再进口纳税而直接在国内销售这两种情况。本案中，A 公司没有在进口棉花后直接将免税进口的棉花卖掉，而是进行了加工并在复出口再完税进口后才在境内销售，办理了出口核销再进口纳税，其行为不属于海关总署稽查司《关于对棉花加工贸易行业开展专项稽查行为的通知》所列的走私行为。

（二）A公司通过复出口再完税进口的方式补缴了应缴税款，没有造成国家税款损失

我国《刑法》第154条将"未补缴应缴税额"作为走私行为认定的关键标准，同时第153条和相关司法解释将偷逃数额较大的应缴税款或者"一年内曾因走私被给予二次行政处罚后又走私"作为走私普通货物罪的入罪情节门槛。可见，是否补缴应缴税额不仅是一个行为是否具有走私性质的决定性要素，还是一个走私行为是否构成走私犯罪的决定性情节。本案中，主张构罪的观点认为，A公司的行为实质上将配额内的加工贸易料件棉花擅自在国内销售，该行为对国家税收造成的损失就是棉花在进口环节按照配额外税率53％补缴的税款，并以此认定A公司偷逃应缴关税人民币3 806.101 35万元。但这一观点是错误的。本案中，A公司已依法补缴了应缴税额，没有造成国家税款损失。这是因为：

第一，A公司采取复出口再完税进口的方式核销加工贸易手册完全合法。根据海关加工贸易监管规定，A公司的加工贸易棉纱要想在境内销售，唯一合法的途径就是向海关及国家发展改革委申请，提交商务部批复、商务部门出具"内销批准证"及一般贸易关税配额证，按一般贸易关税配额证对应的税率（1％～5％）补缴棉花关税、增值税13％和缓税利息。主张构罪的观点否认以复出口再完税进口的方式核销加工贸易手册并将货物进境销售行为的合法性，显然是错误的。事实上，该观点所称的这一方式只是2014年《海关加工贸易货物监管办法》第33条规定的方法。除此之外，根据我国《海关法》等相关法律法规的规定，将保税棉纱先复出口，然后再以一般贸易方式完税进口，将保税棉纱变成一般贸易棉纱后同样可以在境内销售。相比之下，采取这种方式只需在进口棉纱时缴纳5％的关税和17％的增值税，总税率更低，因而更受加工贸易企业的欢迎，在实践中更为常见。目前，这两种方式在我国都有法律根据，都是合法的。否认以复出口再完税进口方式核销加工贸易手册的合法性的观点是错误的。

第二，A公司采取"一日游"的方式将保税棉纱复出口再完税进口销售符合我国进出口法律法规和政策的要求，是合法的。保税物品"一日游"是先出口再进口业务的俗称，是利用保税物流园区的"入区退税"政策，以"先出口，再进口"的方式，解决加工贸易深加工结转手续复杂、深加工增值部分不予退税等问题。在我国，保税物品"一日游"是一种合法的出口转进口方式。这主要体现在：（1）这种方式符合我国海关的进出口政策。这方面的政策规定很多。例如，根据《海关保税港区管理暂行办法》第 2 条的规定，保税港区是经国务院批准，设立在国家对外开放的口岸港区和与之相连的特定区域内，具有口岸、物流、加工等功能的海关特殊监管区域。如前所述，经特定区域进入保税区（包括保税港区等综合保税区）的物品视同实际离境，目的是方便进口。在此基础上，国务院《关于促进加工贸易创新发展的若干意见》中规定："加快推进内销便利化。研究取消内销审批，进一步简化内销征税和核销手续。推广实施内销集中征税。发挥加工贸易产品博览会等平台作用，促进加工贸易企业与国内大型商贸流通企业对接，推动线上线下融合。"其目的是进一步方便加工贸易产品的内销。从这个角度看，旨在促进出口转内销的进出口"一日游"是保税区功能发展的产物，符合我国相关政策的要求。（2）这种方式符合我国进出口业务的实践操作规程。在保税区设立之前，我国加工贸易的出口转进口主要采取的是香港"一日游"方式，即将出口货物运至香港，然后再以一般贸易进口。保税区设立之后，我国加工贸易企业充分利用保税区的特殊功能，其加工贸易的出口转进口业务主要都采取保税区"一日游"的方式，将保税货物运至保税区申报出口，然后再以一般贸易进口的方式申报进口，进出口手续同时进行、同时办理。这种方式因简便易行而成为我国出口转进口的一般操作流程。（3）这种方式得到了海关的认可。鉴于保税区的功能并在相关政策的支持下，我国海关对保税物品复出口再进口的这种"一日游"做法都认可，并且都予以审核放行。在具体操作上，海关对此主要采取的是"两单一审"的做法，即对出口申报单和进口申报单同时进行审核。本案中，A 公司对其加工贸易的棉纱采取加工贸易复出口再完税进口"一日游"的做法，是合法的。

第三，A 公司的涉案行为是典型的复出口再完税进口"一日游"做法。本案中，对于 A 公司的涉案行为，主张构罪的观点认为，A 公司采用以一定数量的一般贸易棉纱代替加工贸易棉纱反复申报复出口的方式核销加工贸易手册，不能将 A 公司的行为与正常报关进口一般贸易棉纱但不用于实施违法犯罪行为所缴纳的 22% 税款的行为进行对比。这一观点的逻辑明显是自相矛盾的。这是因为：（1）A 公司的涉案行为是典型的复出口再完税进口"一日游"做法。A 公司先将一定数量的棉纱运至某跨境工业区某园区，向海关申报复出口卖给香港某公司，再向香港某公司买回并以一般贸易方式申报完税进口。海关对 A 公司的出口申报单和进口申报单实行"两单一审"，出口申报和进口申报同时审核。这是典型的保税物品复出口再完税进口"一日游"。（2）A 公司"以一般贸易棉纱代替加工贸易棉纱反复申报复出口"的行为发生在"一日游"的一个环节，是 A 公司保税"一日游"的一个组成部分。A 公司复出口再完税进口棉纱后并不立即将其运回 A 公司仓库或销售，而放置在某跨境工业区附近。之后，A 公司将该批棉纱以加工贸易复出口的名义向海关申报出口，然后再向香港某公司买回并以一般贸易方式申报进口，如此反复申报，直至向海关申请核销加工贸易手册。主张构罪的观点进而认为，A 公司持加工贸易手册申报进口的棉花制成的其余部分棉纱未经海关批准直接在国内销售。这一观点的逻辑自相矛盾：一方面，认定 A 公司核销加工贸易手册的方式是复出口再完税进口；另一方面，又以 A 公司在复出口再完税进口过程中的违规行为否认核销加工贸易手册的行为方式属于复出口再完税进口。A 公司的涉案行为是否属于复出口再完税进口是一种事实判断，其行为过程中是否出现违法违规行为则是一种基于特定事实的法律判断，两者不能混淆。该观点以 A 公司在复出口再完税进口过程中存在的违规行为为由否定其复出口再完税进口行为的实然状态，混淆了法律判断与事实判断之间的关系，显然是错误的。无论 A 公司的行为是否违规，都不能否定其整体行为是加工贸易复出口再完税进口之客观事实。在此基础上，判断 A 公司的行为是否造成国家税款损失也应当将 A 公司的涉案行为与正常的保税物品复出口再完税进口行为方式进行对比。

第四，A 公司补缴了应缴税额，没有造成国家任何税款损失。主张构罪的观点认为，A 公司的行为实质上将配额内的加工贸易料件棉花擅自在国内销售，该行为对国家税收造成的损失就是棉花在进口环节应当按照配额外税率 53% 补缴的税款，并以此认定其偷逃税额人民币 3 806.101 35 万元。但这一认定显然是错误的。这是因为：（1）如前所述，该观点错误地以 A 公司在保税"一日游"中存在的违规行为为由否定其整个行为作为加工贸易复出口再完税进口行为的性质。A 公司的涉案行为发生在 A 公司保税"一日游"的环节，判断 A 公司的行为是否造成国家税款损失应当以保税"一日游"所应缴纳的税款为标准。（2）按照加工贸易复出口再完税进口所应缴纳的税率和税款，A 公司没有造成国家任何税款损失。按照加工贸易复出口再完税进口的方式，其物品出口再完税进口的税收缴纳主要发生在进口环节，税率是 22%（5% 的关税加 17% 的增值税）。本案中，A 公司虽然从节省运费的角度没有将所有的保税棉纱运至某跨境工业区某园区，但其加工的所有棉纱都按照 22% 的税率缴纳了税款，然后再在境内销售。对比加工贸易复出口再完税进口的纳税比例与数额，A 公司的涉案行为没有造成国家任何税款损失。（3）即使 A 公司将所有加工贸易复出口产品运至某跨境工业区某园区再运回公司，也不会导致国家税款的增加。决定国家税款数额的因素主要是货物的价格、数量和税率等。本案中，A 公司虽然没有将所有的保税棉纱运至某跨境工业区某园区，但其申报复出口再进口的棉纱价格、总量均与其所有的保税棉纱相符。

左某某走私普通货物案
——走私收藏品、假冒物品能否以一般货物计税并认定走私金额

一、基本案情

从 2015 年 3 月至 2017 年 3 月，左某某、回某通过参加网络拍卖会从境外购买瓷器、玉器、字画等拍卖品后，为逃避海关监管、走私拍卖品、偷逃应缴税款，经左某某决策，由回某组织人员分别以个人名义向境外汇付拍卖品价款，通过邮件与境外拍卖会联系，协商由拍卖会修改或自行修改、伪造拍卖品发票后，以降低成交价格的虚假发票报关，经某海关走私进境，偷逃关税。左某某、回某组织人员多次以邮寄个人物品、个人随身携带的方式走私进境，偷逃关税。其间，左某某、回某伙同金某某、李某某以修改拍卖品发票、低报价格的方式将拍卖品经某海关走私进境，偷逃关税。

经海关核定，左某某、回某于 2015 年 3 月至 2017 年 2 月，以低报价格方式经某海关走私进境拍卖品 204 票，合计 1 531 件，偷逃税款共计 4 818 675.74 元；左某某、回某于 2015 年 5 月至 2016 年 3 月，以冒充个人物品的方式经某海关走私进境拍卖品 12 票，合计 58 件，偷逃税款共计 118 022.9 元；左某某、回某于 2015 年 4 月至 2017 年 3 月，以个人携带方式走私进境拍卖品 669 件，偷逃税款共计 3 648 784.6 元；左某某、回某、金某某、李某某从 2015 年 12 月至 2016 年 2 月，以低报价格方式经某海关走私进境拍卖品，其中左某某、回某、金某某参与走私 76 票，合计 268 件，偷逃税款共计 1 309 715.19 元；李某某参与走私 56 票，合计 184 件，偷逃税款共计 556 455.77 元。

综上，左某某、回某走私普通货物偷逃税款共计 9 895 198.43 元，金某某走私普通货物偷逃税款共计 1 309 715.19 元，李某某走私普通货物偷逃税款共计 556 455.77 元。

二、主要问题

本案涉及的主要问题是，根据已有证据能否认定左某某走私普通货物偷逃税款 9 895 198.43 元，左某某的走私犯罪是否属于犯罪既遂。对此，主要

有两种观点：

　　一种观点主张构罪，认为左某某等人通过参加网络拍卖走私普通货物，以涉案货物的海外拍卖价为基础核定其偷逃税款共计 9 895 198.43 元，成立犯罪既遂。

　　另一种观点主张不构罪，认为左某某等人走私的是收藏品、假冒物品，以一般货物和拍卖价格计核涉案物品的税款，计核基础和依据错误，不能认定左某某走私普通货物偷逃税款 9 895 198.43 元，且左某某对走私对象存在认知错误，不应当认定其犯罪既遂。

三、出罪法理

　　关于走私普通货物罪，我国《刑法》第 153 条第 1 款规定："走私本法第一百五十一条、第一百五十二条、第三百四十七条规定以外的货物、物品的，根据情节轻重，分别依照下列规定处罚：（一）走私货物、物品偷逃应缴税额较大或者一年内曾因走私被给予二次行政处罚后又走私的，处三年以下有期徒刑或者拘役，并处偷逃应缴税额一倍以上五倍以下罚金。（二）走私货物、物品偷逃应缴税额巨大或者有其他严重情节的，处三年以上十年以下有期徒刑，并处偷逃应缴税额一倍以上五倍以下罚金。（三）走私货物、物品偷逃应缴税额特别巨大或者有其他特别严重情节的，处十年以上有期徒刑或者无期徒刑，并处偷逃应缴税额一倍以上五倍以下罚金或者没收财产。"可见，走私普通货物罪主要是以"偷逃应缴税额"作为定罪量刑标准的。本案中，主张构罪的观点认为，以涉案货物的海外拍卖价为基础核定左某某等人走私偷逃税款数额，其走私普通货物偷逃税款共计 9 895 198.43 元，且属犯罪既遂。但这一观点的认定依据错误，本案证据不能证明左某某走私普通货物偷逃税款 9 895 198.43 元，更不能认定左某某的走私犯罪属于犯罪既遂。这主要体现在以下几方面。

　　（一）在偷逃税款认定上，认定左某某走私普通货物偷逃税款 9 895 198.43 元的计核基础和依据错误

　　本案中，上述观点认定左某某偷逃税款 9 895 198.43 元的依据是涉嫌走私的货物、物品偷逃税款的海关核定证明书，海关核定证明书采用的税款计核依据是涉案拍卖品的拍卖成交价。上述观点以此认定左某某走私普通货物偷逃税款 9 895 198.43 元，其计核基础和依据错误。

　　1. 在税款的计核基础上，以一般货物计核涉案物品的税款，计核基础错误

　　税款的计核基础涉及货物、物品的种类。本案中，主张构罪的观点认为应以一般货物为基础对涉案物品进行计核。但本案证据表明，涉案物品不属于一般货物，该观点的计核基础错误。这是因为：

第一，我国针对一般货物与收藏品、假冒货物规定了不同的税款计核方法。2002年我国《海关计核涉嫌走私的货物、物品偷逃税款暂行办法》根据货物的类型不同规定了不同的偷逃税款计核方法。其中，第16条针对一般货物规定："涉嫌走私的货物能够确定成交价格的，其计税价格应当以该货物的成交价格为基础审核确定。"第19条针对有价值的收藏品规定："涉嫌走私进口的黄金、白银和其他贵重金属及其制品、珠宝制品以及其他有价值的收藏品，应当按国家定价或者国家有关鉴定部门确定的价值核定其计税价格。"第21条针对假冒品牌货物规定："对于涉嫌走私的假冒品牌货物，其计税价格由海关总署另行确定。"从条文关系上看，该暂行办法第16条与第19条、第21条是一般规定与特别规定的关系，而非一般规定与补充规定的关系。这是因为，该暂行办法第19条、第21条没有像第17条、第20条一样规定以"成交价格经审核不能确定"或者"无法确定成交价格"为前提。在此基础上，对于有价值的收藏品或者假冒品牌货物，不能按照成交价核定其计税价格。

第二，本案涉案物品不是一般货物，不宜按照一般货物计核税款。本案涉案物品是瓷器、玉器、书画等物品，且大多数都有署名。从物品类型上看，涉案物品更符合收藏品的类型，且被鉴定为仿品的物品与假冒品牌货物存在异曲同工之处。涉案物品经送检鉴定，送检的1 961件（套）涉案拍卖品，其中4件为一般文物，其他拍卖品均为现代作品。可见，虽然从鉴定结果上看，这些涉案物品主要都是现代作品，但作为艺术品仍然具有一定的价值。其中的仿品则属于假冒的艺术品。按照2002年我国《海关计核涉嫌走私的货物、物品偷逃税款暂行办法》第19条、第21条的规定精神，对本案涉案物品不宜按照一般货物计核税款，按照收藏品进行计核显然更为合适。上述观点没有考虑本案涉案物品与一般货物存在的明显不同，按照一般货物以成交价核定其计税价格，计核的基础错误。

2. 在计核依据上，以拍卖价格计核涉案物品的税款，计核依据错误

税款计核是依据进出口货物、物品的完税价格进行的。本案中，如前所述，涉案物品不属于一般货物，不应按照一般货物的成交价格计核税款。退一步而言，即便按照一般货物的成交价格计核税款，以涉案物品在境外的拍卖价格作为其成交价格，也是错误的。这是因为：

第一，物品的拍卖价格不等于成交价格，只有符合成交价格条件的拍卖价格才能作为成交价格。偷逃税款的计核工作是一项严肃的工作，必须保障计核工作的公正性、科学性和权威性（《海关计核涉嫌走私的货物、物品偷逃税款暂行办法》第1条）。关于成交价格，2016年修订的《进出口关税条例》第18条第3款规定："进口货物的成交价格应当符合下列条件：（一）对买方处置或者使用该货物不予限制，但法律、行政法规规定实施的限制、对货物

转售地域的限制和对货物价格无实质性影响的限制除外；（二）该货物的成交价格没有因搭售或者其他因素的影响而无法确定；（三）卖方不得从买方直接或者间接获得因该货物进口后转售、处置或者使用而产生的任何收益，或者虽有收益但能够按照本条例第十九条、第二十条的规定进行调整；（四）买卖双方没有特殊关系，或者虽有特殊关系但未对成交价格产生影响。"据此，进口货物的成交价格必须是真实的成交价，即必须排除影响货物成交价格的各种价外因素。在实践中，物品拍卖的情形较为复杂，有自拍自卖、拍卖假物等多种非正常因素，因此，物品的拍卖价格不等于成交价格，只有符合成交价格条件的拍卖价格才能作为货物的成交价格。

　　第二，本案涉案物品的拍卖价格不符合进口货物的成交价格条件，不能作为税款计核的成交价格。前述 2016 年修订的《进出口关税条例》第 18 条第 3 款规定了四种影响成交价格的因素，其中两种分别是"该货物的成交价格没有因搭售或者其他因素的影响而无法确定"和"买卖双方没有特殊关系，或者虽有特殊关系但未对成交价格产生影响"。本案证据表明，左某某对涉案物品产生了错误认识，且有证据表明涉案物品是按照文物古董进行交易的。这对涉案物品的拍卖价格具有直接影响，故而涉案物品的成交价格不能确定。这包括：一是涉案物品成交后的发票显示涉案物品是按照文物古董成交的。本案中，左某某等人在境外（美国、英国、比利时、日本等地）参加的都是古董拍卖会，竞拍后购得的物品，每张发票上标明的都是古董。同时，本案部分涉案物品的进口是按古董报关的，如 2015 年 4 月在某机场报关的三件物品是按古董报关的，缴纳的税款也是按古董纳税的。二是涉案物品经鉴定后显示有小部分物品是文物。如前所述，本案涉案物品经送检鉴定，送检的1961 件（套）涉案拍卖品，其中 4 件为一般文物。文物虽然属于极少部分，但仍表明其中部分物品是文物，从而可反推拍卖是以古董文物进行拍卖的。三是涉案物品的拍卖价格明显高于一般物品。本案证据显示，涉案物品的拍卖价格为几百至几千美元（折合人民币为几千元至几万元）。该价格明显高于普通工艺品的价格，这表明其不是按照一般物品进行拍卖成交的。四是左某某是按照文物古董进行拍卖的。本案证据显示，左某某是因为公司房地产业务受市场因素影响而业绩不好，转而做文物古董生意的，并根据自己掌握的知识在海外寻找文物古董。为此，公司还专门成立了古董部并千方百计将拍卖得来的涉案物品运回国。这表明，左某某是要进行文物古董生意并认为拍卖的物品属于文物古董，只不过其认识与实际情况发生了偏差。五是以左某某未被骗且认可拍卖品成交价格作为认定税款的理由难以成立。主张构罪的观点认为，本案证据证实，拍卖网站从未提供过拍卖品为文物的鉴定或证明材料，左某某明知拍卖品价格确定方式，认可拍卖品成交价格。关于海关核定证明书以被欺诈的成交价格计核税额不正确的辩护意见不能成立。但拍卖会也未明确拍卖品是赝品，否则左某某不可能购买；而"确定是文物"与"可能是文物"都会对拍卖品的成交价格产生直接影响。本案中，即便没有"文物的鉴定或证明材料"证明涉案物品"确定是文物"，但如前所述，本案涉案物品是以文物古董名义进行拍卖成交的，左某某对拍卖品成交价格认可，也受到了涉案物品是文物古董（包括可能是文物古董）的直接影响，涉案物品的拍卖价格难以作为其税款计核的成交价格。六是最高司法机关的意见明确规定应以实际的走私对象定罪处罚。2002 年最高人民法院、最高人民检察院、海关总署《关于办理走私刑事案件适用法律若干问题的意见》第 6 条中规定："走私犯罪嫌疑人主观上具有走私犯罪故意，但对其走私的具体对象不明确的，不影响走私犯罪构成，应当根据实际的走私对象定罪处罚。"本案中，左某某实际的走私对象绝大多数都是赝品，其实际价格与拍卖价格存在明显差异，应当以其实际价格为基础确定其完税价格。

因此，无论是从买卖双方的特殊关系（左某某作为买方被卖方误导或者欺骗）上看，还是从影响成交价格的其他因素上看，本案涉案物品的成交价格都无法被确定。

（二）在犯罪既未遂上，认为左某某走私普通货物偷逃税款 9 895 198.43 元属于犯罪既遂的观点错误

关于走私犯罪的犯罪既遂，2014 年最高人民法院、最高人民检察院《关于办理走私刑事案件适用法律若干问题的解释》第 23 条规定了三种犯罪既遂的情形：（1）在海关监管现场被查获的；（2）以虚假申报方式走私，申报行为实施完毕的；（3）以保税货物或者特定减税、免税进口的货物、物品为对象走私，在境内销售的，或者申请核销行为实施完毕的。但这都是以走私对象真实为前提的，在发生对象错误的情况下，还需要根据对象错误的原理确定走私犯罪的既遂标准。本案中，即便要认定左某某走私偷逃税款 9 895 198.43 元，也应当认定左某某的走私行为属于犯罪未遂，并应依法对其从宽处罚。

1. 左某某走私偷逃税款 9 895 198.43 元属于犯罪未遂，而非犯罪既遂

关于犯罪未遂，我国《刑法》第 23 条第 1 款规定："已经着手实行犯罪，由于犯罪分子意志以外的原因而未得逞的，是犯罪未遂。"据此，犯罪未遂的成立必须同时具备三个基本条件：一是已经着手实行犯罪，二是犯罪未得逞，三是犯罪未得逞是因为犯罪分子意志以外的原因。本案中，左某某已经着手实行走私犯罪，但其走私偷逃税款 9 895 198.43 元属于未得逞，且是由于其意志以外的原因所致，应认定为犯罪未遂。这是因为：

第一，偷逃税款 9 895 198.43 元只能被认定为左某某意图偷逃的税款数额，而非实际的偷逃税款数额，左某某的行为属于犯罪未遂。如前所述，认

定偷逃税款 9 895 198.43 元是以涉案物品的拍卖价作为完税价格计算出来的。但这是建立在左某某认为涉案物品是文物古董（包括可能是文物古董）的基础之上，而根据鉴定结果，本案绝大多数涉案物品都不属于文物古董，涉案物品的拍卖价格与涉案物品的真实价格之间存在明显差异，拍卖价格不能反映涉案物品的成交价格。以涉案物品的拍卖价格作为成交价格计算出左某某偷逃税款 9 895 198.43 元，该偷逃税款金额也只是左某某意图偷逃的税款金额，而非建立在涉案物品真实价格基础上的偷逃税款金额，更不是左某某走私行为的实际偷逃税款金额。左某某走私涉案物品实际偷逃的税款数额远不足 9 895 198.43 元。对于偷逃 9 895 198.43 元税款而言，左某某的行为属于犯罪未遂。

第二，左某某偷逃税款 9 895 198.43 元未遂是左某某意志以外的原因所致。本案中，左某某从海外拍卖涉案物品的目的是从事文物古董买卖，肯定希望涉案物品是真的文物古董。涉案物品经鉴定绝大多数不属于文物古董，这在左某某的意料之外。造成这一状况的原因是左某某意志以外的原因，包括左某某缺乏应有的文物古董鉴赏知识、涉案物品与真正文物古董的相似度、拍卖方对涉案物品的宣传介绍等。对于左某某而言，这些都是客观因素，在左某某个人的意志之外。因此，左某某偷逃税款 9 895 198.43 元未遂是左某某意志以外的原因所致。

可见，左某某以为涉案物品值拍卖价并将涉案物品走私入境，意图偷逃税款 9 895 198.43 元，但由于认识错误，实际走私的货物价格远低于拍卖价，走私偷逃的税款也远低于 9 895 198.43 元。对于偷逃 9 895 198.43 元税款而言，左某某的行为属于犯罪未遂。

2. 对于左某某走私偷逃税款 9 895 198.43 元未遂的行为，应当依法从宽处罚

犯罪未遂是我国刑法上的从宽量刑情节，对具有犯罪未遂情节的行为人，应当依法对其从宽处罚。这具体体现在：

第一，根据刑法关于犯罪未遂的从宽规定，需要依法对左某某比照既遂犯从宽处罚。我国《刑法》第 23 条第 2 款规定："对于未遂犯，可以比照既遂犯从轻或者减轻处罚。"据此，对未遂犯可以比照既遂犯从轻处罚或者减轻处罚。本案中，即便左某某的行为构成走私犯罪，考虑到其行为发生了对象错误，也应当认定其行为成立犯罪未遂并依法对其从宽处罚。

第二，参照 2021 年最高人民法院、最高人民检察院《关于常见犯罪的量刑指导意见（试行）》，需要依法对左某某从宽处罚。关于犯罪未遂，2021 年最高人民法院、最高人民检察院《关于常见犯罪的量刑指导意见（试行）》中规定："对于未遂犯，综合考虑犯罪行为的实行程度、造成损害

的大小、犯罪未得逞的原因等情况，可以比照既遂犯减少基准刑的 50％以下。"虽然走私普通货物罪不属于该指导意见规定的常见犯罪，但该指导意见在附则中明确规定："本指导意见规范上列二十三种犯罪判处有期徒刑的案件。其他判处有期徒刑的案件，可以参照量刑的指导原则、基本方法和常见量刑情节的适用规范量刑。"因此，按照 2021 年最高人民法院、最高人民检察院《关于常见犯罪的量刑指导意见（试行）》的规定，需要对左某某依法予以从宽处罚。

黄某某走私普通货物案

——公司财务人员处理财务的行为能否构成走私犯罪的共犯

一、基本案情

李某某系 B 公司实际负责人，黄某某系公司登记负责人。B 公司在某水果市场设立性质为个体工商户的办事处，聘用邵某、肖某为业务主管，陈某某为财务，以及其他约 10 名员工，将 B 公司从境外采购的水果进口至境内销售。

从 2013 年下半年起，B 公司开始从泰国某公司采购榴梿、山竹、龙眼、椰子等水果进口到国内销售。为降低进口成本，谋取非法利益，邵某通过泰国某公司介绍认识了黄甲及某航贸公司负责人张某，从 2014 年 12 月开始，将 B 公司从泰国某公司购买、由泰国某公司负责从泰国运送至中国和越南边境或中国和老挝边境的水果，以包税的形式，交由黄甲和张某分别从广西某市中越边境及某省中老边境，以伪报贸易性质为边民互市贸易的方式，或在边境小额贸易、一般贸易中以低报价格的方式走私进口。除上述两种方式外，B 公司还将从泰国某公司购买的部分水果通过海运方式运至香港，由肖某负责以包税的方式委托 D 公司等多家公司以低报价格的方式从深圳报关进口。

上述具体操作流程为：B 公司向泰国某公司采购水果，泰国某公司将进口水果的发票、装箱单等资料通过电子邮箱发送给陈某某、邵某等人。在泰国某公司的水果运至越南边境后，黄甲安排小货车到越南货场拆柜并装货，同时向小货车司机或其他边民购买"边民互市贸易登记本"，指示上述出售"边民互市贸易登记本"的小货车司机或边民直接向海关以边民互市贸易方式申报进口，黄甲再安排国内货车将水果运至邵某指定的国内目的地。此外，黄甲还将泰国某公司运至越南边境的部分水果先后委托周某某为实际负责人的 C 公司、D 公司以及边某，以边境小额贸易或一般贸易方式低报价格进口。在此过程中，梁某某、杨某作为 C 公司的业务主管和报关员，以低报价格的方式为黄甲报关进口水果。边某从 2019 年 3 月开始以低报价格的方式为黄甲报关进口水果。黄乙从 2018 年下半年开始为黄甲工作，受黄甲指使，负责与泰国某公司、国内报关公司及邵某、陈某某等人通过微信群联络、记录、对接进口水果的来货、装车、申报、送货、对账、付汇等工作。

在泰国某公司的水果运至老挝边境后，张某同样采用购买"边民互市贸易登记本"，以伪报贸易性质为边民互市的方式走私进口水果。在政策变化后，其改以低报价格的方式通过某报关公司报关进口水果。在此过程中，邢某作为某航贸公司的员工，负责将报关所需的产地证、植检证转交给报关公司用于报关，并根据泰国某公司的水果出货信息制作"运输协议"交给国内司机用于收取相关费用。李某某负责拆柜并装卸至国内小货车，以及在一般贸易进口过程中在边境卡口处接车带至某口岸监管区，将报关单证交给报关公司，放行后引导车辆离开。

在上述两种方式进口水果的过程当中，陈某某负责根据其接收的来自泰国某公司的发票、装箱单及来自报关公司的每月对账单等资料，定期制作往来账目表及销售对账表，通过电子邮箱或微信等方式发送给李某某、黄某某，经李某某或黄某某同意后，安排支付货款或通关费用，或由黄某某直接支付货款或通关费用。

经统计，在 2014 年 12 月至 2019 年 5 月期间，B 公司以伪报贸易性质为边民互市的形式走私进口水果 1 264 柜，经海关关税部门核定，偷逃应缴税额共计 47 388 588.77 元人民币；以边境小额贸易和一般贸易低报价格的方式走私进口水果 740 柜，以海运一般贸易低报价格的方式走私进口水果 98 柜，经海关关税部门核定，偷逃应缴税额共计 14 067 853.84 元人民币。综上，B 公司走私进口水果共计 2 102 柜，偷逃应缴税额共计 61 456 442.61 元人民币。

二、主要问题

本案涉及的主要问题是，本案能否认定黄某某主观上具有走私的故意，其行为是否构成走私普通货物罪。对此，在案件处理过程中主要存在两种观点：

一种观点主张构罪，认为黄某某作为 B 公司的登记负责人，客观上实施了走私行为，主观上具有走私的故意，构成走私普通货物罪，应对上述全部走私犯罪数额负责。

另一种观点主张不构罪，认为本案不能证明黄某某明知 B 公司存在走私行为，黄某某实施涉案行为系被蒙骗，其主观上不具有走私的故意，不构成走私犯罪的共同犯罪。

三、出罪法理

根据我国《刑法》第 153 条第 1 款的规定，走私普通货物罪是走私《刑法》第 151 条、第 152 条、第 347 条规定以外的货物，偷逃应缴税额较大或者一年内曾因走私被给予二次行政处罚后又走私的行为。走私普通货物罪的成立要求行为人主观上必须具有走私普通货物的故意。在共同犯罪的场合，走私共同犯罪的成立要求行为人必须明知他人从事的是走私行为。本案中，黄某某的涉案行为是接收陈某某制作的往来账目表及销售对账表，审核并安排他人或者自己直接支付货款或通关费用。其行为明显不属于走私的实行行为，至于是否构成走私的共同犯罪，关键在于其主观上是否明知 B 公司从事的是走私行为。走私的"明知"包括知道和应当知道。但本案既不能证明黄某某知道也不能证明黄某某应当知道公司从事的是走私行为，黄某某主观上不具有走私的故意。

（一）本案不能证明黄某某主观上知道公司从事的是走私行为

关于走私的故意，2002 年最高人民法院、最高人民检察院、海关总署《关于办理走私刑事案件适用法律若干问题的意见》第 5 条第 1 款规定："行为人明知自己的行为违反国家法律法规，逃避海关监管，偷逃进出境货物、物品的应缴税额，或者逃避国家有关进出境的禁止性管理，并且希望或者放任危害结果发生的，应认定为具有走私的主观故意。"该条第 2 款中进一步规定："走私主观故意中的'明知'是指行为人知道或者应当知道所从事的行为是走私行为。"据此，"知道"是走私主观故意中"明知"的情形之一，在共同犯罪的场合包括"知道"共同犯罪人从事的行为是走私行为。

在证据上，要证明行为人确切地知道存在走私行为，关键的证据是直接言词证据，这主要涉及行为人的笔录和与行为人有直接接触的人员的笔录。但在本案中，无论是黄某某本人的笔录，还是与黄某某有直接接触的李某某、邵某、肖某、陈某某等人的笔录都不能证明黄某某主观上知道公司从事的是走私行为。这具体体现在两个方面：一是黄某某的笔录明确否认其知道陈某某发来的单据是走私货物的单据，否认知道公司从事的是走私行为。例如，黄某某的笔录明确称其完全不知道怎么报关，黄某某不负责境内的业务，仅由陈某某告知有多少额度，需付多少款项给供应商，黄某某仅形式上查看后就签字同意付款。黄某某的笔录表明其自始至终不知道公司存在走私行为。二是陈某某、李某某等人的笔录不能证明黄某某主观上知道陈某某发来的单据是走私货物的单据，也不能证明黄某某知道公司从事的是走私行为。本案中，除了李某某、邵某、肖某、陈某某，黄某某与其他涉案人员都不认识。但李某某、邵某、肖某、陈某某的笔录都不能证明其告诉过黄某某或者黄某某知道涉案水果是通过走私方式进口的，相反能证明黄某某不负责公司业务、不清楚从泰国某公司进口水果的报关情况。在此基础上，本案不能证明黄某某主观上知道陈某某发来的单据是走私货物的单据，进而不能证明黄某某知道公司从事的是走私行为。

（二）本案不能证明黄某某主观上应当知道公司从事的是走私行为

关于走私故意的应当知道的认定，2002 年最高人民法院、最高人民检察院、海关总署《关于办理走私刑事案件适用法律若干问题的意见》第 5 条第 2 款规定："具有下列情形之一的，可以认定为'明知'，但有证据证明确属被蒙骗的除外：（一）逃避海关监管，运输、携带、邮寄国家禁止进出境的货物、物品的；（二）用特制的设备或者运输工具走私货物、物品的；（三）未经海关同意，在非设关的码头、海（河）岸、陆路边境等地点，运输（驳载）、收购或者贩卖非法进出境货物、物品的；（四）提供虚假的合同、发票、证明等商业单证委托他人办理通关手续的；（五）以明显低于货物正常进（出）口的应缴税额委托他人代理进（出）口业务的；（六）曾因同一种走私行为受过刑事处罚或者行政处罚的；（七）其他有证据证明的情形。"据此，要认定行为人主观上应当知道：一是要有证据证明行为人具有应当知道的情形；二是必须没有证据证明行为人系被蒙骗。本案中，在案证据不能证明黄某某应当知道公司从事的是走私行为，同时本案有证据表明黄某某系被蒙骗。这具体体现在：

第一，本案证据不能证明黄某某主观上应当知道公司从事的是走私行为。

如前所述，本案没有证据证明黄某某知道公司从事的是走私行为。黄某某与本案的联系是陈某某发给她往来账目表及销售对账表。那么，本案能否根据往来账目表及销售对账表认定黄某某主观上应当知道公司从事的是走私行为？对此，答案是否定的。这是因为：

一是 B 公司与泰国某公司存在长期合作关系，黄某某有理由认为涉案单据对应的业务是双方正常的业务往来。本案证据显示，陈某某发给黄某某的单据是 B 公司与泰国某公司进口水果相关的发票、装箱单及每月对账表、明细表等。而在涉案走私行为发生一年多以前（2013 年下半年），B 公司就开始从泰国某公司采购榴梿、山竹、龙眼、椰子等水果进口到境内销售。因此，B 公司与泰国某公司之间存在长期的业务合作，双方存在涉案的业务往来很正常，黄某某有理由相信这些单据对应的业务是双方正常的业务往来。

二是黄某某不清楚报关业务，无法从陈某某发来的单据上看出公司存在走私行为。本案中，邵某、肖某、黄甲、张某、连某等人笔录证明，向海关进行报关的活动全部由邵某、肖某、黄甲、张某、连某等人操作并联系报关公司负责通关，报关公司以海关风险价制作配套单证进行报关通关，不需要向客户索要发票、装箱单等原始凭证，更不需要经过黄某某，黄某某从陈某某发来的单据上看到的只是 B 公司与泰国某公司之间正常的水果销售情况，无法得知公司存在走私行为。

第二，本案有证据表明黄某某系被蒙骗，其主观上不知道公司存在走私行为。

如前所述，被蒙骗是认定走私故意中"明知"的排除性因素。只要有证据表明行为人系被蒙骗的（包括有确切证据证明行为人系被蒙骗和不能排除行为人系被蒙骗的合理怀疑），就不能认定行为人具有走私的故意。而本案中，现有证据表明黄某某系被蒙骗。这主要包括：

一是黄某某在 B 公司中所负责的工作表明其完全可能被蒙骗。黄某某虽然是 B 公司的登记负责人（法定代表人），但并不是 B 公司的实际负责人（实际负责人是李某某）。同时，黄某某在 B 公司不参与公司的业务活动，更不负责业务工作，只负责公司的部分财务工作。黄某某在 B 公司的这一身份和分工决定了其完全可能不知道公司存在走私行为，其实施涉案行为系被蒙骗。

二是 B 公司进口水果的业务流程表明黄某某完全可能不知道公司存在走私行为。B 公司向泰国某公司进口水果的基本流程包括四个环节：李某某负责向泰国某公司联系进货，水果从泰国出口到中国陆路边境或海关进口，黄甲、张某、连某等人联系报关公司报关，以及 B 公司支付货款完成交易。黄某某的涉案行为只与这四个环节中的第四个环节有关，且只是部分参与。更为重要的是，黄某某涉及的这个环节是在报关工作已经完成的情况下进行的，即报关公司的报关业务员或者黄甲、张某等人与陈某某核对每月账目后，形成销售对账表及付款金额，再由陈某某通过微信或邮件向李某某或者黄某某申请支付，经同意后由陈某某对接支付货款。黄某某对报关过程中存在的走私行为完全可能不知情，其实施涉案行为系被蒙骗。

三是报关费用的支付情况表明黄某某完全可能不知道公司存在走私行为。本案中，B 公司支付报关费用并不需要经过黄某某。在案的微信聊天记录辨认、邮箱截图辨认等证据证明，泰国某公司的货款结算一直是由办事处财务陈某某通过微信或者邮件发送给黄某某、李某某的进口水果明细表、销售对账表、货物统计表等表格为依据来进行的，陈某某并未发送报关所用的虚假发票、合同或者报关单证等报关文件。黄某某完全可能不知道公司存在走私行为，其实施涉案行为系被蒙骗。

可见，本案不能认定黄某某应当知道公司存在走私行为，同时本案有证据表明黄某某实施涉案行为系被蒙骗，其主观上不具有走私的故意，不构成走私犯罪的共犯。

殷某某走私普通货物案
——与境外合作取得原产地证零关税进口货物是否属于走私

一、基本案情

殷某某，系 A 公司常务董事。2014 年 8 月至 2016 年 5 月间，A 公司向中国境内客户销售轻循环油。殷某某代表 A 公司与中国客户洽谈销售事宜，约定 A 公司作为卖方向中国客户销售轻循环油，适用《中华人民共和国海关〈中华人民共和国与东南亚国家联盟全面经济合作框架协议〉项下进出口货物原产地管理办法》（以下简称《原产地管理办法》）关于优惠关税的规定，通过 CIF 贸易方式由 A 公司负责将货物运输到中国境内，向客户提供包括东盟原产地证（FORM E）在内的报关用单证。

A 公司首先通过第三方公司在韩国、马来西亚及新加坡等地区采购涉案货物，然后以 K 公司名义租用 B 公司以及 C 公司船舶运输。上述船公司接受 A 公司的指令安排油船航行路线及加油作业。A 公司指令油船前往新加坡、韩国、马来西亚等地加载了涉案柴油、轻循环油等货物后，开往菲律宾共和国苏比克湾加载 50 吨船用柴油，并指使上述运输公司签署及更换全部货物在菲律宾装载的虚假提单、载货清单等单证，货物名称统一为轻循环油，将原产地登记为菲律宾共和国；同时伙同菲律宾 D 公司共同骗取菲律宾共和国海关出具原产地证书（FORM E）给中国客户用于报关。客户凭借上述单证在中国境内申报原产地为菲律宾，适用中国—东盟自贸区优惠税率。经查，在2014 年 8 月至 2016 年 5 月间，A 公司以伪报原产地的方式走私进口 36 航次轻循环油共计 1 308 512.225 吨，经海关关税部门计核，偷逃应缴税额377 799 820.44元。

二、主要问题

本案涉及的主要问题是：本案能否认定殷某某的行为构成走私普通货物罪。对此，主要有两种不同观点：

一种观点主张构罪，认为 A 公司的涉案轻循环油并非菲律宾原产货物，不适用中国—东盟自贸区优惠税率，A 公司通过欺骗的方式取得涉案原产地证，以伪报原产地的方式走私进口轻循环油；且殷某某主观上具有走私的故意，其行为构成走私普通货物罪。

另一种观点主张不构罪，认为本案有证据证明涉案货物产自东盟国家，符合中国—东盟自贸区优惠税率的适用条件，且本案证据不能证明殷某某参与实施了骗取原产地证的行为，也不能证明其明知涉案货物并非产自东盟国家，殷某某主观上没有走私的故意，不构成走私普通货物罪。

三、出罪法理

根据我国《刑法》第 153 条第 1 款的规定，走私普通货物罪的成立要求行为人主观上必须具有走私普通货物的故意，并且客观上实施了走私普通货物的行为。笔者认为，本案中，A 公司取得了东盟原产地证，其零关税进口货物不符合走私普通货物罪的成立条件，不构成走私普通货物罪。这主要体现在以下几个方面。

（一）中国司法机关无权越过菲律宾海关直接认定涉案原产地证系 A 公司通过欺骗的方式取得

本案中，主张构罪的观点认为涉案原产地证是真实的，但系 A 公司伙同菲律宾 D 公司共同骗取。其理由是涉案货物均非在原产地证签发国家菲律宾加载，且未在菲律宾进行加工生产，并非菲律宾原产货物。所有航次绕道菲律宾加载极少量货物只是为了在菲律宾更换虚假单证，制造所有货物在菲律宾装载及加工的假象，获取菲律宾海关签发的东盟原产地证（FORM E）用以向中国海关申报享受协议优惠关税。笔者认为这一观点是错误的，中国司法机关无权越过菲律宾海关直接认定涉案原产地证系非法取得。这是因为：

第一，东盟原产地证是基于中国与东盟之间的经济合作协议而产生的，由此引发的争端属于国际争端，办案机关无权直接处置。《中华人民共和国与东南亚国家联盟全面经济合作框架协议》是中国与文莱、柬埔寨、印度尼西亚、老挝、马来西亚、缅甸、菲律宾、新加坡、泰国和越南等东南亚国家联盟成员国签订的经济合作协议。根据该协议第 1 条的规定，其目的包括：（1）加强和增进各缔约方之间的经济、贸易和投资合作；（2）促进货物和服务贸易，逐步实现货物和服务贸易自由化，并创造透明、自由和便利的投资机制；（3）为各缔约方之间更紧密的经济合作开辟新领域，制定适当的措施；（4）为东盟新成员国更有效地参与经济一体化提供便利，缩小各缔约方发展水平的差距。可见，该协议是国家之间的协议。东盟原产地证基于该协议项下的"进出口货物原产地管理办法"而产生，由此引发的问题属于国际问题。据此，本案中的原产地证之争是中国与菲律宾就涉案原产地证及对应货物的认定之争，属于国际争端，应当按照国际争端解决机制进行解决。在菲律宾认定涉案原产地证真实、合法的情况下，中国司法机关无权越过菲律宾直接认定涉案的原产地证是殷某某所在公司伙同 D 公司骗取的。

第二，《中华人民共和国与东南亚国家联盟全面经济合作框架协议》明确了争端解决方式，中国应当按照协议确定的争端解决方式解决涉案的原产地证问题。对于合作框架协议下的争端解决机制，《中华人民共和国与东南亚国家联盟全面经济合作框架协议》第 11 条规定："1. 各缔约方应在本协议生效 1 年内，为实施本协议建立适当的正式的争端解决程序与机制。2. 在上文第 1 款所称的争端解决程序与机制建立前，任何关于本协议的解释、实施和适用的争端，应通过磋商和/或仲裁以友好的方式加以解决。"据此，"磋商"和"仲裁"是中国与东盟成员国之间的主要争端解决机制，而诉讼途径显然无益于国际争端的解决。本案中，对于涉案原产地证及其项下货物，中国与菲律宾之间产生了认识上的分歧，应当通过磋商、仲裁等国际争端解决方式加以解决。

第三，根据《经修订的中国—东盟自由贸易区原产地规则签证操作程序》，中国无权直接认定涉案的原产地证系采用欺骗的方式取得。针对与原产地证相关的瞒骗行为，《经修订的中国—东盟自由贸易区原产地规则签证操作程序》规则二十四规定："（一）怀疑存在原产地证书（FORM E）相关瞒骗行为时，缔约各方政府机构应当进行合作，在各自境内对涉嫌人员采取行动。（二）缔约各方应当依照其国内法律、法规及行政规章，对原产地证书（FORM E）相关瞒骗行为实施法律制裁。"根据该规则的规定，针对与原产地证相关的瞒骗行为，各国只能在本国境内采取措施和进行制裁。本案中，即便中国办案机关怀疑涉案的原产地证获取过程中存在瞒骗行为，根据上述规则的要求，也只能与菲律宾政府机构开展合作，由菲律宾方面对其境内涉嫌单位和人员采取行动。在未与菲律宾政府进行合作的情况下，中国办案机关无法也无权直接认定涉案原产地证是通过瞒骗的方式非法取得的。据此，主张构罪者认为中国司法机关可以直接认定涉案原产地证是通过瞒骗方式取得的，违反了《经修订的中国—东盟自由贸易区原产地规则签证操作程序》的规定，也与其规定的制裁原则相违背。

第四，越过菲律宾海关直接认定涉案原产地证系欺骗取得的做法，侵害了菲律宾的国家主权。本案中，涉案的原产地证是菲律宾海关依据《中国—东盟自由贸易区原产地规则》等规定审查颁发的，体现的是菲律宾的国家主权。认定菲律宾海关颁发的原产地证不合法，相当于越过菲律宾海关直接对涉案货物是否属于东盟国家原产货物进行认定，否定、剥夺了菲律宾海关的认定权，客观上侵犯了菲律宾的国家主权。这显然是非常危险的做法，将引发中国与菲律宾之间的国家矛盾，并会对中国与东盟国家签订的全面经济合作框架协议产生直接冲击。

可见，直接认定菲律宾海关对涉案原产地证的颁发不合法的做法是错误的，违反了中国与东盟成员国之间的经济合作协议，侵害了菲律宾的国家主权。对此，合理的行动应当是根据中国与东盟成员国之间设立的争端解决机制，由菲律宾海关对涉案货物是否符合《中国—东盟自由贸易区原产地规则》进行审查，并决定是否撤销涉案的原产地证。在此基础上，中国办案机关才能依据国内法追究相关人员的法律责任，否则，中国办案机关无权直接认定原产地证及其项下货物的合法性。

（二）本案不能认定涉案货物不符合中国—东盟自贸区优惠税率的适用条件，更不能认定殷某某主观上具有走私的故意

本案中，主张构罪的观点认为涉案货物贸易不适用中国—东盟自贸区优惠税率，理由是涉案货物均非在原产地签发国家菲律宾加载，且未在菲律宾进行加工生产，并非菲律宾原产货物。这一认定逻辑是错误的，本案不能认定涉案货物不符合中国—东盟自贸区优惠税率的适用条件。

1. 要求所有货物必须在菲律宾加载或者在菲律宾加工生产，是对中国—东盟自贸区优惠税率适用条件的误解

主张构罪的观点认为，从《中华人民共和国与东南亚国家联盟全面经济合作框架协议》及其《原产地管理办法》的签订形式来看，该协定是中国与东盟十个成员国分别签订的，并非与东盟组织签订的。原产地证由某个成员国签发，而非东盟组织签发。因此，不存在允许东盟 A 国用 B 国原产地证向中国海关申报的问题。这一理解是错误的，理由是：

第一，《中华人民共和国与东南亚国家联盟全面经济合作框架协议》的缔约主体决定了该协定是中国与东盟十国之间的共同协议。如前所述，《中华人民共和国与东南亚国家联盟全面经济合作框架协议》旨在加强中国与东盟成员国之间的全面经济合作，是中国与文莱、柬埔寨、印度尼西亚、老挝、马来西亚、缅甸、菲律宾、新加坡、泰国、越南等东盟成员国签订的经济合作协议。协议明确将东盟整体称为"各缔约方"，将东盟或中国称为"一缔约方"。毫无疑问，该协议是针对中国与东盟十国之间的共同协议，而非中国与某个东盟国家之间的协议。

第二，《中华人民共和国与东南亚国家联盟全面经济合作框架协议》的基本内容决定了该协议是中国与东盟十国之间的共同协议。这具体体现在两个方面：（1）协议的宗旨。根据《中华人民共和国与东南亚国家联盟全面经济合作框架协议》的规定，该协议包括"加强和增进各缔约方之间的经济、贸易和投资合作""为各缔约方之间更紧密的经济合作开辟新领域，制定适当的措施"等四个方面的目的。换言之，该协议并非为中国与东盟成员国之间提供经济合作的协议蓝本，而是为了促进中国与东盟各成员国之间的经济合作，推动相互之间开辟经济合作领域。从这个角度看，这个协议无疑不限于中国与东盟某一成员国之间。（2）协议的内容。该协议项下的《中国—东盟自由贸易区原产地规则》对东盟国家原产地标准作了明确规定。从规定的内容上看，其并不局限于某个东盟成员国，而是面向所有的东盟国家。例如，该规则五关于原产地标准"累计原产地规则"规定："除另有规定的以外，符合规则二原产地要求的产品在一成员方境内用作享受《协议》优惠待遇的制成品的材料，如最终产品的中国—东盟自由贸易区累计成分（所有成员方成分的完全累计）不低于40％，则该产品应视为原产于制造或加工该制成品的成员方境内。"换言之，在原产地认定标准上，某个东盟成员国可以累计整个中国—东盟自由贸易区的产品成分，即不局限于某一个东盟成员国。这就在客观上形成了东盟 A 国对原产于 B 国的产品签发原产地证的情况。因此，主张构罪的观点称"不存在允许东盟 A 国用 B 国原产地证向中国海关申报的问题"实际上是偷换了概念。

2. 本案不能认定涉案货物不符合中国—东盟自贸区优惠税率的适用条件

本案中，主张构罪的观点认为船舶公司提供的材料、航次指令、船舶加油记录等认定涉案的原产地证是通过欺骗的方式取得的。涉案货物不符合中国—东盟自贸区优惠税率的适用条件。这具体体现在：

第一，要求涉案货物均必须产自菲律宾是错误的。如前所述，主张构罪的观点错误地理解了《中华人民共和国与东南亚国家联盟全面经济合作框架协议》及《中国—东盟自由贸易区原产地规则》。根据《中国—东盟自由贸易区原产地规则》的规定，只要涉案货物来自东盟成员国的比例达到了要求，即可认为其符合颁发原产地证的要求，菲律宾方面就可以给其颁发原产地证。主张构罪的观点曲解了中国与东盟自由贸易协议的原产地规则，显然是错误的。

第二，本案缺乏证明涉案货物不符合中国—东盟自贸区优惠税率适用条件的直接证据。这是因为：一方面，中国办案机关没有依照中国和菲律宾签订的刑事司法协助条约通过刑事司法协助的方式取得相关证据。本案中，涉案的原产地证系由菲律宾政府机构签发，且本案属于刑事案件。中国和菲律宾两国政府签订并已生效的《中华人民共和国和菲律宾共和国关于刑事司法协助的条约》第 1 条第 1 款规定："双方应当根据本条约的规定，在刑事犯罪的侦查、起诉及其他刑事诉讼程序中相互提供协助。"中国办案机关若要认定涉案货物不符合中国—东盟自贸区优惠税率适用条件，根据上述刑事司法协

助条约第 2 条的规定，对本案取证最合适的做法显然应当是由我国司法部与
菲律宾司法部直接联系，委托菲律宾方面对涉案原产地证的合法性进行调查。
但本案中，办案机关对于菲律宾方面签发的原产地证的认定未经刑事司法协
助程序，也未取得涉案货物不符合中国—东盟自贸区优惠税率适用条件的直
接证据。另一方面，本案证据完全不能证明涉案货物不符合中国—东盟自贸
区优惠税率适用条件。本案中，据以定案的重要事实是装载涉案货物的油船
航线、提单、载货清单等单证。而根据《经修订的中国—东盟自由贸易区原
产地规则签证操作程序》，原产地证书的取得有着严格的申请、检查和签发程
序。其中，规则七规定："签证机构应当恪尽职守，对每一份原产地证书
（FORM E）申请进行适当检查，以确保：（一）申请表及原产地证书（FORM
E）按照原产地证书（FORM E）背页说明的要求正确填写，并经授权人签
名；（二）产品原产地符合中国—东盟自贸区原产地规则；（三）原产地证书
（FORM E）中的其他说明与所提交的证明文件相符；（四）所列明的产品名
称、数量及重量、包装唛头及编号、包装件数及种类与出口产品相符。（五）在
遵守进口方国内法律、法规和行政规章的前提下，一份原产地证书（FORM
E）可涵盖多项产品，但每项产品必须符合相应的原产地规则。"本案中，在
未取得涉案货物所在单位向菲律宾政府机构申请原产地证书的任何申请材料
的情况下，仅依据油船航线和运输单据，根本不能证明涉案原产地证在申请
过程中存在瞒骗行为，进而不能认定涉案货物不符合中国—东盟自贸区优惠
税率适用条件。

　　第三，本案证据不能证明涉案轻循环油的原产地不是菲律宾或者东盟其
他地区。这主要体现在两个方面：一方面，本案证据不能证明涉案货物的原
产地不在东盟国家。关于中国—东盟自贸区原产地，《中国—东盟自由贸易区
原产地规则》规则二对于"原产地标准"规定："在本《协议》中，如果一成
员方进口的产品符合以下任何一项原产地要求，该产品应视为原产货物并享
受优惠关税减让：（一）规则三明确规定的完全获得或生产的产品；或（二）
符合规则四、五或六规定的非完全或生产获得的产品。"规则四对于"非完全获
得或生产"规定："（一）符合下列条件应视为规则二（二）所指的原产产品：
1. 原产于任一成员方的成分应不少于 40%；或 2. 原产于一成员方境外（非中
国—东盟自由贸易区）的材料、零件或产物的总价值不超过所获得或生产产品
离岸价格的 60%，且最后生产工序在成员方境内完成。……"规则五对于"累
计原产地规则"规定："除另有规定的以外，符合规则二原产地要求的产品在
一成员方境内用作享受《协议》优惠待遇的制成品的材料，如最终产品的中
国—东盟自由贸易区累计成分（所有成员方成分的完全累计）不低于 40%，
则该产品应视为原产于制造或加工该制成品的成员方境内。"按照这些规定，

对中国—东盟自贸区原产地的认定并不要求所有的货物都产自中国—东盟自贸区，因为按照规则四和五的要求，只要原产于任一成员方的成分不少于40％或者所有成员方成分的完全累计不低于40％，就可认定中国—东盟自贸区是其原产地。据此，涉案货物是否完全产自菲律宾根本不是关键，关键在于涉案货物的成分中是否有超过40％产自中国—东盟自贸区。但本案证据根本无法排除这一点，因而无法证明涉案货物的原产地不属于中国—东盟自贸区。另一方面，船舶航行记录等证据不能证明涉案货物的原产地不是菲律宾或者其他东盟地区。本案中，认定涉案货物并非原产菲律宾的主要证据是涉案货物的船舶航行记录等，即A公司指挥油船前往韩国、马来西亚、新加坡等地加载了柴油、轻循环油等货物后，再开往菲律宾苏比克湾加载50吨船用柴油（MGO）。但船舶装货的地点和货物的原产地是两个不同的概念。本案中，B公司出具的证明和相关航次指令只能证明船舶的装货地点，而无法证明涉案货物的原产地。这些装货地点完全有可能只是涉案货物的储存地，其实际原产地仍不能排除是东盟国家。船舶航行记录等证据与涉案货物的原产地之间不具有直接的对应关系，因而不能证明涉案货物的原产地不是菲律宾或者其他东盟地区。

第四，主张构罪者对涉案事实的认定完全基于推论，违背了刑事案件事实认定的基本规则。如前所述，主张构罪的观点在没有直接证据证明涉案货物的具体产地的情况下，认为可以根据涉案货物的运输线路推论其原产地不在菲律宾。这一认定存在两个方面的明显问题：一是对客观事实完全进行推论的做法违背刑事证明的基本原理。与主观事实不同，客观事实是外显而确定的事实。对客观事实的认定结论只有存在或者不存在，可能存在或者大概率存在的事实不是确定的事实，除非有法律的明确规定，否则不能作为认定有罪的依据。本案中，主张构罪者对于涉案货物的原产地完全采用推论的方式，违背中国刑事诉讼法对客观事实认定的证据要求。二是对客观事实进行推论的结论不具有唯一性，不能排除合理怀疑。中国刑事诉讼法对证明标准采取的是事实清楚、证据确实充分标准，要求一切案件事实的证明达到排除合理怀疑的程度。但本案中，根据货物的海运线路推断涉案货物的原产地，结论不具有唯一性，因为如前所述，货物在本案中的起运地只能证明货物的存储地，不能等同于货物的原产地。它在客观上完全不能排除A公司先将货物存储在相关地点然后再运输的合理怀疑。

3. **本案有证据证明涉案货物符合中国—东盟自贸区优惠税率的适用条件**

对于涉案货物的原产地，本案有证据证明其产自东盟国家，进而能够证明涉案货物符合中国—东盟自贸区优惠税率的适用条件。这主要体现在：

第一，涉案原产地证的真实性是涉案货物符合中国—东盟自贸区优惠税率适用条件的直接证明。根据《中国—东盟自由贸易区原产地规则》，原产地证是原产地的主要证明文件。该规则十二规定："申请享受优惠关税减让的产品，申报时应提交由出口成员方指定并已按附件 1 所列签证操作程序的规定通知《协议》其他成员方的政府机构签发的原产地证书。"同时，根据《经修订的中国—东盟自由贸易区原产地规则签证操作程序》规则七的规定，原产地证的签发机构要对原产地证的申请进行适当检查，其中包括确保"产品原产地符合中国—东盟自贸区原产地规则"。据此，涉案货物的原产地证可以作为最主要、最直接的证据证明涉案货物符合中国—东盟自贸区优惠税率的适用条件。

第二，本案的涉案货物可以分为三类，其中第二类是"在马来西亚、新加坡等东盟国家加载了货物后再绕道菲律宾加载 50 吨船用柴油，涉及 15 个航次 50 多万吨货物"；第三类是"在马来西亚、新加坡等东盟国家以及韩国等非东盟国家和地区均有加载货物混合，后再绕道菲律宾加载 50 吨船用柴油，涉及 4 个航次货物 13 万吨"。这表明，涉案货物中有相当一部分货物是在东盟成员国装载的。按照《中华人民共和国与东南亚国家联盟全面经济合作框架协议》，这些货物符合中国—东盟自贸区优惠税率的适用条件。

第三，本案有证据证明涉案货物产自菲律宾或者其他东盟国家。这主要包括两个方面：（1）菲律宾海关的复函。菲律宾海关的复函说明涉案的 36 个航次在苏比克港区外或者港区内进行了加油作业，添加了燃料添加剂（MGO）进货舱。对此，主张构罪的观点认为 MGO 并非所谓的燃料添加剂，只是船用柴油。但对于轻循环油而言，MGO 显然也是可以作为添加剂使用的。（2）涉案航次在苏比克湾的进港离港申明。该申明证明涉案货物在苏比克湾有进港和出港记录。这能够与涉案货物的出处在一定程度上相印证。

4. 本案证据不能证明殷某某主观上具有走私普通货物犯罪的故意

本案中，主张构罪的观点认为 A 公司、殷某某主观上具有走私普通货物犯罪的故意。笔者认为该认定是错误的，本案不能认定殷某某主观上具有走私普通货物犯罪的故意。这具体体现在：

第一，本案证据不能证明殷某某参与实施了骗取原产地证的行为。这是因为：一方面，本案证据不能证明涉案的原产地证是 A 公司伙同菲律宾 D 公司共同骗取的。本案没有任何证据证明 A 公司就涉案原产地证的取得与菲律宾 D 公司进行了沟通、串联，更没有任何证据证明 A 公司与菲律宾 D 公司在涉案原产地证的取得过程中存在虚构事实、隐瞒真相的欺骗行为。因此，本案现有证据完全不能证明 A 公司伙同菲律宾 D 公司骗取了涉案的原产地证，进而无法证明殷某某参与实施了骗取原产地证的行为。另一方面，本案没有证据证明殷某某参与了涉案原产地证的办理。本案证据只能证明殷某某参与了涉案货物的销售，但原产地证的取得与涉案货物的销售完全可以处于不同的环节，不能因为殷某某参与了涉案货物的销售就认定其参与了涉案原产地证的办理。

第二，本案证据不能证明殷某某明知涉案的货物不是产自东盟国家。这是因为：一方面，本案没有直接证据证明涉案货物不是产自东盟国家。在缺乏这一事实前提的情况下，本案证据显然不能证明殷某某主观上明知涉案的货物并非产自东盟国家。另一方面，本案没有证据证明殷某某明知涉案货物不是产自东盟国家。在认定殷某某主观上具有走私故意的证据中，没有任何一项证据能够证明殷某某知道涉案的货物不是产自东盟国家。殷某某主观上没有走私普通货物犯罪的故意。

可见，本案不能认定涉案货物不符合中国—东盟自贸区优惠税率的适用条件，相反本案有证据证明涉案货物产自东盟国家。同时，本案也不能认定殷某某主观上具有走私的故意，殷某某的行为不构成走私普通货物罪。

叶某某骗取贷款案

——骗取贷款行为未造成重大损失但贷款数额特别巨大是否成立骗取贷款罪

一、基本案情

叶某某，系 A 公司实际控制人。2015 年 9 月 30 日，叶某某以其实际控制的 A 公司虚构贷款理由，向银行提供虚假的公司财务报表、虚假的购销合同及审计报告，骗取银行 2 000 万元授信，并于 2015 年 9 月 30 日、11 月 17 日分两笔骗取贷款 2 000 万元，每笔 1 000 万元。该两笔贷款分别于 2017 年 9 月、11 月份到期，截至案发时贷款本金 1 339 万元未还，该两笔贷款的五级分类状态为"损失"。

2016 年 1 月 31 日，叶某某以其实际控制的 A 公司虚构贷款理由，向银行提供虚假的公司财务报表、虚假的购销合同及审计报告，骗取银行 5 000 万元授信，并于 2016 年 2 月 2 日骗取贷款 5 000 万元。该笔贷款经二次续贷后于 2019 年 3 月 12 日到期，截至案发时贷款本金 4 800 万元未还，该笔贷款的五级分类状态为"可疑"。

二、主要问题

本案涉及的主要问题是，叶某某的行为是否造成了重大损失，以及叶某某的行为是否符合骗取贷款罪的构成要件，其行为是否构成骗取贷款罪。对此，在案件处理过程中主要有两种不同观点：

一种观点主张构罪，认为叶某某以其实际控制的 A 公司虚构贷款理由，以欺骗手段取得银行贷款，至今未还，造成银行重大损失，其行为构成骗取贷款罪。

另一种观点主张不构罪，认为根据《刑法修正案（十一）》关于骗取贷款罪的规定，叶某某的行为没有实际造成银行重大损失，不符合骗取贷款罪的成立条件，不构成骗取贷款罪。

三、出罪法理

本案中，对叶某某的行为是否构成骗取贷款罪，应适用《刑法修正案（十一）》关于骗取贷款罪的规定。按照《刑法修正案（十一）》的规定，叶某某的行为没有造成金融机构重大损失，其行为不符合骗取贷款罪的结果条件，不构成骗取贷款罪。

（一）根据从旧兼从轻原则，对叶某某的行为是否构成骗取贷款罪，应适用《刑法修正案（十一）》关于骗取贷款罪的规定

关于骗取贷款罪，经 2020 年 12 月 26 日《刑法修正案（十一）》修正的《刑法》第 175 条之一第 1 款规定："以欺骗手段取得银行或者其他金融机构贷款、票据承兑、信用证、保函等，给银行或者其他金融机构造成重大损失的，处三年以下有期徒刑或者拘役，并处或者单处罚金；给银行或者其他金融机构造成特别重大损失或者有其他特别严重情节的，处三年以上七年以下有期徒刑，并处罚金。"此次修正主要是将骗取贷款、票据承兑、金融票证罪的入罪门槛从之前的"给银行或者其他金融机构造成重大损失或者有其他严重情节"修改为"给银行或者其他金融机构造成重大损失"，即由综合情节犯修改为结果犯，提高了该罪的入罪门槛，限缩了该罪的处罚范围。

事实上，在《刑法修正案（十一）》出台之前，我国许多地方已经收紧了骗取贷款罪的入罪门槛，要求骗取贷款行为必须造成金融机构重大损失才能构成犯罪，如著名的刘甲、刘乙等组织、领导黑社会性质组织等案的二审判决将上诉单位汉龙集团已经归还和有足额担保的贷款从犯罪数额中予以核减，对汉龙集团所犯骗取贷款、票据承兑、金融票证罪罚金由 3 亿元改为 1 亿元。2020 年 7 月 22 日最高人民检察院《关于充分发挥检察职能服务保障"六稳""六保"的意见》也明确规定："在办理骗取贷款等犯罪案件时，充分考虑企业'融资难''融资贵'的实际情况，注意从借款人采取的欺骗手段是否属于明显虚构事实或者隐瞒真相，是否与银行工作人员合谋、受其指使，是否非法影响银行放贷决策、危及信贷资金安全，是否造成重大损失等方面，合理判断其行为危害性，不苛求企业等借款人。对于借款人因生产经营需要，在贷款过程中虽有违规行为，但未造成实际损失的，一般不作为犯罪处理。"当然，从立法的角度看，《刑法修正案（十一）》提高骗取贷款罪的入罪门槛，是国家立法机关对骗取贷款罪入罪门槛提高的确认，也是骗取贷款罪立法标准的提高。因此，与《刑法修正案（十一）》施行前的骗取贷款罪相比，《刑法修正案（十一）》关于骗取贷款罪的规定处罚更轻，不仅属于"新法"也属于"轻法"。

我国《刑法》第 12 条第 1 款规定："中华人民共和国成立以后本法施行

以前的行为，如果当时的法律不认为是犯罪的，适用当时的法律；如果当时的法律认为是犯罪的，依照本法总则第四章第八节的规定应当追诉的，按照当时的法律追究刑事责任，但是如果本法不认为是犯罪或者处刑较轻的，适用本法。"本案中，叶某某的行为发生在《刑法修正案（十一）》施行之前，按照我国《刑法》第 12 条第 1 款规定的从旧兼从轻原则，对同一行为，新法处罚比旧法的处罚更轻时，应适用新法。因此，叶某某的行为是否构成骗取贷款罪，关键在于其行为是否符合《刑法修正案（十一）》修正后的骗取贷款罪的构成要件（是否符合新法的规定）。

（二）按照《刑法修正案（十一）》关于骗取贷款罪的规定，叶某某的行为不符合骗取贷款罪的结果条件，不构成骗取贷款罪

根据《刑法修正案（十一）》第 11 条的规定，骗取贷款罪是以欺骗手段取得银行或者其他金融机构贷款，给银行或者其他金融机构造成重大损失的行为。据此，骗取贷款罪的成立在客观上必须同时具备以下三个基本条件：一是行为条件，即行为人必须实施了以欺骗手段取得银行或者其他金融机构贷款的行为；二是结果条件，即行为人的行为必须给银行或者其他金融机构造成重大损失；三是因果关系条件，即行为人的行为与金融机构遭受的重大损失之间必须存在因果关系。本案中，叶某某在申请贷款时提供了足额担保，不能证明其行为造成了金融机构重大损失，其行为不符合骗取贷款罪的结果要求，不构成骗取贷款罪。

1. 根据金融机构出具的贷款五级分类认定叶某某的行为造成金融机构重大损失是错误的

关于叶某某的行为后果，其 2015 年申请的两笔共计 2 000 万元贷款，截至案发时贷款本金 1 339 万元未还，贷款五级分类状态为"损失"；2016 年申请的 5 000 万元贷款，截至案发时贷款本金 4 800 万元未还，贷款五级分类状态为"可疑"。在此基础上，主张构罪的观点认为，叶某某以欺骗手段取得银行贷款，到期不履行还款义务，给银行造成重大损失。但贷款五级分类状态不能作为认定金融机构损失的依据，上述观点关于叶某某行为结果的认定依据错误。这具体体现在：

第一，贷款五级分类是金融机构对贷款质量风险的分类，不等于贷款造成的损失。贷款五级分类是指商业银行依据借款人的实际还款能力进行贷款质量的五级分类，即按风险程度将贷款划分为五类：正常、关注、次级、可疑、损失，后三种为不良贷款。贷款五级分类的以下三个因素决定了"不良贷款"不等同于"贷款损失"：（1）贷款分类的主体。贷款五级分类是金融机构对贷款质量的单向综合判断，不是实际损失判断，更不能代替司法机关对贷款损失的判断。（2）贷款分类的方法。贷款五级分类是对贷款风险的判断，不是对贷款实际损失的判断。2001 年中国人民银行发布的《贷款风险分类指导原则》第 2 条明确规定："本指导原则所指的贷款分类，是指按照风险程度将贷款划分为不同档次的过程。通过贷款分类应达到以下目标：（一）揭示贷款的实际价值和风险程度，真实、全面、动态地反映贷款的质量；（二）发现贷款发放、管理、监控、催收以及不良贷款管理中存在的问题，加强信贷管理；（三）为判断贷款损失准备金是否充足提供依据。"该指导原则第 3 条更明确地指出分类采取的是"以风险为基础的分类方法"。而风险不等于实际损失，不能将贷款分类中的"不良贷款"等同于"贷款实际损失"。（3）贷款分类的标准。2001 年中国人民银行发布的《贷款风险分类指导原则》第 5 条第 1 款明确规定："使用贷款风险分类法对贷款质量进行分类，实际上是判断借款人及时足额归还贷款本息的可能性，考虑的主要因素包括：（一）借款人的还款能力；（二）借款人的还款记录；（三）借款人的还款意愿；（四）贷款的担保；（五）贷款偿还的法律责任；（六）银行的信贷管理。"第 6 条规定："对贷款进行分类时，要以评估借款人的还款能力为核心，把借款人的正常营业收入作为贷款的主要还款来源，贷款的担保作为次要还款来源。"可见，金融机构对贷款分类的评估是以"借款人的正常营业收入"作为评估借款人还款能力的主要标准，其次才是贷款的担保。这与贷款的实际损失之间不具有对等关系。

第二，我国最高司法机关明确提出不能将"不良贷款"等同于"经济损失"。关于金融机构认定的"不良贷款"是否等同于"经济损失"问题，最高人民法院、最高人民检察院、公安部曾进行过专门研究，结论是"'不良贷款'不等于'经济损失'，亦不能将'形成不良贷款数额'等同于'重大经济损失数额'"。这包括：（1）2009 年最高人民法院刑事审判第二庭《关于针对骗取贷款、票据承兑、金融票证罪和违法发放贷款罪立案追诉标准的意见》规定："不良贷款根据不同的标准划分为不同级别，各个级别的风险程度也有差别，不宜一概以金融机构出具'形成不良贷款'的结论来认定'造成重大损失'。例如达到'次级'的贷款，虽然借款人的还款能力出现明显问题，依靠其正常经营收入已经无法保证足额偿还本息，但若有他人为之提供担保的，银行仍然可以通过民事诉讼实现债权。因此，'不良贷款'不等于'经济损失'，亦不能将'形成不良贷款数额'等同于'重大经济损失数额'。"（2）2009 年最高人民检察院公诉厅《关于对骗取贷款罪等犯罪立案追诉标准有关问题的回复意见》规定："不良贷款尽管'不良'但不一定形成了既成的损失，不宜把形成不良贷款额等同于'重大经济损失数额'。"（3）2009 年公安部经侦局《关于骗取贷款罪和违法发放贷款罪立案追诉标准问题的批复》规定："如果银行或者其他金融机构仅仅出具'形成不良贷款数额'的结论，不宜认定为'重大经济损失数额'。根据目前国有独资银行、股份制商业银行实行的贷款五级分类制，商业贷款分为正常、关注、次级、可疑、损失五类，其中后三类称为不良贷款，不良贷款尽管'不良'，但并不一定形成了既成的损失，因此'不良贷款'不等于'经济损失'，也不能将'形成不良贷款数额'等同于'重大经济损失数额'。"可见，贷款五级分类状态不能作为认定金融机构损失的依据。本案中，主张构罪者以涉案贷款五级分类状态分别为"损失"和"可疑"（属于不良贷款的两种情形）作为认定金融机构损失的依据，是错误的。

可见，金融机构出具的贷款五级分类不能作为认定骗取贷款"造成重大损失"的根据。根据金融机构出具的贷款五级分类认定叶某某的行为造成金融机构重大损失的做法，是错误的。

2. 叶某某申请贷款提供了足额担保，无法证明其行为造成了金融机构重大损失

对于骗取贷款"给银行或者其他金融机构造成重大损失"，2010 年最高人民检察院、公安部《关于公安机关管辖的刑事案件立案追诉标准的规定（二）》第 27 条规定的是"给银行或者其他金融机构造成直接经济损失数额在二十万元以上的"。据此，"给银行或者其他金融机构造成重大损失"具有三个基本特征：一是必须为"实际发生的损失"，而不是风险；二是必须为"直接经济损失"；三是损失数额必须在 20 万元以上。但本案中，叶某某申请贷款时提供了足额担保，在担保未实现前，无法证明其行为造成了金融机构重大损失。这具体体现在：

第一，叶某某以 A 公司名义申请 2 000 万元贷款时提供了足额担保。本案中，A 公司在银行有存量贷款两笔：第一笔是 2016 年 9 月 13 日签订"流动资金借款合同"贷款的 1 000 万元，贷款期限一年；第二笔是 1 000 万元贷款，贷款期限是 2016 年 11 月 18 日至 2017 年 09 月 22 日。对于这两笔共计 2 000 万元的贷款，叶某某申请贷款时提供了足额担保。这包括：一方面，B 公司对这两笔贷款提供了最高额保证担保；另一方面，叶某某提供了价值超出贷款金额的抵押物，包括：叶某某名下商业门面房 348.63 平方米，评估价值 951.13 万元；商务酒店 1 998.9 平方米，评估价值 1 739.1 万元。截至案发时，抵押物的价值明显高于叶某某未归还的贷款本息。

第二，叶某某以 A 公司名义申请 5 000 万元贷款时提供了足额担保。本案证据显示，A 公司在银行有存量贷款 5 000 万元，贷款期限是 2018 年 3 月 13 日至 2019 年 3 月 12 日。对于这 5 000 万元贷款，叶某某申请时提供了足额担保。这包括：一方面，C 公司对这笔贷款提供了最高额保证担保。另一方面，叶某某提供了价值超出贷款金额的抵押物。抵押物是商业房产 5 850.76

平方米，评估价值为 8 483.6 万元。截至案发时，抵押物的价值明显高于叶某某未归还的贷款本息。

可见，叶某某申请贷款提供了足额担保，无法证明其行为造成了金融机构重大损失。

3. 叶某某的行为不属于骗取贷款有"其他特别严重情节"，不构成骗取贷款罪的加重犯

《刑法修正案（十一）》在提高骗取贷款罪的入罪门槛时，没有调整该罪的加重处罚情节。骗取贷款罪的加重处罚情节表述仍为"给银行或者其他金融机构造成特别重大损失或者有其他特别严重情节"。对于《刑法修正案（十一）》修正后的《刑法》第 175 条之一第 1 款中的"其他特别严重情节"，目前没有明确解释。但这里的"其他特别严重情节"，不是不需要考虑造成的损失，而是必须是"造成重大损失"基础上的"其他特别严重情节"，即"其他特别严重情节"的成立必须以"造成重大损失"为前提。这是因为：

第一，加重犯与基本犯的关系决定了骗取贷款"其他特别严重情节"的成立必须以"造成重大损失"为前提。在刑法理论上，骗取贷款有"其他特别严重情节"所构成的犯罪属于骗取贷款罪的情节加重犯，而骗取贷款"造成重大损失"所构成的犯罪属于骗取贷款罪的基本犯。在加重犯与基本犯的关系上，加重犯的成立必须以基本犯的成立为前提，只有在构成基本犯的基础上且具有加重处罚的情节，才能成立加重犯，否则将导致罪刑关系的错乱。按照加重犯与基本犯的这一基本要求，骗取贷款罪的加重犯（"其他特别严重情节"型骗取贷款罪）的成立必须以骗取贷款行为"造成重大损失"为前提。

第二，骗取贷款罪修法的目的决定了骗取贷款有"其他特别严重情节"的成立必须以"造成重大损失"为前提。《刑法修正案（十一）》修正骗取贷款罪，将其入罪门槛由综合情节改为结果，目的就是限制骗取贷款罪的入罪范围，加大对民营经济的刑法保护。按照这一立法目的，对于骗取贷款有"其他特别严重情节"的认定，也必须进行结果上的限制，即必须以骗取贷款"造成重大损失"为前提，否则《刑法修正案（十一）》对骗取贷款罪的修正将不具有实际价值。因此，骗取贷款罪修法的目的决定了骗取贷款有"其他特别严重情节"的成立必须以"造成重大损失"为前提。

可见，骗取贷款有"其他特别严重情节"的成立必须以骗取贷款"造成重大损失"为前提。叶某某的行为不属于骗取贷款有"其他特别严重情节"，不构成骗取贷款罪的加重犯。

陈某某骗取贷款案

——单位贷款时帮忙签订连带责任担保合同能否认定
具备骗取贷款的明知

一、基本案情

2015 年，甲公司因资金周转困难，为加大融资力度，法定代表人、董事长陈某某指派公司执行总裁王某分管财务部工作，并与财务部负责人徐某某（已判刑）共同开展对外融资业务，徐某某负责具体工作。同时，陈某某还要求甲公司营销副总经理孙某某（已判刑）全力配合财务部门的融资工作。

2016 年年初，甲公司通过中介向某信托公司申请融资 6 亿元，某信托公司要求以应收账款作为质押担保。在陈某某、王某明知甲公司对乙公司应收账款不符合到某信托公司贷款 6 亿元的情况下，陈某某仍然指使徐某某想办法准备材料。徐某某要求孙某某提供乙公司向甲公司采购 3 500 台机床的虚假"设备采购合同"，虚构了应收账款 7.833 亿元，加盖了伪造的乙公司合同专用章。为取得某信托公司信任，徐某某谎称甲公司有一份"三方协议"，该协议内容为：如果乙公司不能到期支付甲公司 7.833 亿元货款，丙公司代为支付。

2016 年 8 月，某信托公司拟派员赴甲公司对徐某某所说的"三方协议"进行核实。徐某某向陈某某汇报后，陈某某指示徐某某抓紧办理，并强调此事关系到企业的生死存亡，需继续推进，要想办法弄好，该找谁就找谁。徐某某便与孙某某商议，由徐某某编造了一份"三方协议"，将该协议及丙公司印章样板通过电子邮件发送给孙某某、丁某某，孙某某安排手下在"三方协议"上盖上伪造的丙公司和乙公司的合同专用章。2018 年 8 月 18 日，某信托公司人员前往核实"三方协议"。徐某某向陈某某、王某汇报后，陈某某指示王某配合徐某某接待工作。当天，王某、徐某某进行了接待，并在某信托公司要求对协议拍照时，王某同意但让徐某某对协议印章部分进行遮挡。

其间，某信托公司要求对应收债权出具审计报告，徐某某将之前伪造的"设备采购合同"及 3 500 台机床的"送货单""入库单"等相关材料提供给会计师事务所。会计师事务所出具了"审计报告"，"审计报告"中描述的是甲公司享有乙公司 7 亿余元的债权。

2016 年 8 月下旬，某信托公司的吴某某持"应收债权转让及回购合同"在中介陈某某的陪同下到甲公司加盖公司印章，后由陈某某、赵某某夫妇分别对该份合同签订了个人连带责任保证合同。徐某某在陈某某签字前，就甲公司向某信托公司融资 6 亿元有关情况向陈某某进行了汇报。吴某某在与陈某某见面时对签字的目的和相关内容向陈某某进行了解释。

某信托公司进入最后尽职调查阶段，要求对应收账款进行确认。徐某某联系孙某某，要求孙某某安排人员冒充乙公司的工作人员接待，孙某某最后安排了王某某予以配合。徐某某让财务部卢某某将其伪造的乙公司印章交给王某某，王某某冒充乙公司的工作人员在"债权确认函""债权转让通知书"上加盖了这枚假的印章，并让甲公司工作人员李某某假冒乙公司法定代表人的被授权人在这两份文件上签字。

某信托公司自 2016 年 9 月至 11 月向甲公司转款 6 亿元。甲公司在取得某信托公司 6 亿元贷款后，将其全部用于公司偿还其他借款及各项开支（包括支付了 3 800 万元中介费）。

二、主要问题

本案涉及的主要问题是：本案能否认定陈某某的行为构成骗取贷款罪。对此，主要有两种不同观点：

一种观点主张构罪，认为陈某某指使徐某某等人实施骗取贷款的行为，并在单位贷款时签订个人连带责任保证合同，表明其明知公司通过徐某某等人伪造合同等材料的方式骗取贷款，其行为构成骗取贷款罪。

另一种观点主张不构罪，认为本案证据不能证明陈某某对徐某某等人骗取贷款的行为知情，也不能证明陈某某实施了指使徐某某等人骗取贷款的行为，其行为不构成骗取贷款罪。

三、出罪法理

根据《刑法修正案（十一）》修正前的《刑法》第 175 条之一的规定，骗取贷款罪是以欺骗手段取得银行或者其他金融机构贷款，给银行或者其他金融机构造成重大损失或者有其他严重情节的行为。骗取贷款罪的行为核心是以欺骗手段取得贷款。本案中，骗取贷款的具体行为主要是由徐某某等人实施的，因此，陈某某的行为是否构成徐某某等人骗取贷款罪的共同犯罪，关键在于能否认定陈某某对徐某某等人骗取贷款的行为知情并指使徐某某等人实施骗取贷款行为。对此，笔者认为本案不能认定陈某某对徐某某等人骗取贷款的行为知情，也不能认定陈某某实施了指使徐某某等人骗取贷款的行为，陈某某的行为不构成骗取贷款罪。

（一）本案证据不能证明陈某某对徐某某等人骗取贷款的行为知情，陈某某的涉案行为不符合骗取贷款罪的主观要求

骗取贷款罪的主观方面是故意，要求行为人主观上对骗取贷款行为明知，否则不能成立故意。本案中，要证明陈某某对徐某某等人骗取贷款的行为知情，核心是要证明陈某某对徐某某等人的欺骗行为知情。综合陈某某在甲公司的地位和本案证据材料，本案中就向某信托公司贷款 6 亿元一事直接接触过陈某某的人只有王某、徐某某，因此，本案证据能否证明陈某某对徐某某等人骗取贷款行为知情，关键在于陈某某、王某、徐某某的笔录及其他证据能否相互印证地证明陈某某知情。但本案证据不能确实充分地证明陈某某对徐某某等人骗取贷款的行为知情。这具体体现在：

第一，王某、徐某某的笔录不能证明陈某某对徐某某等人的欺骗行为知情。本案中，由于陈某某一直不承认对徐某某等人骗取贷款的行为知情，而徐某某的笔录则称陈某某自始至终对骗取贷款的行为知情，因此，本案的关键在于王某、徐某某的笔录是否足以证明陈某某对徐某某等人骗取贷款的行为知情。显然，王某、徐某某的笔录不足以证明陈某某对徐某某等人骗取贷款的行为知情。理由主要包括：一是王某、徐某某与陈某某之间存在明显的利害冲突，他们所作的不利于陈某某的笔录可信度低。2012 年 11 月最高人民法院通过的《关于适用〈中华人民共和国刑事诉讼法〉的解释》第 109 条规定："下列证据应当慎重使用，有其他证据印证的，可以采信：（一）生理上、精神上有缺陷，对案件事实的认知和表达存在一定困难，但尚未丧失正确认知、表达能力的被害人、证人和被告人所作的陈述、证言和供述；（二）与被告人有亲属关系或者其他密切关系的证人所作的有利被告人的证言，或者与被告人有利害冲突的证人所作的不利被告人的证言。"本案中，陈某某、王某、徐某某之间在刑事责任的分担上存在着明显的利害冲突。这从笔录的内容上也可以看出，王某的笔录是尽量将责任往陈某某、徐某某身上推，徐某某的笔录则是尽量将责任往陈某某、王某身上推。他们之间的这种关系决定了王某、徐某某所作的不利于陈某某的笔录可信度低，应当慎重使用，在无其他证据印证的情况下，不能采信。二是王某、徐某某的笔录明显缺乏印证，不能证明陈某某对骗取贷款行为知情。本案中，徐某某的笔录集中从四个方面指认陈某某知情：（1）徐某某向陈某某汇报过甲公司对乙公司应收账款不足并且也通过王某向陈某某汇报过；（2）徐某某按照陈某某和王某的指示催促孙某某伪造销售单据；（3）徐某某就"三方协议"向王某汇报，王某后对徐某某转达陈某某的意思称"想办法弄材料，该找谁就找谁"；（4）徐某某向陈某某汇报找人冒充乙公司的人确权，陈某某当时说事情已经走到这个地步了，要继续往前推。而王某的笔录主要是从一个方面指认陈某某知情，即"某信托公司来考察三方协议时，陈某某要王某代表公司去接待一下，要其全力以赴做好某信托公司的接洽工作"。三是徐某某指认陈某某知情的笔录明显与孙某某的笔录冲突，徐某某所作的不利于陈某某的笔录不足以采信。本案中，徐某某的笔录与孙某某的笔录存在多方面的冲突。对于两者笔录相关联的部分，徐某某的笔录称：（1）孙某某只听陈某某的，是陈某某让孙某某伪造的采购合同、入库单。（2）在其找到孙某某之后，孙某某接到了陈某某的指示，让其把确权这件事办好。孙某某也一定会将这个情况向陈某某汇报，因为谁也不敢做主来伪造这个兜底协议，只有陈某某才能做主。对于确权的事，孙某某两次给徐某某的答复不一样，很明显是陈某某给了他指示。对于这些内容，孙某某的笔录则称：（1）在其印象中没有请示过陈某某，但他一直强调让其配合财务提供资料；陈某某在召集甲公司营销各个区域经理开销售碰头会和给孙某某打电话布置营销工作的时候，特意对其强调让其配合财务的工作，意思就是财务需要什么资料，就让他提供什么资料。（2）就冒充丙公司工作人员这件事情，陈某某没有亲自给孙某某打电话，但徐某某给孙某某强调了这是"领导"的意思，孙某某只能照办。陈某某没有提具体要求，孙某某理解他的意思就是财务部门需要什么资料，销售部门就要提供什么资料。之所以这么理解，是因为财务部门为从外部借款曾让销售部门提供过真实的采购合同，此次陈某某让孙某某配合财务工作，其就知道是"财务需要什么资料，就提供什么资料"。可见，徐某某与孙某某的上述笔录相互矛盾，不能用于证明陈某某知情。

综合王某、徐某某的笔录及相关证据，王某、徐某某关于陈某某知情的笔录明显不能相互印证，且徐某某的笔录与孙某某的笔录之间存在明显矛盾，进而不能认定陈某某对徐某某等人的欺骗行为知情。相反，王某的笔录对徐某某通过他向陈某某汇报或向徐某某传达陈某某指示事项明确予以否认，且自称对徐某某等人的骗取贷款行为不知情。在王某、徐某某的笔录及相关证据不能相互印证的情况下，本案在陈某某对徐某某等人的欺骗行为知情问题上客观上形成了只有孤证的局面，不能确实充分地证明陈某某知情。

第二，陈某某签署个人连带责任保证合同的行为不能证明陈某某对徐某某等人的欺骗行为知情。本案中，在向某信托公司贷款的过程中，陈某某、赵某某夫妇对甲公司与某信托公司的贷款签订了个人连带责任保证合同。不过，陈某某签署个人连带责任保证合同只能证明陈某某对于甲公司向某信托公司的贷款事项知情，而不能证明陈某某对徐某某等人的欺骗行为知情。理由主要包括：一是陈某某作为甲公司的董事长对公司贷款签订个人连带责任保证合同是常规操作，且公司之前的众多贷款都由陈某某个人签署连带责任保证合同。在此情况下，考虑到陈某某管理着众多公司的实际情况（陈某某管理着 31 家控股公司），陈某某不一定也不可能会对每次贷款的事项都详细过问。二是保证合同带有明显的格式合同特征，里面没有对甲公司与某信托公司之间贷款的情况进行具体描述的内容。"个人连带责任保证合同"显示，上面只写明了主合同的名称，没有对主合同（贷款合同）的内容作具体描述。陈某某无法从"个人连带责任保证合同"内容中看出徐某某等人的欺骗行为。三是陈某某签署"个人连带责任保证合同"的视频显示，陈某某只是在"个人连带责任保证合同"上签字，并没有看合同内容。这表明，陈某某签署该保证合同只是例行公司贷款的公事，该行为不能作为陈某某对徐某某等人欺骗行为知情的证据。

第三，陈某某不是涉案贷款事项直接负责的主管人员，他虽然是甲公司的董事长，但不能以此推定其对徐某某等人的骗取贷款行为知情。本案中，虽然陈某某是甲公司的董事长，但他不是涉案贷款事项直接负责的主管人员，不能以其董事长的身份推定其对徐某某等人的欺骗行为知情。理由主要包括：一是甲公司的融资业务由专门的部门和分管领导负责，陈某某并不具体负责。2015 年甲公司因资金周转困难，为加大融资力度，法定代表人、董事长陈某某指派公司执行总裁王某分管财务部工作，并与财务部负责人徐某某共同开展对外融资业务，徐某某负责具体工作。同时，陈某某还要求甲公司营销副总经理孙某某全力配合财务部门的融资工作。这本身即可证明陈某某并不直接负责甲公司的对外融资业务，而是由王某分管，徐某某具体负责，孙某某配合。这也为甲公司的正式文件所证明。二是甲公司的"用印单""预借款单"等书证表明，陈某某并不具体负责公司事务。其中，甲公司的"用印单"显示，用印的最后签批人是"王某"。而甲公司的"预借款单"显示，甲公司对外支出款项的签批人只要"徐某某"一人签字即可，特别是其中一笔付给某贸易公司的 9 800 万元款项，上面也只有"徐某某"一人的签字。可见，对于甲公司的这些重大事项陈某某并不直接进行管理，也不知情。三是涉案贷款的签字流程表明，陈某某并不具体负责公司贷款事项。在甲公司与某信托公司的 6 亿元贷款中，陈某某只是在需要签署"个人连带责任保证合同"时才进行了签字。在该笔贷款的其他流程中均不需要陈某某参与，也不需要陈某某签署相关文件（包括合同用章、资金转账等）。这也表明，陈某某并不具体管理甲公司融资的具体事务。

可见，本案证据只能证明陈某某知道甲公司向某信托公司贷款 6 亿元的事项，而不能证明陈某某对徐某某等人骗取贷款的行为知情。陈某某主观上不具有骗取贷款的故意，不符合骗取贷款罪的主观要求，不构成骗取贷款罪。

（二）本案证据不能证明陈某某实施了指使徐某某等人骗取贷款的行为，陈某某的行为不符合骗取贷款罪的客观要求

骗取贷款罪在客观上表现为行为人实施了以欺骗方法取得贷款的行为。在共同犯罪的场合，行为人必须实施了组织、教唆、帮助等行为，才能成立骗取贷款罪的共同犯罪。本案中，主张构罪的观点认为是陈某某指使徐某某等人实施了骗取贷款行为。但本案证据不能证明陈某某实施了指使徐某某等人以欺骗方法取得贷款的行为。这具体体现在：

第一，认定陈某某指使徐某某等人通过欺骗方式取得贷款的依据明显不足。理由主要包括：一是认定陈某某指使徐某某等人实施贷款欺骗行为的证据实际上只有徐某某一人的笔录，属于孤证。如前所述，就向某信托公司融资事项而言，能够直接与陈某某进行接触的只有徐某某和王某，并且事实上，除了王某、徐某某的笔录，本案其他人的笔录都没有指向陈某某。但徐某某与王某的笔录在指认陈某某的问题上不能相互印证。其中，徐某某的笔录称陈某某先后指使他伪造销售单据、伪造"三方协议"、安排人冒充乙公司的工作人员进行确权等，而王某的笔录只提到陈某某让其做好对某信托公司人员的接待工作。这就在客观上形成了徐某某、王某在指认陈某某指使徐某某等人骗取贷款的证据上相互之间缺乏印证，真正指认陈某某指使徐某某等人骗取贷款的证据只有徐某某一人的笔录。根据我国《刑事诉讼法》及相关司法解释的规定，孤证不足以作为定案的根据。二是徐某某指认陈某某的笔录不合常理。按照徐某某的笔录，徐某某在办理甲公司向某信托公司的贷款过程中基本上事事都向陈某某请示（涵盖了贷款的所有重要环节）。但事实上，甲公司的融资已经由陈某某授权给王某分管，具体由徐某某负责，孙某某配合。而且，"预借款单"显示，徐某某在甲公司的权力很大，上亿的资金可以由他一人签字支出。综合甲公司的融资业务审批管理程序和王某、徐某某的权限，徐某某事事向陈某某请示的笔录不合常理，且没有证据相印证，不足信。三是徐某某指认陈某某存在指使行为的笔录与孙某某的笔录存在明显冲突。如上所述，徐某某指认陈某某让孙某某伪造采购合同、入库单，并在确权上孙某某接到过陈某某的指示，而孙某某则称自己没有请示过陈某某，陈某某也没有亲自给自己打过电话。两者之间存在明显冲突，难以采信。四是徐某某与陈某某之间存在直接的利害冲突。如前所述，陈某某、王某、徐某某三人之间存在明显的利害冲突，他们对甲公司骗取贷款行为的责任分担是此消彼长，如能将责任往其他人身上推，则其本人的责任就会有所降低。据此，徐某某的笔录称事事向陈某某、王某请示并称涉案的骗取贷款行为系受陈某某、王某指使的供述，存在推诿责任的重大嫌疑。其所作不利于陈某某的笔录可信度低，不足以采信。

　　第二，即便不考虑徐某某等人笔录的孤证性质，他们笔录涉及的陈某某的指示基本上都是中性的，不能将其作为认定陈某某指使徐某某等人骗取贷款的依据。如前所述，王某、徐某某的笔录之间缺乏印证，不能证明陈某某指使徐某某等人骗取贷款。即便不考虑他们笔录之间缺乏印证的事实，王某、徐某某笔录提到的陈某某的行为也主要是"想办法弄材料，该找谁就找谁""该做的还是要去做，该满足的还是要满足""全力以赴做好对某信托公司的接洽工作""配合徐某某财务部做好融资工作"等。这其中的大部分用词都是中性的。从内涵上看，这些中性用词包含了两层意思：一是在正常合法的范围内努力做好融资工作，二是不择手段地努力做好融资工作。从排除合理怀疑的角度看，王某、徐某某笔录中的这些中性用词完全不能排除另外一种合理怀疑，即陈某某是要王某、徐某某在正常合法的范围内努力做好融资工作。这种合理怀疑客观存在，且能从陈某某在其他场合的类似用语中得到印证。实际上，陈某某经常在公司的会议或者私下场合用这种方式领导公司。例如，孙某某的笔录明确称，财务部门为从外部借款曾要求其所在的销售部门提供过真实的采购合同，所以这次陈某某让孙某某配合财务工作，其就知道是"财务需要什么资料，就提供什么资料"。因此，对这些中性表述仅从对陈某某不利的角度进行解读，显然失之偏颇，是错误的。本案证据不能充分证明陈某某存在指使徐某某等人骗取贷款的行为，进而不能认定甲公司的骗取贷款行为是受陈某某的指使进行的。陈某某的行为不符合骗取贷款罪的客观要求。

　　我国《刑事诉讼法》第 200 条规定，人民法院经审理，认为案件事实清楚，证据确实、充分，依据法律认定有罪的，应当作出有罪判决；证据不足，不能认定被告人有罪的，应当作出证据不足、指控的犯罪不能成立的无罪判决。据此，定罪的证据必须达到确实、充分的程度才能判定有罪。而关于证据确实、充分，我国《刑事诉讼法》第 55 条第 2 款明确规定："证据确实、充分，应当符合以下条件：（一）定罪量刑的事实都有证据证明；（二）据以定案的证据均经法定程序查证属实；（三）综合全案证据，对所认定事实已排除合理怀疑。"本案中证据不能排除陈某某对徐某某等人骗取贷款行为的不知情，也不能排除陈某某没有实施指使徐某某等人骗取贷款行为的合理怀疑，没有达到确实、充分的程度，不能认定陈某某的行为构成骗取贷款罪。

A 公司骗取金融票证案

——申请信用证提供足额担保但存在虚假材料的行为是否构成骗取金融票证罪

一、基本案情

2014 年 11 月 26 日，A 公司通过提供与实际经营状况不符的虚假的财务报表材料，与 J 银行某分行签订"开立信用证合同"，获得即远期信用证人民币 4.4 亿元（循环额度）的授信额度。根据授信条件，授信获批后允许申请人开立三个信用证，均要求有下游客户，其中采购混合芳烃的信用证下游客户为 B 公司。申请使用额度时，应填写"额度使用申请书"，提供进口合同、贸易代理合同等证明其申请项下存在真实、合法贸易背景的文件，并向开证行存入保证金或提供同等金额的 J 银行存单设定质押。

2015 年 1 月 14 日，A 公司与 B 公司签订"委托代理进口协议书"，委托代理进口混合芳烃数量为 10 000 吨，浮动幅度为 5%。同日签订"补充协议书"。该信用证下的开证保证金及货款等付款义务全部由 A 公司自行支付，B 公司不负付款义务。

2015 年 1 月 30 日，依据 A 公司提交的"额度使用申请书"、贸易合同、"委托代理进口协议书"等材料，J 银行某分行开出信用证，信用证来单金额为人民币 32 189 075.58 元。2016 年 4 月 11 日，该信用证付汇到期，项下款项未能按时归还。

二、主要问题

本案涉及的主要问题是：A 公司申请信用证提供足额担保但存在虚假材料的行为是否构成骗取金融票证罪。对此，主要存在两种不同观点：

一种观点主张构罪，认为 A 公司、B 公司使用虚假的委托代理进口协议、财务报表等资料，向 J 银行某分行申请开立信用证，用于开展公司自营业务，信用证到期后未能归还，构成骗取金融票证罪。

另一种观点主张不构罪，认为本案不能认定 A 公司实施了骗取信用证的行为，A 公司申请开立的信用证存在真实的贸易背景和足额的担保，其行为不会造成 J 银行经济损失，不构成骗取金融票证罪。

三、出罪法理

根据《刑法修正案（十一）》修正前的《刑法》第 175 条之一的规定，骗取金融票证罪是"以欺骗手段取得银行或者其他金融机构"信用证、保函等，给银行或者其他金融机构造成重大损失或者有其他严重情节的行为。其客观上表现为行为人实施了"欺骗手段""取得金融机构信用证"的行为，同时"欺骗手段"和"取得金融机构信用证"之间具有直接因果关系，并且危害了金融机构信用证项下资金的安全。本案中，主张构罪的观点认为，A 公司、B 公司使用虚假的委托代理进口协议、财务报表等资料，向 J 银行某分行申请开立信用证 2 份，金额达 76 202 378 元，用于开展公司自营业务，信用证到期后未能归还款项，构成骗取金融票证罪。笔者认为这种观点难以成立。

（一）本案证据不能证明 A 公司实施了骗取信用证行为，A 公司不符合骗取金融票证罪的行为要件

骗取金融票证罪在客观上表现为采取欺骗的手段申请、领取信用证。主张构罪的观点认为，A 公司使用了虚假的委托代理进口协议、财务报表等资料，向 J 银行某分行申请开立信用证，符合骗取金融票证罪的行为要求。但笔者认为，这一观点难以成立。

1. 本案证据不能证明 A 公司使用了虚假的财务报表

从证据的内容上看，本案证据不能充分证明公安机关从 A 公司调取的财务报表是真的，也不能证明公安机关从 J 银行调取的审计报告和财务报表是假的。这具体体现在：

第一，本案证据不能充分证明公安机关从 A 公司调取的财务报表是真实的。理由包括：（1）公安机关从 A 公司调取的"资产负债表""损益表"等的"财务负责人""复核人""制单人"处均为空白，不能证明这些表格是 A 公司真实的财务报表。（2）公安机关从 A 公司调取的"资产负债表""损益表"等财务报表上无姜某某的签字或相关记录，无法证明这些财务报表是姜某某提供的，因而姜某某关于其提供的财务报表是真实的陈述不能用于证明涉案的财务报表。而本案中除了姜某某的笔录，没有其他任何证据能够证明公安机关从 A 公司调取的财务报表是真实的。

第二，本案证据不能证明公安机关从 J 银行调取的审计报告和财务报表是假的。理由包括：（1）姜某某的笔录称不知道公司提供给 J 银行的财务报表的具体情况；（2）任某某的笔录称提供给 J 银行的财务报表和审计报告是为了银行授信使用，但并未证明其具体情况，包括未能证明公安机关从 J 银行调取的财务报表是 A 公司提供的。（3）本案无证据证明审计报告及"资产负债表""利润表"等财务报表是由 A 公司或者 B 公司提供的。（4）公安机关从 J 银行调取的审计报告和相关财务报表缺乏审计底稿，且相关"资产负债表""利润表"等是由审计机构制作的，因而无法证明其具体数据源自 A 公司。（5）银行工作人员李某、张某、马某某的查访报告关于 A 公司的资产状况可与公安机关从 J 银行调取的审计报告、财务报表相印证。李某等人多次对 A 公司进行了实地查访。查访报告显示，A 公司的财务状况与公安机关从 J 银行调取的审计报告、财务报表相印证。而本案中没有证据表明李某等人在实地查访过程中被骗。

针对上述两方面的财务报表的审计报告出自中介机构，且该会计师事务所具有司法会计鉴定资质，经其审计的相关财务报表的真实性更高。因此，本案现有证据不能证明 A 公司使用了虚假的财务报表。

2. 本案证据不能证明涉案的委托代理进口协议是虚假的

关于委托代理进口协议的真假，从证据情况看，本案不能认定委托代理进口协议是假的。这主要体现在：

第一，从事实上看，信用证对应的委托代理进口协议真实有效，不存在假协议问题。理由是：（1）该协议不违反任何法律法规，内容合法。（2）有与该协议相对应的真实货物进口贸易。（3）该协议的补充协议只对委托代理进口协议进行了部分修改，并且只是修改了付款义务，其他内容不变。委托代理进口协议与补充协议具有同等约束力。（4）该协议与补充协议共同规定了 A 公司与 B 公司之间的权利义务，缺少该协议，双方的权利义务关系就无法建立。从这个角度看，本案中不存在委托代理进口协议是假协议的问题。

第二，从法律上看，信用证对应的委托代理进口协议名为代理协议，实为买卖协议，无所谓代理进口协议的真假问题。理由是：（1）贸易合同显示，该委托代理进口协议对应的贸易合同是 A 公司与 D 公司之间签订的。从民事法律关系上看，进口货物是 D 公司卖给 A 公司，再由 A 公司卖给 C 公司，而非 A 公司受 C 公司的委托代为进口货物。（2）补充协议显示，C 公司在进口货物到港之前就预先提走了 9 千吨货物。这进一步表明双方不是委托代理关系，否则必须货物到港才能提走。（3）C 公司未参与 A 公司与境外公司货物进口的任何谈判（包括价格、运输、数量等）。（4）A 公司进口货物的价格与其卖给 C 公司的货物价格存在差价，而如果是委托代理关系，货物的价格就不应该存在差价。

因此，本案中的委托代理进口协议真实有效，不存在假协议问题；而且，从法律上看，该委托代理进口协议名为代理协议，实为买卖协议，无所谓"委托代理进口协议书"的真假问题。

（二）A公司所谓的"使用虚假的委托代理进口协议、财务报表等资料"行为与涉案信用证的取得之间不具有因果关系

骗取金融票证罪的成立，不仅要求行为人实施了虚构事实、隐瞒真相的欺骗行为，而且要求该行为与信用证的取得之间具有直接因果关系。但本案证据表明，A公司的欺骗行为与涉案信用证的取得之间不具有因果关系。

1. 本案证据表明，公司财务报表与涉案信用证的取得之间不具有因果关系

本案中，申请信用证不需要公司财务报表，而即便是在授信时，公司财务报表也只是需要提供的材料之一，且不是主要材料。公司财务报表与涉案信用证的取得之间不具有因果关系。这主要体现在：

第一，授信需要公司财务报表，但公司财务报表并非授信的依据，本案证据无法证明授信额度与公司财务报表之间存在直接因果关系。张某的笔录显示，财务报表和审计报告只是在授信前提供，财务报表和审计报告是授信的一部分，还要根据其他的申请资料进行审核，还要结合在银行的现金流情况是否匹配进行审核。换言之，授信需要提供公司财务报表，但授信及其额度的确定依据还有公司其他申请资料以及公司在J银行的现金流。因此，即便公司向J银行某分行提供了不真实的财务报表，本案也无法证明这一行为会对公司的授信产生何种具体影响，更不能证明会导致公司无法获取信用证授信。更何况，公安机关从公司调取的财务报表显示，A公司2014年的利润达到了2 000多万元，而J银行给A公司的授信额度高达4.4亿元，A公司涉案信用证金额只有4 400多万元。本案证据根本无法在公司财务报表与涉案信用证取得之间建立起因果联系。

第二，A公司、B公司申请信用证时不需要提供公司财务报表。周某的笔录显示，申请开立涉案信用证需要向银行提供委托代理进口协议、外贸合同、开证申请书、开证保证金。李某的笔录也称申请放款的材料包括代理协议、贸易合同、开立信用证合同、担保合同、信用证额度使用申请书、保证金交款凭证，其中并不包括公司财务报表。而既然申请信用证不需要提供公司财务报表，那就意味着公司财务报表与涉案信用证的申领无关。因此，本案不能认定A公司的财务报表情况与其取得涉案信用证之间存在直接的对应关系，因而不能将其作为认定A公司骗取金融票证的依据。

本案没有证据证明公司财务报表与涉案信用证的取得之间存在因果关系，而且无论公司财务报表是否虚假，A公司、B公司均完全存在合法、合规地取得涉案信用证的可能。

2. 本案证据表明，"委托代理进口协议书"与涉案信用证的取得之间不具有因果关系

本案中，公司自营业务没有为"开立信用证合同"所禁止，J银行在"开立信用证合同"要求之外禁止公司自营业务的要求是其滥用垄断地位的表现，不能要求A公司承担骗取信用证的责任。

第一，本案信用证的开立条件没有包括禁止公司自营业务的内容。理由是：（1）"开立信用证合同"是A公司与J银行之间就开立信用证签订的主合同，其中没有禁止公司开展自营业务的条款。本案证据显示，A公司向J银行申请信用证的依据是双方签订的"开立信用证合同"。而关于申请信用证的条件，"开立信用证合同"第2.2条规定了每次使用信用证额度申请信用证需要满足的全部条件（共14项），这些条件均不涉及公司自营业务。（2）"J银行［授信申请］审批通知书"是J银行内部文件，因其未被纳入"开立信用证合同"而未成为信用证的申请要求。本案中，"J银行［授信申请］审批通知书"规定了授信条件，即"我行额度只针对申请代理业务，不得囤积货物使用"。但这份文件存在以下问题：一是这份文件的申请单位是"J银行某分行市南二支行"，并不对外，故其属于J银行内部文件。二是该文件关于"只针对申请代理业务，不得囤积货物使用"的规定并没有写入A公司与J银行签订的"开立信用证合同"，对A公司的申请信用证行为不具有约束力。因此，该文件虽然从J银行内部风险控制的角度对申请信用证提出了要求，但不能成为A公司申请信用证的约束性条件。

第二，J银行违反了"开立信用证合同"，反过来追究A公司不违反"开立信用证合同"行为的刑事责任，颠倒是非。本案中，在"开立信用证合同"未禁止自营业务的情况下，J银行某分行以"J银行［授信申请］审批通知书"的规定要求A公司只限于代理业务，实际上构成了对"开立信用证合同"的违反，是其滥用垄断地位的表现。相反，A公司利用信用证开展公司自营业务并不违反"开立信用证合同"的规定。对此，如果不考虑J银行某分行强行限制自营业务的行为违反了合同之实际违约情况，反而还要追究A公司没有违反合同约定之行为的刑事责任，那显然是错误的。

因此，A公司与C公司签订的委托代理进口协议不违反"开立信用证合同"的规定，该委托代理进口协议与涉案信用证的取得之间不具有因果关系，A公司的行为不构成骗取金融票证罪。

（三）J银行之所以向A公司发放信用证，是因为A公司提供了完备的担保，本案没有证据证明J银行因财务报告、委托代理进口协议陷入错误认识而发放信用证

本案中，J银行在发放信用证的过程中是否被骗对本案的定性具有决定性

影响。而本案证据表明，J 银行发放信用证时真正关心的是担保。本案没有证据证明 J 银行因财务报告、委托代理进口协议陷入错误认识而发放信用证。

1. 本案中，银行没有因公司财务报表、委托代理进口协议而陷入错误认识进而发放信用证

这主要体现在以下两个方面：

第一，银行没有对信用证申请资料、资金用途等进行实质审查，无法认定银行因此陷入错误认识而发放信用证。这是因为，张某、李某的笔录证明，J 银行对涉案委托代理进口协议只是进行形式审查：（1）张某的笔录称，J 银行对 A 公司提供的委托代理进口协议进行了形式上的审查，与申请开证内容相符，其当时不知道 A 公司有自营的情况。（2）李某的笔录称，办理信用证时 J 银行某分行对 A 公司和 B 公司的委托代理进口协议进行了审查，形式上与授信通知书相符。（3）张某的笔录称，A 公司、B 公司提供了报表的审计报告，其只对报表进行形式审查，并认为表面是真实的。既然 J 银行只对公司提供的财务报表、委托代理进口协议作形式审查，而不进行实质审查，那么就意味着，J 银行对公司财务报表、委托代理进口协议的真假问题采取的是一种放任态度，进而无法认定 J 银行因公司财务报表、委托代理进口协议陷入错误认识而发放信用证。

第二，本案证据表明，即便涉案的公司财务报表、委托代理进口协议存在虚假，银行对此也是明知的，不存在被骗的问题。这包括：（1）王某的笔录称，银行的工作人员要求对于其公司自营的货物要有购买的下家，建议让下游企业签一份代理协议，如此开证审批会更顺利。（2）任某某的笔录称，银行有一套系统和标准，银行要求财务报表和审计报告达到授信的标准，有时其报表达不到授信的要求，银行会让其重新报表。（3）贸易合同是 A 公司与 D 公司签订的，合同主体没有 C 公司。双方签订的合同名为代理合同实为买卖合同。对此，J 银行因其要审查贸易合同而对此完全明知，不存在被骗问题。基于上述证据，同时结合张某、李某的前述笔录，本案中即便涉案的公司财务报表、委托代理进口协议存在虚假情况，银行对此也是明知的，不存在被骗的问题。

2. 本案中，J 银行之所以给 A 公司发放信用证，是因为 A 公司提供了足额担保

本案中，担保合同是申请开立信用证的基本材料。除此之外，本案情况表明，J 银行之所以给 A 公司发放信用证，是因为 A 公司提供了足额的担保。

第一，张某、李某的笔录表明，J 银行曾经因为 A 公司出现信用不良而冻结了对 A 公司的授信额度，后来因为其提供了进一步的担保又恢复了授信额度。这包括：（1）李某的笔录称，2014 年 7、8 月 A 公司与某新能源公司

的诉讼中，A 公司出现信用不良状况，当时 J 银行冻结了 A 公司授信额度，后来张某对其说继续对 A 公司开展业务，让 A 公司下游企业提供担保。（2）张某的笔录证实，在 2014 年的诉讼后，A 公司申请开信用证"一证一议"，需要理财质押，没有理财质押就需要追加下游企业担保。这可以证明，J 银行之所以给 A 公司授信、申请开信用证，主要是因为其能够提供进一步的担保，而不在于其信用良好。

第二，本案证据表明，J 银行是在 C 公司签订担保合同后才发放涉案信用证的。本案中，在 A 公司申请涉案信用证之前，某集团公司已经为 A 公司开立信用证而签订了最高额为 4.4 亿元的担保合同。在此基础上，为了开立涉案信用证，J 银行还要求 C 公司为 A 公司再签订最高额为 4.4 亿元的担保合同，并且在 C 公司签订担保合同后向 A 公司发放了信用证。由此可以看出，J 银行之所以给 A 公司发放信用证主要是因为 A 公司为开立信用证提供了完备的担保。

因此，本案中，J 银行之所以向 A 公司发放涉案信用证，是因为 A 公司对涉案信用证提供了较为完备的担保。如果 A 公司没有提供担保，该行不会向 A 公司发放信用证。也就是说，直接影响该行最终决定发放信用证给 A 公司的是其提供了相应的真实担保。即使 A 公司在申请信用证时有一些欺骗行为，这些欺骗行为也与其取得信用证之间没有因果关系。

（四）A 公司的行为客观上不具有导致银行遭受损失的性质，不构成骗取金融票证罪

骗取贷款、票据承兑、金融票证罪是《刑法修正案（六）》新增的内容，其立法的目的是保护金融机构资金使用的安全。本案存在的以下两种情况表明，它们的涉案行为不会危害 J 银行信用证项下资金的安全：

第一，"委托代理进口协议书"所规定的货物进口贸易真实存在。A 公司与 C 公司签订的"委托代理进口协议书"约定了进口"30 000 吨±5％"的"混合芳烃"。其价格与信用证金额相一致。而 A 公司与 D 公司于 2015 年 1 月 14 日签订的贸易合同显示，D 公司向 A 公司销售数量为"30 000 吨（净重），由卖方决定 5％上下浮动"的混合芳烃。换言之，J 银行给 A 公司发放的涉案信用证项下存在真实的货物进口贸易。这种真实的货物贸易可以保证 A 公司在将进口货物销售后及时回款。

第二，A 公司为开立涉案信用证提供了完备的担保。A 公司的涉案信用证业务，存在两方面的担保：一是 C 公司为涉案信用证提供了 4.4 亿元的最高额担保，二是某集团公司以集团资产所作的最高额担保（2014 年 5 月 5 日以整个集团资产做担保与 J 银行某分行签订了 4.4 亿元的"最高额保证合同"）。

在存在真实的贸易背景和足额担保的情况下，涉案信用证项下的 J 银行资金安全有充分的保证，完全不会受到侵害。A 公司的涉案行为不构成骗取金融票证罪。更进一步讲，即便 A 公司没有还款能力，担保人也有责任代为偿还全部款项。从这个角度讲，A 公司的行为对象从表面上看涉及的是银行信用证项下资金，实际上是担保人的财产权益，其行为不构成骗取金融票证罪。

（五）A 公司的行为事实上也没有造成 J 银行经济损失，不构成骗取金融票证罪

由于 A 公司在申请涉案信用证时提供了完备的担保，J 银行不会因此受到经济损失。而且，事实上，本案中 J 银行也没有遭受经济损失。这主要体现在：

第一，B 公司提供的证据表明，A 公司已将尾号为 136 的信用证项下的货款 2 600 余万元全部还清，J 银行已到法院撤诉，没有给银行造成任何损失。事实上，即便 B 公司不还款，J 银行也可以要求为其开立信用证提供担保的三家公司承担还款责任。

第二，本案情况表明，对于信用证涉及的款项，J 银行某分行已提起民事诉讼，且已胜诉，法院判令某集团公司、C 公司等担保单位承担相应责任。而无论是某集团公司还是 C 公司，其资产都远远超出了其提供的最高额担保（4.4 亿元），更不用说 A 公司涉案信用证项下的 4 000 多万元。J 银行最终均可避免损失。

因此，A 公司的涉案行为并未给 J 银行造成实际损失，其也未利用信用证项下款项进行任何非法活动，未给金融管理秩序造成实际危害，不符合骗取金融凭证罪的构成要件，不构成骗取金融凭证罪。

（六）A 公司开展涉案自营业务事出有因，且其不能按时回款也另有原因

这主要体现在以下两个方面：

第一，A 公司开展涉案的自营业务事出有因。原因包括：（1）代理公司在联系国外货物和国内买家时很难在货物的销售数量上完全达成一致，对于多出来的货物特别是本案中十分抢手的"混合芳烃"，A 公司不得已要采取自营的方式进行操作，否则很难买到相关的货物。（2）国际货物运输成本的考虑。为了降低成本，国际货物运输都会尽量采取满仓运输的方式进行，但实践中很难碰到与船大小完全一致或者接近的货物贸易。例如，C 公司需要 2 万吨混合芳烃，但国际上运输混合芳烃的大船通常运 4 万吨，小船通常运 1.5 万吨。为了节省运输成本，像本案中的 A 公司就不得已要采取自营的方式进行操作。（3）C 公司曾有意购买 4 万吨左右的混合芳烃。王某的陈述表明，C 公司曾有意购买 3 万吨~4 万吨混合芳烃（保证至少购买 2 万吨，多出部分尽量购买）。而且本案有证据表明，C 公司在代理进口的 2 万吨混合芳烃之外又购买了一定数量的进口货物。在此情况下，A 公司、B 公司与 C 公司签订 4 万吨的委托代理进口协议书属于事出有因。

　　第二，A 公司没有按时回款事出有因，与是否存在自营业务无关。这主要有两方面的原因：一是 C 公司已将其承担的涉案信用证项下款项支付，但 A 公司将涉案信用证项下 C 公司的回款用作了其他用途，而这与 A 公司对涉案信用证的申领行为无关；二是 A 公司在进口混合芳烃到港后很快就将混合芳烃销售出去了，也很快回款。因此，本案中，A 公司没有按时回款事出有因，与其是否存在自营业务无关。

甲公司、周某某骗取贷款、票据承兑等案

——提供真实足额且完全可实现的担保申请贷款、票据承兑是否构成犯罪

一、基本案情

甲公司的法定代表人周某某为解决公司的资金短缺问题，在公司内成立融资部，负责利用甲公司及其旗下的子公司以及周某某本人作为贷款载体，使用公司员工身份注册多家公司作为对手企业，虚构购买建材、支付工程款等事由，由融资部成员杨某、翁某某等人制作并提交虚假的购销合同，由时任甲公司财务部总监的林某某制作虚假的财务报表、审计报告，并提供给银行，从而取得贷款、承兑汇票共计人民币4.345亿元。款项被放贷至对手公司账户后，在周某某的指使下，经甲公司财务部的操作，放贷资金流转于多家甲公司的关联企业及甲公司的财务人员、周某某本人的账户，最终被改变用途、挪作他用。

2010年12月至2014年6月之间，周某某明知张某在担任公司副总裁及分管融资部期间，以甲公司需要投资资金为由，大肆向社会公众吸取巨额资金，仍放任张某对外集资金额达人民币47 033.898万元。

2011年至2018年之间，甲公司在银行资金充裕的情况下，却未依法缴清应纳税款，而是将银行存款转移，逃避追缴欠税。经税务稽查局审查后认定，截至2018年11月15日，甲公司逃避追缴欠税达人民币66 428 810.99元，其中，稽查欠税人民币57 294 000.10元，管征欠税人民币9 134 810.89元。

二、主要问题

本案涉及的主要问题是：

（1）甲公司、周某某的涉案行为是否构成骗取贷款、票据承兑罪。一种观点认为，甲公司、周某某违反国家金融管理法规，以欺骗手段取得银行贷款、票据承兑共计人民币4.345亿元，情节特别严重，应以骗取贷款、票据承兑罪追究刑事责任。另一种观点认为，甲公司、周某某申请贷款、票据承

兑时提供了真实、足额且完全可实现的担保，其行为没有危及金融机构贷款、承兑票据的安全，没有严重危害金融贷款秩序，不构成骗取贷款、票据承兑罪。

（2）周某某的涉案行为是否构成非法吸收公众存款罪。一种观点认为，周某某违反国家金融管理法律规定，伙同他人非法向社会公众吸收资金人民币 47 033.898 万元，数额巨大，应以非法吸收公众存款罪追究刑事责任。另一种观点认为，本案证据不能证明周某某具有非法吸收公众存款的直接故意和伙同张某非法吸收公众存款的行为，其行为不构成非法吸收公众存款罪。

（3）甲公司、周某某的涉案行为是否构成逃避追缴欠税罪。一种观点认为，甲公司、周某某违反税收征收管理法规，采取转移或者隐匿财产的手段，致使税务机关无法追缴欠缴的税款数额达人民币 66 428 810.99 元，其行为构成逃避追缴欠税罪。另一种观点认为，甲公司、周某某没有实施转移或者隐匿财产的逃避追缴欠税行为，且甲公司拥有的不动产价值足以补足其所欠税款，不会导致税务机关无法追缴其所欠税款，其不构成逃避追缴欠税罪。

三、出罪法理

针对本案涉及的主要问题，根据罪刑法定原则，对甲公司、周某某的涉案行为应当作出罪处理。

（一）甲公司、周某某申请贷款、票据承兑时提供了真实、足额且完全可实现的担保，其涉案行为没有危及金融机构贷款、承兑票据的安全，不应以骗取贷款、票据承兑罪论处

根据《刑法修正案（十一）》修正前的《刑法》第 175 条之一的规定，骗取贷款、票据承兑罪是以欺骗手段取得银行或者其他金融机构贷款、票据承兑，给银行或者其他金融机构造成重大损失或者有其他严重情节的行为。据此，骗取贷款、票据承兑罪的成立至少必须同时具备以下两个基本条件：一是行为人在申请金融机构贷款、票据承兑时实施了欺骗行为；二是行为人的欺骗行为危害了金融机构贷款、承兑票据的安全，因而严重危害金融管理秩序（给银行或者其他金融机构造成重大损失或者有其他严重情节）。本案中，主张构罪的观点认为，甲公司、周某某违反国家金融管理法规，以欺骗手段取得银行贷款、票据承兑共计人民币 4.345 亿元，情节特别严重，应以骗取贷款、票据承兑罪追究刑事责任。但笔者认为，甲公司在申请银行贷款、票据承兑时提供了真实、足额且完全可实现的担保，其行为不具有严重的社会危害性，对甲公司、周某某的涉案行为不应以犯罪论处。这主要体现在以下几个方面。

1. 甲公司在申请银行贷款、票据承兑时提供了真实、足额且完全可以实现的担保，其涉案行为不符合骗取贷款、票据承兑罪的手段要求

根据《刑法修正案（十一）》修正前的《刑法》第 175 条之一的规定，骗取贷款、票据承兑罪是以"欺骗手段"取得银行或者其他金融机构贷款、票据承兑，给银行或者其他金融机构造成重大损失或者有其他严重情节的行为。据此，骗取贷款、票据承兑罪的手段行为是以"欺骗手段"取得银行或者其他金融机构贷款、票据承兑。需要注意的是，对该罪的"欺骗手段"不能作过于宽泛的理解，而应该结合行为可能造成的危害结果，对其作一定的限制。具体而言，骗取银行或者其他金融机构贷款、票据承兑的行为，必须"给银行或者其他金融机构造成重大损失或者有其他严重情节"才能构成该罪。从这个角度看，并非所有取得金融贷款、票据承兑过程中的欺骗行为都能成立骗取贷款、票据承兑罪的手段行为，只有那些能够危害金融机构贷款、票据承兑安全，因而严重危害金融管理秩序的欺骗行为，才属于骗取贷款、票据承兑罪的"欺骗手段"。本案中，甲公司在取得贷款、票据承兑过程中提供了真实、足额且完全可实现的担保，充分保证了涉案贷款、承兑票据的安全。在此前提下，即便甲公司的其他申报材料（如财务报表）存在一定的虚假内容，其行为也不会危害涉案贷款、承兑票据的安全，因而谈不上严重危害金融贷款秩序。因此，在提供了真实、足额且完全可实现的担保的情况下，甲公司即便在申请贷款、票据承兑的其他材料中存在一定的虚假行为，其行为的欺骗性也达不到骗取贷款、票据承兑罪的手段要求。

2. 由于甲公司在申请贷款、票据承兑时提供了真实、足额且完全可实现的担保，其涉案行为不具有严重的社会危害性，不符合骗取贷款、票据承兑罪的本质特征和客体要求

严重的社会危害性是犯罪的本质特征，也是犯罪成立的基本要求。我国《刑法》第 13 条"但书"明确将"情节显著轻微危害不大的"行为规定为不是犯罪。如前所述，由于甲公司在申请涉案贷款、票据承兑时提供了真实、足额且完全可实现的担保，其涉案的申请贷款和票据承兑行为不会也没有危害涉案贷款、承兑票据的安全，即使部分贷款资料存在虚假之处，其行为也不具有严重的社会危害性，不符合骗取贷款、票据承兑罪的本质特征和客体要求。这具体体现在：

第一，甲公司在申请涉案贷款、票据承兑时提供了真实、足额且完全可实现的担保，能确保金融机构安全地回收资金，其行为没有危害涉案贷款、承兑票据的安全，不具有严重的社会危害性。骗取贷款、票据承兑罪的主要客体是金融机构贷款、承兑票据的安全。其依据一方面体现为当时我国《刑法》第 175 条之一要求骗取行为必须"给银行或者其他金融机构造成重大损

失或者有其他严重情节"才能构成该罪，另一方面体现为我国许多法院的判决甚至内部规定（如2015年8月26日浙江省高级人民法院、浙江省人民检察院、浙江省公安厅《关于办理骗取贷款、票据承兑、金融票证罪有关法律适用问题的会议纪要》）都要求骗取贷款、票据承兑的行为必须危害了金融机构贷款、票据承兑的安全才构成该罪。而且，从刑法法理上看，该罪设立的主要目的是保障金融机构贷款、承兑票据的资金安全，要求行为实际侵害了或者严重威胁了金融机构贷款、承兑票据的安全，进而严重危害了金融管理秩序。而判断贷款、承兑票据的安全是否受到了威胁或者实际侵害，一个关键标准就是申请贷款、票据承兑者是否提供了"真实、足额、可实现"的担保。这是因为，只要担保真实、足够且可实现，金融机构发放出去的贷款、承兑票据项下的资金就能够被安全收回，也就不会受到实际损害或现实威胁，其安全性就有保障。

从本案证据来看，甲公司在申请涉案贷款、票据承兑时，提供了真实、足额且完全可实现的担保。这使得甲公司的行为既不会实际侵害涉案贷款、承兑票据的安全，也不会严重威胁涉案贷款、承兑票据的安全，因而即使其提交的其他贷款资料存在虚假，也不具有严重的社会危害性，不宜以犯罪论处。

需要指出的是，本案中，甲公司、周某某骗取贷款、票据承兑的涉案金额是未还金额。但是，未还并不等于不能还或者资金安全受到威胁。从本案证据来看，这些金额全部为甲公司提供的担保物价值所覆盖，涉案金融机构完全可以通过拍卖抵押物等方式收回资金。涉案资金之所以没有归还给银行，原因主要包括两方面：一是涉案的贷款、承兑汇票没有到期；二是本案案发后甲公司财产被查封、周某某被采取强制措施，无法归还。从还款的最后期限看，本案案发后部分贷款、承兑汇票已经到期，应该还款，但由于本案案发后办案机关对甲公司的财产采取了查封、扣押等措施，对甲公司董事长兼总裁周某某采取了刑事强制措施，甲公司客观上无法执行还款操作。该责任是在办案机关而非甲公司、周某某。因此，对于甲公司而言，涉案的贷款、承兑汇票不是不能还。相反，甲公司提供的担保物是真实的，且完全能够覆盖涉案的全部贷款、承兑汇票，能够归还。甲公司的涉案行为不具有严重的社会危害性。

第二，金融机构对甲公司申请贷款、票据承兑的审查情况也表明，甲公司、周某某的涉案行为不具有严重的社会危害性。在申请金融机构贷款、票据承兑过程中，贷款、承兑票据的安全风险是由涉案金融机构的工作人员进行评估的。本案中，涉案金融机构对甲公司申请贷款、票据承兑的审查主要是审查抵押物的价值情况。对此，银行工作人员的笔录可予以充分证明。例如，J银行某支行客户部总经理翁某的笔录明确称，其只负责对贷款材料进行书面审核，对于抵押物，其会和客户经理一起到现场进行实地考察；贷款主体公司的交易对手企业当时的情况属于辅助性材料，银行不会对这家公司的真实经营情况进行核实；其重点是考察抵押物的情况，对厂房的考察比较粗略。N 银行贷款经办人何某的笔录也称，其最主要的就是审核抵押物的存在情况及价值，当时其不仅审核了产权证，还去现场考察了这些抵押物；抵押物必须真实存在，评估价值要明显高于贷款金额，公司股东及母公司必须连带担保。此外，X 银行某支行贷款经办人林某某、C 银行某分行贷款经办人吴某也都有类似的陈述。这些金融机构工作人员的笔录表明，涉案金融机构对甲公司申请贷款、票据承兑审查的重点是担保，从而印证了申请贷款者只要所提供的担保做到了"真实、足额、可实现"，贷款、承兑票据的安全性就有了保障。从这个角度看，本案中，甲公司、周某某的涉案行为也不具有危害贷款、票据承兑安全的性质，即使存在某些贷款资料虚假的情况，也不具有严重的社会危害性。

可见，由于甲公司申请银行贷款、票据承兑时提供了真实、足额且完全可实现的担保，其行为不会危害涉案贷款、承兑票据的资金安全，不具有严重的社会危害性，对甲公司、周某某的涉案行为不宜以犯罪论处。

（二）本案证据不能证明周某某具有非法吸收公众存款的直接故意和伙同张某非法吸收公众存款的行为，其行为不构成非法吸收公众存款罪

根据我国《刑法》第 176 条的规定，非法吸收公众存款罪是非法吸收公众存款或者变相吸收公众存款，扰乱金融秩序的行为。据此，非法吸收公众存款罪的成立至少同时具备以下两个基本条件：一是行为人主观上具有非法吸收公众存款的直接故意，间接故意不构成该罪；二是行为人客观上实施了非法吸收公众存款的行为，包括单独实施和与他人共同实施。本案中，主张构罪的观点认为，周某某违反国家金融管理法律规定，伙同他人非法向社会公众吸收资金人民币 47 033.898 万元，数额巨大，应以非法吸收公众存款罪追究刑事责任。但笔者认为，本案证据不能证明周某某具有非法吸收公众存款的直接故意，也不能证明其伙同他人非法吸收公众存款，周某某的涉案行为不构成非法吸收公众存款罪。

1. 本案证据不能证明周某某明知并放任张某以甲公司需要投资资金为由对外集资，进而不能证明周某某具有非法吸收公众存款的故意

本案中，主张构罪的观点认为，2010 年 12 月至 2014 年 6 月之间，周某某明知张某在担任公司副总裁及分管融资部期间，以甲公司需要投资资金为由，大肆向社会公众吸取巨额资金，仍放任张某对外集资，主观上具有非法吸收公众存款的故意。但笔者认为，本案不能认定周某某明知并放任张某以甲公司需要投资资金为由对外集资。这是因为：

　　第一，张某非法集资案的判决没有认定周某某明知并放任张某以甲公司需要投资资金为由对外集资。对张某涉嫌非法集资犯罪（包括非法吸收公众存款罪和集资诈骗罪）一案已作出了一审判决（因张某提起了上诉，该案尚在二审期间，判决未生效）。张某非法集资案一审判决认定，张某在2007年至2013年11月4日期间，个人或伙同李某某等人以开发房地产需要资金为由，以高额回报为诱饵，向高某某等51名社会公众非法吸收资金34 617.058万元；2013年11月4日后，张某等人隐瞒事实真相，明知自己没有还款能力，仍以开发房地产需要资金为由，以高利息回报为诱饵，向高某某等37名社会公众集资，金额高达12 416.84万元。上述两项合计47 033.898万元。法院据此以非法吸收公众存款罪、集资诈骗罪判处张某有期徒刑20年。但从判决书的内容来看，张某的一审判决未认定周某某明知并放任张某以甲公司需要投资资金为由对外集资。

　　第二，周某某、张某的笔录均明确否认周某某明知并放任张某以甲公司需要投资资金为由对外集资。从证据的类型上看，周某某、张某的笔录能够直接证明周某某主观上是否明知、放任。但通过审查周某某、张某的笔录发现，周某某、张某的所有笔录均明确否认周某某主观上明知并放任张某以甲公司需要投资资金为由对外集资。其中，周某某的笔录始终否认对张某非法集资行为知情，并称在甲公司需要资金时都是要求张某向金融机构贷款，对于张某个人以甲公司的名义在外大肆借款行为完全不知情。例如，周某某的笔录称，甲公司从来没有让张某出面向社会公众借款，公司的相关业务职能是向其他金融机构进行融资，其个人也没有让张某出面借款。这可以与张某的笔录相印证。张某的笔录明确称，其之前向他人借款时，还在担任融资部部长的工作，就是以其个人的名义向他人借贷的，并未向他人宣称是集团需要资金。

　　第三，本案虽有少数被集资人称周某某明知并放任张某以甲公司需要投资资金为由对外集资，但这些被集资人的笔录可信度很低，不能作为定案的根据。理由主要包括：一方面，这些被集资人与本案存在直接的利害关系，其笔录的可信度低。这些被集资人都有由甲公司承担张某对他们借款的还款责任之诉求。这使得这些被集资人与本案存在直接的利害关系。其证言的可信度低。另一方面，这些被集资人的陈述存在明显不合情理（如对多年前事情的记忆高度一致）、陈述虚假（如周某某与其中一些人并不认识，但他们称与周某某在一起吃饭、聊天）等情况。根据2012年最高人民法院《关于适用〈中华人民共和国刑事诉讼法〉的解释》第109条的规定，对于"与被告人有利害冲突的证人所作的不利被告人的证言"应当慎重使用，必须有其他证据予以印证，才能采信。本案中，在缺乏周某某、张某笔录等其他证据印证的情况下，不能仅凭与周某某有利害冲突的被集资人笔录认定周某某明知并放任张某以甲公司需要投资资金为由对外集资。

可见，本案证据不能证明周某某明知并放任张某以甲公司需要投资资金为由对外集资，进而不能证明周某某具有非法吸收公众存款的故意。

2. 本案证据不能证明周某某参与了张某的非法集资行为，周某某没有伙同张某非法吸收公众存款的行为

对于周某某的涉案行为，主张构罪的观点认为周某某伙同张某共同非法集资。在刑法上，共同犯罪行为在客观上通常表现为与他人共同商议、共同谋划或者参与实施犯罪的行为。但本案证据不能证明周某某存在参与张某非法集资的行为，进而不能证明其存在伙同张某非法吸收公众存款的行为。这具体体现在：

第一，仅有"明知"和"放任"不能认定周某某构成张某非法集资的共犯。如前所述，本案证据不能证明周某某"明知"并"放任"张某以甲公司需要投资资金为由对外集资。退一步而言，即便周某某明知并放任张某以甲公司需要投资资金为由对外集资，本案也不能认定周某某构成张某非法集资的共犯。理由包括：一是"明知""放任"仅是一种主观心态，而非客观行为，不能仅凭主观心态定罪。"无行为则无犯罪"是现代刑法的基本原理。仅凭主观定罪是主观归罪，与现代刑法理念相违背，也明显违反了我国刑法上的主客观相统一原则。本案中，主张构罪的观点认为，周某某主观上明知并放任张某以甲公司需要投资资金为由对外集资，进而认定周某某属于伙同张某非法集资。这一认定存在明显的逻辑错误。"明知""放任"是主观方面的内容，而伙同要求主客观方面相统一（既要有主观方面的内容，也要有客观方面的内容）。仅以主观上的"明知""放任"认定存在客观上的伙同，认定逻辑错误，认定的事实难以成立。二是非法吸收公众存款罪是直接故意犯罪，不能由"放任"构成。在我国刑法上，非法吸收公众存款罪是直接故意犯罪，要求行为人同时具备"明知"和"希望"两个要素。而"放任"属于间接故意的要素。据此，本案即便能认定周某某对张某的非法集资行为"明知"并"放任"，以"放任"这一间接故意的要素来认定行为人成立非法吸收公众存款罪这一直接故意犯罪，实际上也是降低了非法吸收公众存款罪的定罪标准，这是错误的。三是最高人民法院、最高人民检察院、公安部《关于办理非法集资刑事案件适用法律若干问题的意见》对"明知""放任"的规定并未降低非法集资犯罪的主观认定标准。2014年3月25日最高人民法院、最高人民检察院、公安部《关于办理非法集资刑事案件适用法律若干问题的意见》两处使用了"明知""放任"的表述，包括将"明知吸收资金的信息向社会公众扩散而予以放任"视为"向社会公开宣传"和将"在向亲友或者单位内部人员

吸收资金的过程中，明知亲友或者单位内部人员向不特定对象吸收资金而予以放任"视为"向社会公众吸收资金"。这并不表明最高人民法院、最高人民检察院、公安部降低了非法集资犯罪的主观认定标准，因为这两种情况都是以行为人实施了一定的积极行为为前提的，其中放任吸收资金的信息向社会公众扩散以行为人存在对外放出了吸收资金的信息（包含向特定人发出了吸收资金的信息）为前提，放任亲友或者单位内部人员向不特定对象吸收资金以行为人存在向亲友或者单位内部人员吸收资金的行为为前提。这些积极行为的存在赋予了行为人防止将相关行为范围扩大至社会公众的义务。综合前后两部分来看，这仍然要求行为人主观上对危害结果的发生是直接故意，而非间接故意。最高人民法院、最高人民检察院、公安部的上述规定并未降低非法集资犯罪的主观认定标准，更不是只要存在"明知""放任"的情形就成立非法吸收公众存款罪的故意。四是客观行为上的"放任"（放任不管行为）必须以一定作为义务为前提。从行为方式上看，"放任"（放任不管行为）与刑法上的不作为较为接近。但在我国刑法上，不作为犯的成立是以行为人具有一定的作为义务为前提的。本案中，周某某对于张某的集资行为而言，既不具有阻止的法定作为义务，也不具有阻止的其他作为义务，其无法成立张某非法集资行为的不作为帮助犯，不能构成非法吸收公众存款罪。

第二，本案没有证据证明周某某存在伙同张某非法集资的积极行为。如前所述，伙同必须外化为一定的行为，如事前的共谋或者事中的参与。但本案证据无法证明周某某存在伙同张某非法集资的行为。理由包括：一是本案证据无法证明周某某与张某就非法集资问题进行过任何共谋。共谋即共同谋划，是共犯行为的一种。本案中，周某某、张某的笔录明确否认就张某的非法集资行为进行过任何的沟通，更不用说非法集资的共谋。同时，从"共谋"与"明知""放任"的内涵上看，证明"共谋"的证据标准要明显高于证明"明知""放任"的证据标准。但如前所述，本案被集资人的笔录在证明周某某"明知""放任"问题上尚未形成完整的证据链，因此更不能证明周某某、张某就非法集资问题进行过共谋。二是本案没有证据证明周某某参与实施了张某的非法集资行为。所谓参与实施非法集资行为，是指行为人亲自实施了非法吸收公众存款的行为。本案证据只能证明非法集资行为是由张某实施的，而不能证明周某某参与实施了非法集资行为。这包括：一方面，涉案资金的吸收都是以张某的名义进行的，是由张某给被集资人打借条或者签订借款协议。本案不存在以周某某、甲公司名义给被集资人打借条或者与其签订借款协议的情况。另一方面，涉案资金的流转都由张某掌控。本案证据显示，张某非法集资的资金主要是由其个人用于投资房地产。虽然从资金流向上看，也有部分资金最终进入了甲公司（通过张某进入了甲公司），但这些资金的流转全部都在张某的掌控之中，周某某从未参与掌控这些资金的流转。在此情况下，本案涉及的借款行为都应被视为张某的个人行为，而不能视为周某某、甲公司的行为。三是张某非法集资的部分资金进入甲公司、周某某账户不能作为认定周某某伙同张某非法集资的依据。本案证据表明，张某非法吸收的部分资金经张某进入了甲公司或者周某某账户，但这不能作为认定周某某伙同张某非法集资的依据。理由包括：（1）如前所述，周某某对于张某非法集资的行为不知情，对进入甲公司资金的性质不清楚，不知道其中的一些资金是张某非法集资的资金，不具有伙同张某非法集资的意图。（2）这些资金是张某以其个人的名义集资的（由张某个人给被集资人出具借条或者签订借款协议），在这些资金进入张某的控制范围之后，张某的非法集资行为已经完成（既遂）。即便周某某事后有使用这些资金的行为，其与张某之间的资金周转行为也不能构成非法吸收公众存款罪。（3）这些资金具有明显的临时拆借性质，而非存款。与资金的临时拆借不同，存款必然有一个相对较长的期限。但张某与甲公司、周某某之间的资金往来，时间均较为短暂，不具有存款的性质。张某的部分资金虽进入甲公司、周某某账户，但明显不属于存款，不能作为认定周某某伙同张某非法集资的证据。

可见，本案证据不能证明周某某明知并放任张某以甲公司需要投资资金为由对外集资，周某某没有伙同张某非法吸收公众存款的故意；同时，本案现有证据不能证明周某某参与了张某的非法集资行为，周某某没有伙同张某非法吸收公众存款，其行为不构成非法吸收公众存款罪。

（三）甲公司、周某某的涉案行为不具备逃避追缴欠税罪的行为和结果条件，不构成逃避追缴欠税罪

根据我国《刑法》第203条的规定，逃避追缴欠税罪是纳税人欠缴应纳税款，采取转移或者隐匿财产的手段致使税务机关无法追缴欠缴的税款，数额在1万元以上的行为。据此，逃避追缴欠税罪在客观上必须同时具备以下两个基本条件：一是行为条件，即行为人必须实施了转移或者隐匿财产的逃避追缴欠税行为；二是结果条件，即行为人的行为致使税务机关无法追缴欠缴税款且数额在1万元以上。本案中，主张构罪的观点认为，甲公司、周某某违反税收征收管理法规，采取转移或者隐匿财产的手段，致使税务机关无法追缴欠缴的税款数额达人民币66 428 810.99元，其行为已构成逃避追缴欠税罪。但笔者认为，甲公司、周某某的涉案行为不符合逃避追缴欠税罪的行为和结果要求，不构成逃避追缴欠税罪。这具体体现在：

第一，甲公司、周某某没有实施转移或者隐匿财产的逃避追缴欠税行为，不具备逃避追缴欠税罪的行为条件。理由主要包括：一是本案证据不能证明税务机关对甲公司实施了追缴欠税的行为。逃避追缴欠税以税务机关存在追缴行为为前提。但本案证据不能证明税务机关对甲公司实施了追缴欠税的行为。例如，甲公司稽查欠税 5 729.4 万，虽然属期为 2010 年到 2013 年，但税务机关于 2014 年 3 月才进行立案检查，直到 2018 年 6 月才下达处罚通知。由于"立案检查"并不等同于"追缴"，且处罚通知是在本案案发之后下发的，因此本案证据不能证明税务机关对甲公司实施了追缴欠税行为，进而不能证明甲公司具备逃避追缴欠税罪的基本前提。二是甲公司涉案期间的银行存款来自银行的贷款、票据承兑，不能用于缴税。本案证据显示，甲公司账面上在 2014 年 9 月 1 日至 2015 年 1 月 14 日之间有 5.4 亿元资金。但这些资金并非甲公司的自有资产，而是甲公司向各银行申请的贷款、票据承兑资金。按照银行贷款、票据承兑的要求，这些资金均有指定用途，只能用于公司的生产经营。在此情况下，甲公司不能用其账上的这些资金进行缴税，其对这些资金的处置、使用行为自然也就不能构成逃避追缴欠税罪。三是本案证据不能证明甲公司实施了转移、隐匿财产的行为。本案证据显示，甲公司使用了其账上资金，但这些资金的使用都属于甲公司的正常经营行为。本案没有证据证明甲公司的这些资金往来是为了逃避税务机关追缴其所欠的税款，也不能证明甲公司的这一行为具有转移、隐匿公司财产的性质，进而不能证明甲公司实施了转移、隐匿财产的逃避追缴欠税行为。事实上，甲公司不仅没有逃避追缴欠税，还一直积极缴纳税款。如 2018 年 2 月，甲公司还因此被某地综合实验区党工委和管委会授予"某地综合实验区 2016—2017 年度税收贡献奖"。

第二，甲公司拥有的不动产价值足以补足其所欠税款，不会导致税务机关无法追缴其所欠税款。如前所述，逃避追缴欠税罪在结果上要求纳税人的行为致使税务机关无法追缴欠缴税款且数额在 1 万元以上。本案中，甲公司账面上的资金虽然不足以缴纳其所欠税款，但它拥有大量的不动产，这些不动产的价值足以支付其所欠缴的税款。在此情况下，税务机关完全可以通过查封、扣押、拍卖甲公司不动产的方式补足甲公司所欠的税款。从这个角度看，税务机关没有针对甲公司欠税采取有效的追缴措施，本案证据不能证明甲公司的行为致使税务机关无法追缴欠缴税款且数额在 1 万元以上，其行为不符合逃避追缴欠税罪的结果要求。

可见，本案证据不能证明甲公司实施了转移或者隐匿财产的逃避追缴欠税行为，也不能证明其行为致使税务机关无法追缴其所欠税款。甲公司、周某某的涉案行为不具备逃避追缴欠税罪的行为和结果条件，不构成逃避追缴欠税罪。

B公司非法吸收公众存款案

——借用他人民间融资资质进行融资是否构成非法吸收公众存款罪

一、基本案情

B公司法定代表人陈某某为解决B公司的资金困难问题，于2014年8月8日注册成立C公司，B公司占股51%（B公司法定代表人系陈某某），D公司占股49%（雷某某系该公司法定代表人）。在陈某某授意下，雷某某负责整个C公司的运作。C公司通过报纸等新闻媒体向社会广泛宣传，并通过B公司所控制的关联公司及壳公司，编造虚假的融资项目向社会不特定人群吸收存款。从2014年8月至2015年7月，在陈某某、雷某某的安排下，C公司各部门的高管及负责人按照各部门的工作职责安排部门员工，共计向社会1 547人吸资70 971万元，已还本金257 227 250元，已付利息37 955 697.28元。

二、主要问题

本案涉及的主要问题是：B公司的涉案行为是否构成非法吸收公众存款罪。对此，主要存在两种观点：

一种观点主张构罪，认为B公司为解决资金困难，编造虚假的融资项目，通过多种方式向社会公开宣传，变相向社会不特定人群吸收存款，数额巨大，情节严重，构成非法吸收公众存款罪。

另一种观点主张不构罪，认为吸收公众存款的行为主体是C公司，其作为经批准成立的持牌类金融机构，是吸收公众存款的合法中介，B公司通过C公司融资的行为不构成非法吸收公众存款罪。

三、出罪法理

根据我国《刑法》第176条的规定，非法吸收公众存款罪是非法吸收公众存款或者变相吸收公众存款，扰乱金融秩序的行为。最高人民法院2011年1月4日施行的《关于审理非法集资刑事案件具体应用法律若干问题的解释》第1条规定，"非法吸收公众存款或者变相吸收公众存款"是指违反国家金融管理法律规定，向社会公众（包括单位和个人）吸收资金的行为，同时具备下列四个条件：（1）未经有关部门依法批准或者借用合法经营的形式吸收资金；（2）通过媒体、推介会、传单、手机短信等途径向社会公开宣传；（3）承诺在一定期限内以货币、实物、股权等方式还本付息或者给付回报；（4）向社会公众即社会不特定对象吸收资金。本案中，主张构罪的观点认为，B 公司为解决资金困难，假借 C 公司的民间融资登记中介服务资质及公司名义，虚构融资项目，通过媒体、推介会等形式向社会公开宣传，承诺一定期限内还本付息，变相向社会不特定对象吸收资金，数额巨大，情节严重，B 公司构成非法吸收公众存款罪。但笔者认为该观点对吸收资金主体的认定错误，B 公司的涉案行为不构成非法吸收公众存款罪。

（一）吸收涉案资金的主体是 C 公司，而非 B 公司

本案中，主张构罪的观点认为吸收资金的主体是 B 公司。但这一认定是错误的。本案吸收资金的主体应当是 C 公司，而非 B 公司。理由包括：

第一，C 公司系具有法人资格的独立责任主体。本案中，C 公司是具有独立法人资格的实体。该公司成立于 2014 年 8 月 8 日，注册资本 1 000 万元，B 公司占股 51%，D 公司占股 49%。我国《公司法》第 3 条第 1 款规定："公司是企业法人，有独立的法人财产，享有法人财产权。公司以其全部财产对公司的债务承担责任。"据此，C 公司作为一家有限责任公司，具有独立的法人财产，能够独立承担责任。从这个角度看，C 公司的行为是独立的（既独立于他人也独立于其股东），只要是经 C 公司决策机构作出的行为，就是 C 公司的单位行为，不存在被他人（包括其股东）假借的问题。

第二，涉案资金的吸收行为主体是 C 公司。这主要体现在两个方面：一方面，C 公司作为涉案资金的吸收行为主体已为分案处理的生效判决对事实的认定所确认。本案中，生效判决关于吸收资金事实的认定明确称吸收资金的主体是 C 公司，其称 C 公司通过报纸等新闻媒体向社会广泛宣传，并通过 B 公司所控制的关联公司及壳公司，编造虚假融资项目向社会不特定人群吸收存款。这一认定清楚地表明，吸收存款的主体是 C 公司。另一方面，C 公司吸收资金的去向不会改变 C 公司作为吸收资金的主体身份。本案中，关于吸收资金的去向，生效判决称 C 公司变相吸收公众存款的资金去向包括：（1）变相吸收的公众存款直接被陈某某等单位、个人占用；（2）变相吸收的公众存款形成资金池。涉案资金是由 C 公司吸收，然后再由 C 公司交给其他单位和个人使用（C 公司将资金交给其他单位和个人，或者 C 公司让出资者直接将资金交给其他单位和个人）。从法律关系上看，C 公司与出资者之间是吸收存款的关系，C 公司与资金使用者之间则是另一个法律关系。如果将这两个法律关系混同，认为资金的使用者与出资者之间是吸收存款关系，无视

C公司的身份和作用，显然是错误的。事实上，如果这种认定逻辑能够成立，那么银行等金融机构的独立法律地位就完全不复存在，所有使用银行贷款的单位和个人也都可能构成非法吸收公众存款罪。而这无疑是十分荒谬的。

第三，B公司使用C公司的融资的行为不能改变C公司吸收资金的行为主体地位。本案中，主张构罪的观点认为涉案资金大部分为B公司的关联公司所占用和支配，并将此作为认定B公司构成非法吸收公众存款罪的主要理由。但这一认定逻辑显然是错误的。理由包括：一是B公司使用资金行为是C公司吸收资金的事后行为，无法改变C公司吸收资金的行为主体地位。如前所述，在法律关系上，C公司融资与B公司使用融资是两个完全不同的法律关系。而且，从行为过程来看，B公司使用C公司融资的行为发生在C公司融资行为之后，无法影响或者改变C公司融资这一先前行为的性质。简而言之，C公司吸收资金的去向不能改变这些资金是C公司吸收的事实。二是资金去向是C公司内部决策的结果，反过来印证了C公司吸收资金的主体地位。本案中，C公司是B公司的子公司，B公司的决定对C公司具有直接影响。但C公司毕竟是一个独立的法人，有自己的决策机构。这反映在涉案资金的去向上就是这些资金的去向系C公司的决策结果，是C公司作为涉案资金吸收主体的反映和延续。三是不应以资金去向否定C公司的单位行为。主张构罪的观点依据最高人民法院、最高人民检察院、公安部《关于办理非法集资刑事案件若干问题的意见》第3条的规定，认为本案大部分违法所得归B公司所有及支配，因此对C公司不宜单独认定为单位犯罪。这显然错误地理解了上述意见第3条的规定。事实上，该条中规定："上级单位已被认定为单位犯罪，下属单位实施非法集资犯罪活动，但全部或者大部分违法所得归上级单位所有的，对下属单位不单独认定为单位犯罪。"该条的前提是上级单位和下级单位均已构成非法集资犯罪，甚至是上级单位已经被认定为单位犯罪的情况；反之，如果上级单位构成非法集资犯罪但下级单位不构成，或者下级单位构成非法集资犯罪但上级单位不构成，都不能适用该条规定。无视本案不符合该条适用前提的现实，将该条的规定反过来理解，以"全部或者大部分所得归上级单位所有"事实认定B公司是吸收资金的主体，进而认定B公司构成非法吸收公众存款罪，颠倒了上述意见的认定思路和逻辑，明显是错误的。

（二）C公司为金融办授牌的类金融机构，不具备成立非法吸收公众存款罪的前提

如前所述，区分吸收公众资金行为的合法与非法之关键在于行为人吸收公众资金的行为是否经过有关主管部门批准。具体到本案，C公司吸收公众资金的行为是否构成非法吸收公众存款罪，关键在于其行为的主体资格具备与否。对此，本案证据充分表明，C 公司为金融办授牌的类金融机构，其为 B 公司吸收公众存款的行为不构成非法吸收公众存款罪。这是因为：

第一，C 公司的工商登记资料显示其为适格的民间融资登记机构。本案中，C 公司的工商登记资料显示，C 公司于 2014 年 8 月 8 日成立，注册资本 1 000 万元，B 公司占股 51%，D 公司占股 49%，住所地为某市××路 387 号 B 公司集团大厦二楼，法定代表人为雷某某。经相关部门批准，C 公司的业务范围是：投融资信息登记、发布，民间资金投资者与中小企业、个体经营者等融资需求方提供的融资对接，投融资中介服务，债权转让中介服务，咨询顾问服务。从业务范围上看，"融资对接""投融资中介服务"赋予了 C 公司合法的融资中介主体资格，使其具备参与民间融资活动的行为资格，据此，C 公司不具备构成非法吸收公众存款罪的前提。

第二，C 公司具备吸收社会资金的中介资质。本案中，主张构罪的观点认为涉案资金的吸收运用的是 C 公司的"民间融资登记中介服务资质"。而如前所述，C 公司的这一资质经过了金融办的批准是合法取得的。在此基础上，上述观点没有认定 C 公司的行为构成非法吸收公众存款罪，实际上也是认可 C 公司具备参与吸收社会资金的中介资质。事实上，只要 C 公司具备向社会融资的合法中介资质，任何单位和个人借助该中介融资资质向社会融资，即便在融资过程中存在为关联方融资、虚构项目、虚构资金用途等不当行为，由于其中介资质具备合法性的原因，也已经排除了引资行为的刑事违法性，因此其行为不可能构成非法吸收公众存款罪。本案中，B 公司借助 C 公司的合法中介融资平台进行融资，即便在融资过程中存在一些不当行为，也不能构成非法吸收公众存款罪，而只能以存在民事欺诈为由追究其民事责任，或由金融办在相关政策、地方性规章规定的责任范围内处理，不能将之纳入刑事责任追究的范畴。

可见，本案中，吸收公众存款的行为主体不是 B 公司，而是 C 公司。C 公司作为经批准成立的持牌类金融机构，具有担任吸收公众存款中介的合法主体资格，其行为不构成非法吸收公众存款罪。B 公司通过 C 公司融资的行为不构成非法吸收公众存款罪。

李某某等非法吸收公众存款案

——以售后返租方式销售二手房的中介能否成立非法集资的共犯

一、基本案情

2014年，单某某登记取得某区小商品市场二区第二、三、四层商铺产权，后上述房产因其债务等原因被抵押或被查封。

2017年8月至2019年，单某某拖欠大量外债，为偿还债务，解决资金紧张问题，经他人及甲公司销售总监周某某牵线，与周某某及甲公司法定代表人李某某洽谈后，委托甲公司独家代理销售上述商铺，约定：单某某将上述物业以底价人民币1.4万元/平方米委托甲公司独家销售，溢价部分作为甲公司的代理服务费；以前5年固定收益共27%（前3年是购房款的5%，后2年是购房款的6%）及后5年按实际收益与购房人三七分成的售后返租模式宣传，其中单某某承担按底价计算的购房款31%的返租款，其余返租款由甲公司承担。

为便于销售及吸引投资，单某某注册成立乙公司，并指示他人担任公司挂名法定代表人，又与某酒店管理公司签约，委托该公司运营上述物业用于经营酒店，约定客房数量140间，且支付了前期指导费人民币33.6万元，但单某某欲将商铺分割成452户。

单某某及甲公司未经银行业监督管理部门等有关部门批准，未取得金融业务许可，在房产处于抵押、查封且尚未分割的情况下，以上述售后返租收益方式、酒店进驻经营等为宣传内容，通过发布广告、网络传播、现场推介等方式向社会公开销售商铺项目。周某某负责销售管理，对接单某某，向李某某汇报销售情况。投资人与单某某实际控制的乙公司同时签订房地产买卖合同、委托经营管理合同，约定以不转移占有形式，以上述售后返租收益方式，返租所售商铺10年，又与单某某实际控制的某工程公司签订装修工程合同，支付购房款、人民币3万元或5万元的装修款及办证费、税费等费用。

其间，鉴于楼层被查封、抵押，李某某、周某某与单某某洽谈，分别由李某某、周某某代表甲公司与单某某签订了补充协议各1份，其中约定了销售款转入共管账户。后甲公司发现单某某未将销售款转入共管账户，经协商又约定由李某某、周某某通过个人账户收取销售款后再转给单某某。

后商铺第四层成功分割登记在单某某名下，其中已过户49户给购房人，其余均未过户；第二、三层未分割过户。经审计，单某某、李某某、周某某不以销售房产为主要目的，采取售后包租方式，案发前查明向投资人非法吸收公众存款共计人民币57 968 128.14元，返租或退款人民币604 802.16元。

二、主要问题

本案涉及的主要问题是李某某的行为是否符合非法吸收公众存款罪的成立条件，其行为是否构成非法吸收公众存款罪。对此，在案件办理过程中主要存在两种不同的观点：

一种观点主张构罪，认为单某某结伙变相吸收公众存款，扰乱金融秩序，数额巨大，应当以非法吸收公众存款罪追究其刑事责任；李某某、周某某分别作为单位直接负责的主管人员、其他直接责任人员，结伙变相吸收公众存款，扰乱金融秩序，数额巨大，应当以非法吸收公众存款罪追究其刑事责任。

另一种观点主张不构罪，认为单某某的商铺项目销售行为整体上不符合非法吸收公众存款罪的成立条件，不能以非法吸收公众存款罪追究其刑事责任；李某某、周某某的行为性质依赖于单某某的商铺项目销售行为的整体性质，因而也不能以非法吸收公众存款罪追究其刑事责任；且本案证据不能认定李某某、周某某、单某某结伙犯罪，也难以认定李某某为甲公司商铺项目销售的直接负责的主管人员。

三、出罪法理

本案涉案行为发生在《刑法修正案（十一）》施行之前，当时我国《刑法》第176条第1款针对非法吸收公众存款罪规定："非法吸收公众存款或者变相吸收公众存款，扰乱金融秩序的，处三年以下有期徒刑或者拘役，并处或者单处二万元以上二十万元以下罚金；数额巨大或者有其他严重情节的，处三年以上十年以下有期徒刑，并处五万元以上五十万元以下罚金。"第2款规定："单位犯前款罪的，对单位判处罚金，并对其直接负责的主管人员和其他直接责任人员，依照前款的规定处罚。"本案证据不能认定李某某结伙他人变相吸收公众存款，其行为不构成非法吸收公众存款罪。

（一）涉案的商铺项目销售行为整体上不符合非法吸收公众存款罪的成立条件，李某某不具备成立非法吸收公众存款罪的基本前提

本案中，李某某涉嫌结伙变相吸收公众存款，其结伙的对象是单某某。对李某某行为的性质判断取决于商铺项目销售行为的整体性质，涉案行为的整体性质是认定李某某行为性质的前提。对此，商铺项目销售行为整体上不符合非法吸收公众存款罪的成立条件，李某某不具备成立非法吸收公众存款罪的基本前提。

非法吸收公众存款罪的行为核心是"非法吸收公众存款或者变相吸收公众存款"。关于"非法吸收公众存款或者变相吸收公众存款"，2022 年修正的最高人民法院《关于审理非法集资刑事案件具体应用法律若干问题的解释》第 1 条第 1 款规定："违反国家金融管理法律规定，向社会公众（包括单位和个人）吸收资金的行为，同时具备下列四个条件的，除刑法另有规定的以外，应当认定为刑法第一百七十六条规定的'非法吸收公众存款或者变相吸收公众存款'：（一）未经有关部门依法许可或者借用合法经营的形式吸收资金；（二）通过网络、媒体、推介会、传单、手机信息等途径向社会公开宣传；（三）承诺在一定期限内以货币、实物、股权等方式还本付息或者给付回报；（四）向社会公众即社会不特定对象吸收资金。"据此，非法吸收公众存款罪的成立在行为上必须同时具备非法性、公开性、利诱性和社会性四个基本特征。本案中，商铺项目销售行为整体上不具备非法吸收公众存款罪行为的非法性和利诱性，不构成非法吸收公众存款罪。

1. 商铺项目销售行为没有违反金融管理法律法规和房产销售法律法规，不符合非法吸收公众存款的非法性要求

关于非法性，2019 年最高人民法院、最高人民检察院、公安部《关于办理非法集资刑事案件若干问题的意见》第 1 条中规定："人民法院、人民检察院、公安机关认定非法集资的'非法性'，应当以国家金融管理法律法规作为依据。"本案中，商铺项目销售行为不仅没有违反金融管理法律法规，也没有违反房产销售法律法规，故不符合非法吸收公众存款行为的非法性特征。

第一，单某某具有房产销售的真实内容和目的，商铺项目销售行为不是吸收资金行为，没有违反金融管理法律法规。2022 年修正的最高人民法院《关于审理非法集资刑事案件具体应用法律若干问题的解释》第 2 条将"不具有房产销售的真实内容或者不以房产销售为主要目的，以返本销售、售后包租、约定回购、销售房产份额等方式非法吸收资金的"情形列入应以非法吸收公众存款罪定罪处罚的情形，但这是针对以房产销售之名、实际上并非销售房产而是吸收资金的情形。本案证据表明，单某某具有房产销售的真实内容和目的，不是非法吸收资金。这包括：（1）单某某持有涉案房产的产权，且商铺在项目启动前虽已被抵押和查封，但无论是之前的《担保法》还是现在的《民法典》，均没有禁止就抵押、查封的房产进行交易。本案具备房产销售的内容和基础。（2）单某某用于销售的房屋虽然被抵押和查封，将房屋隔成小间销售也需要房管部门批准，但单某某可以用销售款来解押、解封（商铺在 2017 年左右的银行评估价为 8 000 万元左右，而当时负担的抵押债务约为 4 000 万元，房产价值远高于抵押债务），且房管部门并没有禁止将商业用房分割销售（单某某已经向规划局、国土局等行政部门申请分割房产，行政部门也已经受理）。本案具备房产销售的可行性。（3）单某某持有的涉案物业的第四层房屋已完成解押、房管部门审批和销售房屋的过户，本案具有房产销售的实际行为和结果。（4）单某某销售的房屋没有完成过户是客观原因所致，包括政府房管部门停止办理和抵押的房屋未能及时解押，不是单某某主观上没有销售的意图。因此，单某某具有房产销售的实际内容和交付物，不是只收取购房款而没有房产销售内容的吸收资金行为，商铺项目销售行为没有违反金融管理法律法规。

第二，单某某售后返租、按间销售的行为没有违反房产销售法律法规。这包括：一方面，单某某售后返租的行为没有违反房产销售法律法规。本案中，单某某出售其名下的房屋并且售后返租，其中返租前 5 年固定收益共 27%（前 3 年是购房款的 5%，后 2 年是购房款的 6%），后 5 年按实际收益与购房人三七分成。该行为在形式上属于售后包租。对于商品房的售后包租，目前仅有的规定是 2001 年《商品房销售管理办法》，该办法第 11 条规定："房地产开发企业不得采取返本销售或者变相返本销售的方式销售商品房。房地产开发企业不得采取售后包租或者变相售后包租的方式销售未竣工商品房。"但该规定针对的是房地产开发企业，且仅限于未竣工的商品房。本案涉及的房屋是二手房（已竣工并售出的存量房），售房主体是单某某，而非房地产开发企业，显然不适用上述规定。因此，我国目前的法律法规没有针对本案涉案行为的禁止性规定，故商铺项目销售行为没有违反房产销售法律法规。另一方面，单某某按间销售的行为没有违反房产销售法律法规。关于分间销售，2001 年《商品房销售管理办法》第 12 条规定："商品住宅按套销售，不得分割拆零销售。"但本案涉案的房屋不属于住宅，且该条规定的销售主体是房地产开发企业，不包括二手房的房产持有者。相反，本案发生时有效的《房屋登记办法》第 10 条第 1 款规定："房屋应当按照基本单元进行登记。房屋基本单元是指有固定界限、可以独立使用并且有明确、唯一的编号（幢号、室号等）的房屋或者特定空间。"第 3 款规定："非住房以房屋的幢、层、套、间等有固定界限的部分为基本单元进行登记。"本案中涉案房屋属于非住房，据此是可以按"间"进行登记的。单某某按间销售的商铺行为没有违反房产销售法律法规。

可见，商铺项目销售行为既没有违反金融管理法律法规，也没有违反房产销售法律法规，不符合非法吸收公众存款的非法性特征要求。

2. 商铺项目销售行为没有承诺在一定期限内还本付息或者给付回报，不符合非法吸收公众存款的利诱性要求

根据 2022 年修正的最高人民法院《关于审理非法集资刑事案件具体应用法律若干问题的解释》第 1 条的规定，非法吸收公众存款行为必须具备"承诺在一定期限内以货币、实物、股权等方式还本付息或者给付回报"的条件（利诱性特征）。其中，"还本付息或者给付回报"意味着不仅要返还本金，而且要给付利息或者收益（回报）。但本案中，商铺项目销售行为没有承诺在一定期限内还本付息或者给付回报，不符合非法吸收公众存款的利诱性特征要求。这具体体现在：

第一，售后返租收益方式不涉及购房款（本金），不是非法吸收公众存款所要求的返本付息或者给付回报。本案中，涉案行为之所以涉嫌非法吸收公众存款，主要原因是单某某等人采取售后返租方式，即返租所售商铺 10 年，前 5 年固定收益共 27%（前 3 年是购房款的 5%，后 2 年是购房款的 6%），后 5 年按实际收益与购房人三七分成。这种方式在形式上看似承诺在一定期限内给付回报，但实际上这里的返租收益不涉及返还购房款（本金）。涉案房屋一旦销售完成就不存在给购房者退还购房款（本金）的问题。在不存在退还购房款的情况下，购房款没有体现出存款性质。单某某的行为显然不是承诺在一定期限内"返还本息或者给付回报"，不符合非法吸收公众存款的利诱性特征要求。

第二，购买房屋收益是不确定的，不具有存款性质，不是非法吸收公众存款所要求的返本付息或者给付回报。如前所述，涉案行为整体上属于销售房屋行为。一旦购买房屋，其价格将随着市场的波动发生变化。房价上涨，购房者将能够获得房价上涨产生的收益；而一旦房价下跌，购房者将不得不承受房价下降导致的损失。从这个角度看，单某某是无法向购房者承诺购买房屋后一定会产生收益或者回报的。实际上，购买房屋是一种投资行为，而非进行存款。单某某没有承诺购买房屋后一定会产生收益或者回报，这不符合非法吸收公众存款的利诱性特征要求。

可见，商铺项目销售行为整体上不符合非法吸收公众存款的非法性、利诱性要求，不是非法吸收公众存款行为。李某某的行为不具备成立非法吸收公众存款罪的基本前提，不构成非法吸收公众存款罪。

（二）本案证据不能认定李某某结伙犯罪，也难以认定其为甲公司商铺项目销售的直接负责的主管人员，其行为不构成非法吸收公众存款罪

本案中，李某某被认定为单位直接负责的主管人员，结伙变相吸收公众存款，扰乱金融秩序，数额巨大。但这一认定缺乏依据，难以成立。

1. 本案证据不能证明甲公司结伙犯罪，李某某结伙犯罪的依据不足，难以成立

关于共同犯罪，2014 年最高人民法院、最高人民检察院、公安部《关于办理非法集资刑事案件适用法律若干问题的意见》第 4 条规定："为他人向社会公众非法吸收资金提供帮助，从中收取代理费、好处费、返点费、佣金、提成等费用，构成非法集资共同犯罪的，应当依法追究刑事责任。能够及时退缴上述费用的，可依法从轻处罚；其中情节轻微的，可以免除处罚；情节显著轻微、危害不大的，不作为犯罪处理。"本案中，李某某所在的甲公司收取的是代理费。不过，根据我国刑法理论上共同犯罪的基本原理，提供帮助的行为人要构成共同犯罪，主观上必须具备犯罪的明知，客观上必须实施了共同的犯罪行为。这体现在本案中要求甲公司必须明知单某某实施的是非法吸收公众存款行为而仍进行代理。对此，本案证据不能证明甲公司主观上明知单某某实施的是非法吸收公众存款行为而仍进行代理。这具体体现在：

第一，单某某的行为不符合非法吸收公众存款的非法性、利诱性，不是非法吸收公众存款行为，故甲公司不具备犯罪明知的对象条件。犯罪明知是行为人明知他人的行为是犯罪行为（包括明知是犯罪和明知可能是犯罪），即明知的对象必须是犯罪。但如前所述，单某某的涉案行为整体上不符合非法吸收公众存款的非法性、利诱性特征要求，不是我国刑法上非法吸收公众存款罪的犯罪行为。这意味着，甲公司明知的犯罪不存在，不具备犯罪明知的对象条件。

第二，商铺项目的销售模式由单某某制定，甲公司仅代理销售，难以认定其具备犯罪的明知和行为。本案中，商铺项目的销售模式看似涉嫌非法吸收公众存款，但本案证据表明：一方面，商铺项目的销售模式是单某某制定的，而非甲公司。单某某笔录表明，在与甲公司认识前，单某某已构思、策划、制定了售后返租的销售方案，并组建了该销售方案运作的具体实施团队，只是在正式销售过程中，替换成甲公司作为销售代理，其他不变。商铺项目的销售模式是单某某制定的，而非甲公司。另一方面，甲公司仅代理销售，在签订销售合同时并不知晓商铺存在抵押、查封、产权分割等情况，自始至终也未参与。这一点在本案中有充足的证据予以证明。而值得指出的是，甲公司要承担部分返租款，但这实际上只是在单某某制定好销售模式的前提下，甲公司与单某某商定的代理佣金的具体计算方式，即在底价 1.4 万元/平方米之外的售房款减去部分返租款作为甲公司的代理佣金。返租的双方主体仍然是单某某和购房者，甲公司并不参与返租事宜，故不是责任主体。

第三，即便单某某的行为涉嫌非法吸收公众存款罪，甲公司也尽到了审慎的防范义务，这表明其主观上没有与单某某结伙犯罪的故意。非法吸收公

众存款是单纯的吸收资金，并不进行交易物的交付。本案中，甲公司虽然代理了单某某的房产销售，也在销售过程中发现房屋处于被抵押、查封等状态，但其积极采取措施要求单某某将房产销售款用于商铺项目，以便实现房产交付。这表明其主观上既没有自己吸收资金也没有帮助单某某吸收资金的故意。本案事实表明，鉴于楼层被查封、抵押，李某某、周某某与单某某洽谈，分别由李某某、周某某代表甲公司与单某某签订了补充协议各1份，其中约定了销售款转入共管账户。之后甲公司发现单某某未将销售款转入共管账户，经协商又约定由李某某、周某某个人账户收取销售款再转给单某某。结合在案证据，甲公司此举的目的是让单某某将房款用于商铺项目，促成房屋的解押、解封、分割产权等，以便能更快地过户给购房者，其主观上没有与单某某结伙非法吸收资金的故意。

可见，本案不能认定甲公司结伙单某某共同犯罪，认定李某某结伙犯罪的证据不足，难以成立。

2. 本案证据难以证明李某某为甲公司商铺项目销售的直接负责的主管人员，其不是"单位直接负责的主管人员"

首先，本案中，李某某的涉案行为是甲公司的单位行为，应当按照单位犯罪处理；其次，李某某虽有参与商铺项目代理销售的行为，但仅限于作为法定代表人签订合同等，不能认定李某某为商铺项目销售的直接负责的主管人员。这具体体现在：

第一，代理商铺项目是甲公司股东集体研究决定的，不是由李某某决定的。本案中，李某某的笔录称：徐某某提出代理某市西区这个项目，徐某某再向王某某汇报，然后其、王某某、程某、徐某某四个人内部开会商量决定去接西区这个项目来做，公司的其余股东也知道这个项目。对此，周某某的笔录也称商铺项目是由公司股东共同决定的。同时，根据甲公司提交的"已付股东佣金表"等证据，项目代理佣金作为甲公司收入，用作甲公司经营支出，利润部分也由六位股东共同分配。

第二，甲公司的经营模式是由销售负责人带领销售团队独立开展业务，李某某对商铺项目不负有直接责任。若要成为直接负责的主管人员不仅要求是单位的主管人员，还要求承担直接责任。本案证据表明，甲公司的经营模式是，由销售负责人带领销售团队分别工作，实行责任人负责制运行，独立负责项目承接、合同签订、具体实施、财务核算等。甲公司和两位股东出具说明，商铺项目的销售由王某某（时任甲公司总经理）、徐某某、周某某等组成的项目团队直接负责，独立进行。该项目团队由王某某带领，周某某是项目团队指派的直接与单某某对接的现场负责人，项目的财务工作也由周某某代表项目团队负责，最终项目代理佣金由王某某直接控制和支配。李某某虽然为甲公司的法定代表人，但只参与了一些形式性工作，并不负责或者直接参与商铺的实际销售工作。

第三，商铺项目在甲公司核心销售团队成立新公司后被实际带走。本案证据表明，王某某、徐某某、周某某等是甲公司直接负责商铺销售并与单某某对接的项目团队成员，双方之间的工作沟通、费用往来都是由该团队代表甲公司独立实施和负责的。特别是，2018 年 12 月 20 日，王某某成立新公司后，带走了甲公司大部分员工（包括负责财务的员工），并实际带走了商铺项目（只是名义上继续由甲公司代理销售，实际上已完全由新公司及其团队代理），之后商铺项目的代理佣金全部由新公司控制和支配，不再归入甲公司。

可见，本案证据难以证明李某某为甲公司商铺项目销售的直接负责的主管人员，李某某作为"单位直接负责的主管人员"的依据不足，难以成立。

陈某某内幕交易案

——知情人员亲属通过其他途径知悉信息并交易的行为是否构成内幕交易罪

一、基本案情

2011 年 10 月，某集团公司拟将其控股的 A 公司、B 公司分离后的网络资产和业务，以定向增发的方式注入其控股的上市公司 C 公司。相关信息经中国证券监督管理委员会（本案简称"中国证监会"）认定为内幕信息，内幕信息的敏感期为 2011 年 10 月 18 日至 2012 年 6 月 11 日。

2011 年年底，冯某某作为 A 公司的总经理，按照上级下发的相关文件及相关会议精神参与了 A 公司的网台分离工作，得知 A 公司的有限电视网络资源将被整合到 C 公司。冯某某经中国证监会认定为内幕信息知情人员。A 公司网台分离涉及公司人员的分流，冯某某在询问其司机王某某的工作去向时将上述内幕信息告诉王某某。王某某又将 C 公司要收购 A 公司、B 公司，收购重组后 C 公司股票会涨的信息告诉冯某某的妻子陈甲和陈甲的妹妹陈某某。2011 年年底至 2012 年春节期间，陈甲在日常生活中从冯某某处得知 A 公司正在启动台网分离、人员分流的改革重组工作。

陈某某在内幕信息敏感期内买入 C 公司股票，交易成交额为人民币948 135 元，截至 2013 年 5 月 7 日，无卖出记录。

二、主要问题

本案涉及的主要问题是陈某某买入价值人民币 948 135 元的 C 公司股票的行为是否构成内幕交易罪。对此，在案件处理过程中主要存在两种不同意见：

一种观点主张构罪，认为陈某某属于非法获取证券交易内幕信息的人员，在内幕信息的敏感期内，买入 C 公司股票，构成内幕交易罪。

另一种观点主张不构罪，认为陈某某不是证券交易内幕信息的知情人员，其从司机王某某处获取证券信息，不属于"非法获取证券交易内幕信息"，因而不构成内幕交易罪。

三、出罪法理

关于内幕交易罪，我国《刑法》第180条第1款规定："证券、期货交易内幕信息的知情人员或者非法获取证券、期货交易内幕信息的人员，在涉及证券的发行，证券、期货交易或者其他对证券、期货交易价格有重大影响的信息尚未公开前，买入或者卖出该证券，或者从事与该内幕信息有关的期货交易，或者泄露该信息，或者明示、暗示他人从事上述交易活动，情节严重的，处五年以下有期徒刑或者拘役，并处或者单处违法所得一倍以上五倍以下罚金；情节特别严重的，处五年以上十年以下有期徒刑，并处违法所得一倍以上五倍以下罚金。"该款对内幕交易罪的主体和行为作了明确规定。本案中，陈某某买入C公司股票的行为不构成内幕交易罪。原因如下。

（一）陈某某既非"证券交易内幕信息的知情人员"，也非"非法获取证券交易内幕信息的人员"，不符合内幕交易罪的主体要求

根据我国《刑法》第180条的规定，证券交易型内幕交易罪的主体仅限于两类人：一是"证券交易内幕信息的知情人员"；二是"非法获取证券交易内幕信息的人员"。本案中，陈某某既非"证券交易内幕信息的知情人员"，也非"非法获取证券交易内幕信息的人员"，不符合内幕交易罪的主体要求。这具体体现在以下几个方面。

1. 陈某某显然不属于"证券交易内幕信息的知情人员"

关于证券交易内幕信息的知情人员，我国《刑法》第180条第3款规定，依照法律、行政法规的规定确定。最高人民法院、最高人民检察院2012年6月1日施行的《关于办理内幕交易、泄露内幕信息刑事案件具体应用法律若干问题的解释》第1条规定，证券交易内幕信息的知情人员是指"证券法第七十四条规定的人员"。而我国2005年《证券法》第74条规定："证券交易内幕信息的知情人包括：（一）发行人的董事、监事、高级管理人员；（二）持有公司百分之五以上股份的股东及其董事、监事、高级管理人员，公司的实际控制人及其董事、监事、高级管理人员；（三）发行人控股的公司及其董事、监事、高级管理人员；（四）由于所任公司职务可以获取公司有关内幕信息的人员；（五）证券监督管理机构工作人员以及由于法定职责对证券的发行、交易进行管理的其他人员；（六）保荐人、承销的证券公司、证券交易所、证券登记结算机构、证券服务机构的有关人员；（七）国务院证券监督管理机构规定的其他人。"可见，"证券交易内幕信息的知情人员"只限于具有特定身份或者职务的人员。

本案中，陈某某显然不属于"证券交易内幕信息的知情人员"。这是因为：（1）陈某某只是某市某区 D 人民医院的职员，她既非 C 公司的管理人员、持股"百分之五以上"的股东或者 C 公司控股公司的管理人员，也非 A 公司、B 公司的管理人员，更非证券监督管理机构、证券交易相关机关的人员，完全不属于《证券法》第 74 条规定的"证券交易内幕信息的知情人"。（2）中国证监会没有将陈某某认定为涉案证券交易的内幕信息知情人员。中国证监会曾就本案出具认定函，对相关人员是否属于"证券交易内幕信息知情人员"进行了认定。但在该认定函中，陈某某并未被认定为涉案证券的内幕交易信息知情人员。

2. 陈某某不属于"非法获取证券交易内幕信息的人员"

关于"非法获取证券交易内幕信息的人员"，2012 年 6 月 1 日施行的最高人民法院、最高人民检察院《关于办理内幕交易、泄露内幕信息刑事案件具体应用法律若干问题的解释》第 2 条规定："具有下列行为的人员应当认定为刑法第一百八十条第一款规定的'非法获取证券、期货交易内幕信息的人员'：（一）利用窃取、骗取、套取、窃听、利诱、刺探或者私下交易等手段获取内幕信息的；（二）内幕信息知情人员的近亲属或者其他与内幕信息知情人员关系密切的人员，在内幕信息敏感期内，从事或者明示、暗示他人从事，或者泄露内幕信息导致他人从事与该内幕信息有关的证券、期货交易，相关交易行为明显异常，且无正当理由或者正当信息来源的；（三）在内幕信息敏感期内，与内幕信息知情人员联络、接触，从事或者明示、暗示他人从事，或者泄露内幕信息导致他人从事与该内幕信息有关的证券、期货交易，相关交易行为明显异常，且无正当理由或者正当信息来源的。"本案中，陈某某不符合该司法解释规定的三种情形，不属于"非法获取证券交易内幕信息的人员"。这是因为：

第一，陈某某没有采取非法手段获取内幕信息，不属于上述司法解释规定的第一种情形的"非法获取证券交易内幕信息的人员"。

根据最高人民法院、最高人民检察院《关于办理内幕交易、泄露内幕信息刑事案件具体应用法律若干问题的解释》第 2 条第 1 项的规定，利用窃取、骗取、套取、窃听、利诱、刺探或者私下交易等手段获取内幕信息的人员，属于非法获取证券交易内幕信息的人员。但本案中，陈某某没有采用上述规定的非法手段获取内幕信息，其获取相关信息的手段完全合法。这主要体现在：（1）陈某某的供述称相关信息是听王某某说的。陈某某的笔录称：2011 年下半年，因王某某的妻子庄某某要做产检，由其姐姐陈甲带着王某某、庄某某到 D 医院找她，要她带庄某某去做产检，庄某某在 D 医院做了多次产检。在陪伴庄某某做产检的过程中，其听到王某某对其姐陈甲谈论该区电视台很多人都购买了 C 公司的股票及电视台司机的奖金待遇等事情。还有一次，也是在庄某某做产检的过程中，其听到王某某对其姐陈甲说，该区电视台扫地的阿姨都买了 C 公司的股票。可见，陈某某所获得的涉案证券信息是听王某某说的，并且是被动获取的，手段完全正当、合法，并非采取非法手段获取涉案证券信息。（2）王某某的供述亦称其将相关信息告诉过陈某某。王某某的笔录称：在 2011 年年底，其老婆怀孕需要去医院做妇产科检查，其知道陈甲的妹妹在 D 医院工作，于是其让陈甲引荐她妹妹陈某某帮忙。在做妇科检查期间，其给陈某某讲过该市某集团要整合网络，网台分离，C 公司股票可能会涨的事情，其问她有没有关注过 C 公司股票。2012 年春节后，其再次带妻子去医院的时候（当时陪其一起去的还有陈甲），其问陈甲和她妹妹陈某某是否购买了 C 公司股票，其说有的人买了 C 公司股票已经涨了。当时其还没有买 C 公司股票。其记得在 2011 年 8、9 月份到 2012 年春节前后，其在医院跟陈甲、陈某某说过两次关于电视台要人员分流、网台分离的事，没有跟他们说过重组的事。第一次其跟她们说，人员要分流，网台分家，其猜测可能广电集团要收购该区电视台的网络业务。第二次其跟她们说，单位有很多人买了 C 公司的股票，同时还问她们有没有买。王某某的这一供述可以与陈某某的供述相印证，证明陈某某获取相关信息的手段是合法的。可见，陈某某没有采取非法手段获取内幕信息，因而不能认定陈某某属于上述司法解释规定的第一种情形的"非法获取证券交易内幕信息的人员"。

第二，陈某某购买 C 公司股票有正当信息来源，不属于前述解释规定的第二种情形的"非法获取证券交易内幕信息的人员"。

根据最高人民法院、最高人民检察院《关于办理内幕交易、泄露内幕信息刑事案件具体应用法律若干问题的解释》第 2 条第 2 项的规定，"内幕信息知情人员的近亲属或者其他与内幕信息知情人员关系密切的人员"，在内幕信息敏感期内，从事有关的证券交易，相关交易行为明显异常，且无正当理由或者正当信息来源的，属于"非法获取证券交易内幕信息的人员"。但本案中陈某某购买 C 公司股票有正当信息来源，不属于上述司法解释规定的第二种情形的"非法获取证券交易内幕信息的人员"。这是因为：（1）如前所述，陈某某获得的关于 C 公司股票的信息是由王某某告诉她的，信息获取的手段完全正当，属于有正当信息来源的信息。（2）陈某某认为王某某告诉她的信息是通过正当手段获取的。关于王某某告诉的信息情况，陈某某的笔录称：其听到王某某对其姐陈甲谈论该区电视台很多人都购买了 C 公司的股票及电视台司机的奖金待遇等事情。还有一次，也是在做产检的过程中，其听到王某某对其姐陈甲说，该区电视台扫地的阿姨都买了 C 公司的股票。据此，陈某某完全有理由认为相关信息是王某某正当获得的。可见，陈某某购买 C 公司股票有正当信息来源，不属于上述司法解释规定的第二种情形的"非法获取证券交易内幕信息的人员"。

第三，陈某某购买 C 公司股票有正当信息来源，不属于上述司法解释规定的第三种情形的"非法获取证券交易内幕信息的人员"。

根据最高人民法院、最高人民检察院《关于办理内幕交易、泄露内幕信息刑事案件具体应用法律若干问题的解释》第 2 条第 3 项的规定，"与内幕信息知情人员联络、接触"的人员，在内幕信息敏感期内，从事有关的证券交易，相关交易行为明显异常，且无正当理由或者正当信息来源的，也属于"非法获取证券交易内幕信息的人员"。但本案中陈某某不属于该解释规定的第三种情形的"非法获取证券交易内幕信息的人员"。这是因为：（1）本案证据不能证明陈某某在中国证监会认定的内幕信息敏感期内（2011 年 10 月 18 日至 2012 年 6 月 11 日）与内幕信息知情人员（包括冯某某）进行了联络、接触；（2）如前所述，陈某某买入 C 公司股票的信息来源是正当的。陈某某不属于上述司法解释规定的第三种情形的"非法获取证券交易内幕信息的人员"。

综上，陈某某既非"证券交易内幕信息的知情人员"，也非"非法获取证券交易内幕信息的人员"，不符合内幕交易罪的主体要求。其买入 C 公司股票的行为不构成内幕交易罪。

（二）陈某某购买 C 公司股票的行为属于"依据已被他人披露的信息而交易的"行为，不构成内幕交易罪

最高人民法院、最高人民检察院《关于办理内幕交易、泄露内幕信息刑事案件具体应用法律若干问题的解释》第 4 条规定："具有下列情形之一的，不属于刑法第一百八十条第一款规定的从事与内幕信息有关的证券、期货交易：（一）持有或者通过协议、其他安排与他人共同持有上市公司百分之五以上股份的自然人、法人或者其他组织收购该上市公司股份的；（二）按照事先订立的书面合同、指令、计划从事相关证券、期货交易的；（三）依据已被他人披露的信息而交易的；（四）交易具有其他正当理由或者正当信息来源的。"本案中，陈某某购买 C 公司股票时，相关信息实际已经处于公开状态，陈某某的行为属于"依据已被他人披露的信息而交易的"行为，不构成内幕交易罪。这具体体现在：

第一，王某某的笔录表明，相关信息已经处于公开状态。王某某笔录针对涉案信息的来源称：其是在 2011 年 7—8 月听到他们 A 公司的车队和某市某区电视中心的人员讲网台分离，网络整合，C 公司股票可能会上涨。到 2011 年 11 月，网台分离以后其就听电视中心及 A 公司的人员在讲购买股票的事情。而 2011 年 7—8 月不属于相关信息的敏感期。可见，在王某某将相关信息告诉陈某某之前，相关信息已经被他人披露出来了。

第二，陈甲的笔录表明，当时相关信息已经处于公开状态。陈甲的笔录称：那段时间电视台里沸沸扬扬说网台要分离、A公司要进行重组。陈甲的笔录称：这些事情在2010、2011年的相关报纸及网络上都有报道过。2010—2011年这两年各种媒体大力宣传"三网融合"工作，从媒体上就已经了解到国家特别是该省推进"三网融合"工作的进程，且"听说周围有许多人购买该股票并且赚了钱"。可见，在陈某某买入C公司股票之前，相关信息已经处于公开状态。

第三，陈某某关于王某某告诉其相关信息的供述也表明，相关信息处于公开状态。如前所述，陈某某的笔录称：其听到王某某对其姐陈甲谈论该区电视台很多人都购买了C公司的股票及电视台司机的奖金待遇等事情；还有一次，也是在做产检的过程中，其听到王某某对其姐陈甲说，该区电视台扫地的阿姨都买了C公司的股票。这表明，在陈某某通过王某某知悉C公司相关信息前，很多人都已经知悉了相关信息，并购买了C公司的股票。

鉴于陈某某知悉涉案信息前，相关信息已处于相对公开的状态，因此，陈某某购买C公司股票的行为属于"依据已被他人披露的信息而交易的"行为，不构成内幕交易罪。

易某某、周某某内幕交易案

——不能排除具有正当理由的股票交易能否认定为内幕交易

一、基本案情

2014 年 9 月 9 日，B 公司发布关于筹划非公开发行股票事项的停牌公告，9 月 15 日，B 公司董事会通过拟向公司控股股东 C 公司、公司实际控制人李某某及自然人鲁某某发行不超过 1 600 万股的提案（以下简称"方案 A"），并于次日复牌和公告了董事会决议内容。9 月 18 日，A 公司董事长兼投资总监易某某、周某某先后与 B 公司董秘杨某联系，告知 A 公司已经成为 B 公司的股东，愿与 B 公司建立长期联系。9 月 25 日，B 公司第二大股东某合伙企业因方案 A 发行价格太低而提出增加临时提案（以竞价发行确定发行对象和发行价格，以下简称"方案 B"）。由于此前 B 公司曾于 2014 年 2 月启动非公开发行事项但未获股东大会通过，本次非公开发行决策人李某某与杨某分析后认为方案 A 在股东大会通过的可能性很低。为确保非公开发行事项获股东大会通过，李某某提出了较非公开发行对象、发行数量分配等有较大变化的方案 C，并于不晚于 9 月 28 日 22 时 35 分与易某某、周某某就 A 公司新增方案 C 达成一致意见。由于 C 公司与 A 公司当时合计持股比例达到 29.1%，使方案 C 通过股东大会决议成为大概率事件，A 公司能够预见这一情况。9 月 30 日，B 公司发布《召开 2014 年第二次临时股东大会的补充通知》，一并披露非公开发行股票方案 B、方案 C。10 月 9 日，B 公司召开临时股东大会审议通过方案 C，并于次日公告。B 公司拟非公开发行股票的事项，在公开前属于《证券法》规定的"内幕信息"；该信息形成时间不晚于 2014 年 9 月 28 日 22 时 35 分，公开时间为 2014 年 10 月 10 日。A 公司是方案 C 的提案方，其决策者易某某、周某某是内幕信息知情人。

经中国证券监督管理委员会（以下简称"中国证监会"）调查认定，在内幕信息敏感期内，易某某、周某某作出投资决策，先后由 A 公司任投资顾问的 4 只基金买入 B 公司 206 万股，交易金额合计 3 923 万元，违法所得合计 333 万元。中国证监会作出行政处罚决定没收 A 公司 333 万元违法所得，并处以 333 万元罚款；对易某某、周某某给予警告，并分别处以 10 万元罚款。

二、主要问题

本案涉及的主要问题是：本案证据不能排除涉案的股票交易具有正当理由，能否认定易某某、周某某的涉案行为构成内幕交易罪。对此，在案件处理过程中主要存在两种不同的观点：

一种观点主张构罪，认为 A 公司是非公开发行方案的提案方，其决策者易某某、周某某是内幕信息知情人，二人在内幕信息敏感期内买入股票，在内幕信息公开后陆续卖出股票并获利，易某某、周某某的行为构成内幕交易罪。

另一种观点主张不构罪，认为 A 公司新增方案 C 不属于对证券交易价格具有重大影响的信息，A 公司买卖 B 公司股票是"按照事先订立的计划"进行的，是最高人民法院、最高人民检察院《关于办理内幕交易、泄露内幕信息刑事案件具体应用法律若干问题的解释》第 4 条中的"正当理由"。因此，本案证据不能证明易某某、周某某的行为属于内幕交易行为。

三、出罪法理

根据我国《刑法》第 180 条第 1 款的规定，内幕交易罪是证券、期货交易内幕信息的知情人员或者非法获取证券、期货交易内幕信息的人员，在涉及证券的发行，证券、期货交易或者其他对证券、期货交易价格有重大影响的信息尚未公开前，买入或者卖出该证券，或者从事与该内幕信息有关的期货交易，或者泄露该信息，或者明示、暗示他人从事上述交易活动，情节严重的行为。同时，2012 年最高人民法院、最高人民检察院《关于办理内幕交易、泄露内幕信息刑事案件具体应用法律若干问题的解释》第 4 条规定："具有下列情形之一的，不属于刑法第一百八十条第一款规定的从事与内幕信息有关的证券、期货交易：（一）持有或者通过协议、其他安排与他人共同持有上市公司百分之五以上股份的自然人、法人或者其他组织收购该上市公司股份的；（二）按照事先订立的书面合同、指令、计划从事相关证券、期货交易的；（三）依据已被他人披露的信息而交易的；（四）交易具有其他正当理由或者正当信息来源的。"据此，对证券而言，内幕交易罪的成立至少具备以下两个基本条件：一是行为人属于内幕信息的知情人员，并且在对证券交易价格具有重大影响的信息尚未公开前买入或者卖出该证券；二是行为人的交易不具有正当理由或者正当信息来源。本案中，主张构罪的观点认为，A 公司是非公开发行方案的提案方，其决策者易某某、周某某是内幕信息知情人，其在内幕信息敏感期内买入股票，在内幕信息公开后陆续卖出股票并获利，其行为触犯了《刑法》第 180 条第 1 款之规定，构成内幕交易罪。但笔者认为，本案不能认定易某某、周某某的涉案行为构成内幕交易罪。

（一）本案证据不足以证明涉案的 A 公司新增方案 C 属于对证券交易价格具有重大影响的信息

本案涉及的信息是针对 B 公司的方案 C。对此，中国证监会某市专员办 2015 年 9 月 25 日出具的调查终结报告认为，"方案 C 及该方案能获出席股东大会会议的股东所持表决权的 2/3 以上通过属于内幕信息"。但该信息不属于我国《刑法》第 180 条第 1 款规定的"对证券交易价格具有重大影响的信息"。理由包括：

第一，调查终结报告不能作为认定方案 C 属于"对证券交易价格具有重大影响的信息"的依据。这是因为：（1）调查终结报告没有认定方案 C 对证券交易价格具有重大影响。该报告认定方案 C 属于内幕信息所依据的重大性只包括"发行对象发生了较大变化"、"股权结构发生了较大变化"和"股东提出临时议案是自律规则规定的重大事件"，但没有提出该方案的发布会对公司股票交易价格产生重大影响。（2）调查终结报告认定"方案 C 及该方案能获出席股东大会会议的股东所持表决权的 2/3 以上通过的信息具有价格敏感性"不能作为认定 A 公司构成内幕交易的依据。这是因为，本案证据不能证明 A 公司（包括易某某、周某某）知悉"方案 C 及该方案能获出席股东大会会议的股东所持表决权的 2/3 以上通过"。本案中，围绕该信息的所有人员的笔录均不能证明易某某、周某某在敏感期内知悉"方案 C 及该方案能获出席股东大会会议的股东所持表决权的 2/3 以上通过"。在此基础上，本案不能以"方案 C 及该方案获出席股东大会会议的股东所持表决权的 2/3 以上通过的信息具有价格敏感性"作为认定 A 公司构成内幕交易的依据。

第二，本案有证据证明方案 C 不具有对"对证券交易价格具有重大影响"的性质。这集中体现为方案 C 公告后，B 公司的股票价格不仅没有上升，反而是下降了。对此，中国证监会某市专员办 2015 年 9 月 25 日出具的调查终结报告也明确称："9 月 30 日公告方案 C 和股东大会补充通知后，公司股价出现下降，跌幅为 2.09%。"这一证据可以清楚地表明，在 B 公司 2014 年 9 月 30 日公告方案 C 后，该方案 C 没有提升公司的股价，故其本身不属于"对证券交易价格具有重大影响的信息"，不符合我国《刑法》第 180 条第 1 款对内幕交易之信息的要求。

可见，本案证据不足以证明涉案的 A 公司新增方案 C 属于对证券交易价格具有重大影响的信息，进而不能认定易某某、周某某的行为构成内幕交易罪。

（二）本案证据不能排除 A 公司买卖 B 公司股票具有正当理由的合理怀疑，进而不能认定易某某、周某某的行为属于内幕交易行为

如前所述，最高人民法院、最高人民检察院《关于办理内幕交易、泄露内幕信息刑事案件具体应用法律若干问题的解释》第 4 条明确将具有"正当理由"作为排除内幕交易的事由。对于具体事由而言，与本案密切相关的正当事由是上述解释第 4 条第 2 项的规定，即"按照事先订立的书面合同、指令、计划从事相关证券、期货交易的"。对此，本案证据不能排除 A 公司买卖股票是"按照事先订立的计划"进行交易的合理怀疑，进而不能认定易某某、周某某的行为属于内幕交易行为。理由包括：

第一，中国证监会对 A 公司的"行政处罚决定书"表明，本案不能排除 A 公司买卖 B 公司股票具有正当理由的合理怀疑。中国证监会的"行政处罚决定书"明确称："虽然 A 公司在内幕信息形成之前已经将'B 公司'纳入'股票池'，作为拟进行投资的标的，但并没有买入时间、买入数量等涉及投资计划的具体信息，不能排除 A 公司利用内幕消息从事涉案交易。"从该"行政处罚决定书"的内容看，其认定的是"不能排除 A 公司利用内幕消息从事涉案交易"。该认定包含的另一层意思是本案"不能排除 A 公司没有利用内幕消息从事涉案交易"。而我国《刑事诉讼法》第 55 条明确要求定罪处刑的证据必须达到"确实、充分"的程度，即必须同时具备"定罪量刑的事实都有证据证明"、"据以定案的证据均经法定程序查证属实"和"综合全案证据，对所认定事实已排除合理怀疑"三个条件。据此，在"不能排除 A 公司没有利用内幕消息从事涉案交易"的情况下，本案也不能认定易某某、周某某的行为属于内幕交易行为。

第二，本案有证据表明，A 公司买卖 B 公司股票是"按照事先订立的计划"进行的。这主要包括：（1）B 公司符合 A 公司的投资策略。A 公司在 2014 年开始的基本投资策略是重仓"低市值、低估值"股票，而 B 公司在 A 公司的投资目标范围内。（2）A 公司制订了买卖 B 公司股票的投资计划。本案证据显示，A 公司投委会在 2014 年 4 月 9 日对 B 公司形成了 B 公司"股价极有可能翻倍达到 35 元～40 元之间""建议中长期买入，陪伴公司成长"的投资意见。在此基础上，A 公司于 2014 年 4 月 22 日以邮件形式向某基金通道方风控部提交报备了交易 B 公司的股票池内容。（3）A 公司于 2014 年 7 月 28 日开始交易 B 公司股票，且产品的交易都是按照周计划进行的。（4）A 公司在敏感期内（2014 年 9 月 28 日 22 时 35 分—10 月 10 日）的买卖 B 公司股票行为正常，既有大量买入的记录，也有大量卖出的记录。（5）A 公司在敏感期结束后（2014 年 10 月 10 日后）有大量买入和卖出 B 公司股票的行为。

从 A 公司上述交易 B 公司股票的行为来看，其是有计划地进行中长期交易的。A 公司在 2014 年 9 月 29 日—10 月 10 日之间交易 A 公司股票的行为是其整体计划的一部分，具有交易的正当理由。

可见，本案证据不能排除 A 公司买卖 B 公司股票是"按照事先订立的计划"进行交易的合理怀疑，现有证据不能认定易某某、周某某的行为属于内幕交易行为。

郑某某内幕交易案

——上市公司资产重组酝酿阶段的信息能否被认定为内幕信息

一、基本案情

郑某某，男，原担任 A 公司副总经理等职务，A 公司是某集团公司的下属公司。

2012 年 9 月起，A 公司通过直接持有与受托管理股权的形式，合计控制 B 公司 66.10％的权益。为优化发展资源，在 2015 年 4 月至 2018 年 2 月期间，在集团公司、A 公司的牵动组织下，B 公司作为 A 公司控股的国内 A 股上市公司，先后历经四个资产重组方案论证及具体实施阶段。经认定，整个过程中的第二阶段开始时间为内幕信息的形成时间，第四阶段是内幕信息的公开时间。

在 2016 年 7 月 28 日至 2017 年 6 月 27 日期间，郑某某使月其本人名下证券账户买卖 B 公司股票，累计买入 163.08 万股，买入金额 3 241.01 万元；累计卖出 136.08 万股，卖出金额 4 172.79 万元，扣除手续费、税费后，合计获利 920.19 万元。

二、主要问题

本案涉及的主要问题是上市公司在资产重组酝酿阶段的信息能否被认定为内幕信息，郑某某的行为是否符合内幕交易罪的成立条件，是否构成内幕交易罪。对此，主要存在两种不同观点：

一种观点主张构罪，认为相关资产重组事项属于 2005 年《证券法》第 67 条第 2 款规定的重大事项，构成 2005 年《证券法》第 75 条第 2 款规定的内幕信息。该内幕信息形成时间不晚于 2016 年 6 月 30 日，公开于 2017 年 11 月 21 日。郑某某作为 A 公司的核心高管，全程参与了 B 公司前期资产重组、一体化平台搭建等重大重组过程，是 B 公司重组进程中的重要参与者。其本人知悉上述内幕信息，系法定内幕信息知情人。

另一种观点主张不构罪，认为郑某某的行为发生在 B 公司资产重组的酝酿阶段，且该阶段的决定没有得到落实，不构成后期资产重组的基础，不是在内幕信息公开前买卖股票。其行为不构成内幕交易罪。

三、出罪法理

关于内幕交易罪，我国《刑法》第 180 条第 1 款规定："证券、期货交易内幕信息的知情人员或者非法获取证券、期货交易内幕信息的人员，在涉及证券的发行，证券、期货交易或者其他对证券、期货交易价格有重大影响的信息尚未公开前，买入或者卖出该证券，或者从事与该内幕信息有关的期货交易，或者泄露该信息，或者明示、暗示他人从事上述交易活动，情节严重的，处五年以下有期徒刑或者拘役，并处或者单处违法所得一倍以上五倍以下罚金；情节特别严重的，处五年以上十年以下有期徒刑，并处违法所得一倍以上五倍以下罚金。"据此，内幕交易罪的成立至少同时具备以下两个基本条件：一是行为条件，即行为人的交易行为必须发生在涉及证券的发行，证券、期货交易或者其他对证券、期货交易价格有重大影响的信息尚未公开前（内幕信息形成后但未公开前）；二是主观条件，即行为人必须具有利用内幕信息进行证券、期货交易的故意。本案中，郑某某不具备内幕交易罪成立的基本条件，不构成内幕交易罪。

（一）本案不能认定郑某某的证券交易行为发生在内幕信息形成后且未公开前，其不具备内幕交易罪的行为条件，不构成内幕交易罪

本案中，郑某某买卖 B 公司股票的行为发生在 2016 年 7 月 28 日至 2017 年 6 月 27 日间。以四个资产重组方案论证及具体实施阶段进行对照，郑某某的行为发生在第二个阶段（开始于 2016 年 6 月 30 日 A 公司总经理办公会，即"630 会议"）开始后、第三个阶段（集团公司与某市委、市政府合作时期，对应"1701 项目"）结束前。由于郑某某只参与了第一、二个阶段的工作，未参与第三、四个阶段的工作，对相关项目的内容不知情，因此本案认定的关键在于"630 会议"能否被认定为涉案内幕信息的形成时间？笔者认为，本案不能将"630 会议"作为涉案内幕信息的形成时间，进而不能认定郑某某的行为发生在内幕信息形成后且未公开前，其不符合内幕交易罪的行为条件。

1. "630 会议"的决定不符合内幕信息的基本特性要求

我国《刑法》第 180 条第 3 款规定："内幕信息、知情人员的范围，依照法律、行政法规的规定确定。"关于内幕信息，本案发生时适用的 2005 年《证券法》第 75 条规定："证券交易活动中，涉及公司的经营、财务或者对该公司证券的市场价格有重大影响的尚未公开的信息，为内幕信息。""下列信息皆属内幕信息：（一）本法第六十七条第二款所列重大事件；（二）公司分配股利或者增资的计划；（三）公司股权结构的重大变化；（四）公司债务担保的重大变更；（五）公司营业用主要资产的抵押、出售或者报废一次超过该资产的百分之三十；（六）公司的董事、监事、高级管理人员的行为可能依法承担重大损害赔偿责任；（七）上市公司收购的有关方案；（八）国务院证券监督管理机构认定的对证券交易价格有显著影响的其他重要信息。"据此，内幕信息具有三个基本特性：一是法定性，即必须是证券法等法律、行政法规规定的信息；二是重大性，即必须是对证券交易价格具有显著影响的重要信息；三是未公开性，即必须是尚未公开的信息。

本案中，A 公司总经理办公会（"630 会议"）会议纪要显示，该次会议不是针对资产重组相关事项专门召开的一次会议。其中涉及事项审批——"关于搭建国内资本运作平台的请示"，该次会议对此决定了以下事项：一是同意资本运营部关于搭建国内资本运作平台的请示；二是要求资本运营部继续深入研究方案，根据相关最新政策，分析境外和境内资产的合理分布建议。"630 会议"的决定不具备内幕信息的基本特性，不属于内幕信息。这是因为：

第一，"630 会议"的决定不符合内幕信息的法定性要求。根据我国《刑法》第 180 条第 3 款的规定，内幕信息必须是法律、行政法规规定的信息。而依照本案发生时适用的 2005 年《证券法》第 75 条的规定，内幕信息限于八种类别的信息（其中第八类作为兜底条款后因中国证监会的规定而范围有所扩大，但仍有具体种类限制）。本案中，"630 会议"的决定包括两个方面：一是决定搭建国内资本运作平台；二是要求资本运营部继续深入研究方案，提出资产合理分布建议。从信息的类型上看，"630 会议"的决定内容——无论是搭建平台还是要求提出方案，都不属于 2005 年《证券法》第 75 条规定的内幕信息类型，更不属于 2005 年《证券法》第 67 条第 2 款规定的重大事项，也不属于中国证监会规定的其他内幕信息类型。

第二，"630 会议"的决定不符合内幕信息的重大性要求。根据 2005 年《证券法》第 67 条、第 75 条的规定，内幕信息必须是对公司证券的市场价格具有显著影响的重大事件或者其他重要信息。本案中，"630 会议"的决定不是对涉案证券具有显著影响的重要信息。这集中体现在 "630 会议" 决定与 B 公司于 2017 年 11 月 21 日公布的信息（"1801 项目"信息）存在重大区别，具体表现为：一是信息决策主体不同。"630 会议"的决策主体是 A 公司，而"1801 项目"（包括第三阶段的"1701 项目"）的决策主体是集团公司，后者是前者的上级集团公司，但不属于同一个决策主体。这也导致后面决策内容发生重大变化。二是信息内容不同。本案中，B 公司最终的重组方案（由"1801 项目"形成）是"A 公司将直接或间接持有的 B 公司股权出售给集团公司，集团公司下属公司及其一致行动人收购 B 公司 66.10% 的股权，股权交易完成后，B 公司不再是 A 公司的下属企业。此后，B 公司收购 A 公司

38.72％ 的股份，并与集团公司的关联公司签署一致行动协议，行使 A 公司 23％ 股权的表决权，最终实现 A 公司通过 B 公司回归 A 股，成为集团公司下属的资产运作平台"。该内容与"630 会议"的决定完全不同，"630 会议"的决定内容不构成"1801 项目"的基础。三是信息落实不同。本案中，"630 会议"的决定并没有得到落实，不仅资本运营部没有按照会议要求提出相应的资产分布合理方案，而且最终的国内资本运作平台也不是按照"630 会议"的决定进行搭建的。"630 会议"决定与"1801 项目"的重大差异，决定了"630 会议"的决定不会也没有对 B 公司的股票交易价格产生显著影响。这不符合内幕信息的重大性要求。

第三，"630 会议"的决定不符合内幕信息的未公开性要求。本案中，"630 会议"的决定没有公开。同时，"630 会议"决定与"1801 项目"内容存在重大差别，前者不构成后者的信息基础；两者唯一的联系是二者均反映出 B 公司要进行资产重组的信息，但 B 公司要进行资产重组的信息在当时属于公开信息。这是因为：在第一阶段已经反映出了 B 公司要进行资产重组，并且由 B 公司于 2015 年 4 月 23 日发布停牌公告停牌。之后 B 公司的资产重组方案发生了反复和调整，但 B 公司要进行资产重组已经是一个公开的信息。从这个角度看，"630 会议"决定所反映出的 B 公司要进行资产重组的信息，是一个公开信息，不符合内幕信息的未公开性要求。而且，从影响程度上看，这种信息的公开不会对 B 公司的股票价格产生显著影响，因为只有具体的资产重组方案才有可能影响 B 公司的股票价格。

2. "630 会议"不是涉案内幕信息形成的时间起点

本案中，办案机关认定涉案内幕信息的形成时间不晚于 2016 年 6 月 30 日，公开于 2017 年 11 月 21 日。这实际上认定"630 会议"是涉案内幕信息形成的时间起点。但笔者认为"630 会议"不是涉案内幕信息形成的开始时间。这除了因为"630 会议"的决定不是内幕信息，还因为以下两个方面的原因：

第一，在发生阶段上，"630 会议"最多只处于 B 公司资产重组的酝酿阶段，不能作为内幕信息形成的时间起点。内幕信息的形成时间必须是内幕信息进入实际操作的时间，部分地包括属于内幕信息的计划、方案的确定时间。本案中，涉案的内幕信息是 B 公司的重大资产重组。该信息成为对 B 公司股票交易价格具有显著影响的信息，最早不能早于资产重大重组具体方案的确定时间。但"630 会议"的决定并不涉及 B 公司的资产重大重组方案，且该方案也不是 A 公司能决定的。在 B 公司资产重大重组的发生阶段上，"630 会议"最多只处于 B 公司资产重组的酝酿阶段，不能作为 B 公司资产重大重组的内幕信息时间起点。

第二，在信息内容上，"630会议"决定不是具体的、确定性信息，不能将"630会议"作为内幕信息形成的时间起点。如前所述，"630会议"的决定没有最终落地，不构成B公司后面进行的资产重大重组的基础。它只是反映出A公司要对B公司进行资产重组的初步想法（"630会议"会议纪要第四项"要求资本运营部继续深入研究方案，根据相关最新政策，分析境外和境内资产的合理分布建议"），但该想法缺乏具体、实际的重组决定内容，同时该想法只是让资本运营部继续深入研究，具有不确定性。"630会议"决定让资产运营部继续深入研究资产合理分布方案和建议，不是具体的、确定性信息，不能作为内幕信息形成的时间起点。

3. 郑某某的交易行为不是发生在内幕信息形成后公开前

如前所述，"630会议"的决定不符合内幕信息的基本特性要求，不属于内幕信息，"630会议"不是涉案内幕信息形成的时间起点。按照同样的思路，本案在第三个阶段（"1701项目"）只是确定资产重组的平台，并没有确定资产重组的方案，"1701项目"信息也不应被认定为内幕信息。只有第四阶段的信息（"1801项目"信息），才真正构成B公司股票的内幕信息。

对于郑某某涉案的股票交易行为，本案证据显示，在2016年7月28日至2017年6月27日期间，郑某某使用其本人名下证券账户买卖B公司股票，累计买入163.08万股，买入金额3 241.01万元；累计卖出136.08万股，卖出金额4 172.79万元，扣除手续费、税费后合计获利920.19万元。从时间上看，郑某某进行B公司股票交易的行为发生在B公司资产重组的第二阶段开始后、第三阶段结束前。这表明，郑某某进行的B公司股票交易行为不是发生在内幕信息形成后但未公开前，不符合内幕交易罪的行为要求，不构成内幕交易罪。

可见，郑某某不是在B公司股票内幕信息形成后但未公开前进行B公司股票交易，其不符合内幕交易罪的行为要求，其行为不构成内幕交易罪。

（二）郑某某没有利用内幕信息进行证券交易的故意，不具备内幕交易罪的主观条件，其行为不构成内幕交易罪

根据我国《刑法》第180条第1款的规定，内幕交易罪的成立要求行为人必须有利用内幕信息进行交易的故意。本案中，郑某某不知悉涉案的内幕信息，不具有利用内幕信息进行交易的故意，不符合内幕交易罪的主观要求。这是因为：

第一，郑某某没有参与B公司资产重组第三阶段的工作，不能因其身份而认定其知悉涉案的内幕信息。在刑法上，内幕交易罪属于故意犯罪，要求行为人主观上必须具有利用内幕信息进行交易的故意。这反映在行为人的认识因素上，要求行为人必须知悉内幕信息。但本案中，B公司的资产重组经历了四个阶段，前两个阶段由 A 公司负责，后两个阶段由集团公司负责。而如前所述，"630 会议"决定不是 B 公司股票的内幕信息，同时"1701 项目"信息（第三阶段信息）也不属于内幕信息，只有第四阶段信息（"1801 项目"信息）才属于内幕信息。退一步而言，即便第三阶段的信息都构成 B 公司股票的内幕信息，郑某某作为 A 公司的副总经理，也只参与了第一、二阶段的工作，完全没有参与第三阶段的工作，而其交易行为在第四阶段开始前已经结束，因此，不能因其身份认定其知悉涉案的内幕信息，进而不能认定其具有内幕交易的主观故意。

第二，本案没有任何证据证明郑某某知悉涉案内幕信息，相反郑某某卖出 B 公司股票的时间反映出其不知悉涉案内幕信息。通过审查在案证据发现，本案没有任何证据证明郑某某通过合法或者非法手段获悉 B 公司资产重组的内幕信息（包括没有证据证明郑某某知悉第三阶段信息）。相反，郑某某卖出 B 公司股票的时间恰恰反映出其不知道 B 公司资产重组的内幕信息，否则他不可能会在 B 公司资产重组第三阶段结束前就大量卖出其持有的 B 公司股票。

可见，郑某某在进行 B 公司股票交易过程中不知道 B 公司股票的内幕信息，不存在利用内幕信息进行交易的故意，不符合内幕交易罪的主观要求，不构成内幕交易罪。

汪某某操纵证券市场案

——利用单位咨询报告影响证券市场后抢先交易的行为是否属于操纵证券市场

一、基本案情

汪某某是 A 公司法定代表人。在 2006 年 7 月至 2008 年 3 月间，汪某某先后利用其本人及他人的身份证开立了其实际控制的沪、深证券账户，并使用上述账户，开立了 10 余个资金账户用于证券交易。同时，他还在中国工商银行开立了 10 个银行账户，用于证券交易资金的存取和划转。

2007 年 1 月 9 日至 2008 年 5 月 21 日间，汪某某采取先买入中国工商银行、中国联通等 38 只股票，后利用 A 公司的名义通过新浪网、搜狐网、上海证券报、证券时报等媒介对外推荐其先期买入的股票，并在股票交易时抢先卖出相关股票的方式，人为影响上述股票的交易价格，获取个人非法利益。

据统计，在 A 公司推荐股票的内容发布后，相关 38 只股票交易量在整体上出现了较为明显的上涨：个股开盘价、当日均价明显提高，集合竞价成交量、开盘后 1 小时成交量成倍放大，全天成交量大幅增长，当日换手率明显上升，参与买入账户明显增多，新增买入账户成倍增加。汪某某采取上述方式操纵证券市场 55 次，累计买入成交额人民币 52.6 亿余元，累计卖出成交额人民币 53.8 亿余元，非法获利共计人民币 1.25 亿余元归个人所有。

二、主要问题

本案涉及的主要问题是汪某某利用 A 公司咨询报告中的信息在该报告向公众公开前买入相关证券、公开后卖出相关证券获利 1.25 亿余元的行为是否构成操纵证券市场罪。对此，主要有两种不同的观点：

一种观点主张构罪，认为汪某某的行为违反了 2005 年《证券法》第 77 条第 1 款第 4 项禁止的"以其他手段操纵证券市场"的规定，获利 1.25 亿余元，情节严重，构成操纵证券市场罪。

另一种观点主张不构罪，认为汪某某的行为性质属于利用 A 公司咨询报告中的未公开信息买卖证券的行为，不属于操纵证券市场；从行为的严重程度上看，汪某某的行为虽然获利 1.25 亿余元，但仍没有达到操纵证券市场罪中的"情节严重"程度；从处罚的必要性上看，综合汪某某的行为情节和中国证监会的行政处罚内容，没有必要对汪某某予以刑事处罚。因此，汪某某的行为不构成操纵证券市场罪。

三、出罪法理

　　本案的定性在处理过程中存在的争议较大。2009 年《刑法修正案（七）》针对本案汪某某的类似行为专门增设了一个罪名，即利用未公开信息交易罪。综合操纵证券市场罪和利用未公开信息交易罪的构成要件，汪某某的行为在当时不构成犯罪，应当对其作出罪处理。

　　（一）从行为的性质上看，汪某某的行为属于利用 A 公司咨询报告中的未公开信息买卖证券，不属于操纵证券市场

　　关于本案汪某某的行为性质，中国证监会认定，汪某某的行为违反了 2005 年《证券法》第 77 条第 1 款第 4 项禁止的"以其他手段操纵证券市场"的规定，并涉嫌构成《刑法》第 182 条规定的操纵证券市场罪。但中国证监会对汪某某行为的定性并不等于、更不能代替司法机关对汪某某的行为定性。司法机关需要依照我国《刑法》第 182 条和相关司法解释的规定，重新认定汪某某的行为是否属于操纵证券市场罪中的操纵证券市场行为。本案中的行为实际上包括两部分：一是 A 公司发布咨询报告、向公众推荐股票的行为，二是汪某某利用 A 公司咨询报告中的信息买卖相关股票的行为。其中，向公众发布咨询报告、推荐股票的行为是 A 公司的业务行为，是一种合法的公司行为；买卖股票的行为是汪某某的个人行为。两者有着严格的区别，不能将两者混同。而从行为的性质上看，汪某某利用 A 公司咨询报告中的未公开信息买卖证券的行为，不属于操纵证券市场。

　　1. A 公司发布咨询报告的行为是一种合法的公司行为，且未受到汪某某的操控

　　根据 2009 年 7 月 22 日中国证监会出具的分析报告，结合本案的事实，本案中，影响相关证券价格和交易量的是 A 公司发布咨询报告的行为。但该行为是一种合法的公司行为，且并未受到汪某某的操控。

　　第一，从因果关系上看，影响相关证券交易价格和交易量的是 A 公司发布咨询报告的行为。

　　本案中，从影响因素上看，影响证券交易价格和交易量的是 A 公司咨询报告的发布，而非汪某某买卖证券的个人行为。这是因为：（1）作为一家从事证券咨询业务的专业机构，A 公司主要是从市场策略、行业、宏观政策等

方面对证券市场进行综合研究，形成自己的咨询报告，并且向公众公开。作为专业的证券咨询报告，A 公司的咨询报告关于个股的推荐会对公众产生一定的影响，进而会影响相关证券的交易价格和交易量。（2）2009 年 7 月 22 日中国证监会出具的分析报告认定，在 A 公司咨询报告发布后，汪某某操作个股的交易价、交易量在整体上出现了较为明显的上涨。在这份分析报告中，中国证监会对股票交易价格和交易量前后变化分析的时间基点都是 A 公司咨询报告的发布时间，而不是汪某某买卖证券的时间。这表明，中国证监会也认为，是 A 公司咨询报告的发布而非汪某某的个人买卖行为影响了证券的交易价格和交易量。

第二，A 公司发布咨询报告的行为是一种公司行为，不同于汪某某的个人行为，也不存在汪某某个人操控的问题。

本案中，虽然汪某某是 A 公司的法人代表、总经理，并且拥有公司总股本 80% 的份额，但是根据 2008 年 5 月 30 日 A 公司的情况说明，A 公司的咨询报告是由公司的 7 位分析师从市场策略、行业、宏观政策等方面进行综合研究得出的，并且有专门的约稿、写稿、审稿、发稿、存稿程序，因此，A 公司对外发布咨询报告的行为实际上是一种公司行为。它不同于汪某某的个人行为，也不存在汪某某个人操控的问题。因此，不能将 A 公司咨询报告发布行为对相关证券交易价格、交易量的影响视同为汪某某个人行为对相关证券交易价格、交易量的影响。

第三，A 公司的咨询报告是公司分析师集体研究的成果，不存在向公众恶意推荐股票的问题。

根据 2008 年 5 月 30 日 A 公司的情况说明，A 公司于 2003 年 7 月获得证券投资咨询资格。公司的主要业务是由 7 位分析师，从市场策略、行业、宏观政策等方面进行综合研究，每天形成自己的观点和研究成果供各平台使用。因此，A 公司对外发布的证券咨询报告，是公司分析师集体研究的成果，不存在向公众恶意推荐股票的问题。

A 公司在其业务范围内依法对外发布证券咨询报告，其行为必然会对相关证券的交易价格和交易量产生一定的影响，但这是一种合法的公司行为，因为证券咨询机构的主要业务就是为公众投资者的投资行为提供参考和指导。且 A 公司对外发布的咨询报告是公司分析师集体研究的成果，不同于汪某某的个人行为，也不存在汪某某个人操控的问题。

2. 汪某某个人买卖证券的行为没有影响到相关证券的交易价格和交易量，不属于操纵证券市场

本案中，汪某某虽然利用其控制的银行账户进行了大量的证券买卖，但这只是汪某某的个人行为，且没有影响到相关证券的交易价格和交易量，不

属于操纵证券市场。

第一，汪某某买卖证券的行为是一种个人行为，不能将其与 A 公司发布咨询报告的公司行为混为一谈。

本案中，汪某某先后利用亲友汪甲等人的身份证开立沪、深证券账户，并先后在中信证券、国信证券、银行证券、安信证券开立了 17 个用于证券交易的资金账户进行交易。同时，他在中国工商银行开立了 10 个银行账户，用于存取和划转。由此可见，汪某某所进行的证券交易都是利用其亲友的身份证开立的个人账户进行操作的，是一种个人行为，和 A 公司无关，不能将其与 A 公司发布咨询报告的行为混为一谈。

第二，汪某某买卖证券的个人行为没有影响到相关证券交易价格和交易量，不是一种操纵证券市场的行为。

本案中，汪某某交易的股票，如中国联通、中国石化、中国工商银行、长江电力、中信证券、中国铝业、万科 A 等，都属于大盘蓝筹股。这些大盘蓝筹股流通市值动辄数百亿，一般的资金量根本影响不了它们的交易价格和交易量。汪某某参与交易的资金量通常在几百万元至几千万元，持有或实际控制证券的流通股份数量不足正常流通股总量的 1%。其资金量和持股比例不会对股价涨跌造成实际影响，更不可能构成对证券市场的操纵。也正因此，中国证监会出具的认定函没有分析汪某某买卖证券的行为对相关证券交易价格和交易量的影响。因此，汪某某买卖证券的行为与相关证券价格和交易量的增加之间不具有因果关系，不是一种操纵证券市场的行为。

可见，汪某某买卖证券的个人行为与 A 公司发布咨询报告的公司行为有着严格的区别。汪某某个人买卖证券的行为不具有影响相关证券交易价格和交易量的性质，不属于操纵证券市场的行为。

3. 汪某某的行为属于利用 A 公司咨询报告中未公开的信息进行证券交易，违法但不构成犯罪

本案中，汪某某利用 A 公司咨询报告对证券市场的影响进行证券交易，以获取不正当利益。汪某某的这一行为类似但不完全符合《刑法修正案（七）》中利用未公开信息交易的行为，虽违法但不构成犯罪。

第一，汪某某的行为与《刑法修正案（七）》中的利用未公开信息交易行为类似。

关于利用未公开信息交易罪，《刑法修正案（七）》第 2 条第 2 款规定："增加一款作为第四款：'证券交易所、期货交易所、证券公司、期货经纪公司、基金管理公司、商业银行、保险公司等金融机构的从业人员以及有关监管部门或者行业协会的工作人员，利用因职务便利获取的内幕信息以外的其他未公开的信息，违反规定，从事与该信息相关的证券、期货交易活动，或

者明示、暗示他人从事相关交易活动，情节严重的，依照第一款的规定处罚。'"

本案中，汪某某的行为与《刑法修正案（七）》中的利用未公开信息交易行为高度类似。这主要体现在：（1）在行为的方式上，汪某某利用了不属于内幕信息的、A公司咨询报告中的未公开信息，从事与该信息相关的证券交易活动。其行为方式与《刑法修正案（七）》规定的利用未公开信息交易罪的行为类似。（2）在职务的利用上，汪某某利用了其职务上的便利获取A公司咨询报告中的未公开信息。这一点也与《刑法修正案（七）》的利用未公开信息交易罪类似。据此，汪某某的行为实际上是一种类似于利用未公开信息交易的行为，而不是操纵证券市场的行为。

第二，汪某某的行为不完全符合《刑法修正案（七）》中的利用未公开信息交易行为，不构成利用未公开信息交易罪。

尽管本案中汪某某的行为高度类似于《刑法修正案（七）》中的利用未公开信息交易行为，但是两者在主体上并不完全吻合。这是因为，《刑法修正案（七）》规定的利用未公开信息交易罪的主体是"证券交易所、期货交易所、证券公司、期货经纪公司、基金管理公司、商业银行、保险公司等金融机构的从业人员以及有关监管部门或者行业协会的工作人员"。据此，只有"金融机构"、"监管部门"和"行业协会"这类单位的人员才能构成利用未公开信息交易罪的主体。本案中，汪某某所在的A公司属于证券投资咨询机构，从性质上看既不属于金融机构，也不属于相关的监管部门和行业协会，不符合利用未公开信息交易罪的主体身份要求，故不构成利用未公开信息交易罪。

综上，买卖证券只是汪某某的个人行为，其没有操控A公司发布咨询报告恶意影响证券的交易价格和交易量。汪某某只是利用了A公司咨询报告中的未公开信息进行证券交易进而获利，类似于利用未公开信息交易罪中的行为，但在性质上不属于操纵证券市场的行为。

（二）从行为的严重程度上看，汪某某的行为虽然获利1.25亿元，但仍没有达到操纵证券市场罪中的"情节严重"程度

根据我国《刑法》第182条的规定，操纵证券市场的行为要构成操纵证券市场罪，必须达到情节严重的程度，因此，汪某某的行为即便具有操纵证券市场的性质，也必须达到情节严重的程度才构成犯罪。而对于操纵证券市场罪中的情节严重，从本质上看，它应当是指行为对证券市场的影响程度严重，包括对证券交易价格和证券交易量的影响。本案中，汪某某的行为虽然获利1.25亿余元，但从其行为对证券市场的影响程度上看，并没有达到情节严重的程度，不构成操纵证券市场罪。

第一，本案不能认定汪某某买卖证券的行为对相关证券的交易价格和交易量造成了严重影响。

如前所述，中国证监会在 2009 年 7 月 22 日出具的分析报告只表明汪某某买卖的相关证券在 A 公司咨询报告发布前后交易价格和交易量的变化，并不能证明这种影响是由汪某某买卖证券的个人行为造成的，更不能证明汪某某的买卖行为对相关证券的交易价格和交易量造成了严重影响。如从对交易量的影响角度看，中国证监会的分析报告只证明了交易量在 A 公司咨询报告发布前后的变化，并不能证明汪某某买卖证券过程中的交易量与证券流通量之间的比例。因此，本案证据实际上并不能够证明汪某某买卖证券的行为对相关证券的交易价格和交易量造成了严重影响。

第二，汪某某买卖证券的实际交易量占流通量的比例很小，其对相关证券交易量的影响达不到情节严重的程度。

如前所述，汪某某参与交易的资金量通常在几百万元至几千万元之间，并且买卖的多是大盘蓝筹股，其持有或实际控制证券的流通股份数量不足正常流通股总量的 1%。汪某某持有或者实际控制证券的流通股份数量比例明显达不到最高人民检察院、公安部于 2008 年 3 月发布的《关于经济犯罪案件追诉标准的补充规定》第 4 条所要求的比例标准，即达不到情节严重的程度。

可见，从行为的严重程度上看，本案不能认定汪某某买卖证券的行为对相关证券交易价格和交易量造成了影响，更不能证明这种影响达到了情节严重的程度。

（三）从处罚的必要性上看，综合汪某某的行为情节和中国证监会的行政处罚内容，没有必要对汪某某予以刑事处罚

关于处罚的必要性，本案没有必要对汪某某予以刑事处罚。

第一，根据"一事不二罚"的原则，在汪某某的行为已经受到了中国证监会行政处罚的情况下，对其不应再适用刑罚。

针对本案汪某某的行为，中国证监会于 2008 年 10 月 23 日作出了"行政处罚决定书"，决定没收汪某某违法所得 125 757 599.50 元，并处以罚款 125 757 599.50 元；同时，按照 2005 年《证券法》第 226 条第 3 款的规定，"决定撤销 A 公司的证券投资咨询业务资格"。据此，中国证监会对汪某某的行政处罚表明，汪某某的行为已经受到了法律的否定性评价和处理，汪某某已经为他自己的行为付出了代价、受到了处罚。在这种情况下，对汪某某的行为不应再适用刑罚手段进行刑事处罚。

第二，根据汪某某行为的危害程度和行政处罚的内容，对汪某某的行为没有必要予以刑事处罚。

刑法的谦抑性原则要求，刑事司法应当力求以最小的支出获得最大的预防和控制犯罪的效益，并且在采取其他手段足以防止危害行为发生的情况下，不应当对行为人适用刑罚的手段。对此，一方面要考虑行为的社会危害性，另一方面要考虑行为人的再犯可能性。本案中，汪某某买卖证券的行为本身不具备影响相应证券交易价格和交易量的可能性，而且本案现有的证据也不能证明汪某某买卖证券的个人行为对相关证券的交易价格、交易量造成了严重影响。因此，虽然汪某某在买卖证券的过程中获利 1.25 亿余元，但是从行为的危害程度上看，汪某某违法买卖证券行为的社会危害性并不严重。与此同时，在行为人的再犯可能性方面，由于中国证监会 2008 年 10 月 23 日作出的"行政处罚决定书"不仅没收了汪某某的违法所得 1.25 亿余元，罚款 1.25 亿余元，而且还撤销了 A 公司的证券投资咨询业务资格，汪某某不存在再利用 A 公司咨询报告中的信息进行证券交易的可能。因此，本案中没有必要对汪某某再予以刑事处罚。

张某某违法发放贷款案

——仅对贷款审批负有形式审查义务的人员能否构成违法发放贷款罪

一、基本案情

2014 年 7 月，王某某与 B 公司实际控制人舒某某商定，通过商业承兑汇票贴现方式从银行融资。王某某联系时任乙银行行长的邓某某，由该行为该商业承兑汇票提供担保，邓某某予以应允。之后，舒某某通过他人联系时任甲银行客户经理潘某，提出意欲从甲银行贴现由乙银行提供担保的商业承兑汇票的想法。潘某将该业务向甲银行行长进行了汇报。徐某某随即安排负责商业承兑汇票贴现业务的甲银行产品部负责人张某某配合潘某开展此项业务。张某某又安排产品部产品经理刘某某配合潘某工作。

张某某作为申办单位的负责人没有对客户资料进行再审核，并且在刘某某明确指出乙银行作为二级分行一般无权出具保兑保函的情况下，仍然指示刘某某继续办理该笔业务。之后，甲银行安排张某某到乙银行面签保兑保函，张某某没有认真核实乙银行的业务权限，在乙银行没有得到省分行授权的情况下，和邓某某面签了乙银行给甲银行北京分行出具的商业承兑汇票保兑保函。随后在商业承兑汇票贴现环节，张某某明知 B 公司没有提供增值税专用发票，却签字允许贴现，导致 B 公司从甲银行北京分行骗取票据承兑款 3 亿元，到期未能还款。

二、主要问题

本案涉及的主要问题是：张某某的行为是否构成违法发放贷款罪。对此，在案件办理过程中主要存在两种不同的观点：

一种观点主张构罪，认为张某某身为银行工作人员，违反国家规定发放贷款，数额特别巨大，其行为已触犯《刑法》第 186 条第 1 款的规定，犯罪事实清楚，证据确实、充分，应当以违法发放贷款罪追究其刑事责任。

另一种观点主张不构罪，认为张某某不应当对安排他人帮助撰写贷前审查报告、未能发现分行出具保兑保函所盖公章系伪造、在未获取甲银行总行授权文件和涉案企业未能提供全额增值税发票的情况下发放贷款的行为承担违法发放贷款的刑事责任，其行为不构成违法发放贷款罪。

三、出罪法理

根据我国《刑法》第 186 条的规定，违法发放贷款罪，是指银行或者其他金融机构的工作人员违反国家规定发放贷款，数额巨大或者造成重大损失的行为。本罪的客体是国家对金融机构贷款的管理秩序；客观上表现为银行或者其他金融机构的工作人员违反国家规定发放贷款，数额巨大或者造成重大损失的行为；主体是银行或者其他金融机构及其工作人员；主观上表现为故意。本案中，主张张某某构成违法发放贷款罪的依据是：（1）张某某安排产品经理刘某某配合潘某工作；（2）张某某作为申办单位的负责人没有对客户资料进行再审核；（3）在刘某某明确指出乙银行作为二级分行一般无权出具保兑保函的情况下，其仍然指示刘某某继续办理该笔业务；（4）张某某没有认真核实乙银行的业务权限，在乙银行没有得到省分行授权的情况下，与邓某某面签了保兑保函；（5）张某某明知 B 公司没有提供增值税专用发票，却签字允许贴现。但笔者认为，张某某不构成违法发放贷款罪。

（一）张某某没有实施违反国家规定发放贷款的行为，不符合违法发放贷款罪的客观要求

根据《刑法》第 186 条的规定，"违反国家规定"是违法发放贷款罪成立的必要条件。《刑法》第 96 条规定，"违反国家规定"是指违反全国人民代表大会及其常务委员会制定的法律和决定，国务院制定的行政法规、规定的行政措施、发布的决定和命令。本案中，"张某某安排产品经理刘某某配合潘某工作"显然不涉及违反国家规定的问题，张某某的行为不符合违法发放贷款罪的客观要件。

1. "张某某作为申办单位的负责人没有对客户资料进行再审核"，不属于违反国家规定发放贷款的行为

这具体体现在以下两个方面：

第一，对客户资料进行实质审核是客户经理的职责。根据《甲银行授信业务审核制度流程》中关于客户经理岗位职责的规定，客户经理"负责授信资料及相关合同的真实、有效、完整、合法和合规"。可见，客户经理负责撰写贷前审查报告，同时对客户的资料进行审核。对此，张某某的笔录证实：之后客户经理还需要对企业的固定资产情况、流动资产情况、财务状况、生产经营情况、与上下游企业的历史交易等情况进行一个全面的实地考察和核实，客户经理根据企业提供的贷款卡和查询授权书、密码通过银行的征信系统对企业的征信情况进行调查。发起业务的客户经理需要根据他调查的情况

撰写尽职调查报告，也叫贷前审查报告。这些证据材料可以证实，对客户资料进行实质审核的责任属于客户经理而非产品部负责人张某某。

第二，张某某只负责对客户资料的形式审查，且已尽到审查义务。《商业银行法》第 35 条规定："商业银行贷款，应当对借款人的借款用途、偿还能力、还款方式等情况进行严格审查。商业银行贷款，应当实行审贷分离、分级审批的制度。"虽然该规定没有对商业银行贷款的审查作更明确的要求，但本案证据显示，甲银行规定对客户资料的实质审查义务在客户经理。张某某的笔录称：客户经理撰写完报告后附一个授信业务审批表，客户经理签字完之后将撰写的报告、授信业务审批表、企业提交的书面材料作为一整套书面材料，由客户经理报给营销团队的负责人审核并签字，之后报给分部风险部门的风险经理进行书面审核。风险经理对客户经理提交的书面材料进行审核，并对客户经理提出补充调查的要求（包括书面材料的补充完善或需要进行实地调查的内容）……如果分部总裁同意做这笔业务的话，就签字后把材料再交回风险经理，由风险经理上报甲银行总行的授信审批中心进行审核，审批中心召集风险审批委员会 5 名以上审批官、审贷会秘书、项目发起人客户经理及产品经理，适时召开审贷会。可见，客户的资料至少要经过三个环节的严格审核，依次为客户经理、风险经理和贷审会。在客户经理已经负责对客户资料的实质审核后，张某某对客户资料只是进行形式审核。因此，从形式审查的角度看，本案中张某某无疑已经尽到对客户资料进行形式审查的义务，其不存在违反国家规定发放贷款的行为。

2."在刘某某明确指出乙银行作为二级分行一般无权出具保兑保函的情况下，仍然指示刘某某继续办理该笔业务"，不属于违反国家规定违法发放贷款的行为

这具体体现在以下两个方面：

第一，市分行作为二级分行并非一定没有出具保兑保函的权力。1995 年《担保法》第 10 条规定："企业法人的分支机构、职能部门不得为保证人。企业法人的分支机构有法人书面授权的，可以在授权范围内提供保证。"按照这个规定，不仅二级分行，作为企业法人分支机构的一级分行，也不具有保证人的资格，但在取得法人书面授权的情况下，分支机构可以在授权范围内提供担保。可见，市分行作为乙银行的二级分行并非必然没有出具保兑保函的资格。

第二，本案有证据证明张某某已经将刘某某的提示上报给了徐某某。张某某的笔录证实：当时刘某某提出分行是二级分行无出具保兑保函业务的权利，其说已经上报徐某某同意上审贷会了，先上报让总行审贷会来决定，后来审贷会也没有提出异议。在这种情况下，是否可以继续办理该业务，张某某

也无准确把握，所以想要让徐某某及总行审贷会作出决定。在徐某某及贷审会已经作出同意贷款决定的情况下，张某某有理由认为上级领导已经对这一问题进行了妥善处理，因此，虽然市分行作为银行的二级分行一般无担保权，但是张某某在了解到这一情况后已经做了妥当的处理，其行为并无不当之处。

3. "张某某没有认真核实乙银行的业务权限，在乙银行没有得到省分行授权的情况下，与邓某某面签了保兑保函"，不属于违反国家规定违法发放贷款的行为

《商业银行法》第36条规定："商业银行贷款，借款人应当提供担保。商业银行应当对保证人的偿还能力，抵押物、质物的权属和价值以及实现抵押权、质权的可行性进行严格审查。经商业银行审查、评估，确认借款人资信良好，确能偿还贷款的，可以不提供担保。"可见，对担保人的情况进行审查是商业银行的基本职责，具体到本案则主要体现为对保证人的偿还能力的审查。对此，张某某的行为没有违反国家上述规定。这具体体现在：

第一，根据甲银行的相关规定，张某某不属于收取、提交相关授权文件的责任主体。《甲银行公司风险经理协同作业操作指引（试行）V1.0》第三部分规定："……（一）拟定终审意见落实方案。客户经理收到终审批复后，应及时通报风险经理，共同研究分析批复要求和制度规定的落实情况，共同逐项对落实放款条件、提款条件拟订方案。（二）客户协商。客户经理负责与客户协商谈判终审意见落实措施。如需要风险经理可参与谈判。"可见，根据甲银行的规定，获取甲银行总行授权文件系落实审贷会批复意见的工作，整体上归于授信执行环节的范畴，主体责任完全在于客户经理与风险经理，不属于产品部的业务范畴。因此，作为产品部的负责人，张某某没有职责去审核、落实授权文件。

第二，徐某某没有要求张某某对市分行是否得到省分行授权的情况进行调查。这包括：

（1）徐某某的笔录在回答"既然不知道市分行是否有出具保兑保函的权限，你为什么审批同意做这笔业务"提问时称：其认为由于各家银行机构的授权体系和风控流程各不相同，是否授权并不影响相关保证的法律效力，只要机构是真实的，是该机构的真实意思的表示，就可以做这笔业务。可见，徐某某并不认为是否得到授权对保兑保函有影响。

（2）张某某的笔录称：因为之前没有做过银行出具商业承兑汇票保兑保函贴现业务，也没有经验，在去之前其把要面签的保兑保函、同业印鉴卡、同业额度释放表拿去让总行法务部门进行审核，法务部门也没有提出意见；另外，徐某某给其交代说核实银行网点不能是假的，要查验行长的身份、印章必须是真的，核实是否有B公司的3亿元批复。其核实了网点真实、行长

身份真实，并在邓某某行长签字盖章的过程中进行了拍照。其提出要看乙银行给 B 公司的 3 亿元授信，他说他们的授信是在网上走的，其说看一下拍张照片，邓行长弄了半天电脑说打不开，他说授信肯定没有问题，其也就再没有要求看。可见，徐某某没有交代张某某对市分行是否得到省分行授权的情况进行审查。

第三，张某某已经按照徐某某的要求完成了对保兑保函的审查。本案证据可以证实，张某某确实对市分行邓某某的行长身份、机构的真实性等情况进行了核实。同时，张某某以及潘某、徐某某等人也看到过市分行向 B 公司发出的 3 亿元授信批复的通知书。至于张某某未发现市分行出具保兑保函上的公章系伪造，不能据此认定张某某的行为违反了国家规定。一方面，甲银行《关于执行支付结算办法有关问题的通知》不属于国家规定，其第 2 条关于"单位和个人不能使用原子章（万次印章）作为预留银行的签章"的规定不能作为认定张某某构成违法发放贷款罪的依据。另一方面，《甲银行商业承兑汇票贴现业务管理办法（试行）》第 15 条规定："属于保证担保的，保证人必须与我行签订'保证合同'，信贷员必须核保。"《甲银行公司类业务受理与调查作业标准》第 2 条规定："本作业标准适用于各分、支机构公司类授信业务的客户经理在业务受理与贷前调查时执行。"可见，核实保兑保函相关真伪性的责任主体应当是信贷员，即客户经理，而非产品部工作人员，因此，张某某并不属于甲银行核对保兑保函真伪的责任主体。

4."张某某明知 B 公司没有提供增值税专用发票，却签字允许贴现"，明显不属于违反国家规定违法发放贷款的行为

这具体表现在两个方面：

第一，根据甲银行的规定，没有提供增值税专用发票而签字允许贴现是完全合规的。《甲银行行业承兑汇票贴现业务管理办法（试行）》没有关于提交增值税发票的具体规定，但是该管理办法第 11 条规定："商业承兑汇票的真实性、票面要素内容、贸易背景审查与银行承兑汇票贴现业务审查要求相同。"因此，对商业承兑汇票贴现业务的贸易背景审查可以参照甲银行关于银行承兑汇票贴现业务的有关规定执行。《甲银行承兑汇票业务增值税发票合规性审查规定》第 12 条规定："若客户交易对手采用先付款后开发票的交易政策，导致放款时客户暂时无法提供发票的，客户经理应要求客户出具保证书，保证其在 1 个月的时间内（若因地域偏远、邮寄或其他客观原因，可将期限放宽至 3 个月）能够将符合银行要求的具有真实贸易背景的增值税发票提供至银行。当客户经理取得上述发票后，再根据合规性审查的要求进行审查并提交放款审查人员检查。"由此可见，在符合一定条件的情况下，甲银行允许在交易后提供发票。本案中，B 公司提供了一个月补齐发票的承诺。因此，

按照甲银行的规定，张某某在没有提供增值税专用发票的情况下签字允许贴现的行为是完全合规的。

第二，张某某在没有提供增值税专用发票的情况下签字允许贴现得到了徐某某的同意。张某某的笔录证实：在合同真实有效的前提下，银行先贴现企业后补齐发票的情况是通行做法。在这笔业务当中，关于贸易背景的真实性，市分行在保兑保函中明确确保该笔业务背景的真实性，另外，在贴现时，其也采用了银行业内先贴现后补齐发票的做法。当时，朱某给其说 B 公司现在提供不了发票，出具了一月内补齐增值税专用发票的承诺；其说其请示一下徐某某，其就给徐某某打电话说"B 公司 3 亿元商票贴现业务，有一年期交易合同，交易金额远大于 3 亿元，暂时提供不了发票，按照以前提供不了发票的处理方式，企业出具了一月补齐增值税专用发票的承诺，能不能办理贴现"，徐某某说"有承诺就行"，同意贴现。可见，张某某在没有提供增值税专用发票的情况下签字允许贴现的做法，得到了徐某某的同意。

（二）张某某没有违法发放贷款的故意，不符合违法发放贷款罪的主观要求

违法发放贷款罪属于故意犯罪，只有行为人明知其发放贷款的行为违反了国家规定并仍然发放贷款的，才能构成本罪。本案现有证据不能证明张某某主观上明知违反国家规定，认定其犯有违法发放贷款罪缺少主观要件。

1. 张某某对具有保兑保函的贴现业务流程不熟悉，对具体业务行为是否违法、违规缺乏认识条件

违法发放贷款罪的主观方面是故意，构成该罪要求行为人在主观上必须具备"明知"要件，即行为人必须明知自己的行为会发生违法违规发放贷款的后果。本案证据无法证明张某某明知涉案的贴现业务违反国家规定。

张某某的笔录证实：加了保兑保函这个模式，不是一般的商业承兑汇票的贴现业务。这种模式是甲银行第一次办理该类业务；除了一起做的这笔业务，其他的业务其不清楚；其没有和他们做过产品这条线上的业务对接，潘某做过的业务除了这一笔，再没有涉及过票据业务。可见，张某某是第一次做具有银行保兑保函的业务，对其中的一些要求并不熟悉，很多规程都是请示徐某某后才有所了解。张某某对涉案贷款过程中是否存在违反规定的情况，主观上缺乏认识基础，对其行为会导致违法违规发放贷款的后果缺少明知的认识。

2. 张某某在具体业务中都是按照徐某某等人的业务指引进行操作的，主观上对违法发放贷款后果的发生并不明知

违法发放贷款罪在主观意志上要求行为人对违法发放贷款后果的发生持希望或者放任的心态。但本案证据显示，张某某在具体业务中都是按照徐某某的业务指引进行操作的，其主观上不存在希望或者放任违法发放贷款后果的发生，不符合故意违法发放贷款罪的主观意志要求。这主要体现在以下两个方面：

第一，张某某对客户资料的审查是按照徐某某等的要求进行的，其主观上对客户资料不符合规定的情况缺乏明知。

首先，在一般情况下，客户经理在撰写报告时应当对客户资料进行严格的审核，而产品部是不会参与的。但是，由于潘某不熟悉业务，所以张某某应潘某的请求，让下属刘某某协助潘某撰写报告。刘某某对客户的资料进行过一些审核工作，张某某对此是知情的。刘某某在回答潘某提供的材料是否完备时的笔录称：不完备，在写报告的过程中其需要的相关资料向张某某提出过，并向他要这些资料，张某某都让潘某提供给其了。潘某的笔录也称：其把资料提供给了刘某某，刘某某在写报告的过程中，他需要什么资料其就联系企业补充什么资料，再提供给刘某某。可见，张某某本人并没有参与客户经理的审核工作，而是指示产品经理刘某某参与潘某的报告撰写工作，因此，其有充分的理由相信客户的资料已经得到了严格的审核。

其次，徐某某的笔录称：其认为这笔业务属于商票保兑的票据贴现业务，由于有乙银行的保兑保函，他们把它视同一笔附加同业信用的票据贴现业务做的，所以原则上不需要对企业进行尽职调查。可见，根据甲银行贷款的一般做法，商业承兑汇票的贴现是不需要做尽职调查的。因此，张某某按照徐某某的要求进行工作，对违法发放贷款的可能性缺乏认识。

第二，张某某对市分行的审查是按照徐某某的要求进行的，其主观上对保兑保函的不合规签订缺乏明知。

首先，张某某对市分行是否需要省分行的授权缺乏明知。在回答侦查人员关于其是否知道银行业对机构授权的相关规定的提问时，张某某的笔录称"不知道"；但在刘某某提示后，其已将市分行是否有权出具保兑保函的问题向徐某某进行了汇报。虽然徐某某的笔录中未涉及张某某是否报告的内容，但由于张某某所称的汇报是"一对一"进行的，因此，在无相反证据的情况下，无论徐某某怎样证实，在证据规则上都不能排除张某某证言的客观性。更为重要的是，徐某某曾证实其并不认为市分行是否得到授权会影响涉案的票据贴现业务。事实上，徐某某及贷审会最终审查同意放贷。因此，对于张某某而言，其没有认识到市分行需要授权，也是很正常的事情。

其次，徐某某没有要求张某某对市分行是否取得省分行的授权进行审查。张某某并不具体负责贷款的审查业务，其之所以被派去签订保兑保函，主要的原因是当时徐某某找不到其他的人去。徐某某派遣张某某的主要任务是核实银行网点是否真实存在、邓某某的行长身份是否真实以及3亿元授信等问题，并不包括市分行是否得到省分行的授权问题。而且，甲银行风险中心《关于B公司商票贴现的审查报告》也只提到了要确保"商业承兑汇票保兑保函"的真实性。因此，张某某没有核实签订保兑保函是否得到省分行的授权并非故意。

最后，从当时的情形看，张某某是第一次进行这方面的工作，对于银行印章的使用缺乏认识，故其没有发现邓某某签订保兑保函所使用的印章不符合规定显然不是故意的。

客观地看，本案中甲银行贷款的违法发放，是由多个环节的多重因素共同造成的，但从根本上看，是被邓某某、舒某某、王某某等人欺骗所致。甲银行及其具体工作人员均为被欺骗的对象而不是共同的行为者，纵然他们在办理具体业务过程中存在过失，也不能以故意犯罪追究其刑事责任。因此，张某某主观上没有违法发放贷款的故意，客观上没有实施违反国家规定发放贷款的行为，不符合违法发放贷款罪的主客观要件要求，不构成违法发放贷款罪。

苏某某逃汇、骗购外汇案

——虚构外贸项目委托银行付汇后以人民币结汇的行为是否构成骗购外汇

一、基本案情

2010 年至 2013 年，苏某某作为 A 公司、B 公司、C 公司的实际经营者、直接负责的主管人员，利用虚假的"中华人民共和国海关保税区进境货物备案清单"、货权证明等材料，虚构转口贸易业务，以上述公司名义或委托其他公司通过多家银行向境外公司付汇，金额达 478 990 840.07 美元，其中骗购外汇金额达 182 205 660.96 美元。具体事实如下：

（1）2010 年至 2013 年，A 公司利用虚假的"中华人民共和国海关保税区进境货物备案清单"、货权证明等材料虚构 25 笔转口贸易业务，委托甲公司通过银行向多家境外公司付汇合计 58 276 764 美元，其中骗购外汇数额 19 677 925.41 美元。

（2）2010 年至 2013 年，A 公司利用虚假的"中华人民共和国海关保税区进境货物备案清单"、货权证明等材料虚构 3 笔转口贸易业务，委托乙公司通过银行向多家境外公司付汇合计 5 642 406 美元。

（3）2010 年至 2013 年，A 公司利用虚假的"中华人民共和国海关保税区进境货物备案清单"、货权证明等材料虚构 73 笔转口贸易业务，通过银行向多家境外公司付汇合计 176 174 570.47 美元，其中骗购外汇数额 66 763 666.43 美元。

（4）2011 年至 2013 年，A 公司利用虚假的"中华人民共和国海关保税区进境货物备案清单"虚构 4 笔转口贸易业务，通过银行向多家境外公司付汇合计 9 384 925 美元，其中骗购外汇数额为 8 670 925 美元。

（5）2010 年至 2013 年，C 公司利用虚假的"中华人民共和国海关保税区进境货物备案清单"、货权证明等材料虚构 73 笔转口贸易业务，通过银行向多家境外公司付汇合计 200 683 098 美元，其中骗购外汇数额为 80 190 145.12 美元。

（6）2010 年至 2013 年，B 公司利用虚假的"中华人民共和国海关保税区进境货物备案清单"虚构 15 笔转口贸易业务，委托丙公司通过银行向多家境外公司付汇合计 28 829 076.6 美元，其中骗购外汇数额为 6 902 999 美元。

二、主要问题

本案涉及的主要问题是 A 公司、B 公司、C 公司、苏某某（以下统称"苏某某等"）的行为属于虚构外贸项目委托银行付汇后以人民币结汇，对该行为应当如何定罪处罚。对此，主要存在两种不同观点：

一种观点主张构罪，认为苏某某等违反国家规定，擅自将外汇存放境外，累计数额在 500 万美元以上，构成逃汇罪。苏某某等使用虚假的"中华人民共和国海关保税区进境货物备案清单"、货权证明等骗购外汇，数额特别巨大，应以骗购外汇罪定罪处罚。两罪并罚。

另一种观点主张不构罪，认为苏某某等犯逃汇罪的依据存疑，即便苏某某的行为同时构成逃汇罪、骗购外汇罪，也不能数罪并罚，应以逃汇罪定罪处罚。基于我国外汇政策的变化，对苏某某等的行为定罪处罚应当十分慎重且尽可能从宽，尽量不作为犯罪处理，即便要作为犯罪处理，也应当尽可能地从宽处罚。

三、出罪法理

针对苏某某等的行为，无论是从法律行为的定性上，还是从刑事政策的把握上，都不能认定苏某某等的行为构成逃汇罪，应当对其行为作出罪处理，原因如下。

（一）在法律定性上，苏某某等的行为不符合逃汇罪的成立条件，不能认定其犯逃汇罪

关于逃汇罪，我国《刑法》第 190 条规定："公司、企业或者其他单位，违反国家规定，擅自将外汇存放境外，或者将境内的外汇非法转移到境外，数额较大的，对单位判处逃汇数额百分之五以上百分之三十以下罚金，并对其直接负责的主管人员和其他直接责任人员，处五年以下有期徒刑或者拘役；数额巨大或者有其他严重情节的，对单位判处逃汇数额百分之五以上百分之三十以下罚金，并对其直接负责的主管人员和其他直接责任人员，处五年以上有期徒刑。"据此，逃汇罪的成立必须具备两个基本条件：一是前提条件，即必须违反国家规定；二是行为条件，即必须擅自将外汇存放境外，或者将境内的外汇非法转移到境外，数额较大。本案中，苏某某等违反国家规定，虚构转口贸易业务，致使境内外汇被非法转移至境外，数额巨大。但本案存在两个重要疑点。

　　第一，本案没有查证苏某某等通过银行付至境外的外汇是否用于经常项目，进而难以认定其行为符合逃汇罪的前提条件。1994 年，我国外汇管理体制发生了重大变化，经常项目下的外汇实行了银行结售汇制度，取消审批制，实现了人民币经常项目下的有条件可兑换。在此背景下，我国《外汇管理条例》第 5 条规定："国家对经常性国际支付和转移不予限制。"可见，用外汇进行经常性国际支付和转移是不受限制的，不违反国家规定。经常性国际支付和转移主要对应"经常项目外汇"。对于经常项目，我国 1997 年《外汇管理条例》第 52 条第 6 项规定："'经常项目'是指国际收支中经常发生的交易项目，包括贸易收支、劳务收支、单方面转移等。"本案没有查证苏某某等通过银行付至境外的外汇是否被用于经常项目。而苏某某的笔录等证据显示，外汇转至境外主要是用于境外贸易活动。如苏某某等的陈述属实，则应认定为用于经常项目。至少，在没有最终查证的情况下，本案不能排除苏某某等将外汇付至境外是用于经常项目，进而难以认定其行为符合逃汇罪的前提条件。

　　第二，苏某某等不是将自有外汇非法转移到境外，难以认定其行为符合逃汇罪的行为条件。我国《刑法》第 190 条规定的逃汇行为主要包括两种，即"擅自将外汇存放境外"和"将境内的外汇非法转移到境外"。其中，"将境内的外汇非法转移到境外"是将境内自有的外汇非法转移到境外。本案中，苏某某等是通过银行向境外公司付汇的，从行为对象上看，苏某某等付至境外的外汇并不是其自有的外汇，而是银行垫付的外汇。这一行为类型既不属于逃汇罪的"擅自将外汇存放境外"，也不属于逃汇罪的"将境内的外汇非法转移到境外"，难以认定其行为符合逃汇罪的行为条件。

（二）在罪数处理上，即便苏某某的行为同时构成逃汇罪、骗购外汇罪，也不能进行数罪并罚

　　本案中，苏某某等的行为在形式上似乎既涉及逃汇罪，又涉及骗购外汇罪。不过，即便苏某某的行为同时构成这两个犯罪，也不应该进行数罪并罚。这具体体现在：

　　第一，苏某某等被指控的逃汇行为与骗购外汇行为之间存在牵连关系。在刑法理论上，牵连关系包括目的与手段、原因与结果的关系。本案中，苏某某等先是通过银行向境外公司垫付外汇，然后再与银行进行外汇结算的。从行为的先后顺序上看，苏某某等涉嫌骗购外汇罪的行为发生在银行向境外公司付汇之后，即在银行垫付后，对于银行对外垫付的外汇，以人民币与银行进行结算。从逃汇和骗购外汇两个行为之间的关系来看，这两个行为之间存在因果关系，其中逃汇是原因行为，骗购外汇是结果行为，两个行为的最终目的是将外汇付至境外公司。这两个行为之间的关系属于我国刑法上的牵连关系，即便苏某某等的行为分别构成逃汇罪和骗购外汇罪，也应当按照牵连犯的处理原则进行处理。

第二，按照牵连犯的处理原则，对苏某某等的行为应以逃汇罪进行定罪处罚。关于牵连犯的处理原则，在无法律和司法文件规定的情况下，原则上应采取从一重罪处断的做法。本案中，苏某某等涉嫌的两个犯罪中，骗购外汇罪对应的法定刑要重于逃汇罪，似乎应以骗购外汇罪进行定罪处罚。但1998年最高人民法院《关于审理骗购外汇、非法买卖外汇刑事案件具体应用法律若干问题的解释》第1条第1款规定："以进行走私、逃汇、洗钱、骗税等犯罪活动为目的，使用虚假、无效的凭证、商业单据或者采取其他手段向外汇指定银行骗购外汇的，应当分别按照刑法分则第三章第二节、第一百九十条、第一百九十一条和第二百零四条等规定定罪处罚。"按照这一规定，以逃汇为目的骗购外汇的，定逃汇罪。这一解释虽然出台于1998年12月29日全国人大常委会《关于惩治骗购外汇、逃汇和非法买卖外汇犯罪的决定》之前，但并未被废止或者修改，且按照逃汇罪这一目的犯罪进行定罪也符合牵连犯的处理原则，因此，在发生逃汇罪与骗购外汇罪的牵连时，仍应按照这一解释的规定，对行为人以逃汇罪进行定罪处罚。本案中，即便同时构成逃汇罪和骗购外汇罪，对苏某某等的行为也应以逃汇罪进行定罪处罚。

（三）在政策把握上，基于我国外汇政策的变化，对苏某某等的行为定罪处罚应当十分慎重且尽可能从宽

在刑法上，外汇犯罪属于法定犯，对其定罪量刑在很大程度上要考虑前置法和国家外汇政策。当前，我国外汇管制虽然没有完全被取消，但整体政策和环境与1998年出台全国人大常委会《关于惩治骗购外汇、逃汇和非法买卖外汇犯罪的决定》时相比有了明显变化，对外汇犯罪的定罪处罚应当做到慎重，能宽则宽。这具体体现在：

第一，当前我国外汇环境较之于1998年出台全国人大常委会《关于惩治骗购外汇、逃汇和非法买卖外汇犯罪的决定》时有了明显变化。全国人大常委会《关于惩治骗购外汇、逃汇和非法买卖外汇犯罪的决定》的出台背景是1997年亚洲金融危机爆发，国际资本流向逆转，纷纷从亚洲国家抽逃，我国的资本流入也有所减少，为维护亚洲经济的稳定和从大局出发，我国政府郑重宣布人民币不贬值，人民币承受着巨大的压力。在这种情况下，一些不法犯罪分子利令智昏，大肆进行骗购外汇、逃汇和非法买卖外汇的违法犯罪活动，致使我国的外汇资金流失严重。当时我国的外汇管理秩序面临较为严峻的考验。在此背景下，为了惩治骗购外汇、逃汇和非法买卖外汇的犯罪行为，维护国家外汇管理秩序，1998年12月全国人大常委会出台了《关于惩治骗购外汇、逃汇和非法买卖外汇犯罪的决定》。与当时相比，当前国际金融秩序总体稳定，我国外汇储备较之 1998 年前后有了极大的增加，外汇秩序稳定，目前完全没有以刑法对涉及外汇管理秩序的不法行为予以重惩的必要。

第二，当前我国外汇政策较之于 1998 年出台全国人大常委会《关于惩治骗购外汇、逃汇和非法买卖外汇犯罪的决定》时有了明显的变化。我国外汇政策管制由紧到松。改革开放初期，我国实行的是高度集中的、统收统支的外汇管理体制。随着外汇管理体制的改革，我国又实行了外汇留成、外汇调剂等制度。1994 年，我国的外汇管理体制发生了重大变化，经常项目下外汇实行了银行结售汇制度，取消审批制，实现了人民币经常项目下的有条件可兑换等。1996 年，我国外汇管理体制改革步伐进一步加快，自 12 月 1 日起我国接受《国际货币基金组织协定》第 8 条款的义务，提前实现了人民币经常项目可兑换的要求。受 1997 年亚洲金融危机的影响，之后我国外汇管理有所收紧。但 2001 年我国加入世贸组织之后，贸易顺差急剧扩大，外资大量流入，国际收支大额顺差，国际收支不平衡的矛盾日益突出。特别是在 2002 年之后，我国外汇储备大幅增加，对央行发行货币造成了较大压力。2005 年 7 月 21 日，我国再次宣布进行人民币汇率形成机制改革，同时实施一系列配套外汇管理政策，包括提高经常项目外汇账户限额，提高个人因私购汇指导性限额和简化手续凭证，等等。此后，我国进一步推进外汇管理体制改革。近年来，国家连续出台系列政策推动对外贸易的发展。在此基础上，对外汇犯罪的定罪处罚不应当再按照过去的从严思维，而应当做到慎重，能宽则宽。

针对上述外汇环境和外汇政策的变化，司法机关在处理涉外汇犯罪时应当进行调整。事实上，2013 年最高人民法院就以社会形势发生变化为由废止了 1998 年出台的《关于严厉打击骗购外汇和非法买卖外汇犯罪活动的通知》。当前，对外汇犯罪的审慎处理主要应当体现在两个方面：一是审慎入罪，对于不符合逃汇罪、骗购外汇罪等的行为，或者虽然符合逃汇罪、骗购外汇罪等的规定但因社会形势变化没有处罚必要的行为，应当尽可能不作为犯罪处理。二是尽可能从宽，对于确实符合逃汇罪、骗购外汇罪等构成要件且有入罪必要的，也应当根据社会形势的变化尽可能从宽处罚。具体到本案当中，司法机关对苏某某等被指控的逃汇、骗购外汇行为，应当根据社会形势的变化，尽量不作为犯罪处理，或者即便要作为犯罪处理，也应当尽可能从宽处罚。

张某某虚开增值税专用发票案

——公司为平账虚开增值税专用发票是否构成虚开增值税专用发票罪

一、基本案情

2016 年 1 月以来，丁某某在经营 A 公司期间，因向个体户大量采购不含税的废旧刨花铁（废钢）而没有将增值税专用发票入公司账。

为了达到让其公司少缴税款的目的，2017 年 7 月，丁某某取得经营 B 公司的张某某、张甲二人的联系方式，与张某某、张甲商议好，以虚假的支付货款资金回流、虚填过磅单等方式，按发票价税合计支付 8% 至 12% 不等点数的开票费。在 A 公司向 B 公司支付货款过程中，张某某、张甲将开票费扣除后，余款通过汪某某、张甲、张乙、叶某某、马某某等个人卡全部退回至丁某某指定用于走账的个人卡里，最后再回流至丁某某农业银行卡里，完成整个虚假资金回流过程。

自 2017 年 7 月 25 日至 2020 年 8 月 27 日，在无实际货物交易的情况下，利用虚假资金回流、虚填过磅单入账等方式，丁某某从张某某、张甲经营的 B 公司向其经营的 A 公司虚开品名为废钢的增值税专用发票 536 份，价税合计 57 284 856.02 元，发票全部用于该公司抵扣税款，造成国家税款损失 7 373 140.39 元。张某某、张甲谋取违法所得款（开票费）5 769 549.18 元。

二、主要问题

本案涉及的主要问题是：张某某等人的行为是否符合虚开增值税专用发票罪的成立条件，是否构成虚开增值税专用发票罪。对此，主要存在两种不同的观点：

一种观点主张构罪，认为张某某等人明知丁某某以少缴税款为目的，仍帮助丁某某虚开增值税专用发票用于抵扣税款。张某某等人主观上具有骗税的目的，虚开增值税专用发票用于抵扣税款，造成了国家税款损失，构成虚开增值税专用发票罪。

另一种观点主张不构罪，认为张某某等人实施涉案行为不具有骗取国家税款的目的，且虽然进行了抵扣申报，但其本就不应缴纳税款，其行为没有造成国家税款损失，不符合虚开增值税专用发票罪的成立要件，不构成虚开增值税专用发票罪。

三、出罪法理

根据我国《刑法》第205条的规定和最高司法机关的相关解释，张某某等人的行为不符合虚开增值税专用发票罪的成立条件，不构成虚开增值税专用发票罪。

（一）虚开增值税专用发票罪的成立要求行为人必须具有骗税的目的或者造成国家税款损失的结果，否则不成立虚开增值税专用发票罪

关于虚开增值税专用发票罪，我国《刑法》第205条规定："虚开增值税专用发票或者虚开用于骗取出口退税、抵扣税款的其他发票的，处三年以下有期徒刑或者拘役，并处二万元以上二十万元以下罚金；虚开的税款数额较大或者有其他严重情节的，处三年以上十年以下有期徒刑，并处五万元以上五十万元以下罚金；虚开的税款数额巨大或者有其他特别严重情节的，处十年以上有期徒刑或者无期徒刑，并处五万元以上五十万元以下罚金或者没收财产。""单位犯本条规定之罪的，对单位判处罚金，并对其直接负责的主管人员和其他直接责任人员，处三年以下有期徒刑或者拘役；虚开的税款数额较大或者有其他严重情节的，处三年以上十年以下有期徒刑；虚开的税款数额巨大或者有其他特别严重情节的，处十年以上有期徒刑或者无期徒刑。""虚开增值税专用发票或者虚开用于骗取出口退税、抵扣税款的其他发票，是指有为他人虚开、为自己虚开、让他人为自己虚开、介绍他人虚开行为之一的。"从刑法条文的规定看，我国《刑法》第205条没有对虚开增值税专用发票行为入罪规定特别的条件。但是，根据虚开增值税专用发票罪的立法目的、保护客体等要求，我国最高司法机关对虚开增值税专用发票行为入罪范围作了严格的限制，即虚开增值税专用发票行为人必须主观上具有骗取国家税款的目的或者客观上实施了骗取国家税款的行为，否则其行为不构成虚开增值税专用发票罪。相关依据在该案处理当时主要体现为：

第一，最高人民法院给公安部经济犯罪侦查局的复函明确称，虚开增值税专用票罪的成立要求行为人具有骗取抵扣税款的故意或者行为。2015年6月11日，最高人民法院研究室在给公安部经济犯罪侦查局《关于如何认定以"挂靠"有关公司名义实施经营活动并让有关公司为自己虚开增值税专用发票行为的性质》征求意见的复函（法研〔2015〕58号）中明确指出："虚开增值税专用发票罪的危害实质在于通过虚开行为骗取抵扣税款，对于有实际交易存在的代开行为，如行为人主观上并无骗取抵扣税款的故意，客观上未造成国家增值税税款损失的，不宜以虚开增值税专用发票罪论处。"根据这一复函的规定，行为人没有骗取抵扣税款的故意和行为的，其虚开增值税专用发票的行为不能构成虚开增值税专用发票罪。

第二，最高人民法院针对某省高级人民法院的个案请示明确答复称，不以抵扣税款为目的的虚开行为不构成虚开增值税专用发票罪。2001 年最高人民法院答复某省高级人民法院请示的某市 C 公司等虚开增值税专用发票一案中，明确称该案不以抵扣税款为目的，而是为了显示公司实力以达到在与外商谈判中处于有利地位而虚开增值税发票；最高人民法院答复据此认为，C 公司的行为不构成虚开增值税专用发票罪；该案的二审判决也因此推翻了一审法院关于构成虚开增值税专用发票罪的判决，认定 C 公司的行为不构成虚开增值税专用发票罪。据此，行为人没有以抵扣税款为目的虚开增值税专用发票的，不构成虚开增值税专用发票罪。

第三，2004 年最高人民法院召开的全国部分法院经济犯罪案件审判工作座谈会认为虚开增值税专用发票罪必须具有骗取国家税款的目的。该座谈会的基本观点认为，行为人主观上不具有偷、骗税的目的，客观上也不会造成国家税款流失的虚开行为，不应以虚开增值税专用发票犯罪论处。对于实践中下列几种虚开行为，一般不宜认定为虚开增值税专用发票犯罪：（1）为虚增营业额、扩大销售收入或者制造虚假繁荣，相互对开或环开增值税专用发票的行为；（2）在货物销售过程中，一般纳税人为夸大销售业绩，虚增货物的销售环节，虚开进项增值税专用发票和销项增值税专用发票，但依法缴纳增值税并未造成国家税款损失的行为；（3）为夸大企业经济实力，通过虚开进项增值税专用发票虚增企业的固定资产但并未利用增值税专用发票抵扣税款，国家税款亦未受到损失的行为。该座谈会的内容虽然没有由最高人民法院以纪要的形式正式下发，但反映了我国法院系统对虚开增值税专用发票行为入罪的基本认识。据此，行为人主观上不具有偷、骗税的目的，客观上也不会造成国家税款流失，其虚开增值税专用发票的行为不构成虚开增值税专用发票罪。

第四，2020 年最高人民检察院《关于充分发挥检察职能服务保障"六稳""六保"的意见》明确规定虚开增值税专用发票行为入罪要求行为人必须具有骗税的目的或者造成国家税款损失。该意见第 6 条中明确规定："注意把握一般涉税违法行为与以骗取国家税款为目的的涉税犯罪的界限，对于有实际生产经营活动的企业为虚增业绩、融资、贷款等非骗税目的且没有造成税款损失的虚开增值税专用发票行为，不以虚开增值税专用发票罪定性处理，依法作出不起诉决定的，移送税务机关给予行政处罚。"据此，只有以骗税为目的或者实际造成了国家税款损失的虚开增值税专用发票行为，才能构成虚开增值税专用发票罪，否则只是行政违法。

因此，虚开增值税专用发票罪的成立要求行为人必须具有骗税目的或者造成国家税款损失的结果。不具有骗税目的且没有造成国家税款损失的虚开增值税专用发票行为（包括但不限于以"挂靠"形式进行经营而虚开增值税专用发票），不能构成虚开增值税专用发票罪。当然，值得指出的是，2024 年最高人民法院、最高人民检察院《关于办理危害税收征管刑事案件适用法律若干问题的解释》第 10 条第 2 款规定："为虚增业绩、融资、贷款等不以骗抵税款为目的，没有因抵扣造成税款被骗损失的，不以本罪论处，构成其他犯罪的，依法以其他犯罪追究刑事责任。"这是关于虚开增值税专用发票行为出罪的最新规定。

（二）张某某等人主观上不具有骗税目的，且其行为没有造成国家税款损失，不符合虚开增值税专用发票罪的入罪条件，不构成虚开增值税专用发票罪

如前所述，虚开增值税专用发票罪的成立要求行为人主观上必须具有骗税目的，或者客观上造成了国家税款损失。本案中，张某某等人主观上不具有骗税目的，且其行为没有造成国家税款损失，不符合虚开增值税专用发票罪的入罪条件，不构成虚开增值税专用发票罪。这主要体现在以下几个方面。

1. 张某某等人主观上不具有骗税的目的，不符合虚开增值税专用发票罪的主观要求

本案中，在案证据不能证明丁某某主观上具有骗取国家税款的目的，且有证据可以证明，张某某主观上没有骗取国家税款的目的且其不明知丁某某主观上具有骗取国家税款的目的。这具体体现在：

第一，本案证据不能证明丁某某主观上具有骗取国家税款的目的。这包括：一是丁某某及其所在单位 A 公司的行为目的是平账。本案证据显示，A 公司的需方多为需要钢球的大型国企等，以含税价格购买 A 公司制造的钢球，需要开具增值税专用发票抵扣成本，但供方大多为个体散户，无法开具增值税专用发票。这就造成了 A 公司的收支账目不平衡（销项大于进项），A 公司需要发票进行平账。A 公司找到 B 公司开具发票的目的就是平账。二是本案不能认定 A 公司是"为了达到能让其公司少缴税款的目的"。这是因为：一方面，"少缴税款"与"骗取税款"不是同一个概念。如果 A 公司少缴的是其本不应缴的税款（如果没有发票，其要多缴本不应缴的税款），则不能认定其主观上具有骗取国家税款的目的。另一方面，从开票成本与少缴税款的数额关系上看，本案难以认定 A 公司的主观目的是骗取国家税款。办案机关认定 A 公司少缴的税额是按照应缴 13％的税率计算的。而 A 公司支付的开票费是价税的 8％至 12％，再加上购买废旧刨花铁（废钢）并不能做到完全的不含税

价格，开票金额没有涵盖所有的废钢以及人员成本等，本案难以认定 A 公司的主观目的是骗取国家税款。

第二，本案有证据表明，张某某主观上没有骗取国家税款的目的。这包括：一是张某某所在单位 B 公司开出的增值税专用发票是销项税额，本身不可能具有骗税的目的。本案证据显示，B 公司的供方多为大型汽车制造公司，购进废品都是含税的价格，均需开具增值税专用发票以抵扣成本，其需方却大多为个体散户，是以不含税的价格购买华泰公司的废品，不需要增值税专用发票。本案中，B 公司是向 A 公司开出增值税专用发票，开票金额是销项税额。对 B 公司而言，销项税额不会产生抵扣税款问题，其本身不可能具有骗税的目的。二是办案机关认定张某某及其所在单位 B 公司开出增值税专用发票收取的是发票价税，合计支付 8％至 12％不等点数的开票费，而不是骗取国家税款。三是张某某及其所在单位 B 公司开出增值税专用发票的主要目的是平账。本案中，B 公司购进废品时都向供方支付的是含税的价格，但出售时是不含税价格，且购买方不需要发票。这就造成了 B 公司的收支不能平账（进项大于销项），需要对外开出增值税专用发票进行平账，其实施涉案行为的主要目的是平账。四是根据本案证据难以认定张某某明知 A 公司具有骗取国家税款的目的。这是因为：一方面，如前所述，根据本案证据难以认定 A 公司主观目的是骗取国家税款；另一方面，B 公司向 A 公司开具增值税专用发票的金额是根据 A 公司提供的货物清单确定的，B 公司有理由认为开出的增值税专用发票金额是实际发生的金额，不是虚增的金额。

2. **本案证据不能证明张某某等人的行为造成了国家税款损失**

造成国家税款损失是一种客观结果。本案中，A 公司虽然使用涉案增值税专用发票进行了抵扣，但不能认定张某某等人的行为造成了国家税款损失。这具体体现在：

第一，办案机关认定丁某某及其所在单位 A 公司造成国家税款损失 7 373 140.39 元，依据不足。这包括：一是从缴税主体上看，只要 A 公司没有超出所购物资虚开发票金额，其就不是纳税主体，不应缴税。根据丁某某经营的 A 公司进出货记账本统计采购数据（2018 年 2 月 26 日至 2020 年 9 月 13 日），在 2018 年 2 月 26 日至 2020 年 9 月 13 日期间，A 公司向销货方采购了大量刨花铁等物资。具体而言，自 2018 年 2 月 23 日至 2020 年 8 月 27 日，A 公司实际向上游散户采购货物不含税价格 71 076 385.42 元，其中包含废旧刨花铁（废钢）19 760 吨。这些物资的价值金额远超办案机关认定的发票开具金额（自 2017 年 7 月 25 日至 2020 年 8 月 27 日，A 公司委托 B 公司虚开品名为废钢的增值税专用发票 536 份，不含税价格 49 911 715.63 元，税款 7 373 140.39 元，价税合计 57 284 856.02 元）。这表明，A 公司开出的发票金额明显小于其所购物资的金额，而这些所购物资金额都是 A 公司实际支付的金额，属于实际支出的成本，本不应由其缴纳税款。在此基础上，本案不能认定丁某某及其所在单位——A 公司造成了国家税款损失。二是从缴税金额上看，本案证据不能证明办案机关认定的国家税款损失 7 373 140.39 元是 A 公司在销货方所销不含税价格之外多出的应缴税金额。本案中，办案机关认定 A 公司购买废旧刨花铁（废钢）是以不含税价格购买的。但如前所述，A 公司开出的发票金额明显小于其所购物资的金额。而只有在所购货物之外的金额才是 A 公司需要缴纳税款的金额。A 公司本就不应缴纳相关税额，其行为没有造成国家税款损失。

第二，本案证据不能证明张某某及其所在单位——B 公司造成了国家税款损失。这包括：一是如前所述，B 公司没有用涉案增值税专用发票向国家报税，其行为本身不存在骗取国家税款问题。二是 B 公司是按照 A 公司提供的货物列表和走账金额开具发票的，其形式上做到了票、物对应，难以认定其行为造成了国家税款损失。三是如前所述，本案难以认定 A 公司造成了国家税款损失，进而更难以认定 B 公司的行为造成了国家税款损失。

可见，张某某等人实施涉案行为不具有骗取国家税款的目的，且虽然进行了抵扣申报，但其本就不应缴纳税款，其行为没有造成国家税款损失，不符合虚开增值税专用发票罪的成立要件，不构成虚开增值税专用发票罪。

C 公司虚开增值税专用发票案

——为不缴消费税虚开增值税专用发票的产品名称是否构成虚开增值税专用发票罪

一、基本案情

　　C 公司在销售自产的"燃料油品质"产品时，以有机热载体 LQB300、LQB280、L－QD340、L－QD330、L－QC310、L－QB300、L－QC320、L－QD330 等为货物品名（不属于消费税应税产品）对外销售和开具增值税专用发票，并向税务机关进行纳税申报，正常缴纳增值税，但未缴纳消费税。

　　C 公司将自产的"燃料油品质"的产品开具"化工票"销售给 A 公司，随后 A 公司将贸易买来的"燃料油品质"的产品开具"化工票"销售给 B 公司，B 公司再将贸易买来的"燃料油品质"的产品开具"化工票"销售给 G 公司，G 公司将贸易买来的"燃料油品质"的产品开具"成品油"增值税专用发票（以下称"成品油票"）销售给 D 公司。这里 G 公司与 D 公司的贸易环节完成"变票"行为（G 公司接受的是"化工票"，和 D 公司贸易后 G 公司开出了"成品油票"）。以上的任何销售行为中增值税都正常缴纳，但是在"变票"贸易环节都没有缴纳消费税（成品油是消费税应税产品）。

二、主要问题

　　本案涉及的主要问题是 C 公司在销售涉案产品过程中开具增值税专用发票的行为是否构成虚开增值税专用发票罪。对此，主要存在两种不同的观点：

　　一种观点主张构罪，认为 C 公司更改销售产品真实货物品名（将"燃料油品质"的产品票开成"化工票"）对外销售和开具增值税专用发票，以避开其所应缴纳的消费税，造成了国家税款损失，构成虚开增值税专用发票罪。

　　另一种观点认为不构罪，认为 C 公司主观上没有骗取国家税款的目的且客观上也不能认定其行为造成了国家税款损失，其涉案行为不属于刑法意义上的虚开增值税专用发票行为，不构成虚开增值税专用发票罪。

三、出罪法理

关于虚开增值税专用发票罪，我国《刑法》第 205 条第 1 款规定："虚开增值税专用发票或者虚开用于骗取出口退税、抵扣税款的其他发票的，处三年以下有期徒刑或者拘役，并处二万元以上二十万元以下罚金；虚开的税款数额较大或者有其他严重情节的，处三年以上十年以下有期徒刑，并处五万元以上五十万元以下罚金；虚开的税款数额巨大或者有其他特别严重情节的，处十年以上有期徒刑或者无期徒刑，并处五万元以上五十万元以下罚金或者没收财产。"第 2 款规定："单位犯本条规定之罪的，对单位判处罚金，并对其直接负责的主管人员和其他直接责任人员，处三年以下有期徒刑或者拘役；虚开的税款数额较大或者有其他严重情节的，处三年以上十年以下有期徒刑；虚开的税款数额巨大或者有其他特别严重情节的，处十年以上有期徒刑或者无期徒刑。"尽管我国《刑法》对虚开增值税专用发票行为入罪未作特别限制，但虚开增值税专用发票罪的设置是为了保护国家税收利益。这使得刑法意义上的虚开增值税专用发票行为与行政法意义上的虚开增值税专用发票行为存在根本区别。也正因为如此，我国最高司法机关针对虚开增值税专用发票行为明确规定，只有虚开增值税专用发票的行为人主观上具有骗税目的或者客观上造成了国家税款损失，其行为才可构成虚开增值税专用发票罪。本案中，C 公司销售的涉案产品品名与开具的增值税专用发票上的产品品名不一致，违反了《发票管理办法》的规定，但 C 公司主观上没有骗取国家税款的目的且客观上也不能认定其行为造成了国家税款损失，其涉案行为不属于刑法意义上的虚开增值税专用发票行为，不构成虚开增值税专用发票罪。

（一）C 公司没有骗取国家税款的目的，不符合虚开增值税专用发票罪的主观要求

如前所述，根据我国最高司法机关的规定，虚开增值税专用发票罪的成立要求行为人主观上具有骗取国家税款的目的。在内涵上，骗税与逃税是两个不同的概念，两者在行为方式上存在较大的不同：前者表现为国家将税款抵扣给纳税人，后者表现为纳税人不缴纳税款。本案中，虽然 C 公司对外开具了与销售产品名称不符的增值税专用发票，但其主观上不具有骗取国家税款的目的，不符合虚开增值税专用发票罪的主观要求。这是因为：

第一，C 公司销售涉案产品的价格明显低于含消费税的产品市场价，属于不含消费税的价格，其主观上不具有骗取国家税款的目的。在税法上，消费税是价内税，作为产品价格的一部分存在，税款最终由消费者承担。据此，判断 C 公司主观上是否具有骗取国家税款的目的，关键在于其销售的产品价格是否包含了消费税额（更进一步讲，在于 C 公司是按照含消费税的价格销售涉案产品还是按照不含消费税的价格销售涉案产品）。对此，根据案件材料，C公司对外销售涉案产品的价格明显低于含消费税的产品市场价，是不含消费税的价格。虽然C公司的这一做法不符合《发票管理办法》的规定，是一种行政违法行为，但因其销售价格不含消费税额，C公司主观上也就不可能具有骗取国家税款（消费税）的目的，不构成刑法上的虚开增值税专用发票罪。

第二，C公司清楚涉案产品的流向，清楚涉案产品要在后续环节上由消费税非应税产品更名为消费税应税产品，并依法应由变票企业缴纳消费税，C公司主观上不具有骗取国家税款的目的。本案中，C公司销售的产品流转要经历多个环节并最终流向成品油销售企业，即C公司将涉案产品开具"化工票"销售给A公司，随后A公司将贸易买来的涉案产品开具"化工票"销售给B公司，B公司再将贸易买来的涉案产品开具"化工票"销售给G公司，G公司将贸易买来的涉案产品开具"成品油票"销售给成品油销售公司D公司。2012年国家税务总局《关于消费税有关政策问题的公告》（国家税务总局公告2012年第47号）第3条规定："工业企业以外的单位和个人的下列行为视为应税消费品的生产行为，按规定征收消费税：（一）将外购的消费税非应税产品以消费税应税产品对外销售的；（二）将外购的消费税低税率应税产品以高税率应税产品对外销售的。"据此，变票企业（G公司）属于将外购的消费税非应税产品以消费税应税产品对外销售的单位，应按照规定缴纳消费税。C公司清楚产品的流向和在后续环节会变票并依法应由变票企业缴纳消费税，其主观上不具有骗取国家税款的目的。

可见，C公司主观上没有骗取国家税款的目的，其行为不符合虚开增值税专用发票罪的主观要求。

（二）本案不能认定C公司的行为造成了国家税款损失，C公司的行为不符合虚开增值税专用发票罪的结果要求

如前所述，造成国家税款损失是虚开增值税专用发票罪的结果要件。根据案件材料，本案不能认定C公司的行为造成了国家税款损失，C公司的行为不符合虚开增值税专用发票罪的结果要求。这是因为：

第一，C公司销售涉案产品的价格不含消费税，不具备造成国家税款损失的前提条件。作为价内税，消费税额是否包含在销售产品的价格之内，是行为人的行为是否会造成国家税款损失的认定前提。其基本逻辑是价格不含消费税就不应当缴纳消费税，谁出售的产品含消费税（以消费税应税产品进行销售）就应该由谁缴税。这是认定行为造成国家税款损失的前提。本案中，根据案件材料，C公司销售涉案产品的价格明显低于消费税应税产品的市场价，不包含消费税，是不含消费税的价格，不具备造成国家税款损失的前提条件。

第二，涉案产品未缴纳消费税是 G 公司的行为所致，与 C 公司的涉案行为不具有刑法上的因果关系。如前所述，本案涉案产品由 C 公司卖出后经过了一个较长的流转环节，其中将涉案产品由消费税非应税产品变为消费税应税产品的行为发生在 G 公司的销售环节，即 G 公司将贸易买来的涉案产品发票名称由买进时的"化工票"变成卖出时的"成品油票"（以消费税应税产品将涉案产品销售给 D 公司）。如前所述，2012 年国家税务总局《关于消费税有关政策问题的公告》（国家税务总局公告 2012 年第 47 号）第 3 条明确规定，工业企业以外的单位和个人"将外购的消费税非应税产品以消费税应税产品对外销售的"，应按规定征收消费税。据此，本案涉案产品的消费税应当由变票的 G 公司缴纳。G 公司没有依法缴纳消费税造成国家消费税税款损失，按照刑法上的因果关系认定标准，G 公司的行为是因。C 公司的涉案行为与涉案产品未缴纳消费税之间不具有刑法上的因果关系（C 公司的涉案行为与国家消费税税款损失之间不具有因果联系的相当性）。国家消费税的税款损失不能认定为是 C 公司的涉案行为造成的。

第三，C 公司的纳税申报情况表明本案不能认定 C 公司的行为造成了国家税款损失。本案中，当地税务机关对 C 公司销售的产品是否属于消费税应税产品、C 公司是否申报缴纳消费税、C 公司最终缴纳了多少税款等情况完全知情。在此基础上，本案不能认定 C 公司的行为造成了国家税款损失。这是因为：一是在被骗因素上，骗取国家税款是以国家"被骗"为前提的，在税务机关对 C 公司的情况均知情的情况下，本案难以认定税务机关对 C 公司不缴纳消费税的情况存在错误认识，进而难以认定税务机关被骗，更不能认定 C 公司骗取了国家税款。二是在因果关系上，税务机关对 C 公司的情况完全知情，即便国家遭受了税款损失，因税务机关知情并实施了相应的行为，也难以认定 C 公司的行为与国家税款损失之间存在直接因果关系。三是在期待可能性上，C 公司在长期的税务申报中一直采取相同方式进行申报，且税务机关对 C 公司的具体情况完全知情，在此情况下，不能期待 C 公司改变申报方式去缴纳其认为不应由其缴纳的税款。因此，于情于理于法，本案都不能认定 C 公司的行为构成刑法上的虚开增值税专用发票罪。

可见，本案不能认定 C 公司的行为造成了国家税款损失，C 公司的行为不符合虚开增值税专用发票罪的结果要求。

刘某某虚开发票案

——虚开发票罪是否要求以骗税为目的或者以造成国家税款损失为条件

一、基本案情

在 2011 年 5 月 1 日至 2012 年 12 月期间，A 公司财务人员因发现公司账目不平，在征得 A 公司法定代表人刘某某同意后，在 A 公司从未与 B 公司、C 公司等公司发生真实交易的情况下，向他人购买建筑业统一发票等 59 张用于做平公司账目，涉案发票票面金额合计人民币 70 372 400 元。其中 A 公司财务经理黄某、D 公司财务总监戚某帮助购买发票两次，涉及发票票面金额合计人民币 23 362 000 元。

经鉴定，上述发票与真票样不符，系假发票。

二、主要问题

本案涉及的主要问题是虚开发票罪是否要求以骗税为目的或者以造成国家税款损失为条件，刘某某的行为是否符合虚开发票罪的成立要件，其行为是否构成虚开发票罪。对此，主要存在两种不同的观点：

一种观点主张构罪，认为 A 公司违反国家税收征管法规虚开发票，情节特别严重，刘某某系直接负责的主管人员，应当以虚开发票罪追究其刑事责任。

另一种观点主张不构罪，认为虚开发票罪的成立要求行为人必须具有骗税目的或者造成国家税款损失的结果，刘某某购买假发票是为了平账，并没有骗取抵扣税款的故意和行为。刘某某主观上不具有偷、骗税的目的，客观上也不会造成国家税款流失，不构成虚开发票罪。

三、出罪法理

我国《刑法》和最高司法机关的规定未明确虚开发票罪是否要求以骗税为目的或者以造成国家税款损失为条件。但参照虚开增值税专用发票罪的规定，虚开发票罪也应当以骗税为目的或者以造成国家税款损失为条件。刘某某的行为不符合虚开发票罪的成立要件，不构成虚开发票罪。这主要体现在以下几个方面。

(一) 虚开发票罪的成立要求行为人必须具有骗税的目的或者造成国家税款损失的结果，否则不成立虚开发票罪

关于虚开发票罪，我国《刑法》第 205 条之一规定："虚开本法第二百零五条规定以外的其他发票，情节严重的，处二年以下有期徒刑、拘役或者管制，并处罚金；情节特别严重的，处二年以上七年以下有期徒刑，并处罚金。""单位犯前款罪的，对单位判处罚金，并对其直接负责的主管人员和其他直接责任人员，依照前款的规定处罚。"从刑法条文规定上看，我国《刑法》在"情节严重"外没有对虚开发票行为规定特别的入罪条件。但是，根据虚开发票罪的立法目的、保护客体等要求，同时参照我国最高司法机关关于虚开增值税专用发票行为入罪的规定，虚开发票罪的成立要求行为人必须具有骗税的目的或者造成国家税款损失的结果。

1. 最高司法机关针对虚开增值税专用发票行为明确规定，虚开发票行为入罪要求行为人必须具有骗税的目的或者造成国家税款损失的结果

我国最高司法机关对虚开增值税专用发票行为入罪范围作了严格的限制，即虚开增值税专用发票行为人必须主观上具有骗取国家税款的目的或者客观上实施了骗取国家税款的行为，否则其行为不构成虚开增值税专用发票罪。在 2024 年 1 月最高人民法院、最高人民检察院《关于办理危害税收征管刑事案件适用法律若干问题的解释》出台之前（包括本案审理时），相关规定主要有：

第一，最高人民法院给公安部经济犯罪侦查局的复函明确称虚开增值税专用票罪的成立要求行为人具有骗取抵扣税款的故意或者行为。2015 年 6 月 11 日，最高人民法院研究室在给公安部经济犯罪侦查局的《关于如何认定以"挂靠"有关公司名义实施经营活动并让有关公司为自己虚开增值税专用发票行为的性质》征求意见的复函（法研〔2015〕58 号）中明确指出："虚开增值税专用发票罪的危害实质在于通过虚开行为骗取抵扣税款，对于有实际交易存在的代开行为，如行为人主观上并无骗取抵扣税款的故意，客观上未造成国家增值税税款损失的，不宜以虚开增值税专用发票罪论处。"根据这一复函的规定，行为人没有骗取抵扣税款的故意和行为的，其虚开增值税专用发票的行为不能构成虚开增值税专用发票罪。

第二，最高人民法院针对某省高级人民法院的个案请示明确答复称，不以抵扣税款为目的的虚开行为不构成虚开增值税专用发票罪。2001 年最高人民法院在答复某省高级人民法院请示的某市 E 公司等虚开增值税专用发票一案中，明确称该案不以抵扣税款为目的，而是为了显示公司实力以达到在与外商谈判中处于有利地位而虚开增值税发票。最高人民法院的答复据此认为，

E 公司的行为不构成虚开增值税专用发票罪。该案的二审判决也因此推翻了一审法院关于构成虚开增值税专用发票罪的判决，认定 E 公司的行为不构成虚开增值税专用发票罪。据此，行为人没有以抵扣税款为目的的虚开增值税专用发票行为，不构成虚开增值税专用发票罪。

第三，2004 年最高人民法院召开的全国部分法院经济犯罪案件审判工作座谈会认为虚开增值税专用发票罪必须具有骗取国家税款的目的。该座谈会的基本观点认为，行为人主观上不具有偷、骗税的目的，客观上也不会造成国家税款流失的虚开行为，不应以虚开增值税专用发票犯罪论处。对于实践中下列几种虚开行为，一般不宜认定为虚开增值税专用发票犯罪：（1）为虚增营业额、扩大销售收入或者制造虚假繁荣，相互对开或环开增值税专用发票的行为；（2）在货物销售过程中，一般纳税人为夸大销售业绩，虚增货物的销售环节，虚开进项增值税专用发票和销项增值税专用发票，但依法缴纳增值税并未造成国家税款损失的行为；（3）为夸大企业经济实力，通过虚开进项增值税专用发票虚增企业的固定资产但并未利用增值税专用发票抵扣税款，国家税款亦未受到损失的行为。该座谈会的内容虽然没有由最高人民法院以纪要的形式正式下发，但反映了我国法院系统对虚开增值税专用发票行为入罪的基本认识。据此，行为人主观上不具有偷、骗税的目的，客观上也不会造成国家税款流失，其虚开增值税专用发票的行为不构成虚开增值税专用发票罪。

第四，2020 年最高人民检察院《关于充分发挥检察职能服务保障"六稳""六保"的意见》明确规定，虚开增值税专用发票行为入罪要求行为人必须具有骗税目的或者造成国家税款损失。该意见第 6 条中明确规定："注意把握一般涉税违法行为与以骗取国家税款为目的的涉税犯罪的界限，对于有实际生产经营活动的企业为虚增业绩、融资、贷款等非骗税目的且没有造成税款损失的虚开增值税专用发票行为，不以虚开增值税专用发票罪定性处理，依法作出不起诉决定的，移送税务机关给予行政处罚。"据此，只有以骗税为目的或者实际造成了国家税款损失的虚开增值税专用发票行为，才能构成虚开增值税专用发票罪，否则只是行政违法行为。

2. 参照最高司法机关关于虚开增值税专用发票罪的规定，虚开发票罪的成立要求行为人具有骗税的目的或者造成国家税款损失

当前，我国关于虚开发票罪的司法解释等规范较少，对于虚开发票罪的成立是否要求行为人主观上具有骗税的目的或者行为客观上造成了国家税款损失，没有明确规定。但参照最高司法机关关于虚开增值税专用发票罪的规定，虚开发票罪的成立也要求行为人必须具有骗税的目的或者造成国家税款损失。这是因为：

第一，虚开发票罪与虚开增值税专用发票罪都属于涉税犯罪，具有相同的法益保护目的，应当适用相同的实质入罪标准。在刑法上，涉税犯罪规定形式上保护的是国家税收征管制度（具体到发票犯罪是发票管理制度），但实质上保护的是国家税收利益。前述 2020 年最高人民检察院《关于充分发挥检察职能服务保障"六稳""六保"的意见》明确要求区分"一般涉税违法行为与以骗取国家税款为目的的涉税犯罪"，实际上清楚地表明，涉税违法行为与涉税犯罪区分的法益标准是国家税收利益，即是否以骗取国家税款为目的。在此基础上，对于虚开发票罪而言，虚开行为是否侵害国家税收利益是区分虚开发票违法行为与虚开发票犯罪行为的实质标准，对于不具有危害国家税收利益的虚开发票行为，不应当认定为虚开发票罪。

第二，根据"举重以明轻"的出罪原则，参照最高司法机关关于虚开增值税专用发票罪的规定，对虚开发票行为入罪也应要求行为人必须具有骗税的目的或者造成国家税款损失。"举重以明轻"是刑法出罪的重要原则，即当刑法（包括立法和司法）规定某种危害严重的行为都不构成犯罪时，那么对危害较轻的同类行为，即便刑法没有明确规定，也不应作为犯罪处理。根据我国《发票管理办法》等规定，增值税专用发票的功能要多于普通发票，我国对增值税专用发票的管理也明显严于普通发票，虚开增值税专用发票行为的危害性显然要大于虚开普通发票。在此基础上，既然不以骗税为目的且没有造成国家税款损失的虚开增值税专用发票这一危害程度更重的行为都不构成犯罪，那么对于不以骗税为目的且没有造成国家税款损失的虚开普通发票这一危害程度更轻的行为，也不能作为犯罪处理。

因此，虚开发票罪的成立要求行为人具有骗税目的或者造成国家税款损失的结果。不具有骗税目的且没有造成国家税款损失的虚开普通发票行为，不能构成虚开发票罪。

（二）本案证据证明 A 公司、刘某某不具有骗税目的且没有造成国家税款损失，其行为不构成虚开发票罪

主张构罪的观点认为，A 公司虚开发票，情节特别严重，刘某某系直接负责的主管人员，应当以虚开发票罪追究其刑事责任。但本案现有证据可以证明，A 公司、刘某某主观上不具有骗税目的且客观上没有造成国家税款损失，其行为不构成虚开发票罪。

1. 本案证据和事实可以证明，A 公司、刘某某主观上不具有骗税的目的

本案中，对于 A 公司、刘某某的行为目的，本案证据和事实表明其主观上不具有骗税的目的。这具体体现在：

第一，办案机关已认定 A 公司、刘某某虚开发票的目的是"做平公司账目"。本案中，办案机关认定 A 公司向他人购买建筑业统一发票等 59 张，用

于做平公司账目，涉案发票票面金额合计人民币 70 372 400 元。在这里，A 公司、刘某某的行为目的被明确认定为平账。既然是平账，就表明 A 公司存在相应的支出，进而表明 A 公司、刘某某主观上没有骗税的目的。

第二，刘某某、戚某的笔录等证据表明 A 公司的大量支出没有发票，购买发票是为平 A 公司实际支出的账目。例如，刘某某的笔录称：A 公司供暖工程建筑单位 F 公司等几个公司都已经把钱要走了，相关发票也没足额开给他们，其也曾到 F 公司等单位向他们要过发票，而 F 公司只是给 A 公司开了部分发票，没开的发票金额缺口很大。当时戚某跟其说如果 F 公司等的发票不能开过来的话，公司的成本就没法入账，戚某说她可以想办法解决发票问题，但是具体通过什么方式取得发票她没有跟其说，其也是同意她去想办法解决发票问题。2009 年 8 月左右，G 公司承包 A 公司装修工程；2011 年 8 月左右，A 公司陆续付给 G 公司 2 000 多万元，但 G 公司没有给 A 公司开具发票，包括一些工程尾款，A 公司的发票缺口共有 5 000 多万元。2011 年 9 月左右，其跟戚某和黄某讲这 5 000 多万元发票缺口怎么办，黄某说可以问问她亲戚朋友有无多余的建筑业等发票来冲账。其也知道开票单位跟 A 公司没有实际业务关系是不行的，但是为了把账做平也是没办法的。戚某的笔录称：2009 年 7 月左右经人介绍到 A 公司做财务总监，过了 3 个多月，刘某某通知其开会，人员有刘某某、陈某某、黄某、老财务吴总监和工程主管方面两个男子。开会时，刘某某说工程缺口发票有几千万元，其说可以叫私营企业主自己开发票，刘某某说私营企业主们不愿意开发票。这些证据可以充分证明，A 公司的大量支出没有发票，购买发票是为了平 A 公司实际支出的账目，其主观上不具有骗税目的。

2. 本案证据证明，A 公司、刘某某的行为没有造成国家税款损失

造成国家税款损失是一种客观结果。本案证据可以证明，A 公司、刘某某的涉案行为没有造成任何国家税款损失。这具体体现在：

第一，A 公司始终处于亏损状态，本就不用缴纳税款。本案证据显示，从 2011 年 8 月 3 日至 2012 年 12 月 11 日 A 公司接收虚开普通发票金额（含税）共计 7 037.24 万元，而 A 公司 2011 年度亏损 9 995.81 万元，可结转以后年度弥补亏损额 6 352.03 万元；2012 年度亏损 23 801.33 万元，可结转以后年度弥补亏损额 18 246.99 万元，而列入成本费用折旧共计 894.48 万元。公司截至 2020 年 11 月 30 日累计亏损 57 803 万元，从 2013 年起至 2020 年 11 月 30 日止相关普通发票计提折旧共计 1 207.31 万元，未改变公司的亏损状态，调整后公司也不需要缴纳企业所得税，没有造成国家税款损失。

第二，涉案发票的开具是为了做平公司账目，且公司存在对应的成本支出，不需要缴纳税款。在 A 公司存在大量在建工程、经营费用等实际支出的

情况下，涉案发票做平的账目本就不用缴纳企业所得税。据此，即便 A 公司在相关会计年度没有亏损，A 公司、刘某某的涉案行为也不涉及造成国家税款损失的问题，不会造成国家税款损失。

因此，A 公司、刘某某实施涉案行为不具有骗取国家税款的目的，且没有造成国家税款损失，其行为不符合虚开发票罪的成立要件，不构成虚开发票罪。

A 公司串通投标案

——投标过程中约定中标后将工程交给特定公司承建是否属于串通投标

一、基本案情

2006 年 5 月，B 公司与 C 公司签订"合作开发房产合同"，约定合作开发某地块。B 公司以地块作价出资，C 公司实际出资开发，项目名称为 D 项目；项目利润中，B 公司占 30％，C 公司占 70％。2010 年，何某某与 B 公司法定代表人冯某某、C 公司法定代表人李某某达成口头协议，约定由何某某出资，李某某办理项目开发手续，冯某某负责 B 公司方面的问题，三方合作开发该项目并分配利润。

2015 年，项目工程在交易中心网上公开招标。何某某为获得该工程的承建权，在开标前与李甲、潘某某（借用公司的名义投标）合谋，通过贿赂的手段与各投标人串通，要求无论哪一家公司中标，该工程最后都由何某某指定承建方。于是，李甲、潘某某联系谭某某（借用多家公司名义投标），通过中介人员即郑某某、黄某某等人分别联系杨某某（借用公司名义投标）、张某某（A 公司副总裁）等投标公司的代表，并达成协议。2017 年 8 月 16 日，A 公司中标，何某某指定何甲等人与该公司签订协议，由何甲等人带资承建项目工程。为此，何某某支付串通费用共计人民币 2 097 万元，其中，A 公司分得 200 万元。

二、主要问题

本案涉及的主要问题是投标过程中约定中标后将工程交给某公司承建是否属于串通投标，即 A 公司的行为是否构成串通投标罪。对此在案件办理过程中主要有两种不同观点：

一种观点主张构罪，认为投标人 A 公司与何某某串通投标，损害国家、集体、公民的合法利益，构成串通投标罪。

另一种观点主张不构罪，认为从主体要件上看，A 公司虽然是投标人，但何某某不是招标人，A 公司与何某某之间不是投标人与招标人之间的关系，不符合该罪规定的串通投标罪的主体要求；在行为要件上，A公司的涉案行为不属于投标人与招标人串通投标；A公司的涉案行为不会也没有损害国家、集体、公民的合法利益。因此，A公司的行为不构成串通投标罪。

三、出罪法理

关于串通投标罪，我国《刑法》第223条第1款规定："投标人相互串通投标报价，损害招标人或者其他投标人利益，情节严重的，处三年以下有期徒刑或者拘役，并处或者单处罚金。"第2款规定："投标人与招标人串通投标，损害国家、集体、公民的合法利益的，依照前款的规定处罚。"《刑法》第223条第2款规制的串通投标罪，其成立必须同时具备以下三个基本条件：一是主体要件，即串通投标的主体必须是投标人与招标人；二是行为要件，即必须是"投标人与招标人串通投标"；三是法益要件，即必须"损害国家、集体、公民的合法利益"，单纯扰乱招投标秩序的行为不构成串通投标罪。根据我国《刑法》第223条第2款关于串通投标罪的规定，A公司的涉案行为不符合该款规定的串通投标罪的构成要件，不构成串通投标罪。

（一）从行为主体方面看，A公司虽然是投标人，但何某某不是招标人，A公司与何某某之间不是投标人与招标人的关系，不符合该款规定的串通投标罪的主体要求

串通行为是一种对向行为，必须由两个以上的对向主体实施。我国《刑法》第223条第2款规定的串通投标行为，则必须发生在投标人与招标人之间，即行为的主体必须是投标人与招标人。本案的首要问题是，A公司是D项目的投标人，但何某某并不是D项目的招标人，A公司与何某某之间不是投标人与招标人的关系，不符合该条款规定的串通投标罪的主体要求。

1. 根据招标投标法律法规和本案证据，可以明确认定，何某某不是D项目的招标人

本案中，何某某是否具有招标人的身份，对涉案行为的性质认定具有重要影响。根据我国招投标的法律法规规定和本案证据，可以十分明确地认定，何某某不是D项目的招标人。这是因为：

第一，我国法律法规对"招标人"有明确规定。这包括：一是我国《招标投标法》明确规定"招标人"必须是提出招标项目、进行招标的法人或者其他组织。我国《招标投标法》第8条规定："招标人是依照本法规定提出招标项目、进行招标的法人或者其他组织。"根据该规定，招标人必须具备两个基本特征：首先必须是法人或者其他组织，其次必须是提出招标项目、进行招标的法人或者其他组织。两个特征缺一不可。二是国务院《招标投标法实施条例》扩大了招标人的范围但仅限于扩大到可以包含招标代理机构。该实

施条例第 13 条第 2 款规定:"招标代理机构代理招标业务,应当遵守招标投标法和本条例关于招标人的规定。招标代理机构不得在所代理的招标项目中投标或者代理投标,也不得为所代理的招标项目的投标人提供咨询。"值得指出的是,1998 年国家工商行政管理局《关于禁止串通招标投标行为的暂行规定》第 2 条第 2 款中规定:"实施招标行为的人为招标者,包括项目主办人和代理招标活动的中介机构。"但该暂行规定已于 2020 年被废止。

第二,根据本案证据,D 项目的招标人是 B 公司,招标代理人是某市 E 公司。相关证据包括:一是 2015 年 3 月 13 日"招标公告"证明 D 项目的招标人是 B 公司。该"招标公告"第 1 条关于招标条件明确规定:"本招标项目(工程名称):某市某区中路东侧地块(D 项目)建设工程已由项目主管部门批准建设,招标人为 B 公司,建设资金来自自筹。项目已具备招标条件,先对该项目进行公开招标。"二是 2017 年 8 月 22 日"中标通知书"证明招标人是 B 公司,招标代理人是 E 公司。该中标通知书显示:"工程名称:某区中路东侧地块(D 项目)建设工程;招标人:B 公司;招标代理:E 公司;中标人:A 公司。"除了上述两份关键证据,本案其他证据也能证明 D 项目的招标人是 B 公司。例如,2017 年 8 月 16 日"招标情况说明"显示,招标人是 B 公司。在此基础上,本案证据可以充分证明,D 项目的招标人是 B 公司,招标代理人是 E 公司。

第三,根据本案证据,何某某既不是 D 项目的招标人,也不是 D 项目的招标代理人。首先,如前所述,D 项目的招标代理人是 E 公司。本案没有证据显示何某某与该公司存在任何关系,何某某显然不是 D 项目的招标代理人。其次,本案证据显示,何某某在 D 项目上与 C 公司存在合作关系。何某某的笔录称:其进入谈判时,这块地已经将所有的手续办好了,就差施工许可证了。当时是由 B 公司和 C 公司签订的"合作开发房产合同",B 公司与 C 公司的利润分成为 2∶8,C 公司占八成,而其、冯某某所占的利润是从 C 公司占有的这八成利润中分的,其跟冯某某谈好其占 C 公司利润中的 40%,剩余的 60% 由冯某某自己去处理;在这个项目合作中,冯某某就代表 B 公司去审批盖章,李某某就负责办手续,其就负责出资,项目名称为 D 项目。李某某的笔录称:2011 年的时候,何某某介入进来,他跟其说他有兴趣参与开发 28 号地块,之后其就与冯某某、何某某 3 人坐在一起商谈这个事情,当时冯某某默认同意他加入投资,其也跟着同意;何某某投资 28 号地块 D 项目,他是将资金投到 C 公司的。在项目前期他转了 2 620 万元到 C 公司账户上,是通过他人或者其他公司账户转到 C 公司账户上的。到了 2017 年项目开工后,他又前后以转账和现金的方式支付了共 1 290 万元给 C 公司,是用于支付 D 项目的支出费用的。冯某某的笔录称:B 公司在 28 号地块 D 项目上只与李某某进行合作，之前是与李某某的机电公司签合同的，后面变更为与他的 C 公司签订合同。除此之外，B 公司没有与其他人进行合作。本案证据可以充分证明，何某某不是 D 项目的招标人。这体现在：

（1）何某某作为个人，不具备成为招标人的前提条件。根据我国《招标投标法》和《招标投标法实施条例》，招标人必须是依法提出招标项目、进行招标的法人或者其他组织。属于法人或者其他组织，是成为招标人的前提条件。本案中，何某某实施涉案行为完全是以个人名义进行的，不代表任何法人或者其他组织，不具备成为招标人的前提条件，自然不是 D 项目的招标人。

（2）何某某的合作方是 C 公司，而非 B 公司。何某某虽然参与投资 D 项目，但在合作方式上，何某某是与 C 公司合作的。其所投入的资金都是先转账给 C 公司，再由 C 公司转账给 B 公司（何某某与 C 公司之间没有签订合作协议）。而如前所述，D 项目的招标人是 B 公司，而非 C 公司，何某某作为合作方也不是 B 公司的直接合作方，且本案没有任何证据显示何某某是 B 公司的实际控制人或者代理人。因此，何某某不是 D 项目的招标人（包括不是共同招标人）。

（3）何某某没有参与 D 项目的招标，更没有相关的话语权。在卷的何某某、李甲微信聊天记录显示：2016 年 11 月 3 日，李甲问何某某投标签到表是否拿到，何某某答未必拿得到，李甲说咨询过人，如果是招标人就可以拿到；2016 年 11 月 8 日，李甲问何某某标是不是随时开，什么时候开标，是不是何某某说开就可以了，何某某说不是；2016 年 11 月 17 日、11 月 22 日，李甲向何某某要九家投标公司名单，何某某答复没有办法拿到。何某某不仅不是招标人，而且也没有参与招标工作，且与冯某某关系不密切，对招标没有话语权。

可见，何某某虽然与 B 公司法定代表人冯某某、C 公司法定代表人李某某达成口头协议，约定合作开发该项目并分配利润，但何某某并不是该项目的招标人，他也没有参与该项目的招标，因此，他不符合我国《刑法》第 223 条第 2 款规定的串通投标罪的主体要求。

2. A 公司与何某某之间的关系不属于投标人与招标人之间的关系

本案中，A 公司虽然是 D 项目的投标人，但何某某不是 D 项目的招标人，他们之间的关系不属于投标人与招标人之间的关系。

进而言之，何某某只是 B 公司的合作方的合作方，不仅因为其在 B 公司与 C 公司之间的合作上属于第三方，还因为其既不是招标人也不是投标人，在招投标过程中也是属于第三方。确切地讲，何某某代表的是承建方，是想在 D 项目招投标之后承建 D 项目。从这个角度看，A 公司与何某某之间的关系实际上是潜在的中标人与谋求承建项目的承建方之间的关系。如果非要将这种关系放在招投标过程中，A 公司与何某某之间的关系就是投标人与招投标之外的第三方的关系。这不符合串通投标罪的主体要求。

可见，A 公司与何某某之间的关系不属于投标人与招标人之间的关系，不符合我国《刑法》第 223 条第 2 款关于串通投标罪的主体要求，因而 A 公司不构成串通投标罪。

（二）从行为方面看，A 公司的涉案行为不属于串通投标行为，不符合串通投标罪的行为要求

根据我国《刑法》第 223 条第 2 款的规定，投标人与招标人串通投标型串通投标罪的行为表现是"投标人与招标人串通投标"。这包括两个基本条件：一是涉案者实施的行为属于"串通投标"行为；二是串通投标行为必须发生在"投标人与招标人"之间。本案中，A 公司的涉案行为不属于投标人与招标人串通投标，不符合串通投标罪的行为要求。

1. 没有录音录像的笔录不具有合法性，不能作为定案依据，现有证据不能证明 A 公司存在串通投标行为

录音录像是保证诉讼活动合法、真实进行的重要依据。特别是对于一些重大案件，我国刑事诉讼法和有关司法文件明确规定必须依法进行录音录像，否则导致取证合法性、真实性不能确定的，相关笔录就不能作为定案的根据。本案缺少录音录像的笔录，因为何某某等人涉黑案审讯强度很大，涉及本案的笔录只是其中一部分，依法不能作为认定 A 公司存在串通投标行为的依据。

第一，本案系何某某涉黑案件的一部分，依法应当对讯问过程进行全程录音录像。关于讯问，《公安机关办理刑事案件程序规定》第 208 条规定："讯问犯罪嫌疑人，在文字记录的同时，可以对讯问过程进行录音录像。对于可能判处无期徒刑、死刑的案件或者其他重大犯罪案件，应当对讯问过程进行录音录像。""前款规定的'可能判处无期徒刑、死刑的案件'，是指应当适用的法定刑或者量刑档次包含无期徒刑、死刑的案件。'其他重大犯罪案件'，是指致人重伤、死亡的严重危害公共安全犯罪、严重侵犯公民人身权利犯罪，以及黑社会性质组织犯罪、严重毒品犯罪等重大故意犯罪案件。""对讯问过程录音录像的，应当对每一次讯问全程不间断进行，保持完整性。不得选择性地录制，不得剪接、删改。"本案系何某某涉黑案件的一部分，根据《公安机关办理刑事案件程序规定》的上述规定，应当对讯问的全过程进行录音录像。

第二，本案缺少录音录像的讯问笔录，对证据的合法性、真实性无法确认。本案的主要证据是对何某某、张某某等人进行讯问的笔录。但在案证据显示，侦查机关对他们的讯问大多没有录音录像。例如，涉及何某某的供述共 6 份，4 份无录音录像；涉及张某某共 8 份供述，6 份无录音录像；涉及黄

某某共 7 份供述，6 份无录音录像；涉及张甲共 7 份供述，4 份无录音录像；涉及李某共 9 份供述，5 份无录音录像。2021 年最高人民法院《关于适用〈中华人民共和国刑事诉讼法〉的解释》第 74 条规定："依法应当对讯问过程录音录像的案件，相关录音录像未随案移送的，必要时，人民法院可以通知人民检察院在指定时间内移送。人民检察院未移送，导致不能排除属于刑事诉讼法第五十六条规定的以非法方法收集证据情形的，对有关证据应当依法排除；导致有关证据的真实性无法确认的，不得作为定案的根据。"因此，对于本案中证据合法性、真实性无法被确认的这些证据，不能作为定案的根据。在排除相关讯问笔录的情况下，本案证据不能证明 A 公司存在串通投标行为。

2. A 公司的涉案行为不符合"串通投标"行为的基本要求，不属于串通投标

关于投标人与招标人之间的串通投标，我国相关法律法规有明确规定。本案中，A 公司的涉案行为不属于投标人与招标人之间串通投标。这体现在：

第一，我国法律法规规定投标人与招标人串通投标必须是"为谋求特定投标人中标"的行为。串通投标罪属于行政犯，必须以行政法律法规的禁止性规定为前提，对于投标人与招标人之间的串通行为的认定亦是如此。关于投标人与招标人之间的串通投标行为，2019 年《招标投标法实施条例》第 41 条规定："禁止招标人与投标人串通投标。""有下列情形之一的，属于招标人与投标人串通投标：（一）招标人在开标前开启投标文件并将有关信息泄露给其他投标人；（二）招标人直接或者间接向投标人泄露标底、评标委员会成员等信息；（三）招标人明示或者暗示投标人压低或者抬高投标报价；（四）招标人授意投标人撤换、修改投标文件；（五）招标人明示或者暗示投标人为特定投标人中标提供方便；（六）招标人与投标人为谋求特定投标人中标而采取的其他串通行为。"据此，投标人与招标人串通投标的行为核心是"为谋求特定投标人中标"。

第二，A 公司的涉案行为不是"为谋求特定投标人中标"，不属于串通投标。如前所述，投标人与招标人之间的串通投标行为的核心是"为谋求特定投标人中标"。但本案中，A 公司与何某某之间的行为明显不是"为谋求特定投标人中标"，不属于串通投标。这是因为：

（1）"投标权"与"承建权"是两个不同的概念，不能混用。本案的笔录经常混用"投标权"与"承建权"的概念。根据《公安机关讯问犯罪嫌疑人录音录像工作规定》的规定，若出现讯问笔录记载的内容与讯问录音录像资料记录的供述不一致，以讯问录音录像资料记录的为准。毫无疑问，混用"投标权"与"承建权"，是想将 A 公司的涉案行为尽力地往"串通投标"上靠。但判断一个行为的性质，不能仅看其使用的概念，而要看行为的内容。

而本案中，A 公司涉案行为内容的核心无疑是"承建权"，是项目中标后的工程承建问题，而不是"投标权"。

（2）A 公司与何某某之间的行为内容表明，他们谋取的是中标后建设工程的转让承建权，而非谋求特定投标人中标。这在本案中有充分的证据可以证明。例如，何某某的笔录称：其当时想按照正常的招标程序，等开标后去找中标公司谈转让的问题，但是潘某某说，中标的公司是特级资质的，中标后去找他们谈不是那么好谈的，现在拿出项目总金额的 3% 的钱（2 000 万元左右）出来去协调这个事情，好过开标后找他们谈。之后就由潘某某、李甲去找那些投标公司去谈、去协调这个事情，目的就是让中标公司能将承建权放到其自己安排的公司去做。可见，何某某之所以选择在中标之前谈，是为了节省中标后谈的成本，事实上该事项完全可以在中标后谈。对此，张某某的笔录也称：潘某某来其公司找其，他问其能否将 D 项目的投标权转给他们，有个老板愿意出 200 万元要这个标，即无论其公司是否中标，他们支付其公司 200 万元，如果中标的话就将项目的承建权转给他们。更为重要的是该 200万元在 A 公司的会计凭证中登记的是资料费，注明地块的订金。这一书证可以进一步印证该笔费用是工程转让的费用。因此，A 公司与何某某的行为内容是中标后的建设工程转让，而非在投标问题上进行串通。

（3）A 公司与何某某行为发生的时间点表明其不是"为谋求特定投标人中标"。投标是投标人应招标人的邀请，根据招标公告或投标邀请书所规定的条件，在规定的期限内，向招标人提交投标文件的行为。在内容上，投标的行为核心是编制并递交投标文件，因此串通投标的行为核心也是在编制、递交投标文件等方面的串通。但本案中，A 公司的涉案行为发生时投标行为已经完成（A 公司的涉案行为全部发生在递交投标文件和缴纳保证金之后）。本案中，前述"招标公告"（2015 年 3 月 13 日）、"招标情况说明"（2017 年 8月 16 日）等证据显示，项目工程的投标文件递交截止时间是 2015 年 3 月 25日上午 9 时 30 分。A 公司及其他投标人编制标书、递交标书及缴纳保证金的行为均发生在 2015 年 3 月 25 日之前，即在 2015 年 3 月 25 日以前所有的投标已完成。而本案笔录显示，A 公司的涉案行为发生在 2017 年 7 月，是在递交投标文件 2 年多以后。A 公司的涉案行为不包括投标文件的编制、递交等投标的核心行为，不属于串通投标。

（4）D 项目的定标方式决定了 A 公司与何某某无法谋求特定投标人中标。本案中，前述"招标公告"（2015 年 3 月 13 日）、"招标情况说明"（2017 年 8月 16 日）等证据显示，D 项目招标采取的是信用优先随机定标法，即采取摇珠（摇号）的方式在中标候选人中随机确定 1 名投标人。这意味着，只要投标人具备投标资质，都将成为投标候选人，而最终中标人不是评选出来的，而是通过摇珠的方式随机产生的。这就避免了暗箱操作的可能。无论是投标人与投标人，还是投标人与招标人，他们之间进行串通都没有实际意义，也不可能决定最终的中标人。因此，D 项目的定标方式决定了 A 公司与何某某之间的行为不可能也不会是为谋求特定投标人中标，他们不会进行串通投标。

（5）A 公司与何某某之间的行为不符合投标人与招标人串通的具体行为类型。如前所述，2019 年《招标投标法实施条例》第 41 条第 2 款规定了六种招标人与投标人之间的串通行为，即：1）"招标人在开标前开启投标文件并将有关信息泄露给其他投标人"；2）"招标人直接或者间接向投标人泄露标底、评标委员会成员等信息"；3）"招标人明示或者暗示投标人压低或者抬高投标报价"；4）"招标人授意投标人撤换、修改投标文件"；5）"招标人明示或者暗示投标人为特定投标人中标提供方便"；6）"招标人与投标人为谋求特定投标人中标而采取的其他串通行为"。本案中，A 公司与何某某之间明显不存在上述前五种行为。同时，如前所述，A 公司与何某某的行为不具有"为谋求特定投标人中标"的行为性质，也不符合上述第六种（兜底条款）行为的要求。A 公司与何某某之间的行为不符合投标人与招标人串通的具体行为类型。

第三，A 公司的涉案行为不属于"投标人与招标人串通投标"的行为。我国《刑法》第 223 条第 2 款规定的串通投标行为，必须发生在"投标人与招标人"之间。而如前所述，A 公司虽然是投标人，但何某某不属于招标人，D 项目的招标人是 B 公司，何某某在 D 项目上与 C 公司有合作，但不是 D 项目的招标人。A 公司与何某某之间的关系不是投标人与招标人的关系，其行为不可能构成"投标人与招标人串通投标"。

3. A 公司的涉案行为属于转让中标项目的行为，违法但不构成犯罪

本案中，A 公司的涉案行为包括：一是同意何某某方面的要求，答应中标后将工程交给何某某指定的承建方；二是 A 公司中标后与何某某指定的何甲等人签订协议，由何甲等人带资承建项目工程。A 公司的这两个行为实际上是一个整体，都是转让中标项目，其中前一个行为是转让中标项目的预谋、预备行为，后一个行为是转让中标项目的实施行为。

根据我国《招标投标法》和《刑法》的规定，A 公司预谋并实施转让中标项目的行为属于违法行为，但不构成犯罪。我国《招标投标法》第 48 条第 1 款规定："中标人应当按照合同约定履行义务，完成中标项目。中标人不得向他人转让中标项目，也不得将中标项目肢解后分别向他人转让。"第 2 款规定："中标人按照合同约定或者经招标人同意，可以将中标项目的部分非主体、非关键性工作分包给他人完成。接受分包的人应当具备相应的资格条件，并不得再次分包。"该法第 58 条规定："中标人将中标项目转让给他人的，将

中标项目肢解后分别转让给他人的，违反本法规定将中标项目的部分主体、关键性工作分包给他人的，或者分包人再次分包的，转让、分包无效，处转让、分包项目金额千分之五以上千分之十以下的罚款；有违法所得的，并处没收违法所得；可以责令停业整顿；情节严重的，由工商行政管理机关吊销营业执照。"根据该规定，中标人转让中标项目的行为违反我国《招标投标法》的规定。但我国《招标投标法》第 58 条没有规定对该行为可以追究刑事责任，同时我国《刑法》也没有关于中标人转让中标项目行为可以构成犯罪的规定。据此，A 公司转让中标项目的行为虽属违法，但不构成犯罪。

4. 何某某涉黑案件刑事判决书不能作为对本案涉案行为定性的依据或者参考

本案中有何某某涉黑案的一审刑事判决书，该判决书针对本案涉案行为的定性认为："经查，何某某开标前与各投标人串通，以向各投标人贿送财物的方式，提前控制了项目工程的承建权，使整个招投标活动流于形式，扰乱了正常的招投标秩序，破坏了公平竞争的市场交易规则和秩序。故何某某贿送财物的手段行为已构成对非国家工作人员行贿罪，而其目的行为已构成串通投标罪。"但该刑事判决书属于一审刑事判决书，尚未生效，不属于生效裁判。即便该刑事判决书生效了，其认定内容也不能作为本案定案的依据或者参考。这是因为：

第一，该刑事判决书不属于证据，不能作为定案的依据。

证据是能够证明案件事实的材料，我国《刑事诉讼法》对证据的类型作了明确列举。与证据不同，该刑事判决书既不能用于证明本案事实，也不符合我国《刑事诉讼法》规定的证据类型，不符合证据的形式和实质要件，不能作为定案的依据。

第二，该刑事判决书认定的事实不能作为本案定案的依据。

一方面，虽然最高人民检察院《人民检察院刑事诉讼规则》第 401 条将"人民法院生效裁判所确认并且未依审判监督程序重新审理的事实"作为在法庭审理中不必提出证据进行证明的事实，但该项规则仅仅是对公诉人举证责任的规定，并不是对法院刑事证据采信标准的规定，法官在刑事案件审理中，依然要以《刑事诉讼法》和最高人民法院《关于适用〈中华人民共和国刑事诉讼法〉的解释》作为基本原则，要认定有罪，必须要经人民法院依法判决，而判决必须要以"经过当庭出示、辨认、质证等法庭调查程序查证属实的证据"作为定案根据。

另一方面，最高人民法院五个刑事审判庭共同编撰的《刑事审判参考》和某省高级人民法院课题组撰写的《关于统一全省法院刑事证据采信标准的调研报告》，均明确反对将已生效判决认定的事实直接作为其他案件定案的根据。其中，《刑事审判参考》（第 63 辑，第 497 号何某国抢劫案）指出："《最高人民法院关于行政诉讼证据若干问题的规定》第六十八条规定，对已经依法证明的事实，法庭可以直接认定；《关于民事诉讼证据的若干规定》第九条规定，对已为人民法院发生法律效力的裁判所确认的事实，当事人无须举证证明。这两条规定虽然明确肯定了生效裁判所确认的事实的效力，但这种规定不是绝对的，当事人可以提出相反证据推翻生效裁判所确认的事实；况且，更为关键的是，行政诉讼、民事诉讼与刑事诉讼在法律后果的承担上有质的差别，其证明标准远低于刑事诉讼的证明标准，因此二者的证据规则对于刑事诉讼只有参考意义，不能依照执行。如何确认已生效的共同犯罪人的裁判文书的证明效力，应当严格依据刑事诉讼法及相关司法解释的规定，结合刑事诉讼原理得出结论。"某省高级人民法院课题组在《关于统一全省法院刑事证据采信标准的调研报告》中指出："对于其他刑事判决确认的事实是否属于免证事实，认识上有争议。外省法院所制定的刑事证据规则中，有的将此规定为免证事实，但这是不妥当的。如在共同犯罪中，共同犯罪人甲先归案，先被判决，在甲的刑事判决中，已认定乙与甲共同作案。乙随后归案，法院在对乙审理时，如果直接援引甲的刑事判决中所认定的事实，径行对乙定罪量刑，则剥夺了乙的辩护权，实质上是缺席判决，这和我国刑事诉讼的法律规定及诉讼理念是相悖的。故在拟制定的刑事证据采信标准中，不将其他刑事判决确认的事实规定为免证事实。"

第三，该刑事判决书不能作为本案定性的依据或者参考。

这是因为：一方面，该刑事判决书没有对本案定性的关键事实（涉案行为是否属于"投标人与招标人串通投标"这一行为类型）进行说理，无法作为对本案涉案行为进行定性的依据或者参考。另一方面，该刑事判决书对涉案行为危害的说理背离了我国《刑法》第 223 条第 2 款关于串通投标罪的规定。如前所述，投标人与招标人串通投标必须"损害国家、集体、公民的合法利益"，但该刑事判决书对涉案行为是否损害国家、集体、公民的合法利益避而不谈，仅描述了涉案行为对正常招投标秩序和公平竞争的市场交易规则、秩序的扰乱和破坏，完全脱离了串通投标罪的构成要件。根据罪刑法定原则的要求，我国《刑法》第 223 条对串通投标罪确定的行为定型（犯罪构成）是认定涉案行为是否构成串通投标罪的唯一依据。前述刑事判决书没有围绕串通投标罪的犯罪构成进行说理，其对涉案行为的定性不能作为本案对涉案行为定性的依据或者参考。

总体而言，A 公司的涉案行为不属于我国《刑法》第 223 条第 2 款规定的"投标人与招标人串通投标"，不符合串通投标罪的行为要求，因而依法不能构成串通投标罪。

（三）从犯罪侵犯的法益方面看，A 公司的涉案行为不会也没有损害国家、集体、公民的合法利益，不符合串通投标罪的法益要求

根据我国《刑法》第 223 条第 2 款的规定，投标人与招标人之间的串通投标行为要构成串通投标罪，行为必须"损害国家、集体、公民的合法利益"，因此，单纯有损招投标秩序的行为至多只是行政违法，不构成刑法上的串通投标罪。本案中，A 公司的涉案行为没有损害国家、集体、公民的合法利益，不符合串通投标罪的法益要求。

1. A 公司的涉案行为不具有损害国家、集体、公民合法利益的性质，更没有具体损害国家、集体、公民的合法利益

我国《刑法》第 223 条第 2 款关于串通投标罪规定的"损害国家、集体、公民的合法利益"，必须是与招投标行为存在因果关联的利益损害，即国家、集体、公民的合法利益受损是由招标投标行为（严格地说应当是串通投标行为）所导致的。而本案中，A 公司的涉案行为不具有损害国家、集体、公民合法利益的性质，更没有具体损害国家、集体、公民的合法利益。

第一，A 公司的涉案行为不具有损害国家、集体、公民合法利益的性质。这是因为，D 项目的招标、投标、评标、定标行为都完全是依法进行的，不具有损害国家、集体、公民合法利益的性质。这体现在：（1）如前所述，A 公司与何某某之间的行为发生在 A 公司投标之后，即 A 公司的投标行为已经完成。A 公司与何某某之间的行为不会也没有对本案的投标行为产生影响，更不会损害国家、集体、公民的合法利益。（2）D 项目的招标、评标行为都是独立进行的，与 A 公司、何某某的涉案行为完全没有任何关系。A 公司与何某某之间的涉案行为不会通过影响招标、评标而损害国家、集体、公民的合法利益。（3）D 项目的定标是由招标代理人进行的，且采取的是摇珠的方式随机产生，不受 A 公司、何某某的涉案行为影响。A 公司与何某某之间的涉案行为不会通过影响定标而损害国家、集体、公民的合法利益。

第二，A 公司的涉案行为没有具体损害国家、集体、公民的合法利益。这是因为：（1）D 项目是集体企业与私营企业的合作项目，不涉及国家利益，不存在损害国家利益的问题。（2）本案没有任何证据显示，A 公司的涉案行为具体损害了集体、公民的合法利益，以及损害了集体、公民多少合法利益。2010 年最高人民检察院、公安部《关于公安机关管辖的刑事案件立案追诉标准的规定（二）》第 76 条将"损害招标人、投标人或者国家、集体、公民的合法利益，造成直接经济损失数额在五十万元以上的"，作为串通投标罪的立案追诉标准之一。这体现在合法利益损害上就是要求串通投标行为必须造成国家、集体、公民直接经济损失数额 50 万元以上。但本案中，没有任何证据证明 A 公司的涉案行为造成了国家、集体、公民 50 万元以上的直接经济

损失。

2. A公司的涉案行为既没有损害其他投标人的利益，也没有损害招标人的利益

从合法利益的主体上看，"国家、集体、公民的合法利益"包含了其他投标人、招标人的利益。如前所述，A公司的涉案行为不会也没有损害"国家、集体、公民的合法利益"，自然不会也没有损害其他投标人、招标人的利益。不过，为了阐清A公司的涉案行为没有损害其他投标人、招标人的利益，有必要予以专门论述。

第一，A公司的涉案行为没有损害其他投标人的利益。这包括：一是A公司的涉案行为不具有损害其他投标人利益的性质。本案证据显示，A公司与何某某沟通的内容是中标后将建设工程交由何某某指定的承建方。从内容上看，中标后将建设工程交由何某某指定的承建方是中标后对建设工程的转让、分包问题，不会影响其他投标人的中标概率，不具有损害其他投标人的性质。二是坚持到最后且有真实投标意愿的投标公司都得到了好处，没有利益受损。本案中，D项目的招投标持续了2年多，最早有23家投标公司，后来只剩下7家。同时，最后剩下的有真实投标意愿的投标单位都参与了何某某的涉案行为，都从何某某的行为中得到了好处，这些单位并没有受到利益损害。因此，A公司的涉案行为没有也不会损害其他投标人的利益。

第二，A公司的涉案行为没有损害招标人的利益。这包括：一是A公司的涉案行为发生在正常递交投标文件之后，不涉及投标报价等投标内容，不会影响D建设工程的报价等，进而不会损害招标人的利益。二是A公司的涉案行为内容是同意中标后将建设工程交由何某某指定的承建方，这须在中标后才能实现，其投标行为本身完全不具有损害招投标各方利益的性质。三是何某某是D项目的出资方，何某某不会自损利益。四是本案没有任何证据证明招标人的利益受到了损害，相反D项目的招标采取信用优先随机定标法，是在完全符合条件的投标人中通过摇珠方式随机产生中标人，招标人的利益有保障。因此，A公司的涉案行为不会也没有损害招标人的利益。

郑某某合同诈骗案

——具有部分履行能力但签订具有完全履行能力的合同行为
是否构成合同诈骗

一、基本案情

2009 年 9 月,煤矿交易中介在 A 公司的宣传刊物上看到 A 公司名下有三家煤矿后,遂介绍欲购买煤矿的被害人孙某某认识了 A 公司董事长郑某某和总经理张某。2009 年 10 月 28 日,张某代表 A 公司与孙某某签订 C 公司股权转让协议书。该协议书第 1 条列明 A 公司为 B 公司全资控股公司,B 公司持有 C 公司 100% 股权等事项。郑某某、张某、孙某某均在协议上签名,协议上盖有 C 公司印章。次日,孙某某向郑某某的账户转入人民币 5 000 万元。事实上,当时 C 公司 80% 的股权由 B 公司持有,20% 的股权由刘某某持有。协议上所盖 C 公司印章经鉴定系伪造。

2010 年 1 月 21 日,郑某某指使张某以张某个人名义与 B 公司签订 C 公司股权转让协议,约定 B 公司以人民币 4.8 亿元向张某转让 C 公司全部股权,刘某某所转让的 C 公司 20% 的股权由 B 公司全权代表。郑某某于 2010 年 1 月 21 日向赵某某(B 公司实际控制人)支付人民币 2 000 万元,后未再支付款项。2010 年 3 月 19 日,因刘某某不同意由 B 公司代表出售股权,郑某某指使张某以个人名义与刘某某商谈并签订股权转让协议,约定刘某某以人民币 9 000 万元向张某转让刘某某所拥有的 C 公司 20% 的股权,并向刘某某分期支付了人民币 9 000 万元。刘某某按约定转让了 20% 的股权,股权由戴某某代 A 公司持有。

2010 年 5 月 21 日,郑某某代表 A 公司与孙某某签订补充协议,内容为重新约定付款及开工采矿进度。2010 年 9 月 15 日,郑某某代表 A 公司与被害人孙某某、林甲、林乙、吴某某签订补充协议,内容亦为重新约定付款及开工采矿进度。2009 年 10 月至 2010 年 10 月期间,孙某某等人向郑某某支付股权转让款共计人民币 4.9 亿元、港币 1 000 万元。郑某某收到上述款项后,除向 B 公司赵某某及刘某某支付人民币 1.1 亿元用于购买 C 公司股权外,其余款项均用于投资、借贷等。因郑某某未向孙某某等人如约转让 C 公司股权，孙某某等人于 2011 年 3 月 7 日要求郑某某签署退款承诺书，后郑某某向孙某某等人陆续还款人民币 2 600 万元。2011 年 7 月，赵某某将 C 公司 80% 的股权转让给他人并于同年 11 月做股权变更。

2011 年 11 月，被害人无法联系到郑某某。2011 年 12 月，孙某某等人向公安机关报案。案发后，郑某某骗取被害人孙某某等人的款项尚有人民币 4.64 亿元、港币 1 000 万元没有退还。郑某某将其向刘某某收购的 C 公司 20% 的股权转回给刘某某，并由刘某某向孙某某支付人民币 12 000 万元。郑某某通过香港账户向被害人孙某某等人退回港币 1 000 万元（折合人民币 812.66 万元）。李某偿还郑某某的借款人民币 3 000 万元已被公安机关扣押并发还给被害人孙某某。郑某某的合同诈骗款项仍有 31 587.34 万元没有退还给各被害人。

二、主要问题

本案涉及的主要问题是具有部分履行能力但签订要求有完全履行能力的合同行为是否构成合同诈骗，具体表现为郑某某的行为是否符合合同诈骗罪成立的主客观要件，其行为是否构成合同诈骗罪。对此，在案件处理过程中主要有两种不同观点：

一种观点主张构罪，认为郑某某以非法占有为目的，在签订、履行合同过程中，欺骗对方当事人的财物，数额特别巨大，构成合同诈骗罪。

另一种观点主张不构罪，认为郑某某具有履行合同的意愿和部分履行能力，郑某某未能履行合同是由其他原因造成的；郑某某在解除股权转让协议后没有如期退款是客观原因所致，而非郑某某主观上不想退款，郑某某的行为不构成合同诈骗罪。

三、出罪法理

本案中，郑某某具有履行合同的意愿和部分履行能力。郑某某在与孙某某等人签订、履行 C 公司股权转让过程中的行为和在解除股权转让协议后退还孙某某等人款项过程中的行为，均不符合合同诈骗罪的成立条件，不构成合同诈骗罪。

（一）郑某某具有履行合同的意愿和部分履行能力，其与孙某某等人签订的合同真实合法，其与孙某某等人签订、履行 C 公司股权转让协议的行为不构成合同诈骗罪

根据我国《刑法》第 224 条的规定，合同诈骗罪的成立要求行为人主观上必须具有非法占有目的，并且客观上在签订、履行合同的过程中采取了虚构事实、隐瞒真相的方法骗取对方当事人的财物。本案中，主张构罪的观点认定，郑某某以非法占有为目的，伙同他人在签订、履行合同过程中，骗取对方当事人财物，数额特别巨大，构成合同诈骗罪。但主张不构罪的观点认为，郑某某在合同签订及履行过程中，主观上不具有非法占有孙某某等人财产的目的，客观上未实施合同诈骗罪中所列的诈骗行为，不构成合同诈骗罪。本案中郑某某在与孙某某等人签订、履行合同过程中确实存在一定的虚构事实、隐瞒真相行为，但本案的核心在于：一是郑某某主观上是否具有履行合同的意愿，二是郑某某客观上是否具有履行合同的能力。笔者认为，综合本案事实和证据，郑某某具有履行合同的意愿和部分履行能力，且其与孙某某等签订的合同真实合法，其行为不构成合同诈骗罪。

1. 郑某某主观上具有履行合同的意愿

行为人是否具有履行合同的意愿直接关系到对合同诈骗罪主观要件所要求的非法占有目的的认定。本案中，在与孙某某等人签订 C 公司股权转让协议时，郑某某所在的 A 公司的确未持有 C 公司的全部股权。但综合其在协议签订前后的表现可以认定，郑某某主观上具有履行该协议的意愿。理由包括：

第一，在与孙某某签订 C 公司股权转让协议书前，郑某某已与赵某某达成了买卖 C 公司全部股权的口头协议。本案证据显示，2009 年 8 月—9 月，郑某某经人介绍认识作为 C 公司股东的 B 公司实际控制人赵某某，并与之达成口头协议，约定由 B 公司将 C 公司 100％的股权以 4.6 亿元的价格转让给郑某某。这表明，郑某某主观上具有倒卖 C 公司股权的意愿。

第二，在与孙某某签订转让协议书后，郑某某为履行协议作出了积极努力。这包括：（1）2010 年 1 月 21 日，郑某某以张某名义与韩某某（赵某某的妻子，B 公司的法定代表人）签订了 "C 公司股权转让协议"，B 公司同意将 C 公司 100％的股权（包括刘某某持有的 20％的股权）以 4.8 亿元的价格转让给张某，之后郑某某支付了 2 000 万元转让款。（2）2010 年 3 月 19 日，刘某某不同意 B 公司打包转让其 20％的股权，要求单独签订转让协议并单独议价。郑某某为此以戴某某的名义与刘某某签订了 C 公司 20％的股权转让协议，并按照协议支付了 9 000 万元的股权转让款。（3）2010 年 5 月 21 日，郑某某与孙某某方面签订了第一个补充协议（"C 公司股权转让补充协议"），双方对付款方式及股权过户手续作出承诺。（4）2010 年 9 月 15 日，双方签订第二个补充协议，进一步约定了股权转让的相关事宜。

可见，郑某某在以 A 公司等名义与孙某某签订 C 公司股权转让协议后，先后与 C 公司的两个股东（B 公司和刘某某，持有 C 公司 100％的股权）签订了股权转让协议，并支付了一定比例的股权转让款。这些事实可以清楚地表明，郑某某主观上具有履行其与孙某某等人所签订协议的意愿。

2. 郑某某客观上具有履行合同的部分能力

行为人是否具有履约能力，对合同诈骗罪的认定具有重要影响。但考虑到市场的不确定性，法律往往不能要求合同双方都必须具备 100％的履约能力才可签订协议或者进行交易，只要行为人客观上具备部分履行合同的能力或者保障，就不能认定行为人诈骗。本案中，现有证据可以证明，郑某某客观上具有履行合同的部分能力，并具有推动协议履行或者在协议不能履行时退款的保证能力。这具体体现在：

第一，郑某某客观上具有履行合同的部分能力。这包括：（1）在与孙某某签订 C 公司股权转让协议之前，郑某某已经与 B 公司谈妥了购买 B 公司持有 C 公司 100％股权的条件。（2）在与孙某某签订 C 公司股权转让协议之后，郑某某先于 2010 年 1 月 21 日以张某名义与韩某某（赵某某的妻子，C 公司的股东 B 公司的法定代表人）签订了"C 公司股权转让协议"，后于 2010 年 3 月 19 日以戴某某的名义与刘某某签订了刘某某名下 20％的股权转让协议。（3）在与刘某某签订"C 公司股权转让协议"后，郑某某向刘某某分期支付了人民币 9 000 万元，刘某某按约定转让了 20％的股权，股权由戴某某代 A 公司持有。这意味着，在与赵某某、刘某某方面签订了 C 公司 100％股权转让协议后，特别是通过支付 9 000 万元股权转让款实际取得了 C 公司 20％的股权后，郑某某已经具备履行其与孙某某等人签订协议的部分能力。

第二，郑某某客观上具有履行协议或者在协议不能履行时退款的保证能力。这包括：（1）郑某某方面在与 B 公司、刘某某签订了 C 公司股权转让协议后，能在很大程度上保证其与孙某某等人所签订协议的履行。这也是郑某某能够履行合同的基本保证。（2）涉案资金的去向和郑某某归还资金的能力。本案证据显示，郑某某在收取孙某某等人股权转让款后主要是进行了投资，包括项目投资 20 010 万元、民间借贷 9 565 万元、工程款 4 435 万元、还款 740 万元。这还不包括郑某某支付给 B 公司、刘某某的 1.1 亿元股权购买款。同时，郑某某个人拥有多家煤矿的股份、房产等固定资产。这些都是郑某某购买 C 公司的股权以履行其与孙某某等人签订协议的保证能力，同时也是郑某某在协议不能履行时退款的保证。

可见，郑某某客观上具有履行其与孙某某等人签订协议的部分能力，同时也具有购买 C 公司股权以履行其与孙某某等人签订协议的客观保证能力。

3. 郑某某未能履行合同是由其他原因造成的

本案中，郑某某与孙某某等人签订的股权转让协议最终未能履行。但从合同未能履行的原因上看，该股权转让协议未能履行不是由于郑某某个人的原因，而且其他客观原因所致。综合来看，这主要包括：

第一，C 公司股东方面的原因。这具体又包括两方面的原因：（1）刘某某不同意 B 公司打包转让其 20% 的股权。本案证据显示，郑某某以张某名义与韩某某（赵某某的妻子）签订了"C 公司股权转让协议"，约定 B 公司同意将 C 公司 100% 的股权（包括刘某某的 20% 股权）以 4.8 亿元的价格转让给张某。郑某某随后支付了部分转让款 2 000 万元。但该协议签订后，刘某某不同意 B 公司打包转让其 20% 的股权，要求单独签订转让协议并单独议价。这导致之前签订的协议被搁置。（2）B 公司对 C 公司股权转让款坐地起价。在刘某某不同意打包转让的情况下，郑某某方面不得不与刘某某单独签订股权转让协议，并单独支付了 9 000 万元股权转让款。但在郑某某已通过刘某某取得 C 公司 20% 股权的情况下，B 公司仍要求郑某某按原来约定的 100% 股权转让价格支付转让款（但 B 公司此时只持有 C 公司 80% 的股权），实际上是坐地起价，大大提高了股权转让价格，导致双方签订的协议无法履行。

　　第二，孙某某方面的原因。根据郑某某与孙某某等人签订的股权转让协议及补充协议，孙某某等人负有按照协议支付转让款的义务。例如，按照郑某某与孙某某签订的"C 公司股权转让协议"，孙某某需要在协议生效 3 个工作日内付定金 5 000 万元，30 个工作日内付 2.5 亿元，同时转让 30% 股权等。按照郑某某与孙某某等人签订的"C 公司股权转让补充协议"，孙某某方面第一期要付转让款 3 亿元（在 2010 年 5 月 30 日前付清），之后还有第二、三期付款义务。但实际上，孙某某等人并没有按照协议的约定支付转让款。

　　1985 年 7 月 18 日，最高人民法院、最高人民检察院《关于当前办理经济犯罪案件中具体应用法律的若干问题的解答（试行）》针对"关于以签订经济合同的方法骗取财物的，应认定诈骗罪还是按经济合同纠纷处理的问题"明确规定："个人明知自己并无履行合同的实际能力或担保，以骗取财物为目的，采取欺诈手段与其他单位、经济组织或个人签订合同，骗取财物数额较大的，应以诈骗罪追究刑事责任。个人有部分履行合同的能力或担保，虽经过努力，但由于某些原因造成不能完全履行合同的，应按经济合同纠纷处理。"本案中，郑某某主观上具有履行合同的意愿，客观上具有履行合同的部分能力和保证，协议最终未能履行是由于某些原因所致，郑某某与孙某某等人签订、履行 C 公司股权转让协议的行为明显不符合合同诈骗罪的主客观要件要求，不构成合同诈骗罪。

（二）郑某某在解除股权转让协议后没有如期退款是客观原因所致，而非郑某某主观上不想退款，郑某某的行为不构成合同诈骗罪

　　本案中，在股权转让协议无法履行的情况下，2011 年 3 月郑某某与孙某某等人解除了股权转让协议，郑某某出具"退款承诺书"承诺于 2011 年 5 月退还孙某某 2 600 万元至其指定账户。2011 年 7 月 5 日、7 日，郑某某两次与孙某某签订了还款协议，就合同解除后的还款事宜达成协议。对此，主张构罪的观点认为，在被害人发现郑某某不能履行合同要求退款时，郑某某仅退还了小部分款项，后被害人孙某某等人即联系不到郑某某、张某，并以此作为认定郑某某具有非法占有目的的依据。但这种观点难以成立。这具体体现在：

第一，本案对郑某某还款数额的认定有误。本案中，郑某某在案发前退还被害人人民币 2 600 万元，案发后退还被害人人民币 1.5 亿元、港币 1 000 万元。但根据案件材料，除了前述认定的退款金额，郑某某还有以下四个方面的退款行为：（1）2014 年 3 月 26 日，郑某某以自己持有的冯某某的债权抵扣孙某某 5 000 万元的退款。（2）2014 年 5 月 3 日，郑某某与孙某某签订"A 公司 60％股权转让对冲协议"，将郑某某拥有的该公司 60％股权及对应的资产直接抵给孙某某 9 500 万元。（3）2017 年，郑某某与孙某某达成协议，将银泰煤矿 15％的股权作价 1 亿元人民币。（4）2017 年，郑某某与孙某某达成协议，将 500 万元担保金及 85 万元现金给孙某某。如将这些金额计算在内，郑某某实际上已退还了孙某某方面人民币 4.36 亿元、港币 1 000 万元的现金和资产。而孙某某等人向郑某某支付的股权转让款总计人民币 4.9 亿元、港币 1 000 万元。也就是说，郑某某最终只欠孙某某等人 0.5 亿元，即大部分股权转让款已经归还。

第二，郑某某的大量固定资产被警方查封扣押。本案中，郑某某没有足够流动资金向孙某某等人退款，也没有及时将固定资产变现向被害人孙某某等人退款。但郑某某的主要固定资产都已被警方查封扣押，无法及时变现。这些固定资产主要包括：（1）郑某某持有的某煤矿 78％股权。该股权于 2011 年 12 月 15 日被警方扣押，根据案件材料，其估值不少于 20 亿元人民币。（2）郑某某持有的另一煤矿 15％的股权。该股权于 2012 年 11 月 2 日被警方扣押。2017 年，郑某某与被害人签订协议，作价 1 亿元抵债。（3）郑某某位于某别墅（负 1 至 3 层全部）。该资产于 2014 年 4 月 17 日被警方查封扣押。郑某某的上述固定资产，经初步估计至少价值数十亿元人民币。在被警方查封扣押的情况下，郑某某无法将这些固定资产变现以退还孙某某等人的股权转让款。

第三，郑某某在案发前没有潜逃。本案中，郑某某在案发前并没有关机潜逃，而是一直与孙某某保持联系，案发后公安机关第一时间就找到了郑某某。如果真是诈骗，郑某某已经到手了 5 亿元现金，早已携款而逃了，不会等着被抓捕。这也表明郑某某没有非法占有孙某某等人股权转让款的意图和行为。

可见，郑某某在向孙某某等人出具还款承诺书并签订还款协议后，没有如期履行退款义务是客观原因所致，并非郑某某主观上不想退款，其行为不构成合同诈骗罪。

A 有限合伙企业合同诈骗案

——有限合伙企业能否成为合同诈骗罪的帮助犯主体

一、基本案情

某合伙企业是有限合伙企业，简称 A 有限合伙企业。

2012 年 12 月间，李甲与李乙商议，由李甲实际控制、管理的 B 基金公司作为普通合伙人先后成立"基金 A 一、二、三期"，募集资金共计 2.8 亿余元。2013 年 7 月间，李甲与李乙再次商议后，由 B 基金公司作为普通合伙人与有限合伙人 C 公司成立 A 有限合伙企业，约定投资目标为：以委托贷款的方式投资 D 公司城中村改造项目。2013 年 8 月至 12 月间，A 有限合伙企业共计收到 C 公司的募集资金 4.9 亿余元，通过甲银行某市支行委托贷给李乙实际控制、经营管理的 D 公司。

2014 年 2、3 月间，因 E 公司投资开发的房地产项目未能达到预期销售目标且又担负巨额债务，故将无法归还上述贷款，李甲、李乙经共同商议，决定另行设立基金公司募集资金。随后，李甲负责先后成立 F 公司、基金 B 一、二期，李乙担任基金 B 二期的委派代表，李乙的妻子张某某担任基金 B 一期的委派代表。2014 年 3 月 18 日，经李甲联系，基金 B 一期与甲银行签订了"'某宝'合作协议"，约定由基金 B 一期与交易对手签署售房受益权转让协议，约定：受让开发商售房部分受益权，由某市甲银行向符合贷款资格的购房人发放按揭贷款，通过该按揭贷款的受托支付及开发商授权支付，使该按揭贷款回流至基金 B 一期指定账户。某市甲银行同时向基金 B 一期发送了"合作协议执行风险提示书"。

2014 年 5 月下旬，李甲隐瞒融资的真实用途，以已与银行签订"'某宝'合作协议"为诱饵，骗取被害单位 H 公司的信任。6 月 4 日，李甲、李乙以 F 公司作为普通合伙人与 H 公司签订合伙协议、补充协议等，由 H 公司新增入伙基金 B 一期。

2014 年 6 月 3 日、4 日，微信及网络、报纸上相继出现"某宝"项目的相关信息，引起甲银行总行及相关监管部门的重视。当地银行遂于 6 月 10 日决定暂停"某宝"项目。6 月 10 日至 12 日，李甲、李乙在明知甲银行某支行已决定暂停"'某宝'合作协议"的情况下，仍催促 H 公司投资。其间，为顺利将 H 公司的投资款用于偿还前期债务，李甲、李乙拟定了基金 B 一期与 G 公司之间的"借款合同"以及基金 B 一期、A 有限合伙企业、G 公司、D 公司、J 公司五方之间的"合作协议"等。6 月 13 日、18 日，H 公司按合伙协议约定将共计 9.699 亿元投资"某宝"项目的资金划至基金 B 一期的银行账户。6 月 17 日，甲银行个人金融部正式发出书面"关于暂停合作协议的告知函"，李甲派员于 6 月 18 日至甲银行某市支行签收上述告知函。

同年 6 月 18 日，李甲在确认 H 公司最后一笔投资款到账后，即以支付管理费的名义划至 F 公司银行账户 1 455 万元。6 月 19 日，李甲、李乙又安排财务人员，除将预分配款 1 277.4 万元划至 H 公司银行账户以外，另将 3.36 亿余元划入 E 公司银行账户用于偿还"基金 A 一、二、三期"的投资本息 3 亿余元、归还李乙其他债务 3 500 万元；又将 5.907 6 亿元划入 A 有限合伙企业银行账户，准备提前归还前期募集的投资本息；将 291 万元以顾问费名义划入李甲控制的某公司银行账户。当晚，李甲、李乙以邮件方式向 H 公司告知"某宝"项目已被暂停。2014 年 6 月 21 日晚，H 公司向公安机关报案。6 月 22 日、23 日，公安机关先后将李甲、李乙抓获。案发后，在 A 有限合伙企业、李甲、李乙配合下，公安机关追缴赃款共计 6.7 亿余元。

二、主要问题

本案涉及的主要问题是：A 有限合伙企业能否成为李甲、李乙合同诈骗罪的帮助犯主体。对此，存在两种不同的观点：

一种观点主张构罪，认为虽然 A 有限合伙企业属于合伙企业，但其合伙人是具有法人资格的单位，这种联营实质上是法人的集合体，在分享利益、承担责任与组织决策等方面均不同于自然人之间的合伙，可成为单位犯罪的主体，因而，A 有限合伙企业构成李甲、李乙合同诈骗罪的帮助犯。

另一种观点主张不构罪，认为 A 有限合伙企业属于不具有法人资格的合伙企业，不符合单位犯罪的主体要求；本案不能证明 A 有限合伙企业具备合同诈骗罪帮助犯的成立条件，A 有限合伙企业不构成李甲、李乙合同诈骗罪的帮助犯。

三、出罪法理

合伙企业属于不具有法人资格的单位，有限合伙企业亦然。本案中，A 有限合伙企业不能成为李甲、李乙合同诈骗罪的帮助犯主体。这主要体现在以下几个方面。

（一）A 有限合伙企业属于不具有法人资格的合伙企业，不符合单位犯罪的主体要求，不构成合同诈骗罪

本案证据显示，A 有限合伙企业是合伙企业，由 C 公司作为有限合伙人，以出资额对 A 有限合伙企业享受权利、承担义务；由 B 基金公司作为普通合伙人，对 A 有限合伙企业承担无限连带责任。根据我国《民法典》和《合伙企业法》的规定，A 有限合伙企业作为合伙企业，不具有法人资格。对于不具有法人资格的 A 有限合伙企业能否成为单位犯罪的主体，主张构罪的观点认为，虽然 A 有限合伙企业属于合伙企业，但其合伙人是具有法人资格的单位。这种联营实质上是法人的集合体，在分享利益、承担责任与组织决策等方面均不同于自然人之间的合伙，可成为单位犯罪的主体。这一观点显然难以成立，因为 A 有限合伙企业作为不具有法人资格的合伙企业，无论其合伙人是否具有法人资格，其都不具备单位犯罪的主体资格，不能构成单位犯罪，自然也就不能构成李甲、李乙合同诈骗罪的帮助犯。这具体体现在以下几个方面。

1. 最高人民法院的司法解释明确规定不具有法人资格的独资、私营等企业不能成为单位犯罪的主体

我国《刑法》第 30 条明确将单位犯罪的主体限定为"公司、企业、事业单位、机关、团体"。考虑到我国"公司、企业、事业单位"的种类众多，为了限制"公司、企业、事业单位"的入罪范围以更符合我国刑法的基本原则，最高人民法院 1999 年 6 月 18 日通过的《关于审理单位犯罪案件具体应用法律有关问题的解释》第 1 条明确规定："刑法第三十条规定的公司、企业、事业单位，既包括国有、集体所有的公司、企业、事业单位，也包括依法设立的合资经营、合作经营企业和具有法人资格的独资、私营等公司、企业、事业单位。"根据反面解释原理，不具有法人资格的独资、私营等公司、企业、事业单位不属于我国《刑法》第 30 条规定的"公司、企业、事业单位"，不能构成单位犯罪。本案中，A 有限合伙企业是 C 公司、B 基金公司共同出资成立的合伙企业，不具有法人资格，依照最高人民法院上述司法解释的规定，不能成为单位犯罪的主体。这体现在：

第一，A 有限合伙企业明显不属于"依法设立的合资经营、合作经营企业"。最高人民法院前述司法解释将"依法设立的合资经营、合作经营企业"规定为单位犯罪的主体。但本案中，A 有限合伙企业明显不属于"依法设立的合资经营、合作经营企业"。这是因为：一方面，我国依法设立的合资经营、合作经营企业只有中外合资经营企业、中外合作经营企业两种，A 有限合伙企业为境内企业合伙，明显不属于这两种类型的企业。从法律依据上看，目前我国关于合资经营、合作经营企业的法律只有《中外合资经营企业法》

（1979 年通过、2016 年第三次修正）和《中外合作经营企业法》（1988 年通过、2017 年第四次修正）。除此之外，我国没有关于合资经营企业、合作经营企业的法律规定。我国依法设立的合资经营、合作经营企业只能是中外合资经营企业、中外合作经营企业。本案中，A 有限合伙企业的合伙人均为境内企业，从合资、合作主体上看其显然不属于这两类企业，进而不属于前述司法解释规定的"依法设立的合资经营、合作经营企业"。另一方面，A 有限合伙企业由 C 公司、B 基金公司共同出资，即便按照《中外合资经营企业法》的规定，其也不符合法定的企业形式要求。我国《中外合资经营企业法》第 4 条第 1 款明确规定："合营企业的形式为有限责任公司。"这意味着，中外合资经营企业必须采取有限责任公司的形式。本案中，A 有限合伙企业由 C 公司、B 基金公司共同投资设立，属于合伙企业，不属于有限责任公司。即便套用《中外合资经营企业法》的规定，其也不符合《中外合资经营企业法》关于企业形式的要求，不能认定 A 有限合伙企业为依法成立的合资经营企业。因此，无论是从形式上还是从实质上看，A 有限合伙企业都不属于前述司法解释规定的"依法设立的合资经营、合作经营企业"。

第二，A 有限合伙企业属于前述司法解释规定的"独资、私营等企业"，但不具有法人资格。这包括三个方面：一是 A 有限合伙企业属于前述司法解释规定的"独资、私营等企业"。2018 年《私营企业暂行条例》废止后，我国目前可涵盖私营企业的法律主要是《个人独资企业法》、《合伙企业法》和《公司法》。本案中，A 有限合伙企业属于有限合伙企业，而我国《合伙企业法》第 3 条规定："国有独资公司、国有企业、上市公司以及公益性的事业单位、社会团体不得成为普通合伙人。"第 67 条中规定："有限合伙企业由普通合伙人执行合伙事务。"这一方面表明合伙企业不属于国有企业，因为《合伙企业法》第 3 条明确将国有企业与合伙企业单列，规定国有企业不能成为合伙企业的普通合伙人，合伙企业不能只由国家出资；另一方面表明合伙企业不能由国有企业进行经营管理。从这两个角度看，本案中的 A 有限合伙企业作为合伙企业，属于前述司法解释规定的"独资、私营等企业"。二是 A 有限合伙企业不具有法人资格。这一点在本案中十分明确，因为 A 有限合伙企业系有限合伙企业，根据《合伙企业法》的规定，它不能独立承担民事义务，因而不属于法人。同时，我国《民法典》第 102 条进一步明确规定："非法人组织是不具有法人资格，但是能够依法以自己的名义从事民事活动的组织。非法人组织包括个人独资企业、合伙企业、不具有法人资格的专业服务机构等。"本案中，A 有限合伙企业不具有法人资格。三是 A 有限合伙企业的合伙人具有的法人资格不能作为认定 A 有限合伙企业主体资格的依据。本案中，A 有限合伙企业的合伙人 C 公司和 B 基金公司均是具有法人资格的单位。主张构罪的观点认为，A 有限合伙企业的"合伙人是具有法人资格的单位，这种联营体实质上是法人的集合体"，并认定 A 有限合伙企业可以成为单位犯罪的主体。但这一认定存在明显的错误，完全不能成立。理由在于：一方面，合伙企业的法律资格与该企业合伙人的法律资格是两个完全不同的概念，不能互换。法律资格（包括法人资格）是法律权利和法律义务的集合反映。不同主体的法律资格具有相对性和独立性，不能相互替代，更不能互换。以合伙企业为例，合伙企业的法律资格反映出的是该企业的法律权利、法律义务，而企业合伙人的法律资格反映的是合伙人的法律权利、法律义务。两者根本不是一个概念。如果可以进行概念互换，将合伙企业的法律权利、法律义务等同于该企业合伙人的法律权利、法律义务，那么合伙企业设立的价值将不复存在，更不用说合伙企业的有限合伙人是以其出资为限享有权利、承担义务，因此合伙企业与企业合伙人之间是各自独立的。构罪观点明显是偷换概念。另一方面，以合伙人的法人资格取代合伙企业的法人资格，意味着要揭开企业的"面纱"，合伙企业的法律独立性即不复存在，自然也就不具有单位犯罪的主体资格。企业作为法律主体具有独立性，是因其具有独立于出资人的法律人格（法律"面纱"）。如果对企业法律资格的审查要深入到出资人层面，那么就要抛弃企业的法律人格（揭开其法律"面纱"），企业作为法律主体的独立性也就不存在。对于本案涉及的合伙企业亦如此。主张构罪的观点以 A 有限合伙企业的合伙人具有法人资格来认定 A 有限合伙企业具有单位犯罪主体的资格，其逻辑是自相矛盾的，因为如果要深入到出资人层面考虑企业的法律资格，则其本身就是对合伙企业独立法律资格的否定，A 有限合伙企业也就不能成为独立的法律主体，更不能成为单位犯罪的主体。事实上，如果构罪观点的思路能够成立，那么我国设立单位犯罪的必要性就根本不存在，因为任何单位（包括合伙企业、合伙企业的合伙人）都可还原为自然人的集合，那么只追究自然人（单位出资人/合伙人）的责任即可。

2. 最高人民法院对上述单位犯罪主体的释理清楚地表明，合伙企业不能成为单位犯罪的主体

前述最高人民法院《关于审理单位犯罪案件具体应用法律有关问题的解释》第 1 条没有规定合伙企业能否作为单位犯罪的主体。但最高人民法院在对前述司法解释的相关释理中明确表示合伙企业不能成为单位犯罪的主体。这体现在：

第一，最高人民法院前述司法解释的参与起草人对司法解释的解读明确称合伙企业不能作为单位犯罪的主体。这主要体现在原最高人民法院研究室工作人员孙军工撰写的《〈关于审理单位犯罪案件具体应用法律有关问题的解释〉的理解与适用》（《刑事审判参考》1999 年第 3 期）一文中。孙军工在该

文中明确称：私营独资公司、私营合伙企业"对债务承担无限责任"，对于不具有法人资格的私营独资企业和私营合伙企业实施的犯罪行为，应当依照刑法有关自然人犯罪的规定定罪处罚。这一释理清楚地表明，合伙企业出资人需要对合伙企业债务承担无限责任，因而不能追究合伙企业单位犯罪的刑事责任，对合伙企业实施的犯罪只能追究有关自然人的刑事责任。本案中，A有限合伙企业是合伙企业，其中B基金公司作为普通合伙人，需要对A有限合伙企业的债务承担无限责任，A有限合伙企业不能成为单位合同诈骗罪的主体。

第二，《刑事审判参考》在相关案例释理中明确表示合伙企业不能成为单位犯罪的主体。当前，最高人民法院没有专门发布关于合伙企业能否成为单位犯罪主体的案例，但由最高人民法院五个刑事审判庭联合编撰的《刑事审判参考》在相关案例的释理中明确表示合伙企业不能作为单位犯罪的主体。例如，《刑事审判参考》（1999年第2辑）在其刊载的朱某某投机倒把案（第3号案例）释理中明确称："没有设立为有限责任公司的私营独资企业、合伙企业，进行走私等活动，构成犯罪的，依法按个人犯罪追究刑事责任。"《刑事审判参考》（2011年第1辑）在其刊载的邱某某等销售假冒注册商标的商品案（第676号案例）释理中明确称："以下几种情形通常不被认定为单位犯罪：（1）无法人资格的独资、合伙企业犯罪的；（2）个人以实施犯罪活动为主要目的而设立公司、企业、事业单位实施犯罪的；（3）单位设立后，以实施犯罪为主要活动的；（4）盗用单位名义实施犯罪，违法所得由个人私分的。"可见，合伙企业不能成为单位犯罪的主体是最高人民法院《刑事审判参考》上述案例释理的基本共识，依此对本案中的合伙企业——A有限合伙企业也不能追究单位犯罪的刑事责任。

3. 罪责自负原则决定了合伙企业不能成为单位犯罪的主体，不能追究合伙企业单位犯罪的刑事责任

罪责自负是现代刑法的基本原则，它要求在刑事责任的追究上反对连带、株连。罪责自负原则决定了像A有限合伙企业这样的合伙企业不能成为单位犯罪的主体，更不能追究合伙企业单位犯罪的刑事责任。理由主要包括：

第一，合伙企业不具有独立承担法律义务的能力，不是独立的责任主体。所谓独立承担法律义务的能力是指主体能够独立承担其行为的不利法律后果。合伙企业虽然依法可以成立，但并不具有独立承担法律义务的能力。这在我国《民法典》和《合伙企业法》中都有明确规定。如上所述，我国《民法典》第102条第2款明确规定合伙企业属于非法人组织，在此基础上，《民法典》第104条规定："非法人组织的财产不足以清偿债务的，其出资人或者设立人承担无限责任。法律另有规定的，依照其规定。"与此同时，我国《合伙企业

法》第 2 条针对普通合伙企业和有限合伙企业明确规定："普通合伙企业由普通合伙人组成，合伙人对合伙企业债务承担无限连带责任。""有限合伙企业由普通合伙人和有限合伙人组成，普通合伙人对合伙企业债务承担无限连带责任，有限合伙人以其认缴的出资额为限对合伙企业债务承担责任。"因此，无论是普通合伙企业还是有限合伙企业，其责任都不是独立的，其中的普通合伙人都要对合伙企业债务承担无限连带责任。合伙企业因而也就不可能成为我国法律上的独立责任主体。

第二，合伙企业不能成为独立的刑事责任主体，进而不能成为单位犯罪的主体。在我国刑法上，犯罪主体是犯罪行为主体和刑事责任主体的合称，要求行为人在实施行为时既有犯罪的行为能力又有承担刑事责任的能力。但如前所述，合伙企业依法不具有独立承担责任的能力，因而也就不具有独立承担刑事责任的能力。以单位犯罪为例，我国刑法对犯罪单位规定的刑罚处罚是罚金。对于具有独立责任能力的单位而言，刑法对单位判处的罚金是以单位的资产为限的，超出的部分只有在发现单位有新财产时才能继续执行，无论如何也不能由其他单位或者个人来承担单位罚金的不足部分。但对于合伙企业这类不具有独立责任能力的单位而言，刑法对合法企业判处罚金，如果合伙企业的资产不足以支付，则超出的部分应当由合伙企业的普通合伙人承担。这是由其连带责任的法律规定所决定的。可见，合伙企业不能独立承担刑法规定的法律后果，其也就不能成为独立的刑事责任主体，进而不能成为单位犯罪的主体。

第三，将合伙企业作为单位犯罪的主体进行追责，将导致刑法惩罚无辜者，违背刑法的罪责自负原则。如前所述，如果将合伙企业作为单位犯罪的主体，那么一旦对合伙企业判处的罚金超过了合伙企业的资产，合伙企业无力承担，则应当由合伙企业的普通合伙人承担连带责任。而对于合伙企业而言，其普通合伙人可以是多个，其中一些普通合伙人可能对合伙企业的行为既无主观上的认知（无罪过）也无行为上的联系（无具体行为）。在此情况下，无论合伙企业的合伙人是法人还是非法人，都会导致刑法惩罚无辜者，形成刑事责任的株连。而这显然违背了现代刑法的罪责自负原则，是刑法所不允许的。从这个角度看，我国刑法虽然不要求单位犯罪的主体都具有法人资格，但要求其具有独立的财产权（主要是独立承担债务的能力），并非任何单位都可以成为我国刑法上单位犯罪的主体。

第四，合伙企业的合伙人是否具有法人资格与合伙企业的责任主体地位无关。这是因为：一方面，判断一个组织是否具有独立责任主体地位的核心在于其是否能够独立于出资人（股东、合伙人）承担责任。以企业的合伙人具有法人资格作为认定合伙企业具有独立责任主体地位的推断逻辑本末倒置。

另一方面，合伙企业的合伙人具有法人资格反映的是合伙人与该合伙人的出资人之间的关系，即其可以独立于出资人承担责任。这与合伙企业毫无关系。事实上，无论合伙企业的合伙人是法人、非法人组织还是自然人，都不会影响合伙企业的责任承担方式，合伙企业承担责任的方式均是固定的（普通合伙人承担无限连带责任，有限合伙人以出资额为限承担责任）。因此，只要将具有法人资格的主体作为一个与自然人同等地位的独立刑事责任主体，就不可能要求其对他人的行为承担刑事责任，进而也就不可能得出合伙企业能成为单位犯罪主体的结论。

综上，合伙企业（包括普通合伙企业和有限合伙企业）不具有法人资格，不能成为单位犯罪的主体。对此，我国司法实践中已有判例明确否认有限合伙企业的单位犯罪主体地位［例如，浙江省义乌市人民法院（2016）浙 0782 刑初 3187 号刑事判决书明确称，"由于本案所涉的义乌市德融投资合伙企业系有限合伙的合伙企业，不具有法人资格，故辩护人傅某亮提出本案属单位犯罪的辩护意见，不予采纳"］。本案中，A 有限合伙企业是合伙企业，其不具有独立的责任主体地位，不能独立承担刑罚后果。

（二）本案证据不能证明 A 有限合伙企业具备合同诈骗罪帮助犯的成立条件，A 有限合伙企业不构成李甲、李乙合同诈骗罪的帮助犯

有限合伙企业能否成为单位犯罪主体是本案处理的一个前提。对此，如前所述，无论是普通合伙企业还是有限合伙企业均不能成为单位犯罪的主体。与此同时，即便不考虑合伙企业能否成为单位犯罪的主体，本案证据也不能证明 A 有限合伙企业符合涉案合同诈骗罪帮助犯的成立条件。

帮助犯属于共同犯罪的一种。根据我国《刑法》第 25 条的规定，共同犯罪是两人以上共同故意犯罪。共同犯罪的成立至少必须同时具备以下两个基本条件：一是行为人主观上必须具有犯罪的共同故意，其中对于单位实施的帮助犯罪而言，除了要求单位具有帮助他人的故意，还要求单位明知他人在实施犯罪；二是行为人客观上必须实施了相互协作的行为，其中对于单位实施的帮助犯罪而言，要求单位实施了帮助他人犯罪的行为，并且这种行为体现了单位的整体意志。但本案证据不能证明 A 有限合伙企业具备合同诈骗罪帮助犯的成立条件，进而不能证明 A 有限合伙企业构成李甲、李乙合同诈骗罪的帮助犯。

1. 本案证据不能证明 A 有限合伙企业主观上具备成立李甲、李乙合同诈骗罪帮助犯的主观条件，其不构成李甲、李乙合同诈骗罪的帮助犯

如前所述，合同诈骗罪帮助犯的成立在主观上要求行为人明知被帮助人正在实施合同诈骗犯罪，且主观上具有帮助他人犯罪的意图。但在本案中，证据不能证明 A 有限合伙企业主观上具有帮助李甲、李乙实施合同诈骗犯罪

的意图。这是因为：

第一，李甲的意志不等于 A 有限合伙企业的意志，不能以李甲主观上的认知代替 A 有限合伙企业的主观认知。本案中，主张构罪的观点认为，李甲是 A 有限合伙企业的实际控制人，李甲的意志等同于 A 有限合伙企业的意志，并认为 A 有限合伙企业的涉案行为构成犯罪。这一认定思路存在明显错误，具体理由主要包括：一方面，这一认识明显违反了刑法适用平等原则。本案中，李甲是 B 基金公司、基金 A 一至三期、A 有限合伙企业和 F 公司等单位的实际控制人和经营管理负责人；李乙是 G 公司、润泰公司、D 公司的实际控制人和经营管理负责人。李甲的涉案行为没有被认定为 F 公司、基金 B 一期等的单位行为，也没有认定李乙的行为是 G 公司、D 公司等的单位行为，而 F 公司是 H 公司的合同相对方，基金 B 一期、D 公司等也都与本案密切相关。在没有将李甲的意志等同于 F 公司等的单位意志，没有将李甲实施的合同诈骗行为视为 F 公司等的单位行为的情况下，本案也不能将李甲的意志等同于 A 有限合伙企业的意志，不能将李甲的行为视为 A 有限合伙企业的行为。另一方面，这一认识违反了 A 有限合伙企业合伙事务执行程序。本案中，A 有限合伙企业的合伙事务执行人是 B 基金公司，委派代表李甲，不能将李甲的行为等同于 A 有限合伙企业的单位行为。具体而言，A 有限合伙企业是 C 公司与 B 基金公司共同出资设立的合伙企业，B 基金公司是执行事务合伙人。双方签订的合伙协议约定："执行事务合伙人可独立决定更换其委派的执行事务合伙人代表，但更换时应书面通知本企业，并办理相应的企业变更登记手续。"但至本案案发，B 基金公司执行事务合伙人代表始终不是李甲，并未变更。在此情况下，虽然李甲是 B 基金公司的实际控制人，但只有执行事务合伙人代表的行为才能代表 A 有限合伙企业。显然，李甲的个人意志不能等同于 A 有限合伙企业的单位意志，不能以李甲主观上的认知代替 A 有限合伙企业的主观认知。对于 A 有限合伙企业是否具有帮助李甲、李乙实施合同诈骗犯罪的故意，需要深入 A 有限合伙企业内部进行深入考察。

第二，本案证据不能证明 A 有限合伙企业主观上具有帮助李甲、李乙实施合同诈骗的意图。具体理由主要包括：一是李甲的个人认知不等同于 A 有限合伙企业的单位认知。如前所述，李甲的个人意志不等同于 A 有限合伙企业的单位意志。其意志若要上升为 A 有限合伙企业的单位意志，必须按照 A 有限合伙企业的决策程序，经由 B 基金公司和李某刚同意才能体现为 A 有限合伙企业的单位意志。同理，李甲的个人认知也不等于 A 有限合伙企业的单位认知。据此，本案不能因为李甲在 A 有限合伙企业参与签订五方协议时知道涉案款项是合同诈骗的款项，就认定 A 有限合伙企业也知道该涉案款项是合同诈骗的款项，更不能据此认定 A 有限合伙企业具备李甲、李乙合同诈骗

罪帮助犯的主观条件。二是李甲的行为特点决定了不能以其个人认知代替 A
有限合伙企业等单位的认知。本案中，李甲一人身兼多职，是多个单位的实
际控制人和经营管理负责人。这决定了他一人的行为会牵涉多家单位。但实
际上，这些单位都是他实施涉案合同诈骗行为的手段和工具。如果剥离单位
的外衣，本案实际上体现为李甲借用这些单位诈骗 H 公司的涉案钱款并转移。
按照这个思路，如认定 A 有限合伙企业可以构成合同诈骗罪，就变成了李甲
自己帮助自己实施了合同诈骗行为，即其既是合同诈骗罪的实行犯，又是合
同诈骗罪的帮助犯。这显然不符合刑法的基本逻辑，是难以成立的。三是本
案证据不能证明执行事务合伙人代表在 A 有限合伙企业参与签订五方协议时
明知涉案的款项是合同诈骗的款项。无论是在刑法上还是在民法等其他法律
上，单位都是拟制的法律主体。与自然人不同，拟制主体的行为与意思认定
特别重视形式要件（程序要件），如单位的名义、单位的决策程序和单位的利
益等。从这个角度看，只有执行事务合伙人代表作出的意思表示才能被视为
A 有限合伙企业的意思表示。同理，在犯罪明知的问题上，只有执行事务合
伙人代表明知涉案款项是合同诈骗的款项，才能认定 A 有限合伙企业明知涉
案的款项是合同诈骗的款项。但本案证据不能证明这一点，进而不能认定 A
有限合伙企业在参与签订五方协议时具备合同诈骗罪帮助犯的主观条件。

　　第三，本案有证据表明 A 有限合伙企业参与签订五方协议不是为了谋取
本单位的利益。为了单位的利益是认定单位犯罪的一个重要主观条件，直接
责任人员为个人私利借用单位名义实施犯罪的行为显然不能认定为单位犯罪。
本案中，李甲将 5.9 亿余元划至 A 有限合伙企业账户，系用于提前归还 A 有
限合伙企业前期募集的投资本息。这似乎表明认定李甲参与签订五方协议是
为了 A 有限合伙企业的单位利益。但是，H 公司早在 2014 年 6 月 18 日就已
将 9.6 亿余元涉案款项全部转账给了基金 B 一期，涉案的合同诈骗行为在 H
公司转款完成后已经既遂。而在此之前，无论 A 有限合伙企业两名合伙人、
B 基金公司与金某的合意，还是五方协议的约定，均为收取保证金以释放质
权，提前归还 A 有限合伙企业投资本息最早是由李甲在 6 月 22 日提出的，且
并未得到另一名合伙人金某的响应。这意味着，本案不仅不能证明 A 有限合
伙企业的行为构成合同诈骗罪，相反可以证明 A 有限合伙企业在李甲、李乙
合同诈骗犯罪既遂之前没有形成提前归还前期募集投资本息的意思表示，不
符合合同诈骗罪帮助犯的主观要求。

　　可见，本案不能证明 A 有限合伙企业在参与签订五方协议时明知涉案款
项是合同诈骗犯罪的赃款，也不能证明 A 有限合伙企业在参与签订五方协议
时即具有提前归还募集投资本息的意图，A 有限合伙企业不具备合同诈骗罪
帮助犯的主观要件，不构成李甲、李乙合同诈骗罪的共犯。

2. 本案证据不能证明 A 有限合伙企业的行为属于李甲、李乙合同诈骗罪的帮助行为，其不构成李甲、李乙合同诈骗罪的帮助犯

刑法上的危害行为是具有社会危害性的行为，行为在客观上必须具有侵害法益的性质，对共同犯罪的帮助犯而言，亦是如此，即帮助行为客观上必须具有促进犯罪实行行为实施的性质。本案中，A 有限合伙企业的涉案行为显然不属于合同诈骗罪的实行行为。与此同时，本案现有证据也不能证明 A 有限合伙企业的行为具备李甲、李乙所犯合同诈骗罪帮助犯的行为性质。这具体体现在：

第一，A 有限合伙企业参与签订五方协议的行为是明显的中立行为，不具有法益侵害性。本案证据显示，涉案的 5.9 亿余元资金是 G 公司向基金 B 一期的借款，应该由基金 B 一期打给 G 公司，A 有限合伙企业参与签订五方协议是以保证金的方式接收涉案的 5.9 亿余元，前提是要解除 D 公司 70%股权的质押。因此，对于 A 有限合伙企业而言，无论其在接收基金 B 一期的涉案款项后是否有提前归还前期募集投资本息的意思和行为，其接收涉案 5.9 亿余元资金的行为是按照等价原则进行的，既未遭受损失，也未受益，本身没有侵害任何法益，完全是中性行为。

第二，A 有限合伙企业参与签订五方协议的行为不具有帮助李甲、李乙实施合同诈骗犯罪的性质。这是因为：一方面，A 有限合伙企业参与签订五方协议的相对方均是单位，而非李甲、李乙个人。本案证据显示，A 有限合伙企业参与签订协议的五方分别是基金 B 一期、A 有限合伙企业、G 公司、D 公司、J 公司。从这个角度看，A 有限合伙企业的行为即便具有帮助的性质，其帮助的对象也只是基金 B 一期、G 公司等单位，而非李甲、李乙个人，也即 A 有限合伙企业并没有在李甲、李乙通过 F 公司对被害单位实施合同诈骗的环节上提供任何帮助。但除 A 有限合伙企业外，其他单位均未受到追究。在此情况下，如认定 A 有限合伙企业构成李甲、李乙合同诈骗罪的帮助犯，则存在明显的帮助对象认定错误的问题。A 有限合伙企业不构成李甲、李乙合同诈骗罪的帮助犯。另一方面，A 有限合伙企业只是帮助 G 公司减少资金流转环节，而非帮助李甲、李乙实施合同诈骗犯罪，也即 A 有限合伙企业所实施的行为并不能为李甲、李乙通过 F 公司对被害单位实施合同诈骗产生任何帮助的效果。本案中，虽然在涉案款项的流转上，5.9 亿余元涉案款项是从 H 公司转给基金 B 一期，再由基金 B 一期转给 A 有限合伙企业，但因为该 5.9 亿余元是以保证金的形式转移的，A 有限合伙企业要承担对 G 公司的相应义务，因此，真正的流转关系应该是 H 公司转给基金 B 一期，基金 B 一期转给 G 公司，再由 G 公司转给 A 有限合伙企业。A 有限合伙企业参与签订五方协议只是帮助 G 公司减少了基金 B 一期转给 G 公司再由 G 公司转给 A 有限

合伙企业的流程。从这个角度看，A 有限合伙企业充其量只是帮 G 公司减少了资金流转环节，而非帮助李甲、李乙实施合同诈骗犯罪。

综上，李甲的个人意志不等于 A 有限合伙企业的集体意志。本案证据不能证明 A 有限合伙企业主观上明知李甲、李乙实施的是合同诈骗犯罪行为以及具有帮助的意图，也不能证明 A 有限合伙企业的行为是对李甲、李乙合同诈骗犯罪的帮助行为。A 有限合伙企业不成立李甲、李乙合同诈骗罪的帮助犯。

周某组织、领导传销活动等案

——以荣誉称号等非直接利益进行奖励能否构成组织、
领导传销活动罪

一、基本案情

2013 年 11 月，薛某某以 3 000 万元的价格收购某公司，将其改造为培训机构。随后，薛某某成立培训公司，并实际控制。薛某某将原公司员工以及学员查某、王甲、刘某某、荆某、董某某等人网罗于培训公司，并委以重任，形成稳定的犯罪组织架构和领导层。薛某某等人在沿用某公司等"教练技术"的基础上，重新制定公司内控制度和运营模式，将逼迫他人感召"海星""拉人头"的敛财方式作为公司非法营利的核心手段。公司经过制度化建设，使决策层、管理层、执行层通过选择学员、封闭培训、强迫感召、感召奖励等环节密切配合、各司其职，对强迫学员感召他人入伙进行全流程、系统化的控制，以达到大肆敛财的目的。

在课程设计上，薛某某等将培训设计为三个阶段：第一阶段由训练师查某、屈某、矫某等人授课，主要是平和地给学员灌输观点，增强学员的自信心，让学员在"困难""逆境"中突破，让学员认为自己能做到以前不敢做或者做不到的事。训练师通过"内省"，自我暴露缺点，给学员"自我改变"的信心。第二阶段通过强烈的刺激，令学员形成"自我否定"，改变学员固有的人生观、价值观、世界观，让学员觉得自己一无是处，必须要改变自己。在第二阶段结束到第三阶段开始之前，利用给学员树立个人成长、事业目标、家庭目标、健康目标之机会，加入感召目标，以是否实现感召"海星"作为衡量学员自我蜕变成功和学习成果的检验标准。第三阶段通过 100 天的训练，培育一个成年人"新习惯"的养成，促进感召"海星"的成功率。所谓"感召"就是由参加学习的学员去引导说服更多的人来参加某培训学院的课程学习。其通过各种实践活动，号召并鼓励学员通过一切手段去感召"海星"，完成公司"拉人头"的既定目标。

在奖励制度上，薛某某等以班或小组为单位，在源头上即开始实施奖励。

学员感召人数达到班级或者小组的整体感召任务时，班级或小组即可获得马尔代夫或东南亚的免费出境旅游的奖励。另外，个人感召成绩优秀的，根据其感召的数量设置践行者、大EMO以及九牛等荣誉称号，从而激励学员去感召"海星"，以达到为集团敛财的目的。同时，为最大化地提升感召效果，薛某某犯罪集团对导师（训练师）、总教练、教练、助教根据其带班的积分或带出冠军班的数量多少设置级别，其中训练师员工按照TR级别从低到高1—5排列，评级标准为其带班次数所换算成的积分。教练员工则按照OF级别从低到高1—12排列，按照助教、团长、教练、总教练（又细分为初级、中级、高级、督导四类）分级别。训练师团队和教练团队的级别跟工资和津贴、奖金直接挂钩，带班次数越多，感召"海星"越多，则工资、奖金越高。

在内部治理上，薛某某组织查某、王甲、刘某某、荆某等人建立起了一套培训框架、相关制度及管控机制，并设计学员、教练及其团伙奖励和晋级制度作为计酬的绩效考核机制，让教练成为迫使学员感召"海星"的主要操纵者、学员成为培训公司非法敛财的工具。

在培训过程中，培训公司以感召"海星"，发展下线缴交培训费作为培训成果的主要考核指标。由薛某某、查某、荆某、王甲和刘某某等人组成的总裁团队通过教练工作坊、总裁会议及总教练培训班等各种形式对公司总教练、教练进行培训，营造业绩与感召人数直接挂钩的组织文化氛围，并建立危机处置机制。该机制专门处置在培训过程中遇到的学员投诉以及相关政府部门的监管查处，纵容训练师、教练、学员通过辱骂、诋毁等各种暴力、"软暴力"方法"逼果子"，强迫他人完成感召"海星"任务。

经核实，潘某某、李甲、曹某某和张某某等多名学员在培训过程中迫于公司和教练团队的感召压力而被迫替人缴纳高额学费来完成感召任务；李乙、王乙等多名学员因不愿感召而与公司训练师或教练发生矛盾被打伤；黄甲、高某某、代某某、莫某某等多名学员因忍受不了培训内容、培训方式而精神失常，被送去医院治疗。

二、主要问题

本案涉及的主要问题是，只以集体免费出境旅游、荣誉称号等奖励而没有具体返利的行为能否构成组织、领导传销活动罪。对此，存在两种不同的观点：

一种观点主张构罪，认为集体免费出境旅游、荣誉称号等奖励也是利益，可以作为酬劳，周某的行为构成组织、领导传销活动罪。

另一种观点主张不构罪，认为集体免费出境旅游、荣誉称号等奖励不是传销的计酬或者返利行为，周某犯组织、领导传销活动罪的依据不足。

三、出罪法理

关于周某涉嫌的组织、领导传销活动罪，主张构罪的观点认为，薛某某纠集查某、刘某某、王甲和荆某等人组成犯罪集团核心层，制定规则，同时拉拢陈某等作为犯罪集团的重要组成人员，他们共同商议决定，以"教练技术"为幌子，形成以感召"海星"为唯一目的的非法培训机制，要求参与者缴纳学费以获得培训资格，并按照一定顺序组成层级，直接或者间接以发展人员的数量作为计酬和奖励的依据，积极参与感召"海星"，并引诱、逼迫参与者采取暴力和"软暴力"等各种手段不断发展下线人员参与，大肆骗取钱财。这已经严重扰乱经济社会秩序，构成组织、领导传销活动罪。但笔者认为，本案周某犯组织、领导传销活动罪的依据不足。

（一）认定周某等人之间符合传销组织"层级"要求的依据不足

根据我国《刑法》第 224 条之一和最高人民法院司法解释的规定，传销组织的成立必须具有一定的层级。本案中，主张构罪的观点认为周某与其他人之间属于"按照一定顺序组成层级"，如学员所在团队被分为了冠军团队、钻石团队、践行者、大 EMO 以及九牛等；训练师员工按照 TR 级别从低到高 1—5 排列；教练员工按照 OF 级别从低到高 1—12 排列，按照助教、团长、教练、总教练（又细分为初级、中级、高级、督导四类）分级别。客观地看，这种级别的分类并不属于传销意义上的"层级"，而仅仅是公司员工或者教练之间的身份级别。传销的"层次"必须在不同级别人员之间形成上下线关系。这种上下线关系不仅是指行为人要求被发展人员加入传销组织，还包括要求被发展人员发展其他人员加入。这样才能在行为人和被发展人员之间形成上下线关系，换言之，上线不仅要发展下线，还要"管理"下线，即上线还需引诱、胁迫参加者继续发展他人参加，且下线发展的人员可计入上线发展人员的范围。但主张构罪的观点对周某与其他涉案人员之间关系的认定没有体现出这一特征，根据罪刑法定原则，其认定周某等人之间具备传销组织"层级"的依据不足。

（二）认定周某等人之间符合传销组织"计酬或者返利"的依据不足

根据我国《刑法》第 224 条之一和最高人民法院司法解释的规定，传销组织的"计酬或者返利"必须具备两个基本特征：一是计酬或者返利的依据特征，即必须是直接或者间接以发展人员的数量作为计酬或者返利依据。二是计酬或者返利的计算方法特征，即在计算报酬或者返利时上线是以下线直接或者间接发展人员的数量作为计酬或者返利依据。在本案中，学员感召成绩会影响其荣誉称号；训练师团队和教练团队的级别跟工资和津贴、奖金直接挂钩，带班次数越多，感召"海星"越多，则工资奖金越高。但这并不符合传销组织的"计酬或者返利"要求。这是因为：

第一，在学员层面，只有感召学员达到一定数量的学员团队（冠军团队、钻石团队），才能整体享有旅游奖励。只要属于该种团队无论团队学员个人是否成功感召到"海星"均可以享受旅游奖励，感召"海星"多的学员个人也不会得到更高金额的旅游奖励或者其他物质奖励，同时即使学员成功感召到"海星"，但如果其所属学员团队不属于冠军团队、钻石团队则学员也无法享有旅游奖励，因此，无法将此种旅游奖励认定为以"发展人员的数量"为依据的返利或者计酬。

第二，在教练层面，教练每年除固定基本工资外，其薪酬浮动部分（比如年终奖、绩效奖）是和感召学员数量挂钩还是和公司整体盈利挂钩、是否必然发放给教练，均证据不足。因此，"周某等人之间符合传销组织'计酬或者返利'"的观点在计酬或者返利的计算方法上缺乏存在以下线直接或者间接发展人员的数量作为上线计酬或者返利的依据。从这个角度看，根据罪刑法定原则、罪疑从无原则以及最高人民法院司法解释的上述规定，认定周某等人之间符合传销组织"计酬或者返利"特征的依据不足。就周某的个人作用而言，其虽然有督导总教练的头衔，但并非某培训学院的员工，未从某培训学院获取任何工资或者报酬，其配偶名下股份也系从公开市场的券商营业部购买，认定其构成以"计酬或者返利"为目的的组织、领导传销活动罪证据不足。

贾某某组织、领导传销活动案

——存在大量实体投资的虚拟币营销行为能否被认定为传销犯罪

一、基本案情

自 2018 年 11 月以来，徐某、艾某（二人均另案处理）等人相互结伙组建某虚拟货币交易平台，贾某某等分别任"中国区总裁""运营中心总裁""电商中心总裁""行政中心总裁""企划中心总裁"，以拉人头传销模式在网络平台销售虚拟货币（以下均简称"某虚拟币"），在全国各地组织、领导传销活动。胡某某等协助各总裁策划大型会议、管理交易平台和社区团队等，贾甲等人夸大经营投资及盈利前景，通过召集大型会议、组织宣传培训等手段，不断为该组织发展人员，且发展人数众多，并从中获利。李某某等人明知某虚拟货币交易平台是传销平台，仍为该平台提供技术服务。

该平台初始为某虚拟货币交易平台 1.0 版，具体模式为：

1. 静态收益（挖矿分红）：投入 100 美元以上取得体验"矿工"身份；投入 1 000 美元以上注册账户购买某虚拟币锁仓挖矿，取得正式"矿工"身份，放大至 3 倍收益，每日释放余额的 0.35%，同时自动销毁 20%。

2. 动态收益：包括分享加速（直推分红）、节点加速（团队分红）和社区加速（高管分红），加速可叠加计算，可复投。

（1）分享加速：直接推荐"矿工"可获取对方投资额 10% 的加速返还。

（2）节点加速：直接分享 1 位"矿工"，成为一级矿工，加速释放 1 代"矿工"投入数量的 2%；直接分享 2 位"矿工"，成为二级矿工，加速释放 2 代"矿工"投入数量的 2%；直接分享 3 位"矿工"，成为三级矿工，加速释放 3 代"矿工"投入数量的 2%；直接分享 4 位"矿工"，成为一级矿长，加速释放 4 代"矿工"投入数量的 2%；直接分享 5 位"矿工"，成为二级矿长，加速释放 5 代"矿工"投入数量的 2%；直接分享 6 位"矿工"，成为三级矿长，加速释放 b 代"矿工"投入数量的 2%；直接分享 7 位"矿工"，成为一级矿主，加速释放 7 代"矿工"投入数量的 2%；直接分享 8 位"矿工"，成为二级矿主，加速释放 8 代"矿工"投入数量的 2%；直接分享 9 位"矿工"，成为三级矿主，加速释放 9 代"矿工"投入数量的 2%；直接分享 10 位以上"矿工"，成为矿场合伙人，加速释放 10 代"矿工"投入数量的 2%。

（3）社区加速：自己发展的下线团队组成"社区"，二级矿长以上可享受社区加速权益。去除社区下最大社区的累计锁仓额度，其他社区的累积锁仓之和 20 万某虚拟币以上，按照新增锁仓数量的 2%加速挖取自己矿池的某虚拟币，50 万以上加速 4%，200 万以上加速 6%，500 万以上加速 7%，2 000 万以上加速 8%，5 000 万以上加速 9%，1 个亿以上加速 10%。

某虚拟货币交易平台 2.0 版的具体模式为：

1. 静态收益：投入 100 美元以上取得体验"矿工"身份；投入 1 000 美元以上注册账户购买某虚拟币锁仓挖矿，取得正式"矿工"身份，放大至 3.5 倍收益，每日释放余额的 0.3%，同时自动销毁 25%。

2. 动态收益：分享加速、社区加速、超级节点加速，可叠加计算，可复投。

（1）分享加速：同 1.0 版。

（2）社区加速：去除累计锁仓额度最大社区的一半，其他社区累计锁仓之和新增业绩 2 000 美元以上，累计直接分享 2 位活跃矿工，为一级矿工，社区新增锁仓额度的 4%加速释放；新增业绩 5 000 美元以上，累计直接分享 2 位活跃矿工，为二级矿工，社区新增锁仓额度的 5%加速释放；新增业绩 10 000 美元以上，累计直接分享 3 位活跃矿工，为三级矿工，社区新增锁仓额度的 6%加速释放；新增业绩 30 000 美元以上且直接分享 2 位二级矿工，累计直接分享 4 位活跃矿工，为一级矿长，社区新增锁仓额度的 6%加速释放；新增业绩 80 000 美元以上且直接分享 3 位二级矿工，累计直接分享 5 位活跃矿工，为二级矿长，社区新增锁仓额度的 10%加速释放；新增业绩 300 000 美元以上且直接分享 4 位二级矿工，累计直接分享 6 位活跃矿工，为三级矿长，社区新增锁仓额度的 12%加速释放；新增业绩 800 000 美元以上且直接分享 5 位二级矿工，累计直接分享 7 位活跃矿工，为一级矿主，社区新增锁仓额度的 14%加速释放；新增业绩 1 500 000 美元以上且直接分享 6 位二级矿工，累计直接分享 8 位活跃矿工，为二级矿主，社区新增锁仓额度的 16%加速释放；新增业绩 5 000 000 美元以上且直接分享 7 位二级矿工，累计直接分享 9 位活跃矿工，为三级矿主，社区新增锁仓额度的 18%加速释放；新增业绩 8 000 000 美元以上且直接分享 8 位二级矿工，累计直接分享 10 位活跃矿工，为矿场合伙人，社区新增锁仓额度的 20%加速释放。

（3）超级节点加速：根据每月社区总业绩量、注册企业情况、办公场所面积等，由克某决定是否发放给负责人，初级社区节点加速 2%，社区节点加速 3.5%，超级社区节点加速 5%。

该平台没有实体经营活动，以在区块链发行某虚拟币为诱饵，欺骗参加者通过上线邀请码，最低投入 1 000 美元按照平台内当日"币价"购买某虚拟币成为活跃"矿工"，承诺返还 3 倍收益，要求参加者不断发展下线人员，按照推荐发展顺序组成上下线层级关系，以发展人员的数量和业绩通过分享加速、节点加速和社区加速来加速收益的返还。参加者可以不断复投赚取利润，并在平台内的数字钱包交易所买卖、变现。另外，该组织将骗取的资金用于个人投资企业，并指使投资的企业为其路演宣传，同时注册多家空壳公司，夸大宣传投资实体企业获得返利的假象以骗取财物，在江苏、辽宁、上海、天津等各地不断发展人员，扰乱经济社会秩序。

经司法鉴定机构司法鉴定，该传销组织现有注册账号 407 799 个，产生交易并完成的账户总计数量为 210 495 个，服务商账户数量为 4 070 个，矿工账户等级最高为 10 级，账户最大层级为 SO 级，平台总共发生交易额为人民币 16 396 778 192.83 元，转入某虚拟币 880 791 487 个、总交易数为 18 648 899 175 个。

二、主要问题

本案主要涉及的问题是行为人进行了大量实体投资，其发行虚拟货币营销的行为能否被认定为组织、领导传销活动罪。对此，主要存在两种不同的观点：

一种观点主张构罪，认为该虚拟货币交易平台的经营行为构成传销，贾某某的行为符合组织、领导传销活动罪的成立条件，构成组织、领导传销活动罪。

另一种观点主张不构罪，认为该平台存在大量实体投资，没有骗取财物，贾某某的行为不符合组织、领导传销活动罪的成立条件。

同时，贾某某在本案中应否被认定为从犯？在案件处理过程中也存在不同意见。

三、出罪法理

刑法上的传销不等同于行政法上的传销。按照我国《刑法》第 224 条之一的规定，本案难以认定涉案虚拟货币交易平台具备刑法上传销的骗取财物等特征，贾某某的行为不符合组织、领导传销活动罪的成立条件，不构成组织、领导传销活动罪。同时，即便贾某某的行为成立组织、领导传销活动罪，也应当考虑到其只是平台实控者的傀儡，应当认定其成立从犯。

（一）贾某某的行为不符合组织、领导传销活动罪的成立条件，不构成组织、领导传销活动罪

关于组织、领导传销活动罪，我国《刑法》第 224 条之一规定："组织、领导以推销商品、提供服务等经营活动为名，要求参加者以缴纳费用或者购买商品、服务等方式获得加入资格，并按照一定顺序组成层级，直接或者间接以发展人员的数量作为计酬或者返利依据，引诱、胁迫参加者继续发展他人参加，骗取财物，扰乱经济社会秩序的传销活动的，处五年以下有期徒刑或者拘役，并处罚金；情节严重的，处五年以上有期徒刑，并处罚金。"可见，组织、领导传销活动罪的成立至少同时具备两个基本条件：一是行为的对象必须是传销活动，即以传销活动的存在为前提；二是行为的内容必须是组织、领导，而不能只是参加。但本案证据不能证明该虚拟货币交易平台的经营模式属于我国《刑法》第224条之一的传销，贾某某的行为不构成组织、领导传销活动罪。

1. 本案证据不能证明该虚拟货币交易平台的经营行为属于我国《刑法》第224条之一规定的传销

我国《刑法》第224条之一规定的传销是"以推销商品、提供服务等经营活动为名，要求参加者以缴纳费用或者购买商品、服务等方式获得加入资格，并按照一定顺序组成层级，直接或者间接以发展人员的数量作为计酬或者返利依据，引诱、胁迫参加者继续发展他人参加，骗取财物，扰乱经济社会秩序"的活动。刑法上传销的本质是借助金字塔式营销网络骗取财物（金字塔式诈骗），其成立必须同时具备以下四个基本条件：一是资格条件，即"要求参加者以缴纳费用或者购买商品、服务等方式获得加入资格"；二是计酬条件，即"直接或者间接以发展人员的数量作为计酬或者返利依据，引诱、胁迫参加者继续发展他人参加"；三是层级条件，即"按照一定顺序组成层级"并形成三级以上的上下线关系；四是行为条件，即"骗取财物"。本案中，该虚拟货币交易平台的经营模式不符合传销的上述本质和基本特征，不属于我国《刑法》第224条之一规定的传销。这体现在：

（1）该虚拟货币交易平台不是空盘（传销资金盘），不符合刑法上传销的本质特征。本案存在的以下两方面证据表明，该虚拟货币交易平台不是传销资金盘，不符合刑法上传销的本质特征：一方面，该虚拟货币交易平台赋能了大量实体企业，有大量实体企业支撑，不是空盘。在案证据显示，该虚拟货币交易平台就实体企业已投资了数亿元（约5.6亿元，即平台上有5.6亿元企业股份对应的价值存在），完全不是空盘。另一方面，该虚拟货币交易平台通过投资实体企业，赋予了某虚拟币实际价值，平台上某虚拟币的价格与其实际价值相近。上述该虚拟货币交易平台投资实体企业情况表明，该虚拟货币交易平台通过赋能实体经济，至少承载了5.6亿元的实体财富价值。而司法鉴定显示，该虚拟货币交易平台上的某虚拟币总数是8.8亿个。该虚拟货币交易平台价值除以某虚拟币个数，相当于每个某虚拟币的价值为0.636

元（5.6亿元÷8.8亿个＝0.636元/个）。在此基础上，再考虑到某虚拟币作为虚拟货币本身也具有一定的价值，因此，该虚拟货币交易平台以约1元/个的价格向矿工出售，并没有明显偏离某虚拟币本身的价值（包括其承载的企业股份价值）。这表明，该虚拟货币交易平台承载了大量实体经济的股份/资产，不是空盘（传销资金盘），其推出的某虚拟币有相当的价值。该虚拟货币交易平台不是通过多层次营销骗钱，不符合刑法上传销的本质特征。

（2）本案证据不能证明该虚拟货币交易平台是通过拉人头骗取财物，其不符合刑法上传销的基本特征。如前所述，刑法上的传销必须具备传销的资格条件、计酬条件、层级条件和行为条件。本案中，该虚拟货币交易平台不符合刑法上传销的基本特征，其行为模式不属于刑法上的传销犯罪。这体现在：

第一，该虚拟货币交易平台没有收取入门费，不符合刑法上传销犯罪的资格条件要求。如前所述，我国《刑法》第224条之一规定的传销"资格条件"是"参加者以缴纳费用或者购买商品、服务等方式获得加入资格"。2013年最高人民法院、最高人民检察院、公安部《关于办理组织领导传销活动刑事案件适用法律若干问题的意见》第3条将其进一步表述为要"从参与传销活动人员缴纳的费用或者购买商品、服务的费用中非法获利"。本案中，主张构罪的观点认为，该虚拟货币交易平台要求参加者"最低投入1 000美元按照平台内当日'币价'购买虚拟货币成为活跃'矿工'"。但该1 000美元不能被认定为刑法上传销的入门费。这是因为：一是该虚拟货币交易平台只是提供一个某虚拟币的交易平台，包括该1 000美元在内的所有某虚拟币交易都是通过点对点的方式进行的，并不是交给该虚拟货币交易平台；二是该虚拟货币交易平台并不从这1 000美元中直接获利（其只收取极少量的手续费，几乎可以忽略不计）。因此，本案中该虚拟货币交易平台本身并没有收取加入人员的入门费，不符合刑法上传销的资格条件要求。

第二，该虚拟货币交易平台没有按人头计酬，不符合刑法上传销犯罪的计酬条件要求。我国《刑法》第224条之一规定的传销计酬是"直接或者间接以发展人员的数量作为计酬或者返利依据"，即拉人头。本案中，该虚拟货币交易平台没有直接或者间接以发展人员的数量作为用户计酬或者返利的依据，不符合刑法上传销犯罪的计酬方式要求。这具体体现在：一方面，用户加入该虚拟货币交易平台的获利源头是锁仓挖矿，其能获得的虚拟货币总数是固定的，与发展人员的数量无关。根据在案证据，该虚拟货币交易平台矿工锁仓挖矿，收益会倍增。在某虚拟币交易2.0模式中，用户购买某虚拟币后如果锁仓挖矿，矿池会放大至3.5倍，每日按收益0.3%递减式释放。这是该虚拟货币交易平台模式下用户收益增加的主要方式。但这种收益增加方式与用户发展人员的数量没有关系，而是根据用户投入的某虚拟币数量直接倍增。在用户投入一定数量的金钱后，其能够获得的某虚拟币数量是固定的，即其获利是固定的，与其发展人员的数量无关。从这个角度看，该虚拟货币交易平台不是以发展人员的数量作为用户计酬或者返利的依据。另一方面，用户及其团队推荐其他用户能加速释放虚拟币，但不是以发展人员的数量作为计酬或者返利依据。根据在案证据反映的该虚拟货币交易平台模式，推荐用户可以加速释放矿池内的某虚拟币，主要有两种方式：一是直接推荐矿工可获取 10% 加速释放，二是社区加速释放。社区激励最高达 20% 加速释放（去除累计锁仓额度最大社区的一半，其他社区累计锁仓之和），是以活跃矿工为标准，根据用户和其推荐用户组成的社区新增锁矿额度进行加速释放。

上述两种加速释放方式具有三个显著特点：一是不改变用户在矿池内某虚拟币的总量，而是在用户矿池内剩有某虚拟币的情况下加速某虚拟币的释放，不会增加矿池内某虚拟币的总量；二是释放的速度取决于业绩（被推荐用户使用某虚拟币锁矿挖的数量），而不是取决于推荐用户的人数；三是加速释放减少用户某虚拟币释放时间，用户只获得程序便利，不计酬或者返利，更不是以发展人员的数量作为用户计酬或者返利的依据。因此，无论是"分享加速"还是"社区加速"，其加速释放的都是用户固有的某虚拟币数量，且不是直接或者间接以发展人员的数量作为计酬或者返利依据，不符合刑法上传销犯罪的计酬条件要求。

第三，该虚拟货币交易平台用户之间的金字塔式层级关系不明显，不符合刑法上传销犯罪的层级要求。我国《刑法》第 224 条之一规定的传销层级是"按照一定顺序组成层级"。2013 年最高人民法院、最高人民检察院、公安部《关于办理组织领导传销活动刑事案件适用法律若干问题的意见》第 1 条对传销层级的规定是"组织内部参与传销活动人员在三十人以上且层级在三级以上"，第 7 条中规定："'层级'和'级'，系指组织者、领导者与参与传销活动人员之间的上下线关系层次，而非组织者、领导者在传销组织中的身份等级。"据此，传销的层级必须具备两个基本条件：一是层级性质，即传销人员之间存在上下线的依附关系；二是层级数量，即必须在三级以上。但在本案中，该虚拟货币交易平台分享加速用户之间的金字塔式层级关系不明显，许多人之间没有形成三级以上的上下线层级关系。这集中体现为在分享加速上，该虚拟货币交易平台的用户与被推荐用户之间没有形成上下线关系，且相互之间未形成三级以上的上下线关系，不符合传销犯罪的层级要求。该虚拟货币交易平台用户的"分享加速"是直接推荐用户可获取 10% 加速，但被推荐用户再推荐其他用户，不会对推荐他的用户的某虚拟币释放产生直接影响。这表明：一方面，该虚拟货币交易平台的用户与被推荐用户之间在分享加速上没有形成上下线关系，被推荐用户再推荐用户，不会再对其上级产生"分享加速"的作用，不符合传销层级的性质要求。另一方面，该虚拟货币交易平台的用户与被推荐用户在"分享加速"机制上没有形成三级以上的关系，不符合传销层级的数量要求。而在社区加速上，该虚拟货币交易平台的用户与被推荐用户之间在符合一定条件的情况下可以形成一个社区架构，可按一定比例加速用户的某虚拟币释放。但一方面，这种社区架构、社区释放是有条件的，并不针对所有用户，不是简单地发展用户、形成上下线关系即可获得；另一方面，这种社区释放本身是以团队方式进行的，且是以团队购买某虚拟币的业绩进行考量的，具有明显的团队计酬特征。因此，该虚拟货币交易平台用户之间的金字塔式层级关系不明显，不符合刑法上传销犯罪的层级要求。

第四，本案证据不能证明该虚拟货币交易平台骗取财物、扰乱经济社会秩序，该虚拟货币交易平台的行为不符合传销犯罪的行为及结果要求。如前所述，在行为及结果上，我国《刑法》第224条之一规定传销的成立必须具备"骗取财物，扰乱经济社会秩序"的行为及结果条件。但本案中，现有证据不能证明该虚拟货币交易平台"骗取财物"并"扰乱经济社会秩序"。这具体体现在：

一方面，本案证据不能证明该虚拟货币交易平台"骗取财物"。关于传销的"骗取财物"，2013年最高人民法院、最高人民检察院、公安部《关于办理组织领导传销活动刑事案件适用法律若干问题的意见》第3条规定："传销活动的组织者、领导者采取编造、歪曲国家政策，虚构、夸大经营、投资、服务项目及盈利前景，掩饰计酬、返利真实来源或者其他欺诈手段，实施刑法第二百二十四条之一规定的行为，从参与传销活动人员缴纳的费用或者购买商品、服务的费用中非法获利的，应当认定为骗取财物。参与传销活动人员是否认为被骗，不影响骗取财物的认定。"最高人民法院五个刑事审判庭联合编撰的《刑事审判参考》2013年第2集（总第91集）在"王×组织、领导传销活动案"中明确指出："传销本质上是一种分层级的金字塔式诈骗活动，参与人员多，等级复杂。"本案中，主张构罪的观点认为，"该传销组织将少量资金用于投资企业，并指使投资的企业为其路演宣传，同时注册多家空壳公司，夸大宣传投资实体企业获利返利的假象以骗取财物"。这明显没有依据。这是因为：一是该虚拟货币交易平台不是将少量资金用于投资企业，而是将大多数资金用于投资企业。如前所述，该虚拟货币交易平台有某虚拟币约8.8亿个，按矿工购买价格计算，平台内某虚拟币总价格低于8.8亿元，但仅本案证据就表明，该虚拟货币交易平台对外投资了数亿资金，明显是将大多数资金而非少量资金用于投资企业。二是该虚拟货币交易平台注册的多家公司之所以成为空壳公司，主要是客观原因造成的，即注册后还没有来得及运营就因本案停滞。三是本案没有证据证明该虚拟货币交易平台夸大宣传投资实体企业而获利返利，即没有证据证明该虚拟货币交易平台投资了假企业或者没有价值的企业，自然无法证明该虚拟货币交易平台进行了夸大宣传。四是该虚拟货币交易平台的获利方式、获利金额、获利资金去向（这也是证明传销骗取财物最为重要的方面）未经查证，相反，该虚拟货币交易平台为了维护平台运行投入了大量资金。

另一方面，本案证据不能证明该虚拟货币交易平台"扰乱经济社会秩序"。组织、领导传销活动罪属于我国《刑法》分则第三章破坏社会主义市场经济秩序罪第八节扰乱市场秩序罪下的一个罪名，其同类客体是"市场秩序"，因此，该罪的成立要求行为人的行为必须"扰乱市场秩序"，表现在该罪的条文表述上是必须"扰乱经济社会秩序"。但本案证据不能证明该虚拟货币交易平台"扰乱经济社会秩序"：一是本案没有证据证明该虚拟货币交易平台的行为"扰乱经济社会秩序"；二是如前所述，该虚拟货币交易平台积极赋能实体企业，将巨额资金投资大量实体企业，积极促进实体经济的发展，服务于经济社会发展。在缺乏具体证据的情况下，本案中不能认定该虚拟货币交易平台"扰乱经济社会秩序"。

同时，本案存在的以下三方面情形也表明该虚拟货币交易平台不存在扰乱经济社会秩序的问题：一是该虚拟货币交易平台已在相关数字交易所完成注册，是合法存在的交易平台。该虚拟货币交易平台可以合法吸收人员加入该交易所。二是政府部门的认可与合作、官媒的报道等，表明该虚拟货币交易平台得到社会认可，其没有扰乱经济社会秩序。例如，官方机构"中小企业合作发展促进中心"于2020年6月1日作出《关于同意筹备全国区块链产业发展工作委员会的批复》，同意设立"中小企业合作发展促进中心全国区块链产业发展工作委员会"，同意与该虚拟货币交易平台共同筹建，同意由徐某、杨某、周某、刘某四位同志组成筹备组；该虚拟货币交易平台与不少政府部门签订了合作协议，开展深度合作。三是该虚拟货币交易平台模式符合国家整体政策。例如，2021年7月20日商务部、中央网信办、工业和信息化部发布了《数字经济对外投资合作工作指引》，明确提出要推动数字经济对外投资合作高质量发展，更好地服务构建新发展大局。因此，该虚拟货币交易平台存在合法的依托（交易所）、符合国家发展政策、得到社会认可，难以认定其行为扰乱了经济社会秩序。

可见，该虚拟货币交易平台模式不符合我国《刑法》第224条之一规定的传销犯罪的资格条件、计酬条件、层级条件和行为及结果条件的要求，不属于我国《刑法》第224条之一规定的传销。

2. 贾某某的行为不符合组织、领导传销活动罪的成立条件，不构成组织、领导传销活动罪

在刑法上，组织、领导传销活动罪的成立至少必须同时具备以下三个基本条件：一是对象条件，即行为的指向必须是传销活动；二是行为条件，即行为人实施的行为必须是组织、领导行为，这反映在身份上即要求行为人是传销活动的组织者、领导者；三是目的条件，即行为人必须具有通过传销活动骗取财物的目的。本案证据完全不能证明该虚拟货币交易平台的行为属于刑法上的传销，首先，贾某某的行为不符合组织、领导传销活动罪的对象要求，不具备构成该罪的前提；其次，本案证据也完全不能证明贾某某主观上有骗取他人财物的目的和实施的是组织、领导行为。这体现在：

（1）贾某某明显不具有骗取财物的目的，不符合组织、领导传销活动罪的目的要求。骗取财物是刑法上传销认定的关键所在。本案证据可以充分证明，贾某某主观上不具有骗取财物的目的，不符合组织、领导传销活动罪的目的要求。

第一，本案证据不能证明该虚拟货币交易平台具有"骗取财物"的目的和行为，也不能证明贾某某具有"骗取财物"的目的和行为。本案中，贾某某的行为依附于该虚拟货币交易平台，是在该虚拟货币交易平台的模式内进行活动的。如前所述，本案证据不能证明该虚拟货币交易平台具有"骗取财物"的目的和行为。在此基础上，本案证据自然也不能证明贾某某具有"骗取财物"的目的和行为。

第二，本案证据不能证明贾某某实施了"骗取财物"的行为，也不能证明贾某某主观上具有"骗取财物"的目的。这包括：一方面，本案证据不能证明贾某某"虚假宣传投资者可以持有合作企业的原始股权"。本案证据表明，该虚拟货币交易平台赋能实体企业，就是与中小企业签订协议持有企业的部分股份，然后将这些股份放在该虚拟货币交易平台让矿工购买、持有，矿工实际上是通过该虚拟货币交易平台间接持有了相关企业的股份。这与在证券交易所买卖股票的道理是完全一样的，不能证明贾某某属于"虚假宣传"。另一方面，该虚拟货币交易平台赋能实体企业是该虚拟货币交易平台的顶层设计（主要由徐某、艾某负责），贾某某并不参与该虚拟货币交易平台的顶层设计。本案中，无论该虚拟货币交易平台赋能实体企业的设计是否虚假，都没有证据证明贾某某知道这种赋能实体企业的做法是假的，进而无法证明其主观上有进行虚假宣传的故意。

第三，本案有事实和证据表明贾某某不具有"骗取财物"的目的和行为。这包括：一是贾某某在担任该虚拟货币交易平台企业中心总裁时积极联系实体企业。本案中，戴某某等人的笔录显示，贾某某与他们一起先后联系了上

百家实体企业进行对接，最终部分符合条件的企业成为该虚拟货币交易平台对接的企业。如果贾某某只是想骗取财物的话，他只要发展人员就可以，完全没有必要去做赋能实体企业的工作。这反过来表明其主观上没有骗取财物的目的。二是贾某某从该虚拟货币交易平台提现的数额较少。本案中，虽然贾某某称从平台获利 4 000 多万元，但这其中有 1 500 万元左右是直接以某虚拟币支付的（支付给某存储公司），实际提现数额并不多。特别是，贾某某在该虚拟货币交易平台内还有数亿元（4 亿元~5 亿元）的平台币，其实际提现的比例极低。如果贾某某想骗取财物，他不可能不大量取现。这也反过来说明贾某某主观上不具有骗取财物的目的。三是贾某某进行了大量复投和投资该虚拟货币交易平台。贾某某的笔录等证据显示，他提现的款项只有少部分用于个人支出（主要用于必要的买车、买房等），不仅没有进行大额的资金转移，还将主要提现的款项都用在该虚拟货币交易平台的再发展上（包括投资北京的该虚拟货币交易平台集团公司和上海的基金公司）。这也反过来证明贾某某主观上不具有"骗取财物"的目的。

（2）本案证据不足以证明贾某某实施的是组织、领导行为，其不符合组织、领导传销活动罪的行为及主体要求。关于传销活动的组织者、领导者，2013 年最高人民法院、最高人民检察院、公安部《关于办理组织领导传销活动刑事案件适用法律若干问题的意见》第 2 条规定："下列人员可以认定为传销活动的组织者、领导者：（一）在传销活动中起发起、策划、操纵作用的人员；（二）在传销活动中承担管理、协调等职责的人员；（三）在传销活动中承担宣传、培训等职责的人员；（四）曾因组织、领导传销活动受过刑事处罚，或者一年以内因组织、领导传销活动受过行政处罚，又直接或者间接发展参与传销活动人员在十五人以上且层级在三级以上的人员；（五）其他对传销活动的实施、传销组织的建立、扩大等起关键作用的人员。""以单位名义实施组织、领导传销活动犯罪的，对于受单位指派，仅从事劳务性工作的人员，一般不予追究刑事责任。"据此，传销活动的组织者、领导者必须是"对传销活动的实施、传销组织的建立、扩大等起关键作用的人员"。本案证据不足以证明贾某某对该虚拟货币交易平台的建立、扩大、活动开展等起到关键作用。这具体体现在两个方面：

第一，贾某某作为社区负责人、矿场合伙人，只是积极参加者，不是传销活动的组织者、领导者。本案证据显示，该虚拟货币交易平台内部的人员在身份上可分为两类：一是"层级级别"，即从一级矿工到矿场合伙人共十级；二是"行政级别"，即优董会成员、董事长、中心总裁、董事会秘书等。其中，"层级级别"明显不能作为认定组织者、领导者的依据，因为层级上的人员只是发展人员，层级较高也只表明其是传销的积极参加者，并不对整个传销活动进行组织、领导。最高人民法院《刑事审判参考》2013 年第 2 集（总第 91 集）在"王×组织、领导传销活动案"中明确指出："传销本质上是一种分层级的金字塔式诈骗活动，参与人员多，等级复杂。由于传销组织中仅有少部分人员是受益者，大部分参与者均为受害者，故刑法仅追究传销活动的组织者和领导者的刑事责任，而不追究积极参与者的刑事责任。"在该虚拟货币交易平台的架构中，各个社区的人员只是"矿工"，社区负责人只是"矿工"的发展者，是因为其发展了一定数量的人员而建立社区，社区负责人的存在的目的也是发展自己的人员，不存在该虚拟货币交易平台任命的问题。因此，社区负责人依附于层级级别，只能算是积极参加者。本案中主张构罪的观点指出，贾某某直推了贾甲、王某某等人，是矿场合伙人、社区负责人。但这只是其层级级别，不能作为认定其是传销活动组织者、领导者的依据。根据 2013 年最高人民法院、最高人民检察院、公安部《关于办理组织领导传销活动刑事案件适用法律若干问题的意见》第 2 条的规定，发展传销人员的人要成立传销活动的组织者、领导者必须是"曾因组织、领导传销活动受过刑事处罚，或者一年以内因组织、领导传销活动受过行政处罚，又直接或者间接发展参与传销活动人员在十五人以上且层级在三级以上的人员"。本案中，贾某某不具备"曾因组织、领导传销活动受过刑事处罚，或者一年以内因组织、领导传销活动受过行政处罚"的条件，因此其直推贾甲、王某某等人并成为社区负责人，都只是以参加人的身份（积极参加者），不能认定其为传销活动的组织者、领导者。

第二，贾某某作为该虚拟货币交易平台中国区总裁、企业中心总裁等身份都是虚的，难以认定其对该虚拟货币交易平台的建立、扩大、活动开展等起关键作用。本案中，贾某某于 2019 年年底一周年年会后被任命为企业中心总裁，2020 年 6 月 3 日董事会群成立时为成员，2020 年 9 月 28 日被提名为中国区总裁（兼任企业中心总裁）。但本案证据表明，贾某某作为该虚拟货币交易平台中国区总裁、企业中心总裁等身份都是虚职，难以认定其对该虚拟货币交易平台的建立、扩大、活动开展等起关键作用。这包括：一是贾某某作为该虚拟货币交易平台中国区总裁、企业中心总裁等身份都是虚的，他并不享有这些身份相对应的"权力"，如没有从该虚拟货币交易平台领取任何薪资；而且贾某某的作用也是虚的，该虚拟货币交易平台完全是通过网络平台运行的，且该虚拟货币交易平台的所有重要活动都是由徐某、艾某策划、组织实施的。因此，贾某某虽然被冠名该虚拟货币交易平台中国区总裁、企业中心总裁等职务，但其对该虚拟货币交易平台网络平台的运行没有任何实际影响，也谈不上对该虚拟货币交易平台的建立、扩大、活动开展等起关键作用。二是贾某某作为该虚拟货币交易平台企业中心总裁，负责企业考察和孵化，恰恰反映其不具有传销的目的，其行为也不是传销行为。主张构罪的理由之一是，贾某某负责"企业考察和孵化"。在该虚拟货币交易平台的架构中，"企业考察和孵化"是该虚拟货币交易平台考察、孵化实体企业的板块，也是否定其"骗取财物、扰乱经济社会秩序"的重要方面（如果真实、大量孵化实体企业，那么表明其行为不是骗取财物），不属于主张构罪的观点认定的传销活动。贾某某作为该虚拟货币交易平台企业中心总裁，负责企业考察和孵化，恰恰反映其主观上不具有传销的故意和目的，其行为也不是传销行为。

因此，本案证据不足以认定贾某某是该虚拟货币交易平台涉案行为的组织者、领导者，不能证明其实施了组织、领导行为，不符合组织、领导传销活动罪的行为和主体要求，其行为不构成组织、领导传销活动罪。

（二）即便贾某某的行为构成组织、领导传销活动罪，也应当认定其为从犯，并结合其他从宽情节，对其予以较大幅度的从宽处罚

我国《刑法》第 224 条之一规定了组织、领导传销活动罪，但只惩治传销活动的组织者、领导者，而不惩治参加者（包括不惩治积极参加者）。本案中，徐某、艾某是该虚拟货币交易平台的组织者、领导者。综合本案证据和事实，即便贾某某的行为构成组织、领导传销活动罪，也应当认定其为从犯，并结合其他从宽情节，对其予以较大幅度的从宽处罚。

1. 即便贾某某的行为构成组织、领导传销活动罪，也应当认定其为从犯

对组织、领导传销活动罪的组织者、领导者区分主从犯是我国司法实践中处理传销犯罪的普遍做法。事实上，在一个传销组织中，真正的传销活动组织者、领导者是站在传销网络的顶端组建、领导传销组织的人，且通常都是少数几个人，也即 2013 年最高人民法院、最高人民检察院、公安部《关于办理组织领导传销活动刑事案件适用法律若干问题的意见》第 2 条规定的"在传销活动中起发起、策划、操纵作用的人员"。本案证据既不足以证明该虚拟货币交易平台属于传销组织，也不足以证明贾某某对该虚拟货币交易平台的建立、扩大、活动开展等起关键作用，其行为不构成组织、领导传销活动罪。退一步而言，即便本案认定贾某某是该虚拟货币交易平台涉案行为的组织者、领导者，也应当认定其在中间只起次要或者辅助作用，属于从犯。

本案中，围绕该虚拟货币交易平台的行为可分为三类：一是该虚拟货币交易平台模式的设计、搭建和管控行为；二是正向服务于该虚拟货币交易平台的行为，包括企划（宣传）、行政（人事）和运营等；三是反向服务于该虚拟货币交易平台的行为，包括企业（赋能实体，平台要往外投钱，同时也是对平台所可能涉及的骗取财物行为予以性质上的否定）。从这三类行为的关系和作用来看，贾某某在其中所起的作用是次要或者辅助作用，应当认定其为

从犯。这具体体现在：

（1）从行为关系上看，徐某、艾某所承担的平台设计、搭建和管控行为是组织、领导行为，贾某某的行为只是徐某、艾某行为的辅助，只起次要或者辅助作用。对于该虚拟货币交易平台而言，徐某是灵魂人物，艾某则相当于是徐某的大管家。贾某某的行为只是徐某、艾某行为的辅助。这包括：一是贾某某的行为完全受徐某、艾某的领导、指挥和控制。本案证据显示，贾某某担任该虚拟货币交易平台中国区总裁的时间较晚（徐某提名贾某某担任该虚拟货币交易平台中国区总裁的时间是 2020 年 9 月 28 日，实际出任的时间更晚，距离案发只有半年的时间，基本没有开展什么活动），且完全受徐某、艾某的领导、指挥，是为徐某、艾某的行为服务的，辅助徐某、艾某开展工作。二是贾某某没有任何实际的权力，不能实质性开展工作。该虚拟货币交易平台虽然规定了中国区总裁、企业中心总裁的职责，但没有任何实施的保障，不能保证其实质性开展工作。事实上，贾某某参加活动都是被动的，讲话是被安排的，讲话稿也是被安排的。从这个角度看，贾某某更像是一个道具人物。三是贾某某开展工作没有任何报酬，既没有工资、奖金，也没有其他待遇，开展活动的积极性不强，也没有开展实质性的活动。四是贾某某作为该虚拟货币交易平台企业中心总裁开展的工作具有"反骗取财物"性，背离平台的传销属性，不能认定为传销的组织、领导行为。

（2）从行为作用上看，贾某某处在该虚拟货币交易平台的外围，对该虚拟货币交易平台的建立、扩大、活动实施等只起次要、辅助性作用。该虚拟货币交易平台的运行都是通过"某虚拟货币交易"网络平台进行的，并直接由徐某、艾某把控；同时，对于平台维护、平台宣讲等多方面的工作，徐某也都找了专人负责。其中，平台技术维护是由某市某公司负责，平台培训是由周某的团队负责。在此基础上，贾某某虽然名为该虚拟货币交易平台的中国区总裁（兼任企业中心总裁），但仅限于在该虚拟货币交易平台网络平台之外开展一些事务性工作，带有较强的劳务工作色彩。贾某某对于该虚拟货币交易平台的建设、扩大以及主张构罪的观点认定的传销活动实施等方面，充其量只起次要、辅助作用。

因此，即便认定贾某某是该虚拟货币交易平台涉案行为的组织者、领导者，也应当认定其在中间只起次要或者辅助作用，属于从犯，应依照我国《刑法》第 27 条第 2 款关于从犯的规定，对其从宽处罚。

综上，该虚拟货币交易平台旨在建立一个服务实体经济的交易平台，通过发行某虚拟币（平台币）吸引大量人员（矿工）加入交易平台，并对实体企业进行了巨额投资。虽然该虚拟货币交易平台的建设和运行存在许多不规范的地方，但它不符合我国《刑法》第 224 条之一规定的传销特征，不属于刑法上的传销犯罪。同时，贾某某明显不具有骗取财物的目的和行为，且不足以认定贾某某个人对该虚拟货币交易平台的建立、扩大、活动开展等起关键作用，不能认定其为该虚拟货币交易平台的组织者、领导者。退一步讲，即便认定贾某某是该虚拟货币交易平台涉案行为的组织者、领导者，也应当认定其在中间只起次要或者辅助作用，属于从犯。

A 公司组织、领导传销活动案

——存在一定欺诈但不具有非法占有目的的多层次营销是否属于传销犯罪

一、基本案情

2014 年 10 月 10 日，罗某某、刘某注册成立 A 公司，经营扫码点餐、收银系统等业务，但一直处于亏损状态。2018 年 8 月，经罗某其提议并经全体股东同意，A 公司决定研发某平台，主要经营会员卡推广业务，采用全面推广的方式，推广者每销售一张黑金会员卡便可获得 80 元提成，但经营效果仍不理想。2018 年 9 月，公司股东变更为罗某某、刘某与袁某某等人。2018 年 11 月，罗某某邀请李某加入并采纳其提出的层级返利的推广销售模式。2018 年 12 月 21 日，平台 1.0 版本正式上线运营。为发展壮大某平台，A 公司设立常务事业部、运营事业部、研发事业部三大部门。

某平台上线运营后，经全体股东同意，A 公司根据业绩考核将推广者分为创客、总监、总裁、股东四个等级；之后又将名称变更为代理商、县级经销商、市级经销商、省级经销商，并通过推广码锁定推荐关系和形成层级。

A 公司在推广平台过程中，将会员分为青铜会员和黑金会员，青铜会员只需免费注册，黑金会员需花 299 元购买黑金会员卡或花 365 元购买会员礼包注册。代理商具有销售黑金会员卡、会员礼包和推广门店入住某平台的资格，但只有付费代理商能够升级和从间接下线的销售金额中获利。付费代理商的升级条件为：当直接销售业绩达到 4 000 元，团队合计销售业绩达到 22 000 元，推 1 家店铺入驻某平台时，便可升级为县级经销商；当县级经销商直接产生 3 个团队，共培育出 6 个县级经销商，累计推 3 家店铺入驻某平台时，便可升级为市级经销商；当市级经销商直接产生 3 个团队，共培育出 6 个市级经销商，累计推 5 家店铺入驻某平台时，便可升级为省级经销商。

为了提升代理商、经销商推广某平台的积极性，A 公司将奖励模式分为静态收益和动态收益。静态收益主要是通过会员连续签到而获得奖励的一种收益模式，即会员在连续登陆 7 天、14 天和 30 天分别可领取 2 元、5 元、10 元的红包奖励。动态收益主要通过代理商推荐新人加入或购买平台指定的会员礼包等获得的直接推荐奖励、广告奖励、分红奖励和团队分红奖励。（1）直接推荐奖励：会员每推荐一名黑金会员加入，可获得 90 元奖励；会员每推荐一份会员礼包，可获得 110 元奖励。（2）广告奖励：团队成员每销售一份会员礼包，可获得 55 元奖励；每推荐一个黑金会员，可获得 45 元奖励。（3）分红奖励：某会员团队内每产生一笔因会员礼包而获得的广告奖励，该会员若是县级经销商，可获得广告奖励的 20% 或者 11 元的礼包分红，该会员若是市级经销商，可获得广告奖励的 30% 或者 16 元的礼包分红，该会员若是省级经销商，可获得广告奖励的 40% 或者 22 元的礼包分红；某会员团队内每产生一笔因黑金会员而获得广告奖励，该会员若是县级经销商，可获得广告奖励的 20% 或者 9 元的礼包分红，该会员若是市级经销商，可获得广告奖励的 30% 或者 13 元的礼包分红，该会员若是省级经销商，可获得广告奖励的 40% 或者 18 元的礼包分红。（4）团队分红奖励：某会员团队内每产生一笔因会员礼包而获得的推荐奖励，该会员若是市级经销商或者省级经销商，可获得推荐奖励的 4%（15 元）作为其团队分红奖励；某会员团队内每产生一笔因黑金会员而获得的推荐奖励，该会员若是市级经销商或者省级经销商，可获得推荐奖励的 4%（12 元）作为其团队分红奖励。同时，代理商每推荐一家餐饮门店入驻某平台可以获得 80 元奖励，如果是连锁店可以获得 200 元奖励；市级经销商还可以获得 A 公司赠送的 5 000 股原始股奖励，省级经销商还可以获得 A 公司赠送的 20 000 股原始股奖励。A 公司通过返现或返积分的方式向代理商、经销商支付收益，代理商、经销商在某平台申请提现时需支付提现金额的 10% 作为手续费。

在宣传推广平台过程中，A 公司的相关人员及部分代理商、经销商以"A 公司于 2017 年成功上市挂牌，股权代码 810 479；平台预计 2021 年在美国纳斯达克上市，5 000 股原始股价值 200 万元，20 000 股原始股价值 1 000 万元；平台品牌是全球社交餐饮会员制平台开创者，中国领先的社交餐饮会员消费服务平台，平台开放 1 万名年收入百万/千万的经销商持有总部原始股票；平台品牌的影响力预计很快将突破 1 亿的覆盖影响人群范围"等内容进行虚假或夸大宣传。

2019 年 9 月，市场监督管理局约谈了 A 公司的股东，以该公司涉嫌传销为由要求整改。为了逃避处罚，经全体股东商议后，A 公司决定研发汇盟平台，并将平台上的代理商、经销商数据迁移到另一个平台，由另一个平台管理代理商和经销商并出售激活码；同时将售卖会员卡改为售卖激活码，将代理商、县级经销商、市级经销商、省级经销商的名称分别变更为普通推广主、5 000 股推广主、20 000 股推广主，只向办理了营业执照的市级经销商和省级经销商收买激活码并由相关人员再对外出售，筹备建立实体店，但推广模式和奖励模式没有发生变化。

截至案发时，在平台注册为青铜会员的有 1 449 604 人，注册为黑金会员的有 492 人，注册为代理商的有 805 361 人，注册为县级经销商的有 8 845 人，注册为市级经销商的有 1 066 人，注册为省级经销商的有 166 人，其中付费的代理商及各级经销商共有 499 550 人。平台中会员之间存在着由推荐关系而形成的层级关系，总层级数为 143 层。自 2018 年 12 月 21 日至案发时，A 公司通过吸纳会员共收入 182 047 877.72 元，其中给会员返利 87 267 339.99 元。

二、主要问题

本案涉及的主要问题是：存在一定欺诈但不具有非法占有目的的多层次营销行为能否被认定为刑法上的传销；在此基础上，A 公司的平台经营模式是否属于我国《刑法》第 224 条之一规定的传销；A 公司的行为是否构成组织、领导传销活动罪。对此，主要存在两种不同的观点：

一种观点主张构罪，认为 A 公司在推广过程中采用层级的推广模式，没有实质的经营活动，以会员费为主要收入来源，收取的会员费没有主要用于提高对会员的服务能力，具有骗取财物的目的，A 公司的行为构成组织、领导传销活动罪。

另一种观点主张不构罪，认为 A 公司的平台经营模式不符合传销的本质条件和入门费条件，不属于我国《刑法》第 224 条之一规定的传销，A 公司的行为不构成组织、领导传销活动罪。

三、出罪法理

我国《刑法》第 224 条之一规定："组织、领导以推销商品、提供服务等经营活动为名，要求参加者以缴纳费用或者购买商品、服务等方式获得加入资格，并按照一定顺序组成层级，直接或者间接以发展人员的数量作为计酬或者返利依据，引诱、胁迫参加者继续发展他人参加，骗取财物，扰乱经济社会秩序的传销活动的，处五年以下有期徒刑或者拘役，并处罚金；情节严重的，处五年以上有期徒刑，并处罚金。"该条规定的传销是"以推销商品、提供服务等经营活动为名，要求参加者以缴纳费用或者购买商品、服务等方式获得加入资格，并按照一定顺序组成层级，直接或者间接以发展人员的数量作为计酬或者返利依据，引诱、胁迫参加者继续发展他人参加，骗取财物，扰乱经济社会秩序"的行为。从模式上看，该条规定的传销必须同时具备以下四个基本条件：一是本质条件，即"骗取财物"；二是入门费条件，即收取入门费（"要求参加者以缴纳费用或者购买商品、服务等方式获得加入资格"）；三是计酬方式条件，即拉人头（"直接或者间接以发展人员的数量作为计酬或者返利依据，引诱、胁迫参加者继续发展他人参加"）；四是层级条件，即形成金字塔式层级（"按照一定顺序组成层级"且形成上下线的人员关系）。本案中，A 公司的平台经营模式不符合传销的上述特征，特别是不符合传销的本质条件和入门费条件，不属于我国《刑法》第 224 条之一规定的传销。A 公司的行为不构成组织、领导传销活动罪。

（一）A 公司没有骗取财物，不符合《刑法》第 224 条之一规定的传销的本质条件

关于传销，2005 年《禁止传销条例》规定了三种类型，即骗取入门费式传销、拉人头式传销和团队计酬式传销。其中，骗取入门费式传销和拉人头式传销被认为是诈骗型传销，而团队计酬式传销被认为是经营型传销。与《禁止传销条例》规定的传销不同，我国《刑法》第 224 条之一规定的传销，仅限于诈骗型传销，而不包括经营型传销，原因在于我国《刑法》第 224 条之一传销的成立必须具有"骗取财物"的情形，以及 2013 年最高人民法院、最高人民检察院、公安部《关于办理组织领导传销活动刑事案件适用法律若干问题的意见》将团队计酬式传销非罪化。在此基础上，"骗取财物"是刑法上传销的本质特征。在内容上，传销犯罪的"骗取财物"具有两个基本特点：一是在性质上，"骗取财物"是诈骗财物，表现为非法占有他人财物的目的和行为（属于诈骗犯罪）；二是在内容上，"骗取财物"是特殊类型的诈骗财物，其区别于一般诈骗的关键在于模式不具有可持续性，须以后加入者缴纳费用维持前加入者的收益（属于特殊类型的诈骗犯罪）。主张构罪的观点认为，A 公司在推广过程中采用层级的推广模式，虚构、夸大经营、投资、服务项目及盈利前景，没有实质的经营活动，以会员费为主要收入来源，收取的会员费没有主要用于提高对会员的服务能力，具有骗取财物的目的。但笔者认为，本案中 A 公司没有骗取财物，不符合刑法上传销的本质特征。

1. 传销犯罪的"骗取财物"是诈骗，A 公司虽存在一定的欺诈行为但不是非法占有，不属于"骗取财物"

如前所述，我国《刑法》第 224 条之一规定的传销是诈骗型传销，"骗取财物"是诈骗，而不是欺诈。本案中，如对"骗取财物"的理解存在偏差，容易导致对 A 公司模式认定错误。这包括：

第一，在认定标准上，虚构、夸大经营、投资、服务项目及盈利前景仅是认定"骗取财物"的参考因素，而非决定性因素。2013 年最高人民法院、最高人民检察院、公安部《关于办理组织领导传销活动刑事案件适用法律若干问题的意见》第 3 条规定："传销活动的组织者、领导者采取编造、歪曲国家政策，虚构、夸大经营、投资、服务项目及盈利前景，掩饰计酬、返利真实来源或者其他欺诈手段，实施刑法第二百二十四条之一规定的行为，从参与传销活动人员缴纳的费用或者购买商品、服务的费用中非法获利的，应当认定为骗取财物。参与传销活动人员是否认为被骗，不影响骗取财物的认定。"该意见将"虚构、夸大经营、投资、服务项目及盈利前景"列为"骗取财物"的手段，但对其作为认定"骗取财物"的依据进行了多重限制，包括行为限制（"实施刑法第二百二十四条之一规定的行为"）和结果限制（"从参与传销活动人员缴纳的费用或者购买商品、服务的费用中非法获利"）。其中，行为限制（"实施刑法第二百二十四条之一规定的行为"）本身又包含了"骗取财物"的内容。在此基础上，综合该意见第 5 条关于"团队计酬"行为处理问题的规定（单纯的"团队计酬"式传销活动不作为犯罪处理），《刑法》第 224 条之一规定的"骗取财物"必须是诈骗，"虚构、夸大经营、投资、服务项目及盈利前景"仅是认定"骗取财物"的参考因素，而非决定性因素。

第二，在具体事实上，推荐商家入驻平台的奖励不应成为认定"虚构、夸大经营、投资、服务项目及盈利前景"的依据。本案中，代理商每推荐一家餐饮门店入驻某平台可以获得 80 元奖励，如果是连锁店可以获得 200 元奖励；市级经销商还可以获得 A 公司赠送的 5 000 股原始股奖励，省级经销商还可以获得 A 公司赠送的 20 000 股原始股奖励。A 公司采取这一激励举措的目的在于，吸引更多商家入驻平台，丰富平台商家的类型，从而为广大会员提供更多的消费选择机会、更好地提升会员消费体验，进而实现会员权益的最大化。A 公司采取的这一奖励举措，显然与推广会员卡/会员礼包毫无关联。无论 A 公司赠送的 5 000 股原始股、20 000 股原始股价值多少，都不能成为认定 A 公司"虚构、夸大经营、投资、服务项目及盈利前景"的依据。

第三，在整体认定上，将"虚构、夸大经营、投资、服务项目及盈利前景"作为认定 A 公司构成传销犯罪的主要依据，是错误的。如前所述，"虚构、夸大经营、投资、服务项目及盈利前景"只是认定传销犯罪的参考因素，而非决定因素。但从内容上看，"虚假宣传、夸大宣传"与"骗取财物"之间并不具有直接对应关系，"虚假宣传、夸大宣传"也可以是为了销售真实、合法、价格合理的产品，而不是为了骗取财物。故将"虚构、夸大经营、投资、服务项目及盈利前景"作为认定 A 公司构成传销犯罪的主要依据，是错误的。

2. 作为诈骗犯罪，传销犯罪的"骗取财物"必须系非法占有，但 A 公司收取费用给付了合理的对价物，不是"骗取财物"

诈骗犯罪是非法占有型犯罪，即行为人取得他人财物没有合法根据或者给付合理对价。但本案中，A 公司不存在不给付合理对价而取得他人财物的情形，不成立传销犯罪的"骗取财物"。

第一，A公司允许会员退费，不具有"骗取财物"的前提。"骗取财物"是非法占有他人财物。退费意味着要将收取的费用退回给他人，允许退费意味着行为人不想非法占有他人财物，其行为本身也就不是非法占有行为。本案中，A公司制订了会员在购买会员卡/会员礼包后7日内无条件退费的明确政策并切实履行了承诺。司法鉴定中心出具的"司法鉴定意见书"、平台App上相关退费说明与操作指南等证据均证实，A公司制订了会员退费相关政策，即会员购买会员卡/会员礼包后，7日内均可享受退款服务；同时，A公司切实履行了退费承诺，总计向会员无条件退款高达115万余元。A公司制定退费政策并履行承诺的举动，表明其不具备"骗取财物"的前提。

第二，A公司发行卡包的真实价值与其收取的费用相当，不具有"骗取财物"的基础。本案中，会员缴付费用的对价是A公司发行的卡包（会员卡/会员礼包）。本案证据可以充分证明，A公司销售的会员卡/会员礼包具有真实的折扣优惠功能，会员购买后均能获得实际的折扣优惠权益。这包括：一是从卡包的服务功能上看，A公司发行的卡包具有与收取费用相当的真实价值。本案中，平台汇聚了8万余家餐饮、日用必需品超市、票务、酒店等日常服务类商家，完全可以覆盖会员的日常消费需求、提供广泛的消费选择范围。平台的后台数据复原后显示，平台总计有58 120家入驻商家进行了经营。这一数字占到了司法鉴定机构确认的全部8万余家商家的70%以上，即有70%的入驻商家为付费会员提供了折扣优惠服务；同时，大量证人证实，入驻商家为会员消费提供了折扣优惠或市场上最优惠的价格。这可以证明，认定平台绝大多数商家系"僵尸门店"，与客观事实严重不符。二是从卡包的服务结果上看，A公司发行的卡包给会员提供了与收取费用相当价值的服务。平台存储数据显示，平台自成立以来，总共产生了69 037 078.078元的实际消费，如果按照司法鉴定机构出具报告中所显示的全部49万余名追求消费折扣优惠的付费会员计算，平均每个会员的消费金额为138.19元；会员购买会员卡/会员礼包在平台商家处消费后获得实际折扣优惠的截图以及侦查阶段众多付费会员的证言均证实，购买会员资格后，确实能获得较于非会员更大幅度的优惠折扣（一会员在入驻商家消费享受了菜品5.8折的优惠，仅此一笔消费就优惠了203.78元，已经接近购买黑金会员卡的299元成本）；众多付费会员的消费单显示，商家给予的巨幅优惠从6.6折到6.8折不等。同时，也有大量证人证实存在持有会员卡享受巨幅折扣的情形。例如，证人俞某某、张某某、袁某某、胡某某、钟某某等均证实，平台上各类商品很多，在商城购买生活用品、在会员餐饮店消费结账时会员的确能使用抵用券享受优惠。证人王某证实，朋友看到自己使用该平台享受优惠后，也主动注册了会员。

第三，A公司积极提升卡包的平台价值，不具有"骗取财物"的目的。

这包括：一是 A 公司的资金去向证明其不具有"骗取财物"的目的。司法鉴定报告显示，A 公司的收入，除支付团队计酬返利、公司经营费用、平台运行费用、平台商城支付费用、会员退费，再扣除公益捐赠、少量消费之外，余下款项均留存于公司账户之中。其中，公司账户余额有 5 130 万余元，为公司财务支出的便利而汇入罗某某个人支付宝账户将用于公司经营的有 2 573 万余元。A 公司、罗某某均没有对公司收入予以隐匿、转移、肆意挥霍、用于违法犯罪活动等行为，表明其主观上不具有"骗取财物"的目的。二是 A 公司始终采取各种举措规范平台商家行为、实现卡包的价值功能、保障会员优惠折扣权益。例如，A 公司制定了完善的制度举措，监督入驻商家对会员折扣优惠承诺的兑现情况，包括出台并施行的"关于消费服务保障政策通告""推广主推广行为规范守则""稽查通告""代理商推广行为责任说明""关于市场宣传行为规范的通告""发布针对门店买贵差价双倍赔付的说明""关于 Q 码验证相关优化通告""关于门店整顿及优化维护通告"，等等，监督、敦促商家为广大会员提供折扣优惠。同时，A 公司还推出奖励举措，鼓励会员举报个别商家拒绝向会员提供折扣的行为，包括针对个别商家在会员消费时未按照承诺给予足额优惠折扣的情形，对消费者作出了买贵双倍赔付的承诺，并对会员举报个别商家的行为给予奖励。三是 A 公司为打造平台、实现会员的消费折扣、提升会员消费体验，投入巨额资金开展平台宣传推介活动。A 公司在某市"电视塔"、楼宇电梯、十余条高速路路牌、高铁候车厅等处投入巨资，宣传某平台。同时，A 公司还在全国各地筛选商家入驻，安排数百名员工规范商家行为、核实商家对会员消费折扣的落实情况等工作。司法鉴定报告显示，A 公司用于平台系统研发、软件维护、广告宣传等的各类经营费用已经达到 540 余万元。

3. 作为特殊类型的诈骗犯罪，传销犯罪的"骗取财物"反映出模式的不可持续性，A 公司平台具有可持续性，不是"骗取财物"

传销犯罪是一种特殊类型的诈骗犯罪。其特殊之处在于，传销犯罪的"骗取财物"是以后加入者缴纳的财物支付前加入者的收益，反映出模式的不可持续性。但本案中，A 公司的经营模式具有可持续性，与传销犯罪的诈骗模式具有本质差别。

第一，平台依靠销售卡包的收入足以覆盖全部公司经营、平台运行、推广奖励等费用，并能实现 14.8% 以上的盈利。司法鉴定报告显示，A 公司主要收入情况为：平台通过销售会员卡（黑金会员卡）、会员礼包、激活码等主营收入总计 18 276 万余元。公司支出情况主要为：会员退费 115.2 万余元，会员返利 8 716.4 万余元，商城支出 1 461.8 万余元，平台营运费用 540 万余元，消费支出 155.6 万余元，公司经营费用 976.9 万余元。截至案发时，公司账上尚有余额 5 130 万余元。同时，截至案发时，公司尚有年度企业所得税、引进入驻商家奖励、已签约广告投入、需支付员工工资及社保、App 软件升级费用、线下门店租金及装修费用等共计 3 600 余万元需支付。可见，在扣除各项费用后，A 公司净利润约为 2 710 万元。该净利润除以公司销售会员卡/会员礼包的主营业收入，整体利润率约为 14.8%。该利润率在当前成熟的电子商务平台中属于较高且具有稳定发展预期的盈利水平。

第二，平台具有的造血功能、衍生价值，足以支撑其发展，完全具备可持续性。这包括：一是平台保存的后台数据等证据显示，老会员续费比例高。平台 2018 年 8 月进入内测，同年 11 月 21 日正式上线。到 2019 年 11 月案发前，第一批付费会员（购买会员卡/会员礼包）的一年期会员权益期限届满，面临续费。相关数据显示，在 2019 年 11 月 27 日，当月续费的付费会员为 255 人，如对照 2018 年 11 月 21 日的付费会员 669 人计算，续费比例为 38.1%；如对照 2018 年 11 月 28 日的付费会员 784 人计算，续费比例为 32.5%。这在互联网电子商务用户平台属于相当高的续费率，进一步证明平台能持续发展。认为会员"人员不可能无限增加，资金链有断裂的风险"的说法，缺乏事实根据。二是根据平台复原数据归纳出的"商城订单和线下门店订单数据分析"等证据，平台的门店、商城交易活跃。其中，2018 年 11 月至 2019 年期间订单数量持续增长，特别是在 2019 年的 9 月 22 日至 10 月 21 日，订单金额达到 4 890 余万元；同年的 10 月 22 日至 11 月 21 日，订单数量达到 1 088 万件以上；2018 年 11 月 21 日至 2019 年 12 月 9 日，平台的门店、商城交易额高达 6 903 万余元（69 037 078.72 元）。可见，平台交易活跃，平台价值充分体现，会员卡/会员礼包得到了市场的认可。平台可以通过销售会员卡/会员礼包获得持续稳定收入，保障平台的正常运行和持续盈利。三是司法鉴定机构出具的更正说明显示，平台购买了黑金会员卡或会员礼包的 49 万余名会员中，通过推广会员卡、会员礼包获利的仅有 60 002 名。另外的 43 万余名会员具有在平台享受会员权益的真实消费动机与意愿，并非出于推广而购买了会员卡、会员礼包。平台本身对于广大会员具有极强的吸引力，具有持续发展的能力。

可见，A 公司没有骗取财物，不符合《刑法》第 224 条之一规定的传销的本质条件，A 公司的行为不构成组织、领导传销活动罪。

（二）A 公司没有收取入门费，不符合《刑法》第 224 条之一规定的传销的入门费条件

如前所述，我国《刑法》第 224 条之一规定构成传销必须具备入门费条件，即"要求参加者以缴纳费用或者购买商品、服务等方式获得加入资格"。主张构罪的观点认为，A 公司的行为构成组织、领导传销活动罪。虽不缴纳费用也可以注册成为会员，可以成为代理商，但不缴纳费用，就不能获得层级返利，因此，购买会员礼包缴纳的 365 元本质上系入门费。但这一观点存在明显错误。

1. 该观点忽略了会员与代理商之间的独立性，导致对入门费的认定前提错误

本案中，与 A 公司相关的人员包括会员（包括免费会员和付费会员）和代理商（包括代理商、县级经销商、市级经销商、省级经销商）。本案证据表明，虽然会员和代理商可能存在身份的重叠（代理商是会员，但会员不一定是代理商），但两者并不相同，而是相互独立的，属于两个不同的系列（类似于消费者和推销员的差别）。主张构罪的观点忽略了会员与代理商之间的区别和差异，导致对入门费的认定前提错误。

第一，对传销人员的认定不能仅限于代理商，应以成为平台的代理商是否需要交费来认定 A 公司是否收取了入门费。本案证据显示，A 公司的平台会员并不具有发展会员的权益，只有平台的代理商（含县、市、省三级经销商）可以发展会员。平台作此设计旨在保证前来购买会员卡/会员礼包的都是追求折扣优惠的真实消费者。对此，本案可以明确"上线会员通过发展下线会员获取利益，并组成代理商、县级经销商、市级经销商、省级经销商等层级，本质为设层级"，即只有代理商、县级经销商、市级经销商、省级经销商才是层级上的人员。在此基础上，考察 A 公司的平台是否收取入门费，关键在于成为平台的代理商是否需要交费。

第二，本案证据显示，绝大多数付费会员没有成为代理商，不能以会员的付费认定 A 公司向代理商收取了入门费。根据司法鉴定报告，平台的 49 万余名付费会员中，另行通过向平台免费申请注册、经审核后成为代理商的会员仅有 60 002 名，余下付费会员都没有参与推广活动，即在平台的广大付费会员中，将近 88% 的付费会员都是为了消费折扣优惠而购买会员卡/会员礼包，而绝非为了推广该会员卡/会员礼包而购买的。会员与代理商存在根本区别，不能以会员的付费认定 A 公司向代理商收取了入门费。

2. 本案证据显示，会员申请成为代理商是免费的，不需要缴纳入门费

如前所述，会员和代理商是两个不同的系列，会员只享有卡包对应的权益（相当于消费者），代理商通过发展会员可以获取分红等收益（相当于推销员）。而本案证据显示，会员成为代理商采取的是免费申请审核制，不需要缴纳专门的费用，即成为代理商不需要缴纳入门费。

第一，本案证据显示，成为代理商不需要缴纳入门费。除了 A 公司与代理商相关的政策资料，本案多名证人也证实，代理不需要缴纳入门费，即，平台会员身份本身不能推广会员卡/会员礼包，只有通过向平台免费申请注册，经平台审核通过后，才能成为代理商。

　　第二，会员礼包有专门的对应内容，不能认定为代理商缴纳的入门费。本案中，主张构罪的观点认为，虽不缴纳费用也可以注册成为会员，可以成为代理商，但不缴纳费用，就不能获得层级返利，因此购买会员礼包缴纳的365元本质上系入门费。但在传销案件中，入门费是为了入门而缴纳的费用，其对应的内容是入门资格；而本案中，购买会员礼包缴纳的365元对应的是会员礼包，且如前所述，购买会员礼包能享受相应的会员服务（包括购物或者用餐等时折扣优惠、抵用券等）。从这个角度看，365元会员礼包并不对应成为代理商的资格，不是代理商缴纳的入门费，特别是将近88%的购买365元会员礼包的会员都没有成为代理商，而只享受365元会员礼包对应的会员服务。这也反过来说明，365元会员礼包除对应会员服务外没有专门对应的内容，不是代理商缴纳的入门费。A公司没有收取代理商的入门费，不符合《刑法》第224条之一规定的传销的入门费条件，A公司的行为不构成组织、领导传销活动罪。

陈某某组织、领导传销活动案
——以虚拟币质押矿池给予奖励的虚拟币营销行为是否构成刑法上的传销

一、基本案情

2018年，陈某某、黄某某、吴某某经共谋后，为谋取非法利益，决定由陈某某、吴某某发行虚拟货币（以下简称"某虚拟币"）并负责技术开发，由黄某某负责募集资金。2019年，陈某某、黄某某、吴某某在运营非法发行的"某虚拟币"过程中，利用"区块链""虚拟币"等概念进行传销活动。

从2019年至2021年，陈某某、黄某某（2020年3月离开）、吴某某等人先后以两家公司的名义运营该传销组织（以下均简称"某虚拟币"传销组织），并先后通过"孵化器""孵化宝""加速器"等传销软件或功能，利用无任何价值的"某虚拟币"等，以自我设定价格、干预"某虚拟币"涨跌等手段，向参加者提供所谓的"静态收益""动态收益"，虚构、夸大"某虚拟币"等虚拟货币营利前景，诱骗参加者购买无任何价值的"某虚拟币"以获得加入资格，会员间按照推荐发展的加入顺序组成层级，且直接或者间接以发展下线人员的数量和投资金额作为返利依据，引诱参加者继续发展他人参加，骗取财物，实施传销活动。

在"某虚拟币"传销组织的运行过程中，从2019年1月至2019年8月，黄某某经陈某某、吴某某同意后，通过他人开发"孵化器""孵化宝"软件及功能，在余某某等人的帮助下运营该传销组织。2019年9月至2020年3月，为延缓传销组织的崩盘，黄某某、陈某某经共谋后，决定开发"加速器"传销软件以继续运营该传销组织。吴某某、张某某及柯某某等人在明知黄某某、陈某某实施组织、领导传销活动犯罪的情况下，仍为其提供技术帮助，开发并运行该"加速器"传销软件。

从2020年3月至2021年4月，黄某某离开"某虚拟币"传销组织后，为延缓该传销组织的崩盘，陈某某、吴某某、张某某等人经共谋后，开发传销软件并对该软件持续升级以继续运营该传销组织。邓某在明知陈某某、吴某某等人实施组织、领导传销活动犯罪的情况下，仍加入"某虚拟币"传销组织并全面负责该传销组织的宣传、推广工作，且在该传销组织中设立企宣部、社群部、商学院等职能部门，以某市 A 公司名义陆续招揽付某某、周某某、曾某等人参与对该传销组织的宣传、推广工作，对"某虚拟币"传销组织的扩大起到关键作用。在"某虚拟币"传销组织中，陈某某、黄某某负责全面工作，系在传销活动中起发起、策划、操纵作用的人员；吴某某、张某某利用其技术能力，根据陈某某、黄某某的要求设计、开发传销软件或解决技术问题，系对传销活动的实施、传销组织的扩大起关键作用的人员；邓某以其经营管理经验，积极协助陈某某从事传销活动的宣传、推广工作，系在传销活动中承担宣传等职责的人员。

　　经司法鉴定所鉴定以及会计师事务所审计，"某虚拟币"传销组织在 2019 年 10 月 12 日至 2020 年 3 月 10 日期间，发展总用户共计 89 781 人，层级共 36 层，充值总金额折合人民币共计 212 665 937.698 760 66 元（经审计为 212 665 937.70 元），提现总金额折合人民币共计 32 538 692.444 447 49 元（经审计为 32 538 692.44 元），共有手机号 4 592 个；在 2020 年 1 月 1 日至 2021 年 4 月 3 日期间，发展用户共计 146 266 人，层级共 139 层，钱包地址共 38 857 个，手机号共 17 061 个，其中，与前一阶段重复的手机号共 1 378 个。经查证，邓某等人加入"某虚拟币"传销组织后，该组织内部参与传销活动的人员超过 30 人且层级在 3 级以上。案发后，公安机关从陈某某处依法追缴 USDT（又称"泰达币"，下同）共计 15 411 306.42 个、ETH（又称"以太币"，下同）共计 0.091 17 个；从黄某某处依法追缴 USDT 共计 731 036.7 个、BTC（又称"比特币"）共计 1.006 1 个、ETH 共计 200.6 个；从邓某处依法追缴 ETH 共计 1.923 9 个、USDT 共计 3 679 205.250 7 个；邓某已主动退缴赃款共计人民币 50 万元。

二、主要问题

　　本案涉及的主要问题是：以虚拟币质押矿池给予奖励的虚拟币营销行为是否构成组织、领导传销活动罪，陈某某等人的行为是否属于我国《刑法》第 224 条之一规定的传销犯罪，其行为是否构成组织、领导传销活动罪。对此，主要存在两种不同的观点：

　　一种观点主张构罪，认为陈某某等人的行为符合刑法规定的组织、领导传销活动罪的主要特征，属于传销犯罪，其行为构成组织、领导传销活动罪。

　　另一种观点主张不构罪，认为陈某某等人没有收取入门费，不是直接或者间接以发展人员的数量作为计酬依据，并且难以认定陈某某等人骗取财物，其不符合组织、领导传销活动罪的资格条件要求、计酬条件要求以及行为及结果条件要求的主要特征，不属于传销犯罪。

三、出罪法理

关于组织、领导传销活动罪，我国《刑法》第 224 条之一规定的是"以推销商品、提供服务等经营活动为名，要求参加者以缴纳费用或者购买商品、服务等方式获得加入资格，并按照一定顺序组成层级，直接或者间接以发展人员的数量作为计酬或者返利依据，引诱、胁迫参加者继续发展他人参加，骗取财物，扰乱经济社会秩序"的活动。据此，在刑法上成立组织、领导传销活动罪要求存在同时具备以下四个基本条件的传销活动：一是资格条件，即"要求参加者以缴纳费用或者购买商品、服务等方式获得加入资格"；二是计酬条件，即"直接或者间接以发展人员的数量作为计酬或者返利依据，引诱、胁迫参加者继续发展他人参加"；三是层级条件，即"按照一定顺序组成层级"并形成 3 级以上的上下线关系；四是行为及结果条件，即"骗取财物"。其中，组织、领导传销活动罪最主要的特征是借助金字塔式营销体系骗取财物（金字塔式诈骗）。《刑事审判参考》2013 年第 2 集（总第 91 集）在"王×组织、领导传销活动案"中就明确指出："传销本质上是一种分层级的金字塔式诈骗活动。"本案中，陈某某等人的行为不符合刑法规定的组织、领导传销活动罪的主要特征，不属于传销犯罪，其行为不构成组织、领导传销活动罪。

（一）陈某某等人没有收取入门费，不符合组织、领导传销活动罪的资格条件要求

收取入门费是传销犯罪的基本方式。传销犯罪的组织者、领导者以要求加入者"缴纳费用或者购买商品、服务等"的方式，收取加入者的入门费，进而"骗取财物"，实现其犯罪目的。以缴纳一定的入门费取得加入资格是刑法上传销组织认定的基本条件。但在本案中，陈某某等人没有收取入门费，更没有以此作为参与者取得入门资格的条件，不符合《刑法》第 224 条之一规定的组织、领导传销活动罪的资格条件要求。

1. 会员激活平台数字钱包所购买的"某虚拟币"不是入门费

本案中，会员要激活平台数字钱包需要遵循一定的规则：会员下载数字钱包，并在交易所购买某虚拟币存入钱包（在币价 2 元左右时，即 1.0 时代，仅需要 20 个币，折合人民币 40 元；在币价 10 元左右时，即 2.0 时代，仅需要 1 个币，折合人民币 10 元）；存入数字钱包激活的币，不管是 1 个还是 20 个，在一年后统统归还会员，会员不会有损失。会员激活数字钱包购买"某虚拟币"的费用不是入门费。这是因为：第一，会员购买的"某虚拟币"不是交给组织者、领导者，仍然是在会员自己的名下，并且在一年后统统归还给会员，因此，会员购买"某虚拟币"所支付的费用，不是缴纳费用，不符合收取入门费的"收取"特征。第二，会员购买"某虚拟币"的费用极低（只有 10 元或者 20 元），根本无法支撑任何一个组织，而只是一种象征性活动，陈某某等人根本不可能从中获利，且实际上也没有获利（一年后都归还给会员本人）。

2. 平台奖励的获得不需要缴纳任何费用

在本案中，平台在质押挖矿上设计了奖励制度，包括直荐奖励、团队奖励和平级奖励。其中，直荐奖励是奖励直接推荐质押收益的 50%；平级奖励是奖励"布道者"平级收益的 80%，奖励"分享者"平级收益的 60%，奖励"志愿者"平级收益的 40%；团队奖励则分别奖励"布道者"8%、"分享者"10%、"志愿者"15%。从传销组织的架构上看，直荐奖励、平级奖励都只涉及一级，没有形成上下线的层级关系。只有团队奖励才可能涉及三级以上的层级关系。本案中，团队奖励的最低一级是"志愿者"（能够获得 15% 的质押奖励），并没有门槛的限制，任何会员只要质押挖矿达到一定数额，都可以获得相应的奖励；更为重要的是，质押挖矿是将会员的币质押在资金池内，会员仍然掌控着其质押的币，不是将币上缴给他人（组织者、领导者），不是缴纳入门费的行为。

因此，平台没有要求会员缴纳一定的费用才能获得加入资格，也没有收取入门费。陈某某等人的行为不符合组织、领导传销活动罪的资格条件要求。

（二）陈某某等人不是直接或者间接以发展人员的数量作为计酬依据，不符合组织、领导传销活动罪的计酬条件要求

关于传销活动的计酬条件，我国《刑法》第 224 条之一规定的是"直接或者间接以发展人员的数量作为计酬或者返利依据"，即"拉人头"。在本案中，陈某某等人没有直接或者间接以发展人员的数量作为计酬或者返利的依据，不符合组织、领导传销活动罪的计酬条件要求。

1. 平台的直荐奖励、平级奖励完全是以质押收益作为奖励依据，而不是以发展人员的数量作为计酬依据

如前所述，平台的奖励包括直荐奖励、团队奖励和平级奖励。其中，直荐奖励、平级奖励只面向一级，不存在上下线关系。更为重要的是，从奖励依据来看，直荐奖励和平级奖励都是以"收益"作为奖励的依据。其中，直荐奖励是奖励直接推荐质押收益的 50%；平级奖励是奖励"布道者"平级收益的 80%，奖励"分享者"平级收益的 60%，奖励"志愿者"平级收益的 40%。从内涵上看，作为奖励依据的"收益"是质押收益，即会员将币质押在资金池获得的挖矿收益，不是直接或者间接以发展人员的数量作为依据，不符合刑法关于组织、领导传销活动罪的计酬条件要求。

2. 平台的团队奖励也是以质押挖矿的收益作为奖励的依据，而不是以直接或者间接发展人员的数量作为计酬的依据

如前所述，团队奖励"布道者"8%、"分享者"10%、"志愿者"15%。其中，"布道者"的奖励依据是"自有账户质押 3 万枚"和"团队培养 3 名分享者"，"分享者"的奖励依据是"自有账户质押 1 万枚"和"团队培养 3 名志愿者"，"志愿者"的奖励依据是"自有账户质押 3 000 枚"、"A 部门质押10 万以上"、"B 部门质押 5 万以上"和"C 部门质押 5 万以上"。从形式上看，"3 名分享者""3 名志愿者"带有一定的人数内容，但从实际操作上看，会员注册平台账户没有数量限制，一人可以注册多个账户，且最终是以团队质押挖矿的收益作为计酬的依据，与会员发展的人员数量之间不具有对应关系，不符合刑法关于组织、领导传销活动罪的计酬条件要求。

因此，平台对会员质押挖矿的奖励是以质押挖矿的收益为奖励依据，而非直接或者间接以发展人员的数量作为依据。陈某某等人不符合刑法关于组织、领导传销活动罪的计酬条件要求。

（三）本案难以认定陈某某等人骗取财物，其行为不符合组织、领导传销活动罪的行为及结果条件要求

关于传销的"骗取财物"，2013 年最高人民法院、最高人民检察院、公安部《关于办理组织领导传销活动刑事案件适用法律若干问题的意见》第 3 条规定："传销活动的组织者、领导者采取编造、歪曲国家政策，虚构、夸大经营、投资、服务项目及盈利前景，掩饰计酬、返利真实来源或者其他欺诈手段，实施刑法第二百二十四条之一规定的行为，从参与传销活动人员缴纳的费用或者购买商品、服务的费用中非法获利的，应当认定为骗取财物。参与传销活动人员是否认为被骗，不影响骗取财物的认定。"《刑事审判参考》2013 年第 2 集（总第 91 集）在"王×组织、领导传销活动案"中更是明确指出："传销本质上是一种分层级的金字塔式诈骗活动，参与人员多，等级复杂。"在本案中，陈某某等人没有骗取财物，不符合刑法关于组织、领导传销活动罪的行为及结果条件要求。

1. 从买币过程上看，平台没有"骗取财物"

从行为上看，"骗取财物"是被害人将财物交给行为人，财物的流转有一个集中到行为人手中的过程。在本案中，会员获得币、买币的行为方式表明，平台没有骗取财物：第一，平台最初投放"某虚拟币"是空投，系统本身并不收取会员的费用。本案中，平台最初投放"某虚拟币"采取的是空投的方式，只要注册数字钱包就会送一个币。平台不能从最初发行的币中取得财物，不存在骗取会员财物的问题。第二，会员质押挖矿取得的币是免费的，不需

要支付费用，平台不能从中取得会员的财物。第三，后期平台的会员买币都是采取一对一的方式，会员购买的是其他人手中的币，平台不能从会员的买币行为中取得任何财物。第四，平台的资金池是在第三方交易所且是去中心化的，平台不能掌控会员质押币的资金池，更不能从资金池中获取收益。

2. 从"某虚拟币"的价值上，本案难以认定平台的行为属于骗取财物

本案中，认为陈某某等人骗取财物的观点，其基础是认为平台币（"某虚拟币"）没有任何价值，币价与会员支付的购买费之间完全不对等。但本案存在以下三个情况表明，这一说法缺乏依据：第一，会员对"某虚拟币"共识度很高。供需关系是决定产品价值的重要因素。这种供需关系体现在"某虚拟币"上就是共识度，共识度越高，说明"某虚拟币"的需求量大，并会因此影响"某虚拟币"的价格。本案中，"某虚拟币"在发行过程中，会员的共识度日益增强，并成为影响其价格的重要因素，应当在认定"某虚拟币"价值时予以考虑。第二，"某虚拟币"市场客观价值不容否定。虽然我国目前不认可虚拟币的货币功能，但虚拟币作为一种电子产品，本身是有一定价值的商品。特别是，当前全球虚拟币市场蓬勃发展，比特币、以太坊等主流虚拟币已经发展出万亿元级别的市场。在这种市场背景下，虚拟币的价值客观存在，不能因为国家政策而完全否认其客观价值。对本案中的"某虚拟币"亦是如此。第三，平台在致力于生态落地，不断赋予"某虚拟币"价值。这包括：一方面，陈某某等人所在公司是专注平台（区块链底层操作系统）研发、应用、推广为一体的高新技术科技企业，2020年1月14日其主网上线，其数据交互速度是以太坊的600多倍、比特币的2 000多倍，且已实现一键开发去中心化DAPP和半中心化SAPP，类似于安卓的互联网操作系统。平台三大创新技术：主侧链隔离技术、侧链多链复用技术、CDN动态集群组技术，本身具有相当价值。另一方面，陈某某等人所在公司积极为实体企业提供防伪溯源服务，平台是首个在民生领域（防伪溯源）做出真实商业应用的公有链（一村一品的区块链技术实现能帮助解决中国农村"三农"问题），目前已经服务300多家中小企业，初步面向市场多个板块（农产品、酒类、休闲食品、茶叶、鞋服、保健品、化妆品、药品等），真正做到一物一码一区块，让假货无处遁形。其商业价值巨大，"某虚拟币"也因此具有相应价值。

因此，本案难以认定陈某某等人骗取财物，陈某某等人的行为不符合组织、领导传销活动罪的行为及结果要求。

B 公司非法经营案

——与公墓管理服务机构签订协议并建设经营公墓的行为是否构成非法经营

一、基本案情

B 公司是一家从事公墓建设经营的公司。

2013 年 6 月 22 日，某村与区公墓管理服务办公室签订"农村土（山林）地租赁合同"，双方约定："某村将位于村北侧部分山林地租赁给区公墓管理服务办公室；租赁时间：自 2013 年 6 月 22 日起至 2043 年 6 月 21 日止，共计 30 年；租用土地用途：建设公益性墓地、烈士陵园。"

2014 年 8 月 16 日，区公墓管理服务办公室与 B 公司签订"公墓建设管理合同"，合同约定：区公墓管理服务办公室提供公墓山林地给 B 公司，以市场化运作投资、建设公墓基础设施，墓地管理服务中心设施，规范公墓管理；土地用途为公墓建设、殡仪服务设施建设；运作形式为以市场化运作，股份制形式投资基础设施，殡仪服务中心及墓穴，统一规范化管理，统一标准，建设成园林型、生态型、景观型公墓，B 公司承租、建设、经营、管理。

2018 年 5 月 31 日，市国土资源局作出"行政处理决定书"，决定：撤销某区公墓管理服务办公室与 B 公司所签合同中涉及土地的相关条文，责令 B 公司在接到"行政处理决定书"15 日内将违法占用土地返还给原村民组织。

2018 年 6 月 6 日，区社会事业局向 B 公司发出"关于公墓整改的通知"称，根据市国土资源局"行政处理决定书"，B 公司建设公墓用地属违法行为，原"公墓建设管理合同"中的第 1 条、第 2 条、第 3 条等所有涉及的土地条款全部废止，要求于 2018 年 6 月 15 日前将违法占用的土地退还给原村民组织。

2018 年 12 月 24 日，区社会事业局向 B 公司发出《关于停止公墓经营活动的通知》称："根据市委、市政府会议精神和《关于印发〈市烈士陵园集中迁建方案〉的通知》要求，经研究决定，对公墓进行迁建，你单位自接到通知起即停止一切经营活动，否则一切后果由你单位自行承担。"之后，B 公司即完全停止了公墓的建设、经营活动。

二、主要问题

本案涉及的主要问题是：B 公司与区公墓管理服务办公室签订合作协议并建设、经营公墓的行为，是否构成非法经营罪。对此，主要存在两种不同观点：

一种观点主张构罪，认为 B 公司的行为属于违反国家规定的非法经营行为，扰乱市场秩序，构成非法经营罪。

另一种观点主张无罪，认为 B 公司的行为不符合非法经营罪的形式要件和实质要件，其涉案行为明显不构成非法经营罪；而且，本案没有就 B 公司的行为是否属于我国《刑法》第 225 条第 4 项规定的非法经营行为逐级向最高人民法院请示，违反了非法经营罪适用的程序要件。

三、出罪法理

关于非法经营罪，我国《刑法》第 225 条规定："违反国家规定，有下列非法经营行为之一，扰乱市场秩序，情节严重的，处五年以下有期徒刑或者拘役，并处或者单处违法所得一倍以上五倍以下罚金；情节特别严重的，处五年以上有期徒刑，并处违法所得一倍以上五倍以下罚金或者没收财产：（一）未经许可经营法律、行政法规规定的专营、专卖物品或者其他限制买卖的物品的；（二）买卖进出口许可证、进出口原产地证明以及其他法律、行政法规规定的经营许可证或者批准文件的；（三）未经国家有关主管部门批准非法经营证券、期货、保险业务的，或者非法从事资金支付结算业务的；（四）其他严重扰乱市场秩序的非法经营行为。"同时，2011 年 4 月 8 日最高人民法院作出《关于准确理解和适用刑法中"国家规定"的有关问题的通知》（法〔2011〕155 号），对"违反国家规定"、《刑法》第 225 条第 4 项"其他严重扰乱市场秩序的非法经营行为"等的认定作了明确规定。在此基础上，符合《刑法》第 225 条第 4 项"其他严重扰乱市场秩序的非法经营行为"的非法经营罪，至少同时具备以下三个基本条件：一是形式条件，即行为人必须违反国家规定，实施了非法经营的行为；二是实质条件，即行为人的行为必须扰乱了市场秩序且情节严重；三是程序条件，即对于司法解释没有明确规定的行为类型，必须作为法律适用问题，逐级向最高人民法院请示。据此，在本案中，B 公司的涉案行为不构成非法经营罪。

（一）B 公司的行为不属于违反国家规定的非法经营行为，不符合非法经营罪的形式条件

根据我国《刑法》第 225 条的规定，非法经营罪成立的基本前提是行为

人的行为属于违反国家规定的非法经营行为。关于"国家规定"，最高人民法院《关于准确理解和适用刑法中"国家规定"的有关问题的通知》规定，刑法中的"国家规定"是指全国人民代表大会及其常务委员会制定的法律和决定，国务院制定的行政法规、规定的行政措施、发布的决定和命令。本案中，涉及殡葬管理的国家规定是国务院 1997 年发布并于 2012 年修订的《殡葬管理条例》。但结合《殡葬管理条例》和本案事实，B 公司建设、经营公墓的行为不属于违反国家规定的非法经营行为。

　　1. B 公司根据其与区公墓管理服务办公室签订的"公墓建设管理合同"建设、经营公墓，经营行为合法

　　《殡葬管理条例》第 3 条规定："国务院民政部门负责全国的殡葬管理工作。县级以上地方人民政府民政部门负责本行政区域内的殡葬管理工作。"本案中，B 公司建设、经营公墓的行为是否合法，关键在于其是否服从了区政府的管理。对此，本案证据可以充分证明，B 公司建设、经营公墓的行为是在区政府领导下进行的合法经营行为。这包括：（1）区管委会 2012 年 10 月 22 日发布的《墓地清理整顿工作方案》明确提出，在原有的其园基础上，扩建区公墓，供街道共用，形成以墓养墓、以墓养园。（2）区社会事业局 2013 年 12 月 9 日发布的消息称，2013 年 12 月 7 日下午区党委副书记、管委会主任现场督导检查烈士陵园和公墓建设工作，社会事业局局长全面汇报了公墓和烈士陵园建设进展情况。（3）2013 年 6 月 22 日，区公墓管理服务办公室与某村签订"农村土（山林）地租赁合同"，取得了村北侧部分山林地，用于建设墓地、烈士陵园。（4）2014 年 8 月 16 日，区公墓管理服务办公室与 B 公司签订"公墓建设管理合同"，约定由 B 公司承租并建设、经营公墓，经营收益由双方按照 8∶2 进行分成。以上证据和事实表明，B 公司建设、经营公墓是在区管委会领导、规划和推进下进行的，合作模式是：B 公司与某区政府共同投资，双方按比例分配收益。从这个角度看，B 公司建设、经营公墓是某区政府的行为，至少是得到了区政府批准同意的行为。根据国务院《殡葬管理条例》关于"县级以上地方人民政府民政部门负责本行政区域内的殡葬管理工作"等的规定，B 公司的行为是合法经营行为。

　　2. B 公司建设、经营公墓的行为不具有行政可罚性

　　非法经营罪属于我国刑法上的行政犯，它以行政违法和行政可罚为前提，刑法则具有谦抑性，只有行政处罚不足以惩治相关违法行为且根据行政法规的指引可构成犯罪的，才能启动刑事制裁程序。对于违反殡葬管理规定的行为，国务院《殡葬管理条例》在"罚则"部分使用了六个条文，规定了六种违法行为，分别是"未经批准，擅自兴建殡葬设施""墓穴占地面积超过省、自治区、直辖市人民政府规定的标准""将应当火化的遗体土葬，或者在公

墓和农村的公益性墓地以外的其他地方埋葬遗体、建造坟墓"，"办理丧事活动妨害公共秩序、危害公共安全、侵害他人合法权益"，"制造、销售不符合国家技术标准的殡葬设备和制造、销售封建迷信殡葬用品"，以及"殡仪服务人员利用工作之便索取财物"的行为。本案中，B 公司的涉案行为不属于国务院《殡葬管理条例》规定的以上六种违法行为中的任何一种，更没有关于涉案行为可能构成犯罪的指引规定。在此情况下，B 公司的涉案行为不能构成非法经营罪。

（二）B 公司的行为没有扰乱市场秩序，不符合非法经营罪的实质要件

非法经营罪是我国《刑法》分则第三章第八节扰乱市场秩序罪中的一个罪名。根据我国《刑法》第 225 条的规定，非法经营罪的成立在实质要件上必须"扰乱市场秩序，情节严重"。但本案证据表明，B 公司的涉案行为没有严重扰乱公墓的市场秩序，不符合非法经营罪的实质要件。

1. B 公司建设、经营公墓是依据其与区政府下属部门签订的合作协议进行的，没有扰乱市场秩序

从对公墓市场管理秩序影响的角度看，公墓的建设、经营是否扰乱市场秩序，在判断的依据上只能采取程序性标准，即公墓的建设是否经过批准，公墓的管理是否符合规定，公墓的销售是否手续齐全，等等。本案中，B 公司建设、经营公墓是采取与区公墓管理服务办公室合作的方式进行的，该公墓的建设、经营具有明显的政府行为性质，也是按照区管委会的规划进行的，因此，B 公司建设、经营公墓的行为是在政府主导下进行的，程序完全合法，不存在扰乱市场秩序的问题。

2. B 公司在区社会事业局作出发出经营公墓的通知后立即停止全部经营活动，没有扰乱公墓经营的市场秩序

本案中，某区的多个部门向 B 公司建设、经营公墓的行为作出过指示，前期主要涉及土地使用，并主要体现为以下两个方面：（1）2018 年 5 月 31 日市国土资源局作出"行政处理决定书"，决定：撤销某区公墓管理服务办公室与 B 公司所签合同中涉及土地的相关条文，责令 B 公司自接到处理决定书 15 日内将违法占用土地返还给原村民组织。（2）2018 年 6 月 6 日区社会事业局《关于公墓整改的通知》称：根据市国土资源局"行政处理决定书"，B 公司经营公墓用地属违法行为，原"公墓建设管理合同"中的第 1 条、第 2 条、第 3 条等所有涉及的土地条款全部废止，要于 2018 年 6 月 15 日前将违法占用土地退还给原村民组织。这两个决定以及与这两个决定内容相近的决定，主要针对的是 B 公司使用土地的行为。但本案土地的提供者是区公墓管理服务办公室。这些决定在作出上存在明显的对象错误，对 B 公司不具有直接的约束力。事实上，在区社会事业局 2018 年 12 月 24 日作出《关于停止公墓经营活动的通知》后，B 公司立即停止了公墓的经营行为。这可以充分表明，B 公司不具有扰乱公墓市场管理秩序的目的和行为。

（三）本案没有就 B 公司的行为是否属于我国《刑法》第 225 条第 4 项规定的非法经营行为逐级向最高人民法院请示，违反了非法经营罪适用的程序要件

鉴于《刑法》第 225 条第 4 项规定的不确定性和在实践中适用的混乱情况，同时也为了严格对《刑法》第 225 条第 4 项的适用，2011 年 4 月 8 日最高人民法院发布《关于准确理解和适用刑法中"国家规定"的有关问题的通知》。该通知第 3 条明确规定："各级人民法院审理非法经营犯罪案件，要依法严格把握刑法第二百二十五条第（四）的适用范围。对被告人的行为是否属于刑法第二百二十五条第（四）规定的'其它严重扰乱市场秩序的非法经营行为'，有关司法解释未作明确规定的，应当作为法律适用问题，逐级向最高人民法院请示。"据此，对于最高人民法院有关司法解释没有明确规定的行为，不能直接以《刑法》第 225 条第 4 项追究其非法经营罪的刑事责任，而必须将其作为法律适用问题，逐级向最高人民法院请示。

本案中，B 公司的涉案行为是公墓的建设、经营。对于涉案的公墓建设、经营是否属于《刑法》第 225 条第 4 项规定的行为，需要在法律适用上予以明确。目前，最高人民法院的司法解释对于适用《刑法》第 225 条第 4 项的情形已经规定了二十余种行为，但没有关于建设、经营公墓的行为构成非法经营罪的明确规定。在此情况下，根据最高人民法院《关于准确理解和适用刑法中"国家规定"的有关问题的通知》的规定，本案中应当将 B 公司的涉案行为是否构成非法经营罪作为法律适用问题，逐级向最高人民法院请示。但本案的办案机关没有就本案的法律适用问题逐级向最高人民法院请示，违反了《刑法》第 225 条第 4 项适用的程序要件，不能草率认定 B 公司的行为构成非法经营罪。

某虚拟币去中心化非法经营等案

——采取去中心化方式经营虚拟货币的行为是否属于犯罪

一、基本案情

2020 年 10 月 22 日某社区推广发行了虚拟币 1、虚拟币 2，之后还扩容发展出虚拟币 3、虚拟币 4。

该系列虚拟币涉及四种智能合约。其中，虚拟币 1 是买家通过波场公链上的智能合约虚拟币 5 挖矿得到的（虚拟币 1 总数为 1 万枚），然后由虚拟币 1 挖矿得到虚拟币 2（总数为 1 000 万枚）。

1. 虚拟币 1 的前身虚拟币 5

2020 年区块链圈兴起一波 DeFi（Decentralized Finance，去中心化金融）热潮。其中，ETH（以太坊）公链上搭建了许多数字货币（实为智能合约），利用 AMM（自动做市商）机制以及流动资金池（智能合约代码锁定）媒介两大工具作为交易底层逻辑，在去中心化交易所交易。

为了满足市场需求，波场公链利用转账速度快、转账手续费便宜等优势，开发了数字交易所，然后涌现了许多数字货币，其中就有虚拟币 5，它为匿名团队 2020 年 9 月所开发，总量 1 亿枚。数字交易所为虚拟币 5 提供合约地址（自动生成）和流动资金池合约地址，任何人都可以添加流动资金池。例如，添加 100 万 TRX（波场币）/100 万虚拟币 5，一比一等值，供买家交易，买家提供 TRX 给流动池，获得虚拟币 5 后，可以选择两种操作：（1）购买虚拟币 5，获得升值收益；（2）购买虚拟币 5 并配比同等价值的 TRX 放入流动池，可以享受相应收益。具体收益包括：一是手续费（每买卖一笔需要 3/1 000 的手续费，所有手续费都给流动性提供者）；二是量化收益（AMM 自动做市商，流动池通过智能合约程序，自动买卖，与买家之间交易，赚取差价）；三是虚拟币 5/TRX 的汇率增值；四是虚拟币 5 价格升值。

2. 由虚拟币 5 到虚拟币 1

2020 年 9 月虚拟币 5 刚上线，流量不大。随后，虚拟币 5 项目方模仿当时的热点流动性挖矿（为流动池提供流动性可获取另外一个代币），挖出虚拟币1（总量1万枚），5天时间挖完，项目方借此赠送模式引流。

挖矿结束后几天，虚拟币5匿名项目方提供代码给数字交易所，自动生成合约地址和流动资金池合约地址，随后有买家向流动池注入流动性。由于流动性太小，虚拟币1价值波动较大，买家意见不一，有些买家出走。部分买家看好该合约机制，逐步达成一致，商讨打造虚拟币1价值，并成立了某虚拟币虚拟社群。

3. 由虚拟币1到虚拟币2

虚拟币1总数只有1万枚，数量较少，不方便流动。随后，项目方推动流动性挖矿，买家将虚拟币1放入流动资金池挖矿可获得虚拟币2（总数为1 000万枚）。这样，更多的人可以参与，实现更大的引流。虚拟币2与虚拟币1一样，整个智能合约一旦确定就无增发，属于去中心化。之后为了进一步扩容，又发展出虚拟币3、虚拟币4。

4. 虚拟币的去中心化

虚拟币1、虚拟币2、虚拟币3、虚拟币4以区块链技术为基础，技术安全性高，总数固定、无增发、无庄家、无后门、无操盘手，形成了四个去中心化：（1）项目方去中心化；（2）筹码去中心化（流动性挖矿是将代币分发权力下放）；（3）社区去中心化；（4）资金池控制权限去中心化。简而言之，虚拟币1、虚拟币2、虚拟币3、虚拟币4不能被人为操控。同时，虚拟币在推广过程中无任何人员模式，无任何奖金奖励制度，流动资金池由所有持虚拟币1、虚拟币2、虚拟币3、虚拟币4者分布式添加，共同持有，随时进出。

5. 虚拟币买家的收益

买家通过购买虚拟币1、虚拟币2、虚拟币3、虚拟币4，并打造资金池，进行流动性挖矿，可以享受五个方面的收益：一是手续费（每买卖一笔需要3/1000的手续费，所有手续费都给流动性提供者）；二是量化收益（AMM自动做市商，流动池通过智能合约程序，自动买卖，与买家进行交易，赚取差价）；三是虚拟币2/TRX、虚拟币1/BNB的汇率增值；四是虚拟币1、虚拟币2的价格升值；五是流动性挖矿收益。

6. 虚拟币生态的落地

虚拟币生态的落地主要表现为，虚拟币2落地影视市场，以虚拟币3为基础上链数字交易所，并积极打造虚拟币公链。

二、主要问题

本案的处理主要涉及四个问题：（1）采取去中心化方式经营虚拟货币的行为是否属于犯罪；（2）虚拟币1、虚拟币2等虚拟产品的上链发行是否涉嫌非法经营罪；（3）虚拟币1、虚拟币2等虚拟产品的推广是否涉嫌非法集资犯罪、传销犯罪；（4）虚拟币1、虚拟币2等虚拟产品推广者的低买高卖行为是否涉嫌诈骗罪。对这些问题，在案件处理过程中，都存在主张构罪和不构罪的对立观点。

三、出罪法理

　　区块链的去中心化对我国刑法上的诸多概念（如占有、取得）都会产生重要影响，进而会影响对取得型、占有型财产犯罪的认定。笔者认为，根据罪刑法定原则，对涉案的虚拟币运营行为不应以犯罪进行处理。

　　（一）虚拟币1、虚拟币2等虚拟产品的发行没有违反国家规定，不符合非法经营罪的成立条件，不构成非法经营罪

　　关于非法经营罪，我国《刑法》第225条规定："违反国家规定，有下列非法经营行为之一，扰乱市场秩序，情节严重的，处五年以下有期徒刑或者拘役，并处或者单处违法所得一倍以上五倍以下罚金；情节特别严重的，处五年以上有期徒刑，并处违法所得一倍以上五倍以下罚金或者没收财产：（一）未经许可经营法律、行政法规规定的专营、专卖物品或者其他限制买卖的物品的；（二）买卖进出口许可证、进出口原产地证明以及其他法律、行政法规规定的经营许可证或者批准文件的；（三）未经国家有关主管部门批准非法经营证券、期货、保险业务的，或者非法从事资金支付结算业务的；（四）其他严重扰乱市场秩序的非法经营行为。"据此，非法经营罪的成立必须同时具备以下基本条件：一是前提条件，即必须"违反国家规定"；二是行为条件，即必须实施了《刑法》第225条列举的具体行为；三是法益条件，即必须扰乱市场秩序，且情节严重。虚拟币1、虚拟币2等虚拟产品的运行若要构成非法经营罪，就必须具备非法经营罪成立的全部条件。但虚拟币1、虚拟币2等虚拟产品本身不是某虚拟币虚拟社区开发发行的，而是经历了由虚拟币5到虚拟币1，再到虚拟币2等的共识过程；同时，虚拟币1、虚拟币2等虚拟产品的上链发行没有违反国家规定，不符合非法经营罪的成立条件，不构成非法经营罪。

　　1. 虚拟币1、虚拟币2等虚拟产品的上链发行没有违反国家规定，不符合非法经营罪的前提条件

　　关于"违反国家规定"，我国《刑法》第96条规定："本法所称违反国家规定，是指违反全国人民代表大会及其常务委员会制定的法律和决定，国务院制定的行政法规、规定的行政措施、发布的决定和命令。"据此，"违反国家规定"是指违反国家层面的法律、行政法规和国务院的决定和命令等，不包括违反国务院部委、地方政府的规定。对于虚拟货币、代币，中国人民银行、中央网信办、最高人民法院、最高人民检察院、工业和信息化部、公安

部、市场监督管理总局、银保监会、证监会、外汇局等都曾发布过通知、提示，但这些规定只相当于部委级别的规定，不属于国家规定，不能作为认定虚拟货币、代币构成非法经营罪的依据。目前，我国没有关于虚拟币1、虚拟币2等虚拟产品的国家规定，难以认定虚拟币1、虚拟币2等虚拟产品的上链发行违反了国家规定。这是因为：

第一，虚拟币1、虚拟币2等虚拟产品本身具有商品属性，是合法存在的。虚拟币1、虚拟币2、虚拟币3、虚拟币4等是由计算机代码组合而成的计算机程序，它与其他计算机程序一样，本身具有商品属性，且这种商品属性与其他计算机程序一样，完全受法律保护。对此，杭州互联网法院成立两周年十大影响力案件之三"陈某诉浙江某通信科技有限公司网络购物合同纠纷案——比特币法律属性的界定及七天无理由退货制度的适用"的裁判要旨明确指出："比特币作为代币的一种，虽不具有货币属性，但其具有商品属性，可以作为商品被依法使用货币购买，我国法律、行政法规并未禁止比特币以及比特币'挖矿机'买卖。"与比特币一样，虚拟币1、虚拟币2等虚拟产品也具有商品属性，可以作为商品进行买卖。

第二，虚拟币1、虚拟币2等虚拟产品不属于电信业务，也未呈现出货币属性，没有违反国家规定。除了商品属性，虚拟币1、虚拟币2等虚拟产品也面临是否属于电信业务和是否呈现出货币属性的问题。不过，虚拟币1、虚拟币2等虚拟产品并不属于电信业务，且目前也未呈现出货币属性。这包括：一是虚拟币1、虚拟币2等虚拟产品不属于电信业务。关于电信业务，2000年国务院发布的《电信条例》第2条第2款规定："本条例所称电信，是指利用有线、无线的电磁系统或者光电系统，传送、发射或者接收语音、文字、数据、图像以及其他任何形式信息的活动。"虚拟币1、虚拟币2、虚拟币3、虚拟币4等只是一种计算机程序，不存在"利用有线、无线的电磁系统或者光电系统，传送、发射或者接收"信息的问题，显然不是电信业务，不需要取得电信业务经营许可。二是虚拟币1、虚拟币2等虚拟产品未呈现出货币属性。货币是在商品交换过程中从商品世界分离出来的固定地充当一般等价物的商品。虚拟币1、虚拟币2等虚拟产品是否固定地充当一般等价物，是判断其是否具有货币属性的依据。但根据案件材料，虚拟币1、虚拟币2等虚拟产品并不存在固定地充当一般等价物的情况，其交易都是采取以物易物的方式，通常的交易流程是买家用人民币购买泰达币（USDT，虚拟货币），再用泰达币购买虚拟币1、虚拟币2等虚拟产品，这些虚拟产品出卖后一般也都换成泰达币。虚拟币1、虚拟币2等虚拟产品没有固定地充当一般等价物，未呈现出货币属性，其属于以物易物进行的交易，没有违反国家规定。

2. 虚拟币 1、虚拟币 2 等虚拟产品的上链发行不属于《刑法》第 225 条规定的非法经营行为，不符合非法经营罪的行为条件

关于非法经营的具体行为，我国《刑法》第 225 条规定了四类：一是未经许可经营法律、行政法规规定的专营、专卖物品或者其他限制买卖的物品；二是买卖进出口许可证、进出口原产地证明以及其他法律、行政法规规定的经营许可证或者批准文件；三是未经国家有关主管部门批准非法经营证券、期货、保险业务的，或者非法从事资金支付结算业务的；四是其他严重扰乱市场秩序的非法经营行为。不过，根据案件材料，虚拟币 1、虚拟币 2 等虚拟产品的上链发行行为不属于上述非法经营行为，不符合非法经营罪的行为要求。

第一，虚拟币 1、虚拟币 2 等虚拟产品的上链发行不属于《刑法》第 225 条前三项列举的行为。《刑法》第 225 条前三项列明的分别是经营限制买卖物品行为、买卖经营许可证或者批准文件行为、非法经营证券期货保险业务或非法从事资金支付结算业务行为。如前所述，虚拟币 1、虚拟币 2 等虚拟产品不属于电信业务，不需要特定许可，且显然不属于买卖经营许可证或者批准文件行为，同时也不属于经营证券期货保险业务和资金支付结算业务，不符合《刑法》第 225 条前三项的规定。

第二，虚拟币 1、虚拟币 2 等虚拟产品的上链发行也不属于《刑法》第 225 条第 4 项规定的行为。《刑法》第 225 条第 4 项是一个兜底规定，即"其他严重扰乱市场秩序的非法经营行为"，似乎可以涵盖无限多的内容。但实际上，对于该兜底规定，我国最高司法机关作了严格的限制。2011 年最高人民法院《关于准确理解和适用刑法中"国家规定"的有关问题的通知》第 3 条明确规定："各级人民法院审理非法经营犯罪案件，要依法严格把握刑法第二百二十五条第（四）的适用范围。对被告人的行为是否属于刑法第二百二十五条第（四）规定的'其它严重扰乱市场秩序的非法经营行为'，有关司法解释未作明确规定的，应当作为法律适用问题，逐级向最高人民法院请示。"而我国当前没有关于经营虚拟币 1、虚拟币 2 等虚拟产品的司法解释规定，在未请示最高人民法院的情况下，不能将经营虚拟币 1、虚拟币 2 等虚拟产品的行为纳入《刑法》第 225 条第 4 项的范围内。

可见，虚拟币 1、虚拟币 2 等虚拟产品的上链发行没有违反国家规定，且其行为不属于《刑法》第 225 条规定的非法经营行为，不符合非法经营罪的前提条件和行为条件，不构成非法经营罪。

（二）虚拟币 1、虚拟币 2 等虚拟产品的推广不符合非法集资、传销犯罪的模式要求，不构成非法集资犯罪和传销犯罪

本案中，社区对虚拟币 1、虚拟币 2 等虚拟产品存在推广行为，但其推广不存在承诺返本付息的情况，也不存在上下线返利的情况，不符合非法

集资犯罪、传销犯罪的模式要求，不构成非法集资犯罪和传销犯罪。

1. 虚拟币 1、虚拟币 2 等虚拟产品的推广不符合非法集资的基本特征，不构成非法集资犯罪

关于非法集资犯罪（包括非法吸收公众存款罪和集资诈骗罪），2022 年最高人民法院《关于审理非法集资刑事案件具体应用法律若干问题的解释》第 1 条第 1 款规定了四个基本特征：一是非法性特征，即"未经有关部门依法许可或者借用合法经营的形式吸收资金"；二是公开性特征，即"通过网络、媒体、推介会、传单、手机信息等途径向社会公开宣传"；三是利诱性特征，即"承诺在一定期限内以货币、实物、股权等方式还本付息或者给付回报"；四是社会性特征，即"向社会公众即社会不特定对象吸收资金"。本案中，虚拟币 1、虚拟币 2 等虚拟产品的推广不符合非法集资的基本特征，不构成非法集资犯罪。

第一，虚拟币 1、虚拟币 2 等虚拟产品的推广明显不符合非法集资的利诱性特征。这是因为，社区在推广虚拟币 1、虚拟币 2 等虚拟产品时，从来没有"承诺在一定期限内以货币、实物、股权等方式还本付息或者给付回报"。事实上，社区的推广宣称虚拟币 1、虚拟币 2、虚拟币 3、虚拟币 4 的买家通过购买虚拟币 1、虚拟币 2、虚拟币 3、虚拟币 4，并打造资金池，进行流动性挖矿，可以享受五个方面的收益：一是手续费（每买卖一笔需要 3‰ 的手续费，所有手续费都给流动性提供者），二是量化收益（AMM 自动做市商，流动池通过虚拟产品，自动买卖，与买家进行交易，赚取差价），三是虚拟币 2/TRX、虚拟币 1/BNB 的汇率增值，四是虚拟币 1、虚拟币 2 本身增值，五是流动性挖矿收益。但这些收益均属于投资收益，社区从未"承诺在一定期限内以货币、实物、股权等方式还本付息或者给付回报"，而且买家也非常清楚价格下跌的风险。

第二，虚拟币 1、虚拟币 2 等虚拟产品的推广行为不符合非法集资的社会性特征。非法集资的社会性特征是"向社会公众即社会不特定对象吸收资金"，包括两层基本内涵：一是吸收资金，二是吸收资金的对象是社会不特定对象。本案中，虚拟币 1、虚拟币 2 等虚拟产品虽然存在于一个流动资金池，但该资金池是去中心化的、是流动的，不是由某一个人操控的，而是由所有添加流动性资金的人持有的。整个虚拟币 1、虚拟币 2 等虚拟产品没有被吸收到社区的某一个人或者某一个组织手中，不能认定社区在向虚拟币 1、虚拟币 2 等虚拟产品的买家吸收资金。

因此，虚拟币 1、虚拟币 2 等虚拟产品的推广不符合非法集资的利诱性和社会性特征，不构成非法集资犯罪（不构成非法吸收公众存款罪和集资诈骗罪）。

2. 虚拟币 1、虚拟币 2 等虚拟产品的推广不符合传销犯罪的基本特征，不构成传销犯罪

刑法上的传销犯罪是《刑法》第 224 条之一规定的组织、领导传销活动罪。关于组织、领导传销活动罪，我国《刑法》第 224 条之一规定："组织、领导以推销商品、提供服务等经营活动为名，要求参加者以缴纳费用或者购买商品、服务等方式获得加入资格，并按照一定顺序组成层级，直接或者间接以发展人员的数量作为计酬或者返利依据，引诱、胁迫参加者继续发展他人参加，骗取财物，扰乱经济社会秩序的传销活动的，处五年以下有期徒刑或者拘役，并处罚金；情节严重的，处五年以上有期徒刑，并处罚金。"据此，刑法上传销的成立必须同时具备以下四个基本条件：一是资格条件，即"要求参加者以缴纳费用或者购买商品、服务等方式获得加入资格"；二是计酬条件，即"直接或者间接以发展人员的数量作为计酬或者返利依据，引诱、胁迫参加者继续发展他人参加"；三是层级条件，即"按照一定顺序组成层级"并形成三级以上的上下线关系；四是行为及结果条件，即"骗取财物"并"扰乱经济社会秩序"。

本案中，对虚拟币 1、虚拟币 2 等虚拟产品的推广没有加入资格的要求，任何人都可以推广；没有奖金进行奖励，更不存在直接或者间接以发展人员的数量作为计酬或者返利依据的问题；人员之间不存在层级，更不存在上下线的人员关系；也没有骗取财物，明显不符合刑法上传销的基本条件，不构成刑法规定的传销犯罪（组织、领导传销活动罪）。

（三）虚拟币 1、虚拟币 2 等虚拟产品推广者的低买高卖行为不具有欺骗性，也不存在非法占有的目的，不构成诈骗罪

根据我国《刑法》第 266 条的规定，诈骗罪是以非法占有为目的，通过虚构事实、隐瞒真相的方法，致使被害人产生错误认识并作出错误的财产处分决定，取得被害人数额较大财物的行为。据此，诈骗罪的成立至少必须同时具备以下两个基本条件：一是目的条件，即行为人在主观上必须具有非法占有的目的；二是行为条件，即行为人必须实施了虚构事实、隐瞒真相的诈骗行为。本案中，虚拟币 1、虚拟币 2 等虚拟产品是以买卖的方式进行交易的。这里面就必然存在低买高卖的问题，特别是早期购买虚拟币 1、虚拟币 2 等虚拟产品的买家都是以很低的价格买入的，在经过一定时期推广后，虚拟币 1、虚拟币 2 等虚拟产品的价格会上涨，推广者抛售后可以赚取价差，似有"割韭菜"之嫌。但推广者这种低买高卖的行为条件不符合诈骗罪的行为条件和目的条件，不构成诈骗罪。

1. 社区没有虚构事实、隐瞒真相，虚拟币 1、虚拟币 2 等虚拟产品推广者的低买高卖行为不具有欺骗性，不符合诈骗罪的行为条件

诈骗罪的成立要求行为人实施了通过虚构事实、隐瞒真相的方法，致使被害人产生错误认识并作出错误的财产处分决定，取得被害人数额较大财物的行为。其成立必须同时具备三个基本要素：一是行为人实施了具有诈骗性质的虚构事实、隐瞒真相的行为；二是被害人因行为人的行为产生了错误认识，并作出了错误的财产处分决定；三是行为人因被害人错误的财产处分决定取得了被害人的财物。本案中，社区没有虚构事实、隐瞒真相，虚拟币 1、虚拟币 2 等虚拟产品推广者的低买高卖行为不具有欺骗性，不符合诈骗罪的行为条件。

第一，社区没有实施具有诈骗性质的虚构事实、隐瞒真相的行为。如前所述，社区对虚拟币 1、虚拟币 2 等虚拟产品的推广，主要是强化两个方面的共识：一是去中心化。虚拟币 1、虚拟币 2 等以区块链技术为基础，技术安全性高，形成了四大去中心化：（1）项目方去中心化；（2）筹码去中心化（流动性挖矿就是代币分发权力下放）；（3）社区去中心化；（4）资金池控制权限去中心化。这种无人操控的去中心化运行得到了参与者的高度认同，共识度很高。二是五大收益。虚拟币 1、虚拟币 2 的参与人通过购买虚拟币 1、虚拟币 2，并打造资金池，进行流动性挖矿，可以享受手续费，量化收益，虚拟币 2/TRX 与虚拟币 1/BNB 的汇率增值，虚拟币 1、虚拟币 2 等的价格上涨，流动性挖矿收益等五大收益。从区块链技术的特性来看，某虚拟币虚拟社区的去中心化和五大收益都是客观存在的。其中，对于去中心化，虚拟产品安全审计报告和代码安全评估金融服务交易审计报告表明，社区的虚拟币 1、虚拟币 2 等虚拟产品是安全的，无后门，不能人为操控。

第二，社区的买家对买卖虚拟币 1、虚拟币 2 等虚拟产品的风险完全清楚，没有产生错误认识。如前所述，虚拟币 1、虚拟币 2 等虚拟产品的买卖本身是一种投资行为，对于虚拟币 1、虚拟币 2 等虚拟产品的价格上涨下跌情况，买家都非常清楚。特别是，虚拟币 1、虚拟币 2 等虚拟产品的交易与比特币、以太坊、泰达币等的交易模式完全一样，一般买方都清楚比特币、以太坊、泰达币等的交易风险，对虚拟币 1、虚拟币 2 等虚拟产品的交易风险同样具有认识。从这个角度看，虚拟币 1、虚拟币 2 等虚拟产品的买家都是自愿买卖虚拟币 1、虚拟币 2 等虚拟产品的，清楚其中的风险，难以认定其被骗。

2. 虚拟币 1、虚拟币 2 等的价格不能被操控且有生态落地，难以认定低买高卖的买家具有非法占有的目的，其不符合诈骗罪的目的条件

诈骗罪的成立要求行为人主观上必须具有非法占有的目的。在刑法上，非法占有的目的与营利目的是两种不同的目的。非法占有的目的是指没有法

律或者事实根据地取得他人财物；而营利目的是指通过买卖获取利差，即便买卖不合法，也因其有事实根据而不属于具有非法占有的目的。对于社区而言，虚拟币 1、虚拟币 2 等的低买高卖获取的价差，是一种营利目的，而不是非法占有的目的，不符合诈骗罪的目的条件。

第一，虚拟币 1、虚拟币 2 等的价格不能被操控。如前所述，虚拟币 1、虚拟币 2 等都是建立在区块链技术上的去中心化产物，虚拟币 1、虚拟币 2 等虚拟产品是安全的，无后门，不能被人为操控。对此，虚拟产品安全审计报告和代码安全评估金融服务交易审计报告可印证。在此基础上，虚拟币 1、虚拟币 2 等虚拟产品的价格不能被社区人为操控。社区对虚拟币 1、虚拟币 2 等的推广对其价格会有一定影响，不过一旦参与的人数达到一定数量级（如数十万），个人对虚拟币 1、虚拟币 2 等价格的影响将微乎其微。在不能被操控价格的情况下，对虚拟币 1、虚拟币 2 等的低买高卖行为无法体现出卖家的非法占有的目的。

第二，社区已有部分生态落地。根据案件材料，社区是要进行生态落地的，目前虚拟币 2 正落地影视市场，同时以虚拟币 3 为基础构建交易链，并积极打造某虚拟币公链。这些不仅能让虚拟币 1、虚拟币 2 等虚拟产品有更多的应用，还能赋予虚拟币 1、虚拟币 2 等虚拟产品相应的价值。从长远的角度看，虚拟币 1、虚拟币 2 等虚拟产品的价值会逐步提升，难以认定虚拟币 1、虚拟币 2 等虚拟产品推广者通过低买高卖获得买卖的价差的行为是非法占有。

可见，社区的虚拟币 1、虚拟币 2 等虚拟产品的推广没有虚构事实、隐瞒真相，推广者的低买高卖行为是一种正常的市场行为，不是诈骗；同时，虚拟币 1、虚拟币 2 等的价格不能被操控且有生态落地，难以认定低买高卖的推广者具有非法占有的目的。其不符合诈骗罪的主客观要求，不构成诈骗罪。

A公司等非法经营案

——为他人推广彩票提供技术服务的行为是否构成非法经营罪

一、基本案情

2016年12月，A公司与具有体育彩票、福利彩票代销资质的B公司达成了合作协议：由A公司为B公司推广在线彩票技术服务，彩种为符合国家法律法规规定的双色球、大乐透、3D等体育彩票、福利彩票。同月，"某彩票平台"上线。

双方商定的具体运营方式为：B公司向A公司开放彩票投注端口，A公司每周向B公司转入一定数量保证金。彩民在"某彩票平台"上选定彩票品种，并投注，相应的投注数据会实时传送到B公司的彩票系统，同时B公司从A公司的保证金中扣除彩票投注的相应金额。下一周，A公司将彩民投注的全部金额汇款转账至B公司。B公司则按月与A公司结算，并按彩民投注金额7％的比例向A公司支付服务费，A公司按照收到的服务费金额通过国家税务机关代开增值税专用发票给B公司。彩民若中奖，1万元以下的，由A公司先行垫付，再与B公司结算；1万元以上的，由彩民根据彩票中心的要求自行携带身份证件到彩票中心领取或者委托B公司代为领取。

2017年4月，因公司发生股权纠纷，"某彩票平台"转由C公司运营。其间，因为经营需要，A公司和C公司各自以其他公司的名义进行合作，还设立了另一个彩票平台，但经营的基本模式始终未变更。

2017年12月，范某某受聘为某金融信息服务公司总经理，主要工作为负责该公司"P2P"的金融备案事宜，并未参与公司彩票业务。2018年2月，范某某正式开始接触C公司的彩票业务，但不负责具体彩票业务的运营，而是对C公司的经营业务进行合规化处理。范某某的主要工作包括：到B公司核实彩票经营资质，要求与B公司签订相关合同，要求B公司按线上投注的一定比例邮寄纸质的彩票，等等。公司的具体彩票运营事宜，包括技术支持、资金流转、与B公司对接等均由苏某某等人负责。

截至2018年5月，两个彩票平台实际接收彩民投注金额约2 000万元。

二、主要问题

本案涉及的主要问题是：A公司等为他人推广彩票提供技术服务的行为是否涉嫌构成非法经营罪。

一种观点主张构罪，认为A公司等未取得彩票经营许可，擅自经营彩票业务，其行为符合非法经营罪的成立条件，构成非法经营罪。

另一种观点主张不构罪，认为A公司等的行为没有违反国家规定，不符合非法经营罪成立的前提条件，不具备非法经营罪的行为要件；同时，本案在未向最高人民法院请示的情况下，对于A公司等的行为，不能按照非法经营罪进行处理。

三、出罪法理

本案中，A公司等的行为不符合非法经营罪的实体条件和程序条件，不构成非法经营罪，应当对其涉案行为作出罪处理。

（一）A公司等的行为没有"违反国家规定"，不符合非法经营罪成立的前提条件

根据我国《刑法》第225条的规定，非法经营罪的成立以"违反国家规定"为前提。对于"违反国家规定"的内涵，我国《刑法》第96条规定："本法所称违反国家规定，是指违反全国人民代表大会及其常务委员会制定的法律和决定，国务院制定的行政法规、规定的行政措施、发布的决定和命令。"本案中，A公司等的行为没有违反国家规定，不符合非法经营罪成立的前提条件。原因如下。

1. 财政部等八部委联合发布的《关于制止擅自利用互联网销售彩票的公告》等不属于国家规定

本案中，A公司等的行为涉及利用互联网帮助B公司销售彩票。对此，2015年4月3日，财政部、公安部、国家工商行政管理总局、工业和信息化部、民政部、中国人民银行、国家体育总局、中国银行业监督管理委员会等八部委联合公布的《关于对利用互联网销售彩票行为有关问题的公告》第1条中规定："坚决制止擅自利用互联网销售彩票的行为。彩票机构、网络公司等相关单位（个人）应当严格执行国家现行互联网销售彩票相关规定，不得擅自委托或者自行开展互联网销售彩票业务。凡是擅自利用互联网销售彩票的彩票机构和网络公司等相关单位（个人），应当立即停止互联网销售彩票业务。"按照该公告的要求，擅自利用互联网销售彩票的行为是不合规的行为。但该公告是财政部等八个部委发布的，不属于《刑法》第96条规定的国家规定，不能根据该公告的规定认定A公司、C公司以及范某某等人的行为具备《刑法》第225条非法经营罪的前提条件。

2.《彩票管理条例》属于国家规定，但不能据此认定 A 公司等的行为"违反国家规定"

为了规范彩票市场，国务院于 2009 年 4 月 22 日通过了《彩票管理条例》。从形式上看，该条例属于"国家规定"，但本案不能据此认定 A 公司、C 公司以及范某某等人的行为具备非法经营罪的"违反国家规定"要件。理由是：

第一，《彩票管理条例》没有禁止 A 公司等的涉案行为。从行为类型上看，A 公司等的行为属于为 B 公司代销彩票提供技术帮助。与这一行为具有一定关联性的规定是《彩票管理条例》第 15 条的规定。该条规定："彩票发行机构、彩票销售机构可以委托单位、个人代理销售彩票。彩票发行机构、彩票销售机构应当与接受委托的彩票代销者签订彩票代销合同。福利彩票、体育彩票的代销合同示范文本分别由国务院民政部门、体育行政部门制定。""彩票代销者不得委托他人代销彩票。"从内容上看，该条第 2 款规范的是"彩票代销者"的委托行为。而在本案中，A 公司等的行为仅是为 B 公司代销彩票提供技术帮助，而且即便其行为属于受 B 公司委托代销彩票，也不属于委托方，而是属于受托方。对于受托方的行为，《彩票管理条例》并没有明确的禁止性规定。

第二，《彩票管理条例》只针对彩票代销者的委托行为规定了行政处罚措施，并且没有指引性地规定刑事责任。《彩票管理条例》第 41 条规定："彩票代销者有下列行为之一的，由民政部门、体育行政部门责令改正，处 2 000 元以上 1 万元以下罚款；有违法所得的，没收违法所得：（一）委托他人代销彩票或者转借、出租、出售彩票投注专用设备的；（二）进行虚假性、误导性宣传的；（三）以诋毁同业者等手段进行不正当竞争的；（四）向未成年人销售彩票的；（五）以赊销或者信用方式销售彩票的。""彩票代销者有前款行为受到处罚的，彩票发行机构、彩票销售机构有权解除彩票代销合同。"换言之，即便是针对彩票代销者的委托他人代销彩票行为，《彩票管理条例》也只是规定了行政处罚措施，而没有像该条例第 38 条、第 39 条的规定那样指引性地规定"构成犯罪的，依法追究刑事责任"。更何况，A 公司等在本案中不属于代销彩票的委托方，不存在委托他人代销彩票的行为，甚至在《彩票管理条例》中找不到行政处罚的依据。

（二）A 公司等的行为不符合《刑法》第 225 条规定的非法经营行为特征，不具备非法经营罪的行为要件

关于非法经营行为的类型，我国《刑法》第 225 条规定了四种行为，即"未经许可经营法律、行政法规规定的专营、专卖物品或者其他限制买卖的物品的"，"买卖进出口许可证、进出口原产地证明以及其他法律、行政法规规定的经营许可证或者批准文件的"，"未经国家有关主管部门批准非法经营证券、期货、保险业务的，或者非法从事资金支付结算业务的"，以及"其他严重扰乱市场秩序的非法经营行为"。对于本案而言，A公司等的行为显然不属于前三种类型，同时也不属于"其他严重扰乱市场秩序的非法经营行为"。原因如下。

1. A公司等的行为不属于"未经国家批准擅自发行、销售彩票"的行为，对其不能适用最高人民法院、最高人民检察院《关于办理赌博刑事案件具体应用法律若干问题的解释》

最高人民法院、最高人民检察院于2005年5月11日发布的《关于办理赌博刑事案件具体应用法律若干问题的解释》第6条规定："未经国家批准擅自发行、销售彩票，构成犯罪的，依照刑法第二百二十五条第（四）项的规定，以非法经营罪定罪处罚。"但该条对应的是《彩票管理条例》第38条的规定，规范的是"擅自发行、销售彩票"的行为，其行为主体是彩票发行机构、彩票销售机构。而根据《彩票管理条例》对行为类型的规定，本案中A公司等的行为显然不属于"发行、销售彩票"的行为，更何况B公司本身具有代销彩票的资质，对其行为不能适用最高人民法院、最高人民检察院《关于办理赌博刑事案件具体应用法律若干问题的解释》第6条的规定。

2. A公司等的行为难以被认定为代销彩票行为

在本案中，对A公司等的行为是否属于彩票代销行为，根据现有的情况难以认定，理由是：（1）从合作协议的规定上看，其行为带有明显的技术推广性质。根据A公司与B公司达成的合作协议，A公司为B公司推广在线彩票提供技术服务，彩种为符合国家法律法规规定的双色球、大乐透、3D等体育彩票、福利彩票。技术推广不属于销售，难以认定其为彩票代销。（2）从具体操作的方式上看，其行为的彩票代销性质不明显。根据案件材料，A公司与B公司之间的运营方式是：B公司向A公司开放彩票投注端口，A公司每周向B公司转入一定数量的保证金。彩民在"某彩票平台"上选定彩票品种，并投注，相应的投注数据实时传送到B公司的彩票系统，同时B公司从A公司的保证金中扣除彩票投注的相应金额。这实际表明，A公司只是为B公司的彩票代销提供了平台，彩票的买卖行为实际上是发生在彩民与B公司之间。A公司及后来的C公司、范某某等人行为的代销彩票性质难以被认定。

3. A公司等的行为不属于"未按批准的彩票品种的规则、发行方式、发行范围、开奖兑奖操作规程发行、销售彩票或者开奖兑奖的"行为

《彩票管理条例》第39条将"未按批准的彩票品种的规则、发行方式、发行范围、开奖兑奖操作规程发行、销售彩票或者开奖兑奖的"行为纳入了处罚范围。本案中的彩票代销采用的是网络形式，因而可能会产生"发行方式、发行范围"是否符合规定的问题。这种担心是多余的，理由是：

第一，A 公司等不符合《彩票管理条例》第 39 条的主体要求。根据《彩票管理条例》第 39 条的规定，行为主体是"彩票发行机构、彩票销售机构"。而在本案中，连 B 公司都不属于"彩票发行机构、彩票销售机构"，而只是"彩票代销者"。A 公司等则更不属于"彩票发行机构、彩票销售机构"，不符合《彩票管理条例》第 39 条的主体要求。

第二，A 公司等不存在超"发行方式、发行范围"销售彩票的行为。判断一个行为是否存在超"发行方式、发行范围"的问题，必须立足于行为人的行为，即彩票发行者、销售者的行为，而非根据彩民的行为。就跨地区而言，由于彩民是流动的，而且购买彩票是不记名的，因此彩民跨地区购买彩票的行为显然是正常的，不应也不会被禁止。本案中，彩票的代销主体是具有代销资质的 B 公司。购买彩票的数据是直接接入 B 公司的，因此只要 B 公司不存在超"发行方式、发行范围"的行为即为合规。A 公司等在本案中不存在超"发行方式、发行范围"销售彩票行为。

第三，是否跨地域不是判断非法经营罪成立与否的要素。我国《刑法》第 225 条关于非法经营罪的规定主要调整的是经营方式，而非经营地域。例如，根据最高人民法院《关于李某华非法经营请示一案的批复》的规定，持有烟草零售许可证，超范围、超地域经营烟草的行为，不宜按照非法经营罪处理，应由相关主管部门进行处理。

可见，是否"超范围、超地域"不是判断非法经营罪成立与否的要素。即便本案中 A 公司等的行为存在跨地区的问题，也不能认定其行为构成非法经营罪。

（三）在未向最高人民法院请示的情况下，对于 A 公司等的行为，不能按照非法经营罪进行处理

鉴于实践中经常出现对《刑法》第 225 条"其他严重扰乱市场秩序的非法经营行为"作过于宽泛的理解的情况，为了限制其不当适用，最高人民法院于 2011 年 4 月 8 日发布的《关于准确理解和适用刑法中"国家规定"的有关问题的通知》（法发〔2011〕155 号）第 3 条规定："各级人民法院审理非法经营犯罪案件，要依法严格把握刑法第二百二十五条第（四）的适用范围。对被告人的行为是否属于刑法第二百二十五条第（四）规定的'其它严重扰乱市场秩序的非法经营行为'，有关司法解释未作明确规定的，应当作为法律适用问题，逐级向最高人民法院请示。"在本案中，目前没有任何一项司法解释针对 A 公司等的涉案行为作过规定，因此办案机关如果认为其行为涉嫌构成非法经营罪，也应当由地方人民法院逐级向最高人民法院请示。在未向最高人民法院请示的情况下，对于 A 公司等的行为，不能按照非法经营罪进行处理。

C 公司、洪某非法经营等案

——经营手机游戏是否属于经营电子出版物及非法经营

一、基本案情

C 公司系一家网络公司。洪某，系 C 公司执行董事、总经理。

（一）非法经营罪

在 2017 年 1 月 1 日至 2017 年 5 月 23 日期间，洪某在经营其任法定代表人的 C 公司期间，借用"众乐乐麻将"的移动游戏版号在移动游戏商店出版"牛元帅""公安晃晃""潜江晃晃"等数十款游戏，供互联网用户下载使用，通过用户向上述游戏充值的方式非法营利。截至案发之日，C 公司除"众乐乐麻将"游戏外，其他游戏均未经过国家新闻出版广电总局审核，未获得游戏出版号。C 公司通过经营上述未取得游戏出版号的移动游戏，非法获利共计人民币 7 282.847 4 万元。

（二）破坏计算机信息系统罪

2017 年 2 月，洪某在经营其任法定代表人的 C 公司期间，指使庞某某对 D 公司的游戏服务器进行攻击，庞某某在 2017 年 2 月 11 日至 2 月 14 日通过支付宝收款的方式分 4 次收取洪某给予的报酬，共计人民币 2.5 万元。同月 11 日，庞某某通过网络聊天工具 QQ 指使"黑客"彭某对 D 公司游戏服务器实施攻击行为。彭某受庞某某的指使，在同月 12 日和 13 日通过"DDOS"（分布式拒绝服务攻击）的方式对 D 公司的游戏服务器实施多次攻击，导致 D 公司游戏用户无法登录，在线用户掉线以及拥有数十万用户的游戏平台不能正常运行时长累计达数个小时。

二、主要问题

本案涉及的主要问题是：（1）C 公司、洪某的经营手机游戏的行为能否认定为经营电子出版物行为，并认定其构成非法经营罪。对此，主张构罪的观点认为，C 公司、洪某违反国家规定，发行严重危害社会秩序和扰乱市场秩序的非法出版物，情节特别严重，涉嫌构成非法经营罪；但主张不构罪的观点认为，C公司、洪某出版游戏的行为没有违反国家规定，其行为不构成非法经营罪。

（2）C公司、洪某的涉案行为是否构成破坏计算机信息系统罪。对此，主张构罪的观点认为，C公司、洪某的行为造成D公司计算机信息系统不能正常运行，后果特别严重，其行为构成破坏计算机信息系统罪；主张不构罪的观点认为，本案不能证明C公司、洪某的行为达到了破坏计算机信息系统罪的成立标准，其行为不构成破坏计算机信息系统罪。

三、出罪法理

针对本案涉及的两个主要问题，按照罪刑法定原则的基本要求和相关犯罪构成要件，C公司、洪某的涉案行为不符合非法经营罪、破坏计算机信息系统罪的成立条件，不构成非法经营罪、破坏计算机信息系统罪。

（一）C公司、洪某的涉案行为不构成非法经营罪

根据我国《刑法》第225条的规定，非法经营罪是指违反国家规定，经营实行许可制度的物品或业务，或者买卖许可证或批准文件，扰乱市场秩序，情节严重的行为。据此，非法经营罪的成立必须具备三个基本条件：一是行为人实施了经营实行许可证制度的物品或业务等行为；二是行为人的行为非法，即违反国家规定；三是行为人的行为扰乱了市场秩序且情节严重。主张构罪的观点认为，C公司、洪某违反国家规定，发行严重危害社会秩序和扰乱市场秩序的非法出版物，情节特别严重，构成非法经营罪。但这一观点难以成立。

1. C公司、洪某的行为没有违反国家规定，不符合非法经营罪的行为条件

"违反国家规定"是非法经营罪的行为前提。对于"违反国家规定"，我国《刑法》第96条规定："本法所称违反国家规定，是指违反全国人民代表大会及其常务委员会制定的法律和决定，国务院制定的行政法规、规定的行政措施、发布的决定和命令。"在本案中，主张构罪的观点认为，除"众乐乐麻将"游戏外，C公司的其他游戏均未经过国家新闻出版广电总局审核，未获得游戏出版号，C公司、洪某的行为非法。但这一说法难以成立。这是因为：

第一，C公司的"众乐乐麻将"游戏取得了游戏出版号，且本案证据表明，其可以作为C公司其他麻将游戏的集合和总称。本案中，C公司的"众乐乐麻将"游戏取得了国家新闻出版广电总局颁发的游戏版号。在此情况下，C公司其他游戏能否共用"众乐乐麻将"游戏版号，则是一个重要的现实问题。对此，本案存在的以下情况表明C公司的其他麻将游戏可以共用该版号：（1）"众乐乐麻将"游戏版号不是具体对应的某一款游戏。根据案件材料，在

C公司App上线的游戏中没有一款叫"众乐乐麻将"的游戏。这表明,"众乐乐麻将"并非某款具体的麻将游戏,而是C公司App上线的麻将游戏的集合和总称。(2)移动游戏客户端的集合性决定了"众乐乐麻将"可以作为C公司麻将游戏的集合和总称。在网络技术上,网络游戏客户端是由一定的程序和资源组成的。通常情况下,一个网络游戏客户端可以由一到多个程序和资源组成。从这个角度看,C公司以"众乐乐麻将"作为其客户端麻将游戏的集合和总称,是完全可以的。(3)我国法律没有禁止在一个游戏版号下运行多个子游戏的规定。目前,我国没有针对移动游戏版号的具体规定,更没有法律明确规定不允许在一个游戏版号下运行多个子游戏。在此情况下,C公司以"众乐乐麻将"作为其移动客户端麻将游戏的集合和总称,并不违法。(4)以一个游戏版号运行多个子游戏是行业内的普遍做法。这方面的典型代表是"腾讯游戏"。在"腾讯游戏"这一个集合概念下,存在大量不同的游戏,甚至游戏的类型也完全不同,如纸牌、麻将等并不属于一个类别。C公司按照行业内的普遍做法,以"众乐乐麻将"这一个游戏版号运行多个麻将子游戏的行为,不具有实质的违法性,不应受到刑事追责。

第二,《出版管理条例》不能作为本案中追究C公司非法经营罪的行政法规依据。主张构罪的观点认为C公司的行为违反了国务院《出版管理条例》,并将其作为认定C公司违反国家规定的依据。但这一认识是错误的。这是因为:(1)C公司涉案的游戏属于手机游戏,不能认定其属于《出版管理条例》中的电子出版物。《出版管理条例》第2条对"出版物"的范围作了明确规定,即"出版物,是指报纸、期刊、图书、音像制品、电子出版物等",但对于手机游戏是否属于电子出版物并不明确。2004年《电子出版物管理规定》第2条对电子出版物的定义是"以数字代码方式将图文声像等信息编辑加工后存储在磁、光、电介质上,通过计算机或者具有类似功能的设备读取使用,用以表达思想、普及知识和积累文化,并可复制发行的大众传播媒体。媒体形态包括软磁盘(FD)、只读光盘(CD-ROM)、交互式光盘(CD-I)、照片光盘(Photo-CD)、高密度只读光盘(DVD-ROM)、集成电路卡(ICCard)和新闻出版署认定的其他媒体形态"。从该规定对"电子出版物"的定义来看,电子出版物并不当然包含移动游戏或者网络游戏。(2)《出版管理条例》明确规定其不适用于网络游戏。《出版管理条例》第72条第2款规定:"接受境外机构或者个人赠送出版物的管理办法、订户订购境外出版物的管理办法、网络出版审批和管理办法,由国务院出版行政主管部门根据本条例的原则另行制定。"按照该规定,"网络出版审批和管理"不能适用《出版管理条例》,而是由国务院出版行政主管部门另行制定管理办法。《出版管理条例》不能作为具体认定网络游戏是否合规、合法的依据。这意味着,我国没有关于网络游戏出版审批和管理的国家规定。国务院《出版管理条例》不能作为本案中追究C公司非法经营罪的行政法规依据。

　　第三，国家新闻出版广电总局办公厅《关于移动游戏出版服务管理的通知》不属于刑法上的国家规定，不能作为认定C公司构成非法经营罪的前提。这是因为：（1）国家新闻出版广电总局办公厅《关于移动游戏出版服务管理的通知》属于部门决定，不属于刑法上的国家规定。如前所述，刑法上的国家规定仅限于法律和国务院发布的行政法规、决定和命令等。国家规定的发布主体只能是全国人民代表大会及其常务委员会、国务院，而不能是国务院下属的部门。而国家新闻出版广电总局属于国务院下属的部门，其发布的规定不属于国家规定。（2）国家新闻出版广电总局办公厅《关于移动游戏出版服务管理的通知》可以作为行政处罚的依据，但不能作为刑事定罪的依据。这主要体现在两个方面：一方面，非法经营罪的前提是违反国家规定，国家新闻出版广电总局办公厅发布的《关于移动游戏出版服务管理的通知》不属于国家规定，故不能作为认定C公司构成非法经营罪的依据。另一方面，作为部门决定或命令，国家新闻出版广电总局办公厅发布的《关于移动游戏出版服务管理的通知》可以要求网络游戏进行登记，并可对违反其规定作出一定的行政处罚，但不能定罪。我国《立法法》和《行政处罚法》都对国务院下属部门制定规章、发布决定、命令的权限作了严格限制。在具体权限上，部门规章、决定或命令只有一定范围的行政处罚权，不可能具有规定犯罪的权力，其规定也不能作为定罪的依据。

　　2. C公司、洪某的行为不属于"发行严重危害社会秩序和扰乱市场秩序的非法出版物，情节特别严重"情况

　　主张构罪的观点认为，C公司、洪某违反国家规定，发行严重危害社会秩序和扰乱市场秩序的非法出版物，情节特别严重。但这一认识存在明显错误，因为：

　　第一，C公司、洪某的行为不属于"发行严重危害社会秩序和扰乱市场秩序的非法出版物"。"发行严重危害社会秩序和扰乱市场秩序的非法出版物"的表述，源自1998年最高人民法院发布的《关于审理非法出版物刑事案件具体应用法律若干问题的解释》。该解释第11条规定："违反国家规定，出版、印刷、复制、发行本解释第一条至第十条规定以外的其他严重危害社会秩序和扰乱市场秩序的非法出版物，情节严重的，依照刑法第二百二十五条第（三）项的规定，以非法经营罪定罪处罚。"但在本案中，C公司的手机移动游戏明显不属于"严重危害社会秩序和扰乱市场秩序的非法出版物"。这主要体现在两个方面：一方面，C公司发行的麻将游戏明显不具有"严重危害社会秩序和扰乱市场秩序"的性质。在刑法上，对出版物的"非法"可以从内容和程序两个方面进行判断。最高人民法院《关于审理非法出版物刑事案件

具体应用法律若干问题的解释》第 1~11 条是从内容上界定出版物的非法，即出版物的内容具有"严重危害社会秩序和扰乱市场秩序"的性质。该解释将"严重危害社会秩序"和"扰乱市场秩序"并列，是为了将程序违法的出版物（这类出版物存在扰乱市场秩序的可能，但不会严重危害社会秩序）排除在外。而在本案中，C 公司发行的是手机麻将游戏，这些游戏在民间广泛流传并为人们所接受，完全不具有"严重危害社会秩序和扰乱市场秩序"的性质。另一方面，C 公司发行的麻将游戏不属于刑法上的非法出版物。最高人民法院《关于审理非法出版物刑事案件具体应用法律若干问题的解释》第 11 条涉及对非法经营罪中经营非法出版物行为的定性，但如前所述，刑法上的"非法"出版物必须是"违反国家规定"的出版物，而本案不能认定 C 公司涉案的麻将游戏属于"违反国家规定"的出版物。因此，C 公司、洪某的行为不属于"发行严重危害社会秩序和扰乱市场秩序的非法出版物"。

　　第二，C 公司、洪某的行为不属于"情节严重"，更不属于"情节特别严重"。主张构罪的观点认为 C 公司运行手机麻将游戏"非法获利共计人民币 7 282.847 4 万元"，属于"情节特别严重"。其错误在于：（1）该观点对"非法获利"数额的计算没有扣除经营成本。在刑法上，经营数额与获利数额（违法所得）是两个完全不同的概念。其中，获利数额基本上等于经营数额减去经营成本，即纯收益。在本案中，案件涉及的 7 282.847 4 万元不是 C 公司的获利（收益），其中包含了大量的经营成本（主要是已给、应给代理商的代理费和公司的其他经营成本）。如果在计算获利数额时不扣除 C 公司的经营成本，显然是错误的。（2）该观点所指的获利不属于 C 公司移动游戏的出版获利。我国目前对网络游戏实行的是多头管理。《中央编办对文化部、广电总局、新闻出版总署〈"三定"规定〉中有关动漫、网络游戏和文化市场综合执法的部分条文的解释》称："文化部、广电总局和新闻出版总署《'三定'规定》中规定：'文化部负责动漫和网络游戏相关产业规划、产业基地、项目建设、会展交易和市场监管。……国家新闻出版总署负责在出版环节对动漫进行管理，对游戏出版物的网上出版发行进行前置审批。'""《'三定'规定》中还明确'将国家新闻出版总署动漫、网络游戏管理（不含网络游戏的网上出版前置审批），及相关产业规划、产业基地、项目建设、会展交易和市场监管的职责划入文化部。'"按照上述规定，文化部是网络游戏的主管部门。"新闻出版总署负责'网络游戏的网上出版前置审批'。'网络游戏的网上出版'是指网络游戏的出版物，'前置审批'是指在经工业和信息化部门许可通过互联网向上网用户提供服务之前由新闻出版总署对网络游戏出版物进行审批。一旦上网，完全由文化部管理。"据此可知，国家新闻出版广电总局对涉案移动游戏的出版管理只是"上网"，上网之后是由文化部进行管理的。本案中，C

公司于 2016 年 8 月 12 日取得了文化部颁发的"网络文化经营许可证",同时 C 公司向用户提供游戏是免费的。对此,单纯从提供涉案手机游戏的获利数额看,C 公司并没有获利;而从 C 公司对涉案手机游戏的管理角度看,C 公司已取得了文化部颁发的"网络文化经营许可证",即便有获利,也不能认定为"非法获利"。更何况,案发后 C 公司进一步办理了所有麻将游戏的版号。因此,关于 C 公司运行手机麻将游戏"非法获利共计人民币 7 282.847 4 万元"且属于"情节特别严重"的观点,明显是错误的。

可见,C 公司、洪某经营涉案手机游戏的行为没有违反国家规定且不属于情节严重,其行为不构成非法经营罪。

(二) 本案证据不能证明 C 公司、洪某的行为导致 D 公司游戏服务器不能正常运行时长累计一小时以上,其行为不构成破坏计算机信息系统罪

关于破坏计算机信息系统行为,主张构罪的观点认为,C 公司、洪某的涉案行为"导致 D 公司游戏用户出现无法登录,在线用户掉线以及拥有数十万用户的游戏平台不能正常运行时长累计达数个小时",属于"造成计算机信息系统不能正常运行,后果特别严重"。而根据最高人民法院、最高人民检察院《关于办理危害计算机信息系统安全刑事案件应用法律若干问题的解释》第 4 条的规定,"计算机信息系统不能正常运行累计一小时以上"不仅是认定 C 公司、洪某涉案行为"后果特别严重"的基础,还是认定其行为"后果严重"的基础,将直接决定 C 公司、洪某的涉案行为是否构成破坏计算机信息系统罪。本案证据不能证明 C 公司、洪某的行为导致 D 公司游戏服务器不能正常运行时长累计一小时以上,C 公司、洪某的行为不构成破坏计算机信息系统罪。

1. 本案证据不能证明 C 公司、洪某的行为造成了"计算机信息系统不能正常运行累计一小时以上"的后果

主张构罪的观点认为,在案证据表明 C 公司、洪某的行为造成 D 公司游戏平台不能正常运行时长累计达数个小时。但关于该事实的主要证据是 D 公司出具的一份电子数据。综合全案证据来看,本案证据不能证明 C 公司、洪某的行为造成了"计算机信息系统不能正常运行累计一小时以上"的后果。这是因为:

第一,该电子数据的提取程序违反了最高人民法院、最高人民检察院、公安部《关于办理刑事案件收集提取和审查判断电子数据若干问题的规定》(以下简称《电子数据规定》),真实性无法保证,不能作为定案的根据。这又体现为三个方面:一是侦查机关没有依法采取保护电子数据完整性的措施。《电子数据规定》第 5 条规定:"对作为证据使用的电子数据,应当采取以下一种或者几种方法保护电子数据的完整性:(一)扣押、封存电子数据原始存

储介质；（二）计算电子数据完整性校验值；（三）制作、封存电子数据备份；（四）冻结电子数据；（五）对收集、提取电子数据的相关活动进行录像；（六）其他保护电子数据完整性的方法。"但在本案中，侦查机关没有采取任何保护电子数据完整性的措施。二是侦查机关没有依法收集、提取证据。《电子数据规定》第 7 条规定："收集、提取电子数据，应当由二名以上侦查人员进行。取证方法应当符合相关技术标准。"该规定第 8～10 条在此基础上对电子数据的收集、提取过程作了更为明确、具体的规定。但在本案中，涉案的电子数据不是由侦查人员收集、提取的，侦查人员也没有对电子数据的收集、提取过程作任何说明，明显违反了《电子数据规定》的相关要求。三是侦查机关对该电子数据的移送不符合电子数据的移送要求。《电子数据规定》第 18 条第 1、2 款规定："收集、提取的原始存储介质或者电子数据，应当以封存状态随案移送，并制作电子数据的备份一并移送。""对网页、文档、图片等可以直接展示的电子数据，可以不随案移送打印件；人民法院、人民检察院因设备等条件限制无法直接展示电子数据的，侦查机关应当随案移送打印件，或者附展示工具和展示方法说明。"但在本案中，侦查机关移送的电子数据不符合上述要求，其电子数据的真实性无法得到保证。《电子数据规定》第 18 条规定，无法保证电子数据真实性的电子数据，不得作为定案的根据。

第二，该电子数据无法证明 D 公司受到的网络攻击是 C 公司、洪某所为。该电子数据显示，D 公司经常受到各种网络攻击，仅 D 公司提供的这份电子数据打印页就表明，D 公司在 2017 年 2 月 11 日、12 日、13 日、21 日、27 日等时间都受到了网络攻击。这表明，D 公司的游戏平台经常会受到各种网络攻击。从该电子数据的指向上看，该数据根本无法证明 D 公司所受的网络攻击是由 C 公司、洪某所为。

第三，该电子数据与相关证据之间缺乏印证，无法证明 D 公司受到的网络攻击是由 C 公司、洪某所为。本案中，对 D 公司的网络攻击是由"黑客"彭某实施，彭某在 2017 年 2 月 12 日和 13 日通过"DDOS"（分布式拒绝服务攻击）的方式对 D 公司的游戏服务器实施多次攻击。但彭某的笔录对此说法不一，其 2017 年 7 月 1 日的笔录称其仅攻击了 IP，并且从今年 2 月 12 号接单开始，陆陆续续攻击了三四天，每天四五个小时。同时，彭某在其他的笔录中则明确称其只攻击了一次。而涉案电子数据反映的是 D 公司租用的阿里云服务器，且受到攻击的时间也与彭某的笔录不一致。从对比的角度看，涉案电子数据与彭某的笔录之间就行为的对象和行为的发生时间都明显不对应。

2. 本案证据不能证明 C 公司、洪某的行为与 D 公司游戏服务器不能正常运行之间有因果关系

本案中，D 公司出具的电子数据表明其受攻击的服务器是 D 公司在阿里

云租用的服务器。主张构罪的观点据此认为 C 公司、洪某的行为导致了 D 公司游戏服务器不能正常运行。但本案证据无法证明 C 公司、洪某的行为与 D 公司游戏服务器不能正常运行之间有因果关系。这是因为：

第一，从技术层面上看，"黑客"彭某的攻击行为与 D 公司游戏服务器不能正常运行之间的因果关系难以建立。本案中，彭某的笔录明确称其攻击的是 IP。这是一个小服务器，而 D 公司租用的阿里云服务器是一个大服务器。从技术层面上看，对小服务器的攻击难以使阿里云服务器受到攻击，两者之间不具有对应关系。因此，本案中"黑客"彭某的攻击行为与 D 公司游戏服务器不能正常运行之间在技术上难以建立因果联系。

第二，从证据层面上看，"黑客"彭某的攻击行为与 D 公司游戏服务器不能正常运行之间的因果关系难以建立。本案中，"黑客"彭某是网络攻击行为的具体实施者。彭某在其笔录中虽然承认其实施了网络攻击行为，但明确否认其攻击了阿里云服务器。彭某的笔录明确称其攻击无法对号称有 100～300G 流量防御的阿里云服务器造成影响。客观地看，本案没有任何证据表明 C 公司、洪某指使他人攻击了 D 公司租用的阿里云服务器。据此，本案不能认定彭某的攻击行为与 D 公司游戏服务器不能正常运行之间具有因果关系。

可见，本案证据不能证明 C 公司、洪某的行为导致 D 公司游戏服务器不能正常运行时长累计一小时以上，C 公司、洪某不构成破坏计算机信息系统罪。

徐某某非法经营案

——无照经营字画的行为能否构成非法经营罪等犯罪

一、基本案情

2005 年 9 月，徐某某在其妻刘某某开设的位于某市花鸟鱼交易中心的字画店内，与张某某相识。徐某某在得知张某某欲购买名家书画作品后，在未取得工商营业执照的情况下，于 2005 年至 2009 年间，采取以次充好的手段，在字画店等地向张某某销售书画作品 184 幅。经某艺术品鉴定技术开发中心鉴定：徐某某向张某某出售的书画作品中的 117 幅均为伪作。

二、主要问题

本案涉及的主要问题是：徐某某无照经营字画的行为是否构成非法经营罪，同时其出售伪作的行为是否构成诈骗罪、销售侵权复制品罪。对此，在案件处理过程中主要存在两种不同观点：

一种观点主张构罪，认为徐某某向张某某出售字画的行为属于无照经营，严重扰乱市场秩序，非法获利数额巨大，行为触犯了《刑法》第 225 条第 4 项之规定，构成非法经营罪；徐某某向张某某出售字画时具有诈骗的意图和行为，构成诈骗罪；徐某某的行为涉嫌销售侵权复制品。对于徐某某构成的三个犯罪，应当择一重罪处断。

另一种观点主张不构罪，认为徐某某向张某某出售字画的行为不属于无照经营，也不属于《刑法》第 225 条第 4 项规定的非法经营行为，不构成非法经营罪；本案证据不能证明徐某某向张某某出售字画时具有诈骗的意图和行为，徐某某的行为不构成诈骗罪；徐某某的行为不符合侵犯著作权罪和销售侵权复制品罪的主客观要件，不构成侵犯著作权罪和销售侵权复制品罪。

三、出罪法理

我国刑法对非法经营罪、诈骗罪、销售侵权复制品罪的成立都规定了严格的条件，徐某某的行为不符合这些犯罪的成立条件，不构成这些罪。

（一）徐某某的行为不符合非法经营罪的成立条件，不构成非法经营罪

关于非法经营罪，我国《刑法》第 225 条规定："违反国家规定，有下列非法经营行为之一，扰乱市场秩序，情节严重的，处五年以下有期徒刑或者拘役，并处或者单处违法所得一倍以上五倍以下罚金；情节特别严重的，处五年以上有期徒刑，并处违法所得一倍以上五倍以下罚金或者没收财产：（一）未经许可经营法律、行政法规规定的专营、专卖物品或者其他限制买卖的物品的；（二）买卖进出口许可证、进出口原产地证明以及其他法律、行政法规规定的经营许可证或者批准文件的；（三）未经国家有关主管部门批准非法经营证券、期货、保险业务的，或者非法从事资金支付结算业务的；（四）其他严重扰乱市场秩序的非法经营行为。"据此，非法经营罪的成立必须同时具备"违反国家规定""扰乱市场秩序""情节严重"等基本条件。本案中，徐某某的行为不符合非法经营罪的成立条件，不构成非法经营罪。

1. 徐某某向张某某出售字画的行为不属于无照经营，更不属于非法经营

本案中，主张构罪的观点认为徐某某属于无照经营，即徐某某在未取得工商营业执照的情况下，违反国家法规，擅自从事经营活动。但本案现有证据表明，字画店当时虽然未办理营业执照但不属于无照经营，徐某某的行为也不属于无照经营。

第一，字画店所在的某市花鸟鱼交易中心办有营业执照，字画店的经营行为得到了工商局的许可，不属于无照经营。

本案证据表明，字画店的经营在当时具有特殊性，它虽然没有办理营业执照，但并不属于无照经营，更不属于非法经营。这是因为：

（1）字画店所在的花鸟鱼交易中心办有营业执照。本案证据显示，2005年至 2009 年期间，字画店虽然没有办理工商营业执照，但字画店所在的某市花鸟鱼交易中心办有营业执照，是有营业执照的合法经营主体。字画店作为"某市花鸟鱼交易中心"经营档口的一部分，其经营活动也具有合法性。字画店是否办有营业执照只涉及工商局对其经营管理是否规范的问题，并不涉及无照经营的问题，更不涉及非法经营的问题。事实上，这种情况也是全国许多商场的普遍做法。某市花鸟鱼交易中心经理出具的材料证明，2005 年至 2009 年，商场里的业户 98％以上都没有办理营业执照。因此，字画店虽然没有办理营业执照，但因某市花鸟鱼交易中心办有营业执照，其经营行为并不属于无照经营。

（2）工商局默许字画店不办理营业执照，承认其经营行为的合法性。本案中，某市花鸟鱼交易中心经理出具的材料证明，当时商场业户没有办理营业执照的主要原因是，大家对经营前景担忧，并且这些业户过去都是露天经营，在商场统一交工商管理费的前提下，工商局对业户不办理营业执照的情

况是默许的。我国《行政许可法》第 2 条规定："本法所称行政许可，是指行政机关根据公民、法人或者其他组织的申请，经依法审查，准予其从事特定活动的行为。"据此，行政许可的核心是"准予从事特定活动"。从实质上看，行政许可证件（如营业执照）只是表明行政机关"准予其从事特定活动"的一种形式，"默许"也表明行政机关"准予其从事特定活动"。本案中，工商局事实上承认了包括字画店在内的某市花鸟鱼交易中心商户经营行为的合法性。从行政许可的实质上看，字画店的经营行为并不违法。

（3）字画店一直都自己或者经由商场交了工商管理费。某市花鸟鱼交易中心经理出具的材料证明，2005 年至 2009 年商场里的业户 98% 以上都没有办理营业执照。某市某工商局与商场协商，工商管理费由商场统一支付。在这期间，字画店一直都自己或者经由商场交了工商管理费，其经营行为实际地处在工商局的管理之下，也得到了工商局的认可，是合法的。

可见，字画店所在的某市花鸟鱼交易中心办有营业执照，字画店的经营行为得到了工商局的默许，并且一直都自己或者经由商场交了工商管理费，其经营行为既不属于无照经营，更不属于非法经营。

第二，徐某某向张某某出售字画的行为不属于无照经营，更不属于非法经营。

本案中，徐某某向张某某出售了近 200 幅字画。但根据本案证据反映的事实，徐某某向张某某出售字画的行为不属于无照经营，更不属于非法经营。这是因为：

（1）如前所述，字画店的经营行为得到了工商局的默许并向工商局缴纳了工商管理费，而且其所在的某市花鸟鱼交易中心办有营业执照，字画店的经营行为既不属于无照经营，也不属于非法经营。在此前提下，徐某某向张某某出售字画的行为显然不属于无照经营，更不属于非法经营。

（2）即便字画店属于无照经营，因徐某某不是字画店的经营主体，其卖字画给张某某的行为也不属于无照经营和非法经营。本案证据显示，字画店与某市花鸟鱼交易中心的协议是由徐某某的妻子刘某某签的，该字画店也是由刘某某实际经营的。徐某某作为某市地税局的工作人员，只是利用业余时间协助刘某某经营字画店。从法律关系上看，即便字画店属于无照经营，徐某某也并非字画店的经营主体，他没有义务为字画店办理营业执照，自然也就没有责任承担字画店所谓无照经营的法律后果。无视字画店的经营现实而认定徐某某构成非法经营罪的观点，显然是错误的。

（3）徐某某向张某某出售字画的行为实际上主要是其个人行为，无须政府许可，其行为不具有非法性。目前，我国对民间的字画交易采取的是既不禁止也不限制的做法。公民之间私下进行的字画交易无须经过政府的许可。

而本案中，一方面，徐某某不是字画店的负责人，不是字画店经营行为的责任主体；另一方面，徐某某与张某某之间交易的字画绝大多数都不是在字画店内而是在徐某某或者张某某办公室等私下场合进行的。因此，徐某某向张某某出售字画的行为主要是其个人行为，而我国法律法规并没有规定公民个人之间进行的字画交易要获得行政许可，因而徐某某向张某某出售字画的行为根本不需要营业执照，更不成立非法经营。

可见，字画店并非无照经营，徐某某不是字画店的经营主体，他向张某某出售字画的行为绝大多数都是私下进行的，不属于非法经营。上述主张构罪的观点明显错误。

2. 徐某某向张某某出售字画的行为不属于《刑法》第 225 条第 4 项规定的非法经营行为

本案中，主张构罪的观点认为，徐某某非法经营，严重扰乱市场秩序，非法获利数额巨大，其行为已触犯《刑法》第 225 条第 4 项之规定，应以非法经营罪追究其刑事责任。但这一观点存在明显的法律适用错误。这主要体现在：

第一，徐某某的行为不符合《刑法》第 225 条第 4 项规定的实质要求。

为了维护正常的市场秩序，经《刑法修正案（七）》修正的《刑法》第 225 条采用列举的方式规定 4 项非法经营行为可以构成非法经营罪，其中第 4 项是兜底性规定，即"其他严重扰乱市场秩序的非法经营行为"。不过，无论是在立法上还是在司法上，我国对"其他严重扰乱市场秩序的非法经营行为"的适用范围都有着严格的限制。主张构罪的观点认为徐某某成立无照经营字画，属于"其他严重扰乱市场秩序的非法经营行为"，存在明显的法律适用错误。

（1）字画不属于限制或者禁止买卖的物品，经营字画的行为不属于《刑法》第 225 条第 4 项规定的"其他严重扰乱市场秩序的非法经营行为"。关于"其他严重扰乱市场秩序的非法经营行为"的范围，根据《刑法》第 225 条第 1 至 3 项的规定和最高人民法院的相关解释，其行为必须是经营国家限制经营或者禁止经营物品或业务的行为。其中，《刑法》第 225 条第 1 项规定的经营对象是限制买卖的物品、第 2 项规定的经营对象是禁止买卖的物品（经营许可证或者批准文件）、第 3 项规定的经营对象是限制经营的物品和业务（证券、期货、保险或者资金支付结算）。同时，最高人民法院《关于李某某非法经营请示一案的批复》明确规定："超范围和地域经营的情形，不宜按照非法经营罪处理。"最高人民法院《关于缪某某非法经营（工业盐）一案的批复》进一步明确规定："经营不属于国家限制买卖的物品的行为，不构成非法经营犯罪。"本案中，字画不属于国家限制或者禁止买卖的物品，因此徐某某出售字画给张某某的行为即便属于无照经营，也不构成非法经营罪。

（2）买卖假字画的行为也不构成非法经营罪。本案存在办案机关越权办案、非法取证、违法鉴定等嫌疑不能排除、相关证据依法不能采信的事实，主张构罪的观点依据大量非法证据认定徐某某向张某某出售假字画的事实，进而认定徐某某的行为构成非法经营罪。但本案证据根本不能证明徐某某向张某某出售了假字画，而且，即便徐某某成立向张某某出售假字画，其行为也不构成非法经营罪。这是因为，1998 年最高人民法院《关于审理非法出版物刑事案件具体应用法律若干问题的解释》第 11 条规定："违反国家规定，出版、印刷、复制、发行本解释第一条至第十条规定以外的其他严重危害社会秩序和扰乱市场秩序的非法出版物，情节严重的，依照刑法第二百二十五条第（三）项的规定，以非法经营罪定罪处罚。"而该解释第 2 条至第 5 条规定的是侵犯著作权和销售侵权复制品的行为。据此，即便本案中徐某某向张某某销售了假字画，也不能构成非法经营罪。

可见，徐某某的行为不符合《刑法》第 225 条第 4 项规定的实质性要求，主张构罪的观点存在明显的法律适用错误。

第二，对徐某某的行为适用《刑法》第 225 条第 4 项的规定，不符合最高人民法院适用该项规定的法定程序，存在明显的法律适用程序错误。

为了防止地方法院滥用《刑法》第 225 条第 4 项的规定，2011 年最高人民法院《关于准确理解和适用刑法中"国家规定"的有关问题的通知》明确规定："各级人民法院审理非法经营犯罪案件，要依法严格把握刑法第二百二十五条第（四）的适用范围。对被告人的行为是否属于刑法第二百二十五条第（四）规定的'其它严重扰乱市场秩序的非法经营行为'，有关司法解释未作明确规定的，应当作为法律适用问题，逐级向最高人民法院请示。"而截至案发前，最高人民法院、最高人民检察院先后发布了 10 余个有关非法经营罪的司法解释，分别涉及外汇、非法出版物、国际电信、药品、食盐、灾害期间哄抬物价、传销、烟草制品、信用卡、基金、烟花爆竹、食品等，但都没有涉及本案徐某某的行为类型。根据最高人民法院的上述规定，徐某某的行为是否属于《刑法》第 225 条第 4 项规定的"其他严重扰乱市场秩序的非法经营行为"，应当作为法律适用问题，逐级向最高人民法院请示。在没有司法解释明确规定和未向最高人民法院请示的情况下，擅自对徐某某的行为适用《刑法》第 225 条第 4 项的规定，存在明显的法律适用错误。

综上，徐某某的行为不符合《刑法》第 225 条第 4 项规定的实质性要求；同时，在未向最高人民法院请示的情况下就对徐某某适用《刑法》第 225 条第 4 项的规定，属于违反最高人民法院的规定，存在明显的法律适用错误。

（二）本案证据不能证明徐某某向张某某出售字画时具有诈骗的意图和行为，徐某某的行为不能构成诈骗罪

根据我国《刑法》第266条的规定，诈骗罪是以非法占有为目的，采取虚构事实、隐瞒真相的方法，骗取公私财物，数额较大的行为。本案证据表明，徐某某既没有实施虚构事实、隐瞒真相的行为，更没有非法占有的目的，不构成诈骗罪。

1. 徐某某向张某某出售字画时没有虚构事实、隐瞒真相的行为，不符合诈骗罪的客观要求

诈骗罪中的虚构事实、隐瞒真相是指行为人编造某种根本不存在的或者不可能发生的、足以使他人受蒙蔽的事实，或者隐瞒客观上存在的事实情况。本案中，徐某某向张某某出售字画时没有虚构事实、隐瞒真相，不符合诈骗罪的客观要求。

第一，本案证据不能证明徐某某向张某某出售的字画是假的。这是因为：（1）某艺术品鉴定技术开发中心出具的"艺术品鉴定评估报告书"，因该中心及参与鉴定的专家均不具备鉴定主体资格而不能作为认定徐某某向张某某出售字画真假的依据。（2）徐某某2011年8月17日及之后的笔录因讯问主体、讯问手段的非法性不能排除，不能作为认定徐某某向张某某出售字画真假的依据。（3）张某某、慈某的证言不能作为证明徐某某出售给张某某字画真假的依据。慈某的证言表明她只是找了某电视台鉴宝节目的一个女专家进行了简单的鉴别，而非找专业司法鉴定机构和鉴定人进行鉴定；同时张某某、慈某的证言表明，慈某找人鉴定的这批字画已经退还给了徐某某，不在本案涉案的字画之列。

第二，本案证据不能证明徐某某向张某某出售字画时实施了虚构事实、隐瞒真相的行为。根据我国《刑法》第266条的规定，诈骗罪在客观上表现为行为人通过虚构事实、隐瞒真相的方法骗取公私财物的行为。本案中，张某某向徐某某支付价款的标的物是徐某某的字画。徐某某向张某某出售字画是否虚构事实、隐瞒真相是认定其是否符合诈骗罪客观要件的关键。但本案证据不能证明徐某某向张某某出售字画时实施了虚构事实、隐瞒真相的行为。这是因为：（1）徐某某的多份笔录中明确称其不承诺保真。至于为什么不承诺保真，徐某某称其并没有亲眼看到画家作画，也没有看到书法家写字，所以不承诺保真。这符合当前我国字画销售的现实环境和实际状况，其解释具有合理性。（2）张某某的证言间接表明徐某某没有向其虚构事实、隐瞒真相。张某某的笔录称其在信任徐某某后，提出的要求之一就是在他那买的字画必须保真，发现是假的必须退赔。虽然张某某的证言称要徐某其保真，但他同时称发现是假的就必须退赔。这意味着，张某某也清楚，字画买卖中难免会

出现假字画，如果徐某某向其出售的字画是假的，徐某某只要退赔即可。这表明，张某某所说的"保真"并不是绝对的而是附条件的，他并不要求也无法要求徐某某出售的字画绝对是真的。另外，徐某某保证退赔也说明他不想卖假画。（3）李某某的证言证明，李某某作为徐某某的战友确实是在中国文联工作，并且确实帮徐某某联系了一些搞字画方面的朋友（包括书画家容某）。李某某的这一证言表明，徐某某对张某某所称有战友在中国文联并且能联系书画师并非虚构事实，事实上徐某某正是通过李某某的联系认识了容某并看过容某的字画。

可见，本案证据既不能证明徐某某向张某某出售字画时承诺了"保真"，也不能证明涉案的字画是假的。徐某某的行为不属于虚构事实、隐瞒真相，不符合诈骗罪的客观要求。

2. 徐某某在向张某某出售字画时只具有营利的目的而不具有非法占有的目的，不符合诈骗罪的主观要求

诈骗罪的成立除了要求行为人必须在客观上实施了虚构事实、隐瞒真相的行为，还要求行为人主观上具有非法占有的目的。本案中，徐某某向张某某出售字画时只具有营利目的而不具有非法占有的目的，不符合诈骗罪的主观要求。

第一，徐某某向张某某出售字画时主观上不具有非法占有的目的。在我国刑法上，诈骗罪必须"以非法占有为目的"，即以将公私财物非法转为自己或者第三者不法所有为目的。但本案中，徐某某主观上不具有非法占有张某某财物的目的。这是因为：（1）徐某某是通过向张某某出售字画而获取张某某的财物，这是一种交易行为。徐某某与张某某之间的这种交易关系能够排除徐某某主观上有对张某某财物的非法占有目的。（2）徐某某之妻经营的字画店是合法经营，徐某某通过字画店出售字画是完全正当合法的经营行为。（3）徐某某的字画是有相当价值的。按照字画市场的行情，无论徐某某向张某某出售的字画是真迹还是仿品，它们都是有价值的，市场上甚至出现过一些高仿品的价格要远远高于某些真迹价格的情况。字画的这一特性决定了徐某某主观上不具有非法占有的目的。（4）徐某某为这些字画支付了高额的成本。本案中，徐某某出售给张某某的字画经营数额为 3 000 余万元，获利人民币 1 000 余万元。据此推算，徐某某为这些字画支付的成本占到了其经营数额的一半以上。因此，徐某某对张某某的财物完全不属于非法占有，其主观上不具有非法占有张某某财物的目的，不符合诈骗罪的主观要求。

第二，徐某某向张某某销售字画的目的是营利。在本案中，有诸多事实和证据可以证明：（1）徐某某一直在字画店帮助其妻刘某某销售字画，其买卖字画行为的经营性质不容否定。（2）张某某与徐某某是在徐某某妻子的字画店认识的，张某某是字画店的顾客，他们之间完全是一种字画交易关系。

（3）徐某某的笔录明确称其主观目的是通过销售字画获取利润。（4）徐某某主观上是以营利为目的的。徐某某于 2005 年至 2009 年间，向张某某销售书画作品 184 幅，据此可认定徐某某向张某某销售字画的行为是一种经营行为。既然是"销售"和"经营"，那么徐某某主观上就只能是营利的目的，而不可能是非法占有的目的。

可见，徐某某与张某某之间完全是一种字画销售者与购买者之间的关系。徐某某主观上只具有营利的目的而没有非法占有的目的，本案现有证据不能证明徐某某实施了虚构事实、隐瞒真相的行为。因此，徐某某即便在销售字画过程中有不规范之处，也完全不符合诈骗罪的主客观要求，不构成诈骗罪。

（三）徐某某的行为不符合侵犯著作权罪和销售侵权复制品罪的主客观要求，不构成侵犯著作权罪和销售侵权复制品罪

本案中，主张构罪的观点认为，徐某某涉嫌销售侵权复制品。根据我国《刑法》第 217 条、第 218 条的规定，徐某某销售字画的行为是否构成侵犯著作权罪或者销售侵权复制品罪，关键在于其行为是否属于"出售假冒他人署名的美术作品"以及是否侵犯了他人的著作权。对此，本案有证据不能证明徐某某的行为属于"出售假冒他人署名的美术作品"，其行为不构成侵犯著作权罪和销售侵权复制品罪。

1. 本案证据均不能证明徐某某出售给张某某的字画属于"假冒他人署名的美术作品"

如前所述，本案的诸多证据存在明显的取证主体不合法、取证手段不合法、鉴定结论不合法等问题，不能作为定案的根据：（1）某艺术品鉴定技术开发中心出具的"艺术品鉴定评估报告书"因该中心及参与鉴定的专家均不具备鉴定主体资格而不能作为定案的根据，更不能作为认定徐某某向张某某出售的字画真假的依据。（2）徐某某作有罪供述的笔录因讯问主体、讯问手段的非法性不能排除，也不能作为认定徐某某向张某某出售的字画真假的依据。

2. 即便徐某某出售给张某某的字画属于"假冒他人署名的美术作品"，本案证据也不能证明涉案的字画属于侵犯著作权的美术作品

根据我国《著作权法实施条例》第 4 条的规定，美术作品是指绘画、书法、雕塑等以线条、色彩或者其他方式构成的有审美意义的平面或者立体的造型艺术作品。美术作品的"伪作"或者"赝品"主要有两种情况：一是美术作品和署名均为"假冒"；二是美术作品非"假冒"，署名为"假冒"。其中，第一种情况下既侵犯了原美术作品作者的著作权又侵犯了原作者的姓名权，第二种情况下只侵犯了被署名者的姓名权，而没有侵犯其美术作品的著

作权（因为被署名者可能根本就没有创造具有该内容的作品，对该作品无著作权可言）。只有上述第一种情况中的美术作品才属于侵犯著作权罪和销售侵权复制品罪中的"假冒他人署名的美术作品"，第二种情况中的美术作品则显然不属于假冒他人署名的美术作品。所谓的鉴定意见和徐某某供述都没有对这两种情况进行区分，因此，即便这些证据合法，也不能据之认定徐某某构成侵犯著作权罪或者销售侵权复制品罪。本案证据不能证明涉案的字画属于侵犯他人著作权的美术作品。

　　综上，本案的证据存在明显的取证主体不合法、取证程序不合法、鉴定主体不合法等问题。徐某某的行为既不构成非法经营罪，也不构成诈骗罪、侵犯著作权罪和销售侵权复制品罪，应当认定徐某某无罪。

A 公司非法转让土地使用权案

——以出卖股权方式转让公司土地使用权能否构成非法转让土地使用权罪

2001 年 10 月 17 日，某市人民政府规划建设土地联席会议研究同意，由 A 公司等 5 家公司垫付资金修建望江路，出资修路经费从新征土地成交的出让金及报建费中冲抵；经 2001 年 11 月 1 日规划建设土地联席会议同意，A 公司在黄山路以北、岳西路与铁路专用线之间征用土地约 700 亩，在望江路以南、石台路以西、铁路专用线以北范围内征用土地约 300 亩。

2001 年 11 月 9 日，由某市人民政府见证，某市建设委员会与 A 公司签订协议书，约定由 A 公司投资 1.65 亿元修建望江路，作为对 A 公司的回报，某市建设委员会减免 A 公司在合肥房地产项目的土地出让金和规划报建费 21 450 万元，并有偿优惠提供黄山路地块 700 亩和望江路地块 350 亩等供 A 公司开发；同时约定今后 A 公司在某市注册成立的控股公司可视同为本协议主体，享受和承担本协议中 A 公司的权利和义务。2001 年 11 月 23 日，在某市建设委员会的见证下，A 公司与某镇人民政府签订了征用望江路地块的项目用地协议。

为顺利开发上述地块，2001 年 11 月，鲍某某在某市设立 B 公司，任命周某某为副总经理，并给其 1% 的股权。2001 年 12 月 25 日，B 公司取得"望江路住宅小区"的项目立项批复，后因资金问题，A 公司对该地块已无力开发。为牟取利益，A 公司法定代表人鲍某某安排周某某寻找合作伙伴，意欲通过合作设立控股公司后转入股权的方式将望江路地块予以转让。后周某某找到合作伙伴 C 公司、D 公司。

2003 年 9 月 20 日，A 公司与 C 公司委托周某某申请设立某市 E 公司，注册资金 2 000 万元，A 公司占 60% 的股份，C 公司占 40% 的股份，注册资金 2 000 万元实际由 C 公司全额出资。经过多次磋商，A 公司将望江路地块的 180 余亩土地和 120 余亩土地分别转让给 C 公司和 D 公司，三方互相制约，分别于

2003 年 8 月 29 日、2003 年 9 月 18 日等签订多个项目合作协议及补充协议，对土地转让价格、后期股权转让、土地出让金及契税缴纳等情况进行了约定。

2003 年 11 月 26 日，A 公司向某市人民政府申请办理由 E 公司进行"某住宅小区"项目建设的立项变更手续。在获得政府同意后，2004 年 4 月 7 日，E 公司与某市国土资源局签订了国有土地使用权出让合同，并约定了完成开发投资总额的 25% 以上及经过批准才可转让等土地使用权转让条件。后周某某着手办理了土地使用权证。

2004 年 5 月 28 日，A 公司在未对望江路地块进行开发时，与 C 公司、D 公司签订项目合作协议，约定将其所占 E 公司 60% 股份中的 30% 转让给 C 公司，25% 转让给 F 公司，自己保留 5% 股份，并于同年 5 月 31 日进行了股权变更登记。C 公司与 F 公司根据项目合作协议，对"某住宅小区"各自所有的部分土地进行开发，但因双方在规划、设计等方面产生分歧，在建工程尚未开发，已无法继续合作。C 公司的法定代表人与 F 公司法定代表人协商约定，C 公司将其在 E 公司的股权作价 1.8 亿元转让给 F 公司。2005 年 4 月 15 日，A 公司、C 公司将其所占 E 公司的股份全部转让给 F 公司与蒋某某并进行了股权变更登记。

经会计师事务所审计，A 公司在 E 公司项目中的收益为 5 896 万元，C 公司在 E 公司项目股权转让中的收益为 6 294.12 万元。另外，E 公司于 2006 年 5 月 12 日归还 C 公司投资款 195 万元。周某某因介绍 C 公司在非法转让土地使用权一事上获利，该单位给其好处费 195 万元。

二、主要问题

本案主要涉及两个问题：

（1）A 公司等以转让其持有的 E 公司股权的方式，转让公司名下土地使用权是否构成非法转让土地使用权罪。对此，主要存在两种不同观点：一种观点主张构罪，认为 A 公司等将其持有的 E 公司股权转让给他人的行为，构成非法转让土地使用权罪；另一种观点主张不构罪，认为 A 公司等以转让公司股权方式转让公司名下土地使用权的行为不构成非法转让土地使用权罪。

（2）如果 A 公司等的行为构成非法转让土地使用权罪，其行为是否已过法定的追诉时效。对此，一种观点认为，本案未超过十年的追诉时效；另一种观点认为，即便 A 公司的涉案行为构成非法转让土地使用权罪，其行为也已过法定的追诉时效，不应予以追究。

三、出罪法理

转让公司股权与直接转让土地使用权存在根本区别。本案中，A 公司等以转让公司股权方式转让公司名下土地使用权的行为不构成非法转让土地使用权罪；同时，即便A公司的涉案行为构成非法转让土地使用权罪，其行为也已过法定的追诉时效，不应予以追究。

（一）A公司等将其持有的E公司股权转让他人，其行为不构成非法转让土地使用权罪

根据我国《刑法》第228条的规定，违反土地管理法规，非法转让土地使用权罪是指以牟利为目的，非法转让土地使用权，情节严重的行为。本案中，主张构罪的观点认为，A公司等以牟利为目的，违反土地管理法规，违反国有土地使用权出让合同确定的需投资开发25％以上及经批准后才可转让的约定，以转让股权的方式非法转让土地使用权，构成非法转让土地使用权罪。但这一认识存在明显错误。本案中，A公司等将其持有的E公司股权转让给他人，其行为不构成非法转让土地使用权罪。

1. A公司等将其持有的E公司股权转让给他人，其行为客观上不具有转让土地使用权的性质，不构成非法转让土地使用权罪

根据我国《刑法》第228条的规定，非法转让土地使用权罪的成立在客观上至少同时具备以下基本条件：一是行为人必须客观上持有一定土地的使用权，二是行为人必须实施了转让土地使用权的行为，三是行为人转让土地使用权的行为违反了土地管理法规。而本案中，A公司、鲍某某等转让股权的行为不符合非法转让土地使用权罪的这些基本条件，其行为不构成非法转让土地使用权罪。具体体现在：

第一，涉案土地的使用权登记在E公司名下，A公司等单位不是涉案土地使用权的持有者，不具备非法转让土地使用权罪的主体条件。根据《刑法》第228条的规定，行为人的行为要构成非法转让土地使用权罪，前提是行为人必须持有涉案土地的使用权。对此，有必要明确的一点是公司财产与公司股东财产是两个完全不同的概念。我国《公司法》第3条第1款规定："公司是企业法人，有独立的法人财产，享有法人财产权。公司以其全部财产对公司的债务承担责任。"其中所称独立的法人财产，其核心是要区分公司的财产与公司股东的财产。公司的财产是独立于公司股东财产的独立财产，也是公司开展经营活动的物质基础，不能将公司法人的财产理解为公司股东的财产。基于此，本案中，涉案土地使用权系登记在E公司名下，A公司等只是E公司的股东，不是涉案土地使用权的持有主体，不具备非法转让土地使用权罪的主体条件，不构成非法转让土地使用权罪。

第二，涉案土地使用权始终登记在E公司名下，没有发生转移，A公司等没有实施转让土地使用权的行为，不具备非法转让土地使用权罪的行为条件。非法转让土地使用权罪的成立是以土地使用权发生了转移为前提的。本

案中，A公司、C公司通过两次股权转让，分别将其在E公司的全部股权转让给了F公司及蒋某某，A公司和C公司完全退出E公司。因项目用地是E公司名下唯一的法人财产，故对E公司的股权进行转让，即实现了对311亩土地使用权的实际转让。但我国《城市房地产管理法》第37条规定："房地产转让，是指房地产权利人通过买卖、赠与或者其他合法方式将其房地产转移给他人的行为。"可见，包括土地使用权在内的房地产转让是以土地使用权等房地产发生转移为条件的。而本案中，涉案土地的使用权一直都登记在E公司名下，从未发生过转移。在涉案土地使用权未发生转移的情况下，本案不存在转让土地使用权的行为，进而也就不存在非法转让土地使用权的问题，更不构成非法转让土地使用权罪。

第三，A公司等转让其持有的E公司股份，没有违反土地管理法规，不具备非法转让土地使用权罪的违法性条件。根据我国《刑法》第228条的规定，非法转让土地使用权罪的成立以行为"违反土地管理法规"为要件。在本案中，如果要认定A公司等单位的行为构成非法转让土地使用权罪，就必须证明A公司等单位的行为违反了土地管理法规。对于土地使用权的转让条件，我国《城市房地产管理法》作了详细规定，但对土地使用权持有单位的股权转让问题，包括《城市房地产管理法》在内的我国所有土地管理法规都没有明确规定，因此，目前在我国根本不存在判定A公司等转让E公司股份行为是否违反土地管理法规的前提，进而不能认定A公司等的行为违法了土地管理法规，故A公司等单位的行为不构成非法转让土地使用权罪。

当前，我国关于公司股权转让的法律规定主要是《公司法》。不过根据《公司法》的规定，A公司等转让其持有的E公司股权的行为完全合法。我国《公司法》第84条第1款规定："有限责任公司的股东之间可以相互转让其全部或者部分股权。"据此，有限责任公司的股东是可以转让其全部或者部分股权的。本案中，A公司等单位依照《公司法》的规定转让了其持有的E公司的股权并办理了股权转让的工商变更登记，是完全合法的。将A公司等的合法行为认定为犯罪的观点，是十分荒谬的。

总体而言，转让项目公司的股权和转让项目公司的土地使用权是两个完全不同的概念。作为E公司的股东，A公司等只持有E公司的股权，并不持有E公司的土地使用权。无论涉案土地使用权是否为E公司的唯一财产，该财产都是E公司而非其股东A公司等的财产。A公司等转让其持有的E公司股权的行为，没有违反任何土地管理法规，涉案土地使用权也没有发生转移，A公司等的行为不构成非法转让土地使用权罪。

2. 本案证据表明，A公司等对涉案土地的开发投资已超过开发投资总额的25%，符合土地使用权转让的条件，其行为不构成非法转让土地使用权罪

关于土地使用权的转让条件，我国《城市房地产管理法》第39条第1款

规定："以出让方式取得土地使用权的，转让房地产时，应当符合下列条件：
（一）按照出让合同约定已经支付全部土地使用权出让金，并取得土地使用权
证书；（二）按照出让合同约定进行投资开发，属于房屋建设工程的，完成开
发投资总额的百分之二十五以上，属于成片开发土地的，形成工业用地或者
其他建设用地条件。"主张构罪的观点认为，涉案单位和个人违反了国有土地
使用权出让合同确定的需超过开发投资总额 25% 及经批准后才可转让的约定。
不过，本案证据表明，A 公司等对涉案土地的开发投资已超过开发投资总额
的 25%，符合《城市房地产管理法》关于土地使用权转让条件的规定。这是
因为：

第一，本案涉案土地开发投资总额是 3.7 亿元，这是判断 A 公司等开发
投资是否超过开发投资总额 25% 的前提。本案中，2001 年 12 月 25 日某市计
划委员会作出的《关于"某住宅小区"（暂定名）项目立项批复》规定："同
意 B 公司置业有限公司开发建设'某住宅小区'项目予以立项；该项目占地
约 300 亩，拟建总规模 24 万平方米，计划投资约 3.7 亿元，建设资金自筹。"
2004 年 1 月 18 日，某市发展计划委员会《关于某住宅小区工程变更项目法人
的通知》规定："同意'某住宅小区'工程的建设单位由 B 公司变更为 E 公
司，该项目占地约 300 亩、拟建总规模约 240 000 平方米、项目总投资约
37 000 万元。"因此，本案中，认定 A 公司等的开发投资是否超过开发投资
总额的 25%，关键在于其开发投资是否达到了 3.7 亿元的 25%。

第二，A 公司等在转让 E 公司股权前对涉案土地的开发投资已超过开发投
资总额的 25%。本案中，A 公司等对涉案土地的开发投资包括三部分：（1）A
公司支出的开发投资款项为 21 826 792.69 元。会计师事务所出具的审计报告
显示，A 公司自 2002 年 12 月 23 日至 2004 年 5 月 13 日（涉案股权转让合同签
订前），就涉案项目建设支付涉案项目开发建设款项 21 826 792.69 元。（2）C 公
司支出的开发投资款项为 10 137 万元。会计师事务所出具的审计报告显示，C
公司在股权转让前投入涉案项目的资金数额为 10 137 万元。（3）某市人民政府
减免的土地出让金和规划报建费为 2 999.26 万元。根据 2001 年 11 月 9 日 A
公司与某市建委、某市人民政府签订的协议书的约定，A 公司可以按照实际
投资数额加乘 30% 减免土地出让金和规划报建费。而 A 公司早前曾为某市望
江路建设到位的资金为 7 500 万元，折合到涉案土地上应分摊的前期投入为
2 999.26 万元（7 500 万元×130%/1 011 亩×311 亩）。以上三项开发投资款
项合计约 15 318 万元。

可见，A 公司等对涉案土地的开发投资已远远超过了该土地开发投资总
额的 25%，符合《城市房地产管理法》规定和出让合同约定的土地使用权转
让条件，即便其转让 E 公司股份的行为具有转让土地使用权的性质，也不构

成非法转让土地使用权罪。

（二）即便 A 公司的涉案行为构成非法转让土地使用权罪，其行为也已超过法定的追诉时效，不应予以追究

关于本案的追诉时效，主张未过追诉时效的观点认为：虽然 2005 年 4 月 15 日 A 公司、C 公司将其所持 E 公司的股份全部转让给 F 公司与蒋某某并进行了股权变更登记，但对应价款给付才是股权转让的真正目的。C 公司最后入账转让款项 195 万元的时间是 2006 年 5 月 12 日，但公安机关立案侦查时间是 2016 年 4 月 25 日，因此本案未超过十年的追诉时效。但该观点对追诉时效的认定存在错误。在本案中，A 公司的行为即便构成非法转让土地使用权罪，也已超过了法定的追诉时效，不应再予追究。

1. 本案追诉时效的起算时间应是 2005 年 4 月 15 日，而非 2006 年 5 月 12 日

关于追诉时效的计算，我国《刑法》第 89 条第 1 款规定："追诉期限从犯罪之日起计算；犯罪行为有连续或者继续状态的，从犯罪行为终了之日起计算。"刑法理论上认为，这里所称的"犯罪之日"是指犯罪成立之日，犯罪成立但尚未既遂的，犯罪追诉期限可从犯罪既遂之日起计算。据此，本案追诉时效的起算时间应该是 2005 年 4 月 15 日，而非 2006 年 5 月 12 日。理由包括：

第一，A 公司、C 公司转让 E 公司股权的行为已于 2005 年 4 月 15 日完成，即便 A 公司、C 公司的行为构成非法转让土地使用权罪，对其行为的追诉时效也应从 2005 年 4 月 15 日开始计算。根据我国《公司登记管理条例》的规定，有限责任公司变更股东的，应当自变更之日起 30 日内申请变更登记，并应当提交新股东的主体资格证明或者自然人身份证明。可见，股权变更登记是股东持有公司股权的法律证明，也是股权变更的最后一道法律程序。本案中，A 公司、C 公司于 2005 年 4 月 15 日将其所持 E 公司的股权全部转让给 F 公司与蒋某某并进行了股权变更登记后，其整个股权转让行为已经完成。根据我国《刑法》的规定，对其行为的追诉时效应当从此时开始计算。

第二，2006 年 5 月 12 日是 C 公司最后一笔转让款的入账时间，与所谓的 A 公司、C 公司非法转让土地使用权行为是否成立或者是否既遂无关，不能作为本案追诉时效的起算时间。这是因为：一方面，该转让款的回款行为主体不是 C 公司更不是 A 公司，而是接受 E 公司股份的 F 公司。A 公司、C 公司不是该行为的主体，自然不能将该行为归结为 A 公司、C 公司的"犯罪行为"，进而不能以该行为作为计算其"犯罪"追诉时效的开始时间。另一方面，该转让款回款与否，与 A 公司、C 公司非法转让土地使用权罪无关。非法转让土地使用权罪侵害的客体是土地使用权转让的管理秩序。只要行为人将土地使用权转让给了他人，其行为对管理秩序的危害就已经实现，至于接收方是否按时回款以及是否回款，对该罪的危害性没有影响，因而不能将其

作为计算涉案"犯罪"追诉时效的开始时间。事实上，如果接收方一直不支付对价，是否意味着该罪的追诉时效永远不开始计算呢？如果真作这样的处理，那结果显然是无比荒唐的，也违反了刑法设立追诉时效制度的初衷。

2. 从 2005 年 4 月 15 日至本案立案已经超过 10 年，即便 A 公司的行为构成非法转让土地使用权罪，也不应再予追究

关于追诉时效的期限，我国《刑法》第 87 条规定："犯罪经过下列期限不再追诉：（一）法定最高刑为不满五年有期徒刑的，经过五年；（二）法定最高刑为五年以上不满十年有期徒刑的，经过十年；（三）法定最高刑为十年以上有期徒刑的，经过十五年；（四）法定最高刑为无期徒刑、死刑的，经过二十年。如果二十年以后认为必须追诉的，须报请最高人民检察院核准。"而根据我国《刑法》第 228 条的规定，非法转让土地使用权罪的法定最高刑是 7 年有期徒刑，其追诉时效的期限是 10 年。据此，即便 A 公司等的行为构成非法转让土地使用权罪，因本案已过法定追诉时效，也不应再追究刑事责任。理由包括：

第一，某市公安局对 A 公司涉嫌非法转让土地使用权案的立案时间是 2016 年 4 月 25 日，此时距 2005 年 4 月 15 日已超过 10 年。本案中，"立案决定书"显示，某市公安局对 A 公司涉嫌非法转让土地使用权案的立案时间是 2016 年 4 月 25 日。此时距 2005 年 4 月 15 日 A 公司全部转让 E 公司股权并完成股权变更登记已 11 年有余，超过了非法转让土地使用权罪的 10 年追诉时效。因此，即便 A 公司的行为构成非法转让土地使用权罪，也因其已超过法定追诉时效而不能予以追究。

第二，A 公司涉案行为追诉时效的起算时间与 C 公司股份转让款项最后入账时间无关，A 公司的涉案行为已过非法转让土地使用权罪的 10 年追诉时效。这具体体现在：一是如前所述，即便 A 公司的行为构成非法转让土地使用权罪，在 2005 年 4 月 15 日将 E 公司股权转让他人并办理股权变更登记后，C 公司涉嫌的非法转让土地使用权犯罪已经既遂，C 公司转让款项的最后入账时间不应作为计算其涉案行为追诉时效的起算时间。二是某市公安局对 C 公司涉嫌非法转让土地使用权案的立案时间是 2016 年 6 月 8 日。据此，即便按照 C 公司最后一笔转让款项的入账时间（2006 年 5 月 12 日）计算，至立案时其涉案行为也已经超过了非法转让土地使用权罪的 10 年追诉时效期间，不应再予追究。三是 A 公司与 C 公司的涉案行为并不涉及共同犯罪问题，因而完全不能以 C 公司最后一笔转让款项的入账时间作为 A 公司涉案行为追诉时效的起算时间。我国《刑法》第 25 条第 1 款规定："共同犯罪是指二人以上共同故意犯罪。"据此，共同犯罪的成立不仅要求各行为人具有共同实施的犯罪行为，还要求各行为人具有共同的犯罪故意（故意的内容相同）。本案中，A

公司和 C 公司系分别持有 E 公司的股权，其主观上只具有转让各自持有的 E 公司股权的故意，不可能也无法形成共同的犯罪故意，即便其行为在客观上存在一定联系（如共同签订了股权转让协议），也不构成共同犯罪。因此，从共同犯罪的角度看，本案也不能以 C 公司最后一笔转让款项的入账时间作为 A 公司涉案行为追诉时效的起算时间。

可见，本案追诉时效的起算时间应是 2005 年 4 月 15 日，而非 2006 年 5 月 12 日。即便 A 公司的涉案行为构成非法转让土地使用权罪，其行为自既遂至立案已经超过 10 年，不应再受到刑事责任追究。

张某某非法转让土地使用权案

——以虚假诉讼方式转让土地使用权是否属于违反土地管理法规

一、基本案情

张某某，系 A 公司法人代表。

1983 年 3 月 22 日，B 公司以出让的方式获得了某市中山西路南北侧、三环路东的面积为 45 251.723 平方米的工业用地一块，B 公司需缴纳出让金共计 739.827 29 万元人民币。自 1993 年以来，B 公司支付土地费用 477.401 738 万元。1999 年 3 月，某市人民政府给 B 公司颁发了"国有土地使用证"。国有土地使用权出让合同（宗地出让合同）的主要内容：B 公司作为乙方根据本合同和"土地使用条件"投资开发利用土地，且投资必须达到总投资（不包括出让金）的 25%（或建成面积达到设计总面积的 25%）以上，方有权将本合同项下的全部或部分地块的余期使用权转让、出租。B 公司在取得该地块后，一直将其闲置。之后，B 公司欲转让该土地。

2005 年 3 月左右，张某某得知 B 公司欲转让一块 44.7 亩的工业用地，便与 C 公司的总经理邸某某找到 B 公司总经理王某某协商转让该地块事宜。之后，双方达成了一个口头土地转让协议，并付给了 B 公司 200 万元定金。

之后，为了能将该块土地的使用权转移到 C 公司名下，王某某与张某某、邸某某协商通过虚假诉讼的方式进行土地使用权转让，并于 2004 年 3 月 2 日（实际日期为 2005 年 3 月）签订了一个虚假的"借款协议"（标的为 50 万元），即 B 公司向 C 公司借款人民币 50 万元。2005 年 3 月 4 日，C 公司以 B 公司拖欠 50 万元借款未还为由向某区人民法院提起诉讼。在诉讼过程中，2005 年 3 月 31 日，B 公司的王某某委托张某某作为代理人。2005 年 4 月 4 日，某区人民法院作出民事调解书，主要内容为：被告 B 公司于 2005 年 4 月 7 日前给付原告 C 公司借款本金 50 万元。2005 年 4 月 8 日，C 公司向某区人民法院提出执行申请。2005 年 4 月 11 日，某区人民法院作出民事裁定书，主要内容为：申请人 C 公司与被执行人 B 公司协商一致，B 公司将涉案面积为 29 681.308 平方米的土地转让给申请人 C 公司，请土地部门予以办理过户手

续。2005 年 4 月 11 日，某区人民法院作出协助执行通知书，请某市国土资源
局协助执行，办理土地过户手续。2005 年 4 月 15 日，王某某代表 B 公司、邸
某某代表 C 公司签订了土地转让协议书，约定：B 公司以每亩 31 万元价格将
涉案面积 29 681.308 平方米（约 44.7 亩）土地转让给 C 公司，总地价约为
1 385.7 万元。之后，C 公司分期支付给 B 公司地款总计 915 万元（包括：定
金款 200 万元）。2005 年 4 月 25 日，某市国土资源管理局出具了 "国有土地
使用权转让登记申请书"，主要内容为：根据 2005 年 4 月 11 日某区人民法院
民事裁定书和协助执行通知书，B 公司将涉案土地使用权转让给 C 公司。
2005 年 5 月 23 日，C 公司向某市国土资源管理局缴纳转让土地契税 55.428
万元。2006 年 9 月 12 日，C 公司取得了涉案土地的 "国有土地使用证"。在
非法转让土地过程中，B 公司非法获利 437.598 262 万元。

为了将从 B 公司转到 C 公司名下的上述涉案土地再转让到 A 公司名下进
行房地产开发，2006 年 8 月 27 日，C 公司与 A 公司签订了一份 C 公司向 A
公司借款 50 万元的虚假 "借款协议"。2006 年 8 月 20 日，A 公司向某市某区
人民法院起诉，要求 C 公司偿还 50 万元借款。后某区人民法院经调解制作民
事调解书，并经 A 公司申请执行。在协助执行过程中，2006 年 11 月 15 日，
C 公司与 A 公司协商一致，C 公司将涉案土地以每亩 22.5 万元的价格转让给
A 公司，总价 1 001.25 万元。2006 年 12 月 22 日，某市国土资源管理局出具
了 "某市国有土地使用权转让登记申请书"，同意将涉案土地使用权转让给 A
公司。A 公司在办理土地过户手续时，缴纳了契税 41.316 4 万元，缴纳了营
业税、城建税、教育附加税、地方教育附加费等 57.326 505 万元。

2011 年 3 月 18 日，某市国土资源局与 A 公司签订一份土地收购合同，
某市国土资源局收购 A 公司名下的涉案土地，A 公司的 "国有土地使用证"
即被注销。2011 年 12 月 16 日，某市土地储备中心向 A 公司支付土地补偿金
3 054.009 71 万元；2012 年 9 月 13 日，某市土地储备中心向 A 公司支付土地
补偿金 1 080.14 万元。

二、主要问题

本案涉及的主要问题是：张某某以虚假诉讼方式转让土地使用权是否违
反土地管理法规（非法转让土地使用权罪的前提条件），其行为是否符合非法
转让土地使用权罪的成立条件，并构成非法转让土地使用权罪。对此，在案
件处理过程中主要存在两种不同观点：

一种观点主张构罪，认为张某某违反土地管理法规，以牟利为目的，通
过虚假诉讼方式，非法转让及再转让土地使用权，其行为已构成非法转让土
地使用权罪，且情节特别严重。

　　另一种观点主张不构罪，认为张某某以虚假诉讼方式转让土地使用权不属于违反土地管理法规，本案中不能认定张某某的行为违反了土地管理法规，其行为不符合非法转让土地使用权罪的前提条件和行为条件，不属于非法转让土地使用权。

三、出罪法理

　　关于非法转让土地使用权罪，我国《刑法》第 228 条规定："以牟利为目的，违反土地管理法规，非法转让、倒卖土地使用权，情节严重的，处三年以下有期徒刑或者拘役，并处或者单处非法转让、倒卖土地使用权价额百分之五以上百分之二十以下罚金；情节特别严重的，处三年以上七年以下有期徒刑，并处非法转让、倒卖土地使用权价额百分之五以上百分之二十以下罚金。"据此，非法转让土地使用权罪是以牟利为目的，违反土地管理法规，非法转让、倒卖土地使用权，情节严重的行为。其成立在客观上至少同时具备以下两个条件：一是前提条件，即行为人"违反土地管理法规"；二是行为条件，即行为人必须实施了非法转让土地使用权的行为，且情节严重。本案中，主张构罪的观点认为，张某某违反土地管理法规，以牟利为目的，通过虚假诉讼方式，非法转让及再转让土地使用权，其行为均已构成非法转让土地使用权罪，且情节特别严重。但这一认定错误。

　　（一）本案不能认定张某某的行为违反了土地管理法规，其行为不符合非法转让土地使用权罪的前提条件

　　关于"违反土地管理法规"，2001 年全国人大常委会《关于〈中华人民共和国刑法〉第二百二十八条、第三百四十二条、第四百一十条的解释》规定："刑法第二百二十八条、第三百四十二条、第四百一十条规定的'违反土地管理法规'，是指违反土地管理法、森林法、草原法等法律以及有关行政法规中关于土地管理的规定。"据此，非法转让土地使用权罪中的"非法"必须同时包括两个方面：一是在违法对象上，违反的法规必须是"土地管理"法规，违反其他法律法规不能作为认定非法转让土地使用权的违法依据；二是在违法内容上，必须是违反了土地管理法规中关于土地使用权转让的规定。本案不能认定张某某的行为违反了土地管理法规，其行为不符合非法转让土地使用权罪的前提条件。

　　1. 在违反的法律法规上，张某某违反的是民事诉讼法，而非土地管理法规

　　如前所述，非法转让土地使用权罪中的"法"仅限于土地管理的法律和行政法规。主张构罪的观点认为，张某某的行为违反了我国《城镇国有土地使用权出让和转让暂行条例》第 19 条第 2 款关于"未按土地使用权出让合同规定的期限和条件投资开发、利用土地的，土地使用权不得转让"的规定。

但这一认定依据错误，因为：

第一，《城镇国有土地使用权出让和转让暂行条例》等规定的关于以出让方式取得国有土地使用权的限制转让条件，存在合理合法的规避措施。虽然我国《城市房地产管理法》第39条、《城镇国有土地使用权出让和转让暂行条例》第19条第2款等法律法规都对以出让方式取得国有土地使用权的转让规定了限制性条件，但实践中也存在对这些规定的合理合法规避措施。本案涉及的是以协助民事执行的方式转让土地。对此种土地转让方式，我国国土资源管理部门在办理土地使用权转让时并不要求转让方具备"按照出让合同约定进行投资开发，属于房屋建设工程的，应完成开发投资总额的百分之二十五以上；属于成片开发土地的，依照规划对土地进行开发建设，完成供排水、供电、供热、道路交通、通信等市政基础设施、公用设施的建设，达到场地平整，形成工业用地或者其他建设用地条件"或者"按土地使用权出让合同规定的期限和条件投资开发、利用土地"等条件。对此，主张构罪的观点认为，张某某通过虚假诉讼，规避上述土地转让限制性规定，非法转让及再转让土地使用权。该做法既然可以合理合法规避，那么就说明规避行为本身不违反土地管理法律法规，不能将其规避行为认定为违反土地管理法规的行为。

第二，张某某采取虚假诉讼的方式规避土地使用权转让的限制，虽然违法，但违反的不是土地管理法规，而是民事诉讼法。在行为类型上，虚假诉讼属于诉讼法的规制范围，虚假的民事诉讼被规定在民事诉讼法当中，被视为一种妨害民事诉讼的行为。但我国土地管理法规中并没有关于虚假诉讼的规定，也没有关于以虚假诉讼方式转让土地使用权的规定。从这个角度看，张某某采取虚假诉讼的方式规避土地转让的限制性规定实现土地使用权的转让的行为，虽然违反了法律法规，但违反的是我国民事诉讼法关于虚假诉讼的规定，没有违反土地管理法规。而如前所述，民事诉讼法不能作为认定非法转让土地使用权行为的非法性认定依据。上述主张构罪的观点在违法对象的认定上存在错误。

2. 从违法的内容上看，本案证据不能证明张某某的行为违反了我国土地管理法规关于土地转让的限制性规定

关于土地转让，我国《城市房地产管理法》第39条第1款规定："以出让方式取得土地使用权的，转让房地产时，应当符合下列条件：（一）按照出让合同约定已经支付全部土地使用权出让金，并取得土地使用权证书；（二）按照出让合同约定进行投资开发，属于房屋建设工程的，完成开发投资总额的百分之二十五以上，属于成片开发土地的，形成工业用地或者其他建设用地条件。"《城镇国有土地使用权出让和转让暂行条例》第19条第2款规定："未按土地

使用权出让合同规定的期限和条件投资开发、利用土地的，土地使用权不得转让。"但本案证据不能证明张某某的行为违反了这些规定（主要是不能证明张某某的行为违反《城镇国有土地使用权出让和转让暂行条例》第 19 条第 2 款的规定）。

第一，C 公司将涉案土地转让给 A 公司时，土地已经进入二级市场，不适用前述关于土地使用权转让的限制性规定，该转让行为合法有效。

这包括两个方面：

一方面，C 公司将涉案土地转让给 A 公司时，土地已经进入二级市场，不适用前述关于土地使用权转让的限制性规定。我国法律法规关于土地使用权转让的上述限制性规定有一个基本前提，即以出让方式取得土地使用权。《城镇国有土地使用权出让和转让暂行条例》第 8 条第 1 款规定："土地使用权出让是指国家以土地所有者的身份将土地使用权在一定年限内让与土地使用者，并由土地使用者向国家支付土地使用权出让金的行为。"可见，出让行为只发生在国家与第一次取得土地使用权方之间，上述规定限制的是以出让方式取得土地使用权并使土地使用权由一级市场进入二级市场的行为。而 C 公司在将涉案土地转让给 A 公司时，土地已经进入二级市场，C 公司取得涉案土地时也不是以出让方式取得的。因此，C 公司将涉案土地转让给 A 公司时，其行为不适用前述关于土地使用权转让的限制性规定。

另一方面，C 公司与 A 公司之间的"土地使用权转让协议"合法有效，对当事人具有约束力。理由包括：（1）依据《土地管理法》、《城镇国有土地使用权出让和转让暂行条例》、当时的《民法通则》等法律的规定，依法取得国有土地使用权的权利人有权对其享有的国有土地使用权进行抵押、出租、转让、投资等处分行为，此乃法律赋予土地使用权人的法定权利，C 公司作为国有土地使用权人，依法通过法院裁定协助执行的方式取得了国有土地使用权，办理了土地使用权权属登记手续，其有权对自己依法享有的民事权利进行处分，包括以转让的方式进行处分。（2）A 公司作为依法成立、具有民事权利能力与民事行为能力的主体，其有权受让其他民事主体的具有可转让性的民事权利。C 公司与 A 公司之间的"土地使用权转让协议"完全是基于 C 公司与省直汽车维修总公司之间的土地使用权转让协议而形成的，基本内容也相同（相似），同样是当事人的真实意思表示，内容不违反法律行政法规的强制性规定。（3）C 公司进行转让时，其已经对土地进行了拆迁、投资建设等，其转让行为符合法律行政法规的要求，不存在违反法律行政法规进而导致转让行为无效的任何因素。（4）A 公司取得土地使用权的目的在于进行开发建设，对土地的开发建设完全出于正当的、合法的目的，而不是不正当的非法牟利行为，不能认为土地使用权进行了几次转让就是非法牟利。事实上，法律对于一项土地使

用权可以进行多少次转让没有任何的限制。（5）A公司通过法院裁定协助执
行的方式取得了土地使用权，办理了土地使用权权属登记手续，形式合法，
程序正当。其取得的物权应当受到法律，包括当时的《物权法》、现在的《民
法典》的保护。

第二，本案证据不能证明B公司将涉案土地转让给C公司的行为不符合
土地使用权转让的法律规定。

本案中，主张构罪的观点认定，某市土地管理局与B公司签订的国有土
地使用权出让合同（宗地出让合同）明确约定投资开发利用土地，且投资必
须达到总投资（不包括出让金）的25%（或建成面积达到设计总面积的
25%）以上后，方有权将本合同项下的全部或部分地块的余期使用权转让、
出租。B公司未按前述约定投资建设，进而在此基础上认定转让案涉土地使
用权的行为违反了土地管理法规的规定。该认定存在两个方面的问题：

一方面，结合前述合同约定，是否符合转让条件需综合考量、认定总投
资额、已投资额、总设计面积、建设面积等多种因素，需要充分的证据对前
述事实认定予以佐证。而从涉案土地使用权出让合同来看，其并未对总投资
额、总设计面积等进行约定，在此基础上明显不具备依据前述约定判定转让
前置条件的可能。

另一方面，关于"自受让该土地以来，没有进行投资建设，该地一直闲
置"，事实不清、证据不足。根据张某某提供的相关证据，B公司在涉案土地
上进行了投资建设：建设加油站一座，因某市西三环路规划调整，该加油站
2006年拆除后又于2011年重建；B公司将其中部分土地交由某轻质建材开发
有限公司建车间、仓库、车库、宿舍办公楼、综合办公楼、锅炉房等共8栋，
共两份房产证、面积共4 096.73平方米；B公司交某市夜景照明管理处在该
地块上加盖房屋若干。

可见，本案不能认定张某某的行为违反了土地管理法规，其行为不符合
非法转让土地使用权罪的前提条件。

**（二）本案不能认定张某某的涉案行为属于非法转让土地使用权，其行为
不符合非法转让土地使用权罪的行为条件**

非法转让土地使用权罪在客观行为上表现为非法转让土地使用权的行为。
按照主张构罪的观点，在土地非法转让过程中，张某某以虚假诉讼的方式转
让涉案土地使用权。在第一次转让涉案土地虚假诉讼过程中，张某某更是作
为B公司一方的委托代理人参与诉讼，张某某构成非法转让土地使用权共同
犯罪。该说法存在两个方面的错误。

1. 张某某的非法行为是虚假诉讼行为，而非转让土地使用权行为

如前所述，通过协助民事执行的方式可以规避以出让方式取得土地使用

权转让的限制性规定。本案中，涉案土地使用权的转让正是采取这种规避的方式进行的，对此国土资源管理部门没有异议。不同的是，涉案人员采取了虚假诉讼的方式进入民事执行程序。从非法的行为类型上，本案中，张某某的非法行为是虚假诉讼行为，转让土地使用权行为是虚假诉讼的后续行为。在行为的评价上，张某某的行为是否构成犯罪，关键在于其虚假诉讼行为是否构成犯罪。而我国《刑法》是在 2015 年通过《刑法修正案（九）》后才增设了虚假诉讼罪，在此之前虚假诉讼行为不是犯罪行为。而本案的涉案行为发生在《刑法修正案（九）》施行之前，根据从旧兼从轻的行为适用原则，对张某某的虚假诉讼行为不能以虚假诉讼罪进行追究。从这个角度看，如果将法律评价的内容放在转让土地使用权行为上，而没有放在虚假诉讼上，进而认定张某某的行为构成非法转让土地使用权罪，是错误的。

2. 将受让作为共同犯罪是错误的

在行为类型上，转让与受让是相对的两种不同的行为方式。我国《刑法》第 228 条针对非法转让土地使用权罪只规定了"转让"行为，而没有规定"受让"行为，因此，受让土地使用权的行为不能构成非法转让土地使用权罪。同时，在刑法上，转让与受让是一种对向关系。根据对向犯原理，对对向犯必须以我国《刑法》分则的具体规定为依据进行处罚。在我国《刑法》分则没有将受让土地使用权行为单独规定为犯罪的情况下，对受让土地使用权的行为不能认定为转让土地使用权行为所构成犯罪的共同犯罪。因此，从对向犯的刑法处理原则上讲，将张某某认定为转让土地使用权的共同犯罪，有违刑法基本法理，是错误的。

可见，本案不能认定张某某的涉案行为属于非法转让土地使用权，其行为不符合非法转让土地使用权罪的行为条件。

东某某故意杀人案

——因纠纷被人追撵开枪致人伤亡是否成立故意杀人罪

一、基本案情

1994 年 8 月 6 日 23 时许，东某某和王某等人在某区烧烤摊吃烧烤时，因琐事与姜某某发生争执，东某某欲拿酒瓶打姜某某，但被人拉开。之后，姜某某回到西海看海处，驾驶三轮摩托车载乘被害人董某某、王某某，并携带铁锹把、镐把返回烧烤摊附近，寻找东某某等人寻仇。当姜某某驾车寻找东某某行至烧烤摊附近时，东某某从手提包内掏出手枪从摩托车右后方向姜某某等人连续开枪，先后致王某某右大腿及董某某腰部中弹。后董某某经抢救无效，于 1994 年 8 月 7 日 23 时许死亡。东某某于 1996 年 7 月 25 日被公安机关抓获。经法医检验鉴定：王某某属轻伤；董某某系右腰部受枪弹击中，致第一腰椎右侧横突骨折，腹主动脉及肝破裂、系急性失血性休克死亡。案发当天，东某某委托徐某某等筹集医疗费人民币 1 万元交给被害人董某某的雇主闫某某。1996 年 12 月 3 日，经法院调解，东某某赔偿被害人董某某家属经济损失 6 万元，已给付完毕。

徐某某称其出面贿赂相关公安、司法工作人员，帮助东某某获得畸轻刑罚。1996 年 12 月 16 日，某区人民法院作出刑事判决书，认定东某某犯故意伤害罪，判处有期徒刑 9 年。东某某于 2002 年 2 月 1 日刑满释放。2021 年，某市人民检察院向某市中级人民法院提出抗诉。2021 年 11 月 15 日，某市中级人民法院认为原审判决认定事实不清，导致适用法律错误，指令某区人民法院对本案进行再审。2022 年 3 月 16 日，某区人民法院作出裁定书，撤销刑事判决。

二、主要问题

本案涉及的主要问题是对东某某 1996 年被判处有期徒刑 9 年并已执行完毕的故意伤害罪应否通过再审进行改判。对此，存在两种不同观点：

一种观点认为，对东某某已经判决并执行完毕的行为应当进行改判，理由是当时对东某某的判决存在司法人员被贿赂的嫌疑，且量刑畸轻。

另一种观点认为，对于已生效并执行完毕的判决在审查是否再审改判重罪时应当特别慎重，本案没有充分证据证明当年的判决错误，且按照现有的正当防卫认定标准，东某某的行为具备防卫前提，对东某某不应当再审改判重罪。

三、出罪法理

本案中，东某某于 1996 年被判处有期徒刑 9 年并已执行完毕的故意伤害罪，被再审改判为故意杀人罪并判处其无期徒刑。但从刑事法理上看，本案不能认定东某某的行为成立故意杀人罪，且东某某的行为具备防卫前提，不应对东某某再审改判。这主要体现在以下几点。

（一）法院改判东某某犯故意杀人罪的理由不能成立，且改判程序不合法

对于东某某涉嫌故意杀人的事实，其再审过程是：2021 年，某市人民检察院向某市中级人民法院提出抗诉；2021 年 11 月 15 日，某市中级人民法院认为原审判决认定事实不清，导致适用法律错误，指令某区人民法院对本案进行再审；2022 年 3 月 16 日，某区人民法院作出裁定，撤销 1996 年刑事判决。之后，某市人民检察院撤回起诉，并由某市人民检察院连同东某某的其他涉案事实再一并起诉，最后再由法院作出新的判决，以犯故意杀人罪判处东某某无期徒刑。某区人民法院对东某某的再审存在两个方面的明显问题：

第一，某区人民法院对东某某的再审程序不合法。这包括：一是法院对依某市人民检察院抗诉提起的再审没有依法开庭。本案中，再审的提起是由某市人民检察院向某市中级人民法院提起抗诉，然后由某市中级人民法院指令某区人民法院再审。但某区人民法院在作出再审裁定书之前，没有依法开庭审理。二是法院没有让东某某及其律师依法参与再审。本案中，某区人民法院作出再审裁定书之前，不仅没有开庭，也没有让东某某及其律师参与审理过程，东某某及其律师的诉讼权利特别是辩护权，没有得到保障。

第二，某市人民法院对东某某的再审理由不能成立。根据我国《刑事诉讼法》第 253 条的规定，刑事案件再审的理由包括：（1）有新的证据证明原判决、裁定认定的事实确有错误，可能影响定罪量刑的；（2）据以定罪量刑的证据不确实、不充分、依法应当予以排除，或者证明案件事实的主要证据之间存在矛盾的；（3）原判决、裁定适用法律确有错误的；（4）违反法律规定的诉讼程序，可能影响公正审判的；（5）审判人员在审理该案件的时候，有贪污受贿，徇私舞弊，枉法裁判行为的。本案中，某市中级人民法院指令再审的理由是"原审判决认定事实不清，导致适用法律错误"；再审法院改判时提到"徐某某称出面贿赂相关公安、司法工作人员，帮助东某某获得畸轻

刑罚"。结合在案证据,这两个理由均难以成立:一是本案不能认定徐某某出面贿赂公安、司法工作人员。这是因为,对贿赂事实实际上只有徐某某一人的供述,且徐某某在一审庭审时推翻了之前的供述,也没有任何公安、司法工作人员的笔录能印证其庭前供述(相关公安、司法工作人员均不在世),更没有任何书证、物证予以印证。二是本案没有有力的新证据。在改判过程中,本案的新证据实际上只是多了证人郭某某的笔录,没有书证、物证等客观证据,且新的笔录并没有解决本案言词证据之间的矛盾和冲突。三是原审法院以故意伤害罪判处东某某有期徒刑 9 年并没有量刑畸轻。按照 1979 年《刑法》第 134 条的规定,故意伤害致人死亡的法定量刑幅度是"七年以上有期徒刑或者无期徒刑"。东某某在案发后积极送被害人去医院抢救、支付医药费,并尽自己的努力给被害人家属支付了在当时来看相当可观的赔偿费。在此基础上,原审法院对其从轻判处有期徒刑 9 年,并不属于量刑畸轻。

(二)　本案不能认定东某某的行为成立故意杀人罪,且东某某的行为具备防卫前提

根据我国刑法的规定,故意杀人罪的成立至少同时具备以下两个基本条件:一是主观条件,即行为人必须具有杀人的故意;二是客观条件,即行为人必须实施了直接剥夺他人生命的行为。本案证据不能证明东某某的行为成立故意杀人罪,且东某某的行为具备防卫的基本前提,不应对东某某进行改判。

第一,本案不能认定东某某的行为成立故意杀人罪。这具体体现在两个方面:一是本案不能认定东某某主观上具有杀人的故意。首先,东某某是在被害人驾驶三轮摩托车、持铁锹把、镐把追撵的情况下开枪的,开枪行为忙乱且涉案枪支是由发令枪改装的,枪支的杀伤力和击发力都与一般的枪支不同,不能因为涉枪就认为其主观上具有杀人的故意。其次,东某某在案发后积极送被害人就医,并积极缴付医药费对被害人进行抢救。这一事后表现表明东某某对被害人的死亡结果持不希望发生的心态(对死亡结果的发生持反对心理),不具备故意杀人的希望或者放任的意志因素。二是本案不能认定东某某客观上实施了杀人行为。首先,如前所述,涉案枪支由发令枪改装,其通常要连续击发才能射出子弹,且其杀伤力不同于一般的枪支。其次,东某某是从摩托车右后方向姜某某等人开枪,综合在案证据反映出当时的情形,东某某应当是在受到被害人追撵时情急之下开枪的,被害人中枪伤亡具有一定的偶然性(另一位被害人只受轻伤),不应将其开枪行为认定为杀人行为。

第二,东某某的行为具备防卫的基本前提。我国司法机关对正当防卫、具有防卫前提的犯罪行为的认定,在不同时期掌握的司法尺度不完全相同。当前,我国最高司法机关为了激活正当防卫制度,对防卫行为的认定标准有所放宽。具体到本案，东某某的行为显然符合正当防卫的前提条件（存在不法侵害）、对象条件（针对不法侵害人）等。认定的难点在于东某某的行为是否符合正当防卫的时间条件，且核心在于当时被害人的不法侵害行为是否已经开始且尚未结束。对此，2020 年最高人民法院、最高人民检察院、公安部《关于依法适用正当防卫制度的指导意见》第 6 条中规定："对于不法侵害已经形成现实、紧迫危险的，应当认定为不法侵害已经开始；对于不法侵害虽然暂时中断或者被暂时制止，但不法侵害人仍有继续实施侵害的现实可能性的，应当认定为不法侵害仍在进行；在财产犯罪中，不法侵害人虽已取得财物，但通过追赶、阻击等措施能够追回财物的，可以视为不法侵害仍在进行；对于不法侵害人确已失去侵害能力或者确已放弃侵害的，应当认定为不法侵害已经结束。对于不法侵害是否已经开始或者结束，应当立足防卫人在防卫时所处情境，按照社会公众的一般认知，依法作出合乎情理的判断，不能苛求防卫人。对于防卫人因为恐慌、紧张等心理，对不法侵害是否已经开始或者结束产生错误认识的，应当根据主客观相统一原则，依法作出妥当处理。"本案中，尽管证人、被害人、被告人对案发当时情形的描述存在一定的差异，但不可否认的是，东某某开枪时双方的距离并不远，被害人持有铁锹把、镐把等凶器，且人数明显占优（三人），并驾驶三轮摩托车。按照上述意见的规定，东某某当时面临的情形显然属于不法侵害已经开始（"已经形成现实、紧迫危险"）、尚未结束（"不法侵害人仍有继续实施侵害的现实可能性"）。东某某的行为符合正当防卫的基本条件。即便认定其行为造成的后果超过了正当防卫的必要限度，也应当认定其成立防卫过当，对其减轻或者免除处罚。

可见，本案不能认定东某某的行为成立故意杀人罪，且东某某的行为具备防卫的基本前提，对东某某不应该再审改判。

王某故意伤害案

——超出授意范围的故意伤害行为应否由授意人承担刑事责任

一、基本案情

　　2007 年 6、7 月间，王某在知道其父亲被某县当地跟着被害人刘某（殁年 23 岁）混社会的"小弟"抢劫后，意欲进行报复，遂通过梁某找到梁甲（系梁某的父亲），让梁甲帮忙找人来教训抢其父亲的人。后梁甲通过电话联系了王甲，让其从某市邀约人员到某县"摆造型"教训人。

　　同年 8 月 23 日，王甲从某市邀约徐某、王乙等人驾车前往某县，王甲等人在驾车到达某县后与杨某等人会合后预谋：在杨某的带领下，由王甲驾驶一辆神龙富康轿车载徐某、王乙、杨某及跟杨某在一起的一名男子到县城某网吧外，由王甲将车停在网吧门口接应，杨某、和杨某在一起的一名男子、徐某、王乙分别持刀和钢管进入网吧内将正在上网的赵某等人砍伤后驾车逃离现场。事后，王某通过梁某、梁甲拿了人民币 2 万元给王甲作为报酬。

　　在通过梁甲邀约王甲等人将赵某砍伤后不久，王某听闻某县当地社会上传言赵某的"老大"刘某要对砍伤赵某的人进行报复，遂萌生了出钱找人教训刘某一顿的想法，并将其想法告诉了梁某，梁某又将王某的想法传达给了梁甲，后王某、梁甲多次就此进行商议。2007 年 9 月 12 日晚，在梁甲的再次邀约下，王甲从某市邀约了罗某某、付甲、崔某，付甲又邀约了付某，由王甲驾驶一辆神龙富康轿车载付甲等人携带火药枪、长刀等工具从某市前往某县。到达某县后，王甲等人在虎城宾馆内与梁甲、杨某等人会合，再次进行商议后于次日凌晨 2 时许，由梁甲、杨某带王甲等人分驾两辆车载付甲等人至某县刘某住所外。梁甲在门外守候等待，杨某翻墙进入刘某住宅打开院门，王甲、罗某某、杨某、付某、崔某等人分别持长刀，付甲持一把自制火药枪先后进入院内，王甲进入堂屋后用脚踢开刘某睡觉房间的房门，罗某某、王甲、杨某等人亦持长刀、钢管进入房内朝睡在床上的刘某的手、脚等部位进行砍打，致其当场死亡。之后，梁甲、王甲驾车载罗某某、付甲等人连夜逃离现场。

经某县公安局法医鉴定，被害人刘某因四肢开放性损伤并失血性休克死亡。

二、主要问题

本案涉及的主要问题是：超出授意范围的故意伤害行为应否由授意人承担刑事责任，也即王某是否应当对刘某的死亡结果承担刑事责任。对此，主要存在两种不同的观点：

一种观点主张构罪，认为王某、梁某、付甲、付某等人共同故意伤害他人身体健康，致一人死亡，应当以故意伤害罪追究含王某在内等多人的刑事责任。

另一种观点主张不构罪，认为王某主观上对刘某的死亡结果不具有故意和过失，客观上的行为与刘某的死亡结果不具有刑法上的因果关系，其不应对刘某的死亡结果承担故意伤害致人死亡的刑事责任。

三、出罪法理

关于故意伤害罪，我国《刑法》第 234 条规定："故意伤害他人身体的，处三年以下有期徒刑、拘役或者管制。""犯前款罪，致人重伤的，处三年以上十年以下有期徒刑；致人死亡或者以特别残忍手段致人重伤造成严重残疾的，处十年以上有期徒刑、无期徒刑或者死刑。本法另有规定的，依照规定。"在刑法上，故意伤害致人死亡的成立必须同时具备以下两个基本条件：一是行为人主观上对被害人的死亡结果具有过失，二是被害人的死亡结果与行为人的伤害行为之间具有因果关系。本案中，主张构罪的观点认为，王某、梁某、付甲、付某等人共同故意伤害他人身体健康，致一人死亡，应当以故意伤害罪追究其刑事责任。不过，笔者认为，刘某的死亡系杨某等人的实行过限行为所致，王某主观上对刘某的死亡结果不具有故意和过失，客观上的行为与刘某的死亡结果不具有刑法上的因果关系，其不应对刘某的死亡结果承担故意伤害致人死亡的刑事责任。

（一）杨某等人的实行行为超出了王某的授意范围，属于实行过限，王某不应对杨某等人的实行过限行为及其造成的刘某死亡结果承担刑事责任

在刑法上，实行过限是指在共同犯罪的场合，实行犯的行为超出了教唆犯等共同犯罪人的合谋范围，对此行为及其造成的危害后果应当由实行犯单独承担，而不应由教唆犯等共同犯罪人承担。本案证据和事实表明，杨某等人的实行行为超出了王某的授意范围，属于实行过限。

1. 王某涉嫌的罪名与梁甲、杨某等人的罪名不同，表明杨某等人的行为属于实行过限

本案中，王某涉嫌的罪名是故意伤害罪，而梁甲、杨某等人的行为在

2010 年被认定的罪名是故意杀人罪。这意味着，王某与梁甲、杨某等人在犯罪的主观罪过和客观行为上存在明显的差异：前者（王某）是伤害的故意、后者（梁甲、杨某等人）是杀人的故意；前者（王某）的行为是伤害，后者（梁甲、杨某等人）的行为是杀人。由于杀人行为明显是超出了伤害范畴的行为，因此办案机关实际上已经认定梁甲、杨某等人的行为超出了王某的授意范围，属于实行过限。

2. 本案证据可以清楚证明，梁甲、杨某等人的行为超出了王某的授意范围

这集中体现在：王某、梁甲的笔录证明，王某授意的内容是明确的，仅包括伤害不包括死亡的结果。其中，王某的笔录关于教训程度明确称，两次砍人都只授意把手或脚随便打断一只，没有让梁甲、杨某等人将人打死。梁甲的笔录也明确称，在收拾赵某和刘某时，王某都表示过要废只手、脚。可见，他们二人的笔录可以相互印证地证明，王某明确要求梁甲找人只废刘某一只手、脚，没有包含要将刘某弄死的意思。梁甲、杨某等人的行为及其结果都明显超出了王某的授意范围。

3. 本案证据不能排除梁甲、杨某等人因与刘某存在矛盾而出于另外的目的杀害刘某

这集中体现在：王某、梁某、梁甲等人的笔录可以充分证明梁甲、杨某等人与刘某存在矛盾。例如，王某的笔录称其在还没有说要请梁甲等人去砍刘某时，梁甲就表现出想收拾刘某的意思。梁某的笔录称其父亲（梁甲）之前就与刘某等人干过一架。梁甲的笔录称双方之前就有矛盾。可见，本案证据可以相互印证地证明梁甲、杨某等人与刘某本来就存在矛盾，进而不能排除他们出于个人目的而非王某授意实施杀害刘某行为的合理怀疑。而一旦另有目的，则杨某等人的行为不仅超出了王某的授意，而且可能与王某的授意没有因果关系，不能让王某对杨某等人出于个人目的的行为和结果承担刑事责任。

可见，杨某等人的杀人行为超出了王某的授意范围，属于刑法上的实行过限。根据实行过限的处理原则，实行过限行为造成的后果应由实行者单独承担。据此，本案中，王某不应对杨某等人实行过限造成刘某死亡的后果承担刑事责任。

（二）本案证据可以证明，王某对刘某的死亡结果不存在罪过，且王某的行为与刘某的死亡结果之间不具有刑法上的因果关系，王某不应对刘某的死亡结果承担刑事责任

如前所述，梁甲、杨某等人的行为超出了王某的授意范围，刘某的死亡结果应由梁甲、杨某等人独立承担，而不应由王某承担。这反映在王某的主

客观方面是王某主观上对刘某的死亡结果没有罪过，客观上的行为与刘某的死亡结果之间不具有因果关系，不应对刘某的死亡结果承担刑事责任。

1. 本案证据可以证明，王某主观上对刘某的死亡结果不存在罪过

在刑法上，故意伤害致人死亡的成立要求行为人对他人的死亡结果具有过失的心理。本案中，如前所述，王某、梁甲的笔录能够相互印证地证明，王某的授意内容非常明确、具体，即随便打断一只手或脚。该授意内容明确不包括将刘某打死。由该授意内容可以推断王某主观上对刘某的死亡结果是排斥的，既非故意也非过失，不具备故意伤害致人死亡的罪过心理。

2. 本案证据可以证明，王某的行为与刘某的死亡结果之间不具有刑法上的因果关系

本案中，王某涉案的行为是授意梁甲找人去伤害刘某，且授意的范围十分明确，是打断一只手或者脚，明显不包括死亡结果。而在本案中，导致刘某死亡的行为是"罗某某、王甲、杨某等人亦持长刀、钢管进入房内朝睡在床上的刘某的手、脚等部位进行砍打"；经某县公安局法医鉴定，被害人刘某因四肢开放性损伤并失血性休克死亡。因此，无论是杨某等人的行为方式还是杨某等人的行为结果都已经超出了王某的授意范围。换句话说，刘某不是因为王某的授意行为而死亡的，刘某的死亡结果与王某的授意行为之间不具有刑法上的因果关系。

可见，本案证据既可以证明王某对刘某的死亡不存在罪过，也可以证明王某的行为与刘某的死亡结果之间不存在刑法上的因果关系，王某不应对刘某的死亡结果承担刑事责任。

魏某某强奸案

——无确切证据时能否根据模糊事实推定
行为人明知女性不满 14 周岁

一、基本案情

2018 年 7 月 7 日 15 时，郭甲联系魏某某嫖娼后，与李某某将事主吴某某（13 周岁）带到某市 A 酒店，由郭甲登记房间，并将吴某某带到房间。魏某某到达后，在吴某某不愿意的情况下，仍强行与吴某某发生性关系，事后将嫖资 10 000 元通过微信转账给郭甲。

2018 年 7 月 31 日 20 时许，吕某某联系好魏某某嫖娼后，由郭乙在某市 B 酒店登记房间，并将由郭甲、李某某带来的事主袁某某（12 周岁）带到 405 房，并通过微信收取魏某某转账的 8 200 元嫖资。魏某某在袁某某告知其现年 13 岁的情况下，仍与袁某某发生了性关系。

二、主要问题

本案涉及的主要问题是在没有确切证据的情况下能否根据模糊证据推定行为人明知女性不满 14 周岁，即能否认定魏某某明知其嫖宿的对象不满 14 周岁，其行为是否构成强奸罪。对此，存在两种不同的观点：

一种观点主张构罪，认为被害人吴某某关于被告人魏某某在其不同意的情况下强行与其发生性关系的陈述成立，且涉案证据表明魏某某知道或应当知道吴某某和袁某某不满 14 周岁仍与其发生性关系，因此魏某某的行为构成强奸罪。

另一种观点主张不构罪，认为吴某某关于被强迫与魏某某发生性关系的陈述本身真实性存疑，且缺乏其他证据印证，属于孤证；同时本案证据无法证明魏某某知道或应当知道吴某某和袁某某不满 14 周岁，不能认定其构成强奸罪。

三、出罪法理

关于强奸罪，我国《刑法》第 236 条第 1 款规定："以暴力、胁迫或者其他手段强奸妇女的，处三年以上十年以下有期徒刑。"第 2 款规定："奸淫不满十四周岁的幼女的，以强奸论，从重处罚。"据此，强奸罪在我国刑法上包括两种基本类型：（1）普通型强奸罪，其成立要求行为人以暴力、胁迫或者其他手段强奸妇女；（2）奸淫幼女型强奸罪，其成立要求行为人对不满 14 周岁的幼女实施了奸淫行为。本案中，魏某某涉嫌强奸的行为包括两起：一是针对吴某某实施的普通型强奸，即"在吴某某不愿意的情况下，仍强行与吴某某发生性关系"；二是针对袁某某实施的奸淫幼女型强奸，即"在袁某某告知其现年 13 岁的情况下，仍与袁某某发生了性关系"。不过，魏某某涉嫌强奸罪的两起事实均缺乏证据支持，本案证据不足以认定魏某某应当知道吴某某、袁某某不满 14 周岁，进而不足以认定任某某的行为构成强奸罪。

（一）魏某某涉嫌强奸的两起事实均缺乏证据支持，认定理由不能成立

魏某某有两起涉嫌强奸的行为，分别是"在吴某某不愿意的情况下，仍强行与吴某某发生性关系"和"在袁某某告知其现年 13 岁的情况下，仍与袁某某发生了性关系"。这两起行为的成立在证据上要求存在相互印证的证据证明魏某某"强行"与吴某某发生性关系和袁某某"告知"其现年 13 岁。但本案证据不足以证明这两个关键事实。

1. 本案证据不能证明魏某某"在吴某某不愿意的情况下，仍强行与吴某某发生性关系"

普通型强奸罪的成立要求行为人必须采取了强迫手段并违背妇女意志与其发生性关系。强迫与不满 14 周岁的幼女发生性关系，无论是否知道幼女的年龄，因其符合普通型强奸罪的构成条件，也构成强奸罪。本案中，针对魏某某"在吴某某不愿意的情况下，仍强行与吴某某发生性关系"，只有被害人吴某某的单方面陈述。吴某某的笔录缺乏其他证据印证，属于孤证，且其陈述本身的真实性也存疑。这具体体现在：

第一，被害人吴某某关于魏某某强行与其发生性关系的陈述缺乏其他证据印证，属于孤证，不能作为定案的根据。这包括两个方面：一是被害人吴某某的陈述缺乏其他言词证据印证。本案证据显示，这一起强奸案涉及三方当事人，分别是作为被害人的吴某某，作为组织者的郭甲、李某某，以及作为嫖客的魏某某。从笔录上看，关于魏某某强行与吴某某发生性关系的内容只有被害人吴某某一人的陈述；作为组织者的郭甲、李某某，其笔录都不涉及该项内容（她们二人的笔录都没有谈到魏某某强行与吴某某发生性关系的事情）；作为嫖客的魏某某则明确否认对吴某某采取了强迫的手段。二是被害人吴某某的陈述缺乏客观证据印证。采取强迫手段实施的强奸犯罪案件一般会留下一些客观证据，如被害人身上的抓痕等。这些客观证据如能与相关言词证据相印证，也可以认定案件事实。但本案中，没有任何关于吴某某被强迫发生性关系的客观证据，被害人吴某某的陈述缺乏任何客观证据的印证。

第二，被害人吴某某关于魏某某强行与其发生性关系陈述的真实性存疑，不能排除其陈述不客观的合理怀疑。这包括：一是被害人吴某某的陈述是在监护人在场的情况下作出的，存在出于羞耻心等原因而作出不真实陈述的可能。二是被害人吴某某陈述的其他内容与在案其他言词证据不符。例如，被害人吴某某的笔录称魏某某与其发生性关系时李某某在房间的洗手间等他，事后郭甲和李某某送她回出租屋。但李某某的笔录与郭甲的笔录相印证。这表明，李某某当时并没有在房间洗手间等被害人吴某某。

因此，本案证据不能证明魏某某"在吴某某不愿意的情况下，仍强行与吴某某发生性关系"，相关事实不能成立。

2. 本案证据不能证明魏某某"在袁某某告知其现年 13 岁的情况下，仍与袁某某发生了性行为"，相关事实不能成立

奸淫幼女型强奸罪的成立不要求行为人采取强迫手段，但要求行为人明知被奸淫者是不满 14 周岁的幼女。2013 年最高人民法院、最高人民检察院、公安部、司法部《关于依法惩治性侵害未成年人犯罪的意见》第 19 条第 1 款规定："知道或者应当知道对方是不满十四周岁的幼女，而实施奸淫等性侵害行为的，应当认定行为人'明知'对方是幼女。"本案中，关于魏某某"在袁某某告知其现年 13 岁的情况下，仍与袁某某发生了性行为"，只有被害人袁某某的陈述。但袁某某的陈述缺乏其他证据印证，属于孤证，且与其他证据存在矛盾。这具体体现在：

第一，被害人袁某某关于告知魏某某现年 13 岁的陈述缺乏其他证据印证，属于孤证，不能作为定案的根据。本案证据显示，这一起强奸案涉及三方当事人，分别是作为被害人的袁某某，作为组织者的吕某某、郭乙、郭甲、李某某，以及作为嫖客的魏某某。关于告知魏某某袁某某现年 13 岁的证据只有被害人袁某某一人的陈述；作为组织者的吕某某、郭乙、郭甲、李某某，其笔录都不涉及该项内容（她们四人的笔录都没有谈到告知魏某某袁某某现年 13 岁的事情）；魏某某则明确否认袁某某告诉其现年 13 岁。从这个角度看，本案不仅没有其他言词证据能够与袁某某的陈述相印证，也没有任何客观证据能够与袁某某的陈述相印证。被害人袁某某关于告知魏某某其现年 13 岁的陈述缺乏其他证据印证，属于孤证，不能作为定案的根据。

第二，被害人袁某某关于告知魏某某现年 13 岁的陈述与在案其他证据相矛盾。这包括：一是郭乙的笔录明确称卖淫的女孩子年约 15、16 岁，与被害人袁某某告诉魏某某其现年 13 岁的陈述相矛盾。二是郭甲的笔录称，私下都明确要求卖淫女孩不要讲真实年龄，如果客人问起就说是 16 岁，与被害人袁某某告诉魏某某现年 13 岁的陈述相矛盾。

可见，本案证据不能证明魏某某"强行"与被害人吴某某发生性关系，也不能证明被害人袁某某"告诉"魏某某其现年 13 岁。相关事实不能成立。

（二）本案证据不能推论出魏某某应当知道被害人吴某某、袁某某不满 14 周岁，不能以魏某某应当知道被害人不满 14 周岁而认定其具备奸淫幼女型强奸罪的"明知"

本案中，两名被害人均为已满 12 周岁不满 14 周岁的幼女。2013 年最高人民法院、最高人民检察院、公安部、司法部《关于依法惩治性侵害未成年人犯罪的意见》第 19 条第 3 款规定："对于已满十二周岁不满十四周岁的被害人，从其身体发育状况、言谈举止、衣着特征、生活作息规律等观察可能是幼女，而实施奸淫等性侵害行为的，应当认定行为人'明知'对方是幼女。"该款规定允许对"明知"对方是幼女根据"其身体发育状况、言谈举止、衣着特征、生活作息规律等"进行推论，进而认定奸淫者的行为构成强奸罪。但这种推论允许例外，即当从被害人身体发育状况、言谈举止、衣着特征、生活作息规律等观察不出其是幼女时，就不能认定行为人"明知"对方是幼女，进而不能认定其行为构成奸淫幼女型强奸罪。本案不能推论出魏某某"应当知道"两名被害人是不满 14 周岁的幼女，其不具备奸淫幼女型强奸罪的"明知"。

1. 本案证据不能推论出魏某某应当知道被害人吴某某不满 14 周岁

关于对吴某某不满 14 周岁的明知问题，综合在案证据材料可知，魏某某完全有理由认为吴某某已满 14 周岁。本案现有证据不能推论出魏某某应当知道被害人吴某某不满 14 周岁。这具体体现在：

第一，郭甲、魏某某的笔录可以相互印证地证明，魏某某明知的是吴某某已满 14 周岁。这包括：一是郭甲的笔录明确称其告诉魏某某被害人吴某某 16 岁。二是魏某某的笔录明确称要求郭甲及其朋友介绍 16 岁以上的女子。值得注意的是，从支付的费用上看，魏某某每次嫖娼支付的费用虽然偏高，但他作出了合理解释：因为当时听说他们介绍的女子平时都不是出来做这行的，是偶尔出来做一次找些快钱的，所以做一次要几千元也正常，而他确实不了解一般的嫖娼要多少钱，而且自身经济条件也不差，平时大手大脚惯了，所以面对较高的价格都没有还价。该解释具有合理性。可见，郭甲、任某某两人的笔录可以相互印证，魏某某完全有理由认为吴某某当时已满 14 周岁。

第二，本案不能从吴某某的身体发育状况、言谈举止、衣着特征、生活作息规律等观察其可能是幼女。这包括：一是从衣着特征上看，在案证据表明这些女子都化着浓妆，穿着比较成熟的服装，是成年女子的发育状况，而且酒店房间的灯光比较暗，窗口是有窗帘遮着的。二是从身体发育情况上看，吴某某的身高在 150 厘米以上，无法从该身高上判断被害人属于不满 14 周岁的幼女。三是从生活作息规律上看，魏某某声称是在酒吧认识介绍人，当时她们已经参加工作，年满 16 岁，而且介绍人讲是由卖淫的女子去酒店开房的，他认为肯定是成年人才可以开房的，所以认为卖淫的女子是成年人。魏某某的这些供述能在一定程度上与郭甲等人的笔录相印证。四是从个人经历上看，魏某某称其在国内、国外都有生活过，所接触的女子都是成年人，在国内与 12 至 14 周岁对应年龄段的女子，基本没有怎么接触过。

2. 本案证据不能推论出魏某某应当知道被害人袁某某不满 14 周岁

关于对袁某某不满 14 周岁的明知问题，综合在案证据材料，不能推论出魏某某应当知道被害人袁某某不满 14 周岁。这具体体现在：

第一，从郭甲、魏某某的交易过往看，魏某某有理由相信袁某某已年满 14 周岁。魏某某的笔录显示，其要求郭甲介绍的卖淫女孩必须在 16 岁以上。郭甲的前述笔录也显示，在 2018 年 7 月 7 日介绍吴某某给魏某某时刻意隐瞒了吴某某的年龄，称吴某某 16 岁（实际年龄是 13 岁）。他们之间过去的这种交易让魏某某完全有理由相信郭甲介绍的被害人袁某某也是在 16 岁以上（年满 14 周岁）。

第二，从身体发育状况、言谈举止、衣着特征、生活作息规律等方面看，本案不能推论出魏某某应当知道袁某某不满 14 周岁。这包括两个方面：一是与被害人吴某某相同，魏某某与被害人袁某某发生关系时被害人袁某某化了浓妆、身穿便服且房屋内光线较暗，郭甲介绍被害人在美甲店上班等。二是从身体发育情况上看，学生健康检查表显示，当时袁某某的身高是 159 厘米，体重是 45.8 千克。被害人袁某某的身高比被害人吴某某的身高还要高一些。因此，无论是从被害人袁某某的身体发育状况、言谈举止、衣着特征、生活作息规律等上看，还是从被害人袁某某与吴某某的对比上看，本案都不能推论出魏某某应当知道袁某某不满 14 周岁。

可见，本案证据不能推论出魏某某应当知道被害人吴某某、袁某某不满 14 周岁，不能以魏某某应当知道被害人不满 14 周岁认定其构成强奸罪。

罗某某强奸案

——在被害人伪装、谎报年龄的情况下如何推定
行为人明知被害人不满 14 周岁

一、基本案情

2015 年 8、9 月的某一天，罗某某通过彭某（女，时年 14 周岁）的介绍，在某小区的一房间内与时年 12 周岁的被害人廖甲发生性关系，而后多次与廖甲发生性关系。

2018 年 8 月中旬的某一天，罗某某通过廖乙（女，时年 17 周岁）的介绍，先后两次在某市酒店的一房间内与时年 13 周岁的被害人聂某某发生性关系。

2018 年 10 月 11 日和 10 月 14 日，罗某某通过廖丙（时年 15 周岁）的介绍，先后两次在某市酒店房间内与时年 12 周岁的被害人左某某发生性关系。

二、主要问题

本案涉及的关键问题在于在被害人伪装、谎报年龄的情况下能否推定行为人明知被害人不满 14 周岁，罗某某的行为是否构成强奸罪。对此，主要存在两种不同观点：

一种观点主张构罪，认为罗某某应当从廖甲、聂某某、左某某三人的身体发育状况、言谈举止、衣着特征、生活作息规律等特征观察出其可能是不满 14 周岁的幼女，因此构成强奸罪。

另一种观点主张不构罪，认为廖甲、聂某某、左某某三人存在谎报年龄、伪装衣着等行为，且她们的长相发育、行为状况都比较成熟。本案无法证明罗某某知道她们可能是幼女，因此，罗某某对三人是幼女缺乏明知，不符合奸淫幼女型强奸罪的主观条件，其行为不构成强奸罪。

三、出罪法理

我国《刑法》第 236 条第 2 款规定："奸淫不满十四周岁的幼女的，以强

奸论，从重处罚。"这是我国刑法规定的奸淫幼女型强奸罪。根据我国刑法的主客观相统一原则，奸淫幼女型强奸罪的成立至少应具备以下两个基本条件：一是行为人客观上实施了奸淫不满 14 周岁幼女的行为，二是行为人主观上明知被奸淫的对象是不满 14 周岁的幼女。对于"明知"，最高人民法院、最高人民检察院、公安部、司法部 2013 年 10 月 23 日发布的《关于依法惩治性侵害未成年人犯罪的意见》第 19 条明确规定："知道或者应当知道对方是不满十四周岁的幼女，而实施奸淫等性侵害行为的，应当认定行为人'明知'对方是幼女。""对于不满十二周岁的被害人实施奸淫等性侵害行为的，应当认定行为人'明知'对方是幼女。""对于已满十二周岁不满十四周岁的被害人，从其身体发育状况、言谈举止、衣着特征、生活作息规律等观察可能是幼女，而实施奸淫等性侵害行为的，应当认定行为人'明知'对方是幼女。"本案中，三名被害人廖甲、聂某某、左某某均为"已满十二周岁不满十四周岁"的幼女，且没有任何证据证明罗某某知道这三人是不满 14 周岁的幼女。因此，本案的关键在于根据三名被害人的身体发育状况、言谈举止、衣着特征、生活作息规律等观察，罗某某是否知道她们可能是幼女。对此，作为故意犯罪的认识因素，明知所要求的"可能是幼女"必须是一种现实可能，而非抽象可能，即对于行为人是否知道被害人可能是幼女，不仅应当进行可能性有无的判断，还应当综合案件证据进行可能性程度的判断。只有案件证据证明行为人具有认识被害人是幼女的现实可能性（较高程度的可能性），才能认定行为人知道被害人可能是幼女。本案证据不能证明罗某某知道三名被害人可能是幼女，罗某某的行为不符合奸淫幼女型强奸罪的主观条件，不构成强奸罪。

（一）本案现有证据不能证明罗某某知道廖甲可能是幼女，罗某某主观上对廖甲是幼女缺乏明知，其行为不构成强奸罪

本案中，对于罗某某与廖甲第一次发生性关系的时间，在案证据之间尚存在一定的矛盾和冲突，难以确实、充分地予以认定。而更为重要的是，本案有证据不能证明罗某某知道廖甲可能是幼女。这是因为：

第一，廖甲对衣着进行了伪装。这主要体现为廖甲在见罗某某之前进行了换装，将校服换为相对成熟的着装。罗某某有理由相信廖甲不是幼女。对于第一次与罗某某发生性关系的情形，廖甲称，因为当时她穿着校服，彭某先带她到彭某家换了赵某的衣服，然后带她来到某市某小区的一栋高层的六楼住宅。对此，彭某也称，廖甲放学以后是她去接的，看见她身穿校服，就带她回到家中换上自己的衣服，然后就和廖甲去找罗某某了。可见，廖甲为了避免因穿校服暴露自己的年龄而在见罗某某时对衣着进行了伪装，罗某某无法根据廖甲的衣着特征判断其是幼女。

第二，廖甲的发育程度、长相较为成熟。关于廖甲的发育程度、长相，本案证据表明廖甲发育程度、长相较为成熟，从其发育程度、长相上无法判断其是幼女。本案多人的笔录显示，廖甲的身高在 160－165 厘米，体重在 45 千克以上，身体发育程度、长相均较成熟，从其身体发育情况、长相上无法判断其是幼女。

第三，廖甲的行为状况。这包括两个方面：（1）罗某某认识廖甲的状况。本案中，罗某某是通过彭某的介绍认识廖甲的。而罗某某是在某歌厅认识当时坐台的彭某的。在此环境下，罗某某有理由认为彭某介绍的廖甲情况与彭某情况类似。（2）廖甲行为的卖淫性质。本案中，罗某某的行为是嫖宿，廖甲的行为属于卖淫。鉴于卖淫的行为本身是一种高度社会化的行为，行为人完全自愿，且卖淫者对自己行为的性质通常都有较为清楚的认识，因此在一般情况下卖淫者的年龄通常不会太小。在此情况下，罗某某有理由认为廖甲不是幼女。

可见，廖甲在向罗某某卖淫过程中刻意隐瞒了自己的年龄，同时其身体发育程度、长相均较为成熟，罗某某有理由认为廖甲不是幼女。其对廖甲是幼女缺乏明知，不符合奸淫幼女型强奸罪的主观要件，不构成强奸罪。

（二）本案证据不能证明罗某某知道聂某某可能是幼女，罗某某主观上对聂某某是幼女缺乏明知，其行为不构成强奸罪

本案中，认定罗某某与聂某某发生了性关系的证据链因罗某某的否认而不完整。更为重要的是，本案证据不能证明罗某某知道聂某某可能是幼女。原因如下：

第一，聂某某谎报了自己的年龄。这方面的证据主要体现为聂某某、廖某某的笔录：（1）聂某某的笔录明确称其告诉罗某某自己 18 岁，这在聂某某的多份笔录中都有体现。（2）廖乙的笔录能够印证聂某某告诉罗某某的年龄是 18 岁的说法。可见，聂某某、廖乙的笔录可以相互印证，证明聂某某向罗某某谎称自己已成年。

第二，聂某某谎报了自己的身份。本案中，聂某某的笔录显示其在初二辍学。但聂某某、廖乙的笔录表明，聂某某向罗某某谎报了自己的身份，谎称自己在某职高上学。这势必会让他人对其真实年龄产生错误认识。事实上，本案中介绍人廖乙的男朋友蒋某某也因此对聂某某的年龄产生了错误的认识。蒋某某的笔录称，聂某某年龄在十五六岁，但是具体多大他不知道，因为聂某某在某市职高上学，职高是中专，一般上学的学生也就是十五六岁。既然廖乙的男朋友蒋某某会因此对聂某某的年龄产生错误认识，罗某某作为与聂某某接触很少的人更可能会对聂某某的年龄产生错误认识。

第三，高某某对衣着进行了伪装。高某某的笔录称她上身穿的是王乙的一个五颜六色的卫衣，下装是一个短裤，鞋是瓢鞋，画的是淡妆，当天的这身衣服都是王乙的，是王乙让她换上的，也是王乙让她画的妆。自己平时出门很少化妆，日常穿衣服就是同龄人打扮，比较休闲，没有过于成熟的衣服。据此可见，聂某某在见罗某某前专门改变了衣着并且化了妆。

第四，聂某某发育程度、长相较为成熟。本案多人笔录显示，聂某某当时身高 170 厘米以上，体重 100 多斤，只是胸部发育不太好。这表明，尽管聂某某的胸部发育略晚（仅依靠该特征无法判断其年龄，成年人也有胸部发育不好的），但她的身高、体重发育都较为成熟。

第五，聂某某的行为状况。卖淫是一种高度社会化的行为。按照一般情况，能进行卖淫的通常都会对卖淫行为有清楚的认知，进而要求行为人达到一定的年龄。正是因为这种原因，嫖宿者一般都倾向于认为卖淫者年龄不会太小，而且本案有证据证明罗某某不愿意找年龄太小的，这在廖乙对聂某某的交代中可以充分证明（聂某某、廖乙的笔录证明罗某某不喜欢年龄太小的女孩）。从这个角度看，罗某某有理由认为聂某某不是幼女。

上述情况表明，本案中罗某某有充分的理由认为聂某某不是幼女，罗某某主观上对聂某某是幼女缺乏明知，其行为不符合强奸罪的主观条件，不构成强奸罪。

（三）本案证据不能证明罗某某知道左某某可能是幼女，罗某某对左某某是幼女缺乏明知，其行为不构成强奸罪

不过，综合本案证据材料，本案证据不能证明罗某某知道左某某可能是幼女。

第一，左某某向罗某某谎报了年龄。这方面的证据主要包括：（1）罗某某的笔录称，当时她问左某某多大年龄，左某某说她 16 岁，又问了一遍多大年龄，她还说 16 岁。他觉得也就是 16 岁上下，就相信了。（2）左某某的笔录称：当时罗某某问她多大，她回答 16 岁。（3）廖甲的笔录称：进到房间以后，罗某某问这个女孩多大了，女孩说 16 岁，罗某某说有点小。

第二，左某某身体发育程度比较成熟。这方面的证据主要包括：（1）罗某某的笔录称，（陈某某的）具体身高他也不知道，只记得是到他的胸部，感觉应该有 1.6 米。体重多少不知道。胸部发育情况挺好，感觉胸部挺大的，应该有十六七岁女孩子胸部的样子。（2）左某某的笔录称，她的身高是 158 厘米，体重是 48 千克，发育情况要比同年龄段的女生好一些。（3）范某某的笔录称：左某某的身体发育情况比较好，身高现在是 155 厘米，体重有 49 千克，脚穿 36 码的鞋，胸部发育也比较好。

第三，左某某的行为状况。左某某平时的言行举止比较稳重。对此，范某某的笔录称，左某某比较独立，上一年级的时候就分床分屋睡了，平时说话也比较懂事，也挺老实的，不是那种爱撒娇耍赖的女生，平时说什么话她也都能听明白。而卖淫是一种高度社会化行为。在一般情况下，要对卖淫形成完整的认识，卖淫者需要达到一定的年龄，而且卖淫的介绍者对卖淫者的年龄也会有一定的了解和把控。罗某某有理由相信左某某不是幼女。

可见，左某某在卖淫过程中虚报了自己的年龄且其身体发育程度、长相均较为成熟，罗某某完全有理由相信她不是幼女。罗某某对左某某是幼女缺乏明知，不符合奸淫幼女型强奸罪的主观条件，其行为不构成强奸罪。

甲公司侵犯公民个人信息案

——单纯的手机号码、身份证号码是否属于公民个人信息

一、基本案情

2016 年年初，甲公司 CEO 闫某与 CTO 洪某筹划进行同源样本研究。后由洪某及刘某负责接洽乙公司，并通过签订合同方式从乙公司购买路由器用户上网数据。之后又由闫某、洪某接洽丙公司，并通过签订合同方式从该公司购买路由器用户上网信息。闫某、洪某在明知获得的信息系包含公民个人隐私信息的情况下，仍指使李某某及其小组的技术员对上述信息进行清洗、分析、展示，并将处理后的数据通过 FTP 传输、上传至亚马逊云服务器的方式非法提供给丁公司。

通过对甲公司上传到丁公司所有的亚马逊云服务器上的 1TB 容量数据库提取并鉴定，其内含有身份证号码 4097（数据去重 562），手机号 26142010（数据去重 287364），手机串号 IMEI41432875（数据去重 291182），IMSI 码14316249（数据去重 145831），经纬度 24140949（数据去重 1086610），账号密码 901522（数据去重 16893），身份证号＋手机号 334（数据去重 117），身份证号＋经纬度 7（数据去重 3），身份证号＋账号密码 35（数据去重 13），手机号＋账号密码 2501（数据去重 527），手机号＋经纬度 462821（数据去重51268）。

二、主要问题

本案涉及的主要问题是：单纯的手机号码、身份证号码是否属于公民个人信息？本案行为人所涉行为是否符合侵犯公民个人信息罪的主客观条件，是否构成侵犯公民个人信息罪。对此，在案件处理过程中主要存在两种不同的观点：

一种观点主张构罪，认为本案涉案信息（包括身份证号码、手机号、手机串号、经纬度、账号密码等）能够"识别特定自然人身份"或者"反映特定自然人活动情况"，属于我国刑法规定的公民个人信息。本案行为人侵犯了

他人的个人信息权；在主观上，行为人具有侵犯公民个人信息的犯罪故意，即明知是公民个人信息而非法获取或提供；在客观上，行为人实施了非法获取或提供公民个人信息的行为，且情节严重。因此，行为人所涉行为符合侵犯公民个人信息罪的主客观要件。

另一种观点主张不构罪，认为本案中的涉案信息都不能与特定的自然人建立起必然的联系，既不能识别特定自然人的身份，也不能反映特定自然人的活动情况，不符合最高人民法院、最高人民检察院《关于办理侵犯公民个人信息刑事案件适用法律若干问题的解释》（本案简称"两高解释"）关于"公民个人信息"的规定。同时本案中的"司法鉴定意见书"将涉案数据界定为"类似公民个人信息"而并未明确界定为"公民个人信息"，应将之解读为疑似公民个人信息，而非《刑法》及"两高解释"所规定的"特定化"的公民个人信息。甲公司工作人员提供公民个人信息的行为不是甲公司意志的体现，不应当认定为甲公司的行为。无论涉案的"类似公民个人信息"是否属于刑法意义上的"公民个人信息"，甲公司都不构成侵犯公民个人信息罪。同时，甲公司的负责人闫某对提供公民个人信息行为既不知情也无具体行为，不符合侵犯公民个人信息罪的主客观条件，不构成侵犯公民个人信息罪。并且，该案是甲公司的技术人员基于对上游公司的数据安全性的过于信任，在具体处理数据过程中忽视了涉案数据脱敏程度不彻底的情况，才将涉案数据提供给下游公司的。其涉案行为并非基于犯罪的意志因素支配所实施的行为。依据主客观相统一的刑法基本原则，该技术人员的行为同样不宜以犯罪论处。

三、出罪法理

我国《刑法》第253条之一第1、3、4款规定："违反国家有关规定，向他人出售或者提供公民个人信息，情节严重的，处三年以下有期徒刑或者拘役，并处或者单处罚金；情节特别严重的，处三年以上七年以下有期徒刑，并处罚金。""窃取或者以其他方法非法获取公民个人信息的，依照第一款的规定处罚。""单位犯前三款罪的，对单位判处罚金，并对其直接负责的主管人员和其他直接责任人员，依照各该款的规定处罚。"据此，侵犯公民个人信息罪的成立至少应同时具备以下三个基本条件：一是在客体上，行为人侵犯了他人的公民个人信息权，即所涉信息必须是公民个人信息；二是在主观上，行为人必须具有侵犯公民个人信息的犯罪故意，即明知是公民个人信息而非法获取或提供；三是在客观上，行为人必须实施了非法获取或提供公民个人信息的行为，且情节严重。本案中，甲公司的涉案行为不符合侵犯公民个人信息罪的成立条件，不构成侵犯公民个人信息罪。

（一）本案所涉信息不属于刑法意义上的"公民个人信息"

"两高解释"第1条规定："刑法第二百五十三条之一规定的'公民个人

信息'，是指以电子或者其他方式记录的能够单独或者与其他信息结合识别特定自然人身份或者反映特定自然人活动情况的各种信息，包括姓名、身份证件号码、通信通讯联系方式、住址、账号密码、财产状况、行踪轨迹等。"根据该规定，只有能够"识别特定自然人身份"或者"反映特定自然人活动情况"之特定化了的信息才属于公民个人信息；反之，则不属于刑法意义上的公民个人信息。但特别值得强调的是：对相关信息是否可以"特定化自然人"判断的主体和方式等应予以区分。例如，面对同样的信息，普通社会公众基于其认知能力及生活常识，无从识别特定自然人的身份或其活动情况，但特定主体采用特殊专业方式，则可能较为容易地将该信息与特定自然人相匹配，而刑法将侵犯公民个人信息罪的犯罪主体设置为一般主体而非特殊主体，因此，在对相关信息是否可以"特定化自然人"的衡量、判断标准上，应采取社会公众的通常认知标准而非特定主体的专业认知标准，即不能借助专业信息系统或者工具进行特定化。换言之，我们不能期待社会公众在其日常生活及正常商业活动中，以远超出其自身认知能力的超常规注意义务，甄别所涉信息是否可以"识别特定自然人身份"或者"反映特定自然人活动情况"；更不能将某些特殊主体基于其特殊专业技能或者工具，能够将相关信息与"特定化自然人"相关联，推定适用于社会公众。采用这样的标准的做法，既能贯彻刑法保护公民个人信息的立法初衷，又能保障我国大数据产业的正常、有序发展。

本案所涉数据，无论是单独的信息（如身份证号码、手机号、手机串号、经纬度、账号密码），还是组合的信息（如身份证号＋手机号、身份证号＋经纬度、身份证号＋账号密码、手机号＋账号密码、手机号＋经纬度），都不能与特定的自然人建立起必然的联系，既不能识别特定自然人的身份，也不能反映特定自然人的活动情况，不符合"两高解释"关于"公民个人信息"的规定，因此，涉案数据（信息）不属于公民个人信息。案中某科技有限公司司法鉴定所出具的"司法鉴定意见书"将涉案数据界定为"类似公民个人信息"而并未明确界定为"公民个人信息"。对"类似公民个人信息"的鉴定结论不宜任意解释，应解读为疑似公民个人信息，而非刑法及"两高解释"所规定的"特定化"的公民个人信息。据此，本案不存在侵犯公民个人信息罪的犯罪客体。

（二）甲公司的涉案行为不符合侵犯公民个人信息罪的主客观条件，不构成侵犯公民个人信息罪

根据我国《刑法》第 30 条和"两高解释"的规定，单位犯罪是指公司、企业、事业单位、机关、团体实施的危害社会，依法应当受到刑罚处罚的行为。单位犯罪的成立至少必须同时具备以下两个基本条件：一是犯罪行为的实施体现了单位的意志，二是犯罪行为是为了单位的利益而实施的。甲公司的涉案行为不符合单位犯罪成立的基本条件，这具体体现在：

第一，相关人员非法提供公民个人信息的行为没有体现甲公司的单位意志。单位的意志即单位决策机构的意志，通常体现为公司股东会、董事会的集体意志。单位意志的内容是单位知悉并决意实施犯罪行为。但在本案中，相关人员非法提供公民个人信息的行为没有体现出甲公司的单位意志，理由包括：一方面，甲公司决策层（包括法定代表人）对涉案的非法提供公民个人信息行为不知情。证据显示，对相关数据包含涉案的公民个人信息这一特定具体事实，在甲公司内部参与 SSP 项目的核心技术人员尚不知晓，更何况没有实际参与该项目的法定代表人闫某以及股东会、董事会等决策层的管理人员。甲公司决策层不知道相关数据包含公民个人信息，自然也就对"非法提供公民个人信息"这一特定具体行为缺乏明知。洪某等人所实施的涉案行为无法体现甲公司的单位意志和决定，不能被视为公司行为。另一方面，甲公司决策层（包括法定代表人）没有决意实施或授意洪某等人实施涉案行为。相反，本案证据显示，将涉案数据信息提供给丁公司只是相关技术人员的个人行为，其目的仅仅在于获取客户信任。因此，相关个人提供公民个人信息的行为不是甲公司的单位决定，没有体现出甲公司的单位意志，不能被认定为甲公司的单位行为。

第二，相关人员提供公民个人信息的行为不是为了甲公司的单位利益而实施的。是否为了单位利益是区分单位犯罪与个人犯罪的重要方面。在本案中，甲公司是为了开发 SSP 项目购买数据并进行同源样本研究的。根据 SSP 项目流程，甲公司运用路由器访问数据进行解析、算法分析，最终形成数据报告。综合该项目的情况来看，相关个人向丁公司提供"类似公民个人信息"的行为对甲公司而言无实际利益，不存在相关个人为了甲公司利益而将"类似公民个人信息"提供给丁公司的情况，理由包括：一方面，涉案公民个人信息之数据类型不符合 SSP 项目的需求。甲公司 SSP 项目是进行网络用户的浏览行为分析与挖掘，研究的是网络用户上网行为。对该项目而言，真正有效的数据是网络用户的浏览行为，包括浏览的内容、频次等。网络用户的身份证号码、手机号码等"类似公民个人信息"对甲公司的 SSP 项目建设没有实际作用。另一方面，涉案所谓的公民个人信息之数据量较 SSP 项目所需数据量，可以忽略不计。甲公司 SSP 项目是进行大数据分析，需要庞大的数据（如 10 亿条级）。涉案公民个人信息（"类似公民个人信息"）是从 1TB 容量的数据库中提取的 188 万余条数据，而被鉴定机构确认为"类似公民个人信息"的数量则极少，如疑似身份证号码的去重后仅有 562 个。这一数据量看似很大，但与 1TB 容量的数据相比，可谓微乎其微。甲公司的目的不在于通过向他人提供"类似公民个人信息"获益。因此，该行为也就不具备单位犯罪的"为了单位利益"要件。

可见，涉案的非法提供公民个人信息行为不是甲公司意志的体现，不应当被认定为甲公司的行为。无论涉案的"类似公民个人信息"是否属于刑法意义上的"公民个人信息"，甲公司都不构成侵犯公民个人信息罪。

（三）闫某所涉行为不符合侵犯公民个人信息罪的主客观条件，不构成侵犯公民个人信息罪

本案中，闫某虽系甲公司的负责人（首席执行官），但其对提供公民个人信息行为既不知情也无具体行为。这不符合侵犯公民个人信息罪的主客观条件，不构成侵犯公民个人信息罪。这具体体现在：

第一，闫某对数据中包含涉案的公民个人信息缺乏明知，理由包括：一是闫某知道购买路由器数据不等于其知道数据中包含公民个人信息。甲公司与上游公司签订的数据合作服务协议明确要求其提供"合法有效"的数据。而且，依据行业惯例，前述公司应对其所提供的数据采取加密、脱敏等措施。闫某有合理理由信赖该等数据的安全性。再者，洪某、李某某等技术人员的笔录显示，丙公司对其提供给甲公司的数据进行了脱敏处理。而涉案的"类似公民个人信息"主要存在于 MAC 地址、URL 之中，经过彻底技术脱敏的数据将无法识别特定个人且不能复原。"两高解释"第 3 条第 2 款明确规定："未经被收集者同意，将合法收集的公民个人信息向他人提供的，属于刑法第二百五十三条之一规定的'提供公民个人信息'，但是经过处理无法识别特定个人且不能复原的除外。"因此，即便闫某知道购买路由器数据的事情，也不等于知道数据中包含公民个人隐私数据。二是本案证据能够证明闫某不知道涉案数据中包含涉案的公民个人信息。这主要体现在闫某、洪某等人笔录中。其中，闫某所有的笔录都明确表示其不知道涉案的数据中包含公民个人信息，洪某等人的所有笔录同样明确证实闫某应该不清楚数据的具体信息，因此，本案不但没有证据证明闫某知道涉案数据中包含公民个人信息，相反，有证据证明闫某不知道涉案数据中包含公民个人信息。三是本案证据能够证明闫某不知道提供给丁公司的数据中包含涉案的公民个人信息。相关证据主要是闫某、洪某等人的笔录。同时，洪某、李某某等人的笔录显示，提供给丁公司的数据是要进行加密等脱敏处理的。因此，闫某对提供给丁公司的数据中包含公民个人信息的事实缺乏明知，不符合侵犯公民个人信息罪的主观条件。

第二，闫某没有实施涉案的非法提供公民个人信息的行为，不符合侵犯公民个人信息罪的客观条件，理由包括：一是本案证据不能证明闫某存在指使他人向丁公司提供数据的行为。洪某的笔录对"你们公司把数据提供给丁公司是谁决定的"提问称，是他决定的，丁公司是他们公司的长期伙伴，也想用这些数据进行分析，所以他们公司就把这些数据提供给丁公司了。二是本案证据不能证实闫某存在指使或者授意他人将涉案公民个人信息提供给丁公司的行为。如前所述，闫某不懂且不负责技术，不知道从其他公司获得的数据的具体内容，更不清楚提供给丁公司的数据中包含涉案的公民个人信息，因此，他不存在指使、授意他人将涉案公民个人信息提供给丁公司的行为。

可见，闫某对涉案的数据内容完全不知情，主观上没有侵犯公民个人信息的故意，客观上没有实施侵犯公民个人信息行为，其行为不符合犯罪构成的主客观要求，不构成侵犯公民个人信息罪。

值得特别指出的是，本案是甲公司的技术人员基于对上游公司的数据安全性的过于信任，在具体处理数据过程中忽视了涉案数据脱敏程度不彻底之情况，将涉案数据提供给下游公司。其涉案行为并非在犯罪的意志因素支配下所实施的，依据主客观相统一的刑法基本原则，该等人员的行为不宜以犯罪论处。

柯某某侵犯公民个人信息案

——有偿取得公民个人信息后出售是否违反国家有关规定

一、基本案情

2015 年 12 月，柯某某成立某技术公司，先后纠集王某设立某网站，研发 App 等，诱使会员马某某等人和个人用户上传房源信息，以奖励网站币兑现现金等手段，非法获取公民个人信息 416 300 余条，然后进行资源整合，采用不同规格的套餐形式出售上述信息，至案发时，销售总金额达 6 580 000 余元。

二、主要问题

本案涉及的主要问题是：有偿取得公民个人信息后出售是否违反国家有关规定，柯某某的行为是否构成侵犯公民个人信息罪。对此，主要存在两种不同观点：

一种观点主张构罪，认为行为人违反国家有关规定，向他人有偿出售公民个人信息，且属情节严重，构成侵犯公民个人信息罪。

另一种观点主张不构罪，认为柯某某获取、出售公民个人信息的行为并不因其"有偿性"而必然具有违法性，且行为征得了个人信息主体的同意或者无须征得个人信息主体的同意，没有"违反国家有关规定"，不具有侵犯公民个人信息罪行为的违法性特征。

三、出罪法理

关于侵犯公民个人信息罪，我国《刑法》第 253 条之一第 1～3 款规定："违反国家有关规定，向他人出售或者提供公民个人信息，情节严重的，处三年以下有期徒刑或者拘役，并处或者单处罚金；情节特别严重的，处三年以上七年以下有期徒刑，并处罚金。""违反国家有关规定，将在履行职责或者提供服务过程中获得的公民个人信息，出售或者提供给他人的，依照前款的规定从重处罚。""窃取或者以其他方法非法获取公民个人信息的，依照第一款的规定处罚。"根据该规定，侵犯公民个人信息罪的成立在客观上必须同时具备三个基本条件：一是行为人实施了出售、提供、获取公民个人信息的行为，二是行为人出售、提供、获取公民个人信息的行为必须是违法的，三是行为人出售、提供、获取公民个人信息的行为侵犯了公民的个人信息权利。三者缺一不可。据此，本案中，柯某某虽然实施了获取、出售公民个人信息的行为，但其行为不具有违法性，且没有证据表明其侵害了公民个人的信息安全，不构成侵犯公民个人信息罪。

（一）柯某某获取、出售公民个人信息的行为没有"违反国家有关规定"，不具有侵犯公民个人信息罪的行为违法性特征

关于获取、出售公民个人信息的违法性认定，我国《刑法》第253条之一的表述是"违反国家有关规定"。最高人民法院、最高人民检察院于2017年5月8日发布的《关于办理侵犯公民个人信息刑事案件适用法律若干问题的解释》第2条将"违反国家有关规定"解释为"违反法律、行政法规、部门规章有关公民个人信息保护的规定"。结合我国有关法律法规的规定，本案中，柯某某获取、出售公民个人信息的行为没有"违反国家有关规定"，不具备侵犯公民个人信息罪的行为违法性特征。

1. 我国有关规定没有禁止获取、提供公民个人信息行为的"有偿性"，不能仅因柯某某存在"有偿"获取、出售公民个人信息的情形，就认定其行为违法

本案证据显示，某网站获取、向他人提供涉案信息的行为都是"有偿"的，即有偿取得、有偿提供（出售）。在司法实践中，可能有人会认为只要是"有偿"取得公民个人信息或者"有偿"提供公民个人信息，其行为就是违法的。这种认识是错误的，理由是：

第一，我国刑法没有将"有偿性"作为侵犯公民个人信息罪的违法性要件。我国《刑法》第253条之一和上述司法解释都明确规定，只有"违反国家有关规定"出售、"非法"提供公民个人信息的行为才是违法的。"出售"即"有偿提供"，对此，我国刑法明确区分了"合法"的有偿提供与"非法"的有偿提供。换言之，不能因为获取、提供行为是"有偿"的，就认定获取、提供公民个人信息的行为是违法的。

第二，我国行政法律法规没有将"有偿性"作为获取、提供公民个人信息行为的违法性标准。目前，我国涉及获取、提供公民个人信息的行政法法律、法规很多，包括《网络安全法》，全国人大常委会《关于维护互联网安全的决定》和《关于加强网络信息保护的决定》，工业和信息化部《电信和互联网用户个人信息保护规定》，以及国家质量监督检验检疫总局、国家标准化管理委员会于2017年12月29日发布、2018年5月1日实施的《信息安全技术——个人信息安全规范》等。但这些行政法律法规都没有将"有偿性"作为认定获取、

提供公民个人信息行为违法的标准。事实上，只有符合某种条件的有偿获取、有偿提供公民个人信息的行为，才可能构成违法。

可见，"有偿性"不是侵犯公民个人信息罪的行为违法性标准，司法机关不能仅仅因为本案中柯某某获取、提供涉案信息的有偿性就认定其行为违法。

2. 本案证据能够证明柯某某获取、提供公民个人信息的行为征得了个人信息主体的同意或者无须征得个人信息主体的同意，其行为具备合法性

《网络安全法》第41条、第42条都强调了个人信息的收集、提供要"经被收集者同意"。本案中，某网站上的房源信息主要包括三部分：一是会员（房产中介）提交的房源信息，二是个人用户（房主自己）提交的房源信息，三是该网站员工通过微信朋友圈或者其他网站收集的二房东房源信息。无论是对哪一类房源信息，某网站客服都会通过打电话的方式联系房东进行核实。柯某某获取、出售公民个人信息的涉案行为已征得了个人信息主体的同意或者无须征得个人信息主体的同意，其行为具备实质的合法性，理由是：

第一，个人用户（房主自己）在某网站上提交的房源信息，属于"个人信息主体自行向社会公众公开的个人信息"，该网站无须再经房主的同意即可获取并向他人提供（包括向他人出售）。这是因为，某网站是一个向社会公众开放的网络平台，房主个人在某网站上提交个人房源信息（含个人信息），属于自行向社会公众公开个人信息。国家质量监督检验检疫总局、国家标准化管理委员会于2017年12月29日发布并于2018年5月1日实施的《信息安全技术——个人信息安全规范》第5.4条、第8.5条分别将"个人信息主体自行向社会公众公开的个人信息"列为"收集、使用个人信息无需征得个人信息主体的授权同意"和"个人信息控制者共享、转让、公开披露个人信息无需事先征得个人信息主体的授权同意"的情形。因此，对这类信息，该网站无须经过房主的同意即可获取、出售。更何况，某网站通过电话向房主审核了房源信息，相当于进一步取得了房主的同意。

第二，该网站员工通过微信朋友圈或者其他网站收集的二房东信息，属于"个人信息主体自行向社会公众公开的个人信息"或者"从合法公开披露的信息中收集的个人信息"，对此，该网站无须再经个人信息主体的同意即可获取并向他人提供（包括向他人出售）。这类情形与上一类情形类似。微信朋友圈和其他网站属于公众平台，上面发布的信息无非两种情况，即要么是房主自己（个人信息主体）自行发布的，要么是他人取得房主同意后合法公开披露的。前者显然属于"个人信息主体自行向社会公众公开的个人信息"，后者则属于"从合法公开披露的信息中收集的个人信息"。根据国家质量监督检验检疫总局、国家标准化管理委员会于2017年12月29日发布并于2018年5月1日实施的《信息安全技术——个人信息安全规范》第5.4条、第8.5条的规定，这两

种情形均属于"收集、使用个人信息无需征得个人信息主体的授权同意"和"个人信息控制者共享、转让、公开披露个人信息无需事先征得个人信息主体的授权同意"的情形，对此类个人信息，该网站无须经过个人信息主体的同意即可获取、出售，同时某网站通过电话向房主审核房源信息的过程实际上相当于其进一步取得了房主的同意。

第三，会员（房产中介）在某网站上提交的房源信息，属于已征得个人信息主体同意的信息，该网站可以获取并向他人提供（包括向他人出售）。这主要体现在两个方面：一方面，房产中介所获得的房源信息必然是经房主同意后才能收集的。在此基础上，本案没有证据表明房产中介向某网站提供房源信息的行为未经房主同意，进而不能证明该网站获取、提供涉案公民个人信息需要再经个人信息主体（房主）的同意。另一方面，本案证据显示，某网站在会员（房产中介）提交房源信息后，都会通过电话向房主审核房源信息（其中当然包括是否出售房屋、房屋地址、结构等基本内容）。这个过程本身就相当于进一步取得了房主的同意。在此基础上，某网站可以获取并向他人提供房源信息。

3. 某网站与会员（房产中介）、个人用户（房主）签订的协议合法，可以排除某网站获取、出售房源信息的违法性

本案中，会员（房产中介）、个人用户（房主）在某网站上注册并提交房源信息是建立在双方的协议基础之上的。即便某网站收集、向他人提供房源信息未获房主的同意，这些协议也可以排除某网站获取、出售房源信息行为的违法性。这主要体现在以下两个方面：

第一，某网站的注册协议表明，某网站禁止用户提交非法信息或者无权传送的内容。某网站注册协议第9条第1款第1项明确禁止："上载、张贴、发送或传送任何非法、有害、淫秽、粗俗、猥亵的，胁迫、骚扰、中伤他人的，诽谤、侵害他人隐私或诋毁他人名誉或商誉的，种族歧视或其他不适当的信息或电子邮件，包括但不限于资讯、资料、文字、软件、音乐、照片、图形、信息或其他资料。"第5项明确禁止："上载、张贴、发送电子邮件或者以其他方式传送无权传送的内容（例如内部资料、机密资料）。"如果用户（主要是房产中介）上传未经房主同意的房源信息（包括房主个人信息），则属于上传非法、侵害他人隐私或其他不适当的信息，责任应当由上传人承担。

第二，某网站的注册协议表明，用户（主要是房产中介）要对自己上传的全部内容负责。某网站注册协议第9条第2款规定："用户对经本服务上载、张贴、发送电子邮件或传送的内容负全部责任；对于经由本服务而传送的内容，本网站不保证前述内容的正确性、完整性或品质。用户在接受本服务时，有可能会接触到令人不快、不适当或令人厌恶的内容。在任何情况下，

本网站均不对任何内容负责，包括但不限于任何内容发生任何错误或纰漏以及衍生的任何损失或损害。本网站有权（但无义务）自行拒绝或删除经由本服务提供的任何内容。用户使用上述内容，应自行承担风险。"根据该规定，对于会员（房产中介）而言，其负有对涉案房源信息进行合法性审查的义务。如果会员传送的房源信息未经房主同意，责任应该由会员承担，而不应由某网站承担。

（二）某网站获取、提供涉案房源信息的行为没有侵犯房主的个人信息权利

关于我国《刑法》第 253 条之一侵犯公民个人信息罪的保护法益，刑法理论上一般认为，是公民个人信息权利（主要是公民个人信息安全）。最高人民法院、最高人民检察院和公安部于 2013 年 4 月 23 日发布的《关于依法惩处侵害公民个人信息犯罪活动的通知》，明确将其表述为"公民个人信息安全"。本案中，房主的个人信息不是独立存在，而是隐含在房源信息之中的。对此，本案现有证据无法证明柯某某的行为侵害了房主的个人信息权利。这是因为：

第一，房主个人信息隐含在房源信息之中的特征，决定了柯某某的行为没有侵害公民个人的信息权利。本案证据显示，涉案的公民个人信息是包含在房源信息之中的。与其他信息不同，房源信息是为房屋买卖、租赁服务的。在通常情况下，为了促进房屋的快速且以合理价位交易，就需要有更多的人了解相关的房源信息。从这个角度看，房源信息的流通无疑是符合房主本意的。某网站通过提供一个合理的房屋买卖、租赁平台的方式，加速了房源信息的流通，对于房主买卖、租赁房屋是有利的。事实亦是如此。在此情形下，本案难以认定柯某某的行为侵害了房主的个人信息权利。

第二，本案没有证据表明房主的个人信息安全受到了侵害。本案证据主要包括某网站资料、柯某某的讯问笔录以及相关证人的证言等。本案中没有关于房主个人信息安全受到了侵害的证据，因而不能证明房主的个人信息安全因为某网站的行为受到了侵害。事实上，考虑到某网站提高了房主房屋的交易速度甚至是交易价格，房主是某网站涉案行为的受益者，而非受害者。在此情况下，本案显然不宜追究某网站负责人柯某某侵犯公民个人信息权利的刑事责任。

李某某盗窃案

——租赁合同过期后联系不上租户后房东私藏屋内
财物的行为是否构成盗窃罪

一、基本案情

2012 年 11 月，李某某将自己名下的房屋出租给周某某并签订了租房协议，租期 2 年。2014 年 11 月底，该房租赁期限届满。李某某在多次联系承租人无果的情况下，于 2014 年 12 月 1 日，协同其妻及小区物业人员李某、陈某某、锁匠一同将 1605 室大门打开进入室内。在检查该房屋时，李某某发现储藏室内有一保险箱。12 月 3 日，李某某再次携同小区物业人员李某、陈某某、王某某以及事先在网上联系好的专业锁匠进入 1605 室开保险箱。锁匠将保险箱打开后，李某某发现此保险箱内存放大量规格为 1 000 克的金条及美元。随即，李某某提议由物业人员在现场见证，对保险箱中的物品进行清点。在清点过程中，李某某趁人不备，私藏了 10 根金条到厕所洗脸池柜台，这一行为被李某发现，但李某并未声张。清点结束后，由舒某某执笔，草拟了一份保险箱物品清点见证清单，清单主要内容为：保险箱内黄色金属物 298 根，美元 5 捆（50 万元），暂为保管。保管期限为 5 年，李某某、李某、陈某某均在清单上签名确认。之后，李某某悄悄给了李某 5 根金条，让其封口保密。当晚，李某某将保险箱内所有金条及美元全部私自运回了其住宅，并将部分金条存放在银行保险箱。

2014 年 12 月 7 日，童某某通过小区物业人员陈某某联系到李某某，自称是某专案组的办案人员，在工作中了解到李某某的房屋内存放有一保险箱，内有涉案物品，并要求李某某交出。12 月 11 日，李某某从家中和银行保险箱内取出金条共 216 根及美元一捆 10 万元，运送至 1605 房屋并存放进保险箱内，于当晚将上述物品交给了童某某、肖某某，并签订了一份交接清单，内容为移交保险箱一只，保险箱内物品原封不动，全部移交。后为掩盖事实真相，李某某找到李某、陈某某等人，重新签订了一份保险箱物品清点见证单，将金条数由 298 根改为 216 根，美元由 50 万元改为 10 万元。李某某先后拿出

43 万元红包给李某、陈某某等，让他们对此事保密。之后，李某某非法占有了 92 根金条及 40 万美元。

二、主要问题

本案涉及的主要问题是房东李某某在租约过期后联系不上租户的情况下私藏屋内财物，其行为是否构成盗窃罪。对此，主要存在两种不同的观点：

一种观点主张构罪，认为行为人李某某在清点租户财物过程中私藏 10 根金条，随后在移交涉案黄金和美元时少移交 82 根金条和 40 万美元，属于以非法占有为目的，秘密窃取财物，构成盗窃罪。

另一种观点主张不构罪，认为由于租约到期，李某某作为房东，对屋中财物具有合法的保管义务，无论是前期的私藏行为，还是后期少移交财物的行为，均并非针对财物所有人的秘密窃取，而属于合法取得财物保管权后的拒不交出行为，并不构成盗窃罪。

三、出罪法理

盗窃罪成立的核心是行为人以非法占有为目的，秘密窃取公私财物的行为。本案中，李某某的涉案行为可分为两部分：一是在 2014 年 12 月 3 日清点保险箱内金条和美元时，李某某趁人不备私藏 10 根金条的行为；二是在 2014 年 12 月 11 日向童某某、肖某某移交保险箱内物品时，李某某少交 82 根金条和 40 万美元的行为。李某某的这两个行为在表现上存在一定的差异，但从性质上看，两个行为都不属于盗窃罪的秘密窃取行为，不构成盗窃罪。

（一）李某某在清点过程中私藏 10 根金条的行为，不属于秘密窃取，不构成盗窃罪

本案中，李某某在第一次打开保险箱后即发现内有大量黄金及美元，在明知自己无权私自处理的情况下，受巨大利益诱惑及贪念的驱使，擅自对物品进行所谓的清点，并在清点过程中秘密隐藏 10 根金条，之后为进一步占有这些物品，采取利诱的手段，送给李某 5 根金条，要求李某为其保守秘密。这足以证明其具有非法占有的故意。对此，本案中李某某私藏 10 根金条时应具有非法占有目的，但其私藏行为不属于盗窃罪的秘密窃取行为，不构成盗窃罪。这是因为：

第一，李某某对涉案金条负有合理保管的义务。本案中，李某某对涉案金条的保管权主要体现在三个方面：（1）李某某作为房主对于租赁期限届满后承租人未搬走的房内财物负有保管义务。本案中，李某某于 2012 年 11 月将自己名下的某市某区某小区 1605 室出租并签订了租房协议，租期 2 年。2014 年 11 月底，该房租赁期限届满。李某某多次联系承租人无果。在此情况下，李某某作为房屋的所有人完全有权收回该房屋的使用权。李某某将房屋收回后，对承租人放在房屋内的物品，负有合理的保管义务。（2）李某某在房屋租期届满并合法打开房屋后即取得了对房屋内物品的实际控制权。本案中，李某某在多次联系承租人无果的情况下，于2014年12月1日，协同其妻舒某某及小区物业人员李某、陈某某、锁匠一同将1605室大门打开并进入室内。在检查该房屋时，李某某发现储藏室内有一保险箱。12月3日，李某某、舒某某再次携同小区物业人员李某、陈某某、王某某以及事先在网上联系好的专业锁匠进入1605室开保险箱。李某某在房屋租期届满并合法打开房屋后就取得了对房屋内物品的实际控制权。换言之，在2014年12月1日打开1605室大门后，1605室内的保险箱及保险箱内的物品即处于其实际控制之下。（3）小区物业人员李某、陈某某等只是见证人，对房屋内的物品不享有控制权。本案中，李某某于2014年12月1日打开房屋和2014年12月3日打开保险箱时都邀请了小区物业人员参加。但这些物业人员既非房屋的控制人也非房屋内物品的控制人，其对涉案房屋内的保险箱及保险箱内物品不具有控制权，而只是作为李某某邀请来打开房屋和保险箱的见证人。

第二，李某某私藏10根金条的行为不是盗窃罪的秘密窃取行为，而是侵占罪拒不返还的准备行为。本案中，对于私藏的10根金条而言，其真正的所有人是该房屋的承租人胡某。李某某私藏10根金条的行为，从形式上看是为了逃避小区物业人员的见证，实际上带有秘密窃取的色彩。但盗窃罪的秘密窃取行为，是相对于财物的所有人或者保管人而言的，即行为人采取自认为不被财物所有人或者保管人发觉的方式。因此，对于李某某私藏10根金条的行为，可从两个方面进行分析：（1）李某某的私藏行为对于该房屋的承租人而言不具有秘密性，不是秘密窃取行为。本案中，承租人对房屋内保险箱中的金条和美元数量是清楚的，而保险箱在李某某的房屋内且是李某某找人打开的，因此，无论保险箱内的金条、美元以何种形式减少，对承租人而言，都不具有秘密性，其都可以将财物减少的责任归结于李某某。李某某的私藏行为不是秘密窃取。（2）李某某私藏行为的实质是拒不交出。本案中，李某某在清点过程中，趁人不备，私藏了10根金条到厕所洗脸池柜台。从行为的目的上看，李某某在清点过程中私藏10根金条的目的显然是减少清点清单上记载的金条数量。其最终目的是在周某某方面向其索要金条时少交出这10根金条。因此，从根本意义上说，李某某私藏10根金条的行为实质上是其以后拒不交出这10根金条的准备行为，本质是拒不交出，而不是秘密窃取。

可见，李某某对涉案金条负有合理保管的义务，其私藏10根金条的行为对周某某而言不具有秘密窃取的性质，不是秘密窃取行为，而是拒不交出的准备行为，不构成盗窃罪。

（二）李某某向童某某、肖某某移交涉案黄金和美元时少移交 82 根金条和 40 万美元的行为，不属于秘密窃取，不构成盗窃罪

本案中，2015 年 9 月，专案组在调查涉案黄金去向过程中，两次询问李某某以追查 1605 室保险箱黄金下落。李某某仅供述了移交给童某某、肖某某的部分黄金及美元的情况，对自己占有的黄金及美元只字不提，足以证明其有非法占有的故意。但李某某向童某某移交涉案黄金和美元时少移交 82 根金条和 40 万美元的行为，不构成盗窃罪。这是因为：

第一，李某某对涉案的这 82 根金条和 40 万美元负有合理保管的义务。这一点与李某某对前述 10 根金条的保管义务一致，即因为李某某作为涉案房屋的房主对租期届满后房屋内物品负有合理保管的义务，同时其在合法取得对房屋的控制权后实际地拥有了对涉案保险箱及保险箱内金条、美元的控制权。除此之外，与前述 10 根金条不同的是，涉案的 82 根金条和 40 万美元经过了李某某与小区物业人员的清点，并被写入了第一次清点的清单。经过小区物业人员的见证，李某某对这些金条和美元的保管权更为清楚，并实际取得了对这些金条和美元的控制权。因此，李某某对这 82 根金条和 40 万美元拥有无可争议的保管权。

第二，李某某向童某某、肖某某隐瞒这 82 根金条和 40 万美元并串通小区物业人员重签物品清点见证清单的行为是拒不交出行为，而非秘密窃取行为。本案中，李某某为了取得涉案的 82 根金条和 40 万美元，实施了两个行为：一是向童某某、肖某某移交保险箱时隐匿了这些金条和美元；二是串通小区物业人员重新制作了一份保险箱物品清点见证单，将清单上原金条数 298 根改为 216 根，50 万美元改为 10 万美元。李某某的这两个行为的核心都是拒不交出。其中，李某某向童某某、肖某某隐瞒保险箱内金条和美元的行为，是典型的拒不交出行为；而李某某串通小区物业人员重签物品清点见证单的行为是拒不交出行为的掩盖行为。

可见，李某某在取得涉案 82 根金条和 40 万美元的保管权后，采取各种方式拒不交出这些财物，属于合法取得财物保管权后的拒不交出行为，而非盗窃罪的秘密窃取，其行为不构成盗窃罪。

张某某诈骗案

——与项目方达成初步意向后伪造项目手续与他人签订合作协议是否构成诈骗罪

一、基本案情

张某某因承包工程亏损和盲目举债，债务缠身。2014 年左右，张某某经人介绍认识了谭某某。2015 年年初张某某私刻甲公司、乙公司两枚公司印章，伪造加盖有甲公司、乙公司印章的工程施工合同和工程施工内部承包合同，虚构承接某码头工程，骗取谭某某信任，与谭某某签订"项目合作协议书"，以统一支付保证金为由骗取谭某某人民币 154 万元，张某某将所骗取的钱款用于偿还个人债务和个人消费。

2016 年 6 月至 12 月期间，张某某陆续返还谭某某人民币 19 万元。之后，张某某躲避不见，拒不还款。2018 年 11 月 26 日，张某某的亲属返还被害人谭某某人民币 135 万元，取得谭某某谅解。

二、主要问题

本案涉及的主要问题是张某某在与项目方达成初步意向的情况下伪造项目手续与他人签订合作协议的行为是否构成诈骗罪。对此，主要存在两种不同观点：

一种观点主张构罪，认为张某某以非法占有为目的，以虚构事实的方法，骗取他人财物，数额特别巨大，应当以诈骗罪追究其刑事责任。

另一种观点主张不构罪，认为张某某具备履约的前提、意愿、能力及行为，且资金去向和事后表现不能证明其主观上具有诈骗的故意和非法占有的目的，不符合诈骗罪的主观要求；张某某的行为不属于无中生有地虚构事实，且谭某某没有被骗，张某某不是因为谭某某被骗而取得涉案财物的，不符合诈骗罪的客观要求，不构成诈骗罪。

三、出罪法理

根据我国《刑法》第 266 条的规定，诈骗罪是以非法占有为目的，采取虚构事实、隐瞒真相的方法，骗取数额较大的公私财物的行为。诈骗罪的成立至少必须同时具备以下两个基本条件：一是目的条件，即行为人主观上必须具有非法占有他人财物的目的；二是行为条件，即行为人客观上必须实施了通过虚构事实、隐瞒真相的方法，导致被害人产生错误认识并作出了错误的财产处分决定，骗取数额较大公私财物的行为。本案中，张某某的行为不符合诈骗罪的主客观要件要求，不构成诈骗罪。

（一）张某某不具有非法占有他人财物的目的，不符合诈骗罪的主观要求

非法占有目的是诈骗罪的必备主观要件，也是区分民事欺诈与刑事诈骗的重要方面。在刑法上，非法占有是指没有支付对价或者没有正当根据地占有他人财物。本案中，张某某取得谭某某154万元的对价物是合作建设某码头工程，该工程真实存在，张某某具备履约的前提、意愿、能力和行为等，其取得谭某某154万元合作款具有正当依据，主观上不具有非法占有的目的。这具体体现在：

第一，张某某具备履约的前提。本案中，谭某某交付的154万元是以由张某某统一支付保证金的名义打入张某某的私人账户的，但张某某与谭某某签订的"项目合作协议书"显示，该154万元属于合作出资的一部分，用于建设某码头工程。而本案证据显示，不仅该工程真实存在，而且在收取谭某某该154万元以前，张某某已经与工程发包方甲公司达成了合作意向；同时，在收取谭某某该154万元过程中，张某某与工程发包方甲公司签订了正式的合作协议并带领工人进场施工。因此，张某某在收取谭某某154万元出资款时具备与谭某某合作的前提和基础，主观上不具有非法占有谭某某财物的目的。

第二，张某某具有履约的意愿。本案证据显示，张某某具有与谭某某合作建设某码头工程的真实意愿。这从张某某的笔录和张某某之后实际进入工程施工的行为即可看出。从张某某与工程发包方甲公司谈判、签订协议和进场施工的行为过程可知，张某某不是以建设某码头工程为幌子取得谭某某的154万元的，而是真想与谭某某合作共同建设某码头工程，张某某主观上具有履约的意愿，不具有诈骗谭某某财物的故意和目的。

第三，张某某具有履约的能力。这包括：一是如前所述，在取得谭某某涉案的154万元合作钱款过程中，张某某已经与某码头工程发包方达成合作意向、签订了合作协议并进场施工，具有履行其与谭某某达成的合作意向和签订的"项目合作协议书"的条件；二是本案证人证言、张某某笔录等证据显示，张某某当时已经实施完毕或正在实施中的工程有某高铁涵洞工程、某街道办事处改造工程、某水文站工程、某钢结构工程。张某某具有建设某码头工程的能力。

第四，张某某有具体履约的行为。这集中体现为张某某为履行协议实际进入某码头进行工程建设。本案中，张某某的笔录，协议书、会议纪要、会议签到表、与会人员通讯录、监理通知单、2015 年 9 月 9 日工程联系函、工程签证单、2015 年 10 月 8 日工程联系函等书证以及甲公司股东彭某和前总经理黄某、谭某某派驻工地的施工员樊某和聂某、施工人肖某某等人的证言均可证实，张某某确实带人进驻某码头工程项目工地进行施工，做了围墙、电缆沟、配电房、修建道路、两个大门等工程。张某某有具体的履约行为，其主观上不具有诈骗谭某某的故意和非法占有谭某某财物的目的。

第五，双方合作项目未能继续进行系客观原因造成。这包括：一是工程发包方甲公司未按照施工合同关于"付款方式：按双方约定进场施工由乙方垫资三个月，第三个月结算已完工程量百分之七十，下月每月结算"的约定付款，导致项目无法继续施工。二是本案证据证明，工程发包方甲公司建设资金严重匮乏，根本无法履约。其中，甲公司的股东、实际控制人彭某的证言，张某某提供的书证"某公司向张某某借款说明"、"某省电力公司普通电费发票"，银行转账信息，某建设公司出具的"借条"以及黄某出具的"情况说明"证实其甚至连电费都交不起，曾向张某某多次借款；甲公司前总经理黄某证言证实彭某的资金出了问题；项目总承包方某有限公司四公司项目经理韩某某证实由于工程进度差，直到现在发包方连缴纳管理费的比例都没有跟某港航局进行沟通确定；张某某的供述证实因为发包方的资金状况很差并且变更施工图纸而无法继续履行合同。

第六，涉案资金去向不能证明张某某主观上具有非法占有的目的。这包括：一是本案证据不能证明张某某将谭某某支付的 154 万元均用于偿还个人债务和进行个人消费。实际上，侦查机关制作的"张某某资金去向表"仅认定张某某用于偿还个人债务和进行个人消费的金额不足 100 万元。二是钱款属于非特定物，张某某基于工程建设等需要串用钱款，只涉及资金的使用权问题，不能认定张某某主观上具有非法占有的目的。在工程建设实践中，这种资金串用十分正常，也不存在侵害资金所有权问题。三是张某某正常支付了进入某建设工程的施工费用，表明其主观上没有非法占有谭某某钱款的目的。

第七，张某某的事后表现表明其主观上不具有非法占有目的。这包括：一是本案证据不能证明张某某事后躲避不见，拒不还款。相反，本案证据能够证明事后张某某与谭某某方面一直有联系，而且郑某某、彭某、谭某某、张某某等多人的笔录都能证实在知道合同不能履行后，张某某通过积极协调将某地土地确权项目的后续工程款支付给谭某某。二是本案证据证明张某某具有积极还款的意愿和行为。例如，张某某向谭某某明确表示会退还其出资款，并于 2016 年 6 月至 12 月间，陆续返还谭某某人民币 19 万元；同时，郑某某、彭某、谭某某、张某某等多人的笔录证实张某某积极协调某地土地确权项目的后续工程款给谭某某。在此过程中，只是因资金困难，张某某没有能力及时返还谭某某的出资，但最终由张某某的家属于 2018 年 11 月 26 日返还谭某某 135 万元。至此，谭某某没有承担其应当承担的工程建设成本，取回了全部出资，没有遭受任何资金损失。

可见，谭某某支付涉案钱款的对价物真实存在，张某某具备履约的前提，同时具有履约的意愿、能力、行为，且资金去向和事后表现都不能证明张某某主观上具有诈骗的故意和非法占有的目的，其不符合诈骗罪的主观要求。

（二）张某某的行为不属于虚构事实的诈骗行为，不符合诈骗罪的客观要求

诈骗罪在客观上表现为行为人通过虚构事实、隐瞒真相的方法，致使被害人产生错误认识并作出错误的财产处分决定，取得被害人财物的行为。这包括两个基本要素：一是行为人实施了虚构事实、隐瞒真相的行为；二是被害人产生了错误认识并作出了错误的财产处分决定，行为人因被害人错误的处分财物行为取得被害人财物。但在本案中，张某某的行为不符合诈骗罪的客观要求，不构成诈骗罪。这具体体现在：

第一，张某某的行为不属于虚构事实行为。在刑法上，虚构事实即无中生有，捏造事实。本案中，张某某的行为不属于虚构事实行为。这是因为：一是张某某早在 2014 年年底（向谭某某介绍、邀请谭某某参与涉案工程建设前）已经与工程发包方甲公司进行了深入沟通并达成了意向协议。对此，彭某（甲公司股东、实际控制人）、黄某（甲公司前总经理）的证人证言以及张某某的供述均可以证明。张某某向谭某某提出合伙承包该项目具有事实基础，不是虚构事实。二是张某某与工程发包方甲公司签订了正式的合作协议。对此，"某省建设工程施工合同"、证人彭某（甲公司股东、实际控制人）和黄某（甲公司前总经理）的证言以及张某某的供述均可以证明。如果说之前张某某向谭某某的介绍还存在一定的瑕疵，那么该正式合作协议对之前的瑕疵进行了充分的补足，进而可以证明张某某没有虚构事实。三是张某某于 2015 年 8 月带领施工人员进场施工，进一步证明了张某某承接工程的事实。本案证据可以充分证明张某某带领施工人员实际驻场施工，从事了维修院墙、大门，改造变电房、厨房、办公室、宿舍，给园区通水通电，修建园区道路等工程。这进一步证明了张某某承接工程的事实。

第二，谭某某没有被骗，张某某不是因为谭某某被骗而取得涉案财物的。被害人产生错误认识是诈骗行为成立的基本要素。本案证据可以充分证明谭某某没有被骗，张某某不是因为谭某某被骗而取得涉案财物的。这包括：一是张某某关于承接某码头工程的陈述内容通过与发包方签订正式的施工合同、带领施工人员进场施工等得到了完全落实，本案客观上不存在谭某某被骗的事实。二是谭某某多次派人考察涉案项目并派人参与项目施工，自始至终没有被骗。本案证据显示，早在 2015 年春节前，谭某某就派人实地考察了某码头工程，证明该工程真实存在；2015 年 7 月 21 日张某某与甲公司签订正式工程合同后，谭某某本人到某码头工程现场实地考察工程情况；2015 年 8 月，张某某带领工人进场施工后，谭某某指派樊某、聂某进驻工地。这些情况均表明，谭某某没有被骗。三是谭某某以保证金的名义将出资款打入张某某账户不属于被骗。本案中，以统一支付保证金的方式将钱款打入张某某私人账户只是谭某某支付出资款的一种方式，不是谭某某支付出资款的对价。只要出资的对价物（建设某码头工程）真实存在，谭某某就有出资的义务。支付方式不会改变谭某某的出资义务和张某某的行为性质。谭某某以保证金的名义将出资款打入张某某账户不属于被骗。

可见，张某某的行为不属于无中生有地虚构事实，且谭某某没有被骗，张某某不是因为谭某某被骗而取得涉案财物的，其行为不符合诈骗罪的客观要求，不构成诈骗罪。

邬某某诈骗案

—— 将投资款变为借款并提起诉讼的行为是否构成虚假诉讼型诈骗

一、基本案情

1993 年年初，A 公司法定代表人戴某某经人介绍认识某度假村法定代表人黄某某，并从黄某某处获悉某市政府有意转让某度假村。经考察后，戴某某认为某度假村、某酒店占地面积较大，有升值空间，遂决定运作收购。

因 A 公司不出资，戴某某经人介绍找到刘某某筹措资金，刘某某又介绍戴某某与 B 公司法定代表人孙某认识。戴某某、刘某某、孙某三人经协商后约定由 A 公司出卖、B 公司出资，共同收购度假村和酒店，包装后再转售牟利。戴某某、孙某、刘某某等人之后以 A 公司代表身份商谈具体收购事宜，1993 年 3 月 19 日，由戴某某代表乙方 A 公司、黄某某代表甲方某度假村共同签订了"某度假村出售转让合同书"，约定：A 公司以支付现金和代偿某度假村全部债务的方式收购某度假村全部资产，转让价格为人民币 6 000 万元。某度假村与某旅行社有限公司合资经营的某酒店，某度假村占股 60%，某旅行社有限公司占股 40%，某度假村同意将其持有某酒店的 60% 股权以实际投入价同时转让给 A 公司，A 公司以代偿债务的方式一并购买该 60% 股份权益。

合同签订后的交接过渡期内，黄某某仍继续管理某度假村，并协助 A 公司与某度假村的债权人协调债务转移相关事宜。黄某某、刘某某分别代表某度假村和 A 公司，与某信托投资公司、某信托咨询公司、某银行等相关债权人签署了"债务转移委托书"，约定将某度假村截至 1993 年 3 月 31 日的债务转移给 A 公司。

因某旅行社有限公司不同意与 A 公司继续合作经营某酒店。1993 年 5 月 6 日，某旅行社有限公司、某度假村及 A 公司签订三方协议书，约定：某旅行社有限公司退出某酒店，其 40% 股份权益换为某度假村欠某旅行社有限公司 4 009 398.28 美元的债务，A 公司承担该债务并取得某酒店的全部股权，同时承接某酒店的所有债权债务。1993 年 6 月，A 公司支付给某旅行社有限公司 100 万美元，余款未付，后经协商，将某旅行社有限公司对 A 公司的债权重新确立为某旅行社有限公司对度假村和酒店的债权，金额为 255.34 万美元。

1993 年 5 月 24 日，戴某某和孙某协商决定由刘某某担任度假村和酒店的法定代表人，具体负责度假村和酒店的管理工作。1993 年 6 月，刘某某任命其亲戚即邬某某任度假村和酒店副总经理，之后任执行总裁，主要负责度假村和酒店的日常管理及对外协调工作。

合同签订后，A 公司于 1993 年 3 月 22 日、4 月 3 日、12 月 20 日先后向某市国有资产管理局支付收购款 200 万元、600 万元和 63.386 223 万元。1993 年 12 月 17 日，某市国有资产管理局同意将某度假村的全部国有资产划归 A 公司。由于资金困难，某市国有资产管理局与 A 公司于 1993 年 12 月 20 日签订"贷款合同书"，约定将尚未支付的收购尾款 100 万元以贷款的方式予以缓期支付，A 公司于 1994 年 7 月 25 日支付 20 万元，余款一直未付。

A 公司收购度假村和酒店后依约应清偿度假村和酒店的原债务，但仅陆续偿还债务本息人民币 500 万余元、美元 280 万余元，尚欠大量债务未还。因资金欠缺及受市场环境影响 A 公司未能在短期内转卖度假村和酒店，酒店经营状况恶化，债权人提起诉讼，1994 年 7 月 1 日，某市中级人民法院裁定对度假村和酒店进行财产保全并公告变卖，变卖期间度假村和酒店由刘某某、邬某某继续管理经营。因转卖谋利的目的无法实现，A 公司的戴某某及 B 公司的孙某再未参与度假村和酒店的经营管理，酒店的运营、偿债等事宜全部由刘某某、邬某某决策实施，刘某某、邬某某二人成为度假村和酒店的实际控制人。

1994 年至 2005 年期间，度假村和酒店相关债权人即本案被害人某市旅游局、某旅行社有限公司、秦某某等单位和个人陆续提起诉讼和申报债权，经法院确认，债权本息共计外汇券 66 万元、人民币 7 081.281 253 万元、美元 547.495 879 万元，其中 A 公司收购度假村和酒店时承接的债务以及收购过程产生的未还债务本息为外汇券 66 万元、人民币 5 241.730 67 万元、美元 547.495 879 万元；收购后度假村和酒店新增的债务本息为人民币 1 839.550 58 万元。

因度假村和酒店资不抵债，刘某某及邬某某为挽回收购和运营酒店的投资款并谋取非法利益，合谋以 B 公司名义，将收购度假村和酒店及经营中的投资款虚构为 B 公司对度假村和酒店的借款并伪造证据，于 2001 年 5 月对度假村和酒店提起两起虚假诉讼，分别要求度假村和酒店偿还欠款人民币本息 12 558.833 329 万元及美元本息 850.338 371 万元，意欲骗取法院变卖酒店分配的执行款项。在诉讼中，刘某某授意邬某某在起诉书、授权委托书等法律文书上代替 B 公司法定代表人孙某签名，指使他人编造借款合同书、还款协议、债权债务确认书及债权数额核对催收单等诉讼材料，并指使邹某某代表度假村和酒店参与诉讼作虚假陈述，认可该虚假债权。2001 年 6 月 20 日，某市中级人民法院作出"民事调解书"，分别确认 B 公司对度假村和酒店的债权为人民币本息 5 567.776 536 万元及美元本息 509.038 276 万元。2004 年 10月，刘某某、邹某某二人以 B 公司名义向某市中级人民法院申请执行。

2003 年至 2004 年期间，某市中级人民法院将度假村和酒店以 1.3 亿元人民币的价格卖给 C 公司。因 C 公司资金短缺，该公司法定代表人覃某某经与刘某某、邹某某协商，决定由 C 公司欠 B 公司 2 400 万元债务，并支付 400万元资金占用费，B 公司向某市中级人民法院出具"关于债权分配款的说明"，表明已收到 C 公司 2 400 万元清偿款，要求在执行分配时将该款抵扣。该 400 万元资金占用费中，刘某某非法获利 345 万元，邹某某非法获利 50万元。

某市中级人民法院收取覃某某实际支付的 1.06 亿元收购款之后，统一对度假村和酒店的债务进行执行清偿，因变卖款不足以全额清偿全部债务，按照变卖价款 1.3 亿元计算，扣除诉讼费、执行费、实际支出费、税款和部分安置费用后，约有 1.15 亿元可用于分配，某市中级人民法院裁定债权人按法律文书确定的债权金额 53% 比例受偿。度假村和酒店变卖后，因无其他财产可供执行，某市中级人民法院遂裁定涉案债权债务终结执行。B 公司按偿债比例分到现金 3 081.286 6 万元以及上述 2 400 万元债权。该款中刘某某分得2 421 万元，邹某某分得 595 万元，余款用于其他用途。

二、主要问题

本案涉及的主要问题是邹某某将投资款变为借款并提起诉讼的行为是否构成虚假诉讼型诈骗罪。对此，主要存在两种不同的观点：

一种观点主张构罪，认为邹某某以非法占有为目的，以捏造的事实提起民事诉讼，骗取法院裁决，从而非法占有他人财物，构成虚假诉讼型诈骗罪。

另一种观点主张不构罪，认为：在事实认定上，本案现有证据不能证明邹某某实施了以捏造的事实提起民事诉讼的行为，不符合虚假诉讼型诈骗罪的成立条件，不构成诈骗罪；在法律适用上，邹某某的行为发生在 2015 年《刑法修正案（九）》增设的《刑法》第 307 条之一生效之前，按照当时的司法做法，也不宜以诈骗罪处理。

三、出罪法理

根据我国《刑法》第 266 条的规定，诈骗罪是以非法占有为目的，通过虚构事实、隐瞒真相的方法，致使被害人产生错误认识并作出错误的财产处分决定，取得被害人数额较大财物的行为。同时，2015 年《刑法修正案（九）》增设的《刑法》第 307 条之一第 1 款、第 3 款规定："以捏造的事实提起民事诉讼，妨害司法秩序或者严重侵害他人合法权益的，处三年以下有期徒刑、拘役或者管制，并处或者单处罚金；情节严重的，处三年以上七年以下有期徒刑，并处罚金。""有第一款行为，非法占有他人财产或者逃避合法债务，又构成其他犯罪的，依照处罚较重的规定定罪从重处罚。"据此，虚假诉讼型诈骗罪是以非法占有为目的，以捏造的事实提起民事诉讼，骗取法院裁决，非法占有他人财物的行为。虚假诉讼型诈骗罪的成立至少必须同时具备以下两个基本条件：一是虚假诉讼行为，即其虚构事实、隐瞒真相的行为表现为以捏造的事实提起民事诉讼，骗取法院裁决。二是非法占有目的，即通过执行法院裁决非法占有他人财物。本案中，主张构罪的观点认为，邬某某伙同他人，以非法占有为目的，虚构事实，骗取他人财物共计 5 481.286 6 万元，数额特别巨大，构成诈骗罪。但在事实认定上，本案现有证据不能证明邬某某的行为构成诈骗罪；同时，在法律适用上，邬某某的行为发生在 2015 年《刑法修正案（九）》增设的《刑法》第 307 条之一生效之前，按照当时的司法做法，也不宜以诈骗罪处理。

（一）在事实认定上，本案证据不能证明邬某某的行为符合虚假诉讼型诈骗罪的成立条件，不能证明其行为构成诈骗罪

主张构罪的观点认为，邬某某、刘某某二人在两酒店资不抵债要被变卖偿债的情况下，为收回理应自担风险的投资款，将 B 公司及刘某某对两酒店的投资款虚构为对两酒店的借款，伪造相关证据和材料提起诉讼并违背事实故意认可诉请的虚假债权，以骗取民事调解书参与执行分配，非法获取了酒店变卖款。其行为符合诈骗罪的构成要件。但本案证据不能证明邬某某的行为符合诈骗罪（虚假诉讼型诈骗罪）的成立条件。这集中体现在本案现有证据不能证明邬某某是以捏造的事实提起民事诉讼的，不能证明其行为符合虚假诉讼型诈骗罪的基本条件。

虚假诉讼型诈骗罪是以虚假诉讼的方式实施诈骗行为。根据我国《刑法》第 307 条之一第 1 款的规定，虚假诉讼是指以捏造的事实提起民事诉讼。关于"以捏造的事实提起民事诉讼"，2018 年最高人民法院、最高人民检察院《关于办理虚假诉讼刑事案件适用法律若干问题的解释》第 1 条第 1 款规定："采取伪造证据、虚假陈述等手段，实施下列行为之一，捏造民事法律关系，虚构民事纠纷，向人民法院提起民事诉讼的，应当认定为刑法第三百零七条之一第一款规定的'以捏造的事实提起民事诉讼'：（一）与夫妻一方恶意串通，捏造夫妻共同债务的；（二）与他人恶意串通，捏造债权债务关系和以物抵债协议的；（三）与公司、企业的法定代表人、董事、监事、经理或者其他

管理人员恶意串通，捏造公司、企业债务或者担保义务的；（四）捏造知识产权侵权关系或者不正当竞争关系的；（五）在破产案件审理过程中申报捏造的债权的；（六）与被执行人恶意串通，捏造债权或者对查封、扣押、冻结财产的优先权、担保物权的；（七）单方或者与他人恶意串通，捏造身份、合同、侵权、继承等民事法律关系的其他行为。"据此，虚假诉讼的认定关键在于行为人的行为是否属于"捏造民事法律关系，虚构民事纠纷，向人民法院提起民事诉讼"。本案中，邬某某是以 B 公司的名义，于 2001 年 5 月对两酒店提起两起民事诉讼，分别要求两酒店偿还欠款，因此，本案是否存在虚假诉讼，关键在于本案能否证明 B 公司与两酒店之间的关系不属于借贷关系。对此，笔者认为，本案不能证明。

1. 认定邬某某虚构借款的逻辑错误、证据不足

本案中，邬某某涉嫌虚构借款的事由包括两个方面：（1）涉案款项的去向；（2）邬某某、刘某某编造借款合同书、还款协议、债权债务确认书及债权数额和对催收单等证据。但整个的认定逻辑错误、证据不足。

第一，在认定逻辑上，对邬某某虚构借款的认定逻辑错误。这包括：一是以款项去向认定涉案款项是投资款，逻辑错误。本案中，所谓邬某某、刘某某二人将投资款虚构为借款的认定依据是民事案件中邬某某、刘某某提供的 54 张凭证对应资金的用途，即这些凭证对应的支出用途是支付中介费，归还银行贷款，支付调剂额度费，用于两酒店发工资、付税、缴电费、储备备用金等经营活动，进而认定涉案 54 张凭证中的款项属性系投资款。但这一认定逻辑存在明显错误。这是因为，涉案 54 张凭证对应款项的性质是否属于借款，不能根据用途认定，而应当根据款项进入的属性进行认定（是以投资款转入还是以借款转入）。款项用途无法区分借款和投资款，因为无论是借给两酒店的借款还是投资给两酒店的投资款，只要未明确限定用途，都可以用于酒店的经营活动。二是以邬某某等人伪造证据认定邬某某等人虚构借款事实，逻辑错误。在民事诉讼中，证据是用来确认案件事实的。如果证据对应的事实存在，无论该证据真假与否，都不能认定行为人捏造事实。而在没有证据证明涉案款项真实属性的情况下，反过来以存在伪造证据来认定行为人捏造事实，属于表里不分，逻辑错误。

第二，在证据运用上，对邬某某虚构借款的认定证据不足。这包括：一是对邬某某虚构借款的认定逻辑存在错误，涉案 54 张凭证涉及款项的用途，不能作为认定邬某某虚构借款的依据，应当予以排除。二是本案证明 B 公司与 A 公司是合作关系的证据不足。其中，戴某某的询问笔录称，两酒店名为 A 公司收购，实际是由 B 公司出资，双方系合作关系。但该笔录不仅没有得到其他任何证据的印证，包括 A 公司与 B 公司之间没有签订合作协议、涉案

款项的支付未以投资款的名义支付，缺乏书证与之印证，而且与孙某、刘某某关于 A 公司收购两酒店是向 B 公司借款的笔录相矛盾，难以成立。三是本案证据不能证明 B 公司是两酒店的收购主体。"某度假村出售转让合同书"，某旅行社有限公司、某度假村、A 公司签订的三方协议书，某市国有资产管理局"关于某度假村资产有偿转让的'通知'和'补充通知'"可以证明，A 公司是收购两酒店的主体，且两酒店的全部财产所有权最终都归 A 公司所有。B 公司既不是收购两酒店的合同主体，也没有实际持有两酒店的任何财产的所有权，不能证明 B 公司是两酒店的收购主体，不能以此认定 B 公司支出的款项是投资款。四是戴某某以没写借条和 A 公司注册资本不足以承担还款等理由否认是借款，难以成立，因为 B 公司支出给 A 公司资金的用途是特定的（用于 A 公司投资两酒店），只要两酒店的资产在，A 公司就不存在难以还款的问题。戴某某否认涉案款项是借款的理由难以成立。五是 A 公司与 B 公司没有签订任何关于收购两酒店的合作协议，无法证明 B 公司支出的款项是投资款，至少不能排除是借款的合理怀疑。六是 B 公司支出的款项没有备注为投资款，付款行为本身不能证明是支付投资款，相反不能排除是借款的合理怀疑。

2. 本案有证据证明邬某某没有虚构借款，同时按照一般情理也不能排除涉案款项是借款的合理怀疑

本案存在证据证明邬某某没有虚构借款，同时按照一般情理也不能排除涉案款项是借款的合理怀疑。

第一，在证据运用上，孙某、刘某某的笔录可以相互印证地证明，B 公司与 A 公司之间是借款关系。孙某的笔录称，A 公司收购两酒店是向 B 公司借款的行为，双方曾签订借款协议；刘某某的笔录称，收购两酒店的款项是 A 公司向 B 公司借的，双方曾签订借款协议。二人的笔录在内容上能够相互印证地证明，B 公司与 A 公司之间的关系是借款关系，而非合作关系。

第二，在情理逻辑上，本案不能排除涉案款项是借款的合理怀疑。这包括：一是借款关系不受主体性质影响的特性决定了本案不能排除涉案款项是借款的合理怀疑。按照《公司法》的规定，任何人（包括公司的股东）都可以给公司借款。从这个角度看，无论 B 公司与 A 公司是否属于合作关系，也无论 B 公司是否属于两酒店的投资人，其支出的款项只要不能证明是投资款，就都有可能是借款，至少不能排除是借款的合理怀疑。二是 A 公司与 B 公司的关系不明决定了本案不能排除涉案款项是借款的合理怀疑。本案中，A 公司与 B 公司之间没有签订任何合作协议，两者之间的法律关系不明；B 公司代 A 公司支付两酒店的相关款项，其行为的法律性质不明。在此情况下，本案不能排除涉案款项是借款的合理怀疑，至少邬某某、刘某某以借款向法院

主张权利，不能认定其捏造了民事法律关系。

3. 邬某某以借款关系提起民事诉讼具有民事法律依据，难以认定其以捏造的事实提起民事诉讼

本案中，邬某某以借款关系提起民事诉讼的法律依据主要涉及 2015 年最高人民法院《关于审理民间借贷案件适用法律若干问题的规定》等规定。这具体包括：

第一，2015 年最高人民法院《关于审理民间借贷案件适用法律若干问题的规定》第 17 条规定，允许原告仅依据金融机构的转账凭证提起民间借贷诉讼。该条规定："原告仅依据金融机构的转账凭证提起民间借贷诉讼，被告抗辩转账系偿还双方之前借款或其他债务，被告应当对其主张提供证据证明。被告提供相应证据证明其主张后，原告仍应就借贷关系的成立承担举证证明责任。"其内容包括两个方面：一是原告可以依据金融机构的转账凭证提起民间借贷诉讼；二是此种情况下证明不是民间借贷的责任由被告承担。这意味着，本案中邬某某、刘某某可以依据银行转账凭证直接提起民间借贷诉讼（不认定他们伪造的证据也完全有可能胜诉）。邬某某、刘某某提起民间借贷诉讼具有法律依据。

第二，《民法典》第 686 条、第 687 条关于一般保证的规定。《民法典》第 686 条第 2 款规定："当事人在保证合同中对保证方式没有约定或者约定不明确的，按照一般保证承担保证责任。"第 687 条第 2 款规定："一般保证的保证人在主合同纠纷未经审判或者仲裁，并就债务人财产依法强制执行仍不能履行债务前，有权拒绝向债权人承担保证责任，但是有下列情形之一的除外：（一）债务人下落不明，且无财产可供执行；（二）人民法院已经受理债务人破产案件；（三）债权人有证据证明债务人的财产不足以履行全部债务或者丧失履行债务能力；（四）保证人书面表示放弃本款规定的权利。"本案中，孙某、戴某某、刘某某的笔录可以相互印证地证明，A 公司曾承诺以两酒店的资产作为偿还 B 公司债务的担保或保障。在 A 公司资产不足以偿还债务的情况下，B 公司有权依法直接对两酒店提起民事诉讼，要求其承担保证责任，归还借款本息。

可见，在事实认定上，本案证据不能证明邬某某实施了以捏造的事实提起民事诉讼的行为，其不符合虚假诉讼型诈骗罪的成立条件，不构成诈骗罪。

（二）在法律适用上，邬某某的涉案行为发生在《刑法修正案（九）》生效之前，依照当时最高人民检察院法律政策研究室的答复，不宜以诈骗罪追究其刑事责任

在 2015 年《刑法修正案（九）》新增关于虚假诉讼犯罪的规定之前，我国司法机关对骗取民事裁判占有他人财物行为的定性存在较大争议。其中，

2002 年最高人民检察院法律政策研究室《关于通过伪造证据骗取法院民事裁判占有他人财物的行为如何适用法律问题的答复》规定:"以非法占有为目的,通过伪造证据骗取法院民事裁判占有他人财物的行为所侵害的主要是人民法院正常的审判活动可以由人民法院依照民事诉讼法的有关规定作出处理,不宜以诈骗罪追究行为人的刑事责任。如果行为人伪造证据时,实施了伪造公司、企业、事业单位、人民团体印章的行为,构成犯罪的,应当依照刑法第二百八十条第二款的规定,以伪造公司、企业、事业单位、人民团体印章罪追究刑事责任;如果行为人有指使他人作伪证行为,构成犯罪的应当依照刑法第三百零七条第一款的规定,以妨害作证罪追究刑事责任。"根据该规定,对于通过虚假诉讼骗取法院裁判占有他人财物的行为,不宜以诈骗罪追究行为人的刑事责任。

本案中,邬某某涉嫌虚假诉讼的行为发生在 2001 年,属于 2015 年《刑法修正案(九)》增设虚假诉讼犯罪之前的行为。按照 2002 年最高人民检察院法律政策研究室《关于通过伪造证据骗取法院民事裁判占有他人财物的行为如何适用法律问题的答复》的规定,即便涉案事实成立,对邬某某的行为也不宜以诈骗罪追究其刑事责任。

苗某某诈骗案

——帮助他人虚假挂靠国有煤矿申请探矿权并无偿取得采矿权后转让的行为是否属于诈骗

一、基本案情

某煤矿系全民所有制企业，苗某某曾任法定代表人。2000年9月，政府发文批准煤矿转制方案。2003年8月14日，该煤矿公司成立，苗某某为该公司法定代表人、投资人之一。2008年4月1日该煤矿公司被核准注销。

2002年年底，张某某找到时任某煤矿矿长的苗某某，要求以某煤矿名义申请办理一处探矿权。苗某某应允并授意某煤矿副矿长和办公室主任帮助办理，张某某提交办理煤田五号井探矿权相关材料，某煤矿出具了申请探矿权的请示，经多级机关逐级审批，2003年3月某煤矿取得煤田五号井探矿权，2004年2月取得采矿权。2003年3月至2004年3月张某某向国土部门缴纳探矿权采矿权价款113.35万元。

2004年4月，张某某成立A公司，编造了2004年5月11日煤矿矿务会议纪要，并以虚假出资及交易为由将五号井采矿权转至A公司名下（2005年7月经国土资源厅批准转让）。2006年9月26日，张某某与B公司签订股权转让协议，将A公司95%的股权以1.3亿元的价格转让给B公司，2009年10月20日签订了采矿权转让合同。集团公司已陆续将股权转让款支付给张某某。经资产评估有限公司评估，涉案煤矿采矿权价值为11 250.74万元。

二、主要问题

本案涉及的主要问题是：帮助他人虚假挂靠国有煤矿申请探矿权并无偿取得采矿权后转让的行为是否属于诈骗，苗某某的行为是否构成诈骗罪的共同犯罪。对此，主要存在两种不同的观点：

一种观点主张构罪，认为张某某以煤矿的名义申请矿业权是诈骗行为，且属于主犯；苗某某同意张某某以煤矿的名义申请矿业权是诈骗罪的共同犯罪，属于起次要作用的从犯。

另一种观点主张不构罪，认为无论是从法律要件上还是从国家政策上看，本案的整体行为都不属于诈骗；张某某取得矿业权时支付了对价（矿业权价款），不是非法占有，且无法证明政府在张某某申请探矿权的过程中被骗，不符合诈骗罪的构成要件。而且，即便本案的整体行为属于诈骗，苗某某的行为也不具备诈骗罪共同犯罪的成立条件，不构成诈骗罪的共同犯罪。

三、出罪法理

针对本案涉及的帮助他人虚假挂靠国有煤矿申请探矿权并无偿取得采矿权后转让的行为，无论是从法律要件上还是从国家政策上看，都不应认定本案的涉案行为为诈骗，苗某某的行为也不构成诈骗罪的共同犯罪。

（一）在法律要件上，本案的整体行为不属于诈骗，且苗某某的行为不具备诈骗罪的共同犯罪的成立条件，不构成诈骗罪的共同犯罪

本案中，主张构罪的观点认为，张某某以煤矿的名义申请矿业权是诈骗，且属于主犯；苗某某同意张某某以煤矿的名义申请矿业权是诈骗罪的共同犯罪，属于起次要作用的从犯。但根据诈骗罪的构成要件，本案的整体行为不属于诈骗，不构成诈骗罪；而且，即便本案的整体行为属于诈骗，苗某某的行为也不具备诈骗罪的共同犯罪的成立条件，不构成诈骗罪的共同犯罪。

1. 本案的整体行为不符合诈骗罪的构成要件，不构成诈骗罪

根据我国《刑法》第 266 条的规定，诈骗罪是以非法占有为目的，采取虚构事实、隐瞒真相的方法，致使被害人产生错误认识，进而非法占有被害人财物的行为。据此，诈骗罪属于非法占有型欺诈类犯罪，其成立首先必须具备非法占有要件，不仅要求行为人主观上具有非法占有的目的，而且要求行为人客观上实施了非法占有行为；其次必须具备欺骗行为要件，要求行为人实施了欺骗行为并导致被害人产生错误认识。本案中，涉案的整体行为过程是：张某某经苗某某同意后以煤矿名义申请并取得探矿权，张某某出资探矿并在探明矿藏后申请取得采矿权，张某某将采矿权转移至个人公司名下并出让。本案的整体行为不属于非法占有，且本案证据不能证明政府在审批矿业权时被骗并产生错误认识，不符合诈骗罪的构成要件，不构成诈骗罪。这具体体现在：

第一，本案的行为不属于非法占有，不符合诈骗罪成立所必须具备的非法占有要件。

在诈骗罪中，非法占有表现为行为人不支付对价取得被害人的财物。在支付了对价的情况下，即便行为人为取得财物而实施了欺骗行为，也只能成立民事欺诈，而不能构成刑法上的诈骗犯罪。本案中，张某某取得矿业权时支付了对价（矿业权价款），不是非法占有，不符合诈骗罪成立所必须具备的

非法占有要件，不构成诈骗罪。理由包括：

（1）作为诈骗对象的矿业权类型认定错误：应当是探矿权，而非采矿权。本案中，涉案煤矿的矿业权有两个：探矿权和采矿权。主张构罪的观点认为，张某某诈骗的行为对象是涉案煤矿的采矿权，并以张某某转让采矿权的获利作为诈骗的金额。不过，这一思路存在明显错误，张某某涉嫌诈骗的行为对象应当是探矿权，而非采矿权。这是因为：一是本案采矿权与探矿权的取得关系，决定了采矿权不是张某某涉案行为的对象。根据国家矿产资源法律法规的规定，采矿权的取得主要有两种方式：独立取得和由探矿权转为采矿权。本案中，涉案煤矿的采矿权不是独立取得的，而是由探矿权转化来的，且由探矿权转采矿权时不需要缴纳采矿权的价款。虽然这种情况下的采矿权取得也要履行审批手续，但它是建立在已经取得的探矿权基础之上的，并非独立取得的。要判断张某某取得涉案矿业权是否合法，只能看其取得的探矿权是否合法。因此，本案的行为对象只能是探矿权，而非采矿权。二是涉案的欺骗行为都发生在申请探矿权的过程中，张某某涉案行为的对象应当是探矿权，而非采矿权。本案中，张某某申请矿业权时涉嫌欺骗的行为都发生在申请探矿权的过程中，包括以煤矿的名义申请探矿权、虚构与其他企业的合作意见书等。而作为诈骗犯罪对象的财物必须对应欺骗行为，是欺骗行为的指向对象。因此，从行为的指向上看，本案的行为对象应当是探矿权，而非采矿权。

（2）作为诈骗对象的矿业权价值认定错误：应当是探矿权在取得时的价值，而非采矿权在转让时的价值。主张构罪的观点认为，张某某的涉案金额是采矿权在转让时的价格，即 11 250.74 万元。但对涉案矿业权价值的这一认识存在明显错误。这是因为：一是如前所述，本案涉案行为的对象是探矿权，而非采矿权，因而应当以探矿权的价值而非采矿权的价值计算涉案金额。二是采矿权的取得条件决定了不能以采矿权的价值计算涉案金额。根据财政部、国土资源部有关文件的规定，在企业自行出资勘查并已经缴纳了探矿权价款的情况下，探矿权转为采矿权时无须缴纳采矿权价款。本案采矿权的取得方式就属于这种类型，其取得条件是"企业自行出资勘查"并"已经缴纳了探矿权价款"。在具备这两个条件的情况下，企业将探矿权转为采矿权时无须缴纳采矿权价款。而在本案中，涉案煤矿的勘探费用都是由张某某支付的，而非由国家支付，因此本案采矿权能否取得的关键在于张某某是否"已经缴纳了探矿权价款"，而这归根结底体现为探矿权的价值。三是即便按照采矿权的价值进行认定，涉案金额也应当是张某某取得时的价格。采矿权的价格一般体现为两种，即取得采矿权应当交付的价款和采矿权的市场价格。对于前者，张某某已经全额缴纳；对于后者，其价格也应当是取得时的市场价格。这是因为，诈骗罪属于非法占有型财产犯罪，对财物价值的认定无疑应当以行为人取得财物的时间作为计价的时间基准。财物取得后的增值部分只能算是孳息，不应以此增加诈骗的金额；同样，财物取得后的贬值也不能降低诈骗的金额。因此，即便涉案行为的对象是采矿权的市场价格，诈骗金额也应当是采矿权在张某某取得时（2004 年 3 月）的价格（评估价），而不能以张某某把采矿权从煤矿转让给 A 公司的时间作为价格的评估基准时间（2005 年 7 月）来认定采矿权的价格（该时点煤炭价格升高，采矿权价格增大）。

（3）张某某全额缴纳了探矿权价款（对价），没有非法占有国家财产，国家也没有遭受财产损失，理由是：一是张某某取得涉案矿业权应支付的是探矿权的对价。这一方面是因为，如前所述，张某某涉案行为的对象是探矿权，而非采矿权；另一方面是因为本案的采矿权是由探矿权转变而来的，在申请人自行出资探矿的情况下，只看其是否缴纳了探矿权的价款。据此，对张某某是否非法占有了国家财产，应以探矿权的价值进行计算。二是张某某办理探矿权时缴纳的 116.9 万元是探矿权的价款（对价），而非行政规费。主张构罪的观点认为，本案中张某某在办理探矿权时缴纳的 116.9 万元应被认定为行政规费（犯罪成本），不应当被认定为探矿权的价款。但在案的"评估报告书"及"探矿权采矿权使用费和价款专用收据"（2003 年 3 月 12 日）明确指称该 116.99 万元是探矿权价款。1999 年财政部、国土资源部下发的《探矿权采矿权使用费和价款管理办法》也清楚地表明，申请人所交的费用是矿业权价款。因此，该 116.9 万元无疑应当是涉案探矿权的出让价款（对价），而非办理探矿权的行政规费。三是张某某全额缴纳了探矿权价款，没有非法占有国家财产。本案中，张某某通过煤矿向政府全额支付了探矿权的价款 116.9万元。这是涉案探矿权在当时的全部价值。在此基础上，张某某没有非法占有国家的任何财产。四是国家没有因为张某某的行为遭受任何损失。国家对矿业权采取的是有偿取得制度，申请人需要支付矿业权的价款。而且，矿业权本身就是使用权，行为人缴纳的价款就是矿业权的价值。只要行为人全额缴纳了矿业权的价款，国家就没有损失。本案亦是如此。在张某某全额缴纳了探矿权的价款后，国家批准探矿权就不会遭受任何财产损失。事实上，国家无论是向国企、民企还是向个人出让同一探矿权，其价款收入都是一样的，不会因为张某某以煤矿的名义申请而多收或者少收。

可见，张某某在申请矿业权时全额缴纳了矿业权价款，没有非法占有国家财产，国家也没有遭受任何财产损失。张某某的行为只危害了国家对矿业权的审批秩序，不属于非法占有，不具备诈骗罪的非法占有要件。

第二，本案证据不能证明政府在张某某申请探矿权的过程中被骗，张某某的行为不符合诈骗罪的欺骗行为要件。

这集中体现为张某某向政府提交的申请报告虽然存在不实内容，但本案证据不能证明政府被骗，理由包括：

（1）煤矿的改制是在政府的主导下进行的，政府对煤矿的改制情况很熟悉，不会被骗。本案中，张某某申请矿业权的文件是交给政府部门的，政府部门正是煤矿从国有企业转制为民营企业的批准机关。这意味着，批准煤矿改制的机关和接收张某某以煤矿名义申请矿业权的机关是同一个。仅凭这一点，本案就有理由认为政府部门没有对煤矿的民营企业性质产生错误认识，进而不能证明政府部门受骗。

（2）本案有证据证明张某某的母亲给政府有关部门打过招呼，政府部门对张某某以煤矿名义申请矿业权知情。本案中，张某某以煤矿名义申请探矿权的文件是张某某本人拿到政府部门办理的，因各种原因，政府部门的许多工作人员对张某某的身份很清楚，进而不能排除他们对张某某申请矿业权的挂靠性质非常清楚，没有被骗的可能。更为重要的是，本案中苗某某、奇某某的笔录等证据显示，张某某的母亲陈某某（曾任政府领导）已就张某某办矿事宜给多级政府有关部门打过招呼，并且也告诉苗某某其打过招呼。在此情况下，政府有关部门知道是张某某在申请办理探矿权，没有被骗。

可见，本案证据不能证明政府部门被骗。主张构罪的观点认为，张某某在苗某某的配合下以煤矿名义申请矿业权，使审批机关误认为是具有一定生产规模和能力的煤炭企业申请勘探开采涉案煤矿，导致审批机关作出错误决定。该认识的依据显然不足，是错误的。

2. 苗某某没有共同诈骗的故意和行为，不具备诈骗罪的共同犯罪的成立条件，不构成诈骗罪的共同犯罪

根据我国《刑法》第 25 条的规定，共同犯罪是二人以上共同故意犯罪。共同犯罪的成立要求行为人主观上具有共同犯罪的故意，客观上实施了共同犯罪的行为。本案中，主张构罪的观点认为，苗某某是张某某诈骗的共同犯罪，属于起次要作用的从犯，理由是苗某某在明知张某某借用其所在企业名义申请矿业权的情况下，为张某某提供配合、支持，其行为构成与张某某诈骗罪的共同犯罪。但这一认定是错误的，苗某某的行为合法，且没有任何获利，不构成诈骗罪的共同犯罪。这具体体现在：

第一，苗某某让张某某以煤矿名义申请探矿权没有违反任何法律规定，是合法的，不构成诈骗罪的共同犯罪。理由包括：

（1）我国没有任何法律法规禁止煤矿挂靠，苗某某的行为合法。本案中，张某某与煤矿的关系：对内各自是完全独立的，涉案煤矿所有活动的经费、人员、后果均由张某某自己承担，煤矿不承担；对外是以煤矿名义进行活动，包括申请矿业权、勘探矿藏等。这两者之间关系的本质就是挂靠。而我国既没有任何法律法规禁止这种挂靠行为，也没有严格管理挂靠的明文规定，因

此，作为合法存在的独立煤矿，某煤矿有权让他人挂靠。苗某某让张某某以煤矿的名义申请矿业权，是一种合法行为，不构成诈骗罪的共同犯罪。

（2）苗某某没有参与涉嫌诈骗的实行行为，不宜认定为诈骗罪的共同犯罪。如前所述，主张构罪的观点认为张某某骗取的是采矿权，对应的行为必然是申请采矿权的行为。但本案证据显示，苗某某同意张某某挂靠煤矿申请的是探矿权，其对张某某以某煤矿名义申请探矿权的行为既不知情也未参与。在此情况下，认为苗某某在诈骗犯罪中起次要作用（按照刑法理论，起次要作用的犯罪人是共同实行犯的一种）的观点，显然是错误的。鉴于探矿权与采矿权是两种不同类型的矿业权（取得探矿权不一定能探得矿藏，进而不一定能取得采矿权），对苗某某的行为也不宜认定为诈骗罪的共同犯罪行为。

第二，苗某某没有与张某某共同诈骗国家矿业权的故意，不构成诈骗罪的共同犯罪。理由包括：

（1）张某某的企业具有申请资格，苗某某同意张某某以某煤矿名义申请探矿权只是为了方便审批，并没有帮助张某某非法占有国家矿业权的意图。这是因为：一是民营企业可以申请矿业权，例如现实中已经有大量民营企业申请取得了矿业权。根据《关于进一步推进煤炭资源整合和有偿使用的实施办法》文件的数据，截止到2005年，某地有1 100家煤矿企业，其中90％以上的均为民营企业，仅涉案煤矿所在地区就有143家煤矿，全部为民营企业（煤矿为转制民营企业）。可见，民营企业完全可以独立地申请矿业权。二是张某某的企业具有煤炭勘探开发能力。张某某在2000年即投资数百万元创办某焦化厂，其以某煤矿名义取得探矿权证后自筹资金缴纳116万元探矿权价款，向地质队支付了120多万元勘探费用，投入近百万元办理安全环境水质等评价设计、征用土地，以及陆续投资超千万元购置设备和建设煤矿等。这些事实足以证明作为民营企业家的张某某具备勘探开发五号井的能力。张某某的勘探开发能力同时也得到了国土资源厅划定矿区范围批复等文件的证实。三是苗某某知道申请矿业权必须缴纳价款，不能免费取得。苗某某作为某煤矿的矿长，对矿业权的申请条件非常清楚，他知道张某某挂靠煤矿申请探矿权必须要缴纳价款，不可能免费取得。在此情况下，本案中苗某某不存在帮助张某某采取诈骗的方法非法占有国家矿业权的意图。

（2）苗某某完全没有参与张某某申请探矿权转采矿权及转让采矿权的行为，表明苗某某没有诈骗的共同故意。如前所述，苗某某在本案中实施的唯一行为是同意张某某以某煤矿的名义申请探矿权。对于张某某之后的以某煤矿名义申请采矿权以及将采矿权转移至张某某个人公司名下并出让的行为，苗某某既不知情也未参与。在此基础上，本案难以认定苗某某主观上具有帮助张某某骗取采矿权的故意。

（3）张某某伪造煤矿转让采矿权的会议纪要和转让合同，反过来证明苗某某没有诈骗的共同故意。共同故意要求行为人就实施犯罪存在犯意的沟通和联络。本案中，张某某为了将采矿权转移到自己的控制之下并进行出售，在没有与苗某某作任何沟通的情况下，私自伪造了煤矿转让采矿权的会议纪要和转让合同。而如果张某某与苗某某存在沟通与联络，他完全可以要求某煤矿作出真实的会议纪要并签订真实的转让合同。张某某不这样做，恰恰表明张某某与苗某某之间缺乏犯意的联络和沟通，证明苗某某没有诈骗的共同故意。

（4）苗某某没有获得任何获利，表明苗某某没有诈骗的共同故意。诈骗犯罪属于财产犯罪。通常情况下，诈骗罪的共同犯罪人必然要对诈骗得来的财物进行分配。这也是认定行为人之间存在共同犯罪故意的一个重要方面。但本案证据表明，苗某某没有任何获利。这不符合诈骗罪的共同犯罪的常理，间接表明苗某某主观上没有诈骗的共同故意。

可见，即便张某某的行为构成诈骗罪，本案也不能认定苗某某具有与张某某共同诈骗采矿权的故意和行为，不符合诈骗罪的成立条件，对苗某某的行为不能以诈骗罪的共同犯罪进行处理。

（二）在国家政策上，本案涉及的行为属于民营企业的经营不规范问题，不属于诈骗，不能作为犯罪处理

对于本案的涉案行为，本案涉及的是民营企业以国有企业名义申请矿业权的问题，体现的是某煤矿在管理上的不规范问题。但根据罪刑法定原则，本案涉及的行为不符合诈骗罪的成立条件，不构成诈骗罪。而且，从国家政策的层面看，基于保护民营企业产权和民营企业家合法权益的政策要求，也不能对本案按照犯罪进行处理。这具体体现在：

第一，基于民营企业产权保护的政策要求，对本案涉及的民营企业存在的管理不规范问题不能以犯罪进行处理。加强对民营企业产权和民营企业家合法权益的刑法保护是当前我国刑事司法领域的重要任务，也是贯彻国家保护民营经济大政方针的具体要求。对此，2016 年 11 月中共中央、国务院发布的《关于完善产权保护制度依法保护产权的意见》明确提出"妥善处理历史形成的产权案件。……对涉及重大财产处置的产权纠纷申诉案件、民营企业和投资人违法申诉案件依法甄别，确属事实不清、证据不足、适用法律错误的错案冤案，要依法予以纠正并赔偿当事人的损失。……严格遵循法不溯及既往、罪刑法定、在新旧法之间从旧兼从轻等原则，以发展眼光客观看待和依法妥善处理改革开放以来各类企业特别是民营企业经营过程中存在的不规范问题。"在此基础上，最高人民法院、最高人民检察院先后出台了多项贯彻性文件。同时，2019 年 12 月 4 日中共中央、国务院再次下发《关于营造更好发展环境支持民营企业改革发展的意见》，明确提出要"保护民营企业和企业家合法财产"，要"持续甄别纠正侵犯民营企业和企业家人身财产权的冤错案件"。本案的发生既有政府执行层面对矿业权审批不合理的原因（重国企轻民企），也有某煤矿作为民营企业的管理不规范的原因。但这些都不是入罪的理由。本案中，苗某某的涉案行为不具备诈骗罪和诈骗罪共同犯罪的成立条件，不构成诈骗罪。相关有罪判决明显侵害了苗某某作为民营企业家的合法权益，违背了国家保护民营企业产权、民营企业家合法权益的政策要求，是错误的。

　　第二，基于最高人民法院、最高人民检察院保护民营企业的司法要求，对本案涉及的行为不能作为犯罪处理。为了强化对民营企业的司法保护，最高人民法院、最高人民检察院在多次发布司法文件的基础上，又发布了多批涉民营企业的司法典型案例，以指导全国的检察审判。其中就有张某中诈骗、单位行贿、挪用公款再审改判无罪案。在该案改判理由中，最高人民法院针对物美集团涉嫌的诈骗罪明确称，物美集团在申报国债技改贴息项目时，国债技改贴息政策已有所调整，民营企业具有申报资格；原审张某中、张某春在物美集团申报项目过程中，虽然存在违规行为，但未实施虚构事实、隐瞒真相以骗取国债技改贴息资金的诈骗行为，并无非法占有3 190万元国债技改贴息资金的主观故意，不符合诈骗罪的构成要件。对照地看，本案与张某中诈骗、单位行贿、挪用公款再审改判无罪案十分类似：张某某个人的企业、某煤矿都有权申请探矿权，而且在申请过程中也是存在违规行为但足额支付了矿业权的价款，没有非法占有国家矿业权的目的和行为，不符合诈骗罪的构成要件。更为重要的是，张某中诈骗、单位行贿、挪用公款再审改判无罪案涉及的3 190万元国债技改贴息资金是无偿取得的，而本案矿业权的取得是有偿的，张某某支付了矿业权的价款，国家没有遭受任何财产损失。因此，按照张某中诈骗、单位行贿、挪用公款再审改判无罪案改判的要求和最高人民法院的指导精神，在本案中也不能将苗某某的行为作为犯罪处理。

陈某诈骗案

——诱导他人进入股票虚拟盘但未诱导进行亏损操作的行为是否构成诈骗罪

一、基本案情

2018年2月，某市居民于某某通过他人设计"模拟股票交易系统"等股票交易平台，于某某负责管理平台内的资金以及运营事宜，并发展被告人陈某、林某等人为代理人，吸收股民到平台入金炒股。钟某某负责在直播间担任"讲师"，讲解股票知识，指导股民买卖股票，借机推荐炒股平台，并按入金股民亏损的5%提成。

2018年8月，陈某、徐某某在经营其公司期间，雇用多人，在明知该平台可以设置10倍杠杆，收取高额手续费，公司人员收入根据客户在平台炒股亏损的比例分成的情况下，通过微信向程某虚假宣传炒股平台，诱骗程某在该平台入金炒股，致使程某被骗取50余万元。

二、主要问题

本案涉及的主要问题是陈某诱导他人进入股票虚拟盘但未诱导其进行亏损操作的行为是否构成诈骗罪。对此，主要存在两种不同的观点：

一种观点主张构罪，认为陈某宣传某炒股平台，吸引客户在某平台入金并诱导客户在某平台炒股，属于以非法占有为目的，通过电信网络手段，虚构事实，骗取他人财物，应当以诈骗罪追究其刑事责任。

另一种观点主张不构罪，认为本案证据不能证明陈某与他人共谋故意诱导程某进行亏损操作，陈某的行为不是诈骗。

三、出罪法理

根据我国《刑法》第266条的规定，诈骗罪是以非法占有为目的，采取虚构事实、隐瞒真相的方法，使被害人产生错误认识并作出错误的财产处分决定，骗取被害人财物的行为。诈骗罪的成立在客观上必须具备三个基本要素：一是行为人实施了虚构事实、隐瞒真相的诈骗行为，且该行为与被害人处分财产之间必须具有直接的对应关系，是行为人取得被害人财物的对价行为；二是被害人产生了错误认识并作出了处分财产的错误决定；三是行为人因被害人错误的处分财产决定而取得被害人的财物。据此，本案中，陈某涉案行为的性质不是诈骗。

（一）诈骗的实行行为是诱导股民进行亏损操作的行为，不包括宣传某平台和吸引客户在某平台入金的行为

本案中，陈某等人的涉案行为有三个：一是宣传涉案平台（"模拟股票交易系统"），二是吸引客户在涉案平台入金，三是诱导客户在涉案平台炒股。但这三个行为之中，只有诱导客户进行炒股亏损操作的行为才是诈骗的实行行为。这具体表现在以下几方面。

1. 宣传某炒股平台的行为不是诈骗的实行行为

这包括两个方面：一是行为人对涉案平台功能的宣传是真实的。本案证据显示，涉案平台具有优于正规炒股平台的多项功能，包括 10 倍杠杆、T＋0 交易、可以买涨也可以买跌等。这可为本案多人的笔录所证实。例如，孙某某的笔录明确称，这个平台的交易带有 10 倍杠杆，T＋0 的交易模式，也就是说当天可以交易，当天可以买进也可以卖出。正规的交易是 T＋1，也就是隔夜交易，正规的平台是没有 10 倍杠杆的。对此，本案被害人程某的笔录也予以了印证，其笔录称（平台收费）买入手续费是 0.7％，过夜费是 0.18％，7 交易日是强制平仓，自带 10 倍杠杆。因此，A 公司的业务人员没有对涉案平台进行虚假宣传，其宣传行为不属于欺骗行为。

二是陈某等人不能操纵涉案平台，更不能通过客户加入涉案平台直接获得财物。本案证据证明，涉案平台是于某某通过他人设计的，该平台上的股票信息与新浪对接，与 A 股的股票信息是同步的。对此，于某某、任某某、孙某某、钟某某、张某某、欧某某、张某等众多人的笔录都可以证明。例如，于某某的笔录明确称，他们的股票交易平台是模仿国家正规的股票交易平台，平台上的指数以及走势图都是和正规股票交易平台一样的。被骗的客户在他们的平台投资股票和在国家正规股票平台是一样的操作，唯一不同的是被骗客户投资进来的钱是进入他们的账户，这些钱也是由他们管控的。交易的手续费也是由他们收取的。正规的平台是"T＋1"交易模式，他们这个平台是"T＋0"交易模式。这也是他们吸引客户的一个特殊的地方。张某某的笔录称，（平台的运营模式跟正规的）买卖一样，股票一样，交易不一样。客户正常交易，跟 A 股一样，不一样的地方是当天买的当天能卖。因此，陈某既不能操纵涉案平台，也不能操纵涉案平台上的股票数据，更不能通过涉案平台直接获得财物。宣传某炒股平台的行为与取得财物之间不具有对价关系，不是诈骗行为。

2. 吸引客户在涉案平台入金的行为不是诈骗的实行行为

这包括两个方面：一是客户的资金可以自由出入涉案平台。本案证据显示，涉案平台对于客户出入平台的资金并不进行限制，客户的入金和提现都是自由的，而非入金后就不能提现。于某某对于"客户资金能否自由出入平台"的提问就明确称，资金出入平台没有限制，因为如果进行限制客户会投诉到银行卡的发卡行，发卡行发现异常就会调查第三方支付平台，对第三方支付平台的所有资金进行冻结，这样的话损失更大，所以不会对客户的出入金进行控制。而程某资金不受限制出入的情况也证实了这一点。

二是客户将资金放在涉案平台，如果不进行炒股操作，不需要支付任何费用。本案中，客户炒股需要支付手续费、机构费用、过夜费等，但这都是建立在客户存在炒股行为的基础上的。如果客户只是将资金放在涉案平台上，不需要支付任何费用。也就是说，吸引客户在涉案平台上入金与取得客户财产之间不对应，吸引客户入金不能取得客户财物，两者之间不能建立起对价关系。因此，吸引客户在涉案平台上入金的行为不是诈骗行为。

3. 只有诱导客户进行炒股亏损操作的行为才是诈骗的实行行为

这包括：一是只有该行为能与客户财物损失之间建立起对应关系。本案证据显示，涉案平台是一个对赌平台，主要赚取的是客户炒股的亏损。据此，诱使客户进行炒股的亏损操作与取得客户财物之间才能建立起对应关系，才具有诈骗行为的性质。二是该行为必须具有虚构事实、隐瞒真相的特征。引导客户进行炒股的亏损操作可以是单纯的督促，也可以是以虚构事实、隐瞒真相的方式进行诱导，如夸大盈利等。只有采取虚构事实、隐瞒真相的方式诱导客户进行炒股亏损操作的行为才是诈骗行为。三是该行为必须导致客户进行了错误的操作，即客户在未受诱导情况下自主操作的行为，与诈骗无关，不能被纳入诈骗范围。本案证据显示，客户的炒股操作都是由客户自己进行的。炒股包括受诱导炒和自己炒两种情况，后者是客户自己选择股票、自己操作。这在涉案平台并不鲜见。例如，张某某的笔录称，这个平台就是买卖股票，有总监指导客户操作，持续一两个月；股票投资钱都由詹某某负责指导操作，有时候股民自己也操作，都由总监来负责；最后，股民有赔有赚，大多数都亏了，张某某只是在群里负责叫好。韦某某的笔录称，客户进入平台后通过买卖股票产生亏损，但是对具体的操作他不清楚，这些股票有公司推荐的，也有客户自己购买的，但是都是通过涉案平台进行交易的。而显然，客户自己操作的情况不属于被诱骗，与诈骗无关。

可见，只有诱导客户进行炒股亏损操作的行为才是诈骗的实行行为。宣传涉案平台、吸收客户入金的行为即便存在一定的欺骗性，因其不具有直接取得财物的性质而更多地也只是一种广告行为，而非诈骗行为。

（二）本案证据不能证明陈某与他人共谋诱导客户进行亏损操作，陈某的行为性质不属于诈骗

本案证据不能证明陈某与他人共谋诱导客户进行亏损操作，陈某的行为性质属于非法经营而非诈骗。这具体体现在：

第一，在行为类型上，本案证据不能证明陈某与他人共谋诱导客户进行亏损操作。这包括三个方面：

一是本案证据不能确实充分地证明存在蓄意的诱导客户进行亏损操作的行为。要诱导客户进行炒股亏损操作，首先必须要确定操作会导致客户亏损，因而需要对所推荐的股票之涨跌有准确判断。而本案证据既不能证明被推荐股票的具体来源，也不能证明詹某某、陆某等业务人员具备相对准确地判断股票涨跌的知识，进而难以证明存在蓄意诱导客户进行亏损操作的行为。

二是即便存在诱导客户进行炒股亏损操作的行为，也是由业务人员进行的业务操作，陈某没有参与。本案中，即便存在诱导客户进行炒股亏损操作的行为，也主要体现为向客户推荐股票的行为，包括选择股票、宣称掌握股票内部信息和炒该只股票能盈利等。这些行为完全是业务行为，由公司的业务人员进行操作和负责。这包括：（1）公司的业务管理主要由詹某某负责。徐某某的笔录称，平台的具体业务是由詹某某负责的。（2）股票的选择主要是由陆某负责的。戴某的笔录称，股票都是陆某选的，他会把话术发出来让他们这些假投资者复制，最终确定股票；陆某自己就会炒股，这可从他自己炒股盈利截图得到证实。（3）具体烘托炒股氛围的炒群行为主要由业务员负责。这在张某某、欧某某等人的笔录中都有具体体现。

三是本案证据不能证明陈某与他人共谋诱导客户进行亏损操作。这包括：（1）本案证据证明，陈某虽然是公司的法定代表人，但其只负责涉案平台的对接工作。其中，对于公司的管理，徐某某的笔录明确称，业务上由詹某某负责，包括业务员管理，平台由陈某跟刘某对接。欧某某的笔录称："3个老板：徐某某、林甲、陈某。2个人事（负责面试、发工资）：林某、林乙（已离职）。1个总监（负责开户、话术、推荐分析股票、策划每日工作内容）：詹某某。2个经理：陆某（负责找股票、分析股票、老师号以及群里水军号的话术）、戴某（负责班长号的话术）。5个员工：傅某某（老师号）、张某某（老师号）、韦某某（班长号）、张某（班长号）、欧某某（老师号）都是负责话术，转发陆某以及詹某某发给我们的话术、股票到所在群里和朋友圈。"同时，本案其他业务人员的笔录也都证明，具体的业务工作都不涉及陈某。（2）本案没有证据证明陈某与公司业务人员就如何诱导客户进行炒股亏损操作进行过商议、讨论，也没有证据证明陈某直接参与实施了诱导客户进行炒股亏损操作的行为。

　　第二，在行为目的上，本案证据只能证明陈某主观上具有营利目的，而不能证明其具有非法占有的目的。

　　本案证据显示，即便是作为对赌平台，涉案平台的盈利也可以不通过诱导客户进行亏损操作完成。这是因为：一是涉案平台收取的手续费、机构费用和过夜费相对较高（其中手续费是 7‰），可以保证平台利润。二是客户自己因贪利而进行的风险操作，客户遭受的损失可以使平台获利。本案中，涉案平台配备了 10 倍的杠杆，客户只要亏损 10％就要被平仓，因此，即便客户某个时候可能营利，但从长期来看，赌博的投机心理必定导致客户亏损，涉案平台就此可以赚取客户的亏损。对此，于某某的笔录对于平台如何营利明确称：一是赌徒不舍收手的心态，涉案平台是 10 倍杠杆平台，在盈利看似变大的同时，风险也在变大；二是平台的手续费比较高，高达 7‰，而正常平台的手续费是万分之五；三是遇到少数比较厉害的会赚钱的客户，一般都是同行，他们利用可以对涨停价进行买跌操作的漏洞，进行买卖从而营利，针对这种客户他们通过后台直接发通告对客户进行清退。可见，陈某完全可以不通过诱使客户进行亏损操作来盈利。在此基础上，本案只能认定陈某主观上具有营利的目的，而难以认定陈某主观上具有非法占有的目的。陈某的行为只成立非法经营行为而非诈骗行为。

　　可见，只有诱导股民进行亏损操作的行为才是诈骗的实行行为。本案现有证据不能证明陈某与他人共谋实施诱导客户进行亏损操作的行为，陈某的行为不成立诈骗罪。

王某某诈骗案

——律师帮助诈骗行为人向法院申请冻结走账资金
能否成立诈骗的共犯

一、基本案情

2007 年 12 月，生某以经营投资需要为由以其实际控制的 A 公司的名义向傅某某借款人民币 1 200 万元，约定利息为 1 分，后生某因公司经营不善一直无法偿还上述借款。2017 年年初，生某与傅某某商量通过向人民法院提起民事诉讼的方式"拿回"借款。2017 年夏天，生某和傅某某重新签订了一份还款协议书，协议中双方约定 A 公司还需向傅某某还款人民币 2 520 万元，并且新增了 B 公司和 C 公司作为上述借款的担保公司，双方还将该份协议的落款时间提前写为 2017 年 3 月 31 日以为后续诉讼提供方便。

2017 年 11 月，生某通过王某某介绍郑某某作为傅某某提起民事诉讼的律师，后傅某某又分别与 D 公司、某律所签订了委托协议和债券（债权）回收监管支付协议（三方监管协议），约定由 D 公司出资借款给傅某某支付基础律师费及诉讼费用共计人民币 22 万余元。双方在委托协议上约定，傅某某获得上述借款的 35%，D 公司获得剩余借款的 65% 作为报酬。上述两份协议均有王某某参与并由郑某某负责起草制定。其间，生某又指使孙某某代表 D 公司在上述两份协议上签字。

上述协议签订完毕后，郑某某作为傅某某的原告代理律师向法院提起民事诉讼，请求判令 A 公司归还借款人民币 1 200 万元及利息。2017 年 12 月 18 日，法院依法受理该案。2018 年 1 月 16 日，法院经双方自愿协商作出民事调解书，明确被告 A 公司返还原告傅某某本息共计人民币 2 600.5 万元，并约定了违约金人民币 300 万元。生某、B 公司、C 公司均对上述款项承担连带清偿责任。

2018 年 5 月 7 日，生某与王某某合谋并指使郑某某以生某未履行上述义务为由向法院申请强制执行，同时递交了暂不查控生某及其公司账户的申请书，法院执行庭于 2018 年 5 月 14 日立案。2018 年 5 月 15 日，生某在明知 B

公司的相关银行账户已被人民法院申请强制执行的情况下，仍隐瞒其真实目的，假借进行"贸易循环"走账以 B 公司名义与 E 公司签订了货款价值为 4 029.075 万元的硅铁购销合同（由 E 公司向 B 公司打款走账，但 B 公司并不实际发货）。随后，生某将即将会有大额资金进入 B 公司名下银行账户的消息披露给王某某，王某某获知消息后立即指使郑某某赶往人民法院递交了"要求立即查控被执行人财产的申请书"。2018 年 5 月 16 日，人民法院依法对 B 公司名下的账户进行了冻结，冻结期限为 2018 年 5 月 16 日至 2019 年 5 月 15 日。

2018 年 5 月 17 日，E 公司在不知 B 公司名下账户已被人民法院依法冻结的情况下仍依照硅铁购销合同约定将 4 029.075 万元"循环贸易"走账款转入 B 公司名下的账户时，其中的 2 900.5 万元被法院依法冻结并即将作为执行款发还给傅某某，其中的 200 万元已被银行直接划扣用于偿还 B 公司的贷款。E 公司实际损失金额为人民币 3 100.5 万元。

二、主要问题

本案涉及的主要问题是王某某在不明知是诈骗的情况下帮助当事人向人民法院申请冻结走账资金，其行为能否成立诈骗罪的共同犯罪。对此，主要存在两种不同的观点：

一种观点主张构罪，认为王某某主观上具有以其律师业务行为帮助他人进行诈骗的意图，并具体表现为其与生某等人通谋或者明知生某等人实施诈骗行为，成立诈骗罪的共同犯罪。

另一种观点主张不构罪，认为：本案现有证据既不能证明王某某与生某等人通谋实施诈骗犯罪，也不能证明王某某主观上明知生某等人行为的诈骗性质；相反，本案有证据表明王某某既没有与生某等人通谋进行诈骗，也不明知生某等人要进行诈骗。因此，王某某的行为不构成诈骗罪的共同犯罪。

三、出罪法理

根据我国《刑法》第 266 条的规定，诈骗罪是行为人以非法占有为目的，采取虚构事实、隐瞒真相的方法骗取他人财物，数额较大的行为。诈骗罪的成立要求行为人主观上具有非法占有的目的和诈骗故意，客观上实施了以虚构事实、隐瞒真相的方法骗取他人数额较大财物的行为。同时，根据我国《刑法》第 25 条的规定，两人以上共同故意诈骗的，可成立诈骗罪的共同犯罪。本案中，王某某的涉案行为是"在傅某某向人民法院提起民事诉讼前已积极参与本案的委托协议以及债券（债权）回收监管支付协议的起草制定，因其本人不方便出面故指使郑某某出面作为原告的代理律师，双方还约定由王某某分得执行款项的 4‰、郑某某分得执行款项的 2‰作为好处费。且在整个民事诉讼过程中，郑某某在每个重要环节都会向王某某进行报告并听取王某某的指示进而采取下一步工作"。综合本案证据，王某某在整个事件过程中的全部行为是为生某、傅某某"提供民事法律服务"的行为。对于身为律师的王某某而言，这是一项基本的业务行为，其行为本身是中性的，因此，本案中，王某某的行为能否构成诈骗罪，关键在于其主观上是否具有以其律师业务行为帮助他人进行诈骗的意图，并具体表现为王某某是否与生某等人通谋或者明知生某等人进行诈骗而提供帮助。但本案证据不能认定王某某存在与生某等人的通谋或者明知生某等人进行诈骗，不具有帮助他人进行诈骗的意图，不符合诈骗罪共同犯罪的成立条件，不构成诈骗罪。

（一）本案证据不能证明王某某存在与生某等人进行诈骗犯罪的通谋行为

通谋是成立共同犯罪的典型行为，表现为行为人为共同实施犯罪进行策划、商议。本案中，对于王某某实施的业务行为能否成为生某等人涉嫌诈骗犯罪的共犯实行行为，通谋是判断标准之一，即如果王某某与生某等人之间存在通谋，则王某某可成立生某等人涉嫌诈骗犯罪的共犯。但本案证据完全不能证明王某某存在与生某等人犯罪的通谋。这是因为：

第一，案件事实本身没有显示王某某与生某等人进行了犯罪的通谋。本案中，王某某的涉案行为主要包括两个方面：一是在民事诉讼过程中，王某某介绍郑某某作为傅某某的原告，并部分参与三方监管协议、委托协议的起草制订（主要是提供协议模板）；二是在民事执行过程中，王某某通过郑某某向人民法院申请查控生某及 B 公司等的银行账户。其中，只有"2018 年 5 月 15 日生某在明知 B 公司的相关银行账户已被人民法院申请强制执行的情况下，仍隐瞒其真实目的，假借进行'贸易循环'走账以 B 公司名义与 E 公司签订了货款价值为 4 029.075 万元的硅铁购销合同"的行为才是涉案诈骗的开始行为（着手犯罪）。总体而言，案件所有事实均没有反映出王某某就生某涉嫌诈骗犯罪的这一行为及之后行为的实施与生某等人进行过通谋。

第二，本案证据不能证明王某某与生某等人进行了犯罪的通谋。这主要体现在两个方面：一是本案客观证据不能证明王某某与生某等人进行了犯罪的通谋。本案的客观证据主要是协议（包括三方监管协议、委托协议、购销合同等）、微信记录、通话记录等。这些客观证据主要反映的是生某、傅某某、B 公司、E 公司等之间的关系，基本不涉及生某与王某某之间的关系，完全不能证明王某某与生某等人之间进行了犯罪的通谋。二是本案现有言词证据不能证明王某某与生某等人进行了犯罪的通谋。在实践中，证明通谋存在的最主要证据是言词证据。本案最主要的言词证据是生某、傅某某、王某某和郑某某四人的笔录。不过，通过比对这四人的陈述可以发现，这四人的陈述中都没有关于王某某与生某等人有过通谋的陈述，完全不能证明王某某与生某等人之间进行过犯罪的通谋。

第三，本案有证据表明王某某与生某等人之间没有进行过犯罪的通谋。犯罪的通谋在客观上表现为行为人就犯罪的实施进行了策划、商量，进而表现出行动的一致性。同时，通谋的犯罪人之间往往会形成利益上的关联，体现为对利益的共享。但本案以下两个情况表明，王某某与生某等人之间没有进行过犯罪的通谋：一是王某某、郑某某的律师费及其提成比例系正常的律师费提成。本案中，王某某、郑某某在整个民事案件中的收费是诉讼基础费用（5万元）加上执行提成比例（6%），其中王某某约定的收费是执行款项4%的提成。这一收费标准要明显低于一般民事案件的代理提成比例（实践中风险代理、执行收费达到10%、20%比较常见，甚至有高达30%的收费），只能算是正常，甚至低于正常的律师收费。从常理的角度看，王某某不存在与生某等人的犯罪通谋，否则她不可能以这样一个收费标准去承担可能产生的严重法律后果，其没有通谋的动机。二是王某某与生某等人在行为上的不一致性。这集中体现在生某及其公司被强制执行。本案中，生某的笔录称，2018年5月14日这天，她查到自己被强制执行立案之后，就打电话给律师王某某，问她怎么被强制执行了，律师王某某说她打电话问一下郑律师看，过了会儿，律师王某某回电话说她已经问过郑律师，郑律师的确向法院提交了强制执行，但同时递交了暂不发起查控的申请。这一事实表明，王某某没有与生某等人进行过犯罪的通谋，否则他们不会在强制执行问题上出现这么明显的不一致。

（二）本案证据不能证明王某某明知生某等人在实施诈骗犯罪行为

明知是犯意联结的最低要求，客观上表现为行为人知道他人正在实施的行为是犯罪行为。从共同犯罪成立的主观条件上看，王某某的行为要成立共犯要求王某某至少必须明知生某等人的行为具有诈骗犯罪性质。但在本案证据不能证明王某某主观上具备这种明知。这是因为：

第一，案件事实本身没有反映出王某某主观上明知生某等人实施的是诈骗犯罪行为。如前所述，王某某的涉案行为是在两个民事诉讼阶段的行为，包括王某某在傅某某向人民法院提起民事诉讼前已积极参与本案的委托协议以及债券（债权）回收监管支付协议的起草制定，因其本人不方便出面故指使郑某某出面作为原告的代理律师，双方还约定由王某某分得执行款项的4%、郑某某分得执行款项的2%作为好处费。且在整个民事诉讼过程中，郑某某在每个重要环节都会向王某某进行报告并听取王某某的指示进而采取下一步工作措施。从案件事实反映的情况看，其没有反映出王某某主观上明知生某等人行为的诈骗性质。

第二，本案证据不能证明王某某主观上明知生某等人行为的诈骗性质。这主要体现在两个方面：一是本案没有任何直接证据证明王某某主观上明知生某等人行为的诈骗性质。这主要体现在生某、傅某某、王某某、郑某某等人的笔录上。具体而言，本案中生某、傅某某、王某某和郑某某四人的笔录都不能证明王某某主观上明知生某等人行为的诈骗性质。特别是王某某和生某二人的笔录，不仅明确否认进行过诈骗犯罪的共谋，也明确否认王某某明知生某等人行为的犯罪性质。二是本案的客观事实不能推定王某某主观上明知生某等人行为的诈骗性质。本案中，王某某在两个民事诉讼阶段的涉案行为可细化为三个具体事实，分别是："王某某在与生某（民事诉讼的被告）熟悉的情况下介绍郑某某担任傅某某（民事诉讼的原告）的代理律师"、"王某某部分参与制订三方监管协议并约定 65％的借款归 D 公司（生某为实际控制人）"和"王某某收到过生某发送的两份购销合同并参与查控生某及其公司账户"。

但问题是：上述三个具体事实能否证明王某某主观上明知生某等人行为的诈骗性质。对此，答案显然是否定的，即本案不能根据这些事实推定王某某主观上明知生某等人行为的诈骗性质，理由是：王某某、生某对这些事实发生的合法性都能作出合理解释，这些事实不能确实、充分地证明王某某主观上明知生某等人行为的诈骗性质。这具体体现在：（1）对于介绍郑某某担任傅某某的代理律师的事实，这一方面是因为王某某曾代理过生某的案件，基于利益冲突的原因，王某某不能担任生某相对方傅某某的律师；另一方面是因为傅某某通过生某要求给其介绍律师。在此基础上，王某某介绍郑某某担任傅某某的代理律师具有明显的合理性。（2）对于参与制订三方监管协议并约定 65％的借款归 D 公司的行为，一方面，王某某只是为生某等人提供了合同模板，并未参与 35％、65％借款分成的讨论和制定，其参与该三方监管协议制定的程度很低；另一方面，王某某不知道 D 公司是生某实际控制的公司。（3）对于收到过生某发送的两份购销合同并参与查控生某及其公司账户的行为，一方面，从这两份购销合同本身无法看出真假，形式上是两份真实的购销合同，王某某对这两份购销合同的虚假缺乏明知。另一方面，生某、王某某的笔录都称发送这两份购销合同有其合理理由，其中生某的笔录称是为了向王某某证明真实贸易的存在，王某某的笔录称是生某为了向其咨询纳税问题。两人的笔录都不涉及与 E 公司"贸易循环"走账的问题。可见，王某某、生某对上述三个事实的发生及其合法性都能作出合理解释，这些事实不能证明王某某主观上明知生某等人行为的诈骗性质。

第三，本案有证据证明王某某主观上不明知生某等人行为的诈骗性质。本案中，生某等人构成诈骗罪的行为是生某通过"贸易循环"走账诈骗 E 公司的财物。据此，王某某是否明知生某的 B 公司与 E 公司之间贸易合同的真实性质十分关键。对此，本案有证据证明王某某不明知 B 公司与 E 公司之间贸易的真实性质，主观上不明知生某等人行为的诈骗性质。这些证据包括：（1）王某某的笔录。本案中，王某某的笔录始终称其认为 B 公司与 E 公司之间的贸易是真实的贸易。例如，王某某笔录称，因为 E 公司提供了供货合同给法院，她就问生某，这个贸易是否是真实的，生某说这个贸易是真实的，E 公司支付货款，肯定有一方会供货给 E 公司。这样做了一年多了，生某说都是真实贸易。2018 年 5 月，E 公司在第一次提出执行异议的时候，生某也承认双方是购销合同关系。（2）生某的笔录。本案中，生某的笔录始终称其告诉王某某该贸易是真实贸易。例如，生某笔录针对"购销合同的事情，你是否转告王某某律师"的提问，称其没有转告；针对"王某某是否清楚被法院冻结的钱是货款"的提问称，她是清楚的，因为他在 2018 年 4 月的时候发过两份购销合同给王某某，所以王某某知道 B 公司是在做贸易的，贸易公司的钱肯定都是货款。（3）王某某、生某在强制执行问题上的不一致。生某的笔录表明他与王某某在生某及其公司被强制执行的问题上出现了分歧。生某的笔录称，2018 年 5 月 14 日这天，他查到自己被强制执行立案之后，就打电话给律师王某某，问她怎么被强制执行了，律师王某某说她打电话问一下郑律师，过了会儿，律师王某某回电话说她已经问过郑律师了，郑律师的确向法院提交了强制执行申请，但也向法院递交了暂不发起查控的申请。这一事实表明，生某没有想到王某某会对其及其公司申请强制执行，而王某某也不知道生某要利用公司账户进行虚假贸易的走账。王某某对生某利用 B 公司与 E 公司进行"贸易循环"走账缺乏认识。

综上，本案证据既不能证明王某某与生某等人通谋实施了诈骗犯罪，也不能证明王某某主观上明知生某等人行为的诈骗性质；相反，本案有证据表明王某某既没有与生某等人通谋进行诈骗，也不明知生某等人要进行诈骗，其行为不构成诈骗罪。

尹某某诈骗案

——"套路贷"过程中没有虚构事实、隐瞒真相的放贷行为
是否成立诈骗罪

一、基本案情

(一)"套路贷"诈骗犯罪

2014 年至 2018 年期间,尹某某以非法占有为目的,在向杨某某、吕某某、迟某某、于某某、张甲、张乙发放高利贷的过程中,采取"砍头息"、"以贷还贷"、"转单平账"、肆意认定违约、要求购买虚构的房产、隐瞒已偿还债务等手段恶意垒高债务,共诈骗人民币 1 389.677 8 万元,其中未遂 477.9 万元。由某某伙同被告人尹某某,共同诈骗吕某某人民币 36 万元。

1. 2014 年 8 月 14 日,杨某某的父亲杨某(2014 年 11 月 6 日去世)以自己开发小区的房产和车库作为抵押向尹某某借款 250 万元,扣除"砍头息" 30 万元(借款期限 2 个月,月息 6 分),实际到账 220 万元。同年 10 月 20 日,杨某某替父亲杨某偿还借款本金及利息 284 万元(其中因借款逾期杨某某多还 30 万元利息,多还的 4 万元系杨某和杨某某跟尹某某的其他借款),双方债务平账,但尹某某拒不退还抵押的房产。后在 2014 年 10 月至 2017 年 6 月期间,尹某某将杨某抵押的 1 套住房、12 个车库变卖,将 121.367 8 万元售房款据为己有。尹某某诈骗被害人杨某某人民币 181.367 8 万元。

2. 2015 年 8 月至 2017 年 6 月,尹某某伙同由某某以非法占有为目的,在吕某某借款过程中,采取"砍头息"、"以贷还贷"、制造虚假银行流水等方式恶意垒高债务。在整个借贷期间,吕某某分 10 笔共收到尹某某借款本金 607 万元,吕某某向尹某某支付本息共计 1 087.52 万元,尹某某共诈骗吕某某 480.52 万元,由某某参与共同诈骗数额 36 万元。

3. 2016 年 2 月 2 日,迟某某要向尹某某借款 110 万元,尹某某提出必须购买小区 30 万元的两套房子(没有实际交付),期限 4 个月,利息 10 万元,迟某某同意后尹某某转款 110 万元。

2016 年 5 月 9 日,迟某某向尹某某借款 140 万元,尹某某提出需偿还 2016 年 2 月 2 日的借款,这次借款为 290 万元,期限 1 个月,利息 15 万元,

给中介人好处费 15 万元，需购买 15 万元住宅（没有实际交付），并用某有限公司价值 50 万元的砖块和某风景区的房子做抵押，签订买卖协议。迟某某同意后，尹某某直接扣除 15 万元房款、15 万元利息、15 万元好处费后，转款 245 万元。当日，迟某某给尹某某转款 150 万元用于归还 2 月 2 日的借款，其中，110 万元系借款本金，10 万元系利息，30 万元系购房款。2016 年 5 月 19 日，迟某某归还了 290 万元。尹某某诈骗被害人迟某某 85 万元。

4. 2016 年 8 月至案发，尹某某伙同由某某以非法占有为目的，在于某某借款过程中，采取"砍头息"、"以贷还贷"、制造虚假银行流水等方式，恶意垒高债务。整个借贷期间，尹某某共支付于某某本金 587.5 万元，于某某共支付尹某某本息 555.4 万元，尚欠尹某某 167.9 万元。

5. 2017 年 11 月至 2018 年 11 月期间，尹某某以非法占有为目的，在张甲借款过程中，采取"以贷还贷"并要求购买房产、汽车、红砖等手段恶意垒高债务及利息。张甲共收取尹某某本金 2 529 万元，张甲共支付尹某某本息 2 678.69 万元，多支付 149.69 万元，尚欠尹某某 310 万元。

6. 2016 年 11 月，杨某以王某某的房产抵押从尹某某处借款 90 万元。2017 年 12 月，尹某某隐瞒杨某和贾某某还清全部借款利息的事实，让张乙偿还借款本金。张乙以 105.2 万元将上述房产赎回。尹某某诈骗被害人张乙人民币 15.2 万元。

（二）某区管委会征收补偿资金被诈骗

2015 年 5 月，在某区管委会以 1 499 万元价格征收尹某某的某林业局外环检查站 8 988 平方米林地过程中，尹某某虚构、伪造补偿协议和交费凭证，骗取某区征收补偿资金人民币 403.3 万元。

二、主要问题

本案涉及的主要问题是尹某某在"套路贷"过程中没有虚构事实、隐瞒真相，其行为是否符合诈骗罪的成立条件，是否构成诈骗罪。对此，主要存在两种不同的观点：

一种观点主张构罪，认为尹某某以非法占有为目的，着手实施"套路"行为，虚增本金甚至凭空捏造虚假的借贷关系，非法占有他人财产，应认定为"套路贷"诈骗行为。

另一种观点主张不构罪，认为"套路贷"不等于诈骗，只有同时具备以非法占有为目的的目的要件和虚构事实、隐瞒真相的行为要件，"套路贷"行为才能被认定构成诈骗罪，而尹某某的放贷行为都是在被害人知情的情况下进行的，没有虚构事实、隐瞒真相，不符合诈骗罪的客观要求，也不存在非法占有的主观目的，因此不成立"套路贷"诈骗行为。

三、出罪法理

根据我国《刑法》第 266 条的规定，诈骗罪是以非法占有为目的，通过虚构事实、隐瞒真相的方法，致使被害人产生错误认识并作出错误的财产处分决定，取得被害人数额较大财物的行为。据此，诈骗罪的成立至少必须同时具备以下两个基本条件：一是主观条件，即行为人主观上必须具有诈骗的故意和非法占有的目的；二是客观条件，即行为人必须实施了虚构事实、隐瞒真相的诈骗行为，且致使被害人产生错误认识并作出错误的财产处分决定，取得被害人数额较大的财物。本案中，尹某某存在两方面的涉嫌诈骗的行为：一是"套路贷"诈骗犯罪，二是诈骗某区管委会征收补偿资金。不过，综合本案证据和事实，尹某某这两方面的行为都不符合诈骗罪的构成要件，不构成诈骗罪。

（一）"套路贷"不等于诈骗，尹某某的放贷行为不符合诈骗罪的主客观条件，不构成诈骗罪

关于"套路贷"诈骗，主张构罪的观点认为，尹某某以非法占有为目的，着手实施"套路贷"行为，虚增本金甚至凭空捏造虚假的借贷关系，非法占有他人财产，应认定为"套路贷"诈骗行为。但这一观点难以成立。

1. "套路贷"不等于诈骗，只有符合诈骗罪构成要件的"套路贷"行为才能被认定为"套路贷"诈骗，成立诈骗罪

关于"套路贷"，2019 年最高人民法院、最高人民检察院、公安部、司法部《关于办理"套路贷"刑事案件若干问题的意见》第 1 条规定："'套路贷'，是对以非法占有为目的，假借民间借贷之名，诱使或迫使被害人签订'借贷'或变相'借贷''抵押''担保'等相关协议，通过虚增借贷金额、恶意制造违约、肆意认定违约、毁匿还款证据等方式形成虚假债权债务，并借助诉讼、仲裁、公证或者采用暴力、威胁以及其他手段非法占有被害人财物的相关违法犯罪活动的概括性称谓。"按照该界定，"套路贷"行为包括两部分：一是采取各种套路形成虚假债权债务，二是借助诉讼、仲裁、公证或者采用暴力、威胁以及其他手段非法占有被害人财物。

上述意见第 4 条规定："实施'套路贷'过程中，未采用明显的暴力或者威胁手段，其行为特征从整体上表现为以非法占有为目的，通过虚构事实、隐瞒真相骗取被害人财物的，一般以诈骗罪定罪处罚；对于在实施'套路贷'过程中多种手段并用，构成诈骗、敲诈勒索、非法拘禁、虚假诉讼、寻衅滋事、强迫交易、抢劫、绑架等多种犯罪的，应当根据具体案件事实，区分不同情况，依照刑法及有关司法解释的规定数罪并罚或者择一重处。"该规定表明：一是对"套路贷"以诈骗罪定罪处罚的前提是"行为特征从整体上表现

为以非法占有为目的，通过虚构事实、隐瞒真相骗取被害人财物"。进言之，如果行为整体上没有表现为以非法占有为目的，对于通过虚构事实、隐瞒真相骗取被害人财物的，不能以诈骗罪定罪处罚。二是"套路贷"不等于诈骗，还可根据其行为特征的不同构成其他犯罪。对比"套路贷"的规定和诈骗罪的成立条件，只有同时具备以非法占有为目的的目的要件和虚构事实、隐瞒真相的行为要件，"套路贷"行为才能被认定构成诈骗罪，即"套路贷"诈骗必须同时符合"套路贷"的行为特征和诈骗罪的成立条件。

2. 尹某某的放贷行为在整体上不符合诈骗罪的主客观要求，不构成诈骗罪

根据我国《刑法》第 266 条的规定，诈骗罪的成立至少要求行为人必须主观上具有"非法占有目的"，客观上实施了"虚构事实、隐瞒真相"的诈骗行为。但在本案中，尹某某的放贷行为整体上不符合诈骗罪的主客观条件，不构成诈骗罪。

第一，尹某某的行为不属于虚构事实、隐瞒真相的诈骗行为，不符合诈骗罪的客观要求。本案中，尹某某放贷的套路行为主要包括：一是收取"砍头息"，二是"以贷还贷"，三是制造虚假银行流水，四是虚假卖房，五是隐瞒还款事实处置抵押房产。综合案件事实和证据，尹某某的行为整体上不符合诈骗罪的客观要求。这是因为：（1）收取"砍头息"、"以贷还贷"、制造虚假银行流水都是在被害人知情的情况下进行（双方共同商定的）的，没有虚构事实、隐瞒真相，不是虚增债务，更没有以此非法占有被害人财物，不符合诈骗罪的客观要求；同时，诈骗罪属于取得型犯罪，隐瞒还款事实处置抵押房产是在取得房产产权或者抵押权之后实施的，不是通过虚构事实、隐瞒真相的方式取得财物，也不符合诈骗罪的客观要求。（2）虚假卖房的证据不足，本案证据表明相关房屋客观存在，被害人关于卖房的陈述缺乏证据印证，在案证据难以认定尹某某卖房属于虚构事实、隐瞒真相的行为。尹某某的行为整体上不属于虚构事实、隐瞒真相，不符合诈骗罪的客观要求，不构成诈骗罪。

第二，本案难以认定尹某某主观上具有非法占有的目的，其不符合诈骗罪的主观要求。这体现在以下三个方面：一是尹某某为放贷支出了大额本金。本案证据显示，尹某某在六笔放贷中付出了 4 200 多万元的本金。尹某某取得借款人的利息具有合理的根据，这反映在尹某某的主观上表明其不具有非法占有的目的。二是尹某某放贷的利息都是与借款人商量确定的，部分放贷的利率因缺乏相互印证证据而难以证实，且与借款本金相比，利息占比较小。即便按照全部金额计算，尹某某通过放贷行为所获得收益也只占其本金的20％左右。尹某某主观上有营利的目的，而不是非法占有的目的。三是尹某某在于某某、张甲等人长期拖欠本息的情况下都未处置抵押物，表明尹某

主观上不是为了占有被害人财产。这些方面表明，尹某某主观上不具有非法占有的目的，不符合诈骗罪的主观要求。

3. 尹某某放贷的具体行为不符合诈骗罪的成立条件，不构成诈骗罪

本案中，尹某某实施了六笔放贷行为。但这六笔放贷行为，都难以认定尹某某的行为符合诈骗罪的证据。这具体体现在：

第一，尹某某涉案的第一笔放贷行为不成立诈骗罪。尹某某涉案的第一笔放贷行为涉及两个具体行为：一是收取杨某某父亲"砍头息"30万元，收取因借款逾期杨某某多还的30万元利息；二是双方债务平账后拒不退还杨某抵押的房产并将房产变卖得款121.367 8万元。尹某某在该笔放贷行为中的两个具体行为都不符合诈骗罪的成立条件，不构成诈骗罪。这是因为：一方面，尹某某收取"砍头息"30万元和因借款逾期杨某某多还的30万元利息，是尹某某与杨某、杨某某共同商量的结果。尹某某没有虚构事实、隐瞒真相，且收取的是本金所产生的利息，不存在虚构理由收取利息的情况，其不符合诈骗罪的主客观条件，不构成诈骗罪。另一方面，尹某某拒不退还抵押的房产并将房产变卖的行为发生在尹某某合法占有涉案房产之后，其对抵押房产的占有不是通过虚构事实、隐瞒真相的方式取得的。而诈骗罪作为取得型犯罪，必须通过虚构事实、隐瞒真相的方式非法占有财物，尹某某的行为不符合诈骗罪的行为要求；同时，本案证据不能证明杨某的欠款已全部偿还完毕，尹某某的行为不构成诈骗罪。

第二，尹某某涉案的第二笔放贷行为不成立诈骗罪。尹某某涉案的第二笔放贷行为是尹某某在向吕某某放贷过程中采取"砍头息"、"以贷还贷"、制造虚假银行流水等方式恶意垒高债务。不过，尹某某的这笔放贷行为不构成诈骗罪。这是因为：一方面，"砍头息"、"以贷还贷"是在借款人知情的情况下进行的，尹某某没有欺骗借款人，同时"以贷还贷"系因被害人无力还款又想继续使用资金，尹某某被动应对的办法，且没有虚增吕某某的借款金额，不存在虚构事实、隐瞒真相的行为，不成立诈骗罪。另一方面，制造虚假银行流水是为了让放贷行为在形式上符合民间借贷的规定，不是为了占有借款人的财物，且制造虚假银行流水不是取得借款人财物的原因，不是通过虚构事实、隐瞒真相的方式骗取他人财物，不成立诈骗罪。

第三，尹某某涉案的第三笔放贷行为不成立诈骗罪。尹某某涉嫌的第三笔放贷行为是尹某某向迟某某放贷过程中收取"砍头息"25万元、好处费15万元和房款45万元。不过，尹某某的这笔放贷行为不构成诈骗罪。这是因为：一方面，"砍头息"是在借款人知情的情况下收取的，是双方商量的结果，尹某某没有欺骗借款人，收取15万元好处费的证据只有迟某某一人的笔录，且没有证据证明存在中间人，迟某某的笔录缺乏证据印证，而尹某某的

笔录称该 15 万元为利息，因此，尹某某收取"砍头息"25 万元、好处费 15 万元的行为不符合诈骗罪虚构事实、隐瞒真相的行为要求。另一方面，本案证据不能证明尹某某收取迟某某 45 万元房款的行为是诈骗，原因是本案证据显示涉案房产客观存在，同时本案有证据表明迟某某的说法不真实、不客观，其购买的房子有明确依据和去处，如尹某某卖给迟某某的几套房被迟某某置换成了 D 小区的门市房。尹某某的行为不是诈骗。

第四，尹某某涉案的第四笔放贷行为不成立诈骗罪。尹某某涉嫌"套路贷"诈骗的第四笔放贷行为是尹某某在向于某某放贷过程中采取"砍头息"、"以贷还贷"、制造虚假银行流水等方式恶意垒高债务。不过，尹某某的这笔放贷行为不构成诈骗罪。这是因为：一是尹某某没有实际取得任何财物，不存在非法占有的事实。在案证据显示，尹某某向于某某支付本金 587.5 万元，于某某共支付尹某某 555.4 万元。尹某某并未收回本金，也没有取得于某某的任何财物。二是如前所述，"砍头息"、"以贷还贷"、制造虚假银行流水不是以虚构事实、隐瞒真相的方法非法占有他人财物的行为，不是诈骗。三是尹某某隐瞒于某某已偿还 22 万元本金的证据不足，只有于某某一人的笔录，缺乏证据印证。四是尹某某以汽车置换房产、要求于某某以门市房抵债，是在于某某知情的情况下公开进行的，不是虚构事实、隐瞒真相的行为，不符合诈骗罪的成立条件。五是本案证据不能证明尹某某向于某某售卖房产属于虚构事实、隐瞒真相的行为，且于某某、尹某某的笔录等证据表明于某某购买的 5 套房产置换了汽车，尹某某的行为不是诈骗。

第五，尹某某涉案的第五笔放贷行为不成立诈骗罪。尹某某涉嫌"套路贷"诈骗的第五笔放贷行为是尹某某在张甲借款过程中，采取"以贷还贷"并要求购买房产、汽车、红砖等手段恶意垒高债务及利息。不过，尹某某的这笔放贷行为不构成诈骗罪。这是因为：一是如前所述，"砍头息"、"以贷还贷"、制造虚假银行流水不是以虚构事实、隐瞒真相的方法非法占有他人财物的行为，不是诈骗。二是尹某某向张甲出售汽车、红砖时都交付了实物，显然不属于诈骗。三是尹某某要出售的房产客观存在，且本案没有证据证明尹某某不会交付房屋，难以认定尹某某向张甲出售房产的行为是诈骗。

第六，尹某某涉案的第六笔放贷行为不成立诈骗罪。尹某某涉嫌套路贷诈骗的第六笔放贷行为是尹某某隐瞒全部借款利息已还清的事实，让张乙以 105.2 万元赎回抵押房产。不过，尹某某的这笔放贷行为不构成诈骗罪。这是因为：一是从在案证据来看，张乙赎回房屋的行为实际上是购买房屋。该房产是王某某的，借款人是杨某，支付利息的人是杨某、贾某某。张乙不是涉案抵押房产的所有权人。张乙的笔录显示其是在得知尹某某要卖掉抵押房屋后，提出以 100 万元把房屋过户；尹某某的笔录显示张乙是购买房屋。同时，房屋办理的是交易手续，而非解除抵押登记手续，并在张乙支付款项后更名为杨某某。这反映出张乙与尹某某之间不是解除抵押赎回房屋的关系，而是房屋买卖关系。二是从房产买卖上看，尹某某向张乙加价的行为是房屋买卖过程中的合法行为，不存在非法占有张乙财物的问题，更不符合诈骗罪的成立条件，不构成诈骗罪。

可见，"套路贷"不等于诈骗。尹某某涉案的六笔放贷行为都不符合诈骗罪的主客观条件，不构成诈骗罪。

（二）本案证据不能证明尹某某采取了虚构事实、隐瞒真相的方法骗取某区管委会征收补偿资金，其行为不符合诈骗罪的成立条件，不构成诈骗罪

关于骗取某区征收补偿资金，本案证据不能证明尹某某采取虚构事实、隐瞒真相的方法骗取某区管委会征收补偿资金，其行为不符合诈骗罪的成立条件，不构成诈骗罪。

1. 本案证据不能证明尹某某通过虚构、伪造补偿协议和交费凭证骗取了某区征收补偿资金，其行为不符合诈骗罪的客观要求

诈骗罪的成立在客观上要求行为人实施了虚构事实、隐瞒真相的行为，且被害人因该行为产生错误认识并错误地处分财物。这包括三个方面：一是行为人必须实施了虚构事实、隐瞒真相的行为，二是行为人取得了他人财物，三是行为人取得财物与其虚构事实、隐瞒真相的行为之间存在因果关系（被害人被骗）。本案中，尹某某确实实施了虚构、伪造补偿协议和交费凭证的行为，但不能证明尹某某通过该行为骗取了某区管委会征收补偿资金。这是因为：

第一，本案证据可以清楚地证明，土地征收价格是按照土地面积整体确定的，与尹某某虚构、伪造补偿协议和交费凭证无关。这包括：一是2015年4月2日某区管委会专题会议纪要证明：尹某某所属土地面积8 988平方米，原土地性质为林地，尹某某本人到上级林业主管部门已办理了林地划转手续，将该土地划转为建设用地，并到某县国土部门办理了土地招挂摘牌手续，且本人对原属土地进行了拆迁安置、土地回填、测绘、林下参种植等商业运作。上述商业行为要求补偿1 033.066 6万元，土地摘牌花费466万元，总计1 499.066 6万元。与会人员经认真讨论后一致认为，尹某某该宗土地由林地划转为建设用地并到某县土地部门摘牌，这笔费用是不可避免的，总计466万元可付给尹某某。同时，尹某某对该宗土地进行拆迁安置、行业调研、土地回填、测绘、林下参种植等投入了一些其他费用，要求给付一定的商业损失赔偿，总计1 033.066 6万元。为保证项目的顺利实施，可以协议征收该宗土地，但土地购买合同和"协议征收合同"要分别签订。二是"尹某某宗地调查情况明细"载明：经上次会议和尹某某本人商谈，给尹某某协议补偿1

499 万元 （1 668 元/平方米×8 988 平方米＝1 488.198 4 万元）。三是某区房屋征收经办中心出具的"情况说明"称：某区管委会与尹某某协商征收该地块，尹某某要求补偿各种费用 2 000 万元，经某区管委会多次谈判确定最终价格为 14 990 666 元。上述证据都形成于"土地使用权征收协议""协议征收合同"签订之前，表明对涉案 8 988 平方米土地征收的价格是按照土地面积整体确定的，不是按照尹某某虚构、伪造的补偿协议和交费凭证确定的。

第二，本案证据完全不能排除尹某某虚构、伪造补偿协议和交费凭证是为了配合某区管委会完善征收手续的可能性。本案证据表明，补偿协议和交费凭证是形式上的，对土地征收没有实际的影响。这包括：一是尹某某的笔录。尹某某的笔录明确称上交补偿协议和交费凭证是为了配合某区管委会完善征收手续，且因"协议征收合同"要求尹某某对支出凭证等的真实性负责而不满，其拒绝在上面签字。而书证"协议征收合同"上确实没有尹某某的签字。二是"协议征收合同"的内容明显不合理，不是真实的，例如：该合同列举的对搬迁检查站补偿 80 万元明确背离市场价格；列举的乔某某补偿中鱼塘部分此前已经被某区管委会征收，明显重复；列举的补偿项目有营业停产损失但当时地上根本没有建筑物；等等。三是某区管委会没有对尹某某提供的补偿协议和交费凭证的真实性进行审查。这完全不能排除尹某某虚构、伪造补偿协议和交费凭证是为了配合某区管委会完善征收手续的可能性。在缺乏某区书记王某某笔录的情况下，本案证据完全不能排除尹某某虚构、伪造补偿协议和交费凭证是为了配合某区管委会完善征收手续的可能性。

2. 本案证据不能证明尹某某具有诈骗的故意和非法占有某区征收补偿资金的目的，不符合诈骗罪的主观要求

诈骗罪的成立要求行为人主观上必须具有诈骗的故意和非法占有他人财物的目的。但本案证据不能证明尹某某具有诈骗的故意和非法占有某区征收补偿资金的目的。这具体体现在：

第一，尹某某没有通过虚构、伪造补偿协议和交费凭证骗取某区管委会土地补偿金的故意。如前所述，关于涉案土地征收补偿金，本案证据不能证明是按照尹某某提交的补偿协议和交费凭证为依据确定的，而是在签订征收协议前已确定按照土地面积确定的；且尹某某的笔录表明，其始终认为提交补偿协议和交费凭证只是为了从形式上完善某区管委会的土地征收手续。这些方面充分表明，尹某某主观上没有通过虚构、伪造补偿协议和交费凭证的方式骗取某区管委会土地征收补偿金的意图。

第二，尹某某不具有非法占有某区管委会土地征收补偿金的目的。这是因为：一方面，尹某某取得土地征收补偿金后交付了土地，且价格合理。从总体上看，尹某某共取得了某区管委会 1 499.066 6 万元土地征收补偿金。为

获得该土地征收补偿金，尹某某交付了 8 988 平方米的建设用地，每平方米的土地征收补偿金为 1 668 元。综合案件情况和当时同类土地价格来看，尹某某所获得的土地征收补偿金总额和单价都是合理的，并不虚高。尹某某在整体上没有非法占有某区管委会土地征收补偿金的目的。另一方面，土地征收补偿金的价格组成不包含补偿协议和交费凭证的内容。前述专题会议纪要、"尹某某宗地调查情况明细"等书证显示，1 499 万余元土地征收补偿金由商业补偿 1 033.066 6 万元和土地摘牌花费 466 万元两部分组成，其中并没有区分需要交费凭证等支出的 403.3 万元涉案款。

可见，本案证据不能证明尹某某采取虚构事实、隐瞒真相的方法骗取了某区管委会征收补偿资金，其行为不符合诈骗罪的成立条件，不构成诈骗罪。

张甲等人职务侵占等案

——与公司合作获得区域优惠但提供了合理服务的行为是否构成职务侵占罪的共犯

一、基本案情

张甲，系 A 公司实际控制人。

2015 年，某公司实际控制人娄某某意欲从 B 公司进货，经王某某与娄某某协商，为了能够享受区域优惠政策并规避 B 公司的母公司 C 公司禁止跨区域销售的规定，2015 年 9 月由娄某某成立 D 公司，利用 D 公司的名义从 B 公司进货，虚构收货地在浙江省杭州市，并由 B 公司先期垫付货款（俗称"托盘"）。王某某又与张乙协商，张乙经张甲同意，利用 A 公司的便利条件，将 D 公司订购的原本应运输到浙江省的钢材实际运到张甲控制的某集团仓库内，然后每吨加价 50 元销售给娄某某。其中，B 公司每吨扣留 20 元作为利润，剩余以 30 元/吨的费用被王某某通过张甲、张乙以 A 公司的名义虚开运费增值税专用发票套取。2015 年至 2020 年 7 月，王某某、张甲、张乙虚开发票的钢材共计 57 509 吨，侵占公司货款 1 725 270 元，其中，王某某每吨分得 10 元，共计分得 575 090 元，张甲、张乙每吨分得 20 元，共计分得 1 150 180 元。

二、主要问题

本案涉及的主要问题是张甲等人的行为是否符合职务侵占罪的成立条件，是否构成职务侵占罪。对此，主要存在两种不同的观点：

一种观点主张构罪，认为张甲等人主观上具有非法占有公司财物的目的，客观上利用了王某某的职务便利，实施了虚开发票套取公司财物并分利占为己有的行为，符合职务侵占罪的构成要件。

另一种观点主张不构罪，认为张甲等人提供了合理的服务，其行为不是非法占有，不符合职务侵占罪的客体要求，不构成职务侵占罪。

三、出罪法理

关于职务侵占罪，我国《刑法》第 271 条第 1 款规定："公司、企业或者其他单位的工作人员，利用职务上的便利，将本单位财物非法占为己有，数额较大的，处三年以下有期徒刑或者拘役，并处罚金；数额巨大的，处三年以上十年以下有期徒刑，并处罚金；数额特别巨大的，处十年以上有期徒刑或者无期徒刑，并处罚金。"据此，职务侵占罪的成立至少必须同时具备以下两个基本要件：一是行为要件，即行为人实施了职务型非法占有行为（利用职务上的便利，将本单位财物非法占为己有，数额较大）；二是客体要件，即行为人的行为必须侵害了本单位财物的所有权。本案中，主张构罪的观点认为，张甲等人主观上具有非法占有公司财物的目的，客观上利用了王某某的职务便利，实施了虚开运费增值税专用发票套取公司财物并分利占为己有的行为，符合职务侵占罪的构成要件。但笔者认为，这一认定是错误的，张甲等人的行为不符合职务侵占罪的成立条件，不构成职务侵占罪。

（一）A 公司为收取 30 元/吨的费用提供了对价，张甲等人的行为不是非法占有，不符合职务侵占罪的行为要求

职务侵占罪在客观行为上表现为"利用职务上的便利，将本单位财物非法占为己有"。其核心行为是"非法占为己有"，表现为行为人没有法律根据或者未支付对价地将单位财物非法占为己有。本案中，主张构罪的观点认为，张甲、张乙伙同 B 公司的王某某，利用王某某的职务便利，虚开运费增值税专用发票套取 B 公司 30 元/吨的钢材费用并分利占为己有。但该 30 元/吨的钢材费用是 B 公司支付给张甲、张乙所在 A 公司的费用，A 公司为取得该 30 元/吨的费用提供了相应的服务。张甲等人的行为不是非法占有，不符合职务侵占罪的行为要求。

1. 在行为的前提上，某营销总公司设置的"区域优惠"不能作为认定张甲等人职务侵占的前提

本案中，C 公司为拓展省外业务，自 2003 年 10 月起，综合考虑钢材的运输费用、各销售区域当地市场钢材成交价格等因素，根据不同的销售区域确定了不同的钢材销售价格。省外的销售价格低于钢厂所在地的销售价格，该价格差称为"区域优惠"。取得"区域优惠"后，B 公司向娄某某加价 50 元/吨，并将该 50 元/吨分为 20 元/吨（给 B 公司）和 30 元/吨（给 A 公司）。但他们之间的关系不是利润分配关系，"区域优惠"不能作为认定张甲等人职务侵占的前提。这体现在：

第一，"区域优惠"政策是 C 公司制定的，与张甲等人职务侵占 B 公司的财物无直接关系。在刑法上，职务侵占罪侵占的是本单位的财物。主张构罪的观点认为张甲等人的行为侵占了 B 公司的单位财物。但"区域优惠"政策是 C 公司制定的，他人利用或者钻"区域优惠"政策的漏洞，最多也只会侵害 C 公司的利益，而不会侵害 B 公司的利益，更不涉及侵占 B 公司的单位财

物问题。因此，"区域优惠"与张甲等人行为的定性没有直接关系，不应作为认定张甲等人犯职务侵占罪的依据。

第二，"区域优惠"政策本身是否合法存疑。本案中，C公司制定"区域优惠"政策时考虑的是钢材的运输费用、各销售区域当地市场钢材成交价格等因素。该政策的直接影响是导致省外的销售价格低于钢厂所在地的销售价格。为了防止销售公司钻"区域优惠"的政策空子，C公司又规定禁止"自提"和"甩货"。这一政策本身有违市场经济规律，合法性存疑，难以作为本案定性的基础。

第三，B公司向娄某某加价50元/吨是有条件的，并不是简单地获得"区域优惠"的利益。本案证据显示，B公司加价50元/吨后，娄某某购买钢材的价格与其直接在钢厂所在地购买的价格相当，而娄某某之所以同意加价，是因为B公司同意"托盘"（垫付资金从钢厂提出钢材）。在此情况下，B公司加价50元/吨是有条件的：一是B公司要为娄某某购买的钢材垫资，二是B公司要安排物流公司将钢材从钢厂提出并存放、监管（当娄某某支付了钢材款后按照B公司的指令放出相应的钢材）。因此，B公司加价50元/吨要支付相应的对价，而非直接获得50元/吨的利润。

可见，"区域优惠"不是针对B公司，且B公司加价50元/吨是有条件的，并非直接分配50元/吨的价格利润，不能将20元/吨给B公司、30元/吨给A公司简单地理解为一种利润分配关系。

2. 在行为的对价上，A公司取得30元/吨的费用是其提供相应服务的合理对价，张甲等人的行为不是非法占有

职务侵占罪的非法占有在内容上表现为没有法律根据或者没有支付对价地占有他人财物。行为人如果支付了相应的对价，那么其取得财物的行为即便不合法（如买卖违禁品），也不成立非法占有。本案证据可以充分证明，A公司为取得30元/吨的费用提供了相应的对价（服务），不是非法占有。这具体体现在：

第一，B公司与娄某某之间的销售模式决定了必须由第三方提供短途运输、仓储等短倒服务。如前所述，B公司与娄某某的销售模式是：B公司垫资从钢厂提出钢材，在娄某某支付一定的钱款后，按照钱款对应的钢材数量向娄某某放出相应数量的钢材。由于B公司不在当地，在当地也没有自己的运输、仓储等条件，因此B公司必然要找第三方提供短途运输、仓储等短倒服务。张甲所在的A公司正是B公司选定的第三方，其加入整个销售过程的目的就是通过提供短途运输、仓储等短倒服务获得相应的价款收益。

第二，A公司为B公司提供了相应的服务，有权取得相应的费用。这包括两个方面：一方面，A公司与B公司签订了"临时存放仓储合同"，约定

"乙方（A 公司）承担倒运、吊装、收货、发货、保管服务，并由甲方（B 公司）承担相应的费用"。另一方面，A 公司实际地为 B 公司提供了钢材的倒运、吊装、收货、发货、保管等服务。在此基础上，A 公司有权从 B 公司取得相应的费用。

第三，A 公司向 B 公司收取 30 元/吨的费用属于合理费用。这包括：一方面，A 公司向 B 公司开具的 30 元/吨发票是真实的。这不仅体现在发票开具的钢材数量与 A 公司实际承运、仓储等的钢材数量一致上，还体现在 A 公司与 B 公司签订的合同及其提供的服务都包含了运输业务。上述以运输费的名义开具发票不属于虚开发票。另一方面，A 公司按照 30 元/吨收取费用合理。A 公司为 B 公司提供的服务费用包括钢材从钢厂至存放点院内的短倒运输费，钢材到院内后又产生入库吊装费、仓储费、出库吊装费、货物监管费等。以 30 元/吨收取费用，不仅与 A 公司向其他公司收取的同类服务费用相一致，而且也与 A 公司的实际服务成本相一致。例如，为将钢材从钢厂运输到存放点院内，A 公司雇汽车运输要支付 10 元/吨左右的费用（由 A 公司开给魏某某）；A 公司开具运输发票要支付税款 3 元/吨；A 公司要承担钢材到院内后又产生的入库吊装费、仓储费、出库吊装费、货物监管费等。

3. 在支出的性质上，A 公司提供的服务支出不能被认定为犯罪成本

犯罪成本是犯罪人为实施犯罪所进行的投入和支出。与合同对价不同，犯罪成本不是合同约定的内容，无助于合同目的的实现。相反，为实现合同目的的支出，属于合同的对价，而非犯罪成本。本案中，主张构罪的观点认为，虽然实际短倒也产生了一定的费用，但产生的费用系张甲、张乙、王某某为了违反合同约定、非法占有公司财物的犯罪成本。构罪观点的这一认定是错误的。这体现在：

第一，作为犯罪成本依据的合同错误。本案中，张甲等人涉嫌职务侵占的行为对象是 B 公司的财物，而非 C 公司的财物，相对应的合同是 A 公司与 B 公司之间的"临时存放仓储合同"。据此，张甲等人提供短倒服务的支出究竟是合同对价还是犯罪成本，应当依据 A 公司与 B 公司之间签订的合同（"临时存放仓储合同"）进行判断，不能以 D 公司与 B 公司之间的销售合同作为认定依据。以 D 公司与 B 公司签订的销售合同为依据，将 A 公司的短倒支出认定为犯罪成本的观点，是错误的。

第二，A 公司的短倒及其支出是"临时存放仓储合同"的对价，而非犯罪成本。本案中，以 A 公司与 B 公司之间签订的"临时存放仓储合同"为依据，A 公司实施的短倒行为正是合同约定的行为（倒运、吊装、收货、发货、保管），其支出的短倒费用是合同的对价支出，可以排除 A 公司的非法占有目的和非法占有行为的可能性。在此基础上，A 公司实施的短倒支出明显不属

于犯罪成本。

可见，A 公司取得 30 元/吨的费用是其提供相应服务的合理对价。张甲等人的行为不是非法占有，不符合职务侵占罪的行为要求。

（二）30 元/吨的费用不是 B 公司的单位财物，张甲等人的行为不符合职务侵占罪的客体要求

职务侵占罪的客体是单位财物的所有权，并具体体现为本单位财物的损失。但本案不能认定涉案的 30 元/吨的费用为 B 公司的单位财物。这主要体现在：

第一，从财物的来源上看，该 30 元/吨的费用源自娄某某，B 公司只是代收者。本案证据显示，B 公司向娄某某加价 50 元/吨，其中包括了短倒的费用，娄某某没有向 A 公司另外支付费用。对此，娄某某的笔录、王某某的笔录等证据可以证明。在此情况下，B 公司向娄某某加价的 50 元/吨中包含了短倒的费用。30 元/吨作为短倒费来自娄某某，而非出自 B 公司。

第二，从财物的归属上看，30 元/吨的费用属于 A 公司，而非 B 公司。这包括两个方面：一方面，B 公司让 A 公司负责娄某某购买钢材的短倒业务，显然应当向 A 公司支付相应的费用。另一方面，如前所述，30 元/吨的短倒费对于 A 公司来说是一个合理的费用，A 公司有权获得，因此，B 公司应当向 A 公司支付短倒费用，而且实际支付的短倒费用也是合理的费用。在此基础上，本案不能将 B 公司已经支付给 A 公司的 30 元/吨的费用认定为 B 公司的单位财物，而应当认定为 A 公司的单位财物。

第三，从证据的证明上看，30 元/吨的费用应当被认定为 A 公司的财物。主张构罪的观点认为，要认定 30 元/吨的费用属于 B 公司的财物，就要证明 B 公司不应向 A 公司支付该 30 元/吨的费用，包括 B 公司完全不应该支付和部分不应该支付。但从本案的情况看，B 公司显然不属于完全不应该支付该部分费用，因为 A 公司按照双方签订的协议合理提供了相应的短倒服务，B 公司显然应该支付相应的费用。对于 B 公司是否属于部分不应该支付该费用（30 元/吨的费用高于市场价，B 公司不应该支付这么多），本案证据显示，该 30 元/吨属于合理的短倒费用，更为重要的是本案没有证据证明 B 公司支付该 30 元/吨的费用时多出了多少。根据事实存疑有利于被告的原则，本案也应当认定该 30 元/吨的费用属于 A 公司的单位财物。

可见，30 元/吨的费用属于 A 公司的单位财物，而非 B 公司的单位财物。张甲等人的行为没有侵害 B 公司单位财物的所有权，不构成职务侵占罪。

王某职务侵占案

——公司财产与股东财产发生混同时公司的实际控制人能否成立职务侵占罪

一、基本案情

王某系 A 公司的总经理及实际控制人。2013 年 3 月 26 日，A 公司与 B 公司就某某项目推进事项达成"协议书"一份。根据该协议，C 公司支付给 A 公司某某项目投资补偿款人民币 6 500 万元。在协议履行过程中，王某以方便 A 公司处理债务为由，要求公司法定代表人戴某某出具四张打款指令，将 C 公司前期支付的人民币 2 000 万元汇入王某的个人银行账户。王某将该 2 000 万元在自己的其他银行账户以及其他关系人的银行账户进行多次周转、提现、消费、投资，占为己有。2013 年 3 月 15 日王某与其妻子投资人民币 1 000 万元注册成立了一家房地产开发公司，该公司以人民币 610 万元购买了某地块土地使用权。

二、主要问题

本案涉及的主要问题是：公司财产与股东财产发生混同时公司的实际控制人能否成立职务侵占罪，即王某的行为是否构成职务侵占罪。对此，主要存在两种不同观点：

一种观点主张构罪，认为王某利用职务便利侵占了 A 公司 2 000 万元的钱款，王某的行为构成职务侵占罪。

另一种观点主张不构罪，认为王某是 A 公司的唯一出资人，考虑到王某个人的财产与 A 公司、某房地产开发有限公司的财产发生了混同等要素，王某的行为不构成职务侵占罪。

三、出罪法理

关于职务侵占罪，我国《刑法修正案（十一）》修正前的《刑法》第 271 条第 1 款规定："公司、企业或者其他单位的人员，利用职务上的便利，将本单位财物非法占为己有，数额较大的，处五年以下有期徒刑或者拘役；数额巨大的，处五年以上有期徒刑，可以并处没收财产。"根据该规定，职务侵占罪的对象是公司、企业或者其他单位的"本单位财物"。本案中，王某是 A 公司的唯一出资人，且 A 公司的财产与作为出资人的王某的个人财产发生了混同。涉案的 2 000 万元钱款不能被认定为单位财物，王某主观上亦不具有非法占有的目的，其行为不构成职务侵占罪。

（一）王某是 A 公司的唯一出资人，A 公司的财产（包括涉案的 2 000 万元钱款）不能成为王某职务侵占罪的对象，王某的行为不构成职务侵占罪

本案中，王某是 A 公司的唯一出资人，对 A 公司的财产（包括涉案的 2 000 万元钱款）享有最终的财产权。A 公司的财产（包括涉案的 2 000 万元钱款）不能成为王某职务侵占罪的对象。这具体体现在：

1. 在只有一人出资的公司中，公司的财产与出资人的财产具有实质上的同一性，公司的财产不能成为职务侵占罪的对象

我国《公司法》肯定了公司独立的法人财产权。《公司法》第 3 条第 1 款规定："公司是企业法人，有独立的法人财产，享有法人财产权。公司以其全部财产对公司的债务承担责任。"但公司的独立财产权具有相对性。在只有一人出资的公司中，公司的财产与出资人的财产具有实质且最终的同一性，该公司的财产不能成为刑法上职务侵占罪的对象。这是因为：

第一，在只有一人出资的公司中，公司的财产与出资人的财产具有实质的同一性。刑法对法律关系的判断依据是其实质，其对财产归属的判断要透过现象看本质。对公司的财产而言，这意味着要揭开公司的面纱看其实质的财产关系。从公司法的角度看，公司在公司法上的独立法律人格是其拥有独立财产权的基础。但这只是形式上的判断。刑法上对财产关系的判断并不仅限于形式上的法律关系，还要透过现象看本质，要看到财产的事实占有关系。在只有一人出资的公司中，公司只有一名出资人。该出资人可以独享公司的"资产收益、参与重大决策和选择管理者等权利"（《公司法》第 4 条）。据此，从财产的事实占有关系上看，公司的唯一出资人对公司财产享有事实上的占有、使用、收益和处分的权利。而且从财产分配的角度看，公司的财产最终均应分配给该出资人。因此，在只有一人出资的公司中，公司财产与出资人个人的财产在事实层面上难以区分。该类公司的财产不能成为出资人职务侵占罪的对象，出资人也不能成为职务侵占罪的主体。

第二，在只有一人出资的公司中，出资人对公司财产的处置不会侵害公司财产的所有权。职务侵占罪侵害的客体是公司、企业或者其他单位的财产所有权。在只有一人出资的公司中，公司出资人将公司财产划归自己名下，并不会侵害公司的财产所有权，因为按照公司的章程和财产分配方式，出资

人有权取得公司的财产。公司的出资人未依照《公司法》的规定对公司财产进行处置和分配，充其量只是违反了公司分配财产的程序和制度，并不侵害财产权本身。因此，从受损害的利益角度看，在只有一人出资的公司中，出资人对公司财产的擅自处置行为并不会侵害我国《刑法》第271条关于职务侵占罪规定的法益，其行为不能构成职务侵占罪。

第三，在只有一人出资的公司中，出资人主观上难以成立职务侵占罪的非法占有目的。在我国社会生活中，人们对私人公司的认识尚停留在出资人的层面，即认为谁出资公司就是谁的。在只有一人出资的公司中，公司的出资人只有一人，而且根据《公司法》等法律法规的规定，该出资人对公司的财产和经营享有绝对的支配权。在此情况下，出资人主观上必然认为该公司是其一人所有，公司财产等同于出资人的个人财产，其也就不具有非法占有公司财产的目的，不符合职务侵占罪的主观要求，不构成职务侵占罪。

2. 本案证据表明，王某是A公司的唯一出资人，A公司的财产（包括涉案的2 000万元钱款）不能成为王某职务侵占罪的对象，王某的行为不构成职务侵占罪

本案中，王某是A公司的唯一出资人，与A公司的财产（包括涉案的2 000万元钱款）形成事实上的占有、支配关系并享有最终的财产权。该公司的财产（包括涉案的2 000万元钱款）不能成为王某职务侵占罪的对象。这具体体现在：

第一，本案证据可以充分证明，王某是A公司的唯一出资人。

这方面的证据主要包括：

（1）A公司的工商登记资料显示，2007年3月，A公司注册成立时的股东分别是北京某房地产开发有限公司（持股60%）、戴某某（持股30%）和杨某某（持股10%）。

（2）2014年3月3日A公司董事会第四次股东会决议及章程修正案明确称："A公司注册资金1 000万元全部由王某个人实际出资，王某为实际投资人。分两次注资，分别注入三名股东账户的注册资金为：1）王某共汇给某房地产开发有限公司银行验资账户600万元（60%）。2）王某共汇给戴某某银行验资账户300万元（30%）。3）王某共汇给杨某某银行验资账户100万（10%）。"

（3）A公司2014年6月20日出具的"证明"称："本公司全部出资及投入是由王某个人实际出资，王某是唯一实际股东。本公司自2007年3月8日成立至今，从未发生过股东权益受损或公司财物被侵占的事实。"

（4）刘某、杨某某、某房地产开发有限公司在2014年6月23日出具的证明材料均证明，2007年3月8日，A公司依法成立。A公司的实际投资人

和控制人是王某。A 公司的注册资金全部由实际控制人王某实际投入。从
2007 年 3 月 8 日起，A 公司的实际控制人和投资人只有王某一人，并一直由
王某实际控制 A 公司并经营。

（5）刘某、杨某某、某房地产开发有限公司在 2015 年 8 月 1 日出具的证
明材料均证明，从 2007 年 3 月 8 日起，A 公司的实际控制人和管理人只有
王某。

（6）戴某某 2014 年 5 月 15 日的询问笔录明确称：A 公司的股东是某房
地产开发有限公司、戴某某和杨某某。戴某某没出钱，杨某某也没出钱，就
只是名义上的股东。某房地产开发有限公司、A 公司都是由王某操控。

以上证据可以充分证明，王某同时是 A 公司（含其更名前的 A 公司）、
某房地产开发有限公司的唯一出资人和实际控制人。

第二，王某是 A 公司的唯一出资人，该公司的财物（包括涉案的 2 000
万元钱款）不能成为王某职务侵占罪的对象。

理由包括：

（1）王某作为 A 公司的唯一出资人，对公司财产享有实质且最终的所有
权。如前所述，王某是 A 公司的唯一出资人。按照我国《公司法》等相关法
律法规的规定，A 公司的财产最终均应分配给王某。王某享有 A 公司财产的
最终所有权（包括涉案的 2 000 万元钱款）。王某的涉案行为不会侵害 A 公司
的财产所有权。

（2）王某与 A 公司的财产之间为事实占有关系。如前所述，刑法上财产
所有权的核心是事实占有关系。本案中，王某是 A 公司的唯一出资人，其依
照《公司法》的规定可独享公司的"资产收益、参与重大决策和选择管理者
等权利"。据此，王某与 A 公司的财产之间为事实占有关系。A 公司的财产
（包括涉案的 2 000 万元钱款）不能成为王某职务侵占罪的对象。王某的行为
不构成职务侵占罪。

（3）王某主观上不具有非法占有 A 公司财产的目的。如前所述，非法占
有单位财产的目的是职务侵占罪必备的主观要件。本案中，王某是 A 公司的
唯一出资人，其有理由认为 A 公司的财产就是其个人财产。在此基础上，王
某主观上难以成立非法占有 A 公司涉案 2 000 万元钱款的目的。这不符合职
务侵占罪的主观要求。

可见，王某是 A 公司的唯一出资人，A 公司的财产（包括涉案的 2 000
万元钱款）不能成为王某职务侵占罪的对象，王某的行为不构成职务侵占罪。

**（二）王某个人的财产与 A 公司、某房地产开发有限公司的财产发生了混
同，王某的行为不构成职务侵占罪**

如前所述，在只有一人出资的情况下，公司的财产不能成为出资人职务

侵占的对象，王某的涉案行为不构成职务侵占罪。退一步讲，即便一人出资的公司财产可以成为出资人职务侵占的对象，本案因王某作为投资人的个人财产与公司财产发生了混同，其行为也不能构成职务侵占罪。这是因为，对于出资人涉及的职务侵占罪，其以公司、企业等单位具有独立于出资人的财产权为前提。在此基础上，本案需要明确的一点是：对于涉案的 2 000 万元，根据 A 公司 2013 年 8 月 3 日出具的"证明"以及 A 公司与某房地产开发有限公司 2012 年 10 月 10 日签订的借款协议，该 2 000 万元实际上是 A 公司还给某房地产开发有限公司的钱款。与此同时，本案证据可以证明，王某个人的财产与 A 公司、某房地产开发有限公司的财产发生了混同，王某的行为不能构成职务侵占罪。这主要体现在以下几方面。

1. 本案证据可以充分证明，A 公司、某房地产开发有限公司的财产与王某的个人财产发生了混同

公司财产独立于出资人财产是公司享有独立财产权、对外承担有限责任的基础，也是职务侵占罪成立的基本前提。在此基础上，本案现有证据可以充分证明，A 公司、某房地产开发有限公司的财产均与王某作为出资人的个人财产发生了混同，公司财产不具有独立性。这具体体现在：

第一，本案证据表明，A 公司、某房地产开发有限公司的财产与王某作为出资人的个人财产对外发生了混同。这方面的证据包括：（1）2012 年 10 月 10 日，"某房地产开发有限公司与 A 公司的借款协议书"明确将王某涉案的银行账户作为甲方（某房地产开发有限公司）的指定收款账户（合同金额为 69 393 210.5 元）。（2）2012 年 12 月 1 日至 2013 年 7 月 8 日，A 公司发给 B 公司的 4 份打款指令，均将王某的个人账户作为接收涉案 2 000 万元钱款的指定账户。上述证据表明，某房地产开发有限公司对外将其公司财产与王某作为出资人的个人财产发生了混同，A 公司对外也将其公司财产与王某作为出资人的个人财产发生了混同。

第二，本案证据表明，A 公司、某房地产开发有限公司的财产与作为出资人的王某的个人财产对内发生了混同。这包括：（1）前述刘某、杨某某、某房地产开发有限公司于 2014 年 6 月 23 日出具的"证明"等材料表明，A 公司的注册资金全部由实际控制人王某实际投入。其中包括某房地产开发有限公司持有的 A 公司股份（600 万元，占股 60%）是由王某个人出资的。王某的个人财产与某房地产开发有限公司的财产发生了内部混同。（2）某房地产开发有限公司出具的"证明"明确称：王某的建行卡是公司现金账户保有卡，卡内收入、支取、汇款是公司账目往来的情况。（3）王某个人的银行卡银行流水及转账凭证表明，该卡上的钱款既有用于公司经营收支的，也有用于王某个人支出（包括消费）的；既有王某从该银行卡往外支出的，也有王

某个人和其他个人往该银行卡上汇款、现金存入的情况。上述证据表明，A公司、某房地产开发有限公司的财产与王某个人的财产发生了内部混同。

2. 在发生财产混同的情况下，A公司、某房地产开发有限公司的财产不具有独立性，王某的行为不具备成立职务侵占罪的前提，不构成职务侵占罪

本案中，A公司、某房地产开发有限公司的财产与作为公司唯一出资人的王某的个人财产发生了混同，王某的涉案行为没有侵害A公司、某房地产开发有限公司的财产所有权，其行为不能构成职务侵占罪。这是因为：

第一，2018年《公司法》明确规定在发生财产混同的情况下公司不具有独立的财产权。2018年《公司法》第63条规定："一人有限责任公司的股东不能证明公司财产独立于股东自己的财产的，应当对公司债务承担连带责任。"这表明，在公司财产与股东财产发生混同的情况下，公司财产的独立性不复存在，股东（出资人）要对公司债务承担连带责任。在此情况下，公司财产与股东（出资人）个人财产不分。具体到本案中，王某的个人财产与A公司、某房地产开发有限公司的财产发生了混同，公司的独立财产权消失。王某作为出资人的涉案行为不具备成立职务侵占罪的前提。

第二，在公司不具有独立财产权的情况下，无法区分公司财产和王某作为出资人的个人财产，进而无法认定王某的行为侵害了公司的财产权。如前所述，我国《刑法》第271条规定的职务侵占罪的保护法益是公司、企业或者其他单位的财产所有权。但在公司财产与股东（出资人）个人财产发生混同的情况下，公司财产与股东（出资人）的个人财产不会也无法进行区分。本案中，在王某的个人财产与公司财产发生混同的情况下，涉案的2 000万元钱款无法被认定为是公司的财产，因为王某在其他方面将个人财产投入了公司运营，包括以某房地产开发有限公司名义持有A公司60%的股份（600万元出资款）以及其他许多方面。这意味着，本案中无法认定王某的行为侵害了A公司、某房地产开发有限公司等的单位财产所有权。

第三，在公司不具有独立财产权的情况下，本案无法认定王某主观上具有非法占有公司财产的目的。如前所述，在一人出资的公司中，出资人通常都将公司财产视同个人财产，其主观上非法占有公司财产的目的难以被认定。在公司财产与出资人财产发生混同的情况下，公司财产与个人财产则更加难以区分，也更难认定出资人主观上具有非法占有公司财产的目的。而本案证据显示，王某始终认为A公司、某房地产开发有限公司是其个人的公司。现有证据不能认定王某主观上具有非法占有公司财产的目的。王某的行为不符合职务侵占罪的主观要求，不构成职务侵占罪。

杨某某职务侵占案

——以欺骗方式取得公司控制权后处理公司财产的行为是否构成职务侵占罪

一、基本案情

杨某某，系 A 公司原总经理，B 公司原实际负责人。A 公司拥有十余家门店，曾与其他公司合并，并将超市注册到其他公司名下。后因纠纷，A 公司收回十余家门店，由 B 公司经营管理。

2008 年 1 月至 2013 年 8 月，杨某某在担任 A 公司总经理期间，未经本公司股东会、董事会同意，利用职务之便，伙同他人将涉案超市资金共计人民币 34 560 285.79 元非法占有，具体情形如下：（1）杨某某指使或同意其下属工作人员以虚开发票报销现金或者以银行支票串取营业款等方式，共支取公司人民币 25 372 685.79 元；（2）杨某某在关联公司的 C 公司股权转让过程中，将公司应收取的股权转让款人民币 325 万元转入其个人银行账户；（3）杨某某以法务费、礼品、走访费等名义支取公司"小金库"内的资金共计人民币 593.76 万元。

二、主要问题

本案涉及的主要问题是：杨某某以欺骗方式取得公司控制权后处理公司财产，其行为是否构成职务侵占罪。对此，主要存在两种不同观点：

一种观点主张构罪，认为本案证据证明杨某某利用其作为 A 公司总经理的职务便利侵占了 A 公司 34 560 285.79 元财物，杨某某的行为已构成职务侵占罪。

另一种观点主张不构罪，认为杨某某取得了公司的实际控制权，具有相应的职权，本案证据不能证明杨某某利用 A 公司总经理职务之便侵占了 A 公司 34 560 285.79 元财物，杨某某的行为不构成犯罪。

三、出罪法理

根据我国《刑法》第 271 条的规定，职务侵占罪是公司、企业或者其他单位的人员，利用职务上的便利，将本单位财物非法占为己有，数额较大的行为。该罪的成立要求行为人利用了职务上的便利，将本单位财物非法占为己有，且数额较大。其在客观方面要求行为人必须同时具备以下条件：（1）行为人占有的对象是"本单位财物"；（2）行为人利用了职务上的便利；（3）行为人实施了占有行为，即将本单位财物"占为己有"；（4）行为人的占有行为是"非法"的，即未经本单位同意。本案证据不能证明杨某某利用担任 A 公司总经理职务之便侵占了 A 公司 34 560 285.79 元财物，其行为不构成职务侵占罪。这主要体现在以下四个方面。

（一）本案涉案财物不归 A 公司所有

本案涉案财物是十余家门店的收入。对于该十余家门店究竟是归 A 公司所有还是归 B 公司所有，存在极大争议。对此，主张构罪的观点认为，由于 A 公司与某公司至今存在未解决的法律纠纷，根据最高人民法院的生效判决，A 公司已经控制和经营着原入资到某公司的十几家连锁店，事实上不再参与某超市公司的任何经营活动。因 B 公司从未投资，故十余家门店及配送中心的财产所有权和经营收入不属于 B 公司，更不属于身为公司高管的杨某某个人。实际上，A 公司为了对抗某超市公司而借用 B 公司的账号及发票在经营，所以该部分财产属于 A 公司。但主张不构罪的观点认为，本案不能认定涉案超市及其收入归 A 公司所有。

1. 主张构罪的观点对十余家门店及配送中心的财产所有权和经营收入之归属的认定标准错误

主张构罪的观点认为十余家门店归 A 公司所有，其是依据"投资"来认定 19 家超市门店及配送中心的财产所有权和经营收入归属的。该观点对财产归属认定标准的选择是错误的。本案中，十余家门店及配送中心的财产所有权和经营收入发生了分离，其中十余家门店及配送中心的财产所有权应当归某超市公司，经营收入应当归 B 公司。这主要体现在：

第一，十余家门店及配送中心的财产所有权应当归某超市公司。根据我国《公司法》等法律的规定，判断十余家门店及配送中心的财产所有权归属的主要标准是营业执照及货架等有形资产的归属。而依据这两个标准，本案中十余家门店及配送中心的财产所有权应当归某超市公司。这是因为：（1）十余家门店及配送中心使用的是某超市公司的营业执照。本案证据表明，在 A 公司将涉案的十余家门店及配送中心作为资产入股某超市公司以后，某超市公司即取得了十余家门店及配送中心的所有权，并为十余家门店及配送中心办理了作为某超市公司分公司的营业执照。在本案涉案期间，这十余家门店及配送中心始终是使用某超市公司及其分公司的营业执照进行经营和年检的。营业执照是工商登记机关对涉案资产的法律确认。从法律上看，十余家门店及配送中心的财产所有权应当归某超市公司所有。（2）十余家门店及配送中心的货架等有形资产归某超市公司所有。本案证据显示，十余家门店及配送中心用以经营的货架等有形资产都是登记在某超市公司名下的，属于某超市公司的资产。由于货架等有形资产是涉案十余家门店及配送中心的主要资产，这些资产既然属于某超市公司，那么十余家门店及配送中心的财产所有权当然应归某超市公司所有。可见，认定十余家门店及配送中心的财产属于 A 公司的观点，存在明显错误。

第二，十余家门店及配送中心的经营收入应当归 B 公司。本案中，十余家门店及配送中心的经营者与所有者并不一致，而是发生了分离。对此，主张构罪的观点认为，A 公司借用 B 公司的账号及发票在经营，因此 A 公司是经营者。但判断十余家门店及配送中心经营者的关键在于谁在开展经营活动。以此为标准，本案中十余家门店及配送中心的经营者显然应当是 B 公司。这是因为：（1）十余家门店进出货物都是 B 公司购进（包括赊货）和卖出，并由 B 公司开具发票。超市的主要经营活动是进货（购买货物，包括赊货）和出货（销售货物）。本案中，十余家门店的进货和出货都由 B 公司负责进行，也由 B 公司对外开具发票，A 公司从未投入任何资金。B 公司承担了十余家门店的所有经营活动。（2）十余家门店的经营场地是由 B 公司出资租赁的。场地是超市的基础，在超市经营中起着十分重要的作用。本案中，B 公司为经营十余家门店曾在各家超市门店的地址上注册了分公司，向工商登记机关提交了各家超市门店的场地使用证明，十余家门店及配送中心的场地都是 B 公司租赁的场地，使用费用均是 B 公司支付的。从经营场地的角度看，十余家门店及配送中心的经营者应是 B 公司。（3）十余家门店及配送中心的人员工资是由 B 公司支付的。本案中，十余家门店及配送中心的人员高达数千人。这些人员都按照 B 公司的组织开展工作，其工资也都由 B 公司支付，成为 B 公司经营涉案超市门店的主要人力资源。可见，B 公司租赁场地、组织人员进出货并对外开具发票，承担了十余家门店及配送中心的全部经营活动，是十余家门店及配送中心的经营者。十余家门店及配送中心的经营收入依法应当归 B 公司所有。

值得指出的是，本案中 B 公司虽然没有对十余家门店及配送中心进行投资，但在 A 公司于 2004 年 9 月 12 日将十余家门店及配送中心托管给 B 公司经营后，B 公司承担了十余家门店及配送中心的全部经营活动，包括出资购买货物（包括赊货）。十余家门店及配送中心的经营收入自然应当归 B 公司所有。同时，A 公司作为一家无资产、无经营资质、无经营人员、无超市门店经营场地的空壳公司，根本不可能通过借用 B 公司的账号及发票的方式经营十余家门店。仅从投资的角度认定十余家门店及配送中心的资产所有权和经营收入均归 A 公司所有的观点，是完全错误的。

2. 以最高人民法院生效的民事判决为依据认定 A 公司实际控制和经营涉案的十余家门店及配送中心，并据此认定涉案的十余家门店及配送中心所有权及经营收入归 A 公司所有的观点，认定依据错误

本案中，主张构罪的观点认为，根据最高人民法院生效的民事判决，现在 A 公司已经控制和经营着原入资到某超市公司的十几家连锁店，事实上不再参与某超市公司的任何经营活动。但该观点的依据存在错误。这主要体现在：

第一，以民事判决认定的事实作为刑事判决的依据，依据错误。众所周知，刑事诉讼与民事诉讼的证据规则存在明显的差异。民事诉讼注重形式正义，证明规则采取的是优势证据标准。2008 年最高人民法院《关于民事诉讼证据的若干规定》第 73 条规定："双方当事人对同一事实分别举出相反的证据，但都没有足够的依据否定对方证据的，人民法院应当结合案件情况，判断一方提供证据的证明力是否明显大于另一方提供证据的证明力，并对证明力较大的证据予以确认。因证据的证明力无法判断导致争议事实难以认定的，人民法院应当依据举证责任分配的规则作出裁判。"但刑事诉讼注重实质正义，证明规则采取的是证据确实、充分的标准。2012 年《刑事诉讼法》第 53 条规定，认定有罪和判处刑罚，必须达到"证据确实、充分"的程度，同时规定："证据确实、充分，应当符合以下条件：（一）定罪量刑的事实都有证据证明；（二）据以定案的证据均经法定程序查证属实；（三）综合全案证据，对所认定事实已排除合理怀疑。"可见，我国刑事诉讼的证据标准要明显高于民事诉讼，因此刑事判决确认的事实可以作为民事判决的依据，但民事判决确认的事实则不能直接作为刑事判决的依据。毕竟，按照刑事诉讼的更高证据要求，民事判决认定的事实在刑事诉讼中可能完全不能成立。本案中，直接以民事判决认定的事实作为刑事判决的依据的做法，是错误的。

第二，最高人民法院生效民事判决确认的事实在本案涉案行为发生之前已发生了明显变化，不能作为本案认定的基础。本案中，最高人民法院判决的事由是 A 公司诉某单位的案件，由某市高级人民法院于 2004 年 5 月 17 日受理。而 A 公司将十余家门店及配送中心托管给 B 公司经营的时间是 2004 年 9 月 12 日。这意味着，作为最高人民法院生效判决认定依据的是 2004 年 9 月 12 日 A 公司将十余家门店及配送中心托管给 B 公司之前的行为。之前，A 公司将 19 家超市门店及配送中心从某超市公司撤出后确实是自己在经营。但本案的涉案行为发生在 2008 年 1 月至 2013 年 8 月，处于 A 公司将十余家门店及配送中心托管给 B 公司经营之后。这期间，十余家门店及配送中心的经营情况与最高人民法院生效判决依据的事实发生了明显变化，其是由 B 公司在实际经营的。从这个角度看，以最高人民法院生效的民事判决作为依据的做

法，显然也是错误的。

因此，本案证据表明，涉案的十余家门店及配送中心的经营收入依法应当归 B 公司所有。认定涉案的经营收入归 A 公司所有，明显缺乏事实和法律根据，认定错误，应依法予以纠正。

3. C 公司的股权转让款不属于 A 公司的财产，主张构罪的观点关于 C 公司股权转让款归属的认定错误

本案中，主张构罪的观点认为，杨某某在 C 公司股权转让过程中，将公司应收取的股权转让款人民币 325 万元转入其个人银行账户，该 325 万元是杨某某利用担任 A 公司总经理职务之便侵占的款项。但本案中的"股权收购协议书"显示，A 公司不是 C 公司的股东，没有持有后者的股权。该 325 万元股权转让款明显不是 A 公司的财产。该协议书显示，此次股权转让的目标企业是 C 公司，A 公司不是 C 公司的股东，自然也无权享有股权转让款。将该股权转让款认定为 A 公司的财物，并进而认定为杨某某职务侵占的财物的做法，显然是错误的。

（二）杨某某没有利用担任 A 公司总经理的职务之便

本案中，主张构罪的观点认定，杨某某作为 A 公司的总经理，以非法占有为目的，利用职务之便，侵占公司财物，已构成职务侵占罪。但杨某某没有利用其担任 A 公司总经理的职务之便。这是因为：

第一，杨某某虽然是 A 公司的总经理，但在涉案期间已无职务之便可利用。本案证据表明，A 公司与某超市公司重组后，其各分店的营业执照已被注销，税务登记被取消，不具有经营主体资格，也无实际经营活动，完全是一个空壳公司。在这种情况下，虽然杨某某在名义上仍然是 A 公司的总经理，但因为 A 公司无法正常开展活动，因此他在 A 公司已无职务之便可利用。

第二，涉案财物不归 A 公司所有，杨某某不可能利用其作为 A 公司总经理的职务便利侵占涉案财物。如前所述，本案中的十余家门店及配送中心完全是由 B 公司经营的，涉案的 34 560 285.79 元财物是十余家门店及配送中心的经营收入，应当属于 B 公司，而不属于 A 公司。在此基础上，杨某某不可能利用其作为 A 公司总经理的职务便利侵占 B 公司的财物。

可见，杨某某是 A 公司的总经理，但因 A 公司无实际经营活动，且涉案的财物属于 B 公司而非 A 公司，故其不可能利用 A 公司总经理的职务便利。

（三）本案证据不能证明杨某某将涉案的 34 560 285.79 元财物占为己有，相反本案有证据证明杨某某将涉案财物用于公司经营

本案中，主张构罪的观点认定，杨某某利用职务之便，伙同他人将本公司资金共计人民币 34 560 285.79 元非法占有。但本案现有证据不能证明杨某某将涉案的 34 560 285.79 元财物占为己有，同时本案有证据表明杨某某将该

涉案财物用于公司经营，没有占为己有。

　　第一，办案机关变相认可了杨某某没有将涉案的 34 560 285.79 元财物占为己有。

　　办案机关认定："未经公司股东会、董事会同意，杨某某作为总经理显然无权将本公司的财产随意分配给自己或他人，侵害本公司利益。即使有多名公司高管共同签字审批的支出，但由于领款人并非本公司员工，且领款事由系基于虚假的业务往来，同样侵害本公司利益。"这一认定实际上确认了两个基本事实：一是本案涉案财物的支出中存在多名公司高管共同签字审批的情况；二是涉案财物的领款人很多都不是杨某某本人，而是非本公司员工。对此，既然涉案财务的领款人是杨某某之外的人，即便是非本公司员工，也表明该财物并非杨某某占为己有，不能认定杨某某职务侵占。

　　第二，本案证据完全不能证明涉案的 34 560 285.79 元财物被杨某某个人占为己有。

　　这主要体现在两个方面。

　　（1）本案关于涉案财物去向的证据不能证明杨某某将涉案财物占为己有。本案中，关于涉案的 34 560 285.79 元财物去向，唯一的证据是"司法鉴定意见书"。"司法鉴定意见书"的结论存在两个明显问题：一是简单地将杨某某及其家庭主要成员的银行账户入账数额作为涉案资金的去向，明显缺乏依据。事实上，本案没有证据表明，杨某某通过其本人或者他人将涉案款项存入了其本人及其主要家庭成员的银行账户。相反，本案有证据表明，杨某某及其妻子在涉案期间取得了大量的合法收入，且可以与其账户入账金额相对应。二是"司法鉴定意见书"所附的流水表明涉案财物与入账资金之间不具有对应关系。例如，在 2008 年 1 月 4 日至 1 月 25 日之间，涉案流出资金只有 77 317.6 元，而杨某某及其主要家庭成员的入账资金为 626 508.44 元，两者差距巨大，完全不具有对应关系。因此，本案现有证据完全不能证明涉案的 34 560 285.79 元财物归杨某某个人所有。

　　（2）没有调取应当调取的证据，进而不能排除杨某某将涉案财物用于公司经营的合理怀疑，更不能证明杨某某将涉案财物占为己有。本案中，杨某某的辩护人曾向法院申请调取 B 公司超额利润绩效奖金办法，十余家门店从 2006 年至 2013 年月度及年度经营成果报告，郭某某、孙某、张某、宋某某、丁某某等高管、店长的实际年薪支取表及支取凭证，奖金支取表及支取凭证、十余家门店 2004 年 9 月至 2013 年 9 月的财务账簿等。这些证据与 B 公司是否给公司高管、店长发放了超额利润绩效奖金以及发放的具体金额、发放方式、奖金来源等密切相关，进而与杨某某是否将涉案财物用于公司经营密切相关。遗憾的是，这些证据没有被调取。因此，本案现有证据不能排除杨某某将涉案财物用于公司经营的合理怀疑，进而不能证明杨某某将涉案财物占为己有。

第三，本案有证据表明杨某某将涉案财物用于公司经营，没有占为己有。这具体体现在以下三个方面。

（1）杨某某的笔录表明公司有用发票抵现金发放工资、奖金的做法，且其没有将涉案的财物占为己有，而是用于公司经营。杨某某笔录对于涉案财物的主要用途称："给公司高管、门店店长发年终奖金、红包，职工遇到特殊困难及经营上公关的费用，维持职工的日常经营等。现在中层以上干部每月的工资都有一部分直接由虚开发票抵现金。每次用钱之前，会告诉刘某和杨某某具体数额，她们直接去操作，到时候把钱给杨某某。"杨某某的这一笔录可证明两个方面的内容：一是公司有用虚开发票抵现金给中层以上干部发工资、奖金的做法；二是涉案的财物用于公司经营，杨某某没有个人占有涉案财物。

（2）孙某等人的笔录能与杨某某的笔录相印证，证明公司有用发票抵现金发放工资、奖金等的做法。这包括：一是孙某的笔录表明 B 公司有以现金给公司高管发年终奖金、红包等的做法。孙某的证言称，每月的 15 日之前，财务主管会告知高管每个人的大致报销额度，由高管交发票并填写"支出凭单"，由财务主管统一上报给杨某某签字审核，在领款时，高管在领款人栏目上补签。对于孙某本人的薪酬，其 2013 年 8 月 30 日的笔录也称，每年的薪酬分为三块，第一块是每月工资卡中的收入，每月有 1 万余元；第二块是每月的月报，就是自己找发票去对应领取现金，孙某报销的金额在 5 000 元到 8 000 元；第三块是奖金，一般都是在季度末或年底发放。二是公司财务主管郭某某的笔录表明 B 公司给高管发放现金的数额巨大。郭某某的证言称，资金部会提前准备好四五百万元的现金，年底给 B 公司高管发放现金；公司每年节假日都会备 600 万元左右，一般用来发年薪、红包、过节费和给困难职工的慰问费。按照这个数据计算，涉案期间（2008 年 1 月至 2013 年 8 月），B 公司给公司高管发放的现金在 3 000 万元左右。

（3）宋某某、郭某某及相关书证能够与杨某某的笔录相印证，证明杨某某将涉案财物用于公司经营。这主要包括：一是宋某某的笔录表明杨某某会以开发票的形式支取现金用于年底发福利等。宋某某的笔录称，杨某某在公司会找到营销部，以年底发福利等一些费用为由，用开发票的形式支取现金。二是郭某某的笔录表明杨某某将涉案财物用于公司的法务费、诉讼费、公关费等。郭某某的笔录称，其保管着公司的一个小金库，小金库里都是现金，存放在保险柜里，只有杨某某和郭某某知情。这些资金主要用于法务费、诉讼费、公关费支出。这些费用都是交给杨某某的，其中有一笔 30 万元的给了杨某某，杨某某又给了某集团的曲某，领款凭证上是曲某的字。郭某某的笔录称，红包和特殊奖励的名单和金额是杨某某提供给她的，她会先从公司刘某那里以借款的形式把钱领出来，领出钱后把钱都交给杨某某，之后郭某某再找名单上的这些要对应金额的发票。除此之外，如前所述，郭某某的证言表明，B公司在涉案期间以现金方式向公司高管发放了3 000万元左右的奖金、红包等。而本案证据完全不能排除该3 000万元左右的现金是涉案财物的合理怀疑。三是本案的相关书证表明杨某某没有将涉案的34 560 285.79元财物占为己有。本案中，相关支出凭证显示，曲某、王某、刘某某等人都从B公司支取了相关费用。这些书证能与杨某某、郭某某等人的笔录相印证，且这些支出凭证反映出的费用都在涉案34 560 285.79元之中。既然这些费用已经被相关人员领走了，杨某某没有占有这些款项，那么就不能认定其为杨某某个人所占有。

第四，本案没有客观证据表明杨某某在涉案款项之外以现金的方式从B公司领取了工资、奖金，不能排除涉案款项包含杨某某应得的奖金的合理怀疑。

本案证据显示，B公司的高管每年都在工资之外从公司领取了现金作为奖金。杨某某作为B公司的实际负责人当然也有权从公司领取工资、奖金。而对于杨某某的工资、奖金数额，郭某某的笔录称，杨某某在B公司的年薪在200万元左右，其中，除了40万元左右的工资，其余的收入是年底以报销发票的形式进行补发的；并称2010年年底之后，杨某某每年年底补发工资的发票都是其为杨某某找来的，每年大约有100万元以上。郭某某的这一笔录表明，杨某某在涉案期间应得的奖金应该超过了900万元。但本案中没有客观证据表明杨某某在涉案款项之外领取了这些奖金，且杨某某的笔录表明其是通过提交发票的方式领取其收入的，因而本案完全不能排除涉案款项包含了杨某某个人应得的奖金之可能性。

可见，本案证据不能证明杨某某将涉案财物非法占为己有，相反，本案有证据证明杨某某将涉案财物用于公司经营。

（四）本案证据不能证明杨某某对涉案34 560 285.79元财物的处置行为"非法"

对于职务侵占罪而言，"非法占为己有"之"非法"的判断，核心在于是否经单位决定。本案证据不能证明杨某某对涉案34 560 285.79元财物的处置属于"非法"。这是因为：

第一，本案的涉案财产属于B公司，因而对财产的处理只需B公司同意，而无须A公司同意。如前所述，本案中涉案的34 560 285.79元财产主要是涉案的十余家门店及配送中心的经营收入。因这些超市门店的场地、进出货、人员工资等全部经营活动都由B公司负责，其经营收入依法应归B公司所有，按照《公司法》和 B 公司章程，对这些款项的支出只需经 B 公司同意即可，而无须经 A 公司同意。

第二，B 公司及十余家门店的非正常经营状态决定了杨某某无法报请 B 公司股东会、董事会以书面决议的方式同意实施。这具体体现在：（1）B 公司的股东会、董事会未正常履职，涉案期间从未开过会。B 公司自 2004 年起从未正常召开过公司的股东会、董事会，无法按照正常的公司决策程序作出决定。对此，B 公司的法定代表人孙某的笔录明确称，B 公司虽然有董事会但未开过会议，杨某某在 B 公司是一把手。而事实上，杨某某不是 B 公司的董事会成员，没有召集董事会的权力。B 公司董事会不正常履职，杨某某无法将公司重大决策报经董事会同意。（2）B 公司没有正常财务审批制度。本案中，B 公司的公司章程第 27 条规定："公司应当依照法律、行政法规和国务院财政主管部门的规定建立本公司的财务、财会制度，并应在每一会计年度终了时制作财务会计报告，依法经审查验证于第二年三月一日前送交给股东。"但实际上，B 公司没有成文的财务审批制度。对此，孙某及公司其他高管的证言均可以证明。（3）涉案的十余家门店处于非正常经营状态，无法按照正常公司决策程序进行处理。如前所述，涉案的十余家门店的经营权和资产最初属于 A 公司，在 A 公司与某超市公司重组后则变成了某超市公司的资产。在本案涉案期间，该十余家门店使用的是某超市公司的营业执照，货架等有形资产属于某超市公司；场地、进出货、出具发票、人员工资由 B 公司负责；而 B 公司与 A 公司之间又存在托管关系。由于各方围绕这十余家门店的民事纠纷一直没有解决，再加上当时这十余家门店的经营处于亏损状态，客观上这十余家门店的经营处于多家均难以有效管理的不正常状态。在这种情况下，杨某某对涉案十余家门店及配送中心的经营决策无法按照正常程序报经 B 公司股东会、董事会以书面决议的方式同意。

第三，杨某某按照 B 公司及十余家门店一直以来遵循的经营决策程序处置涉案款项的行为，不属于非法处置。这具体包括：（1）杨某某对涉案款项的处置属于公司的经营决策，并不违反公司章程。公司是按照公司章程开展活动的。本案中，杨某某是 B 公司的实际负责人，属于公司的经营管理层。在公司章程未作明确限制的情况下，杨某某对 B 公司经营过程中的支出具有决定权，且无须报经公司股东会、董事会同意。值得注意的是，本案中杨某某对涉案款项的处置不属于分配公司的利润和财产，而是属于公司的管理支出。按照公司章程，公司的经营管理层无权进行公司的利润分配，但有权决定公司的管理支出。杨某某的行为并不违反 B 公司的公司章程。（2）杨某某对涉案款项的处置符合 B 公司及十余家门店一直以来遵循的决策程序。本案中，由于十余家门店本身所处的非正常状态，B 公司对十余家门店的经营客观上形成了由杨某某最终决策的局面：一方面，在公司管理层面上，杨某某客观上成为 B 公司经营十余家门店及配送中心的最高决策者；另一方面，在公司制度层面上，杨某某成为这十余家门店的实际决策者。这些超市门店的日常经营均由杨某某最终决定，在涉案期间，杨某某实际签批资金多达数十亿元。而根据孙某等人的笔录，公司的现金支取正常审批程序应该是财务审批经办人、部门经理、财务总监、总经理逐级签字，但是偶尔也有特殊情况，比如只让财务总监和总经理签字领款。这个审批程序没有明文规定，都是约定俗成的，但是必须要有总经理签字才能领款。杨某某对涉案款项的处置正是按照这十余家门店一直以来约定俗成的经营程序进行的，决策过程并无不妥。（3）B 公司多名高管共同签字审批和所有董事均领取了超额奖金的事实，表明 B 公司董事会成员均同意杨某某关于发放超额利润绩效奖金的决定。这包括两个方面：一方面，本案中 B 公司的多名高管（包括 2009 年之前实际属于 B 公司最高管理者的王某某）共同审批不少涉案款项的支取。另一方面，B 公司的董事都从公司领取了超额奖金。本案证据显示，B 公司的董事包括孙某、郭某某、张某、宋某某、刘某某等。这些人都从 B 公司领取了超额利润绩效奖金。这间接表明，B 公司的董事会成员知情并同意杨某某关于发放超额利润绩效奖金的决定。杨某某的决定具有合法性。（4）即便杨某某对涉案款项的处置属于应报请公司股东会、董事会同意而没有报请的情形，也只是存在管理过错的问题，而不属于职务侵占。公司的经营管理层是否依照公司章程将应当报请股东会、董事会同意的事项未报请的情形，反映的是公司经营管理是否规范的问题。本案中，杨某某对涉案款项的处置属于公司的经营管理活动，在章程未作明确限定的情况下，他有权作出决定。而退一步而言，即便杨某某应当将这些事项报请公司股东会、董事会同意而没有报请，也只是属于公司经营管理层的管理过错问题，而不能构成职务侵占。

第四，某集团公司无权决定杨某某的财务权限和报销权限。2003 年 7 月，某集团公司收购 A 公司，A 公司成为某集团的下属门店。但本案涉案期间，某集团公司无权决定杨某某的财务权限和报销权限。这是因为：一方面，某集团公司不是 B 公司的直接股东。本案证据显示，涉案期间，B 公司的股东是 A 公司和某商业投资发展有限公司，后发展为 A 公司、某商业投资发展有限公司等三家公司。但在涉案期间，某集团公司始终不是 B 公司的直接股东，根本无权要求 B 公司执行某集团公司的财务规定。另一方面，根据 B 公司的章程，股东并无决定公司管理人员财务权限、报销权限的权利。本案中，B 公司的公司章程只规定了股东会、董事会、经理、监事等公司机构的职能，没有规定股东的权利。2013 年《公司法》第 33 条第 1 款规定："股东有权查阅、复制公司章程、股东会会议记录、董事会会议决议、监事会会议决议和财务会计报告。"可见，股东对于公司的决议和财务会计报告等只有查阅、复制的权利，并无决定公司财务制度的权利。据此，某集团公司即便是 B 公司的间接持股股东，也无权直接决定 B 公司管理人员的财务权限、报销权限。对此，本案的举报人陈某某的笔录也称：杨某某是北京 B 公司的总经理，所以他的工资应由北京 B 公司决定。因为北京 B 公司有自己的公司章程，所以杨某某作为总经理，他的职责范围应该按照公司章程决定。

综上，本案证据不能证明杨某某利用职务上的便利个人侵占了涉案的 34 560 285.79 万余元财物。相反，本案有证据证明杨某某将涉案财物用于发放公司高管奖金等公司经营活动，且程序合法。杨某某的行为不构成职务侵占罪。

糜某某职务侵占、挪用资金案

——合伙企业实控人受托理财后未按委托协议运用资金的行为是否构成职务犯罪

一、基本案情

糜某某，系某公司法定代表人、董事长，A 合伙企业实际控制人。

2014 年 10 月，糜某某、李某某经人介绍认识了投资人刘某某等人。通过多次会面协商，刘某某等 8 名投资人决定投资并商定由糜某某负责组建专业团队和注册基金公司，发行"阳光私募基金"产品。2015 年 5 月 20 日，糜某某安排丁某某等人注册成立 A 合伙企业。2015 年 5 月 30 日，糜某某与刘某某等人签订"资管合同"，"资管合同"的委托人处由各投资人签章，受托人加盖 A 合伙企业公章，约定收入将基金资金投资于沪深交易所 A 股股票、证券投资基金、债权、国债回购交易的逆回购、权证、银行存款、新股申购，以及政策法律允许投资的其他金融工具。同年 6 月 1 日至 2 日，投资人通过银行转账的方式向 A 合伙企业的银行账户支付投资款共计人民币 1.3 亿元、认购费 104 万元。

(一) 职务侵占罪

2015 年 6 月 2 日，糜某某未按"资管合同"的约定将 A 合伙企业收取的认购费 104 万元用于基金发行，而是通过张某某操作以"办公费用"名义转至李某某的个人平安银行账户，同月 4 日又转至李某某的个人招商银行账户，同日李某某根据糜某某授意，将该 104 万元中的 10 万元转到糜某某母亲的银行账户，余款 94 万元转至李某某个人的某某证券账户，作为糜某某、李某某对"员工基金"的投资款。2017 年 9 月 15 日，李某某经他人建议，从其个人银行账户转款 105 万元到 A 合伙企业账户，用于返还其和糜某某侵占的认购费 104 万元。

(二) 挪用资金罪

从 2015 年 11 月至 2016 年 9 月，糜某某作为 A 合伙企业的实际控制人，李某某作为 A 合伙企业有限合伙人、资金监管人，利用职务便利，多次挪用 A

合伙企业资金归个人使用，累计人民币 4 935 万元，其中，4 780 万元用于营利活动，另外 155 万元超过 3 个月未归还。糜某某、李某某挪用 A 合伙企业资金的具体事实包括 20 项，分别是：（1）2015 年 11 月 23 日，挪用 500 万元用于为"员工基金"交易股票拉净值，增加盈利比例；（2）2016 年 2 月 2 日，挪用 73 万元以李某某的名义投资深圳某公司的股权；（3）2016 年 2 月 23 日，挪用 100 万元用于 B 公司的资金周转；（4）2016 年 3 月 9 日，挪用 127 万元用于 B 公司购买汽车和资金周转；（5）2016 年 3 月 22 日，挪用 100 万元用于 B 公司的资金周转；（6）2016 年 4 月 8 日，挪用 130 万元用于 B 公司的资金周转；（7）2016 年 4 月 22 日，挪用 100 万元以李某某的名义投资上海某公司的股权和李某某的生活消费、信用卡还款；（8）2016 年 4 月 29 日，挪用 100 万元用于 B 公司的资金周转；（9）2016 年 5 月 3 日，挪用 100 万元以李某某个人的名义用于南京某公司的股权投资等；（10）2016 年 6 月 1 日，挪用 550 万元用于 B 公司的资金周转；（11）2016 年 9 月 22 日，挪用 200 万元用于李某某任法人代表的上海某公司的资金周转；（12）2015 年 12 月 2 日，挪用 650 万元用于某公司申报上海市"某某项目"开具银行资信证明；（13）2015 年 12 月 2 日，挪用 250 万元用于 B 公司申报上海市"某某项目"开具银行资信证明；（14）2016 年 2 月 23 日，挪用 600 万元用于 B 公司申报上海市某某产业推进领导小组办公室项目开具银行资信证明；（15）2016 年 3 月 28 日，挪用 1 200 万元用于上海某公司申报上海市科学技术委员会项目开具银行资信证明；（16）2016 年 4 月 8 日，挪用 30 万元用于兑付吴某某、梁某的"员工基金"赎回款；（17）2016 年 4 月 8 日，挪用 60 万元用于兑付王甲等人的"员工基金"赎回款；（18）2016 年 5 月 25 日，挪用 25 万元用于兑付孙某、王乙的"员工基金"赎回款；（19）2016 年 6 月 13 日，挪用 20 万元用于兑付闻某某的"员工基金"赎回款；（20）2016 年 7 月 18 日，挪用 20 万元用于兑付邢某某的"员工基金"赎回款。

二、主要问题

本案涉及的主要问题是：

（1）糜某某的涉案行为是否符合职务侵占罪的成立条件，是否构成职务侵占罪。对此，存在两种不同的观点：一种观点主张构罪，认为糜某某利用 A 合伙企业实际控制人的职务便利，违反"资管合同"，非法占有 104 万元认购费，构成职务侵占罪；另一种观点主张不构罪，认为糜某某是 A 合伙企业的实际控制人，对 104 万元的费用处理是 A 合伙企业的集体决定，其行为不构成职务侵占罪。

（2）糜某某的涉案行为是否符合挪用资金罪的成立条件，是否构成挪用资金罪。对此，存在两种不同的观点：一种观点主张构罪，认为糜某某利用 A 合伙企业实际控制人的职务便利，违反"资管合同"约定的资金用途，挪用 A 合伙企业的单位资金，构成挪用资金罪；另一种观点主张不构罪，认为涉案资金的使用虽然违反"资管合同"的规定，但系 A 合伙企业的集体决定，糜某某的行为不构成挪用资金罪。

三、出罪法理

本案中，糜某某的行为是按照 A 合伙企业的单位集体决定作出的行为。糜某某没有利用职务便利，其行为不构成职务侵占罪和挪用资金罪。

（一）糜某某的涉案行为不符合职务侵占罪的成立条件，不构成职务侵占罪

关于职务侵占罪，我国《刑法修正案（十一）》修正前的《刑法》第 271 条第 1 款规定："公司、企业或者其他单位的人员，利用职务上的便利，将本单位财物非法占为己有，数据较大的，处五年以下有期徒刑或者拘役；数额巨大的，处五年以上有期徒刑，可以并处没收财产。"据此，职务侵占罪的成立必须具有两个基本条件：一是行为人客观上利用了职务上的便利，将本单位财物非法占为己有，且数额较大；二是行为人主观上具有非法占有的目的。主张构罪的观点认为，本案中，糜某某身为企业的实际控制人，李某某的身份为企业有限合伙人、资金监管人，两人利用职务上的便利，共同侵占本单位资金 104 万元，数额巨大，应当以职务侵占罪追究刑事责任。但这一认定是错误的，糜某某等人的行为不符合职务侵占罪的成立条件，不构成职务侵占罪。这是因为：

第一，糜某某等人客观上没有利用职务上的便利将本单位的财物非法占为己有，不符合职务侵占罪的客观要求。这主要体现在两个方面：一是将涉案的 104 万元转给李某某是由 A 合伙企业集体决定的，而非由糜某某、李某某个人决定的。本案中，A 合伙企业管理人员所在微信群的聊天记录显示，涉案的 104 万元转给李某某个人是 A 合伙企业的集体决定，系由基金经理张某某主动提出，糜某某、李某某、丁某某都对此知情并同意，后由张某某进行转账操作，因此，该 104 万元的转账应当认定为是糜某某、李某某、张某某和丁某某的集体决定。二是糜某某、李某某、张某某和丁某某对该 104 万元有处分的决定权。该 104 万元是 A 合伙企业收取的认购费，属于 A 合伙企业的财产，而糜某某是 A 合伙企业的实际控制人，李某某是 A 合伙企业的有限合伙人（持股 99%）和资金监管人，丁某某是 A 合伙企业的普通合伙人（持股 1%）和执行事务合伙人，张某某是基金经理，因此，糜某某、李某某、丁某某、张某某完全有权对包括该 104 万元的 A 合伙企业财产进行处置。他们共同决定将该 104 万元转账给李某某，完全合法有效。据此，糜某某等人

没有利用职务上的便利将 A 合伙企业的 104 万元财产非法占为己有的行为，不符合职务侵占罪的客观要求。

第二，糜某某等人主观上没有非法占有该 104 万元的意图，不符合职务侵占罪的主观要求。这主要体现在两个方面：一是本案证据显示，糜某某、李某某为聘请张某某，个人代 A 合伙企业支付了张某某 60 多万元离职补偿费，并为 A 合伙企业提供了场地、车辆、电脑等设备，其价值与 104 万元相当。在糜某某、李某某为 A 合伙企业已支付价值相当或者接近的钱款和财物的情况下，涉案的 104 万元可认为是糜某某、李某某向 A 合伙企业要回其垫支的费用。在此基础上，糜某某、李某某主观上没有非法占有该 104 万元的意图。二是该 104 万元已由李某某返还给了 A 合伙企业。本案中，李某某主动于 2017 年 9 月 15 日（本案案发前）从其个人银行账户转款 105 万元到 A 合伙企业的账户，用于返还涉案的 104 万元。这也表明糜某某、李某某没有非法占有该 104 万元的意图。

可见，本案中，糜某某等人客观上没有利用职务上的便利非法占有 A 合伙企业的 104 万元，主观上没有非法占有 A 合伙企业 104 万元的意图，不符合职务侵占罪的主客观条件，不构成职务侵占罪。

（二）糜某某等人的涉案行为不符合挪用资金罪的成立要件，不构成挪用资金罪

关于挪用资金罪，我国《刑法案修正案（十一）》修正前的《刑法》第 272 条第 1 款规定："公司、企业或者其他单位的工作人员，利用职务上的便利，挪用本单位资金归个人使用或者借贷给他人，数额较大、超过三个月未还的，或者虽未超过三个月，但数额较大、进行营利活动的，或者进行非法活动的，处三年以下有期徒刑或者拘役；挪用本单位资金数额巨大的，或者数额较大不退还的，处三年以上十年以下有期徒刑。"据此，挪用资金罪的成立要求行为人客观上实施了利用职务上的便利，挪用本单位资金归个人使用或者借贷他人的行为。对于挪用资金的客观行为认定，根据全国人大常委会法工委刑法室 2004 年 9 月 8 日针对公安部经济犯罪侦查局的电话答复，应参照挪用公款罪的相关规定。而 2003 年最高人民法院发布的《全国法院审理经济犯罪案件工作座谈会纪要》中明确规定："经单位领导集体研究决定将公款给个人使用，或者单位负责人为了单位的利益，决定将公款给个人使用的，不以挪用公款罪定罪处罚。"据此，单位领导集体研究决定将本单位资金给个人使用的，不能以挪用资金罪进行定罪处罚。本案中，糜某某身为企业的实际控制人，李某某身为企业有限合伙人、资金监管人，看似利用职务上的便利，共同挪用本单位资金累计人民币 4 935 万元，数额巨大，应当以挪用资金罪追究刑事责任。但本案涉案 4 935 万元款项的使用是由 A 合伙企业领导集体研究决定给他人使用的，縻某某的行为不符合挪用资金罪的成立要件，不构成挪用资金罪。这是因为：

第一，相关证据表明涉案的挪用资金行为均由縻某某、李某某和张某某实施。在对縻某某、李某某 20 项涉嫌挪用资金行为的相关指控中，有 13 项的表述是"李某某经縻某某同意，通过张某某等人操作"，另外 7 项的表述是"縻某某、李某某通过张某某等人操作"。这清楚地表明，涉案资金的转出不是縻某某或者李某某的个人决定，而是由縻某某、李某某、张某某共同决定的，体现为一种集体行为，而非縻某某、李某某的个人行为。

第二，縻某某、李某某、张某某三人构成了 A 合伙企业的领导集体。关于縻某某、李某某、张某某三人的身份，縻某某是 A 合伙企业的实际控制人，李某某是 A 合伙企业的有限合伙人、资金监管人，张某某是 A 合伙企业的基金经理兼操盘手。同时，丁某某的笔录等证据显示，2015 年 7 月，经张某某和丁某某提出，縻某某和李某某一致同意，由张某某全权负责 A 合伙企业的决策，丁某某不再参与合伙企业事务。因此，縻某某、李某某、张某某这三人均为 A 合伙企业的领导，是 A 合伙企业的领导集体。事实上，本案证据显示，除了这三人，A 合伙企业的管理层并没有其他人。縻某某、李某某、张某某共同决定（包括直接决定和默认同意）将涉案的 4 935 万元给他人使用，其决策过程显然属于"单位领导集体研究决定"。

第三，按照 A 合伙企业的合伙协议，縻某某、李某某等人有权决定将 A 合伙企业的资金给他人使用。A 合伙企业的"合伙协议"第 22 条规定："合伙人对合伙企业有关事项作出决议，按照实缴的出资比例表决，并经三分之二以上表决权通过。但对《合伙企业法》第 31 条所列的六种情形必须经全体合伙人一致同意。"而《合伙企业法》第 31 条规定的六种情形是"改变合伙企业的名称"、"改变合伙企业的经营范围、主要经营场所的地点"、"处分合伙企业的不动产"、"转让或者处分合伙企业的知识产权和其他财产权利"、"以合伙企业名义为他人提供担保"和"聘任合伙人以外的人担任合伙企业的经营管理人员"。本案涉及的是将 A 合伙企业的资金给他人使用的情形，不属于《合伙企业法》第 31 条列明的六种情形，根据"合伙协议"的规定，应"按照实缴的出资比例表决，并经三分之二以上表决权通过"。而本案中，李某某持有 A 合伙企业 99% 的股份，其决定能代表 A 合伙企业。

可见，本案中，涉案 4 935 万元款项是由 A 合伙企业领导集体研究决定给他人使用的，縻某某等人的行为不符合挪用资金罪的成立要件，不构成挪用资金罪。

李某职务侵占、受贿案

——村委会主任利用集体土地擅自进行商业开发的行为
是否构成职务犯罪

一、基本案情

李某，系某村村委会主任、党支部书记。

（一）职务侵占罪

1999 年 10 月 6 日，李某与某村一组签订土地承包合同，约定李某承包该村一组集体土地 6.8 亩，承包期限为 30 年。2016 年，双方签订补充协议，约定承包费变更为按照吨粮田标准执行，原合同期限顺延 20 年。2012 年至 2013 年，李某利用担任村委会主任的职务便利，私自改变土地用途，在未经村两委同意的情况下，与张某共同在李某承包的村集体土地上擅自进行商业开发。二人商定：由张某全额出资建设某综合楼 A 北段，所需建设、规划申请由李某擅自加盖村委会印章办理，某综合楼 A 北段产权二人平分。经某县大地建设工程招标代理有限公司核定某综合楼 A（北段）工程造价共计 9 210 035.34 元。经市物价局鉴定，综合楼 A（北段）在 2013 年 12 月 31 日的市场价格为 28 969 300 元。李某、张某侵占集体财产共计 19 759 264.66 元。

（二）受贿罪

2012 年 1 月至 2018 年年初，李某利用担任某村党支部书记兼村委会主任的职务便利，为建筑商张某在该村社区建设工程承揽、工程款拨付等方面谋取不正当利益，收受张某所送现金、购物卡等价值共计 58.6 万元。

2015 年 12 月至 2017 年 3 月，李某利用担任某村党支部书记兼村委会主任的职务便利，为某电梯销售商、某建筑工程配套有限公司法定代表人王某某在该村社区建设楼宇电梯采购过程中谋取利益，收受王某某所送的现金 10 万元。

二、主要问题

本案涉及的主要问题是：（1）李某作为村委会主任利用集体土地擅自进行商业开发，其行为是否构成职务侵占罪。对此，主要存在两种不同的观点：一种观点主张构罪，认为李某利用担任村委会主任的职务便利，非法侵占村集体利益，其行为构成职务侵占罪；另一种观点主张不构罪，认为李某主观上不具有非法占有其单位财物的目的，客观上没有占有其单位财物，没有实施利用职务便利将本单位财物占为己有的行为，因而不构成职务侵占罪。

（2）李某作为某村村委会主任、党支部书记，是否具有国家工作人员的身份，其行为是否构成受贿罪。对此，也存在两种不同的观点：一种观点认为，李某作为村委会主任、党支部书记有公共职权，具有国家工作人员的身份；另一种观点则认为，李某不属于国家工作人员，其身份不符合受贿罪的主体要求，不构成受贿罪。

三、出罪法理

本案中，李某的行为不符合职务侵占罪的成立条件，不构成职务侵占罪；同时，李某不具有国家工作人员的身份和职务便利，其行为不构成受贿罪。这主要体现在以下几方面。

（一）李某主观上没有非法占有其单位财物的目的，客观上没有占有其单位的财物，不符合职务侵占罪的成立条件，不构成职务侵占罪

根据《刑法》第 271 条第 1 款的规定，职务侵占罪是指公司、企业或者其他单位的人员，利用职务上的便利，将本单位财物非法占为己有且数额较大的行为。职务侵占罪的成立必须同时具备三个基本条件：一是客体条件，即行为侵害了公司、企业或者其他单位财物的所有权；二是行为条件，即行为人必须实施了利用职务上的便利，将本单位财物非法占为己有且数额较大的行为；三是主观条件，即行为人主观上必须具有非法占有本单位财物的目的。本案中，李某的行为没有侵害某村的财物所有权，且没有将某村财物非法占为己有的行为和目的，不符合职务侵占罪的成立条件，不构成职务侵占罪。

1. 某综合楼 A 北段不是某村的单位财物，李某的行为没有侵害某村的财物所有权，不符合职务侵占罪的客体要求

本案中，李某侵占的对象是某综合楼 A 北段，侵占的数额是某综合楼 A 北段的市场评估价（28 969 300 元）与工程造价（9 210 035.34 元）之间的差价（19 759 264.66 元）。但笔者认为，某综合楼 A 北段不是某村的单位财物，李某的行为没有侵害某村单位财物的所有权。这具体体现在：

第一，某综合楼 A 北段是由李某、张某共同建设的，而非由某村建设的。本案中，某综合楼 A 北段属于地上建筑物，而非土地的组成部分。地上建筑物所有权的归属与土地所有权的归属不具有同一性，不能根据土地所有权的归属推定地上建筑物所有权的归属。本案中，该建筑物是由李某、张某共同商议并由张某出资建设的。同时，本案的"合作建房协议书"、李某的供述、

张某的供述，某综合楼 A 北段工程费用说明、材料说明、开支情况汇总、经管站证明、记账凭证、收条等均可证明，某村在某综合楼 A 北段的建设中没有任何出资。这表明，某综合楼 A 北段不是由某村建设的，而是由李某、张某建设的，该建筑物的所有权不属于某村。

第二，某综合楼 A 北段对应的土地已被某村承包给了李某，某村不享有涉案土地使用权，更不享有地上建筑物的所有权。本案中，李某于 1999 年 10 月 6 日与原某某县某某镇某村一组签订土地承包合同，取得涉案土地的使用权，期限为 30 年。2016 年，双方签订补充协议，原合同期限顺延 20 年。在某村将土地出租给李某后，该土地的使用权应属于李某，某村不再享有涉案土地的使用权，更不享有涉案土地地上建筑物（某综合楼 A 北段）的所有权。

第三，李某系合法取得涉案土地的使用权，可以使用涉案土地建设某综合楼 A 北段。这主要体现在两个方面：一方面，李某是合法取得涉案土地使用权的。本案中，李某与某村一组签订的土地承包合同是双方当事人在平等自愿的基础上签署的，且有某村村委作为监督方，合法有效；同时李某履行了承包合同义务，每年都足额缴纳了承包费。在此基础上，依据土地承包合同，李某享有该 6.8 亩土地 50 年的土地使用权。另一方面，李某有权使用涉案土地建设某综合楼 A 北段。关于所承包土地的用途，"土地承包合同书"第 1 条约定："甲方（某村一组）将北至环城路边沟、南至集体、东至集体、西至集体的土地 6.8 亩包给乙方（李某）搞多种经营使用。"同时，本案中的"集体土地建设用地使用证"显示，早在 1998 年 4 月 9 日某综合楼 A 北段对应的土地即属于建设用地。李某使用该土地建设某综合楼 A 北段，属于经营使用其承包的土地，并不违反承包合同的约定。

第四，李某与某村一组签订的承包合同明确约定地上建筑物归李某所有。本案中，李某与某村一组签订的"土地承包合同书"第 5 条约定："国家建设及单位征用所占的该土地上的地面附属物，按照国家有关规定及占用方与乙方（李某）协商，由用地单位补偿给乙方。"根据该规定，某村一组作为出租方（甲方）不享有该承包土地上的地面附属物的所有权。据此，作为涉案土地上的地面附属物，某综合楼 A 北段的所有权不属于某村，而应归李某方所有。

第五，某综合楼 A 北段是李某、张某共同建设的，应归他们共同所有。本案中，2012 年 10 月 4 日李某与张某签订了"合作建房协议书"，合同约定："李某以其承包的商业建设用地土地使用权出资，建房及装修资金全部由张某承担。全部建筑的产权由李某和张某各按 50％的比例共有，该房屋产生的权益（包括增值部分、出租等权益）双方各按 50％的比例分成，其他权利义务根据《物权法》规定执行。该房如遇到政策性变化需拆除，政府的所有补偿款项双方平分。"按照该协议书的约定和"谁出资、谁所有、谁受益"的原则，某综合楼 A 北段产权应归李某与张某共同所有，而不能归某村所有。

第六，李某、张某办理了某综合楼 A 北段的审批等手续，有权取得该建筑物的所有权。《民法典》第 209 条第 1 款规定："不动产物权的设立、变更、转让和消灭，经依法登记，发生效力；未经登记，不发生效力，但是法律另有规定的除外。"本案中，李某、张某已依法办理了某综合楼 A 北段的相关建设审批手续。这包括：（1）2011 年 10 月 13 日，县规划局发放了"建设用地规划许可证"，用地项目名称为某综合楼 A，用地面积为 5.0 亩，用地性质为商业用地。（2）2013 年 5 月 28 日，县规划局为某综合楼 A 北段发放了"建设工程规划许可证"，用地性质为商业建设用地，用地面积 7.55 亩，建设规模 11 326.45 平方米。（3）某综合楼 A 北段建成后，2015 年 11 月 20 日，县规划局发放了"设工程规划核实合格证"。在此基础上，李某、张某有权取得某综合楼 A 北段的所有权。

可见，某综合楼 A 北段的所有权应归李某、张某共同所有，而非归某村所有。李某的涉案行为没有侵害某村的单位财物所有权，不符合职务侵占罪的客体要求，不构成职务侵占罪。

2. 李某没有实施利用职务便利将本单位财物占为己有的行为，不符合职务侵占罪的行为要求，不构成职务侵占罪

根据《刑法》第 271 条的规定，职务侵占罪在客观上表现为行为人实施了利用职务便利将本单位财物占为己有的行为。本案中，主张构罪的观点认为，李某利用其担任村委会主任的职务便利，私自改变土地用途，在未经村两委同意的情况下，在其承包的村集体土地上擅自进行商业开发。但有罪观点对李某的行为及其性质认定错误，李某没有实施利用职务便利将本单位财物非法占为已有的行为，不符合职务侵占罪的行为要求。这具体体现在：

第一，某综合楼 A 北段不属于某村的财物，李某的行为对象不符合职务侵占罪的要求。在我国刑法中，职务侵占罪的行为对象是本单位的财物。而在本案中，如前所述，某综合楼 A 北段的所有权不属于某村，某综合楼 A 北段不是某村的单位财物。李某的涉案行为对象不符合职务侵占罪之"本单位财物"的对象要求，其行为不构成职务侵占罪。

第二，李某没有利用职务便利私自改变涉案土地的用途。这是因为：一方面，涉案土地的性质未发生实质改变。本案中，李某针对涉案土地于 1998 年办理的"集体土地建设用地使用证"显示，涉案土地的用途为建预制厂，而 2011 年县规划局发放的"建设用地规划许可证"将用地性质变更为商业用地。两者都是建设用地，性质上没有发生实质改变，符合承包合同关于使用土地进行"多种经营"的规定。另一方面，涉案土地用途的变更不需要村两委的同意。根据李某与某村一组签订的土地承包合同，在承包期限内，承包人对承包的土地进行经营使用，只要没有超出合同约定的范围，就是行使承包合同赋予的权利，而无须村两委同意。

第三，李某的涉案行为没有改变涉案土地的占有关系，不存在利用职务便利占有本单位财物的问题。李某的涉案行为是在建设、规划的申请上擅自加盖村委会印章。李某的这一行为不是职务侵占行为。这是因为：一方面，李某实施该行为时某综合楼 A 北段根本不存在，李某不可能通过该行为占有某综合楼 A 北段。另一方面，李某的行为没有改变涉案土地的占有关系。涉案土地的所有权仍归某村所有，土地的使用权仍归李某享有。李某的这一行为是为李某经营涉案土地使用权而实施的，不存在利用职务便利占有某村单位财物的问题。

第四，李某实施涉案行为只是经营其承包土地的形式要求，不是职务侵占。本案中，李某之所以要在相关申请上加盖某村村委会的印章，是因为涉案土地的所有权属于某村，只能以土地所有者某村的名义办理相关手续。而这些手续的办理只是李某使用其承包的涉案土地的手续问题，不存在李某利用其作为某村村委会主任的职务便利侵占涉案土地和地面建筑物问题。

可见，李某的行为不属于利用职务便利非法占有本单位财物的职务侵占行为，某村在此期间如期收取承包费且土地的所有权也未发生改变，没有任何财产损失。李某的行为不属于职务侵占。

3. 李某主观上只具有营利的目的而没有非法占有的目的，不符合职务侵占罪的目的要求，不构成职务侵占罪

根据《刑法》第 271 条的规定，职务侵占罪的成立要求行为人主观上必须具有非法占有的目的，即行为人的行为目的是将本单位的财物非法占为己有。但在本案中，李某主观上只具有营利的目的，而没有非法占有的目的，不符合职务侵占罪的目的要求。这具体体现在：

第一，李某行为时的财物状况决定了李某主观上不可能具有非法占有的目的。这包括两个方面：一是当时某综合楼 A 北段尚未建设（并不存在）。对于并不存在的东西，不能据此认定李某主观上具有非法占有的目的。二是当时李某已承包了涉案的土地，拥有涉案土地的使用权，且李某的行为既不会改变涉案土地的使用权也不会改变涉案土地的所有权，进而不存在占有涉案土地的目的。

第二，李某的行为是经营涉案土地使用权的行为，主观上只具有营利的目的，而不可能具有非法占有的目的。这是因为：一方面，涉案土地在李某承包时即属于建设用地，李某承包涉案土地就是为了经营，包括在涉案的土地上建设地上附属物。这种经营方式体现在行为人的主观目的上只能是营利

目的，而不是非法占有目的。另一方面，李某在涉案土地的建设、规划的申请上擅自加盖村委会印章，目的只是更好地经营涉案土地（建设某综合楼 A 北段）。这也只是一种营利目的，而不是非法占有的目的。

第三，土地经营的不确定性决定了李某主观上不可能具有非法占有的目的。本案中，李某的涉案行为只是为了办理建设某综合楼 A 北段的审批手续。而某综合楼 A 北段的建设具有两个方面的不确定性：一是相关部门是否会审批同意建设某综合楼 A 北段在当时具有不确定性；二是某综合楼 A 北段建成后能否赢利具有不确定性，如果不能赢利，李某、张某则要面临承担某综合楼 A 北段建成后亏损的问题。对此，要指出的是，某某市物价局在对某综合楼 A 北段市场价格进行评估时，存在将地上附属物与土地使用权价格一同评估、评估的依据和方法不科学等问题，难以认定某综合楼 A 北段的市场价格为 28 969 300 元。

综上，某综合楼 A 北段的所有权不属于某村，该楼不是某村的单位财物。李某客观上没有利用职务便利非法占有某村的单位财物的行为，且主观上也不具有非法占有的目的，不符合职务侵占罪的主客观要求，不构成职务侵占罪。

（二）李某不属于国家工作人员，其身份不符合受贿罪的主体要求，不构成受贿罪

本案中，李某利用担任某某市某某街道办事处某村党支部书记兼村委会主任的职务便利，非法收受他人财物 68.6 万元，为他人谋取利益。不过，村委会属于群众性自治组织，李某作为村委会的负责人并不当然地具有国家工作人员的身份。而全国人大常委会于 2000 年发布的《关于〈中华人民共和国刑法〉第九十三条第二款的解释》规定："村民委员会等村基层组织人员协助人民政府从事下列行政管理工作时，属于刑法第九十三条第二款规定的'其他依照法律从事公务的人员'：（一）救灾、抢险、防汛、优抚、扶贫、移民、救济款物的管理；（二）社会捐助公益事业款物的管理；（三）国有土地的经营和管理；（四）土地征用补偿费用的管理；（五）代征、代缴税款；（六）有关计划生育、户籍、征兵工作；（七）协助人民政府从事的其他行政管理工作。""村民委员会等村基层组织人员从事前款规定的公务，利用职务上的便利，非法占有公共财物、挪用公款、索取他人财物或者非法收受他人财物，构成犯罪的，适用刑法第三百八十二条和第三百八十三条贪污罪、第三百八十四条挪用公款罪、第三百八十五条和第三百八十六条受贿罪的规定。"据此，李某在本案中是否属于国家工作人员，关键在于其从事的事项是否属于"协助人民政府从事行政管理工作"。对此，李某在本案中从事的是某村"社区建设"工作，该工作不属于"协助人民政府从事行政管理工作"，因此，其不属于国家工作人员，不能构成受贿罪。

第一，本案中的"社区建设"是某村的工作，而非街道办事处的工作。本案中，涉及的某村"社区建设"工作主要包括两个方面：一是"社区建设工程承揽、工程款拨付"，二是"社区建设楼宇电梯采购"。判断这些工作究竟是某村的工作还是某某街道办事处的工作，有一个最简单而直接的方法，即工程建设合同、电梯采购合同究竟是由"某村"与供应方签订还是由某某街道办事处与供应方签订。对此，本案证据显示，这些工程建设合同、电梯采购合同都是由"某村"而非"某某街道办事处"与供应方签订的。这可充分证明，本案中的"社区建设"工作是某村的工作，而非某某街道办事处的工作。李某在本案中不是"协助人民政府从事行政管理工作"。

第二，本案中的"社区建设"都是由某村在实施建设，而非由街道办事处实施建设。这具体包括：（1）某村"社区建设"是由某村村委会组织召开村两委、村民代表、党员代表大会表决同意后实施的，某村是相关"社区建设"工作的决策主体。对此，某某街道办事处的立项请示以及李某、杨某某、李一、张某某、李二、滕某某等的笔录均可以证明。（2）某村"社区建设"由某村村委会以某村为建设单位，分别向街道办事处、县国土局、县规划局、县环保局、县发展和改革局提出申请。（3）某村"社区建设"都是由村委托招标的。本案中，"社区建设"都是以某村为委托方，其中某村一区1、2号楼系委托某某县大地建设工程招标代理有限公司进行招标，山东省某工程有限公司中标。3、4、5号楼延续了该中标。对于某村二区建设项目，某村与山东某建设咨询有限公司分公司签订了"招标委托协议书"，最终山东某有限公司中标。（4）某村"社区建设"的资金主要都是来自村民的集资和开发商垫资。

第三，街道办事处对某村"社区建设"承担的只是支持、服务工作。这集中体现在街道办事处对某村"社区建设"的立项支持上，包括：（1）向县规划局提出《关于对某村实施旧村改造的申请》（2010年8月25日）；（2）向县人民政府提出《关于某村旧村改造建设用地的申请》；（3）向县人民政府提出《关于某村旧村改造的申请》（高办发〔2015〕2号文）；（4）向县人民政府提出《关于某村旧村改造的申请》；（5）向县人民政府提出《关于关于某村旧村改造的请示》。街道办事处的这些申请最终获得了县里的支持，进而加快推进了某村"社区建设"工作的进行。但这些也都只是街道办事处对某村"社区建设"的支持性工作。某村的"社区建设"工作并非由街道办事处自己负责实施。

第四，各级政府出台的相关文件明确了乡镇（街道办事处）不是农村"社区建设"的实施主体。这包括：（1）《国务院关于加快棚户区改造工作的意见》（国发〔2013〕25 号）、《某省人民政府关于贯彻落实国发〔2013〕25 号文件加快棚户区改造工作的意见》（〔2013〕29 号文）等均规定，各级政府在棚户区改造中起到的只是领导作用，其不是实施主体。（2）《某县人民政府关于推进新农村社区建设工作的意见》（〔2010〕38 号）规定，县政府成立农村社区建设工作领导小组，各镇也要成立农村社区建设工作领导小组，负责对农村社区建设工作的领导、指导、协调和监督。可见，各镇农村社区建设工作领导小组的职能只是"领导、指导、协调和监督"，而不是具体实施。（3）《某县人民政府关于进一步规范城镇社区建设工作暂行规定》（〔2013〕2 号）规定，各镇（街道）不是城镇社区建设的实施主体。

第五，我国司法实践中普遍认可农村"社区建设"是村委会的工作。这主要体现为我国司法机关对村党支部书记、村委会主任在新农村社区建设、旧村改造、城中村改造中收受贿赂的行为，都认定为构成非国家工人员受贿罪而非受贿罪。例如，在梁某某非国家工作人员受贿案〔（2014）永刑初字第80 号〕中，梁某某作为村党支部书记、村委会主任利用职务便利在新农村改造过程中收受工程承建方的贿赂 43 000 元，被某市某区人民法院以非国家工作人员受贿罪，判处有期徒刑 2 年，缓刑 3 年。类似的判决还有很多。

综上，李某作为村党支部书记兼村委会主任不属于国家工作人员，而且村"社区建设"不属于街道办事处的行政管理工作，故李某不属于协助人民政府从事行政管理工作的人员，不具有国家工作人员的身份，不构成受贿罪。

吕某某职务侵占、对非国家工作人员行贿案

——借助他人职务便利不及时付款的行为是否成立职务犯罪的共同犯罪

一、基本案情

某信用合作社于 1988 年 8 月获批成立，注册登记为集体企业。1992 年至 1998 年，吕某某相继担任原市财政局局长兼任某信用社主任及下属公司董事长及法定代表人。2002 年，吕某某与他人合伙成立 A 公司，吕某某任董事长及法定代表人。1998 年至 2015 年，同案人吕甲担任某信用社董事长。

1998 年 10 月至 2004 年 2 月，吕某某与同案人吕甲结伙，利用吕甲担任某城市信用社理事长、某农村信用社主任职务上的便利，共同侵占吕甲所在单位 86.34 亩土地资产和价值 477.1 万元的股份。2002 年至 2015 年 7 月，吕某某为获取不正当利益以及在贷款、参与竞拍等方面得到吕甲的帮助，给予吕甲价值 216.666 7 万元的股份。

（一）职务侵占罪

1. 1993 年，某信用社进行股份制改造，单位固定资产及商誉作价以 453 万法人股登记在市信用合作促进会名下（1993 年 4 月某信用社员工发起设立的社会团体法人，以下简称信合促进会）。1998 年 11 月，信合促进会名下 277.1 万股过户到信用合作社关联公司 B 公司名下。2002 年，吕某某与吕甲等 12 名原某信用社员工共同出资收购某制药厂，成立 A 公司。2003 年 10 月至 2004 年 2 月，吕某某与吕甲共同商量，利用吕甲担任某信用社主任职务上的便利，安排工作人员办理虚假股权交易转让手续，将登记在信合促进会名下的 200 万股和登记在 B 公司名下的 277.1 万股，共计 477.1 万股（价值 477.1 万元）过户到 A 公司名下，予以侵占私分。经会计师事务所鉴定，截至 2019 年 12 月 31 日，吕某某本人及其实际控制公司侵占的股份共计分红 3 206.854 3 万元。

2. 1995 年 6 月至 1998 年 12 月，区管理委员会以地抵债，分别将 73.54 亩、12.8 亩土地抵偿给某信用社，化整为零分别登记在某信用社及其关联公

司以及吕某某实际控制的公司名下，未计入某信用社账户。1998 年 10 月，吕某某主动辞去某信用社理事长职务，保留理事身份，吕甲升任某信用社理事长。之后，两人操纵理事长（经理）办公会，以 C 公司承包、再转包给吕某某开发 73.54 亩土地的名义用 73.54 亩土地抵押贷款 426 万元平账、利息挂账再销账的方式隐瞒、截留土地资产。2002 年 4 月，市政府在清查土地时发现前述 86.34 亩土地及吕某某实际控制的某贸易公司名下 9 亩土地，共计 95.34 亩综合土地处于闲置状态，拟予以收回。吕甲与吕某某合谋，利用吕甲担任某信用社主任职务上的便利，分别以某信用社、B 公司的名义递交书面报告，骗取政府批准将 95.34 亩综合土地作价 1 800 余万元异地置换 94.7 亩商服用地给 A 公司。同年 8 月，吕甲安排工作人员违规释放抵押的 73.54 亩土地国有土地使用权证，协助吕某某办理过户登记手续，将归属某信用社的 86.34 亩土地资产予以侵吞。同年 12 月，经某土地评估公司评估，前述 94.7 亩商业用地价值 4 390.95 万元。

（二）对非国家工作人员行贿罪

2002 年至 2015 年 7 月，吕甲担任某信用社主任期间，吕某某为得到吕甲在出具验资证明、竞拍土地、发放贷款等方面帮助，于 2013 年下半年，送给吕甲某信用社 100 万原始股。当时，股权实为 216.666 7 万股，价值 216.666 7 万元。经会计鉴定，截至 2019 年 12 月 31 日，股权转增为 420 万股，股权价值 420 万元，股金分红共计 423 万元。

二、主要问题

本案涉及的主要问题：

（1）吕某某的行为是否符合职务侵占罪的成立条件，是否构成职务侵占罪。对此，在案件处理过程中主要存在两种不同的观点：

一种观点主张构罪，认为吕某某利用吕甲的职务便利，采取多种方式，侵占了某信用社的单位财物，构成职务侵占罪。

另一种观点主张不构罪，认为吕某某虽然利用了吕甲的职务便利，但其取得某信用社的土地和股份都支付了合理价款，只是时间略有延迟，不是非法占有，不构成职务侵占罪。

（2）吕某某的行为是否符合对非国家工作人员行贿罪的成立条件，是否构成对非国家工作人员行贿罪。对此，在案件处理过程中主要存在两种不同的观点：

一种观点主张构罪，认为吕某某利用吕甲的职务便利谋取多种利益，并给予了吕甲价值 200 多万元的股权，符合对非国家工作人员行贿罪的成立条件，构成对非国家工作人员行贿罪。

　　另一种观点主张不构罪，认为吕某某给予吕甲的股权不是给吕甲的财物，而是吕甲退出 A 公司的合法补偿。虽然吕甲在整个过程中给予了吕某某一些帮助，但不构成涉案股权的对价，吕某某的行为不构成对非国家工作人员行贿罪。

三、出罪法理

　　本案中，吕某某利用吕甲的职务只是为了得到延迟支付款项、承包土地等程序性便利，没有非法占有某信用社的财物，且其给予吕甲股权的主要对价不是吕甲的职务便利，其行为不构成职务侵占罪和对非国家工作人员行贿罪。

　　（一）关于职务侵占罪，本案证据不能证明吕某某针对涉案的 73.54 亩土地、12.8 亩土地和 477.1 万元股份侵占了某信用社的单位财物，其行为不符合职务侵占罪的成立条件，不构成职务侵占罪

　　根据我国《刑法》第 271 条第 1 款的规定，职务侵占罪是公司、企业或者其他单位的工作人员，利用职务上的便利，将本单位财物非法占为己有，数额较大的行为。该罪的成立在客观上至少必须同时具备以下三个基本条件：一是职务便利条件，即行为人必须利用了公司、企业或者其他单位工作人员的职务便利；二是占有行为条件，即行为人必须实施了非法占有财物的行为；三是行为对象条件，即行为人占有行为的对象必须是本单位的财物。但本案证据不能证明吕某某针对涉案的 73.54 亩土地、12.8 亩土地和 477.1 万元股份侵占了某信用社的单位财物，其行为不符合职务侵占罪的成立条件，不构成职务侵占罪。

　　1. A 公司为取得涉案 73.54 亩土地支付了 439 万余元，且本案证据不能证明该价款低于该土地当时的价值，因而吕某某的这一行为不构成职务侵占罪

　　针对涉案的 73.54 亩土地，对吕某某行为性质认定的关键在于，A 公司取得该土地后支付的价款是否低于该土地当时的价值？只有确有充分的证据证明 A 公司支付的价款低于该土地当时的价值，才能证明某信用社受到了财物损失，否则，不能认定吕某某非法占有了某信用社的单位财物。本案证据完全不能证明 A 公司支付的价款低于当时的土地价值，同时本案有证据证明 A 公司支付的价款是合理价款。这具体体现在：

　　第一，本案证据充分证明，A 公司向某信用社支付了 73.54 亩土地的土地款。这一点在本案中是客观事实，在案证据可以充分证明。本案证据证明，A 公司向某信用社支付了 73.54 亩土地的土地款 439 万余元（426 万元本金及 136 620 元利息）。

　　一是 2004 年 6 月 24 日电子记账凭证证明：A 公司转账 206 000 元给 C 公

司，次日 C 公司偿还某信用社贷款本金 206 000 元。

二是 2004 年 6 月 29 日某信用社内部往来划收款凭证及 A 公司 00095 账号 2004 年 6 月 29 日的转账记录显示，2004 年 6 月 29 日从 A 公司转账 1 054 000 元 到 C 公司；C 公司的 00004 账户显示，2004 年 6 月 30 日还某信用社贷款 1 054 000 元。

三是 2007 年 5 月 9 日的某信用社进账单显示，2007 年 5 月 9 日 A 公司转 账 3 136 620 元给 C 公司；2007 年 5 月 9 日某信用社收回贷款凭证显示，收回 C 公司贷款 300 万元，其余 136 620 元由某信用社作为利息收回。

四是某信用社 2020 年 9 月 23 日出具的"情况说明"认定：C 公司的贷款 本金 426 万元及利息 136 620 元已经由 A 公司付款到 C 公司偿还。

五是某信用社 2020 年 9 月 17 日出具的 C 公司贷款情况说明显示：贷款 本金 426 万元已经分三次还清。

对于上述 A 公司向某信用社支付 73.54 亩钱的钱款 439 万余元的事实及 证据，案件处理过程中各方均不存在争议。

第二，本案证据不能证明 A 公司支付的 73.54 亩土地款低于该土地当时 的价值，相反本案有证据证明 A 公司支付的价款与土地当时的价值相当。这 主要体现在以下两个方面。

（1）本案证据不能证明 A 公司支付的土地款低于 73.54 亩土地的实际价 值。这包括：

一是办案机关未对涉案 73.54 亩土地的实际价值进行司法鉴定。土地是 本案吕某某涉案行为的对象，在证据类型上属于物证。根据 2005 年全国人大 常委会《关于司法鉴定管理问题的决定》的规定，对物证类证据的真假、价 格等必须进行司法鉴定。对于土地这一物证，必须根据司法鉴定进行价值评 估才能确认其真实价值。但在本案中，办案机关并没有委托鉴定机构对该土 地的价格进行司法鉴定，因而无法准确认定该土地在当时的真实价值。

二是某土地评估公司 2002 年 12 月的评估不能作为认定本案土地价值的 依据。该机构的评估报告认定包含涉案 73.54 亩土地在内的 94.7 亩土地的商 业用地价值为 4 390.95 万元。但该评估完全不能作为认定本案涉案土地价值 的依据。这是因为：

一方面，某土地评估公司没有对土地价格进行司法评估的资格。国家建 设部 1997 年出台的《关于房地产价格评估机构等级管理的若干规定》，对房 地产价格评估机构资质等级实行分级管理。根据该规定第 3 条的规定，一级 机构可从事各类房地产价格评估。二级机构可从事房地产买卖、租赁、抵押、 企业兼并、合资入股、司法仲裁等方面的房地产价格评估。三级机构可从事 建筑面积 5 万平方米、土地面积 1.5 万平方米以下的评估项目。据此，只有二级以上的机构才可以从事司法仲裁方面的房地产价格评估。同时，该规定明确了取得一、二、三级资质的最低年限，其中取得三级资质必须"从事房地产价格评估业务连续二年以上"，取得二级资质必须"从事房地产价格评估业务连续三年以上"（建设部2005年发布的《房地产估价机构管理办法》进一步提高了取得一、二、三级资质的年限条件）。但在本案中，某土地评估公司成立于2001年7月25日，至本案评估时（2002年12月18日），其成立只有一年多时间，尚不足二年，连三级资质的评估条件都不具备，更不可能具备进行司法评估所要求的二级以上的资质条件。事实上，本案中某土地评估公司也未提供其房地产价格评估等级的资质材料。

同时，国土资源部1999年下发的《关于严格按土地评估机构资质等级加强评估业务管理的通知》载明只有A级土地评估机构可以从事司法仲裁涉及的土地评估。其第1条中规定："A级土地评估机构可在全国范围内独立从事基准地价及各类宗地地价评估，具体业务范围如下：1、基准地价评估；2、出让或国家收回土地的评估；3、转让、出租、抵押、作价入股土地的评估；4、上市及非上市股份有限公司或有限责任公司涉及的土地评估；5、企业兼并、破产、清产核资涉及的土地评估；6、司法仲裁中涉及的土地评估；7、征收土地税费涉及的土地评估；8、其他依照法律、法规需要进行土地评估；9、地价咨询。"本案中，某土地评估公司2002年12月18日的评估报告写明其评估资质级别为"B级"。这是土地评估资质等级。但根据国土资源部1999年《关于严格按土地评估机构资质等级加强评估业务管理的通知》的规定，只有A级土地评估机构才能从事司法仲裁涉及的土地评估。某土地评估公司只具有B级资质，不能进行司法仲裁涉及的土地评估，因而，其所作的评估报告不能作为司法裁判的依据。

另一方面，某土地评估公司评估报告的内容本身表明其不能作为司法裁判的依据。这包括：1）当时土地因长期闲置面临被政府无偿收回的境地，且土地因政府规划无法正常开发，评估报告没有反映这一情况；2）吕某某1998年承包了相关土地，以2002年12月18日为估价期日，不合理（即便是按照置换的时间，也与土地估价报告的评估基准日不一致）；3）土地估价报告明确称其有效期只有半年，但已过去了20年，已经失效；4）土地估价报告明确称，本报告结果仅作为A公司土地进行资产核算时的依据，不作为其他使用。

（2）本案有证据证明，A公司支付的439万余元价款符合73.54亩土地当时的价值。这包括：

一是该土地因政府规划无法正常开发（包括置换后的土地已被迫放置20多年仍无法开发），且土地使用期限短，对该土地的价格不能按正常开发的价格评估认定。

二是在案证据表明，当时同类土地的价格与该土地的价格相当。1998 年 12 月 27 日，吕某某与郭某某签订的"土地转让合同"和 2014 年 2 月 21 日市银监局关于信用社处置抵债土地资产调查情况的报告证实，吕某某在 1998 年 11 月 26 日承包 C 公司后，于 1998 年 12 月 27 日与郭某某签订"土地转让合同"，欲将承包的 73.54 亩土地以 460 万元的价格转让给郭某某，但郭某某经考察后放弃购买。其放弃的原因是认为土地不值 460 万元。这也表明，吕某某支付 439 万余元取得涉案 73.54 亩土地，差不多符合土地当时的价值。同时，据了解，2002 年年底位置更好的某大市场是以每亩 6 万元的价格摘牌的，2002 年某大药房用地是以每亩 3 万元的价格取得的，因此，A 公司以 439 万余元的价格取得涉案的 73.54 亩土地符合当时土地的市场价，并没有非法占有某信用社的单位财物。

第三，主张构罪的观点认为吕某某从以地抵债开始即具有非法占有涉案土地的目的并通过系列行为占有涉案土地，这不符合事实，也是错误的。

本案中，涉案 73.54 亩土地的流转先是由区管委会以地抵债，某信用社将涉案的 73.54 亩土地由某信用社之外的 6 家公司承接；然后，某信用社经集体研究决定，将土地交由吕某某承包盘活；再是土地以置换的方式登记到 A 公司名下并由 A 公司支付 439 万余元本息。这一过程历时 4 年（自 1998 年 12 月至 2002 年 12 月）。主张构罪的观点认为该土地流转的整个过程都是吕某某职务侵占行为的组成部分。但这一过程历时长、环节多、情势多有变化，吕某某不可能进行自始至终的谋划。同时，吕某某不是非法占有涉案土地还体现在以下方几个面：

（1）涉案的 73.54 亩土地由某信用社之外的 6 家公司承接，有其客观原因，且某信用社实际控制着这 6 家公司和涉案的 73.54 亩土地。

一是本案证据显示，当时区管委会只有每次限额 10 亩土地的出让权，无法将涉案的 73.54 亩土地一次性地转到信用社名下。对此除了吕甲、吕某某等人的笔录作了这方面的陈述，在本案中还有众多证据可予证实。例如，时任区管委会主任的覃某某的笔录也明确称：1995 年区国土局的审批权限是 10 亩以内。在此情况下，某信用社无法将涉案土地一次性地登记在自己名下。

二是本案证据显示，某信用社与承接土地的 6 家公司之间存在关联关系，某信用社可以通过控制这些企业进而控制涉案土地。在案证据显示，这 6 家公司都是空壳公司，股东未实际出资，无法从股东身份上认定其归属；但从这 6 家公司的成立过程来看，这些企业的发起设立都可归到某信用社，可认为这些公司都是某信用社控制的企业。

三是本案证据显示，某信用社实际控制了承接土地的 6 家公司和涉案土地。这包括两个方面：一方面，从归口管理上，这 6 家公司最终都归某信用社管理；另一方面，从实际管理上看，本案证据均表明，这 6 家公司及其承接的 73.54 亩土地都是在某信用社的实际控制、管理之下。例如，吕甲的笔录称：其同意吕某某将某信用社抵债土地办在上述 6 家公司名下是利用了某信用社与这 6 家公司的上述关系，既有理由让区管委会将土地登记在这 6 家公司名下，又可以让某信用社通过管控这些公司，进而控制抵债土地。

（2）吕某某承包涉案的 73.54 亩土地，经过了某信用社经理办公会决定，且承包协议约定合理。这具体体现在：

一是盘活信贷资金及土地款的决议经某信用社经理办公会集体研究通过，并正式签订，程序虽存在一定的瑕疵，但不能否认其合法性。1998 年 11 月 17 日，某信用社召开经理办公会，形成了盘活信贷资金及土地款的决议。经理办公会是某信用社的最高决策机构，且最终表决的人员均是有权决定的人员。虽然吕某某参会不太符合规定，但他并没有参与表决。

二是该承包协议约定的内容合理合法。关于信贷资金及土地款的决议及土地盘活协议的核心内容是：涉案的 73.54 亩土地由吕某某总体承包，并由其承担一切债权债务，三年内收回本金 426 万元，利息从 2000 年 1 月 1 日起开始计算。该协议的本质是吕某某通过归还 426 万元债务的方式，取得了涉案 73.54 亩土地的开发使用权。而如前所述，该承包价格是合理的市场价格。承包协议约定的价格合理、内容合法。

（3）土地置换系由当时客观情况所决定，符合某信用社的利益和承包协议的要求。

一是土地置换是客观原因所致。基于客观原因，涉案的 73.54 亩土地很难被盘活。置换是盘活的机会。1999 年 1 月 28 日市政府《关于冻结土地规划建设的通告》规定，为满足火车西站建设的需要，区工业园和凤凰园开发区所辖的珍珠路以西范围内的规划、用地及公告称建设项目自本公告发布之日起，停止办理审批手续；原在该范围内买卖或转让土地使用权未经市规划局、国土局办理规划、国土手续者，一律按非法转让论处，其经济责任由当事人承担，并追究有关人员的法律责任。在此情况下，吕某某根本无法盘活涉案的 73.54 亩土地，置换实际上是一个盘活土地的机会。

二是土地置换符合某信用社的利益。本案证据显示，之所以包含涉案的 73.54 亩土地在内的土地要进行置换，是因为涉案土地闲置时间过长，政府要无偿收回。某信用社属于集体企业，土地一旦被政府无偿收回，自身利益必然受损（426 万元贷款本息无法归还）。从这个角度看，土地置换符合某信用社的利益。

三是土地置换符合承包协议。本案中，土地置换的实质是将某信用社的土地（办到 C 公司名下的 73.54 亩土地）转给 A 公司，进而在 C 公司与 A 公司之间形成以一种债权债务关系。这种债权债务关系显然包含在承包决议、承包协议规定的"一切债权债务"范围之内（属于债权）。根据承包决议、承包协议，该债权应当由吕某某享有，即吕某某通过土地置换让 A 公司取得相应土地，具有合同依据，不是非法占有。

值得指出的是，主张构罪的观点认为土地盘活协议不包含土地出卖的内容，且土地置换时已过协议约定的三年盘活期，故认定土地置换是采取欺骗手段占有某信用社土地。这一观点难以成立，原因在于：

一是土地盘活协议没有规定"盘活"的具体方式，在内容上没有排除"转让、置换"方式。以"转让、置换"方式盘活土地符合土地盘活协议的规定，且在土地盘活协议签订后、置换前，吕某某曾于 1998 年 12 月 27 日与郭某某签订"土地转让合同"（将承包的 73.54 亩土地以 460 万元的价格转让给郭某某），并得到 C 公司的同意和盖章。这也表明"盘活"包含了"转让"。

二是"三年盘活期"不构成对合同效力的限定，不是过了三年土地盘活协议就无效：（1）从合同约定上看，协议本身没有约定只有三年有效。（2）从超限的原因上看，土地未能盘活完全是因为政府规划这一不可抗力所致，土地无法进行开发，市场上也无人敢接手，鉴于遇到不可抗力，协议期限可以变更。（3）从合同利益上看，土地面临被政府无偿收回、某信用社完全丧失土地利益的结局。在此情况下，从维护某信用社自身利益出发，适用土地盘活协议，通过置换方式盘活该土地以收回本金和利益，完全有利于某信用社，而不是侵害了某信用社的利益。

可见，A 公司为取得涉案 73.54 亩土地支付了 439 万余元，且本案证据不能证明该价款低于土地当时的价值，故吕某某的行为不构成职务侵占罪。

2. 涉案的 12.8 亩土地不是某信用社的单位财物，而是某银行的财物，且由该支行委托吕某某个人盘活，吕某某的相关行为不构成职务侵占罪

本案中，涉案的 12.8 亩土地源于某银行委托某信用社代付 110 万元购买的 100 亩土地，后区管委会以 12.8 亩土地抵付。主张构罪的观点认为，某银行未付款给某信用社，且区管委会与某信用社签订协议认定该 12.8 亩土地属于某信用社，涉案 12.8 亩土地在当时属于某信用社。但这是错误的。这体现在以下几个方面。

第一，在案证据能够证实，某银行已向信用社支付了购买土地的 110 万元代付款，涉案的 12.8 亩土地的使用权不属于信用社。

某银行是否支付了 110 万元土地款是认定涉案 12.8 亩土地的使用权归属的关键和实质标准。对此，在案证据之间存在一定的冲突。从证据类型上看，

认定土地归某信用社的证据主要是言词证据（包括某信用社出具的情况说明）。但本案书证及相关言词证据能够相互印证地证明某银行已向某信用社支付了购买土地的 110 万元代付款，涉案的 12.8 亩土地不属于信用社。这具体体现在以下几方面。

（1）在案书证显示，某银行通过"某公司"临时账户，支付了 110 万元购地款。

一是 1993 年 12 月 11 日某信用社的"转账付出传票""转账收入传票"，信用社从生茂公司"临时存款"账户支取定活两便的 110 万元。

二是某信用社记账显示，"垫付款"账户 1993 年 4 月 29 日"支付购土地款"110 万元，12 月 11 日"还垫付款"110 万元。这表明，某信用社代付的 110 万元已通过"生茂公司"临时存款账户归还。

（2）彭某某的证言显示，某银行通过"某公司"临时账户，支付了 110 万元购地款。

一是彭某某 2021 年 10 月 20 日的笔录明确称某银行以"某公司"的名义付了该 110 万元，其称："后来是某银行省分行把这笔钱转到市支行，然后市支行把钱转给信用社。因为当时这笔钱需要个名头记账，所以我们就让某信用社以'某公司'的名义打了个存折，以存款的方式把这笔钱还给了某信用社。"

二是彭某某 2021 年 12 月 22 日的笔录虽然较之前有变化，但仍表明 110 万元的购地款已被支付。其称："后面是区行的行长说了声购地款付了，让我们写个委托书给吕某某，我才知道这么个事。""有一次吕某某问我是给个什么名头他好做笔账，我就随口说了个有印象的'某公司'的名头给他。"

第二，本案书证表明，某银行已支付了购地款。1997 年 3 月 20 日吕某某写给某银行的请示称："为了尽快盘活资金，收回土地款，现由我出面到城西开发区进行协调，重新划地，开发盘活，争取做到在 1999 年年底将所付土地款壹佰壹拾万元收回。如逾期收回，从 2000 年 1 月 1 日起按同期贷款利率开始计息。开发土地的一切费用由我负责。"该请示由时任某银行行长签批，内容得到确认。其中，"收回土地款"包含了某银行支付了土地款的前提。

第三，在案证据能够证实，某银行委托吕某某个人盘活资金、收回购地款。利用职务便利是职务侵占罪成立的必备条件。本案证据显示，涉案的 12.8 亩土地系由某银行委托吕某某个人盘活处理，与某信用社无关，吕某某不存在利用吕甲职务便利的问题。这具体体现在：

（1）1997 年 3 月 20 日吕某某与某银行达成的协议表明，某银行已将该块土地委托给吕某某个人盘活。1997 年 3 月 20 日吕某某写给某银行的请示称：

"为了尽快盘活资金，收回土地款，现由我出面到城西开发区进行协调，重新划地，开发盘活，争取做到在 1999 年年底将所付土地款壹佰壹拾万元收回。如逾期收回，从 2000 年 1 月 1 日起按同期贷款利率开始计息。开发土地的一切费用由我负责。" 1997 年 3 月 20 日，时任某银行行长在该请示上签注："根据领导的意见，同意按此精神办理。"

（2）彭某某的证言显示，某银行已将土地委托给吕某某个人盘活。

一是彭某某 2021 年 10 月 20 日的笔录明确称某银行已将土地委托给吕某某个人盘活。其称："大概到了 1997 年还是 1998 年离付清购地款的 1993 年已经好几年，某银行没有搬。这块地不需要了，就委托我们市支行处理这块地。当时行长和我一起找到吕某某。行长还写了个委托书给吕某某，委托吕某某把某银行的这块地变现。"

二是彭某某 2021 年 12 月 22 日的笔录称："根据当时的情况，这块地是以某银行的名义买的，吕某某要处理这块地就需要一份委托书，所以当时与某银行沟通以后行长和我就写了一份委托书给吕某某授权委托他全权处理这块土地的事宜。"

可见，涉案的 12.8 亩土地不是某信用社的单位财物，而是某银行的财物，且由某银行委托吕某某个人盘活，因而，吕某某的相关行为不构成职务侵占罪。

3. A 公司取得 477.1 万股信用社股份后支付了全部价款，吕某某的相关行为不是非法占有，不构成职务侵占罪

本案中，A 公司取得涉案的 477.1 万股信用社股份是事实。但本案证据能够证明，A 公司支付了 477.1 万元股份转让款，吕某某的相关行为不是非法占有，不构成职务侵占罪。

第一，本案证据表明，A 公司取得 477.1 万股信用社股份后支付了全部价款。

关于股权价款的支付，本案书证能够证明三个前提事实：（1）2003 年 7 月 11 日 A 公司开具了 120 万元的现金支票［科目（借）：2011，对方科目（贷）：4641］；（2）2007 年 4 月 30 日某信用社的转账借方传票及 A 公司 70018 账号 2007 年 4 月 30 日交易记录显示：A 公司付款 2 571 000 元给 B 公司，用途为入股某信用社；（3）2008 年 7 月 11 日某信用社 02432808 号转账支票显示：A 公司开具 100 万元转账支票给 B 公司。在此情况下，主张构罪的观点认为，A 公司没有支付股权转让款的理由包括：一是没有证据证明柜面支票支取现金 120 万元系用于购买股权，二是 A 公司向 B 公司转账 100 万元及 257.1 万元不能证明是向某信用社支付了股权对价款。这一理由难以成立，具体体现在以下几点。

（1）本案证据能够证明，A 公司 2003 年 7 月 11 日将 120 万元付给了某信用社。

一是 2003 年 7 月 11 日现金支票显示的"科目（借）"是"2011"，"对方科目（贷）"是"4641"，表示该 120 万元由"2011"进入了"4641"。而本案证据显示，"2011"是"存款科目"，"4641"是"内部往来科目"，代码 1011 为现金科目，代码 2011 为活期存款科目，代码 2431 为应解汇款科目，代码 4641 为内部往来科目。可见，"4641"是某信用社的内部往来科目，A 公司以现金支票支取的 120 万元进入"4641"，表明该 120 万元是付给了某信用社。

同时，本案没有证据证明该现金支票对应的 120 万元被取现。2003 年 7 月 11 日"开户单位提取大额现金申请表"是与此有关的唯一书证，但该申请表既没有申请单位的名称和盖章，也没有开户银行初审意见、主管部门意见（两栏均为空白）。其既不能证明是 A 公司提出申请，也不能证明某信用社内部批准了，更不能证明 A 公司取现了。

二是 2021 年 9 月 3 日信用社出具的"情况说明"明确称："2003 年 7 月 11 日，A 公司从某信用社分社开设账户里支取了 120 万元到营业部存入某信用社内部账户。"

三是 2003 年 7 月 11 日某信用社现金存款单（贷方传票）显示，经费户（010101100002）存入 120 万元。

四是 2003 年 7 月 11 日某信用社"现金收入日记单"，当日"收款单位账户"为"02"的账户收入 120 万元。而该 02 账户就是某信用社 1011 - 2（经费户）。

五是某信用社营业部 2003.07.11.1＃附件 1"现金收入日记单"显示，当日账户"010101100002"收款单位账号，现金收入金额"1 200 000"，备注"经费户"。

六是 2003 年 7 月 11 日信用社现金支票 120 万元（号码为 IX VI00479153），入账科目是借记"4641"，贷记"1011"。这些证据可以充分证明，A 公司现金支票反映的 120 万元由某信用社存款科目（2011）进入某信用社内部往来科目（4641），最终进入了某信用社现金科目（1011）。

七是 2021 年 11 月 26 日会计师事务所鉴定意见书在"鉴定意见"部分明确称："2003 年 7 月 11 日营业部传票中的存入经费户的 120 万元现金存款单（贷方传票）。"这表明，120 万元存入了某信用社。

上述证据已经形成了一个完整的证据链条，证明涉案的 120 万元进入了某信用社"经费户"。

（2）本案证据证实，A 公司向 B 公司分两笔支付了 257.1 万元和 100 万元款项。

一是本案证据证实，2007 年 4 月 30 日 A 公司以股权款名义向 B 公司转账 257.1 万元。本案中，2007 年 4 月 30 日某信用社的转账借方传票、进账单（贷方凭证）及 A 公司 70018 账号 2007 年 4 月 30 日交易记录可以充分证实 A 公司向 B 公司支付了 257.1 万元作为购买某信用社股份的款项。这三份书证显示：A 公司付款 2 571 000 元给 B 公司，用途为入股某信用社、购某信用社股本。

二是本案证据证实，2008 年 7 月 11 日 A 公司向 B 公司转账 100 万元。本案中，2008 年 7 月 11 日某信用社 02432808 号转账支票显示：A 公司开了 100 万元转账支票给 B 公司。同时，B 公司的财务记录上也显示其收到了 A 公司的 100 万元。

第二，A 公司转账支付的 477.1 万元是购买某信用社股份的款项，至少本案证据不能排除这一合理怀疑。这 477.1 万元款项可分为 120 万元、257.1 万元和 100 万元三笔。

（1）A 公司转账支付给 B 公司的 257.1 万元显然是股权转让款。这是因为：一是该转账支付的相关凭证上明确写明用途是"入股某信用社""购某信用社股本"；二是 A 公司是向 B 公司购买的股份；三是 A 公司除了购买涉案的 477.1 万股外，没有其他购买某信用社股份的支出。

（2）A 公司 2003 年 7 月 11 日付给信用社的 120 万元完全不能排除是 A 公司购买某信用社股份的款项。这是因为：一是 A 公司与某信用社之间没有其他的往来款项可以解释该 120 万元的支付问题；二是 A 公司购买的某信用社股份本身是属于某信用社，信合促进会、B 公司实际上都是为某信用社集体代持，A 公司将 120 万元直接付给某信用社合理；三是 A 公司购买某信用社股份名义上未走某信用社的流程，给某信用社股权款无法直接入某信用社的账，进入某信用社的内部账户（经费户）。

（3）A 公司 2008 年 7 月 11 日付给 B 公司的 100 万元，完全不能排除是 A 公司支付的股权款的合理怀疑，原因在于：一是 A 公司向 B 公司购买了某信用社股份，其向 B 公司付款是合理流程。二是信合促进会、B 公司与某信用社之间具有关联关系，决定了 A 公司可以将股权转让款付给 B 公司。三是该 100 万元在数额上与 A 公司购买股权的数额一致。如前所述，A 公司共购买了 477.1 万元的信用社股权，除去前面的 377.1 万元，还剩下 100 万元。2008 年 7 月 11 日，A 公司转账给 B 公司的数目正好与此一致。四是 B 公司没有实际业务，与 A 公司之间也不可能存在货款往来，不能排除是 A 公司向 B 公司支付股权转让款的合理怀疑。

（4）B 公司与 A 公司、吕某某的关系不能成为否认 A 公司支付股权款的理由。主张构罪的观点认为，B 公司与 A 公司均系吕某某控制并经营的公司，A 公司向 B 公司转账 100 万元及 257.1 万元，并不能证明是向某信用社支付了股权对价。这是错误的，原因在于：

一是股权转让协议是 A 公司与 B 公司签订的，无论 B 公司为谁代持（无论实际股权是否属于某信用社），A 公司向 B 公司支付股权转让款，都是按照股权转让协议进行的合法流程。

二是 B 公司收到股权转让款后如何处理是 B 公司的事情，不影响 A 公司支付了股权转让款的事实成立。

三是 B 公司的资产最后都划归了某信用社，且资产总额明显高于股权转让款金额。某市中级人民法院 2017 年的行政判决书、2009 年 9 月 28 日《关于研究农村商业银行筹建工作有关问题的会议纪要》显示，B 公司全部房产及土地已过户到农合行名下。而 2011 年 9 月 10 日 B 公司"清算报告"显示："截至 2011 年 9 月 10 日，企业资产总额为 917 万元，其中固定资产折价后为：56 万元，货币资金：861 万元，对外无负债。"这表明，B 公司的资产最后都划归某信用社了。

四是 B 公司、A 公司是两个独立法人，吕某某虽为两家公司的控制人，但不影响两家公司之间的合法民事法律行为，更不影响 A 公司通过向 B 公司转账履行付款义务。B 公司与 A 公司之间的股权买卖关系是两个主体之间的合法行为，A 公司购买股权后向 B 公司支付股权款是履行其法定义务，且付款后支付义务即完成。这与吕某某是否是两家公司的控制人无关，更不会因吕某某的身份而影响 A 公司付款义务的完成。

可见，A 公司取得后支付了全部价款。吕某某的行为不是非法占有，不构成职务侵占罪。

（二）关于对非国家工作人员行贿罪，吕某某不是为谋取不正当利益向吕甲行贿 100 万股农商行股份，其相关行为不构成对非国家工作人员行贿罪

关于对非国家工作人员行贿罪，主张构罪的观点认为，在案的相关书证、证人证言、同案人吕甲及被告人吕某某的供述能相互印证证实被告人吕某某既因同案人吕甲退出股份，又因过往同案人吕甲给予的便利，今后仍想获得同案人吕甲的支持，而送给了同案人吕甲 100 万原始股的好处。其行为构成对非国家工作人员行贿罪。但这一观点缺乏事实和法律支持，是错误的。这主要体现在以下几方面。

1. 在事实上，本案证据不能证明吕某某因过往吕甲给予的便利及今后仍想获得吕甲的支持，而送给了吕甲 100 万股份

这集中体现在在案书证、证人证言、鉴定意见书和被告人的供述和辩解均不能有效地证明吕某某因过往吕甲给予的便利及今后仍想获得吕甲的支持，而送给吕甲 100 万股份。这具体体现为以下几点。

第一，在案的书证、证人证言、鉴定意见书均不能证明吕某某因过往吕甲给予的便利及今后仍想获得吕甲的支持，而送给吕甲 100 万股份。本案中，在案书证、证人证言、鉴定意见书只能证明吕某某给了吕甲 100 万股份，而不能证明吕某某系因过往吕甲给予的便利及今后仍想获得吕甲的支持，而送给了吕甲 100 万股份。

第二，吕某某、吕甲的供述与辩解不能证明吕某某因过往吕甲给予的便利及今后仍想获得吕甲的支持，而送给了吕甲 100 万股份，原因在于：一是吕某某、吕甲各自的庭前和庭审笔录前后矛盾，同一人的笔录前后矛盾，不应仅采信对其不利的供述；二是吕某某、吕甲称 100 万股份是吕甲方面退出 A 公司的补偿，有吕甲方面确实从 A 公司退出、送股时间与退股时间完全一致、吕甲也额外补偿了冯某某等事实相互印证；三是吕甲过往给予的便利和吕某某今后想获得的便利，存在时间间隔久、利益不对等、便利本身正当合法等情况，不能认定吕某某因过往吕甲给予的便利及今后仍想获得吕甲的支持，而送给了吕甲 100 万股份；四是吕某某送给吕甲 100 万股的时间至监委调查的时间久远，且吕某某称在监委调查期间存在讯问时间过长、身体不适等情况，其间所作的供述不一定符合事实。

2. 在法律上，即便转让 100 万股份存在多种目的，本案也不能认定吕某某的行为构成对非国家工作人员行贿罪

行贿受贿犯罪属于权钱交易犯罪。从交易关系上看，送钱与获得的不正当好处之间必须形成对价关系。本案中，主张构罪的观点认为，吕某某转让股份既是因同案人吕甲退出 A 公司股份，又是因过往同案人吕甲给予的便利，今后仍想获得同案人吕甲的支持。在目的的内容上，这里包括两种目的：一是合法目的，即吕甲退出 A 公司是吕某某的合法诉求和目的；二是非法目的，即吕甲给予吕某某的便利。主张构罪的观点认为吕某某的行为同时存在两种目的，但又认定其行为构成对非国家工作人员行贿罪，并将 100 万股份都认定为行贿数额。这显然是矛盾的。

第一，未区分主要目的和次要目的的做法是错误的。本案中，即便转让 100 万股份存在多种目的，在案证据也表明，吕某某的主要目的在于让吕甲退出 A 公司。这在吕某某送给吕甲 100 万股份的起因、过程和结果上都能得到充分证实，即该 100 万股份是因吕某某要求吕甲方面退出 A 公司而起，吕甲也是因此而以 1：4.5 的比例退股。主张构罪的观点未区分吕某某送给吕甲 100 万股份的主要目的和次要目的，将 100 万股份都认定为吕某某对吕甲的行贿数额。这显然是错误的。

第二，未在事实存疑时作出有利于被告人的判决的做法是错误的。本案中，即便转让 100 万股份存在多种目的，也应当对不同行为目的对应的行为性质进行区分。在无法对不同行为目的对应的行为性质进行切割、区分的情

况下，司法机关应当根据事实存疑有利被告人的司法原则进行认定。本案中，对于吕某某送给吕甲的 100 万股份，即便吕某某存在多种目的，也应当将合法目的部分扣除。在无法扣除的情况下，司法机关应该根据事实存疑有利于被告人的原则，认定吕某某的行为目的是合法的。

　　可见，本案不能认定吕某某为谋取不正当利益向吕甲行贿 100 万股份，其行为不构成对非国家工作人员行贿罪。

孙某某挪用资金等案

——农村信用社代办员私自收取村民存款并挪作他用的行为是否构成挪用资金罪

一、基本案情

孙某某从 1995 年开始担任某农村信用社的信贷员，负责办理村民在该社的存取款业务，由某农村信用社发给工资。2013 年 6 月 1 日至 2015 年 5 月 31 日间，某农村信用社与某劳动服务公司签订劳动外包协议，某劳动服务公司再与孙某某签订劳务合同，由孙某某担任外部营销员，负责某农村信用社的外部营销工作，继续办理村民在该社的存取款业务，由某农村信用社按照外部营销员的工作业绩（包括存量和增量两部分）核算后向某劳动服务公司支付业务结算费用，某劳动服务公司按某农村信用社出具的核算表发给孙某某工资。合同到期后，孙某某仍然在办理村民在该社的存取款业务，某劳动服务公司也一直为其支付工资至 2015 年 12 月 31 日。2016 年 1 月后至案发时，孙某某仍然为村民办理在该社的存取款业务，且在 2016 年 8 月该社人员还为孙某某补发了 3 000 元左右的工资。

2013 年 8 月 19 日至 2014 年 10 月 9 日间，孙某某伙同其丈夫韩某某向存款人出具加盖韩某某名章的省农村信用社储蓄存款凭条，在某村收取村民 358 人的存款 1 221.185 9 万元，答应存入某农村信用社，实际上为了挣取利息差和手续费，擅自将上述存款中的 1 029.3 万元通过贾某某等人以本人名义存入某旅游开发公司，从中取得手续费 100 万元左右用于返还部分储户存款本息；将存款中的 48 万元以本人名义存入某种植专业合作社；将存款中的 119 万元以本人名义存入另一种植专业合作社；其间，返还存款人本息 5.05 万元，未返还本金 1 216.135 9 万元。

另查明，2014 年 8 月，某旅游开发公司在不能支付孙某某在此的存款后，孙某某将该情况告知了韩某某。同年 10 月 9 日，孙某某又在该公司存入 213 150 元。之后，孙某某用后面收取的储户的款项支付了前面储户的款项，其间，韩某某给部分储户开具存款凭条，并加盖自己的印章。

二、主要问题

本案涉及的主要问题是：孙某某、韩某某的涉案行为是否构成挪用资金罪。对此，存在两种不同的观点：

一种观点主张构罪，认为孙某某、韩某某的行为符合挪用资金罪的构成要件，应当受到处罚。

另一种观点主张不构罪，认为孙某某、韩某某是某农村信用社的代办员，其行为不符合挪用资金罪的主体和对象要求，不构成挪用资金罪。

三、出罪法理

挪用资金罪是公司、企业或者其他单位的工作人员，利用职务上的便利，挪用本单位资金归个人使用或者借贷给他人的行为。其行为主体是"公司、企业或者其他单位的工作人员"，行为对象是"本单位资金"。但在本案中，孙某某、韩某某的行为不符合挪用资金罪的主体和对象要求，不构成挪用资金罪。

（一）孙某某、韩某某不是某农村信用社的工作人员，其身份不符合挪用资金罪的主体要求

关于孙某某、韩某某的犯罪主体身份问题，认为其符合挪用资金罪主体要求的理由包括两方面，即"孙某某代办存取款业务的行为属于职务行为"和"孙某某虽不是信用社职工，但她行使了与职责相统一的职务行为"。但这一理由难以成立。这具体体现在：

第一，本案证据可以充分证明，在涉案行为发生期间，孙某某不是某农村信用社的工作人员。具体证据包括：（1）省农村信用社联合社办公室2005年发布的《关于进一步做好农村信用代办站清理整顿工作有关问题的通知》明确规定，2005年12月23日撤销全部代办站，取消代办员协办制度，因此，即便孙某某之前是某农村信用社的代办员，在2005年12月23日后其代办员的身份即不存在。对此，证人田某某的证言亦证明，2006年1月11日后，某农村信用社在城辖区各村镇没有设立代办员。涉案行为发生在2013年8月19日至2014年10月9日之间。在这期间，孙某某不是某农村信用社的代办员。（2）孙某某自2013年6月1日起与某劳动服务公司签订的劳务合同表明，孙某某属于某劳动服务公司聘请的人员。双方签订的"劳务合同"第2条规定，孙某某同意根据某劳动服务公司的工作需要，担任外部营销员工作。这意味着，从2013年6月1日起，孙某某是某劳动服务公司聘请的人员，而非某农村信用社的工作人员。（3）某农村信用社按照"业绩核算"给孙某某发放报酬，而非发放工资。本案证据和有罪观点均认为，某农村信用社支付的费用

是根据"业绩核算"确定的，是按照"给信用社办理的存款量大小为标准发的"。但是，这些费用是孙某某作为外部营销人员取得的营销报酬，而非其作为某农村信用社工作人员取得的工资。更为重要的是，孙某某获取的报酬并非由某农村信用社直接支付给孙某某，而是由某农村信用社支付给某劳动服务公司，再由某劳动服务公司支付给孙某某的。换言之，孙某某领取的并非某农村信用社的报酬，而是某劳动服务公司的报酬。上述证据表明，孙某某与某农村信用社之间没有建立劳动关系，她不是某农村信用社的工作人员。

　　第二，本案证据可以充分证明，孙某某收取村民存款的行为不是行使某农村信用社职务的行为，具体理由包括：（1）信用社的外部营销不在信用社的业务范围之内，不是某农村信用社的职务行为。中国人民银行发布的《农村信用合作社管理规定》第25条规定："经中国人民银行批准，农村信用社可经营下列人民币业务：（一）办理存款、贷款、票据贴现、国内结算业务；（二）办理个人储蓄业务；（三）代理其他银行的金融业务；（四）代理收付款项及受托代办保险业务；（五）买卖政府债券；（六）代理发行、代理兑付、承销政府债券；（七）提供保险箱业务；（八）由县联社统一办理资金融通调剂业务；（九）办理经中国人民银行批准的其他业务。"根据该规定，存款的外部营销不在农村信用合作社的经营范围之内。2014年9月11日由中国银监会办公厅等单位联合发布的《关于加强商业银行存款偏离度管理有关事项的通知》（银监办发〔2014〕236号）也明确禁止"通过个人或机构等第三方资金中介吸收存款"。因此，存款的外部营销不可能是某农村信用社的职务行为。（2）孙某某收取村民存款的行为不属于代为信用社办理存取款业务，不是某农村信用社的职务行为。本案证据表明，孙某某的行为明显属于存款的外部营销行为，而非代为信用联社办理存取款业务。这体现在：一方面，本案证据显示，在2005年撤销信用社代办机构后，某农村信用社收回了信用联社发放的站点牌匾，清缴了代办员手中的盖有联社业务专用章的空白凭证，收回并取消代办员业务周转金，不再允许站点兑付，不再进行账款核查。这表明，在2005年之后，某农村信用社的代办存取款业务已经全部停止。另一方面，某农村信用社与某劳动服务公司签订的"劳务外包协议"第1条明确规定："根据业务发展需要，建立起科学完善的管道式营销体系，甲方（某农村信用社）将外部营销工作外包给乙方（某劳动服务公司）。"同时，孙某某、韩某某出具给村民的凭条上没有某农村信用社的公章，不是正式的银行存单。这也表明其不是帮助某农村信用社办理存取款业务，而只是帮某农村信用社拉存款，是一种存款的外部营销行为。这种营销行为并没有主体身份的限制，任何人均可进行。（3）孙某某出具给村民的凭条上加盖的是"韩某某"的名章，进一步表明孙某某行使的不是某农村信用社的职务行为。韩某某只是孙某某的丈夫，与某农村信用社和某劳动服务公司均无任何关系。孙某某加盖"韩某某"名章，表明孙某某收取村民存款的行为是其个人行为，而非某农村信用社的职务行为。

（二）涉案存款没有成为某农村信用社的单位资金，孙某某、韩某某的行为不符合挪用资金罪的对象要求

根据我国《刑法》第 272 条的规定，挪用资金罪的行为对象必须是"本单位资金"。但在本案中，涉案的村民存款没有成为某农村信用社的单位资金，孙某某、韩某某的行为不符合挪用资金罪的对象要求。这具体体现在：

第一，涉案存款没有被存入某农村信用社，从实际控制的角度看，这些存款没有成为某农村信用社的单位资金。事实占有是财物取得的重要形式。从事实占有的角度看，涉案存款要成为某农村信用社的单位资金，就要求这些存款在事实上被某农村信用社实际控制。但本案证据表明，涉案存款在村民交给孙某某、韩某某之后，并没有被交给某农村信用社，而是被孙某某以本人的名义存入某旅游开发公司、某种植专业合作社，因此，从客观事实上看，涉案存款因没有存入某农村信用社而没有被某农村信用社实际控制，不属于某农村信用社的单位资金。

第二，村民与某农村信用社之间没有建立起存贷关系，从法律评价的角度看，涉案存款不能被视为某农村信用社的单位资金。2001 年 1 月 21 日最高人民法院《全国法院审理金融犯罪案件工作座谈会纪要》规定："对于利用职务上的便利，挪用已经记入金融机构法定存款账户的客户资金归个人使用的，或者吸收客户资金不入账，却给客户开具银行存单，客户也认为将款已存入银行，该款却被行为人以个人名义借贷给他人的，均应认定为挪用公款罪或者挪用资金罪。"换言之，银行工作人员向客户开具银行存单后，该存款即便没有被银行实际控制，也应被视同为银行的单位资金。不过，在本案中，即便从这个角度看，涉案存款也不能被视为某农村信用社的单位资金，理由包括：（1）孙某某没有给村民开具银行存单。这里所称的"银行存单"是指由银行加盖了公章的银行正式存单。正式的银行存单表明客户与银行之间建立了存贷关系。我国《储蓄管理条例》规定，储蓄人要求储蓄机构支付存款的唯一合法凭证是储蓄机构开具的存折或者存单。但在本案中，孙某某、韩某某使用的是未加盖某农村信用社公章的省农村信用社储蓄存款凭条。这些储蓄凭条不是正式存单。孙某某的行为不符合上述《全国法院审理金融犯罪案件工作座谈会纪要》关于出具银行存单的要求。（2）未加盖某农村信用社公章的储蓄存款凭条不能作为村民与某农村信用社之间建立了存贷关系的凭证。本案中，涉案的储蓄存款凭条具有两方面的显著特征：一方面，这些凭条并非某农村信用社专用的（其他农村信用社储蓄时均采用该种制式的储蓄存款凭条）；另一方面，任何人均可从任何一家农村信用社随意取得这类储蓄存款凭条。因此，这些存款凭条本身不能表明村民与某农村信用社之间建立了存贷关系。（3）涉案的存款凭条上加盖的是"韩某某"的名章，表明涉案行为是孙某某与韩某某的个人行为。本案中，孙某某出具给村民的储蓄存款凭条上没有加盖某农村信用社的公章，而是加盖了"韩某某"的名章。而韩某某与某农村信用社之间没有任何关系（连外部营销关系都没有），其完全不能代表某农村信用社。这进一步表明，涉案行为是孙某某、韩某某的个人行为。

可见，孙某某不是某农村信用社的工作人员，也没有行使某农村信用社的职务行为，不符合挪用某农村信用社资金的主体要求，同时，涉案存款不属于某农村信用社的单位资金，孙某某、韩某某的行为不构成挪用资金罪。

徐某某挪用资金案

——律师作为法律顾问参与公司合同谈判和草拟 能否成为挪用资金罪的共犯

一、基本案情

徐某某系律师，担任 B 公司的外部法律顾问、外部董事（挂名董事，无薪酬）。

2005 年 12 月，李某某伙同赵甲、徐某某，为达到 A 公司使用 B 公司资金的目的，擅自决定以 B 公司委托收购某饭店资产的名义，将 B 公司 6 亿元资金付至 C 公司。该 6 亿元实际由 C 公司及 A 公司使用，其中，A 公司将 3 亿元付至某集团公司，作为收购 B 公司的股权转让款。2009 年 8 月，A 公司与 B 公司签订协议，由 A 公司承接了对 B 公司的上述 6 亿元债务。

2006 年 4 月，李某某伙同赵甲、徐某某，为归还 A 公司债务，擅自决定以 B 公司投资某房地产项目的名义，将 B 公司 3 亿元资金付至某地产公司，用于偿还 A 公司所欠债务。2007 年 3 月，通过转让债权，A 公司承接了对 B 公司的上述 3 亿元债务。

二、主要问题

本案涉及的主要问题是徐某某作为公司的法律顾问，参与 B 公司合同谈判和草拟的行为是否属于李某某挪用资金罪的帮助行为，即徐某某是否构成李某某等挪用资金罪的共犯。对此，主要存在两种不同的观点：

一种观点主张构罪，认为律师徐某某作为法律顾问参与公司合同谈判和草拟工作，应构成公司负责人挪用资金罪的共犯。

另一种观点主张不构罪，认为徐某某作为法律顾问参与公司合同谈判和草拟工作，实施的是正当业务行为，不能认定其行为构成对李某某挪用资金行为的帮助。

三、出罪法理

笔者认为，本案中，徐某某参与 B 公司的项目谈判、草拟合同是基于其法律顾问的职责而实施的正当业务行为，不能以此认定其构成对李某某挪用资金行为的帮助犯。

（一）徐某某作为 B 公司的法律顾问，参与 B 公司项目谈判和草拟合同是履行其职责的正当业务行为

在本案中，徐某某的身份是 B 公司的外部法律顾问和外部董事，且其作为 B 公司外部董事的身份既无薪酬也不能参与公司具体事务，因此徐某某参与 B 公司合同谈判和起草，完全是根据其法律顾问的身份所实施的行为。而作为 B 公司的外部法律顾问，徐某某参与 B 公司的项目谈判并草拟合同完全是履行其法律顾问职责的正当业务行为。这主要体现在：

第一，根据徐某某所在律师事务所与 B 公司签订的法律顾问服务合同，徐某某有义务参与 B 公司重大经济项目谈判和草拟合同。2005 年，徐某某所在律师事务所与 B 公司签订了一份为期三年（2005 年 12 月 1 日至 2008 年 11 月 30 日）的"常年法律顾问服务合同"。根据该"常年法律顾问服务合同"，徐某某作为其所在律师事务所指派担任 B 公司法律顾问的律师，服务范围包括"非诉讼法律实务"和"诉讼法律实务"。"非诉讼法律实务"又具体包括了 16 项，其中第 1 项是"对甲方日常经营中涉及的法律问题提供法律咨询"，第 4 项是"为甲方修改一般性商业合同（不包括重大投资项目）、提供参考意见"，第 12 项是"根据甲方提供的财务资料，对公司债权债务进行监理，及时催收欠款，对不良资产提出相应的处理方案"，第 13 项是"参与甲方（B 公司）的重大经济项目谈判，草拟和修改有关法律文件，并提供法律意见"。根据该"常年法律顾问服务合同"的约定，徐某某有义务参与 B 公司重大经济项目谈判并草拟和修改合同的工作。徐某某在 B 公司收购某饭店项目和某地产公司合作项目中进行合同谈判和草拟合同，正是履行其作为 B 公司法律顾问的职责。

第二，徐某某为 B 公司某饭店收购项目和某地产公司项目草拟的合同充分维护了 B 公司的利益。这在两个项目的合同内容中有充分的体现。

（1）徐某某草拟的 B 公司委托收购某饭店的合同较好地维护了 B 公司的利益。B 公司、C 公司和某保险公司签订的"某饭店资产委托收购协议"第 3.1 条规定："委托方（B 公司）同意在以下条件满足时，整体收购某饭店上述资产：3.1.1 某饭店或受托方对于上述资产拥有充分、完整的权利；3.1.2 上述资产不存在任何的第三方的抵押权或其他权利限制；3.1.3 上述资产的转让不存在任何法律或其他合同约定的限制。"第 4.2 条规定："受托方在收到上述收购预付款之日起在三个月内完成某饭店的资产重组，使某饭店上述资产满足本协议 3.1 条约定的资产收购条件。"第 4.4 条规定："如果受托方未能在约定时间内完成某饭店的资产重组使其达成本协议 3.1 条约定的资产收购条件，则委托方有权利解除本协议，受托方应在协议解除之日将委托方预付的全部收购款本金及银行同期存款利息返还给委托方，二受托方（无论是否作为预付款的实际收款方）对上述收购款的本金和利息的返还共同承担清偿责任。"这些条款从两个方面较好地维护了 B 公司的利益：一是该收购协议明确规定"受托方在收到上述收购预付款之日起在三个月内完成某饭店的资产重组，使某饭店上述资产满足本协议约定的资产收购条件"，否则 C 公司和某保险公司有义务将 B 公司预付的全部收购款本金及银行同期存款利息返还给 B 公司；二是该收购协议明确将某保险公司纳入受托方，并规定了其在收购协议解除情况下的共同清偿责任，有利于保证收购预付款及其利息的全部返还。也正因为如此，李某某多次表示徐某某将某保险公司列为委托收购的担保方，较好地维护了 B 公司的利益。

（2）徐某某草拟的 B 公司与某地产公司的项目合作合同较好地维护了 B 公司的利益。某地产公司与 B 公司签订的合作开发协议第 3 条规定："甲方（某地产公司）应于收到乙方（B 公司）建房资金后 30 日内成立该项目的项目公司，甲、乙双方股权比例为 55：45。"第 5 条规定："如果甲方在本协议签订后 30 日内未能办理完毕项目公司的设立审批手续，包括土地使用权过户和工商登记变更等手续，乙方有权利单方解除本协议。甲方应于收到乙方解除本协议通知后 10 日内将乙方投入的建房资金退还乙方，并按银行同期贷款利率计付利息。"根据该合作开发协议，某地产公司必须在收到 B 公司建房资金后 30 日内成立合作项目的项目公司，且 B 公司在该项目公司占有 45％的股权。这些条款显然有利于充分保障 B 公司付给某地产公司资金的安全和 B 公司项目的收益。

（二）徐某某作为 B 公司的外部法律顾问只对其提供的法律意见的合法性负责，而不对 B 公司项目合作的真实性负责

对于法律顾问服务中聘方与律师事务所及顾问律师的法律责任，2003 年 3 月 26 日中华全国律师协会通过的《律师法律顾问工作规则》作了明确规定。《律师法律顾问工作规则》第 6 条规定："聘方应就其所为的民事行为，所提供的法律事实及证据、文件的真实性承担法律责任；律师事务所及顾问律师应就其所提供的法律意见的合法性承担法律责任。"根据该规定，B 公司应对某饭店委托收购项目和某地产公司合作项目的真实性、项目资料和文件的真实性负责，而徐某某作为 B 公司的顾问律师只对其提供的法律意见的合法性负责。事实上，根据全国律协通过的《律师法律顾问工作规则》，徐某某无权过问 B 公司的某饭店委托收购项目和某地产公司合作项目的真实性，因为《律师法律顾问工作规则》第 17 条中明确规定："顾问律师应依法律顾问合同的规定或聘方的授权委托提供法律服务，不得超越委托权限"，而介入 B 公司某饭店委托收购项目和某地产公司合作项目的真实性问题显然已经超越律师事务所与 B 公司签订的"常年法律顾问服务合同"约定的服务范围。因此，徐某某无须对这两个项目的真实性承担法律责任。

　　可见，徐某某参与 B 公司的某饭店委托收购项目和某地产公司合作项目的合同谈判和草拟工作是履行其作为 B 公司法律顾问职责的正当业务行为。徐某某无须对这两个项目的真实性负责，也无须为此承担法律责任。

张某某敲诈勒索等案

——以不给钱就参与竞拍的方式索要其他竞拍人财物的行为
是否构成敲诈勒索罪

一、基本案情

张某某，系某房地产开发有限公司法定代表人。

(一) 敲诈勒索罪

2010 年，刘某某、孙某某、王某某、郭某某在征得某市国土资源局（本案以下简称国土局）同意后，分别向政府相关部门缴纳土地出让金，在各自土地上开发建设。几人在前期已投入大量资金的情况下，接到国土局通知，已开发土地必须走挂牌出让程序。于是，国土局将刘某某、孙某某、王某某相邻的三块地整合为 2010G－05 号地块，将郭某某的地块划为 2010G－06 号地块挂牌出让，报名时间为 2010 年 7 月 15 日至 8 月 3 日，挂牌出让时间为 2010 年 8 月 4 日至 2010 年 8 月 13 日。

2010 年国土局挂牌出让国有土地使用权期间，参与敲诈勒索的共有八个组的竞拍人员。八个组的成员利用被害人担心在"未批先建"的地块上已投入大量资金、竞拍不成将蒙受巨大损失的心理，以抬高价格、竞拍的是净地、拍下后让前期盖的楼"端出去"等手段恐吓、威胁被害人并索要钱财。

(1) 在 2010 年国土局挂牌出让国有土地使用权期间，被害人刘某某、孙某某、王某某三家商定由刘某某出面办理挂牌竞拍事宜。报名 2010G－05 地块挂牌竞拍的包括刘某某在内共有七家，分别由张某某、杨某某、毕某某、王某、李某、苏某代表各组报名参加竞拍。竞拍前，明某某召集张某某、郭某某、杨某某、巴某某、王某（受高某某指使）、裴某某、赵甲、赵乙、于某某等报名人员在其办公室开会商议如何向刘某某索要钱财，并共同决定每家从刘某某处索要钱财不能低于 100 万元。因杨某某、巴某某与刘某某熟悉，共同商议决定派杨某某、巴某某去找刘某某要钱。二人到刘某某办公室后，杨某某和刘某某说："二姐"（指张某某）让我们来的，你给我们报名的每家 100 万元，我们退出竞拍，你要不给钱就甭想干成，就算干了你也干不肃静。

刘某某将二人骂走。第二天张某某给刘某某打电话威胁称："100万元不行，那就150万元，别说不给你面子。"刘某某考虑如果拍不到地，将损失巨大，找到朋友崔某某帮忙说情，但张某某没同意，刘某某迫不得已同意给报名的每家150万元、张某某200万元。因其当时没钱，于是和弟弟刘乙一起到银行贷款450万元，将所贷款项中的200万元转入张某组成员郭某某的账户，250万元转入杨某某组成员巴某某的账户，由孙某某向王某组转款150万元。王某某向明某某组转款150万元、向裴某某组转款150万元。刘某某、孙某某、王某某三人共计被敲诈人民币900万元，敲诈的钱财被各组成员按出资比例瓜分。

（2）2010年国土局挂牌出让国有土地使用权期间，报名2010G-06号地块挂牌竞拍的包括郭某某在内共有9家，分别由杨某某、张某某、段某某（张某某借用其身份报名）、李某某、王某、李某、林某某、马某某代表各组报名参加竞拍。2010年8月，张某某、郭某某、杨某某、明某某、林某某、郭乙、裴某某、王某（受高某某指使）等人到郭某某办公室威胁道"你要是不给钱我们就把地拍下来，我们拍的是净地，你自己盖的楼你自己再端出去"。他们提出让郭某某给报名的每家40万元，郭某某问能不能降点，张某某、杨某某、林某某都不同意，其他参与竞拍人员七嘴八舌地表示不能降价，郭某某迫不得已同意给钱，约定竞拍前一天来拿钱。摘牌的前一天上午，张某某、郭某某、杨某某、巴某某、明某某、林某某、郭乙、裴某某、王某（受高某某指使）等人来到郭某某办公室，张某某、杨某某等人要现金，郭某某怕他们反悔手里没凭证，要银行转账，双方僵持不下。郭某某在给付部分现金后，将剩下的钱转到郭乙的账户上，商定如果其他报名人员不举牌，郭乙就把钱收下，如果举牌就把钱退给郭某某。竞拍当天其他报名人员均未举牌，郭某某拍下2010G-06地块，郭某某通过何某某给郭乙妻子刘丙转款260万元、给赵某某转款40万元。后郭乙分别转给张某某、明某某各80万元，转给杨某某、王某各40万元，转给林某某20万元。郭某某共计被敲诈人民币300万元，敲诈的钱财被各组成员按出资比例瓜分。

（二）故意毁坏财物罪

2017年7月，郭某某在某市开发建设某小区一期工程期间，施工人员在挖地基过程中，将某热力公司供热主管道挖至裸露，郭某某指示施工人员将被挖裸露、断裂的446.66米（双向）供热主管道清除。经鉴定，被挖断的供热主管道管材损失价值117 472元，铺设供热管道土方工程223.33延长米的价格为14 377元。事发后，经住房和城乡建设局审核维修工程预算为393 482元，郭某某已按审核数额于2018年4月20日赔偿被害人损失并得到谅解。

2018年5月7日，郭某某在某市开发建设某小区二期工程期间，施工人员在挖地基过程中，将某热力公司供热主管道挖至裸露，某热力公司员工贾某某发现予以阻止未果。次日，郭某某在未与某热力公司法人赵某某达成热力管道改道协议的情况下，指示施工人员用钩机强行将供热主管道勾断 62.4 米（双向）。经鉴定，被挖断的供热主管道管材损失价值为 16 286 元，铺设供热管道土方工程 31.2 延长米的价格为 3 516 元。案发后，郭某某已赔偿损失并得到被害人谅解。

二、主要问题

本案涉及的主要问题是：张某某的行为是否构成敲诈勒索罪。如果构成，张某某是否成立主犯。对此，在案件处理过程中主要存在两种不同的观点：一种观点主张构罪，认为张某某以非法占有为目的，采取威胁手段向被害人索要财物，数额特别巨大，应当以敲诈勒索罪追究其刑事责任，且张某某在共同犯罪中起主要作用，系主犯。另一种观点主张不构罪，认为本案证据不足以证明张某某的行为构成敲诈勒索罪，更难以证明张某某成立敲诈勒索罪的主犯。

同时，对于郭某某的行为是否构成敲诈勒索罪、故意毁坏财物罪，在案件处理过程中也存在一定的争议。一种观点认为，郭某某的涉案行为构成敲诈勒索罪，属于从犯，并单独构成故意毁坏财物罪；另一种观点则认为，根据本案证据，郭某某的行为不符合敲诈勒索罪共犯、故意毁坏财物罪的成立条件，不构成敲诈勒索罪、故意毁坏财物罪。

三、出罪法理

笔者认为，本案证据不足以证明张某某的行为构成敲诈勒索罪，更难以证明张某某成立敲诈勒索罪的主犯；郭某某的行为也不符合敲诈勒索罪共犯、故意毁坏财物罪的成立条件，不构成敲诈勒索罪、故意毁坏财物罪。

（一）本案证据不足以证明张某某的行为构成敲诈勒索罪，更难以证明张某某成立敲诈勒索罪的主犯

1. 本案证据不足以证明张某某的行为构成敲诈勒索罪

根据我国《刑法》第 274 条的规定，敲诈勒索罪是以非法占有为目的，采取威胁的方法索取公私财物，数额较大或者多次索要的行为。敲诈勒索罪的成立至少同时具备以下两个基本要件：一是目的要件，即行为人主观上必须具有非法占有的目的；二是行为要件，即行为人必须实施了威胁行为并索取了公私财物。但在本案证据既不足以证明张某某主观上具有非法占有的目的，也不足以证明张某某客观上实施了威胁并索取他人财物的行为。这具体体现在：

第一，本案证据既不足以证明张某某具有非法占有刘某某等人财物的目的，也不足以证明张某某实施了以威胁手段索取刘某某等人财物的行为。在

本案中，构罪观点指出，张某某在 2010G-05 号地块的拍卖过程中与他人共同敲诈勒索刘某某、孙某某、王某某 900 万元。但综合本案证据来看，这一认定依据不足。

（1）本案证据不足以证明张某某主观上具有非法占有刘某某等人财物的目的。这包括：1）张某某、巴某某的笔录等证据能够相互印证地证明张某某主观上确实想拍得 2010G-05 号地块，不想要刘某某等人的钱。这主要包括两方面的证据：一方面是张某某的笔录。在本案中，张某某的笔录一直称其想拍下 2010G-05 号地块自己干。例如，张某某的笔录称"我相中这块地了，我也想拍下来自己干。""刘某某那块地我是想开发的。"另一方面是巴某某（也叫高某军）的笔录。巴某某的笔录称"第二天我去国土局参加土地竞拍的时候在宾馆门口碰见她了，我就跟张某某说：'人家找你谈，你怎么不露面呢，你是怎么想的？'她说：'我不想商量我就想拍地。'说过之后我们俩就往国土局走，在走路的过程中我还对张某某说：'二姐你要把地拍下来到时候我入点股，干点活。'她当时也答应我了。"2）张某某的行为表现表明其主观上确实想拍得 2010G-05 号地块。本案中，巴某某等人的笔录均可证明，张某某一直回避与刘某某等人的接触，不想与刘某某等人谈给钱就放弃竞拍的事。直到竞拍现场，刘某某把张某某叫出竞拍现场，张某某才最后同意接受刘某某等人的条件放弃竞拍。张某某的这一行为客观地表明其主观上具有拍得 2010G-05 号地块的真实想法。仅依据刘某某的笔录这一孤证认定张某某主动向刘某某索要钱款，依据不足。3）张某某具有开发 2010G-05 号地块的能力和条件。本案中，张某某很早就从事房地产开发业务，资金雄厚，完全具备开发 2010G-05 号地块的能力和条件。这也为本案中多人的笔录所证实。张某某具有开发 2010G-05 号地块的能力和条件，能够保证其拍得土地自己干的想法实现，也表明其想法具有现实基础。综合以上三个方面，本案不能排除张某某以放弃土地开发可得的预期利益为条件取得涉案款项的合理怀疑，进而不足以证明张某某主观上具有非法占有刘某某等人财物的目的。

（2）本案证据不足以证明张某某实施了以威胁手段索取刘某某等人财物的行为。威胁行为是敲诈勒索罪必须具备的行为要件。本案中，若要证明张某某的行为构成敲诈勒索罪，在客观上就必须证明张某某实施了威胁行为。但本案证据不足以证明张某某实施了威胁行为。这包括：1）张某某报名竞拍土地的行为不是敲诈勒索罪的威胁行为。政府设立土地使用权出让的竞拍制度就是为了让更多的人参与竞拍，避免内部操作，同时也可提高出让价格，保证政府土地出让的收益。张某某报名竞拍 2010G-05 号地块是张某某的权利，无论其行为的目的如何，该行为都不能成为敲诈勒索罪的威胁行为。2）本案证据不足以证明张某某有向刘某某等人进行威胁的行为。这是因为：

一方面，本案有证据证明是刘某某等人主动找报名竞拍者进行协商退出竞拍事宜的。例如，巴某某的笔录称"刘某某是他们原地主的代表，他就找到杨某某让他把报名参与竞拍这五块地的人都找来商量一下，看怎么办好。当时我们在一起商量了几次但都因为张某某没露面没有商量成，刘某某也知道在某旗张某某是最有实力竞拍到这块地的。因为我跟张某某的关系比较好，跟刘某某一起搞开发的崔某某就找到我让我去找张某某让她露面，这样刘某某就能跟她谈，我跟崔某某找了一圈也没有找到张某某。"孙某某的笔录也明确称，是她主动找张某某协商土地竞拍事宜的，"我就想找张某某来协商一下，让她退出这块地的竞拍，我主动给张某某打电话，张某某没有接我的电话，我又通过熟人约了张某某"。另一方面，本案证据不能证明张某某向刘某某等人实施了要挟行为。本案证据表明，与刘某某等人商谈退出竞拍的是杨某某、巴某某，张某某并没有与刘某某等人就索要钱款问题进行过谈判。杨某某称受张某某指使、张某某对刘某某进行电话威胁，都只有刘某某一人的笔录，没有其他证据印证。相反，杨某某对于其与巴某某找刘某某商谈的情形称："因为我和刘某某关系好，报名后我和高某军（巴某某）去了刘某某的办公室，我问刘某某看看竞拍这个事怎么办，需不需要我去和另外五个竞拍者商量商量，刘某某说爱谁拍谁拍吧。"因此，本案证据不足以认定张某某对刘某某进行了要挟。3）张某某以放弃竞拍土地的真实意愿和预期利益取得刘某某的钱款的行为不构成敲诈勒索。敲诈勒索是非法占有，行为人对财物的占有没有对价行为，如果行为人以一定的对价取得他人财物，不能构成敲诈勒索罪。在本案中，如前所述，张某某主观上具有拍得 2010G - 05 号地块的真实想法，刘某某要求张某某放弃竞拍，实际上是要求张某某放弃土地开发的预期收益，双方形成一个真实的对价关系。在此基础上，张某某收取刘某某的钱款不是非法占有，不符合敲诈勒索罪的客观要件，不构成敲诈勒索罪。

因此，本案证据既不足以证明张某某具有非法占有刘某某等人财物的目的，也不足以证明张某某实施了以威胁手段索取刘某某等人财物的行为，进而不能证明张某某的行为构成敲诈勒索罪。

第二，本案证据不足以证明张某某对郭某某实施了敲诈勒索罪的威胁行为。本案中，张某某针对郭某某（2010G - 06 号地块）实施了三个行为，分别是：报名参加土地竞拍、与其他人一起到郭某某办公室威胁郭某某和收取郭某某给付的钱款。但如前所述，敲诈勒索罪的成立要求行为人必须实施了威胁行为，而张某某报名参加土地竞拍和收取钱款的行为不是敲诈勒索罪的威胁行为，因此，本案的关键在于在案证据是否足以证明张某某在与郭某某协商过程中对郭某某进行了威胁。笔者认为，本案证据不足以证明张某某对郭某某实施了威胁行为。

（1）本案有证据证明是郭某某主动找报名竞拍者商谈土地竞拍事宜的，要给钱让报名竞拍者退出竞拍。例如，郭乙的笔录称："林某某、张某某、杨某某等6人参与竞拍这块土地后，郭某某找到了我，因为我和他是本家，他比较信任我，他委托我去帮他和这6个人谈，让这6人退出，他可以给钱。"同时，林某某的笔录也证明是郭某某主动给他打电话谈土地竞拍的事。这表明，郭某某在张某某等人报名竞拍后就决定给钱了，而报名土地竞拍不能构成敲诈勒索罪的威胁行为。郭某某主动找报名竞拍者商量给钱退出竞拍的行为，反映了当时土地竞拍的潜规则，反过来也证明张某某没有对郭某某实施敲诈勒索的威胁行为。

（2）本案证据不足以证明张某某对郭某某进行了威胁。本案有证据表明张某某与其他人一起去找郭某某商谈过给钱退出竞拍的事，但这是在郭某某已经决定给钱的情况下就钱的数额进行商量，不能以此证明张某某在商谈过程中对郭某某进行了威胁。相反，郭某某的笔录称："大概领了五六个人，我这边当时就我自己，他们那边我记得有张某某，其他人我记不住了，但当时张某某没说话，是姓林的这个跟我谈的。"同时，本案证据不足以证明张某某与其他人就威胁郭某某的事进行了商议，进而不能证明张某某指使他人对郭某某进行威胁。

综上，本案证据不足以证明张某某对郭某某实施了敲诈勒索罪的威胁行为，进而不能证明张某某的行为构成敲诈勒索罪。

2. 即便张某某的行为构成敲诈勒索罪，本案证据也不能认定张某某成立主犯

根据我国《刑法》第26条的规定，组织、领导犯罪集团进行犯罪活动或者在共同犯罪中起主要作用的，是主犯。本案中，主张构罪的观点认为，张某某在共同犯罪中起主要作用，且认定其敲诈勒索的金额是1200万元（全案金额）。在刑法上，在共同犯罪中起主要作用是指行为人对犯罪的形成、实施与完成起决定或者支配作用。但在本案中，即便张某某的行为构成敲诈勒索罪，也不能认定张某某对整个犯罪的形成、实施与完成起决定或者支配作用，不能认定张某某是主犯。这具体体现在：

第一，在犯罪的形成上，张某某对整起犯罪不起决定或者支配作用。本案的证据和事实清楚地表明，无论是对2010G-05号地块还是对2010G-06号地块，报名参加土地出让的竞拍都是各组自己独立决定的，各组之间并没有共同商议、串通行为。张某某没有参与其他组报名土地竞拍事宜，更不存在对其他组参与土地竞拍行为的发生起到决定或者重要作用的问题。从这个角度看，本案涉及的各组行为都是独立的，不能将其他组的行为加在张某某身上，张某某对整起犯罪不起决定或者支配作用。

第二，在犯罪的实施上，张某某对整起犯罪不起决定或者支配作用。从

行为实施上看，在两块土地的竞拍过程中，张某某都不起决定或者支配作用：一是在 2010G－05 地块的竞拍过程中，本案证据不能证明张某某直接对刘某某实施了要挟和要钱行为。相反，本案证据表明张某某对该地块有拍下来自己干的明确意图，为此张某某在整个过程中都尽量避免与刘某某接触，也回避刘某某等人请的中间人。而且，本案证据不能证明张某某对其他组向刘某某等人的要钱行为具有主导或者支配作用，进而不能证明张某某在其中起主要或者支配作用。二是在 2010G－06 号地块的竞拍过程中，本案证据不能证明张某某的行为起到主导或者支配作用。在该起行为过程中，虽然有证据表明张某某一起去了郭某某办公室协商土地竞拍的事宜，但本案没有证据证明张某某对其他组向郭某某要钱的行为具有主导、支配作用，也不能证明张某某在与郭某某的协商过程中起主导或者支配地位。相反，郭某某等人的笔录证明，张某某在与郭某某协商土地竞拍过程中没怎么说话。因此，本案证据不能证明张某某对整起犯罪的实施起决定或者支配作用。

第三，在犯罪的完成上，张某某对整起犯罪不起决定或者支配作用。本案中，虽然从最后的结果上看，张某某获得的款项最多，但这并不能证明张某某对整起犯罪的完成起决定或者支配作用。这是因为：一是各组对最终结果的共同影响决定了张某某不起决定或者支配作用。本案证据表明，放弃土地竞拍必须各组都同意，只要有一组不放弃竞拍，其他各组都可能得不到钱，刘某某、郭某某方面要求其他竞拍人退出竞拍以降低土地出让金的目的就不能实现，他们也不会给钱，因此，从结果上看，各组对最终结果的作用力都是一样的。在此基础上，本案不能认定张某某对最终结果的作用大于其他参与竞拍人，更不能认定张某某对犯罪行为的完成起决定或者支配作用。二是张某某所得款项较多是因她被迫放弃竞拍土地的真实想法和预期利益。本案中，张某某在 2010G－05 地块竞拍过程中比其他人多得了部分款项。但如前所述，与其他组不同，张某某在该地块竞拍中具有真实的竞拍想法，想拍下土地后自己开发。在此基础上，张某某在刘某某及其他组的要求下放弃竞拍，实际上是以放弃未来可期的利益为对价的。其多获得一些款项具有合理理由和依据，不能以此认定张某某对整个犯罪的完成起决定或者支配作用。

综上，参与竞拍各组的行为具有明显的独立性，张某某对其他各组的行为不具有决定或者支配作用。即便张某某的行为构成敲诈勒索，本案也难以认定张某某为主犯。

（二）郭某某的行为不符合敲诈勒索罪共犯、故意毁坏财物罪的成立条件，不构成敲诈勒索罪、故意毁坏财物罪

1. 郭某某的行为不符合敲诈勒索罪共犯的成立条件，不构成敲诈勒索罪的共同犯罪

根据我国《刑法》第 25 条的规定，共同犯罪是指二人以上共同故意犯

罪。共同犯罪的成立必须同时具备以下两个基本条件:一是行为人主观上具有与他人共同犯罪的故意和意思联络;二是行为人客观上实施了共同犯罪的行为。但本案证据不能证明张某某的行为构成敲诈勒索罪,郭某某自然也就不构成敲诈勒索罪的共犯。而且,即便张某某的行为构成敲诈勒索罪,从郭某某个人的行为看,本案也不足以证明郭某某具备敲诈勒索罪共同犯罪的成立条件,其不构成敲诈勒索罪的共犯。这具体体现在:

第一,本案证据不能证明郭某某主观上具有敲诈勒索的共同故意。这包括三个方面:(1)郭某某虽然与张某某是夫妻关系,但在二人的夫妻关系中张某某完全居主导地位,大小事都是由张某某说了算。张某某在本案中的笔录也明确称郭某某对敲诈勒索事实不知情,且本案涉及的郭某某名下的银行卡也是由张某某持有和使用的。(2)本案涉及郭某某知情的相关笔录基本上都是推测性的。例如,杨某某的笔录对于郭某某是否知情,称"我觉得应该是知情的","我想他肯定是知道的"。除此之外,本案其他人的笔录也存在类似问题。根据我国《刑事诉讼法》的规定,对这类推测性笔录,如果没有其他证据相印证,就不能作为定案的根据。(3)对于郭某某是否在场,存在正反两方面的证据。例如,杨某某、明某某的笔录称与刘某某、郭某某谈事情时郭某某在场;但刘某某的笔录称没印象,郭某某则明确称郭某某不在场。在两方证据存在冲突的情况下,应当对事实作有利于郭某某的认定。共同犯罪的故意要件不仅要求行为人知情,还要求行为人有通过各自的行为共同推动犯罪实施和完成的意图。基于以上三个方面,本案证据不足以证明郭某某主观上具备敲诈勒索的共同犯罪故意。

第二,本案证据不能证明郭某某客观上实施了敲诈勒索的共同犯罪行为。这包括两个方面:(1)郭某某为张某某开车的行为不能认定为敲诈勒索的共犯行为。本案中,多份笔录称,郭某某的主要工作是为张某某开车。例如,杨某某的笔录称"他是张某某的丈夫,没啥职业,平时就是在张某某的公司里,因为张某某不会开车,郭某某就是给张某某开车的,公司拍地的事情都是张某某说了算,郭某某没啥发言权"。由于开车只是一般的事务性行为,不会对敲诈勒索罪的保护法益造成任何侵害或者威胁,而且最高司法机关在针对传销犯罪等多种犯罪的解释中都明确规定一般的事务(劳务)行为不按共同犯罪处理,因此郭某某给张某某开车的行为,不能作为认定其构成敲诈勒索罪的依据。(2)本案证据不能证明郭某某参与了涉案的敲诈勒索行为。这主要体现在两位主要被害人刘某某、郭某某的笔录中。其中,刘某某的笔录:"他(郭某某)就是张某某的司机,开车拉着张某某。我印象中郭某某没有参与这个事情。""我只知道郭某某负责平时给张某某开车,张某某去哪儿都是郭某某开车拉着,平时谈事情都是张某某出面谈,郭某某不参与。"刘某某的笔录针对郭某某是否参与的提问称"我印象中郭某某没有，他也没去过我办公室。"而杨某某、明某某的笔录虽然称郭某某参与了部分现场协商，但也称郭某某基本不表态、不说啥、没啥发言权。

因此，本案证据不能确实充分地证明郭某某主观上具有敲诈勒索的共同故意，也不能证明郭某某客观上实施了敲诈勒索的共同犯罪行为。郭某某不构成敲诈勒索罪的共犯。

2. 郭某某的行为不符合故意毁坏财物罪的构成要件，不宜也不应以故意毁坏财物罪追究其刑事责任

关于故意毁坏财物罪，有罪观点指出，郭某某在某小区一、二期施工过程中毁坏了供热主管道，数额巨大，构成故意毁坏财物罪。不过，笔者认为，郭某某的行为不符合故意毁坏财物罪的构成要件，不宜也不应以故意毁坏财物罪追究其刑事责任。这具体体现在：

第一，在行为的意图上，郭某某对项目土地下存在供热管道不知情。本案中，住建局工作人员的询问笔录等证据显示，郭某某负责施工的某某棚户区改造项目建设用地是经拍卖程序取得的土地使用权，用于某小区建设。对于该土地下存在供热管道，无管线档案证明，出让规划条件也未予示明，且在规划审批和工程建设施工中行政管理方也未作要求。在此情况下，郭某某对该项目土地存在地下管线不知情，其对某小区施工过程中挖到或者挖断供热管道缺乏犯罪的故意。

第二，在行为的实施上，郭某某在施工建设中挖出供热主管道是不得已而为之。涉案的供热管道位于某小区的地基下，而某小区建设项目是经过拍卖取得的土地使用权，且是棚户区改造项目。在此情况下，该项目改造工程要进行施工，就必然会挖出涉案的供热管道。从这个角度看，郭某某挖出涉案的供热管道是项目施工的必然要求，也是不得已而为之的，具有必要性，不宜也不应认定为故意毁坏财物行为。

第三，在行为的处理上，郭某某的行为已处理完毕并取得某热力公司的谅解。郭某某两次挖出的涉案供热管道，都属于某旗某某热力公司。案发后，郭某某与之进行了协商，并向某旗某某热力公司赔偿了全部的供热管道管材及管道土方工程等所有损失，取得了某旗某某热力公司的谅解。由于该案发生在郭某某工程施工期间，且非供热期，是某小区建设施工与某旗某某热力公司之间的工程纠纷，因此在行政机关介入并已处理完毕的情况下，本案没有再以刑事案件进行处理的必要。

因此，郭某某的行为不符合故意毁坏财物罪的构成要件，对于郭某某涉案的故意毁坏财物行为，不宜也不应以故意毁坏财物罪对其进行追责。

董某某敲诈勒索、参加黑社会性质组织等案

——行为人强行索要具有合理依据的债务的行为是否构成敲诈勒索罪

一、基本案情

（一）敲诈勒索罪

任某某因开发建设某市五金建材城二期工程，多次在刘某和董某某处高利借入资金。2009 年 10 月 29 日，任某某向董某某借款 1 500 万元，约定利息 1 角，任某某用五金建材城 48 套房产为董某某借款担保，2010 年 4 月至 12 月期间，任某某陆续偿还董某某 1 160 万元。2012 年 3 月 19 日董某某以欠其购房款 2 400 万元为由将任某某起诉至某市中级人民法院。之后双方申请和解，经法院调解任某某偿还董某某 2 560 万元，任某某碍于董某某与薛某某关系密切，被迫同意调解结果。

2010 年 1 月 18 日，任某某向刘某借款 1 400 万元，约定利息 8 分，4 月 28 日，任某某用五金建材城 57 套房产为刘某借款担保。截至 9 月 21 日，任某某向刘某偿还本息合计 1 904 万元，按约定尚欠刘某 152 万元。

2012 年 5 月的一天 8 时许，董某某等人到任某某家中强迫将其带至刘某的某某典当行，董某某和刘某威胁、辱骂任某某逼迫其偿还债务。2012 年 8 月 1 日，在某饭店内刘某强迫任某某以个人名义签订 850 万元的个人借款合同并出具对应的收据。任某某碍于刘某与薛某某关系密切，被迫签订合同。

2015 年 6 月 9 日，任某某与董某某达成和解协议，任某某用 32 套五金建材城房产及库房抵顶董某某的 2 560 万元的债务及衍生出来的 443.172 4 万元的利息。经价格认定，涉案 32 套五金建材城二期房产价值为 2 265.564 9 万元。董某某非法获利 1 925.564 9 万元，刘某非法获利 850 万元。

（二）参加黑社会性质组织罪

以薛某某为首的黑社会性质组织盘踞某地区二十余年，有组织地实施了一系列违法犯罪行为，涉及组织、领导、参加黑社会性质组织，故意杀人，故意伤害，非法拘禁，敲诈勒索，故意毁坏财物，聚众斗殴，寻衅滋事，高利转贷，骗取贷款，合同诈骗等 18 种罪名，实施违法犯罪案件共 80 起，其

中组织内犯罪 57 起，组织外犯罪 23 起。该组织实施违法犯罪活动公开性、暴力性明显，通过枪杀、刀砍、斗殴、伤害、威胁、恐吓等软硬兼施的暴力手段，对人民群众形成威慑，在一定区域、行业内形成非法控制，严重破坏经济、社会生活秩序，形成了黑社会性质组织。董某某积极参加黑社会性质组织，构成参加黑社会性质组织罪。

二、主要问题

本案涉及的主要问题是：（1）董某某的行为是否符合敲诈勒索罪的构成要件，是否构成敲诈勒索罪。（2）董某某是否属于积极参加薛某某黑社会性质组织，其行为是否构成参加黑社会性质组织罪。对此，在案件处理过程中主要存在两种不同的观点：

一种观点主张构罪，认为董某某以非法占有为目的，采取威胁、恫吓的手段，敲诈勒索他人财物，数额较大，其行为构成敲诈勒索罪；董某某加入薛某某黑社会性质组织，积极参加了该组织的违法犯罪活动，其行为构成参加黑社会性质组织罪。

另一种观点主张不构罪，认为本案没有证据证明任某某在与董某某的民事诉讼中受到了董某某的威胁、恫吓，董某某的行为不符合敲诈勒索罪的构成要件，不构成敲诈勒索罪；本案证据不能证明董某某属于薛某某黑社会性质组织的参加者，董某某没有积极参加以薛某某为首的黑社会性质组织，不属于黑社会性质组织的积极参加者。

三、出罪法理

本案中，董某某的行为不符合敲诈勒索罪的构成要件，不构成敲诈勒索罪；同时，董某某不是涉案黑社会性质组织的参加者，不构成参加黑社会性质组织罪。

（一）董某某的行为不符合敲诈勒索罪的构成要件，不构成敲诈勒索罪

根据我国《刑法》第 274 条的规定，敲诈勒索罪是以非法占有为目的，敲诈勒索公私财物，数额较大或者多次敲诈勒索的行为。敲诈勒索罪的成立必须同时具备两个基本条件：一是行为人主观上必须具有非法占有的目的；二是行为人客观上必须实施威胁、恐吓等逼迫行为，且逼迫行为与取得被害人财物之间具有因果关系。本案中，主张构罪的观点认为，董某某以非法占有为目的，采取威胁、恫吓的手段，敲诈勒索他人财物，数额较大，其行为构成敲诈勒索罪。但笔者认为，这一认定是错误的，董某某的行为不符合敲诈勒索罪的构成要件，不构成敲诈勒索罪。

1. 本案证据可以证明董某某主观上不具有非法占有的目的，其行为不符合敲诈勒索罪的主观要求

非法占有目的是成立敲诈勒索罪所必须要具备的主观要件。在刑法上，非法占有是没有合理根据地占有他人财物，并通常表现为没有支付对价地占有他人财物。本案中，董某某获利 1 925.564 9 万元。因此，本案中董某某主观上是否具有非法占有的目的，关键在于其获得该 1 925.564 9 万元是否具有合理的依据。笔者认为，董某某获得该财物具有合理依据，其主观上不具有非法占有的目的，不符合敲诈勒索罪的主观要求。这具体体现在：

第一，董某某因任某某借款不还向其索要借款本息，具有合理依据。本案中，2009 年 10 月 29 日，任某某向董某某借款 1 500 万元，约定利息 1 角，任某某用五金建材城 48 套房产为董某某借款担保。按照利息 1 角计算，任某某每月需向董某某支付利息 150 万元。但在本案中，任某某仅于 2010 年 4 月至 12 月期间陆续偿还董某某人民币 1 160 万元，尚欠董某某巨额本息。本案证据显示，董某某涉嫌敲诈勒索的行为都是围绕追讨任某某所欠本息展开的。在此基础上，董某某因任某某借款不还向其索要借款本息，具有合理依据，不属于非法占有，其主观上不具有非法占有的目的。

第二，董某某向任某某索要债务（借款本息）的行为是否合法，不能作为认定其主观上具有非法占有目的的依据。根据我国《刑法》第 238 条、第 239 条的规定，"索取债务"是否定"以勒索财物为目的"的因素。2000 年最高人民法院《关于对为索取法律不予保护的债务非法拘禁他人行为如何定罪问题的解释》规定："行为人为索取高利贷、赌债等法律不予保护的债务，非法扣押、拘禁他人的，依照刑法第二百三十八条的规定定罪处罚。"据此，"为索取法律不予保护的债务"不属于"以勒索财物为目的"。本案中，董某某向任某某出借款项约定的利息（利息 1 角）虽然属于法律不予保护的高利贷，但董某某向任某某索取该债务，也不属于"勒索财物"，不能以此认定其主观上具有非法占有的目的。

第三，董某某向任某某收回的债务在法律保护的范围内，董某某主观上没有非法占有的目的。本案中，董某某出借本金为 1 500 万元，出借起始时间是 2009 年 10 月 29 日，最后还款日（达成执行和解协议日）是 2015 年 6 月 9 日，资金借用时间为 2 049 天，若按年利率 24% 计算，截至 2015 年 6 月 9 日，利息应为 2 049 万元，减去任某某已付利息共计 1 160 万元，其尚欠董某某利息 889 万元，加上本金 1 500 万元，其本息合计共欠董某某 2 389 万元。执行时抵顶 32 套房产，经价格认定价值为 2 265.564 9 万元，债物相抵后，任某某尚欠董某某 123.435 1 万元。而这还仅仅计算至 2015 年 6 月 9 日达成执行和解协议时止。事实上，执行法院发出解除房产查封的"执行裁定书"和办

理房产过户的"协助执行通知书"的时间为 2015 年 11 月 23 日。这是债务实际清偿给付日,这期间 164 天的利息并没有被计算在内。董某某向任某某收回的债务显然在法律保护的范围内。

因此,董某某向任某某索要债务具有合理的根据,且最终收回的债务在法律保护的范围内,其主观上没有非法占有任某某财物的目的,不符合敲诈勒索罪的主观目的要求,不构成敲诈勒索罪。

2. 本案证据不能证明董某某通过威胁、恫吓手段取得了任某某的财物

敲诈勒索罪在客观上要求行为人必须实施威胁、恫吓行为且因该行为取得了被害人的财物。本案中,主张构罪的观点认为,董某某于 2012 年 5 月的一天到任某某家中将其带至刘某的某某典当行,威胁、辱骂任某某,逼迫其偿还债务;同时,任某某在与董某某的民事诉讼过程中,慑于董某某与薛某某关系密切,被迫同意调解结果。但笔者认为,以此认定董某某实施了敲诈勒索行为是错误的。这具体体现在:

第一,董某某 2012 年 5 月威胁、辱骂任某某的行为与最终财物取得之间没有因果关系。本案证据并不能确实充分地证明董某某于 2012 年 5 月对任某某进行了威胁、辱骂。退一步讲,即便董某某于 2012 年 5 月对任某某进行了威胁、辱骂,本案也不能认定董某某的这一行为与任某某还债之间的因果关系。这是因为,本案证据表明,任某某最终归还董某某债务的行为发生在三年之后的 2015 年 11 月 23 日,且是根据法院的调解和和解进行的。董某某 2012 年 5 月威胁、辱骂任某某的行为与最终财物取得之间没有因果关系,不能将董某某 2012 年 5 月的行为认定为敲诈勒索行为。

第二,本案没有证据证明任某某在与董某某的民事诉讼中受到了董某某的威胁、恫吓。这包括:(1)董某某没有在民事诉讼中对任某某进行过威胁、恫吓。任某某慑于董某某与薛某某关系密切,被迫同意调解结果。不过,从行为方式上看,"慑于董某某与薛某某关系密切"本身不属于敲诈勒索罪的"威胁、恫吓"手段,主张构罪者将不属于敲诈勒索的手段行为硬凑为敲诈勒索行为,反过来证明董某某没有对任某某实施过威胁、恫吓行为。(2)从民事诉讼和执行过程来看,本案没有证据证明董某某、任某某实施了威胁、恫吓行为。一方面,民事诉讼案件的卷宗显示,董某某、任某某在民事诉讼中均没有出庭,完全由他们的代理人出庭,并由代理人在民事诉讼过程中申请和解且最终达成调解协议。在此过程中,本案没有证据证明董某某对任某某实施了威胁、恫吓行为。另一方面,执行过程显示,董某某、任某某的民事调解书自 2012 年 8 月 27 日董某某申请执行到 2015 年 11 月 23 日执行终结,前后长达三年多,双方始终是和平进行的,没有任何证据证明董某某在民事执行过程中对任某某实施了威胁、恫吓行为。

可见，本案证据证明董某某主观上没有非法占有的目的，且不能证明董某某客观上实施了威胁、要挟等敲诈勒索行为，董某某不构成敲诈勒索罪。

（二）董某某的行为不构成参加黑社会性质组织罪

关于参加黑社会性质组织罪，主张构罪的观点认为，董某某积极参加薛某某黑社会性质组织，积极参加了该组织的违法犯罪活动，其行为构成参加黑社会性质组织罪。但笔者认为，这一认定是错误的，董某某没有积极参加黑社会性质组织，其行为不构成参加黑社会性质组织罪。

1. 董某某没有积极参加薛某某黑社会性质组织，不属于黑社会性质组织的积极参加者

对于黑社会性质组织的积极参加者，2018 年最高人民法院、最高人民检察院、公安部、司法部《关于办理黑恶势力犯罪案件若干问题的指导意见》第 5 条第 2 款规定："参加黑社会性质组织并具有以下情形之一的，一般应当认定为'积极参加黑社会性质组织'：多次积极参与黑社会性质组织的违法犯罪活动，或者积极参与较严重的黑社会性质组织的犯罪活动且作用突出，以及其他在组织中起重要作用的情形，如具体主管黑社会性质组织的财务、人员管理等事项。"据此，综合董某某在本案中的行为和作用，其行为不属于积极参加黑社会性质组织。这具体体现在：

第一，董某某没有多次积极参与黑社会性质组织的违法犯罪活动，也没有积极参加较严重的黑社会性质组织的犯罪活动且作用突出。本案中，董某某涉案的具体行为有四个，分别是 2004 年聚众斗殴、2010 年寻衅滋事、2012—2015 年敲诈勒索和 2016 年骗取贷款。在这四个行为中，后三个行为（2010 年寻衅滋事、2012—2015 年敲诈勒索和 2016 年骗取贷款）均是因其个人事项发生且完全由其个人实施，明显不属于薛某某黑社会性质组织实施的违法犯罪行为。而 2004 年的聚众斗殴行为是由薛某某于当年 3 月 29 日电话临时纠集过去的，最终被害人刘某某被鉴定为轻伤。这表明：一方面，董某某只参加了一次薛某某黑社会性质组织的违法犯罪活动，不属于"多次积极参与黑社会性质组织的违法犯罪活动"；另一方面，董某某参加的一起聚众斗殴是临时被薛某某电话纠集过去的，且整个聚众斗殴行为只造成被害人轻伤的后果，不属于"积极参加较严重的黑社会性质组织的犯罪活动且作用突出"。

第二，董某某不具有"其他在组织中起重要作用的情形"。根据上述指导意见的规定，"其他在组织中起重要作用的情形"，包括具体主管黑社会性质组织的财务、人员管理等事项。但本案证据表明，董某某既没有具体主管薛某某黑社会性质组织的财务，也没有具体主管薛某某黑社会性质组织的人员等，不具有"其他在组织中起重要作用的情形"，不属于薛某某黑社会性质组

织的积极参加者。

2. 本案证据不能证明董某某属于薛某某黑社会性质组织的参加者

如前所述，董某某不属于薛某某黑社会性质组织的积极参加者。同时，本案证据也不能证明董某某属于薛某某黑社会性质组织的参加者，其行为不构成参加黑社会性质组织罪。

2015 年最高人民法院发布的《全国部分法院审理黑社会性质组织犯罪案件工作座谈会纪要》规定："以下人员不属于黑社会性质组织的成员：1. 主观上没有加入黑社会性质组织的意愿，受雇到黑社会性质组织开办的公司、企业、社团工作，未参与或者仅参与少量黑社会性质组织的违法犯罪活动的人员；2. 因临时被纠集、雇佣或受蒙蔽为黑社会性质组织实施违法犯罪活动或者提供帮助、支持、服务的人员；3. 为维护或扩大自身利益而临时雇佣、收买、利用黑社会性质组织实施违法犯罪活动的人员。上述人员构成其他犯罪的，按照具体犯罪处理。"本案中，如前所述，董某某只参加了薛某某黑社会性质组织的一起违法犯罪活动（聚众斗殴），且系临时被薛某其纠集参与实施的，属于上述座谈会纪要规定的"因临时被纠集为黑社会性质组织实施违法犯罪活动的人员"，不应被认定为黑社会性质组织的成员。

可见，董某某既不属于薛某某黑社会性质组织的积极参加者，也不属于薛某某黑社会性质组织的成员，其行为不构成参加黑社会性质组织罪。

张某某故意毁坏财物案

—— 强行拆除被政府征收的建筑物的行为是否构成故意毁坏财物罪

一、基本案情

张某某，系某公司法定代表人。

2008 年 4 月，某公司受委托，对某新征教育用地进行拆迁。在拆迁过程中，某公司未能与史某某、王某某、孟某某、刘某某四户被动迁户达成拆迁补偿协议。张某某遂违反相关规定，在未向有关部门申请的情况下，由某公司对上述房屋进行强制拆迁。张某某指使戴某某负责强制拆迁工作并现场指挥，宋某安排铲车对房屋、大棚等予以拆除，傅某某组织某公司保安维持现场秩序。同时，其还安排社会闲散人员参与强制拆迁过程以达到震慑的目的。经鉴定，上述强制拆迁造成损失共计人民币 898 170 元。从时间和被拆建筑物性质上看，本案强拆行为分为两部分。

(一) 2008 年 5—6 月对史某某、王某某、孟某某等人合法建筑物的强制拆除

这期间拆除的建筑物是史某某、王某某、孟某某等人合法建设的建筑物，史某某等能享受拆迁补偿。张某某对这些建筑物的强制拆除行为具体包括：(1) 2008 年 5 月 20 日，张某某、戴某某等对位于某某区某某后街 312 号的史某某住宅等进行强制拆除，包括两处住宅、三处棚厦及树木若干。(2) 2008 年 6 月 13 日，张某某、戴某某、宋某等对位于某某区某村三组王某某家的大棚等进行强制拆除，包括两处大棚、一处冷棚、三处窖头房。(3) 2008 年 6 月 25 日，张某某、戴某某、宋某等对位于某某区某某后街 282 号的孟某某的住宅等进行拆除，包括两处住宅、三处棚厦及塑料棚。

(二) 2008 年 10 月对史某某、孟某某、刘某某等人的违章建筑物的强制拆除

这期间拆除的建筑物不属于合法建筑物，而是史某某、孟某某、刘某某等人在被拆迁原址上违法建设的违章建筑物，具体包括：(1) 2008 年 10 月 11 日，张某某、戴某某等对史某某于某后街 312 号被拆迁原址上违法建设的建筑物进行强制拆除。(2) 2008 年 10 月 11 日，张某某、戴某某等将孟某某在已被拆迁原址上违法搭建的简易房拆除。(3) 2008 年 10 月 11 日，张某某、

戴某某、宋某等对刘某某于某后街 230 号被拆迁原址上违法建设的建筑物进行拆除，包括两处大棚、两处窝头房、两处棚厦、树木若干。

二、主要问题

本案涉及的主要问题是张某某强制拆除涉案住宅、大棚等建筑物的行为是否构成故意毁坏财物罪。对此，在案件处理过程中主要存在两种不同的观点：

一种观点主张构罪，认为张某某多次故意毁坏公私财物，数额巨大，应当以故意毁坏财物罪追究其刑事责任。

另一种观点主张不构罪，认为根据相关法律法规，以及实践判例，不应当将张某某的行为认定为故意毁坏财物罪。

三、出罪法理

根据我国《刑法》第 275 条的规定，故意毁坏财物罪是故意毁坏公私财物，数额较大或者有其他严重情节的行为。故意毁坏财物罪的成立至少必须同时具备以下两个基本条件：一是行为人毁坏的对象是他人的合法财物（包括国家、单位或者其他自然人的财物），并侵害了他人对财物的所有权，导致财物的价值部分或者全部丧失；二是行为人实施了非法毁坏财物的行为，即没有法律根据地毁坏财物。本案中，主张构罪的观点认为，张某某多次故意毁坏公私财物，数额巨大，应当以故意毁坏财物罪追究其刑事责任。但笔者认为，这一观点是错误的。张某某的涉案行为不符合故意毁坏财物罪的成立条件，不构成故意毁坏财物罪。这主要体现在以下三个方面。

（一）违章建筑本就应该被拆除，不能成为故意毁坏财物罪的对象，张某某对涉案建筑物中违章建筑的拆除不构成故意毁坏财物罪

本案中，涉案建筑物包括两类，其中一类是属于在被征收土地上"二次建设"的违章建筑物。违章建筑物是非法建设的，本就应该被拆除。"被害人"对该部分建筑物没有所有权，不能成为故意毁坏财物罪的对象，张某某强制拆除违章建筑物的行为不构成故意毁坏财物罪。这具体体现在：

第一，在被征收土地上"二次建设"的建筑物属于违章建筑，"被害人"对该建筑物没有所有权，该建筑物本就应当被强制拆除。故意毁坏财物罪的设置是为了保护他人对合法财物的所有权。而对于不受法律保护的财物，所谓的"被害人"不拥有所有权，同时该财物因得不到法律保护而不具有法律认可的价值，不是故意毁坏财物罪立法的保护对象。本案中，"被害人"在被征收土地上二次建设建筑物，未取得任何合法的建设手续，同时也违反了拆迁规定，该建筑物属于违章建筑物。对于这类违章建筑物，所谓的"被害人"

不享有所有权。对于这些建筑物，法律不但不会予以保护，而且是禁止其存在的。即便没有拆迁，政府部门也应当将其强制拆除。更何况，在拆迁过程中，这些违章建筑物违反了关于拆迁的法律法规，得不到拆迁补偿，更是应当被强制拆除。因此，对违章建筑物，任何人都不拥有所有权。张某某拆除这些违章建筑物的行为，没有侵害他人财物的所有权，不构成故意毁坏财物罪。

第二，该被征收土地上的建筑物之前就已取得过征收补偿，被拆迁人二次建设的临时建筑物违法，不是合法财产，不能再获得补偿。本案中，这些建筑物所依附的土地在此之前已经完成了拆迁，被拆迁人已经就地上建筑物领取了拆迁补偿。被拆迁人在该被征收土地上二次建设建筑物，目的是重复获得拆迁补偿。而这显然是违法的，其行为在本质上是一种骗取国家拆迁补偿款的违法犯罪行为。该行为及其建设的建筑物都不受法律保护。对在被拆迁土地上二次建设的这些违章建筑物，政府不可能再予以补偿。这些建筑物不能成为故意毁坏财物罪的对象，张某某强制拆除这些违章建筑物的行为不构成故意毁坏财物罪。

可见，对于在被征收土地上二次建设的建筑物，因被拆迁人已领取过补偿，且该建筑物本身属于违章建筑应当被强制拆除，任何人都不能享有所有权。张某某强制拆除这些违章建筑物的行为，不构成故意毁坏财物罪。

（二）对被拆迁土地上的合法建筑物，因该建筑物已被政府依法征收，张某某的拆除行为具有法律依据，不构成故意毁坏财物罪

本案中，除了违章建筑物，还涉及的另一类建筑物是被拆迁土地上合法存在的建筑物。对于该部分建筑物，涉案建筑物已被政府征收，张某某在拆除这些建筑物时已取得了政府颁发的拆迁许可证等法律文件，其行为没有侵害他人的财物所有权，且具有法律依据和目的的正当性，不构成故意毁坏财物罪。

1. 张某某的行为不符合故意毁坏财物罪的对象和客体要求，不构成故意毁坏财物罪

故意毁坏财物罪侵害的是他人对财物的所有权，包括对财物的占有、使用、收益和处分的权利，其中核心是处分权。本案中，对于上述违章建筑物以外的地上建筑物，其所有权在政府发布拆迁公告后就已经发生了改变，史某某、王某某等人之后已不再享有涉案建筑物的所有权。他们既不能买卖这些地上建筑物，也不能使用这些地上建筑物。张某某对已被政府征收的地上建筑物进行拆除，不构成故意毁坏财物罪。这具体体现在：

第一，该建筑物所依附的土地已经被政府征收，建筑物的所有权因土地性质的变化而发生了改变，不能成为故意毁坏财物罪的对象。地上建筑物是建设在土地上的，所谓皮之不存，毛将焉附，土地使用权是地上建筑物所有权存在的基础，没有了土地使用权，地上建筑物的所有权必然会发生改变。本案中，涉案建筑物所依附的土地在强制拆迁之前已经被政府征收，由农村集体所有土地变更为国有土地。对此，某省人民政府土地批件《关于某市实施市级规划批次用地的批复》等诸多证据都可以证明。例如，某省人民政府批件《关于某市实施市级规划批次用地的批复》明确称："同意将某市集体农用地 204.137 7 公顷（其中耕地 181.604 2 公顷）转为建设用地并征为国有，同时征收农村集体建设用地 39.453 4 公顷、未利用地 10.478 3 公顷，共计批准建设用地 254.069 4 公顷，作为某市实施市级规划建设用地。"这之中的"用地总面积 5.721 1 公顷"就包括涉案建筑物所依附的土地。在土地已经被征收的情况下，地上建筑物也必然会一同被征收。特别是，史某某、王某某等人之所以之前享有地上建筑物的所有权，是因为他们对土地享有使用权，可以在土地上建设建筑物。但在土地被征收的情况下，他们已没有对土地的使用权，而且对建筑物的占有又不可能离开土地使用权。在此情况下，史某某、王某某等人对该建筑物的所有权已经发生了实质性改变，对该地上建筑物既不能进行处分，也不能使用、收益。

第二，该建筑物的所有权在拆迁公告发布后已经发生了改变，史某某、王某某等人之后不再拥有该建筑物的所有权。所有权是一种物权，且是一种主要物权。我国对地上建筑物这种不动产的物权采取严格的法定主义，人们在什么情况下拥有不动产的所有权，在什么情况下不拥有不动产的所有权，都要依据法律的明确规定确定。本案中，史某某、王某某等人拥有涉案建筑物的所有权，是源于法律的规定（依法取得建筑用地的使用权并依法建设涉案建筑物）。同样，他们也完全可能因为法律的规定而失去对涉案建筑物的所有权。事实亦是如此。

我国 2007 年《物权法》第 28 条规定："因人民法院、仲裁委员会的法律文书或者人民政府的征收决定等，导致物权设立、变更、转让或者消灭的，自法律文书或者人民政府的征收决定等生效时发生效力。"根据该规定，在发生法定事由（如政府发布征收决定）的情况下，建筑物的所有权会直接发生改变。而且，这种改变是强制性的，不需要建筑物原所有人的同意。这一法定事由体现在本案中就是拆迁决定。在政府的拆迁决定生效后，拆迁范围内的地上建筑物所有权就由建筑物的原所有人变为了政府部门。在政府对史某某、王某某等人的地上建筑物决定拆迁并发布公告后，这些建筑物的所有权就发生了转移，归属于政府。张某某依据政府部门颁发的拆迁许可证、拆迁公告等法律文件拆除涉案建筑物，不会构成对史某某、王某某等人财物所有权的侵害。其行为不构成故意毁坏财物罪。

当然，史某某、王某某等人虽不享有该类涉案建筑物的所有权，但并不意味着他们原有的权利就会无端消失。实际上，在拆迁决定作出之后，他们的权利发生了转换，即由之前对涉案建筑物的所有权，转变为他们有权取得与涉案建筑物同等价值的货币补偿或者调换的产权房。但这种权利属于债权的范畴，不能成为故意毁坏财物罪的对象和客体，张某某的行为不构成故意毁坏财物罪。

2. 张某某的行为不符合故意毁坏财物罪的行为要件，不构成故意毁坏财物罪

故意毁坏财物罪要求行为人必须实施了毁坏行为，并且毁坏的是他人财物，且是非法的，因此，对自己财物的毁坏不能构成故意毁坏财物罪，同时，合法拆除或者依法销毁财物的行为不是故意毁坏财物行为。本案中，张某某的强制拆迁行为不是故意毁坏财物行为，不构成故意毁坏财物罪。这具体体现在：

第一，张某某是受政府部门委托"毁坏"被政府征收的财物的，相当于自己毁坏自己的财物，不能构成故意毁坏财物罪。这包括两个方面：一方面，张某某的拆迁行为不是其个人或者公司行为，而是受政府部门委托的行为。其中的基本逻辑关系是政府部门以许可证的方式授权某学院拆迁，某学院继而委托某公司执行，因此，张某某所在的某公司虽然接受的是某学院的委托，但实际上拆迁权是来自政府部门的授权。张某某的拆迁行为不是其个人或者公司行为，而是政府行为。对此，最高人民法院在相关案例中也予以了明确。例如，最高人民法院〔2017〕最高法行申 1337 号行政裁定书明确称："农村集体土地征收过程中对合法建筑的拆除，宜首先推定系征收实施主体实施或者委托实施的拆除行为，而不应认定为民事主体等实施的拆除。因为现行集体土地征收制度的本质是国家基于公共利益需要实施征收，并由国家依法进行补偿，整个过程均系行政权行使的过程。""乡镇人民政府、基层群众自治组织以及相关建设单位等主体实际从事并分担土地行政主管部门的部分具体征收补偿事务。但并不能认为此类主体因此即取得了独立地实施征地补偿安置的行政主体资格，更不能认为此类主体因此还取得了以自己名义实施强制拆除的法定职权；而是应遵循职权法定原则和《最高人民法院关于适用〈中华人民共和国行政诉讼法〉的解释》第二十条第三款的规定，将此类主体视为接受土地行政主管部门委托，作为土地行政主管部门补偿安置过程中的行政助手与行政辅助者。"据此，本案中张某某是受政府部门的委托进行拆迁的，拆迁行为是一种政府行为。另一方面，如前所述，根据 2007 年《物权法》第28 条等的规定，涉案建筑物的所有权在拆迁决定发布后已由史某某、王某某等人转归属于政府部门。在此基础上，张某某拆除涉案的建筑物实际上是经

政府部门的授权拆除属于政府部门的建筑物，相当于自己毁坏自己的财物，不能构成故意毁坏财物罪。

第二，张某某拆除涉案建筑物是依法进行的，属于合法拆除，不构成故意毁坏财物罪。本案中，张某某的涉案行为发生在 2008 年，当时拆迁的主要法律依据是 2001 年《城市房屋拆迁管理条例》。张某某的拆迁行为虽然存在一定的程序瑕疵，但履行了 2001 年《城市房屋拆迁管理条例》规定的主要程序，是合法的。这包括：一方面，在张某某拆迁前，某学院已取得拆迁许可证并由某市城乡建设委员会发布了拆迁公告。2001 年《城市房屋拆迁管理条例》第 6 条规定："拆迁房屋的单位取得房屋拆迁许可证后，方可实施拆迁。"第 8 条第 1 款规定："房屋拆迁管理部门在发放房屋拆迁许可证的同时，应当将房屋拆迁许可证中载明的拆迁人、拆迁范围、拆迁期限等事项，以房屋拆迁公告的形式予以公布。"本案中，在张某某拆迁之前，某市城乡建设委员会于 2008 年 4 月 16 日向某学院颁发了"房屋拆迁许可证"，并于同日发布了拆迁公告。张某某依据政府部门颁发的拆迁许可证和拆迁公告进行拆迁的行为，是合法的。另一方面，张某某的拆迁行为已经通过行政裁决，得到行政机关的进一步认可。2001 年《城市房屋拆迁管理条例》第 16 条第 1 款规定："拆迁人与被拆迁人或者拆迁人、被拆迁人与房屋承租人达不成拆迁补偿安置协议的，经当事人申请，由房屋拆迁管理部门裁决。房屋拆迁管理部门是被拆迁人的，由同级人民政府裁决。裁决应当自收到申请之日起 30 日内作出。"本案中，某市城乡建设委员会于 2008 年 6 月 12 日作出的"拆迁安置纠纷裁决书"作出裁决："一、申请人（某公司）对被申请人（孟某某）两处房屋合计 79 平方米，按 1 800 元/平方米评估价补偿 142 200 元；两处房屋分别按'被拆除房屋面积在 20 平方米（含 20 平方米）以上不足 45 平方米的，差额部分按被拆除房屋面积评估价的 50% 予以补助'的优惠政策，共补助 9 900 元；三处棚厦 87.76 平方米按 400 元/平方米补偿 35 104 元；养鱼损失补偿 3 000 元。以上合计补偿 190 204 元。二、上述款项在双方当事人签订协议时一次性结清。三、自裁决书送达之日起 15 日内被申请人自行迁出，逾期，将依法申请强制迁出。"某市城乡建设委员会 2008 年 5 月 12 日对王某、王某某两位被申请人也作了基本相同的裁决。可见，在张某某拆除涉案建筑物之前，某市城乡建设委员会对拆迁作出了行政裁决，支持了张某某所在某公司的拆迁请求。在此基础上，某公司虽然没有履行最后的申请强制拆迁程序，但这只属于程序瑕疵，其拆迁行为具备主要的法律依据，不属于非法毁坏财物。对这类行为的合法性，我国已有法院判决予以确认。例如，某市某某区人民法院（2016）某 0404 刑初 235 号"刑事判决书"明确称，冯某某等人的强制拆迁行为造成相关经济损失虽有不当，但该行为不符合故意毁坏财物罪的构成要件，不构成故意毁坏财物罪。据此，本案中张某某的行为也应被认定为不构成故意毁坏财物罪。

可见，张某某的拆迁行为是受政府部门委托拆除被政府部门征收的财物，不是故意毁坏财物，不符合故意毁坏财物罪的行为要求，不构成故意毁坏财物罪。

3. 张某某系为了公共利益，具有目的的正当性，不宜认定为故意毁坏财物罪

如前所述，张某某依照政府部门颁发的拆迁许可证和拆迁公告拆除被政府部门征收的建筑物，不符合故意毁坏财物罪的成立条件，不构成故意毁坏财物罪。与此同时，张某某的拆迁行为是为了公共利益，具有正当性的目的，不宜认定为故意毁坏财物罪。这具体体现在：

第一，张某某的拆迁行为是为了建设某市二号干线。本案中，针对涉案建筑物的拆迁不是为了商业开发，也不是为了其他个人利益。根据证据材料，涉案土地与二号干线的建设用地是在一起的。涉案土地和地上建筑物的拆迁是为了推动某市二号干线的建设。对此，某市城乡建设委员会发布的拆迁公告明确称："为贯通二号干线，根据某拆许字〔2008〕第 11 号拆迁许可证，某学院对某学院东侧地域实施拆迁。"二号干线的建设属于基础设施建设，是为了公众的利益而进行的。张某某的行为具有明显的公益性质。

第二，张某某的拆迁行为是为了满足某学院的教育用地需要。本案中，涉案建筑物所依附的土地原是集体用地，但在拆迁之前，这些土地已被政府部门征收为国有土地，土地的性质是教育用地。对此，某市国土资源局《关于某学院扩建校舍建设项目用地的初审报告》等证据显示，涉案土地的建设项目属于教育用地，符合国家供地政策。这些用地除了用于建设二号干线，也用于某学院的校舍扩建。根据案件材料，涉案建筑物的拆迁进度直接关系到某学院的教学教育，且被征收、拆迁的土地最终也被用于某学院的校舍扩建。教育属于公益事业，张某某的行为也因此具有明显的公益性质。

可见，张某某的行为不符合故意毁坏财物罪的对象和行为要求，而且是为了维护公共利益，具有目的的正当性，不构成故意毁坏财物罪。

（三）结合相关判例，对于具有法律根据的强制拆迁行为，依法不能认定为故意毁坏财物罪

我国实践中的强制拆迁行为类型众多，但属于不当强拆的行为大体可分为两种：一是具有法律依据但存在程序瑕疵的强拆，二是不具有法律依据的强拆。前者是具有拆迁主体资格的单位或者个人，依据政府颁发的拆迁文件进行强拆，但存在法律程序上的瑕疵，如没有向法院申请强拆；后者是单位或者个人在没有取得政府颁发的拆迁文件情况下进行的强拆。对于后者行为

的定性，一般争议不大。但对于前者行为的定性，实践中则存在较大的分歧并有不少相反的判例。其中：一个出自某区人民法院（2016）某 0404 刑初 235 号刑事判决书。该案中冯某某等人的强制拆迁行为被认定为不构成故意毁坏财物罪；另一个是某区人民法院（2019）某 0604 刑初 173 号刑事判决书确定的判例（以下简称 173 号判例），黄某某等人的强制拆迁行为被认定为构成故意毁坏财物罪。结合故意毁坏财物罪的构成要件和拆迁的具体行为，司法机关应当支持某市某某区人民法院（2016）某 0404 刑初 235 号刑事判决书。这具体体现在：

第一，235 号判例认定冯某某等人的强制拆迁行为不构成故意毁坏财物罪，是正确的。该判例认定，冯某某经营的某公司以竞买方式，取得涉案国有土地使用权，并先期投入动迁安置费、土地补偿费、征地费共 1 900 万元，但某市国土资源局出让涉案土地时场地尚未拆迁和平整。冯某某等人造成相关被害人经济损失的行为虽有不当，但该行为不符合故意毁坏财物罪的构成要件，有罪指控不能成立。对此，某区人民法院的这一判决是正确的。这是因为：（1）该判例正确区分了行为不当与犯罪。在法律上，"正当与否"与"犯罪与否"是两个不同的概念。犯罪行为是不正当的，但不正当的行为不一定构成犯罪。客观地看，在强制拆迁手续不全的情况下进行强拆，行为确有不当，但这不意味着该行为就构成犯罪。该行为是否构成故意毁坏财物罪，还要看其是否符合故意毁坏财物罪的成立条件。从不当与犯罪的区分角度看，某区人民法院的上述判决明确区分了强拆行为的不当与犯罪，是正确的。（2）该判例准确地把握了故意毁坏财物罪的构成要件。某区人民法院的上述判决认定冯某某等人的行为不符合故意毁坏财物罪的构成要件。这是正确的，因为，如前所述，故意毁坏财物罪的成立必须具备客体和行为要件，即必须是采取非法毁坏的方法故意毁坏了他人的合法财物，侵害了他人对财物的所有权。但该案中，冯某某等人拆除涉案财物取得了政府部门的相关文件许可，虽然没有履行完整的强制拆迁手续，但被害人已因政府的法律文件而不再享有对涉案财物的所有权，冯某某等人也因政府的法律文件而取得了拆迁权。冯某某等人的行为不是故意毁坏财物行为，也没有侵害他人财物的所有权，不符合故意毁坏财物罪的客体和行为要求，不构成故意毁坏财物罪。在此基础上，235 号判例认定冯某某等人的行为不符合故意毁坏财物罪的构成要件的判决，显然是正确的。

第二，173 号判例认定黄某某等人的强制拆迁行为构成故意毁坏财物罪，是错误的。该判例认定，2008 年 2 月 3 日，黄某某任总经理的某公司与某市国土局签订国有建设用地使用权出让合同。同年 9 月 8 日，某公司和某市国土局一分局签订征地包干协议，开始进行动迁工作。在动迁过程中，黄某某在未与动迁户达成拆迁协议的情况下纠集多人，强制拆除他人的地上建筑物、农作物等，属于故意毁坏他人财物，构成故意毁坏财物罪。173 号判例是错误的。这是因为：（1）该判例没有正确认定黄某某等人的行为性质。该案中，黄某某所在的某公司已经取得了涉案土地的国有建设用地使用权，并且与某市国土局签订了征地包干协议。在此基础上，黄某某等人的拆迁行为具有合法的依据。其在未与被动迁户达成协议的情况下强制拆迁，虽在程序上有不当，但已有合法的根据，不是故意毁坏行为。某区人民法院的上述判决没有正确区分存在程序瑕疵的强拆行为和完全非法的强拆行为，忽略了不当行为与犯罪行为的界限，导致对黄某某等人行为性质的认定错误。（2）该判例没有正确认定涉案财物的所有权归属。如前所述，在政府决定拆迁并发布拆迁公告后，被拆迁财物的所有权因法定原因而发生了改变。被拆迁户只拥有基于原财物而享有的同等价值的债权（可主张拆迁补偿等），其对财物的所有权已转归政府。在此情况下，黄某某等人在与某市国土局签订征地拆迁包干协议的情况下进行强拆，相当于受某市政府部门的委托拆迁某市政府的财物，没有侵害他人的财物所有权，不符合故意毁坏财物罪的客体要求，不构成故意毁坏财物罪，因此，173 号判例认定黄某某等人的行为构成故意毁坏财物罪，显然是错误的。

可见，从相关法院判例的角度看，对具有法律根据的强制拆迁行为，即便存在一定的程序瑕疵，司法机关也不能将之认定为故意毁坏财物行为，更不能认定成立故意毁坏财物罪。

陈某某招摇撞骗案

——以政策性机构负责人名义与他人开展商业合作的行为是否构成招摇撞骗罪

一、基本案情

陈某某，系某公司董事长、某研究院秘书长。

陈某某伙同吴某于 2018 年至 2019 年 4 月间，在某公寓虚构"国家金融稳定政策研究办公室""国家一带一路政策研究办公室"等机构，冒充国家机关工作人员与他人开展商业项目合作。

二、主要问题

本案涉及的主要问题是陈某某的行为是否符合招摇撞骗罪的成立条件，是否构成招摇撞骗罪。对此，在案件办理过程中存在两种不同的观点：

一种观点主张构罪，认为陈某某冒充国家机关工作人员招摇撞骗，应当以招摇撞骗罪追究其刑事责任。

另一种观点主张不构罪，认为涉案的政策性机构不是国家机关，陈某某没有冒充国家机关工作人员招摇撞骗的行为和意图，不符合招摇撞骗罪的成立条件，不构成招摇撞骗罪。

三、出罪法理

关于招摇撞骗罪，我国《刑法》第 279 条第 1 款规定："冒充国家机关工作人员招摇撞骗的，处三年以下有期徒刑、拘役、管制或者剥夺政治权利；情节严重的，处三年以上十年以下有期徒刑。"据此，招摇撞骗罪的成立至少必须同时具备以下两个基本要件：一是客观要件，即行为人必须实施了冒充国家机关工作人员招摇撞骗的行为；二是主观要件，即行为人主观上必须具有冒充国家机关工作人员招摇撞骗的故意和意图。本案中，陈某某没有冒充国家机关工作人员招摇撞骗的行为和意图，不符合招摇撞骗罪的成立条件，不构成招摇撞骗罪。这主要体现在以下几个方面。

（一）陈某某没有冒充国家机关工作人员招摇撞骗的行为，不符合招摇撞骗罪的客观条件

招摇撞骗罪在客观上表现为行为人冒充国家机关工作人员招摇撞骗的行为。这又可细化为两个具体条件：一是行为人实施了冒充国家机关工作人员的行为，二是行为人以冒充的国家机关工作人员身份行骗。本案中，主张构罪的观点认为，陈某某虚构"国家金融稳定政策研究办公室""国家一带一路政策研究办公室"等机构，冒充国家机关工作人员与他人开展商业项目合作。但笔者认为，这一认定是错误的。

1. 本案证据可以充分证明，陈某某既没有虚构国家机关，也没有冒充国家机关工作人员

冒充国家机关工作人员可以是冒充真实存在的国家机关的工作人员，也可以是冒充虚构的国家机关的工作人员。本案证据可以充分证明，陈某某既没有虚构国家机关，也没有冒充国家机关工作人员。这是因为：

第一，本案证据可以充分证明，陈某某没有虚构"国家金融稳定政策研究办公室""国家一带一路政策研究办公室"等机构。这包括：一是 2011 年 8 月 26 日，某研究院与某公司签订的"合作协议书"和某研究院《关于同意设立"金融管理战略研究中心"的批复》等书证证明，某研究院金融管理战略研究中心是由某研究院与某公司共同设立的某研究院下属机构。二是 2017 年 8 月 25 日某研究院金融管理战略研究中心文件证明，某研究院金融管理战略研究中心设立了一系列机构，其中包括"国家金融稳定政策研究办公室""国家一带一路政策研究办公室"等机构。三是 2017 年 8 月 26 日某研究院金融管理战略研究中心《关于成立"国家一带一路政策研究办公室"的通知》、2017 年 8 月 27 日某研究院金融管理战略研究中心《关于成立"国家金融稳定发展政策研究室"的通知》等书证证明，"国家金融稳定发展政策研究室""国家一带一路政策研究办公室"是某研究院金融管理战略研究中心的下设机构，由某研究院金融管理战略研究中心设立。上述证据可以充分证明，"国家金融稳定政策研究办公室""国家一带一路政策研究办公室"等机构是某研究院的下属机构——某研究院金融管理战略研究中心设立的机构，是真实存在的，并非虚构的。陈某某没有虚构"国家金融稳定政策研究办公室""国家一带一路政策研究办公室"等机构。

第二，本案证据可以充分证明，陈某某没有冒充国家机关工作人员。这包括：一是"国家金融稳定政策研究办公室""国家一带一路政策研究办公室"等机构不属于国家机关，陈某某没有冒充国家机关工作人员。本案中，"中华人民共和国事业单位法人证书"证明，某研究院属于国家事业单位，经费来源是非财政补助。据此，作为某研究院下属单位某研究院金融管理战略

研究中心设立的"国家金融稳定政策研究办公室""国家一带一路政策研究办公室"等机构，其性质不可能是国家机关。而作为这些机构的负责人，陈某某的身份也不可能是国家机关工作人员，因此无论陈某某这些身份真假如何都不存在冒充国家机关工作人员的问题。二是本案证据不能证明陈某某在本案中用其他身份系冒充国家机关工作人员。除了"国家金融稳定政策研究办公室""国家一带一路政策研究办公室"等机构负责人的身份，陈某某在本案中还涉及存在某研究院秘书长、某研究会外联部主任、某公司董事长、东非联盟一带一路办公室负责人等多种身份。从证据的角度看，陈某某的这些身份一部分被证明完全是真实的，如某研究院秘书长、某公司董事长等；另一部分身份没有得到查证，但也没有证据证明其身份是虚构的，进而完全不能证明陈某某冒充了国家机关工作人员。

2. 本案证据不能证明陈某某以冒充的国家机关工作人员身份行骗

招摇撞骗罪不仅要求行为人冒充了国家机关工作人员的身份，还要求行为人实施了招摇撞骗的行为，即为牟取非法利益，以假冒的国家机关工作人员身份到处炫耀，利用人们对国家机关工作人员的信任，骗取地位、荣誉、待遇等。本案证据不能证明陈某某冒充国家机关工作人员与他人开展商业项目合作。这具体体现在：

第一，本案证据表明，陈某某与他人开展的商业项目合作是真实的，没有任何被害人。这包括：一是本案侦查、起诉罪名的变化表明陈某某与他人开展的商业项目合作是真实的。本案中，侦查机关是以诈骗罪立案侦查的，并以诈骗罪移送审查起诉，认为陈某某骗取了他人 305 万余元人民币。公诉机关经审查没有以诈骗罪起诉，而是起诉陈某某犯招摇撞骗罪，只认定陈某某与他人开展商业项目合作，没有认定陈某某诈骗了他人财物。这一罪名变更过程本身即表明，陈某某与他人开展的商业项目合作是真实的。二是本案证据表明，陈某某与他人开展的商业项目合作是真实的。本案中，陈某某、吴某、耿某某、陆某某、李某某、霍某某等人的笔录以及相关的合作协议等书证表明，陈某某与他人开展的商业项目合作是真实的，不存在在项目合作上欺骗耿某某、陆某某、李某某、霍某某等人的问题。三是本案证据表明，本案没有任何被害人。本案中，霍某某出具的"申请撤案说明书""情况说明"以及陆某某出具的"情况说明"、李某某出具的"情况说明"等材料可以证明，陈某某在与霍某某、陆某某、李某某等人开展合作工程中没有欺骗他们，霍某某、陆某某、李某某等人缴付保证金等行为是完全自愿的，不存在被骗的问题，他们不是本案的被害人。这进一步证明陈某某与他人开展商业合作的真实性，不存在招摇撞骗行为。

第二，本案证据不能证明陈某某以"国家金融稳定政策研究办公室""国家一带一路政策研究办公室"等机构负责人的身份与他人开展商业合作。如前所述，陈某某在本案中具有多种身份，如某研究院秘书长、某公司董事长等。但本案证据不能证明陈某某是以"国家金融稳定政策研究办公室""国家一带一路政策研究办公室"等机构负责人的身份与他人开展商业合作的，认为陈某某冒充国家机关工作人员身份招摇撞骗的观点是错误的。这包括：一是从商业项目的合作主体上看，陈某某是以某公司董事长的身份开展商业项目合作的。本案中，相关合作协议等书证及陈某某、吴某等人的笔录表明，陈某某与他人开展商业项目合作都是由某公司与他人签订项目合作协议，陈某某方面的商业合作主体是某公司，而非"国家金融稳定政策研究办公室""国家一带一路政策研究办公室"等机构。二是从商业项目的合作内容上看，陈某某不可能以"国家金融稳定政策研究办公室""国家一带一路政策研究办公室"等机构负责人的身份与他人开展商业合作。这一方面是因为政策研究办公室本身是开展政策研究的，与他人开展商业合作不是政策研究的范围；另一方面是因为本案证据显示，陈某某与他人开展的合作是纯粹的商业性合作（如开发境外公寓等），与"国家金融稳定政策研究办公室""国家一带一路政策研究办公室"等机构没有具体联系。在此基础上，本案证据显然不能证明陈某某的"国家金融稳定政策研究办公室""国家一带一路政策研究办公室"等机构负责人身份与涉案的商业合作之间具有因果联系，进而不能证明陈某某的行为系冒充国家机关工作人员与他人开展商业合作。

可见，本案证据可以充分证明，陈某某既没有虚构国家机关，也没有冒充国家机关工作人员，更没有以冒充的国家机关工作人员身份行骗，其行为不属于冒充国家机关工作人员招摇撞骗，不符合招摇撞骗罪的客观要求，不构成招摇撞骗罪。

（二）陈某某不具有冒充国家工作人员招摇撞骗的故意和目的，不符合招摇撞骗罪的主观要求

招摇撞骗罪在主观上要求行为人必须具有冒充国家工作人员招摇撞骗的故意，且通常具有牟取非法利益的目的。但本案证据可以证明，陈某某主观上不具有冒充国家工作人员招摇撞骗的故意和目的，不符合招摇撞骗罪的主观要求。这具体体现在：

第一，陈某某主观上没有冒充国家机关工作人员招摇撞骗的故意。这包括：一是本案证据清楚地表明，"国家金融稳定政策研究办公室""国家一带一路政策研究办公室"等机构是陈某某亲手设立的，其清楚地知道这些机构是由某研究院金融管理战略研究中心设立的。其以这些机构负责人的身份开展活动，主观上不可能有冒充国家机关工作人员的故意。二是本案证据清楚地表明，陈某某是某研究院的秘书长，对某研究院的事业单位性质非常清楚，对某研究院金融管理战略研究中心及下设的"国家金融稳定政策研究办公室""国家一带一路政策研究办公室"等机构的非国家机关性质也有明确的认识，主观上没有冒充国家机关工作人员的故意。三是本案证据表明，某公司与相关合作方签订的合作协议是由陈某某参与进行的，陈某某对合作主体系某公司、其本人是以董事长的身份代表某公司等事实存在清楚认识。在此基础上，本案证据可以清楚地证明陈某某主观上不具有以虚构的国家机关工作人员身份与他人开展商业合作的意图。

第二，本案证据不能证明陈某某主观上具有牟取非法利益的目的。在我国刑法上，招摇撞骗罪主观目的通常表现为具有牟取非法利益的目的，且行为人意图牟取的非法利益并不限于财物（经济利益），还包括地位、荣誉、待遇及性利益等。但在本案中，如前所述，陈某某与霍某某、陆某某、李某某等人之间的商业合作是真实的，且本案没有证据证明陈某某与霍某某、陆某某、李某某等人开展的商业合作项目违法。在此基础上，陈某某与他人开展商业项目合作产生的利益属于合法利益，而不是非法利益。因此，本案证据不能证明陈某某主观上具有牟取非法利益的意图，进而不能证明其行为符合招摇撞骗罪的目的要求。

可见，陈某某主观上既不具有冒充国家机关工作人员招摇撞骗的故意，也不具有牟取非法利益的目的。其行为不符合招摇撞骗罪的主观要求，不构成招摇撞骗罪。

A 公司非法控制计算机信息系统案

——在手机上预装"广告聚合 SDK"等行为
是否构成非法控制计算机信息系统罪

一、基本案情

A 公司成立于 2008 年 1 月 25 日。A 公司于 2017 年开发出手机操作系统，并于 2017 年 6 月 29 日取得计算机软件著作权。A 公司与 B 公司、C 公司等手机厂商、主板商勾结，在智能手机出厂预装的系统内置了带有控制功能的"安全服务"和"广告聚合 SDK"工具包，通过其后台（"adroi 广告平台"和"push 后台管理系统"）向用户手机发送控制指令，在用户不知情的情况下向后台服务器上传"imei""mac""IP""应用包名"等用户信息，自动更新"广告聚合 SDK"版本，并通过后台对广告运营方案（运营方案如：设置投放广告源、投放广告开关、投放广告频次、投放广告形式等）进行配置，向用户手机终端推送商业性电子信息，从而获得广告费收入。A 公司和 B 公司在作案过程中，采取设置"区域性运营"（避开北京市、A 市）、"静默期"（激活后一段时间内不运营）、黑名单（不推送广告的用户）应对大量手机用户投诉推送广告问题，恶意欺骗工信部（送检到工信部的厂商样机是纯净版的 Android 操作系统，实际生产的是带有控制程序和指令代码的操作系统），伪造带有其他 App 图标的空白底图遮挡正在运行的程序页面等诸多规避行为。自 2017 年 4 月至 2021 年 3 月，甲公司非法控制用户手机终端数高达 4 701 367 台，产生违法所得共计 129 935 968.04 元。

A 公司分为 adroi 广告部、Freeme 事业部、Freeme Lite 事业部、云创事业部、商务推广、结算中心、财务等部门，其中涉嫌非法控制计算机信息系统的部门包括 4 个部门以及其中部门的 11 人。

经计算机司法鉴定所鉴定：

1. 在送检的某品牌样机（型号 20190325D）中检验到预装包名为"com. zhuoyi. security. service"（安全服务）的应用，该应用数据目录中保存有含有"快手""抖音"等文字的应用底图，在该应用的数据目录下面保存有

"快手""抖音"等应用的广告显示配置文件。

"com. zhuoyi. security. service"应用会在后台运行，监控前台应用启动情况。当监听到应用启动时，该应用会自动从服务端接口获取广告配置，根据服务器端获取到的应用配置，该应用对该服务器接口返回的数据进行解析，解析返回数据中的"code""result""dspSlots""criteriald"等字段。当满足服务器端配置的"应用名称""每日显示上限"等条件时，首先以提前准备好的底图对应用的启动页面进行遮盖，并显示服务端获取的广告，显示完成后，会上传设备中的"IMEI""MAC""android_id""应用包名""设备型号""系统版本号"等信息以及广告执行情况到后台服务器。

2. 在送检的"广告聚合 SDK"（版本号：9.0.4.1）中检验到该文件会向服务器地址发送参数进而获取广告配置，并对该服务器地址返回的数据进行分析，解析返回数据中的"code""result""dspSlots""criteriald"等字段，当有满足条件的广告时进行显示。显示完成后，上报"IMEI""MAC""sdk_ver""packagename""model"等信息到服务器地址。

3. 在送检的"adroi-api-go. zip"文件中包含文件夹"Adroi-api-go"。代码文件"controller/frequency/default. go"接受客户端传入的参数"req""IP""customerId""req. Media. SlotId""imei""device"。根据传入的参数选择相应的"slotGroup"，当"slotGroup"中值的类型为"sdk"时，调用"CheckSdkFreq"方法进行检验，检查通过后添加"AppId""SlotId""Channel"等信息到"slots"，最后返回给客户端 json 数据（"code"、"result"、"criteriaId"、"searchId"、"filterWord"、"dspSlots"等）。

二、主要问题

本案涉及的主要问题是 A 公司的涉案行为是否侵犯了计算机信息系统安全，是否对计算机信息系统形成控制。对此，在案件处理过程中主要有两种不同的观点：

一种观点主张构罪，认为 A 公司通过预装带有控制功能的"安全服务"和"广告聚合 SDK"工具包，收集用户信息，并采用了区域性运营、静默期、黑白名单等方式推送商业性电子信息，同时在其运营过程中还有静默安装、静默升级、强制卸载等问题，危害了手机系统安全，具有造成用户信息泄露的危险，强制卸载的行为构成了对计算机信息系统的控制，因而，A 公司的行为应当被认定为非法控制计算机信息系统罪。

另一种观点主张不构罪，认为 A 公司的行为只是为了推送广告，其在收集用户信息时也事先经过了用户同意，并未影响到手机其他功能的正常使用，因此没有危害手机信息系统安全。A 公司安装的软件包只涉及用户手机的辅助功能，不涉及手机的操作系统本身的功能发挥，不是对手机信息系统的控制。此外，A 公司是涉案手机操作系统的开发者、所有者和维护者，拥有相应的控制权限。因此，A 公司的行为不应当被认定为非法控制计算机信息系统罪。

三、出罪法理

关于非法控制计算机信息系统罪，我国《刑法》第 285 条第 2 款规定："违反国家规定，侵入前款规定以外的计算机信息系统或者采用其他技术手段，获取该计算机信息系统中存储、处理或者传输的数据，或者对该计算机信息系统实施非法控制，情节严重的，处三年以下有期徒刑或者拘役，并处或者单处罚金；情节特别严重的，处三年以上七年以下有期徒刑，并处罚金。"据此，非法控制计算机信息系统罪的成立至少必须同时具备以下两个基本条件：一是客观条件，即行为人必须违反国家规定，采取技术手段，对计算机信息系统实施了非法控制，且情节严重；二是客体条件，即行为人的行为必须危害了计算机信息系统安全。本案中，A 公司的行为虽然涉嫌非法控制计算机信息系统罪，但是经过对本罪构成要件要素的分析可知：A 公司的涉案行为不符合非法控制计算机信息系统罪的构成要件，不构成非法控制计算机信息系统罪。

（一）本案不能证明 A 公司的行为危害了最终用户手机信息系统的安全，A 公司的行为不符合非法控制计算机信息系统罪的客体要求

关于非法控制计算机信息系统罪的客体，刑法理论上一般认为该罪的客体是计算机信息系统的安全。2011 年最高人民法院、最高人民检察院《关于办理危害计算机信息系统安全刑事案件应用法律若干问题的解释》针对非法获取计算机信息系统数据、非法控制计算机信息系统罪等犯罪的解释明确称是"为依法惩治危害计算机信息系统安全的犯罪活动"，明确了非法获取计算机信息系统数据、非法控制计算机信息系统罪等计算机犯罪的客体是"计算机信息系统安全"。

对于"计算机信息系统安全"，2011 年国务院《计算机信息系统安全保护条例》第 3 条规定："计算机信息系统的安全保护，应当保障计算机及其相关的和配套的设备、设施（含网络）的安全，运行环境的安全，保障信息的安全，保障计算机功能的正常发挥，以维护计算机信息系统的安全运行。"据此，计算机信息系统的安全包括四个方面：一是计算机及相关的和配套的设备、设施（含网络）的安全，二是运行环境的安全，三是信息的安全，四是计算机功能的正常发挥。本案中，主张构罪的观点认为，A 公司的涉案行为主要是通过预装带有控制功能的"安全服务"和"广告聚合 SDK"工具包，收集用户信息，并采用了区域性运营、静默期、黑白名单等方式推送商业性电子信息，同时在其运营过程中还有静默安装、静默升级、强制卸载等问题，但目的是推送广告。其行为主要包括"收集用户信息"和"推送商业性电子信息"两类。值得指出的是，手机用户购买手机只是取得了该部手机上的操作系统的使用权，手机操作系统的所有权仍属于系统开发者（其拥有手机操作系统的知识产权）。在此基础上，结合本案具体情况，本案证据不能证明 A 公司的行为危害了最终用户手机信息系统的安全。这是因为：

第一，A 公司收集用户信息的行为没有危害计算机信息系统的安全。A 公司的这一行为完全不涉及"计算机及相关的和配套的设备、设施（含网络）的安全"、"运行环境的安全"和"计算机功能的正常发挥"。判断其行为是否危害计算机信息系统安全，关键在于看其是否危害了"信息的安全"。不过，本案存在的以下两个方面的情况表明本案证据不能证明 A 公司的行为危害了最终用户手机"信息的安全"：一是 A 公司收集用户信息不是为了进行非法活动，也没构成对用户信息安全的危害。二是 A 公司是信息系统（手机操作系统）的开发者、所有者和维护者。我国《网络安全法》第 22 条第 3 款规定："网络产品、服务具有收集用户信息功能的，其提供者应当向用户明示并取得同意；涉及用户个人信息的，还应当遵守本法和有关法律、行政法规关于个人信息保护的规定。"据此，只要向用户明示并取得同意，网络产品（包括手机）是可以收集用户信息的。本案中，A 公司收集用户信息时向用户发布了"法律声明""隐私协议"等文件并取得用户同意，具有合法性，没有危害用户的信息安全，且收集用户信息是基于 A 公司维护用户手机操作系统、提升最终用户使用体验的需要，不会危害手机用户的信息安全。

第二，A 公司推送商业性电子信息的行为没有危害计算机信息系统的安全。本案中，A 公司推送商业性电子信息行为包括手段行为（采用区域性运营、静默期、黑白名单、静默安装、静默升级、遮盖第三方广告等方式）和目的行为（向手机用户推送广告）。从行为的内容和指向上看，A 公司的这一行为不涉及"计算机及相关的和配套的设备、设施（含网络）的安全"、"运行环境的安全"和"信息的安全"。判断其行为是否危害计算机信息系统安全，关键在于看其是否危害了"计算机功能的正常发挥"，并具体体现为 A 公司采用区域性运营、静默期、黑白名单、静默安装、静默升级、遮盖第三方广告等方式推送商业性电子信息，向手机用户推送商业性电子信息的行为是否危害了用户手机功能的正常发挥？对此，A 公司的这一行为只涉及用户手机的辅助功能，而没有涉及用户手机操作系统本身的功能。其行为没有影响手机的正常接打电话、发送微信、上网等手机功能的使用，没有危害"计算机功能的正常发挥"。

　　第三，A 公司的强制卸载行为没有危害计算机信息系统的安全。本案涉及的强制卸载是在 2017 年前后，某软件和自带手机管家都互相认为对方是病毒，A 公司为了维护自己操作系统的安全，提示用户卸载或自主卸载某软件。《网络安全法》第 22 条第 1 款规定："网络产品、服务应当符合相关国家标准的强制性要求。网络产品、服务的提供者不得设置恶意程序；发现其网络产品、服务存在安全缺陷、漏洞等风险时，应当立即采取补救措施，按照规定及时告知用户并向有关主管部门报告。"第 2 款规定："网络产品、服务的提供者应当为其产品、服务持续提供安全维护；在规定或者当事人约定的期限内，不得终止提供安全维护。"本案中，A 公司从维护操作系统安全的角度自主或者提示用户卸载某手机管家，是履行其安全维护职责。更何况，同类行为在之前均未作为犯罪处理，如某软件与某手机管家也发生过类似的大规模冲突，并引发了社会广泛关注，但都未作为犯罪进行处理。

　　可见，本案证据不能证明 A 公司的行为危害了最终用户手机信息系统的安全，A 公司的行为没有危害计算机信息系统安全，不符合非法控制计算机信息系统罪的客体要求。

（二）A 公司没有违反国家规定非法控制用户的手机信息系统，其行为不符合非法控制计算机信息系统罪的客观要求

　　关于非法控制计算机信息系统罪的客观方面，根据我国《刑法》第 285 条第 2 款的规定，其表现为行为人违反国家规定，采取技术手段，对计算机信息系统实施非法控制，且情节严重。这又可细分为三个必须同时具备的要素：一是行为要素，即行为人实施了"控制"行为（对计算机信息系统进行了控制）；二是非法要素，即行为人对计算机信息系统的控制违反国家规定，属于"非法"控制；三是情节要素，即行为人的行为达到了"情节严重"的程度。在本案中 A 公司涉嫌非法控制计算机信息系统的行为包括四类：（1）操作系统可控制手机终端的"广告位开关状态""手机 imei 黑名单""分地区推送""广告投放频次""广告源比例""频控推广"；（2）"广告聚合 SDK"能够遮挡第三方广告并发送自己广告；（3）操作系统中存在强制卸载、静默安装、静默升级行为；（4）操作系统在向用户手机终端推送广告时存在一次激活、二次激活、延迟推送的情况。对这些行为要结合 A 公司的基本行为类型进行分析。在此基础上，本案不能认定 A 公司违反国家规定非法控制用户的手机信息系统，其行为不符合非法控制计算机信息系统罪的客观要求。

　　1. 本案不能证明 A 公司的涉案行为属于控制计算机信息系统的行为，不符合非法控制计算机信息系统罪的行为要素要求

　　在内涵上，控制计算机信息系统包括两方面的基本内容：一是行为方式必须是控制，即无须用户执行操作，独立地控制计算机信息系统执行特定的

操作；二是行为对象必须是计算机信息系统本身。如前所述，A 公司的涉案行为主要包括两个：一是收集手机用户信息；二是向手机用户推送商业性电子信息。A 公司的这两个涉案行为都难以被认定为控制计算机信息系统行为。这是因为：

第一，A 公司收集用户信息的行为不属于控制计算机信息系统的行为。从行为方式上看，收集手机用户信息的行为是一种信息提取行为，不是一种操控行为，不具有操控手机的基本特征。本案中，A 公司是手机操作系统的开发者、所有者和维护者，其通过预装程序收集手机用户信息，不具备用非法控制计算机信息系统罪进行单独评价的基础，不能将其通过预装程序收集用户信息的行为认定为控制计算机信息系统的行为。

第二，A 公司采用区域性运营、静默期、黑白名单等方式向手机用户推送商业性电子信息的行为不能被认定为控制计算机信息系统的行为。这包括：一是在行为对象上，广告推送只涉及用户手机的辅助功能，不涉及手机的操作系统本身，更不涉及对手机操作系统（信息系统）的控制。虽然 A 公司的系统可控制手机终端的"广告位开关状态"、"手机 imei 黑名单"、"分地区推送"、"广告投放频次"、"广告源比例"、"频控推广"等，"广告聚合 SDK"能够遮挡第三方广告并发送自己的广告，操作系统中存在静默安装、静默升级行为，系统在向用户手机终端推送广告时还存在一次激活、二次激活、延迟推送的情况，但这些都是针对广告推送实施的，只涉及用户手机的辅助功能，不涉及手机的操作系统本身的功能发挥，不是对手机信息系统的控制。二是在行为方式上，A 公司推送广告时授予了用户选择权，不是独立执行对计算机信息系统的操作。例如，A 公司向手机用户发布广告，在手机界面弹出广告时显著标明了关闭标志，用户不想关注的，可以一键关闭，不存在强制手机用户关注的行为。

2. A 公司的涉案行为不符合非法控制计算机信息系统罪的非法要素要求

非法控制计算机信息系统罪的非法性要求"违反国家规定"。相关规定主要涉及《网络安全法》、全国人大常委会《关于加强网络信息保护的决定》、国务院《计算机信息系统安全保护条例》等。本案涉及的行为是 A 公司的系统可控制手机终端的"广告位开关状态"、"手机 imei 黑名单"、"分地区推送"、"广告投放频次"、"广告源比例"、"频控推广"等，"广告聚合 SDK"能够遮挡第三方广告并发送自己广告，操作系统中存在静默安装、静默升级、强制卸载等行为，系统在向用户手机终端推送广告时还存在一次激活、二次激活、延迟推送。A 公司的涉案行为具有合法性。

第一，A 公司在智能手机出厂前预装的系统内置"安全服务"和"广告聚合 SDK"工具包等程序不是违反国家规定进行非法控制。本案中认定 A 公司非法控制计算机信息系统的行为基础是 A 公司在手机系统中预装了"安全服务"、"广告聚合 SDK"工具包等。按照电信终端产业协会标准 TAF-WG4-AS0014-V1.0.02017《移动智能终端软件分类与可卸载实施指南》的规定，这些软件属于扩展功能类应用软件，允许预装。A 公司的这一行为并没有违反任何国家规定。

关于恶意欺骗工信部（送检到工信部的厂商样机是纯净版的 Android 操作系统，实际生产的是带有控制程序和指令代码的操作系统）的问题，《电信设备进网管理办法》第 8 条规定，申请电信设备进网许可由电信设备生产企业负责。第 32 条第 1 款中规定："违反本办法规定，生产企业有下列行为之一的，由工业和信息化部或者省、自治区、直辖市通信管理局责令限期改正；情节严重的，给予警告。"其中与本案相符的第 2 项为："不能保证电信设备获得进网许可证前后的一致性的。"这些规定说明手机送检工信部应该是手机厂商去做，实际也是 B 公司送检的，与 A 公司无关。这一行为是手机厂商与工信部之间的行政管理行为，不是控制行为；同时，相关软件是合法软件，其他手机厂商送检的情况表明，预装了以上软件的涉案手机送检也能通过工信部的检测，只不过检测周期可能更长。

第二，A 公司是涉案手机操作系统的开发者、所有者和维护者，拥有相应的控制权限。我国《网络安全法》第 22 条第 2 款规定："网络产品、服务的提供者应当为其产品、服务持续提供安全维护；在规定或者当事人约定的期限内，不得终止提供安全维护。"本案中，作为手机操作系统的开发者、所有者和维护者，A 公司承担了相应的系统安全维护职责。从操作的角度看，这种安全维护本身就带有一定的操控性。A 公司涉案的第一类行为（操作系统可控制手机终端的"广告位开关状态""手机 imei 黑名单""分地区推送""广告投放频次""广告源比例""频控推广"）和第三类行为（操作系统中存在静默安装、静默升级、强制卸载行为），都属于操作系统的功能。A 公司作为手机操作系统的开发者、所有者和维护者，当然拥有相应的控制权限，且该权限的行使也是提升手机用户使用体验的需要。例如，本案涉及的静默安装、静默升级问题，是因为用户有时候对于系统提示的升级没有关注到，影响了用户的体验，基于更好地服务用户的考虑，系统才设置了静默安装程序，及时进行静默安装和静默升级。本案涉及的强制卸载是 A 公司为了履行自身安全维护职责所需，不是非法控制。A 公司在其拥有的权限范围内实施的行为是合法的，即便属于控制行为，也是合法控制行为，而不是非法控制行为。

第三，A 公司的涉案行为得到了手机用户的同意。针对用户信息收集和广告推送问题，A 公司 2016 年发布了"法律声明"、2020 年发布了"隐私声明"、2021 年发布了"最终用户软件许可协议"，这些文件都告知了用户要收集用户信息和推送商业性电子信息。这些声明、许可协议在用户开机使用手机操作系统时都会弹出，且在用户必须确认同意后才能使用操作系统；声明、许可协议更新后也会弹框要求用户确认同意。这表明，A 公司收集用户信息和推送商业性电子信息的行为得到了用户的同意。而全国人大常委会《关于加强网络信息保护的决定》等法律法规都将"经接收者同意或者请求"作为用户信息收集和广告推送的合法性依据（也是免责依据）。因此，A 公司的涉案行为得到了手机用户的同意，其在用户同意范围内实施的用户信息收集和广告推送行为，具有合法性。本案中认定的 A 公司第一类行为（系统控制手机终端的"广告位开关状态""手机 imei 黑名单""分地区推送""广告投放频次""广告源比例""频控推广"）、第二类行为（"广告聚合 SDK"能够遮挡第三方广告并发送自己广告）和第四类行为（操作系统在向用户手机终端推送广告时存在一次激活、二次激活、延迟推送的情况）都是 A 公司推送广告的具体方式，并未超出手机用户同意的范围，具有合法性。

　　至于基于第一类行为功能设置"区域性运营"（避开北京、A 市）、"静默期"（激活后一段时间内不运营）、白名单（不推送广告的用户）应对大量手机用户投诉推送广告问题，主要是为了减少商业纠纷，与用户同意与否没有直接关系。

　　综合而言，本案认定 A 公司涉嫌非法控制计算机信息系统的四个行为均难以成立：（1）第一类行为（操作系统可控制手机终端的"广告位开关状态""手机 imei 黑名单""分地区推送""广告投放频次""广告源比例""频控推广"），只针对广告推送这一手机的辅助功能而非针对手机信息系统本身，且 A 公司作为该操作系统的开发者、所有者和维护者，合法地拥有相应的权限，同时得到了手机用户的同意，其行为不是对手机信息系统进行非法控制。（2）本案认定的第二类行为（"广告聚合 SDK"能够遮挡第三方广告并发送自己广告），只针对广告推送这一手机的辅助功能而非针对手机信息系统本身，且可包含在手机用户同意推送广告的范围之内，不是对手机信息系统进行非法控制；至于遮挡第三方广告的行为，2016 年《互联网广告管理暂行办法》第 16 条规定："互联网广告活动中不得有下列行为：（一）提供或者利用应用程序、硬件等对他人正当经营的广告采取拦截、过滤、覆盖、快进等限制措施。……"遮挡第三方广告的行为只是一种非法广告行为，被遮挡方可以采取民事诉讼或向行政机关投诉的方式解决。例如，360 和腾讯之间的 3Q 大战的最高人民法院判决中对此类遮挡广告的行为没有认定为犯罪行为。（3）本案认定的第三类行为（操作系统中存在强制卸载、静默安装、静默升级行为）中，强制卸载是为了维护自身操作系统的安全，不是非法控制行为，例如 360公司与腾讯公司的同类行为都未作为犯罪处理；静默安装、静默升级是操作系统的功能与权限，A 公司作为该操作系统的开发者、所有者和维护者，合法地拥有相应的权限。且目的是为了提升用户使用体验，不是非法控制。（4）本案认定的第四类行为（操作系统在向用户手机终端推送广告时存在一次激活、二次激活、延迟推送的情况），体现的是广告推送的时机选择，在手机用户同意推送广告的情况下，是合法行为，不是非法控制。

　　最后，值得指出的是，A 公司与手机厂商合作，低价售机然后通过广告收入进行弥补，本身是一种新型的商业模式、一种创新（包括手机用户在内的三方都获益）。A 公司的广告推送存在一些不规范行为，但只是行政违法，不能认定为刑事犯罪。

周某某寻衅滋事案

——施工纠纷引发的阻挠施工行为能否构成寻衅滋事罪

一、基本案情

2020年4月16日至2020年6月1日，周某某等人以桩基工地设备施工影响其房屋安全、正常生活为由，采取在桩基设备下方静坐、设帐篷、辱骂等方式阻挠施工，严重影响了工地正常秩序。

二、主要问题

本案争议的关键在于周某某等人的行为是否符合寻衅滋事罪的构成要件，进而决定是否构成寻衅滋事罪。对此，主要有两种不同的观点：

一种观点主张构罪，认为周某某等人在工地上实施了"静坐、设帐篷、辱骂"等行为，严重扰乱了工地的正常工作秩序，属于在公共场所起哄闹事，造成公共场所秩序严重混乱的情况。其间，有公安机关、村委会与周某某进行调解，但是周某某等人仍然阻挠施工，应当认定构成寻衅滋事罪。

另一种观点主张不构罪，认为周某某等人的行为不属于"无事生非"，而是"事出有因"，因而不符合寻衅滋事的行为性质要求，并且本案难以认定作为调解人的周某某实施了"静坐、设帐篷、辱骂"等行为。此外，工地这一场所较为封闭，不应被认定为公共场所。其中，"辱骂"行为也并未达到情节恶劣的严重程度，因此，周某某等人的行为不应被认定为寻衅滋事罪。

三、出罪法理

关于寻衅滋事罪，我国《刑法》第293条规定："有下列寻衅滋事行为之一，破坏社会秩序的，处五年以下有期徒刑、拘役或者管制：（一）随意殴打他人，情节恶劣的；（二）追逐、拦截、辱骂、恐吓他人，情节恶劣的；（三）强拿硬要或者任意损毁、占用公私财物，情节严重的；（四）在公共场所起哄闹事，造成公共场所秩序严重混乱的。""纠集他人多次实施前款行为，严重破坏社会秩序的，处五年以上十年以下有期徒刑，可以并处罚金。"据此，寻衅

滋事罪的成立至少必须同时具备以下两个基本特征：一是行为人的行为具有
"寻衅滋事"的性质，二是行为人的行为必须属于我国《刑法》第 293 条第 1
款规定的行为类型且达到相应的情节要求。本案中，周某某等人的行为不符
合寻衅滋事罪的成立条件，不构成寻衅滋事罪。

**（一）周某某等人的行为不属于"无事生非"，不符合寻衅滋事的行为性
质要求**

关于"寻衅滋事"，2013 年最高人民法院、最高人民检察院《关于办理寻
衅滋事刑事案件适用法律若干问题的解释》第 1 条第 1 款规定："行为人为寻
求刺激、发泄情绪、逞强耍横等，无事生非，实施刑法第二百九十三条规定
的行为的，应当认定为'寻衅滋事'。"本案中，周某某等人的行为不属于
"无事生非"，不符合寻衅滋事的行为性质要求。这具体体现在：

第一，周某某等人与桩基工地施工方存在纠纷，不属于"无事生非"。
2013 年最高人民法院、最高人民检察院《关于办理寻衅滋事刑事案件适用法
律若干问题的解释》第 1 条第 3 款规定："行为人因婚恋、家庭、邻里、债务
等纠纷，实施殴打、辱骂、恐吓他人或者损毁、占用他人财物等行为的，一
般不认定为'寻衅滋事'，但经有关部门批评制止或者处理处罚后，继续实施
前列行为，破坏社会秩序的除外。"可见，存在纠纷是寻衅滋事行为认定的排
除因素，因纠纷引发的行为不能成立寻衅滋事行为。本案中周某某等人"以
某桩基工地设备施工影响其房屋安全、正常生活为由"实施涉案行为。同时，
本案的笔录和相关证人证言等证据证明，桩基工地施工确实对周某某等人的
房屋、正常生活等产生了影响（包括打桩夯机破坏房子，噪声影响生活，噪
声影响孩子上网课等），侵害了周某某等人的财产权、健康权、孩子学习权
等。双方之间存在因工地施工产生的邻里纠纷，且期间虽有公安机关、村委
会及周某某个人调解，但并未解决（未采取隔音措施或搬离安置），纠纷未得
到妥善处理，不属于经有关部门批评制止或者处理处罚后继续实施，行为人
实施涉案行为不属于"无事生非"。其中，特别值得指出的是，周某某在本案
中主要是一个调解人的身份，其只是到过几次现场，既未实施被指控的"静
坐、设帐篷、辱骂"行为，更未受到有关部门的批评制止或者处理处罚。根
据上述解释，周某某的行为明显不属于无事生非。

第二，周某某等人与桩基工地施工方的纠纷不属于偶发纠纷。2013 年最
高人民法院、最高人民检察院《关于办理寻衅滋事刑事案件适用法律若干问
题的解释》第 1 条第 2 款规定："行为人因日常生活中的偶发矛盾纠纷，借故
生非，实施刑法第二百九十三条规定的行为的，应当认定为'寻衅滋事'，但
矛盾系由被害人故意引发或者被害人对矛盾激化负有主要责任的除外。"本案
中，周某某等人与桩基工地施工方的纠纷不属于偶发纠纷，而是属于持续性

纠纷。本案证据显示，桩基工地施工特别是打桩施工会产生很大的震动和声音，进而会对周某某等人的房屋、正常生活产生影响，且只要桩基工地施工持续进行，其对周某某等人房屋、正常生活的影响就将持续存在。本案中周某某等人的行为（"采取在桩基设备下方静坐、设帐篷、辱骂等方式阻挠施工"）是为了排除桩基工地施工对其房屋、正常生活的影响，维护自身权益。周某某等人与桩基工地施工方之间的纠纷不是偶发纠纷，涉案行为的持续时间与纠纷的持续时间具有一致性。周某某等人的行为不属于"因日常生活中的偶发矛盾纠纷，借故生非"，不具有"无事生非"的性质。

可见，周某某等人的行为不属于"无事生非"，不符合寻衅滋事的行为性质要求，不构成寻衅滋事罪。

（二）周某某等人的行为不属于我国《刑法》第293条规定的行为，不符合寻衅滋事罪的行为类型要求

我国《刑法》第293条对寻衅滋事罪的行为进行了种类和程度上的限制，包括：一是行为种类限制，即仅限于"随意殴打他人"、"追逐、拦截、辱骂、恐吓他人"、"强拿硬要或者任意损毁、占用公私财物"和"在公共场所起哄闹事"；二是行为程度限制，即必须达到"情节恶劣"、"情节严重"或者"造成公共场所秩序严重混乱"。本案中，周某某等人的行为属于"在工地起哄闹事，严重影响他人正常工作秩序"。但本案中对周某某等人行为种类和程度的认定存在问题，周某某等人的行为不属于我国《刑法》第293条规定的行为类型。这具体体现在：

第一，周某某等人的行为不属于"在公共场所起哄闹事，造成公共场所秩序严重混乱"。从行为类型的对应性上看，周某某等人"在工地起哄闹事，严重影响他人正常工作秩序"，该行为类型从表面上看类似于"在公共场所起哄闹事，造成公共场所秩序严重混乱"，但实则不然。2013年最高人民法院、最高人民检察院《关于办理寻衅滋事刑事案件适用法律若干问题的解释》第5条规定："在车站、码头、机场、医院、商场、公园、影剧院、展览会、运动场或者其他公共场所起哄闹事，应当根据公共场所的性质、公共活动的重要程度、公共场所的人数、起哄闹事的时间、公共场所受影响的范围与程度等因素，综合判断是否'造成公共场所秩序严重混乱'。"据此，"在工地起哄闹事，严重影响他人正常工作秩序"不属于"在公共场所起哄闹事，造成公共场所秩序严重混乱"。这是因为：（1）"工地"属于相对封闭的私人场所，不属于"公共场所"，涉案行为整体上不属于"在公共场所起哄闹事"。"公共场所"是指供公众从事社会活动的场所。2019年国务院《公共场所卫生管理条例》第2条规定："本条例适用于下列公共场所：（一）宾馆、饭馆、旅店、招待所、车马店、咖啡馆、酒吧、茶座；（二）公共浴室、理发店、美容店；

（三）影剧院、录像厅（室）、游艺厅（室）、舞厅、音乐厅；（四）体育场（馆）、游泳场（馆）、公园；（五）展览馆、博物馆、美术馆、图书馆；（六）商场（店）、书店；（七）候诊室、候车（机、船）室、公共交通工具。"该规定也清楚地表明，公共场所具有明显的公开性。而本案涉及的工地不是一个供公众从事社会活动的场所，而是相对封闭、仅限于施工的私人场所，不符合公共场所的特征，不属于上述解释列明的"车站、码头、机场、医院、商场、公园、影剧院、展览会、运动场或者其他公共场所"。在此基础上，本案的涉案行为不论是否属于"起哄闹事"、也不论是否造成了工地施工秩序的混乱，都不属于"在公共场所起哄闹事"的行为，同时也不具备"造成公共场所秩序严重混乱"的程度要求。（2）周某某的行为明显不属于"在公共场所起哄闹事"，原因除了涉案场所作为工地不属于公共场所外，还有周某某实际上并未实施"静坐、设帐篷、辱骂"等行为。本案证据显示，周某某在本案中的身份主要是一种协调者的身份（周某某在拆迁施工场地平整、运渣等阶段都是村民与施工方的调解人），施工方负责人郭某某为了让周某某帮忙协调解决纠纷还给周某某送烟送酒。更为重要的是，本案证据不能证明周某某实施了"静坐、设帐篷、辱骂"等行为，其行为既不具备"在公共场所起哄闹事"的场所条件（所在工地不属于公共场所），也不具备"在公共场所起哄闹事"的行为条件（其行为不属于起哄闹事行为），明显不属于"在公共场所起哄闹事"。

第二，周某某等人的行为也不属于我国《刑法》第293条规定的其他行为类型。在"在公共场所起哄闹事"之外，我国《刑法》第293条规定的行为种类还包括"随意殴打他人"，"追逐、拦截、辱骂、恐吓他人"，"强拿硬要或者任意损毁，占用公私财物"（为表述方便，以下将这三种行为类型简称为"其他行为类型"）。本案中，周某某等人的行为不属于我国《刑法》第293条规定的其他行为类型。这包括：一是涉案行为整体上不属于我国《刑法》第293条规定的其他行为类型。本案中认定周某某等人实施的具体行为包括"静坐、设帐篷、辱骂"等。这些行为显然不属于"随意殴打他人"和"强拿硬要或者任意损毁、占用公私财物"，只有其中的"辱骂"行为与我国《刑法》第293条第1款第2项"追逐、拦截、辱骂、恐吓他人"的"辱骂"在行为种类上相同。但我国《刑法》第293条第1款第2项对"辱骂"行为入刑设置了"情节恶劣"的程度要求。2013年最高人民法院、最高人民检察院《关于办理寻衅滋事刑事案件适用法律若干问题的解释》第3条规定："追逐、拦截、辱骂、恐吓他人，破坏社会秩序，具有下列情形之一的，应当认定为刑法第二百九十三条第一款第二项规定的'情节恶劣'：（一）多次追逐、拦截、辱骂、恐吓他人，造成恶劣社会影响的；（二）持凶器追逐、拦截、辱骂、恐吓他人的；（三）追逐、拦截、辱骂、恐吓精神病人、残疾人、流浪乞讨人员、老年人、孕妇、未成年人，造成恶劣社会影响的；（四）引起他人精神失常、自杀等严重后果的；（五）严重影响他人的工作、生活、生产、经营的；（六）其他情节恶劣的情形。"本案中虽然认定存在"辱骂"行为，但没有认定其行为的程度。而本案证据显示，虽然周某某的行为影响了工地的施工，但该结果不是"辱骂"行为造成的，而是由"静坐、设帐篷"行为所致。本案没有证据证明涉案的"辱骂"行为达到了"情节恶劣"的程度。二是周某某的个人行为明显不属于我国《刑法》第 293 条规定的其他行为类型。如前所述，周某某在本案中主要是起协调、调解作用，虽然他到过几次现场，但现有证据既不能证明周某某实施了起诉书所指控的"静坐、设帐篷、辱骂"等行为，更不能证明周某某实施了阻止桩基工地施工的行为。在此基础上，本案既不能认定周某某实施了我国《刑法》第 293 条规定的其他行为类型，更不能认定周某某的行为达到了"情节恶劣"的程度。周某某的个人行为明显不属于我国《刑法》第 293 条规定的其他行为类型。

可见，周某某等人的行为既不属于我国《刑法》第 293 条规定的"在公共场所起哄闹事"行为，也不属于我国《刑法》第 293 条规定的其他行为类型，不符合寻衅滋事罪的行为类型要求，不构成寻衅滋事罪。

李某某组织、领导、参加黑社会性质组织等案

——人数较少且缺乏固定成员的组织能否被认定为黑社会性质组织

一、基本案情

(一) 组织、领导、参加黑社会性质组织罪

李某某纠集、网罗、组织其侄子李甲（已死亡）、其子李乙及社会闲散人员冯某某、王某某、蔡某某、许某某（在逃）等人，在某省某镇境内大肆进行寻衅滋事、故意伤害、妨害公务、强迫交易等违法犯罪活动，先后承揽开发了该镇某路段的小商品市场，强占该镇某村村民耕地，在某路段建造门面28间，在该镇其他路段建造门面18间。该组织多次采取暴力、威胁、恐吓等手段，对该镇部分群众进行敲诈勒索、强拿硬要，非法聚敛钱财为该组织成员提供生活费用，或者为犯罪活动提供资助。为了强威立势，该组织大肆进行寻衅滋事、故意伤害、妨害公务、强迫交易等违法犯罪活动，肆意欺压残害群众，为非作歹，称霸一方。这严重破坏了某镇的社会、经济生活秩序，在当地产生重大影响，形成了以李某某为组织领导者，李甲、李乙等人为积极参加者，冯某某、王某某、蔡某某、许某某等人为一般参加者的黑社会性质组织。

(二) 寻衅滋事罪、妨害公务罪、强迫交易罪和故意伤害罪

（1）涉嫌寻衅滋事罪的事实：李某某先后于1985年、1988年、1991年、1994年、1995年、1996年、1998年、2000年和2013年实施了10起寻衅滋事犯罪，相关行为均为李某某在与他人发生口角或者其他纠纷后单独或者伙同李甲等人殴打他人。

（2）涉嫌妨害公务罪的事实：李某某先后于1998年6月14日和2000年6、7月的一天与征稽养路费的工作人员发生冲突，并以暴力或者暴力相威胁的手段2次妨害相关工作人员征稽养路费。

（3）涉嫌强迫交易罪的事实：李某某于1999年至2014年期间，采取暴力或者威胁手段先后4次强租土地等，用于扩大加油站的经营或者建设门面房。

（4）涉嫌故意伤害罪的事实：2016年10月7日，李乙伙同冯某某、蔡某某、王某某、许某某殴打杨某某，造成杨某某全身多处圆形小创口，经鉴定属轻伤二级。

二、主要问题

本案涉及的主要问题是：（1）涉案组织的人数较少且缺乏固定成员，该组织能否被认定为黑社会性质组织的，李某某的行为是否构成组织、领导、参加黑社会性质组织罪。对此，主要有两种不同的观点：

一种观点主张构罪，认为以李某某为领导者与组织者，以李甲、李乙为骨干成员，以冯某某、王某某、蔡某某、许某某为一般人员，形成了具有层级性与组织性的黑社会性质组织。

另一种观点主张不构罪，认为根据立法解释的内容，黑社会性质组织需要具备组织特征、经济特征、行为特征和危害性特征，而以李某某为首的犯罪集团在这些条件上都有所欠缺，无法达到黑社会性质组织各个方面的要求。因而李某某不能被认定构成组织、领导、参加黑社会性质组织罪。

（2）李某某的行为是否构成寻衅滋事罪、强迫交易罪和故意伤害罪。对此，也存在两方面的不同观点。

一种观点认为：以李某某为首的人员实施了10起寻衅滋事行为，从程度、次数上来看已经达到了寻衅滋事罪成立的条件；李某某等人实施了4起强迫交易的行为，在同村民签订租赁协议的过程中存在暴力、威胁的手段，在处理土地纠纷时也实施了暴力、威胁行为，构成强迫交易罪；个别成员的行为也应当归属于整体组织，因为其共同构成了黑社会性质组织，其中李某某的行为构成故意伤害罪。

另一种观点则认为：以李某某为首的人员实施的10起寻衅滋事行为均事出有因，因而不符合寻衅滋事罪的构成要件要求；本案无法证明在签订租赁协议的过程中李某某等人实施了暴力、威胁行为，且租赁协议本身不属于强迫交易罪所列情形，土地纠纷是通过政府调解处理的，因此也并不存在强迫交易的问题；本案不能证明李某某对这些故意伤害行为知情，且不能证明其是为了所谓的黑社会性质组织的集体利益实施的行为，进而不能证明李某某的行为构成故意伤害罪。

三、出罪法理

笔者认为，李某某的行为在法律适用和证据运用上都存在明显的欠缺，其行为不构成组织、领导、参加黑社会性质组织罪、寻衅滋事罪、强迫交易罪和故意伤害罪。

（一）李某某等人不具备黑社会性质组织的基本特征，李某某不构成组织、领导、参加黑社会性质组织罪

组织、领导、参加黑社会性质组织罪的成立须以黑社会性质组织的存在为前提。关于黑社会性质组织，当时适用的全国人大常委会于 2002 年 4 月 28 日通过的《关于〈中华人民共和国刑法〉第二百九十四条第一款的解释》规定："刑法第二百九十四条第一款规定的'黑社会性质的组织'应当同时具备以下特征：（一）形成较稳定的犯罪组织，人数较多，有明确的组织者、领导者，骨干成员基本固定；（二）有组织地通过违法犯罪活动或者其他手段获取经济利益，具有一定的经济实力，以支持该组织的活动；（三）以暴力、威胁或者其他手段，有组织地多次进行违法犯罪活动，为非作恶，欺压、残害群众；（四）通过实施违法犯罪活动，或者利用国家工作人员的包庇或者纵容，称霸一方，在一定区域或者行业内，形成非法控制或者重大影响，严重破坏经济、社会生活秩序。"黑社会性质组织所必须同时具备的这四个特征，一般被简称为黑社会性质组织的组织特征、经济特征、行为特征和危害性特征。根据全国人大常委会的上述解释，结合本案事实，李某某与李甲等人不具备黑社会性质组织的基本特征，李某某的行为不构成组织、领导、参加黑社会性质组织罪。

1. 李某某等人不具备黑社会性质组织的组织特征

根据全国人大常委会的上述解释，黑社会性质组织在组织上的特征是"形成较稳定的犯罪组织，人数较多，有明确的组织者、领导者，骨干成员基本固定"。对此，可将其细化为必须同时具备四个方面的特征：较稳定的犯罪组织，人数较多，有明确的组织者、领导者，骨干成员基本固定。以此为根据，同时结合本案事实，李某某等人不具备黑社会性质组织罪的组织特征。这具体体现在：

第一，李某某与办案机关认定的其他人员之间没有组织联系和层级关系。本案似乎形成了一个"李某某（组织者、领导者）——李甲、李乙（骨干成员）——冯某某、王某某、蔡某某、许某某（一般成员）"的层级关系。但从涉案事实来看，这种组织关系在本案中完全不能成立：（1）李某某与李甲、李乙之间系亲属关系（李甲是李某某的侄子，李乙是李某某的儿子），李某某与李甲、李乙在本案中更多的是一种长辈与晚辈的关系，而非上下级关系。（2）李某某与作为"一般参加者"的冯某某、王某某、蔡某某、许某某之间基本不认识、不熟悉。本案证据显示，冯某某、王某某、蔡某某、许某某虽是加油站的工作人员，但李某某已经十多年不参与加油站的事务，除与王某某认识外，他根本不认识冯某某、蔡某某、许某某三人。冯某某、王某某、蔡某某、许某某与李某某之间，不存在所谓的层级关系，他们作为李某某黑社会性质组织的成员层级关系根本不存在。

第二，本案中的人数较少，不符合黑社会性质组织的基本人数条件。全国人大常委会关于黑社会性质组织基本特征的上述解释，要求黑社会性质组织必须"人数较多"。最高人民法院于 2015 年 10 月 13 日印发的《全国部分法院审理黑社会性质组织犯罪案件工作座谈会纪要》（法〔2015〕291 号）中明确规定："黑社会性质组织应当具有一定规模，人数较多，组织成员一般在 10 人以上。"本案中，李某某涉黑社会性质组织的全部人员是 7 人。但本案证据显示，在涉嫌犯寻衅滋事罪、妨害公务罪、强迫交易罪、故意伤害罪的 17 起事实中，冯某某、王某某、蔡某某、许某某只参加了一起犯罪事实（故意伤害案），李甲早在 2015 年就已死亡，涉及李乙的也只有其中 2 起事实。值得指出的是，本案没有认定李某某黑社会性质组织的形成时间。从时间上看，冯某某、王某某、蔡某某、许某某涉案的唯一犯罪行为（故意伤害）是发生在 2016 年，且是涉案的最后一起犯罪行为。而李某某等人一旦成立黑社会性质组织，其形成时间就不可能是 2016 年（只能在这之前），但在这之前，冯某某、王某某、蔡某某、许某某并没有参与实施任何违法犯罪行为，也大多与李某某不认识，不能认定其为组织成员。据此计算，本案中稳定参加相关犯罪活动的人数甚至达不到我国《刑法》第 26 条第 2 款规定的犯罪集团所要求的最低人数要求，更别说符合黑社会性质组织这一更高级犯罪集团的人数要求。因此，本案中的人数显然不符合黑社会性质组织"人数较多"的要求。

第三，本案中缺乏相对固定的成员。这主要体现在两方面：（1）缺乏相对固定的成员。通过对办案机关认定的 17 起犯罪事实的分析可以发现，在涉案的 7 名成员中，李某某参与了其中 16 起，李甲参与了其中 11 起，李乙参与了其中 2 起，冯某某、王某某、蔡某某、许某某均只参与了其中 1 起（故意伤害）。由此可见，涉案的犯罪事实主要是李某某个人实施的，相对固定参与的只有李甲 1 人，且其已于 2015 年因病死亡。从这个角度看，本案明显缺乏相对固定的成员。（2）缺乏相对固定的骨干成员。本案中，办案机关认定李甲、李乙为黑社会性质组织的骨干成员。但如前所述，李乙只参与了 2 起违法犯罪事实，而且其中 1 起（故意伤害）又与李某某完全无关。李甲看起来参与的违法犯罪事实较多，但参加的违法犯罪事实基本上都是事出有因的打架行为（7 起）这些均系偶发矛盾引起的孤立事件，无法将其与黑社会性质组织的有组织犯罪活动联系在一起。

2. 李某某等人不具备黑社会性质组织的经济特征

根据全国人大常委会关于黑社会性质组织的前述解释，黑社会性质组织的经济特征是"有组织地通过违法犯罪活动或者其他手段获取经济利益，具有一定的经济实力，以支持该组织的活动"。这具体包括两方面的内容：一是有组织地通过违法犯罪活动或者其他手段获取经济利益，二是以一定的经济实力支持该组织的活动。据此，本案中李某某等人不具备黑社会性质组织的经济特征。这具体体现在：

第一，李某某没有有组织地通过违法犯罪活动或者其他手段获取经济利益。本案证据表明，李某某、李乙等人都有合法的收入来源。这包括办案机关提到的加油站经营、门面房出租等。本案现有证据无法证明李某某有组织地通过违法犯罪活动获取了用于维持办案机关所称的黑社会性质组织的经济利益。

第二，李某某没有以一定的经济实力支持办案机关所称的黑社会性质组织活动。这具体体现在两个方面：（1）本案没有证据表明，李某某为相关人员实施违法犯罪活动提供了经济支持。其中，李某某既没有出资为相关违法犯罪行为的实施购买工具、提供作案经费，也没有出资为"组织成员"受伤、死亡提供医疗费、丧葬费。虽然李乙在故意伤害杨某某后，给予冯某某 3 000 元好处费、蔡某某 2 000 元好处费、许某某 1 000 元好处费，但该费用既与李某某无关，亦不存在维护所谓的黑社会性质组织的问题。（2）本案没有证据表明，李某某为了维持所谓的社会性质组织而给相关人员提供了经济支持。综合本案证据来看，李某某没有给办案机关认定的参与人员提供过任何经济支持。值得一提的是，冯某某、王某某、蔡某某、许某某系加油站的工作人员，他们必然要从加油站领取工资。但一方面，李某某已十多年没有参与加油站的相关事务，也与冯某某、蔡某某、许某某等人不认识，他们从加油站领取工资的行为与李某某无关。另一方面，冯某某、王某某、蔡某某、许某某从加油站领取工资，是在加油站工作的劳动所得，与黑社会性质组织无关，也与违法犯罪活动无关。

3. 李某某等人不具备黑社会性质组织的行为特征

根据全国人大常委会关于黑社会性质组织特征的上述解释，黑社会性质组织的行为特征是"以暴力、威胁或者其他手段，有组织地多次进行违法犯罪活动，为非作恶，欺压、残害群众"。组织性是黑社会性质组织行为特征的核心和关键。作为黑社会性质组织认定的行为基础，必须是"有组织地"多次进行违法犯罪活动。但本案中，涉案的违法犯罪行为明显不具备这一组织性特征。

第一，从案件起因上看，涉案的违法犯罪活动基本上都系偶发矛盾引发的，其行为无法有组织地实施。在涉案的 17 起违法犯罪活动中，有 10 起寻衅滋事行为和 2 起妨害公务行为均明显系由偶发矛盾引发，行为显然不具有组织性。除此之外，涉案的 4 起强迫交易行为和 1 起故意伤害行为，也均属于事出有因。

　　第二，从行为过程上看，涉案的违法犯罪活动不具有组织性。这主要体现在：

　　（1）涉案绝大多数违法犯罪活动，均属于事先无组织的行为。这与前述的事件起因有关。因为绝大多数违法犯罪活动均系由偶发矛盾引发的，行为人事先无法进行组织。

　　（2）涉案绝大多数违法犯罪活动，都是李某某参与实施甚至单独实施的，没有体现出行为的组织性。在办案机关认定的 17 起违法犯罪活动中，李某某参与了其中的 16 起，且其中不少犯罪活动是李某某单独实施的。而且，涉案的违法犯罪活动中，参与实施的人数均较少，多数为 1～3 人，只有少数几起参与实施的人数在 3 人以上，没有体现出行为的组织性。

　　（3）涉案的绝大多数违法犯罪中，行为人之间无明确的分工。在刑法中，是否存在明确分工，是认定犯罪活动组织性及其程度的重要依据。但涉案的违法犯罪活动中，只有少数 1、2 起事实体现出存在人员的分工（主要是故意伤害案）特征。在绝大多数违法犯罪活动中，行为人之间均不存在明确的分工。

　　4. 李某某等人不具备黑社会性质组织的危害性特征

　　关于黑社会性质组织的危害性特征，全国人大常委会的前述解释规定："通过实施违法犯罪活动，或者利用国家工作人员的包庇或者纵容，称霸一方，在一定区域或者行业内，形成非法控制或者重大影响，严重破坏经济、社会生活秩序。"本案中，李某某等人不具备黑社会性质组织的危害性特征。这主要体现在：

　　第一，办案机关认定李某某等人实施的犯罪行为都系事出有因，不会对某镇其他人的生活造成重大影响。从办案机关认定的事实来看，本案涉及的 17 起事实的发生都事出有因，多是由口角、积怨引致。从行为的影响上看，李某某涉案的这些行为的影响范围也仅限于存在矛盾的各方。对于与李某某等人不存在矛盾的该镇其他人，其生活不会也没有受到李某某等人行为的影响。从这个角度看，李某某等人的行为没有对"某镇的社会、经济生活秩序"造成重大的影响。

　　第二，李某某等人涉案的犯罪行为时间跨度长，违法犯罪行为少，不会对当地社会、经济生活秩序造成重大影响。本案中，李某某涉嫌犯罪的 17 起行为，在时间上始于 1985 年止于 2016 年，前后跨度达 31 年。可见，李某某等人平均约两年才发生一起违法犯罪行为，而且多是酗酒打架等鸡毛蒜皮的小事，不可能对"当地经济、社会生活秩序"造成重大影响。

　　第三，李某某等人涉案的部分行为不仅不会影响某镇的正常生活秩序，而且会对"某镇的经济、社会生活秩序"产生积极的正面影响。例如，本案证据显示，某村在李某某等人接手之前破烂不堪，李某某等人接手后在该地块上开发建成门面房对外出租，使得村容村貌焕然一新，客观上给该地带来了积极的影响。

可见，李某某等人不具备黑社会性质组织的组织特征、经济特征、行为特征和危害性特征，李某的行为不构成组织、领导、参加黑社会性质组织罪。

（二）李某某的行为不符合寻衅滋事罪、强迫交易罪、故意伤害罪的事实和法律要求，不能构成这些犯罪

除了组织、领导、参加黑社会性质组织罪，李某某涉嫌的 17 起犯罪活动，分别涉及寻衅滋事罪、妨害公务罪、强迫交易罪、故意伤害罪。不过，李某某涉嫌的寻衅滋事罪、强迫交易罪、故意伤害罪等，缺乏事实和法律根据，难以成立。

1. 在李某某不构成组织、领导、参加黑社会性质组织罪的前提下，涉案的诸多事实已过追诉时效

如前所述，本案中李某某的行为不构成组织、领导、参加黑社会性质组织罪。同时，本案证据显示，某县公安局是在侦办"2016 年 10 月 7 日杨某某被伤害案"过程中发现李某某涉嫌违法犯罪的。据此，本案涉嫌的诸多犯罪，均已超过我国《刑法》规定的追诉时效。这是因为，在 2011 年《刑法修正案（八）》对寻衅滋事罪进行修改之前，我国《刑法》对寻衅滋事罪规定的法定刑只有一档，且最高刑为 5 年有期徒刑。结合本案事实，其妨害公务罪对应的法定最高刑是 3 年有期徒刑，强迫交易罪对应的法定最高刑是 3 年有期徒刑，故意伤害罪对应的法定最高刑是 3 年有期徒刑。而本案中的犯罪行为之间的时间跨度均较大，诸多犯罪已经超过了我国《刑法》规定的追诉时效。例如，涉案的妨害公务行为，分别发生在 1998 年和 2000 年，按照该罪 5 年的追诉时效进行计算，即便存在按又犯罪时从犯后罪时起算的情形，也已然超过了《刑法》规定的 5 年追诉时效。

2. 李某某犯寻衅滋事罪的事实和法律根据不足，其行为不构成寻衅滋事罪

本案中，李某某涉嫌实施了 10 起寻衅滋事行为，但都缺乏事实和法律根据，难以成立。这具体体现在：

第一，李某某涉案的 10 起寻衅滋事行为均事出有因。最高人民法院、最高人民检察院 2013 年 7 月 15 日发布的《关于办理寻衅滋事刑事案件适用法律若干问题的解释》第 1 条第 3 款规定："行为人因婚恋、家庭、邻里、债务等纠纷，实施殴打、辱骂、恐吓他人或者损毁、占用他人财物等行为的，一般不认定为'寻衅滋事'，但经有关部门批评制止或者处理处罚后，继续实施前列行为，破坏社会秩序的除外。"本案中，涉案的 10 起寻衅滋事行为均事出有因（特别是第 7 起寻衅滋事事实中，李某某的行为是在申某某、张某某等对其家进行了"打砸抢"之后实施的），根据上述司法解释的规定，不能认定李某的行为构成寻衅滋事罪。

第二，涉案的多起寻衅滋事行为证据不足，依法不应认定。例如，第2起寻衅滋事事实只有被害人的陈述指向，没有其他任何证据可以印证；第4起寻衅滋事事实、第5起寻衅滋事事实，都只有被害人家属的传闻证据（被害人已死亡），且没有其他证据相印证，不能证明相关违法犯罪事实存在。对于这些没有充分证据予以证明的事实，依法不能认定。

3. 李某某犯强迫交易罪的事实和法律根据不足，其行为不构成强迫交易罪

本案中，李某某涉嫌实施了4起强迫交易的行为，但都缺乏相应的事实和法律根据，本案不应认定李某某的行为构成强迫交易罪。这主要体现在：

第一，对于第1起强迫交易事实和第2起强迫交易事实，本案证据难以认定李某某采取了暴力、威胁的手段。根据我国《刑法》第226条的规定，强迫交易罪的成立要求行为人必须采取了"暴力、威胁"的手段进行强迫交易。但在本案第1起和第2起强迫交易中，现有证据能够证明李某某存在与村民签订租赁协议的行为。不过，本案没有证据证明李某某在该租赁协议签订过程中采取了暴力、威胁的手段。因此，本案证据不能认定李某某在这2起事实中的行为符合强迫交易罪的手段要求，进而不能认定李某某的行为构成强迫交易罪。

第二，对于第3起强迫交易事实和第4起强迫交易事实，依法难以认定其行为具有强迫交易性质。关于强迫交易罪，在2011年《刑法修正案（八）》出台前，我国《刑法》规定的强迫交易行为仅限于两种，即"强买强卖商品"和"强迫他人提供或者接受服务"。而在本案中，第3起强迫交易事实和第4起强迫交易事实均为"强迫他人放弃土地的承租权"，且第4起事实中的结果是"宋某某可以保留原大门，但是必须从租赁地的西侧部分无偿出让给李某某9米"。从行为性质上看，这种强迫他人放弃土地承租权的行为，既不属于"强买强卖商品"也不属于"强迫他人提供或者接受服务"，根据罪刑法定原则，应当认定这两起事实不构成强迫交易罪。而且，第3起事实是某村委会在他人长期占用该区域且长期不支付费用的情况下，先收回承包权，再与李某某签订协议的，其他人根本不属于交易的一方主体。在第4起事实中，与宋某某之间土地纠纷，是经由当地镇政府出面调解解决的，既非"交易"，也不存在"强迫"。至于陈某某等四人退出股份一事，也是各方互利互惠、自愿协商的结果，并无证据证明存在"强迫"。

4. 涉案的故意伤害事实与李某某无关，李某某的行为不构成故意伤害罪

本案中，涉及的故意伤害事实，是李乙伙同冯某某、蔡某某、王某某、许某某实施的，该起故意伤害事实与李某某无关。李某某不应为李乙等人的伤害行为负责，其行为不构成故意伤害罪。这具体体现在：

第一，李某某不构成组织、领导、参加黑社会性质组织罪，且无伤害杨某某的故意和行为，不构成故意伤害罪。根据我国《刑法》第 234 条的规定，故意伤害罪的成立要求行为人主观上有伤害的故意，客观上实施了伤害的行为。但本案证据显示，李某某对于李乙伙同冯某某、蔡某某、王某某、许某某伤害杨某某的行为，主观上不知情，更缺乏故意，客观上也没有组织、指挥或者参与实施伤害的行为，不符合故意伤害罪的主客观要求，不构成故意伤害罪。

第二，退一步说，即便李某某的行为构成组织、领导、参加黑社会性质组织罪，本案证据也不能证明，该故意伤害行为属于李某某黑社会性质组织所犯罪行。我国《刑法》第 26 条第 3 款规定："对组织、领导犯罪集团的首要分子，按照集团所犯的全部罪行处罚。"本案中，李某某涉嫌故意伤害罪，显然是基于《刑法》第 26 条第 3 款的这一规定，认为该行为是李某某黑社会性质组织所犯的罪行。不过，如前所述，本案中李某某等人所形成的"团体"不符合黑社会性质组织的基本条件，不属于黑社会性质组织。而且，退一步说，即便李某某等人属于黑社会性质组织，本案证据也不能证明该故意伤害行为属于李某某黑社会性质组织所犯罪行（不能证明是为了所谓的黑社会性质组织的集体利益实施的等），进而不能证明李某的行为构成故意伤害罪。

可见，李某某的行为不符合寻衅滋事罪、强迫交易罪、故意伤害罪等犯罪的成立条件，不构成寻衅滋事罪、强迫交易罪和故意伤害罪等犯罪。

柯某组织、领导、参加黑社会性质组织等案

——以网络方式实施"套路贷"行为能否被认定为黑社会性质组织

一、基本案情

（一）黑社会性质组织犯罪

2016 年 3 月至 2018 年 6 月期间，柯某、柯甲以同乡、亲属、同学为纽带，先后拉拢周某某、池甲及池乙（另案处理）等数十人成立无金融资质的小额网络贷款公司，利用信息网络实施"套路贷"违法犯罪活动，最终形成了以柯某、柯甲为组织、领导者，以周某某及池甲为骨干，以池乙为积极参加者，以陈甲、张甲、甘某某、陈乙、谢某某、柯某某、陈丙、林某某、夏某某、池丙、崔某某及张乙（另案处理）等人为一般参加者的黑社会性质组织。该组织针对福建、浙江、广东、山东等 31 个省份的众多被害人及其身边人员，长期有组织地实施敲诈勒索等违法犯罪活动，在现实社会和网络空间造成了重大影响，产生恶劣后果，严重破坏经济、社会生活秩序。

（二）敲诈勒索犯罪

2016 年 3 月至 2018 年 6 月期间，柯某、柯甲以非法占有为目的，非法成立并经营无网络贷款资质的 A 公司，利用柯某、柯甲等 8 人的身份在网络放贷平台申请放贷账号，实施"套路贷"违法犯罪活动。

该组织在实施犯罪过程中，先由柯甲获取包含公民个人信息的"客户资源"，交由售前审核人员群发"放款快""无抵押""低利息"等小额贷款短信，并联系借款人就借贷需求进行沟通诱使其借款，接着售前审核人员以需要审核身份真实性为由，获取借款人身份信息、照片、手机通讯录、经常联系人等信息，为后续"软暴力"催收做准备，同时对借款人还款能力进行审核、评估，之后将通过审核的借款人信息推送给财务放款人员；财务放款人员决定放款后，收取账面借款金额约 30% 的钱款作为"砍头息"，借款人实际到手金额为账面借款金额的 70% 左右，有时财务放款人员还在部分协议中虚增与"砍头息"金额一致的借款作为"保证金"。该"砍头息""保证金"由财务放款人员在"借贷宝"平台上制造资金流水后通过个人支付宝账户等收

回，虚构给付事实，恶意垒高借款金额。被害人所支付利息远高于"借贷宝"平台协议上约定的年利息 24%，导致签订与实际借款不一致的协议。若被害人按时还款，财务放款人员通过提升额度、降低利息等方式引诱其继续借款；若被害人到期无法还款，该组织成员则引导甚至鼓励被害人支付与"砍头息"周期和利息比例一致的"展期费""逾期费"或推荐到公司其他借贷宝账户借款等方式还款，不断恶意垒高"债务"。

对于逾期未还款又不申请展期的被害人，财务放款人员将名单推送给售后催收组，由该组成员通过电话、短信辱骂、威胁、恐吓被害人及其亲友，编造侮辱信息等发送至被害人手机及其通讯录联系人，利用"网络轰炸机"对借款人及其通讯录联系人进行不间断电话、短信骚扰。该组织通过对被害人及其手机通讯录中的亲友施压、滋扰、威胁等"软暴力"行为，迫使被害人支付虚高本金、高额利息、"逾期费"、"展期费"，非法占有他人财物。该组织向全国各地共计 22 410 人实施"套路贷"违法犯罪行为。经专项审计，以柯某、柯甲为首的黑社会性质组织敲诈勒索的金额达 106 041 531.06 元。

（三）洗钱犯罪

2021 年 3 月 4 日，柯某将从 A 公司聚敛的违法所得，通过银行账户购买 20 000 元混合型投资基金。

2021 年 5 月 17 日，柯某在证券公司开立资金账户，并用其从 A 公司聚敛的违法所得，以每股 45.496 元的价格购买股票 97 800 股，买入价共计 4 449 508.8 元，以每股 100.043 元的价格购买股票 141 股，买入价共计 14 106.063 元。

2021 年 7 月 18 日 23 时许，柯某委托柯乙帮助购买股票，并将其从 A 公司聚敛的违法所得通过其账户向柯乙的账户转账 150 万元，后柯乙通过其本人注册的证券账户，以每股 518.98 元的价格帮助柯某购买股票 2 800 股，价格共计 1 453 144 元，将剩余的 46 637 元归还柯某。同月 19 日，柯某的父亲得知柯某被公安机关抓获，遂要求柯乙将该股票卖出并以现金方式给付钱款。同月 20 日，柯乙将该股票以每股 518.796 元价格卖出，获取收益和本金共计 1 452 628.8 元，并以现金形式给付给柯某父亲。

二、主要问题

本案的主要争议问题：（1）柯某等人以网络方式实施"套路贷"，他们之间是否成立黑社会性质组织，柯某、柯甲等人是否构成组织、领导、参加黑社会性质组织罪。对此，在案件处理过程中存在两种不同的观点：

一种观点主张构罪，认为柯某、柯甲等人构成组织、领导、参加黑社会性质组织罪。其通过建立小额网络贷款公司的方式，实施"套路贷"行为，并采用恐吓等方式索取债务，具有组织性、经济性等黑社会性质组织的典型特征，因而应当认定其为组织、领导、参加黑社会性质组织罪。

另一种观点主张不构罪，认为柯某、柯甲等人不构成组织、领导、参加黑社会性质组织罪。柯某等人所建立的小额网络贷款公司不符合黑社会性质组织的组织结构、组织纪律、活动规约、成立标志等黑社会性质组织的组织特征。此外，该公司给投资人分红并向内部人员发放工资、奖金等行为，属于公司正常经营管理行为。

（2）柯某、柯甲等人是否构成敲诈勒索罪、洗钱罪等具体犯罪，核心争议点在于"非法占有目的"的认定以及洗钱罪上游犯罪与具体实施方式的认定。对此，也存在两种不同的观点：

一种观点主张构罪，认为柯某结伙以非法占有为目的，实施非法网络放贷，采取言语威胁、手机轰炸等方法，强行索要他人财物，数额特别巨大；为掩饰、隐瞒黑社会性质组织犯罪所得及其产生的收益的来源和性质而将财产转换成有价证券等。其行为已分别构成敲诈勒索罪、洗钱罪。

另一种观点主张不构罪，认为柯某催要非法债务行为不是非法占有，不能构成敲诈勒索罪等非法占有型财产犯罪，而只能根据其手段行为定罪。被害人对于债务本身存在真实准确的认识，因而柯某等人不具有"非法占有目的"。而由于不能认定柯某等人成立黑社会性质组织，并且柯某等人用自己账户购买股票、基金等有价证券，因而也不能认定构成洗钱罪。

三、出罪法理

笔者认为，柯某等人不符合黑社会性质组织罪的基本特征，柯某、柯甲等人不构成组织、领导、参加黑社会性质组织罪；同时，柯某、柯甲等人的行为不符合敲诈勒索罪、洗钱罪等犯罪的成立条件，也不构成这些具体的犯罪。

（一）柯某等人不符合黑社会性质组织的基本特征，柯某、柯甲等人的行为不构成组织、领导、参加黑社会性质组织罪

关于黑社会性质组织，我国《刑法》第 294 条第 5 款规定："黑社会性质的组织应当同时具备以下特征：（一）形成较稳定的犯罪组织，人数较多，有明确的组织者、领导者，骨干成员基本固定；（二）有组织地通过违法犯罪活动或者其他手段获取经济利益，具有一定的经济实力，以支持该组织的活动；（三）以暴力、威胁或者其他手段，有组织地多次进行违法犯罪活动，为非作恶，欺压、残害群众；（四）通过实施违法犯罪活动，或者利用国家工作人员的包庇或者纵容，称霸一方，在一定区域或者行业内，形成非法控制或者重大影响，严重破坏经济、社会生活秩序。"据此，黑社会性质组织的成立必须同时具备组织特征、经济特征、行为特征和危害性特征。本案中，柯某等人

不具备黑社会性质组织的四个基本特征，特别是不符合黑社会性质组织的行为特征和危害性特征，不属于黑社会性质组织。

1. 柯某等人不具备黑社会性质组织的组织特征

关于黑社会性质组织的组织特征，根据我国《刑法》第 294 条第 5 款第 1 项、2015 年最高人民法院印发的《全国部分法院审理黑社会性质组织犯罪案件工作座谈会纪要》和 2018 年最高人民法院、最高人民检察院、公安部、司法部（本案简称"两高两部"）发布的《关于办理黑恶势力犯罪案件若干问题的指导意见》等规定，对黑社会性质组织的组织特征应当综合成立时间、成立标志、组成人员、人员结构和组织纪律等进行判断，其中最核心的是组织结构和组织纪律。本案中，主张构罪的观点认为，柯某等人成立小额网络贷款公司，利用信息网络实施"套路贷"违法犯罪活动，形成了以柯某、柯甲为组织者、领导者，以周某某、池甲为骨干，以池乙为积极参加者，以陈甲、张甲等人为一般参加者的黑社会性质犯罪组织，具备黑社会性质组织的组织特征。但这一认定难以成立，柯某等人不符合黑社会性质组织的组织特征要求。这具体体现在：

第一，柯某等人不符合黑社会性质组织的组织结构要求。黑社会性质组织的组织结构在客观上表现为人员之间的非法结构（为了增强违法犯罪活动的组织性、隐蔽性和效率性而形成的人员之间的组织与被组织、领导与被领导关系）。本案中对黑社会性质组织的组织结构的认定存在一个明显错误：将小额网络贷款公司内部的正常结构错误地等同于黑社会性质组织内部的非法结构。黑社会性质组织可以依托公司而存在，但黑社会性质组织不能等同于公司，其内部结构亦如此。这是因为，公司是一种正常的组织，其内部人员的结构是合理合法的，不同于黑社会性质组织内部的非法结构。但本案混淆了两者之间的合法与非法界限，不当地将 A 公司内部的正常结构等同于黑社会性质组织内部的非法结构。一方面，在治理结构上，柯某、柯甲与周某某、池甲、池乙等人之间的关系是公司内部的领导与被领导关系，是基于公司内部治理的需要而建立的，不同于黑社会性质组织的非法结构；另一方面，在活动基础上，网络放贷活动本身也有合法与非法之分，即便是非法的网络放贷也不必然是犯罪。将立足于这些活动基础之上的组织认定为黑社会性质组织，依据不足。退一步而言，即便柯某之公司的网络放贷行为属于犯罪（如敲诈勒索罪），他们也只成立一般的犯罪集团（如敲诈勒索犯罪集团），而非黑社会性质组织。

第二，柯某等人不符合黑社会性质组织的组织纪律要求。严格的组织纪律被认为是黑社会性质组织建立和存续的重要基础。2000 年最高人民法院《关于审理黑社会性质组织犯罪的案件具体应用法律若干问题的解释》明确要求黑社会性质组织必须"有较为严格的组织纪律"。2015年最高人民法院印发的《全国部分法院审理黑社会性质组织犯罪案件工作座谈会纪要》也强调了组织纪律、活动规约对黑社会性质组织认定的重要性。在此基础上,最高人民法院刑三庭撰写的《〈办理黑社会性质组织犯罪案件座谈会纪要〉的理解与适用》明确指出:"实践证明,如果没有通过一定的组织纪律、活动规约来加强内部管理,黑社会性质组织将难以保持其自身的稳定性、严密性,从而也难以发挥组织应有的能效……如果确实不存在一定的纪律、规约,则案件定性时应慎重。"本案中,柯某等人采取公司化运作,A公司只有正常的公司管理制度,除此之外没有其他的纪律、规约。在此基础上,柯某等人不符合黑社会性质组织的组织纪律要求。这是因为:一方面,网贷公司的组织纪律不符合黑社会性质组织制定、形成纪律、规约的目的要求。2015年《全国部分法院审理黑社会性质组织犯罪案件工作座谈会纪要》明确规定:"对于黑社会性质组织的组织纪律、活动规约,应当结合制定、形成相关纪律、规约的目的与意图来进行审查判断。"结合黑社会性质组织的特性,该"目的与意图"必须是为了进行黑社会性质的犯罪活动,否则就不能认定为黑社会性质组织的组织纪律。本案中,A公司没有为进行违法犯罪活动而专门制定的纪律、规约,不符合黑社会性质组织的组织纪律要求。另一方面,网贷公司的组织纪律不符合黑社会性质组织的纪律、规约内容要求。与一般的组织纪律不同,黑社会性质组织的组织纪律是为了加强对黑社会性质组织成员的人身控制,提高成员对组织的依附性,提升组织活动的能效,因此,黑社会性质组织的纪律、规约在内容上要反映出成员对组织者、领导者的服从和组织开展犯罪活动的纪律约束。但本案中,网贷公司的制度内容都属于公司的日常管理制度,规范和约束的是本公司人员的日常活动,且不涉及对本公司人员的人身控制,更不涉及对开展犯罪活动的约束和管理。这不符合黑社会性质组织的纪律、规约内容要求。

第三,柯某等人不符合黑社会性质组织成立的标志要求。黑社会性质组织的存在必然有一个持续时间,特别是要有一个相对明确的成立时间。2015年最高人民法院印发的《全国部分法院审理黑社会性质组织犯罪案件工作座谈会纪要》明确规定:"黑社会性质组织存续时间的起点,可以根据涉案犯罪组织举行成立仪式或者进行类似活动的时间来认定。"2018年"两高两部"《关于办理黑恶势力犯罪案件若干问题的指导意见》中规定:"黑社会性质组织未举行成立仪式或者进行类似活动的,成立时间可以按照足以反映其初步形成非法影响的标志性事件的发生时间认定。没有明显标志性事件的,可以按照本意见中关于黑社会性质组织违法犯罪活动认定范围的规定,将组织者、领导者与其他组织成员首次共同实施该组织犯罪活动的时间认定为该组织的形成时间。"本案中，主张构罪的观点认为，柯某等人黑社会性质组织的形成时间是 2016 年 3 月，依据是 2016 年 3 月，柯某发现"借贷宝"网络放贷平台进行高利放贷有利可图，遂与柯甲等人商议，决定共同出资 50 万元成立 A 公司。以此作为柯某等人黑社会性质组织的成立标志的观点显然是错误的：一是成立 A 公司不是黑社会性质组织的成立仪式或者与成立仪式类似的活动；二是成立 A 公司与形成非法影响无关，不是初步形成非法影响的标志性事件；三是成立 A 公司不是实施犯罪的行为，不是成员首次共同实施该组织的犯罪活动。因此，无论从哪个角度看，A 公司的成立时间都不符合 2015 年最高人民法院印发的《全国部分法院审理黑社会性质组织犯罪案件工作座谈会纪要》关于黑社会性质组织成立的条件，不能将其认定为黑社会性质组织的形成时间。

可见，柯某等人不符合黑社会性质组织的组织结构、组织纪律、活动规约、成立标志等要求，不具备黑社会性质组织的组织特征。

2. 柯某等人不具备黑社会性质组织的经济特征

关于黑社会性质组织的经济特征，我国《刑法》第 294 条第 5 款第 2 项规定的是"有组织地通过违法犯罪活动或者其他手段获取经济利益，具有一定的经济实力，以支持该组织的活动"。2015 年最高人民法院印发的《全国部分法院审理黑社会性质组织犯罪案件工作座谈会纪要》中规定："是否将所获经济利益全部或部分用于违法犯罪活动或者维系犯罪组织的生存、发展，是认定经济特征的重要依据。"本案中，主张构罪的观点认为，以柯某、柯甲为首的犯罪组织假借民间借贷之名，大肆攫取非法经济利益。钱款被用于股东分红，为组织成员发放工资、奖金、提供聚餐住宿补贴、支付团建旅游费用，还被用于 A 公司经营支出。但这些支出不足以作为认定柯某等人具备黑社会性质组织经济特征的依据。这是因为：

第一，柯某等人的行为不符合黑社会性质组织经济特征的类型要求。2009 年最高人民法院、最高人民检察院、公安部《办理黑社会性质组织犯罪案件座谈会纪要》明确称："'用于违法犯罪活动或者维系犯罪组织的生存、发展'，一般是指购买作案工具、提供作案经费，为受伤、死亡的组织成员提供医疗费、丧葬费，为组织成员及其家属提供工资、奖励、福利、生活费用，为组织寻求非法保护以及其他与实施有组织的违法犯罪活动有关的费用支出等。"从形式上看，A 公司给投资人分红及给公司员工发放工资、提成、奖金等行为似乎属于"为组织成员及其家属提供工资、奖励、福利、生活费用"等。但实际上，上述座谈会纪要对费用支出作了限制，即必须是"与实施有组织的违法犯罪活动有关的费用支出"。本案中，柯某等人实施的网络放贷行为主要都是正常放贷，只有极少部分所得是以非法催收的方式获得的。特别是，在柯某等人实施涉案行为的时候，正常的网络放贷行为并不是违法犯罪行为（放高利贷虽不受法律保护，但并不能认为放高利贷的行为是违法犯罪行为）。因此，从类型上看，以柯某为首的犯罪组织的支出实际上是 A 公司的正常支出，不属于"用于违法犯罪活动或者维系犯罪组织的生存、发展"的黑社会性质组织支出。

第二，柯某等人的行为不符合黑社会性质组织经济特征的本质要求。黑社会性质组织用于支持违法犯罪活动和维系犯罪组织的经费，客观上表现为用于非法用途。这种非法用途除了目的非法，还表现为对违法犯罪活动的非法支持。但本案中，给投资人分红并给公司员工发放工资、奖金等是 A 公司的内部行为，其中工资、奖金等是 A 公司人员作为公司员工所应享有的正常待遇，不属于非法用途，更不同于黑社会性质组织用于欺压、残害群众的犯罪用途。从这个角度看，A 公司给投资人分红并向公司员工发放工资、奖金等的行为，均不符合黑社会性质组织经济特征的本质要求，不能作为认定柯某等人具备黑社会性质组织经济特征的证据。

可见，A 公司给投资人分红并向内部人员发放工资、奖金等的行为，不属于"用于违法犯罪活动或者维系犯罪组织的生存、发展"，不能作为认定柯某等人具备黑社会性质组织经济特征的证据。

3. 柯某等人不具备黑社会性质组织的行为特征

关于黑社会性质组织的行为特征，我国《刑法》第 294 条第 5 款第 3 项规定的是"以暴力、威胁或者其他手段，有组织地多次进行违法犯罪活动，为非作恶，欺压、残害群众"。对此，2018 年"两高两部"《关于办理黑恶势力犯罪案件若干问题的指导意见》中规定："为确立、维护、扩大组织的势力、影响、利益或者按照纪律规约、组织惯例多次实施违法犯罪活动，侵犯不特定多人的人身权利、民主权利、财产权利，破坏经济秩序、社会秩序，应当认定为'有组织地多次进行违法犯罪活动，为非作恶，欺压、残害群众'。"可见，作为黑社会性质组织的行为至少必须同时具备以下两个特征："行为的暴力性、胁迫性"和"行为对象的不特定多人性"。但本案中，柯某等人的行为不符合黑社会性质组织的行为特征。这具体体现在：

第一，柯某等人的行为不具备明显的暴力性、胁迫性。2015 年最高人民法院印发的《全国部分法院审理黑社会性质组织犯罪案件工作座谈会纪要》中规定："暴力或以暴力相威胁始终是黑社会性质组织实施违法犯罪活动的基本手段，并随时可能付诸实施。因此，在黑社会性质组织所实施的违法犯罪活动中，一般应有一部分能够较明显地体现出暴力或以暴力相威胁的特征。否则，定性时应当特别慎重。"2018 年"两高两部"《关于办理黑恶势力犯罪案件若干问题的指导意见》对此也明确规定"暴力或以暴力相威胁始终是黑社会性质组织实施违法犯罪活动的基本手段，并随时可能付诸实施"。而本案中涉及的敲诈勒索、洗钱行为本身不属于"暴力或者以暴力相威胁"类犯罪，更不存在暴力"随时可能付诸实施"的情形；本案中的敲诈勒索行为都是在网络上进行的，行为人与被害人之间没有面对面的接触，不属于"暴力或者以暴力相威胁"，不符合黑社会性质组织的行为手段特征。

第二，柯某等人的行为对象不具备不特定多人性。"群众"是指不特定的多数人，特定的对象不属于"群众"的范畴。正因为如此，上述意见明确称黑社会性质组织的"欺压、残害群众"是指欺压、残害不特定多人。据此，以特定的人为对象实施犯罪不符合黑社会性质组织的对象要求，不能作为认定黑社会性质组织的依据。本案中带有"欺压、残害"性质的只有敲诈勒索罪。但本案现有证据表明，这些涉嫌敲诈勒索罪的行为对象都是特定的人，即通过网络贷款后逾期不还款的人。网贷行为将这些人员特定化了，这些人员不属于不特定的人，进而不属于刑法上的群众，也就不符合 2018 年"两高两部"《关于办理黑恶势力犯罪案件若干问题的指导意见》关于黑社会性质组织的行为对象要求。

可见，柯某等人的行为不是针对不特定对象，明显不具有"欺压、残害群众"的性质，也不具有暴力性、胁迫性，不符合黑社会性质组织的行为特征。

4. 柯某等人不具备黑社会性质组织的危害性特征

黑社会性质组织的本质是要与政府争夺对社会的控制。对社会的非法控制或者重大影响是认定黑社会性质组织的根本要求。关于黑社会性质组织的危害性特征，我国《刑法》第 294 条第 5 款第 4 项规定的是"通过实施违法犯罪活动，或者利用国家工作人员的包庇或者纵容，称霸一方，在一定区域或者行业内，形成非法控制或者重大影响，严重破坏经济、社会生活秩序"。本案中，主张构罪的观点认为，柯某犯罪组织利用信息网络实施敲诈勒索犯罪活动，在网络空间和现实社会造成重大影响，严重破坏经济、社会生活秩序。这种观点存在认定错误，柯某等人没有对一定区域或者行业形成非法控制或者产生重大影响，不符合黑社会性质组织的危害性特征要求。这具体体现在：

第一，柯某等人行为的危害范围不符合黑社会性质组织的要求。黑社会性质组织的危害性认定前提是"在一定区域或者行业内，形成非法控制或者重大影响"。对于"一定区域"，2015 年最高人民法院印发的《全国部分法院审理黑社会性质组织犯罪案件工作座谈会纪要》强调"应当结合一定地域范围内的人口数量、流量、经济规模等因素综合评判"；对于"一定行业"，该座谈会纪要明确了是指"在一定区域内存在的同类生产、经营活动"。据此，黑社会性质组织的危害性必须限于"一定区域"，不能泛泛而论。这既是黑社会性质组织的权力运行空间，也是黑社会性质组织实现控制和影响的前提，否则，黑社会性质组织无法进行非法控制或者产生重大影响。本案中，柯某等人的所有涉案行为都是通过信息网络方式进行的，范围也被限定为"网络空间"。而"网络空间"不仅是一个虚拟的存在，更是没有区域的限制，也没有具体的范围。在此基础上，柯某等人没有也不可能对"网络空间"形成了非法控制或者产生重大影响，难以认定其具备黑社会性质组织的危害性特征。事实上，"借贷宝"的借贷业务量高达六七百亿元，柯某等人的行为连对"借贷宝"的影响都称不上重大，更遑论对整个网络借贷业务、整个网络空间形成非法控制或产生重大影响。

第二，柯某等人行为的危害类型不符合黑社会性质组织的要求。对于黑社会性质组织的严重危害性，2018年"两高两部"《关于办理黑恶势力犯罪案件若干问题的指导意见》列举了8种情形。柯某等人涉嫌破坏经济、社会生活秩序的行为，主要涉及敲诈勒索行为。结合上述指导意见和本案事实，柯某等人的行为主要涉及上述指导意见所列举的第4种情形（"干扰、破坏他人正常生产、经营、生活，并在相关区域或者行业内造成严重影响"）。对此，主张构罪的观点认为，该组织成员不断滋扰、威胁被害人及其亲友，对被害人形成巨大心理强制，导致精神紧张、内心恐惧，造成部分被害人家庭破裂、失业，为还款而犯罪，甚至多人因不堪催收压力而自杀、自残。但从本案证据来看，这些后果难以证明是柯某等人的行为所致：一方面，本案证据不能证明"部分被害人家庭破裂、失业，为还款而犯罪，甚至多人因不堪催收压力而自杀、自残"是由A公司的网络放贷行为所致，两者之间的因果关系难以建立，且现实中被害人自杀往往都是由众多因素聚合造成的。另一方面，本案证据显示，A公司放贷的金额都较小，因欠债较多而被催收的人也就是欠几千元。从常理上看，被害人为几千元而自杀、家庭破裂、夫妻离异、失业、犯罪，不合常理，难以成立。

可见，柯某等人不具备黑社会性质组织的四个基本特征，不属于黑社会性质组织，柯某、柯甲不构成组织、领导黑社会性质组织罪，其他人亦不构成参加黑社会性质组织罪。

（二）柯某等人的行为不符合敲诈勒索罪、洗钱罪的构成要件，不构成敲诈勒索罪、洗钱罪

本案中，主张构罪的观点认为，柯某结伙以非法占有为目的，实施非法网络放贷，采取言语威胁、手机轰炸等方法，强行索要他人财物，数额特别巨大；为掩饰、隐瞒黑社会性质组织犯罪所得及其产生的收益的来源和性质而将财产转换成有价证券等，其行为已分别构成敲诈勒索罪、洗钱罪。柯甲等多人也被认定犯敲诈勒索罪。但柯某等人的行为不符合敲诈勒索罪、洗钱罪的构成要件，不构成敲诈勒索罪、洗钱罪。

1. 柯某等人的行为不符合敲诈勒索罪的构成要件，不构成敲诈勒索罪

关于敲诈勒索罪，我国《刑法》第274条规定："敲诈勒索公私财物，数额较大或者多次敲诈勒索的，处三年以下有期徒刑、拘役或者管制，并处或者单处罚金；数额巨大或者有其他严重情节的，处三年以上十年以下有期徒刑，并处罚金；数额特别巨大或者有其他特别严重情节的，处十年以上有期徒刑，并处罚金。"敲诈勒索罪的成立至少必须同时具备两个基本条件：一是非法占有的目的，即行为人主观上必须具有非法占有他人财物的目的；二是敲诈勒索的行为，即行为人客观上必须针对被害人实施了恐吓、威胁或要挟行为。本案中，柯某等人所犯敲诈勒索罪的行为实质上是采用恐吓、威胁、要挟等手段催收高利贷这一非法债务的行为。该行为不符合敲诈勒索罪的构成要件，不构成敲诈勒索罪。这具体体现在：

第一，在刑法规定上，催要高利贷等非法债务的行为不构成非法占有型犯罪，不能认定行为人主观上具有非法占有目的。我国《刑法》中与高利贷等非法债务相关的规定主要有两条：一是1997年《刑法》第238条第3款规定："为索取债务非法扣押、拘禁他人的，依照前两款的规定处罚。"该条前两款规定的是非法拘禁罪。2000年最高人民法院《关于对为索取法律不予保护的债务非法拘禁他人行为如何定罪问题的解释》明确规定："行为人为索取高利贷、赌债等法律不予保护的债务，非法扣押、拘禁他人的，依照刑法第二百三十八条的规定定罪处罚。"这实际表明，索取法律不予保护的债务不成立非法占有型犯罪（如绑架罪）。二是2020年《刑法修正案（十一）》第34条增设的催收非法债务罪规定："有下列情形之一，催收高利贷等产生的非法债务，情节严重的，处三年以下有期徒刑、拘役或者管制，并处或者单处罚金：（一）使用暴力、胁迫方法的；（二）限制他人人身自由或者侵入他人住宅的；（三）恐吓、跟踪、骚扰他人的。"该规定进一步清楚地表明，催要非法债务行为不是非法占有的行为，不能构成敲诈勒索罪等非法占有型财产犯罪，而只能根据其手段行为定罪。上述两方面的规定，无论是从刑法立法的内容上看，还是从刑法立法的沿革上看，都表明非法债务有其形成的事实依据，行为人催要非法债务不是非法占有，不能构成包括敲诈勒索罪在内的非法占有型财产犯罪。

第二，在事实认定上，柯某等人催要被害人债务有事实依据，不是非法占有，不能构成敲诈勒索罪。这包括两个方面：一是被害人对涉案债务的形成均知情、未产生错误认识，涉案债务的形成不能被认定为虚增债务。虚增债务是指虚假增加债务，债务的真假与否是相对于被害人的认识而言的，只

要被害人有真实认识的债务就不能称之为"虚增债务"。高利贷形成的债务远高于普通债务，但在借贷发生时已明确告知了被害人，被害人若有真实认识，不能称之为虚增债务。本案中，柯某等人涉案的债务是高利贷，被害人对债务的形成原因、金额等都有真实的认识，未产生错误认识，不能认定涉案债务是虚增债务。二是柯某等人向被害人索要的债务有事实依据。高利贷等非法债务不是凭空产生的，而是有一定的事实依据的。其中，高利贷债务的形成要求行为人出借本金，而赌债的形成要求行为人与被害人之间有赌博行为且在赌博过程中赢了被害人。这些事实的存在使行为人索取非法债务具有事实依据，不是非法占有，不能构成敲诈勒索罪。

第三，在类似案例中，我国同类案例多以手段行为所构成的犯罪对行为人进行评价。正是考虑到催收高利贷的行为人主观上并不具有非法占有的目的，我国同类案例多以手段行为所构成的犯罪对行为人进行评价。其中最直接的例子是，本案中柯甲之前所犯寻衅滋事罪的事实与本案事实是一样的，法院对其之前的行为认定为构成寻衅滋事罪，而没有认定构成敲诈勒索罪。这本身就是最好的例证。其他不定非法占有型犯罪的例子在我国司法实践中还有很多。

事实上，本案中柯某等人之所以涉嫌犯敲诈勒索罪，是因为办案机关错误套用了 2019 年"两高两部"《关于办理"套路贷"刑事案件若干问题的意见》，认定柯某等人具有非法占有目的。实际上，该意见将"套路贷"作为非法占有型财产犯罪认定规定了一个基本前提，即以"非法占有目的"为前提：只有整体上表现为以非法占有为目的的"套路贷"，才能被认定为非法占有型财产犯罪。对此，该意见第 4 条规定："实施'套路贷'过程中，未采用明显的暴力或者威胁手段，其行为特征从整体上表现为以非法占有为目的，通过虚构事实、隐瞒真相骗取被害人财物的，一般以诈骗罪定罪处罚；对于在实施'套路贷'过程中多种手段并用，构成诈骗、敲诈勒索、非法拘禁、虚假诉讼、寻衅滋事、强迫交易、抢劫、绑架等多种犯罪的，应当根据具体案件事实，区分不同情况，依照刑法及有关司法解释的规定数罪并罚或者择一重处。"换言之，"套路贷"也存在整体未表现为以非法占有为目的、不能认定非法占有型财产犯罪的情况。本案中，对柯某等人的主观目的的认定存在问题，直接套用该意见认定其行为构成敲诈勒索罪是错误的。

2. 柯某的行为不符合洗钱罪的构成要件，不构成洗钱罪

关于洗钱罪，我国《刑法》第 191 条第 1 款规定："为掩饰、隐瞒毒品犯罪、黑社会性质的组织犯罪、恐怖活动犯罪、走私犯罪、贪污贿赂犯罪、破坏金融管理秩序犯罪、金融诈骗犯罪的所得及其产生的收益的来源和性质，有下列行为之一的，没收实施以上犯罪的所得及其产生的收益，处五年以下

有期徒刑或者拘役，并处或者单处罚金；情节严重的，处五年以上十年以下
有期徒刑，并处罚金：（一）提供资金帐户的；（二）将财产转换为现金、金
融票据、有价证券的；（三）通过转帐或者其他支付结算方式转移资金的；
（四）跨境转移资产的；（五）以其他方法掩饰、隐瞒犯罪所得及其收益的来
源和性质的。"可见，我国《刑法》第 191 条关于洗钱罪的成立要求上游犯罪
只能是"毒品犯罪、黑社会性质的组织犯罪、恐怖活动犯罪、走私犯罪、贪
污贿赂犯罪、破坏金融管理秩序犯罪、金融诈骗犯罪"，即必须是这些犯罪的
所得及其产生的收益。

　　本案中，主张构罪的观点认为柯某通过购买股票、基金的方式，将黑社
会性质组织所得转换为有价证券，依法可以认定其有掩饰、隐瞒犯罪所得及
其收益的来源和性质的主观故意，其行为侵犯了司法机关刑事追诉的正常活
动和金融管理秩序，已构成洗钱罪。但是这一观点存在两个方面的问题：一
是如前所述，柯某等人不符合黑社会性质组织的成立条件，不属于黑社会性
质组织，涉案的所得不应被认定为黑社会性质组织的犯罪所得。柯某不符合
洗钱罪的成立前提，不构成洗钱罪。二是柯某用本人的账户购买基金、股票，
不能对资金的来源和性质进行掩饰、隐瞒，行为的目的显然是使资金保值增
值，难以被认定其主观上具有洗钱的故意。在此基础上，柯某的行为不符合
洗钱罪的构成要件，不构成洗钱罪。

刘某组织、领导黑社会性质组织等案

——村主任为了村集体利益实施的不法行为能否认定为黑社会性质组织犯罪

一、基本案情

（一）组织、领导黑社会性质组织罪

自 2008 年 9 月起，在刘某的组织、策划、指挥下，逐渐形成了以刘某为组织、领导者，以刘甲、刘乙、陈某某、李甲为骨干成员，以李乙、吕某某、庞甲、刘丙、庞乙、刘丁、钱某某、刘戊、马某某等人为参加者的黑社会性质犯罪组织，多次实施违法犯罪活动。该组织人数较多，组织者、领导者明确，骨干人员固定。刘某为加强对组织成员的掌控和管理，通过制定考勤纪律、发指示、随意训斥等方式，逐渐形成该组织成员公认的组织纪律，以维持组织的非法运转。在组织内部管理上，刘某对表现积极的成员予以重用，对有悖于组织纪律、意图的成员以扣除工资、撤职等方式实施惩戒。以刘某为首的黑社会性质组织，倚仗刘某的权力及其在某村形成的地位和影响力，有组织地采用多种方式和手段获取经济利益，具有一定的经济实力，用以支持该组织的活动。以刘某为组织者、领导者的黑社会性质组织在形成、演变过程中以暴力、威胁或者其他手段有组织地多次实施寻衅滋事、敲诈勒索、强迫交易、非法经营、非法吸收公众存款、串通投标等违法犯罪活动。刘某等人通过实施违法犯罪活动，称霸一方，在某村产生重大影响，严重破坏了该地区的经济、社会生活秩序。

（二）寻衅滋事罪

刘某纠集他人在公共场所起哄闹事（与钱某某吵架），造成公共场所秩序严重混乱；刘某、陈某某、吕某某、李某某、钱甲随意殴打他人（钱乙、缪甲、缪乙、张甲、张乙、吕某某等人），情节恶劣；刘某、庞甲、钱某某、刘山、庞乙、刘甲硬拿硬要（向某街道商贸市场的各经营商户收取"卫生费"等费用）、任意损毁公私财物（打砸某某混凝土有限公司车辆），情节严重。

（三）敲诈勒索罪

2011 年至 2017 年期间，刘某等人多次向在某地区施工的工程队强行索要"协调费""卫生费""赞助费"合计 106 000 元。为控制该地区商贸市场的经营秩序，刘某等人未经审批，长期以街道办和公司的名义在商贸市场中向经营商户收取各种费用。仅 2016 年至 2018 年期间，刘某就指挥钱某某、庞甲带人在商贸市场以强拿硬要的手段向各经营商户收取各种费用 594 525 元；2015 年至 2018 年期间，刘某指使钱某某带人从超市负责人章某某处共敲诈勒索 140 000 元。刘某敲诈勒索他人财物，数额巨大。

（四）强迫交易罪

为在某地区形成"垄断地位"，刘某、庞甲等人在 2018 年 7 月至 8 月聚众闹事，使用拦截、滋扰的方式强迫某县环境科技有限公司退出该地区乡政府所在地的生活垃圾治理工作；该组织成员陈某某、刘丙、吕某某、庞甲等人凭借该组织的影响力，于 2014 年 5 月至 9 月，强迫夏某某、孙甲、孙乙等人退出某地高速公路四号标段的供料工程、土方运输工程。

（五）挪用资金罪

在陈某某和胡某某于 2015 年结识后，胡某某不断向陈某某大量借款并付给陈某某高额利息。陈某某为筹集资金向胡某某高息放贷而多次和刘某商议从某村借贷集体资金一事，刘某明知陈某某所借贷资金的用途和去向，且在陈某某没有提供任何保证人和其他担保的情况下，就擅自决定将该村集体资金借贷给陈某某使用。刘某、陈某某共挪用该村集体资金 4 020 万元。

（六）串通投标罪

在刘某的安排下，李甲为招投标一事和李乙、谢某某进行了协调、沟通，为确保甲建设工程有限公司能在某东段道路工程等二十二个项目上中标，李甲让该建设工程公司职员刘乙和李乙、谢某某邀请乙建筑工程有限公司、丙建筑工程有限公司、丁建筑工程有限公司参与该东段道路工程等项目的投标。

二、主要问题

本案涉及的主要问题是：（1）刘某担任村委会书记时所实施的行为是否构成组织、领导黑社会性质组织罪。村委会的组织结构是否能够被认定为黑社会性质组织的特征。对此，主要存在以下两种观点：

一种观点认为，刘某在日常管理工作中存在欺压、敲诈、强迫等行为，刘某虽然担任村委会书记，但是仍然可以形成非法控制，因此，以刘某为首的犯罪组织具有黑社会性质组织的特征，应依法被认定为黑社会性质组织。

另一种观点则认为，刘某等人所实施的行为均为正常的工作与管理行为，这些行为不具有非法性，且都是为了发展该村的经济和提高社会生活水平，并未形成非法控制，因此，以刘某为首的组织并不符合黑社会性质组织的特征，不能认定刘某构成组织、领导、参加黑社会性质组织罪。

（2）刘某的行为是否构成寻衅滋事罪、敲诈勒索罪、强迫交易罪、挪用资金罪、串通投标罪等具体犯罪。对此，也存在两种观点：

一种观点认为，以刘某为首的团伙多次实施寻衅滋事、敲诈勒索、强迫交易等行为，擅自将村集体财产借给个人使用、串通投标，因而能够成立这些具体犯罪。

另一种观点则认为，刘某对于某些寻衅滋事行为并不知情，而敲诈勒索和强迫交易行为在本质上都是以管理村事务为主要内容的，挪用资金则是村集体共同决定、为了村集体利益的行为，串通投标的行为也欠缺证据支撑，因此，刘某的行为并不符合这些具体罪名的构成要件，不能认定其构成寻衅滋事罪、敲诈勒索罪、强迫交易罪、挪用资金罪、串通投标罪。

三、出罪法理

笔者认为，刘某等人不具备黑社会性质组织的基本特征，不构成组织、领导黑社会性质组织罪；同时，刘某等人的行为也不符合寻衅滋事罪、敲诈勒索罪、强迫交易罪、挪用资金罪、串通投标罪的成立条件，不构成这些犯罪。

（一）刘某等人不具备黑社会性质组织的基本特征，刘某的行为不构成组织、领导黑社会性质组织罪

根据我国《刑法》第 294 条第 1 款的规定，构成组织、领导黑社会性质组织罪的前提是存在黑社会性质组织。关于黑社会性质组织，我国《刑法》第 294 条第 5 款规定："黑社会性质的组织应当同时具备以下特征：（一）形成较稳定的犯罪组织，人数较多，有明确的组织者、领导者，骨干成员基本固定；（二）有组织地通过违法犯罪活动或者其他手段获取经济利益，具有一定的经济实力，以支持该组织的活动；（三）以暴力、威胁或者其他手段，有组织地多次进行违法犯罪活动，为非作恶，欺压、残害群众；（四）通过实施违法犯罪活动，或者利用国家工作人员的包庇或者纵容，称霸一方，在一定区域或者行业内，形成非法控制或者重大影响，严重破坏经济、社会生活秩序。"据此，黑社会性质组织的成立必须同时具备组织特征、经济特征、行为特征和危害性特征。本案中，刘某等人不具备黑社会性质组织的特征，不属于黑社会性质组织。这主要体现在：

第一，刘某等人不符合黑社会性质组织的组织特征。根据我国《刑法》第 294 条第 5 款、2015 年 10 月 13 日最高人民法院印发的《全国部分法院审理黑社会性质组织犯罪案件工作座谈会纪要》和 2018 年 1 月 16 日最高人民

法院、最高人民检察院、公安部、司法部印发的《关于办理黑恶势力犯罪案件若干问题的指导意见》的相关规定，对黑社会性质组织的组织特征应当综合组织的存续时间、人数、人员结构和组织纪律等方面进行判断。本案中，主张构罪的观点认为，刘某领导的黑社会性质组织是以刘某为首的，组织成员均尊称其为"老板"或"领导"，其处于组织中的核心地位，对该组织的一切事务拥有最终决定权，可以任意调动组织中的骨干及成员；骨干成员刘甲、刘乙、陈甲、李甲四人，直接听命于刘某的指挥，但分工各有不同，刘甲负责管理某村企业的财政，组织领导者及骨干成员手下有一批相对固定的成员：庞某某、吕某某等。但综合本案的事实及具体情况，刘某等人不具备黑社会性质组织的组织特征，理由包括：（1）刘某等人不符合黑社会性质组织的组织结构要求。关于黑社会性质组织的组织结构，2015 年 10 月 13 日最高人民法院印发的《全国部分法院审理黑社会性质组织犯罪案件工作座谈会纪要》明确规定，"黑社会性质组织应有明确的组织者、领导者，骨干成员基本固定，并有比较明确的层级和职责分工，一般有三种类型的组织成员"。本案中，主张构罪的观点认为，刘某是组织者、领导者，骨干成员刘甲、刘乙、陈甲、李甲为积极参加者，一般成员李乙、吕某某、庞甲、刘丙、庞乙、刘丁、钱某某、刘戊、马某某主动追随刘某，层级清楚，分工明确。但是这种认定存在问题，这是因为：一方面，刘某作为村干部与其作为黑社会性质组织的组织者、领导者之间不能混同。刘某是否属于黑社会性质组织的组织者、领导者，关键在于其是否组织、领导实施了大部分的违法犯罪活动。对这一点，本案证据无法认定。另一方面，刘某等人不存在明确的违法犯罪层级和职责分工。本案中，刘某是村党总支书记，刘甲、刘乙、李甲是该村村支两委成员，钱某某是该村委会主任，在书记刘某的指示下开展工作，是他们的职责；陈某某、李乙、吕某某等人在该村承接工程，与刘某管理的村有一些经济和业务往来，但并不听命于刘某；庞甲、刘丙、庞某某、刘丁等人均是刘甲分管的某公司的员工，日常工作为"挖鱼塘、养鱼、种树浇树、养鹅"等；刘戊、马某是该村的会计。这些人均非黑社会性质组织的成员。他们之间并不存在为实施违法犯罪而形成的上下层级关系，而且本案也没有证据表明这些涉案人员之间就实施违法犯罪活动存在明确的职责分工。（2）刘某等人没有明确的组织纪律、活动规约。严格的组织纪律被认为是黑社会性质组织维持和存续的重要基础。2000 年最高人民法院《关于审理黑社会性质组织犯罪的案件具体应用法律若干问题的解释》明确要求黑社会性质组织必须"有较为严格的组织纪律"。2015 年 10 月 13 日最高人民法院印发的《全国部分法院审理黑社会性质组织犯罪案件工作座谈会纪要》也强调了组织纪律、活动规约对黑社会性质组织认定的重要性，并规定："对于黑社会性质组织的组织纪律、活动规约，应当结合制定、形成相关纪律、规约的目的与意图来进行审查判断。"但本案中没有证据表明刘某等人之间存在明确的组织纪律、活动规约。最高人民法院刑三庭在《〈办理黑社会性质组织犯罪案件座谈会纪要〉的理解与适用》中指出："实践证明，如果没有通过一定的组织纪律、活动规约来加强内部管理，黑社会性质组织将难以保持其自身的稳定性、严密性，从而也难以发挥组织应有的能效……但如果确实不存在一定的纪律、规约，则案件定性时应慎重。"主张构罪的观点认为，刘某为加强对组织成员的掌控和管理形成了组织纪律，包括：对表现积极的成员予以重用，对有悖于组织纪律、意图的成员予以扣除工资、撤职等方式实施惩戒。但这些所谓的"组织纪律"，实为刘某作为村领导管理下级的正常纪律，而且是经过集体研究决定的，并不符合一般意义上黑社会性质组织诸如宣誓、盟誓等组织规约形式，也不符合最高人民法院 2015 年座谈会纪要的形式要求和实质要求。（3）组织存续时间的认定错误。黑社会性质组织的存在必然有一个持续时间，且关键是开始时间，没有开始时间就无法认定组织的存在。对此，2015 年 10 月 13 日最高人民法院印发的《全国部分法院审理黑社会性质组织犯罪案件工作座谈会纪要》明确规定："黑社会性质组织存续时间的起点，可以根据涉案犯罪组织举行成立仪式或者进行类似活动的时间来认定。"2018 年最高人民法院、最高人民检察院、公安部、司法部《关于办理黑恶势力犯罪案件若干问题的指导意见》中规定："黑社会性质组织未举行成立仪式或者进行类似活动的，成立时间可以按照足以反映其初步形成非法影响的标志性事件的发生时间认定。没有明显标志性事件的，可以按照本意见中关于黑社会性质组织违法犯罪活动 认定范围的规定，将组织者、领导者与其他组织成员首次共同实施该组织犯罪活动的时间认定为该组织的形成时间。"本案中，主张构罪的观点认为，刘某黑社会性质组织的成立时间是"2008 年 9 月"，因为刘某等人首次共同实施的"对钱某某寻衅滋事行为"树立了非法权威，形成了强势地位。不过，从本案的具体情况看，2008 年 9 月实施的"对钱某某寻衅滋事行为"不能作为刘某等人成立黑社会性质组织的开始时间，理由是，该案件的行为属于临时起意产生的，难以被认定为"有组织"实施的犯罪行为；同时，该案件是由钱某某辱骂村干部引发的，从行为本质来看，不具有"树立非法权威、形成强势地位"的非法目的，亦不具有"维护、扩大组织势力、实力、影响、经济基础"的特性。因此，认定刘某等人黑社会性质组织存续时间的起点明显缺乏依据，难以成立。

第二，刘某等人不符合黑社会性质组织的经济特征。关于黑社会性质组织的经济特征，我国《刑法》第 294 条第 5 款第 2 项规定的是"有组织地通过违法犯罪活动或者其他手段获取经济利益，具有一定的经济实力，以支持该组织的活动"。这实际包含了"经济来源"和"经济用途"两个方面。对此，本案中，刘某等人不符合黑社会性质组织的经济特征，理由包括：（1）刘某等人的经济来源不符合黑社会性质组织的经济特征。2015年10月31日最高人民法院印发的《全国部分法院审理黑社会性质组织犯罪案件工作座谈会纪要》称："'一定的经济实力'，是指黑社会性质组织在形成、发展过程中获取的，足以支持该组织运行、发展以及实施违法犯罪活动的经济利益。包括：1.有组织地通过违法犯罪活动或其他不正当手段聚敛的资产；2.有组织地通过合法的生产、经营活动获取的资产；3.组织成员以及其他单位、个人资助黑社会性质组织的资产。"简言之，黑社会性质组织应当有自己独立的财产。但本案证据显示，刘某等人并没有独立的财产。其中，刘甲、李甲等人在村委会任职正常领取工资，工资的发放数额均由村委会决议决定；李乙、陈甲等人通过承揽工程有独立的经济来源，但实际未赚到钱，反而被该村拖欠工程款，刘某根本没有给二人提供经济支持；庞某某等人在某公司领取的工资系正常薪酬，并且其薪酬发放也不受刘某管理。可见，刘某未组织实施经济犯罪、职务犯罪等以获取不法利益，刘某等人的收入来源相互独立，不存在任何一方提供资金供组织或其他成员使用的情形。刘某等人的经济来源明显不符合黑社会性质组织的经济特征。（2）刘某等人的经济用途不符合黑社会性质组织的经济特征。2009年最高人民法院、最高人民检察院、公安部《办理黑社会性质组织犯罪案件座谈会纪要》明确称："'用于违法犯罪活动或者维系犯罪组织的生产、发展'，一般是指购买作案工具、提供作案经费，为受伤、死亡的组织成员提供医疗费、丧葬费，为组织成员及其家属提供工资、奖励、福利、生活费用，为组织寻求非法保护以及其他与实施有组织的违法犯罪活动有关的费用支出等。"本案中，如前所述，刘某等人没有独立的财产，进而不存在将相关费用"用于违法犯罪活动或者维系犯罪组织的生产、发展"的前提。在此基础上，本案不存在刘某将一定的经济实力用于购买作案工具、提供作案经费、发放医疗费或丧葬费等情形。涉案人员虽然存在领取工资等情况，但其工资并非刘某所发，且系他们正常的劳动报酬。结合本案审计报告及相关凭证，涉案企业的资金流向是用于正常生产经营。因此，"该组织以商养黑，轮窑厂从收益中向部分组织成员违规发放补助、绩效工资"这一事实不能成立。抛开对该笔资金的定性不谈，客观上微薄的"补助、绩效工资"资金也无法起到豢养组织成员、维护组织稳定、壮大组织势力的作用。刘某等人没有将一定的经济实力"用于违法犯罪活动或者维系犯罪组织的生产、发展"，因而不符合黑社会性质组织的经济特征。

第三，刘某等人不符合黑社会性质组织的行为特征。关于黑社会性质组织的行为特征，我国《刑法》第294条第5款第3项规定的是"以暴力、威胁或者其他手段，有组织地多次进行违法犯罪活动，为非作恶，欺压、残害群众"。对此，2018年1月16日最高人民法院、最高人民检察院、公安部、司法部印发的《关于办理黑恶势力犯罪案件若干问题的指导意见》规定："为确立、维护、扩大组织的势力、影响、利益或者按照纪律规约、组织惯例多次实施违法犯罪活动，侵犯不特定多人的人身权利、民主权利、财产权利，破坏经济秩序、社会秩序，应当认定为'有组织地多次进行违法犯罪活动，为非作恶，欺压、残害群众'。"可见，作为黑社会性质组织的行为必须具备以下三个条件：一是行为的暴力性、胁迫性，至少应有一部分能够明显地体现出暴力或者以暴力相威胁的特征；二是行为的有组织性，即必须是有组织地实施行为，包括"为确立、维护、扩大组织的势力、影响、利益或者按照纪律规约、组织惯例多次实施违法犯罪活动"；三是行为对象的不特定多人性，即不是针对特定个人实施的。据此，本案中，刘某等人的行为不符合黑社会性质组织的行为特征，理由包括：（1）其行为不具有明显的暴力性、胁迫性。2015年10月13日最高人民法院印发的《全国部分法院审理黑社会性质组织犯罪案件工作座谈会纪要》规定，暴力和以暴力相威胁，始终是黑社会性质组织实施违法犯罪活动的基本手段，并随时可能付诸实施。因此，在黑社会性质组织所实施的违法犯罪活动中，一般应有一部分能够明显地体现出暴力或者以暴力相威胁的特征，否则，定性时应特别慎重。而在本案中涉及的非法经营、非法吸收公众存款、挪用资金、串通投标等罪名，本身就不存在"暴力或者以暴力相威胁"的手段。另外，涉嫌的寻衅滋事犯罪、敲诈勒索犯罪，同样也不存在明显的"暴力或者以暴力相威胁"。（2）其行为不具有有组织性。2018年1月16日最高人民法院、最高人民检察院、公安部、司法部印发的《关于办理黑恶势力犯罪案件若干问题的指导意见》明确规定，"有组织地多次进行违法犯罪活动"，指的是"为确立、维护、扩大组织的势力、影响、利益或者按照纪律规约、组织惯例多次实施违法犯罪活动"。但在本案中，刘某等人涉嫌实施的暴力犯罪主要是寻衅滋事罪。而从本案现有证据来看，这些违法犯罪活动多发生于村委会对管理对象的执行公务活动中，"被害人"一方存在明显不服从村委会管理的情况。相关事实，多为偶发矛盾所引发的，其行为并未有组织地实施。可见刘某等人行为的有组织性不强。（3）其行为对象基本上都是特定的。"群众"是指不特定的多数人。正因为如此，上述意见明确称黑社会性质组织的"欺压、残害群众"是指欺压、残害不特定多人。但在本案中，现有证据表明，刘某等人的行为对象都是与其有特定联系的人。这不仅体现在其涉嫌的强迫交易罪等的行为对象上，也体现在其涉嫌的寻衅滋事罪的行为对象上。所谓"被害人"，多是因为不服从村委会管理而与刘某及其所在的村委会发生纠纷的人，他们是村委会的管理对象，也是相对特定的对象，不是我国刑法上的不特定多数人，不符合 2018 年最高人民法院、最高人民检察院、公安部、司法部印发的《关于办理黑恶势力犯罪案件若干问题的指导意见》关于黑社会性质组织行为对象的要求。

第四，刘某等人不符合黑社会性质组织的危害性特征。关于黑社会性质组织的危害性特征，我国《刑法》第 294 条第 5 款第 4 项规定的是"通过实施违法犯罪活动，或者利用国家工作人员的包庇或者纵容，称霸一方，在一定区域或者行业内，形成非法控制或者重大影响，严重破坏经济、社会生活秩序"。据此，黑社会性质组织的危害性在实质上必须同时涵盖两个方面：一是控制或者影响的"非法性"（"非法"控制或者重大影响），二是控制或者影响的"破坏性"（对经济、社会生活秩序的严重破坏）。但在本案中，刘某等人不符合黑社会性质组织的危害性特征，理由包括：（1）刘某等人对某村的影响具有合法性。本案中，刘某历任某村党总支第一书记、村党总支书记、村党支部书记，主要违法犯罪事实都是为了该村的集体利益而实施的，是在其作为村书记的职责范围内或者与其职责密切相关的。从这个角度看，即便刘某对该村具有重要影响，这种影响也是合法的，是由其身份带来的正常影响，不具有"非法性"。（2）刘某等人对某村的影响具有积极性。本案证据显示，刘某等人的行为主要都是为了该村的利益而实施。其所涉嫌的寻衅滋事、敲诈勒索、强迫交易、非法经营、非法吸收公众存款、非法占用农用地等行为，都是为了更好地促进该村的经济和社会发展。事实上，根据相关材料，刘某在担任村支部书记期间，以打造某某村为目标，主持筹建了十余个村办企业和建设项目，涉及生产、建设、购物、教育、卫生等各个方面，促进了该村的经济和社会生活发展。同时，他全心全意为建设美好乡村服务，极大地提高了该村的卫生环境、社会治安等各方面的水平。因此，刘某不仅没有破坏某村的经济和社会生活秩序，而且极大地提高了某村的经济和社会生活水平。

可见，刘某等人不符合黑社会性质组织的组织特征、经济特征、行为特征和危害性特征，不属于黑社会性质组织，刘某不构成组织、领导黑社会性质组织罪。

（二）刘某的行为不符合寻衅滋事罪、敲诈勒索罪、强迫交易罪、挪用资金罪、串通投标罪等具体犯罪的成立条件，不构成这些具体的犯罪

本案中，刘某还涉嫌寻衅滋事罪、敲诈勒索罪、强迫交易罪、挪用资金罪、串通投标罪等具体犯罪。但如前所述，刘某等人不属于黑社会性质组织，刘某不是黑社会性质组织的组织者、领导者，对刘某不能按照犯罪集团的首要分子进行处罚（不能适用《刑法》第 26 条第 3 款），而应当结合案件具体情况，按照其参与或者组织、指挥的犯罪进行处罚（应适用《刑法》第 26 条第 4 款）。据此，刘某的行为不符合寻衅滋事罪、敲诈勒索罪、强迫交易罪、挪用资金罪、串通投标罪等具体犯罪的成立条件，不构成这些具体的犯罪。这具体体现在以下方面。

1. 刘某的行为不构成寻衅滋事罪

关于寻衅滋事罪，我国《刑法》第 293 条规定："有下列寻衅滋事行为之一，破坏社会秩序的，处五年以下有期徒刑、拘役或者管制：（一）随意殴打他人，情节恶劣的；（二）追逐、拦截、辱骂、恐吓他人，情节恶劣的；（三）强拿硬要或者任意损毁、占用公私财物，情节严重的；（四）在公共场所起哄闹事，造成公共场所秩序严重混乱的。纠集他人多次实施前款行为，严重破坏社会秩序的，处五年以上十年以下有期徒刑，可以并处罚金。"据此，寻衅滋事罪的成立在客观上必须同时具备两个基本条件：一是行为人实施了寻衅滋事行为，二是行为人实施的行为达到了一定的严重程度。本案中，刘某涉嫌的 6 起寻衅滋事犯罪事实，都不符合寻衅滋事罪的成立条件，不构成寻衅滋事罪。这是因为：

第一，第 2 起（殴打缪甲、缪乙）和第 4 起（打砸某混凝土有限公司车辆）明显与刘某无关，刘某不应对这两起行为负责。本案中，第 2 起寻衅滋事行为是由陈某某、吕甲、李某某等人实施的，第 4 起寻衅滋事行为是由刘甲、庞某某、刘乙等人实施的。刘某本人既没有参与这两起寻衅滋事行为的实施，也没有指使他人实施这两起寻衅滋事行为。根据罪责自负的刑法基本原则和《刑法》第 26 条第 4 款的规定，刘某不应对这两起寻衅滋事行为承担刑事责任。

第二，第 5 起（殴打吕乙）和第 6 起（强收卫生费等费用）是刘某的履职行为，且被害人存在明显过错。刘某作为村党总支书记，对于村内事务负有领导职责，其中就包括对村内交通、卫生等方面的管理职责。其中，第 5 起是吕乙违规驾驶、停放电瓶三轮车所引发的，第 6 起的起因是村内经营户的卫生不达标、需要加强卫生打扫。刘某为了加强该村的内部治理，对相关的违规行为进行管理，即便存在管理粗暴、过激的行为，也系事出有因，不能被认定为寻衅滋事行为，更不能被认定为寻衅滋事犯罪。

第三，第 1 起（恐吓钱某某）和第 3 起（殴打张甲、张乙）不属于无事生非或借事生非，并且情节显著轻微，不能被认定为犯罪。这两起行为也是发生在刘某管理该村的过程中，被害人是管理对象，起因是不配合管理或者辱骂村干部。仅从这个角度看，刘某的行为也不能被认定构成寻衅滋事罪。除此之外，这两起行为明显情节轻微，不能被认定为犯罪：一方面，刘某涉嫌恐吓钱某某的行为情节显著轻微。2013 年 7 月 15 日最高人民法院、最高人民检察院公布的《关于办理寻衅滋事刑事案件适用法律若干问题的解释》第 5

条规定："在车站、码头、机场、医院、商场、公园、影剧院、展览会、运动场或者其他公共场所起哄闹事，应当根据公共场所的性质、公共活动的重要程度、公共场所的人数、起哄闹事的时间、公共场所受影响的范围与程度等因素，综合判断是否'造成公共场所秩序严重混乱'。"首先，刑法中的公共场所应当具有场所的开放性和人员的不特定性，刘某涉案行为的发生场所是钱某某的住处，不属于刑法中的公共场所。其次，虽然现有司法解释未明确规定"公共场所秩序严重混乱"的具体情形，基于罪刑相适应原则，"严重混乱"的社会危害性应与该解释其他"情节恶劣""情节严重"的情形具有相当性。本案中，刘某的涉案行为未造成实质性人身伤害，亦未引发公众逃离，更未导致公共活动无法正常进行，不应被认定为寻衅滋事罪；另一方面，刘某涉嫌殴打张甲、张乙的行为情节显著轻微。关于"随意殴打他人"，2013年7月15日最高人民法院、最高人民检察院公布的《关于办理寻衅滋事刑事案件适用法律若干问题的解释》第2条规定："随意殴打他人，破坏社会秩序，具有下列情形之一的，应当认定为刑法第二百九十三条第一款第一项规定的'情节恶劣'：（一）致一人以上轻伤或者二人以上轻微伤的；（二）引起他人精神失常、自杀等严重后果的；（三）多次随意殴打他人的；（四）持凶器随意殴打他人的；（五）随意殴打精神病人、残疾人、流浪乞讨人员、老年人、孕妇、未成年人，造成恶劣社会影响的；（六）在公共场所随意殴打他人，造成公共场所秩序严重混乱的；（七）其他情节恶劣的情形。"本案中，退一步说，即便刘某的涉案行为属于"随意殴打他人"，也不具备上述"情节恶劣"的情形，不应认定为寻衅滋事罪。

2. 刘某主观上不具有非法占有的目的，不构成敲诈勒索罪

根据我国《刑法》第274条的规定，敲诈勒索罪是行为人以非法占有为目的，敲诈勒索公私财物的行为。敲诈勒索罪的成立必须同时具备以下两个基本条件：一是行为人主观上具有非法占有的目的，二是行为人客观上实施了敲诈勒索公私财物的行为。本案中，刘某实施了5起敲诈勒索行为。但刘某的涉案行为不符合敲诈勒索罪的主客观条件，不构成敲诈勒索罪。这是因为：

第一，刘某主观上不具有非法占有的目的，其行为不符合敲诈勒索罪的主观要求。如前所述，敲诈勒索罪的成立要求行为人主观上必须具有非法占有的目的。但本案证据显示，刘某涉嫌敲诈勒索的5起行为均是为了该村的利益，且所取得的财物也都归村集体所有。刘某主观上没有占有这些财物的目的，客观上也没有占有这些财物。其行为不符合敲诈勒索罪必须具备非法占有目的的主观要求，不构成敲诈勒索罪。

第二，刘某客观上没有实施敲诈勒索行为，不符合敲诈勒索罪的客观要

求。敲诈勒索罪在客观上表现为对被害人使用恐吓、威胁或要挟的方法，非法占用被害人公私财物的行为。一方面，本案中涉及的敲诈勒索事实均表现为村集体向管理对象收取相关费用，具有合理原因，不能认定为敲诈勒索。这具体表现在：在第1起事实中，刘丙承建某中心学校主教学楼工程，产生建筑垃圾需要清理，才需要缴纳费用；第4起事实中，刘戊修建水闸工程砍了群众的树、淹了群众的农田，才需要缴纳费用作为补偿；在第2起事实中，肖某某承建工程产生建筑垃圾企业打扫不干净，需要缴纳卫生费用以便村里统一清理建筑垃圾；在第3起事实中，吕丙进行清淤工程毁坏了群众的树和地，所以需要村里出面协调对这些村民进行赔偿；在第5起事实中，因超市存在门口交通拥堵、垃圾堆放的问题，该村不得不安排专门人员疏导交通、清理垃圾。在此情况下，要求刘丙等人给村里缴纳一定费用，显然有其合理原因，不能认定为敲诈勒索。另一方面，在村集体向管理对象征收费用的过程中不存在恐吓、威胁或者要挟行为，不能认定为敲诈勒索。尤其是在第2起、第3起和第4起这三起事实中，刘某等人没有实施任何恐吓、威胁或者要挟行为，也没有证据显示他实施了指使行为，而都是被害人在遇到困难后主动找刘某进行"协商"的。这种"协商"行为显然不属于刑法意义上的敲诈行为，不能构成敲诈勒索罪。而对于第1起和第5起，刘某实施了阻止工程施工（第1起）和阻止超市经营（第5起）的行为，但刘某实施这些行为均为履行管理职责所需，有其合理的起因。

3. 刘某的行为不构成强迫交易罪

根据我国《刑法》第226条的规定，强迫交易罪是以暴力、威胁手段，强买强卖商品，强迫他人提供或者接受服务，强迫他人参与或者退出投标、拍卖，强迫他人转让或者收购公司、企业的股份、债权或者其他资产，以及强迫他人参与或者退出特定的经营活动，情节严重的行为。据此，强迫交易罪在客观上要求行为人必须实施了以暴力、威胁手段进行强迫交易的行为。本案中，刘某涉嫌实施了2起强迫交易行为，但这2起强迫交易行为均难以成立。这是因为：

第一，第1起强迫交易行为（强迫甲公司退出环卫工作）认定错误。对于该起强迫交易行为，本案存在两个方面的问题：一方面，甲公司的退出是乡政府协调的结果，而非受到暴力、威胁等行为而被迫交易的结果。甲公司退出乡政府所在地、某村的生活垃圾治理工作是乡政府协调的结果。另一方面，本案证据不能充分证明刘某指使庞某某等人实施了强迫交易的"暴力、威胁"行为。本案中，办案机关认定"刘某指使庞某某等人使用非法拦截环卫车辆、滋扰工人作业等手段，迫使甲公司无法在某村、乡政府所在地进行垃圾清理工作"。但本案中，庞某某的笔录称其系受刘甲的安排，与本案的认定明显不一致；刘乙、曹某某等人的笔录均称是受庞某某具体安排的，个别证人证言提到刘某授意的均属推测性证言；同时，刘某的笔录并不认可其实施了指使行为。在此情况下，本案缺乏足够的证据证明刘某实施了指使行为。

第二，第 2 起强迫交易行为（强迫他人退出某高速公路附属工程）与刘某无关。该起强迫交易行为主要涉及强迫夏某某、孙某某等退出某高速公路的附属工程。但该起涉嫌强迫交易的行为与刘某没有任何关系。刘某既没有指使他人强迫夏某某、孙某某退出某高速公路附属工程，也没有参与实施强迫夏某某、孙某某退出某高速公路附属工程的行为。刘某不应对该笔强迫交易行为承担刑事责任。

4. 刘某的行为不构成挪用资金罪

根据我国《刑法》第 272 条的规定，挪用资金罪是公司、企业或者其他单位的工作人员，利用职务上的便利，挪用本单位资金归个人使用或者借贷给他人，数额较大、超过 3 个月未还的，或者虽未超过 3 个月，但数额较大、进行营利活动的，或者进行非法活动的行为。不过，2003 年 11 月 13 日最高人民法院发布的《全国法院审理经济犯罪案件工作座谈会纪要》针对挪用公款罪明确规定："经单位领导集体研究决定将公款给个人使用，或者单位负责人为了单位的利益，决定将公款给个人使用的，不以挪用公款罪定罪处罚。上述行为致使单位遭受重大损失，构成其他犯罪的，依照刑法的有关规定对责任人员定罪处罚。"参照这一规定，单位领导集体研究决定将本单位资金给个人使用的，不能以挪用资金罪定罪处罚。

本案中，刘某涉嫌挪用资金的行为是"2015 年至 2018 年，刘某利用职务上的便利，多次挪用某村的集体资金借贷给陈某某使用"。但本案证据清楚地表明："刘某等人挪用某村的集体资金放贷给陈某某，都是先由陈某某和刘某商定借款金额，刘某同意后，再由村里的会计刘甲或刘乙制作'内行调款单'，村主任刘丙签字确认后，最后由村会计马某某或施某某将该村的集体资金汇入陈某某的私人账户。"据此可见，刘某的挪用资金行为实际上是村委会的集体决定，属于单位领导集体研究决定将本单位资金给个人使用的情况。此外，借款协议、借据、银行回单等书证显示，村小贷公司向陈某某贷款与向其他村民贷款流程、方式并无差别，均正常收取利息，刘某本人并未从中获取任何利益，贷款收益系单位利益。退一步讲，即使认为刘某在单位决策中具有领导地位，村小贷公司贷款给陈某某也是属于单位负责人为了单位的利益，决定将公款给个人使用的情况。

参照 2003 年 11 月 13 日最高人民法院发布的《全国法院审理经济犯罪案件工作座谈会纪要》的上述规定，对刘某的行为不能以挪用资金罪定罪处罚，刘某的行为不构成挪用资金罪。

5. 刘某的行为不构成串通投标罪

关于串通投标罪，我国《刑法》第 223 条第 1 款规定："投标人相互串通投标报价，损害招标人或者其他投标人利益，情节严重的，处三年以下有期徒刑或者拘役，并处或者单处罚金。"串通投标罪的成立要求行为人客观上必须实施了串通投标行为。但本案中的串通投标行为与刘某无关，刘某的行为不构成串通投标罪。这是因为：

第一，刘某没有参与实施串通投标行为。关于串通投标行为的实施，在案事实表明是由李甲、刘甲、李乙实施的，即"李乙按照李甲的要求制作三份不等价格的标书后，由刘甲负责将价格最低的标书供甲公司投标使用，再将其余价格较高的标书或者标书信息送至其他公司处，供上述公司作投标使用"。从案件情况的认定看，刘某完全没有参与实施涉案的串通投标行为，具体的串通投标行为都是由李甲等人实施的。

第二，刘某没有指使他人实施串通投标行为。本案中，刘某涉嫌串通投标的事实是"早在 2017 年 7 月 15 日，刘某便在村会议上称，某街道建设由该村承揽，并要联合几家公司进行招投标"。即便这一事实成立，也不能认定刘某指使他人串通投标，理由包括：一方面，刘某在村会议上的言论并没有表明要进行串通投标。"联合几家公司进行招投标"的表述与串通投标，无论是在招投标的形式上还是在招投标的内容上，都不必定包含串通投标。另一方面，刘某在村会议上的言论发生在 2017 年 7 月 15 日，而实际的招投标行为发生在 2017 年 11 月至 2019 年 4 月。本案没有证据表明，间隔时间较久的两者之间具有内在的联系。

第三，串通投标行为并未损害招标人或者其他投标人利益。根据我国《刑法》第 223 条之规定，串通投标罪是指投标人相互串通投标报价，损害招标人或者其他投标人利益，或者投标人与招标人串通投标，损害国家、集体、公民的合法利益，情节严重的行为，即"串通投标"行为只有在"损害招标人或者其他投标人利益"或者"损害国家、集体、公民的合法利益"，且"情节严重"时，才构成串通投标罪。而在本案中，根据刘某的辩解和李甲、谢某某、刘甲等人的证言，乡政府已经开会研究确定由该村负责该项目的施工，然后为了办理相关施工手续才走招投标程序，而且，采用的是"邀标"方式，除被邀请的几家公司外，并无其他主体参与竞标，因此，刘某的行为既不存在"损害招标人或者其他投标人利益"之可能，也不存在"损害国家、集体、公民的合法利益"之问题，不符合串通投标罪的构成要件，不应认定为犯罪。

李某某组织、领导黑社会性质组织等案

——仅部分参加黑社会性质组织犯罪活动者能否认定为 黑社会性质组织的组织者、领导者

一、基本案情

（一）组织、领导黑社会性质组织罪

1995 年 2 月，李某一刑满释放。自 1996 年至 2017 年，其先后担任原 A 市 B 区 C 村某经济合作社社长、村经济联合社委员会书记、村经济总公司顾问。其间，李某一依靠其家族兄弟李某二、李某三等，人多势众，采取恐吓、殴打等暴力手段，震慑本社干部、村民。2003 年 6 月 1 日，李某一因纠纷而指使李某二等人殴打时任该村某经济合作社副社长李甲的儿子李某某，借以震慑本社村民，获取经济利益。

2001 年 3 月至 2012 年 10 月，李某某、胡某某、沈某某先后担任 A 市日化有限公司法定代表人、股东、监事，聘请胡甲、黎某一等人成为该公司员工，逐步发展成为自己的手下成员。

2005 年 10 月至 2013 年 6 月，李某一、李某某共同承包 C 村经济联合社的自来水经营业务（又称水务组），其间侵吞 C 村经济联合社集体财产的巨额排污费并用于投资建设，攫取巨额经济利益，进一步积累和壮大经济实力。

2006 年 3 月，李某某因公司员工黎某一与他人发生纠纷，即纠集公司员工对被害人实施殴打，并毁坏被害人所在公司财物，在 C 村一带产生重大影响。

2007 年 4 月，李某一、李某某纠集多人到黎某波儿子黎某俊等人租赁的工地，威胁、恐吓在场被害人黄某某等人停工未果后，指使多人分别持霰弹枪、木棍等工具对被害人黄某某实施殴打并致其受伤。此事件标志着以李某一、李某某为首的犯罪团伙在 C 村形成了强势的"村霸"地位。

为攫取经济利益，2007 年李某一、李某某纠集多人采取暴力手段逼迫杜某某将土地租给李某一、李某某开发兴建厂房，出资购买了数十台赌博"老虎机"摆放在厂房供社会人员赌博，从中非法牟利。

2008年，李某一当选C村支书。2011年，李某一假借C村村委需要加强治安为由，强迫C村各经济社共同出资聘请赵某某等二十多人，组成C村治保会机动组（俗称"黑衣人"），统一身穿黑色服饰，长驻C村内。"黑衣人"听从于李某一、胡某某、李某三的指挥、调遣，在C村实施了一系列违法犯罪行为。

2009年7月，李某一因收费纠纷纠集100余名村民驾车堵塞收费站，造成附近路段交通管理秩序严重混乱；2011年7月，李某一因纠纷纠集多人围堵B区供电局，导致C村经济联合社100余名不明真相的村民及多名"黑衣人"到该供电局门前围堵、静坐，用车辆堵塞供电局大门，致使该局的工作、营业无法正常开展，造成恶劣的社会影响。

2011年，黎某一、胡某一、胡某某等人在C村经营建筑材料砂石的门店（俗称"石场"）成为黎某二等人的聚集地和商议实施违法犯罪活动的场所。这些成员在C村一带实施故意伤害、寻衅滋事、聚众斗殴、强迫交易、非法持有枪支等违法犯罪行为。

2014年，李某五当选为C村村委党总支书记后，李某一通过其家族兄弟李某五控制了C村村委的工作。其间，C村经济联合社多项民生工程均指定由其家族兄弟李某二、李某三、李某四等人承包。

通过上述手段，该团伙逐步发展成为以李某一、李某某为组织者、领导者，以胡某某、李某二等为积极参加者，以黎某四等为一般参加者的黑社会性质组织。该组织为了实现对C村辖区内大型工程项目的垄断，达到侵吞C村经济联合社集体财产的目的，有组织地在C村范围内实施故意伤害，寻衅滋事，强迫交易，开设赌场，聚众扰乱交通秩序，聚众扰乱社会秩序，敲诈勒索，非法持有枪支，职务侵占，盗窃，伪造国家机关证件、印章的犯罪事实，在当地造成恶劣的社会影响，严重破坏了当地正常的经济、社会秩序。

（二）职务侵占罪

自2005年10月8日开始，李某某与李某一承包A市B区C村经济联合社自来水经营管理业务，代替C村经济联合社行使向C村村民和工厂征收自来水费和污水处理费的权力。为了牟取更大的非法利益，李某一、李某某利用承包C村自来水管理的便利，指使黎某二、胡某二将C村村民及工厂上交的污水处理费进行截留，并用于支付李某一、李某某承建的项目工程费及个人挥霍使用。直至2013年6月退出承包C村自来水管理业务，其共侵吞污水处理费人民币1 444 3191.72元。

二、主要问题

本案涉及的主要问题是：（1）李某某在黑社会性质组织中的角色认定，

即其是否属于该黑社会性质组织的组织者和领导者，还是仅属于一般参加者，进而确定李某某是否构成组织、领导黑社会性质组织罪。对此，主要有以下两种观点：

一种观点主张构罪，认为李某某和李某一共同实施了组织、领导黑社会性质组织的行为，领导、指挥黑社会性质组织实施了多起违法犯罪行为，因而，李某某属于组织者、领导者，构成组织、领导黑社会性质组织罪。

另一种观点主张不构罪，认为李某某在涉案黑社会性质组织内不处于领导地位也不起重要作用，不是涉案黑社会性质组织的组织者、领导者和积极参加者，只成立一般参加者。李某某没有对"整个组织的活动"进行决策、指挥、协调、管理的行为，只是实施了一般性质的参加行为，因而只能构成参加黑社会性质组织罪。

（2）李某某伙同他人侵占排污费的行为是否符合职务侵占罪的构成要件，进而是否构成职务侵占罪。认定的关键在于李某某等人的身份及排污费的性质与归属问题。对此，存在以下两种观点：

一种观点主张构罪，认为李某某等人收取的排污费属于 C 村经济联合社的财产，且李某某等人虽然不是 C 村经济联合社的工作人员，但是属于被委托人员，因此，其擅自将排污费据为己有的行为构成了职务侵占罪。

另一种观点主张不构罪，认为李某某等人不是 C 村经济联合社的工作人员，因此不满足职务侵占罪所要求的特殊身份，他们与 C 村经济联合社之间属于平等主体的民事关系，C 村经济联合社可依据承包合同要求李某某、李某一承担违约责任，但李某某、李某一在其中没有职务便利，其行为不符合职务侵占罪的行为要求，不构成职务侵占罪。

三、出罪法理

笔者认为，李某某不是涉案黑社会性质组织的组织者、领导者，且其伙同他人侵占排污费的行为不符合职务侵占罪的构成要件，不构成相关犯罪。

（一）李某某不属于涉案黑社会性质组织的组织者、领导者，而只是一般参加者，不构成组织、领导黑社会性质组织罪

关于组织、领导、参加黑社会性质组织罪，我国《刑法》第 294 条第 1 款规定："组织、领导黑社会性质的组织的，处七年以上有期徒刑，并处没收财产；积极参加的，处三年以上七年以下有期徒刑，可以并处罚金或者没收财产；其他参加的，处三年以下有期徒刑、拘役、管制或者剥夺政治权利，可以并处罚金。"据此，我国刑法明确将组织、领导、参加黑社会性质组织罪的主体分为三类，即"组织者、领导者"、"积极参加者"和"一般参加者"（其他参加者），并分别规定了法定刑。在刑法上，黑社会性质组织属于一种

特殊的犯罪集团，"组织者、领导者"、"积极参加者"和"一般参加者"属于该特殊犯罪集团内的共同犯罪人类型。我国刑法对共同犯罪人的分类采取的是"分工分类"与"作用分类"相结合的分类方法，对黑社会性质组织内部"组织者、领导者"、"积极参加者"和"一般参加者"的区分也综合了"分工"（行为类型，即行为人实施的是组织、领导行为还是参加行为）和"作用"（地位作用，即行为人是属于首要分子、一般主犯还是从犯）标准。这在2009年最高人民法院、最高人民检察院、公安部《办理黑社会性质组织犯罪案件座谈会纪要》和2018年最高人民法院、最高人民检察院、公安部、司法部《关于办理黑恶势力犯罪案件若干问题的指导意见》中有具体体现。本案中，无论是从分工（行为类型）上还是从作用（地位作用）上看，李某某都不属于组织者、领导者，也不属于积极参与者，而只是一般参加者，不构成组织、领导黑社会性质组织罪。这主要体现在以下方面。

1. 在行为分工上，李某某的行为不是涉案黑社会性质组织的组织、领导行为和积极参加行为，而是一般参加行为，李某某只是黑社会性质组织的一般参加者

关于组织、领导与参加行为的认定，2018年最高人民法院、最高人民检察院、公安部、司法部《关于办理黑恶势力犯罪案件若干问题的指导意见》侧重于从行为分工上进行区分，该指导意见第4条中规定："发起、创建黑社会性质组织，或者对黑社会性质组织进行合并、分立、重组的行为，应当认定为'组织黑社会性质组织'；实际对整个组织的发展、运行、活动进行决策、指挥、协调、管理的行为，应当认定为'领导黑社会性质组织'。"第5条第1款中规定："知道或者应当知道是以实施违法犯罪为基本活动内容的组织，仍加入并接受其领导和管理的行为，应当认定为'参加黑社会性质组织'。"据此，本案中李某某的行为不属于组织、领导行为，而属于参加行为，且是一般的参加行为。这具体体现在：

第一，李某某的行为不是"组织黑社会性质组织"的行为。根据前述《关于办理黑恶势力犯罪案件若干问题的指导意见》第4条的规定，"组织黑社会性质组织"是"发起、创建黑社会性质组织，或者对黑社会性质组织进行合并、分立、重组的行为"，包括对黑社会性质组织的发起、创建、合并、分立、重组行为。本案中，涉案的黑社会性质组织不存在合并、分立、重组的问题，而该组织的发起、创建也完全是由李某一一手进行的。自1996年至2017年，李某一在先后担任原A市B区C村第十一经济合作社社长、C村党总支书记、A市B区均禾街C村经济总公司顾问期间，依靠其家族兄弟李某二、李某三、李某四、李某五等，采取恐吓、殴打等暴力手段，震慑本社干部、村民。本案证据清楚地表明，涉案的黑社会性质组织是由李某一发起、

创建的。李某某既没有发起、创建黑社会性质组织的行为，也没有合并、分立、重组黑社会性质组织的行为，不成立"组织黑社会性质组织"的行为。

第二，李某某的行为不是"领导黑社会性质组织"的行为。根据前述《关于办理黑恶势力犯罪案件若干问题的指导意见》第4条的规定，"领导黑社会性质组织"是"实际对整个组织的发展、运行、活动进行决策、指挥、协调、管理的行为"。这包括两个基本内容：一是"领导"行为包括"决策、指挥、协调、管理"行为；二是"领导"的对象为"整个组织的发展、运行、活动"，在单个活动中的"决策、指挥、协调、管理"行为不属于"领导黑社会性质组织"行为。本案中，李某某的行为不属于"领导黑社会性质组织"行为。这是因为：一方面，李某某没有对"整个组织的发展、运行"进行"决策、指挥、协调、管理"。本案中，主张构罪的观点认为，涉案黑社会性质组织的发展和运行存在三个重要机制，即"以李某一家族血缘关系为纽带"、"以C村集体组织为依托"和"以C村治保会、'黑衣人'等暴力组织成员为抓手"。因此，若要对该黑社会性质组织的发展和运行进行"决策、指挥、协调、管理"，就必须要深入到这三个机制之中。但在本案中，李某某既非李某一的家族成员，与李某一之间不存在血缘关系，也非C村集体组织的成员，更与C村治保会、黑衣人等暴力组织没有直接关系。李某某不具备对"整个组织的发展、运行"进行"决策、指挥、协调、管理"的条件，事实上也没有对"整个组织的发展、运行"进行"决策、指挥、协调、管理"的行为。另一方面，李某某没有对"整个组织的活动"进行"决策、指挥、协调、管理"。本案中，涉案的黑社会性质组织实施的违法犯罪行为共23起，但李某某参与的违法犯罪行为总共只有5起。仅从李某某参与违法犯罪行为的数量上看，李某某就不可能对"整个组织的活动"进行"决策、指挥、协调、管理"。更何况，还有多起案件存在明显的证据问题，且有被控为个人所为的违法犯罪行为。因此，本案中李某某没有对"整个组织的活动"进行"决策、指挥、协调、管理"的行为，没有"领导黑社会性质组织"。

第三，李某某的行为只属于"参加黑社会性质组织"。根据前述《关于办理黑恶势力犯罪案件若干问题的指导意见》第5条第1款的规定，"参加黑社会性质组织"是"知道或者应当知道是以实施违法犯罪为基本活动内容的组织，仍加入并接受其领导和管理的行为"。本案中，李某某的行为属于"参加黑社会性质组织"。这集中表现为李某某虽然参加了涉案黑社会性质组织的多起活动，但一直受李某一的领导和管理：一方面，在涉及组织的违法犯罪活动中，李某某参与的违法犯罪活动次数很少且都要听命于李某一；另一方面，在日常活动中，李某某的不少行为也要受到李某一的管理。例如，2006年李某某建厂房遭遇李某一阻拦；2016 年李某某在村内重建自用房，李某一有意插手；在与李某一合作的几个村内项目中，李某一要求李某某带资建设，完工后，村里要数年慢慢支付工程款，而李某一不出资却要平分利润。因此，李某某在涉案的黑社会性质组织中完全是一个被领导、被管理的角色，而非组织者、领导者。

第四，李某某的行为不属于"积极参加黑社会性质组织"，属于"其他参加黑社会性质组织"。"积极参加黑社会性质组织"是参加黑社会性质组织的一种类型。根据前述《关于办理黑恶势力犯罪案件若干问题的指导意见》第 5 条第 2 款的规定，参加黑社会性质组织并具有以下情形之一的，一般应当认定为"积极参加黑社会性质组织"：多次积极参与黑社会性质组织的违法犯罪活动，或者积极参与较严重的黑社会性质组织的犯罪活动且作用突出，以及其他在组织中起重要作用的情形，如具体主管黑社会性质组织的财务、人员管理等事项。本案中，李某某涉嫌参加的违法犯罪活动都不属于较严重的黑社会性质组织犯罪活动（5 起违法犯罪活动中只有 2 起可能构成犯罪，且不属于较严重的犯罪，更不存在李某某在其中作用突出的情况），同时李某某也不存在具体主管黑社会性质组织的财务、人员管理等事项之类的其他在组织中起重要作用的情形。在此基础上，李某某是否属于"积极参加黑社会性质组织"，关键在于其是否属于"多次积极参与黑社会性质组织的违法犯罪活动"的情形。对此，如仅从形式上看，李某某参与的违法犯罪活动达到了"多次"（3 次以上）的数量标准，但上述指导意见对"多次"进行了实质性限定，即"在组织中起重要作用"。对于这里的"多次"应当结合其行为是否体现出了在组织中的"重要作用"进行实质性判断。具体而言，"多次"是否反映出行为人的"重要作用"，要看行为人实施的"多次"违法犯罪活动在整个组织实施的违法犯罪活动中的作用是否达到了重要程度。本案中，李某某实施的违法犯罪活动虽然在 3 次以上，但与整个组织实施的违法犯罪活动相比，其违法犯罪活动所占比例极少，而且不属于严重的违法犯罪活动，也没有体现出李某某在整个组织实施的违法犯罪活动中的重要作用，不能仅因参加了 3 次以上的违法犯罪活动就认定李某某属于"积极参加黑社会性质组织"。事实上，本案也没有仅因为"多次"参加违法犯罪活动就一概地将参加者的行为认定为"积极参加黑社会性质组织"，多名"多次"实施违法犯罪活动的人都被认定为一般参加者。据此，李某某也应当被认定为涉案黑社会性质组织的一般参加者。

可见，在行为分工上，李某某实施的不是组织、领导行为，而只是参加行为，且不属于积极参加，李某某不属于涉案黑社会性质组织的组织者、领导者和积极参加者，只属于一般参加者。

2. 在地位作用上，李某某不处于组织、领导地位，而只是一般参加者，不属于涉案黑社会性质组织的组织者、领导者和积极参加者

关于组织者、领导者、积极参加者和一般参加者的认定，2009 年最高人民法院、最高人民检察院、公安部《办理黑社会性质组织犯罪案件座谈会纪要》更侧重行为人的地位作用，该座谈会纪要规定："组织者、领导者，是指黑社会性质组织的发起者、创建者，或者在组织中实际处于领导地位，对整个组织及其运行、活动起着决策、指挥、协调、管理作用的犯罪分子，既包括通过一定形式产生的有明确职务、称谓的组织者、领导者，也包括在黑社会性质组织中被公认的事实上的组织者、领导者；积极参加者，是指接受黑社会性质组织的领导和管理，多次积极参与黑社会性质组织的违法犯罪活动，或者积极参与较严重的黑社会性质组织的犯罪活动且作用突出，以及其他在组织中起重要作用的犯罪分子，如具体主管黑社会性质组织的财务、人员管理等事项的犯罪分子；其他参加者，是指除上述组织成员之外，其他接受黑社会性质组织的领导和管理的犯罪分子。"本案中，从地位作用上看，李某某不是涉案黑社会性质组织的组织者、领导者，也不是积极参加者，而只是其他参加者（一般参加者）。这具体体现在：

第一，在组织结构上，李某某既不处于领导地位，也不起重要作用。本案中，涉案的黑社会性质组织是以李某一为核心，控制基层组织的宗族式黑社会性质组织，涉案组织成员主要由村委会成员、三大暴力组织成员（所谓的治保会、黑衣人、十五社）、村外人员（如关某某、黎某八）构成，主要依靠治保会、黑衣人、十五社和村外人员等暴力组织维护其组织利益。但本案证据显示：一方面，李某某与李某一之间不具有宗亲关系，而且李某某的政治面貌为群众，从未担任过任何村、社干部，从未干预过村委会事务，也从未领导决策村内事务，更未参与控制选举、发展党员和安插任何人在村社各个职能部门的行为。另一方面，李某某没有参与 C 村治保会、黑衣人、十五社等暴力组织，也不能领导、管理这些暴力组织，且与关某某等村外势力没有往来。事实上，因为这些原因，李某某在组织内的地位和作用远不如大部分组织成员，既不如组织者李某一及骨干黎某一、胡某一、胡某二等人，也不如一般成员，其地位仅属于其他参加者。

第二，在经济贡献上，李某某对发展黑社会性质组织的经济实力不起重要作用。这包括两个方面：一方面，在经济来源上，李某某没有为涉案黑社会性质组织积极创收。本案证据显示，李某某与李某一之间虽然有合作项目，但都是各自营利的。一些项目合作的机会是李某一提供的，李某某垫资但盈余部分对半分，李某某在合作项目中的个人收益，均用于自身合法企业生产或自身生活开销，不是为涉案的黑社会性质组织创收。另一方面，在经济支

持上，李某某没有用个人的财产支持涉案黑社会性质组织及其实施的违法犯罪活动。本案证据显示，李某某没有出钱用于支持涉案黑社会性质组织的违法犯罪活动或维系涉案组织的生存发展。例如，在涉嫌开设赌场罪的犯罪中，李某某虽然参加了当时的会议，但老虎机运营过程完全是李某一及其他人员完成的。

第三，在行为实施上，李某某只是参加了少数几起行为，既不处于领导地位，也不起重要作用。本案中，从李某某的角度看，涉案的 23 起违法犯罪行为大体上可分为两类：一类是与李某某完全无关的违法犯罪行为，这占了绝大多数，共 18 起；另一类是与李某某有关的违法犯罪行为，占极少数，只有 5 起。而且，这 5 起违法犯罪行为又可分为三种情形：一是在案证据不能证明李某某知情和参与，更无法证明李某某的行为对涉案黑社会性质组织的"组织意志"有作用，这是李某某被指控的非法持有枪支案；二是不符合刑法规定的犯罪构成要件的犯罪，即李某某被指控的职务侵占案；三是李某某作为组织一般成员参与实施的犯罪行为，涉及李某某被指控的开设赌场案（2007 年摆放老虎机案）、寻衅滋事案（黄某某案）和强迫交易案（杜某某案）。总体上看，李某某参与涉案的违法犯罪行为数量少、参与程度低，在涉案黑社会性质组织实施的 23 起违法犯罪活动中其既不处于领导地位，也不起重要作用，只是起一般参加者的作用。

第四，在危害后果上，李某某对涉案黑社会性质组织扩大影响等不起重要作用，更不起领导作用。本案中，涉案黑社会性质组织对当地经济、社会秩序的危害主要包括两方面，即对 C 村的危害和造成的恶劣社会影响。前者主要由李某一通过控制 C 村委会并借助暴力组织实现（如利用村治保会、黑衣人、十五社、关某某等村外无业游民，采取恐吓、殴打等暴力手段，操纵选举，垄断村内工程，震慑生活在 C 村的村民百姓，给群众形成心理强制），后者主要由李某一组织实施的聚众扰乱交通秩序、聚众扰乱社会管理秩序等行为实现。这些基本上与李某某没有关系，李某某对于涉案黑社会性质组织造成的危害不起重要作用，更不起领导作用。

可见，李某某既没有实施组织、领导涉案的黑社会性质组织行为，也没有积极参加黑社会性质组织，且其在涉案的黑社会性质组织内不处于领导地位、也不起重要作用，不是涉案黑社会性质组织的组织者、领导者和积极参加者，只是一般参加者。

（二）李某某结伙侵占排污费的行为不符合职务侵占罪的构成要件，不构成职务侵占罪

根据我国《刑法》第 271 条的规定，职务侵占罪是公司、企业或者其他单位的人员，利用职务上的便利，将本单位财物非法占为己有，数额较大的行为。职务侵占罪的成立至少必须同时具备以下条件：一是主体条件，即行为的主体必须是公司、企业或者其他单位的人员；二是行为条件，即行为人必须利用职务上的便利实施侵占行为；三是对象条件，即行为的对象必须是本单位财物，且数额较大。本案中，李某某的涉案行为是结伙利用承包 C 村自来水管理的便利将 C 村村民及工厂上交的污水处理费进行截留。但李某某的行为不符合职务侵占罪的构成要件，不构成职务侵占罪。这主要体现在：

第一，李某某、李某一的身份均不符合职务侵占罪的主体要求，其行为不构成职务侵占罪。如前所述，职务侵占罪的主体必须是"公司、企业或者其他单位人员"，但在本案中，李某某、李某一实施被指控的职务侵占行为的身份不符合职务侵占罪的主体要求。这包括：一是李某某不属于 C 村经济联合社的工作人员，不符合职务侵占罪必须是"公司、企业或者其他单位人员"的主体要求；二是李某一虽然是 C 村经济联合社的工作人员，但其在承包 C 村经济联合社自来水经营管理后，收取自来水费和污水处理费是以承包者个人的身份收取的，与其是 C 村集体组织的工作人员身份无关，其不具有"公司、企业或者其他单位人员"的身份，也不符合职务侵占罪的主体要求。

第二，李某某、李某一没有利用职务便利侵吞排污费，不符合职务侵占罪的行为要求。如前所述，职务侵占罪在客观上要求行为人必须利用职务上的便利非法占有本单位财物。但本案中，李某某、李某一没有利用职务便利。这包括：一是李某某、李某一因承包而收取自来水费和污水处理费不属于利用职务便利。自 2005 年 10 月 8 日开始，李某某与李某一承包 C 村经济联合社自来水经营管理业务，代替 C 村经济联合社行使向 C 村村民和工厂征收自来水费和污水处理费的权力。但承包表明 C 村经济联合社是将收取自来水费和污水处理费的事项外包，李某某、李某一与 C 村经济联合社之间是平等主体之间的民事法律关系，李某某、李某一并不享有收费的公共权力，当村民不交费时，他们并不能代替 C 村经济联合社行使权力。因此，李某某、李某一因承包而收取自来水费和污水处理费不属于利用职务便利。二是李某某、李某一收取自来水费和污水处理费与李某一的职务无关。本案中，李某一在 C 村经济联合社有任职，但李某某、李某一收取自来水费和污水处理费是基于承包关系，与李某一在 C 村经济联合社中的任职无关，且没有利用其职务便利。他们与 C 村经济联合社之间属于平等主体的民事关系，C 村经济联合社可依据承包合同要求李某某、李某一承担违约责任，但李某某、李某一在其中没有职务便利，其行为不符合职务侵占罪的行为要求，不构成职务侵占罪。

第三，涉案污水处理费在未上交之前不属于 C 村集体财产，不符合职务侵占罪的对象要求。如前所述，职务侵占罪的对象必须是"本单位财物"。这里的"本单位财物"包括本单位所有的财物和本单位控制下的财物。本案中，涉案的污水处理费是由李某某、李某一收取的，按照程序，他们在收到污水处理费后应当按照承包合同的要求上交，但因李某某、李某一与C村经济联合社之间只是一种承包合同关系，在没有上交之前，该污水处理费既不是C村经济联合社所有的财物，也不是C村经济联合社控制之下的财物。C村经济联合社只能依据其与李某某、李某一签订的承包合同，要求李某某、李某一履行合同义务。因此，涉案的污水处理费在未上交之前不是C村经济联合社的单位财物，李某某、李某一的行为不符合职务侵占罪的对象要求。

可见，李某某等不是C村经济联合社的单位人员，也不具有C村经济联合社的职务便利，其依据承包合同收取的污水处理费在上交之前不是C村经济联合社的单位财物，李某某的行为不符合职务侵占罪的构成要件，不构成职务侵占罪。

潘某某参加黑社会性质组织、非法采矿案

——仅与黑社会性质组织开展业务合作能否被认定为黑社会性质组织的参加者

一、基本案情

（一）参加黑社会性质组织罪

　　施某某系一黑社会性质组织的组织者、领导者，在某地区有很大的势力。2014年，吴某某凭借其强大的财力、关系网加入施某某的组织，在该地区与施某某大肆地、长期地开设赌场，并在敛取大量非法利益的活动中迅速确立其与施某某几乎旗鼓相当的领导地位。2016年年初，强势的外来涉黑涉恶势力准备在该地区开设赌场，考虑到施某某团伙强大的势力，不得不寻求与施某某组织合作形成共赢关系。2017年，蔡某某、潘某某等人或凭借强硬的关系，或凭借家族强大的财力，伙同吴某某取得甲砂场、乙砂场两个正规砂场的全部处置权，之后通过暴力、威胁、联合执法部门巡逻查处等手段垄断某地区矿砂市场；同时，施某某作为组织的领导者，直接"享用"砂厂、砂场打击处理形成的市场垄断成果，安排人员经营砂场。自此，该地区形成甲、乙、丙砂场垄断矿砂市场的局面。

　　施某某、吴某某对组织的发展运行、违法犯罪活动进行决策指挥、协调管理，掌控并分配组织非法收益，利用其经济实力、威名笼络组织成员，系该黑社会性质组织的组织者、领导者。蔡某某、潘某某动用大量财力或关系网，协助施某某、吴某某长期从事违法犯罪活动，为该组织获取非法利益。施甲、施乙、何甲、黎甲、何乙等人直接听命于施某某、吴某某，多次积极参与黑社会性质组织的违法犯罪活动且作用突出，系该组织的骨干成员。

（二）非法采矿罪

　　2016年10月28日，施某某、潘某某、吴某某及张某某经过协商，使用甲实业有限公司（以下简称甲公司）的名义以550万元价格竞拍取得A村河段的采矿权（以下简称A砂场）。同日，周某某等人使用乙实业有限公司（以

下简称乙公司）的名义以 193 万元价格拍得某河段的河砂采矿权（以下简称 B 砂厂）。随后施某某、潘某某、吴某某、周某某等人为避免两个砂场发生市场价格竞争，便协商共同经营两个砂场，以达到垄断该地区市场的目的。双方在达成合作协议后，由乙公司的周某某等人出钱投资，由甲公司的施某某、潘某某、吴某某等人负责生产和处理当地的社会关系，由潘某某负责销售砂石，由施某某带领黎甲、陈某某等人联合执法部门到该地区巡逻打击非法采砂点。

1. A 砂场在采矿许可证规定时间外提前进行非法开采

2016 年 12 月，A 砂场在未获得采矿许可证的情况下以平整场地为由提前进驻 A 村河段进行开采河砂，并于 2017 年 3 月至 2017 年 7 月期间非法采砂获利共 326.9 余万元。

2. A 砂场、B 砂厂在采矿许可证规定区域内存在非法开采行为

2017 年 8 月，乙公司和甲公司双方的股东因利益发生矛盾进行股东变更。施某某等人退股，潘某某、吴某某、蔡某某以 2 300 万元的价格将 A 砂场、B 砂厂买下，并由潘某某为主要管理者，吴某某和蔡某某负责协调政府职能部门，蔡甲受蔡某某指派负责管理财务。

2017 年至 2019 年期间，潘某某、吴某某、蔡某某为了垄断该县境内所有的砂石，牟取更大的经济利益，拉拢腐蚀该县公职人员。其先是安排人员巡逻、报警、举报，再利用公职人员的职权有组织地对该县境内的非法采砂点进行打击，然后迫使非法采砂点老板把非法开采的砂石低价销售给 A 砂场，A 砂场再利用被垄断的砂石市场进行销售。

2017 年至 2019 年期间，潘某某和吴某某将该县非法采矿区域分为内区和外区，内区包括靠海边的乡镇，外区为往某市方向的其他该县乡镇。内区由潘某某安排哈某某、潘甲为销售主管，吴某某安排符甲为销售主管，带领刘某某等一批开票员在内区的非法采砂点和堆砂点开具车票和收取砂款；外区由吴某某安排符乙为销售主管，潘某某安排王某某为销售主管，蔡某某安排陈某某为销售主管带领开票员在非法采砂点和堆砂点开具车票和收取砂款。2017 年 11 月至 2018 年 11 月期间，A 砂场非法采砂，获利共计 16 780 928.83 元。

3. 吴某某在 A 砂场、B 砂厂以外实施非法采矿的行为

2016 年 9 月至 2017 年 8 月，吴某某等人在该县某山地处非法采砂，获利共计金额 300 余万元。

二、主要问题

本案涉及的主要问题是：（1）潘某某是与涉案黑社会性质组织合作经营，其行为是否符合参加黑社会性质组织罪的构成要件，是否构成参加黑社会性

质组织罪。对此，在案件处理过程中主要有两种不同的观点：

一种观点主张构罪，认为潘某某与黑社会性质组织合作开采矿区，垄断了该县境内所有的砂石，谋取了经济利益，同黑社会性质组织勾结，因而构成参加黑社会性质组织罪。

另一种观点主张不构罪，认为潘某某既没有加入涉案黑社会性质组织的行为，也没有接受涉案黑社会性质组织领导和管理的行为，不属于涉案黑社会性质组织的参加者。与黑社会性质组织成员的合作不能被认定为加入黑社会性质组织的行为，因为潘某某与吴某某合作经营砂场的行为完全是一种平等主体之间的合作经营行为，不是加入该组织，因而，潘某某不构成参加黑社会性质组织罪。

（2）潘某某的行为是否构成非法采矿罪？如若构成，潘某某是否属于该罪的从犯。对此，也存在两种争议观点：

一种观点主张构罪，认为潘某某实际管理并参与了 A 砂场的非法开采活动，应当对 A 砂场非法开采的行为负责，因此潘某某的行为构成非法采矿罪。此外，由于潘某某属于 A 砂场的主要负责人，因此应当认定其为本罪的主犯。

另一种观点主张不构罪，认为在 A 砂场提前非法开采期间，潘某某仅持有 A 砂场 10％的股份，且不是当时砂场经营的负责人。而其后 A 砂场倒卖砂石的行为并非直接开采的实行行为，因此，潘某某的行为不构成非法采矿罪，即使构成该罪，潘某某也只能被认定为该罪的从犯。

三、出罪法理

（一）潘某某不属于黑社会性质组织的参加者，不构成参加黑社会性质组织罪

关于组织、领导、参加黑社会性质组织罪，我国《刑法》第 294 条第 1款规定："组织、领导黑社会性质的组织的，处七年以上有期徒刑，并处没收财产；积极参加的，处三年以上七年以下有期徒刑，可以并处罚金或者没收财产；其他参加的，处三年以下有期徒刑、拘役、管制或者剥夺政治权利，可以并处罚金。"据此，我国刑法明确将组织、领导、参加黑社会性质组织罪的主体分为三类，即"组织者、领导者"、"积极参加者"和"一般参加者"（其他参加者），并分别规定了法定刑。本案中，主张构罪的观点认为，潘某某、施甲、施乙、何某某积极参加黑社会性质组织，多次参与组织的违法犯罪活动或者积极参与较严重的组织犯罪活动且作用突出，在组织中有较高地位，均系黑社会性质组织的骨干成员。潘某某因此被认定为涉案黑社会性质组织的积极参加者。对此，姑且不论施某某、吴某某等人是否成立黑社会性质组织，仅从组织关系的角度看，本案不能认定潘某某属于施某某、吴某某

等人涉嫌的黑社会性质组织的参加者，更不能认定其为涉案黑社会性质组织的积极参加者。

1. 潘某某没有加入并接受涉案黑社会性质组织领导和管理的行为，不属于涉案黑社会性质组织的参加者

"参加"即"加入"。参加黑社会性质组织的行为系加入并接受黑社会性质组织领导和管理的行为。2018 年最高人民法院、最高人民检察院、公安部、司法部《关于办理黑恶势力犯罪案件若干问题的指导意见》第 5 条第 1 款明确规定："参加黑社会性质组织"是"知道或者应当知道是以实施违法犯罪为基本活动内容的组织，仍加入并接受其领导和管理的行为"。据此，参加黑社会性质组织必须同时包含两个基本行为：一是加入黑社会性质组织的行为，二是接受黑社会性质组织领导和管理的行为。本案中，潘某某既没有加入涉案黑社会性质组织的行为，也没有接受涉案黑社会性质组织领导和管理的行为，不属于涉案黑社会性质组织的参加者。这具体体现在：

第一，潘某某没有加入涉案黑社会性质组织的行为。这包括：一是本案证据证明，没有任何仪式或者方式表明潘某某加入了涉案黑社会性质组织。加入黑社会性质组织往往会有一定的仪式或者形式，如通过举行加入仪式而加入，或者黑社会性质组织的组织者、领导者以各种形式明示或者暗示行为人系组织成员等。本案中，没有任何证据表明潘某某以某种仪式或者方式加入了涉案黑社会性质组织，潘某某没有加入涉案黑社会性质组织的具体行为。二是本案认定的事实不是加入行为。本案中对潘某某涉及黑社会性质组织的事实认定仅限于一处，即"2017 年潘某某伙同吴某某取得 A 砂场、B 砂厂两个正规砂场的全部处置权并进行垄断经营"。但该事实显然不能作为认定潘某某加入涉案黑社会性质组织的依据。这不仅因为吴某某最终没有认定为犯组织、领导黑社会性质组织罪（仅犯参加黑社会性质组织罪），与黑社会性质组织成员的合作完全不能被认定为加入黑社会性质组织的行为，而且因为潘某某与吴某某合作经营砂场的行为完全是一种平等主体之间的合作经营行为，不是加入组织。可见，潘某某没有加入涉案黑社会性质组织的具体行为，不是涉案黑社会性质组织的参加者。

第二，潘某某没有接受涉案黑社会性质组织领导和管理的行为。黑社会性质组织虽然通常都拥有较大的非法控制力和重大影响，但也不是事事一手遮天，也需要在一些事项上与他人进行合作，形成利益合作关系。不过，黑社会性质组织的合作者与参加者是两种完全不同的身份。前者作为合作者与黑社会性质组织的组织者、领导者是一种平等主体之间的关系，后者作为参加者则要接受黑社会性质组织的领导和管理。两者在横向和纵向关系上存在明显区别。本案中，要注意不能混淆黑社会性质组织的参加者与合作者的界

限，潘某某只是涉案黑社会性质组织的合作者而非参加者。这是因为：一是从横向关系上看，潘某某只是与吴某某等人存在经济合作关系。本案中，施某某等人涉嫌黑社会性质组织的基础是 2012 年在该地区打出声名的某犯罪集团。该犯罪集团具备一定实力后开始肆无忌惮地通过各种违法犯罪手段敛财，该组织威名为获取非法利益打下基础，非法利益为组织发展提供保障，组织自此成立。本案证据表明，潘某某与施某某、吴某某等人建立的组织结构完全没有联系，也与施某某、吴某某等人被认定为黑社会性质组织的主要涉黑行为（开设赌场、寻衅滋事等）没有任何关系。他完全处在施某某、吴某某涉案组织的外面，只是在获取经济利益上与吴某某等人存在合作关系。二是从纵向关系上看，潘某某与施某某、吴某某等人之间没有人身依附关系，不存在接受施某某、吴某某等人领导和管理的行为。这包括：一方面，本案证据可以充分证明，潘某某与吴某某等人的联系仅限于共同经营 A 砂场、B 砂厂。除此之外，潘某某与吴某某等人没有其他的共同结合点，没有参与涉案黑社会性质组织的其他任何违法犯罪活动，更没有反映出潘某某的人身依附于施某某、吴某某等人的任何具体事实。另一方面，潘某某与吴某某等人对 A 砂场、B 砂厂拥有平等的经营收益权。事实上，与吴某某持有的砂场股份中包含了涉案黑社会性质组织的股份不同，潘某某所持股份均为其个人股份。这也表明其与涉案黑社会性质组织之间的关系具有独立性。在此基础上，本案中潘某某、吴某某等人在 A 砂场、B 砂厂的经营上是按照持股比例进行投资、经营和分配收益的，双方完全是一种合作经营的平等关系，不存在潘某某依附于吴某某等人的关系，也不存在潘某某接受吴某某等人领导和管理的事实。

2. 潘某某不是涉案黑社会性质组织的积极参与者，更不是涉案黑社会性质组织的骨干成员

本案中认定潘某某积极参加黑社会性质组织，系黑社会性质组织的骨干成员。对此，潘某某没有积极参加涉案黑社会性质组织，更不是涉案黑社会性质组织的骨干成员。这具体体现在：

第一，潘某某没有积极参加涉案黑社会性质组织。对于黑社会性质组织的积极参加者，根据前述 2018 年《关于办理黑恶势力犯罪案件若干问题的指导意见》第 5 条第 2 款的规定，参加黑社会性质组织并具有以下情形之一的，一般应当认定为"积极参加黑社会性质组织"：多次积极参与黑社会性质组织的违法犯罪活动，或者积极参与较严重的黑社会性质组织的犯罪活动且作用突出，以及其他在组织中起重要作用的情形，如具体主管黑社会性质组织的财务、人员管理等事项。据此，黑社会性质组织的积极参加者必须同时具备两个基本条件，即"参加黑社会性质组织"和"具有在组织中起重要作用的

情形"。本案中，潘某某没有积极参加涉案黑社会性质组织，不属于黑社会性质组织的积极参加者。这包括：一是如前所述，潘某某没有加入涉案黑社会性质组织并接受涉案黑社会性质组织领导和管理的行为，其行为不属于参加黑社会性质组织，不具备成为黑社会性质组织积极参加者的前提。二是潘某某在本案中的唯一涉案行为是非法采矿行为。主张构罪的观点以潘某某多次非法采矿为由，认为潘某某的行为属于"多次参与组织的违法犯罪活动或者积极参与较严重的组织犯罪活动且作用突出"。但这一推导存在明显错误：一方面，非法采矿行为本身不属于典型的涉黑罪名（甚至不属于作为黑社会性质组织初级形态的恶势力犯罪集团的典型罪名和伴随罪名），且潘某某与吴某某等人共同涉案的非法采矿行为实际获利远低于本案认定的获利，对于施某某、吴某某等人涉案黑社会性质组织犯罪而言不属于较严重的组织犯罪。另一方面，综合主观目的和行为的内在联系，潘某某涉案的非法采矿行为即便构成犯罪，也只能算是一次犯罪活动。这是因为潘某某主观上只有通过销售矿砂盈利的一个概括故意和目的，且其经营矿砂的行为虽然持续了一段时间却是一个整体，无法将其切割为多个犯罪活动。可见，潘某某没有参加黑社会性质组织的行为，也不具有在组织中起重要作用的情形，不能认定其为涉案黑社会性质组织的积极参加者。

第二，潘某某不是涉案黑社会性质组织的骨干成员。对于黑社会性质组织的骨干成员，2015年最高人民法院《全国部分法院审理黑社会性质组织犯罪案件工作座谈会纪要》规定："骨干成员，是指直接听命于组织者、领导者，并多次指挥或积极参与实施有组织的违法犯罪活动或者其他长时间在犯罪组织中起重要作用的犯罪分子，属于积极参加者的一部分。"据此，黑社会性质组织的骨干成员必须同时具备两个基本条件：一是"直接听命于组织者、领导者"，二是"长时间在犯罪组织中起重要作用"。本案中，潘某某不具备黑社会性质组织骨干成员的基本条件，不是涉案黑社会性质组织的骨干成员。这包括：一是潘某某不具备"直接听命于组织者、领导者"的条件。本案中，A砂场、B砂厂主要是由潘某某、吴某某等人共同经营的（2017年8月施某某等人退股），而吴某某虽被认定为黑社会性质组织的领导者，但其涉黑的罪名是参加黑社会性质组织罪，不是真正意义上的黑社会性质组织的组织者、领导者。这意味着，在潘某某涉黑的犯罪活动中没有黑社会性质组织的组织者、领导者，因为潘某某不具备直接听命于组织者、领导者的前提。同时，对于涉案砂场的经营，潘某某是主要管理者，吴某某和蔡某某负责协调政府职能部门，蔡甲受蔡某某指派负责管理财务。这意味着，在涉案砂场的经营上不存在潘某某听命于吴某某的问题（相反可能是吴某某听从于潘某某），即便吴某某是黑社会性质组织的领导者，潘某某也不是直接听命于黑社会性质组织的组织者、领导者。二是潘某某不具备"长时间在犯罪组织中起重要作用"的条件。这既体现在潘某某没有加入涉案黑社会性质组织的行为，不是存在于犯罪组织中，也体现在潘某某涉案的非法采矿行为对施某某等人涉案的黑社会性质组织而言不属于起重要作用的行为，更体现在于施某某等人涉案黑社会性质组织的存续时间内，涉案的非法采矿行为持续时间相对较短，对于涉案黑社会性质组织而言，不属于长时间，难以认定潘某某具备"长时间在犯罪组织中起重要作用"的条件。

可见，潘某某不是涉案黑社会性质组织的参加者，更不是涉案黑社会性质组织的积极参加者、骨干成员，其行为不构成参加黑社会性质组织罪。

（二）潘某某的行为不符合非法采矿罪的成立条件，不构成非法采矿罪，且即便构成，其也只成立非法采矿罪的从犯

关于非法采矿行为，潘某某存在两个涉案行为：一是 A 砂场在采矿许可证规定时间之前非法开采行为；二是 A 砂场、B 砂厂未在开采证规定区域内开采的非法开采行为。然而这两个行为都难以成立。

1. 潘某某没有参与实施 A 砂场提前非法开采行为，不应对 A 砂场提前非法开采行为承担非法采矿罪的刑事责任

关于 A 砂场的提前非法开采行为，2016 年 12 月，A 砂场在未获得采矿许可证的情况下以平整场地为由提前开采河砂，并于 2017 年 3 月至 2017 年 7 月期间非法采砂获利共 326.9 余万元。综合本案证据，潘某某没有参与实施 A 砂场的这一提前非法开采行为，不应对此承担非法采矿罪的刑事责任。这具体体现在：

第一，本案证据证明，在 A 砂场提前非法开采期间，潘某某仅持有 A 砂场 10% 的股份，且不是砂场经营的负责人。2017 年 8 月，乙公司和甲公司双方的股东因利益发生矛盾进行股东变更，施某某等人退股，潘某某、吴某某、蔡某某以 2 300 万元的价格将 A 砂场、B 砂厂买下。在此基础上，施某某、吴某某、蔡某某、潘某某等人的笔录显示，在 2017 年 8 月潘某某、吴某某、蔡某某以 2 300 万元将 A 砂场、B 砂厂买下来之前，潘某某仅持有 10% 的股份，也不是 A 砂场、B 砂厂的经营负责人，因此，从经营管理者的角度看，潘某某不应对 A 砂场提前非法开采行为承担刑事责任。

第二，本案没有证据证明潘某某具体参与实施了 A 砂场的提前非法开采行为。本案证据不能证明潘某某具体参与实施了 A 砂场的提前非法开采行为。A 砂场的提前非法开采行为与潘某某无关。从具体行为实施者的角度看，潘某某不应对 A 砂场提前非法开采行为承担刑事责任。

2. 本案证据不能证明 A 砂场倒卖砂石的行为构成非法采矿罪，且即便构成，潘某某也只成立非法采矿罪的从犯

在事实上，本案中"A 砂场、B 砂厂在采矿许可证规定区域外非法开采行为"实际上是"A 砂场倒卖砂石的行为"。对此，本案证据不能证明 A 砂场倒卖砂石的行为构成非法采矿罪，而且即便构成，潘某某也只是非法采矿罪的从犯。这具体体现在：

第一，本案证据不能证明 A 砂场倒卖砂石的行为构成非法采矿罪。根据我国《刑法》第 343 条第 1 款的规定，非法采矿罪是违反矿产资源法的规定，未取得采矿许可证擅自采矿，擅自进入国家规划矿区、在对国民经济具有重要价值的矿区和他人矿区范围采矿，或者擅自开采国家规定实行保护性开采的特定矿种，情节严重的行为。本案中，A 砂场倒卖砂石的行为不是开采行为。非法采矿罪的成立不仅要求其与具体实施非法采矿犯罪行为人进行了"事先通谋"，而且要求作为上游行为的非法采矿行为本身构成非法采矿罪。但本案现有证据不能证明上游的非法开采行为构成非法采矿罪，且本案认定的数额缺乏依据。这包括：一是本案证据不能证明上游的非法采矿行为构成非法采矿罪。非法采矿行为要构成非法采矿罪除要求行为人实施了非法采矿行为外，还要求行为人的非法采矿行为达到情节严重的程度。本案没有追究上游的非法采矿人的刑事责任，也未认定各个非法采矿人的非法采矿情节，故难以认定上游采矿人的行为构成非法采矿罪。在此基础上，本案不能认定潘某某负责经营的 A 砂场倒卖砂石的行为构成非法采矿罪的共同犯罪。二是本案认定 A 砂场非法采砂获利的额度明显依据不足。会计师事务所出具的审计报告称：2017 年 11 月至 2018 年 11 月期间，A 砂场非法采砂获利共计 16 780 928.83 元。但该审计报告计算获利的方法是只统计相关银行卡的收入而没有扣减支出，实际上潘某某的银行卡收入和支出数量基本相当。审计报告的审计方法存在重大错误，本案证据不能证明 A 砂场在涉案期间非法获利 16 780 928.83 元。

第二，即便 A 砂场倒卖砂石的行为构成非法采矿罪，潘某某也只是非法采矿罪的从犯。如前所述，非法采矿罪的实行行为是采矿行为。本案中，潘某某经营 A 砂场进行的倒卖砂石行为只是销售性行为，不是非法采矿罪的实行行为。即便在具备事先通谋的情况下，该倒卖砂石行为也只是非法开采行为的帮助行为，因而，即便 A 砂场倒卖砂石的行为构成上游采矿人非法采矿罪的共同犯罪，潘某某也只成立非法采矿罪的从犯，对其应当依照我国《刑法》第 27 条第 2 款的规定，予以从轻、减轻处罚或者免除处罚。

可见，本案证据不能证明潘某某的行为符合非法采矿罪共犯的成立条件，其行为不构成非法采矿罪。退一步讲，即便潘某某的行为构成非法采矿罪，也只成立非法采矿罪的从犯，应当依法对其从宽处罚。

李某某涉恶势力犯罪案

——不具有明显的为非作恶特性的组织能否被认定为恶势力犯罪集团

一、基本案情

自 2014 年以来，李某某纠集李甲、蔡某某、邹某某、苏某某、赵某某等人组成以李某某、李甲为首的恶势力套路贷犯罪集团，由李某某负责找客户、出资、审核，苏某某负责出资，李甲负责找客户、讨债，蔡某某、邹某某、赵某某负责讨债，李某某和苏某某参与分成，邹某某、蔡某某和赵某某领取工资。在借款人找到李某某等人提出借款需求后，李某某会通过有关单位的工作人员查询借款人及保证人的财产状况，确定有保障后以无抵押、月利息 5 分至 1 毛 5 分不等的方式出借，再以行业行规为由要求借款人及担保人在一真一假或一真多假的多份借条上签字，并制造资金走账流水或者现金给付证据。在借款人无力偿还的情况下，该集团通过讨债或者利用制造的明显不利于借款人的证据向法院提起民事诉讼等各种手段向借款人、担保人施压，以实现侵占借款人及担保人合法财产的目的。

二、主要问题

本案涉及的主要问题是：李某某等人放高利贷、催债等行为是否符合恶势力犯罪集团的构成条件，是否属于恶势力犯罪集团分子。对此，存在两种不同的观点：

一种观点主张构罪，认为以李某某为首的团伙在上门讨债过程中以影响夫妻感情、影响工作、静坐、拿刀威胁等软、硬暴力手段相威胁，在当地多次实施违法犯罪活动，扰乱经济、社会生活秩序，造成恶劣的社会影响，应当认定为恶势力犯罪。

另一种观点主张不构罪，认为不能将李某某等人发放高利贷行为的分工认定为犯罪集团的分工。李某某等人主观上没有为"为非作恶、欺压百姓"组成犯罪组织的目的，客观上的行为对象不属于不特定对象的百姓，其行为不具有"为非作恶、欺压百姓"的行为性质和组织性，不符合恶势力犯罪集团的行为要件要求，其不成立恶势力犯罪集团。

三、出罪法理

2019 年最高人民法院、最高人民检察院、公安部、司法部（本案简称"两高两部"）《关于办理恶势力刑事案件若干问题的意见》第 11 条第 1 款规定："恶势力犯罪集团，是指符合恶势力全部认定条件，同时又符合犯罪集团法定条件的犯罪组织。"本案中，李某某等人是否成立恶势力犯罪集团，关键在于他们是否同时符合恶势力的全部认定条件和犯罪集团的法定条件。关于恶势力，上述意见第 4 条规定："恶势力，是指经常纠集在一起，以暴力、威胁或者其他手段，在一定区域或者行业内多次实施违法犯罪活动，为非作恶，欺压百姓，扰乱经济、社会生活秩序，造成较为恶劣的社会影响，但尚未形成黑社会性质组织的违法犯罪组织。"在此基础上，该意见第 5～10 条进一步明确了恶势力的四个基本特征：一是本质特征，即"为非作恶、欺压百姓"；二是组织特征，即"一般为 3 人以上，纠集者相对固定"；三是行为特征，即"经常纠集在一起，以暴力、威胁或者其他手段，在一定区域或者行业内多次实施违法犯罪活动"；四是危害性特征，即"扰乱经济、社会生活秩序，造成较为恶劣的社会影响"。对于犯罪集团，我国《刑法》第 26 条第 2 款规定："三人以上为共同实施犯罪而组成的较为固定的犯罪组织，是犯罪集团。"据此，恶势力犯罪集团必须同时具备以下条件：一是犯罪的特定性，即必须是为了实施"为非作恶、欺压百姓"的犯罪，行为指向作为不特定对象的百姓，这也是恶势力犯罪集团的本质要求；二是组织的稳定性，即必须三人以上且组织成员较为固定，人员分工较为明确；三是行为的组织性，即有组织地以暴力、威胁或者其他手段，在一定区域或者行业内多次实施犯罪活动；四是危害的严重性，即犯罪活动必须"扰乱经济、社会生活秩序，造成较为恶劣的社会影响"。据此，笔者认为李某某等人不具备恶势力犯罪集团的成立条件，不成立恶势力犯罪集团。

（一）李某某等人不符合恶势力犯罪集团的本质要求

如前所述，恶势力的本质是"为非作恶、欺压百姓"，恶势力犯罪集团的本质是"为非作恶、欺压百姓"的犯罪集团。但在本案中，李某某等人的行为不具有"为非作恶、欺压百姓"的性质，不符合恶势力和恶势力犯罪集团的本质要求。这包括两个方面：

第一，李某某等人主观上没有为"为非作恶、欺压百姓"而组成犯罪组织的目的。根据我国《刑法》第 26 条第 2 款的规定，犯罪集团是三人以上为共同实施犯罪而组成的较为固定的犯罪组织。组织设立的目的是"为共同实施犯罪"。对于恶势力犯罪集团而言，其成立要求行为人设立组织的目的是

"为非作恶、欺压百姓"。本案中，主张成立恶势力犯罪集团的观点认为李某某、李甲、蔡某某、邹某某、苏某某、赵某某等人的行为属于套路贷，构成诈骗罪。而诈骗罪既不属于恶势力犯罪的主要类型，也不属于恶势力的伴随犯罪，且没有采取暴力、威胁手段，明显不具有"为非作恶、欺压百姓"的性质。根据2019年"两高两部"《关于办理恶势力刑事案件若干问题的意见》第5条的规定，单纯为牟取不法经济利益而实施的"黄、赌、毒、盗、抢、骗"等违法犯罪活动，不具有"为非作恶、欺压百姓"特征的，不应作为恶势力案件处理。因此，本案中，李某某等人没有"为非作恶、欺压百姓"，不符合恶势力犯罪集团的本质要求。

第二，李某某等人客观上的行为对象不属于不特定对象的百姓。如前所述，恶势力的本质特征是"为非作恶、欺压百姓"。而在内涵上，百姓与存在纠纷的人不同，对行为人而言，百姓属于不特定对象，是无关群众。也正因为如此，2019年"两高两部"《关于办理恶势力刑事案件若干问题的意见》第5条中明确规定："因本人及近亲属的婚恋纠纷、家庭纠纷、邻里纠纷、劳动纠纷、合法债务纠纷而引发以及其他确属事出有因的违法犯罪活动，不应作为恶势力案件处理。"本案中，李某某等人被认定为犯罪的行为只有诈骗罪，其所有的不法行为都发生在向借款人讨债的过程中。李某某等人实施涉案行为都是事出有因，且被害人对引发纠纷有一定过错（到期不归还借款），属于特定的对象，而非无关的群众。李某某等人不属于"为非作恶、欺压百姓"，不符合恶势力犯罪集团的本质要求。

可见，李某某等人的行为不具有"为非作恶、欺压百姓"的性质，不符合恶势力和恶势力犯罪集团的本质要求。

（二）李某某等人不符合恶势力犯罪集团的行为要求

恶势力犯罪集团是有组织犯罪的一种高级形态，对行为有较为严格的要求。本案中，李某某等人的行为不符合恶势力犯罪集团的行为要求。这具体体现在：

第一，李某某等人的行为不符合恶势力犯罪集团的行为性质要求。如前所述，恶势力犯罪集团的行为必须具有"为非作恶、欺压百姓"的性质。2019年"两高两部"《关于办理恶势力刑事案件若干问题的意见》第8条第1款规定："恶势力实施的违法犯罪活动，主要为强迫交易、故意伤害、非法拘禁、敲诈勒索、故意毁坏财物、聚众斗殴、寻衅滋事，但也包括具有为非作恶、欺压百姓特征，主要以暴力、威胁为手段的其他违法犯罪活动。"本案中，李某某等人涉案的行为是诈骗行为，且都发生在向借款人讨债的过程中。虽然李某某等人在向借款人讨债的过程中存在一定的威胁行为，但李某某等人的行为整体上不符合恶势力犯罪集团的行为性质要求。

第二，李某某等人的威胁行为不符合恶势力犯罪集团的行为对次数的要求。根据 2019 年"两高两部"《关于办理恶势力刑事案件若干问题的意见》的规定，恶势力必须多次实施违法犯罪活动。这里的"多次"是指带有恶势力性质的违法犯罪活动至少在三次以上，即必须实施了三次以上暴力或者以暴力相威胁的违法犯罪活动。本案共向 48 位借款人中的 36 位借款人和 36 位担保人询问过是否受到李某某等人的威胁，其中只有 7 位借款人称受到过威胁，其余借款人和担保人均称没有受到威胁。而这 7 位自称受到威胁的借款人情况又可分为四类：一是自称受到李某某等人以起诉相威胁，二是自称受到李某某等人以找家人、找单位相威胁，三是自称受到李某某等人以布控、到店闹事相威胁，四是自称受到李某某等人的暴力威胁。对此，上述第一、二类明显属于合法手段，显然不属于恶势力的违法犯罪活动；第三类带有威胁的性质，但不属于以暴力相威胁；第四类属于以暴力相威胁，但明显证据不足，只有借款人一方的证言，没有其他任何证据相印证，特别是借款人提到"一个文身的人"，而本案涉案人员都没有文身的人，明显难以成立。本案证据不足，不应认定李某某等人存在"拿刀威胁"等暴力行为。在此基础上，本案不存在以暴力相威胁的情形，带有威胁性质的上述第三类情形也只有 2 起，不符合恶势力违法犯罪活动必须多次（至少 3 起）的行为次数要求，不构成恶势力。

第三，李某某等人的行为不符合恶势力犯罪集团的行为组织性要求。行为的组织性是恶势力犯罪集团行为的基本特征。2019 年"两高两部"《关于办理恶势力刑事案件若干问题的意见》第 11 条第 3 款中规定："恶势力犯罪集团应当有组织地实施多次犯罪活动，同时还可能伴随实施违法活动。"本案中，主张李某某等人成立恶势力犯罪集团的观点认为，李某某等人在讨债过程中实施了违法犯罪活动，且属于套路贷，构成诈骗罪。同时，本案证据显示，李某某等人虽然对放贷、讨债存在一定的分工，行为具有一定的组织性，但不能证明李某某等人在向借款人讨债过程中有组织地实施了暴力、威胁行为。事实上，仅存的 2 起带有威胁性质的行为都具有临时性，不是李某某等人有组织地实施的。李某某等人的行为不符合恶势力犯罪集团行为的组织性要求。

可见，李某某等人的行为明显不具有"为非作恶、欺压百姓"的行为性质和组织性，不符合恶势力犯罪集团的行为要件要求，李某某等人不成立恶势力犯罪集团。

（三）李某某等人不符合恶势力犯罪集团的组织要求

根据 2019 年"两高两部"《关于办理恶势力刑事案件若干问题的意见》的规定，恶势力犯罪集团在组织上要求人数必须在 3 人以上，且组织成员较为固定，有相对明确的分工。本案中，李某某等人不符合恶势力犯罪集团的组织要求。这主要体现在李某某等人之间不存在相对明确的恶势力犯罪分工。

犯罪集团是为实施犯罪而组成的。这种明确的目的性要求犯罪集团的成员之间有相对明确的犯罪分工。恶势力犯罪集团更应该如此，其要做到"为非作恶、欺压百姓"，达到一定的控制目的，必然要提高行为效率，要求组织具有一定的结构性，人员要有相对明确的犯罪分工。本案中，李某某等人之间存在分工，即由李某某负责找客户、出资、审核，苏某某负责出资，李甲负责找客户、讨债，蔡某某、邹某某、赵某某负责讨债。但李某某等人之间的这种分工不属于恶势力犯罪集团的分工。这是因为：一是李某某等人之间的分工不属于犯罪活动的分工。犯罪集团内部人员的分工是针对犯罪活动进行的。但本案涉及的高利贷行为在当时明显不属于犯罪行为，涉案的违法犯罪活动也都集中在讨债过程中。因此，李某某等人发放高利贷行为的分工不能被认定为犯罪集团的分工。二是李某某等人之间的分工不属于恶势力犯罪集团的分工。恶势力犯罪集团的分工是针对恶势力违法犯罪活动（具有"为非作恶、欺压百姓"性质的暴力、威胁行为）进行的分工。本案中，与恶势力认定有关的违法犯罪活动只有 2 起带有威胁性质的讨债行为，且这 2 起违法犯罪活动中没有明确的人员分工，不能将李某某等人之间的分工认定为恶势力犯罪集团的分工。

可见，李某某等人之间的人员分工不同于犯罪组织、犯罪活动的分工。李某某等人不符合恶势力犯罪集团的组织要求。

（四）李某某等人不符合恶势力犯罪集团的危害性要求

恶势力犯罪集团的危害性体现为"扰乱经济、社会生活秩序，造成较为恶劣的社会影响"。2019 年"两高两部"《关于办理恶势力刑事案件若干问题的意见》第 10 条规定，认定恶势力的"扰乱经济、社会生活秩序，造成较为恶劣的社会影响"，应当结合侵害对象及其数量、违法犯罪次数、手段、规模、人身损害后果、经济损失数额、违法所得数额、引起社会秩序混乱的程度以及对人民群众安全感的影响程度等因素综合把握。

本案中，从李某某等人涉案行为的对象、次数、手段、规模、损害后果、社会影响等方面看，其行为不符合恶势力犯罪集团的危害性要求。这具体体现为：一是在行为对象上，李某某等人的涉案行为都指向借款人这一特定对象，而非无关群众，不会扰乱经济、社会生活秩序，也不会对人民群众的安全感造成影响；二是在行为次数上，李某某等人实施的、带有威胁性质的行为次数很少，能成立的只有 2 起，难以对经济、社会生活秩序造成扰乱；三是在行为手段上，李某某等人涉案行为的手段中没有暴力手段，非暴力手段的威胁程度也很轻，不会对群众的安全感造成直接影响；四是在危害后果上，李某某等人的涉案行为没有造成他人的人身损害后果，也没有造成他人直接经济损失；五是在行为范围上，涉案的犯罪行为主要围绕借款人进行，范围很小，影响有限。

可见，李某某等人的行为对象特定、行为次数少、行为轻微、没有造成严重人身损害后果和重大经济损失，且影响主要局限于借款人，不符合恶势力犯罪集团的危害性要求，不属于恶势力犯罪。

夏某某涉恶势力犯罪集团、寻衅滋事案

——采取过激手段管理商户的市场管理人员能否被认定为恶势力犯罪集团分子

一、基本案情

2014 年至 2018 年，夏某某在经营某商城期间，授意、指使副总经理孙甲、林甲，市场部主管何甲，物业部经理王甲，保安队长张甲、刘甲，保安队副队长孔乙，保安郑甲、武甲、朱甲等人在收取某商城市场综合服务费、商铺租赁费，清理商铺等过程中，与部分商户产生矛盾纠纷，在经公安机关出警制止后，仍多次采用强行断水断电、贴封条、锁门、搬砸物品等手段，对部分商户进行滋扰、破坏，致部分商户经济损失和不同程度的人身伤害，造成较为恶劣的社会影响。具体事实如下。

1. 2014 年下半年至 2015 年年初，为收缴市场综合服务费，某商城与租赁 769—770 号商铺的被害人张某一发生纠纷，某商城员工及保安孙甲、王甲、张甲等人多次对张某一的商铺采取断水断电、胶水堵锁芯、车辆堵门、保安蹲守门口、搬砸物品等手段，致使张某一商铺内的木地板、木门、钢化玻璃门等物品毁坏。经鉴定，物损价值共计 4 173 元。2015 年 9 月 9 日，为收缴市场综合服务费，某商城再次与张某一发生纠纷，保安郑甲、武甲、朱甲欲对张某一商铺锁门，双方发生肢体冲突。之后，张某一被迫搬离某商城。

2. 2015 年 8 月，因拆违、租金等事由，某商城与租赁某商城 A 区一大棚的被害人杨某一发生纠纷，某商城员工及保安王甲、刘甲、孔乙、郑甲、武甲、朱甲等人采取强行搬走店内龙骨等物品，以及拆除、破坏棚顶等手段，影响商铺经营，迫使杨某一缴纳费用，双方发生肢体冲突。

3. 2015 年 9 月，为收缴市场综合服务费，某商城与租赁 628 号商铺的被害人徐某一发生纠纷，保安刘甲、郑甲对徐某一商铺采取加锁锁门、保安蹲守门口等手段，影响商铺经营，徐某一被迫缴纳费用，后搬离某商城。

4. 2015 年 9 月至 10 月，因收缴市场综合服务费等事由，某商城与租赁 1836 号商铺的被害人宋某一发生纠纷，保安刘甲、孔乙、郑甲、朱甲等人对宋某一商铺采取锁门贴封条、拉人出商铺、保安蹲守门口等手段，影响商铺经营，迫使宋某一缴纳费用，郑甲与宋某一发生肢体冲突。

5. 2015年10月，某商城欲对租赁1370、1371、1372号商铺的被害人任某一强行置换商铺，以及为收取市场综合服务费，保安孔乙、郑甲等人采取断水断电、贴封条、锁门、保安蹲守门口等手段，影响商铺经营，后任某一被迫搬离某商城。

6. 2015年11月至2016年年初，因收缴市场综合服务费、物业费等事由，某商城与租赁690号商铺的被害人陆某一发生纠纷，保安孔乙、郑甲、武甲等人对陆某一商铺采取断水断电、贴封条锁门等手段，影响商铺经营，迫使陆某一缴纳费用。郑甲与陆某一发生肢体冲突，致陆某一面部软组织挫伤、眼部挫伤、口腔黏膜破损等，经鉴定，陆某一上述伤势均构成轻微伤。

7. 2015年，因收缴市场综合服务费、物业费等事由，某商城与租赁99号商铺的被害人陈某一发生纠纷，陈某一经营的商铺被断水断电、锁门、贴封条，之后陈某一被迫缴纳费用。2016年，为收缴市场综合服务费，在陈某一租赁358、359号商铺期间，某商城与陈某一发生纠纷，保安刘甲、孔乙、郑甲、武甲、朱甲将陈某一商铺内的货物扔到门外，卸下商铺大门，影响商铺经营，后陈某一被迫缴纳费用。

8. 2016年5月，为收缴市场综合服务费、租房押金等，某商城与租赁1556、1557号商铺的被害人冯某一发生纠纷，保安郑甲、武甲、朱甲等人对冯某一商铺采取断水断电、锁门等手段，双方发生肢体冲突，影响商铺经营，后冯某一被迫缴费。

9. 2018年4月，为清理占铺，某商城与租赁A市金山区金山大道4168弄14号153室的被害人马某一发生纠纷，保安刘甲、郑甲、武甲、朱甲等人多次对马某一商铺采取断水断电、锁门、赶走客人、砖头敲门玻璃等手段，逼迫马某一搬离商铺，双方发生肢体冲突。其间，郑甲趁商铺内无人之际，用木棍砸坏马某一的冰柜、铁质烧烤架等物品，马某一被迫离开某商城。

二、主要问题

本案涉及的主要问题是：（1）夏某某的行为是否属于寻衅滋事，是否构成寻衅滋事罪。对此，问题处理的关键在于如何界定正常的管理行为与寻衅滋事行为，并形成了两种不同的观点：

一种观点认为，夏某某等人通过殴打他人、任意损毁他人财物的方式收取管理费、物业费等费用，并且涉及多起事实，夏某某对上述行为存在授意、指使。这些行为方式符合寻衅滋事罪的构成要件，因此，应当认为夏某某构成寻衅滋事罪。

另一种观点则认为，夏某某等人的行为不属于"无事生非"，商户与商城管理方存在合同关系，商户先不履行缴费的合同义务，二者之间属于民事纠纷，商场管理者是正常维护自身合法经济利益。夏某某等人有权要求被害人服从管理并缴纳一定的费用。因此，夏某某的行为不构成寻衅滋事罪。

（2）夏某某等人是否属于恶势力，能否认定其为恶势力团伙，关键在于判断夏某某等人是否符合恶势力的认定条件。对此也存在两种观点：

一种观点认为，夏某某等人的行为符合恶势力的四个基本特征：本质特征、人员特征、行为特征、危害性特征。夏某某等人多次采用强行断水断电、贴封条、锁门、搬砸物品等手段，对部分商户进行滋扰、破坏，致部分商户受有经济损失和不同程度的人身伤害，造成较为恶劣的社会影响，因此，应当认定夏某某等人为恶势力团伙。

另一种观点则认为，夏某某等人是收取管理费用的行为，其人员架构属于商场正常的管理构成，相关人员均在某商城有相应的职务、工作，夏某某等人不是为了入职相关公司实施违法犯罪活动，更不是为了实施违法犯罪而经常纠集在一起，不符合恶势力其他成员的基本条件。且其针对的对象较为固定，都属于逾期交款的商户，因而，夏某某等人不能被认定为恶势力团伙。

三、出罪法理

笔者认为，夏某某的行为不是"无事生非"，不符合寻衅滋事罪的成立条件，不构成寻衅滋事罪；同时，夏某某等人也不符合恶势力的基本特征，不应被认定为恶势力犯罪团伙。

（一）夏某某的行为不符合寻衅滋事罪的构成要件，不构成寻衅滋事罪

关于寻衅滋事罪，我国《刑法》第 293 条规定："有下列寻衅滋事行为之一，破坏社会秩序的，处五年以下有期徒刑、拘役或者管制：（一）随意殴打他人，情节恶劣的；（二）追逐、拦截、辱骂、恐吓他人，情节恶劣的；（三）强拿硬要或者任意损毁、占用公私财物，情节严重的；（四）在公共场所起哄闹事，造成公共场所秩序严重混乱的。""纠集他人多次实施前款行为，严重破坏社会秩序的，处五年以上十年以下有期徒刑，可以并处罚金。"据此，寻衅滋事罪的成立至少必须同时具备以下两个条件：一是行为人的行为具有"寻衅滋事"的性质，二是行为人的行为必须属于我国《刑法》第 293 条第 1 款规定的行为类型且达到相应的情节要求。本案中，夏某某的行为不符合寻衅滋事罪的成立条件，不构成寻衅滋事罪。

1. 在事实层面上，应当对夏某某涉案事实作合理区分

本案中，夏某某涉案的事实为 9 起，对这些事实应作四个方面的合理区分。

　　第一，应当区分寻衅滋事的定罪事实与非定罪事实。本案中，夏某某涉案的寻衅滋事行为是"夏某某授意、指使孙甲等人殴打他人、任意损毁他人财物"，即仅限于两类行为——"殴打他人"和"任意损毁他人财物"。但在本案夏某某涉案的9起事实中，只有第1起属于"损毁财物"（损毁张某一财物），第6起属于"殴打他人"（殴打陆某一致其轻微伤）。除这两起外，其他7起事实都不属于"殴打他人、任意损毁他人财物"的行为，不属于寻衅滋事罪的事实，不应放在"寻衅滋事事实"部分，应当进行区分。

　　第二，应当准确区分合法自助行为和违法行为。本案证据显示，夏某某的某商城及相关公司与本案被害人（某商城租户）之间存在服务与被服务、管理与被管理的关系。双方之间的这种关系既体现在事实层面（某商城租户客观上接受了某商城的服务、管理），也体现在合同层面（双方签订了商户进场合同等）。在相关商户不履行自身义务（包括不缴纳相关费用、不拆除违建）的情况下，某商城有权依法采取措施维护自身权益，只要其行为本身没有超出法律允许的范围，就不应被认定为违法行为。本案中，在夏某某涉案的9起事实中，除了第1起（损毁张某一财物）、第6起（殴打陆某一致其轻微伤），其他7起都是不让商户在某商城的商铺经营。对于这7起事实，因商户没有缴纳相关费用（至少本案证据不能排除这些商户应该缴费而没有缴费的合理怀疑）、没有依法拆除违建，商户在某商城的经营行为的合法性不足。夏某某的行为是为了维护某商城的正常经营、管理秩序，也是为了维护自身的合法权益，属于合法的民事自助行为，不应当被认定为违法行为，更不能被认定为寻衅滋事的犯罪行为。

　　第三，应当准确区分公安机关出警处置前和出警处置后的行为。按照处警处置前后的标准，对夏某某的涉案事实，应当充分考虑以下三个方面的问题：（1）涉案的主要事实都是单一事实（只实施了一次），按照同一被害人的标准，不存在处警处置前后的区分。这涉及第2起（迫使杨某一缴纳费用）、第3起（迫使徐某一缴纳费用）、第4起（迫使宋某一缴纳费用）、第5起（影响任某一商铺经营）、第8起（迫使冯某一缴纳费用）和第9起（影响马某一商铺经营）。（2）本案部分事实虽然涉及对同一被害人的二次以上伤害，但因行为的内容不同，也不存在处警处置前后的区分。这涉及第1起（影响张某一商铺经营，公安机关处理的是损毁财物行为）、第6起（影响陆某一商铺经营，公安机关处罚的是故意伤害致人轻微伤行为）。（3）"经公安机关处理处罚"的把握不能过宽。本案中，公安机关对涉案行为的处警处置只有两起（上述第1起、第6起）采取的是制止、处罚，其他的处警都是调解或者告知双方走司法程序，并没有作实体上的处理。将有人报案、公安机关出警了的情况都认定为经公安机关处警处置，并纳入"经公安机关处理处罚"范围的做法，显然把握过宽。

第四，应当准确把握事实行为和合同行为。这主要体现在被害人与某商城签订的"商户进场合同"是在相关纠纷发生之后还是之前，以及被害人是否有接受某商城服务和管理的事实。从本案证据来看，被害人与某商城签订的多份"商户进场合同"上的时间显示发生在相关纠纷发生之前。而更为重要的是，无论被害人与某商城是否签订了"商户进场合同"，被害人在某商城内经营的事实行为表明其要接受相应的服务和管理，且本案涉及的费用也不仅限于市场综合服务费，还涉及物业费、租金、租房押金等多种事由。从被害人客观上接受了某商城服务和管理的事实角度看，夏某某方面也有权要求被害人服从管理并缴纳一定的费用。

可见，本案应当正确认定夏某某涉案的事实，不应将不同性质的事实混淆在一起，否则会对夏某某行为的定性产生不当影响，应当进行审慎地区分。

2. 在法律层面上，本案不能认定夏某某的行为符合寻衅滋事罪的构成要件，其行为不构成寻衅滋事罪

如前所述，夏某某涉嫌寻衅滋事的行为是"夏某某授意、指使孙甲等人殴打他人、任意损毁他人财物"，这主要涉及第 1 起和第 6 起案件。根据我国刑法关于寻衅滋事罪的规定，本案不能认定夏某某的行为符合寻衅滋事罪的构成要件，其行为不构成寻衅滋事罪。这具体体现在：

第一，在行为的本质上，夏某某的涉案行为不属于"无事生非"，不符合寻衅滋事行为的本质要求。关于"寻衅滋事"，2013 年最高人民法院、最高人民检察院《关于办理寻衅滋事刑事案件适用法律若干问题的解释》第 1 条第 1 款规定："行为人为寻求刺激、发泄情绪、逞强耍横等，无事生非，实施刑法第二百九十三条规定的行为的，应当认定为'寻衅滋事'。"第 2 款规定："行为人因日常生活中的偶发矛盾纠纷，借故生非，实施刑法第二百九十三条规定的行为的，应当认定为'寻衅滋事'，但矛盾系由被害人故意引发或者被害人对矛盾激化负主要责任的除外。"本案中，夏某某的涉案行为实际上源于某商城与商户之间的纠纷。该纠纷具有三个方面的显著特点：（1）债权债务的合法性。在案证据表明，本案主要是由市场综合管理费、租金、租房押金等引发的，但这些费用的收取或者缴纳都有合法的依据，包括双方的事实行为、商户进场合同、《A 市商品交易市场管理条例》等，所产生的债权债务具有合法性。（2）被害方的过错性。本案均源于商户未缴纳相关的费用。而这些费用是商户应当缴纳而没有缴纳的（至少本案证据不能排除被害方应当缴纳的合理怀疑）。甚至，本案证据表明，张某一存在蓄意挑衅某商城、煽动商户抗拒某商城管理的意图和行为。从这个角度看，被害方对纠纷的引发具有明显的过错。（3）纠纷的非临时性。本案证据表明，涉案商户均在某商城经

营了一段时间，双方因经营发生的缴费纠纷等不是临时发生的。某商城与部分商户之间的纠纷不是临时纠纷，因此涉案行为不是"因日常生活中的偶发矛盾纠纷，借故生非"。

第二，在行为的主体上，本案不能认定夏某某参与实施了寻衅滋事行为。本案中，夏某某涉嫌寻衅滋事的行为是殴打他人、任意损毁他人财物。但本案证据不能证明夏某某授意、指使他人实施了这两方面的行为：（1）本案证据不能证明夏某某授意、指使他人损毁张某一财物。例如，对于夏某某有无带队到张某一店铺、直接出现在与张某一冲突现场，汤某与沈某某的笔录存在明显冲突，其中作为夏某某秘书的汤某称没有印象专门召开了会议，且没有去过现场；孙甲、苗某某、张甲等多人笔录称夏某某未到过与张某一冲突现场；王甲、武甲、孙甲等多人的笔录表明夏某某没有授意、指使他人损毁张某一财物的行为。事实上，从行为发生过程来看，某商城与张某一发生的冲突经历了多个不同的阶段。其中，张某一对纠纷的引发起到了重要作用，而损毁张某一财物是现场冲突升级后的临时行为，不是事先授意、指使、安排的。在此基础上，本案证据不能证明夏某某授意、指使他人损毁张某一财物。（2）本案证据不能证明夏某某授意、指使他人殴打陆某一。本案证据显示，郑甲与陆某一的肢体冲突是现场临时发生的，不存在事先安排、授意、指使的问题；郑甲当时看到陆某一正在撕商铺的封条，因为生气而上前踹陆某一，郑甲的行为是临时起意的，不是夏某某授意、指使的。因此，在行为的主体上，本案不能认定夏某某参与实施了涉案的寻衅滋事行为。

第三，在行为的构造上，本案不能认定夏某某的涉案行为是在公安机关制止、处理处置后又实施的。2013年最高人民法院、最高人民检察院《关于办理寻衅滋事刑事案件适用法律若干问题的解释》第1条第3款规定："行为人因婚恋、家庭、邻里、债务等纠纷，实施殴打、辱骂、恐吓他人或者损毁、占用他人财物等行为的，一般不认定为'寻衅滋事'，但经有关部门批评制止或者处理处罚后，继续实施前列行为，破坏社会秩序的除外。"本案中，夏某某的涉案行为是在公安机关出警处置后又实施的寻衅滋事行为，并以此作为认定其行为构成寻衅滋事罪的重要理由。但这一认定难以成立，这是因为：夏某某涉嫌寻衅滋事的行为不具有重复性，不存在先制止、处理处罚后又实施的问题。如前所述，夏某某涉嫌寻衅滋事的行为是"殴打他人、任意损毁他人财物"，但本案证据显示，案件中的"殴打他人"和"损毁他人财物"发生的行为对象不是同一个人（分别是陆某一和张某一），发生纠纷的原因也不完全相同（有收缴市场综合服务费、物业费等不同事由），公安机关出警解决的问题和纠纷不同。在此基础上，本案难以认定夏某某涉案的两个行为之间存在先后关系，更难以认定它们之间存在先被公安机关制止、处理处罚后又实施的问题。

可见，夏某某的行为不属于"无事生非"，不符合寻衅滋事的行为性质要求，不构成寻衅滋事罪。

（二）夏某某等人不符合恶势力的基本特征，不属于恶势力，不成立恶势力犯罪团伙

2019年最高人民法院、最高人民检察院、公安部、司法部（本案简称"两高两部"）《关于办理恶势力刑事案件若干问题的意见》第4条规定："恶势力，是指经常纠集在一起，以暴力、威胁或者其他手段，在一定区域或者行业内多次实施违法犯罪活动，为非作恶，欺压百姓，扰乱经济、社会生活秩序，造成较为恶劣的社会影响，但尚未形成黑社会性质组织的违法犯罪组织。"在此基础上，该意见第5～10条进一步明确了恶势力的四个基本特征：一是本质特征，即"为非作恶、欺压百姓"；二是人员特征，即"一般为3人以上，纠集者相对固定"；三是行为特征，即"经常纠集在一起，以暴力、威胁或者其他手段，在一定区域或者行业内多次实施违法犯罪活动"；四是危害性特征，即"扰乱经济、社会生活秩序，造成较为恶劣的社会影响"。本案中，主张构罪的观点认为，夏某某伙同孙甲、林甲、何甲、王甲、张甲、刘甲、孔乙、郑甲、武甲等人经常纠集在一起，为收缴市场综合服务费等，多次实施违法犯罪活动，为非作恶，欺压百姓，扰乱社会、经济秩序，造成较为恶劣的社会影响，故其组织属于恶势力团伙。但这一观点难以成立。笔者认为，夏某某等人不具备恶势力团伙的成立条件，不成立恶势力团伙。

1. 夏某某等人不符合恶势力的本质要求

恶势力的本质是"为非作恶、欺压百姓"。2019年"两高两部"《关于办理恶势力刑事案件若干问题的意见》第5条规定："单纯为牟取不法经济利益而实施的'黄、赌、毒、盗、抢、骗'等违法犯罪活动，不具有为非作恶、欺压百姓特征的，或者因本人及近亲属的婚恋纠纷、家庭纠纷、邻里纠纷、劳动纠纷、合法债务纠纷而引发以及其他确属事出有因的违法犯罪活动，不应作为恶势力案件处理。"本案中，夏某某涉案的具体犯罪包括寻衅滋事罪和虚开发票罪。其中，涉案的虚开发票罪与恶势力无任何关联。同时，涉案的寻衅滋事罪也明显不具有"非法作恶、欺压百姓"的性质，不符合恶势力的本质要求。这体现为以下三个方面：

第一，本案的行为对象都是"特定对象"，不属于不特定对象的百姓，不符合恶势力本质的总体要求。在概念上，"百姓"是不特定的对象。恶势力的"为非作恶、欺压百姓"，是对不特定对象的欺压，进而才能对其他人的心理产生威慑和影响。本案中，涉案的9起寻衅滋事事实，行为对象都是特定的，即与某商城存在经济纠纷、管理纠纷的对象。这种对象的特定性决定了夏某某等人的涉案行为不具有"为非作恶、欺压百姓"的性质，不符合恶势力本质的总体要求，夏某某等人不应被认定为恶势力团伙。

第二，夏某某等人的涉案行为都是"单纯为牟取经济利益而实施"的，不符合"为非作恶、欺压百姓"的目的特征。根据上述 2019 年"两高两部"《关于办理恶势力刑事案件若干问题的意见》第 5 条中的规定，"单纯为牟取不法经济利益而实施的'黄、赌、毒、盗、抢、骗'等违法犯罪活动，不具有为非作恶、欺压百姓特征的"，不应作为恶势力案件处理。本案中，夏某某涉案的寻衅滋事事实，都是为了让某商城的商户缴纳市场综合管理费、租金、物业费等，都是"单纯为牟取经济利益而实施"的，不符合"非法作恶、欺压百姓"的目的特征。

第三，夏某某等人的涉案行为系因纠纷引发，确属事出有因，不符合"为非作恶、欺压百姓"的起因特征。根据上述 2019 年"两高两部"《关于办理恶势力刑事案件若干问题的意见》第 5 条的规定，因本人及近亲属的婚恋纠纷、家庭纠纷、邻里纠纷、劳动纠纷、合法债务纠纷而引发以及其他确属事出有因的违法犯罪活动，不应作为恶势力案件处理。本案中，夏某某涉案的寻衅滋事事实，都是由商户不缴纳应当缴纳的市场综合管理费、物业费、租金等引发的，均系因纠纷引发。对此，在有关商户报案后，公安机关也认定这属于经济纠纷，不在公安机关的处理范围，建议他们走正规的司法程序处理。可见，夏某某涉嫌寻衅滋事的事实都是由纠纷引发的，确属事出有因，不符合"为非作恶、欺压百姓"的起因特征。

2. 夏某某等人不符合恶势力的人员要求

关于恶势力的人员特征，2019 年"两高两部"《关于办理恶势力刑事案件若干问题的意见》第 6 条规定："恶势力一般为 3 人以上，纠集者相对固定。"恶势力的人员包括"纠集者"和"其他成员"两种。本案中，夏某某等人不符合恶势力的"纠集者"和"其他成员"的基本要求。这具体体现在：

第一，夏某某不属于涉案恶势力的纠集者。关于恶势力的纠集者，2019年"两高两部"《关于办理恶势力刑事案件若干问题的意见》第 6 条第 1 款中规定："纠集者，是指在恶势力实施的违法犯罪活动中起组织、策划、指挥作用的违法犯罪分子。成员较为固定且符合恶势力其他认定条件，但多次实施违法犯罪活动是由不同的成员组织、策划、指挥，也可以认定为恶势力，有前述行为的成员均可以认定为纠集者。"根据该规定，恶势力的纠集者需具备两个基本条件：一是起组织、策划、指挥作用，二是违法犯罪活动属于恶势力犯罪。本案中，如前所述，夏某某涉案的具体行为都不具有"为非作恶、欺压百姓"的特征，不属于恶势力犯罪；同时，本案证据不能认定涉案的寻衅滋事事实是在夏某某的授意、指使下实施的，夏某某自然也就不属于恶势力的纠集者，因此，认定夏某某为恶势力的纠集者缺乏依据。

　　第二，孙甲等人不属于恶势力的其他成员。关于恶势力的其他成员，2019 年"两高两部"《关于办理恶势力刑事案件若干问题的意见》第 6 条第 2 款规定："恶势力的其他成员，是指知道或应当知道与他人经常纠集在一起是为了共同实施违法犯罪，仍按照纠集者的组织、策划、指挥参与违法犯罪活动的违法犯罪分子，包括已有充分证据证明但尚未归案的人员，以及因法定情形不予追究法律责任，或者因参与实施恶势力违法犯罪活动已受到行政或刑事处罚的人员。仅因临时雇佣或被雇佣、利用或被利用以及受蒙蔽参与少量恶势力违法犯罪活动的，一般不应认定为恶势力成员。""为了共同实施违法犯罪"是认定恶势力其他成员的基本条件。而本案证据显示，涉案的恶势力成员均在某商城有相应的职务工作，他们入职相关公司不是为了实施违法犯罪活动，更不是为了实施违法犯罪而经常纠集在一起，这不符合恶势力其他成员的基本条件。

　　3. 夏某某等人的行为不符合恶势力的行为要求

　　恶势力的行为要求是"经常纠集在一起，以暴力、威胁或者其他手段，在一定区域或者行业内多次实施违法犯罪活动"。对于"违法犯罪活动"，2019 年"两高两部"《关于办理恶势力刑事案件若干问题的意见》第 8 条第 1 款规定："恶势力实施的违法犯罪活动，主要为强迫交易、故意伤害、非法拘禁、敲诈勒索、故意毁坏财物、聚众斗殴、寻衅滋事，但也包括具有为非作恶、欺压百姓特征，主要以暴力、威胁为手段的其他违法犯罪活动。"恶势力的违法犯罪活动必须具备两个基本特征：一是必须具备"非法作恶、欺压百姓"的特征，二是必须以暴力、威胁为手段。本案中，夏某某等人的行为不符合恶势力的行为要求。这具体体现在：

　　第一，夏某某等人的行为不具有"为非作恶、欺压百姓"的特征。如前所述，恶势力的行为必须具有"为非作恶、欺压百姓"的性质，其中"百姓"为普通群众（与行为人无具体纠纷的不特定人员）。本案中，夏某某涉案的寻衅滋事事实都是由商户与某商城的经济纠纷、管理纠纷引发的，这些行为在指向上都明确指向特定对象，而非指向作为不特定对象的百姓，不具有"为非作恶、欺压百姓"的性质。

　　第二，夏某某等人的行为不具有"以暴力、威胁为手段"的特征。恶势力要欺压百姓、让百姓对其产生惧怕心理，必须主要以暴力、威胁为手段实施违法犯罪活动。夏某某涉案的 9 起寻衅滋事事实，除了第 1 起、第 6 起事实，其他都不是以"暴力、威胁"为手段，即主要手段不是暴力、威胁手段，不能认定其为恶势力的违法犯罪活动，不应当认定夏某某等人为恶势力。

　　4. 夏某某等人不符合恶势力的危害性要求

　　恶势力的危害性体现为"扰乱经济、社会生活秩序，造成较为恶劣的社会影响"。2019年"两高两部"《关于办理恶势力刑事案件若干问题的意见》第10条规定："认定'扰乱经济、社会生活秩序，造成较为恶劣的社会影响'，应当结合侵害对象及其数量、违法犯罪次数、手段、规模、人身损害后果、经济损失数额、违法所得数额、引起社会秩序混乱的程度以及对人民群众安全感的影响程度等因素综合把握。"

本案中，从夏某某等人涉案行为的对象、次数、手段、规模、损害后果、社会影响等方面看，其行为不符合恶势力的危害性要求。这具体体现为：一是在行为对象上，夏某某等人的涉案行为都指向特定对象，不会扰乱经济、社会生活秩序，也不会对人民群众的安全感造成影响。二是在行为次数上，夏某某等人的涉案行为次数不多，真正被认定为寻衅滋事犯罪的只有两起，难以对经济、社会生活秩序造成扰乱。三是在行为手段上，夏某某等人涉案行为的主要手段不是暴力，不会对群众的安全感造成直接影响。四是在危害后果上，夏某某等人的涉案行为没有造成他人的严重人身损害后果（只有一起致人轻微伤），也没有造成他人严重的直接经济损失（只有一起造成他人四千余元财物损失）。五是在行为范围上，夏某某涉案的犯罪行为都发生在某商城内，范围很小，影响有限。

可见，夏某某等人的行为不符合恶势力的"为非作恶、欺压百姓"的本质特征，也不符合恶势力的人员、行为和危害性特征，夏某某等人不应当被认定为恶势力团伙。

吕某某开设赌场案

——《刑法修正案（十一）》施行前组织中国公民赴境外赌博的行为是否构成开设赌场罪

一、基本案情

自 2018 年以来，吕某某作为澳门某集团股东和代理，通过返还洗码佣金发展中国公民为其下线代理和赌客、帮助赌客将赌资自中国内地转至澳门换取筹码、向赌客出借筹码为赌客赌博提供方便等方式，招揽中国公民王某某等多人赴澳门某赌厅赌博，合计赌资 8 000 余万元。其以此提升其作为澳门某集团股东的业绩，赚取该集团分红。

二、主要问题

本案涉及的主要问题是对吕某某招揽中国公民王某某等多人赴澳门某赌厅赌博的行为应当如何定性，其行为是涉嫌赌博罪，还是涉嫌开设赌场罪、组织参与国（境）外赌博罪。对此，主要存在两种不同的观点：

一种观点认为，对吕某某招揽中国公民王某某等多人赴澳门某赌厅赌博的行为，应当按照开设赌场罪进行定罪处罚。

另一种观点则认为，吕某某的行为属于组织中国公民赴境外赌博，对比《刑法修正案（十一）》修正前后《刑法》第 303 条的规定和最高司法机关的司法解释，按照从旧兼从轻的刑法适用原则，吕某某的行为不构成开设赌场罪。

三、出罪法理

我国《刑法》第 303 条第 1 款规定："以营利为目的，聚众赌博或者以赌博为业的，处三年以下有期徒刑、拘役或者管制，并处罚金。"第 2 款规定："开设赌场的，处五年以下有期徒刑、拘役或者管制，并处罚金；情节严重的，处五年以上十年以下有期徒刑，并处罚金。"第 3 款规定："组织中华人民共和国公民参与国（境）外赌博，数额巨大或者有其他严重情节的，依照前款的规定处罚。"据此，我国刑法针对赌博犯罪规定了赌博罪、开设赌场罪和组织参与国（境）外赌博罪。区分赌博罪、开设赌场罪和组织参与国（境）外赌博罪的关键在于行为类型，即赌博罪的行为是聚众赌博、以赌博为业，开设赌场罪的行为是开设赌场，组织参与国（境）外赌博罪的行为是组织中国公民参与国（境）外赌博。本案事实显示，吕某某的涉案行为是"招揽中国公民赴澳门赌博"，招揽的方式是"通过返还洗码码佣发展中国公民为其下线代理和赌客、帮助赌客将赌资自中国内地转至澳门换取筹码、向赌客出借筹码为赌客赌博提供方便等方式"。本案中，吕某某的行为属于组织中国公民赴境外赌博，对比《刑法修正案（十一）》修正前后《刑法》第 303 条的规定和最高司法机关的司法解释，按照从旧兼从轻的刑法适用原则，吕某某的行为不构成开设赌场罪。

（一）在行为类型上，吕某某的行为实际上属于组织中国公民赴境外赌博的行为

本案中，对于吕某某的行为类型，认定的关键在于其招揽中国公民赴澳门赌博的行为是属于《刑法》第 303 条规定的聚众赌博，还是属于《刑法》第 303 条规定的开设赌场，抑或组织参与国（境）外赌博。笔者认为，吕某某的行为属于组织参与境外赌博，理由包括：

第一，从行为关系上看，吕某某的行为属于招揽中国公民赴境外赌博。本案中，吕某某存在两个涉案行为：一是手段行为，即返还洗码码佣发展中国公民为其下线代理和赌客、帮助赌客将赌资自中国内地转至澳门换取筹码、向赌客出借筹码为赌客赌博提供方便等；二是目的行为，即"招揽中国公民赴澳门赌博"。在这两个行为当中，前者是后者的手段，后者是前者的目的。对此，办案机关对吕某某的行为也明确表述为"通过返还洗码码佣发展中国公民为其下线代理和赌客、帮助赌客将赌资自中国内地转至澳门换取筹码、向赌客出借筹码为赌客赌博提供方便等方式，招揽中国公民赴澳门某赌厅赌博"。综合行为的目的和危害，对吕某某涉案行为进行刑法评价的基础应当是后者，即"招揽中国公民赴澳门赌博"。

第二，从行为归属上看，吕某某的招揽行为属于组织中国公民赴境外赌博行为。我国《刑法》第 303 条针对赌博犯罪没有使用"招揽"的表述，原因在于"招揽"的行为具有多样性。例如，旅行社或者个人组织人员赴境外旅游，如果只是作为旅游项目招揽人员去赌场进行娱乐性赌博，不能视为组织参与国（境）外巨额赌博的犯罪；如果招揽人员去赌场赌博的数额较大、时间较长，或者旅游的主要目的就是去赌场赌博等，则应当视为组织参与国（境）外赌博的犯罪。[①] 可见，招揽赌博既可以是招揽人参加合法项目内的娱

---

① 全国人大常委会法工委刑法室副主任许永安主编. 中华人民共和国刑法修正案（十一）解读. 北京：中国法制出版社，2021.

乐性赌博活动，也可以是组织参与国（境）外赌博的具体行为。本案中，吕某某的涉案行为是"通过返还洗码码佣发展中国公民为其下线代理和赌客、帮助赌客将赌资自中国内地转至澳门换取筹码、向赌客出借筹码为赌客赌博提供方便等方式"招揽中国公民赴澳门赌博，整个行为的目的就是让中国公民去澳门赌博，属于组织中国公民赴境外赌博的具体行为。

可见，吕某某的涉案行为是招揽中国公民赴澳门赌博，在行为类型上属于组织中国公民赴境外赌博的行为。

（二）在规范适用上，对吕某某的行为应当适用 2005 年最高人民法院、最高人民检察院关于赌博犯罪的规定，其行为不构成开设赌场罪

如前所述，吕某某的涉案行为属于组织中国公民赴澳门赌博。不过，考虑到我国刑法针对组织中国公民赴境外赌博行为的立法和司法在不同时期有不同的规定，因此对吕某某的涉案行为需要结合相关刑法立法和司法规范进行综合分析判断。这具体体现在以下两个方面：

第一，我国在不同时期对组织中国公民赴境外赌博行为的刑法性质规定不同。关于组织中国公民赴境外赌博，我国刑法立法和司法存在三个不同的规范：（1）2005 年 5 月施行的最高人民法院、最高人民检察院《关于办理赌博刑事案件具体应用法律若干问题的解释》第 1 条规定："以营利为目的，有下列情形之一的，属于刑法第三百零三条规定的'聚众赌博'：（一）组织 3 人以上赌博，抽头渔利数额累计达到 5 000 元以上的；（二）组织 3 人以上赌博，赌资数额累计达到 5 万元以上的；（三）组织 3 人以上赌博，参赌人数累计达到 20 人以上的；（四）组织中华人民共和国公民 10 人以上赴境外赌博，从中收取回扣、介绍费的。"按照该规定，组织中国公民赴境外赌博的行为属于"聚众赌博"，构成赌博罪。同时，该规定没有区分组织者的身份，无论组织者是否具有境外赌场经营人、实际控制人、投资人、管理人员、代理人等特定身份，其组织中国公民赴境外赌博的行为都属于"聚众赌博"，成立赌博罪。（2）2020 年 10 月最高人民法院、最高人民检察院、公安部《办理跨境赌博犯罪案件若干问题的意见》针对开设赌场行为规定："以营利为目的，有下列情形之一的，属于刑法第三百零三条第二款规定的'开设赌场'：1. 境外赌场经营人、实际控制人、投资人，组织、招揽中华人民共和国公民赴境外赌博的；2. 境外赌场管理人员，组织、招揽中华人民共和国公民赴境外赌博的；3. 受境外赌场指派、雇佣，组织、招揽中华人民共和国公民赴境外赌博，或者组织、招揽中华人民共和国公民赴境外赌博，从赌场获取费用、其他利益的；4. 在境外赌场包租赌厅、赌台，组织、招揽中华人民共和国公民赴境外赌博的；5. 其他在境外以提供赌博场所、提供赌资、设定赌博方式等，组织、招揽中华人民共和国公民赴境外赌博的。""在境外赌场通过开设账户、洗码等方式，为中华人民共和国公民赴境外赌博提供资金担保服务的，以'开设赌场'论处。"按照该规定，境外赌场经营人、实际控制人、投资人、管理人员、代理人等具有特定身份的人组织中国公民赴境外赌博的行为属于"开设赌场"，构成开设赌场罪。（3）2021年3月施行的《刑法修正案（十一）》在《刑法》第303条增设了单独一款，规定了组织参与国（境）外赌博罪，即："组织中华人民共和国公民参与国（境）外赌博，数额巨大或者有其他严重情节的，依照前款的规定处罚。"按照该规定，无论组织者是否具有境外赌场经营人、实际控制人、投资人、管理人员、代理人等特定身份，其组织中国公民赴境外赌博的行为都单独构成组织参与国（境）外赌博罪。可见，在不同时期，我国刑法立法和司法对组织中国公民赴境外赌博的定性不同。

第二，根据从旧兼从轻原则，对吕某某的行为应当适用2005年最高人民法院、最高人民检察院关于赌博犯罪的司法解释，认定其行为属于赌博。本案中，吕某某涉案行为的发生时间是"2018年以来"。不过，本案的立案时间是2020年7月7日，吕某某的到案时间是2020年7月8日，也就是说，从时间上看，吕某某的涉案行为发生在2005年5月，即在最高人民法院、最高人民检察院《关于办理赌博刑事案件具体应用法律若干问题的解释》施行之后，2020年10月最高人民法院、最高人民检察院、公安部《办理跨境赌博犯罪案件若干问题的意见》和2021年3月《刑法修正案（十一）》施行之前。根据从旧兼从轻的刑法溯及力原则，对吕某某的行为应当适用2005年最高人民法院、最高人民检察院关于赌博犯罪的司法解释，其行为涉嫌赌博罪，而非开设赌场罪、组织参与国（境）外赌博罪。理由主要包括：

一是在刑法立法规范上，根据我国《刑法》第12条规定的从旧兼从轻原则，对吕某某的行为应当适用《刑法修正案（十一）》修正前的《刑法》第303条。我国《刑法》第12条针对不同的立法规定了从旧兼从轻原则，即对发生在新法施行之前的行为，原则上适用行为时的法律，只有新施行的法律处罚更轻或者不认为是犯罪的，才能适用新施行的法律。由于《刑法修正案（十一）》增设的组织参与国（境）外赌博罪属于新罪（新法），且如前所述，该法对组织中国公民赴境外赌博的处罚不比之前的《刑法》第303条的规定轻（比赌博罪的处罚重，与开设赌场罪的处罚相同），且吕某某的行为发生在《刑法修正案（十一）》施行之前，因此对吕某某的涉案行为应当适用《刑法修正案（十一）》修正前的《刑法》第303条的规定。

二是在刑事司法规范上，根据新旧刑事司法解释适用的从旧兼从轻原则，对吕某某的行为应当适用2005年最高人民法院、最高人民检察院关于赌博犯罪的司法解释，其行为涉嫌赌博罪。2001年最高人民法院、最高人民检察院《关于适用刑事司法解释时间效力问题的规定》第3条规定："对于新的司法解释实施前发生的行为，行为时已有相关司法解释，依照行为时的司法解释办理，但适用新的司法解释对犯罪嫌疑人、被告人有利的，适用新的司法解释。"按照该规定，对于存在行为时的司法解释与新的司法解释发生冲突的情况，应当适用对被告人有利的规定。本案中，吕某某的行为发生在 2005 年 5 月，即在最高人民法院、最高人民检察院《关于办理赌博刑事案件具体应用法律若干问题的解释》施行之后，2020 年 10 月最高人民法院、最高人民检察院、公安部《办理跨境赌博犯罪案件若干问题的意见》施行之前。如前所述，按照 2005 年 5 月最高人民法院、最高人民检察院《关于办理赌博刑事案件具体应用法律若干问题的解释》的规定，吕某某虽然是澳门某集团的股东和代理，但其组织中国公民赴澳门赌博的行为仍属于该解释规定的"组织中华人民共和国公民赴境外赌博"，属于"聚众赌博"，构成赌博罪。其法定刑是"三年以下有期徒刑、拘役或者管制，并处罚金"。但按照 2020 年 10 月最高人民法院、最高人民检察院、公安部《办理跨境赌博犯罪案件若干问题的意见》的规定，吕某某作为澳门某集团的股东和代理，其组织中国公民赴澳门赌博的行为属于"开设赌场"，构成开设赌场罪。其法定刑是"五年以下有期徒刑、拘役或者管制，并处罚金；情节严重的，处五年以上十年以下有期徒刑，并处罚金"。对比而言，适用后者对吕某某的处罚明显要更重。根据 2001 年最高人民法院、最高人民检察院《关于适用刑事司法解释时间效力问题的规定》第 3 条的规定，对吕某某的行为应当适用 2005 年关于赌博犯罪的司法解释，其行为涉嫌赌博罪。

可见，按照从旧兼从轻的刑法规范适用原则，对本案中吕某某的行为应当适用 2005 年关于赌博犯罪的司法解释，其行为不构成开设赌场罪。

王某某赌博、敲诈勒索等案

——组织以电话投注方式参与境外合法赌博的行为是否构成赌博罪

（一）赌博罪

2009 年至 2014 年期间，王某某、李某某、董某某伙同石某某、韩某某等人，为谋取非法利益，组织安排张某某、黄某某、吴某一、徐某某、王某某、斯某某等人多次前往澳门赌厅或在 A 市 B 区某酒店客房内以电话投注的形式，进行"台底拖"非法赌博活动。王某某指使朱甲、朱乙等人在澳门安排相关赌博事宜。王某某、李某某及石某某等人还先后通过吴某二、缪某某、陈某某、谷某某等人提供赌资，与赌客进行"台底拖星"对赌。之后王某某指使李某某、董某某及石某某、韩某某等人与赌客对账结算、以虚假借贷及胁迫方法超额索要非法赌债、转移钱款，以从中牟利。其中，黄某某通过李某某等人银行账户向王某某兑付赌资人民币 5.7 亿余元；斯某某 2012 年 1 月至 4 月通过李某某及石某某等人银行账户向王某某兑付赌资人民币 2 亿余元。

（二）敲诈勒索罪

1. 2012 年 5 月，王某某、李某某等人以索要赌债为由，在未发生实际借款的情况下，迫使被害人斯某某与汤某某、李甲及吴某三协议借款共计人民币 2.25 亿元，并进行虚假走账。之后，被害人斯某某通过其个人及其实际控制的公司账户将共计人民币 1.6 亿余元汇入王某某指定的账户。

2. 2014 年 11 月，王某某通过他人支付人民币 7 000 余万元房产贷款后，又迫使斯某某将其实际控制的位于 A 市的 25 套房产（共计价值人民币 1.7 亿余元）转让给指定人员邢某某。

3. 2014 年 12 月至 2015 年 5 月期间，王某某通过汤某某、李甲以上述借款为诉讼标的，向 A 市中级人民法院提起诉讼，以查封斯某某实际控制的相关资产为要挟，迫使斯某某将其实际控制的位于 A 市的 127 套房产（约定购房款为人民币 2 亿元）与指定的某公司进行网上签约。

二、主要问题

本案涉及的主要问题是：（1）王某某组织多人前往澳门赌厅赌博及在 A 市内以电话投注的方式进行"台底拖"赌博的行为是否构成赌博罪，争议的主要核心在于"台底拖"这种台面上的赌资与台下赌资不一致的行为能否被认定为犯罪。对此，主要存在以下两种观点：

一种观点主张构罪，认为王某某的行为构成赌博罪，王某某等人组织多人进行"台底拖"非法赌博活动，取得巨额利润，成为其主要收入来源，严重扰乱了国内正常的社会秩序，构成赌博罪。

另一种观点主张不构罪，认为"台底拖"与赌博罪所侵害的社会公共管理秩序不具有同一性，不符合赌博罪立法的保护法益，不能以此认定行为人的行为构成赌博罪。在以电话投注方式进行赌博的活动中，王某某并不是参赌的一方，没有从事具体的赌博活动，不符合"以赌博为业"要求自己参与实施赌博的基本要求。同时，本案证据不能证明王某某以组织他人通过电话投注方式进行赌博作为自己的职业和主要收入来源。

（2）王某某的涉案行为是否具有非法占有目的，是否存在恐吓、胁迫行为，进而是否构成敲诈勒索罪。对此，也有两种观点。

一种观点认为，王某某等人以索要赌债为由，在未发生实际借款的情况下，迫使被害人签订借款协议，并将大量的房产转移到王某某名下。这些行为足以证明王某某具有伪造真实债务关系、非法占有他人财物的目的，因此，王某某构成敲诈勒索罪。

另一种观点则认为，王某某与斯某某之间存在巨额债权债务关系，王某某主观上不具有非法占有的目的，客观上没有实施敲诈勒索的行为，其行为不构成敲诈勒索罪。无论王某某与斯某某之间的债务性质如何，只要该债务客观、真实，就不能认定王某某主观上具有非法占有的目的。且从手段来看，王某某也是借用提起民事诉讼等手段实现债权，这种手段并不能被认定为恐吓和胁迫。因此，王某某不构成敲诈勒索罪。

三、出罪法理

笔者认为，王某某的行为不符合赌博罪的基本条件，也没有以非法占有为目的采取恐吓、胁迫等方式非法占有他人财物，其行为不构成赌博罪和敲诈勒索罪。

（一）王某某的涉案行为不构成赌博罪

根据《刑法》第 303 条的规定，赌博罪是以营利为目的，聚众赌博或者以赌博为业的行为。本案中，王某某涉嫌赌博的行为包括两个方面：一是组织安排张某某等人多次前往澳门赌厅赌博；二是组织安排他人在 A 市 B 区某酒店客房内以电话投注的形式，进行"台底拖"非法赌博活动。不过，结合本案证据，王某某这两方面的行为都不构成我国刑法上的赌博罪。

1. 王某某组织他人赴澳门赌博的行为不构成我国刑法上的赌博罪

本案中，2009 年至 2014 年期间，王某某、李某某、董某某伙同石某某、韩某某等人，为谋取非法利益，组织安排张某某、黄某某、吴某一、徐某某、王某某、斯某某等人多次前往澳门赌厅，进行"台底拖"非法赌博活动。不过，王某某组织张某某等人赴澳门赌博的行为不构成我国刑法上的赌博罪。这是因为：

第一，王某某组织他人赴澳门赌博的行为不适用我国刑法的属人管辖原则，内地司法机关不能依据属人管辖原则对其进行刑事管辖。我国《刑法》第 6 条第 1 款规定："凡在中华人民共和国领域内犯罪的，除法律有特别规定的以外，都适用本法。"但这一原则不适用于内地和澳门特别行政区。这是因为：一方面，我国《刑法》规定的这一原则是解决国与国之间的刑事管辖权问题，而我国内地与澳门特别行政区同属一个中国，不能适用属人管辖原则。另一方面，《澳门特别行政区基本法》明确规定《刑法》不适用于澳门特别行政区。《澳门特别行政区基本法》第 8 条规定，全国性法律除列于基本法附件三外，不在澳门特别行政区实施，而在基本法附件三中的全国性法律不包含《刑法》。从这个角度看，《刑法》的效力并不及于澳门。内地司法机关不能依据内地刑法追究行为人在澳门赌博的赌博罪的刑事责任。

第二，赌博行为在澳门是合法的，王某某组织他人赴澳门赌博的行为具有合法性。这具体体现在两个方面：一方面，一般的赌博行为在澳门是合法的。在澳门，赌博被称为博彩，是其旅游娱乐项目之一，不仅赌博的行为是合法的，从事与赌博相关的职业也不违法。另一方面，澳门不允许"台底拖"并不表明"台底拖"的赌博行为可构成赌博罪。主张构罪的观点认为，"台底拖"这一赌博活动在澳门具有非法性。但"台底拖"的非法性不能成为本案认定王某某构成赌博罪的依据，理由包括两方面：一是"台底拖"在澳门的非法性针对的是赌博的筹码大小，而不是针对赌博行为本身，作为"台底拖"前提的赌博行为是合法的。因此即便在澳门，对"台底拖"行为的评价也只能针对其赌博中的加大筹码问题，而不能评价作为"台底拖"前提的赌博行为。二是"台底拖"侵害的只是赌场的利益和澳门的税收，并不侵害赌博犯罪涉及的社会公共秩序。从本质上看，"台底拖"是台面上的赌资与台下赌资不一致的问题，这一行为可能导致的直接后果是澳门赌场收益的减少，并因此使澳门的税收减少。这与赌博罪所侵害的社会公共管理秩序不具有同一性，不符合赌博罪立法的保护法益，不能以此认定行为人的行为构成赌博罪。

　　第三，王某某组织他人赴澳门赌博的行为不符合组织我国公民赴境外赌博的认定要求。在《刑法修正案（十一）》颁行之前，最高人民法院、最高人民检察院将组织我国公民赴境外赌博作为赌博罪的认定情节之一，但其所称的赌博应当是非法赌博，而不包括合法赌博。本案中，王某某组织张某某等人赴澳门赌博，形式上似乎也属于组织我国公民赴境外赌博。但一方面，在澳门赌博具有合法性，这客观上决定了王某某组织行为具有合法性。换言之，王某某是组织他人进行合法的活动。另一方面，王某某组织的人数没有达到司法解释的要求。本案证据显示，王某某伙同其他人组织了张某某、黄某某、吴某一、徐某某、王某某、斯某某六人赴澳门赌博。而 2005 年最高人民法院、最高人民检察院《关于办理赌博刑事案件具体应用法律若干问题的解释》规定的组织我国公民赴境外赌博是"组织中华人民共和国公民 10 人以上赴境外赌博"，即组织的人数必须在 10 人以上。因此，本案中王某某组织他人赴澳门赌博的行为不符合组织我国公民赴境外赌博的人数要求。

　　2. 王某某组织他人在 A 市某酒店客房内以电话投注的形式进行澳门"台底拖"赌博的行为不构成赌博罪

　　本案中，王某某涉案的行为是组织安排他人在 A 市 B 区某酒店客房内以电话投注的形式，进行"台底拖"非法赌博活动。但结合本案证据，王某某组织他人在 A 市以电话投注的形式进行澳门"台底拖"赌博的行为不构成赌博罪。这是因为：

　　第一，张某某等人电话投注行为虽然发生在内地，但赌博行为发生在澳门。根据本案材料，电话投注的基本过程是：先在澳门找一个专门的委托代理人（这个委托代理人必须在澳门具有代为投注的资质），然后由这个委托代理人根据电话投注人的要求进行投注。从过程上看，即便是采用电话投注的方式，整个赌博行为也都发生在澳门。而既然该赌博行为发生在澳门，那么对该行为的评价必须立足于赌博行为在澳门的合法性。如前所述，赌博在澳门具有合法性，即便"台底拖"的赌博方式违反了澳门赌博的相关行为，其行为也不能构成赌博罪。在实行行为合法的情况下，对于打电话投注这一外围行为而言，其也具有合法性，属于以打电话方式进行合法活动。因此，王某某组织张某某等人电话投注的行为，不能被认定为赌博罪。

　　第二，本案证据不能证明王某某实施了组织他人以电话投注方式进行"台底拖"赌博的行为。本案中认定王某某存在组织他人以电话投注方式进行"台底拖"赌博的行为，主要依据的是一些言词证据。但这些证据存在两个方面的明显问题：一是这些言词证据表述较为模糊，相互之间并未形成能够相互印证的严密证据链；二是本案中未能认定王某某组织他人电话投注的人数、赌资数额、抽逃渔利数额等重大事实。在此情况下，本案证据不能证明王某某存在组织他人以电话投注方式进行"台底拖"赌博的行为，也不能认定其行为达到了我国《刑法》关于赌博罪的定罪标准。因此，本案证据不能证明王某某实施了组织他人以电话投注的方式进行赌博并构成赌博罪。

第三，本案证据不能证明王某某组织他人以电话投注方式进行赌博的行为属于以赌博为业。根据我国《刑法》第303条的规定，赌博行为构成犯罪的情形包括两种：一是"聚众赌博"，二是"以赌博为业"。本案中，王某某与之相关联的行为是"以赌博为业"。从内涵上看，"以赌博为业"是以赌博作为自己的职业，以赌博的收入作为自己主要的收入来源。不过，本案中王某某组织他人以电话投注方式进行赌博的行为显然不属于"以赌博为业"。这是因为：一方面，在以电话投注方式进行赌博的活动中，王某某并不是参赌的一方，没有从事具体的赌博活动，不符合"以赌博为业"要求自己参与实施赌博的基本要求；另一方面，本案证据不能证明王某某以组织他人通过电话投注方式进行赌博作为自己的职业和主要收入来源。

可见，王某某组织张某某等赴澳门赌博的行为不能构成我国刑法上的赌博罪，同时王某某组织他人在A市以电话投注的形式进行澳门"台底拖"赌博的行为也不构成赌博罪。

（二）王某某的涉案行为不构成敲诈勒索罪

根据《刑法》第274条的规定，敲诈勒索罪是指敲诈勒索公私财物，数额较大或者多次敲诈勒索的行为。敲诈勒索罪的成立必须具备两个基本条件：一是行为人主观上具有非法占有的目的，二是行为人客观上实施了暴力、胁迫、恐吓等敲诈勒索行为。本案中，主张构罪的观点认为，王某某、李某某、董某某以非法占有为目的，敲诈勒索他人财物，其行为均已构成敲诈勒索罪。但本案证据表明，王某某与斯某某之间存在巨额债权债务关系，王某某主观上不具有非法占有的目的，客观上没有实施敲诈勒索的行为，其行为不构成敲诈勒索罪。

1. 王某某主观上不具有非法占有的目的，不符合敲诈勒索罪的主观要求

非法占有目的是敲诈勒索罪的主观要件。而本案证据不能证明王某某主观上具有非法占有的目的。相反，本案有证据表明王某某主观上不具有非法占有的目的。详述如下。

第一，主张构罪的观点认为王某某主观上具有非法占有目的的逻辑存在明显错误。本案中，主张构罪的观点认为，涉案相关借款协议的签订、走账及资金流向均由王某某等人安排、控制，无从体现被害人斯某某的真实意思表示，王某某、李某某、董某某等人据此向斯某某追讨钱款具有非法占有的目的。如果这种认定逻辑成立，那么就意味着只要存在违背欠债人真实意思表示，行为人追偿的情况，其就具备非法占有的目的。而事实上，非法占有目的与强制的手段行为之间不具有对应关系。判断行为人主观上是否具有非法占有的目的，主要看客观上实施的行为有无一定的财产权利基础。如果行为人使用的非法手段具有对应的财产权利基础，则其在主观目的上具有一定的正当性，不应当被认定为具有非法占有目的，只能就手段行为的不法性进行刑事追责。因此，主张构罪的观点认为王某某主观上具有非法占有目的的逻辑，显然难以成立。

第二，只要斯某某仍欠王某某债务，即便该债务的基础不合法，也不能认定王某某主观上具有非法占有的目的。在刑法理论上，"非法占有"是指没有任何债务基础而占有他人财物。相反，只要双方存在债权债务关系（无论是合法债务还是非法债务），就不能认定行为人主观上具有非法占有的目的。其依据主要包括：一是我国刑法立法规范。我国《刑法》第238条第3款规定，为索取债务非法扣押、拘禁他人的，依照第238条前两款关于非法拘禁罪的规定处罚。换言之，在索取债务的情况下，行为人的非法拘禁行为只能构成非法拘禁罪，而不能构成绑架罪或者抢劫罪。而它们之间的主要区别就在于行为人主观上是否具有非法占有他人财物的目的。二是我国刑事司法规范。2005年6月最高人民法院发布的《关于审理抢劫、抢夺刑事案件适用法律若干问题的意见》第9条第5款规定，行为人为索取债务，使用暴力、暴力威胁等手段的，一般不以抢劫罪定罪处罚。构成故意伤害等其他犯罪的，依照《刑法》第234条的规定处罚。2000年7月19日施行的最高人民法院《关于对为索取法律不予保护的债务非法拘禁他人行为如何定罪问题的解释》规定，行为人为索取高利贷、赌债等法律不予保护的债务，非法扣押、拘禁他人的，依照《刑法》第238条的规定定罪处罚。该司法解释明确规定索取赌债等法律不予保护的债务的，不能构成抢劫罪、绑架罪或者敲诈勒索罪。本案中，无论王某某与斯某某之间的债务性质如何，只要该债务客观、真实，就不能认定王某某主观上具有非法占有的目的。

第三，斯某某与王某某等人之间确实存在巨额债务，王某某主观上不具有非法占有的目的。这具体体现在以下三个方面：

（1）斯某某与王某某等人之间确实存在巨额的债务。这在本案中证据依据充分，具体包括：一是根据被害人斯某某与王某某的笔录，自2011年至2014年，斯某某多次在澳门以"台底拖"的方式赌博，每次均是通过王某某拿到筹码进行赌博活动的，斯某某因此欠王某某巨额债务。同时因为斯某某并未结清赌债，该种债务一直处于持续状态。而且，在转给邢某某25套房之前，王某某替斯某某的公司归还了7 100万元银行借款。二是斯某某及其代理人当庭陈述，斯某某因为澳门赌博欠下王某某债务。三是斯某某与汤某某、李甲、吴某三签订的2.25亿元借款协议表明，斯某某确实与王某某之间存在债权债务关系。所谓的"未发生实际借款""虚假走账"的事实只是对债务形式变化合法性的判断，并不能基于此否认债权债务关系的存在。四是李某某、董某某等人的笔录可以证明，他们对斯某某追债是基于斯某某与王某某之间存在债权债务关系，而非无中生有地占有斯某某的财物。五是韩某某的证言证实斯某某从王某某处拿筹码在澳门赌场以"台底拖"的方式赌博并产生债务。

（2）斯某某欠王某某等人巨额债务没有偿还。对此问题可以从两个方面进行把握：一方面，本案证据不能证明斯某某还清了其对王某某等人的债务。对此，本案没有查明斯某某是否已经结清债务、王某某是否在赌债之外索要财物以及赌债的具体数额、偿还数额、是否尚欠赌债及所欠的数额等事实，更没有确实、充分的证据证明斯某某已经还清了其对王某某等人的债务。另一方面，本案有证据证明斯某某仍欠王某某巨额债务。这可以综合斯某某、王某某、董某某、张某某等人的言词证据和鉴定意见予以证明，具体体现在：

1）张某某、董某某、斯某某的笔录证明，斯某某欠王某某巨额债务未还清：张某某的证言证实，斯某某在两个时间段各欠王某某债务 2.9 亿元和 3.1 亿元；董某某的供述证实，2014 年斯某某新欠王某某债务 3.8 亿港币（约合人民币 3.1 亿元）；斯某某亲笔书写的欠条及其陈述证实 2014 年其对王某某新发生的债务为 3.8 亿港币（约合人民币 3.1 亿元）。这些债务累计约为 6 亿元。

2）王某某的供述表明，在袁某某、张某某、周某某以及公安局警官参与的多次与斯某某的对账中，2013 年 5、6 月之前，斯某某欠王某某 2.89 亿元，2014 年新发生的债务为 2.35 亿元，合计 5.24 亿元。

3）鉴定意见等证据证明，斯某某实际向王某某支付款项 3.293 7 亿元（2013 年 5、6 月第一次对账之前支付 2.145 7 亿元，2013 年 5、6 月第一次对账之后至案发支付 1.248 0 亿元），以欠款总额 6 至 7 亿元计，斯某某仍欠王某某约 2.7 亿余元至 3.7 亿元左右；以欠款总额 5.24 亿元计，扣除斯某某在 2013 年 5、6 月第一次对账截止日之后，斯某某转给王某某指定的个人卡或者公司 1.248 0 亿元以及斯某某将其先后向汤某某、李甲的借款归还给王某某的款项 2.98 亿元，斯某某仍欠王某某个人债务 0.992 亿元。

事实上，关于债务的数额，斯某某的陈述与王某某等人的陈述在利息问题上存在明显分歧。斯某某笔录中所称的数额明显不包括利息，但其签订的相关协议和王某某等人的笔录中则包括利息。而计算利息显然是符合常理的，不能算是无中生有，王某某等人主张利息的行为不能作为证明其主观上具有非法占有目的的依据。

（3）斯某某欠王某某等人的债务并不完全非法。本案中，斯某某与王某某等人之间的债务被描述为"赌债"。从内涵上看,"赌债"一般是指参与赌博各方之间因赌博产生的债务,通常表现为赌输一方欠赌赢一方的钱。但在本案中,斯某某欠王某某等人的钱,虽然是因斯某某的赌博行为而起的,但这些债务并非在王某某与斯某某赌博过程中产生的,而是斯某某向王某某借赌博所用的筹码而形成的。因此,从债务形成的原因上看,斯某某欠王某某的债务并非赌债,而是斯某某为了赌博而形成的借款(斯某某向王某某借筹码而产生的借款)。从这个角度看,斯某某欠王某某等人的债务并不完全非法。

可见,本案不能证明斯某某已经还清其对王某某等人的债务。相反,本案有证据表明,斯某某仍欠王某某等人巨额债务。王某某向斯某某索取债务,无论该债务是否合法,都表明王某某主观上不具有非法占有的目的,不符合敲诈勒索罪的主观要求。

2. 本案证据不能证明王某某实施了敲诈勒索的行为,王某某的行为不符合敲诈勒索罪的客观要求

敲诈勒索罪在客观上表现为行为人使用暴力、胁迫、恐吓等手段使对方产生恐惧心理而处分财产,使行为人或者第三者取得财产。一般认为,敲诈勒索的行为手段包括暴力、胁迫、恐吓等。本案在对敲诈勒索罪的事实认定中,多次使用了"迫使""威逼""逼迫"等表述,意图证明王某某等人实施了敲诈勒索的暴力、胁迫等行为。不过,本案证据不能证明王某某采取了暴力、胁迫等敲诈勒索的手段行为。这具体体现在:

第一,本案证据不能证明王某某在斯某某与汤某某等人签订2.25亿元借款协议的过程中使用了胁迫手段。本案中认定王某某涉案的第一起敲诈勒索事实是2012年5月,王某某、李某某等人以索要赌债为由,在未发生实际借款的情况下,迫使被害人斯某某与汤某某、李甲及吴某三协议借款共计人民币2.25亿元,并进行虚假走账。但本案证据并不能认定王某某在此过程中使用了胁迫手段。这是因为:(1)斯某某在市中级人民法院的审理笔录和询问笔录表明,斯某某并未表示其受到了强迫,反而表示其"愿赌服输"就签了。(2)汤某某的陈述及相关书证表明,斯某某在与汤某某签署借款协议与补充协议的过程中没有受到王某某或他人的强迫。(3)李甲等人的陈述和书证表明,斯某某在与李甲的借款协议过程中没有受到王某某或他人的强迫。(4)吴某三与李某某的陈述及书证表明,在吴某三与斯某某签署借款协议过程中,王某某并不在现场,吴某三与李某某也没有实施强迫行为。

第二,本案证据不能证明王某某使用胁迫手段迫使斯某某将25套房产转让给邢某某。本案中,王某某涉嫌的第2起敲诈勒索事实是2014年11月,王某某迫使斯某某将其实际控制的位于A市的25套房产(共计价值人民币

1.7 亿余元）转让给指定人员邢某某。但本案证据不能认定王某某在此过程中使用了胁迫手段。这是因为：（1）根据季某某、杜某某、郑某某、斯某某及王某某的陈述表明，涉案房产转让到邢某某名下系因贷款到期必须先归还银行贷款。（2）转让到邢某某名下是杜某某提出的斯某某向其借款的担保，与王某某无关。（3）房产转让过程中不存在任何强迫、威胁行为。（4）房产转让过户后，房产仍为斯某某控制并收取租金。（5）斯某某关于受"威胁、逼迫"等的陈述并没有其他证据相印证，系孤证。

第三，本案证据不能证明王某某使用胁迫手段迫使斯某某将其房产网签的行为。本案中，王某某涉案的第 3 起敲诈勒索事实是王某某通过汤某某、李甲以上述借款为诉讼标的，向市中级人民法院提起诉讼，以查封斯某某实际控制的相关资产为要挟，迫使斯某某将其实际控制的位于 A 市的 127 套房产（约定购房款人民币 2 亿元）与指定的某公司进行网上签约。对此，一方面，提起诉讼是为了维护合法权益，以提起民事诉讼为由要求对方支付款项不能成为敲诈勒索的手段行为；另一方面，本案现有证据不能认定王某某在此过程中使用了胁迫手段。这是因为：（1）根据证人汤某某的证言，涉案诉讼及查封系斯某某借款逾期不还由出借人汤某某向法院提起的，并非王某某所为，自然也就不存在王某某使用暴力、胁迫手段的问题。（2）斯某某的陈述显示，其因担心自身在银行的信誉，主动请求王某某与汤某某交涉。这表明王某某并未实施暴力、胁迫行为。

综上，王某某主观上没有非法占有的目的，且本案证据不能证明王某某实施了暴力、胁迫等敲诈勒索的行为，其行为不构成敲诈勒索罪。

张某某帮助伪造证据案

——立法解释出台前单位串通司法人员虚假诉讼的行为
是否构成犯罪

一、基本案情

张某某，系 A 公司的法定代表人兼总经理。

2010 年年末，张某某为谋取利益，帮助不符合住房限购规定的 A 公司客户在房地产买卖过程中实现房产过户，经 B 法院副院长的介绍，认识了 C 法庭庭长林某某，并与林某某约定，利用虚假诉讼的方式，由 B 法院调解、执行并促使房地产产权登记中心办理 A 公司客户买卖房地产的过户手续。其后，张某某指使 A 公司法律顾问于某某向林某某等人传送了 A 公司客户房地产买卖双方的身份信息，虚构买卖双方债权债务关系的借款协议、借据、合作协议书等材料（内容包括由 B 县户籍的人担任保证人或者约定发生纠纷时由 B 法院管辖等）。林某某在 C 法庭无管辖权且明知系虚假诉讼的情况下，更在大部分房地产买卖双方均未到庭参加诉讼的情况下，制作虚假的"开庭笔录""民事调解书"等法律文书，由张某某或于某某等人组织其客户房地产买卖双方在 A 公司及各营业地址签署上述法律文书。其后，林某某又向房地产权登记中心制发"协助执行通知书"，房地产权登记中心由此协助 A 公司的客户办理了房地产以物抵债的过户手续。2010 年 12 月至次年 11 月，张某某、于某某以伪造证据及虚假诉讼的方式，利用林某某司法职权、按照上述方式审结案件 106 宗，房地产权登记中心已按照"协助执行通知书"载明的内容转移过户房产 241 套。

2011 年年末，林某某由 C 法庭调至 B 法院执行局担任局长，张某某、于某某又通过林某某的介绍认识了 B 法院立案庭庭长邹某某，于某某受张某某的指使，与邹某某达成利用虚假诉讼的方式，由 B 法院调解、执行并促使房地产权登记中心办理 A 公司客户买卖房地产的过户手续的合意。其后，张某某指使于某某向邹某某传送了 A 公司客户房地产买卖双方的身份信息，虚构买卖双方债权债务关系的借款协议、借据、合作协议书等材料（内容包括由

B 县户籍的人担任保证人或约定发生纠纷时由 B 法院管辖等）。从 2011 年 10 月至 2013 年 4 月，张某某、于某某以伪造证据及虚假诉讼，利用邹某某司法职权，按照上述方式审结案件 124 宗，房地产权登记中心已按照"协助执行通知书"载明的内容转移过户房产 168 套。

二、主要问题

本案涉及的主要问题是：（1）张某某的涉案行为是否属于单位行为。这将直接影响张某某是否构成帮助伪造证据罪与滥用职权罪，因为这两个罪名都是自然人犯罪，是否是单位行为将直接影响这两个罪名主体要件是否具备。对此，主要有以下两种观点：

一种观点主张构罪，认为张某某的涉案行为并未经过单位的决策程序，全权由张某某一人决定，因此，张某某的涉案行为不属于单位行为，应当归属于个人行为，因而具备帮助伪造证据罪与滥用职权罪所要求的主体条件。

另一种观点则认为，张某某的行为是以 A 公司的名义实施的；张某某的行为是为了 A 公司的利益，并且所得利益也归 A 公司所有；张某某负责管理 A 公司，涉案行为是由张某某代表 A 公司决策实施的，体现了 A 公司的单位意志。因此，张某某的涉案行为属于单位行为，不具备帮助伪造证据罪与滥用职权罪的主体要求。

（2）涉案行为是否干扰了"司法机关正常的诉讼活动"。这将直接影响帮助伪造证据罪的成立与否，因为帮助伪造证据罪的法益要求破坏司法机关正常的诉讼活动，但是如果虚假诉讼本身不属于司法机关正常的诉讼活动，那么就不能认定为本罪。对此，也存在两种不同的观点：

一种观点主张构罪，认为本案中以虚假诉讼的方式进行房产过户，本身就干扰了司法机关正常的活动，占有公共资源维护个人不法利益，张某某伪造证据的行为破坏了司法机关正常的诉讼活动，谋取了不法利益，因此，应当认定为构成帮助伪造证据罪。

另一种观点则认为，本案不存在"司法机关正常的诉讼活动"，张某某的行为没有侵害帮助伪造证据罪的客体。本案中涉及的是虚假诉讼，但这种虚假诉讼不同于当事方单方捏造事实进行的虚假诉讼，而是当事方和法官在心照不宣的情况下进行的虚假诉讼，完全不存在"司法机关正常的诉讼活动"，因此，张某某的行为不构成帮助伪造证据罪。

三、出罪法理

笔者认为，张某某的涉案行为属于 A 公司的单位行为，既不构成帮助伪造证据罪也不构成滥用职权罪。

（一）张某某的涉案行为属于单位行为，且发生在全国人大常委会关于单位犯罪的立法解释出台之前，按照罪刑法定原则，张某某的行为不构成犯罪

我国刑法对单位犯罪采取严格的罪刑法定原则，规定只有"法律规定为单位犯罪"的，才予以追究。我国《刑法》第 30 条规定："公司、企业、事业单位、机关、团体实施的危害社会的行为，法律规定为单位犯罪的，应当负刑事责任。"按照该规定，结合本案的具体情况，张某某的涉案行为属于 A 公司的单位行为，且发生在 2014 年 4 月 24 日全国人大常委会关于单位犯罪的立法解释出台之前，按照罪刑法定原则，张某某的行为不构成犯罪。这具体体现在以下几点。

1. 张某某的涉案行为属于 A 公司的单位行为，而非张某某的个人行为

张某某的涉案行为是否属于单位行为？这是本案中的主要争议问题。主张构罪的观点认为，A 公司实际上由张某某掌控，本案并没有公司开会决策实施单位犯罪的证据，故张某某的涉案行为不属于单位行为。2001 年最高人民法院《全国法院审理金融犯罪案件工作座谈会纪要》中明确规定："以单位名义实施犯罪，违法所得归单位所有的，是单位犯罪。"根据该规定，笔者认为，本案中张某某的涉案行为明显属于 A 公司的单位行为。这是因为：

第一，张某某的行为是以 A 公司的名义实施的，理由包括：（1）相关的房产过户业务都是以 A 公司的名义实施的。其基本流程是：A 公司分部的业务员接到房产过户的单子后，再交到 A 公司总部处理。而 A 公司的业务员都是以公司名义对外开展业务的。（2）A 公司对涉案房产过户的处理是以 A 公司名义并在 A 公司内进行的。其中的核心是相关材料的处理，具体负责的主要是 A 公司的法律顾问于某某。A 公司与于某某所在的某律师事务所签订的法律顾问合同显示，于某某自 2009 年 10 月 20 日至 2013 年 10 月 19 日期间一直担任 A 公司的法律顾问。于某某是 A 公司聘请的法律顾问，其行为代表的是 A 公司而非张某某个人。（3）于某某与 B 县法院的沟通联系是以 A 公司法律顾问的名义进行的。对于这一点本案无争议，即"A 公司法律顾问于某某向林某某等人传送了 A 公司客户房地产买卖双方的身份信息，虚构买卖双方债权债务关系的借款协议、借据、合作协议书等材料（内容包括由 B 县户籍的人担任保证人或者约定发生纠纷时由 B 法院管辖等内容）"。（4）B 县法院对涉案房屋的司法处理表明张某某的相关行为是以 A 公司的名义进行的。这包括 B 县法院法官作出相关司法裁决及其执行都是先到 A 公司总部及各营业地点签署法律文书，他们都是由 A 公司接待并支付差旅费等相关费用的。

第二，张某某的行为是为了 A 公司的利益，并且所得利益也归 A 公司所有，理由包括：（1）张某某的行为是为了 A 公司的利益。本案证据表明，张某某的行为目的是满足 A 公司开展业务之需。例如，廖某某的证言称：2011

年上半年，张某某及于某某说为了公司业务开展，需要为房产买卖双方在 B
法院开展诉讼活动实现房产过户。对此，多方面的证据均可以证实。（2）张
某某行为所得的利益归 A 公司所有。这主要涉及中介费的收取问题。本案证
据显示，办理客户房屋过户的中介费是由 A 公司向当事人收取的。对此，廖
某某的证言称：中介费是按照公司规定与当事人约定的，费用不等，这些都
是由老总张某某决定的。接单的业务员按照中介费的 10% 提成作为报酬。张
某某的笔录称：（费用收取）分不同情况，一种是住宅类的，按照每一单 1.5
万至 2 万元费用收取，对于工厂、商铺、土地买卖的，根据相应的标的收取
费用。同时称，A 公司对外支出的"费用包括三方面：诉讼费、律师费、差
旅费补贴。我通过法律顾问于某某交给 B 法院诉讼费，诉讼费按照标的额来
结算，每一宗案件都交了诉讼费，律师费也是每宗案件按照律师收费标准的
70% 付给于某某（以公司与某律师事务所签订的合同为准），差旅费补贴是付
给法官的，每一宗案件付给法官差旅费补贴五百或者六百元。"本案证据表
明，中介费交给 A 公司，A 公司在扣除费用支出后，相关收益都归 A 公司
所有。

第三，张某某的行为是由张某某代表 A 公司决策实施的，体现了 A 公司
的单位意志。本案中，主张构罪的观点认为，张某某的行为不是单位行为，
理由是"A 公司实际上由张某某掌控，本案并没有公司开会决策实施单位犯
罪的证据"。然而，这一理由难以成立。这是因为：一方面，根据前述最高人
民法院《全国法院审理金融犯罪案件工作座谈会纪要》的规定，只要是以单
位的名义实施并且违法所得归单位所有的犯罪，就应认定为单位犯罪，因此，
以张某某的行为非公司开会决策实施而否认其行为属于单位行为的观点，缺
乏依据。另一方面，A 公司由张某某实际控制，恰恰说明张某某能够代表 A
公司进行决策，其行为属于 A 公司的单位行为。本案中，经公证处 2006 年 7
月 25 日公证的两份"委托书"（分别由 A 公司两位股东陈某某、沈某某于
2006 年 7 月 25 日作出）表明，A 公司另外两位股东陈某某、沈某某早在
2006 年 7 月 25 日就已全权授权张某某代为行使其股东权利及公司管理权利。
据此，张某某完全能够代表 A 公司的全部股东作出决议，也能够全面行使对
公司事务的管理权。事实上，A 公司都是张某某一人在进行决策和管理。仅
以 A 公司没有开会决策实施否定张某某的涉案行为属于单位行为的观点，显
然是错误的。

2. 张某某的涉案行为发生在 2014 年 4 月 24 日全国人大常委会《关于
〈中华人民共和国刑法〉第三十条的解释》出台之前，按照从旧兼从轻原则，
对张某某的涉案行为不应追究刑事责任

张某某的涉案行为是单位行为，在不能以滥用职权罪、帮助伪造证据罪

追究 A 公司刑事责任的情况下，能否以相关犯罪追究张某某个人的刑事责任呢？对此，答案是否定的。这是因为：

第一，张某某的涉案行为发生在 2014 年 4 月 24 日以前，不能适用 2014 年 4 月 24 日全国人大常委会关于单位犯罪的立法解释。2014 年 4 月 24 日，全国人大常委会通过的《关于〈中华人民共和国刑法〉第三十条的解释》对单位实施的犯罪在刑事责任的追究上作了扩大化解释，规定："公司、企业、事业单位、机关、团体等单位实施刑法规定的危害社会的行为，刑法分则和其他法律未规定追究单位的刑事责任的，对组织、策划、实施该危害社会行为的人依法追究刑事责任。"按照该解释的规定，在 2014 年 4 月 24 日以后，对于单位实施的刑法没有规定可以追究单位刑事责任的犯罪，可以追究单位内部具体组织、策划、实施该行为的人的刑事责任。但本案中，张某某的涉案行为发生在"2010 年 12 月至 2013 年期间"，属于该立法解释出台之前的行为，不能直接适用该立法解释。

第二，在 2014 年 4 月 24 日之前，最高人民法院规定对张某某涉案的此类行为不追究刑事责任。2001 年最高人民法院《全国法院审理金融犯罪案件工作座谈会纪要》针对单位贷款诈骗行为明确规定："根据刑法第三十条和第一百九十三条的规定，单位不构成贷款诈骗罪。对于单位实施的贷款诈骗行为，不能以贷款诈骗罪定罪处罚，也不能以贷款诈骗罪追究直接负责的主管人员和其他直接责任人员的刑事责任。但是，在司法实践中，对于单位十分明显地以非法占有为目的，利用签订、履行借款合同诈骗银行或其他金融机构贷款，符合刑法第二百二十四条规定的合同诈骗罪构成要件的，应当以合同诈骗罪定罪处罚。"按照最高人民法院的这一规定，对于 A 公司涉嫌实施的滥用职权行为、帮助伪造证据行为，司法机关不能以滥用职权罪、帮助伪造证据罪定罪处罚，也不能以滥用职权罪、帮助伪造证据罪追究直接负责的主管人员和其他直接责任人员的刑事责任。据此，本案中，对于张某某的涉案行为，也不能追究张某某滥用职权罪或者帮助伪造证据罪的刑事责任。

第三，根据从旧兼从轻的原则和精神，对张某某的涉案行为应当参照适用前述 2001 年最高人民法院座谈会纪要，不追究其刑事责任。我国《刑法》第 12 条针对刑法的溯及力规定了从旧兼从轻原则，强调"如果当时的法律不认为是犯罪的，适用当时的法律"。2001 年最高人民法院、最高人民检察院《关于适用刑事司法解释时间效力问题的规定》第 3 条对司法文件的效力也基本上采取这一原则，规定："对于新的司法解释实施前发生的行为，行为时已有相关司法解释，依照行为时的司法解释办理，但适用新的司法解释对犯罪嫌疑人、被告人有利的，适用新的司法解释。"据此，对本案中张某某的涉案行为应当参照适用前述 2001 年最高人民法院座谈会纪要，不追究其刑事责任。理由包括：（1）2014年4月24日全国人大常委会的上述立法解释虽然只是对《刑法》第30条规定的解释，但其解释内容客观上明显超出了《刑法》第30条规定的内容（属于《刑法》第30条没有规定的情形），具有明显的补充立法特征，对此应适用《刑法》第12条规定的从旧兼从轻原则。（2）立法解释、司法解释及相关司法文件都是对法律的解释，归根结底都是法律的适用问题，需要落实到司法的理解上，并且在时间前后关系上体现为刑法规范在不同时期的不同理解和不同适用范围，刑法规范之司法适用的这一本质属性决定了对其应适用从旧兼从轻原则。本案中，张某某的涉案行为发生在2014年4月24日之前，对张某某的涉案行为应当根据从旧兼从轻原则，对其参照适用前述2001年最高人民法院座谈会纪要，不追究其刑事责任。

（二）张某某的涉案行为不符合帮助伪造证据罪的构成要件要求，其行为不构成帮助伪造证据罪

本案中，主张构罪的观点认为，张某某在诉讼过程中，唆使并协助当事人伪造证据，情节严重，其行为构成帮助伪造证据罪。帮助伪造证据罪是帮助当事人伪造证据，情节严重的行为。该罪的关键构成要件包括：一是主体仅限于自然人且不能是当事人本人，单位不能构成本罪；二是客体表现为司法机关正常的诉讼活动；三是客观行为表现为帮助当事人伪造证据，情节严重的行为。本案中，张某某的行为不符合帮助伪造证据罪的构成要件要求，不构成帮助伪造证据罪。这具体体现在：

第一，从法定的犯罪构成要件上看，张某某的行为不具备帮助伪造证据罪的构成要件，不构成帮助伪造证据罪，理由包括：（1）刑法没有规定单位可以构成帮助伪造证据罪，张某某的行为不能构成帮助伪造证据罪。如前所述，本案中，张某某的涉案行为属于A公司的单位行为，且发生在全国人大常委会关于单位犯罪的立法解释出台之前。按照最高人民法院在此之前的相关规定，对张某某的行为不能以帮助伪造证据罪追究其刑事责任。（2）本案不存在"司法机关正常的诉讼活动"，张某某的行为没有侵害帮助伪造证据罪的客体。本案中涉及的是虚假诉讼，但这种虚假诉讼不同于当事方单方捏造事实进行的虚假诉讼，而是当事方和法官在心照不宣的情况下进行的虚假诉讼，完全不存在影响"司法机关正常的诉讼活动"的问题。涉案的法官也因此被以滥用职权罪追究刑事责任。在此情况下，本案不存在"司法机关正常的诉讼活动"。张某某的涉案行为没有侵害司法机关正常的诉讼活动，不符合帮助伪造证据罪的客体要求，不构成帮助伪造证据罪。（3）本案中的虚假诉讼案件不存在真正意义上的"当事人"，张某某的行为不属于帮助"当事人"伪造证据。这体现在两方面：一方面，从民事诉讼当事人的实质条件上看，本案自始至终都是假的，没有进行正常的诉讼活动（包括大部分案件都没有进行开庭等），不存在真正意义上的当事人。这是因为，民事诉讼的当事人是因民事上的权利义务关系发生纠纷，以自己的名义进行诉讼，并受人民法院裁判拘束的利害关系人。本案中，相关民事诉讼都是虚假的，不存在利害关系人，因而不存在真正意义上的当事人。另一方面，从民事诉讼当事人的形式条件上看，绝大多数案件的"当事人"根本没有进行相关诉讼活动，包括既未提起诉讼，也未委托诉讼代理人，更未参加诉讼。这明显不符合民事诉讼当事人的基本形式条件。因此，从法定的犯罪构成要件上看，张某某的行为不具备帮助伪造证据罪的主体、客体和行为要件，不构成帮助伪造证据罪。

第二，从案件证据上看，本案证据不足以证明张某某实施了帮助当事人伪造证据的行为。本案中，相关证据包括 8 组书证、12 组证人证言和 1 组供述。但这 21 组证据不足以证明张某某实施了帮助当事人伪造证据的行为，理由包括：（1）本案的书证（8 组）不能证明张某某帮助当事人伪造了证据，因为这些书证都是客观证据，没有且事实上也无法证明其与张某某之间的关系。（2）本案的言词证据（包括 12 组证人证言和 1 组供述）不能证明张某某帮助当事人伪造了证据。帮助伪造证据罪的行为对象是"证据"。而法律文书（包括民事起诉书、授权委托书、调解笔录、开庭笔录、送达回证等）显然不属于证据，本案中的证据主要是指借款协议、借据、合作协议等。但本案的言词证据不能证明张某某实施了帮助当事人伪造这些证据的行为。这是因为：一方面，在 13 组言词证据中，只有范某某一人的证言称"应张某某的要求，其在'借款协议''民事起诉状'等材料上签名"。但在这起案件中，张某某不符合帮助伪造证据罪的主体要求，不能构成帮助伪造证据罪。除此之外，其他言词证据只能证明是于某某指导了当事人在相关材料上签字，个别情况下也有法官参与。另一方面，本案取得的言词证据不具有合法性。刑事证据是事实上的证据与法律上的证据的统一，是具有证明能力的内容与具有证据效力的证据形式及收集、提供证据的人员（主体）和程序法律性的统一。证据的法律性应表现在证据内容、证据形式、收集证据和提供证据的主体、取证程序都合法。本案中，帮助伪造证据罪是在审判阶段变更的罪名。从帮助伪造证据罪的角度看，该罪不属于人民检察院自侦案件的范围，检察机关对本案不具有侦查权，其取得的言词证据不具有合法性，不能作为认定有罪的证据。对此，我国司法实践中已有因原审判决认定罪名不属于检察机关自侦案件范围而认定检察机关取证不合法，进而改判无罪的判例。

可见，从法定的犯罪构成要件上看，张某某的行为不具备帮助伪造证据罪的构成要件，而且从案件证据上看，本案证据不足以证明张某某实施了帮助当事人伪造证据的行为，张某某的涉案行为不构成帮助伪造证据罪。

（三）张某某的涉案行为不符合滥用职权罪共犯的成立条件，其行为不构成滥用职权罪

本案中，公诉机关是以滥用职权罪起诉张某某的，一审法院认定张某某的行为构成滥用职权罪。但二审判决认为张某某的行为不构成滥用职权罪，其理由主要包括五个方面：一是刑法无明文规定，即在没有特殊管理职权的行为人与具有特殊管理职权的国家机关工作人员共同实施滥用职权犯罪行为时，行为人是否应以渎职罪论处，刑法未有明确规定；二是最高人民法院无明确规定，即最高人民法院的司法解释、刑事政策仅对贪污贿赂性质案件中非国家工作人员的行为以贪污贿赂性质定罪，但在渎职性质案件中，未对主体不适格者因共同犯罪是否构成渎职罪作规定；三是犯罪特征不符合，即从犯罪特征看，贪污贿赂性质的犯罪是利用职务便利而侵吞公共财产、非法收受财产的行为，主体不适格者同样可以实施共同占有财产的行为，但渎职罪并不包含占有财物的犯罪特征，行为人没有与具有职务便利的国家工作人员共同占有财物，由此无法实施共同犯罪行为；四是司法解释的观点实际上是不处罚，即对于具有职务便利的国家工作人员因渎职行为而非法收受财物时，司法解释明确规定应当以受贿罪、渎职罪进行数罪并罚，但并未对主体不适格的行为人在行贿行为外加处渎职罪；五是政策不适合，即不具有特殊管理职权的行为人，其实际上无法逾越职权或不履行职责，从法律谦抑性考虑，不宜扩大犯罪主体的范畴，不能认定行为人因与国家机关工作人员勾结而构成滥用职权罪等渎职罪名。

滥用职权罪是国家机关工作人员超越职权，违法决定、处理其无权决定、处理的事项，或者违反规定处理公务，致使公共财产、国家和人民利益遭受重大损失的行为。该罪的关键性构成要件包括：一是主体仅限国家机关工作人员，不包括单位。单位不能构成本罪。二是客观行为表现为超越职权，违法决定、处理其无权决定、处理的事项，或者违反规定处理公务。三是结果必须是公共财产、国家和人民利益遭受重大损失。本案中，二审判决关于张某某的行为不构成滥用职权罪共犯的理由是全面而充分的，完全能够成立。在此基础上，从法理和事实两个方面看，张某某的涉案行为不构成滥用职权罪的共犯，理由包括：（1）二审判决关于张某某不构成滥用职权罪的理由；（2）滥用职权罪不能由单位构成，但张某某的涉案行为属于单位行为。在此之外，还需要进一步考虑张某某涉案行为不构成滥用职权罪的以下理由：

第一，从法理上看，B法院与张某某之间的管理者与被管理者关系决定了张某某的涉案行为不构成滥用职权罪的共犯。在刑法理论上，管理者与被管理者之间通常是一种对向关系（行为分别指向对方），类似的对向关系还有行贿与受贿、买与卖等。这种对向行为在刑法理论上被称为"必要的共同犯罪"，只有在《刑法》分则作了明确规定的情况下，才能对其按照犯罪进行处理。例如，我国《刑法》分则针对行贿与受贿这一组对向行为分别规定了行贿罪与受贿罪，行贿行为、受贿行为因而可以分别构成行贿罪、受贿罪；我国《刑法》分则针对买卖枪支行为规定了非法买卖枪支罪，出卖枪支行为、购买枪支行为因而均可以构成非法买卖枪支罪。但对于买卖毒品这一组对向行为，我国《刑法》分则只规定了贩卖毒品罪，没有将单纯的购买毒品行为规定为犯罪，因此对于购买毒品的行为（哪怕是购买者一再要求甚至唆使贩卖者向其出售毒品），既不能单独定罪，也不能按照贩卖毒品罪的共犯进行处理。同理，在滥用职权犯罪中，具有特殊管理职权的国家机关工作人员与被其管理的人之间通常也是一种对向关系，管理者的行为指向被管理者，被管理者的行为指向管理者。但我国《刑法》分则对此只规定管理者的行为可构成渎职犯罪，没有规定被管理者的行为属于犯罪，因此对被管理者的行为既不能单独定罪，也不能按照渎职罪的共犯进行处理。本案中，张某某是作为当事方代表向 B 法院申请进行司法确认、司法调解的，B 法院再对张某某方面的请求进行处理，两者是一种对向关系。由于本案发生在《刑法修正案（九）》增设虚假诉讼罪之前，因此，司法机关对本案中张某某的行为既不能单独定罪，也不能按照滥用职权罪的共犯进行处理。

　　第二，从证据上看，针对 B 法院司法裁判的对向行为是由于某某而非张某某实施的。这主要包括：（1）张某某的笔录等证据显示，通过虚假诉讼的方式办理涉案房产过户的想法是由于某某提出的。例如，张某某的笔录称："2011 年年初，因为 A 市有房产限购的政策要求，我本人在 A 市的房产需要出售给范某某，但是范某某是 A 市地区限购客户，不能购买我名下的房产。我和某律师事务所律师于某某商量，于某某说可以通过法院诉讼形式强制房产过户，他说具体由他操作，但是要 B 法院配合。"（2）林某某、邹某某、林甲、于某某等人的笔录显示，进行虚假诉讼的案件材料都是由于某某通过电子邮件、邮寄、传真等方式提交给 B 法院的。例如，林甲的笔录称："这些案件都是于某某帮张某某去打理的，所以一般情况下，涉及 A 市的虚假民事案件都由于某某与我们进行联系沟通。"于某某笔录亦称：其"根据 A 公司安排通过电子邮件、邮递、传真等方式将案件传到 B 法院 C 法庭法官手里"。（3）张某某的笔录和部分证人证言等证据显示，涉案的诉讼材料都由于某某准备，并在当事人办好后交给于某某。（4）相关法律顾问合同等证据表明于某某具有这方面的职责。根据某律师事务所与 A 公司签订的法律顾问合同，于某某的工作职责是："1. 为甲方（A 公司）业务活动和内部经营管理中的法律问题提供法律意见。2. 协助或代理甲方参与经济合同和其他经济活动的谈判、签约。3. 草拟、审查各类合同及其他法律文书。4. 代理甲方参与各类经济纠纷的调解、仲裁、诉讼活动。5. 处理甲方委托的其他法律事务，向甲方提供必要的法律帮助。6. 法律顾问对甲方委托所办的法律事务承担保密义务。"张某某的笔录亦称于某某帮助 A 公司处理的事务包括："一是公司有法律方面的事务向于某某咨询；二是公司有诉讼则由于某某代理本公司处理诉讼事务；三是公司员工法律培训；四是如果我们有客户需要打官司，由我公司介绍给于某某，于某某会给我们公司一定的介绍费，某律师事务所于某某在 A 公司设有办公室。"上述四个方面表明，本案涉及 B 法院的诉讼行为是由于某某提出建议和具体实施的，于某某为此不仅收取了 A 公司的法律顾问费，还收取了案件代理费。因此，针对 B 法院司法裁判的对向行为是由于某某而非张某某实施的。

可见，张某某不具有国家机关工作人员的身份，且本案证据表明，针对 B 法院司法裁判的对向行为是由于某某实施的，因此无论是从刑法明文规定、司法解释精神、刑法基本法理还是从案件基本证据的角度看，都不能认定张某某的涉案行为构成滥用职权罪。

闫某某非法处置查封的财产案

——与拆迁公司签订被查封房产的拆迁协议并处分拆迁补偿款的行为
是否构成非法处置查封的财产罪

一、基本案情

2005 年 11 月，闫某某与李某的代理人于某某签订"房屋买卖协议书"，购买了李某的房屋，并办理了"房屋所有权证"。之后，李某以于某某系以欺骗手段获取其"房屋所有权证"等为由，起诉要求确认某市建设委员会给闫某某颁发"房屋所有权证"的行为违法，但被某市中级人民法院终审驳回。2008 年 3 月，李某又提起民事诉讼，要求确认于某某与闫某某签订的房屋买卖合同无效。2008 年 3 月 25 日，某市 A 区人民法院应李某的申请查封了闫某某名下的涉案房屋。2009 年 7 月 12 日，闫某某就涉案房屋与拆迁公司签订了拆迁协议。同年 11 月 27 日，某市 A 区人民法院一审驳回了李某的民事诉讼请求。二审期间，闫某某接受并处置了涉案房屋的 2 700 万元拆迁款。

二、主要问题

本案涉及的主要问题是：闫某某与拆迁公司签订拆迁协议并接受、处分房屋拆迁款的行为是否构成非法处置查封的财产罪。具体而言，闫某某签订并接受房屋拆迁款的行为是否破坏了法院对其房产的查封与扣押。对此，主要有两种不同的观点：

一种观点主张构罪，认为闫某某擅自签订拆迁协议并接受、处分房屋拆迁款的行为从结果上来看破坏了法院对房产的查封与扣押状态，并且涉案数额巨大，因此符合非法处置查封的财产罪的要求。

另一种观点主张不构罪，认为查封的效力仅限制了所有权人闫某某对该房屋的部分处分权即转让所有权的行为，并不影响其对该房屋占有、使用、出租收益等权利。闫某某将拆迁款从指定账户取走时，该财产并未被法院查封、冻结。闫某某缺乏明知。闫某某与某投资公司签订拆迁合同的行为，具有一定的被迫性，是为了保护自身的合法利益，具有一定的可宽恕性。闫某某客观上没有实施非法处置行为，并且其行为情节在总体上看也不严重，不符合非法处置查封的财产罪的客观要求。

三、出罪法理

我国《刑法》第 314 条规定："隐藏、转移、变卖、故意毁损已被司法机关查封、扣押、冻结的财产，情节严重的，处三年以下有期徒刑、拘役或者罚金。"该罪要求行为人主观上具有非法处置已被司法机关查封、扣押、冻结的财产的故意，客观上实施了隐藏、转移、变卖、故意毁损已被司法机关查封、扣押、冻结的财产的行为，并且达到了情节严重的程度。笔者认为，本案中，闫某某主观上没有非法处置被查封的财产的故意，客观上没有实施隐藏、转移、变卖、故意毁损被查封的财产的行为，不构成非法处置查封的财产罪。

（一）在主观上，闫某某没有非法处置被查封财产的故意，不符合非法处置查封的财产罪的主观要件

非法处置查封的财产罪主观上不仅要求行为人明知其处置的财产是被合法查封的财产，而且要求行为人有非法处置被查封财产的故意。本案中，闫某某主观上不符合非法处置查封的财产罪的要求，不构成非法处置查封的财产罪。

1. 闫某某主观上对于其处置的涉案房屋的拆迁款是被合法查封的财产的事实缺乏明知

从本案的事实看，闫某某对于其处置的涉案房屋的拆迁款是被合法查封的财产缺乏明知，不符合非法处置查封的财产罪的主观要求。这主要体现在：

第一，尽管某市 A 区人民法院于 2008 年 3 月 27 日查封了涉案房屋，但查封的效力仅限制了所有权人闫某某对该房屋的部分处分权即转让所有权的行为，并不影响其对该房屋占有、使用、出租收益等权利，因此闫某某在主观上认为在没有转让被查封房屋所有权的情况下，根据政府的拆迁公告，与市政工程的建设单位某投资公司签订拆迁协议也是法律所允许的。

第二，闫某某处置拆迁款时，该拆迁款并未被查封、冻结。本案中，闫某某将拆迁款从指定账户取走的时间是 2010 年 2 月，而某市 A 区人民法院裁定查封、冻结闫某某名下价值人民币 2 700 万元的财产的行为发生在 2010 年 3 月 10 日。与此同时，某市 A 区人民法院 2008 年 3 月 27 日的裁定仅查封了闫某某名下的涉案房屋，并未查封、冻结闫某某的账户和其他财产。因此，闫某某将拆迁款从指定账户取走时，该财产并未被法院查封、冻结。闫某某自然也就缺乏关于该账户上的财产属于被查封、冻结财产事实的明知。

2. 闫某某主观上没有非法处置已被司法机关查封的财产的明确故意

本案中，闫某某名下的涉案房屋早在 2008 年 10 月就涉及拆迁问题。但是，考虑到涉及该房屋的民事诉讼裁决尚未作出，闫某某迟迟未与某投资公司协商拆迁事宜。至于闫某某之所以于 2009 年 7 月 12 日与某投资公司签订拆迁合同，主要是因为考虑到该拆迁是政府行为，如果再不签订拆迁协议，该房屋将面临被强制拆迁等不利后果。因此，从主观上，闫某某与某投资公司签订拆迁合同的行为，具有一定的被迫性。闫某某主观上没有非法处置被查封的财产的明确故意。

可见，闫某某主观上没有明确的非法处置被查封的财产的故意，不符合非法处置查封的财产罪的主观要求。

（二）在客观上，闫某某的行为不属于《刑法》第 314 条规定的非法处置行为，并且情节尚不严重，不符合该罪的客观要求

根据我国《刑法》第 314 条的规定，非法处置查封的财产罪在客观上有两个方面的要求：一是要求行为人实施了隐藏、转移、变卖、故意毁损已被司法机关查封的财产；二是要求行为人的非法处置行为达到了情节严重的程度。本案中，如前所述，由于闫某某在转走拆迁账户上的拆迁款时，该账户并没有被查封、冻结，因此闫某某涉嫌构成非法处置查封的财产罪的行为主要是其与拆迁公司签订拆迁协议的行为。对此，闫某某的该行为不属于《刑法》第 314 条规定的非法处置行为，也没有达到情节严重的程度，不符合非法处置查封的财产罪的客观要求。

1. 闫某某与拆迁公司签订拆迁协议的行为，不属于《刑法》第 314 条规定的非法处置行为

根据我国《刑法》第 314 条的规定，非法处置查封的财产罪的行为仅限于四种，即隐藏、转移、变卖、故意毁损。在这四种行为中，同闫某某与拆迁公司签订拆迁协议的行为最接近的当属变卖。但是，从内涵上看，变卖行为并不能涵盖本案中闫某某签订拆迁协议的行为。这是因为：变卖在本质上是一种双方平等、自愿的买卖行为，但是本案中涉及的拆迁并不完全是平等主体之间的自愿行为，而是具有一定强制性的政府行为。因此，不能将本案中闫某某签订拆迁协议的行为等同于我国《刑法》第 314 条的变卖行为。从严格罪刑法定原则的角度看，本案中闫某某的行为不符合我国《刑法》第 314 条关于非法处置查封的财产罪的客观行为规定。

2. 闫某某与拆迁公司签订拆迁协议的行为，不符合《刑法》第 314 条规定的情节严重要求

根据我国《刑法》第 314 条的规定，非法处置已被司法机关查封的财产，只有情节严重的才构成犯罪。但是，对于本案中闫某某与拆迁公司签订拆迁

协议的行为，尚难以认定为情节严重。这是因为：

第一，闫某某与拆迁公司签订拆迁协议的行为具有一定的被迫性。如前所述，闫某某与拆迁公司之间的拆迁协议是在面临可能被拆迁公司强制拆迁等不利后果的情况下签订的。从行为的动机上看，闫某某与拆迁公司签订拆迁协议是为了保护自身的合法利益，具有一定的可宽恕性。

第二，闫某某与拆迁公司签订拆迁协议的行为并没有造成任何危害后果。一方面，某市 A 区人民法院于 2009 年 11 月 27 日的民事裁定驳回了李某的诉讼请求。这从民事的角度初步判定了该涉案房屋归闫某某所有的性质，据此闫某某的行为也就不存在对李某的财产造成损害的可能性。另一方面，某市 A 区人民法院于 2010 年 3 月 10 日作出的民事裁定已经将闫某某名下价值 2 700 万元的财产查封、冻结了。这也避免了闫某某的行为会对李某的财产造成损害的可能。

可见，闫某某客观上没有实施我国《刑法》第 314 条规定的非法处置行为，并且从总体上看其行为情节也不严重，不符合非法处置查封的财产罪的客观要求。

王某某非法占用农用地等案

——利用农村旧村改造试点土地建房是否构成非法占用农用地罪

一、基本案情

(一) 非法占用农用地罪

2009 年年底至 2013 年年初，杜某某在把持某市基层组织期间（2009 年至 2011 年期间任村党支部书记；2011 年至 2013 年期间任村委会主任），在明知禁止占用耕地建房的情况下，仍在村委会议上决定占用村西北角及东面耕地用于旧改，并安排村民在耕地上建房，经某市国土资源局多次制止后仍拒绝停止安排村民在耕地上建房。王某某在明知小区西北角及小区东面为耕地的情况下，在村委会议上积极支持杜某某在耕地上建房的决议，并在杜某某的指使下积极实施拆房及铺设路基等工作。截至案发时，A 小区旧村改造已结项并硬化道路，经某市自然资源和规划局统计，A 小区共计非法占用土地 27.481 5 亩，其中耕地 22.371 亩。

(二) 故意毁坏财物罪

2015 年 4 月，某江段进行生态廊道工程施工。杜某某为获取砂石供其控制的某建材公司制作混凝土所用，在未取得采砂许可证的情况下，指使王某某安排某建材公司的驾驶员秦某某等人驾驶挖机、运输车在夜间该工程无人看管的时候，偷偷毁堤采砂，并当场以废土回填。同年 5 月 1 日，王某某认为工程施工人员放假无人看管，于是白天安排人员和车辆到某农场江段毁堤挖砂，结果被发现并被当场查扣挖机。

经某市水务局勘验及某地基处理技术有限公司对开采砂石资源量估算，当日堤坝所挖砂方量为 703.08 立方米。经某工程咨询有限公司对所挖堤防工程进行安全评估认为，非法采砂导致本段堤防存在严重的安全问题，综合评定为三类堤防。经某市价格认证中心鉴定，该农场某江段堤防缺口修复价格为人民币 86 387 元。

(三) 恶势力犯罪团伙

1996 年，杜某某当选某村党支部书记后，利用手中权力安排大量亲信入党，并安排王某某及徐某某等亲信担任支部委员，逐渐控制了村党支部。之后，杜某某排除异己，又陆续安排杜某贾及王甲、朱某某、王乙、王丙、王丁、王戊等人为村民小组组长，进而掌控该村。在之后的选举中，杜某某利用小组长对村民的控制，肆意操控村委会，安排楼某某、杜乙等亲信进入村委会任职，至此杜某某彻底把控了某村村委会。为了使该村沦为其敛财工具，杜某某先后安排王某某、楼某某担任财务，方便其侵吞村集体资产。在之后的二十多年中，杜某某把持基层组织，肆意罢免村委会干部，2014 年杜某某被某市纪委立案调查后，其又扶持儿子杜甲、女儿杜乙成为村党支部书记、村委会主任。其间，杜某某为巩固其把持的基层组织，雇凶伤人，排除异己。以杜某某为首，杜甲、王某某、杜乙等人为成员的恶势力犯罪团伙，在把持某村基层组织期间，侵占村集体资产、非法占用农用地、故意毁坏财物，利用杜某某实际控制的某市建材有限公司实施非法采矿的犯罪活动，通过贿选等方式破坏选举，严重破坏了当地的政治、经济和社会生活秩序。

二、主要问题

本案涉及的主要问题：（1）王某某的行为是否符合非法占用农用地罪的成立条件，是否构成非法占用农用地罪。对此，主要有两种不同的观点：

一种观点主张构罪，认为王某某违反土地管理法规，非法占用耕地等农用地，改变被占用土地用途，数量较大，造成耕地大量毁坏，其行为构成非法占用农用地罪。

另一种观点主张不构罪，认为王某某的行为不具有非法性，不符合非法占用农用地罪的客观行为要件，不构成非法占用农用地罪。

（2）王某某的行为是否符合故意毁坏财物罪的成立条件，是否构成故意毁坏财物罪。对此，主要有两种不同的观点：

一种观点主张构罪，认为王某某在江段挖沙行为的主观目的是采砂牟利，结果对堤坝造成了毁坏，堤坝修复费用即为造成的经济损失，符合故意毁坏财物罪的构成要件，已构成故意毁坏财物罪。

另一种观点主张不构罪，认为王某某的行为不符合故意毁坏财物罪的主观故意成立条件，因为非法采砂的故意不同于毁坏财物的故意，这是两个不同的故意，王某某不构成故意毁坏财物罪。

（3）杜某某、王某某等人是否属于恶势力犯罪团伙。对此，主要有两种不同的观点：

一种观点主张构罪，认为杜某某等人属于恶势力犯罪团伙，王某某属于恶势力犯罪团伙成员。

另一种观点主张不构罪，认为二人不属于恶势力犯罪团伙，不具有为非作恶、欺压百姓特征，行为手段也不符合暴力、威胁等恶势力的特征，二人是雇佣与被雇佣的关系。

三、出罪法理

笔者认为，王某某对涉案土地的使用不是非法占用，且没有毁坏财物的故意和行为，不构成非法占用农用地罪和故意毁坏财物罪；同时，其也不符合恶势力的基本特征，不属于恶势力犯罪团伙。

（一）王某某的行为不符合非法占用农用地罪的成立条件，不构成非法占用农用地罪

关于非法占用农用地罪，我国《刑法》第342条规定："违反土地管理法规，非法占用耕地、林地等农用地，改变被占用土地用途，数量较大，造成耕地、林地等农用地大量毁坏的，处五年以下有期徒刑或者拘役，并处或者单处罚金。"据此，非法占用农用地罪的成立在客观上必须同时具备以下条件：一是违法条件，即行为人的行为违反了土地管理法规，属于非法行为；二是行为条件，即行为人实施了非法占用耕地、林地等农用地的行为，改变被占用土地用途，数量较大，造成耕地、林地等农用地大量毁坏。对于本案，主张构罪的观点认为，王某某违反土地管理法规，非法占用耕地等农用地，改变被占用土地用途，数量较大，造成耕地大量毁坏，其行为已构成非法占用农用地罪。但笔者认为，王某某的行为不符合非法占用农用地罪的成立条件，不构成非法占用农用地罪。这具体体现在：

第一，王某某的行为不具有非法性，不符合非法占用农用地罪的违法条件。根据我国《刑法》第342条规定，非法占用农用地罪的违法条件是"违反土地管理法规"，即行为具有非法性，其核心是违反土地管理法规关于土地审批的规定。本案中，涉案的土地被用于安置旧村改造的村民，本案不能认定王某某的行为具有非法性。这包括：一是本案有证据证明涉案的土地使用系经某市人民政府批准的旧村改造试点。一方面，杜某某的笔录表明，使用部分田地用于安置旧村改造村民一事向当时某市的市长、市委书记及相关职能部门汇报并由他们到现场拍板决定；另一方面，"村会议纪要"记录，书记来村亲自调研，亲自指挥，对小区的工作充分肯定，并对村里的指标进行了拍板。二是本案证据显示，当时某市允许使用农村土地建房先建后批。《市宅基地确权登记具体操作指导意见（试行）》中专门作了规定："2010年1月1日起至2014年3月27日《省人民政府办公厅关于规范农村宅基地管理切实破解农村建房难的意见》下发之日前，农民建房未经批准或超过批准面积占用宅基地，但属村民唯一住宅，且所占宅基地符合土地利用总体规划和村镇规划、可以确定为宅基地，经本村集体经济组织同意并公示无异议的，经所

在镇乡（街道）审核，参照《某市违法用地专项整治工作实施细则（试行）》《某市违法用地专项整治工作实施细则的补充规定》中规定标准进行处理（处罚）后，对限额内的未批部分按违法占用前的地类补办用地审批手续，按批准面积确定宅基地使用权。"该文件明确规定对农民建房未经批准占用宅基地，可以补办用地审批手续。三是 2010 年最高人民法院《关于个人违法建房出售行为如何适用法律问题的答复》中规定："在农村宅基地、责任田上违法建房出售如何处理的问题，涉及面广，法律、政策性强。据了解，有关部门正在研究制定政策意见和处理办法，在相关文件出台前，不宜以犯罪追究有关人员的刑事责任。"对此，从事实、政策和法律的角度看，本案王某某的行为难以被认定为犯罪行为。

第二，王某某的行为没有"改变被占用土地用途，数量较大，造成耕地、林地等农用地大量毁坏"，不符合非法占用农用地罪的行为条件。根据我国《刑法》第 342 条的规定，非法占用农用地罪的行为表现为非法占用耕地、林地等农用地，改变被占用土地用途，数量较大，造成耕地、林地等农用地大量毁坏。据此，本案中难以认定王某某的行为符合非法占用农用地罪的行为条件。这是因为：一是将耕地建设为农村道路的行为没有改变土地的农用地性质，难以认定为改变被占用土地的用途。是否改变农用地的用途，对非法占用农用地行为的认定至关重要。从我国《刑法》第 342 条设置非法占用农用地罪的目的来看，该条规定的改变农用地的用途主要是指将土地的实际性质由农用地改为非农用地（如建设用地）。2000 年最高人民法院《关于审理破坏土地资源刑事案件具体应用法律若干问题的解释》第 3 条中规定："非法占用耕地'造成耕地大量毁坏'，是指行为人非法占用耕地建窑、建坟、建房、挖沙、采石、采矿、取土、堆放固体废弃物或者进行其他非农业建设，造成基本农田五亩以上或者基本农田以外的耕地十亩以上种植条件严重毁坏或者严重污染。"该解释特别强调了要将土地用于非农业建设。本案中，涉案的土地有相当一部分被建设成为农村道路。2009 年国土资源部《关于促进农业稳定发展农民持续增收推动城乡统筹发展的若干意见》（国土资发〔2009〕27号）规定："农村道路……可作为设施农用地办理用地手续，由市、县政府审批，报省级国土资源管理部门备案，不纳入农用地转用范围，不占用建设用地指标，但涉及占用耕地的要落实补充任务。"国家标准《土地利用现状分类》（GB/T 21010—2007）的规范性附录（本标准的土地利用现状分类与《中华人民共和国土地管理法》"三大类"对照表）中，农村道路用地属于农用地，不属于建设用地，也不属于非农业建设。二是本案的建筑占地没有达到数量较大的标准。对于非法占用农用地的数量较大标准，2008 年最高人民检察院、公安部《关于公安机关管辖的刑事案件立案追诉标准的规定（一）》

第 67 条第 1 款第 1 项规定的是，"非法占用基本农田五亩以上或者基本农田以外的耕地十亩以上的"。本案中，市自然资源和规划局移交证据材料的说明显示：本案占用土地面积为 18 321 平方米，其中建筑占地 5 921 平方米，小区区间及农房之间道路占地 8 673 平方米。建筑占地不足十亩，不属于数量较大。

可见，本案证据难以证明王某某的行为符合非法占用农用地罪的成立条件，其行为不构成非法占用农用地罪。值得特别指出的是，农村土地建房具有非常强的政策性和特殊性，在相关政策没有出台之前，对使用农村土地为农民建房的行为，根据前述最高人民法院《关于个人违法建房出售行为如何适用法律问题的答复》的规定和精神，显然不宜以犯罪论处。

（二）王某某的行为不符合故意毁坏财物罪的成立条件，不构成故意毁坏财物罪

关于故意毁坏财物罪，我国《刑法》第 275 条规定："故意毁坏公私财物，数额较大或者有其他严重情节的，处三年以下有期徒刑、拘役或者罚金；数额巨大或者有其他特别严重情节的，处三年以上七年以下有期徒刑。"据此，故意毁坏财物罪的成立至少必须同时具备两个条件：一是主观条件，即行为人主观上必须具有毁坏公司财物的"故意"；二是客观条件，即行为人客观上实施了毁坏公私财物且数额较大或者有其他严重情节的行为。对于本案，主张构罪的观点认为，杜某某指使王某某在某江段挖沙，主观目的是采砂牟利，结果对堤坝造成了毁坏，堤坝修复价格为 86 387 元，杜某某、王某某的行为符合故意毁坏财物罪的构成要件，已构成故意毁坏财物罪。但本案证据不足以认定王某某主观上具有毁坏财物的"故意"。这主要体现在：

第一，非法采砂的故意与毁坏财物的故意，是两个不同的故意，不能等同。本案中，主张构罪的观点认为杜某某、王某某主观上具有采砂牟利的目的，并在此基础上进一步认定杜某某、王某某主观上具有毁坏财物的故意。但从刑法上看，非法采砂的故意与毁坏财物的故意是两种完全不同的故意，其故意的内容和形式都存在明显区别：前一种故意的内容是明知未取得采砂许可证仍采砂，属于对行为的故意；后一种故意的内容是明知自己采砂的行为会造成财物毁坏（如堤坝毁坏）仍进行采砂，属于对结果的故意。主张构罪的观点没有对王某某非法采砂的行为故意与结果故意进行区分，以王某某具有行为故意（非法采砂的故意）直接认定其具有结果故意（毁坏财物的故意），逻辑不正确，依据不足。

第二，本案证据不能认定王某某主观上具有毁坏财物的故意。其中最关键的一点是：王某某挖沙回填后是否仍然会毁坏堤坝及毁坏物品的金额不能得到证实。这具体包括：一是本案证据表明王某某挖沙后会进行回填，进而能证明王某某主观上不具有毁坏堤坝的故意。前一种观点认为王某某等人挖沙后会当场进行回填，即认定"杜某某指使王某某安排某建材公司的驾驶员秦某某等人驾驶挖机、运输车在夜间该工程无人看管的时候，偷偷毁堤采砂，并当场以废土回填"。这表明，王某某等人不仅有挖沙行为，还有回填行为。该回填行为在避免被人发现的同时也具有加固堤坝的作用。从这个角度看，王某某对挖沙行为可能造成堤坝毁坏的后果进行防范，既难以认定其主观上明知其行为会造成堤坝毁坏的后果，也难以认定其主观上对毁坏堤坝后果具有希望或者放任的心理，进而不能证明其主观上具有毁坏他人财物的故意。二是本案证据不能证明王某某主观上具有毁坏 86 387 元财物的故意。某江段堤防缺口的修复价格为人民币 86 387 元。某市价格认证中心显示，该价格是工程量为 703.08 立方米的"统砂回填（统砂外购、运距 0.5 千米）"价格，其中包含了统砂价格。该价格显然没有考虑王某某回填行为对修复堤防缺口价格的影响。而本案证据显示，王某某的主观意图不仅包括挖沙的意图，也包括回填的意图。因此，从主观故意的内容上看，王某某主观上不具有毁坏86 387 元财物（堤坝）的故意。

可见，本案证据既不能证明王某某具有毁坏财物的故意，更不能证明王某某具有毁坏 86 387 元财物的故意。本案认定王某某犯故意毁坏财物罪的依据不足。值得指出的是，挖涉案旧堤坝的砂是当时的普遍做法，本案有证据证明某政府新修堤坝也是挖旧堤坝的砂来用。从这个角度看，主张构罪的观点认为王某某的行为犯故意毁坏财物罪不适当，有失公允。

（三）杜某某等人不属于恶势力犯罪团伙，王某某不属于恶势力犯罪团伙成员

关于恶势力，2019 年最高人民法院、最高人民检察院、公安部、司法部《关于办理恶势力刑事案件若干问题的意见》第 4 条规定："恶势力，是指经常纠集在一起，以暴力、威胁或者其他手段，在一定区域或者行业内多次实施违法犯罪活动，为非作恶，欺压百姓，扰乱经济、社会生活秩序，造成较为恶劣的社会影响，但尚未形成黑社会性质组织的违法犯罪组织。"在此基础上，该意见第 5～10 条进一步明确了恶势力的四个基本特征：一是本质特征，即"为非作恶，欺压百姓"；二是组织特征，即"恶势力一般为 3 人以上，纠集者相对固定"；三是行为特征，即"经常纠集在一起，以暴力、威胁或者其他手段，在一定区域或者行业内多次实施违法犯罪活动"；四是危害性特征，即"扰乱经济、社会生活秩序，造成较为恶劣的社会影响"。笔者认为，本案中杜某某等人不属于恶势力犯罪团伙，王某某不属于恶势力犯罪团伙成员。这具体体现在：

第一，杜某某等人不属于恶势力犯罪团伙。这包括：一是杜某某等人的行为对象不属于不特定对象的百姓，不符合恶势力"为非作恶，欺压百姓"的本质要求。恶势力的本质特征是"为非作恶，欺压百姓"。其中，百姓应是不特定的对象。正因为如此，前述《关于办理恶势力刑事案件若干问题的意见》第 5 条明确规定："单纯为牟取不法经济利益而实施的'黄、赌、毒、盗、抢、骗'等违法犯罪活动，不具有为非作恶、欺压百姓特征的，或者因本人及近亲属的婚恋纠纷、家庭纠纷、邻里纠纷、劳动纠纷、合法债务纠纷而引发以及其他确属事出有因的违法犯罪活动，不应作为恶势力案件处理。"本案中，杜某某等人的行为对象都是与其个人或者公司业务存在纠纷、矛盾的人，都是特定的，都事出有因。杜某某等人的行为不属于"为非作歹、欺压百姓"，不符合恶势力的本质要求。二是杜某某等人的行为不具有明显的暴力性、威胁性。前述《关于办理恶势力刑事案件若干问题的意见》第 8 条第 1 款规定："恶势力实施的违法犯罪活动，主要为强迫交易、故意伤害、非法拘禁、敲诈勒索、故意毁坏财物、聚众斗殴、寻衅滋事，但也包括具有为非作恶、欺压百姓特征，主要以暴力、威胁为手段的其他违法犯罪活动。"可见，暴力、威胁手段是认定恶势力违法犯罪活动的主要依据。本案中，杜某某等人的违法犯罪活动主要都是非暴力的，所涉敲诈勒索、寻衅滋事活动都与暴力、威胁有关，但都是由王某某个人实施，不仅程度低还不具有组织性且与团伙利益无直接关系，难以认定其为恶势力团伙犯罪。三是杜某某等人的行为没有"扰乱经济、社会生活秩序，造成较为恶劣的社会影响"。恶势力的危害性体现为"扰乱经济、社会生活秩序，造成较为恶劣的社会影响"。对此，前述《关于办理恶势力刑事案件若干问题的意见》第 10 条规定，认定恶势力的"扰乱经济、社会生活秩序，造成较为恶劣的社会影响"，应当结合侵害对象及其数量，违法犯罪次数、手段、规模，人身损害后果，经济损失数额，违法所得数额，引起社会秩序混乱的程度，以及对人民群众安全感的影响程度等因素综合把握。本案中，从杜某某等人涉案行为的对象、次数、手段、规模、损害后果、社会影响等方面看，其行为不符合恶势力犯罪集团的危害程度要求。这包括：一方面，本案涉案的主要行为都是围绕该村的土地征用和旧村改造等展开的，是对该村有利的行为。杜某某等人的行为为该村争取了巨大的经济利益（仅非法采矿一项，杜某某等人交给村里的土地款就超过 1 400 万元），该村及杜某某等人也因此多次受到各级政府的表彰。在此基础上，本案难以认定杜某某等人的行为扰乱了其村经济、社会生活秩序。另一方面，根据杜某某等人涉案的对象、次数、手段、规模、损害后果、社会影响也难以认定他们"扰乱经济、社会生活秩序，造成较为恶劣的社会影响"。其中，在行为对象上，杜某某等人的涉案行为都指向与其存在纠纷的人，对象特定，不会扰乱经济、社会生活秩序，也不会对人民群众的安全感造成影响；在行为手段上，杜某某等人的涉案手段主要是非暴力行为，不会对群众的安全感造成直接影响；在危害后果上，本案没有造成他人任何人身伤害，没有对经济、社会生活秩序造成严重危害。可见，杜某某等人不符合恶势力的基本要件要求，不属于恶势力犯罪团伙。

　　第二，王某某不属于恶势力犯罪团伙的成员。根据前述《关于办理恶势力刑事案件若干问题的意见》第 6 条的规定，恶势力的人员包括两类：纠集者和其他成员。本案中，王某某显然不属于恶势力犯罪团伙的纠集者对于恶势力的其他人员，前述《关于办理恶势力刑事案件若干问题的意见》第 6 条第 2 款规定："恶势力的其他成员，是指知道或应当知道与他人经常纠集在一起是为了共同实施违法犯罪，仍按照纠集者的组织、策划、指挥参与违法犯罪活动的违法犯罪分子，包括已有充分证据证明但尚未归案的人员，以及因法定情形不予追究法律责任，或者因参与实施恶势力违法犯罪活动已受到行政或刑事处罚的人员。仅因临时雇佣或被雇佣、利用或被利用以及受蒙蔽参与少量恶势力违法犯罪活动的，一般不应认定为恶势力成员。"本案中，杜某某与王某某之间是雇佣与被雇佣关系（王某某是杜某某公司的人员）、利用与被利用关系，同时，王某某只参与了 2 起违法犯罪活动，且这 2 起活动从性质上看也不属于恶势力性质的违法犯罪（其行为手段既没有暴力手段也没有威胁手段，明显不具有"为非作恶、欺压百姓"的性质）。因此，即便杜某某等人成立恶势力犯罪团伙，王某某也不应被认定为恶势力成员。

A 公司等非法占用农用地案

——获得多级政府支持但未完成用地具体手续的用地行为能否构成非法占用农用地罪

一、基本案情

A 公司、B 公司、C 公司三家企业，在未经相关部门审批的情况下，在村集体土地上排岩、修建尾矿坝和厂房等设施，改变集体土地的使用性质。曾某某于 2007 年 1 月 1 日任集团公司副总经理兼工业园区主任，负责工业园区内三家企业的日常管理及安全生产和项目改扩建工作。其在未经有关部门审批的情况下，决定在村集体土地上进行园区企业的扩建。何某某为集团总经理，兼任上述三家企业的法定代表人，负责集团公司的全面工作，曾某某把上述三家企业需扩建的情况向其汇报后，其允许上述三家企业的扩建。上述三家企业具体改扩建情况如下：

1. 2011 年 3 月开始，B 公司未经相关部门批准，非法占用某村旱地 14 077 平方米，其中不含基本农田。现该土地已全部恢复，达到耕地标准，适合农作物生产。另外，该企业占用林地面积 93 830 平方米，其中已恢复植被 65 078 平方米。该企业将上述土地用于建设尾矿库、排岩厂项目。

2. 2012 年 5 月开始，C 公司未经相关部门批准，非法占用某村林地 49 341 平方米，没有恢复植被。该企业将上述土地用于厂区的扩建，并在该土地修建厂房、蓄水池等相关设施。

3. 2013 年 5 月开始，A 公司未经相关部门批准，非法占用某村林地面积 63 937 平方米，其中已恢复植被 1 150 平方米。该企业将上述土地用于扩建厂区，并在该土地上建设碎石加工厂等附属建筑。

4. 2013 年 5 月开始，B 公司未经相关部门批准，非法占用某村旱地 30 582 平方米，其中不含基本农田。该土地已全部恢复，达到耕地标准，适合农作物生长。另外，该企业占用林地面积 134 990 平方米，其中已恢复植被 109 833 平方米。该企业将上述土地用于厂区的扩建，并在该土地修建尾矿坝和排岩使用。

5. 2013 年 6 月开始，C 公司未经相关部门批准，非法占用某村林地 29 387 平方米，没有恢复植被。该企业将上述土地用于厂区的扩建，并在该土地上修建维修车间、办公楼等相关设施。

二、主要问题

本案涉及的主要问题是 A 公司等企业取得多级政府支持但未完成用地具体手续的用地行为是否构成非法占用农用地罪。对此，主要有两种观点：

一种观点主张构罪，认为未完成用地具体手续的用地行为可以构成非法占用农用地罪，A 公司等非法占用农用地的行为构成非法占用农用地罪。

另一种观点主张不构罪，认为行政机关作出的具有相应法律效力的行政行为，赋予了 A 公司等企业涉案行为的合法性，A 公司等企业主观上不具有非法占用农用地的故意，其行为不构成非法占用农用地罪。

三、出罪法理

笔者认为，A 公司等企业的涉案行为具有相应的合法前提，且其主观上不具有非法占用农用地的犯罪故意，不构成非法占用农用地罪。

（一）省国土资源厅、市规划委员会、市人民政府及有关部门的批复、决议和实际行为，是具有相应法律效力的行政行为，赋予了 A 公司等企业涉案行为的合法性

根据《刑法》第 342 条的规定，非法占用农用地罪是单位或个人违反土地管理法规，非法占用耕地、林地等农用地，改变所占农用地的用途，数量较大，造成农用地大量毁坏的行为。"非法性"是成立非法占用农用地罪的基本条件。这里的"非法性"要求行为在形式上和实质上均违反了土地管理法规。但本案中，省国土资源厅、市人民政府及有关部门的批复、决议及实际行为是具有相应法律效力的行政行为，客观上赋予了 A 公司等企业涉案行为的合法性。

1. 省国土资源厅、市规划委员会、市人民政府及有关部门的批复、决议和实际行为，是具有相应法律效力的行政许可行为

这主要涉及省国土资源厅、市规划委员会、市人民政府等批复以及市人民政府等的实际行政行为两方面。

第一，省国土资源厅、市规划委员会、市人民政府及有关部门的批复、文件具有相应的行政许可效力。

本案中，五项事实涉及三个地块，分别是"迁村腾地建区"地块、"某某厂"地块和 C 公司矿区地块。与这些地块相对应，省国土资源厅、市规划委员会、市人民政府及有关部门分别作出了相应的批复、文件。这具体体现在：

（1）"迁村腾地建区"地块的使用得到了市人民政府及其发展和改革局的批复同意。一是 2007 年 4 月 2 日市人民政府《关于同意成立某镇工业园区和高新技术工业园区的批复》。该批复称，同意某镇成立工业园区和高新技术工业园区（精细化工、电力电子等相关产业）。二是 2007 年 3 月 13 日市发展和改革局《关于 C 公司矿库项目立项的批复》。该批复称，同意 C 公司矿库项目建设，项目用地面积 155 600 平方米。三是 2011 年 6 月 24 日市发展和改革局《关于某集团某建筑材料有限公司某建设项目的批复》。该批复称，某集团某建筑材料有限公司某建设项目符合《省企业投资项目核准暂行办法》的有关要求，项目用地面积 160 503 平方米，并请项目单位凭此意见，抓紧办理项目相关手续，落实资金，使项目早日建成。上述批复表明，市人民政府及其发展和改革局已经批复同意集团下属企业使用"迁村腾地建区"地块。

（2）"某某厂"地块的使用得到了市规划委员会、市人民政府及其发展和改革局的批复、文件同意。一是 2010 年 9 月 30 日市人民政府《关于同意将市某某厂国有土地使用权及资产划拨给市城建投资有限公司的批复》。该批复称，同意将市某某厂的国有土地使用权（4 045 463 平方米）及资产无偿划拨给市城建投资有限公司。二是 2010 年 10 月 15 日"中华人民共和国建设项目选址意见书"。该意见书表明，某某厂地块的建设项目名称是某市某某厂工业园区在建排岩场项目。三是 2011 年 7 月 6 日印发的《某某市规划委员会会议纪要》。该纪要称，原则同意某集团尾矿库规划选址。按照会议审议意见，其项目在使用新尾矿库的同时，要对原尾矿库进行复垦，并在南侧搞好林带绿化和道路景观。四是 2011 年 10 月 20 日"中华人民共和国建设工程规划许可证"。该许可证表明，某镇原"某某厂"地块的用地性质是"工业用地"。五是 2011 年 11 月 8 日市发展和改革局《关于市某投资有限公司在原某某厂为某集团铁矿设立排岩场项目可行性研究报告的批复》。该批复称，同意市城建投资有限公司在原某某厂为某集团铁矿设立排岩场建设项目。项目用地面积 63 万平方米。上述批复、文件表明，市规划委员会、市人民政府及其发展和改革局不仅同意某集团下属企业使用"某某厂"地块，而且在建设规划上，规定该地块的用地性质已经是"工业用地"（不属于农用地）。

（3）C 公司矿区地块的使用得到了省国土资源厅的批复同意。本案中，2015 年 6 月 19 日省国土资源厅《划定矿区范围批复》称，批准某集团某矿业有限公司矿区范围由 21 个拐点圈定，开采深度为 160 米～310 米标高，矿区面积约为 2.5919 平方千米。该批复要求 C 公司依据批复的矿区范围，按照国家有关法律、法规的规定抓紧做好矿产资源开发利用方案的编制和可行性研究论证及其他有关工作，并每半年向登记机关报告一次项目进展情况。这表明，C 公司矿区地块的使用得到了省国土资源厅的同意。

第二，市人民政府及相关部门的实际行为具有相应的行政法律效力。本案中，市人民政府及相关部门针对 A 公司等企业的行为采取了具体行为。这些行为也具有相应的行政法律效力。这主要体现在以下两个方面。

（1）A 公司等企业就使用涉案土地依法缴纳了土地使用税。按照《城镇土地使用税暂行条例》的规定，单位或者个人缴纳土地使用税的前提是"在城市、县城、建制镇、工矿区范围内使用土地"。具体而言，市人民政府等部门向 A 公司等企业使用涉案土地征收土地使用税，即意味着他们以实际行为承认了 A 公司等企业使用涉案土地的合法性。

（2）镇人民政府实际参与了某集团对涉案土地的使用等行为。本案中，某镇某某社区（甲方）、某集团（乙方）和镇人民政府（丙方）2009 年 5 月 5 日签订了"某镇'迁村腾地建区'协议书"，并于 2011 年 5 月 18 日签订了"补充协议书"。该协议约定，镇人民政府作为丙方的责任就包括"全力协助甲、乙双方所涉及'迁村腾地建区'的相关工作"，"必须保证乙方的正常生产经营环境，保证甲方任何居民不再阻碍、干涉乙方的生产、经营、施工"。镇人民政府当时作为市人民政府的下级单位，有具体实施市人民政府决定的义务。其对某集团用地行为的参与代表了其本级及上级政府对集团用地行为的认可。

本案中，省国土资源厅、市规划委员会、市人民政府及有关部门的批复、文件和市人民政府及相关部门的具体行为是一个整体，成为集团所属企业用地批复的重要环节。从效力上看，省国土资源厅、市规划委员会、市人民政府及有关部门作出批复后，相关部门应当按照批复的内容协调落实集团用地的审批手续。涉案土地的具体用地手续未完成，不能否认省国土资源厅、市规划委员会、市人民政府及有关部门的批复、决定以及相关部门具体行政行为的法律效力。

2. 省国土资源厅、市规划委员会、市人民政府及有关部门的行为实际上赋予了 A 公司等企业用地行为相应的合法性

本案中，A 公司等企业的整个用地行为是在省国土资源厅、市规划委员会、市人民政府及有关部门的批准、组织下完成的。这些行政机关的行为与 A 公司等企业的用地行为在时间上具有先后关系，逻辑上具有因果关系，赋予了 A 公司等企业用地行为相应的合法性。这是因为：一方面，省国土资源厅、市规划委员会、市人民政府及有关部门是 A 公司等企业涉案土地的有权决定机关，A 公司等企业按照市人民政府的会议决议用地，具有合法性。虽然按照相关法律规定，涉案土地的审批权限在政府的国土、林业相关部门，但省国土资源厅、市规划委员会、市人民政府毫无疑问是涉案土地使用的有权决定机关，其批复、决定对政府的国土、林业部门具有行政上的约束力。

据此，省国土资源厅、市规划委员会、市人民政府及有关部门的批复、决定实际上是批准了Ａ公司等企业的用地权。在此前提下，Ａ公司等企业对涉案土地的使用行为具有相应的合法性。另一方面，市人民政府及相关部门的行政行为实际赋予了Ａ公司等企业相应的用地合法性。政府及其部门的实际行为代表着其行政立场。Ａ公司等企业就使用涉案土地依法缴纳了土地使用税，以及镇人民政府实际参与了某集团对涉案土地的使用等行为，客观地表明了其对Ａ公司等企业用地行为的认可，并赋予其相应的合法性。

（二）Ａ公司等企业主观上不具有非法占用农用地的故意

我国《刑法》第14条第1款规定："明知自己的行为会发生危害社会的结果，并且希望或者放任这种结果发生，因而构成犯罪的，是故意犯罪。"构成非法占用农用地罪的主观故意是行为人明知自己的占地行为违反了土地管理法规，且对占地行为会造成大量农用地毁坏的结果也是明知的，但仍然希望或放任该结果的发生。前述政府和相关部门的批复、文件及实际行为表明，Ａ公司等企业主观上对使用涉案农用地的非法性缺乏明知。Ａ公司等企业完全有理由相信其对涉案农用地的使用行为是合法的，其主观上缺乏对其占地行为非法性的认识。毕竟，按照信赖利益保护原则，公民出于对行政行为的信赖而安排其生活，处置其财产，行政主体为保护此信赖利益不得随意变更该行政行为，因特别情形确需变动且对相对人造成信赖利益损失的，应给予相对方以合理补偿。这意味着，行政行为具有确定力，行为一经作出，未有法定事由并经法定程序不得随意撤销。本案中，Ａ公司等企业基于对省国土资源厅、市规划委员会、市人民政府及有关部门一系列行政行为的信赖而作出了相应的用地行为，对该行为应根据信赖利益保护原则给予法律上的保护。Ａ公司等企业主观上不具有非法占用农用地的故意，其行为不构成非法占用农用地罪。

游某某走私毒品案

—— 购买毒品后方知道毒品由境外邮寄是否构成走私毒品罪

一、基本案情

游某某于 2020 年在新浪微博上浏览信息时，看到一条贩卖精神类活性药物的广告信息后，根据该信息内容添加了一个微信号为"eric-night"的微信。对方介绍说他有"邮票"卖，"邮票"是一种致幻剂、服用后能产生强烈致幻效果，当时游某某不感兴趣，没向对方购买。游某某在网上查询后得知"邮票"是一种新型毒品，之后游某某一直未与对方联系。2021 年 1 月，游某某因其独自在外工作，觉得精神空虚无趣，并出于好奇，便主动联系微信号为"eric-night"的人，问对方有什么药卖，对方说有"Molly"卖，服用后听音乐会产生很享受的效果，价格为 30 美元一颗。游某某便向对方购买三颗胶囊"Molly"，包含邮寄费在内于 2021 年 1 月 4 日 0 时 53 分以微信转账方式支付了对方人民币 784 元。对方发货后告知游某某订单号，并发了一个网址给游某某，让游某某查询包裹情况。游某某登录网站进行快递单号查询后，得知其购买的物品系从美国寄出。

2021 年 1 月 22 日，某市某国际货运代理有限公司接受美国某公司委托，向某市机场海关申报快件入境。

2021 年 1 月 26 日，某市某机场海关在对一申报品名为 candypop 爆米花的个人物品机检时，发现该包裹在 CT 机中成像异常。经机场转人工开箱查验，机场海关缉私分局民警和机场海关关员一起对包裹进行开拆后，发现包裹内夹藏有疑似白色粉末状毒品的三粒胶囊，经称量，毛重为 1.42 克。经机场海关缉私分局民警对胶囊内的粉末进行微量取样后送往某市公安局检验鉴定中心进行成分检验，检测出 MDMA、氯胺酮成分。之后，机场海关缉私分局民警和机场海关关员一起将包裹原样恢复后交由国内承运的某市某货运代理有限公司。某市某货运代理有限公司按照国外托运公司的要求，更改国内收货人信息面单后交由与公司合作的中通快递运送给游某某。

某市机场海关缉私分局将该快件涉嫌走私白色粉末状毒品的线索移交给

某省某县公安局禁毒大队。2021 年 2 月 1 日，游某某在某县烟草公司门口收取包裹后被某县公安局禁毒大队民警抓获，当场缴获包裹内夹带的装有白色粉末状毒品可疑物的三颗胶囊。经称量，三颗胶囊毛重 1.31 克，胶囊内装有的白色粉末状毒品可疑物净重 0.63 克。经鉴定，三颗白色胶囊内装有的白色粉末状毒品可疑物均检出 MDMA、氯胺酮成分。

二、主要问题

本案涉及的主要问题是游某某的行为是否符合走私毒品罪的构成要件，是否构成走私毒品罪。对此，主要有两种不同的观点：

一种观点主张构罪，认为游某某明知是毒品而向国外卖家购买后，通过国际快件邮寄进入我国境内并签收，经鉴定其购买的毒品中检出 MDMA、氯胺酮成分，因此，其行为构成走私毒品罪。

另一种观点主张不构罪，认为买卖毒品双方的对合关系决定了卖方负有运输义务且实施了寄递毒品进出境行为，同时也不能证明游某某购买时明知卖方在境外，因此，不能以此认定游某某应对依附于运输义务的走私行为承担刑事责任。另外，最高人民法院明确规定了购毒者的接收行为无须承担寄递毒品产生的走私、运输毒品罪刑事责任。

三、出罪法理

我国《刑法》第 347 条规定了走私、贩卖、运输、制造毒品罪。2012 年最高人民检察院、公安部《关于公安机关管辖的刑事案件立案追诉标准的规定（三）》第 1 条第 2 款针对走私毒品罪规定："本条规定的'走私'是指明知是毒品而非法将其运输、携带、寄递进出国（边）境的行为。"据此，走私毒品罪的成立至少必须同时具备以下三个条件：一是行为要件，即行为人必须实施了非法将毒品运输、携带、寄递进出国（边）境的行为；二是主观要件，即行为人主观上必须具有走私毒品的故意；三是对象要件，即行为人运输、携带、寄递进出国（边）境的物品必须是毒品。本案中，游某某明知是毒品而向国外卖家购买后，通过国际快件邮寄进入我国境内并签收，经鉴定其购买的毒品有 MDMA、氯胺酮成分。对此，主张构罪的观点认为其行为已触犯刑律，构成走私毒品罪。但笔者认为，本案不能认定游某某构成走私毒品罪，游某某的行为不符合走私毒品罪的成立条件，不构成走私毒品罪。

（一）卖方负有运输义务且实施了寄递毒品进出境行为，游某某的行为不是走私毒品行为，不符合走私毒品罪的行为要求

如前所述，走私毒品罪的行为要件是"明知是毒品而非法将其运输、携带、寄递进出国（边）境的行为"。本案中涉案的走私毒品的运输、携带、寄递行为存在于毒品买卖关系当中，是毒品买卖中的运输行为（运输、携带、寄递毒品进出境）的一部分。但综合一般交易习惯和本案的具体情况，涉案毒品的运输义务是由卖方承担且由卖方具体实施的，游某某没有实施走私毒品行为，不构成走私毒品罪。

1. 按照一般的交易习惯，毒品买卖应当由卖方负责毒品的运输，而依附于运输义务的走私行为不应被认定为游某某的行为

在日常生活中，除特别约定外，货物的交易无论运费由谁承担，都是由卖方负责运输，直至将货物交付到买方手中，才算交易完成。在货物交付买方之前，由卖方承担货物在运输中的损害责任，即整个运输义务是由卖方负责并承担由此产生的法律责任。毒品交易也是如此，除非买卖双方特别约定，否则只有卖方将毒品交到买方手上，才算交易完成，卖方承担毒品的运输义务。本案中，按照一般交易习惯，涉案毒品的运输也应当由卖方负责并承担由运输产生的刑事责任（含跨境运输产生的走私毒品罪的刑事责任）。

2. 买方承担邮寄费，不表明买方要承担邮寄义务，不能以此认定游某某应对依附于运输义务的走私行为承担刑事责任

本案中，构罪的观点认定游某某在支付三颗胶囊"Molly"货款的同时，也支付了邮寄费（包括邮寄费在内于 2021 年 1 月 4 日 0 时 53 分微信转账支付了对方人民币 784 元）。不过，买方承担邮寄费与买方承担寄递义务不是一个意思，不能将两者等同。根据一般交易规则，卖方的寄送义务不会因买方承担寄送费用而被免除，在买方承担运费的情况下，卖方仍要负责寄送并对寄送过程中发生的货损承担责任。事实上，买方支付邮寄费只是卖方在确定货物价格时的一种方式，即将货款和邮寄费分开计算，显得货物的单价没有那么贵。这与将货款和邮寄费合在一起报价，是一样的，不能免除卖方的运输义务。因此，本案中游某某虽然承担了邮寄费，但邮寄责任仍应由卖方承担。

3. 涉案毒品的寄递进出境行为是由卖方实施的，游某某没有实施寄送毒品进出境的走私行为

本案中，三颗胶囊"Molly"是由卖方进行邮寄的。之后，卖方告诉游某某订单号并发了一个网址给他，让他查询包裹情况，游某某在登录网站进行快递单号查询后，才得知其购买的物品系从美国寄出。这表明，游某某是在卖方寄出后通过查询快递单号才知道物品是由美国寄出的，寄递行为由卖方实施，游某某是事后才知道的，游某某没有实施寄送毒品进出境的走私行为。

4. 买卖毒品双方的对合关系决定了游某某的购买行为不能构成走私毒品罪

我国《刑法》第 347 条规定了走私、贩卖、运输、制造毒品罪，但我国刑法没有将作为贩卖行为的对合行为（购买毒品行为）规定为犯罪。本案中，游某某仅实施了购买行为（包括提出购买要求和支付费用）。在刑法上，对合犯是一种必要共犯，以《刑法》分则的具体规定为限，不能适用《刑法》总则关于共同犯罪的规定。在《刑法》分则未规定毒品买方承担毒品犯罪共犯责任的情况下，游某某只承担购买毒品行为的责任，且游某某购买毒品的数量极少，并未超出自己吸食的合理范围，更无法推定出其用于贩卖的可能，故此，本案不能越过买卖关系认定游某某成立贩卖毒品的共犯，也不能认定其成立包含在贩卖行为之内的卖方跨境邮寄毒品的走私毒品共犯，更不能单纯对其购买毒品的行为定罪处罚。

5. 最高人民法院明确规定购毒者的接收行为无须承担寄递毒品产生的走私、运输毒品罪刑事责任

2015 年最高人民法院发布的《全国法院毒品犯罪审判工作座谈会纪要》中规定："购毒者接收贩毒者通过物流寄递方式交付的毒品，没有证据证明其是为了实施贩卖毒品等其他犯罪，毒品数量达到刑法第三百四十八条规定的最低数量标准的，一般以非法持有毒品罪定罪处罚。"该座谈会纪要没有要求购毒者承担由毒品物流寄递产生的走私、运输毒品罪刑事责任，包括没有区分物流寄递是否应买方要求进行、买方是否承担了寄递费，表明毒品物流寄递产生的刑事责任一概由卖方承担。

可见，游某某没有实施寄递毒品进出境行为，其作为毒品的购买方，不承担邮寄毒品进境的义务及由此产生的刑事责任，不成立走私毒品罪。

（二）本案证据不能证明游某某购买时知道卖方是从境外寄送进境的，其不符合走私毒品罪的主观要求

走私毒品罪的成立在主观上要求行为人必须具有走私毒品的故意，即明知对象物是毒品且要进行非法跨境运输。本案的毒品是从境外寄送进入我国境内的。但本案证据不能证明游某某购买物品时知道卖方是要从境外将物品寄送入境，进而不能证明其主观上有走私的故意。这具体体现在：

第一，本案认定涉案物品以美元计价的依据不足，不能以此证明游某某明知卖方在境外。

本案中，游某某购买涉案物品是以美元计价，三个胶囊每个 30 美元。但从证据的角度看，本案认定涉案物品以美元计价的依据不足：一是游某某的笔录本身只能算一个证据，在没有其他证据相印证的情况下，即便游某某的笔录供认以 30 美元/颗的价格购买，也是孤证，属于仅有供述的情形，不能据以认定案件事实。二是游某某的笔录对计价的供述前后矛盾。关于"Molly"的价格，游某某 2021 年 3 月 23 日笔录记载为 30 美元/颗。但游某某 2021 年 2 月 1 日笔录记载为 200 多元钱一颗，向对方转账 784 元（其中包括邮寄费）。游某某关于计价的笔录仅有两份，且在表述上不一致，不足以据以

认定游某某要购买的"Molly"是以美元计价的，更不能以此认定游某某明知卖方在境外。

第二，查询快递单号的行为发生在卖方寄送之后，不能以此证明游某某在购买时明知卖方在境外。

主张构罪的观点将通过网站查询得知物品从美国寄出作为认定游某某具有犯罪故意的依据。但在案证据和相关事实都表明，游某某微信付款后，对方在发货后告知游某某订单号，并发了一个网址给游某某，让游某某查询包裹情况。游某某登录网站进行快递单号查询后，才得知其购买的物品系从美国寄出。这表明，游某某得知物品系从美国寄出，是根据卖方发来的订单号和海淘网址查询得知，但这显然是在卖方交快递寄送之后，属于事后才知道，不能作为认定游某某购买物品时主观心态的依据，也不能作为认定游某某具有走私毒品故意的依据。

可见，本案证据不能证明游某某明知卖方要从境外将物品寄送入境，进而不能证明其主观上有走私毒品的故意。

（三）本案证据不能排除查获的毒品不是游某某购买的合理怀疑，且存在提取、称重、送检等程序问题，不能证明游某某符合走私毒品罪的对象要求

本案中，涉嫌走私的毒品中 MDMA、氯胺酮被认定为 0.63 克。但在案证据存在一定的矛盾和冲突，不能排除查获的毒品不是游某某购买的合理怀疑，且存在提取、称重、送检等程序问题，不能证明游某某符合走私毒品罪的对象要求。这具体体现在：

第一，游某某所购的物品与实际查获的毒品在同一性上存在问题，不能排除涉案毒品不是游某某所购物品的合理怀疑。

本案中，涉案物品的寄递经过了多个环节，案件中存在多个寄递的订单号。涉案毒品是否是游某某购买的物品，寄送中间是否发生了变化，涉及能否认定涉案毒品就是游某某购买物品的同一性问题。对此，本案证据不能排除侦查机关查获的物品不是游某某所购物品的合理怀疑。这体现在：一是游某某笔录不能证明其所购买的物品与侦查机关查获的物品是同一物品。本案中，游某某的笔录表明，其所购买的是一种叫"Molly"的药品，属于精神类活性药品。这类药品与毒品不具有直接的对应关系（如其可能只是一般的精神药品而非毒品），不能表明游某某购买的是毒品，更不能表明其就是侦查机关查获的毒品。二是游某某收到的货物订单与侦查机关查获货物的订单不同，不能排除两个订单对应的货物不同的可能。本案中，侦查机关从游某某手机内提取了游某某所购物品的订单号，该订单号登记的收件人是沈某某，订单号显示该货物 2021 年 1 月 11 日飞往中国途中，1 月 14 日抵达中国清关口岸，1 月 15 日就已在中国境内清关。而本案查获的货物订单号和白航班班次与之不同，于 2021 年 1 月 22 日进口，于 2021 年 1 月 25 日申请报关，收件人信息为阮某某两订单报关日期相差 10 天，且登记的信息完全不一致。在此情况下，本案不能证明游某某购买的物品就是侦查机关查获的物品。

第二，毒品的提取、称量、取样和送检程序存在问题，难以通过办案机关的补正和说明予以解决。

2016 年最高人民法院、最高人民检察院、公安部《办理毒品犯罪案件毒品提取、扣押、称量、取样和送检程序若干问题的规定》对毒品的提取、扣押、称量、取样和送检程序作了明确规定。本案中，涉案毒品的提取、扣押、称量、取样和送检存在多个方面的问题。这包括：一是某市海关"微量取样"时，同步录音录像显示，拍摄时物证有长达 50 秒的时间在侦查人员的主动示意下脱离了视频摄像头，之后从此"微量抽样"送检物内查出 MDMA 和氯胺酮成分。二是某市海关的"微量取样"及检验没有按照规定的封装、送检、检验程序进行封装、送检、检验，也没有形成书面的鉴定意见，如对三个胶囊的称量没有按照《办理毒品犯罪案件毒品提取、扣押、称量、取样和送检程序若干问题的规定》分别称量。三是侦查机关现场对物证用光谱仪检测结论与其出具的所谓"微量取样"后的鉴定意见结论以及侦查犬的侦查结论不一致。对于本案侦查机关存在的众多提取、扣押、称量、取样、送检问题，原审裁判主要采信侦查机关出具的说明进行补正，但侦查机关自己出具的说明在客观性和公正性上显然不足，且不能排除物品被调换、被污染、三颗胶囊并非都含有 MDMA、氯胺酮成分等合理怀疑。

可见，本案证据不能排除查获的毒品不是游某某购买的合理怀疑，且存在提取、称重、送检等程序问题，进而不能证明游某某符合走私毒品罪的对象要求，故游某某的行为不构成走私毒品罪。

朱某某制造毒品、非法生产、买卖制毒物品案

——不确切知道他人制造毒品而向他人出售制毒物品的行为 是否构成制造毒品罪的共同犯罪

一、基本案情

2014 年 7、8 月至 2017 年 5 月，朱某某、吴甲伙同何某某、夏某某、吴乙分工协作，先后在某省某县高楼农场、某省某城区坊上农场东场和西场私建加工窝点，违法生产国家管制的易制毒化学品盐酸羟亚胺（俗称"料头"），共计 7 298.338 千克。其中，朱某某负责出资购买四氢呋喃、三乙胺等化工原料，联系制毒技术人员和盐酸羟亚胺买家，参与了全部违法产品的生产；吴甲负责租赁场地，组织招揽工人，安排设备和运送盐酸羟亚胺产品，参与了全部违法产品的生产；何某某负责出资购买反应釜、锅炉等加工设备，负责在高楼农场加工窝点内违法生产 2 500 千克盐酸羟亚胺的管理工作；夏某某负责在高楼农场、坊上农场两处加工窝点内称重配料，指导生产，参与了全部违法产品的生产；吴乙参与了高楼农场加工窝点的生产，在坊上农场东、西场加工窝点负责记账和日常管理工作，参与了全部违法产品的生产。2017 年 5 月 3 日，公安人员在市峄城区坊上农场生产窝点查获朱某某、吴甲等人违法生产的 1 323.338 千克盐酸羟亚胺。

朱某某先后将违法生产的 5 975 千克盐酸羟亚胺予以销售，具体事实如下：（1）2014 年 11 月，朱某某将在高楼农场窝点违法生产的 100 件（每件 25 千克）盐酸羟亚胺，销售给某省某市的胡甲、胡乙。（2）2017 年 1 月 8 日，朱某某将在坊上农场窝点违法生产的 30 件（每件 25 千克）盐酸羟亚胺，销售给某省某市的何甲。（3）2017 年 4 月 11 日，朱某某将在坊上农场窝点非法生产的 39 件（每件 25 千克）盐酸羟亚胺销售给某省某县的何乙、戴某某。（4）2017 年 4 月 27 日，朱某某将在坊上农场窝点非法生产的 20 件（每件 25 千克）盐酸羟亚胺销售给某自治区某县的罗某某。（5）2017 年 4 月 30 日，朱某某将在坊上农场窝点非法生产的 50 件（每件 25 千克）盐酸羟亚胺销售给某省某市的吴某某。

二、主要问题

本案涉及的主要问题是：对于朱某某涉案的前四起行为，本案证据能否证明朱某某明知他人制造毒品而为其生产、买卖制毒物品，其行为是否构成制造毒品罪的共犯。对此，主要有两种不同的观点：

一种观点主张构罪，认为朱某某曾因生产、买卖盐酸羟亚胺被刑事处罚，故其对盐酸羟亚胺的特性及用途熟知，对国家将其列入管制范围的情况及原因也是非常清楚的，因此构成"明知他人制造毒品而为其生产、买卖制毒物品"，因而构成制造毒品罪的共犯。

另一种观点主张不构罪，认为在法律标准上，"明知他人制造毒品"必须达到明确、具体的程度，即必须是"确切地知道他人制造毒品"，包括必须确切地知道制毒物品的购买者是特定的毒品制造者，必须确切地知道制毒物品的购买者要用制毒物品制造毒品。本案朱某某的明知未达到此标准，不能构成制造毒品罪的共犯。

三、出罪法理

我国《刑法》第 350 条第 1、2 款规定："违反国家规定，非法生产、买卖、运输醋酸酐、乙醚、三氯甲烷或者其他用于制造毒品的原料、配剂，或者携带上述物品进出境，情节较重的，处三年以下有期徒刑、拘役或者管制，并处罚金；情节严重的，处三年以上七年以下有期徒刑，并处罚金；情节特别严重的，处七年以上有期徒刑，并处罚金或者没收财产。""明知他人制造毒品而为其生产、买卖、运输前款规定的物品的，以制造毒品罪的共犯论处。"本案中，主张构罪的观点认为朱某某涉案的五起生产、销售制毒物品行为中的四起属于明知他人制造毒品而为其生产、买卖制毒物品，构成制造毒品罪的共犯。但笔者认为，这一观点是错误的。

（一）在法律适用上，认定朱某某"明知他人制造毒品"的法律适用错误

本案中，主张构罪的观点认定朱某某"明知他人制造毒品"的理由是朱某某曾因生产、买卖盐酸羟亚胺被刑事处罚，故其对盐酸羟亚胺的特性及用途熟知，对国家将其列入管制范围的情况及原因也是非常清楚的。盐酸羟亚胺的用途仅用于生产氯胺酮，不同于国家列管的其他制毒药品。朱某某本人亦供述，盐酸羟亚胺卖给个人就是用来制造毒品的。不过，笔者认为，本案认定朱某某"明知他人制造毒品"的法律适用错误。

1. 在法律标准上，"明知他人制造毒品"必须达到明确、具体的程度，即必须是"确切地知道他人制造毒品"

我国《刑法》第 350 条第 2 款规定了"明知他人制造毒品"，但在内容上该款的"明知他人制造毒品"必须同时具备两个基本条件：一是明知的对象条件，即必须明知他人是直接用制毒物品制造毒品（他人为制毒人员）；二是明知的程度条件，即必须是"确切"知道。这由两个方面的因素决定：一是我国《刑法》第350条第2款的条文表述。在条文表述上，"明知他人制造毒品而为其生产、买卖、运输前款规定的物品"中的"他人"是"明知"与"制造毒品"之间的连接用词，应该既是"制造毒品"的行为人也是接收"生产、买卖、运输"制毒物品的行为人。这两种身份的合一决定了"明知他人制造毒品"的对象必须是直接的制毒者，而不能是中间人。二是非法生产、买卖、运输制毒物品罪与制造毒品罪共犯的关系。制毒物品与毒品之间存在紧密的内在联系，即所有的制毒物品都有可能被用来制造毒品。这意味着只要实施非法生产、买卖、运输制毒物品行为，行为人就能认识到制毒物品可能会被用于制造毒品。因此，如果不对"明知他人制造毒品"作限缩解释，而是理解为"明知"可能用于制造毒品，那么除非自用，非法生产、买卖、运输制毒物品罪（特别是非法买卖制毒物品罪）将没有存在空间，我国《刑法》设立该罪的价值将不复存在。因此，从合理区分非法生产、买卖、运输制毒物品罪（特别是作为选择罪名之一的非法买卖制毒物品罪）与制造毒品罪共犯的角度看，也应当将"明知他人制造毒品"限缩解释为"确切"地知道他人制造毒品。据此，在法律标准上，"明知他人制造毒品"必须达到明确、具体的程度，即必须是"确切地知道他人制造毒品"。这一法律标准在买卖制毒物品的场合，更进一步体现在以下两个方面：

第一，在明知的购买者身份上，必须确切地知道制毒物品的购买者是特定的毒品制造者。如果制毒物品的购买者不是特定的毒品制造者，那么就不能认定出卖制毒物品的行为人"明知他人制造毒品"。对此，2016年第11期《人民司法·案例》在"明知不特定他人制毒而买卖麻黄素构成非法买卖制毒物品罪——李某、范某、洪某非法买卖制毒物品罪"中明确强调："行为人虽然明知麻黄素可用于制毒，但只是明知不特定的他人用于制毒，不能构成制造毒品的共犯，而是构成非法买卖制毒物品罪。"这一裁判要旨表明，"明知他人制造毒品"必须是明知"特定的人"制造毒品，而不包括概括地知道可能会有人将制毒物品用于制造毒品。2012年最高人民法院、最高人民检察院、公安部《关于办理走私、非法买卖麻黄碱类复方制剂等刑事案件适用法律若干问题的意见》中规定："明知他人利用麻黄碱类制毒物品制造毒品，向其提供麻黄碱类复方制剂，为其利用麻黄碱类复方制剂加工、提炼制毒物品，或者为其获取、利用麻黄碱类复方制剂提供其他帮助的，以制造毒品罪的共犯论处。"对于此处的"明知"，该意见的参与起草者撰文解释："这里的'明知'，是指'确切地知道'；'他人'，是指'相对确定的某人'，不包括概括知晓不特定的某人可能利用麻黄碱类复方制剂加工、提炼制毒物品进行走私、非法买卖或者制造毒品的情形。"［见《解读最高人民法院司法指导性文件·刑事卷（下）》，第 532 页，撰稿人为最高人民法院高贵君、马岩、李静然］同样，"王某某、杨某某等非法买卖制毒物品案"（最高人民法院五个刑庭编的《刑事审判参考》总第 87 集，第 802 号）的裁判要旨也明确称："这里的'明知'是指'确切地知道'，'他人'是指'相对确定的某人'，即要求行为人具有与相对确定的他人制造毒品的共同犯罪故意，即有与相对确定的他人共同实施制造毒品犯罪的意思联络。客观要件方面，行为人应当有为制毒人员实施制造毒品犯罪提供制毒原料的帮助行为。"

第二，在明知的制毒物品用途上，必须确切地知道制毒物品的购买者要用制毒物品制造毒品。毒品制造者购买制毒物品可以是用于自己制造毒品，也可以是部分用于制造毒品、部分用于其他用途，还可以是全部用于其他用途。我国《刑法》第 350 条第 2 款中的"明知他人制造毒品"要求在制毒物品的用途上必须是明知购买者要用制毒物品制造毒品，而不是作其他用途使用。对此，"王某某、杨某某等非法买卖制毒物品案"（最高人民法院五个刑庭编的《刑事审判参考》总第 87 集，第 802 号）的裁判要旨明确称："以非法贩卖为目的，利用麻黄碱类复方制剂加工、提炼制毒物品的，应当认定为非法买卖制毒物品罪；向他人贩卖制毒物品，没有证据证实行为人明知他人用于制造毒品的，不应认定为制造毒品罪的共犯。"因此，在明知的制毒物品用途上，销售制毒物品者必须确切地知道制毒物品的购买者要用制毒物品制造毒品，否则其不能构成制造毒品罪的共犯。

2. 在认定标准上，认定朱某某"明知他人制造毒品"存在法律适用错误

本案中，如前所述，主张构罪的观点认为朱某某成立"明知他人制造毒品"主要基于两个理由：一是朱某某对盐酸羟亚胺的特性及用途熟知，且盐酸羟亚胺的用途仅用于生产氯胺酮；二是朱某某本人供述，盐酸羟亚胺卖给个人就是用来制造毒品的。不过，笔者认为，本案认定朱某某"明知他人制造毒品"存在法律适用的错误，这主要体现在以下几点：

第一，以朱某某熟知盐酸羟亚胺的特性及用途来认定朱某某"明知他人制造毒品"，不符合"明知他人制造毒品"的法律标准。这是因为：一是"特性及用途"是"一般意义上的"，与"明知他人制造毒品"必须是"具体意义上的"，存在明显不同。两者不是一个层面上的意思，不能以此认定朱某某"明知他人制造毒品"。二是"特性及用途"存在"正确使用"与"不正确使用"、"当前用途"和"最终用途"之分，与"明知他人制造毒品"所要求的现时使用、现时用途存在区别，如制毒物品的购买者购买制毒物品可能不是为了制造而是为了贩卖。因此，即便朱某某熟知盐酸羟亚胺的特性及用途，

哪怕盐酸羟亚胺的用途仅限用于生产氯胺酮，也不能得出朱某某熟知盐酸羟亚胺的特性及用途就是朱某某明知制毒物品的购买者是特定的毒品制造者的结论。

第二，以朱某某供述盐酸羟亚胺卖给个人是用来制造毒品认定朱某某"明知他人制造毒品"，不符合"明知他人制造毒品"的法律标准。这是因为：一是朱某某的供述明显是根据盐酸羟亚胺的特性及用途所作，是一般性的陈述。二是朱某某的供述针对的是盐酸羟亚胺的最终用途，不是针对其销售的盐酸羟亚胺的直接购买者。三是朱某某的供述不是针对本案中特定的毒品制造者。根据朱某某关于盐酸羟亚胺的供述是关于"盐酸羟亚胺是用来做什么的"提问，他这次交易的盐酸羟亚胺是卖给个人来做"K粉"毒品的。但这个"个人"不在朱某某成立制造毒品罪共犯的对象之中。而如前所述，我国《刑法》第350条第2款的"明知他人制造毒品"必须是明知特定个人购买制毒物品的直接目的/用途。因此，以朱某某供述盐酸羟亚胺卖给个人是用来制造毒品认定朱某某"明知他人制造毒品"的观点，是错误的，不符合"明知他人制造毒品"的法律标准。

第三，对朱某某第5起涉案事实的定性表明其对朱某某前四起涉案事实的定性错误。朱某某涉案的第5起事实是"2017年4月30日，朱某某将在坊上农场窝点非法生产的50件（每件25千克）盐酸羟亚胺销售给某省某市的吴某某"。对于该起事实，主张构罪的观点认定朱某某构成非法生产、买卖制毒物品罪，不构成制造毒品罪共犯。该起事实与朱某某涉案的其他四起事实相比，唯一的不同是证明购买者吴某某购买后用于制造毒品的证据不足。针对该起事实的认定表明：一是在实际用途上，即便盐酸羟亚胺的用途仅限于制造氯胺酮，最终的实际用途也不一定是制造氯胺酮（包括不能证明是用于制造氯胺酮）；二是在行为过程上，"明知他人制造毒品"是行为人的主观认识过程，并不能简单地以结果论，更不能以特性和最终用途论。即使行为人明知盐酸羟亚胺的用途仅限于制造氯胺酮，仍然可以成立非法生产、买卖制毒物品罪，而非制造毒品罪的共犯。这一认定思路，与朱某某构成制造毒品罪共犯的认定逻辑相冲突。

3. 在具体适用上，依据朱某某涉案的前四起行为，不能认定朱某某为制造毒品罪的共犯

本案中，朱某某涉案的四起行为可分为两类：一是第1、3起事实。这两起事实中，购买制毒物品的人没有直接将其用于制造毒品，而是进行了转卖，但最终用于制造毒品；二是第2、4起事实。这两起事实中，购买制毒物品的人实施了制造毒品的行为。对朱某某涉案的这四起行为都不能简单地以制毒物品最终用于制造毒品来认定朱某某主观上"明知他人制造毒品"，因此，有

罪观点不成立。

第一，朱某某涉案的第 1、3 起事实，购买者不是毒品制造者，明显不能认定朱某某"明知他人制造毒品"。这是因为：一是购买者不是毒品制造者，销售者与购买者不可能在制造毒品上形成犯意联络，依据共同犯罪理论也不能认定朱某某成立制造毒品罪的共犯；二是"明知他人制造毒品"要求销售者确切地知道购买者要将制毒物品用于制造毒品，在制毒物品的购买者不是毒品制造者的情况下，销售者不可能形成确切的认知，明知的对象和程度都无法达到我国《刑法》第 350 条第 2 款"明知他人制造毒品"的立法要求。朱某某不能构成制造毒品罪的共犯。三是这两起事实中盐酸羟亚胺的购买者均被认定犯非法买卖制毒物品罪，作为这两个购买者的上家反而被认定为制造毒品罪的共犯，明显不合常理，也是错误的。

第二，朱某某涉案的第 2、4 起事实，除非有证据证明朱某某明知购买者要用于制造毒品，否则也不能认定朱某某"明知他人制造毒品"。这是因为：一是在具体证明上，"明知他人制造毒品"是一种具体的认识，要求达到"确切"的程度。这需要具体的证据予以证实，在无确实充分证据证明的情况下，不能认定朱某某"明知他人制造毒品"。二是在推定明知上，盐酸羟亚胺用途的唯一性与购买者目的的不唯一性（如朱某某涉案的第 1、3、5 起事实，购买的目的不是制造毒品），决定了不能以盐酸羟亚胺的用途和购买者的使用可能性直接推定朱某某"明知他人制造毒品"，因为朱某某完全有理由认为购买者也是制毒物品的贩卖者等。

可见，我国《刑法》第 350 条第 2 款的"明知他人制造毒品"要求确切地知道购买者是用制毒物品制造毒品。对朱某某"明知他人制造毒品"的认定属于法律适用错误。

（二）在证据标准上，本案证据不能证明朱某某"明知他人制造毒品"而为其生产、买卖制毒物品

在证据证明上，若要认定朱某某的行为符合我国《刑法》第 350 条第 2 款规定的"明知他人制造毒品"而为其生产、买卖制毒物品，就必须证明：一是制造毒品者的制毒物品来自朱某某，二是朱某某确切地知道购买者要将制毒物品用于制造毒品。但本案证据不足以证明这两个方面。

1. 对于朱某某涉案的第 2、3、4 起事实，本案证据不足以证明制造毒品的盐酸羟亚胺来自朱某某

制造毒品所用制毒物品来自非法生产、买卖制毒物品行为人的事实，是认定非法生产、买卖制毒物品行为人成立制造毒品罪共犯的基本前提。但本案中，对于朱某某涉案的第 2、3、4 起事实，在案证据不足以证明制造毒品的盐酸羟亚胺来自朱某某。

第一，认定第2起事实中制造毒品所用盐酸羟亚胺是朱某某销售的证据不足。这包括：一是负责联系原料卖家、商谈购买盐酸羟亚胺的何某某在逃（龚某某、张某某的笔录可以证明是何某某负责提供料头、联系厂家），没有直接证据证明该起事实中制造毒品所用盐酸羟亚胺是朱某某销售的。二是张某某虽然辨认出是吴甲送的盐酸羟亚胺，但缺乏吴甲等人的笔录相印证，且吴甲在与朱某某的共同犯罪中并不负责销售盐酸羟亚胺。即便是吴甲所卖，也不能排除吴甲私卖的可能性，不能归责于不知情且未参与的朱某某。

第二，认定第3起事实中制造毒品所用盐酸羟亚胺是朱某某销售的证据不足。这包括：一是购买该批盐酸羟亚胺的中间商徐某某（该起事实是徐某某转卖涉案的盐酸羟亚胺）不能确认该批盐酸羟亚胺是朱某某销售的其是猜测的（徐某某的笔录表述是他猜测这次老板就是朱某某，自己不能确定），不能作为定罪的依据。二是根据地点推定不具有唯一性。徐某某等人推测该批盐酸羟亚胺是朱某某销售的依据是提货地点是"某省某市"，即吴甲团伙经常交易盐酸羟亚胺的地方，但这种推断不具有唯一性，不能排除该批盐酸羟亚胺不是朱某某销售的合理怀疑。

第三，认定第4起事实中制造毒品所用盐酸羟亚胺是朱某某销售的证据不足。这包括：一是负责联系该批盐酸羟亚胺厂家、商谈购买事宜的罗某某不能证明该批盐酸羟亚胺是朱某某销售的。罗某某在卷涉及原料卖家的唯一一笔录称，其通过QQ跟卖原料的老板联系，然后把手机号码发给他，把去山东购买原料的手机放在车上给他们送过去，告诉他卖原料的老板会联系他。但本案没有查获该QQ号码，也没有查获相关的聊天记录，完全不能证明罗某某联系的是朱某某。二是罗某某、梁某某的笔录虽称在接收盐酸羟亚胺时见过原料卖家，但没有二人对原料卖家的辨认笔录，不能证明是朱某某运送的盐酸羟亚胺。

2. 对于朱某某涉案的四起事实，本案证据不能证明朱某某明知买家是毒品的制造者

制毒物品的销售者是否明知制毒物品的购买者是毒品的制造者的认定，将直接决定其主观上是否"明知他人制造毒品"。对此需要有充分的证据予以证明。但本案中，对于朱某某涉案的四起事实，在案证据不能证明朱某某明知买家是毒品的制造者。

第一，对于朱某某涉案的第1、3起事实，本案证据完全不能证明朱某某明知买家是毒品的制造者。这包括：一是这两起事实中的买家本身就不是毒品的制造者，而是制毒物品的转卖者，朱某某"明知他人制造毒品"的对象不存在。二是本案没有证据证明朱某某误认为这两起事实的中间商是毒品的制造者。三是本案证据不能证明第三起事实中制造毒品所用盐酸羟亚胺是朱

某某销售的，进而更不能证明朱某某明知他人制造毒品。

第二，对于朱某某涉案的第 2、4 起事实，本案证据也不能证明朱某某明知买家是毒品的制造者。这包括：一是如前所述，本案证据不能证明这两起事实中制造毒品所用盐酸羟亚胺是朱某某销售的，更不能证明朱某某对这两起事实中的制造毒品行为具有明知。二是退一步讲，即便买卖盐酸羟亚胺的事实成立，本案也没有具体证据证明朱某某明知这两批盐酸羟亚胺的买家要制造毒品。

可见，从证据证明的角度看，对于朱某某涉案的前四起行为，本案证据不能证明朱某某"明知他人制造毒品"而为其生产、买卖制毒物品，其行为不构成制造毒品罪的共同犯罪。

彭某某容留卖淫等案

——酒店明知他人卖淫仍向其提供客房服务是否构成容留卖淫罪

一、基本案情

（一）容留卖淫罪

曾某某于 2004 年 7 月在某酒店负一楼开办夜总会，招募人员组织妇女卖淫，长期保持管理着数十名卖淫妇女。2004 年 7 月至 2009 年 1 月、2009 年 7 月至 2010 年 6 月期间，夜总会组织卖淫妇女先后到酒店客房卖淫共计 2 200 余次，非法获利 400 余万元。

彭某某经营的 A 公司是酒店的投资人和所有权人，彭某某通过安排资方代表王某等人进入酒店参与管理，实施了容留卖淫行为；彭某某通过王某积极为夜总会提供优惠房价，明知夜总会的卖淫妇女在酒店客房内卖淫，且对给夜总会卖淫妇女发放出入证予以认可，纵容了卖淫妇女在酒店客房内卖淫。

（二）滥伐林木罪

2004 年年底至 2009 年，A 公司、B 公司、C 公司在对茶园项目土地进行整治中，为推进工程进度，经单位决策，未依法办理"林地征占用许可证"和"林木采伐许可证"，采伐茶园项目地块内的林木。经鉴定，被破坏的林地面积为 71.629 3 公顷，林木蓄积 1，479.647 立方米。

（三）高利转贷罪

B 公司于 2010 年 2 月 4 日以茶园项目取得的国有土地使用权证向中国工商银行某支行抵押贷款 4 800 万元，用于茶园项目 15 组团项目建设。B 公司在取得 4 800 万元贷款后，将该部分贷款先后通过与自己有业务往来的公司转到某装饰公司于同年 2 月 8 日将其中 2 320 万元转至 B 公司"5130 账户"上，并注明该 2 320 万元系工行贷款。同年 2 月 10 日，A 公司将其中 1 500 万元借给"C 公司"，约定借款期限 1 年，按月利率 3‰每月收取利息。2010 年 2 月至 5 月，B 公司以支付 C 公司茶园项目工程款名义收取利息 180 万元。

二、主要问题

本案涉及的主要问题是：（1）彭某某的涉案行为是否具备容留卖淫罪的主客观条件，是否构成容留卖淫罪。对此，主要有两种不同的观点。

一种观点主张构罪，认为从客观方面看，彭某某经营的 A 公司是酒店投资人和所有权人，彭某某通过安排资方代表王某等人进入酒店参与经营管理，实施容留卖淫行为；从主观方面看，彭某某明知夜总会卖淫妇女到酒店卖淫，而积极为之提供场所等，具有容留卖淫的直接故意，因而构成容留卖淫罪。

另一种观点主张不构罪，认为彭某某没有实施容留卖淫行为。彭某某对酒店的经营管理不具有决策权，酒店对外提供客房等场所服务，是一种对外经营活动，而容留卖淫罪的核心是为他人的卖淫活动提供场所，彭某某对酒店给夜总会卖淫妇女发放出入证予以认可的事实不成立，也不存在以此为夜总会卖淫妇女卖淫提供场所问题。彭某某提供优惠房价的行为发生在夜总会开业之前，当时无法预见卖淫活动的发生，其不可能具有容留卖淫的故意。因此，彭某某不具备容留卖淫罪的主客观条件，其行为不构成容留卖淫罪。

（2）彭某某的涉案行为是否符合滥伐林木罪的成立条件，是否构成滥伐林木罪。对此，主要有两种不同的观点：

一种观点主张构罪，认为彭某某的涉案行为符合滥伐林木罪的主客观条件，构成滥伐林木罪。

另一种观点主张不构罪，认为涉案林地已经被改为建设用地，该土地及地上作物在法律上已不具有环境资源保护的用途，不能成为滥伐林木罪的法益，涉案行为没有侵害滥伐林木罪的"环境资源保护"这一法益，不符合滥伐林木罪的本质条件，且对彭某某涉案的林木面积、数量认定存在明显错误。

（3）彭某某的涉案行为是否符合高利转贷罪的成立条件，是否构成高利转贷罪。对此，主要有两种不同的观点：

一种观点主张构罪，认为 B 公司于 2010 年 2 月 4 日以茶园项目取得国有土地使用权证向中国工商银行某市某支行抵押贷款 4 800 万元，用于茶园项目 15 组团建设构成高利转贷罪的主客观构成要件，应当以高利转贷罪论处。

另一种观点主张不构罪，认为 B 公司没有套取银行信贷资金高利转贷他人的行为和意图，主观上没有高利转贷的故意，更未体现 B 公司的单位意志，且认定的数额存在明显错误，因此，其行为不符合高利转贷罪的主客观要求。

三、出罪法理

笔者认为，彭某某的行为不符合容留卖淫罪、滥伐林木罪和高利转贷罪的事实和法律要求，不应当以容留卖淫罪、滥伐林木罪和高利转贷罪对其进行刑事责任的追究。

（一）彭某某不具备容留卖淫罪的主客观条件，其行为不构成容留卖淫罪

关于容留卖淫罪，我国《刑法》第 359 条第 1 款规定：容留他人卖淫的，处 5 年以下有期徒刑、拘役或者管制，并处罚金；情节严重的，处 5 年以上有期徒刑，并处罚金。容留卖淫罪的成立至少必须具备以下两个基本条件：一是行为人客观上实施了容留他人卖淫的行为，即为他人的卖淫活动提供场所；二是行为人主观上具有容留他人卖淫的故意，即明知他人从事卖淫活动而为其提供场所。本案中，主张构罪的观点认为，彭某某的行为构成容留卖淫罪，理由是：从客观方面看，彭某某经营的 A 公司是酒店投资人和所有权人，彭某某通过安排资方代表王某等人进入酒店参与经营管理，实施容留卖淫行为；从主观方面看，彭某某明知夜总会卖淫妇女到酒店卖淫，而积极为之提供场所等，具有容留卖淫的直接故意。但笔者认为，彭某某的行为不符合容留卖淫罪的构成要件，不构成容留卖淫罪。

1. 彭某某没有实施容留卖淫行为，不符合容留卖淫罪的客观要求

如前所述，容留卖淫罪在客观上的表现是为他人的卖淫活动提供场所。该行为认定的关键反映在本案中为酒店的客房是否由彭某某为夜总会提供。对此，主张构罪的观点认为彭某某犯容留卖淫罪的依据有三个方面：一是彭某某安排资方代表王某等人进入酒店，对酒店具有管理决策权；二是彭某某通过王某积极为夜总会提供优惠房价，客观上为夜总会卖淫妇女在酒店卖淫提供了场所；三是彭某某对酒店给夜总会卖淫妇女发放出入证的行为予以认可，纵容夜总会卖淫妇女在酒店卖淫，客观上为卖淫妇女的卖淫活动提供了场所。这些事实认定和法律适用均存在明显错误。这具体体现在：

第一，本案证据不能证明彭某某对酒店的经营管理具有决策权，相反本案有充分的证据证明彭某某对酒店的经营管理不具有决策权。

主张构罪的观点认为彭某某对酒店具有管理决策权的事实依据是彭某某向酒店派驻业主方 A 公司代表王某、何某某，彭某某通过王某、何某二人经营管理酒店，且酒店重大人事变动与任用和重大设备采购等均需经彭某某同意。但从本案的证据及其反映的事实来看，本案认定彭某某对酒店的经营管理具有决策权的依据明显不足。

（1）本案证据不能证明彭某某对酒店的经营管理具有决策权。主张构罪的观点认为彭某某对酒店的管理具有决策权的依据包括两方面：一是彭某某向酒店派驻业主方 A 公司代表王某、何某某，二是彭某某在酒店"合同审批表""软件费用报告"上签字。但本案证据不能证明彭某某对酒店的经营管理具有决策权，理由包括以下几点。

　　1）彭某某向酒店派驻业主代表王某、何某某行使的是业主权利，而非酒店经营管理的决策权。这是因为：一是根据"管理协议"彭某某有权向酒店派驻业主方代表。A 公司与酒店签订的"管理协议"第 3 条规定："酒店在管理、使用和经营酒店过程中的所有活动应是为了甲方（A 公司）并代表甲方的权利。酒店的雇员应为甲方雇员。在整个营运过程中应尽可能雇用中国职员并对其进行适当培训，应使对国外职员的需求减到最低。甲方有权选派酒店副总经理及副财务总监，但其人选必须由酒店在甲方提供的名单（每次应为三人）内选派。酒店如在第一次名单内无法选派，甲方应提供一张三人名单。如在此时酒店仍无法选派，则酒店应建议人选与甲方确认。"二是业主方代表的职责是监督酒店履行"管理协议"，防止酒店侵害业主方权益。根据何某某的"询问笔录"，其派驻酒店的职责明确，主要包括监督酒店财务日常工作按照管理协议执行、审核酒店采购价格和费用开支的合理性、检查酒店财务报表数据的真实性、准确性，依据酒店财务数据编制分析报告等资料呈送业主公司备案、负责业主公司和酒店管理方之间的相关信息传递和协调工作。王某的"调查笔录"也表明业主代表的责任是业主与酒店沟通的桥梁，并按A 公司要求，力保酒店正常平稳经营以实现盈利。三是选派的业主代表受酒店的全权监管。上述"管理协议"第 3 条明确规定："甲方确认的副总经理及副财务总监乃酒店员工，其编制及纪律应受酒店国际管理全权监管。"同时，根据《劳动合同法》规定，选派的副总经理及财务副总监与酒店签订"劳动合同"后，对其管理、使用权利均属酒店。可见，A 公司派驻酒店的代表要受酒店的全权监管，并不具有经营管理的决策权，彭某某更不具有对酒店经营管理的决策权。

　　2）彭某某在酒店"合同审批表""软件费用报告"上签字是履行业主方权利，而非对酒店进行经营管理。这包括：一方面，"管理协议"第 3 条规定："所有的合同、所有的租赁和租让合同、所有的订货单和协议都应以甲方的名义由酒店以酒店管理方的身份执行。所有银行账户和其他存款的户主都应是甲方。但酒店应独享指定该等银行账户或其他存款账户的签字人的权利，甲方应保证酒店在任何时候均能行使这种独有权利。"根据该规定，酒店的所有合同均以甲方（A 公司）的名义签订，由酒店以管理方的身份执行，A 公司对重大合同进行确认是"管理协议"的应然内容。事实上，本案几份涉及酒店部分高管雇佣合同的"合同审批表"均是酒店外方管理公司独立、严格筛选后，并确认这些高管人员能胜任酒店给他们确认的工作岗位后，再报 A公司确认备案。这只能证明 A 公司对酒店部分高管的雇佣具有审批确认权，但不能证明彭某某对酒店有独立的人事权。另一方面，"管理协议"第 1 条第2 款要求 A 公司购买并在酒店大楼内布置安装包括办公设备、电信设备在内的所有内外设施和经营设备。第 6 条关于"维修与更改"的第 1 款规定:"维修和保养"……(2)"机械装置和设备"……(c)计算机系统、订房系统。第 2 款:"更改"……,如果所作的更改、增添或改进会从根本上改变酒店,或其他任何一部分特征,或依据前一段所述需要转化为资本;"酒店应就预算费用提交一份有关更改、增添或改进的申请报告。"请求甲方预先批准。涉案的软件相关费用的报告"属于酒店计算机软件系统更改",需要由酒店提交预算报告交 A 公司审批。可见,彭某某在酒店"合同审批表""软件费用报告"上签字是履行业主方权利,而非对酒店进行经营管理。

3)酒店的人事与设备管理等属于酒店的内部管理问题,不涉及酒店的住房问题,不能以此认定彭某某对酒店的经营管理(特别是提供房间)具有决策权。容留卖淫罪的核心是为他人的卖淫活动提供场所。对酒店而言,这表现为酒店对外提供客房等场所服务,是一种对外经营活动。而如前所述,彭某某代表 A 公司向酒店派驻业主方代表王某、何某某以及在酒店"合同审批表""软件费用报告"等上签字,均是其履行"管理协议"的具体行为,涉及的只是酒店的内部管理且仅限于确认、备案程序问题,不涉及酒店的对外经营权。至于容留卖淫罪,其涉及的是酒店向夜总会提供客房服务问题,属于酒店的对外经营权。而"管理协议"对酒店的内部管理与对外经营权作了明确区分,即酒店的对外经营权完全属于酒店,彭某某对酒店的对外经营不具有决策权。

4)本案有罪的言词证据均形成于特殊时期,证据的取得明显不具有合法性。这包括:一方面,王某的笔录(2018 年 7 月 26 日)、黄某某的笔录(2018 年 8 月 16 日)、曾某某的笔录(2018 年 7 月 27 日)、谭某的笔录(2018 年 8 月 18 日)等众多笔录都明确称,当时的取证存在明显的刑讯逼供、诱供、编造供述的问题,是不合法的。另一方面,这些言词证据的内容存在明显的不一致,包括庭前供述与庭上供述的内容不一致、庭前供述与庭后供述的内容不一致、庭前供述与书证的内容不一致或者完全无书证印证。这些证据存在明显的合法性疑问,不能作为定案的根据。以其中许多言词证据作为定案根据的做法,显然是错误的,应依法予以纠正。

(2)本案有充分的证据证明彭某某对酒店没有经营管理的决策权。本案中,彭某某对酒店没有经营管理的决策权,这主要包括:

1)A 公司与酒店签订的"管理协议"明确规定:A 公司对酒店不具有经营管理权。双方签订的"管理协议"第 3 条规定:"酒店应在遵守本协议条款的前提下,全权控制和自主处理酒店的业务,本协议内容不表示或不应被理解为甲方(A 公司)和酒店形成合伙或合资关系,甲方得到与酒店经营情况相符的经济回报之权利,不表明甲方在酒店经营过程中拥有利益、控制或者决策的权利。酒店拥有的控制权和自主权包括：将酒店用于各种管理活动、制定入住规则、制定客房和店铺收费标准、进行娱乐健身活动、开展餐饮业务、执行劳工政策（包括工资、职员的雇用和解雇）、处理银行账户、持有资金，以及从事与酒店相关的广告宣传活动。"根据该协议，A 公司不享有在酒店经营过程中对经营管理的控制或者决策权，彭某某作为 A 公司的负责人自然也不享有在酒店经营过程中对酒店经营管理的控制或者决策权。

2）何某某、王某等人的笔录证明彭某某对酒店没有经营管理的决策权。根据何某某 2018 年 8 月 18 日的"询问笔录"对其派驻酒店的职责的表述，彭某某不参与酒店重大人事任命的工作。这是根据 A 公司与酒店签订的"管理协议"的约定决定的。这些事实表明，彭某某派驻的业主代表对酒店没有对外的经营管理权，根本无权为他人提供住房。

3）酒店组织架构图证明彭某某对酒店没有经营管理的决策权。该组织架构图表明：酒店总经理是酒店的最高管理和决策者，下设人事、财务、营运、业务拓展四大总监；四大总监下又分设不同的部门，各部门经理分别向四大总监汇报工作。A 公司、彭某某、业主代表不在酒店管理的体系中，并且也没有自己管理的部门和下属。

4）某公司致酒店的工作联系函证明彭某某对酒店没有经营管理的决策权。2004 年 8 月 26 日曾某某代表某公司致酒店的"工作联系函"载明："我司经营的'俱乐部'已如期开业经营，在筹备期间得到贵酒店以及各部门大力支持帮助，在此表示感谢。……希望在酒店客房电梯处增加一处广告位，在酒店大厅观光梯处放置接待台（营业时间 20：00 至 23：00）用于迎宾接待，在酒店内部电子屏上投放影视广告。对此，烦请贵酒店领导及相关部门予以研究决定，并给予答复。"这表明，夜总会的曾某某等人员、王某与酒店总经理等管理人员在 2004 年 7 月 1 日见面商谈优惠房价等事宜认识后，他们的任务是直接与酒店联系商谈或发"工作联系函"给酒店，并未通过业主代表进行协调。

5）酒店与夜总会签订的"互换协议"证明彭某某对酒店没有经营管理的决策权。该"互换协议"规定，酒店为 KTV 进行促销宣传，在酒店大堂内提供指定的等离子体显示屏幕播放无声广告，以及在 2 号和 3 号电梯内提供悬挂广告牌。所有等离子体显示屏幕及布告牌上的促销信息必须先得到酒店的批准。所有 KTV 放置在酒店客房内的促销宣传册及台卡的内容必须得到酒店的批准。是在酒店外方总经理、财务总监签字同意"互换协议"后，王某才依据"管理协议"的约定在"互换协议"上盖章的。

6）A 公司 2003 年与广告公司签订的"租赁合同"及 A 公司 2008 年与某公司续签的"租赁合同"证明彭某某对酒店没有经营管理的决策权。这些

"租赁合同"证实，由于酒店经营管理者外方总经理的反对，第一份"租赁合同"约定的"甲方同意：免费在酒店宣传册、客房宣传页中明确经营场所的位置和功能；甲方免费在大堂前等离子体显示屏上为经营场所的位置和功能进行广告宣传"未能履行，以致在续签"租赁合同"时取消了该条款的相关内容，并明确约定："夜总会宣传广告的具体位置和内容及形式需事先得到酒店经营管理方的同意。"这表明，酒店场所的提供是酒店管理方的权限，彭某某没有经营管理的决策权。

7) 酒店宣传册（包括宣传页）证明彭某某对酒店没有经营管理的决策权。该宣传册证实，酒店经营管理者未同意 A 公司在"租赁合同"中第 8 条承诺的内容，即："甲方（A 公司）同意租赁单位（夜总会）在酒店宣传册、客房宣传页上标注位置及功能。"这表明，彭某某对酒店的对外经营不具有决策权。

可见，本案证据不能证明彭某某对酒店的经营管理具有决策权，相反本案有充分的证据证明彭某某对酒店的经营管理不具有决策权。

第二，本案证据不能证明彭某某为夜总会提供了优惠房价，相反本案有充分证据证明彭某某没有为夜总会提供优惠房价。

主张构罪的观点认为，彭某某通过王某积极为夜总会提供优惠房价，客观上为夜总会小姐在酒店卖淫提供了场所。这一认定是错误的。这主要体现在：

（1）本案证据不能证明彭某某通过王某为夜总会提供了优惠房价。

1) 优惠房价属于酒店的经营权范围，彭某某无权为夜总会提供优惠。根据 A 公司与酒店之间签订的"管理协议"，酒店经营者拥有"制定入住规则、确定客房和店铺收费标准"的权利。A 公司及彭某某本人均无权确定客人入住客房的规则，到酒店住宿的客人应提供何种手续、如何办理入住、交纳多少房费等均不能由 A 公司或者彭某某本人决定。从协议约定及履行的情况看，彭某某无权为夜总会提供优惠房价。

2) 夜总会从未与酒店签订过任何商务合同、订房协议或入住协议。夜总会于 2004 年与酒店签订的"互换协议"表明，酒店总经理只同意夜总会的免费车位和在酒店大堂等离子屏幕等位置做广告，且广告费用为每月 1 万元。酒店没有在协议中同意夜总会的客房价格执行与其关联的广告公司在 2002、2003 年与酒店签订的客房协议价，更没有同意与夜总会签订更优惠的客房协议价。

3) 何某、秦某、朱某某等人的证言不能证明朱某某等人以某广告公司的名义在酒店前台开房是经酒店总经理同意的，更不能证明是经彭某某同意的。通过审查这些证言的内容可以发现，他们的证言不能证明夜总会的开房经酒店总经理同意，更不能证明经彭某某同意。其中，何某、秦某的证言不能证明夜总会在酒店前台预留了身份证资料以及用现金或银行卡以某广告公司的名义在酒店前台开房，朱某某等人的证言亦如此，且不能证明是夜总会的总经理或副总经理安排他们用现金或银行卡以某广告公司的名义在酒店前台开房的。因此，他们的证言不能证明朱某某等人以某广告公司的名义在酒店前台开房的行为是经酒店总经理同意的，更不能证明是经彭某某同意的。

4）即便彭某某通过王某为夜总会提供了优惠房价，也不能以此认定其为夜总会卖淫妇女在酒店卖淫提供了场所。这是因为：一是提供优惠房价不等于提供场所。酒店从事的是旅馆业，其主要的服务内容是对外提供住宿服务。无论是否存在优惠房价，夜总会卖淫妇女及相关人员均可依法入住酒店。而就酒店住宿服务而言，提供优惠房价与提供住宿之间显然不能等同。房价只是住宿的基本前提，与住宿之间不具有直接的对应关系。双方对房价达成一致，并不意味着双方对住宿达成了一致。具体提供客房时还需要住宿一方依法依规具体办理手续。二是提供优惠房价不等于提供卖淫场所。本案中，酒店与多家单位都签订了商务合同或者入住协议，约定了优惠房价。但这些合同的履行均有一个基本前提，即合法住宿。毫无疑问，提供优惠房价并不意味着住宿一方可以利用酒店的客房进行卖淫、吸毒等违法行为。因此，提供优惠房价既不等同于提供场所，更不等同于为对方提供卖淫场所。

（2）本案有充分证据证明彭某某没有为夜总会提供优惠房价。这主要包括：

1）广告公司早在2002年、2003年就与酒店就客房价格优惠签订了"商务合同"。酒店与广告公司后续的价格优惠，应当被认为是酒店对广告公司之前价格优惠的延续。在合同主体未发生变更的情况下，不能认为酒店为夜总会提供了优惠房价。

2）酒店提供给广告公司的优惠房价与其提供给其他单位的优惠房价相当。本案证据表明，某水泥公司、某集团进出口有限公司、某房地产开发有限公司、某电梯有限公司、某通信有限公司等单位均与酒店签订了商务合同或入住协议，且客房优惠价格与酒店提供给广告公司的优惠价格大体一致。酒店提供给广告公司的优惠房价具有明显的中立性，不是犯罪行为。

3）多人证言证明彭某某没有为夜总会提供优惠房价。其中，王某的笔录（2018年7月26日）明确称：夜总会装修的时候希望酒店给一些优惠，包括房价优惠，我们双方还开了一个会，谈的是免费车位和优惠房价等问题。酒店的答复是按照与广告公司的合同来，不能提供更优惠的房价。彭某某从来没有提出过优惠房价问题。曾某某的笔录（2018年7月27日）也称没有找彭某某谈过房价问题。曾某某的笔录（2018年8月17日）也称没有请求彭某某对卖淫妇女在酒店开房、停车位、打广告等方面给予支持。

4）多份书证证明，是广告公司为夜总会在酒店开房提供优惠房价。本案中，夜总会是在酒店执行广告公司与酒店签订的"商务合同"，是广告公司为夜总会在酒店提供优惠房价，与彭某某无关。这方面的证据包括：某建筑幕墙工程有限公司与酒店签订优惠房价的"商务合同"、A公司与某市酒店签订优惠房价的"商务合同"、广告公司2004年与酒店签订的"商务合同"、某市接待办与酒店签订优惠房价的"商务合同"以及2003年至2004年6月期间广告公司的人员以公司的名义为有业务往来的客户在酒店开房的记录及住房凭证等。这些证据证明：一方面，部分酒店在"商务合同"中明确约定，签约单位都可以以签约单位的名义为其他客户在酒店订房，客人凭本人身份证可用现金或银行卡以签约单位的名义在酒店订房（并享受签约单位在酒店的客房优惠价），只需要签约单位联系酒店即可，不需要酒店销售部或总经理同意。另一方面，多数酒店（包括广告公司与酒店）在"商务合同"中没有明确约定"签约单位可以或是不可以以签约单位的名义为其他客户在酒店订房"。而事实上，签约单位以签约单位的名义为其他客户在酒店订房（包括广告公司在2003年至2004年6月期间以公司的名义为其他客户在酒店订房）的，酒店对此均无异议，都是可行的。酒店是按照交易习惯（我国《民法典》规定合同约定不明时可按照交易习惯执行）执行合同的。这足以证明夜总会的朱某某等人以广告公司的名义在酒店前台开房，只需要与酒店签订了"商务合同"的广告公司联系酒店即可，根本不需要酒店总经理同意，也与彭某某无关。

可见，本案证据不能证明彭某某为夜总会提供了优惠房价，相反本案有充分证据证明彭某某没有为夜总会提供优惠房价。

第三，彭某某对酒店给夜总会卖淫妇女发放出入证予以认可的事实不成立，更不存在以此为夜总会卖淫妇女卖淫提供场所问题。

主张构罪的观点认为，彭某某对酒店给夜总会小姐发放出入证予以认可，纵容夜总会卖淫妇女在酒店卖淫，客观上为卖淫妇女卖淫提供了场所。但笔者认为，这一认定是错误的。这主要体现在：

（1）在法律适用上，为夜总会卖淫妇女发放出入证不同于为他人卖淫活动提供场所，不能构成容留卖淫罪。如前所述，容留卖淫是为他人卖淫活动提供场所。据此，判断一个行为是否属于容留卖淫行为，关键在于该行为是否具有为他人卖淫活动提供场所的性质。在实践中，容留卖淫的主要表现是为他人卖淫提供住房。本案中，将为夜总会卖淫妇女发放出入证作为认定彭某某等人构成容留卖淫罪的证据，这一认定明确缺乏法律依据，是错误的。为夜总会卖淫妇女提供出入证的行为明显不是为他人卖淫活动提供场所的行为，不具有容留卖淫的性质，不能构成容留卖淫罪。

（2）在事实认定上，彭某某没有实施为夜总会卖淫妇女发放出入证的行为，且没有义务阻止，其行为不构成容留卖淫罪。这具体包括：

1）为夜总会卖淫妇女出入酒店发放出入证是酒店保安部的私下行为，不是彭某某的行为。本案证据显示，"夜总会临时出入证"是由夜总会出资，并向酒店保安部给予每月 1500 元（后增加到每月 2500 元）好处费后制作的。这点在刘某 2018 年 7 月 27 日的"询问笔录"中也有相应证明，其表示左某办证的目的是收取一点保安部的补贴。这表明，"夜总会临时出入证"是酒店保安部的相关人员出于其个人或者部门私利，为夜总会卖淫妇女进出夜总会方便而制作的。本案没有证据证明"夜总会临时出入证"的制作和发放受到了 A 公司或者彭某某的指使。

2）彭某某没有阻止酒店保安部给夜总会卖淫妇女发放出入证的义务。这包括：一方面，对发放出入证一事的有罪认定逻辑是，彭某某对酒店的经营管理具有决策权，在此基础上，彭某某认可酒店给夜总会卖淫妇女发放出入证，即意味着其纵容夜总会卖淫妇女在酒店卖淫。但如前所述，彭某某对酒店的经营管理不具有控制权或者决策权，更是从未参与酒店对外提供客房服务的管理。彭某某不负责酒店的经营管理，因而不负有制止酒店保安部给夜总会卖淫妇女发放出入证的义务。另一方面，根据"管理协议"，是否制止保安部发放出入证，是酒店经营管理范畴。彭某某既无权干涉或者作出决定，也没有义务阻止酒店保安部给夜总会卖淫妇女发放出入证。因此，无论彭某某对酒店保安部给夜总会卖淫妇女发放出入证是否认可，均不存在彭某某为夜总会卖淫妇女卖淫提供场所的问题。

3）为夜总会卖淫妇女发放出入证与为卖淫妇女卖淫提供场所无关。这包括：一方面，刘某、李某等人的证言证明，酒店保安部仅是为了向夜总会收取管理费而制作的出入证，同时出入证不是仅仅对夜总会发放，对外来装修、垃圾清理工等人员也发放了出入证。另一方面，刘某、李某、罗洪某、邹某、谭某、黄某某等人的证言证实出入证没有在酒店实际用过，因为上客房的通道很多，酒店保安不可能看住所有的入口，而且上楼的女客很多，无法分辨谁是正常入住客人、访客，谁是卖淫妇女，实际操作中无法见女子就拦查。因此，出入证不是为卖淫妇女卖淫而提供的，且出入证没有在酒店实际使用过，酒店保安部也没有查过出入证。为夜总会卖淫妇女发放出入证与有罪观点认定的为卖淫妇女卖淫提供场所无关。

可见，彭某某对酒店给夜总会卖淫妇女发放出入证予以认可的事实不成立，更不存在以此为夜总会卖淫妇女卖淫提供场所的问题。

2. 彭某某主观上没有容留卖淫的故意，不符合容留卖淫罪的主观要求

容留卖淫罪属于直接故意犯罪，要求行为人主观上具有为他人卖淫提供场所的直接故意。本案中，主张构罪者认为，彭某某明知卖淫妇女到酒店卖淫，而积极为之提供场所等，具有容留卖淫的直接故意。但这一认定是错误的。彭某某涉嫌容留卖淫的事项是为夜总会卖淫妇女卖淫提供优惠房价和为夜总会卖淫妇女发放出入证。本案证据表明，对于这两个方面，彭某某主观上都没有容留卖淫的直接故意。这具体体现在：

第一，彭某某提供优惠房价的行为发生在夜总会开业之前，彭某某当时无法预见卖淫活动的发生，不可能具有容留卖淫的故意。如前所述，本案证据不能证明彭某某通过王某积极为夜总会提供优惠房价。而事实上，彭某某当时主观上也不可能具有容留卖淫的故意。这是因为：A 公司与广告公司签订第一份"租赁合同"的时间是 2003 年 10 月 31 日，夜总会开业的时间是2004 年 7 月，而彭某某的涉案行为发生在 2003 年年底。这清楚地表明，彭某某通过王某为夜总会提供优惠房价行为发生在夜总会开业之前。在夜总会尚未开业的情况下，夜总会卖淫妇女卖淫活动尚未发生，而且本案也没有证据证明彭某某当时知道尚未开业的夜总会之后将会利用酒店组织卖淫，因此，彭某某当时不可能具有容留卖淫的直接故意。

第二，即便彭某某认可酒店保安部给夜总会卖淫妇女发放出入证的行为，彭某某主观上最多也只成立间接故意，而不具有容留卖淫的直接故意。在刑法上，容留卖淫罪是直接故意犯罪，不仅要求行为人主观上认识到他人卖淫活动的存在，而且要求行为人主观上具有为他人卖淫活动提供场所的直接故意。本案中，即便彭某某对酒店保安部给夜总会卖淫妇女发放出入证的行为认可，因"认可"而放任，也最多只能表明彭某某主观上具有容留卖淫的间接故意，而不具有容留卖淫的直接故意。这是因为，虽然酒店保安部给夜总会卖淫妇女发放出入证后王某给彭某某说过，但从主观方面看，即使彭某某知晓在酒店的经营管理过程中存在给夜总会卖淫妇女发放出入证的情况而未予阻止，也只是属于"放任"，仅成立间接故意而非直接故意，不符合容留卖淫罪的主观要求。

可见，彭某某客观上没有实施为他人卖淫提供场所的行为，主观上没有容留卖淫的故意，其行为不符合容留卖淫罪的主客观要求，不构成容留卖淫罪。

（二）彭某某的行为不符合滥伐林木罪的成立条件，不构成滥伐林木罪

关于滥伐林木罪，我国《刑法》第 345 条第 2 款规定："违反森林法的规定，滥伐森林或者其他林木，数量较大的，处三年以下有期徒刑、拘役或者管制，并处或者单处罚金；数量巨大的，处三年以上七年以下有期徒刑，并处罚金。"本案中，主张构罪的观点认为，某市人民政府等政府部门批准 A 公司、B 公司取得茶园建设项目，只能说明两公司获得了建设资格；A 公司与 C

公司签订了"某酒店土石方平基工程承包合同"，只能说明 C 公司获得了施工资格；A 公司对用地范围内林地的使用必须履行相关法律手续是明知的，证件由某区管委会与 A 公司共同办理，所产生的费用由 A 公司负责支付，办证主体实质上为 A 公司，而非茶园新区管委会；A 公司、B 公司对茶园项目原有被砍伐林木进行了恢复、补栽和环境绿化等工作，但这只是两公司对砍伐林木采取的补救措施。它与采伐林木必须办理相关法律手续是两个不同的法律关系，亦不能混为一谈。茶园项目建设用地上林木被砍伐的客观事实是存在的。不过，笔者认为，认定彭某某滥伐林木 71.629 3 公顷、1 479.647 立方米，存在法律适用和事实认定错误。

1. 本案认定彭某某犯滥伐林木罪的法律适用存在明显错误

这集中体现为：彭某某的涉案行为没有侵害滥伐林木罪的保护法益，不符合滥伐林木罪的本质条件。滥伐林木罪属于我国《刑法》分则第六章第六节"破坏环境资源保护罪"，其侵害的法益是"环境资源保护"。本案中，涉案林地已经改为建设用地，该土地及地上作物在法律上已不具有环境资源保护的用途，不能成为滥伐林木罪的法益。某市人民政府等政府部门批准 A 公司、C 公司取得了茶园建设项目文件表明，A 公司、C 公司取得了茶园建设项目，涉案林地的性质已改为建设用地。在土地性质已经发生改变的情况下，该土地及地上作物已不再承载环境资源保护的功能。A 公司、C 公司采伐涉案林木的行为不具有侵害滥伐林木罪保护法益的性质，不符合滥伐林木罪的本质要求。彭某某的行为不构成滥伐林木罪。

2. 本案中彭某某犯滥伐林木罪的事实认定存在明显错误

本案中，彭某某涉嫌滥伐林木 71.629 3 公顷、1 479.647 立方米，但该事实认定存在错误。这具体体现在：

第一，彭某某涉案的林木面积、数量存在明显错误。本案中，认定 A 公司、B 公司、C 公司、彭某某构成滥伐林木罪的主要证据（证明实际破坏、砍伐面积）是某市林业司法鉴定中心出具的"鉴定意见书"以及茶园项目被毁坏林地的现场照片。但本案中有四个事实不容忽视。这包括：

（1）涉案林木存在被征用土地上的村民滥伐的情况。根据华某、蒲某某等人的笔录，征用土地上的村民存在使用工具砍伐林木的行为。村民滥伐的林木数量显然不应计入 C 公司等的滥伐林木数量中。

（2）涉案林木存在被盗伐的情况。根据案件材料，涉案林木有不少被盗伐。涉案的 C 公司进行土石方工程施工过程中，采用的是机械化施工（包括对部分林木的砍伐），未进行人工采伐作业。而本案被砍伐的林木中，部分切口明显不是由机械大规模作业所产生，而是由手工工具砍伐所致。这也说明有人私自采伐。本案没有对涉案林地存在的村民盗伐林木的情况及数量进行认定，而是笼统地将其认定为是 C 公司砍伐的。从这个角度看，认定彭某某滥伐林木的面积、数量证据不够确实、充分。

（3）B 公司依法补办了部分林木采伐许可手续，其对应的面积不应纳入滥伐林木的范围。自 2006 年 6 月 9 日直至 2010 年 2 月期间，B 公司多次向某市林业局、某市南岸区林业局提交"使用林地申请表"。之后，某市林业局向众诚公司颁发"使用林地审核同意书"，某市林业局、某市南岸区林业局向 B 公司发出"林木采伐许可证"，允许的采伐面积、采伐蓄积分别是 3.417 3 公顷、9.5 立方米，9.936 公顷、66.739 立方米，10.000 7 公顷、93.069 立方米。三者合计允许的采伐面积是 23.354 公顷、采伐蓄积是 169.308 立方米。这是对涉案林木采伐手续的补办。之后因彭某某涉嫌犯罪于 2010 年 6 月 20 日被刑事拘留，而未能将被砍伐林木的全部手续补办完毕。已经补办的林木采伐手续表明，林业主管部门事后认可了 B 公司的林木采伐行为，且这种认可是对彭某某采伐涉案林木合法性的补足，对该部分林木不应再计入滥伐林木的范围。

（4）A 公司、B 公司依法交纳了森林植被恢复费，对在项目建设中使用的林地进行了补偿安置，对已砍伐林木资源进行了恢复，其对应的林木数量不应计入滥伐林木的数量。本案证据显示，2006 年至 2009 年期间，A 公司、B 公司先后通过银行转账的方式向林业主管部门缴纳森林植被恢复费共计 2 851 750 元。同时，A 公司、B 公司在批准的建设用地上，尤其是在 A 公司高尔夫项目上，大量栽种了包括名贵树种银杏、香樟、金桂、楠木等在内的林木及灌木、花卉等，总计绿化面积为 1 188 385 平方米，折合 1 784.36 亩。A 公司、B 公司通过向某花卉园艺场、某艺场购买各种植物及栽种等，花费 43 980 734 元（实际已支付 37 907 338.76 元）；向某市 A 园林景观工程有限公司、某市 B 园林景观工程有限公司先后支付园林、景观工程的各项费用共计 7 845 479 元（实际已支付 6 169 700 元）。

第二，本案对林木采伐许可证的办证主体的认定存在明显错误。本案中，某区管委会与 A 公司、B 公司于 2004 年 8 月 18 签订的"土地整治协议"及 2005 年 9 月 13 日的"交地备忘录"等表明，某区管委会作为土地整治的主体，将具体的整治内容包干给 A 公司和 B 公司，同时负有办理相关手续（包括配合办理林地砍伐的相关手续）的义务；A 公司、B 公司仅负责缴纳办理相关手续时的费用，而非办证主体。主张构罪的观点仅以 A 公司、B 公司负有缴纳费用之义务而认定"办证主体实质上为 A 公司，而非某区管委会"，难以成立。某区管委会作为涉案林木采伐的办证主体，未履行其办证责任，客观上应当降低彭某某等采伐林木的法律责任。

可见，彭某某等涉嫌滥伐林木的面积、数量等事实不清，且 A 公司、B

公司等没有侵害滥伐林木罪的保护法益，彭某某的行为不构成滥伐林木罪。

　　（三）本案证据不能证明彭某某实施了高利转贷行为，其行为不构成高利转贷罪

　　主张构罪的观点认为，B 公司于 2010 年 2 月 4 日以茶园项目取得国有土地使用权证向某支行抵押贷款 4 800 万元，用于茶园项目建设。同年 2 月 10 日，A 公司将其中 1 500 万元借给 C 公司，约定借款期限 1 年，按月利率 3‰ 每月收取利息。2010 年 2 月至 5 月，B 公司以支付 C 公司茶园项目工程款名义收取利息 180 万元。B 公司的行为已经构成高利转贷罪。但笔者认为，这一认定错误，原因如下。

　　1. B 公司没有套取银行信贷资金高利转贷他人的行为和意图，不符合高利转贷罪的主客观要求

　　根据我国《刑法》第 175 条的规定，高利转贷罪是指以转贷牟利为目的，套取金融机构信贷资金高利转贷他人，违法所得数额较大的行为。单位构成高利转贷罪必须同时具备以下三个基本条件：一是单位客观上实施套取金融机构信贷资金高利转贷他人的行为，且违法所得数额较大；二是单位主观上具有高利转贷的故意，且必须以转贷牟利为目的；三是主体必须为单位。本案中，B 公司的行为不符合高利转贷罪的成立条件，不构成高利转贷罪。这具体体现在：

　　（1）高利转贷行为不是 B 公司的单位行为，不能认定为 B 公司单位犯罪。

　　在刑法上，单位行为的成立必须同时具备三个基本条件，即"单位名义"（以单位的名义）、"单位利益"（为了单位的利益）和"单位意志"（反映了单位的意志）。本案中，高利转贷行为不是 B 公司的单位行为，不能认定为 B 公司单位犯罪。这包括以下几点。

　　第一，涉案的高利转贷行为没有体现 B 公司的单位意志，不能认定为 B 公司的单位行为。单位意志是单位犯罪成立的重要条件，具体体现为单位决策机构的意志（如公司的股东会、董事会等）。某一行为是否反映了单位的意志，是该行为是否成立单位犯罪的基本条件。本案中，涉案的高利转贷行为不是 B 公司的单位行为。这是因为：一方面，彭某某、戴某某和童某某三人的笔录可以相互印证地证明彭某某让戴某某安排借款给 C 公司 1 500 万元，但本案证据能够证明彭某某没有要求财务经理戴某某从 5130 账户上将银行贷款借给 C 公司。另一方面，戴某某、童某某的笔录只能证明财务经理戴某某要求出纳员童某某办理转账，而不能证明戴某某要求童某某从 5130 账户将银行贷款借给 C 公司。其中，童某某的"询问笔录"明确称：出于便利考虑只开一张支票，就从 5130 账户将款项划给了 C 公司。因此，从 5130 账户上用贷款给 C 公司转账既不是总经理彭某某的决定，也不是财务经理戴某某的决

定，而只是出纳员童某某的个人决定，没有体现 B 公司的单位整体意志，不能认定为 B 公司单位犯罪。

第二，B 公司涉嫌转贷及获利的数额错误。关于 B 公司转贷及获利的数额，主张构罪的观点认为，转贷数额为 1 500 万元，获利 180 万元。其认定思路是：虽然 B 公司账户在 2 320 万元贷款转入之前，尚有自有资金 560 余万元，之后又收到房款等自有资金 405 万元，共计 960 余万元。但在这 2 320 万元贷款转入之后至 A 公司借款给 C 公司之前，B 公司又支付了茶园子项目建设以外的款项共计 1 430 余万元，该账户在借给 C 公司 1 500 万元时仅有资金 1 850 余万元，故应认定 B 公司将贷款中的 1 500 万元借给 C 公司，并获取 180 万元的高额利息。但这一认定的思路存在明显错误。B 公司支付茶园子项目建设以外的 1 430 余万元款项不应认为主要是自有资金，而应当认定为全部是贷款资金。这是因为：一是银行账户上的钱款属于种类物，而非特定物。涉案的贷款资金进入 B 公司账户后，就与 B 公司的自有资金混同，无法对其作公司自有资金与工行贷款资金的区分。在此情况下，主张构罪的观点将 B 公司支付茶园子项目建设以外的 1 430 余万元款项首先认定为 B 公司的自有资金，不足部分才认定为工行贷款资金，明显证据不足。二是根据事实存疑有利被告的原则，在无法查明 B 公司支付茶园子项目建设以外的 1 430 余万元款项来源的情况下，将 B 公司借贷给 C 公司的款项首先认定为公司自有资金，不足部分才是贷款。在此基础上，本案认定 B 公司转贷及获利的数额显然是错误的。

（2）B 公司主观上没有高利转贷的故意，不符合高利转贷罪的主观要求。

根据我国《刑法》第 175 条的规定，高利转贷罪的主观方面表现为行为人必须具有高利转贷的故意。但在本案中，涉案的高利转贷行为只是出纳员童某某个人的过失行为，不是 B 公司故意行为。B 公司主观上不具有高利转贷的故意。这具体体现在以下几点。

第一，本案证据证明高利转贷行为只是公司出纳员童某某的个人过失所致。这包括：一是证人童某某（原 A 公司财务人员）、戴某某（A 公司财务经理）出具的"情况说明"可以证明，在 2010 年 2 月 9 日至 2 月 10 日期间，彭某某只安排戴某某借款给 C 公司，但并没有说要从 4 800 万元贷款中借款给 C 公司。戴某某安排童某某付款给 C 公司，但戴某某并没安排童某某要占用 4 800 万元贷款中的 1 500 万元借给 C 公司。二是公司财务凭证及童某某的证言显示，在 2010 年 2 月 8 日至 2 月 10 日 3 天时间内，童某某从 B 公司、A 公司、某装饰公司这 3 家公司里的 11 个银行账户中给近一百家单位开出付款支票 107 张，办理电汇付款 24 笔，累计金额 8 991.95 万元。在此情况下，接到借给 C 公司 1 500 万元指令时，童某某在匆忙中随意从公司的账户上开出了一张支票给 C 公司。这充分证明，本案是公司财务人员童某某的疏忽误用涉案账户上的资金借给 C 公司，该行为属工作失误，绝非 B 公司、彭某某故意为之。

第二，高利转贷的关键证据之间存在明显矛盾和冲突，不能认定 B 公司主观上具有高利转贷的故意。这是因为：一方面，B 公司财务凭证等证据显示，2010 年 2 月 10 日 B 公司 5130 账户支付给 C 公司 1 500 万元的支票是由 A 公司、B 公司、装饰公司共同且唯一的出纳人员童某某开具的，但证人戴某某的证言以及彭某某在侦查阶段的供述均没有说过是他们安排出纳人员童某某按此办理的。同时，本案也没有童某某的证言证明是戴某某或彭某某安排她将工行贷款借给 C 公司。因此，本案没有任何证据证明 B 公司主观上具有高利转贷的故意。另一方面，戴某某、彭某某的笔录存在明显矛盾。其中，戴某某的笔录表明，2010 年 2 月，根据彭某某的安排，自己和裴某某等人经办了将 B 公司 4 800 万元贷款中的 1 500 万元转给 C 公司一事。这与戴某某的笔录所记载的没有给出纳人员童某某说过要用 4 800 万元贷款中的 1 500 万元支付给 C 公司相矛盾，同时也没有出纳人员童某某的证言予以印证。彭某某在侦查阶段的供述是：由于当时公司账上没有这么多钱，后用某区的土地做抵押，在工行某支行贷了 4 800 万元，安排戴某某借款给蒲某某；为了规避监管，将 4 800 万元找有业务往来的单位进行了转账，将其中 1 500 万元转给了 C 公司。但本案的实际情况是，根本不存在彭某某供述所说"当时公司账上没有这么多钱"的问题。本案证据显示，A 公司、B 公司各账户的自有资金充足，足以借款 1 500 万元给 C 公司。而且，如前所述，戴某某和裴某某等人都不是 B 公司的出纳人员，他们不能直接将 4 800 万元贷款中的 1 500 万元转给 C 公司，且戴某某等人的证言亦不能印证彭某某在侦查阶段的供述。彭某某在侦查阶段的供述与本案的客观事实明显不符。本案不能证明 B 公司主观上具有高利转贷的故意。

第三，本案证据证明 B 公司主观上不具有高利转贷的故意。这是因为：一是本案借款单位是 A 公司，而支付 1 500 万元资金的却是 B 公司的账户，存在明显的主体不对应问题。这一方面说明 A 公司财务人员童某某付款的随意性，另一方面说明 B 公司主观上没有高利转贷的故意，否则它没有理由帮 A 公司付款。二是 B 公司账户的自有资金充足，完全没有必要使用工行贷款资金。会计师事务所出具的报告显示，这 3 家单位 2009 年 12 月 1 日至 2010 年 2 月 28 日期间累计售房款及租金收入 50 484 万元，每月累计收入分别为 31 057 万余元、9 786 万余元和 9 190 万元；A 公司、B 公司、装饰公司等三家涉案公司在借款给 C 公司的当天（2010 年 2 月 10 日），各账户合计可自由支配的资金余额为 9 558 万元，足以满足 C 公司借款 1 500 万元的需要，完全没有必要动用工行贷款资金。三是 A 公司、B 公司存在大量"串户串用"情况。会计师事务所出具的报告和说明表明，A 公司、B 公司存在大量"串户串用"现象，公司之间存在随意划转贷款资金、违规使用借款资金、项目混用借款资金等问题。本案证据完全不能排除涉案的 1 500 万元之转贷是 A 公司、B 公司"串户串用"所致，进而表明 B 公司主观上没有高利转贷的故意。

可见，B 公司客观上没有套取银行信贷资金高利转贷他人的行为，主观上没有高利转贷的故意，不符合高利转贷罪的主客观要求，不构成高利转贷罪。

2. 彭某某不是高利转贷罪的直接责任人员，且主观上无高利转贷的故意，其行为不构成高利转贷罪

根据我国《刑法》第 175 条第 2 款的规定，单位犯高利转贷罪的，对单位判处罚金，并对其直接负责的主管人员和其他直接责任人员，处 3 年以下有期徒刑或者拘役。本案中，有罪观点认为彭某某系 B 公司的实际控制人，应当对 B 公司的高利转贷行为承担刑事责任。但彭某某作为 B 公司的实际控制人与彭某某作为涉案高利转贷犯罪的直接责任人员是两个不同的概念。根据《刑法》第 31 条和第 175 条第 2 款的规定，只有直接责任人员（包括直接负责的主管人员和其他直接责任人员）才需要对单位实施的高利转贷犯罪负责。本案中，彭某某不是高利转贷罪的直接责任人员，且主观上没有高利转贷的故意。其行为不构成高利转贷罪。这具体体现在：

第一，彭某某不是高利转贷行为的直接责任人员。关于单位犯罪直接负责的主管人员和其他直接责任人员，2001 年 1 月 21 日最高人民法院发布的《全国法院审理金融犯罪案件工作座谈会纪要》中明确规定："直接负责的主管人员，是在单位实施的犯罪中起决定、批准、授意、纵容、指挥等作用的人员"，"其他直接责任人员，是在单位犯罪中具体实施犯罪并起较大作用的人员"。本案中，如前所述，彭某某只是让财务经理戴某某安排人给 C 公司借款。他既未决定、批准、授意、纵容、指挥童某某将贷款借给 C 公司，更未具体实施将工行贷款借给 C 公司的行为，不是涉案高利转贷行为的直接责任人员，不应对高利转贷罪承担刑事责任。

第二，彭某某主观上没有高利转贷的故意。根据刑法的责任主义，行为人只能对自己存在罪过的行为负责。在刑法上，高利转贷罪是直接故意犯罪，行为人必须出于直接故意实施高利转贷行为才能构成该罪。但在本案中，如前所述，A 公司、B 公司资金充足，根本不需要冒着违法犯罪的风险将贷款借给 C 公司；同时，彭某某、戴某某、童某某的证言可以相互印证地证明，将工行贷款借给 C 公司是童某某的过失所致。彭某某主观上完全没有将贷款借给 C 公司牟利的故意和目的，不符合高利转贷罪的主观要求。

可见，彭某某不是高利转贷的直接责任人员，且主观上没有高利转贷的故意，其行为不构成高利转贷罪。

许某某贪污案

——国有参股公司临时设立的资产处置领导小组组长
是否属于国家工作人员

一、基本案情

2008 年年初，某证券公司按照某省证监局要求剥离自身非证券业务，处置下属控股药业公司资产，并任命许某某为资产处置领导小组组长。许某某利用担任某证券公司副总经理及某药业公司董事长、资产处置领导小组组长的职务便利，在某药业公司股权处置过程中，伙同时任某药业公司总经理的孙甲、某电气公司实际控制人孙乙，共谋采取低估某药业公司资产价值，并由电气公司收购某药业公司资产的手段获利，获利部分由三人平分。孙乙在许某某、孙甲指使下为掩人耳目，将电气公司注册资金由 1 000 万元提高到 3 000 万元，并变更法定代表人。

2008 年 2 月，许某某、孙甲指使时任某证券公司财务部经理的张某某，委托资产评估公司对某药业公司资产进行审计和评估，授意 A 资产评估公司在对某药业公司资产评估时"能做低就做低"，并提供虚假资料。A 资产评估公司通过核减某药业公司拥有产权的某大厦房产公摊面积、压低房产单价，隐瞒某药业公司所有的海南房产及对外公摊面积，提前扣减股票交易印花税和佣金，重复计提应收账款坏账等方式，将截至 2007 年 12 月 31 日的某药业公司资产价值评估为 41 017.49 万元。之后因某药业公司在北京产权交易所公开挂牌交易，该资产评估公司不具备证券业务资产评估资质，许某某又授意张某某委托北京某资产评估公司套用 A 资产评估公司评估资料，对某药业公司资产价值重新评估为 41 864.69 万元。

2008 年 4 月，某证券公司以北京某资产评估公司评估的某药业公司资产价值 41 864.69 万元的 91％的价格，即 38 096.87 万元，将某药业公司股权在产权交易所公开挂牌交易。许某某故意不认真准备挂牌转让的宣传和推荐工作，致使挂牌期间无人摘牌。2008 年 5 月 9 日，某证券公司以某药业公司资产价值 41 864.69 万元的 90％加 1 元的价格，即 37 678.22 万元再次挂牌。为解决电气公司收购资金，孙乙通过欺骗手段在农村信用联社贷款 3.9 亿元，并在许某某、孙甲操纵下，通过"过桥方"某投资公司以 39 178.22 万元摘牌（某证券公司董事会决定增加 2008 年 1—5 月某药业公司资产 1 500 万元），获得某药业公司股权。7 月 9 日，某投资公司将某药业公司转让给电气公司。案发后，专案组委托 B 资产评估公司对药业公司截至 2007 年 12 月 31 日的资产价值进行了客观公正的评估，估值为 46 138.49 万元，比北京某资产评估公司评估值高 4 273.8 万元。

二、主要问题

本案涉及的主要问题是国有参股公司临时设立的资产处置领导小组组长是否属于国家工作人员，许某某的涉案行为是否符合贪污罪的成立条件，是否构成贪污罪。对此，主要有两种不同的观点：

一种观点主张构罪，认为许某某利用在处置国有企业资产工作中职务上的便利，伙同孙乙非法侵吞国有资产 4 273.8 万元，构成贪污罪。

另一种观点主张不构罪，认为不能证明许某某属于受国有公司委派到非国有公司从事公务的人员，许某某不符合贪污罪的主体要求；本案不存在刻意做低某药业公司资产价格问题，不能以其评估价的差异认定为某药业公司的资产损失，许某某的行为不构成贪污罪。

三、出罪法理

关于贪污罪，我国《刑法》第 382 条第 1 款规定："国家工作人员利用职务上的便利，侵吞、窃取、骗取或者以其他手段非法占有公共财物的，是贪污罪。"据此，贪污罪的成立至少必须同时具备以下两个基本条件：一是行为的主体必须是国家工作人员，二是行为的对象必须是本单位的公共财物。对于本案，主张构罪的观点认为，许某某、孙甲利用在处置国有企业资产工作中职务上的便利，伙同孙乙非法侵吞国有资产 4 273.8 万元，构成贪污罪。但笔者认为，本案不能认定许某某具有国家工作人员的身份，也不能证明该 4 273.8 万元是国有资产的损失。

（一）本案证据不能证明许某某属于受国有公司委派到非国有公司从事公务的人员，许某某不符合贪污罪的主体要求

贪污罪的主体是国家工作人员。本案中，许某某利用了担任某证券公司副总经理及某药业公司董事长、资产处置领导小组组长的职务便利。由于某证券公司、某药业公司都不属于国有公司，而是国有公司控股的子公司，因此本案中许某某是否属于国家工作人员，关键在于其是否属于国有公司委派到非国有公司中从事公务的人员。对此，最高人民法院、最高人民检察院

2010 年发布的《关于办理国家出资企业中职务犯罪案件具体应用法律若干问题的意见》第 6 条第 1 款规定："经国家机关、国有公司、企业、事业单位提名、推荐、任命、批准等，在国有控股、参股公司及其分支机构中从事公务的人员，应当认定为国家工作人员。具体的任命机构和程序，不影响国家工作人员的认定。"具体到本案而言，判定许某某作为某证券公司副总经理、某药业公司董事长、资产处置领导小组组长是否属于国家工作人员，核心在于其任职是否经国有公司提名、推荐、任命、批准等。对此，本案证据不能证明。

1. 本案证据不能证明许某某作为某证券公司副总经理"经国有公司提名、推荐、任命、批准"

本案中，某证券公司作为国有控股公司，其母公司是国有公司（100% 的国有股）。许某某作为某证券公司的副总经理是否经过母公司的提名、推荐、任命、批准对其身份的认定十分重要。对此，本案证据只能证明母公司曾向更上一级的母公司提交了《关于证券股份有限公司董事会、监事会、经营层高级管理人员拟定人选建议的报告》，其中包括建议许某某担任某证券公司的副总经理兼财务总监。但本案没有证据证明该报告得到了批准，也没有证据证明某证券公司的母公司向某证券公司建议过由许某某担任某证券公司副总经理。因此，本案证据不能证明许某某作为某证券公司副总经理系经国有公司提名、推荐、任命、批准。

2. 本案证据不能证明许某某作为某药业公司董事长、资产处置领导小组组长属于国家工作人员

最高人民法院、最高人民检察院 2010 年发布的《关于办理国家出资企业中职务犯罪案件具体应用法律若干问题的意见》第 6 条第 2 款规定："经国家出资企业中负有管理、监督国有资产职责的组织批准或者研究决定，代表其在国有控股、参股公司及其分支机构中从事组织、领导、监督、经营、管理工作的人员，应当认定为国家工作人员。"本案证据显示，许某某担任某药业公司董事长是经某证券公司任命的，许某某担任某药业公司资产处置领导小组组长经过了某证券公司、某药业公司的同意。不过，由于某证券公司、某药业公司都是国有控股公司，而非国有公司，因此许某某是否属于国家工作人员，关键在于其任命是否"经国家出资企业中负有管理、监督国有资产职责的组织批准或者研究决定"（国家出资企业的党委或者党政联席会等）。对此，本案证据显示，许某某的任命都是由某证券公司、某药业公司的股东会等组织作出的，而非由某证券公司、某药业公司的党委或者党政联席会议作出。而股东会、董事会不属于"国家出资企业中负有管理、监督国有资产职责的组织"。据此，本案证据不能证明许某某担任某药业公司董事长、资产处

置领导小组组长属于"经国家出资企业中负有管理、监督国有资产职责的组织批准或者研究决定",进而不能认定许某某属于国家工作人员。

可见,无论是对于许某某的某证券公司副总经理身份还是对于许某某的某药业公司董事长、资产处理领导小组组长身份,本案证据都不能证明许某某属于国家工作人员。许某某的身份不符合贪污罪的主体要求,不构成贪污罪。

(二)本案证据不能证明存在涉案的 4 273.8 万元公共财物,许某某的行为不符合贪污罪的对象要求

如前所述,贪污罪的对象必须是本单位的"公共财物",本案中,涉案的财物是 4 273.8 万元(两次资产评估的差价),但本案证据不能证明两次资产评估的差价 4 273.8 万元真实存在且属于国有资产。许某某的行为不符合贪污罪的对象要求。

1. 某证券公司剥离非证券类投资的时间紧、任务重,对某药业公司的资产价格不能按一般的情形认定,进而不能认定某药业公司存在 4 273.8 万元的国有资产差额

本案证据显示,某药业公司的资产转让背景是中国证监会要求某证券公司将非证券类投资剥离。2007 年 7 月 20 日,中国证券会某省监管局向某证券公司发出《关于证券股份有限公司清理非证券类投资的监管的函》,要求证券公司在 2007 年 7 月 30 日前将所有非证券类实业投资在财务上全部处理完毕,并限时对实业公司全部实物资产清理完毕;2007 年 7 月 30 日前向中国证监会某省监管局机构监管处报送公司董事会承诺的限时清理时间表。在此情况下,某证券公司必须在短时间内将药业公司资产剥离出去,否则将会影响公司的监管评级以及后续新业务和创新资格的申请。这客观上使得对某药业公司的资产处置时间紧、任务重。在此情况下,对某药业公司资产的处置价格不可能按照一般的情形进行认定和处理,否则某证券公司无法将某药业公司的资产短时间转让出去。

2. 资产剥离前的评估有据可循,不存在刻意做低某药业公司资产价格问题,更不能将评估价的差异认定为某证券公司的资产损失

本案中,主张构罪的观点认为,许某某授意 A 资产评估公司通过核减某药业公司拥有产权的某大厦房产公摊面积、压低房产单价,隐瞒某药业公司所有的海南房产及对外公摊面积,提前扣减股票交易印花税和佣金,重复计提应收账款坏账等方式做低某药业公司资产,后授意北京某资产评估公司套用 A 资产评估公司的评估资料进行评估。但这一认定依据不足,理由包括:

(1)本案关于评估机构低评大厦资产的认定依据不足。这体现在:第一,关于大厦房产公摊面积造假的认定依据不足。本案中,根据许某(先后任药业

公司工程部经理、物业公司经理、总经理助理、副总经理）的笔录，大厦竣工后，因为没有测绘报告，也就没有确定的公摊数据，公司销售部和工程部讨论过某药业公司的公摊面积，认为能达到 36％。孙某也知道这个情况。可见，大厦没有经过测绘，36％的公摊面积是公司工程部计算后与销售部共同商定的，数据虽可能不准确，但并不虚假。第二，关于大厦房产单价造假的认定依据不足。根据孙某的笔录，他听说之前有公司在拍卖时以每平方米 2 200多元的价格购买过写字楼，因为都是紧急处理资产，实际上某大厦的处理类似于法院拍卖，以法院拍卖的价格作为参考也是合理的。资产评估公司法定代表人李某某也认为评估价格是否合理，应该参考电气公司自受让某药业公司以来，某大厦的实际出售、出租价款，来确定当时的评估价格是否偏低。可见，某药业公司资产处置与法院拍卖具有紧急处理资产的共性，参考法院拍卖价格是合理的，以租金收益法确定评估价格的评估方法也是合理的。A资产评估公司核减某大厦房产公摊面积、确定房产单价，是有合理依据的。

（2）本案关于隐瞒某药业公司所有的海南房产及对外投资股权的认定依据不足。这包括：一方面，海南房产减值的原因是海南房产手续不全无法办理过户。本案中，孙某的笔录称：这幢别墅一直是象征性地出租出去的，就是维持了正常的维修等费用，保证别墅的正常运转。B资产评估公司对"该长期股权投资评估值按账面值确定"的做法，明显不合理。另一方面，对于北京某公司的股权，评估称"法律手续不全及缺少实际控制能力而使得该项资产基本没有变现价值"，符合当时的实际情况。对此，证人李某某的证言可以证实。

（3）本案关于提前扣减股票交易印花税和佣金的认定依据不足。本案中，对于提前扣减股票交易印花税和佣金问题，冯某某的证言称：委托方在进行股权处置时，产生实际费用后，应该把之前理论上的交易费用扣除，不能在计算净资产时出现重复扣减的情况。也就是说，只要没有重复扣减，提前扣减并无不可。

（4）本案关于重复计提应收账款坏账的认定依据不足。事实上，综合本案证据可以发现，这不是重复计提，而是按照账龄法计提坏账准备。同时，其中也有评估方的原因。例如，关于重复计提应收账款坏账问题，证人李某某称没有对每一项进行考察，只是和公司的财务人员沟通了一下。本案证据不能证明许某某授意评估机构重复计提应收账款坏账。

可见，本案不存在刻意做低某药业公司资产价格的问题，更不能将其评估价的差异认定为单位的资产损失。

3. 本案不能仅以某药业公司资产的评估差价而非资产的市场价认定某药业公司的资产价值

本案中，对于某药业公司资产的实际价值应以市场成交价为准，而不能以资产的评估价为准。

（1）某药业公司的资产评估价只是其资产成交价的参考因素，而非决定因素。对任何一宗资产而言，资产的价值既不体现在评估价上，也不体现在挂牌价上，而是体现在成交价上，即该资产最终卖出了多少钱。但这要受到多重因素的影响，其中资产的评估价只是资产成交价的参考因素，而非决定因素。从这个角度看，某药业公司的资产价值即便评估得再高，如果市场不接受，没有人买，那也不能表明某药业公司的资产价值高，因此，仅以某药业公司两次资产的评估价之间的差价来认定某药业公司的资产损失和许某某的贪污数额的做法，显然是错误的。

（2）某药业公司资产的挂牌交易过程表明，某药业公司的资产价值没有遭受实际损失。本案中，某药业公司的资产在某交易所两次公开挂牌交易。其中，第一次挂牌（2008 年 4 月）的挂牌价是 38 096.87 万元，但无人摘牌；第二次挂牌（2008 年 5 月）的挂牌价是 37 678.22 万元，只有某投资公司举牌并摘牌。如果第二次挂牌时该公司不举牌，某药业公司可能还要降价进行第三次挂牌。同时，本案证据表明，在某药业公司资产转让过程中，相关出资方都不想购买该资产。这充分说明，某药业公司资产的交易价格与其资产的评估价格之间不具有直接关系，同时也表明某药业公司价值就是其挂牌交易价格，其没有遭受资产损失。

可见，本案证据不能证明涉案的 4 273.8 万元系某药业公司遭受的资产损失，进而不能证明存在该 4 273.8 万元的国有资产，更不能认定该资产属于某药业公司的公共财物。许某某的行为不符合贪污罪的对象要求，不构成贪污罪。

曹某贪污案

——课题组成员套取课题经费的行为是否构成贪污罪

一、基本案情

曹某于 2009 年 4 月至 10 月，在担任某子课题研究人员期间，利用受聘管理、使用课题经费的职务便利，采取与某公司签署虚假"数据服务合同书"的手段，将科研经费人民币 66 000 元支付给某公司，某公司扣除 10% 的税点后，将人民币 59 400 元交给国某某，国某某用其中的人民币 8 420 元购买了科研所需硬盘及其他物品后，将剩余的人民币 50 980 元转给曹某。曹某将其据为己有。

二、主要问题

本案涉及的主要问题是曹某采取订立虚假合同的方式获取课题经费的行为是否构成贪污罪。对此，主要有两种不同的观点：

一种观点主张构罪，认为曹某利用受聘管理、使用课题经费（国有财物）的职务便利，采取订立虚假合同的方式获取课题经费的行为构成贪污罪。

另一种观点主张不构罪，认为：曹某圆满完成了课题研究任务并为此支出了大量费用。其对课题经费的获取没有非法占有的目的，不符合贪污罪的主观要求；课题经费不属于公共财物，曹某的行为不具有侵害公共财物所有权的社会危害性，不符合贪污罪的客体要求；曹某既非国家工作人员也非受委托管理国有财物的人员，不符合贪污罪的主体要求。因此，曹某不构成贪污罪。

三、出罪法理

我国《刑法》第 382 条第 1 款规定："国家工作人员利用职务上的便利，侵吞、窃取、骗取或者以其他手段非法占有公共财物的，是贪污罪。"贪污罪的成立要求行为人主观上必须具有非法占有公共财物的目的，客观上必须实施了利用职务便利非法占有公共财物的行为。笔者认为，本案中，曹某的行为不符合贪污罪的成立条件，不构成贪污罪。

（一）曹某圆满完成了课题研究任务并为此支出了大量费用，其对课题经费的获取没有非法占有的目的，不符合贪污罪的主观要求

2003 年 11 月 13 日最高人民法院发布的《全国法院审理经济犯罪案件工作座谈会纪要》中明确规定，"贪污罪是一种以非法占有为目的的财产性职务犯罪"。据此，判断一种行为是否构成贪污罪，除了要看行为人是否实施了侵吞、窃取、骗取等占有行为，还要看他实施行为时是否具有非法占有的目的。本案中，曹某虽然以订立虚假合同的方式获取了课题费 57 580 元，但曹某圆满完成了其负责的课题研究任务并为此支出了大笔费用，主观上不具有非法占有的目的，不符合贪污罪的主观要求。

1. 曹某圆满完成了课题研究任务，理应获得相应的课题经费，其对课题经费的获取不属于非法占有，不具有非法占有的目的

根据课题任务书的规定，涉案课题研究任务是建立相关数据库、风险评估模型等，对应的课题经费是 10 万元（材料费）。对此，曹某圆满完成了课题研究任务，理应获得相应的研究经费。这是因为：

第一，曹某所在课题组圆满完成了课题研究任务，有权支配 10 万元课题研究经费。课题研究经费不同于财政经费，课题经费即便来源于财政拨款，也不属于财政费用。这是因为，项目经费的出资方与课题组之间是作为两个平等主体的委托方与受托方，课题经费与项目成果之间是一种对价关系。课题组只要完成了相应的研究任务，就有权获得、支配相应的课题经费。本案中，曹某所在的课题组圆满完成了研究任务，其中曹某还以第一完成人的身份发表了两篇 SCI 期刊论文，是课题的主要完成人。据此，该课题组有权支配课题的研究经费。

第二，10 万元课题经费名为材料费，但实际上包括了曹某的劳务等费用。根据课题任务书的规定，本案中的 10 万元课题经费预算是"材料费"。不过，本案中，由于课题研究期间曹某不是某大学的正式员工，按照某大学财务管理制度的规定，他既无法领取课题研究的劳务费（劳务费只发给本校学生），也无法报销与课题有关的差旅等费用（本案涉及的国际差旅费用的报销有严格的条件限制），因此该 10 万元预算经费名为"材料费"，但实际上包含了应当支付给曹某的劳务、差旅等费用。据此，曹某作为课题的研究人员，为该课题的圆满完成付出了辛勤劳动，理应得到相应的报酬。课题组从 10 万元"材料费"中支付部分费用给曹某，虽不符合相关的财务制度，但是应当的。

因此，对曹某获取课题经费的行为性质认定，不能离开课题及曹某在其中所开展的工作。曹某圆满完成了课题的研究任务，理应获得相应的报酬。其对该课题经费的获取不具有非法占有的目的，不属于非法占有。

2. 曹某为完成课题研究支出了大笔费用，其获取的课题经费是对其支出费用的必要补偿，曹某主观上不具有非法占有的目的

根据曹某出具的《课题经费支出说明》，曹某为了完成课题研究，先后支付了国外往返国内的差旅费以及在国外的科研费等共计 51 769 元。而根据某大学的财务管理制度，曹某的这些支出很难从课题经费中报销。曹某在《课题经费支出说明》中，对六次从国外往返国内的主要任务均作了详细说明，并提供了相关的核实电话。这可以表明，曹某从国外往返国内的目的主要是完成其参加的课题的研究工作。据此，对曹某的这些支出应认定为课题的支出，应从课题经费中予以补偿。

由此可见，曹某从课题中获得的实际上是其应得的收入。最高人民法院在 1987 年 12 月 31 日发布的《八省市法院审判贪污、受贿、走私案件情况座谈会纪要》中规定："对于领有集体企业《营业执照》，实为个体的企业，只要承包、租赁人或者挂靠集体企业的经营者确属勤劳致富，合法经营，并且履行了合同规定的义务，按规定上交了税款，发放了工资奖金，尽管他赚了很多钱，或者由于对政策有疑虑，采取了某种隐瞒或弄虚作假的手法占有了实际属于本人所有的财物，也不应以贪污罪论处。"本案中，曹某采取虚假的手段获取其应得的课题经费的行为，主观上不具有非法占有的目的，不构成贪污罪。

（二）曹某参加的课题经费不属于公共财物，曹某的行为不具有侵害公共财物所有权的社会危害性，不符合贪污罪的客体要求

贪污罪是一类财产性职务犯罪。其侵害的客体除了职务的廉洁性，还有公共财物的所有权。为此，判断一种行为是否构成贪污罪，除了要考虑行为人是否利用了职务上的便利，还要考虑其是否侵害了国家对公共财物的所有权。本案中曹某获取的课题经费不属于公共财物，其行为不具有侵害公共财物所有权的社会危害性，不符合贪污罪的客体要求。

1. 课题费是用于课题研究的经费，不是公共财物，不符合贪污罪的对象要求

本案中，从形式上看，曹某作为研究人员的课题经费来源于中央财政专项拨款，似乎属于国有财产。不过，课题经费的来源不同于课题经费的性质，曹某的课题经费来源于国家财政拨款并不意味着该课题经费就属于国有财产。这是因为：

第一，课题费是用于课题研究的经费，课题组织单位与课题承担者之间在本质上是一种委托关系。在这种委托关系中，核心内容是课题组织单位出资资助课题研究，课题承担者进行课题研究并获得相应的课题经费。其中，课题经费与课题研究成果之间是一种对价关系，即只要课题承担者提供了要

求的研究成果，课题经费就应当属于课题承担者。在此情形下，课题经费虽然来自国家的财政拨款，但自课题承担者接受课题任务后，该经费就不再具有财政拨款的性质。这正如同国家采购，在国家将财政拨款交给销售企业后，它就变成了企业的财产，财产的主体发生了变化，其国有的性质也就不复存在。本案中，曹某所在的课题组已经按照课题任务书的要求完成了课题研究，该课题经费就应当归课题组使用，因而不再具有国有的性质，不属于公共财物。

第二，课题经费的管理方式不影响课题经费的性质。当前，我国对课题经费的管理因来源不同而存在一定区别。对于来自国家及其各部委等纵向项目的课题经费，课题经费主要源自中央财政拨款，因此在管理方式上（如经费的批准、验收程序等）通常也都是按照财政拨款的方式来对待。不过，课题经费的管理方式与课题经费的性质并不直接相关。从根本上看，课题经费是用于课题研究的，并非国有财产，课题组有权根据课题研究的需要支配、使用经费。课题经费的管理方式只是一种形式，它并不改变经费的性质本身。因此，本案中，不能因为曹某参与的课题经费已经被纳入了某大学财务的管理范围，就认为其属于国有资产。

据此，既然本案中曹某所获取的课题经费不属于公共财物，曹某的行为自然也就不构成贪污罪。

2. 曹某参与的课题经费并非某大学的财产，某大学只是代为管理

本案中，某大学是曹某参与的课题的承担单位，其主要职责之一便是"按规定管理课题经费"。但必须指出的是，某大学有管理课题经费的职责，但它并非课题经费的所有者，即这些课题经费并非某大学的财产。某大学对这些课题经费只是代为管理，并且只是一种形式管理。据此，不能以某大学的国有性质作为判断曹某涉案课题经费性质的依据。在曹某所在的课题组圆满完成了课题研究的任务后，这些课题经费就应当归曹某等课题组成员使用。

综上，课题经费具有特殊的性质。它虽然源自国家财政拨款，但并不属于国有财产。本案中，曹某所在课题组圆满完成了课题研究任务，该课题经费应归课题组所有。曹某的行为虽然违反了我国有关课题经费的财经管理制度，但并没有侵害公共财产的所有权，不符合贪污罪的客体要求。

（三）曹某既非国家工作人员也非受委托管理国有财物的人员，不符合贪污罪的主体要求

本案行为发生时，曹某并非某大学的工作人员，只是课题研究人员，因此其身份认定的关键在于其是否属于受委托从事公务的国家工作人员。对此，我国《刑法》第 382 条第 2 款规定："受国家机关、国有公司、企业、事业单位、人民团体委托管理、经营国有财产的人员，利用职务上的便利，侵吞、

窃取、骗取或者以其他手段非法占有国有财物的，以贪污论。"可见，受委托从事公务的国家工作人员有三个基本的成立条件：一是受国家机关、国有公司、企业、事业单位、人民团体的委托，二是从事的必须是管理、经营工作，三是管理、经营的对象必须是国有财物。据此，曹某的身份不符合受委托从事公务的国家工作人员的要求，曹某不具有贪污罪的主体身份。

1. 曹某受委托的事项是进行课题研究，而不包括管理课题经费

本案中，曹某与某大学之间就课题研究签订有任务书。毫无疑问，曹某与某大学之间系一种委托关系。但从内容上看，某大学委托给曹某的内容是进行课题研究，10万元课题经费是作为课题研究的费用归曹某所在的课题组使用的。从这个角度看，10万元课题经费是某大学交给曹某所在的课题组使用而非管理，事实上该经费的管理权一直都是由某大学行使而始终未发生变化。这由该课题经费的报销程序即可看出。据此，从委托关系上看，某大学委托给曹某课题组的内容是进行课题研究，而不包括管理课题经费。其课题经费始终由某大学管理，曹某课题组是以完成课题任务为前提的，其获得的仅是课题经费的使用权。

2. 某大学的课题经费不属于国有财物，不符合委托管理的对象要求

根据我国《刑法》第382条第2款的规定，受委托从事公务的国家工作人员所管理、经营的对象必须是国有财物。但是，如前所述，曹某所在课题组的课题经费虽然来自国家财政拨款，但并非国有财物。尤其是在曹某所在课题组圆满完成了课题研究任务后，该课题经费当然地归曹某课题组成员支配。据此，既然某大学的课题经费不属于国有财物，曹某等人自然也就不属于受委托从事公务的国家工作人员。

综上，曹某既非某大学的工作人员，也非受某大学委托管理、经营国有财物的人员，不符合贪污罪的主体要求，不构成贪污罪。

高某贪污案

——设立"小金库"本身能否作为认定职务犯罪的依据

一、基本案情

2012 年至 2016 年，高某利用担任某学院处长的职务便利，通过该处借调人员孙某、邵某某等人账外收取该学院高等教育自学考试及函授教育经费，并非法占有其中 686.01 万元用于个人消费、投资股票、以个人名义出借他人等个人支出。

二、主要问题

本案涉及的主要问题是高某设立"小金库"的行为能否作为认定其职务犯罪的依据，其行为是否构成贪污罪。对此，主要有两种不同的观点：

一种观点主张构罪，认为高某身为国家工作人员，利用职务便利，非法占有公款共计 686.01 万元，数额特别巨大；高某主观上不想归还这些钱款，具有非法占有涉案资金的目的，其行为构成贪污罪。

另一种观点主张不构罪，认为高某的行为不具备贪污罪的主客观要件。涉案经费的使用经领导同意，本案证据不能证明高某的行为侵害了单位财物的所有权，高某没有掩盖涉案资金的走向，都是通过银行转账的方式进行的，整个资金的流转路径清楚并且留有证据可查，因此，本案涉及的"小金库"内的资金就属于正式财务账外的单位资金，仍是供单位使用的单位财物，高某的行为不构成贪污罪。

三、出罪法理

笔者认为，设立"小金库"不能作为认定高某行为构成犯罪的依据，本案证据不能证明高某的行为构成贪污罪。

（一）设立"小金库"不能作为认定高某行为构成犯罪的依据

"小金库"是本案涉案资金所在。从实际表现形式上看，设立"小金库"确实具有躲避单位财务追查、资金出入隐蔽等特点，但无论是在刑法理论上还是在司法实践中，设立"小金库"都不是认定构成犯罪的依据。这是因为，单位资金的所有权和使用权并不仅仅体现为单位正式财务账上的资金，还包括没有体现在单位正式财务账上的资金。本案涉及的"小金库"内的资金就属于正式财务账外的单位资金，仍是供单位使用的单位财物。该资金的所有权和使用权是否受到侵害，要看在"小金库"的管理过程中是否存在具体的侵害行为，设立"小金库"不能作为认定单位资金所有权或者使用权受到侵害的依据，进而不能作为认定构成犯罪的依据。这具体体现在：

第一，单位资金不会因为"小金库"而改变其资金的所有权和使用权。与单位正式财务账上的资金相比，单位设立"小金库"的目的无疑是方便资金的使用，即可以不受正规财务制度的严格约束而使用单位资金（如发放单位人员的劳务报酬等）。从这个角度看，单位"小金库"内的资金公用用途很可能会发生变化（由一种公用用途改为另一种公用用途），违反财务纪律。但无论如何，"小金库"内资金的性质不会发生改变，仍然是单位的资金，同时资金的所有权和使用权也没有发生改变。中国共产党中央纪律检查委员会2009年下发的《关于设立"小金库"和使用"小金库"款项违纪行为适用〈中国共产党纪律处分条例〉若干问题的解释》中规定："小金库"是指违反法律法规及其他有关规定，应列入而未列入符合规定的单位账簿的各项资金（含有价证券）及其形成的资产。同时，该解释将设立和使用"小金库"款项的行为规定为违反党规党纪的行为。这实际上是认可"小金库"是单位财产，设立和使用"小金库"款项的行为违规违纪但不属于犯罪。据此，本案中，高某所在处室通过设立"小金库"收取费用本身并不会改变资金的所有权和使用权，不能将其作为认定高某行为构成犯罪的依据。

第二，高某所在处室具有收取学费的临时权力，其设立"小金库"具有正当依据。本案中，某学院2018年2月28日出具的《关于收取自考和函授学费的情况说明》称："因工作需要，高某所在处室向原财务处申请单独对外单位和个人开具收费票据的权利。后报请学院领导同意，高某所在处室可以单独对外单位和个人收缴自考和函授学费，开具收费票据，高某所在处室所收取的自考和函授学费由原继教处本级按照有关规定核准后，定期上交学院财务部门。"根据该规定，高某所在处室具有收取学费的临时权力，之后再将收取的学费定期上交。由于高某所在处室作为学院的下级单位没有独立的单位财务账户，因此这势必会造成其所收取学费的资金沉淀，形成一般意义上的"小金库"。从这个角度看，高某所在处室设立"小金库"是对其收取学费进行管理的需要，并不会对学费的所有权和使用权造成侵害，更不能作为认定高某行为构成犯罪的依据。

第三，"小金库"内的经费有不少用于单位公用支出的明证，表明"小金

库"内资金的所有权和使用权并不必然会受到侵害。本案中，某学院纪委
2017年8月18日出具的"情况说明"和"审计工作底稿"表明，2013年10
月至2016年7月，收取自考经费1 429.11万元，通过孙某个人账户收取
1 321.64万元，现金收取107.47万元。其中，上交财务231.2万元，经高某
审批发放补助、餐费等148.32万元，存有现金81.46万元。可见，"小金库"
内的经费，既有用于上交学院财务的231.2万元，也有用于单位发放补助、
餐费等的148.32万元。这些用于上交和单位支出的部分，既没有侵害单位资
金的所有权也没有侵害单位资金的使用权。可见，"小金库"内的资金只要用
于公用就不会侵害资金的所有权和使用权，不能作为认定高某行为构成贪污
罪的依据。

　　第四，我国司法实践中均未将"小金库"作为认定贪污罪的依据。这主
要体现在两方面：一方面，《刑事审判参考》发布的案例明确称"小金库"内
资金属于单位财产。《刑事审判参考》第106期在"王某某挪用公款、贪污案
"中明确指出，从本质来讲，单位"小金库"中的资金仍属于单位财产。另
一方面，我国司法实践中关于"小金库"的刑事裁判（据"中国裁判文书网"
查询，目前有近300份对私用"小金库"内资金的行为以挪用公款罪、挪用
资金罪进行定罪的裁判文书）都没有以"小金库"作为认定行为构成贪污罪、
职务侵占罪的依据，而仍然认为"小金库"内的资金属于单位财产。单位设
立"小金库"的行为本身不涉及贪污、职务侵占问题。

　　可见，"小金库"内的资金虽然属于正式财务账外资金，形式上"难以在
单位财务账目上反映出来"，但实际上是单位的"账外账"。具体到本案，对
于某学院而言，"小金库"内的资金属于账外资金，但对于高某所在处室而
言，"小金库"内的资金则属于账内资金。据此，不能因为涉案资金是"小金
库"内的资金就认为高某的行为侵害了单位资金的所有权或者使用权，更不
能以此作为认定高某行为构成犯罪的依据。

　　**（二）本案证据不能证明高某的行为具备贪污罪的主客观要件，其行为不
构成贪污罪**

　　我国《刑法》第382条第1款规定："国家工作人员利用职务上的便利，
侵吞、窃取、骗取或者以其他手段非法占有公共财物的，是贪污罪。"据此，
贪污罪的成立至少必须同时具备以下三个基本条件：一是行为条件，即国家
工作人员利用职务上的便利实施了非法占有公共财物的行为；二是客体条件，
即行为人客观上必须侵害了单位公共财物的所有权；三是目的条件，即行为
人主观上必须具有非法占有公共财物的目的。本案中，主张构罪的观点认为
高某身为国家工作人员，利用职务便利，非法占有公款共计686.01万元，数
额特别巨大，构成贪污罪。但本案证据不能证明高某的行为具备贪污罪的主

客观要件，其行为不构成贪污罪。

1. 本案证据不能排除高某上级领导对高某的行为知情并且同意，高某的行为不符合贪污罪的利用职务便利要求

如前所述，贪污罪的成立要求行为人必须利用了本人职务上的便利。但本案证据不能排除高某上级领导刘某某对高某的行为知情并且同意，进而不能证明高某利用了职务上的便利。其行为不符合贪污罪的职务要求。这具体体现在：

第一，高某所在处室与自考办的实际关系决定了高某上级单位学院某副部长刘某某对设立"小金库"等行为知情。本案证据显示，作为学院某部副部长的刘某某同时担任了学院自考办主任，负责自学考试的全面工作；而高某所在处室是与自考办平行的机构，高某只是受学院某部要求协助自学考试的具体工作。自学考试经费使用等工作都需要经作为自考办主任审批同意，高某对自学考试工作没有任何签字权。同时，本案证据显示，设立"小金库"是一个公开的"秘密"，刘某某在具体工作中不可能对存在"小金库"等行为不知情。

第二，刘某某的笔录可以证明其对高某的行为知情并同意。这主要包括两个方面：一是刘某某极力否认其工作职责不正常，表明其试图掩盖案件事实。刘某某出具的"情况说明"称自己不负责经费工作，不清楚某处经费收取、开支等情况，高某也未报告过。但孙某的"询问笔录"证明刘某某是自考办主任，分管自学考试，自考的相关业务都是经过他报给李某部长；走正常报销程序的经费也必须要经过刘某某的签字，然后再报到李某部长那里。刘某某极力掩盖其管理经费的事实，表明其对高某的行为知情并同意，掩盖只是为了逃避责任。二是刘某某的笔录证明存在账外支出，表明其对高某的行为知情并同意。刘某某的"询问笔录"证明客观上存在互联网建设、刘某某办公室被盗、王某父母上访、视频设备升级等需要使用经费进行处理的事项，而且事项处理的经费显然不能从学院财务上报销，而只能走账外资金。这可以表明，刘某某对存在账外资金及账外资金的支出知情并同意。

第三，高某的笔录称涉案经费的使用经刘某某同意。本案中，高某在多份笔录中均明确称，涉案经费的使用（主要是借给刘甲的 393 万元）向刘某某做了报告并得到了刘某某的同意。高某的笔录明确称借钱给刘甲这个事，没有以书面形式向领导报告过，只是向刘某某副部长口头报告过。

综合以上三个方面，本案证据不能排除刘某某对高某的行为知情并且同意，高某的行为不符合贪污罪的利用职务便利要求。

2. 本案证据不能证明高某的行为侵害了单位财物的所有权，其行为不符合贪污罪的客体要求

根据《刑法》第 382 条第 1 款的规定，贪污罪的客体是公共财物的所有

权。而单位资金的所有权是否发生改变是认定单位资金所有权是否受到侵害的唯一标准。本案中，现有证据可以证明，高某的涉案行为没有改变涉案资金的所有权，没有侵害贪污罪的客体（"公共财物的所有权"），不构成贪污罪。这是因为：

第一，本案中，高某和孙某虽然没有对收取的学费专门立账，但本案存在的以下五种情况表明涉案资金均有记载：一是上级自考办根据比例能计算出本级留存的金额。孙某的笔录对于"上级自考办能否计算出本级留存考试经费数额"明确称，根据比例应该能计算出来，但是他们只按照比例收取考试经费，不过问本级留存经费的使用情况。二是高某保留了招收学生的资料。对于这些资料，"审计工作底稿"可以证明，该工作底稿明确称，对"小金库"的查处依据是高某收缴学费的资料。三是招收学生人数需要上报，可据此算出"小金库"的资金数额。收取的学费是按照学生人数计算的，且每名学生应缴的学费是固定的。对于招收的学生人数，因为涉及对学生的培养和颁发证书等，都必须要上报学院乃至其他上级单位，无法对招生人数进行隐瞒。在此基础上，根据招收学生的人数和每个学生应当缴纳的学费单价，很容易计算出收取学费的总数和"小金库"内的资金数额。四是收取学费主要都是通过银行转账的方式进行的，有账可查。事实上，本案涉案资金都是通过银行转账方式进出的，可以通过银行的转账记录、短信通知等方式清楚地知道学费的缴纳和支出情况。五是审计部门根据高某提供的资料计算出了应当上缴的学费数额。"审计工作底稿"明确记载："根据高某提供的有关收缴自考经费的资料统计，2011 年至 2016 年，应上缴自考经费 3 909.05 万元，实际上缴自考经费 2 827.91 万元，欠缴 1 081.13 万元（部队欠缴 14.96 万元）。"可见，涉案"小金库"内的资金数额是有记载的，完全可以查证。

第二，高某没有掩盖涉案资金的走向，学院可以查实资金流向。这是因为涉案的 686.01 万元都是通过银行转账的方式进行的，资金流向清楚且可追溯其资金源头，资金的所有权没有发生转移。本案证据显示，涉案的 686.01 万元的资金走向主要包括四个方面：一是转账给高某的个人银行账户 40 万元，二是转账给高某弟媳王某某的个人银行账户 320.01 万元，三是转账给某矿业有限公司董事长刘甲及其女友赵某某的个人银行账户 313 万元，四是转账给王某某的个人银行账户 13 万元。由此可见，高某涉嫌贪污 686.01 万元款项都是通过银行转账的方式进行的，整个资金的流转路径清楚并且留有证据可查。除非有其他证据表明高某对涉案资金实施了转移资金所有权的处分行为，否则本案证据不能证明涉案资金的所有权发生了转移。

第三，高某没有实施改变涉案资金所有权的处分行为。在所有权的占有、使用、收益和处分权能中，处分权是资金所有权发生改变的核心和关键。在贪污罪中，行为人侵害公共财物所有权的行为是行为人实施的"处分"行为，如使用虚假的发票平账、使用虚假的交易平账、隐瞒资金的去向等。对此，2003年《全国法院审理经济犯罪案件工作座谈会纪要》将这一处分行为表述为"虚假平帐等"贪污行为。但本案中，高某对涉案资金没有采取"平账""隐瞒去向"等任何方式进行处分。换言之，在"小金库"内，特别是对于保管"小金库"资金的孙某、邵某某而言，这些资金的流向是清楚的，也是仍然存在的，资金的所有权没有因为高某的行为而发生改变。

上述三个方面表明，高某只是单纯地使用单位"小金库"内资金，其行为没有侵害单位资金的所有权，不符合贪污罪的客体要求。

3. **本案证据不能证明高某主观上具有非法占有的目的，其行为不符合贪污罪的目的要求**

2003年《全国法院审理经济犯罪案件工作座谈会纪要》规定，贪污罪是一种以非法占有为目的的财产性职务犯罪。据此，行为人主观上是否具有非法占有的目的是区分挪用公款罪与贪污罪的关键性主观要件。本案证据不能证明高某主观上具有非法占有的目的，其行为不符合贪污罪的目的要求。这具体体现在：

第一，高某贪污的资金均是通过转账的方式转出的，没有掩盖资金走向，表明其主观上不具有非法占有的目的。如前所述，本案中，涉案的686.01万元资金均是通过银行转账的方式进行资金转移的，高某没有对资金的流转进行掩盖。这表明高某主观上没有非法占有涉案资金的目的，否则学院财务部门完全可以通过对孙某等人银行卡上资金的转账记录查到这些资金的去向，高某也就不能实现对涉案资金的占有。

第二，高某没有让孙某专门设账的事实不能作为认定高某主观上具有非法占有目的的依据。本案中，高某、孙某的笔录都提到在收取和支出"小金库"资金时没有设账。但这不能作为认定高某主观上具有非法占有涉案资金的依据，理由包括：一是设账不是针对涉案资金，而是针对"小金库"内所有资金的收入和支出。其行为与涉案资金的非法占有目的之间不具有对应关系，不能作为认定高某主观上具有非法占有涉案资金目的的依据。二是"小金库"的设立本身是违反财务制度、财务纪律的行为，不设账是为了防止学院及上级部门查处私设"小金库"的行为。这与非法占有涉案资金之间不具有对应关系。三是"小金库"资金的进出主要都是通过银行转账的方式进行的，银行留有凭证，设账的必要性不足，更与高某是否具有非法占有涉案资金的目的无关。

第三，设立"小金库"是公开的"秘密"，高某没有对转出行为进行掩饰、隐瞒。本案中，对于学院某部领导是否知道存在"小金库"一事，高某与某部副部长刘某某的说法不一。但有一个事实完全可以得到确认，即"小金库"是一种众所周知的存在。这主要体现在四个方面：一是根据前述学院出具的《关于收取自考和函授学费的情况说明》，学院允许高某所在处室收取自考和函授的学费，高某所在处室势必要形成有资金沉淀的小金库。二是多人参与了"小金库"的管理。本案证据显示，仅以个人银行卡收取学费并进行管理的人员就有高某、孙某、邵某某等多人。在这么多人的广泛参与下，单位内部其他人也都知道单位存在"小金库"。三是高某所在处室的上级部门学院某部存在大量现金支出的事实。如前所述，仅孙某收取的学费中高某审批发放的补助、餐费等就有 148.32 万元。而按照学院的财务管理，这种大量现金的发放无法通过学院财务实现，而只能由其他渠道支出（"小金库"）。四是学费的收取主要都是通过孙某等人的个人银行卡进行，缴费者有充分的理由认为存在"小金库"，其他人员对此不可能不知情。在单位内部人员都知道存在"小金库"的情况下，高某没有对涉案资金的转出行为进行掩饰、隐瞒，也表明其主观上没有非法占有涉案资金的目的。

第四，高某转出涉案资金都有一定的合理使用理由。是否具有合理的使用理由是区分占有与占用的一个重要方面。一般而言，占有者通常没有合理的使用理由，而占用者（挪用者）则具有合理的使用理由。本案中，高某的笔录和相关资金的去向表明，高某转出涉案资金都具有一定的合理使用理由。这包括：一是高某让孙某转账 15 万元到其个人银行卡，是因为当时其要装修房子，且高某手上资金不足，最后资金流向也表明主要款项用于房屋装修；二是高某让孙某转账 25 万元到其个人银行卡，是因为当时他需要出资给在老家的父亲买房，且其手上资金不足，最后资金流向表明这 25 万元用于购买房屋；三是高某让孙某等转账 320.01 万元到王某某的卡上，是因为他想炒股，且最后资金流向表明这些钱都用于炒股；四是高某让孙某等转账 313 万元给刘甲、赵某某，是因为当时刘甲找其借钱，其个人没有钱借给他（本案证据表明，为了借钱给刘甲，高某还用自己的房子进行抵押贷款后将贷款借给了刘甲），而且最终这些钱都借给了刘甲；五是高某让孙某转账 13 万元给王某某，是因为当时王某某向其借款，且该 13 万元确实借给了王某某。以上五个方面表明，高某转出涉案 686.01 万元的各个行为都有一定的合理使用理由，显然更符合挪用的行为特征，不能认定其主观上具有非法占有涉案资金的目的。

第五，高某在向他人借出款项时有要求借款人及时归还的约定。本案中，高某的借款是分别借给刘甲 313 万元、借给王某某 13 万元。这些钱款的出借虽然没有书面形式，但都有口头协议，且对借款期限及归还时间有明确约定。这包括：一是高某借钱给刘甲有明确的借款期限及归还时间约定。这一方面体现在书证上是刘甲打的借条中明确写清了借款期限和归还时间。另一方面体现在言词证据上是刘甲、高某的笔录。刘甲的笔录记载了诸如"用一段时间就还""借款时跟他们约定半年到一年之内还清",没有写欠条的当时也已经在催他们还钱了。二是高某借款给王某某有明确的借款期限及归还时间约定。例如,王某某 2018 年 1 月 26 日的笔录记载借 10 万元用两三个月,月息 2%。高某 2018 年 1 月 29 日的笔录也与之相对应。上述证据表明,高某借钱给刘甲、王某某时都约定了借款期限及归还时间,有罪观点对高某主观目的的认定错误。

第六,高某没有及时归还有客观原因且有在适当时候归还的期待。本案中,高某涉案的两笔主要资金分别是借款给刘甲的 313 万元(实际出借总金额是 393 万元)和其个人用于炒股的 320.01 万元。这两笔资金如果均能到位,高某将有 713.01 万元资金,足够归还涉案的 686.01 万元资金。但一方面刘甲的资金被套牢在项目上,没有办法及时归还;另一方面高某个人炒股的资金也被套牢在股市,无法及时归还。不过,这两方面的资金归还并非不可期待。其中,在刘甲方面,其只是表示"暂时不能归还",一旦其企业经营产生收入就可归还;在炒股方面,高某的笔录称:股灾之前赚了二三十万元,后来股市不断下跌,赔了 100 多万元。但是自己仍然不停地向里面投钱,后来股市慢慢平稳下来赚回六七十万元,也就是从炒股开始至 2016 年 8 月,总共赔了 60 万元左右。由此可以看出,高某没有及时归还涉案资金有其客观原因(刘甲没有还钱和股市赔钱),但高某对于归还这些钱是有合理期待的(期待刘甲及时还钱和股市再回些本)。据此,本案不能认定高某主观上不想归还这些钱款,进而不能认定其主观上具有非法占有涉案资金的目的。

第七,高某客观上具有归还部分涉案资金的行为。本案中,高某归还涉案资金的行为主要包括两个方面:一是在审计谈话之前高某向财务退款 74 万元。二是在审计谈话后高某向财务退款 700 余万元。可见,高某在本案中有退还行为,表明其主观上没有非法占有涉案资金的目的。

上述七个方面表明,高某动用涉案资金具有合理理由,且没有对转移资金的行为进行掩饰、隐瞒,并有归还、退还行为,其主观上不具有非法占有涉案资金的目的,不符合贪污罪的主观目的要求。

4. 本案现有证据不能证明高某的涉案金额

本案中,高某涉嫌贪污的金额是 686.01 万元。这一认定是简单地将高某从"小金库"内转出的金额认定为高某的贪污金额,数额认定存在明显错误。这具体体现在:

(1)本案证据不能排除高某垫支了大量个人资金的合理怀疑。

高某曾明确提出他为单位支出垫付了大量个人资金,并申请调取现金工作支出记录，但一直没能调取。不过，即便如此，本案证据也不能排除高某垫支了大量个人资金的合理怀疑。这是因为：

第一，高某的笔录及相关证据明确提出，高某存在为单位的教学活动个人垫支的情况，并提出了明确的查证线索。这包括：1）2018年10月11日高某的"调查取证申请书"明确提出，其曾在侦查阶段作了一个讯问笔录、一个320万元表以及工作开支的情况说明。2）2018年10月11日高某的"补充侦查申请书"明确提出其在教学活动中存在经费支出的情况。3）2018年11月20日高某的《关于孙某银行卡中经费是经某部刘副部长同意而支出的情况说明》提出，在2011年至2013年的教学活动中个人垫支较多。4）2018年11月20日高某的"本人合法收入情况说明"证明其存在900余万元的合法收入。5）2018年11月20日，高某的"关于686.01万元教育经费的情况说明"提出这笔经费在此前已用高某本人的合法收入垫支了各种教学活动和领导交办的其他专项事项。

第二，本案证据显示，其单位需要承担大量教学活动并需要活动经费支持。这些证据包括：1）上级自学考试文件规定，其单位需要承担组织教学辅导，做好招生、报考和考籍管理，组织考务培训，指导毕业论文撰写，组织论文答辩等教学活动。而这些均需要经费支持。2）上级自学考试文件的落实措施规定，其单位需要承担相应的助学任务并需要经费支持。

第三，本案证据显示，涉案的教学活动没有使用学院财务上的资金。本案中，某学院的"经费明细账"显示，2013—2016年期间，高某所在处室在学院财务上报销了诸多支出，但从支出明细上看，没有与教学活动相关的支出。这意味着，自考教学活动的经费支出都是在单位财务账外进行的，是自筹的。而根据高某的笔录，在孙某接手工作之前，单位没有经费用于自考和函授的教学活动。其经费来源的最大可能就是高某的个人垫支。

第四，学院某部人员退回财政的经费数额超过了收取的学费数额，表明存在个人垫支。"审计工作底稿"明确称："根据高某提供的有关收缴自考经费的资料统计，2011年至2015年，应上缴自考经费3 909.05万元，实际上缴自考经费2 827.91万元，欠缴1 081.13万元。"这表明，高某所在处室没有上缴的经费是1 081.13万元。但根据高某个人陈述及财务支出等相关证据，学院某部在审计前后退回给财务的经费明显超出了这一数额（包括高某以及其他人退回财务的资金），多出了数百万元。这表明高某所在处室在收取的学费之外还存在个人垫支的情况，而这些垫支完全不能排除是高某个人垫支的合理怀疑。

第五，本案有确切证据证明高某存在垫支行为。这包括：一是在借款给刘甲时，高某向唐某某借款80万元并直接由唐某某转账给孙某。这80万元是高某个人的钱款，其将该 80 万元打入孙某账户，实际上就是垫支行为。二是高某通过孙某转给赵某某的 50 万元中有高某 9 000 多元的垫支。对此，高某的笔录称：邵某某转给自己 49 万多元，自己转给了赵某某 50 万元，之间的差额 9 000 多元是用自己的钱垫的。

（2）本案证据不能排除高某完成自考任务存在大量应得款项的合理怀疑，其应得款项应从指控金额中扣除。

本案中，上级自学考试文件等规定显示，自考考试经费的收取和支出都有明确规定。该管理细则第 116 条规定："自考经费，主要是指总部下拨自学考试的专项经费、专业考委自筹的专项经费和考生缴纳的考试费。"第 118 条规定："考生交纳的考试费项目以及标准：（1）报名费 50 元/人；（2）考试管理辅导费 130 元/科次，包括考务考籍管理、助学辅导、辅导材料等费用；（3）免考审核费 60 元/科次；（4）毕业论文指导答辩评审费 300 元/人次；（5）毕业审定费 150 元/人次。"从内容上看，该管理细则虽然规定的是考试费收费标准，但也表明了自学考试费的支出项目和大体标准。本案中，学院完成了上万名自考生的招收和培养工作，且这些工作主要都是由高某完成的，高某应当取得相应的劳务报酬。对于高某因完成工作而应得的劳务报酬（因各种原因没有发放），应当从认定的金额中扣除。

（3）本案资金的数字关系表明高某涉案金额的认定存在错误。

本案中，对于自考、函授等经费的收支存在多次统计的问题，形成了多方面的数字。这些数字关系表明高某涉案金额的认定存在错误。这包括：

第一，学院纪委"情况说明"认定高某涉嫌贪污的金额是 222 万元。学院纪委"情况说明"认定：2013 年 10 月至 2016 年 7 月，高某所在处室收取自考经费 1 429.11 万元，通过孙某个人账户收取 1 321.64 元，现金收取 107.47 万元。其中，上交财务 231.2 万元，经高某审批发放补助、餐费等 148.32 万元，存有现金 81.46 万元；在其余 968.13 万元中，高某拿走现金 280.8 万元，转给高某本人或亲友个人账户 687.33 万元。审计期间，高某退款 800.46 万元。另外，2007 年 11 月至 2013 年 7 月，高某通过个人银行卡收取自考经费 281.34 万元，未全部上交财务。从现有证据来看，认定收支经费的情况与学院纪委"情况说明"认定的情况基本上是一致的（具体金额还要更少），高某涉嫌贪污的金额也应基本一致。

第二，《审计工作底稿》和学院纪委"情况说明"相互印证本案认定的金额错误。《审计工作底稿》认定："2011 年至 2015 年，应上缴自考经费 3 909.05 万元，实际上缴自考经费 2 827.91 万元，欠缴 1 081.13 万元（某单位欠缴 14.96 万元）。"以欠缴的 1 081.13 万元为基础，减去某单位欠缴的 14.96 万元、发放的 148.32 万元、存有的现金 81.46 万元、拿走的现金

280.8 万元、转给某学院 99.48 万元、高某收取的 281.34 万元（未全部上缴），剩余出处不明、能排除高某垫支的金额只有 174.77 万元。这要远低于高某的涉案金额。

第三，将孙某现金收取的自考费 107.453 59 万元计入自考经费总金额，依据不足。对于该自考费 107.453 59 万元，本案中只有孙某一人的证言（包括其所制作的收费情况表）表明现金收取的自考费是这个金额。除此之外，在案证据只表明以现金的方式收取了自考费，不能证明以现金方式收取的自考费金额是 107.453 59 万元，根据存疑有利被告原则，应当将该金额从收取的自考经费总金额中减去。而一旦将该金额减去，扣除明确的支出，本案剩余出处不明、能排除高某垫支的金额则更少。

总之，本案证据不能证明高某利用职务便利非法占有本单位财物，不能证明其行为侵害了单位资金的所有权，也不能证明其主观上具有非法占有本单位资金的目的。高某的行为不符合贪污罪的主客观要件，不构成贪污罪。

梁某某贪污案

——在集体企业改制过程中隐匿资产给集体持股企业的行为
是否构成贪污罪

一、基本案情

2008 年 6 月由梁某某担任法定代表人的 A 公司在公司转制的财务审计和资产评估过程中提供不实材料，虚列负债和隐匿资产，包括：该公司在审计基准日（2008 年 6 月 30 日）前存在的 1 600 多万元挂账，资产清单中没有上报的一些旧楼盘的零星尾货（市值约 400 万元），以及应收账款中没有包括的可能的利息收入（或收益）约 1 000 万元。

在 A 公司进入转制程序后，梁某某通过其他股东代持股的方式入股 23.2%，并于 2002 年 2 月底按照自己的实际持股比例，往代其持股的 7 名股东的私人账户汇款 348 万元作为改制后的 A 公司的出资款。

二、主要问题

本案涉及的主要问题是在 A 公司改制时提供不实材料、虚列负债和隐匿资产的情况下，梁某某通过其他股东代持股的方式持有改制后的 A 公司 23.2% 股份的行为，是否构成贪污罪。对此，主要有两种不同的观点：

一种观点主张构罪，认为梁某某在 A 公司改制时提供不实材料、虚列负债和隐匿资产，通过代持方式持有改制后 A 公司的股份的行为构成贪污罪。

另一种观点主张不构罪，认为改制前的 A 公司属于集体企业，而非国家出资企业；隐匿公司财产是改制过程中改制前的 A 公司的公司行为，而非梁某某的个人行为，且改制后的 A 公司的股份系由改制前的 A 公司职工集体持有。梁某某的行为不符合贪污罪的主客观要件要求，不构成贪污罪。

三、出罪法理

笔者认为，改制前的 A 公司属于集体企业，改制后的企业也是集体持股。梁某某的行为不符合贪污罪的主客观要件要求，不构成贪污罪，也不构成私分国有资产罪。

（一）在企业性质上，改制前的 A 公司属于集体企业，而非国家出资企业

本案中，A 公司注册成立于 1990 年 7 月 3 日，初期归某镇城建办管辖，1993 年年初由某镇城建办分离出来，成为某镇经济发展总公司下属的独立法人企业（集体企业）。该公司名义上是由某镇经济发展总公司出资开办的集体企业，但事实上，某镇经济发展总公司从未向 A 公司注入过投资，A 公司的注册资金（开办资金）实际上是向城建办转借的 300 万元贷款，公司成立不久后有了盈利，便很快于 20 世纪 90 年代初还清了该笔借款。但该公司一直以集体企业身份开展经营活动，接受某镇经济发展总公司的领导，公司负责人由某镇人民政府直接任命。可见，在 2008 年 6 月改制前，A 公司在性质上属于集体所有制企业，而非国家出资企业，即既非国有资本控股公司、国有资本参股公司，又非国有独资公司、国有独资企业。改制前的 A 公司的这一企业性质表明以下问题。

1. 梁某某和改制前的 A 公司不能构成私分国有资产罪

我国《刑法》第 396 条第 1 款规定："国家机关、国有公司、企业、事业单位、人民团体，违反国家规定，以单位名义将国有资产集体私分给个人，数额较大的，对其直接负责的主管人员和其他直接责任人员，处三年以下有期徒刑或者拘役，并处或者单处罚金；数额巨大的，处三年以上七年以下有期徒刑，并处罚金。"在此，我国《刑法》明确将私分国有资产罪的主体限定为"国家机关、国有公司、企业、事业单位、人民团体"，并将其犯罪的对象限定为国有资产。而在本案中，改制前的 A 公司属于集体所有制企业，而非国有独资公司、国有独资企业，不属于我国《刑法》第 396 条规定的"国有公司、企业"，不符合私分国有资产罪的主体要求，且其资产也不属于国有资产，因而不符合私分国有资产罪的对象要求。因此，改制前的 A 公司和作为该公司法定代表人的梁某某，都不能构成私分国有资产罪。

2. 不能对梁某某适用最高人民法院、最高人民检察院《关于办理国家出资企业中职务犯罪案件具体应用法律若干问题的意见》进而认定其构成贪污罪

为了规制国家出资企业工作人员在改制过程中隐匿公司、企业财产归个人持股的改制后公司、企业所有等不法行为，2010 年 11 月 26 日最高人民法院、最高人民检察院联合印发了《关于办理国家出资企业中职务犯罪案件具体应用法律若干问题的意见》。该意见第 1 条中规定："国家工作人员或者受国家机关、国有公司、企业、事业单位、人民团体委托管理、经营国有财产的人员利用职务上的便利，在国家出资企业改制过程中故意通过低估资产、隐瞒债权、虚设债务、虚构产权交易等方式隐匿公司、企业财产，转为本人

持有股份的改制后公司、企业所有，应当依法追究刑事责任的，依照刑法第三百八十二条、第三百八十三条的规定，以贪污罪定罪处罚。"不过，该条规定了成立贪污罪必须同时具备的两个基本条件：一是所涉及的企业必须是国家出资企业；二是隐匿公司、企业财产的行为必须是行为人个人而非单位实施的。本案中，改制前的 A 公司属于集体企业，不属于国家出资企业。据此，梁某某的行为不符合最高人民法院、最高人民检察院《关于办理国家出资企业中职务犯罪案件具体应用法律若干问题的意见》第 1 条的规定，因而不能以此认定其构成贪污罪。

（二）在行为方式上，改制后的 A 公司系由改制前的 A 公司职工集体持股，梁某某的行为不构成贪污

最高人民法院、最高人民检察院《关于办理国家出资企业中职务犯罪案件具体应用法律若干问题的意见》第 2 条第 1 款规定："国有公司、企业违反国家规定，在改制过程中隐匿公司、企业财产，转为职工集体持股的改制后公司、企业所有的，对其直接负责的主管人员和其他直接责任人员，依照刑法第三百九十六条第一款的规定，以私分国有资产罪定罪处罚。"该条第 2 款同时规定："改制后的公司、企业中只有改制前公司、企业的管理人员或者少数职工持股，改制前公司、企业的多数职工未持股的，依照本意见第一条的规定，以贪污罪定罪处罚。"据此，本案中梁某某的行为不构成贪污罪。

1. 改制后的 A 公司系由改制前的 A 公司职工集体持股

改制后的公司是否由改制前的公司职工集体持股是认定贪污罪成立与否的一个重要标志。本案证明改制后的 A 公司是由改制前的 A 公司职工集体持股：一是 2008 年 12 月 29 日某镇经济发展总公司与 A 公司全体转制发起人签订的"合同书"。该"合同书"第 2 条明确规定："乙方代表转制企业全体在职员工决定对转制企业进行整体赎买。"由此可见，改制后的 A 公司由改制前的 A 公司全体职工集体赎买。二是 2011 年 11 月"退还股东出资款表"。"退还股东出资款表明"表明，改制后的 A 公司是改制前的 A 公司职工集体持股。这说明，改制前的 A 公司在改制过程中所涉嫌的隐匿财产行为并非单纯为某个人或者少部分人利益而实施，梁某某没有侵吞公司财产的意图和行为，因此，即便改制前的 A 公司属于国家出资企业，梁某某的行为也不符合贪污罪的行为方式要求，不构成贪污罪。

2. 对公司财产的隐匿是改制前的 A 公司的公司行为而非梁某某的个人行为

对公司财产的隐匿是改制前 A 公司的单位行为还是梁某某的个人行为，对于梁某某的行为性质会产生一定的影响。本案中，根据某市审计局的审计报告，A 公司在改制过程中的确存在虚列负债和隐匿资产的事实，但从本案相关事实所反映的情况看，该行为实际上是改制前的 A 公司的单位行为，而非梁某某的个人行为。这是因为：一方面，A 公司所存在的虚列负债和隐匿资产的行为并非 2008 年 6 月改制时才发生，而是公司多年积累下来的问题，公司内部相关人员对此都清楚。另一方面，自 2004 年起，由于政策的原因，A 公司一直被某镇政府禁止开发新楼盘，公司的主要经营业务实际上陷入停滞状态，梁某某极少到公司处理业务，也不太清楚公司的运营情况。公司的事务大都是由公司其他负责人具体负责的，梁某某通常只负责最后的签字。从这个角度看，对改制前 A 公司财产的隐匿实际上是一种公司行为，而非梁某某的个人行为。

综上可知，改制前的 A 公司属于集体企业，而非国家出资企业；隐匿公司财产是改制过程中改制前的 A 公司的公司行为，而非梁某某的个人行为，且改制后的 A 公司的股份系由改制前的 A 公司职工集体持有。梁某某的行为不符合贪污罪的主客观要件要求，不构成贪污罪。

周某贪污、受贿案

——通过第三方协议取得项目团队包干费的行为是否成立职务犯罪

一、基本案情

2010 年 12 月，周某调入某公司。经某公司党委讨论研究，周某于 2011 年 1 月至 12 月被委派到某公司实际控股的 A 公司从事经营、管理工作。2012 年 1 月，根据某公司党委的讨论意见，A 公司董事会履行相应程序，聘任周某为该公司副总裁。

2012 年至 2015 年，周某在 A 公司担任副总裁期间，利用职务便利，以虚构第三方协议的方式骗取 A 公司资金 9 801 250 元；利用职务便利为他人谋取利益，非法收受第三方服务单位钱款 1 948 000 元。具体如下。

(一) 贪污罪

2012 年至 2015 年，周某在担任 A 公司副总裁期间，利用其分管有关投行项目等职务便利，虚构第三方服务单位在相关投行项目中提供帮助的事由，使 A 公司与第三方服务单位签订服务协议，由第三方服务单位从 A 公司支付的服务费中扣除一定比例税费后返还到周某本人或其实际控制的他人银行账户，无须按照协议内容提供服务。周某以此方式骗取 A 公司资金共计 9 801 250 元。

(二) 受贿罪

2013 年，周某利用其分管某绿化公司 2012 年中小企业私募债项目（以下简称绿化项目）的职务便利，指定某投资公司为该项目第三方服务单位，为某投资公司在该项目中谋取利益，非法收受该公司所送 1 948 000 元。

二、主要问题

本案涉及的问题是：国家工作人员通过第三方协议取得项目团队包干费的行为是否成立职务犯罪。对此，主要有两种不同的观点：

一种观点主张构罪，认为周某通过第三方协议取得项目团队包干费的行为成立职务犯罪，构成受贿罪、贪污罪。

另一种观点主张不构罪，认为周某涉嫌受贿的行为与涉嫌贪污的行为具有相同的方式和性质，因此周某的行为不构成受贿罪；且基于行为方式的相同，应当将该行为与贪污的行为放在一起进行刑法上的评价；周某通过第三方协议支出的费用属于其项目团队应得的包干费用，不属于 A 公司的单位公共财物，其行为不符合贪污罪的对象要求，周某能否领取项目团队奖励与周某涉案行为的贪污性质无关，因而周某的行为不构成贪污罪。

三、出罪法理

笔者认为，周某作为国家工作人员通过第三方协议取得项目团队包干费，其行为不符合职务犯罪的成立条件，不构成受贿罪和贪污罪。

（一）周某涉嫌受贿的行为与涉嫌贪污的行为具有相同的方式和性质，周某的行为不构成受贿罪

周某涉嫌受贿的事实主要包括两个行为：（1）2013 年 7 月，周某以报销发票的名义，通过投资公司股东任某某向该公司报销发票后，转账至周某实际控制的他人账户的方式，非法收受某投资公司所送 588 000 元。（2）2013 年 8 月，周某通过其实际控制的 A 公司与某投资公司签订虚假财务顾问协议，以分销费名义，使用 A 公司对公账户非法收受某投资公司所送 1 360 000 元。对此，主张构罪的观点认为周某的这一行为属于受贿，应当以受贿罪追究其刑事责任。不过，周某涉嫌贪污罪的理由是：周某利用职务便利，虚构第三方服务单位在相关投行项目中提供帮助的事由，骗取 A 公司资金。据此，周某涉嫌受贿的以下两个特征决定了周某涉嫌受贿的行为与其涉嫌的贪污行为具有相同的方式和性质。

1. 某投资公司与 A 公司签订的服务协议明显属于虚假协议

其理由主要包括：一是该服务协议签订的时间系在服务内容完成之后。本案中，某投资公司与 A 公司签订的是绿化项目的承销服务协议，协议的内容是：由某投资公司负责承销周某团队的绿化项目。但从协议签订的时间上看，该协议是在绿化项目销售已经完成之后签订的。该协议签订的必要性和真实性明显存疑。二是协议约定的金额主要都转给了周某方面。根据与 A 公司签订的服务协议，某投资公司共收到 A 公司支付的绿化项目承销费 225 万元。在此基础上，某投资公司通过两种方式共返还给周某 194.8 万元，留下了 30.2 万元。在扣除必要的税费及其成本之后，某投资公司实际从绿化项目承销中仅获利 10 万元左右。该金额仅占总金额（225 万元）的 4.44%。从利润占比的角度看，某投资公司承销绿化项目的收费明显不合常理。这其中最大的可能是某投资公司与 A 公司签订的服务协议是假的，某投资公司没有实际承销 A 公司的绿化项目，因而只象征性地收取了部分手续费用。

2. 周某从某投资公司收取的 1 948 000 元资金不属于某投资公司的财物

在财物的归属上，作为受贿罪对象的财物必须是行贿方的财物，而不能是其所在单位的财物。相反，作为贪污罪对象的财物则必须是其所在单位所有的财物。本案中，周某收受的 1 948 000 元究竟是属于某投资公司的财物还是属于 A 公司周某团队的财物，对周某涉案行为性质的认定会产生直接影响。综合本案事实和证据，该 1 948 000 元不是某投资公司的财物，不符合受贿罪的对象要求，理由主要是：某投资公司没有实际承担绿化项目的承销工作，因而不应获得该 1 948 000 元。本案中，绿化项目的承销工作不是由某投资公司承担的，而是由周某所在的团队完成的。在某投资公司没有实际付出劳动的情况下，其自然也就无权获得该 1 948 000 元。而无论是从转给某投资公司之前的财物归属角度看，还是从绿化项目的承销主要是由周某团队完成的角度看，该 1 948 000 元都应当归周某团队。因此，尽管根据某投资公司与 A 公司之间签订的协议，该 1 948 000 元应当付给某投资公司，但由于其并没有承担协议约定的义务，该 1 948 000 元仍应归 A 公司的周某团队。而既然该 1 948 000 元不归某投资公司而是归 A 公司周某团队，那么周某的涉案行为就不可能构成受贿罪。

综合以上两个方面，周某涉嫌受贿的行为，是周某借助与某投资公司签订的服务协议，转移占有绿化项目的费用。周某的这一行为与周某涉嫌贪污的行为方式完全相同，应当将该行为与贪污的行为放在一起进行刑法上的评价。

（二）周某通过第三方协议支出的费用属于其项目团队应得的包干费用，不属于 A 公司的单位公共财物，其行为不符合贪污罪的对象要求，不构成贪污罪

根据我国《刑法》第 382 条第 1 款的规定，国家工作人员利用职务上的便利，侵吞、窃取、骗取或者以其他手段非法占有公共财物的，构成贪污罪。根据我国《刑法》的这一规定和 2003 年最高人民法院《全国法院审理经济犯罪案件工作座谈会纪要》的规定，贪污罪的对象必须是行为人所在单位的公共财物。本案中，11 749 250 元（包括涉嫌贪污的 9 801 250 元和涉嫌受贿的 1 948 000 元）都属于周某团队的包干费用。以该真实事实为前提，A 公司周某团队的包干费用不属于证券单位所有的公共财物，周某的涉案行为不符合贪污罪的对象要求，不构成贪污罪。

1. 按照 A 公司的绩效考核办法，周某团队的包干费用完全由项目团队提取，不属于 A 公司的单位公共财物

这些绩效考核办法主要包括：一是《A 公司债券发行业务绩效考核办法（2012 版）》（对应某集团 2012 年公司债项目），二是《A 公司中小企业私募债

发行业务绩效考核办法（2012 版）》（对应某市 2012 年某中小企业私募债项目），三是《2013 年度投资银行业务考核办法》、《投资股权业务项目考核办法》（对应某科技公司 2013 年非公开发行 A 股项目），四是《投行企业债公司债业务项目考核办法》（对应某集团 2013 年公司债项目），五是《2014 年度投资银行业务考核办法》（对应某集团 2014 年非公开发行股票项目、某股份 2014 年公司债项目）。这些绩效考核办法都规定 A 公司对公司的业务采用费用包干模式，在提取一定比例的净收入后，其余费用均由项目团队支配。

例如，《债券发行业务绩效考核办法（2012 版）》第 2 条关于"考核方法"规定："对债券发行业务原则上实行费用包干模式，即债券发行系列按照当年年度项目净收入 8 000 万元的，按年度项目净收入的 60％提取可使用费用，用于支付与债券发行有关的一切固定和变动费用，净收入的 40％上交公司总部；项目净收入 8 000 万元的，按年度项目净收入的 65％提取可使用费用，用于支付与债券发行有关的一切固定和变动费用，净收入的 35％上交公司总部。"《中小企业私募债发行业务绩效考核办法（2012 版）》第 2 条关于"考核方法"规定："对中小企业私募债发行业务实行费用包干模式。如当年度所有项目净收入 2 000 万元的，固定收益部按年度项目净收入的 70％提取可使用费用，用于支付与私募债发行有关的一切固定和变动费用，净收入的 30％上交公司总部；如当年所有项目净收入 2 000 万元的，固定收益部按年度项目净收入的 75％提取可使用费用，用于支付与私募债发行有关的一切固定和变动费用，净收入的 25％上交公司总部。"《2014 年度投资银行业务考核办法》第 2 条关于"考核方法"规定："对投资银行业务（投行事业二部）原则上实行费用包干模式，即按照当年各类业务项目净收入的一定比例提取可使用费用，用于支付与投行事业部有关的一切固定和变动费用。"

根据 A 公司的上述绩效考核办法，周某团队的包干费用完全由项目团队提取，其中既包括团队的各种成本性开支如第三方协议费用、场租费、办公费、电话费等费用，又包括团队的项目奖与目标奖。项目奖是可以按照业绩考核办法的规定比例预提的，而关于目标奖，则是在包干费用除去各种成本开支及项目奖之后，如果有结余，则将剩余费用发放目标奖；如果没有结余则不发放目标奖。可见，即使包干费用额度哪怕是有 1 分钱的结余，都是归属于业务团队而不归属于 A 公司的单位所有。周某团队的包干费用不属于 A 公司的单位公共财物。周某的涉案行为不会侵害 A 公司的单位财物所有权。

2. 涉案资金在周某支出时的状态不会导致周某的涉案行为构成贪污罪

本案中，A 公司对项目团队包干费用的结算是以净收入为根据。涉案的 11 749 250 元资金在转给第三方时名义上是属于 A 公司账上资金且未进行净收入的结算。涉案资金的这一状态不会导致周某的涉案行为构成贪污罪，理由主要包括：一方面，涉案资金从 A 公司单位账上转出与涉案资金的归属没有关系，不能因为涉案资金在 A 公司单位的账上就认定该资金是 A 公司的单位资金。在我国刑法上，贪污罪侵害的是单位对公共财物的所有权，包括单位对公共财物的占有、使用、收益和处分的权利。其中，处分权是单位对公共财物所有权的核心。而判断单位是否对某笔资金具有处分的权利，其依据显然不能是该资金是否在单位的账上。本案中，根据 A 公司前述绩效考核办法的规定，A 公司与项目团队之间对项目经费采取的是费用包干模式。A 公司在享有其应享受比例的净收入后，其余的净收入根据绩效考核办法都应当由项目团队进行支配和处分。在此情况下，涉案资金在转出时虽然仍在 A 公司单位账上，但对该资金的支配权和处分权并不归 A 公司，而是归周某所在的项目团队。项目团队在其包干额度内有权预支或者预提，待业务完成后再将之前预支或者预提的资金在包干额度内统一进行结算。另一方面，涉案资金在转出时的未结算状态不会导致周某的涉案行为构成贪污罪。本案中，A 公司与项目团队之间包干的费用名义上是净收入，但这个净收入仅指在扣除税费等业务性支出费用后的收入。其业务性支出并不包括"第三方机构外包服务费用"。对此，盛某某 2018 年 7 月 30 日的笔录有所印证。按照 A 公司的绩效考核办法和盛某某等人的笔录，"第三方机构外包服务费用"无论结算与否，都属于团队包干的项目费用，应由项目团队承担，而不是由公司承担。该笔费用的支出的扣除并不会导致 A 公司净收入的减少。更何况，这些第三方机构外包服务费用最终都计算在项目团队包干费用之内，团队并没有超出考核办法规定的包干费用额度多占公司的费用，A 公司也没有承担这部分费用的支出。据此，涉案资金作为第三方机构外包服务费，系由项目团队包干费用支出，其转出时是否结算与 A 公司的收入无关，不会导致 A 公司单位财产的损失，进而不会导致周某的涉案行为构成贪污罪。

3. 周某能否领取项目团队奖励与周某涉案行为的贪污性质无关，其行为不能构成贪污罪

这主要涉及两个层面：一是事实层面，即周某能否领取项目团队奖励。对此，本案证据不能得出周某不能从项目团队领取奖励的结论。这一方面是因为 A 公司的实际做法表明其并未明确禁止周某作为 A 公司副总裁从项目团队领取奖励，另一方面是因为周某的年薪、房租等办公支出都分摊在项目团队包干费用中，周某客观上具有 A 公司副总裁和项目团队负责人的双重身份，其作为项目团队负责人从项目团队领取奖励于章有据。二是法律层面，即周某能否领取项目团队奖励与其行为涉嫌的贪污性质是否有关。对此，无论周某能否领取项目团队奖励，其行为都不构成贪污罪。这是因为，如前所述，涉案资金不属于 A 公司的单位财物，而是属于项目团队的包干费用。因此，

即便周某按照规定不能从项目团队领取奖励，他领取奖励的行为也不会侵害 A 公司的单位公共财物的所有权，进而不符合贪污罪的对象和客体要求，不构成贪污罪。

可见，在涉案资金均属于周某项目团队包干费用的前提下，周某涉案行为的对象不是 A 公司的单位公共财物，其行为没有也不会侵害 A 公司单位公共财物的所有权，不符合贪污罪的对象和客体要求，不构成贪污罪。

慎某贪污、国有公司人员滥用职权案

——国家出资企业党组织决定任职的人员是否都属于国家工作人员

一、基本案情

（一）贪污罪

2015 年 11 月至 2016 年 2 月，慎某任某银行支行行长期间，利用职务上的便利，以虚列支出方式在某银行支行套取营销费用 137.564 128 万元用于个人事项支出。

2016 年 3 月至 2018 年 3 月，慎某任某银行分行资产管理部总经理期间，利用资产管理部负责统计上报销售数据的职务便利，以虚列支出方式在下属的三个支行套取营销费用 1 125.013 167 万元用于个人事项支出。

（二）国有公司人员滥用职权罪

2015 年 1 月至 6 月，时任某银行支行行长慎某，在明知未进行同业业务授信，且超越分行授权的情况下，同意时任支行票据部负责人唐某某的提议，由支行代理某村镇银行向相关金融机构开展票据转贴现业务。其后，由唐某某具体经办，某银行支行共计代理某村镇银行票据转贴现业务 156 笔，总金额 750 亿元。其中 27 笔（合计金额 138.24 亿元）未签订代理合同的票据代理业务到期后，某村镇银行未能履行到期回购业务。为维护商誉，某银行支行为此垫付贴现利息 8 979.37 万元，并对上述票据进行买断处理。经诉讼后，某银行支行终审败诉，造成支行巨额经济损失。

二、主要问题

本案主要涉及两个方面的定罪问题：

（1）慎某的行为是否构成贪污罪，特别是其身份是否属于国家工作人员。对此，一种观点主张构罪，认为慎某的任职是由国家出资企业的党委研究决定的，应当认定其为国家工作人员，并以贪污罪对其定罪处罚；另一种观点主张不构罪，认为国家出资企业的情况很复杂，党组织在其中承担的职能也多样，对慎某的任职不能认定为二次委派，且其行为不属于非法占有，不构成贪污罪。

（2）慎某的行为是否构成国有公司人员滥用职权罪。对此，一种观点主张构罪，认为慎某被二次委派，属于国有公司委派到非国有公司从事公务的人员，且其超越职权范围决定开展票据业务并造成单位特别重大损失，应认定其构成国有公司人员滥用职权罪。另一种观点主张不构罪，认为慎某的身份不属于国有公司人员，且其在票据业务中只负有领导责任，不是具体负责任的人员，与最终损失之间不具有刑法上的因果关系，慎某的行为不构成国有公司人员滥用职权罪。

三、出罪法理

笔者认为，慎某不具有国家工作人员的身份，也不属于国有公司人员，其取得相关财物具有合理根据，且某银行支行的损失与其行为之间不具有直接因果关系。慎某的行为不构成贪污罪和国有公司人员滥用职权罪。

（一）本案不能认定慎某具有国家工作人员的主体身份和职务便利，也难以认定慎某系非法占有公共财物，慎某的行为不构成贪污罪

关于贪污罪，我国《刑法》第 382 条第 1 款规定："国家工作人员利用职务上的便利，侵吞、窃取、骗取或者以其他手段非法占有公共财物的，是贪污罪。"据此，贪污罪的成立至少必须同时具备以下三个基本条件：一是主体条件，即行为人必须是国家工作人员；二是职务便利条件，即行为人必须利用了国家工作人员的职务便利；三是行为条件，即行为人是非法占有公共财物。具体到本案，本案难以认定慎某具备贪污罪的主体条件和职务便利条件，也难以认定涉案财物属于公共财物。

1. 本案不能认定慎某具有国家工作人员的主体身份

关于国家工作人员，结合《刑法》第 93 条的规定，本案主要涉及的是国有公司中从事公务的人员和国有公司委派到非国有公司中从事公务的人员认定的问题。在具体身份上，慎某实施涉嫌贪污行为时的身份是某银行支行行长、分行资产管理部总经理。对于慎某的这一身份，有两点是明确的：一是慎某不是在国有公司中从事公务的人员。因为某银行在慎某涉案期间的股份中只有 26% 的国有股，不是刑法意义上的国有公司；同时慎某从原单位辞职后，与某银行签订的是劳动合同，与某银行之间是聘用关系。二是慎某不是国有公司直接委派到非国有公司从事公务的人员。在慎某涉案期间，某银行中的国有股只有约 26%，且由 8 家国有公司持股。慎某不受这 8 家国有公司的任何一家委派，不代表这 8 家国有公司的任何一家在某银行从事公务。慎某不是国有公司直接委派到非国有公司从事公务的人员。在此基础上，本案认定的关键在于慎某是否属于国有公司间接委派到非国有公司从事公务的人员。

2010 年最高人民法院、最高人民检察院《关于办理国家出资企业中职务犯罪案件具体应用法律若干问题的意见》第 6 条第 2 款规定:"经国家出资企业中负有管理、监督国有资产职责的组织批准或者研究决定,代表其在国有控股、参股公司及其分支机构中从事组织、领导、监督、经营、管理工作的人员,应当认定为国家工作人员。"本案中,在慎某涉案期间,某银行的国有股只占约 26%,慎某的任职是由某银行二级分行党委决定、由某银行二级分行聘用的。对于与慎某身份类似的某银行支行行长或者部门总经理的身份,我国一些法院判决的认定不一,有认定为非国家工作人员的,也有认定为国家工作人员的。本案中,应当将慎某认定为非国家工作人员,即不能因为慎某的任职经过某银行二级分行党委研究决定,就认定其是代表负有监督、管理国有资产职责的组织在某银行从事公务的人员。这是因为:

一是国有企业、国有出资企业和民营企业都存在党组织,不能将党组织的行为简单地理解为代表国有企业的行为,也不能将国有出资企业内的党组织等同于"国家出资企业中负有管理、监督国有资产职责的组织"。

二是某银行所有干部的任用均要由党组织讨论决定。《某银行管理序列管理办法(试行)》第 2 条明确干部管理的原则是"党管干部",第 15 条明确规定"选拔任用管理人员,应当按照管理权限由各级党委(组)集体讨论决定"。这表明,某银行所有干部的任用均要由党组织讨论决定,且显然是基于人事进行的管理,即由党组织对干部的任职条件进行审查,而不是基于管理、监督国有资产职责进行的干部管理。

三是按照某银行干部管理规定,所有某银行的管理人员都要经党组织研究决定,但显然不能将某银行所有干部都视为国家工作人员。一方面,不可能所有的干部都代表国家出资企业中负有管理、监督国有资产职责的组织从事公务;另一方面,这也不符合某银行国有股只占约 26% 的国有参股企业的性质和实际。

四是某银行二级分行的党组织管理不规范,没有行使管理、监督国有资产职责。这不仅体现在某银行党组织建设不规范、党组织活动不规范、党组织与分行行政职权不明上,如在案的党委会会议纪要上加盖的是分行的行政章,而且体现在某银行党组织特别是二级分行、支行党组织的功能不全。例如,《某银行管理序列管理办法(试行)》规定了明确的管理人员任命程序和党组织决定程序,但实践中并未有效执行,同样职位的人员有的走了党组织程序,有的则没有。

五是某银行二级分行党委对慎某任命没有遵循规定的组织程序,是无效的。按照《某银行管理序列管理办法(试行)》的规定,慎某的任职和离职都必须遵循严格的组织程序,但实际上并没有遵循这些程序。《某银行管理序列管理办法（试行）》第 23 条规定："对违反本办法规定的管理人员任免事项，不予批准，已经作出的任免决定一律无效"。某银行二级分行党委对慎某任命没有遵循规定的组织程序，是无效的。

六是按照我国关于国家出资企业的实践，非控股的国家出资企业人员，除非由上级国有单位直接委派，否则不按照国有单位人员进行管理。某银行在由国资控股前，其人员的管理都不是按照国有单位人员进行管理的。

七是不少典型同类的判例都没有将与慎某类似职务的管理人员认定为国家工作人员。例如，周某犯受贿罪一审判决书[1]显示，被告人周某担任某银行股份有限公司成都分行玉带桥支行副行长、行长，2010 年至 2014 年期间利用其担任副行长、行长的职务之便，在贷款、续贷等过程中，为他人谋利，收受他人财物 1 540 万元、200 克的金条一根，用于投资和个人消费。对此，公诉机关以受贿罪起诉，法院认定周某不属于国家工作人员，以非国家工作人员受贿罪对周某进行判决。同样，某银行北京分行公司二部总经理朱某某非国家工作人员受贿案显示，朱某某作为一级分行部门总经理被认定为非国家工作人员。此外，张某非国家工作人员受贿案[2]显示，张某作为某银行有限公司成都金沙支行副行长的身份被两级法院认定为非国家工作人员。

基于以上七个方面，将慎某认定为非国家工作人员更符合某银行的实际情况。

2. 本案不能认定慎某具有国家工作人员的职务便利

利用国家工作人员的职务便利是贪污罪成立必备的行为要件。本案不能认定慎某具有国家工作人员的职务便利。这主要体现在：

第一，从便利的来源上看，本案不能认定慎某具有国家二作人员的职务便利。如前所述，本案不能认定慎某作为支行行长、二级分行部门总经理的身份属于国家工作人员，因而在总体上不能认定其具有国家工作人员的职务便利。对此不予赘述。

第二，从便利的内容上看，本案不能认定慎某具有国家工作人员的职务便利。本案证据显示，慎某与职务有关的涉案行为有两个：一是作为某银行支行行长签批报销营销费用的职务便利，二是作为某银行二级分行资产管理部总经理负责统计上报销售数据的职务便利。慎某作为某银行支行行长的身份不能认定为国家工作人员，其职务便利不属于国家工作人员的职务便利；同时，慎某作为某银行二级分行资产管理部总经理，将自己的销售数据统计在三个支行的行为不是利用国家工作人员的职务便利，原因在于：

[1]　四川省宜宾市中级人民法院（2015）宜刑初字第 37 号刑事判决书。
[2]　四川省宜宾市中级人民法院（2017）川 15 刑终 150 号刑事裁定书。

　　一是从行为主体上看，如前所述，慎某作为某银行二级分行资产管理部总经理，不属于国家工作人员，不具有国家工作人员的职务便利。

　　二是从行为审批上看，慎某将自己的销售统计在三个支行前请示了分行领导成某某等。对此，慎某的笔录和成某某等人的笔录可以相互印证。慎某没有个人利用职务行为。

　　三是从行为类型上看，慎某将自己的销售数据统计在三个支行的行为，不属于涉案的贪污的实行行为类型（不是侵占型犯罪的侵占行为本身，不属于贪污罪的犯罪构成要件行为）。贪污的侵占行为应该始于发起报销。

　　四是从报销行为上看，慎某的报销行为与其身份无关，且得到了三个支行行长的审批同意。本案中，慎某报销费用不是以资产管理部总经理的身份，而是作为有营销业绩的营销人员，三个支行行长审批的行为才是该部分涉案行为中的职务行为。慎某实施该部分行为不具有国家工作人员的职务便利。

　　3. 慎某的行为不是非法占有公共财物

　　根据我国《刑法》第 382 条的规定，贪污罪属于非法占有型职务犯罪，要求行为人客观上必须实施了非法占有公共财物的行为。本案中，慎某的行为不是"非法占有"公共财物。这集中体现在：根据某银行的政策，涉案的财物是慎某应得的财物，慎某的行为不是非法占有。

　　第一，在财物来源上，涉案财物来自慎某为某银行所创造的利润。2019 年 10 月某银行总行《关于对慎某的处理建议》称：经总行调查核实，2015 年 4 月至 2016 年 8 月，分行向三家保险公司销售理财产品累计 42 笔、业务金额合计 383 亿元。基于上述业务，分行为业务营销人员慎某核定费用额度 3 538.25 万元，其中 2015 年 84.47 万元、2016 年 2 273.96 万元、2017 年 1 172.53 万元、2018 年 7.29 万元。可见，涉案财物形成于慎某的业务营销活动，属于某银行二级分行为其核定的费用额度。该费用额度是给慎某支配使用的，不是国有单位投入的国有财产。

　　第二，在分配政策上，涉案财物是慎某按照某银行分配政策应得的奖励。这包括：

　　一是慎某作为某银行的管理人员有权享受奖费政策。《某银行"两率"考核办法》第 3 条关于"全面性原则"规定："'两率'考核办法覆盖前中后台所有人员，将前中后台所有人员工资与绩效挂钩，有利于调动工作积极性，发挥整体效益。"按照该规定，慎某作为某银行支行行长、二级分行资产管理部总经理，属于该规定的人员范围，有权享受《某银行"两率"考核办法》规定的奖励政策。

　　事实上，某银行总行也认定涉案的营销费用是慎某个人的营销费用。某银行总行调查组《关于对慎某的处理建议》称：经总行调查核实，2015 年 4

月至 2016 年 8 月，分行向三家保险公司销售理财产品累计 42 笔、业务金额合计 383 亿元。基于上述业务，分行为业务营销人员慎某核定费用额度 3 538.25 万元，其中 2015 年 84.47 万元、2016 年 2 273.96 万元、2017 年 1 172.53 万元、2018 年 7.29 万元。

同时，某县监察委出具的《关于慎某涉嫌贪污罪数额认定的办案说明》也认可应按照慎某在支行担任行长期间套取的营销费用加上担任二级分行资产管理部总经理期间营销费用额度的 40% 减去实际产生费用来计算。这表明，某县监察委也认为慎某可享受某银行的奖费政策，有权获得其中的 60% 作为奖励。

二是慎某按照奖费的"四六政策"有权获得营销费用的 60%（约 3 600 万元）作为奖励。某银行二级分行奖费政策采取的是"四六政策"，营销费用的 40% 据实报销，60% 作为对营销人员的奖励。本案证据证明，2015—2016 年间，慎某开展理财产品累计 42 笔、业务金额合计 383 亿元，为分行创利 5.2 亿元。而某银行二级分行 2015 年绩效考核方案规定的该业务计提标准是净利润的 10%，2016 年规定的计提标准是净利润的 12%，2017 年规定的计提标准是净利润的 13%。按照某银行二级分行规定的计提标准，慎某的平均计提标准约为 12%，奖费总额约 6 000 万元。在此基础上，按照奖费的"四六政策"，其中的 60%（约 3 600 万元）是慎某个人应得的奖励。

值得注意的是，某银行二级分行《关于慎某理财通道业务核定营销费用的情况说明》称："按照分行制定的经营部门绩效考核办法规定，2015 年至 2017 年，慎某担任支行行长、分行资产管理部总经理期间，向三家保险公司出售的同盈或共盈的理财通道业务，属于不占用分行资源且不涉及银行信用的纯中间业务。其中：2015 年，按照考核办法规定，应根据该理财通道业务收入营业税及所得税后净利润的 10% 计提营销费用。但经分行研究，当年实际按照净利润的 7% 计提的营销费用。2016 年，应根据该理财通道业务收入营业税及所得税后净利润的 12% 计提营销费用。但经分行研究，当年实际按照净利润的 10.2% 计提的营销费用。2017 年，应根据该理财通道业务收入营业税及所得税后净利润的 13% 计提营销费用。但经分行研究，当年实际按照净利润的 5% 计提的营销费用。"该规定一方面表明，涉案的理财通道业务是慎某"出售"的，即由慎某主导营销，而非促成。这超出了慎某作为管理人员的本职工作范畴，是其作为营销人员进行的活动，慎某有权按照营销人员的奖费比例获得相应的奖励。另一方面，该情况说明称某银行二级分行没有按照自己文件的规定核定慎某的营销费用，而是对慎某的营销费用进行研究（分行研究）。但本案没有分行的任何研究决定等书面证据，更为重要的是即便分行进行了研究，也是分行违反总行和自己制定的奖费计提文件规定的行为，侵害了慎某的合法利益，慎某仍有权通过一定方式维护自己的合法利益。

三是慎某实际报销的数额少于其应得的奖励总额（只接近其营销费用的60%）。本案证据证明，慎某实际报销 3 351 万元，少于其应得的奖励总额（只是接近其应得营销费用 6 000 万元的 60%）。从这个角度看，关于某银行二级分行《关于慎某理财通道业务核定营销费用的情况说明》称分行为慎某核定费用额度 3 538.25 万元，合理的解释是，这是核定给慎某的奖励，因为慎某到分行资产管理部任职后不是三个支行的人员，无法直接按绩效发放，因此，慎某以发票方式报销其应得的业务奖励，只是一种财务处理方式，其行为不是非法占有，不构成贪污罪。

可见，慎某的行为不符合贪污罪的主体、职务便利和行为条件，不构成贪污罪。

（二）本案不能认定慎某属于国有公司人员，也不能认定其行为直接导致国家利益遭受重大损失，其行为不构成国有公司人员滥用职权罪

关于国有公司人员滥用职权罪，我国《刑法》第 168 条第 1 款规定："国有公司、企业的工作人员，由于严重不负责任或者滥用职权，造成国有公司、企业破产或者严重损失，致使国家利益遭受重大损失的，处三年以下有期徒刑或者拘役；致使国家利益遭受特别重大损失的，处三年以上七年以下有期徒刑。"据此，国有公司人员滥用职权罪的成立至少必须同时具备以下两个基本条件：一是主体条件，即行为人必须是国有公司的工作人员；二是结果条件，即国有公司人员的行为必须造成国有公司破产或者受有严重损失，致使国家利益遭受重大损失。但本案不能认定慎某属于国有公司人员，也不能认定其行为直接导致国家利益遭受重大损失。

1. 本案不能认定慎某属于国有公司的工作人员

国有公司人员滥用职权罪的主体必须是国有公司的工作人员。本案中，某银行不属于国有公司，慎某不属于国有公司中的工作人员，因为在慎某涉案期间，某银行的国有股成分只有 26% 左右，连国有控股公司都算不上，更不属于国有公司。同时，如贪污主体部分的论述，慎某也不属于国有公司委派到非国有公司从事公务的人员，不适用 2005 年最高人民法院《关于如何认定国有控股、参股股份有限公司中的国有公司、企业人员的解释》的规定。

值得指出的是，慎某的涉案行为不是处置国有资产，对其也不适用 2010 年最高人民法院、最高人民检察院《关于办理国家出资企业中职务犯罪案件具体应用法律若干问题的意见》第 4 条第 1 款的规定。该款规定："国家出资企业中的国家工作人员在公司、企业改制或者国有资产处置过程中严重不负责任或者滥用职权，致使国家利益遭受重大损失的，依照刑法第一百六十八条的规定，以国有公司、企业人员失职罪或者国有公司、企业人员滥用职权罪定罪处罚。"但本案中，慎某的涉案行为不是发生在公司、企业改制过程中，其开展的票据业务不需要某银行出资，某银行二级分行 2022 年 10 月 20 日《关于慎某理财通道业务核定营销费用的情况说明》称这些业务"属于不占用分行资源且不涉及银行信用的纯中间业务"。因此，慎某的行为也不是发生在国有资产处置过程中，慎某不具备成立国有公司的工作人员条件。

2. 本案不能认定慎某的行为直接导致国家利益遭受重大损失

国有公司人员滥用职权罪的成立在行为和结果上要求国有公司人员的行为直接导致国家利益遭受重大损失。本案不能认定慎某的行为直接导致国家利益遭受重大损失。

第一，在行为上，涉案行为的实施者是当时某银行支行票据部负责人唐某某，不是慎某。

一是该项业务属于票据业务，由唐某某主管的票据部负责。本案中，慎某涉案的滥用职权行为是票据业务。在支行，该业务是由支行票据部负责人唐某某具体负责。

二是该项业务完全由唐某某提出并负责。本案中，支行与某村镇银行的票据业务，是唐某某联系好后才向慎某提出的。该项业务的发起、接洽、管理等都是由唐某某进行的。慎某只是负责审批。

三是该项业务的操作失误行为完全由唐某某负责。本案证据显示：该项业务的风险发生在唐某某经手与某村镇银行开展的 156 笔票据代理业务过程中，只有前期的 7 笔业务签订了代理回购合同，其他都没有签订书面协议；2015 年，唐某某联系的与某村镇银行票据业务，对于票据业务联系的过程，慎某不清楚，具体都是唐某某一手操办的；慎某没有向二级分行票据部汇报，因为该业务不需要分行审批，也不动用某银行的资金。

第二，在行为与结果的关系上，导致某银行遭受损失的是唐某某的渎职行为，而非慎某的行为。省高级人民法院民事判决书显示，二审法院改判某银行支行败诉的原因：首先是认为案涉 27 笔票据代理回购业务的开展属于无权代理行为。因案涉票据代理回购业务的开展并未经过某村镇银行的批准或授权，某村镇银行也未因业务的开展直接或间接获益，故案涉以某村镇银行名义进行的票据代理回购业务并非某村镇银行的真实意思表示，而系社会人员勾结该银行员工，冒用某村镇银行名义进行的无权代理行为。其次是认为某银行支行不属于善意无过失的相对人。某村镇银行不成立表见代理。其中排在首位的原因是从双方业务的接洽过程来看，某银行支行称业务最初是在线上进行洽谈的，某银行支行按照"王某"寄送的相关证照资料复印件对其身份及授权进行确认。某银行支行从未与"王某"见过面，也未去某村镇银行审核确认过相关业务情况；仅凭"王某"邮寄的某村镇银行营业执照、税务登记证、董事会对行长授权书等复印件就确认交易对手系某村镇银行或获得过某村镇银行的真实授权，显然未尽合理的审查义务。

可见，某银行支行二审败诉的根本原因在于对方的无权代理行为。而导致票据代理回购业务属于无权代理的根本原因是唐某某作为某银行支行票据部负责人和该笔业务的具体负责人，没有尽到审查对方资质的义务。对此，唐某某本人的笔录可以充分证明：

一是唐某某未审查对方的身份。唐某某笔录称：大约在 2015 年，经过其他银行同行介绍，问其行能不能做小银行与大银行之间票据的过桥业务，其认为可以，他们就告诉某村镇银行一名叫"王某"的人的联系电话，这个名叫"王某"的人通过电话联系的票据业务。其没有见过"王某"本人，都是通过电话联系，其觉得可行，就向时任支行行长慎某汇报。其不知道"王某"的基本情况，没有见过面，发生业务时只是通过电话联系，他的联系方式其已经找不到了。

二是唐某某未与对方签订书面协议。唐某某的笔录称：在具体开展项目过程中，作为直接负责该项目的人员，因为工作疏忽，与某村镇银行开展的156 笔票据代理业务，只有前期的 7 笔业务签订了代理回购合同，其他都没有签订书面协议。

可见，慎某在与某村镇银行的票据业务中只负有领导责任，不负具体责任，不应该追究慎某作为单位领导的刑事责任。这个道理非常简单，适用于所有的单位。例如，司法人员滥用职权或者玩忽职守办错了案件要被追究刑事责任，也只能追究该司法人员渎职犯罪的刑事责任，而不能追究签批决定案件处理意见的单位领导的刑事责任。

时某某受贿案

——将自己注册的公司借给他人低价买卖资产的行为是否构成受贿罪

一、基本案情

2008 年 9 月，时某某利用担任某法院副院长的职务便利，指定某区农村信用合作联社将其位于某村的抵债土地、办公楼、厂房等资产一宗，以 300 万元的价格出售给 A 公司（时某某以董某某的名义成立的公司）。经鉴定，该宗资产当时的市场价格为 689.913 万元，时某某指定购买价低于市场价 389.913 万元。

二、主要问题

本案涉及的主要问题是时某某的行为是否符合受贿罪的成立条件，是否构成受贿罪。对此，主要存在两种不同的观点：

一种观点主张构罪，认为 A 公司是时某某成立的公司，时某某利用职务便利，将信用合作联社资产低价出售给 A 公司，属于利用职务便利非法收受他人财物，构成受贿罪。

另一种观点主张不构罪，认为 A 公司虽然是时某某成立的公司，但借给了田某某使用，涉案信用合作联社的资产实际上是田某某购买的，时某某的行为不符合受贿罪的成立条件，不构成受贿罪。

三、出罪法理

关于受贿罪，我国《刑法》第 385 条第 1 款规定："国家工作人员利用职务上的便利，索取他人财物的，或者非法收受他人财物，为他人谋取利益的，是受贿罪。"可见，利用职务便利取得（占有）他人财物是受贿罪的核心行为，其成立要求同时具备三个基本要素：一是职务便利要素，即行为人利用了职务上的便利；二是行为要素，即行为人通过索取或者非法收受的方式直接占有或者共同占有了他人财物；三是财物要素，即对行为人占有的财物数额认定有明确依据。本案证据不能证明时某某利用职务便利占有了 389.913

万元财物，时某某的行为不是受贿，且该 389.913 万元的金额认定依据不足，应当从时某某的受贿金额中去除。

（一）时某某没有直接占有或者共同占有涉案的土地、办公楼、厂房等资产，不符合受贿罪的行为要求

受贿罪的索取他人财物或者非法收受他人财物行为都必须反映为行为人对财物进行了占有（包括直接占有和共同占有）。本案中，时某某涉案行为的对象是涉案的抵债土地、办公楼、厂房等资产，金额是该资产的市场价与指定价的差价。这反映在受贿行为上就要求时某某对该财物进行了占有。但本案既不能认定时某某直接占有了该资产，也不能认定时某某与他人共同占有了该资产。其行为不符合受贿罪的行为要求，不构成受贿罪。

1. 本案不能认定时某某直接占有了涉案的土地、办公楼、厂房等资产

本案中，主张构罪的观点认为构罪的理由是时某某利用职务便利指定某区农村信用合作联社将涉案的土地、办公楼、厂房等资产以 300 万元的价格出售给 A 公司。同时，本案证据显示，A 公司是时某某以董某某的名义成立的公司。但笔者认为，本案不能认定时某某直接占有了涉案的土地、办公楼、厂房等资产。这是因为：

第一，从公司设立的起因上看，设立 A 公司是因田某某购买涉案的土地、办公楼、厂房等需要而设立的。本案中，A 公司的设立：一方面是因为有人建议以公司的名义购买资产，方便以后对外转让，还能省不少税；另一方面是因为田某某觉得成立新公司比较麻烦，怕来不及。在此情况下，时某某决定成立 A 公司给田某某使用。时某某的笔录称，虽然其开始时产生过"借用董某某的名义成立公司然后自己买下来坐等升值的想法"，但很快"又打消了自己买的念头"。综合来看，A 公司的设立就是为了给田某某购买涉案的土地、办公楼、厂房等资产使用，而不是时某某为自己使用。

第二，从公司的实际使用上看，A 公司完全交给了田某某实际控制使用。本案中，时某某的笔录、田某某的笔录、A 公司的手续存放和 A 公司的实际状况等都表明，时某某在 A 公司购买了涉案的土地、办公楼、厂房等资产后就将公司的经营执照、公章等给了田某某。A 公司直至最终因未参加年检而被吊销一直是在田某某的实际控制之下的。

第三，从公司购买资产的资金来源上看，A 公司购买涉案土地、办公楼、厂房等资产的资金完全来自田某某。本案证据可以充分证明，A 公司购买涉案的土地、办公楼、厂房等资产的 300 万元是由田某某出的，时某某没有出任何资金。

第四，从公司资产的使用上看，A 公司购买的涉案土地、办公楼、厂房等资产都是归田某某使用。本案中，田某某的笔录等证据显示，A 公司购买

的涉案土地、办公楼、厂房等被田某某用于其船舶公司做船舶配件加工业务，时某某完全没有使用涉案的土地、办公楼、厂房等资产。

第五，从公司资产的收益上看，A公司购买的涉案土地、办公楼、厂房等资产都归田某某所有。本案中，A公司购买的涉案土地、办公楼、厂房等资产被田某某使用后，增加了田某某公司的收益。田某某曾想将使用该资产的船舶公司股份送20％给被告人时某某并提前写了一份股权转让协议，但被时某某明确拒绝。被告人时某某没有从涉案土地、办公楼、厂房等资产中获取任何收益。

第六，从公司吊销后的情况看，在A公司被吊销营业执照后，涉案的土地、办公楼、厂房等资产完全归田某某所有。本案中，A公司因未参加公司年检，于2011年被某区工商局吊销营业执照。A公司被吊销后，涉案的土地、办公楼、厂房等资产仍归田某某使用，与时某某无关。如果时某某是通过A公司占有涉案的土地、办公楼、厂房等资产的，那么在A公司被吊销营业执照后时某某应该占有该资产，但实际上并没有。

因此，A公司只是时某某帮助田某某设立的，涉案的土地、办公楼、厂房等资产虽然在A公司名下，但实际上归田某某占有，时某某没有直接占有涉案资产。

2. 本案不能认定时某某与他人共同占有了涉案的土地、办公楼、厂房等资产

关于受贿犯罪的共同占有，2007年最高人民法院、最高人民检察院《关于办理受贿刑事案件适用法律若干问题的意见》第7条规定："国家工作人员利用职务上的便利为请托人谋取利益，授意请托人以本意见所列形式，将有关财物给予特定关系人的，以受贿论处。""特定关系人与国家工作人员通谋，共同实施前款行为的，对特定关系人以受贿罪的共犯论处。特定关系人以外的其他人与国家工作人员通谋，由国家工作人员利用职务上的便利为请托人谋取利益，收受请托人财物后双方共同占有的，以受贿罪的共犯论处。"可见，受贿罪的共同占有包括两种情形：一是与特定关系人共同占有，因特定关系人与受贿人之间存在共同利益关系，授意他人将财物交给特定关系人的情形可被直接推定为双方共同占有，认定的关键是共同利益关系；二是与特定关系人以外的人共同占有，这要求双方对财物客观上形成共同的控制、占有，认定的关键是实际的共同占有关系。本案中，如前所述，时某某没有直接占有涉案的土地、办公楼、厂房等资产，而是由田某某占有。在此基础上，根据上述意见的规定，本案既不能认定田某某是时某某的特定关系人，通过共同利益关系共同占有涉案资产，也不能认定时某某与田某某通过具体的行为共同占有涉案资产。

　　（1）本案不能认定田某某是时某某的特定关系人，时某某没有通过共同利益关系与田某某共同占有涉案资产。关于特定关系人，2007 年最高人民法院、最高人民检察院《关于办理受贿刑事案件适用法律若干问题的意见》第11 条规定："本意见所称'特定关系人'，是指与国家工作人员有近亲属、情妇（夫）以及其他共同利益关系的人。"据此，认定田某某与时某某是否为特定关系人，关键在于他们二人是否存在共同利益关系。但本案不能认定田某某与时某某存在共同利益关系。这包括：第一，从总体关系上看，田某某与时某某之间不存在共同利益关系。本案证据显示，田某某与时某某之间存在一定的经济往来和互相帮助的情况，如时某某曾帮助田某某向毕某某等人借钱，田某某为时某某代持房屋、垫付购房款等。不过，在这些过程中，田某某与时某某之间的利益界限是明确的，没有共同的利益。值得注意的一点是，田某某曾就本案意图向时某某送钱、送卡、送股份，但被时某某拒绝。这反过来说明他们之间此前没有共同利益关系，否则田某某没有必要为本案的资产购买事项向时某某输送利益。第二，从本案涉及的具体关系上看，田某某与时某某之间不存在共同利益。本案中，如前所述，涉案的土地、办公楼、厂房等资产是时某某帮助田某某购买的，但时某某没有从中获利。田某某曾为此向时某某送钱、送卡、送股份，但都被时某某拒绝了。因此，在本案涉及的土地、办公楼、厂房等资产的购买上，田某某与时某某之间也不存在共同利益关系，田某某不是时某某的特定关系人，时某某没有通过共同利益关系与田某某共同占有涉案资产。

　　（2）本案不能认定时某某与田某某通过具体行为共同占有了涉案资产。如前所述，涉案的土地、办公楼、厂房等资产是由田某某出资购买并由田某某占有的，不能认定时某某直接占有了涉案资产。与此同时，本案不能认定时某某与田某某有共同占有涉案资产的具体行为。这集中体现在时某某虽然帮助田某某注册了 A 公司并由 A 公司拍得涉案的土地、办公楼、厂房等资产，但时某某将 A 公司的所有资料（包括营业执照、公章等）都交由田某某控制。A 公司及以其名义拍得的土地、办公楼、厂房等资产都是在田某某的独立控制之下，时某某没有与田某某共同占有涉案资产的具体行为。

　　可见，本案既不能认定时某某直接占有了该资产，也不能认定时某某与他人共同占有了该资产。时某某的行为不符合受贿罪的行为要求。

　　（二）即便时某某的行为构成受贿罪，本案也不能认定其受贿金额为389.913 万元

　　如前所述，本案不能认定被告人时某某的涉案行为属于受贿行为。即便时某某的行为构成受贿罪，本案也不能认定其受贿金额为 389.913 万元。

　　1. 本案不能认定时某某涉嫌受贿的金额为 389.913 万元

　　本案中，2021 年 8 月 26 日某市价格认证中心出具了"关于某镇一宗土地及地上建筑物的价格认定结论书"。该结论书认定涉案资产在 2008 年 9 月的市场价格为：厂房占地价格为 3 097 800 元，厂房建筑价格为 2 741 700 元，办公楼建筑价格为 1 059 630 元，合计 6 899 130 元。但该结论书对土地价格的认定存在两个方面的明显问题。

（1）该结论书对厂房占地的土地价格认定错误。2021 年 8 月 26 日某市价格认证中心所作"关于某镇一宗土地及地上建筑物的价格认定结论书"在"价格认定限定条件"中明确称："本次认定的土地价格，设定用途为国有工业用地，设定使用年限为 50 年，并扣减了土地出让金和相关税费。"但本案涉案厂房用地的实际性质是"集体工业用地"，未履行土地征收和出让手续，无房产证和土地证。同时，该土地拍卖后不能转让、没有土地证等情况也表明，该土地与国有工业用地存在明显的不同。在此基础上，上述结论书按照国有工业用地对涉案土地进行价格认定，认定标准存在明显错误。

（2）该结论书没有扣除不应计入的土地面积。本案中，在该宗土地上，有 12 栋房产属于某实业公司，2019 年某实业公司又将上述房产转让给某木工机械公司，该房产占用的土地面积也被计入涉案土地的面积，但其实际无法为田某某及其公司使用。对于这些被他人占用的土地，某市价格认证中心应当在价格认定时予以扣除而没有扣除的做法，是错误的。

2. 本案未查明涉案资产的正常起拍价格，对时某某的受贿金额认定错误

本案中，涉案资产是采取拍卖的方式进行交易的。而一般的拍卖行为都存在市场评估价与起拍底价的差异，有时两者的差异还会很大，本案涉案资产因为只有一名竞拍者而被以起拍底价成交，因此，认定涉案资产的价格差异不应当是资产的评估价与成交价的价差，而应当是正常起拍底价与实际起拍底价之间的价差。本案中，时某某的笔录表明，当时设定的起拍底价是 360 万元，后被时某某建议以 300 万元作为起拍底价。如果该事实成立，即便时某某的行为构成受贿罪，其受贿金额也应当被认定为 60 万元，而非 389.913 万元；如该事实不能成立，则也不能直接以市场评估价与起拍底价的差价认定被告人时某某的受贿金额。

可见，即便时某某的行为构成受贿罪，本案也不能认定其受贿金额为 389.913 万元。

刘某某受贿案

——部分支付对价取得股份的行为是否构成受贿罪

一、基本案情

2008 年上半年，刘某某伙同黄某，利用黄某担任某单位副部长的职务便利，借"A 公司"与某单位管理处（以下简称"管理处"）合作开发某综合楼项目经营陷入困境之机，向 A 公司索取干股，其中，刘某某实际占有 A 公司30％的股份，股份价值折合人民币 1 243.38 万元。

二、主要问题

本案涉及的主要问题是：刘某某获得的 30％的股份的性质是否属于干股，刘某某的行为是否构成受贿罪。对此，主要有两种不同的观点。

一种观点主张构罪，认为刘某某取得 A 公司 30％的股份时没有出资，因而属于干股；刘某某伙同国家工作人员，利用国家工作人员职务上的便利，索取他人财物，其行为已经构成受贿罪。

另一种观点主张不构罪，认为刘某某等人取得 A 公司的股份不是无偿的，而是要支付 1.4 亿元的对价，因而不属于干股，刘某某不构成受贿罪。

三、出罪法理

本案中，主张构罪的观点认为刘某某受贿人民币 1 243.38 万元的依据主要包括两个方面：一是刘某某取得 A 公司 30％的股份时没有出资；二是刘某某取得 A 公司 30％的股份之前马某在管理处项目上投入了 4 144.6 万元。刘某某因此取得了 A 公司价值 1 243.38 万元的干股。笔者认为，这一认定逻辑是错误的。

（一）刘某某等人取得 A 公司的股份不是无偿的，而是要支付 1.4 亿元的对价

本案中，刘某某等人取得 A 公司股份的依据是 2008 年 A 公司的五名股东（刘某、马某、刘甲、刘乙、刘丙）与陈某、李某某、刘丁三人签订的

"公司股权转让协议书"和"公司股权转让协议书之补充协议"。根据这两份协议，刘某某取得了 A 公司 30％的股份。但这两份协议也清楚地表明，刘某某等人取得 A 公司的股份不是无偿的，而是需要支付对价的。这具体体现在：

第一，两份协议明确约定了刘某某等人取得 A 公司股份的对价总金额。"公司股权转让协议书"约定："公司及 100％股权转让款总金额为 14 000 万元人民币"。"公司股权转让协议书之补充协议"对此进一步约定："公司名称及公司 100％股权转让款为 5 000 万元人民币，本项目转让款为 8 000 万元人民币，转让款利息为 1 000 万元人民币，此利息为以上两款项 1.3 亿元人民币的总计利息不增不减。"根据该约定，无论是要取得 A 公司的股份，还是要取得 A 公司投入涉案项目的资金形成的资产，刘某某等人都需要支付对价，而不能无偿获得。其对价总金额是 1.4 亿元人民币。

第二，两份协议明确约定了刘某某等人支付对价的具体义务。这主要涉及刘某某等人支付股份及项目转让款的期限和方式。"公司股权转让协议书之补充协议"约定："待本项目主体封顶后七日内，受让方向转让方一次性付清公司及其股权与本项目转让款以及利息总金额壹亿肆仟万元人民币（也可在项目启动后，受让方在资金准许的情况下提前向转让方支付人民币壹仟万至伍仟万元转让款）。"根据该约定，双方按照先后顺序履行约定义务，即股份及项目转让的履行在前，转让款的履行在后。直到以履行期限在后的转让款的支付结清为止，该合同算作履行完毕。因此，刘某某等人在取得 A 公司股份的时候未出资，并不意味着刘某某等人不需要支付对价。仅根据刘某某在取得股份时未出资的情况就认定其收受干股的观点，显然是错误的。这是因为，在协议明确约定支付期限和方式的情况下，应当正确秉持合同自由原则，不能将合同义务一概推定为同时履行，也不能否认股份转让之后的支付行为是支付对价的行为。

第三，刘某某等股份受让人在取得 A 公司股份后即支付了部分股份转让款，且 1.4 亿元的剩余款项也是由 A 公司承担的。对此，吕某某和马某的证言可以证明。其中，吕某某作为股份受让人之一，其在证言中也称自己从购房者预付款中付给马某 2 000 多万元。马某也证实了这点，并说是代表 A 公司给项目的。由于购房者的预付款是股份转让后的 A 公司的资金，因此上述证言能够证明 A 公司以自有资金支付给马某 2 000 多万元，用于支付股权及项目转让款。这一方面表明"公司股权转让协议书"和"公司股权转让协议书之补充协议"所规定的刘某某等人支付对价的义务必须履行，另一方面表明刘某某等人实际地向马某支付了对价。他们取得 A 公司的股权不是无偿的。而对于 1.4 亿元的剩余部分，吕某某的证言称：管理处项目快封顶时，可以出售的办公面积卖完的钱与公司前期的投入（包括给马某的 1.4 亿元）基本持平，还剩下一些商业面积，就是公司的盈利。该证言证明，支付给马某的 1.4 亿元最终均由 A 公司承担。

（二）马某在管理处项目上投入的 4 144.6 万元不是 A 公司股份的净值，不能将其作为认定 A 公司 30%股份价值的依据

本案中，刘某某取得的 A 公司 30%股份价值 1 243.38 万元，其依据是在 A 公司股份转让前，马某在管理处项目上投入了 4 144.6 万元。但该 4 144.6 万元不是 A 公司股份的净值。这具体体现在：

第一，A 公司名下的原有资产并未转让，4 144.6 万元不是 A 公司股份的净值。根据前述"公司股权转让协议书"和"公司股权转让协议书之补充协议"，马某与刘某某方面的转让款项包括三部分，即"公司名称及公司 100% 股权转让款为 5 000 万元人民币"、"（管理处）项目转让款为 8 000 万元人民币"和"转让款利息 1 000 万元人民币"。同时，上述协议约定：A 公司名下现有的资产不在转让范围之内；与管理处项目有关的债务无论在转让基准日前后，均由新股东承担；其他债务，新股东承担后，可以向老股东追偿。由于 A 公司股权转让款与管理处项目转让款是分开的，同时 A 公司名下现有的资产不在转让范围内，因此从股权对应价值的角度看，该 4 144.6 万元不是 A 公司股份的净值，不能作为计算刘某某涉案股份价值的依据。

第二，马某在管理处项目投入的 4 144.6 万元被计入了 1.4 亿元转让价格之中，刘某某等人取得该投入后即对马某存在 1.4 亿元的负债。根据马某的证言，在公司经营陷入困境后，就全权委托吕某某打包转让 A 公司股份和管理处项目，确定转让价格为 1.4 亿元。马某的这一证言清楚地表明，其在公司转让之前投入管理处项目的 4 144.6 万元已经被计入了 1.4 亿元的转让价格之中。刘某某等人在取得该 4 144.6 万元投入时，就同时负有了对马某的 1.4 亿元负债。因此，该 4 144.6 万元显然不是 A 公司股份的净值。

第三，刘某某为 A 公司融资、参与项目建设做了大量工作，管理处项目产生的实际或潜在收益不属于 A 公司股权转让时公司股份的价值。本案证据表明，刘某某等三人在接受股权转让后，A 公司建设综合楼项目所需要的资金是通过借款解决的。其中，刘某某融资借款六千三四百万元。这些借款中，A 公司尚有五六百万元的债务未偿还；5 500 万元的那笔借款，只支付了出借人姜某 100 万元的利息，给姜某出具欠 250 万元利息的欠条，至今也尚未偿还。同时，刘某某在管理处项目建设过程中积极参与项目建设，付出了大量的劳动。因此，即便管理处项目产生了收益，也应当认定该收益为刘某某付出的劳动所得。更何况，截至案发，刘某某并没有从管理处项目获得任何实际收益。因此，认定刘某某受贿人民币 1 243.38 万元明显缺乏根据。

2007 年 7 月 8 日最高人民法院、最高人民检察院发布的《关于办理受贿刑事案件适用法律若干问题的意见》第 2 条中规定:"干股是指未出资而获得的股份。国家工作人员利用职务上的便利为请托人谋取利益,收受请托人提供的干股的,以受贿论处。"这里所称的"未出资而获得的股份",实际上是指"无偿取得的股份"。而在本案中,刘某某在取得 A 公司 30% 的股份时虽然没有出资,但他与吕某某等人因此负有向马某支付 1.4 亿元转让款的义务;同时,涉案的 4 144.6 万元不是 A 公司股份的净值,不能将其作为计算刘某某所持 A 公司 30% 股份价值的依据。

楼某某受贿、滥用职权案

——具有一定合法根据的收取财物行为是否属于受贿

一、基本案情

（一）受贿 500 万元、滥用职权事实

2002 年莫某某控制的 A 公司参与某市某区某镇的旧城改造，双方以会议纪要的形式明确了权利义务。其中，规定开发运作所需资金由 A 公司独家融资并承担风险；土地拍卖总价的 45% 作为开发成本费，付给 A 公司。若开发成本实际超过 45%，可从市、区返镇的土地出让收益中拿出部分给 A 公司，但每个项目需另行商定并报区政府同意。在旧城改造过程中，莫某某认为拆迁周期长、资金成本高，按照既定的资金分配方案无法保证公司利益，希望调整为土地开发成本实报实销，返镇的土地出让收益由街道和西陵城建公司平分。莫某某多次找时任某街道办事处党工委书记楼某某，希望楼某某能够调整资金分配方案。楼某某与部分街道班子成员酝酿、研究，但未落实。

2005 年 11 月，经楼某某介绍，与莫某某就某房产项目达成合作开发意向，双方分别以各自控制的 B 公司和 C 公司的名义签订"合作开发协议"，约定 B 公司投资 4 655 万元，占该项目 49% 的股份。双方按股份比例分享收益、承担风险。同年 12 月，楼甲交纳投资款 980 万元，C 公司交纳投资款 1 020 万元，注册成立 D 公司，楼甲占股 49%、C 公司占股 51%。同年 12 月，B 公司以交纳投资款名义转账 3 675 万元给 C 公司。2006 年 4 月至 9 月，B 公司又分三笔转账计 669.34 万元给 D 公司。2006 年 11 月左右，因房地产行情下行、房产预售不佳，楼甲担心投资亏损，多次向莫某某提出撤资退股意愿，莫某某因该项目面临亏损、公司资金周转困难等原因未答应。楼甲遂要求楼某某出面说情，让莫某某同意其撤资退股。

2006 年 11 月 28 日，楼某某出面与莫某某商谈楼甲撤资退股一事，楼某某以承诺调整旧城改造项目资金分配方案为条件，要求莫某某同意楼甲从某房产项目全额撤资退股，并以需支付"利息"为由，向莫某某索要 500 万元。莫某某考虑到资金分配方案调整后可获得巨额利益，同意楼某某提出的条件，

并于同日与楼甲签订"股权转让协议"。次日，楼某某主持召开某街道三套班子会议，以后三宗土地开发成本高于土地出让金的 45% 为由，违规调整了旧城改造资金分配方案并形成了会议纪要（以下简称"2006 年会议纪要"），即 A 公司垫付的土地开发费用实报实销，返镇的土地出让金收益按企业得 45%、街道得 55% 的比例分成。同年 12 月 5 日至 2007 年 12 月 25 日，莫某某分批退还楼甲全部资金 5 324.34 万元，并以"利息"的名义支付好处费 500 万元。经审计，"滨江花园"房产项目在 2006 年 11 月楼甲退股时，未产生利润，且相较 2005 年 12 月楼甲入股时，项目已经减值 1 000 余万元。

"2006 年会议纪要"确定的旧城改造项目资金分配方案，违反了某市《关于进一步加强政府储备土地开发整理的实施意见》、某区《集镇改造实施意见》等相关文件规定，导致本属于政府收益的资金大比例被 A 公司获取。经审计，按照"2006 年会议纪要"，A 公司比原方案可以多获益 9 100 余万元，其中 6 366 万元系 A 公司全部收回开发成本以后可以继续获得分配的资金。2011 年 12 月，时任某街道办事处党工委书记兰某（另案处理）主持召开街道班子会议，决定通过虚列"对某集团钢家具生产基地扩建项目给予政府扶持"项目，将"2006 年会议纪要"确定的资金分配方案产生的 6 366 万元支付给莫某某方。截至 2016 年，某街道已实际支付 1 713.056 万元。

（二）受贿 200 万元事实

2012 年至 2018 年，楼某某在担任某区人民政府副区长等职务期间，为楼乙在公司名称核准登记、租用办公用房、缓交厂房租金、子女就学等事项上提供帮助。2015 年 10 月，楼某某买卖股票亏损，向楼乙借款 200 万元用于翻本营利，未出具借条，未约定还款期限及利息。2017 年 1、2 月，楼某某抛售全部股票，有足够资金还款而未还款，而是向楼乙表示资金因股票亏损无法还款，只能用黄金折抵，被楼乙拒绝。楼乙亦从未向楼某某催讨过。2018 年 5 月，因某区相关案件案发，楼某某为掩饰犯罪，将其于 2017 年 6 月投入股票账户的 30 余万元中的残值 16 万元退还给楼乙。

二、主要问题

本案涉及的问题是：（1）认定楼某某受贿 500 万元、200 万元的定性是否正确。对此，主要有两种不同的观点：

一种观点主张构罪，认为涉案的 500 万元、200 万元是楼某某收受的好处费，属于受贿。

另一种观点主张不构罪，认为本案不能证明涉案的 500 万元是楼某某收受的好处费，500 万元存在合法的基础，涉案的 200 万元是楼某某向楼乙的借款，而非受贿款，因此，楼某某的行为不属于受贿。

（2）楼某某的行为是否构成滥用职权罪。对此，主要有两种不同的观点：

一种观点主张构罪，认为楼某某滥用职权并造成国家利益损失 1 713 万余元，其中楼某某主持召开街道三套班子人员会议调整资金分配方案属于徇私舞弊滥用职权，且楼某某的滥用职权行为与重大损失之间有因果关系。

另一种观点主张不构罪，认为本案不能证明楼某某的行为符合滥用职权罪的构成要件，兰某滥用职权行为与重大损失之间形成了独立的因果关系，"2006 年会议纪要"与重大损失之间的联系没有达到相当的程度，不属于刑法上的因果关系，因此，楼某某的行为不构成滥用职权罪。

三、出罪法理

笔者认为，楼某某不符合受贿罪、滥用职权罪的成立条件，不构成受贿罪、滥用职权罪，应当对楼某某的相关行为作出罪处理。

（一）楼某某涉嫌受贿 500 万元、200 万元的事实认定错误，法律适用不当

根据我国《刑法》第 385 条的规定，受贿罪是国家工作人员利用职务上的便利，索取他人财物，或者非法收受他人财物，为他人谋取利益的行为。作为权钱交易型犯罪，受贿罪的成立在客观上必须同时具备两个基本条件：一是行为人实施了索取或者非法收受他人财物的行为，二是行为人索取或者非法收受他人财物时利用了职务便利。前者是"钱"，后者是"权"，两者之间必须形成对价关系。本案证据不能证明涉案的 500 万元、200 万元属于楼某某的受贿款。

1. 本案证据不能证明涉案的 500 万元是楼某某收受的好处费，楼某某的行为不属于受贿

该 500 万元是否属于好处费，取决于以下两个方面：一是该 500 万元是否存在合法的基础，如果存在，则不能将该 500 万元认定为楼某某职务行为的对价，进而不能认定其为楼某某收受的好处费；二是该 500 万元是否能认定为楼某某所取得。从这两个方面看，本案证据不能证明该 500 万元是好处费。这具体体现在：

第一，本案证据证明，该 500 万元存在合法的基础，不是楼某某职务行为的对价。这主要包括：一是股东全部权益价值评估报告证明，楼甲应得的 D 公司所有者权益可以涵盖涉案的 500 万元，这证明该 500 万元是楼甲的合法所得，而非楼某某收取的好处费。本案证据显示，D 公司由楼甲与 C 公司共同出资成立，分别占股 49% 和 51%。楼甲从 D 公司的应得收益应当以 D 公司的总资产为基础进行核算。而在本案中，根据某资产评估有限公司出具的股东全部权益价值评估报告，截至 2016 年 11 月 30 日，D 公司的所有者权益为 11 924 万元，楼甲占股 49%，应得股东收益应为 5 842.76 万元，比起出资

5 323.34 万元和 500 万元好处费加起来还要多（多了 18.42 万元）。该 500 万元属于应得的合法收益，不能被认定为好处费。二是本案证据完全不能排除涉案 500 万元包含 B 公司依据借款可享有的利息的可能性。这又包括两个方面：一方面，本案证据完全不能排除 B 公司多支付的 669.34 万元主要是 D 公司的借款。本案证据显示，B 公司与 C 公司签订的"合作开发协议"是约定 B 公司投资 4 655 万元。B 公司实际支出了 5 324.34 万元，多支出了 669.34 万元。对于该 669.34 万元的性质，主张构罪的观点依据该钱款进入 D 公司后的用途、记账凭证上的标注和楼甲曾经的证言，认定该 669.34 万元均为投资款。不过认定某一款项是否属于投资款，关键在于提供款项的一方能否因此享有投资者权益。这既要看该款项是否反映在公司的出资额和出资比例上，又要看合作方是否按持股比例进行了相应的增资。具体而言，如果 B 公司多支出的 669.34 万元属于出资款，那么该 669.34 万元要么成为楼甲的增资，其持股比例要增加，要么 C 公司按照其持股 51% 的比例对应地进行了增资（约为 696.66 万元），否则，该 669.34 万元只能被认定为 B 公司对 D 公司的借款。至于该借款进入 D 公司后的实际用途如何，不影响该款的借款性质。在此基础上，该 669.34 万元中的 424.34 万元（减去 C 公司存在对应增资的 245 万元），完全不能排除是 B 公司的借款，进而不能排除 B 公司依此可享有的利息。另一方面，本案证据完全不能排除该 500 万元是 C 公司延迟支付的利息的可能性。本案证据显示，楼甲退出 D 公司的时间是 2006 年 11 月 28 日，但 C 公司全部付清是在 1 年之后的 2007 年 12 月（根据双方签订的协议，2007 年 6 月 30 日前付清 2 330 万元，2007 年 12 月 31 日前付清 2 325 万元），资金占用了 1 年多，显然应当支付利息。涉案的 500 万元应包含 C 公司占用数千万元资金长达 1 年多的利息。以上证据和事实证明，该 500 万元存在合法的基础，不是楼某某职务行为的对价。

第二，本案证据证明，该 500 万元不是给楼甲的，不能认定是楼某某收取的。2007 年最高人民法院、最高人民检察院《关于办理受贿刑事案件适用法律若干问题的意见》第 7 条第 1 款规定："国家工作人员利用职务上的便利为请托人谋取利益，授意请托人以本意见所列形式，将有关财物给予特定关系人的，以受贿论处。"第 11 条规定："本意见所称'特定关系人'，是指与国家工作人员有近亲属、情妇（夫）以及其他共同利益关系的人。"本案中，涉案的 500 万元是由 D 公司付给楼甲的 B 公司的。但 B 公司作为具有独立法人资格的单位，显然不属于楼某某的特定关系人。对此，主张构罪的观点以楼甲是楼某某的特定关系人（同胞兄弟）及楼甲与 B 公司存在财务混同，认为楼某某具有受贿的故意和行为。这一认定存在两个方面的错误：一是忽视了 B 公司作为具有独立法人资格的公司所具有的法人财产权。根据 2013 年

《公司法》第 3 条的规定，公司具有独立于股东（出资人）的独立法人财产权。本案中，楼甲不是 B 公司的直接股东，B 公司由（香港）某服装公司100％持股。楼甲只能算是 B 公司的实际控制人。根据我国《公司法》的规定，无论 B 公司是否由楼甲一人实际控制，该公司都具有独立于楼甲的法人财产权。在此基础上，不能将 D 公司支付给 B 公司的 500 万元直接认定为是给楼甲的。二是错误理解了财务混同制度的保护对象及对公司财产的影响。2013 年《公司法》第 20 条规定了公司股东"不得滥用公司法人独立地位和股东有限责任损害公司债权人的利益"，第 63 条规定"一人有限责任公司的股东不能证明公司财产独立于股东自己的财产的，应当对公司债务承担连带责任"。据此，基于滥用公司法人独立地位和股东有限责任的财务混同会损害债权人的利益，但该制度的设立不是为了保护股东的财产权，而是为了保护债权人的利益，旨在扩大公司的财产范围；同时，该制度的设立也不意味着当公司财产与股东个人财产合一时，不能将公司财产认定为股东个人财产。根据财务混同制度，股东的个人财产可用于偿还公司债务，但公司财产不能视为股东个人财产。本案中，涉案的 500 万元没有进入楼甲的个人账户，属于 B 公司的财产，而非楼甲的个人财产。主张构罪的观点认为 B 公司与楼甲个人存在财务混同，将 B 公司取得的该 500 万元认定为楼甲个人财产。但该 500 万元是 D 公司付给 B 公司的，而非给楼某某的特定关系人楼甲的，不能认定为楼某某所取得。

可见，该 500 万元存在合法基础，不是楼某某职务行为的对价，不能认定为楼某某收受的好处费，且该 500 万系给 B 公司而非楼甲个人，楼某某的行为不符合受贿罪的对象和行为要件，不构成受贿罪。

2. 本案证据可以证明，涉案的 200 万元是楼某某向楼乙的借款，而非受贿款

关于借款与受贿的界限，2003 年最高人民法院发布的《全国法院审理经济犯罪案件工作座谈会纪要》中规定："国家工作人员利用职务上的便利，以借为名向他人索取财物，或者非法收受财物为他人谋取利益的，应当认定为受贿。具体认定时，不能仅仅看是否有书面借款手续，应当根据以下因素综合判定：（1）有无正当、合理的借款事由；（2）款项的去向；（3）双方平时关系如何、有无经济往来；（4）出借方是否要求国家工作人员利用职务上的便利为其谋取利益；（5）借款后是否有归还的意思表示及行为；（6）是否有归还的能力；（7）未归还的原因；等等。"本案中，对于涉及楼乙的 200 万元，主张构罪的观点根据楼某某借款形式与正常借款不相符、退出股市时及之后有足够现金还款而不还、利用职务便利为楼乙提供了诸多帮助以及楼乙从未催讨等事实，认定楼某某有不还款的故意，且不还款与其为楼乙谋取利

益密切相关，该行为符合受贿罪权钱交易的特征，应以受贿罪定罪处罚。不过，笔者认为，这一认定依据不足，也是错误的。这具体体现在：

第一，该 200 万元明显更符合借款的特征，应当认定为借款。结合 2003 年《全国法院审理经济犯罪案件工作座谈会纪要》的上述规定，这具体体现为：一是楼某某有正当、合理的借款事由。楼某某因瞒着妻子炒股亏钱想翻本，才想到向楼乙借款 200 万元。二是钱款的去向与楼某某借款的事由相符。该 200 万元由楼乙以银行汇款的方式汇至楼某某侄子楼丙名下的银行账户，再转至其名下的股票账户，并全部交给楼某某炒股使用。钱款去向与楼某某的借款事由完全相符。三是楼某某与楼乙是亲属，关系要好，且互有经济往来。楼某某向楼乙借款符合一般借款所要求的人际关系基础。四是楼某某没有利用职务便利为楼乙谋取实际利益。楼某某给予楼乙在公司名称核准登记、子女入学等上的帮助都与楼某某的职务便利没有直接的联系。五是楼某某有归还的明确意思表示。本案证据显示，楼某某对于没有还款一直感到很内疚，先后多次约楼乙到银行会面，并提出用银行保险柜里的实物黄金折抵借款。六是楼某某没有归还的能力。2017 年 1、2 月清仓退出股市时楼某某的股票账户有 404 万余元，但该 404 万余元的去向包括 203 万元用于归还他人借款本息，150 万元被作了转账处理（虽然楼某某没有交代该 150 万元的用途，但钱款的转出表明该钱款需要由楼某某支出），剩余金额完全不足以归还楼乙的 200 万元借款。七是楼某某未归还借款的原因是他没有能力及时归还，而非故意不还。综合以上七点，该 200 万元具有明显的借款特征，应当认定为楼某某向楼乙的借款。

第二，该 200 万元明显不具有权钱交易的特征，不应认定为受贿款。在刑法上，受贿罪的权钱交易性质要求"权"（职务便利）与"钱"（财物）之间存在对应关系。这种对应关系一般体现在两个方面：一是时间上的关联性，即"权"的使用与"钱"的给付之间存在时间上的对应性；二是利益上的对应性，即"权"所生之利与"钱"在价值上能对应，且一般要求"权"所生之利大于"钱"的价值（至少要两者相当，否则行贿人没有行贿的动力）。所谓楼某某在向楼乙借款之前和之后利用职务便利为楼乙提供了诸多帮助（请托事项包括楼乙的公司名称核准登记、租用办公用房、缓交厂房租金、子女就学等事项），都与楼某某的职务无关。因为其中，租用的办公用房是农民房，虽经楼某某介绍，但并不存在利用楼某某职务便利的问题；缓交厂房租金是由镇书记裘某某帮忙，没有证据显示楼某某利用职务便利打了招呼等。因此，本案中，楼某某真正"帮忙"的事项是涉及楼乙企业名称核准登记、子女就学事项。不过，综合本案证据来看，这些事项与涉案的 200 万元之间明显不具备权钱交易的对应关系。这具体体现在两个方面：一是两者在时间上缺乏关联性。本案中，涉案 200 万元的借款时间是 2015 年 10 月。但楼乙公司名称核准登记的通过时间是 2012 年 9 月，其子女就学发生在 2018 年 6 月，这两个事项与涉案 200 万元借款的发生时间存在明显的错位，不对应。二是两者在利益上缺乏对应性。本案证据显示，帮助公司名称核准登记、子女就学（上的是某区普通小学）是由案外人沈某、来某某办理的，并不违规。而且，按照常理，这些事项都不存在产生很大利益的问题，属于亲属之间相互帮忙的一般范畴，而 200 万元则毫无疑问属于巨大的利益。两者相对比，请托事项与涉案的 200 万元在利益上明显缺乏对应性，无法体现出权钱交易的特征。

可见，涉案的 200 万元具有明显的借款特征，且与楼某某的职务便利不存在直接的对应关系，应当认定为楼某某向楼乙的借款，而不应当认定为楼某某的受贿款。楼某某的该行为不构成受贿罪。

（二）本案证据不能证明楼某某的行为符合滥用职权罪的构成要件，楼某某的行为不构成滥用职权罪

根据我国《刑法》第 397 条的规定，滥用职权罪是国家机关工作人员滥用职权，致使公共财产、国家和人民利益遭受重大损失的行为。滥用职权罪的成立在客观上必须同时具备三个基本条件：一是行为条件，即行为人实施了滥用职权行为；二是结果条件，即公共财产、国家和人民利益遭受重大损失；三是因果关系条件，即行为人的滥用职权行为与重大损失之间具有因果关系。本案中，主张构罪的观点认为，楼某某滥用职权并造成国家利益损失 1 713 万余元。其中，楼某某主持召开街道三套班子人员会议调整资金分配方案属于徇私舞弊滥用职权，且楼某某的滥用职权行为与重大损失之间有因果关系。不过，该观点对楼某某涉案行为的性质及其与重大损失之间的因果关系认定都存在明显错误。这具体体现在：

第一，楼某某的行为不属于徇私舞弊滥用职权行为。我国《刑法》第 397 条第 1 款和第 2 款区分了一般滥用职权行为和徇私舞弊滥用职权行为，将徇个人私情、私利的行为作为滥用职权罪从严处罚的情节。本案中，主张构罪的观点认为楼某某为徇私利，故意不正确履行职权，违反规定调整旧城改造项目资金分配方案。不过，在定性上，该观点在认定楼某某徇私利行为（对涉案的 500 万元）犯受贿罪的同时，又将该徇私利行为作为楼某某滥用职权行为的从严情节，属于对一个行为进行两次评价（既作为受贿罪的构成要件行为又作为滥用职权罪的量刑情节），违反了刑法禁止重复评价原则，是错误的，应当依法予以纠正。

第二，楼某某的行为与重大损失之间不具有因果关系。对于因果关系，主张构罪的观点认为，楼某某徇私利违规调整资金分配方案是兰某滥用职权行为予以实际兑现的前提，楼某某的行为确认了国家利益可以被企业非法占有及被占有的具体金额，兰某的行为则是找到了名义上合法的支付途径，二人的滥用职权行为相互结合，共同造成了危害结果。不过，这存在两个方面的错误：一是没有正确认定"2006 年会议纪要"与兰某 2011 年 12 月班子会议决策等行为之间的行政效力关系。根据《党政机关公文处理工作条例》第 8 条第 15 项的规定，会议纪要是适用于记载会议主要情况和议定事项的一种公文类型，属于行政机关内部公文，具有内部性、过程性、非终极性的特点。会议纪要不仅不具有对外的效力，而且因其只是过程性、非终极性公文而不具有对后续行政行为的约束力。会议纪要的这一特性决定了本案中"2006 年会议纪要"不具有约束兰某 2011 年 12 月班子会议决策等行为的效力，不能将其作为兰某滥用职权行为的原因。二是没有正确认定"2006 年会议纪要"与兰某 2011 年 12 月班子会议决策等行为之间的内容关系。"2006 年会议纪要"的内容是 A 公司垫付的土地开发费用实报实销，返镇的土地出让金收益按企业得 45％、街道得 55％的比例分成。而兰某 2011 年 12 月班子会议决策及执行的内容是通过虚列"对某集团钢家具生产基地扩建项目给予政策扶持"项目，将"2006 年会议纪要"确定的资金分配方案产生的 6 366 万元支付给莫某某。从内容上看，兰某 2011 年 12 月班子会议决策实质地改变了"2006 年会议纪要"关于垫支实报实销等核心内容，6 366 万元只是一个由头，其虚列"对某集团钢家具生产基地扩建项目给予政策扶持"项目是莫某某获利的根本原因。按照"2006 年会议纪要"，因垫支无法进行实报实销等操作，会议纪要的内容是无法落地执行的，莫某某不可能额外获利，国家也不会遭受实际损失。因此，在因果关系上，"2006 年会议纪要"只是兰其为其滥用职权行为所找的理由，并不构成对兰某滥用职权行为的约束。兰某滥用职权行为与重大损失之间形成了独立的因果关系。"2006 年会议纪要"与重大损失之间的联系没有达到相当的程度，不属于刑法上的因果关系。

可见，构罪观点认定楼某某徇私舞弊滥用职权造成国家利益重大损失，存在明显的行为和因果关系认定错误。楼某某的行为不构成滥用职权罪。

李某某挪用公款案

——挪用公款归其他单位使用但无法证实谋取了具体利益的行为是否构成挪用公款罪

一、基本案情

2010 年间，李某某担任某公司副总经理，分管公司民品业务。其利用兼任下属 A 公司、B 公司董事长，负责决定经营事项、审批合同、审批资金使用等职务上的便利，伙同时任 A 公司副总经理的梁某某，以签订循环贸易合同并支付贸易款项的方式，挪用 A 公司公款共计人民币 950 万元，挪用 B 公司公款共计人民币 706 万元，用于 C 公司进行营利活动。C 公司股东系 D 公司，该公司由梁某某实际控制。

2011 年间，李某某担任某公司副总经理，分管公司民品业务，其利用兼任下属 A 公司董事长，负责决定经营事项、审批合同、审批资金使用等职务上的便利，伙同时任 A 公司副总经理的梁某某，以签订循环贸易合同并支付贸易款项的方式，挪用 A 公司公款共计人民币 1 600 万元，用于梁某某等人持股并实际控制的 C 公司进行营利活动。

二、主要问题

本案涉及的主要问题是：李某某的行为是否属于挪用公款归个人使用，是否符合挪用公款罪的成立条件，其行为是否构成挪用公款罪。对此，主要存在两种不同观点：

一种观点主张构罪，认为李某某利用职务便利，个人决定将 A 公司、B 公司的公款挪归 C 公司使用，谋取个人利益，符合挪用公款归个人使用的基本条件，其行为构成挪用公款罪。

另一种观点主张不构罪，认为李某某没有谋取个人利益，其行为不属于挪用公款归个人使用，不构成挪用公款罪。

三、出罪法理

关于挪用公款罪，我国《刑法》第 384 条第 1 款规定："国家工作人员利用职务上的便利，挪用公款归个人使用，进行非法活动的，或者挪用公款数额较大、进行营利活动的，或者挪用公款数额较大、超过三个月未还的，是挪用公款罪，处五年以下有期徒刑或者拘役；情节严重的，处五年以上有期徒刑。挪用公款数额巨大不退还的，处十年以上有期徒刑或者无期徒刑。"可见，挪用公款罪的成立在客观上要求行为人必须实施了"挪用公款归个人使用"的行为。关于"挪用公款归个人使用"，2002 年全国人大常委会《关于〈中华人民共和国刑法〉第三百八十四条第一款的解释》规定："有下列情形之一的，属于挪用公款'归个人使用'：（一）将公款供本人、亲友或者其他自然人使用的；（二）以个人名义将公款供其他单位使用的；（三）个人决定以单位名义将公款供其他单位使用，谋取个人利益的。"本案中，李某某是以多家公司之间签订循环贸易合同的方式将公款供 C 公司使用的；同时，本案证据显示，C 公司用涉案公款归还了贷款，并向资金出借方支付了一定的资金使用费。2001 年最高人民法院发布的《全国法院审理金融犯罪案件工作座谈会纪要》规定："根据刑法和《最高人民法院关于审理单位犯罪案件具体应用法律有关问题的解释》的规定，以单位名义实施犯罪，违法所得归单位所有的，是单位犯罪。"从资金使用合同签订主体、签订名义、资金使用主体、受益主体、使用费支付主体上看，对涉案公款的使用显然是单位之间的行为，是以单位的名义将公款供其他单位使用。在此基础上，对李某某行为性质认定的关键在于本案能否认定李某某具备"谋取个人利益"的条件。对此，笔者认为，本案不能认定李某某具备挪用公款归个人使用的"谋取个人利益"条件，其行为不属于挪用公款归个人使用，不构成挪用公款罪。

（一）从整体上看，李某某没有从资金使用方 C 公司谋取任何个人利益

根据 2002 年全国人大常委会《关于〈中华人民共和国刑法〉第三百八十四条第一款的解释》的规定，作为挪用公款归个人使用的情形之一，"个人决定以单位名义将公款供其他单位使用，谋取个人利益的"要求同时具备三个基本条件：一是"个人决定"，二是"以单位名义将公款供其他单位使用"，三是"谋取个人利益"。三个条件必须同时具备，缺一不可。

全国人大常委会的立法解释之所以规定"个人决定以单位名义将公款供其他单位使用"必须具有"谋取个人利益"条件才成立挪用公款归个人使用，是因为要限缩挪用公款归个人使用的成立范围，也是因为要防止国家工作人员利用公款的使用权与资金使用方进行利益交换。因此，从法益的角度看，这种情形的挪用公款归个人使用必然同时侵害单位公款的使用权和国家工作人员职务的廉洁性。反之，如果行为人没有从资金使用方谋取个人利益，那么就不能认定其行为同时侵害了公款的使用权和国家工作人员职务的廉洁性，进而不能认定其行为属于立法解释规定的这一挪用公款归个人使用的情形。

本案中，在案证据表明，李某某实施涉案的挪用公款行为，没有从公款使用方 C 公司谋取个人利益，包括既没有意图谋取任何个人利益更没有实际谋取任何个人利益，既没有谋取直接的个人利益（如没有直接从 C 公司收取任何好处费）也没有谋取间接的个人利益（如没有亲属在 C 公司任职等），既没有谋取财产性利益也没有谋取非财产性利益。从保护法益的角度看，李某某的行为没有侵害其作为国家工作人员的职务廉洁性，不符合 2002 年全国人大常委会《关于〈中华人民共和国刑法〉第三百八十四条第一款的解释》关于"谋取个人利益"的立法解释本意，不能认定其行为属于"个人决定以单位名义将公款供其他单位使用，谋取个人利益的"情形。在此基础上，本案不能认定李某某的行为属于挪用公款归个人使用，其行为不符合挪用公款罪的行为要求，不构成挪用公款罪。

（二）从分项上看，本案不能认定李某某为谋取个人利益实施涉案的挪用行为

本案中，在具体认定李某某是否谋取个人利益时，有三个方面的情况需要注意：一是李某某将康某某的 200 万元转给梁某某的钱款性质，二是李某某事后使用梁某某的车，三是李某某的个人前程及梁某某请李某某吃饭、洗澡、按摩等小恩小惠。但这些方面都不能被认定为李某某实施挪用公款行为谋取的个人利益。

1. 本案证据可以相互印证地证明，涉案的 200 万元是李某某对梁某某的借款，而非李某某对 C 公司的投资款

本案中，李某某的笔录和相关转账记录显示，李某某将康某某（已故）的 200 万元转给了梁某某实际控制的 D 公司。对于该 200 万元的钱款性质，本案证据可以相互印证地证明，涉案的 200 万元是李某某对梁某某的借款，而非李某某对 C 公司的投资款。这是因为：

第一，李某某、梁某某的笔录可以相互印证地证明涉案 200 万元钱款的性质是李某某对梁某某的借款。这表现在：一是梁某某对该 200 万元钱款的性质明确称是借款。梁某某 2023 年 2 月 7 日的笔录明确称："这笔 200 万元当时是我跟李某某说过想让李某某找来，我梁某某本人来承担还款义务，也就是实际上这 200 万元是我借李某某的钱。"二是李某某对该 200 万元钱款比较稳定一致的口供称是借款。本案中，李某某对该 200 万元钱款有多份笔录，其稳定一致的口供称该 200 万元系梁某某因出资困难而向其借款。例如，李某某 2022 年 9 月 30 日的笔录称："我朋友通过我借给过梁某某 200 万元，2009 年的时候借的，梁某某已经还了二三十万元，梁某某还欠着我朋友康某某一百六、七十万元。2014 年的时候，我朋友死了，2019 年的时候我还向梁某某要过这笔钱，但是梁某某没有还。"李某某 2022 年 10 月 1 日的笔录称：

"大概是 2009 年的时候，我当时在 A 公司的办公室，梁某某来我办公室找我借 200 万元，说他个人投资的 C 公司要用钱，过个半年一载就能倒腾过来把钱还了，我当时答应了。等梁某某走后，我跟康某某打了个电话说有点事找他借 200 万元，我没跟康某某说借钱的事由，只是说有点事找他借钱，康某某没多问就答应了，也没让我打借条。"因此，李某某、梁某某的笔录可以相互印证地证明，涉案的 200 万元是李某某对梁某某的借款，而非李某某的投资款。本案中关于该 200 万元其他性质的说法，都缺乏证据的印证而不能成立。

第二，证人孙某某关于李某某在 C 公司持股的证言是孤证，且是推测性的，不足以采信。本案中，证人孙某某（曾任 C 公司总经理）2022 年 10 月 14 日的笔录称："之后大家就开始按照注册资金 3 000 万元的总数按比例划分股份，给我分配的比例是 15%，对应也就是 450 万元，梁某某也是 15%、李某某 15% 等。上述这些股权大家肯定都出资到位了，里面有一些是代持出资的。根据他们的持股比例来推测，霍某某是为李某某代持的。这只是我的推测。"孙某某的这份笔录不能作为定案的根据：一是孙某某关于李某某持股的证言是孤证，没有其他证据印证，也不能与李某某债转股的供述印证（在金额上，李某某如持股 15% 需要支付 450 万元，而非 200 万元）；二是孙某某虽然提到李某某的股份问题，但其本人也称是推测的；三是梁某某的笔录表明，霍某某是为梁某某代持的，这反过来证明孙某某的推测是错误的。更为重要的是，孙某某的说法与李某某、梁某某关于 200 万元系借款的相互印证的笔录相矛盾，不能成立。

可见，本案证据不能认定涉案的 200 万元是李某某对 C 公司的投资款，进而不能认定李某某在 C 公司存在个人利益。

2. 事后使用梁某某车辆的事实不能被认定为李某某实施挪用公款行为谋取的个人利益

本案证据显示，李某某曾向梁某某借用奥迪车，后李某某将奥迪车归还梁某某，再后来因单位对公车管理较严，李某某又重新向梁某某借车，使用至案发。但李某某使用梁某某奥迪车不能认定为李某某实施挪用公款行为谋取的个人利益。这是因为：

第一，李某某使用的是梁某某的车辆，而非涉案挪用公款的资金使用方 C 公司的车辆，不能认定为李某某实施挪用公款行为谋取的个人利益。如前所述，挪用公款归个人使用中的"谋取个人利益"是为了保护国家工作人员职务的廉洁性。这直接表现为挪用公款归个人使用中的"个人利益"须是来自公款使用方的利益。但李某某使用的奥迪车是梁某某个人的车辆，不是 C 公司的车辆（C 公司的持股人众多，梁某某的利益不等同于 C 公司的利益），不应认定为李某某实施挪用公款行为谋取的个人利益。

第二，梁某某、李某某的笔录相互印证地表明涉案车辆不是梁某某送给李某某的。梁某某的笔录明确称："我 2008 年或者 2009 年买了奥迪 A6 汽车，刚买回来的时候的挂的是军牌。后来 2014 年还是 2015 年之后就不再挂军牌了，这时候开始李某某就用了一段时间这台奥迪车。这辆车我们俩一人拿一把钥匙，两个人谁需要了谁就开。李某某还说 10 万元把车卖给他，等他摇到了车牌照再办过户，他后来跟我说从他借给我的钱里面扣除。这样截至案发，算下来我还欠李某某 140 万元。"梁某某的笔录能与李某某关于涉案奥迪车是梁某某给其使用的笔录相印证，进而证明涉案的奥迪车不是梁某某送给李某某的财物。

第三，李某某使用梁某某车辆的行为发生在挪用公款行为结束之后，不能认定为李某某实施挪用公款行为谋取的个人利益。梁某某的笔录及李某某相印证的笔录显示，李某某使用梁某某车辆的开始时间是 2014 年或者 2015 年。此时，李某某涉案的挪用公款行为已经完全结束。而挪用公款归个人使用的"谋取个人利益"的行为应当发生在挪用公款行为之前或者过程中。对此，《刑事审判参考》指导性案例第 805 号"姚某文挪用公款无罪案"的裁判理由明确指出，个人决定以单位名义将公款借给其他单位使用，虽然事后收受对方财物但难以证实借款当时具有谋取个人利益目的的，不构成挪用公款罪。该意见得到了最高人民法院的认可。本案中，李某某使用梁某某车辆的行为发生在挪用公款行为结束之后，不能认定为李某某实施挪用公款行为谋取的个人利益。

第四，李某某的用车行为没有被认定为受贿，不能将事后用车的行为认定为李某某实施挪用公款行为谋取的个人利益。本案中，某监察委认为李某某使用梁某某车辆的行为属于受贿，且是以受贿立案，并以受贿移送审查起诉。但检察机关认为李某某的用车行为不成立受贿罪，没有将李某某的用车行为作为犯罪进行指控。在此情况下，本案不能认定事后用车的行为是李某某谋取的个人利益，更不能将事后用车行为认定为李某某实施挪用公款行为谋取的个人利益。

可见，本案涉及的多方面情况表明，李某某事后使用梁某某车辆的行为不能被认定为李某某实施挪用公款行为谋取的个人利益。

3. 李某某的个人前程及梁某某的小恩小惠，不能被认定为李某某实施挪用公款行为谋取的个人利益

本案中，李某某多次供述，之所以同意挪用公款给 C 公司解决资金困难，也是因为担心 C 公司经营不善可能会对自己的事业带来不良影响；并供述梁某某经常给其小恩小惠，如请其吃饭、洗澡、按摩。但李某某的个人前程及

梁某某的小恩小惠，不能认定为李某某实施挪用公款行为谋取的个人利益。这是因为：

第一，李某某的个人前程及梁某某的小恩小惠，不属于具体的实际利益。挪用公款归个人使用中的"谋取个人利益"必须是具体的实际利益。2003 年最高人民法院下发的《全国法院审理经济犯罪案件工作座谈会纪要》针对挪用公款归个人使用的"谋取个人利益"规定，其中的"个人利益"，既包括不正当利益，也包括正当利益；既包括财产性利益，也包括非财产性利益，但这种非财产性利益应当是具体的实际利益，如升学、就业等。本案中，李某某的个人前程及梁某某的小恩小惠，不属于具体的实际利益，不能被认定为李某某实施挪用公款行为谋取的个人利益。

第二，李某某的个人前程及梁某某的小恩小惠，不是来自资金使用方 C 公司的利益。如前所述，挪用公款归个人使用中的"谋取个人利益"应当是来自公款使用方的利益，否则难以认定其行为侵害了国家工作人员职务的廉洁性。本案中，李某某的个人前程及梁某某的小恩小惠，不是来自资金使用方 C 公司，不能被认定为李某某实施挪用公款行为谋取的个人利益。

第三，李某某与梁某某之间的交往较多，难以将梁某某的小恩小惠等认定为李某某实施挪用公款行为谋取的个人利益。如前所述，李某某与梁某某作为 A 公司的领导，二人之间的交往较多。梁某某经常给李某某小恩小惠，如请其吃饭、洗澡、按摩。在二人之间有较多交往的情况下，这些小恩小惠难以被认定为李某某谋取的利益，且从常理上看，李某某也不可能会因为这些小恩小惠而挪用 3 000 多万元公款。

可见，本案不能认定李某某具备挪用公款归个人使用的"谋取个人利益"条件，进而难以认定其行为属于挪用公款归个人使用，李某某的行为不构成挪用公款罪。

宗某挪用公款案

——集体决定以融资贸易方式将公款归其他单位使用是否属于挪用公款

一、基本案情

2011 年 8、9 月，A 公司总经理王某某通过陈某某、单某某联系到时任 B 公司（国有公司）总经理宗某，要求借款。宗某为了企业发展、人情关系同意了王某某的借款要求，并指派 B 公司副总会计师赵某某具体负责办理。宗某、赵某某商议以贸易方式，与王某某提供的上游公司签订虚假采购合同借出钱款，再与王某某的公司签订虚假销售合同收回钱款。宗某指派赵某某到大连与王某某商议借款细节，二人约定了合同签订方式：每次借款周期为 4 个月，采用现金支付时利率为 7.2%，采用承兑汇票或信用证等非现金方式支付时利率为 5%。

2011 年 12 月 27 日，宗某决定隐瞒事实真相，由赵某某以开展木材贸易的名义向 B 公司总经理办公会汇报，获得办公会同意；并于 2011 年 12 月 28 日至 2012 年 9 月 28 日期间签订虚假木材购销合同 24 份，分 7 次 12 笔将 C 公司公款人民币 15 787.663 2 万元出借给 A 公司进行营利性活动。截至案发时，仍有人民币 2 350.824 4 万元未归还。

王某某为了感谢宗某、赵某某及确保后续借款的顺利履行，于 2012 年 4 月 24 日分别送给宗某、赵某某人民币各 100 万元。2012 年 8 月 23 日，赵某某因王某某还款情况不善，将其收受的钱款 100 万元返还给王某某。2012 年夏天，宗某收受王某某 1 万美元，合人民币 6.311 2 万元。2014 年 11 月，在国资委纪检部门巡视期间，宗某将 1 万美元返还给王某某。

二、主要问题

本案涉及的主要问题是宗某的行为是否属于挪用公款归个人使用，是否构成挪用公款罪。对此，主要有两种观点：

一种观点主张构罪，认为 B 公司将公款提供给 A 公司使用并非公司集体研究决定，而是宗某、赵某某二人的个人行为。其采取虚假的木材贸易方式，最终达到借款给A公司的目的，属于挪用公款归个人使用，其行为应当构成挪用公款罪。

另一种观点主张不构罪，认为B公司将公款提供给A公司使用是公司集体决定的，而非宗某个人决定的。且B公司与A公司合作是为了给C公司创造收益，因而，即便宗某存在获利的情形，但是其主要行为目的是保护单位利益，不能认定宗某的行为成立挪用公款罪。

三、出罪法理

根据我国《刑法》第384条的规定，国家工作人员利用职务上的便利，挪用公款归个人使用，进行非法活动的，或者挪用公款数额较大、进行营利活动的，或者挪用公款数额较大、超过3个月未还的，成立挪用公款罪。挪用公款归个人使用是挪用公款罪的必要客观要素，不属于挪用公款归个人使用的，则不构成挪用公款罪。本案中，宗某的行为是否构成挪用公款罪，关键在于其行为是否属于挪用公款归个人使用。关于挪用公款归个人使用，2002年全国人大常委会《关于〈中华人民共和国刑法〉第三百八十四条第一款的解释》规定："有下列情形之一的，属于挪用公款'归个人使用'：一是将公款供本人、亲友或者其他自然人使用的；二是以个人名义将公款供其他单位使用的；三是个人决定以单位名义将公款供其他单位使用，谋取个人利益的。"本案中，涉案公款是以单位名义供其他单位使用的，因此宗某的行为是否属于挪用公款归个人使用，关键在于看其行为是否同时具备"个人决定"和"谋取个人利益"两个要素。对此，笔者认为，宗某的行为不具备"个人决定"和"谋取个人利益"要素，不属于挪用公款归个人使用，不构成挪用公款罪。这主要体现在以下几点。

（一）B公司出借资金的决定是单位的集体决定，而非宗某的个人决定，宗某的行为不属于挪用公款归个人使用

如前所述，2002年全国人大常委会《关于〈中华人民共和国刑法〉第三百八十四条第一款的解释》规定"以单位名义将公款供其他单位使用"成立挪用公款归个人使用的前提是"个人决定"。2003年11月13日最高人民法院发布的《全国法院审理经济犯罪案件工作座谈会纪要》中进一步明确规定："经单位领导集体研究决定将公款给个人使用，或者单位负责人为了单位的利益，决定将公款给个人使用的，不以挪用公款罪定罪处罚。上述行为致使单位遭受重大损失，构成其他犯罪的，依照刑法的有关规定对责任人员定罪处罚。"本案中，B公司将公款供A公司使用的决定，并不能被认定为宗某、赵某某二人的个人决定。这具体体现在以下几方面。

1. 从总经理办公会集体研究的项目情况看，B公司将公款供A公司使用是集体的决定，而非宗某的个人决定

本案中，B公司与A公司的合作是经B公司总经理办公会集体研究决定的。不能仅凭B公司总经理办公会集体研究决定的是C公司和A公司的木材贸易合作方案而非借款的事项，就认定宗某、赵某某在总经理办公会上通过隐瞒真相，采取虚假的木材贸易方式，是为了达到借款给A公司的目的，进而得出总经理办公会的其他参加人员并不知晓该笔业务的实质是借款给A公司的结论，将上述行为认定为宗某、赵某某二人的个人行为。这是因为：

第一，从合作实质上看，B公司与A公司之间的木材贸易方案实质就是借款，且经过B公司总经理办公会集体研究决定，非宗某的个人决定。本案中，2011年12月27日B公司总经理办公会会议纪要包括三项内容：一是原则同意合作项目；二是认真制定操作方案，完善A公司抵押房产等法律手续；三是责成赵某某及总法律顾问赵甲及能源部、法律事务部对合作业务流程及时跟踪，全程监控。但从项目合作内容上看，B公司与A公司合作的实质内容就是借款，且款项都是按照B公司总经理办公会集体研究决定的方案进行的。这包括：（1）合作方案的内容实质是融资性贸易（通过贸易方式借款给A公司）。与民商事法律关系的判断不同，刑法对法律关系的判断注重行为的实质。本案中，从民商事法律关系上看，B公司与A公司确定的木材贸易方案形式上是一个三方贸易（B公司向第三方购买木材后卖给A公司），但实质上是一个委托贸易（A公司委托B公司向第三方采购木材），是融资性贸易。从刑法上看，这种融资性贸易的实质是融资，即借款。在这一委托贸易中，B公司实际上只需要出钱就可以获得相应的回报，本质上是帮A公司支付采购木材款，就是借款给A公司。（2）涉案款项的流转是按照B公司总经理办公会集体研究决定的贸易方案进行的。根据B公司总经理办公会通过的木材贸易方案，B公司与A公司的合作项目是木材贸易，即B公司向第三方付款采购木材，然后A公司向B公司付款加价购买木材。整个资金流转是：由B公司流向第三方，然后由A公司流转回B公司。而事实上，B公司与A公司之间的资金流转完全是按照B公司总经理办公会通过的项目方案进行的，是B公司总经理办公会的集体决定。

第二，从合作内容上看，本案证据完全不能排除B公司总经理办公会其他人员知晓合作就是借款给A公司的合理怀疑。这是因为：（1）合作方案的内容实质是借款给A公司，参加总经理办公会的人员都能认识。如前所述，B公司与A公司合作的方案是委托贸易，本质是借款。参加总经理办公会的人员都具有较为丰富的贸易经验和管理经验，对该贸易方案的实质应该有认识。（2）合作方案采取固定利润方式，不符合木材贸易特征，而更符合借款

特性。本案中，虽然 B 公司、A 公司、第三方之间签订的是两套合同，但合同内容是关联的，合同金额显示 B 公司与 A 公司之间的利润是固定的，完全根据出资购买木材金额的固定比例确定，明显更符合借款的特性。参加 B 公司总经理办公会的人员不可能不知晓。(3) 合作方案确定的利润率明显高于木材贸易净利润率。本案中，贸易方案确定的 B 公司净利润率是 5%（采用承兑汇票或是信用证等非现金方式支付采购款）、7.2%（采用现金支付采购款），且多数都是 7.2%。而 C 公司木材融资方案显示，C 公司从上游公司购买木材再卖给 A 公司，毛利润只有约 4%，净利润率只有 3% 左右。对于明显高于一般木材贸易的净利润率，参加 B 公司总经理办公会的其他人员不可能不清楚。(4) 合作方案要求 A 公司抵押。B 公司总经理办公会明确要求"完善 A 公司抵押房产等法律手续"，但正常的木材贸易是不会存在抵押的。相反，只有在借款的情况下才可能存在抵押。(5) 合作方案中存在融资文件。本案中，宗某、赵某某的笔录都提到在 2011 年 12 月 27 日 B 公司总经理办公会上通过的木材贸易方案中有一份融资文件且有 A 公司所需融资额度的表格（反映出 A 公司需要融资 2 亿多元）。这可以表明，B 公司与 A 公司之间的合作就是融资，且告诉了 B 公司参加总经理办公会的人员。(6) B 公司召开过务虚会并谈到 A 公司融资的问题。宗某的笔录显示，在 2011 年 12 月 27 日 B 公司总经理办公会之前曾召开过务虚会，并在务虚会上谈到过为 A 公司融资的问题。这可以与古某某的笔录相印证（古某某笔录证明李某、张某、古某某等公司高管事先知道 A 公司的融资目的）。(7) B 公司与 A 公司合作贸易的第三方公司主要是与 A 公司同在大连的公司，A 公司不直接向第三方公司采购木材的事实表明，其是想利用 B 公司的资金。对此，B 公司领导班子成员显然知晓。以上情况表明，本案完全不能排除 B 公司总经理办公会其他人员知晓合作就是借款给 A 公司的合理怀疑。

2. 从文件会签流程上看，B 公司将公款供 A 公司使用是集体的决定，而非宗某的个人决定

B 公司总经理办公会只是 B 公司集体决策的一个流程和环节，且通常是针对重大事项进行原则性决策。具体事项是通过 B 公司文件会签的方式进行决策的。文件会签也反映了 B 公司在具体事项上的集体决策机制。本案中，B 公司对与 A 公司合作事项的文件会签流程表明，B 公司将公款供 A 公司使用是集体的决定，而非宗某的个人决定。这是因为：

第一，B 公司与 A 公司合作的文件履行了完整的文件会签流程，反映出 B 公司的集体意志。本案中，B 公司内部文件会签单显示，B 公司与 A 公司之间的合作文件（包括款项的支出）都严格履行了内部文件会签流程，分别由承办部门、相关部门、法务部门、财务领导、法务领导和总经理签署意见，

涵盖了具体负责人、部门领导、分管领导和最终领导，他们都同意与 A 公司签署文件并支付相关款项，表明 B 公司集体同意与 A 公司合作。整个过程体现了 B 公司的集体意志，而非宗某的个人意志。

第二，B 公司会签人员对 B 公司借款给 A 公司有更明确的认识。例如，木材贸易方案中作为合作的第三方公司是甲市的两家公司，但会签合同时第三方公司则是乙市的几家公司和丙市的一家公司，而且 A 公司就在乙市，完全没有必要通过 B 公司加价采购。同时，古某某的笔录显示，其发现 B 公司与 A 公司、第三方公司的合同存在问题，且对方存在关联交易，仍然与赵甲、朱某共同签字同意做这个业务，只是要求提高抵押担保、控制风险；其向李某汇报过木材贸易有问题，但李某说这个项目是其和宗某考察过，要古某某不要有过多顾虑。这表明，除宗某、赵某某外，李某、朱某、古某某、赵甲对 B 公司与 A 公司之间的借款有认识（至少不能排除他们有认识的合理怀疑）。

可见，B 公司出借资金的决定是单位的集体决定，而非宗某的个人决定，宗某的行为不属于挪用公款归个人使用，不构成挪用公款罪。

（二）宗某的行为主要是为单位谋取利益，而非谋取个人利益，不能将其全部涉案行为都认定为挪用公款归个人使用

如前所述，"以单位的名义将公款供其他单位使用"要成立"挪用公款归个人使用"，除了具备"个人决定"要素外，还必须具备"谋取个人利益"要素。在本案中，宗某、赵某某二人在王某某许诺给予好处后，收受王某某好处费而未拒绝，其中宗某收受王某某 100 万元人民币未退还，收受 1 万美元 2 年多后因被调查怕败露才退还，赵某某收受 100 万元人民币交给朋友石某某保管，4 个多月后才退还。而上述行为是否足以证明二人有谋取个人利益的主观故意，需要从两个方面予以考虑：

第一，应当区分宗某行为的主要目的和次要目的。本案证据可以充分证明，B 公司与 A 公司之间开展合作的主要目的是增加单位利益，即为了给 C 公司创造收益。这主要包括两个方面：（1）本案证据可以充分证明，宗某、赵某某的行为目的是增加单位利益。其中，宗某的多次笔录均提到，之所以与 A 公司合作，是因为 C 公司需要有绩效，而有收入是考核领导的重要指标。单某某的笔录称宗某同意与 A 公司合作一方面是因为其是宗某的老领导，另一方面是因为宗某也需要一些业绩，联系成了双方都受益。赵某某的笔录也称：与 A 公司合作的前提是 B 公司要有利益，否则是不会做的。（2）本案证据证明，B 公司与 A 公司合作的收益都进入了 C 公司。本案中，B 公司与 A 公司合作共产生了 1 000 多万元的利润。这些利益都是根据双方签订的合作产生的，进入了 C 公司账户。因此，即便本案中宗某存在谋取个人利益的情形，也应考虑到其行为的主要目的是增加单位利益，审慎考虑对其行为的定罪和量刑。

第二，应当整体把握宗某全部行为的目的和部分行为的目的。这主要包括两个方面：（1）本案证据可以证明，宗某在一开始实施涉案行为时明显不具有谋取个人利益的目的，"宗某为了企业发展、人情关系同意了王某某的借款要求"。这里所称的"企业发展"是单位利益，"人情关系"是私人情分，都不是"个人利益"（个人利益必须是"私利"）。（2）宗某收受王某某贿赂的行为发生在借款的中后期。宗某收受王某某100万元的时间是2012年4月24日，收受王某某1万美元的时间是2012年夏天。而在本案中，B公司与A公司的合作时间是2011年12月28日至2012年9月28日。据此，从贿赂发生的时间上看，本案不能认定C公司与A公司2011年12月28日签订"木材采购的框架协议"、2012年3月21日签订"协议书"时具有谋取个人利益的目的；同时也不能认定在C公司2011年12月28日借款2 000万元给A公司时宗某具有谋取个人利益的目的。

可见，宗某的行为主要是为单位谋取利益，而非谋取个人利益，不能将其全部涉案行为都认定为挪用公款归个人使用。

此外，值得指出的是，宗某、赵某某的笔录等证据显示，宗某决定借给A公司1个亿，1年3个周期，滚动总额3个亿，实际借款中A公司最高欠C公司八九千万元。据此，即便宗某的行为构成挪用公款罪，其也只侵害了C公司八九千万元的资金使用权，挪用公款的金额也应认定为八九千万元（不超过1亿元），而不能认定为15 787.663 2万元。

王某某挪用公款等案

——以吸收客户资金不入账方式发放贷款的行为是否构成挪用公款罪

一、基本案情

（一）挪用公款

1996 年至 1997 年期间，王某某与时任中行某支行代理行长张某某（另案处理）共谋，利用张某某的职务便利，挪用公款共计人民币 5 060 万元供其实际经营的 A 公司、B 公司使用。具体如下：

1. 1996 年 10 月，王某某与张某某共谋，利用张某某职务便利，以中行某支行的名义向农行某支行拆借资金人民币 1 500 万元，通过吸收客户资金不入账的方式将该笔资金挪用给王某某实际经营的 A 公司用于营利活动。

2. 1996 年 12 月，王某某与张某某共谋，利用张某某职务便利，伪造转账进账单，将某行业管理处的人民币 560 万元定期存款通过吸收客户资金不入账的方式，挪用给王某某实际经营的 A 公司用于营利活动。

3. 1996 年 12 月，王某某与张某某共谋，利用张某某的职务便利，违规从某信用联社拆借人民币 3 000 万元，通过吸收客户资金不入账的方式将该笔资金挪用给王某某实际经营的 B 公司用于营利活动。

（二）单位行贿

2005 年春节至 2012 年春节期间，王某某身为 C 公司的实际控制人、法定代表人，在某煤矿区探矿权转让过程中，为了获取不正当利益，多次安排公司员工贿送原某省煤田地质局局长罗某某人民币 97 万元。

（三）行贿

2012 年 9 月 25 日，韩国某公司等同 D 公司签订股权转让协议，并将所持 C 公司股权全部转给 D 公司。2012 年 12 月 11 日，C 公司股东为王某某和 D 公司，之后王某某认缴出资额调整为 5 904 万元、持股比例为 49%，D 公司认缴出资额为 6 145 万元、持股比例为 51%。

2012 年中秋至 2017 年春节期间，王某某为了感谢原某省煤田地质局局长罗某某在某煤矿探矿权转让中及后期的特殊关照，安排公司员工贿送给罗某某人民币 23 万元。

二、主要问题

本案涉及的主要问题是：（1）王某某以吸收客户资金不入账方式发放贷款的行为，是否构成挪用公款罪。对此，主要有两种观点。

一种观点主张构罪，认为，王某某与张某某共谋，两人利用张某某的身份便利，实施了三起挪用公款的行为。王某某与张某某属于挪用公款罪的共犯，因此王某某构成挪用公款罪。

另一种观点主张不构罪，认为，张某某的行为不属于挪用公款归个人使用。其行为不仅不满足挪用公款罪的行为要件，而且并未实质侵犯挪用公款罪所保护的法益。并且对于张某某从某信用联社拆借人民币 3 000 万元的行为，王某某并不知情，因此王某某不符合挪用公款罪共犯的要求，其不构成挪用公款罪。

（2）王某某犯单位行贿罪能否并处罚金。对此，主要有两种观点：

一种观点认为，根据我国《刑法修正案（九）》的明确规定，单位行贿罪的法定刑是"五年以下有期徒刑或者拘役，并处罚金"，因此，对王某某应当并处罚金。

另一种观点认为，在《刑法修正案（九）》出台以前，对单位行贿罪并未规定财产刑。本案有证据证明，王某某的单位行贿发生于该修正案出台之前，依据从旧兼从轻的原则，对王某某不能并处罚金。

（3）王某某是否构成行贿罪？对此，主要有两种观点。

一种观点认为，王某某犯单位行贿罪和犯行贿罪的行为具有连续性，其行贿的对象都是罗某某，目的是感谢罗某某给予的帮助。但在王某某不再担任公司法人与股东之后，其行贿行为已不代表单位意志，是其个人行为。因此，王某某的行为构成行贿罪。

另一种观点认为，根据本案证据显示，王某某向罗某某给予钱款的行为，均发生在罗某某退休后。从案件整体来看，如果认定王某某犯单位行贿罪和行贿罪的行为具有连续性，则也应当将王某某在罗某某离职后给予其财物的行为认定为单位行贿罪，否则，因罗某某离职后已不具有国家工作人员的身份，王某某在罗某某退休后给予其财物的行为不能单独构成行贿罪。

三、出罪法理

笔者认为，王某某以吸收客户资金不入账的方式发放贷款的行为不符合挪用公款罪的构成要件，不构成挪用公款罪。同时，对王某某涉案的其他行为也应当依法分别作出罪处理或者调整处罚。

（一）王某某不构成挪用公款罪，更不应被判处罚金

关于挪用公款罪，我国《刑法》第 384 条第 1 款规定："国家工作人员利用职务上的便利，挪用公款归个人使用，进行非法活动的，或者挪用公款数额较大、进行营利活动的，或者挪用公款数额较大、超过三个月未还的，是挪用公款罪，处五年以下有期徒刑或者拘役；情节严重的，处五年以上有期徒刑。挪用公款数额巨大不退还的，处十年以上有期徒刑或者无期徒刑。"据此，挪用公款罪的成立至少必须同时具备以下两个基本条件：一是行为条件，即必须实施了挪用公款归个人使用的行为；二是法益条件，即必须侵害了单位公款的使用权。同时，我国刑法没有针对挪用公款罪规定罚金等财产刑。本案中，王某某不构成挪用公款罪，更不应被判处罚金。

1. 在整体定性上，王某某、张某某的行为不属于挪用公款，不构成挪用公款罪

如前所述，挪用公款罪的成立必须具备行为条件和法益条件。但在本案中，王某某、张某某的行为不符合挪用公款罪的行为条件和法益条件，整体定性上不构成挪用公款罪。这主要体现在：

第一，张某某的行为不属于挪用公款归个人使用的行为，不符合挪用公款罪的行为要求。这具体体现在以下几个方面。

一是涉案的 5 060 万元没有进入中行某支行的管理账户，中行某支行对该 5 060 万元享有债权，张某某、王某某的行为不具备挪用公款的前提。这包括两个方面：一方面，5 060 万元没有进入中行某支行的管理账户。从事实认定上看，王某某、张某某对三笔共计 5 060 万元资金都是采取"吸收客户资金不入账的方式"将资金挪用给王某某的公司的。该事实本身已表明涉案 5 060 万元资金没有进入中行某支行的单位账户。另一方面，我国刑法上区分不同的犯罪分别使用了"财物""公款""资金"等概念。在实践中，"财物"被扩大解释为包含"财产性利益"（如债权）。但"公款""资金"是较之于"财物"内涵更为具体、形式更为单一的概念（如"公款"就排斥"公物"），必须以"物"的形式体现，在观念上无法涵盖"债权"等财产性利益。本案中，涉案的 5 060 万元资金的出资方分别是农行某支行、某行业管理处和某信用联社，农行某支行、某行业管理处、某信用联社营业部将对王某某的债权转让给中行某支行，中行某支行通过对农行某支行、某行业管理处、某信用联社营业部承担债务形成对王某某的债权。这种"债权"属于刑法上的"财产性利益"，但不属于刑法上的"公款"。

值得注意的是，中行某支行形式上是与出资方签订借款合同或存款协议，是一种拆借，但这只是形式，实质的借款关系发生在出资方与涉案的王某某公司之间。同时，出资方对中行某支行形成债权，表明中行某支行只是承担

债务，资金并没有进入中行某支行的控制之下。

二是张某某的行为不是挪用公款行为，不符合挪用公款罪的行为类型要求。这包括两个方面：一方面，根据 2001 年最高人民法院《全国法院审理金融犯罪案件工作座谈会纪要》，涉案的 5 060 万元资金的情形不属于挪用公款。该座谈会纪要规定："审理银行或者其他金融机构及其工作人员用账外客户资金非法拆借、发放贷款案件，要注意将用账外客户资金非法拆借、发放贷款的行为与挪用公款罪和挪用资金罪区别开来。对于利用职务上的便利，挪用已经记入金融机构法定存款账户的客户资金归个人使用的，或者吸收客户资金不入账，却给客户开具银行存单，客户也认为将款已存入银行，该款却被行为人以个人名义借贷给他人的，均应认定为挪用公款罪或者挪用资金罪。"根据该规定，只有针对"已经记入金融机构法定存款账户的客户资金"和"给客户开具银行存单，客户也认为将该款已存入银行，行为人以个人名义借贷给他人"的客户资金才能成立挪用公款罪。本案中，涉案的 5 060 万元资金中，4 500 万元拆借资金完全没有进入中行某支行任何账户（更未记入中行某支行法定存款账户），560 万元虽开具了银行存单但客户（某行业管理处）知道该笔资金不是银行存款而是要借贷给王某某的贷款，因而张某某不能成立挪用公款罪。

另一方面，资金的流转过程及作用表明张某某的行为不是将本单位公款供他人使用的，不是挪用公款行为。关于挪用公款归个人使用，2002 年全国人大常委会《关于〈中华人民共和国刑法〉第三百八十四条第一款的解释》规定了三种情形：（1）将公款供本人、亲友或者其他自然人使用的；（2）以个人名义将公款供其他单位使用的；（3）个人决定以单位名义将公款供其他单位使用，谋取个人利益的。这通常表现为将公款由单位的控制之下转移到他人控制之下并由他人使用。本案中，如前所述，涉案 5 060 万元没有进入中行某支行单位账户成为中行某支行的单位公款，流转过程不是由中行某支行的控制之下转移至王某某公司的控制之下。张某某不是将中行某支行的公款交由王某某公司使用的，其行为不符合挪用公款罪的资金流转过程，不应被认定为挪用公款行为。

同时，根据本案的事实和在案证据，相关资金方都清楚要将资金外借，只是出于资金安全考虑要求一家金融机构进行拆借。在作用上，中行某支行在王某某借款过程中的作用实际上是为王某某的借款行为背书。张某某的行为属于违规为他人的借款进行资金拆借，是一种滥用职权行为，但不属于挪用公款行为。其行为是构成国有公司人员滥用职权罪还是构成违法发放贷款罪、吸收客户资金不入账罪，要结合刑法相关规定进行判定，但不能认定其行为构成挪用公款罪。

第二，王某某、张某某的行为没有侵害中行某支行公款的使用权，不符合挪用公款罪的法益要求。

在刑法上，挪用公款罪侵害的法益是单位公款的使用权。对于银行而言，"吸收存款，发放贷款"是其基本业务。对银行资金的使用权判断，需要结合其业务范围进行审查。本案中，中行某支行没有损失 5 060 万元的资金使用权。这体现在：

一是中行某支行本来就不具有该 5 060 万元资金的使用权，自然也谈不上王某某、张某某侵害了中行某支行 5 060 万元资金的使用权。本案中，涉案的 5 060 万元是出资方要外借的，而不是要存入中行某支行的。自始至终，该 5 060 万元都不是要交给中行某支行的资金，中行某支行对该 5 060 万元资金始终都未行使使用权。在此基础上，本案不存在王某某、张某某的行为侵害中行某支行 5 060 万元资金使用权的问题。王某某、张某某的行为不符合挪用公款罪的法益要求。

二是中行某支行将涉案的主要资金认定为对王某某公司的贷款事实，反过来证明王某某、张某某的行为没有侵害中行某支行的资金使用权。中行某支行作为金融机构，"发放贷款"是其基本业务，行为人将资金用于发放贷款，不能认为行为人的行为侵害了银行资金的使用权。本案中，司法会计鉴定显示，张某某将非法拆借农行某支行的 1 500 万中的 1 350 万元用于发放贷款（转入 A 公司），将非法拆借某信用联社营业部的 3 000 万元用于发放贷款（转入 B 公司）。虽然借款合同在资金实际转让后才订立，但两者间隔的时间并不长，贷款的属性成立，且中行某支行最终将这些贷款列为不良贷款报请上级部分进行了核销。对于这些作为贷款发放的资金，即便将上述贷款认定属于中行某支行的公款，因其符合中行某支行资金使用的范围，也不能认为张某某的行为侵害了中行某支行的资金使用权。王某某、张某某的行为不符合挪用公款罪的法益要求。

2. 在具体认定上，王某某的行为不符合挪用公款罪的要求，不构成挪用公款罪

持王某某构成挪用公款罪的观点认为，王某某实施了三起挪用公款行为，成立挪用公款罪的共犯。但王某某的行为不符合挪用公款罪的要求，不构成挪用公款罪。这具体体现在：

第一，针对 1 500 万元，王某某的行为不构成挪用公款罪。这包括两个方面：一方面，该 1 500 万元没有进入中行某支行账户，更没有计入金融机构法定存款账户。根据 2001 年最高人民法院《全国法院审理金融犯罪案件工作座谈会纪要》，张某某的行为不属于挪用公款，不构成挪用公款罪，王某某的行为不构成挪用公款罪。另一方面，该 1 500 万元是作为中行某支行发放的贷

款，且作为不良贷款已经被核销。张某某的行为属于违法发放贷款行为而非挪用公款行为，王某某的行为不构成挪用公款罪。

第二，针对560万元，王某某的行为不构成挪用公款罪。这集中体现在：该560万元是作为定期存款存入中行某支行的，但本案证据显示，在存入之前，某行业管理处、张某某、王某某商定，由某行业管理处将560万元资金存入中行某支行，再由中行某支行借给A公司。该情形不属于"给客户开具银行存单，客户也认为将该款已存入银行，行为人以个人名义借贷给他人"，根据2001年最高人民法院《全国法院审理金融犯罪案件工作座谈会纪要》，张某某的行为不属于挪用公款，王某某的行为也不构成挪用公款罪。

第三，针对3 000万元，王某某的行为不构成挪用公款罪。这包括：一方面，与前述1 500万元类似，该3 000万元未进入中行某支行账户，更没有被计入金融机构法定存款账户，且中行某支行与王某某B公司签订了贷款协议，是作为贷款发放给B公司并最终列为不良贷款予以核销了的。张某某的行为属于违法发放贷款而非挪用公款，王某某的行为不构成挪用公款罪。另一方面，张某某、杜某的笔录等证据显示，该3 000万是张某某为了年底冲存款业绩，私自进行拆借放贷的。王某某完全没有参与张某某的非法拆借行为，且是在3 000万元进入B公司账户后才知道该款项并补签了与中行某支行的贷款合同。综合这些证据来看，王某某只是单纯地接收贷款的行为，不符合挪用公款罪共犯的要求；即便张某某的行为构成挪用公款罪，王某某也不成立挪用公款罪的共犯。

值得指出的是，我国《刑法》第384条对挪用公款罪规定的法定刑只有自由刑，没有财产刑（包括没有规定并处罚金）。在案件处理过程中，办案机关曾对王某某适用罚金，存在财产刑的法律适用错误。

（二）王某某所犯单位行贿罪发生在《刑法修正案（九）》施行以前，不能对其所犯单位行贿罪并处罚金

针对单位行贿罪的直接责任人员，1988年全国人大常委会《关于惩治贪污罪贿赂罪的补充规定》和1997年《刑法》规定的法定刑是5年以下有期徒刑或者拘役；2015年《刑法修正案（九）》修改后的法定刑是"五年以下有期徒刑或者拘役，并处罚金"。我国《刑法修正案（九）》施行的时间是2015年11月1日。这意味着，在2015年11月1日以前，对犯单位行贿罪的直接责任人员不能判处罚金。

本案中，办案机关曾对王某某的单位行贿行为判决"并处罚金"。但是，王某某的单位行贿行为分别发生在"1996年至1997年期间""2005年春节至2012年春节期间"。这表明，王某某所犯单位行贿罪的行为都发生在2015年11月1日以前。按照从旧兼从轻原则，对王某某所犯单位行贿罪不能适用

2015 年《刑法修正案（九）》修改后的规定，即对王某某所犯单位行贿罪只能在"五年以下有期徒刑或者拘役"的法定刑范围内量定刑罚，不能对王某某并处罚金。

（三）王某某不符合行贿罪的成立条件，其行为不构成行贿罪

本案中，持王某某犯行贿罪的观点认为，王某某犯单位行贿罪和犯行贿罪的行为具有连续性：行贿的对象都是罗某某，行贿的目的都是感谢罗某某在某煤矿探矿权转让过程中给予的帮助，行贿的时间连续（自 2005 年春节至2017 年春节），即以 2015 年中秋节为界，将王某某之前的行为认定为单位行贿，之后的行为认定为个人行贿，因为，在 2012 年 9 月韩国某公司等与 D 公司签订股权转让协议后，王某某不再是大股东，也不再参与公司的经营管理，且钱款来自王某某的银行卡存款，同时，自 2013 年 11 月 6 日起，王某某不再任 C 公司法人，且不属该公司的控股股东，行贿给罗某某的钱款来源于王某某个人，但王某某的行为不代表单位意志。

但上述观点忽略了一个重要事实：罗某某在 2012 年的时候已从某省煤田地质局退休。王某某向罗某某实施的个人行贿行为都发生在罗某某退休之后。此时，罗某某已不具有国家工作人员的身份。2007 年最高人民法院、最高人民检察院《关于办理受贿刑事案件适用法律若干问题的意见》第 10 条规定："国家工作人员利用职务上的便利为请托人谋取利益之前或者之后，约定在其离职后收受请托人财物，并在离职后收受的，以受贿论处。""国家工作人员利用职务上的便利为请托人谋取利益，离职前后连续收受请托人财物的，离职前后收受部分均应计入受贿数额。"这意味着，除非在离职前国家工作人员与行贿人进行了事先约定，否则只有将国家工作人员离职前后连续收受财物的行为作为一个整体来进行看待，才能将其离职后收受财物的行为认定为受贿罪。

同样，对于行贿人而言，行贿人给予离职的国家工作人员财物的行为只有与国家工作人员离职前给予该国家工作人员财物的行为作为一个整体，才能将行贿人给予离职的国家工作人员财物的行为认定为行贿行为。本案中，如果将王某某在罗某某退休前给予其财物的行为认定为单位行贿罪，那么从整体的角度看，也应当将王某某在罗某某离职后给予其财物的行为认定为单位行贿罪；否则，因罗某某离职后已不具有国家工作人员的身份，王某某在罗某某退休后给予其财物的行为不能单独构成行贿罪。

姚某某利用影响力受贿案

——通过向离职的国家工作人员行贿为他人谋利并收受财物的行为
是否成立利用影响力受贿罪

一、基本案情

2014年年初，姚某某与时任某法院领导的姚甲认识，并一直保持密切关系。2017年，甲公司法律顾问辛某代理李某某走私普通货物一案，该案在某法院审理。辛某找到姚某某，希望通过姚某某的关系争取李某某获得从轻判处。姚某某同意帮忙，并在与辛某和李某某家属见面时，提出一审判决如果是有期徒刑5年以下（含5年）需要费用人民币1 000万元，具体由辛某与李某某亲属对接并落实。

姚某某为达到让李某某轻判的非法目的，请已经退休的姚甲在李某某的案件上出面帮忙，由姚甲向案件经办法官打招呼。李某某走私案一审宣判前，姚某某通过姚甲提前得知判决内容，姚某某随即告知辛某，并让辛某与李某某家属落实收取人民币1 000万元的费用。辛某收到李某某家属支付的1 000万元现金后，分两次在宾馆停车场将钱全数交给姚某某。

李某某宣判后，为感谢姚甲的帮助，姚某某于2018年下半年的一天晚上，约姚甲到某学校见面，并将人民币200万元送给姚甲。

二、主要问题

本案涉及的主要问题是：姚某某的行为是否构成利用影响力受贿罪。对此，主要有两种观点：

一种观点主张构罪，认为姚某某与姚甲认识且关系密切，姚某某为请托人谋取不正当利益，利用姚甲的影响力，收受请托人财物的行为，满足利用影响力受贿罪的构成要件，其行为构成利用影响力受贿罪。姚某某收受请托人1 000万元，将其中的200万元分给姚甲，应当认定姚某某的受贿金额为800万元。

另一种观点主张不构罪，认为构成利用影响力受贿罪需要满足主体、便利条件、行为实施、不正当利益和索贿、收受贿赂五个特征。姚某某不符合主体特征、行为实施特征等，其不完全满足利用影响力受贿罪的犯罪构成要件，不能构成利用影响力受贿罪，因此，姚某某收取的 800 万元并非涉案金额，而是违法所得的"运作费"。

三、出罪法理

本案中，持姚某某构成利用影响力受贿罪的观点认为，姚某某利用离职的国家工作人员原职权或者地位形成的便利条件，通过其他国家工作人员职务上的行为，为请托人谋取不正当利益，受贿人民币 800 万元，数额特别巨大，应当以利用影响力受贿罪追究其刑事责任。但笔者认为，姚某某的相关行为不符合利用影响力受贿罪的构成要件，不构成利用影响力受贿罪。

（一）"与离职的国家工作人员关系密切的人"利用影响力受贿罪属于利用影响力受贿罪的独立类型，其成立必须具备特定条件

关于利用影响力受贿罪，我国《刑法》第 388 条之一第 1 款规定："国家工作人员的近亲属或者其他与该国家工作人员关系密切的人，通过该国家工作人员职务上的行为，或者利用该国家工作人员职权或者地位形成的便利条件，通过其他国家工作人员职务上的行为，为请托人谋取不正当利益，索取请托人财物或者收受请托人财物，数额较大或者有其他较重情节的，处三年以下有期徒刑或者拘役，并处罚金；数额巨大或者有其他严重情节的，处三年以上七年以下有期徒刑，并处罚金；数额特别巨大或者有其他特别严重情节的，处七年以上有期徒刑，并处罚金或者没收财产。"该条第 2 款规定："离职的国家工作人员或者其近亲属以及其他与其关系密切的人，利用该离职的国家工作人员原职权或者地位形成的便利条件实施前款行为的，依照前款的规定定罪处罚。"据此，利用影响力受贿罪的成立必须同时具备以下条件或特征：（1）在主体方面，主体必须是特殊主体，包括国家工作人员的近亲属或者其他与国家工作人员关系密切的人、离职的国家工作人员或者其近亲属以及其他与离职的国家工作人员关系密切的人。（2）在主观方面，行为人必须具有为请托人谋取不正当利益并借此来获取请托人财物的意图。（3）客观方面，包括两个要点：一是行为人必须通过国家工作人员职务上的行为，或者利用国家工作人员职权或者地位形成的便利条件、利用离职的国家工作人员原职权或者地位形成的便利条件，通过其他国家工作人职务上的行为，而达到其为请托人谋取不正当利益的主观目的；二是行为人必须实施了索取请托人财物或者收受请托人财物的行为。

根据上述刑法规定，利用影响力受贿罪包含四种犯罪类型：一是与国家工作人员关系密切的人（包括近亲属或者其他关系密切的人），通过国家工作人员职务上的行为，为请托人谋取不正当利益，索取请托人财物或者收受请托人财物；二是与国家工作人员关系密切的人（包括近亲属或者其他关系密切的人），利用该国家工作人员职权或者地位形成的便利条件，通过其他国家工作人员职务上的行为，为请托人谋取不正当利益，索取请托人财物或者收受请托人财物；三是离职的国家工作人员，利用本人原职权或者地位形成的便利条件，通过其他国家工作人员职务上的行为，为请托人谋取不正当利益，索取请托人财物或者收受请托人财物；四是与离职的国家工作人员关系密切的人（包括其近亲属或者其他与之关系密切的人），利用离职的国家工作人员原职权或者地位形成的便利条件，通过其他国家工作人员职务上的行为，为请托人谋取不正当利益，索取请托人财物或者收受请托人财物。对利用影响力受贿罪的这四种犯罪类型及其特征，见表1。

表1　利用影响力受贿罪的四种犯罪类型及其特征

犯罪类型	主体特征	便利条件	行为实施	不正当利益	索贿或者收受贿赂
类型1	与国家工作人员关系密切的人（包括近亲属或者其他关系密切的人）	—	通过国家工作人员职务上的行为	为请托人谋取不正当利益	索取请托人财物或者收受请托人财物
类型2	与国家工作人员关系密切的人（包括近亲属或者其他关系密切的人）	该国家工作人员职权或者地位形成的便利条件	通过其他国家工作人员职务上的行为		
类型3	离职的国家工作人员	本人原职权或者地位形成的便利条件	通过其他国家工作人员职务上的行为		
类型4	与离职的国家工作人员关系密切的人（包括其近亲属或者其他与之关系密切的人）	离职的国家工作人员原职权或者地位形成的便利条件	通过其他国家工作人员职务上的行为		

根据我国《刑法》第388条之一的规定，上述第四种利用影响力受贿罪（简称"与离职的国家工作人员关系密切的人"利用影响力受贿罪），属于利用影响力受贿罪的独立类型。其成立必须同时具备五个基本特征：（1）主体特征，即行为人必须是与离职的国家工作人员关系密切的人；（2）便利条件特征，即行为人必须利用了离职的国家工作人员原职权或者地位形成的便利条件；（3）行为实施特征，即行为人必须直接要求其他国家工作人员实施职

务上的行为；（4）不正当利益特征，即行为人必须为请托人谋取不正当利益；（5）索贿、收受贿赂特征，即行为人必须有索取请托人财物或者收受请托人财物的行为。这五个特征必须同时具备，缺一不可。

（二）姚某某的行为不符合利用影响力受贿罪的成立条件，不构成利用影响力受贿罪

持姚某某构成利用影响力受贿罪的观点认为，其利用离职的国家工作人员原职权或者地位形成的便利条件，通过其他国家工作人员职务上的行为，为请托人谋取不正当利益，收受请托人财物，数额特别巨大，应当以利用影响力受贿罪追究其刑事责任。可见，该观点认为，姚某某的利用影响力受贿罪属于前述第四种类型的利用影响力受贿罪，即"与离职的国家工作人员关系密切的人"利用影响力受贿罪。如前所述，这类利用影响力受贿罪必须同时具备五个基本特征（主体、便利条件、行为实施、不正当利益和索贿、收受贿赂）。但本案中，姚某某的行为不符合这类利用影响力受贿罪的基本特征，特别是不符合这类利用影响力受贿罪的主体和行为实施特征，不构成利用影响力受贿罪。

1. 姚某某不属于与离职的国家工作人员关系密切的人，不符合"与离职的国家工作人员关系密切的人"利用影响力受贿罪的主体要求

按照我国《刑法》第 388 条之一第 2 款的规定，"与离职的国家工作人员关系密切的人"利用影响力受贿罪的主体必须是离职的国家工作人员的近亲属以及其他与其关系密切的人。但在本案中，姚某某明显不是离职的国家工作人员姚甲的近亲属（根据我国《刑事诉讼法》第 108 条的规定，"近亲属"是指夫、妻、父、母、子、女、同胞兄弟姊妹。姚某某与姚甲之间不具有这些关系）。因此，姚某某是否符合利用影响力受贿罪的主体要求，关键在于看其是否属于"其他与离职的国家工作人员关系密切的人"。对此，笔者认为，姚某某不属于"其他与离职的国家工作人员关系密切的人"。这是因为：

（1）"其他与离职的国家工作人员关系密切的人"必须是与离职的国家工作人员具有足以影响其他国家工作人员的密切关系。关于我国《刑法》第 388 条之一的"关系密切的人"，目前尚无有约束力的立法解释或者司法解释。但从条文内涵等角度看，"其他与离职的国家工作人员关系密切的人"必须是与离职的国家工作人员具有足以影响其他国家工作人员的密切关系，即其不仅要与离职的国家工作人员具有关系，且这种关系必须密切到足以影响其他国家工作人员。理由主要包括：

1）由《刑法》第 388 条之一的条文结构所决定。如前所述，"与离职的国家工作人员关系密切的人"利用影响力受贿罪的基本行为结构是该关系密切的人，利用离职的国家工作人员原职权或者地位形成的便利条件，通过其

他国家工作人员职务上的行为，为请托人谋取不正当利益。也就是说，行为人要利用其与离职的国家工作人员的关系，影响具体办事的国家工作人员。这就要求其与离职的国家工作人员的关系必须密切到足以影响其他国家工作人员的程度，否则其将不具有对其他国家工作人员的影响力，无法实现《刑法》第 388 条之一规定利用影响力受贿罪的立法目的。

2）由权威的学理解释所明确。曾任最高人民检察院副检察长陈国庆撰文指出："对'其他与该国家工作人员关系密切的人'的司法认定，需要结合两个方面的内容进行综合判断：一是对'关系'作形式上的分析判断，即这种关系是血缘关系、亲属关系、感情关系、同事关系，还是共同利益关系等；二是对'密切'程度作实质上的分析判断，也是'影响力'的认定，即行为人与国家工作人员（含离职的国家工作人员）之间关系，是否能影响国家工作人员，并利用这种影响力去为请托人谋取不正当利益。"①

3）由特定关系人的同类解释所要求。2007 年 7 月最高人民法院、最高人民检察院《关于办理受贿刑事案件适用法律若干问题的意见》规定了与"关系密切的人"近似的概念"特定关系人"。该意见第 11 条对"特定关系人"作了严格的限制解释，即："'特定关系人'，是指与国家工作人员有近亲属、情妇（夫）以及其他共同利益关系的人。"该界定将"特定关系人"限定为"共同利益关系人"。"关系密切的人"与"特定关系人"都是由贿赂犯罪发展来的概念，且概念内容不明确，都需要进行限制。正因为如此，我国刑法学界泰斗高铭暄教授曾撰文对"关系密切的人"进行合乎法理的限定，称："'关系密切的人'，除国家工作人员的近亲属外，还包括了'两高'《关于办理受贿刑事案件适用法律若干问题的意见》中所规定的'特定关系人'中的其他人，即与国家工作人员有'情妇（夫）以及其他共同利益关系的人'。"②

因此，参考"特定关系人"的解释，结合刑法条文内涵，将"关系密切的人"限定为"具有足以影响其他国家工作人员的密切关系的人"是合理的。

（2）姚某某与姚甲的关系没有密切到足以影响其他国家工作人员，不是"其他与离职的国家工作人员关系密切的人"。根据在案证据显示，姚某某与姚甲的关系仅限于朋友关系，两人每年只有一两次一起吃饭、打球或喝茶；姚甲介绍邓某到姚某某的公司做文员，月薪 6 000 元，属于普通工资水平，姚某某给邓某安排的人才住房比普通职工宿舍环境好一些，但仍未超出合理的职工待遇范围；姚某某还与姚甲的儿媳妇沈某共同开办幼儿园，双方均有出资，属于正常的商业合作。姚某某与姚甲之间的这种关系没有超越一般的

---

① 陈国庆，卢宇蓉．利用影响力受贿罪法律适用问题探讨．中国刑事法杂志，2012（8）.

② 高铭暄，陈冉．论利用影响力受贿罪司法认定中的几个问题．法学杂志，2012（3）.

朋友关系，关系并不密切。更为重要的是，他们之间的关系没有密切到足以影响作为离职的国家工作人员姚甲和李某某案件的经办法官，让他们为其谋取不正当利益的程度。这具体体现在：

1）姚某某与姚甲的关系尚没有密切到足以影响作为离职的国家工作人员姚甲。这包括两个方面：一方面，姚某某的笔录和姚甲的笔录均显示，姚某某是打着"李某某是一个北京领导的亲戚"的名义请托姚甲的。这间接说明姚某某与姚甲的关系不够密切，否则姚某某没有必要打着北京领导亲戚的名义请托姚甲。另一方面，姚某某事后送给姚甲 200 万元人民币。但该事实反过来说明姚某某与姚甲的关系不够密切，否则姚某某没有必要给姚甲送钱。

2）姚某某与姚甲的关系完全没有密切到足以影响国家工作人员的程度。本案中，某法院法官是李某某走私案件的经办法官，也是姚甲找的国家工作人员。从利用影响力受贿罪的角度看，姚某某与姚甲的关系必须密切到足以影响作为国家工作人员的程度，姚某某才能利用这一关系要求赵某办事进而成立利用影响受贿罪的主体。但本案中，姚某某完全不认识李某某案件的承办法官，因而也无从影响承办法官的职务行为。因此，姚某某与姚甲的关系没有密切到足以影响更没有实际影响其他国家工作人员的程度，姚某某不是"其他与离职的国家工作人员关系密切的人"。

可见，姚某某既不是离职的国家工作人员姚甲的近亲属，也不是其他与姚甲关系密切的人。姚某某不符合"与离职的国家工作人员关系密切的人"利用影响力受贿罪的主体要求，依法不构成利用影响力受贿罪。

2. 姚某某没有直接要求承办法官帮忙，不符合"与离职的国家工作人员关系密切的人"利用影响力受贿罪的行为要求

按照我国《刑法》第 388 条之一的规定，"与离职的国家工作人员关系密切的人"利用影响力受贿罪的行为结构，是与离职的国家工作人员关系密切的人，利用离职的国家工作人员原职权或者地位形成的便利条件，通过其他国家工作人职务上的行为，为请托人谋取不正当利益，索取请托人财物或者收受请托人财物。据此，这类利用影响力受贿罪的行为人必须实施两个行为：一是受贿行为；二是作为受贿的对价行为，即利用影响力要求现职国家工作人员为请托人谋取不正当利益的行为。其中，《刑法》条文表述的"通过其他国家工作人员职务上的行为"又是对价行为的核心，并具体表现为行为人利用影响力要求其他现任国家工作人员帮忙办事。作为利用影响力受贿罪的构成要件行为必须由行为人直接实施，行为人才能构成利用影响力受贿罪。本案中，找承办法官的是姚甲，而非姚某某。姚某某没有利用影响力要求承办法官帮忙，没有实施"通过其他国家工作人员职务上的行为"的行为，因而明显不符合"与离职的国家工作人员关系密切的人"利用影响力受贿罪的行为要求。

（1）姚某某没有利用影响力要求承办法官帮忙，不具有利用影响力受贿罪的"通过其他国家工作人员职务上的行为"的犯罪构成要件，不能单独构成利用影响力受贿罪。如前所述，利用影响力受贿罪的成立要求行为人实施利用影响力为请托人谋取不正当利益的行为，且该利用影响力为请托人谋取不正当利益的行为必须由其本人实施，并集中体现为利用影响力要求其他国家工作人员为请托人谋取不正当利益。在"与离职的国家工作人员关系密切的人"利用影响力受贿罪中，"通过其他国家工作人员职务上的行为"是行为人借助自己与离职的国家工作人员的密切关系，以各种方式明示或者暗示要求国家工作人员实施职务上的行为，以为请托人谋取不正当利益。作为利用影响力受贿罪的犯罪构成要素，"通过其他国家工作人员职务上的行为"必须由行为人直接实施，行为人才能单独构成利用影响力受贿罪。但本案中，姚某某与承办法官之间没有直接接触，双方互不认识，姚某某没有利用影响力要求承办法官实施职务上的行为为李某某谋取不正当利益，缺乏利用影响力受贿罪的犯罪构成行为要件，不能单独构成利用影响力受贿罪。

（2）在姚某某请托姚甲实施"通过其他国家工作人员职务上的行为"的行为中，双方是对合关系，姚某某不构成利用影响力受贿罪的间接实行犯和共同犯罪。这包括两个方面：

一是姚某某不构成利用影响力受贿罪的间接实行犯。间接实行犯是将他人作为犯罪工具加以利用的情形，通常是利用无责任能力的人或无犯罪意思的人实施犯罪行为。本案中，姚某某与姚甲之间的关系在形式上看似乎是姚某某利用姚甲通过其他国家工作人员职务上的行为为请托人谋取不正当利益，与利用影响力受贿罪的间接实行犯形似，但姚甲本人具有利用影响力受贿的故意和行为，且收受了姚某某 200 万元的贿赂，本身就是在实施利用影响力受贿罪。姚甲不是姚某某的犯罪工具，姚甲利用影响力受贿的故意和行为阻断了姚某某与承办法官之间的行为联系。姚某某不是利用无犯罪意思的人实施犯罪行为，不构成利用影响力受贿罪的间接实行犯。

二是姚某某不构成姚甲利用影响力受贿罪的共同犯罪。在刑法上，共同犯罪的成立要求各行为人之间存在共同的犯罪故意和共同的犯罪行为。本案中，姚某某仅是请托姚甲帮忙，姚甲自行利用其影响力请托了承办法官，且姚甲从未向姚某某透露过其如何帮忙、谁是办案法官、是否请托办案法官、请托何人帮忙等情况，二人不存在实施利用影响力受贿罪的共同故意和共同行为，不构成利用影响力受贿罪的共同犯罪。同时，姚某某与姚甲之间的请托与被请托关系，属于刑法上的对合关系，双方分别构成我国刑法上的对有影响力的人行贿罪和利用影响力受贿罪。根据对合犯之必要共同犯罪原理，对姚某某的行为不能再适用我国《刑法》总则关于共同犯罪的规定，姚某某不构成姚甲利用影响力受贿罪的共同犯罪。

可见，姚某某不属于离职的国家工作人员的近亲属以及其他与离职的国家工作人员关系密切的人，不符合"与离职的国家工作人员关系密切的人"利用影响力受贿罪的主体要求；同时，姚某某没有直接影响承办法官，不符合"与离职的国家工作人员关系密切的人"利用影响力受贿罪的行为要求，不构成利用影响力受贿罪。姚某某收取800万元"运作费"的行为违法（系通过行贿姚甲为请托人谋取利益后获得的违法所得）但不构成犯罪。该800万元不是刑法上的犯罪所得，而是违法所得，但也应当依法追缴。事实上，姚某某也已将该800万元上缴办案机关。

陈某某行贿案

——具有双赢性质的商标使用许可能否被认定为行贿罪中的不正当利益

一、基本案情

2000 年至 2003 年，在担任 A 公司副董事长、总经理期间，李某某参与决策并同意将 A 公司所享有的某商标权许可给 B 公司经营使用，B 公司因此取得了某商标的使用权。其间，李某某先后三次收受 B 公司董事长陈某某贿送的港币共计 300 万元。具体事实分述如下：(1) 2001 年 8 月，李某某收受陈某某在香港以银行支票转账的方式贿送的港币 100 万元。(2) 2002 年 8 月，李某某收受陈某某在香港以银行支票转账的方式贿送的港币 100 万元。(3) 2003 年 6 月，李某某在香港收受陈某某以银行支票形式贿送的港币 100 万元。

二、主要问题

本案涉及的主要问题：本案证据能否证明陈某某的行为具备行贿罪的构成要件，陈某某的行为在法律上是否构成行贿犯罪。对此，主要有两种观点。

一种观点主张构罪，认为陈某某为了获得李某公司所享有的某商标许可权，先后三次向李某某贿送财物。最终，李某某将商标权许可给陈某公司使用。陈某某为了谋取不正当利益，向受贿人贿送财物的行为符合行贿罪的构成要件，陈某某构成行贿罪。

另一种观点主张不构罪，认为本案证据不足以证明陈某某的行为具备行贿罪的构成要件。首先，陈某某并未谋取不正当利益。其次，本案证据不足以证明陈某某是主动行贿，并不能完全排除陈某某是被索贿的合理怀疑。因此，本案不能认定陈某某的行为构成行贿罪。

三、出罪法理

笔者认为，本案证据证明陈某某的行为不具备行贿罪的构成要件，且在政策上不宜也不应追究陈某某的刑事责任。

（一）在构成要件上，本案证据可以证明陈某某的行为不具备行贿罪的构成要件，不构成行贿罪

关于行贿罪，我国《刑法》第 389 条第 1 款规定："为谋取不正当利益，给予国家工作人员以财物的，是行贿罪。"该条第 3 款规定："因被勒索给予国家工作人员以财物，没有获得不正当利益的，不是行贿。"据此，行贿罪的成立除了客观上必须实施了给予国家工作人员以财物的行为，主观上还必须具备以下两个基本条件：一是故意要件，即行为人必须是出于故意给国家工作人员以财物；二是目的要件，即行为人必须为了谋取不正当利益而给予国家工作人员以财物。综合我国刑法关于行贿罪成立要件的规定，以下两种行为不能被认定为行贿：一是不具备"谋取不正当利益"要件的行为，二是因被勒索给予国家工作人员以财物且没有获得不正当利益的行为。本案证据表明陈某某不具备行贿罪的"谋取不正当利益"要件，同时依据已有证据不能排除陈某某系被勒索给予国家工作人员以财物且没有获得不正当利益的合理怀疑。陈某某的行为不构成行贿。这具体体现在以下几点。

1. 本案证据证明，陈某某没有谋取不正当利益，不具备行贿罪的"谋取不正当利益"要件

关于行贿罪的谋取不正当利益，2012 年最高人民法院、最高人民检察院《关于办理行贿刑事案件具体应用法律若干问题的解释》第 12 条规定："行贿犯罪中的'谋取不正当利益'，是指行贿人谋取的利益违反法律、法规、规章、政策规定，或者要求国家工作人员违反法律、法规、规章、政策、行业规范的规定，为自己提供帮助或者方便条件。""违背公平、公正原则，在经济、组织人事管理等活动中，谋取竞争优势的，应当认定为'谋取不正当利益'。"本案证据显示，陈某某的 B 公司与李某某担任副董事长的 A 公司之间主要涉及某商标许可使用的问题，即 A 公司将某商标许可给 B 公司使用，双方于 2000—2003 年先后签订了多份许可使用协议和补充协议。综合在案证据，本案证据可以证明陈某某不存在谋取不正当利益的意图和行为，不具备行贿罪的"谋取不正当利益"要件。这是因为：

第一，本案证据可以证明，B 公司取得的 A 公司某商标许可使用权属于合法利益。这集中体现为双方签订的某商标许可使用协议是一个双赢的协议，A 公司不仅没有遭受任何利益损失，反而因此获得巨大利益。这方面的证据包括：一是李某某的笔录。李某某的笔录（2004 年 6 月 25 日）清楚表明，在与 B 公司签订某商标使用许可协议时，A 公司内部进行了严格的评估，包括"特许 B 公司使用商标会不会影响 A 公司的业务发展""特许使用对盘活无形资产的作用"和是否"有利集团本部资本营运创收"，最后得出的都是积极的评价，即特许使用对 A 公司没有不利影响且是有利的；在 2002 年签订补充协

议时，A 公司也认为这是一个一举两得的好事。二是陈某某的笔录。陈某某的笔录针对与 B 公司签订商标使用许可协议，认为与 B 公司合作不仅风险小而且效益大，能够实现双赢。三是陈某某的笔录。陈某某的笔录表明，B 公司与 A 公司于 1995 年签订了 10 年的商标许可使用协议，2000 年协议的签订是在前一个协议只执行了一半时因 A 公司将商标使用权收归总公司后不得已而重新签订的。A 公司对 2000 年签订商标许可使用权协议和 2002 年签订补充协议认可且认为合理。四是 A 公司办公会议记录。A 公司办公会议记录显示，A 公司所有领导均认为延长特许使用期限对 A 公司是有利的，如：李某某（时任 A 公司办公室副主任）提到"如果续签 10 年的话，则至 2020 年，按增长 5％计算，可获 4900 万元"。容某某（A 公司副书记、董事）认为，特许使用商标的行为，给公司的发展带来了较大的收益，后续还可以继续做大，加强合作。夏某某（A 公司董事、副总经理）认为，在对许可范围进行具体限制的基础上，许可使用非常划算。这些证据可以充分证明，A 公司与 B 公司的合作是双赢的，陈某某没有谋取不正当利益的意图和行为，且实际上也没有获得不正当利益。

第二，本案证据证明，陈某某没有要求李某某违反规定提供帮助且李某某在事实上也没有违反规定提供帮助。这主要包括两个方面：一是本案没有任何证据证明陈某某要求李某某在 A 公司与 B 公司签订某商标许可使用协议过程中违反规定提供帮助。对此，李某某、陈某某的笔录均未涉及，且没有其他证据提及。二是本案证据可以充分证明 A 公司与 B 公司签订某商标许可使用协议（包括补充协议）均履行了 A 公司内部的正常程序，不存在违反规定签订协议的情况。对此，李某某的笔录、夏某某的笔录、周某进的笔录等证据都可以充分证明，A 公司与 B 公司签订某商标许可使用协议（包括补充协议）都是集体研究并由专门的谈判小组参与谈判的，且李某某未就谈判、签订协议等有过任何指示或者违反规定的行为。例如，李某某的笔录证明，审批过程不仅有主要领导参加，同时也是经过集体讨论后，形成决议分头执行的。周某某等人的笔录证明，在商标许可谈判过程中没有任何领导有过具体指示。因此，本案证据可以证明，陈某某没有要求李某某在 A 公司与 B 公司签订某商标特许使用协议及补充协议过程中违反规定提供帮助，且李某某事实上也没有违反规定提供帮助。

可见，本案证据可以充分证明，陈某某没有通过李某某谋取不正当利益的意图和行为，且事实上也没有谋取不正当利益，不具备行贿罪的"谋取不正当利益"要件，不构成行贿罪。

2. 本案证据不能排除陈某某系被索要且没有获得不正当利益的合理怀疑

我国《刑法》第 389 条第 3 款将"因被勒索给予国家工作人员以财物，

没有获得不正当利益"作为行贿犯罪的出罪事由。本案中，如前所述，陈某某的B公司没有谋取不正当利益的意图和行为，且事实上也没有获得不正当利益，因此，陈某某的行为是否属于"因被勒索给予国家工作人员以财物，没有获得不正当利益"，关键在于看陈某某是否属于"被勒索"（被索要）。对此，本案的主要证据是"一对一"的言词证据，且对比李某某、陈某某"一对一"言词证据后发现，本案不能排除陈某某系被索要且没有获得不正当利益的合理怀疑。这是因为：

第一，李某某的笔录称是陈某某主动给予其财物的，但没有其他证据佐证。本案中，根据李某某的笔录记载，陈某某为了向自己受伤的女儿表达关心，转让了100万元港币作为后续的治疗费用。李某某的笔录对后两笔共计200万元港币的陈述也称是陈某某主动给予的，同样是用于支付自己女儿后续的医疗费用。可见，李某某明确称是陈某某主动向其行贿的，但对于李某某的这一说法，本案没有其他证据可以与之印证。

第二，陈某某的笔录称是李某某多次主动索要的，且没有证据能予以排除。对涉案300万元港币的给付过程，根据陈某某的笔录记载，是因为李某某提到自己女儿医疗费用高，要求其转账，之后的200万港币，同样是出于李某某的要求。陈某某的笔录表明，涉案的300万元港币是李某某多次索要的结果，且本案没有证据可以排除这一点。

可见，本案证据可以证明，陈某某没有谋取不正当利益的意图和行为，更没有实际获得不正当利益，不具备行贿犯罪的"谋取不正当利益"要件；同时，本案不能排除其是被索要且没有获得不正当利益的合理怀疑，对陈某某的行为不能以行贿犯罪进行追究。

（二）在法律政策上，对陈某某的涉案行为不宜也不应当以行贿罪进行追究

本案案发于2004年，属于历史遗留问题；而且，陈某某属于典型的民营企业家。基于保护民营企业、民营企业家合法权益的政策立场，对陈某某的涉案行为不宜也不应当以行贿罪进行追究。这具体体现在：

第一，本案明显属于历史遗留问题，基于当时处理行贿犯罪的刑事政策，不宜作为犯罪处理。我国对行贿犯罪的刑事政策经历了一个由宽缓到严厉的过程。在2015年《刑法修正案（九）》通过之前，我国《刑法》第390条第2款规定："行贿人在被追诉前主动交待行贿行为的，可以减轻处罚或者免除处罚。"根据该款规定，当时司法机关对行贿犯罪的处理都极为宽缓，只要是主动交代的，基本上都不予追究。本案案发于2004年，明显属于历史遗留问题，处理起来应该更为慎重，且陈某某的笔录显示其主动交代了自己的行为，同时该案主要是为了单位的利益实施行贿行为的，具有明显的单位行为特点，即便构成犯罪也是处罚很轻的犯罪，不应该作为犯罪处理。2017 年最高人民检察院《关于充分发挥职能作用营造保护企业家合法权益的法治环境支持企业家创新创业的通知》中规定："对企业为开展正常经营活动而给付'回扣''好处费'的行为，既要在法律允许范围内讲政策、给出路，又要防止片面强调保护企业经营而放纵犯罪。""对行贿犯罪情节较轻，积极主动配合有关机关调查的，或者对办理受贿案件起关键作用的，或者因国家工作人员索贿、不作为而不得已行贿、没有谋取不正当利益的，以及行贿人认罪认罚的，要依法从宽处理。"因此，基于当时的刑法规定和对行贿犯罪的司法政策，对陈某某的涉案行为不宜也不应当以行贿罪进行追究。

第二，陈某某及 B 公司属于民营企业家、民营企业，基于保护民营企业的政策要求对其也不应作为犯罪处理。本案中，B 公司属于民营企业，陈某某属于民营企业家，同时是某著名集团董事长。为了加强对民营企业的法律保护，中共中央、国务院、最高人民法院、最高人民检察院先后出台了系列保护民营企业产权、民营企业家合法权益的文件，提出了保护民营企业、民营企业家的政策、法律乃至证据等多方面的要求。其中，2017 年最高人民检察院《关于充分履行检察职能加强产权司法保护的意见》中规定："以发展眼光客观看待和依法妥善处理改革开放以来各类企业，特别是民营企业经营发展过程中存在的不规范问题。办案中坚持罪刑法定、法不溯及既往、从旧兼从轻、疑罪从无原则，对于确属事实不清、证据不足、适用法律错误的错案冤案，坚决予以纠正。"如前所述，本案证据可以充分证明，陈某某没有谋取不正当利益的意图和行为，更没有实际获得不正当利益，同时依据本案现有证据不能排除陈某某系被索要的合理怀疑。基于保护民营企业的政策要求，司法机关对陈某某的行为不应作为犯罪处理。

唐某某行贿案

——行贿人供认被索贿但受贿方不承认的情形能否认定为被索贿

一、基本案情

2007 年至 2012 年期间，唐某某先后以某建工集团等多家建筑公司的名义承揽某排水改扩建等十余项工程，工程总造价达 4 亿余元。为感谢史某某的帮助，长期维系与史某某的关系，唐某某以逢年过节看望、帮助解决住房问题、祝贺史某某爱人生日等名义，通过送现金（人民币、美元、澳元）、银行卡、黄金、手镯和银行转账等方式多次送给史某某大额财物，并为史某某购置房产、车位、家具和家电，缴纳房屋和车位契税、专项维修基金、物业服务费，共计人民币 13 248 731.80 元、黄金 500 克、美元 50 000 元和澳元 20 000 元，折合人民币 13 826 540.80 元。

二、主要问题

本案涉及的主要问题是：行贿人供认被索贿但受贿方不承认的情形能否认定为行贿，应否将该部分金额从行贿款中扣除。对此，主要有两种观点：

一种观点认为，唐某某的该部分金额应认定为行贿款，因为该部分金额也是其为承揽工程项目，在项目招投标中，违背公平原则，给予受贿人财物以谋取竞争优势的额度，其行为目的是谋取不正当利益，且本案证据不足以证明唐某某是被索贿的。

另一种观点认为，唐某某的该部分金额属于为了维护自身合法利益而被迫与史某某接触、向史某某送的钱，且其出于谋求正当利益的目的。同时，针对唐某某没有被索贿的证据，没有达到确实、充分的程度，因此不能排除唐某某是被索贿的合理怀疑，应当将该部分金额从唐某某的行贿金额中扣除。

三、出罪法理

本案中，唐某某向史某某行贿的数额中不能排除被索贿的金额，不应认定为行贿款，对唐某某该部分行为应当作出罪处理。

（一）本案源于唐某某因合法承包的工程利益被史某某不当侵害而被迫向史某某送钱，且该情节贯穿整个案件过程，对唐某某涉案行为的定性应严格把握罪与非罪的界限

案件的起因和经过是我们了解案件的重要方面。在行贿案中，这一点更为明显，并会直接影响对行贿罪的主客观要件的认定。本案证据清楚地表明，案件源于唐某某因合法承包的工程利益被史某某不当侵害而被迫向史某某送钱，且该情节贯穿整个案件过程。这具体体现在两个方面：

第一，本案源于唐某某因合法承包的工程利益被史某某不当侵害而被迫向史某某送钱。本案证据显示，唐某某与史某某之间的接触源于唐某某承包的"某市城市环境综合治理"项目，且是由于该项目工程量由原本的 1.508 余亿元被史某某违规减至 5 000 万元，唐某某被迫与史某某接触并送钱。这具体体现在：（1）《某市发展计划委员会文件》、"中标通知书"（2006 年 9 月 26日）等证据表明，在史某某上任某市委书记之前，唐某某通过某市建工集团获得了"某市城市环境综合治理"项目专用建设资金共计 1.508 余亿元工程量。（2）史某某、唐某某等人的笔录证明，史某某违规将"某市城市环境综合治理"项目专项建设资金挪到老城区的建设改造等其他项目上，导致唐某某合法承包的 1.508 余亿元中标项目中只剩下 5 000 万元的工程量可做。例如，史某某的笔录明确称，其认为将资金全部用在唐某某的项目上并不合适。（3）唐某某的笔录显示，唐某某为了维护"某市城市环境综合治理"项目利益不得已找到史某某并给他送钱。本案证据表明，唐某某第一次给史某某送钱的时间是 2007 年 3 月，目的是"请史某某帮忙协调解决'某市城市环境综合治理'项目工程款支付不及时及后期项目调剂问题"。以上三个方面清楚地表明，本案源于唐某某合法承包工程的利益被史某某不当侵害，唐某某不得已才找到史某某并给史某某送钱。

第二，唐某某的调剂工程及其工程结算一直贯穿于整个案件过程。本案证据显示，唐某某取得"某市城市环境综合治理"项目的调剂工程共四项，其中：第一个调剂项目是某供水工程（该项目于 2007 年 5、6 月开始调剂，2007 年 11 月完工结算，结算价约 900 万元工程量）；第二个调剂项目是某排水改扩建工程（该项目于 2007 年年底开始调剂，合同施工量为 1 215 万元，合同工期至 2008 年 8 月）；第三个调剂项目是某供热管网改造工程（该项目于 2008 年 4 月调剂，合同工程量为 2 155 万元，2008 年年底结算了部分工程款）；第四个调剂项目是某污水处理工程（该项目于 2009 年开始调剂，工程建设及工程款结算一直持续于整个案件过程）。以上情况表明，唐某某取得的调剂工程及其结算从 2007 年 5、6 月开始一直贯穿于整个案件过程。在此过程中，唐某某给史某某送钱有其正常的诉求（谋取的系正当利益）。

以上两个方面的情况表明，本案明显不同于一般的案件。它是唐某某为了维护自身合法利益而被迫与史某某接触、向史某某送钱，且其正当工程利益的维护贯穿于整个案件过程。在此情况下，对唐某某的涉案行为应该严格把握其行为界限，严格区分每一起涉案行为的目的（是出于"谋取不正当利益"的目的还是出于"谋取正当利益"的目的）、行为方式（是"被索贿"与主动"行贿"）等不同情形，准确把握罪与非罪的界限，而不能不加区分地将唐某某的所有送钱行为都认定为行贿。

（二）应当准确把握行贿罪的"为谋取不正当利益"要件，不能将唐某某为谋取正当利益（包括不能证明属于"为谋取不正当利益"的情形）而给予史某某财物的行为认定为行贿

我国《刑法》第 389 条第 1 款规定："为谋取不正当利益，给予国家工作人员以财物的，是行贿罪。"据此，行贿罪的成立必须同时具备"为谋取不正当利益"和"给予国家工作人员财物"两个要件。具体到本案而言，唐某某主观上是否具备"为谋取不正当利益"的目的对其行为性质的认定十分关键。对此，持唐某某构成行贿罪的观点认为，唐某某为承揽工程项目，在项目招投标中，违背公平原则，给予时任某市委书记史某某财物以谋取竞争优势，或为及时结算工程款的行为，违反政策、行业规范的规定，要求史某某予以协调、帮助，属于"为谋取不正当利益"。但该观点对"为谋取不正当利益"的认定存在以下两个方面的错误。

1. 将唐某某谋取的正当利益认定为非正当利益，属于对唐某某涉案行为的定性错误

这主要体现在对"谋取竞争优势""及时结算工程款"的性质认定错误上，并具体体现在：

第一，针对唐某某谋取竞争优势的认定错误。2008 年最高人民法院、最高人民检察院《关于办理商业贿赂刑事案件适用法律若干问题的意见》第 9 条第 2 款规定："在招标投标、政府采购等商业活动中，违背公平原则，给予相关人员财物以谋取竞争优势的，属于'谋取不正当利益'。"2012 年最高人民法院、最高人民检察院《关于办理行贿刑事案件具体应用法律若干问题的解释》第 12 条第 2 款规定："违背公平、公正原则，在经济、组织人事管理等活动中，谋取竞争优势的，应当认定为'谋取不正当利益'。"招投标是一种经济活动，也是当前工程建设的必经程序。但本案中的招投标行为包括三种情形：一是调剂工程的招投标，即史某某为了弥补唐某某在"某市城市环境综合治理"项目中被不当减少的工程量，而调剂给唐某某的工程招投标（涉及四个项目）。二是垫资项目的招投标，即因需要全额垫付资金实际上属于无人愿意承包的工程招投标。三是普通工程的招投标，即上述两种情形之

外的工程招投标。上述三种情形中，第一种情形是为了弥补唐某某的损失而设定的项目，招投标只是形式，并无真正意义上的竞标人，亦无竞争优势，而且唐某某中标只是维护了自身的正当利益（相反，如不中标，则唐某某的利益会受损），不存在谋取不正当利益问题；第二种情形下的竞标人都是陪标人，并非真正想承包建筑工程，不涉及竞争优势问题，不属于不正当利益；只有第三种情形存在真正意义上的竞标人，涉及竞争优势问题。因此，按照上述司法解释的规定，只有第三种情形下的招投标才存在"谋取竞争优势"的问题，才涉及行贿问题。对此，最高人民法院在 2017 年张某中再审案的裁判文书中针对单位行贿问题明确称："A 公司决定收购并与 B 公司多次谈判后就股权转让达成一致，其间没有第三方参与股权收购，不存在排斥其他买家、取得竞争优势的情形，双方的交易没有违背公平原则。"因此，对于不涉及竞争优势的招投标及其涉及的给付财物问题，不应当认定为"谋取不正当利益"，更不应当认定为"行贿"。持唐某某构成行贿罪的观点对招投标行为不加区分，认定唐某某参与的所有招投标中都存在竞争优势，都属于谋取不正当利益的做法，是错误的。对于上述第一、二种情形涉及的款项，不应当认定为唐某某的行贿款，应当从唐某某的行贿金额中扣除。

第二，针对"及时结算工程款"的行为性质认定错误。2012 年最高人民法院、最高人民检察院《关于办理行贿刑事案件具体应用法律若干问题的解释》第 12 条第 1 款规定："行贿犯罪中的'谋取不正当利益'，是指行贿人谋取的利益违反法律、法规、规章、政策规定，或者要求国家工作人员违反法律、法规、规章、政策、行业规范的规定，为自己提供帮助或者方便条件。"本案中，不能将唐某某为"及时结算工程款"，违反政策、行业规范的规定，要求史某某予以协调、帮助，认定为谋取不正当利益。这是因为：一方面，"及时结算工程款"是唐某某的正当合法利益。在任何情况下，被拖欠的工程款都是利益损失，要求及时结算工程款是正当、合理、合法的诉求。"及时结算工程款"的正当性决定了唐某某的行为不是为谋取不正当利益，不具备行贿罪的主观条件。另一方面，在被拖欠工程款的情况下，没有任何政策、行业规范规定唐某某不能找上级领导反映情况或者要求协调、帮助。因此，作为某市委书记的史某某帮助唐某某协调、解决工程款的及时结算问题，完全是合法、正当的，不属于不正当利益，也不存在唐某某具备行贿罪的谋取不正当利益要件问题。值得进一步强调的是，最高人民法院在张某中再审案中明确地将对行贿犯罪的不正当利益认定由手段不正当转为实体不正当，否定以手段的不正当作为认定行贿犯罪不正当利益的依据，而必须是利益本身不正当，才能认定为行贿犯罪的不正当利益。

2. 针对本案的部分行贿行为，没有证据证明唐某某"为谋取不正当利益"。

这主要涉及本案的四笔行贿款项，分别是 2008 年 10 月的 20 万元、2008

年 11 月 18 日的 80 万元、2009—2013 年的 8 248 301.89 万元（房产、车位及家具等）和 2010 年 3 月 4 日的 50 万元（翡翠手镯）。对这四笔涉案金额及行为，不能证明唐某某具备行贿罪的"为谋取不正当利益"要件。这是因为：一方面，本案证据不足以证明唐某某的主观目的（实际上该四笔为史某某索贿，不存在所谓的行贿目的），进而无法证明唐某某主观上具有谋取不正当利益的目的；另一方面，该四笔涉案金额对应的行为发生在唐某某取得调剂工程及调剂工程结算工程款期间（某山口二水厂设备安装工程等调剂项目的结算一直持续于整个案件过程）。因此，不能将这些没有证据证明系"为谋取不正当利益"的行为认定为唐某某的行贿行为。

基于以上两个方面，应当将唐某某上述行为对应的涉案金额 11 048 546.80元（为谋取正当利益而送的 1 300 244.91 元，加上没有证据证明系为谋取不正当利益而送的 9 748 301.89 元）排除出行贿的范围。

（三）应当准确把握"主动行贿"与"被索贿"的区别，不能将完全不能排除"被索贿"合理怀疑的行为认定为唐某某的"主动行贿"

我国《刑法》第 389 条第 3 款规定："因被勒索给予国家工作人员以财物，没有获得不正当利益的，不是行贿。"据此，因被索贿而给予国家工作人员财物且没有获得不正当利益的行为不能被认定为行贿犯罪。本案中，关于被索贿问题，不能以没有证据证实而否认唐某某被索贿事实的存在，原因如下。

1. 对"主动行贿"的认定必须排除"被索贿"的合理怀疑，否则不能认定

根据我国《刑法》第 389 条第 1、3 款的规定，主动行贿和被索贿是两种性质完全不同的行为：主动行贿是犯罪，被索贿则不是犯罪。据此，要认定行为人的行为是主动行贿，就必须排除其行为是被索贿。根据我国《刑事诉讼法》的规定，定罪量刑必须达到"证据确实、充分"标准。对于"证据确实、充分"，我国《刑事诉讼法》第 55 条第 2 款规定："证据确实、充分，应当符合以下条件：（一）定罪量刑的事实都有证据证明；（二）据以定案的证据均经法定程序查证属实；（三）综合全案证据，对所认定事实已排除合理怀疑。"具体到本案，要认定唐某某所有的涉案行为都属于"主动行贿"，就必须排除唐某某所有涉案行为属于"被索贿"的合理怀疑。

2. 本案中有四笔行贿完全不能排除唐某某"被索贿"的合理怀疑，不能认定其为行贿

这四笔行贿行为分别为：于 2008 年 10 月、2008 年 11 月 18 日、2009—2013 年、2010 年 3 月 4 日送给史某某的 20 万元、80 万元、价值 8 248 301.89元的房产及车位等、价值 50 万元的翡翠手镯（合计 9 748 301.89 元）。针对上述四笔行贿行为，本案不能排除系唐某某被索贿的合理怀疑，且没有证据

证明唐某某获得了不正当利益，不应当认定为行贿。这具体体现在：

第一，根据本案现有证据完全不能排除这四笔款项是唐某某被索贿的合理怀疑。这主要体现在两个方面：一方面，认定这四笔款项为唐某某行贿的唯一证据是史某某的笔录。史某某供称这四笔款项均为唐某某主动送给他的，但没有任何证据能够与之印证，属于孤证，依法不能作为定案的根据。另一方面，本案存在多方面的证据证明这四笔款项是被史某某索贿的。这包括：（1）唐某某的自述材料、讯问笔录。如唐某某的"自述材料"称，史其某让其准备一套房产。唐某某的讯问笔录称，史某某通知他房子可以购买了。（2）薛某某的询问笔录。薛某某的询问笔录称，史某某提出要唐某某买房。（3）杜某某的询问笔录。杜某某的询问笔录称，史某某向唐某某要过钱和房子。（4）"某市商品房预售合同"。该预售合同上所留买受人为史某某之子，且留下了电话号码，对于该电话号码，唐某某称是史某某的，且没有客观证据能够排除。而如果该电话是史某某的，则表明是售楼处通知史某某的，然后再由史某某通知唐某某去交款，史某某的行为则无疑是索贿。（5）"某纪委来电记录"。该记录明确显示了唐某某被索贿的问题，且同意了有关部门的侦查方向。综合以上五个方面，本案证明上述四笔款项是唐某某被索贿的证据要明显优于唐某某主动行贿的证据。退一步而言，即便本案证据不能认定这四笔款项是索贿，也完全不能排除这四笔款项是被史某某索贿的合理怀疑，进而不能将这四笔款项认定为唐某某的行贿款。在此情况下，根据我国《刑事诉讼法》第 55 条的规定，这四笔款项不能被认定为唐某某的行贿款。

第二，本案没有证据证明唐某某因上述四笔款项获得了不正当利益。如前所述，本案不能排除上述四笔款项是史某某索贿的结果的合理怀疑。同时，本案没有证据证明唐某某因上述四笔款项获得了不正当利益。这是因为：一是，本案没有证据证明唐某某因这四笔款项获得了具体的不正当利益。二是，本案中，虽然唐某某以某市建工集团等多家建筑公司的名义承揽了十余项工程，工程总造价达 4 亿余元，但未排除属于正当利益的工程（四个调剂工程和两个 BT 项目）。实际上，如果将属于正当利益的调剂工程和 BT 项目工程量减去，唐某某承揽的工程造价只有 1 亿元左右。而参照国家税务总局《关于调整核定征收企业所得税应税所得率的通知》及各地执行情况可知，我国建筑行业的平均利润率并不是很高（平均利润率约为 10%）；同时按照唐某某的供述，其实际工程利润率只有不到 5%（约 4.5 亿元的工程总获利 2 000 多万元。按照该利润率，1 亿元的工程获利只有 500 万元左右）。这些工程利益与上述四笔款项之间难以形成对应关系。三是，这些工程（调剂工程、BT 项目之外的工程）基本上都有相应的行贿行为与之对应。例如，唐某某 2008 年6 月给史某某行贿 500 185 元是"感谢史某某在某县综合体育馆工程和某市宾馆室内装饰工程招标期间的帮助"；唐某某 2010 年春节前给史某某 50 万元是因为"2009 年陆续承揽了某市北京南路整体改造、某市广电传媒中心和某市西环线道路改造工程"。在此基础上，本案不能认定唐某某因上述四笔款项获得了不正当利益。根据本案证据完全不能排除上述四笔款项是史某某索贿的合理怀疑，且唐某某没有获得不正当利益。这四笔款项（合计 9 748 301.89元）不能被认定为唐某某的行贿款。

可见，持唐某某构成行贿罪的观点没有正确认定行贿罪的"谋取不正当利益"要件，也没有正确区分"主动行贿"与"被索贿"，错误地将涉案款项认定为行贿款。

柳某某行贿案

——与他人合作由他人负责招投标并给予合作分红的行为是否构成行贿罪

一、基本案情

2014 年至 2017 年，柳某某与某国有公司原董事长彭甲及其弟彭乙共谋，由柳某某作为"合伙人"以合作承揽工作的名义，通过彭甲的职务便利，以联系挂靠单位、商定挂靠费用、指使陈某（彭甲下属，某国有公司合约部部长）、许某某（彭甲下属，某国有公司招标中心负责人）提前透露未公开的招标信息及修改相关招标条件等方式，谋取不正当利益。为感谢上述人员提供的职务帮助，在彭甲、彭乙没有实际出资和参与经营管理的情况下，柳某某以"合作分红"的名义给予彭甲、彭乙财物共计人民币 2 000 万元；给予陈某共计人民币 6 万元，美元 2 万元；给予许某某共计人民币 4.2 万元。

二、主要问题

本案涉及的主要问题是：柳某某通过"合作分红"给予彭甲、彭乙 2 000 万元，柳某某的行为是否构成行贿罪。对此，主要有两种不同的观点：

一种观点主张构罪，认为彭乙对 A 项目没有实际出资和参与经营管理，该项目是柳某某的个人项目，因而"合作分红"的实质是柳某某为了谋取不正当利益，与彭甲、彭乙共谋，以此为掩护实施行贿之实，应当构成行贿罪。

另一种观点主张不构罪，认为 A 项目并非柳某某的个人项目，而是柳某某、彭乙的共同项目，因此 2 000 万元应当被认定为该项目的暂时盈余款。同时，本案证据不足以证明柳某某具有行贿的故意和谋取不正当利益的目的。因此，其行为不构成行贿罪。

三、出罪法理

关于行贿罪，我国《刑法》第 389 条第 1 款规定："为谋取不正当利益，给予国家工作人员以财物的，是行贿罪。"据此，行贿罪的成立至少必须同时具备以下两个基本条件：一是行为人实施了"给予国家工作人员以财物"的行为。这是行贿罪成立的客观条件。二是行为人具有行贿的故意和"谋取不正当利益"的目的。这是行贿罪成立的主观条件。本案中，主张构罪的观点认为，柳某某为谋取不正当利益，给予国家工作人员以财物，情节特别严重，应当以行贿罪追究其刑事责任。这实际上是基于对柳某某、彭乙、彭甲三人在 A 项目上关系的错误认识而形成的结论。综合本案证据，他们之间的真实关系是：柳某某、彭乙之间是承揽 A 项目的合作关系，而彭甲是应彭乙的请托对项目工作予以帮助。在此基础上，彭乙所得的 2 000 万元是其与柳某某合作开展 A 项目的暂时盈余款，而非柳某某送给彭甲、彭乙的财物。柳某某的行为不构成行贿罪。

（一）涉案的 2 000 万元是彭乙与柳某某合作承揽 A 项目的暂时盈余款，柳某某没有给予国家工作人员以财物，不符合行贿罪的客观要求

本案不能将涉案的 2 000 万元认定为是柳某某以"合作分红"的名义，给予彭甲、彭乙的财物。这具体体现在：

第一，A 项目是柳某某、彭乙的共同项目，而非柳某某个人的项目。本案没有证据可以证明彭乙对 A 项目没有实际出资和参与经营管理。相反，本案证据可以充分证明，A 项目是柳某某、彭乙的共同项目，而非柳某某个人的项目。这是因为：（1）A 项目的内容决定了其不是柳某某的个人项目，而是柳某某与彭乙的合作项目。本案中，A 项目是一个建设工程项目。从项目内容上看，该项目不仅包括项目的施工还包括项目的取得、挂靠、拨款及与发包方的协调联系等众多工作内容。本案中，认为彭乙没有实际出资和参与经营管理的观念，显然只考虑了项目施工，而没有考虑到彭乙在项目招投标、项目挂靠、项目拨款、与发包方协调等多方面的工作内容。而本案证据显示，这些工作均由彭乙承担。如果综合考虑项目的这些内容，那么 A 项目显然不是柳某某一人负责的，而是柳某某、彭乙二人在共同负责，是他们的共同项目。（2）彭乙对 A 项目的掌控、参与情况决定了该项目不是柳某某的个人项目，而是柳某某与彭乙的合作项目。本案中，彭乙对项目的掌控、参与主要包括三个方面：一是对整个项目的筹备、启动、运行进行了全面的把控。二是彭乙具体负责了项目招投标、项目挂靠、项目拨款、与发包方联系等项目前期、对外联络工作。三是彭乙指派谢某某参与项目管理。谢某某代表彭乙对 A 项目的财务进行了管理，并参与了项目的相关协调工作。对于以上三个方面的内容，彭乙、柳某某、刘某某、谢某某等人的笔录可予以充分证明。这也表明，彭乙并非没有参与 A 项目管理，而只是没有具体负责项目施工，对于项目的其他工作，他不仅全程参与，而且对整个项目进行了统筹规划。该项目应当被认定为柳某某、彭乙的合作项目。（3）项目的利润分配方式决定了 A 项目不是柳某某的个人项目，而是柳某某、彭乙的合作项目。本案证据显示，柳某某、彭乙在 A 项目上是"各占项目 50％股份，风险和利润共担"。这意味着，一方面，彭乙不能从 A 项目取得固定利润，具体利润是不确定的，会随着项目的实际利润而浮动、变化；另一方面，彭乙需要承担 A 项目的经营风险，一旦项目亏损，彭乙需要承担项目的经营损失。从这个角度看，彭乙是 A 项目的责任主体，该项目是柳某某、彭乙的合作项目。

第二，涉案的 2 000 万元不是柳某某给予彭甲、彭乙的财物。这是因为：（1）该 2 000 万元是彭乙作为项目合作方提走的项目款。如前所述，A 项目是柳某某、彭乙的合作项目，彭乙从项目上提走 2 000 万元是其作为项目参与方实施的行为，而非柳某某给彭甲、彭乙的财物。（2）该 2 000 万元主要是彭乙通过谢某某直接提走的，而非柳某某给彭甲、彭乙的财物。本案中，谢某某代表彭乙参与管理 A 项目的财物。而从这 2 000 万元的提取过程来看，该 2 000 万元主要是由彭乙通过谢某某从财务上直接提取的，而非柳某某提取后送给彭甲、彭乙的。（3）该 2 000 万元只是 A 项目的暂时盈余款，而非彭乙最终应得的款项，更非柳某某给彭甲、彭乙的财物。如前所述，彭乙、柳某某对 A 项目各承担一半的利润和风险。彭乙从项目上提取这 2 000 万元时项目尚未完工，至今项目是否最终盈利、盈利多少都不确定，因此，该 2 000 万元不是彭乙在 A 项目最终应得的款项。（4）柳某某与彭甲之间没有直接接触，本案证据不能证明该 2 000 万元是柳某某给彭甲的财物。本案中，彭乙不具有国家工作人员的身份，只有彭甲作为某国有公司董事长具有国家工作人员的身份，能够成为行贿罪的行为对象。但本案没有证据证明柳某某就这 2 000 万元的给付问题与彭甲进行过任何交流，也没有证据证明彭乙是代表彭甲向柳某某收取这 2 000 万元的。在此情况下，本案证据不能证明这 2 000 万元是柳某某给彭甲的财物。

可见，涉案的 2 000 万元是彭乙合作承揽 A 项目的暂时盈余款，柳某某没有给予国家工作人员以财物，其行为不符合行贿罪的客观要求，不构成行贿罪。

（二）柳某某主观上不具有行贿的故意和"谋取不正当利益"的目的，不符合行贿罪的主观要求

如前所述，行贿罪的成立要求行为人主观上必须具有行贿的故意和"谋取不正当利益"的目的。本案证据不能证明柳某某主观上具有行贿的故意和谋取不正当利益的目的。

第一，本案证据不能证明柳某某主观上具有向彭甲行贿的故意。行贿的故意在内容上表现为"给予国家工作人员以财物"的故意。本案中，柳某某是否具有行贿的故意，关键在于其是否具有给予彭甲财物的故意。对此，本案证据不能证明柳某某主观上具有给予彭甲财物的故意。这是因为：（1）柳某某与彭甲没有直接的私下接触。本案证据显示，柳某某与作为某国有公司董事长的彭甲之间基本没有接触，特别是在 A 项目招投标过程中完全没有接触。（2）柳某某与彭甲之间没有行受贿的合意。本案没有证据表明柳某某与作为某国有公司董事长的彭甲之间就给付财物问题进行过任何谋划，进而无法认定柳某某与彭甲之间具有行贿受贿的合意。（3）柳某某没有与彭乙就给予彭甲财物进行过共谋。本案中，彭乙与柳某某就合作开展 A 项目及项目利润分成、风险分担等有合意，但本案没有证据证明柳某某与彭乙就给予彭甲财物进行过任何共谋或者形成了任何合意。在此情况下，本案证据不能证明柳某某主观上具有向彭甲行贿的故意。

第二，本案证据不能证明柳某某主观上具有谋取不正当利益的目的。2012 年最高人民法院、最高人民检察院《关于办理行贿刑事案件具体应用法律若干问题的解释》第 12 条规定，行贿犯罪中的"谋取不正当利益"，是指行贿人谋取的利益违反法律、法规、规章、政策规定，或者要求国家工作人员违反法律、法规、规章、政策、行业规范的规定，为自己提供帮助或者方便条件。违背公平、公正原则，在经济、组织人事管理等活动中，谋取竞争优势的，应当认定为"谋取不正当利益"。本案中，A 项目的招投标利益似乎可作为行贿罪的不正当利益。这也是持柳某某构成行贿罪的观点所坚持的重要依据。但事实恰恰相反，A 项目的前期利益（包括招投标利益）不能作为认定柳某某具备行贿罪"谋取不正当利益"要件的依据。这是因为：（1）柳某某与彭乙的项目分工决定了柳某某主观上不具有谋取不正当利益的目的。如前所述，本案中，彭乙与柳某某在 A 项目上进行了分工：项目的招投标、项目的挂靠、项目的协调等外围工作均由彭乙负责，柳某某负责项目的施工。在此情况下，项目的招投标工作是由彭乙负责的，通过不正当的方式获得招投标的优势是本案中彭乙的行为方式和目的，而非柳某某的。（2）柳某某的利润产生方式决定了其主观上不具有谋取不正当利益的目的。如前所述，柳某某在 A 项目上主要负责项目的施工管理工作。在利润的形成上，柳某某需要解决的是施工成本问题，包括材料的价格、用工成本、管理成本、工程质量等。这是柳某某在 A 项目上负责的工作，也是其利润产生的主要方面。而这些因项目施工、管理产生的利润显然是属于合法利益，而非不正当利益。

可见，柳某某主观上不具有向时任某国有公司董事长彭甲行贿的故意和"谋取不正当利益"的目的，不符合行贿罪的主观要求，不构成行贿罪。

A 公司单位行贿案

——"违反国家规定给予国家工作人员钱财"是否属于
单位行贿罪的独立类型

一、基本案情

2001 年，A 公司决定与全民所有制企业 B 公司合作联营，由时任 A 公司董事长的张某全权负责联营事宜。双方于 2002 年 2 月 8 日签订书面合作协议，决定成立 C 公司，由 A 公司控股、经营管理，张某为感谢 B 公司总经理高某某，于 2003 年 1 月至 2004 年 1 月期间先后三次代表单位送给高某某人民币共计 30 万元。后张某主动向有关组织交代了司法机关尚未掌握的其送给高某某 30 万元的事实。

二、主要问题

本案涉及的主要问题是 A 公司的涉案行为是否构成单位行贿罪。对此，主要有两种观点：

一种观点主张构罪，认为张某的行为属于"违反国家规定，给予国家工作人员钱财，情节严重"，因张某是 A 公司董事长，且全权负责联营事宜，因此可以认定 A 公司在与 B 公司合作联营过程中，违反国家规定，给予国家工作人员钱财，应当构成单位行贿罪。

另一种观点主张不构罪，认为"违反国家规定给予国家工作人员钱财"并不属于单位行贿罪的法定类型，因回扣、手续费属于钱财的下位概念，同时，张某并没有谋取不正当利益的主观目的，并且张某属于被索贿的情形，满足我国《刑法》第 389 条第 3 款规定的出罪事由，因此，其行为不构成单位行贿罪。

三、出罪法理

根据我国《刑法》第 393 条的规定，单位行贿罪是单位为谋取不正当利益而行贿，或者违反国家规定，给予国家工作人员以回扣、手续费，情节严重的行为。单位行贿罪的行为类型包括两种：一是行贿；二是违反国家规定，给予国家工作人员以回扣、手续费。对于行贿，我国《刑法》第389条第3款规定了一个出罪事由，即"因被勒索给予国家工作人员以财物，没有获得不正当利益的，不是行贿"。本案中，A公司的涉案行为不符合单位行贿罪的成立条件，不构成单位行贿罪。

（一）从单位行贿的行为类型上看，"违反国家规定，给予国家工作人员钱财"不是单位行贿罪的法定类型

关于单位行贿的行为类型，我国《刑法》第393条规定了两类：一是行贿；二是违反国家规定，给予国家工作人员以回扣、手续费。本案中，A公司的行为并不满足"违反国家规定，给予国家工作人员以回扣、手续费"的行为类型。这是因为：

第一，"违反国家规定，给予国家工作人员钱财"不是单位行贿罪的法定行为类型。如前所述，我国《刑法》第393条对单位行贿罪的法律规定是"单位为谋取不正当利益而行贿，或者违反国家规定，给予国家工作人员以回扣、手续费，情节严重"。从行为类型上看，单位行贿罪的法定行为类型包括两类，即"行贿"和"违反国家规定，给予国家工作人员以回扣、手续费"。"违反国家规定，给予国家工作人员钱财"不能被"违反国家规定，给予国家工作人员以回扣、手续费"所包含。从行为类型上看，"违反国家规定，给予国家工作人员钱财"与"违反国家规定，给予国家工作人员以回扣、手续费"在表述上最为接近。在刑法上，"钱财"与"回扣、手续费"虽然都可体现为一定的财物，但两者是两个完全不同的概念。其中，"回扣、手续费"是"钱财"的下位概念，必须以存在经济往来为前提，且仅指一方在存在经济往来的情况下给予对方与经济往来有关（如一定比例）的财物。持A公司构成单位行贿罪的观点用"钱财"这一上位概念偷换"回扣、手续费"这一下位概念，明显违反了罪刑法定原则的要求。

第二，A公司的行为不属于"违反国家规定，给予国家工作人员以回扣、手续费"。如前所述，"违反国家规定，给予国家工作人员以回扣、手续费"是以双方存在经济往来为前提的。但在本案中，A公司与B公司之间不存在经济往来，它们是采取联营的方式共同成立C公司，按照双方约定的，A公司要往C公司注资，因此，本案完全不存在B公司给A公司出资或者财物的情况，自然也就无"回扣、手续费"可言。但是注资的钱款并不等同于回扣、手续费，如果将钱财等同于"回扣、手续费"，显然不符合《刑法》第393条关于单位行贿罪的行为类型规定。

可见，如果将A公司注资钱款的行为，解释为"违反国家规定，给予国家工作人员钱财"，进而认定其行为归属于单位行贿罪的法定行为类型，实则

是对 A 公司行为的类型化的判断错误。

（二）从单位行贿的主观要件上看，A 公司送给高某某 30 万元人民币不是为了谋取不正当利益，不符合单位行贿罪的主观要求，不构成单位行贿罪

如前所述，A 公司的行为不属于"违反国家规定，给予国家工作人员以回扣、手续费"。其行为如要构成单位行贿，则只能看是否符合"为谋取不正当利益而行贿"类型。对于这类单位行贿罪，其成立要求单位主观上必须具有"为谋取不正当利益"的目的要件。2012 年最高人民法院、最高人民检察院《关于办理行贿刑事案件具体应用法律若干问题的解释》第 12 条规定，行贿犯罪中的"谋取不正当利益"，是指行贿人谋取的利益违反法律、法规、规章、政策规定，或者要求国家工作人员违反法律、法规、规章、政策、行业规范的规定，为自己提供帮助或者方便条件。违背公平、公正原则，在经济、组织人事管理等活动中，谋取竞争优势的，应当被认定为"谋取不正当利益"。而本案认定 A 公司主观意图的关键在于高某某是否在 A 公司与 B 公司的合作谈判中做出了"让步"，A 公司是否具备行贿的"谋取不正当利益"要件。对此，答案是否定的。

1. 高某某没有通过 B 公司在 C 公司的控股权上对 A 公司做出让步

本案中，A 公司在与 B 公司联营过程中取得了 C 公司的控股权。那么，该控股权是 A 公司应得的利益还是 B 公司做出的让步呢？综合地看，该控股权是 A 公司应得的利益，而不是高某某通过 B 公司做出的"让步"。这是因为：

第一，B 公司的经营状况决定了其不可能取得 C 公司的控股权。这主要包括：（1）B 公司当时的负债高，已濒临破产。B 公司的资产负债表显示，截至 2001 年 12 月，B 公司负债合计 45 134 960.12 元，不仅包含银行贷款和员工集资款，还有大量尚未结清的供货款、工程款、设备款等，负债率高达 77.4%。同时，2002 年 8 月的资产评估报告显示：截至 2002 年 4 月 30 日，B 公司除房产外的净资产汇总为负 1 208 万元，其中账面货币资金只有 52.49 万元，尚不足以缴纳税款 91.45 万元；此外还有应付供货款、银行贷款、其他应付款。这表明，当时 B 公司的负债极高，已经处于破产的边缘。（2）B 公司当时的经营管理状况差。如果仅仅只是负债问题，那么只要 B 公司的管理好，也有可能扭亏为盈。但在本案中，万某等人的笔录显示，B 公司的管理能力较差，人浮于事，公司设置的各种机构臃肿，且店铺销售汇总额表明公司并不赚钱。B 公司的存货虽然较多，但大都没有正规可查的进货渠道，难以外售。在这种情况下，B 公司无法依靠自身能力进行经营，进而不具备控股 C 公司的能力。

第二，A公司的经营状况及其联营投入决定了其应当取得C公司的控股权。这主要包括：（1）A公司的资金和经营状况良好。本案证据显示，A公司是一家大型连锁商业企业，拥有雄厚的资金实力和丰富的经营、管理经验。而这些都是B公司所不具备的。A公司要在联营的C公司中发挥其资金、经营、管理优势，并产生效益，必然要对C公司实行控股。对此，证人金某某的笔录明确称，A公司控股并享有经营权对C公司的发展绝对是有好处的。（2）A公司对C公司的投入巨大。本案证据显示，A公司在C公司的投入巨大，包括C公司的注册资金全部由A公司现金出资，A公司通过C公司代B公司解决了其巨额外债，并安置了数千名职工。同时在解约之际，A公司还免除了B公司的全部债务，承担了其过去6年来的全部债务。A公司的资金和经营状况及其在联营中的投入决定了A公司应当控股C公司。

第三，本案证据显示，由A公司控股联营后的C公司是各方的一致共识。这主要包括：（1）张某、金某某等人的笔录。证人金某某的笔录明确称，A公司控股并享有经营权是由双方一致认可的。对此，张某的笔录可与之印证。（2）A公司与D公司的合作先例。本案证据显示，A公司与某区政府的合作曾有先例，即A公司曾与高某某担任法定代表人的其他公司联营，并成立了另外的公司，该公司是由A公司控股的。总体而言，在联营过程中，各方对于由A公司控股C公司没有任何异议，这是各方的一致共识。

第四，A公司与B公司联营是某区政府的决策。本案证据显示，A公司与B公司的合作得到了区政府的大力支持。这包括：（1）2001年年底，时任区委书记带领包括高某某在内的区考察团前往A公司考察，并在考察后明确表示要引进A公司参与国有企业改革。之后，A公司和区政府开始就合作展开实质性谈判。（2）2002年4月18日，A公司和区政府签署了"合作协议书"，全面支持A公司参与国企改制。在此基础上，A公司与B公司的联营公司C公司才得以正式成立。因此，A公司与B公司联营成立C公司并由A公司控股C公司是某区政府的决策。对此，B公司的上级公司某市资产运营公司在2007年1月出具的证明、金某某和万某的笔录等证据均可以证明。

第五，本案证据显示，在高某某进入某市资产运营公司之前，A公司已与B公司签订"合作协议书"，且确定由A公司控股、经营管理。本案证据表明，"合作协议书"、公司章程复印件等证据证实B公司与A公司于2002年2月8日签订协议，合作成立C公司，由A公司控股、经营管理。而本案中高某某的任职文件和简历等证据显示，高某某在2002年3月才进入B公司的上级公司，6月才被任命为运营公司的经理。相比于B公司，某市资产运营公司具有联营的决策权。因此，在签订合作协议之前，高某某对A公司与B公司之间的合作并无决策权。

可见，A 公司与 B 公司联营成立 C 公司并对该公司控股，是由当时两家公司的实际状况、合作基础和区政府的决策决定的，而非由高某某决定的，高某某没有通过 B 公司对 A 公司做出让步。

2. 高某某没有通过 B 公司在 C 公司的管理权上对 A 公司做出让步

本案中，根据"合作协议书"，A 公司享有对 C 公司的经营管理权。但该经营管理权是 A 公司享有的正当权利，而非高某某通过 B 公司对 A 公司做出的让步，而且在实际经营过程中，高某某对 A 公司行使经营管理权处处设置障碍。

第一，A 公司与 B 公司的合作过程决定了 A 公司应当享有 C 公司的经营管理权。这主要包括：（1）A 公司享有 C 公司的经营管理权是其控股地位的要求。如前所述，A 公司、B 公司的经营状况、联营双方的责任、区政府的决策决定了 A 公司享有联营后成立的 C 公司的控股权。在此情况下，作为 C 公司的控股股东，A 公司享有 C 公司的经营管理权，完全是在情理之中的。（2）A 公司与 B 公司的联营目的决定了 A 公司应当享有 C 公司的经营管理权。如前所述，A 公司与 B 公司的联营目的是利用 A 公司的资金优势、经营管理优势等对 B 公司这一国有企业进行改革，以提高企业的效率。在此之前，B 公司作为一家国有企业存在人浮于事、机构臃肿、效率低下等经营管理问题。据此，对 B 公司而言，其改革的目的不仅在于引进民营资本，更重要的是提高经营管理的效率。而这必然要求 A 公司享有 C 公司的经营管理权，否则改革国有企业的联营目的根本无法实现。同时，这也是区政府引入 A 公司的目的所在。因此，A 公司享有 C 公司的经营管理权是联营的基本要求，而根本不是高某某代表 B 公司所做的让步。

第二，A 公司对 C 公司的经营管理权受到了高某某的严重影响和干扰，并未实际享有，完全谈不上高某某做出了让步。这主要包括：（1）从管理人员的构成上看，C 公司的管理人员主要由原 B 公司的人担任。本案中，证人万某的笔录等证据显示，在联营以后，C 公司的经营班子成员中，A 公司方代表只有金某某担任总经理，其余重要岗位上的人员都是由 B 公司的人担任的，因此，从 C 公司的管理人员上看，A 公司并没有控制 C 公司的经营管理权。（2）从管理活动的开展上看，C 公司的经营管理活动主要仍由原 B 公司的人员负责。本案中，C 公司出具的"关于 C 公司经营权相关情况说明"、万某出具的"关于 C 公司相关问题说明"以及万某的笔录等证据证明，C 公司的日常经营决策、人员及物品的管理等事项均由高某某把控。特别是在高某某担任董事长期间，基本不开董事会，公司的重大事项都是由高某某本人批署决定的，有证据表明，"当高某某不同意时，相应措施就不得到贯彻与执行"。据此可以看出，即便在联营之后，C 公司的经营管理权也是完全由高某某方面把控的，A 公司并没有掌握 C 公司的经营管理权，更谈不上高某某代表 B 公司在 C 公司的经营管理权上做出让步了。

可见，A 公司在与 B 公司的联营过程中本就应享有 C 公司的控股权和经营管理权，却因高某某的把控而没有实际享有。本案不存在高某某代表 B 公司在 C 公司的控股权和经营管理权上做出让步的问题。在此基础上，即便 A 公司、张某给高某某送了 30 万元人民币，其行为也不具备单位行贿罪的"为谋取不正当利益"要件，不构成单位行贿罪。

（三）从单位行贿的出罪事由上看，A 公司送给高某某 30 万元人民币是受高某某索要且没有获得不正当利益，不构成单位行贿罪

如前所述，我国《刑法》第 389 条第 3 款规定了行贿的一个出罪事由，即"因被勒索给予国家工作人员以财物，没有获得不正当利益的，不是行贿"。该规定同样适用于单位行贿罪。而本案中，如前所述，C 公司的控股权和经营管理权是 A 公司参与联营的正当利益，A 公司的行为不符合单位行贿罪的"为谋取不正当利益"要件要求，不构成单位行贿罪。在此基础上，本案有证据证明，A 公司送给高某某 30 万元人民币系受高某某索要且没有获得不正当利益，其行为不是行贿。这具体体现在：

第一，本案有证据证明高某某在 C 公司的经营管理过程中刁难、阻碍 A 公司行使管理权。这主要包括：（1）证人王某某的笔录证实，C 公司的日常经营常常受到高某某的干预。（2）证人万某在庭审中证实，为了缓解企业用人压力，优化人员结构，C 公司经理办公会根据《劳动法》和市政府 91 号令的有关规定，决定除劳动表现好、具备一定劳动技能的人员外，部分劳动期限届满的员工不再续签。这一合法决定受到了高某某的明确反对和阻碍，直接导致公司在几年内长期负担过重。（3）证人万某在庭审中证实，C 公司经理办公会在根据《员工奖惩条例实施细则》对严重破坏公司管理秩序的曹某、孙某某、王某某作出内部处分时，高某某明确以某区商业资产运营公司的名义指出，处分依据无效，对于员工的工资待遇问题，A 公司方股东无权单方决定。（4）运营公司发布的专项通知证明，高某某通过运营公司要求 C 公司随时汇报公司经营情况及职工思想动态情况，严密控制 C 公司的经营管理权。

第二，本案有证据证明高某某明示或者暗示地向 A 公司索要财物。这主要包括：（1）张某的笔录。本案中，张某在多份笔录中均明确表示代表单位给高某某送 30 万元人民币并非主动给予，而是因高某某在评估结果确定后主动索贿。对于具体索贿的数额，张某的笔录明确称，高某某索贿的数额是 34 万元，且是在评估报告确定（2002 年 8 月）之后索要的。（2）证人王某某的笔录。证人王某某在庭审中明确称，高某某曾向张某索贿，张某并未答应，由此高某某故意找碴为难张某。这两方面的证据可以相互印证，证明高某某向张某方面索要了财物。

第三，A 公司没有因给高某某 30 万元人民币而获得不正当利益。根据《刑法》第 389 条第 3 款的规定，因被勒索给予国家工作人员以财物，没有获得不正当利益的，不是行贿。如前所述，本案中，无论是 C 公司的控股权还是经营管理权，对于 A 公司而言，都属于正当利益。更为重要的是，A 公司对 C 公司的经营管理权还因受到高某某方面的把控、阻碍而无法行使。A 公司没有因其给高某某 30 万元人民币而获得任何不正当利益。

可见，本案证据可以证明，A 公司送给高某某 30 万元人民币是受高某某的索要，且 A 公司没有获得不正当利益。根据《刑法》第 389 条第 3 款的规定，A 公司的行为不是行贿，不构成单位行贿罪。

韦某某对有影响力的人行贿等案

——约定附条件且未实际支付感谢费的行为是否构成行贿犯罪

一、基本案情

2014 年至 2016 年，某公司总经理韦某某为承接工程，利用时任省住房和城乡建设厅城建处处长陈某某与市轨道交通集团有限公司董事长彭某某的密切关系，由陈某某出面向彭某某打招呼，以获得彭某某的关照。经陈某某周旋，韦某某承包了 A 项目、B 项目、C 项目。韦某某与陈某某两人约定，在上述施工项目结算后，对于项目产生的利润，由韦某某从中按照项目中标价的 5% 支付给陈某某。根据双方约定，韦某某应向陈某某支付感谢费 2 370 万元（A 项目中标价为 1.24 亿元，给付人民币 620 万元；B 项目中标价为 2.6 亿元，给付人民币 1 300 万元；C 项目中标价为 0.9 亿元，给付人民币 450 万元）。

2015 年 2 月初，陈某某以其子要出国留学为由，向韦某某借 50 万元费用。韦某某同意借钱，之后在陈某某家附近送给陈某某人民币 50 万元。2017 年 3 月，陈某某将 50 万元退给了韦某某。

2016 年年初 A 项目竣工后，韦某某提出先付点费用给陈某某，因有人在网上举报陈某某的违规问题，陈某某让韦某某先保管。考虑到陈某某到时可能会用钱和自己有时也需要支付项目费用，韦某某先后将 400 余万元钱存入自己原有的一张中信银行卡内。2016 年 5 月，应陈某某的要求，韦某某从该银行卡上转出 100 万元购买股票，并由其代持（陈某某明确表示韦某某垫付的这笔费用，届时从应给他的 5% 的利润中扣除）。至案发，对于银行卡及股票韦某某均未交付给陈某某，银行卡内的钱款已被韦某某用于支付项目工程款和个人借款等。

2016 年 11 月，在陈某某的要求下，韦某某为其在该项目部做实习技术员的儿子配置了一台奥迪车，用于工作。购车费用共计 42 万余元。陈某某事先允诺届时从韦某某应给其的 5% 的利润中扣除。

后因案发，B 项目、C 项目均未完工，韦某某未给付陈某某约定的 1 750 万元。

二、主要问题

本案涉及的主要问题是：韦某某的涉案行为是否构成对有影响力的人行贿罪。对此，主要有两种观点：

一种观点认为，韦某某为获得轨道交通施工项目，向与彭某某有密切关系的陈某某行贿，不仅约定按照项目中标价的 5% 支付感谢费，还存在三次给予陈某某财物的行为，其行为构成对有影响力的人行贿罪。

另一种观点认为，本案不足以证明韦某某给予了陈某某财物。在轨道交通项目建设工程中，韦某某所给予陈某某的好处并未实际支付，且不能认定韦某某三次给予陈某某钱款的行为是行贿行为，因此，其不构成对有影响力的人行贿罪。

三、出罪法理

根据我国《刑法》第 390 条之一第 1 款的规定，对有影响力的人行贿罪是指为谋取不正当利益，向国家工作人员的近亲属或者其他与该国家工作人员关系密切的人，或者向离职的国家工作人员或者其近亲属以及其他与其关系密切的人行贿的行为。据此，对有影响力的人行贿罪的成立至少必须同时具备以下两个基本条件：一是行为人主观上具有向有影响力的人行贿的明确故意，并且具有谋取不正当利益的动机；二是行为人客观上实施了对有影响力的人给付财物的行为。同时，对于成立对有影响力的人行贿罪而言，无论是行为人的主观意图还是客观行为，都必须是明确的，即能体现出行贿的"明确性"。本案证据不能证明韦某某给予了陈某某财物，韦某某的行为不构成对有影响力的人行贿罪。

从总体看，韦某某与陈某某双方约定的交易内容是：韦某某以陈某某招揽的工程项目结算后所产生的利润（按项目中标价的 5% 计算）作为好处费支付给陈某某。这种约定的好处费支付在客观上具有"不确定性"，即"项目结算后会因是否有利润及利润多少，而可能支付好处费，也可能不支付好处费"。这种具有"不确定性"的交易方式，明显有别于正常的贿赂关系，不能作为认定行为人构成贿赂犯罪的依据。基于此，鉴于韦某某与陈某某双方之间约定的好处费支付具有的"不确定性"，本案不能认定韦某某构成对有影响力的人行贿罪。

（一）韦某某与陈某某虽然约定按照项目中标价的 5% 给陈某某感谢费，但该约定是附条件的且未实际支付，韦某某的行为不构成对有影响力的人行贿罪

本案中，韦某某与陈某某约定按照项目中标价的 5% 支付给陈某某感谢费（三个项目合计 2 370 万元），但该约定是附条件的。同时，400 余万元银行卡及股票韦某某均未交付给陈某某，且 B 项目、C 项目均未完工，韦某某未支付给陈某某约定的 1 750 万元感谢费。对此，韦某某与陈某某约定的是以利润即项目中标价的 5％支付陈某某感谢费，故不能将尚未确认的、有可能产生也有可能不产生的利润数额认定为韦某某的行贿金额，也不能将今后可能支付也可能不支付感谢费的行为认定为客观的行贿行为。

第一，韦某某与陈某某的约定是附条件的，在所附条件成就之前，不能认定韦某某的行为是行贿。本案中，虽然韦某某与陈某某约定按照项目中标价的 5％给陈某某感谢费，但不能仅凭形式判断，即认定约定给予感谢费便具有行贿的事实。实际上，韦某某与陈某某约定支付好处费是附条件的，即在中标项目结算时利润达到中标价的 10％以上的情形下，韦某某才会按照中标价的 5％向陈某某支付好处费。这可以从韦某某和陈某某的笔录中得到印证。韦某某的笔录明确称，项目利润不到 10％，或者有其他变化，均不会支付感谢费。韦某某的笔录证明了其与陈某某约定的感谢费需要等项目结算完之后，从利润中支付。同时，陈某某的笔录也证明，项目利润大概有 10％，在项目经营管理顺畅的前提下，韦某某可将项目利润的 5％作为感谢费。据此可以看出，韦某某与陈某某的笔录可以相互印证地证明，他们之间支付好处费是附条件的，即项目结算时须有利润，且利润在中标价的 10％以上。而本案证据不能证明韦某某中标的项目存在利润且利润在中标价的 10％以上。因此，在约定条件成就之前，本案证据不能证明韦某某的行为是行贿。

第二，韦某某与陈某某的约定是附期限的，在期限未到时，不能认定韦某某的行为是行贿。本案中，对于好处费的给付时间，韦某某的笔录等证据可以充分证明，好处费即项目中标价的 5％是要等到项目结算完才支付的。而陈某某关于要求韦某某为其儿子购买奥迪车、购车费用将来再从其应收好处费中扣除的供述笔录，也足以印证双方约定的好处费不是项目一中标就给的，而是附期限的，即须得到项目结算后才支付。但本案涉案的三个项目在案发时都没有结算，其中 A 项目在案发时已经竣工但没有结算，B 项目在案发时尚未开工，C 项目在案发时也只是开工并未结算。因此，从韦某某与陈某某约定的支付好处费的期限来看，至案发时，他们之间约定的支付期限尚未到来，故不能认定韦某某的行为是行贿。

第三，韦某某没有将项目中标价 5％的好处费实际支付给陈某某，不能认定韦某某的行为是行贿。根据我国《刑法》规定并依照我国重惩受贿轻惩行贿的政策精神，行贿犯罪的入罪条件应当严于受贿犯罪。作为情节犯的行贿犯罪，必须具备一定的情节才能构成犯罪，其具体表现为必须实际给付贿赂且达到一定的数额。根据 2016 年最高人民法院、最高人民检察院《关于办理贪污贿赂刑事案件适用法律若干问题的解释》的规定，对有影响力的人行贿罪的入罪门槛是实际行贿数额在 3 万元以上。本案中，虽然韦某某与陈某某之间约定按照项目中标价的 5% 支付好处费，但这些好处费至本案案发时都未实际支付，因而不具备对有影响力的人行贿罪的入罪条件。韦某某的行为不应当被认定为行贿。

综上所述，本案中，韦某某与陈某某虽然约定按照项目中标价的 5% 支付给陈某某感谢费，但该约定是附条件的、附期限的，且并未实际支付，故韦某某的行为不构成对有影响力的人行贿罪。

（二）本案证据不足以证明韦某某的三笔具体行贿事实成立，韦某某的行为不构成对有影响力的人行贿罪

本案中，韦某某存在三次具体的给予钱款的行为，包括：一是 2015 年 2 月初陈某某以其子出国留学为由向韦某某借款 50 万元；二是 2016 年年初韦某某在中信银行开户后存入 400 余万元，并于 2016 年 5 月应陈某某要求从卡中转出 100 万元购买股票并为陈某某代持；三是 2016 年 11 月韦某某购买了一台价值 42 万余元的奥迪车供陈某某儿子陈甲使用。但本案不能将上述三笔给予钱款的行为认定为韦某某向陈某某行贿总金额下的具体行贿行为，韦某某的行为不构成对有影响力的人行贿罪。

1. 2015 年 2 月初韦某某借给陈某某的 50 万元不能被认定为韦某某的行贿款

对于 2015 年 2 月初陈某某向韦某某所借 50 万元，本案证据表明陈某某是以其子要出国留学为由向韦某某借款 50 万元的。后至 2017 年 3 月，陈某某因担心事发，将该 50 万元退给了韦某某。该 50 万元应当被认定为韦某某借给陈某某的借款而非行贿款。这是因为：

第一，该 50 万元与涉案项目的好处费完全无关。本案证据表明，陈某某是以其子出国为由向韦某某借款，陈某某自始至终没有称该 50 万元与涉案三个项目的好处费有任何关系（如不存在陈某某表示可以从项目好处费中扣除的情况），进而不存在韦某某为谋取不正当利益给陈某某财物的情况。

第二，陈某某与韦某某的私人关系较好。韦某某的笔录显示，韦某某、陈某某双方认识于 2000 年之前，并在 2007 年之后建立了密切联系。对此，韦某某的笔录称：2007 年、2008 年左右，其邻居朱某被借调到建设厅建管处工作，跟陈某某在一个办公室，通过朱某其经常和陈某某一起吃饭、打牌、喝酒等，其和陈某某的交往就更密切一些了。同时，韦某某的该份笔录显示，2010 年至 2013 年陈某某援疆，韦某某还去看过他，并给陈某某寄了当地的特产酒。2013 年到 2014 年期间，双方又经常在一起打牌、吃饭、喝酒，关系更加密切。从他们之间的这种密切关系来看，陈某某找韦某某借 50 万元实属正常。

第三，韦某某、陈某某的笔录均表明该 50 万元是陈某某向韦某某的借款。韦某某的笔录称，该 50 万元是陈某某以其子出国留学需要用钱为名向其借的借款。同时，陈某某的笔录也称，该 50 万元是其向韦某某的借款，其提出需要借 50 万元作为儿子出国的费用。可见，韦某某、陈某某的笔录可以相互印证这 50 万元是他们之间的借款。

第四，陈某某多次表示要还钱并最终将该 50 万元还给了韦某某。对此，韦某某的多份笔录均可证明。如，韦某某的笔录称，陈某某在 2016 年两次提起还钱事宜。同时，韦某某、陈某某的笔录均可证明，该 50 万元于 2017 年 3 月由陈某某还给了韦某某。

2003 年 11 月最高人民法院发布的《全国法院审理经济犯罪案件工作座谈会纪要》中规定："国家工作人员利用职务上的便利，以借为名向他人索取财物，或者非法收受财物为他人谋取利益的，应当认定为受贿。具体认定时，不能仅仅看是否有书面借款手续，应当根据以下因素综合判定：（1）有无正当、合理的借款事由；（2）款项的去向；（3）双方平时关系如何、有无经济往来；（4）出借方是否要求国家工作人员利用职务上的便利为其谋取利益；（5）借款后是否有归还的意思表示及行为；（6）是否有归还的能力；（7）未归还的原因；等等。"参照该规定，本案中对于韦某某而言，陈某某借 50 万元有正当、合理的借款事由，双方平时关系也很好，借款与涉案项目无关，且有归还的意思，并且最终归还。据此，该 50 万元应当被认定为韦某某给陈某某的借款，而不能被认定为韦某某的行贿款。韦某某的行为不构成对有影响力的人行贿罪。

2. 2016 年韦某某新开户存入的 400 余万元（含转出 100 万元购买股票并为陈某某代持）不能被认定为韦某某的行贿款

对该 400 余万元（含 100 万元代持股票），至案发时，韦某某未交付给陈某某该银行卡及股票。该 400 余万元不能被认定为韦某某的行贿款。这是因为：

第一，该 400 余万元因 A 项目尚未结算而性质未定。如前所述，韦某某虽然与陈某某约定按照中标价的 5% 支付陈某某好处费，但附有条件和期限，即在项目结算时需有利润且利润在中标价的 10% 以上。本案中，韦某某、陈某某的笔录表明，该 400 余万元是韦某某在 A 项目尚未结算时需提前为陈某某准备的。由于 A 项目尚未结算，无法确定具体的利润数额，因此该 400 余万元的性质明显处于不确定状态。如果 A 项目结算后的利润超过 10%，那么该 400 余万元可作为韦某某支付给陈某某的好处费；如果 A 项目结算后的利润没有达到 10%，那么该 400 余万元则不能作为韦某某支付给陈某某的好处费。在后一种情形下，韦某某无须也不会支付陈某某 400 余万元。因此，在没有证据证明 A 项目结算利润超过 10% 的情况下，本案不能认定该 400 余万元是韦某某给陈某某的行贿款。

第二，该 400 余万元不具有作为支付给陈某某的好处费所必须具备的"特定性"，理由包括：（1）该银行卡并非为支付陈某某好处费而专门开设的，即该银行卡不具有专属性。对于该银行卡的开户，韦某某的笔录明确称，其在银行开户是为了帮朋友完成存款任务。可见，该银行账户并非韦某某专门为支付陈某某好处费而开设的。事实上，该银行卡的卡号和密码均由韦某某掌握，且没有告诉陈某某。（2）该银行卡上的 400 余万元并非专门为陈某某准备的。对此，韦某某的笔录等均可证明。如韦某某的笔录称，其准备此卡是为了应急使用。同时，韦某某的笔录及其银行卡流水显示，该银行卡上的部分资金被韦某某用于项目建设；而且，韦某某始终没有将该银行卡上资金的具体数额告诉陈某某。（3）该银行卡上的 400 余万元（包括用其中 100 万元购买的股票）都没有支付给陈某某。对此，本案有证据证明，至案发时，韦某某未交付给陈某某银行卡及股票。

可见，涉案银行卡上的 400 余万元（包括韦某某为陈某某代持的 100 万元股票）因项目未结算而性质未定，也并非韦某某专门为陈某某准备的，且最终也未交付给陈某某，故此，韦某某的行为不构成对有影响力的人行贿罪。

3. 2016 年 11 月韦某某购买奥迪车的 42 万余元不能被认定为韦某某的行贿款

对于用该 42 万余元购买的奥迪车，综合本案证据特别是韦某某的笔录来看，并无证据表明，是韦某某为陈某某在项目部做实习技术员的儿子陈甲所购买，因此该 42 万余元不能认定为韦某某的行贿款。这是因为：

第一，该 42 万余元因 C 项目尚未完工而性质未定，而且，本案证据表明韦某某一开始即不愿意给陈甲配车，其后也无证据证明韦某某愿意将奥迪车交归陈甲所有。对于购买奥迪车，陈某某的笔录称，韦某某是在其承诺买车钱从感谢费中出后，才购买的车。而如前所述，韦某某与陈某某约定的好处费支付是附条件和期限的。在条件未成就、期限未到来时，好处费并不存在，最终也不一定会有。在此情况下，陈某某所称从感谢费中开支购买奥迪车的车款，实际上表明该 42 万余元的性质是不确定的。鉴于本案没有证据证明 C 项目已结算且利润在 10% 以上，也没有证据证明韦某某购买奥迪车就是为了转归陈甲所有，本案不能将该 42 万余元购车款认定为韦某某的行贿款。

第二，陈甲对该 42 万余元购买的奥迪车不具有使用的专属性。本案中，韦某某支付 42 万余元购买的奥迪车具有三个明显特点：一是该奥迪车登记在韦某某名下，而未登记在陈甲名下。该车在法律上属于韦某某，而非陈甲。二是陈甲对该奥迪车不具有使用的专属性。如，韦某某的笔录称，车主要是给陈甲使用的，但韦某某有事也可以调用。三是陈甲系项目部工作人员，给其配车也是为了方便其开展项目部的工作，这与为无工作关系的第三人购车的情况存在本质的区别。因此，该奥迪车并非专为陈甲配备的，更不是为陈甲所有。

　　总之，在 C 项目尚未结算且利润尚未确定的情况下，本案证据无法证明韦某某有花费 42 万余元购买奥迪车送给陈甲的意图和行为，韦某某的行为不构成对有影响力的人行贿罪。

王某某私分国有资产案

——改制型私分国有资产犯罪是否应当以企业改制 完成作为追诉时效的起算时间

一、基本案情

D公司是市交通运输局直属单位，2005年9月14日完成了改制，改制为职工集体持股的A集团。在改制过程中，王某某负责改制的全面工作，财务科长张某某负责配合审计、评估等财务工作，办公室负责劳资工作的刘某某负责计提补偿、制定改制方案等。王某某等人在改制过程中虚报长期用工安置费、隐匿某高速公路项目管理费和某省道沥青差价款给改制后的A集团，具体包括：

（1）关于长期用工安置费问题。改制需要对原国有企业职工（含临时工）进行安置、补偿。D公司作出关于D公司国有资产处置及职工安置方案的请示，其中1年以上长期用工264人，所需费用250万元（长期用工安置费210万元、养老保险费用40万元）。某市财政局作出批复，同意用国有资产安置职工。

改制中，长期用工安置补偿款210万元数额的确定是由D公司自己测算的。刘某某负责此项工作。经向王某某请示并同意，刘某某根据各项目部提供的临时用工身份信息制作了264人的"长期用工登记表"，表中"工作时间、工龄"等内容系刘某某等人编造，计提补偿费250万元，其中职工补偿金210万元，需补缴养老保险40万元。该250万元在D公司改制净资产中预留后记在改制后的A集团财务专项应付科目内。2006年，A集团财务账显示公司亏损6 000万元。

2007年2月22日，A集团召开董事会，会议决定在公司账面亏损的情况下，为鼓舞员工士气，决定按股份给职工分红。2007年2月27日制作了分红发放表。后经王某某同意，在账面上用预留的210万元长期用工补偿款科目分六笔平了此款。其中，刘某某负责制作虚假的一年以上长期用工安置补偿"发放表"，刘某某、张某某等人冒充他人签字，张某某安排财务人员制作"分

红表"，用一年以上长期用工安置补偿"发放表"代替"分红表"入账。112 名
股东在"分红表"上签字后领取分红款共计 2 028 024.16 元，剩余 71 975.84 元
现金由会计存回 A 集团账户。自 2007 年 5 月 31 日后，公司账目上就不存在
"专项应付款———一年以上长期用工安置费"这个科目。

　　同时查明，A 集团自 2004 年 1 月 1 日至 2016 年 7 月 31 日，从账上体现
支付临时补偿共计 274 935.00 元，其中 2015 年 3 月 30 日分别补偿冷一
45 000.00 元、王二 46 000.00 元、陈三 47 000.00 元、张四 52 000.00 元、邢
五 28 935.00 元、陈六 36 000.00 元、王七 20 000.00 元。王四自 2000 年 2 月
开始到某工程二处工作，因此上述人员中除王四外，其余 6 人均在"长期用
工登记表"内。

　　（2）关于某高速项目问题。2003 年 8 月 25 日，在 D 公司的协助下，B 公
司中标，与某省高速公路管理处签订"施工协议"。此后，B 公司将一部分工
程分包给 C 公司，所有工程均由某工程二处负责协助并管理。大约 2003 年 9
月，D 公司分别与 C 公司和 B 公司签订了相关合同。合同约定：D 公司承担
C 公司和 B 公司施工的某高速项目的协助和管理工作，从工程款中提取 5% 的
管理费。业主某省高速公路管理处拨给 B 公司的款项，涉及 C 公司的部分，
通过 D 公司转给 C 公司。合同签订后，B 公司某高速公路项目部张甲提出了
"总体工程开工申请报告"，该报告的落款时间是 2003 年 9 月 20 日，总监理工
程师武某某签署了"总体开工报告批复单"。经司法鉴定中心鉴定：截至评估基
准日 2003 年 12 月 31 日，该高速公路项目净资产额为 1 435 948.81 元；截至
2004 年 12 月 31 日该高速项目账并入 A 集团时，净资产额为 4 704 744.94 元。
上述款项，审计时未计入国有净资产。

　　（3）关于某省道沥青差价款问题。2002 年至 2003 年，D 公司承揽了公路
改建工程，该工程已于 2003 年年底完工。2004 年 1 月 6 日，交通局财务科将
3 416 400.00 元沥青差价款，通过银行转款的方式拨给 D 公司。收到该款项
后，会计王甲计入 2004 年的 A 集团总账，落在"以前年度损益调整"科目项
下。经张某某请示王某某，王某某称该款项发生在评估基准日之后，未纳入
基准日前企业财产。

二、主要问题

　　本案涉及的主要问题是：

　　（1）王某某等人涉嫌私分国有资产的行为是否超过追诉时效。对此，主
要有两种观点：

　　一种观点认为，王某某涉及第一起私分国有资产的行为发生的犯罪时间
是 2007 年，其私分了长期用工补偿款，因而王某某私分用工补偿款才是私分

国有资产行为既遂的标志，因此从 2007 年计算，并未超过追诉时效。

另一种观点认为，依据我国《刑法》的规定，对于数额巨大的私分国有资产行为的追诉时效是 10 年，本案涉及的私分国有财产的行为，应当是在改制中隐匿财产，因此改制完成时间，即 2005 年才是开始计算本案的追诉期限的起点。因此，王某某等人涉嫌私分国有资产的行为已过追诉时效，不应受到追诉。

（2）抛开追诉时效不论，根据本案证据能否认定王某某等人的涉案行为构成私分国有资产罪。对此，主要有两种观点：

一种观点认为，王某某等人在 D 公司改制过程中存在虚报骗取长期用工安置费（申报人员数与实际人员数无法对应）、隐匿某高速公路项目管理费、隐匿某省道沥青差价款行为，其行为直接导致国有资产的减少，构成私分国有资产罪。

另一种观点则认为，虽然"长期用工登记表"中的部分内容是虚构的，但是本案无法证明具体虚报的人数及金额，且该 210 万元的长期用工安置费，明显包含实际应付的安置费。在无法区分哪些是应付、哪些是虚报的安置费的情况下，不能认定王某某等人的行为构成私分国有资产罪。同时，本案证据不足以证明王某某具有隐匿某高速公路项目管理费、某省道沥青差价款的行为。王某某等人的行为不构成私分国有资产罪。

三、出罪法理

笔者认为，王某某等人的行为已过刑法规定的追诉时效期限，应当对王某某等人的行为作出罪处理。同时，即便抛开追诉时效不论，本案证据也不能证明王某某等人的行为构成私分国有资产罪。

（一）王某某等人涉嫌私分国有资产的行为已过追诉时效，不应受到追诉

关于追诉时效，我国《刑法》第 87 条规定："犯罪经过下列期限不再追诉：（一）法定最高刑为不满五年有期徒刑的，经过五年；（二）法定最高刑为五年以上不满十年有期徒刑的，经过十年；（三）法定最高刑为十年以上有期徒刑的，经过十五年；（四）法定最高刑为无期徒刑、死刑的，经过二十年。如果二十年以后认为必须追诉的，须报请最高人民检察院核准。"本案中，王某某等人涉嫌的罪名是私分国有资产罪。关于私分国有资产罪，我国《刑法》第 396 条第 1 款规定："国家机关、国有公司、企业、事业单位、人民团体，违反国家规定，以单位名义将国有资产集体私分给个人，数额较大的，对其直接负责的主管人员和其他直接责任人员，处三年以下有期徒刑或者拘役，并处或者单处罚金；数额巨大的，处三年以上七年以下有期徒刑，并处罚金。"可见，"数额巨大"一档私分国有资产罪的法定最高刑是 7 年有期徒刑，追诉时效是 10 年。

　　本案立案时间是 2016 年 8 月 15 日。同时本案证据显示，D 公司改制完成的时间是 2005 年 9 月 14 日，涉案 210 万元长期用工安置费分给 A 集团股东的时间是 2007 年 2 月。这意味着，如果以改制完成时间（2005 年 9 月 14 日）开始计算本案的追诉期限，则王某某等人的行为已过追诉时效期限；而如果以 210 万元长期用工安置费分给 A 集团股东的时间（2007 年）开始计算本案的追诉期限，则王某某等人的行为仍在追诉时效期限内。对此，持本案已过追诉时效的观点认为，应当以改制完成作为王某某等人行为追诉时效期限的起算点并认定王某某等人的行为已过追诉时效。持本案未过追诉时效的观点则认为，应当以 210 万元分配的时间作为王某某等人行为追诉时效期限的起算点。笔者认为，在改制完成时，王某某等人涉嫌的私分国有资产行为已经既遂。对王某某等人行为的追诉应当以改制完成作为追诉时效期限的起算点，王某某等人的行为已过追诉时效，不应受追诉。

　　第一，从行为类型上看，改制型私分国有资产的行为并不是将长期用工补偿款发给股东的行为，而是在改制过程中隐匿财产后转为职工集体持股的改制后公司所有的行为。2010 年最高人民法院、最高人民检察院《关于办理国家出资企业中职务犯罪案件具体应用法律若干问题的意见》第 2 条第 1 款规定："国有公司、企业违反国家规定，在改制过程中隐匿公司、企业财产，转为职工集体持股的改制后公司、企业所有的，对其直接负责的主管人员和其他直接责任人员，依照刑法第三百九十六条第一款的规定，以私分国有资产罪定罪处罚。"据此，在改制过程中，私分国有资产的实行行为是"在改制中隐匿财产"，而不是在改制后将财产私分给集体持股公司的股东。具体到本案中，对于 210 万元长期用工安置费，即便王某某等人的行为能被认定为私分国有资产，也是因为他们在改制过程中通过虚列长期用工安置费的方式隐匿了 D 公司的财产，而不是因为他们将这 210 万元以分红的方式分给 A 集团股东。

　　第二，从行为完成时间上看，改制完成是改制型私分国有资产行为的完成时间。既然改制型私分国有资产行为表现为在改制过程中隐匿国有资产转为职工集体持股的改制后公司所有，那么该行为的完成时间就应当是改制完成时。因此，从行为完成的时间节点上看，改制完成是改制型私分国有资产行为的完成时间。改制完成后，涉案资产的性质已经由改制前的国有资产变更为改制后公司的私有财产，资产也实际地为改制后公司的集体股东控制并享有。这标志着以改制方式进行的私分行为已经完成，应当以此开始计算涉案行为的追诉时效期限。

　　第三，从法益受侵害上看，改制完成表明私分国有资产罪的保护法益已受到了完全侵害。私分国有资产罪的保护法益是国有资产的所有权。而在改制型私分国有资产行为中，判断国有资产所有权是否受到完全侵害，标准应当是资产的所有权是否发生变更（资产的国有性质是否发生了改变）。如果资产已由国有资产变为私有财产，则表明私分国有资产罪的保护法益受到了完全侵害。而这个标准也是改制完成的标准。具体而言，在改制过程中，改制的完成即意味着资产已经变更登记在改制后的公司名下，资产已经由国有性质变成了私有性质。在此情况下，私分国有资产罪的保护法益已经受到了完全侵害，行为也已经既遂，应当以此开始计算涉案行为的追诉时效期限。具体到本案中，对王某某等人的涉案行为，也应当以改制完成开始计算其行为的追诉时效期限。

第四，从行为主体上看，改制完成后行为人的主体身份已发生改变，其行为不能再被认定为具有私分国有资产的性质。根据我国《刑法》第 396 条第 1 款的规定，私分国有资产罪的主体是国有单位（包括国家机关、国有公司、企业、事业单位、人民团体）。而在改制完成后，原有单位的国有性质已经发生改变，不再属于国有单位，不符合私分国有资产罪的主体要求，其直接责任人员的行为也就不可能属于私分国有资产行为。具体到本案中，A 集团在 2007 年决定将长期用工补偿款分给集团股东时已不是国有单位，因主体身份发生改变，其行为最多只是改制型私分国有资产行为完成后的事后处理财产行为，不属于私分国有资产行为的一部分，更不能以此作为认定王某某等人行为既遂的标准和计算其涉案行为追诉时效期限的起点。

第五，从司法规范上看，我国最高司法机关的解释明确规定改制完成是行为既遂的标准。2010 年最高人民法院、最高人民检察院《关于办理国家出资企业中职务犯罪案件具体应用法律若干问题的意见》第 1 条第 2 款规定："所隐匿财产在改制过程中已为行为人实际控制，或者国家出资企业改制已经完成的，以犯罪既遂处理。"虽然该条第 1 款规定的是"在国家出资企业改制过程中故意通过低估资产、隐瞒债权、虚设债务、虚构产权交易等方式隐匿公司、企业财产，转为本人持有股份的改制后公司、企业所有"，但其行为与改制过程中涉及的私分国有资产行为的唯一区别在于隐匿财产的去向不同，其行为使财产性质发生变化的时间完全一样，既遂的标准也应当一样。据此，对于改制型私分国有资产罪而言，改制完成应当是其行为既遂的认定标准。

第六，从认定事实上看，某高速项目、某省道沥青差价款部分的事实认定均表明，改制完成是私分国有资产行为的既遂标准。本案中，除了涉案的 210 万元长期用工补偿款，还存在两笔王某某等人涉嫌私分国有资产的事实（隐匿某高速项目管理费、某省道沥青差价款）。但从这两笔款项的事实认定上看，这两个事实中并不存在王某某等人将钱款私分给 A 集团股东的情况，因为，如果将王某某等人的行为认定为私分国有资产罪的既遂，那么对于 210

万元长期用工补偿费，也应当按照这个标准，以改制完成作为既遂标准，并以改制完成作为追诉时效的起算点。综上，对王某某等人涉嫌的私分国有资产行为，应当以改制完成（2005 年 9 月 14 日）作为其涉案行为（包括私分210 万元长期用工安置费、某高速公路项目管理费和某省道沥青差价款）的既遂标准和追诉时效的起算点。以此为标准，截至本案立案时，王某某等人的全部涉案行为均已过追诉时效，不应当再受到追诉。

（二）抛开追诉时效不论，本案证据也不能证明王某某等人的行为构成私分国有资产罪

抛开本案是否已过追诉时效不论，关于王某某等人的行为是否构成私分国有资产罪，其是否在 D 公司改制过程中存在虚报骗取长期用工安置费、隐匿某高速公路项目管理费、隐匿某省道沥青差价款的行为，是否直接导致改制国有净资产减少，存在疑问。本案证据不能证明王某某等人的行为构成私分国有资产罪。这主要体现在以下几方面。

1. 本案证据不能证明王某某等人通过虚报长期用工安置费的方式私分国有资产

关于长期用工安置费，持王某某构成私分国有资产的观点认为，各项目部依据临时用工身份信息制作了 264 人、210 万元的"长期用工登记表"，存在部分内容编造的情形，且在案件开庭前，仅支付了 7 名长期工作人员的经济补偿金，而且其中有一人不在"长期用工登记表"内，因此，可以推定"长期用工登记表"所列人员及数额存在虚假成分。所以，其行为直接导致改制中国有净资产减少，理应构成犯罪。不过，笔者认为，本案不能认定王某某等人虚报骗取了长期用工安置费。这具体体现在：

第一，本案证据不能证明 210 万元长期用工安置费是虚报的费用。本案不能依据改制过程中申报的安置人数（264 人）与实际支付安置费的人数（7人）不对应，即推定"长期用工登记表"所列人员及数额存在虚假成分。这是因为，本案证据不能证明 210 万元的长期用工安置费是虚报费用：一是长期用工安置费的支付是以职工的离职为前提的，没有离职的不用支付安置费，不能简单地以没有支付来认定安置费是虚报的。关于长期用工安置费的支付，刘某某的笔录明确称，只有解除劳动合同的时候才给补偿。本案中，在未查实有多少职工仍在职、多少职工离职的情况下，本案不能认定当时申报的安置人数及数额虚假。二是以安置实际支付补偿的人数及金额推论王某某等人构成私分国有资产罪，难以成立。安置费实际支付的人数及金额只能证明 A集团发放安置费的情况，不能推论改制时申报数据的虚假。在改制完成后，安置费由 D 公司转给 A 集团，是否发放、如何发放是职工与 A 集团之间的关系，与私分国有资产无关。三是本案无法区分应付、不应付的长期用工安置费，进而无法证明王某某等人的行为构成私分国有资产罪。根据我国《刑事诉讼法》的规定，检察机关负有举证责任。本案中，要证明王某某等人虚报了长期用工安置费，就必须证明具体虚报的人数及金额，但该 210 万元的长期用工安置费，明显包含实际应付的安置费。在无法区分哪些是应付、哪些是虚报的安置费的情况下，本案不能认定王某某等人的行为构成私分国有资产罪。

第二，本案证据不能排除 210 万元长期用工安置费是改制时包干的长期用工安置费。这是因为：一是本案证据表明，改制时 D 公司一年以上长期用工数据不全，只能确定一个大致的金额。例如，当时在主管人事的综合部门工作的李某某的笔录称，各项目部所提供的信息本身就缺少工龄和工资的详细信息。在此基础上，王某某、李甲等人的笔录也可证实，一年以上长期用工数据不全、计算标准难以统一，只能大概地确定一个安置补偿费。二是改制时没有规定遗漏的长期用工安置费可以增加。实际上，在改制后，无论长期工是否在安置补偿的名单上，A 集团都要承担其安置费。210 万元的长期工安置费带有包干的性质，无论实际发生的安置费是多少，都应包括在这 210 万元内，否则，对于遗漏的长期工安置费，A 集团完全没有必要自己承担。

可见，本案证据不能排除 210 万元是包干的安置费，也不能证明 210 万元长期用工安置费的虚报数额，进而不能认定王某某等人的行为构成私分国有资产罪。

2. 本案证据不能证明王某某等人通过隐匿某高速项目管理费的方式私分国有资产

关于某高速公路项目管理费，持王某某构成私分国有资产的观点认为，某高速工程是在改制基准日以前签订的项目，因此，应当将改制结束前的管理费用计入审计范围。但是 D 公司将上述资产隐匿，其行为直接导致改制中国有净资产减少，理应构成犯罪。但本案证据不能证明某高速项目的管理费应当被计入审计范围。这具体体现在：

第一，本案证据证明，2003 年 12 月 31 日是改制的基准日。本案中，2004 年 12 月 3 日 "国有资产评估项目备案表" 明确列明 "评估基准日：2003 年 12 月 31 日"。某市财政局的批复明确规定："剩余国有净资产的处置价值为 1 014.44 万元。处置收入作为国有资产收益存入'市财政局企业改革资金专户'，并按规定用途使用。"该金额是以 2003 年 12 月 31 日基准日国有资产值为基础计算出来的。因此，本案证据可以充分证明，2003 年 12 月 31 日是改制的基准日。

第二，本案证据证明，某高速公路项目的管理费是在改制基准日之后形成的，理由包括：一是本案证据表明管理费须在收到工程款后才能取得。本案中，B公司与A集团签订的"联合施工协议"第2条关于"利润分配"约定："甲方（B公司）负责的施工任务，按业主实际支付工程款的5％支付给乙方（A集团），作为乙方与甲方合作管理的利润分成。"第6条约定："甲方工程款到户后，24小时以内把乙方应得的款项（包括乙方负责施工的业主支付的工程款和乙方应从甲方计提的费用）一次性付给乙方。"二是本案证据表明工程款是在改制基准日之后才支付的。一方面，在案的"总体开工报告批复单"显示，该工程开工批复收到的时间是2003年11月2日。其实际施工时间肯定要晚于这一时间，拿到工程款的时间则应当更晚，因为工程款是业主在工程（包括阶段性工程）验收后才会支付的。而王某某的笔录表明，工程实际开工时间应该是在2004年春。另一方面，本案没有证据证明2003年收取的"管理费、资质费、保函费、车款、税金"等是管理费。根据D公司与B公司、C公司签订的协议，某省高速公路管理处拨给B公司的款项，涉及C公司的部分，通过D公司转给C公司。本案证据不能排除2003年"D公司——某高速公路项目"下的款项是D公司应该转给C公司的往来款而非管理费。

第三，本案证据可以证明，发生在改制基准日之后的利润不应被计入改制时的国有资产。这在本案中有不少证据可以证明。例如，当时项目审计负责人张乙的笔录针对"评估基准日到改制完成之间，D公司对外投资及承揽工程是否要纳入审计评估范围"的提问，明确称，新公司的行为不用纳入审计，也不应当对审计结果进行调整。对此，王某某、张某某等人的笔录也可与之印证。这意味着，包括项目管理费在内的发生在改制基准日之后的利润不应被计入改制时的国有资产。

第四，本案证据不能证明王某某等人实施了隐瞒项目管理费的行为。这是因为：一方面，在改制之前，项目管理费在D公司的财务账目上已有记录。另一方面，本案有证据证明改制时的审计人员看过项目管理费的账目。例如，张丙当庭笔录证明，审计人员在审计过程中查阅过电子账，应当知道有某高速这个项目的账目。同时，当时项目审计负责人张乙的笔录也称，审计时通过往来账就已经知道了该项目的情况。

可见，本案证据不能证明项目的管理费应当计入审计范围，也不能证明王某某等人实施了隐匿项目管理费的行为，其行为不构成私分国有资产罪。

3. 本案证据不能证明王某某等人通过隐匿某省道沥青差价款的方式私分国有资产

关于某省道沥青差价款问题，持王某某构成私分国有资产的观点认为，某省道是2003年12月前已经结束的工程，沥青补偿差价应当计入审计范围，D公司将上述资产隐匿，直接导致国有资产减少。该行为理应构成犯罪。但笔者认为，本案不能认定王某某等人隐匿了某省道沥青差价款。这具体体现在：

第一，某省道沥青差价款是在改制基准日后入账的，不应纳入审计范围。如前所述，此次改制的基准日是 2003 年 12 月 31 日，审计评估的是截至 2003 年 12 月 31 日的财产状况。而本案证据证明，某省道沥青差价款 3 416 400.00 元是 2004 年 1 月 6 日由交通局财务科通过银行转款的方式拨给 D 公司的，属于改制基准日之后的收入。在此情况下，要求将 A 集团 2004 年 1 月 6 日收到的某省道沥青差价款计入审计范围，没有依据。

第二，本案证据不能证明王某某等人实施了隐匿某省道沥青差价款的行为。本案证据显示，某省道沥青差价款已由会计王甲计入了 A 集团 2004 年 1 月的公司总账（电子账），落在"以前年度损益调整"科目项下。同时，本案证据显示，王甲记的是电子账，审计人员能看到该账目。在此情况下，本案证据不能证明王某某等人实施了隐匿该笔财产的行为。

可见，本案证据不能证明某省道沥青差价款应当计入审计范围，也不能证明王某某等人隐匿了某省道沥青差价款，王某某等人的行为不构成私分国有资产罪。

图书在版编目（CIP）数据

刑案出罪百论 / 袁彬著 . -- 北京：中国人民大学
出版社，2025.1. --（中国刑法司法适用疑难问题研究
丛书 / 陈兴良，周光权总主编）. -- ISBN 978-7-300
-33361-8

Ⅰ. D924.05

中国国家版本馆 CIP 数据核字第 2024RP9591 号

中国刑法司法适用疑难问题研究丛书
总主编　陈兴良　周光权

刑案出罪百论

袁　彬　著

Xing'an Chuzui Bailun

出版发行	中国人民大学出版社		
社　　址	北京中关村大街 31 号	**邮政编码**	100080
电　　话	010 - 62511242（总编室）		010 - 62511770（质管部）
	010 - 82501766（邮购部）		010 - 62514148（门市部）
	010 - 62515195（发行公司）		010 - 62515275（盗版举报）
网　　址	http://www.crup.com.cn		
经　　销	新华书店		
印　　刷	涿州市星河印刷有限公司		
开　　本	720 mm×1000 mm　1/16	**版　　次**	2025 年 1 月第 1 版
印　　张	46 插页 2	**印　　次**	2025 年 1 月第 1 次印刷
字　　数	846 000	**定　　价**	198.00 元